중요함에도 불구하고 대학에서 사회보장론, 사회정책론, 노사관계론, 보험론 등 관련과목의 교재와 강의에서 서로 미루고 있거나 소홀하게 취급하고 있다. 또한 새로 보완된 내용으로 보험가격자유화, 새로운 판매기법, 재무건전성과 지급여력제도, 보험회사 구조조정과 M&A, 계약자배당제도의 강조, 감독기관의 보험회사 평가, 신보험회계제도 등은 IMF 외환위기 이후 우리 보험업계가 당면하고 있는 과제들이다.

지난 수십 년 동안 업계는 협정요율제도 아래서 보험원가의 사고가 부족하였고, 최근 공정거래법의 영향으로 가격경쟁체제로 전환되면서 리베이트 등 무모한 경쟁으로 시장질서가 문란하여지고 있다. 외국 보험회사의 국내영업 강화와 새로운 판매기법의 도입은 기존의 모집인, 대리점제도에 큰 변화를 요구하고 있기 때문에 방카슈랑스 문제와 더불어 크게 개편·보완하였다.

보험회사의 재무건전성과 지급여력제도는 보험회사 구조조정과 M&A의 문제와 더불어 IMF 체제 이후 생명보험과 손해보험 두 업계에서 당면하고 있는 과제이며, 제11장의 보험회사의 경영평가와 신보험회계제도에 관한 내용은 제10장 보험재무와 직접 관련되는 것으로서 새롭고 비중 있게 다룰 필요가 있었다.

제10장 제 4 절의 생명보험 계약자배당을 독립된 내용으로 다룬 것은 보험계약자와 직접적인 이해관계가 있기 때문이며, 특히 생명보험회사의 기업공개문제와 계약자배당은 최근 10년 동안 논란이 제기되면서 아직까지 결론을 유보하고 있는 것으로서 정부, 업계, 학계, 보험계약자들의 공동관심사가 되어 왔다.

보험총론으로서 한 학기 강의분량으로는 제 1 장에서 제 6 장 내지 제 8 장까지가 적당한 것으로 생각되며, 강의와 관련하여 보험마케팅, 보험재무, 보험회사 경영평가 및 보험회계에서 필요한 부분만 선별하여 강의하면 좋을 것이다. 종합적인 측면에서 보험경영의 전반에 대해서 다루면서 미세하고 실무적인 부분까지 착오 없이 서술한다는 것은 매우 어려운 점이 있었음을 솔직하게 인정하며, 앞으로 동료학자 및 실무전문가들의 의견을 들어 수정·보완할 기회가 있을 것으로 믿는 바이다.

2002년 2 월

著　者 씀

現代

保險經營論

申 守 植 著

博 英 社

現代

保險經營論

申 守 植 著

博 英 社

目　　次

제 1 부　保險一般

제 1 장　保險制度의 기초개념

제 4 장 保險監督과 保險契約

제 2 부 保險會社 經營

제 5 장 保險經營 一般(I)

제 7 장 保險企業의 經營環境과 社會的 責任

제⑧장 保險産業의 競爭과 獨占

제⑨장 保險마케팅

제10장 保險財務

제11장 保險會社의 經營評價와 保險會計

제 1 부 保險一般

제 1 장 保險制度의 기초개념

제 1 절 保險의 본질

1. 保險의 개념

오늘날 우리는 '保險'이라는 문자를 일상용어로 사용하고 있다. 이 표현은 중국과 일본에서도 그대로 통용되고 있다. 영어에서는 Insurance가 주로 사용되고 때로는 Assurance로 표현되기도 한다. 또한, 독어의 Versicherung ; Assekuranz, 불어의 Assurance, 이탈리아어의 Assicuranza ; Assecrazione ; Sicuezza, 포르투갈어·스페인어의 Seguro ; Aseguracion도 동의어이다.

學術原語로서 흔히 사용되는 라틴어에서 여기에 해당되는 용어는 Securitas이다. 이것은 '保證'·'擔保'의 의미와 매우 가깝다. 우리가 사용하는 보험의 '險'이 의미는 위험·모험으로 이해되고 있으며, '保'는 보증·보장의 뜻으로 풀이하는 學者도 있다. 이러한 측면에서 볼 때 保險이란 위험을 어떠한 방법으로서 보장하는 것이라고 간단하게 설명할 수 있다. 보험의 대상이 되고 있는 위험(risk)의 문제는 보험제도의 핵심적인 내용에 속하고 있다. 위험은 다른 표현으로 불안·불확실성의 의미로 사용되기도 한다. 특히 미국에서는 보험학, 경영학 및 경제학에서 *危險* 또는 *危險管理*(risk management)를 보험과 직접적으로 관련시키고 있다. 따라서 보험, 위험 및 불확실성의 용어는 그 의미가 서로 통용되고 있다.

현대의 경제사회는 끊임없이 그 발전을 계속하고 있고, 우리들의 생활을 풍요하게 하는 반면에 경제변동에 의한 생활불안이나 과학의 발전, 기술의 진보에 의한 새로운 위험의 발생이 우리들의 생활을 위협하고 있다. 이러한 위험이 실제 발생한 경우를 가정한 그 대비책이나 또는 예방수단으로 몇 가지 제도가 있지만 그 가운데 보험제도에 의하는 것이 가장 합리적·경제적이라는 판단 때문에 오늘날 보험제도는 사회·경제생활에서 꼭 필요한 것으로 인식되고 또한 그것에 대한 관심과 연구는 매우 고조되고 있다.

보험의 대상이 되고 있는 위험은 언제, 어떻게, 어느 정도로 발생할지 모르는 우연적 사건이다. 위험은 精神的 危險과 經濟的 危險, 客觀的 危險과 主觀的 危險 등 여러 가지로 분류하고 있다. 보험은 후술할 그 성립요건상 일체의 모든 위험을 보장하는 것이 아니고, 객관적으로 파악과 측정이 어느 정도 가능한 경제적 위험만을 보장할 수 있는 것이다. 정신적인 위험 또는 불안은 주관적인 것에 속하며 이는 신앙, 종교 또는 다른 방법에 의하여 제거·경감될 수 있는 성질의 것이다.[1)]

현대생활에서 保險制度가 각종 위험이나 불안을 보장함에 있어서 그 대상은 경제적 보장 내지 생활보장에 치중되는 경향이 있다. 그 이유는 복지사회가 추구되는 과정에서 경제적 보장에 대한 관심이 급속하게 높아지고 있을 뿐만 아니라 인구의 증가와 노령화사회의 도래 및 개인의 사유재산이 증가·증식되는 과정에서 그 유지와 보호 수단이 필요하기 때문이다.

2. 保險의 본질론

(1) 보험의 정의

보험의 정의는 아직까지 모든 사람에게 만족할 수 있는 것은 못되며, 다음의 그 본질론에서 알 수 있는 바와 같이 보험학자간에 논란이 심한 대표적인 보험이론의 하나이다. 이러한 사실을 전제로 할 때 보험에 대한 완전무결한 저의는 불가능한 것이지만 국내학자 가운데 일부는 다음과 같이 설명하고 있다.

[정의 1][2)]
"保險이란 위험의 결합을 통하여 불확실성(uncertainty)을 확실성(certainty)으로 전환시키는 社會的 施設이라고 할 수 있다. 즉, 보험은 다수의 동질적인 위험을 한 곳에 모으는 행위인 危險의 結合(risk pooling)을 통하여 개인이나 기업이 우연적인 사고발생으로부터 입게 되는 實際損失(actual loss)을 다수 위험의 결합으로부터 얻게 되는 平均損失(average loss)로 貸借하게 된다."

1) 宋基澈, 「保險學」, 日新社, 1980, p. 11.
2) 方甲洙, 「最新保險學」, 博英社, 1983, p. 23.

[정의 2][3)]
"保險이란 일정한 우연적 사건에 기인하여 발생하는 경제불안에 대비하기 위한 경제준비의 사회적 형태로서 다수의 경제주체가 결합하여 확률계산에 의거하여 갹출을 부담하는 경제시설이다."

위의 두 가지 보험에 대한 정의의 내용에 의하면 본질적인 큰 차이는 없지만, [정의 1]은 社會施設, [정의 2]는 經濟施設임을 강조하고 있다. 보험본질론의 입장에서 보면 [정의 1]은 損害分擔說(A. Wagner 등)에 가깝고, [정의 2]는 經濟準備說을 지지하고 있다.

(2) 보험본질론

위에서 보험의 개념과 보험의 정의에 대해서 간단하게 설명하였지만 어딘가 모르게 부족하고 미흡함을 느끼게 하고 있다. 여기에 대해서 좀더 구체적으로 분명하게 설명하는 문제는 保險本質論의 과제이다. 보험본질론은 1950년대까지 주로 독일과 일본의 보험학자들에 의하여 큰 관심을 가지고 추구되어 온 이론으로서 보험학에서 이론적으로 논쟁이 가장 심한 분야이었다.

保險의 本質論에 접하게 되면 수많은 학설의 난립 속에서 오히려 보험의 개념을 정확하게 이해할 수 없는 혼란에 빠지게 된다. 그럼에도 불구하고 우리는 보험의 본질에 대해서 관심을 가져야 하는 이유는 다음과 같다.

① 保險理論의 연구에 있어서 초보단계에서 보험에 대한 정확한 개념 규정을 위하여 필요하다. 일반적으로 학문연구에서는 처음에 基礎概念, 定義, 本質 등에 관한 많은 학설에 접하게 되는데 초보단계에서 이해가 어렵고 판단과 비판이 곤란하기 때문에 적당하게 취급하고 넘어가려는 경향이 있다.

② 위험에 대한 경제적 준비형태에는 보험 이외에 다른 여러 가지 수단이 있을 수 있고, 특히 保險類似制度[4)]가 많아 보험과 명확한 구분이 필요하기 때문이다. 이것은 보험의 同一性에 관한 문제이다. 이 동일성에 의하여 보험은 그 본질에 있어서 동일하게 이해되고 취급되는 것이 가능하다. 즉, 보험의 통일적인 파악을 위해서 필요하다.

보험본질론은 많은 이론이 지금까지 전개된 가운데 그 내용의 음미와 비판

---

3) 韓東湖, 「保險學」, 博英社, 1971, p. 39.
4) 保險類似制度에는 共濟(協同組合保險 또는 組合保險), 自家保險, 저축, 계, 보증, 도박, 투기 등의 여러 가지가 있다.

〈표 1-1〉 보험본질의 분류체계

2 분법	손 해 설	손해보상계약설: S. Marshall(영), E. A. Masius(독), J. H. Magee(미), W. F. Gephart(미), S. S. Huebner(미) 손해분담설: A. Wagner(독), H. Brämer(독), G. Schmoller(독) 위험전가설: A. H. Willett(미), B. Krosta(독), S. S. Huebner(미), Eugen von Philippovich(독) 인격보험설: J. Kohler(독) 생명보험부인설: G. Cohn(독), M. Gebauer(독), L. Elster(독), A. H. Willet(미)
	비손해설	통일불능설: V. Ehrenberg(독), A. Ehrenzweig(독) 기술설: C. Vivante(伊), E. Herrmann(독) 욕망충족설: W. Lazarus(독), U. Gobbi(伊), A. Manes(독), G. Wörner(독), P. Moldenhauer(독), W. Lexis(독) 저축설(소득설): F. Hülsse 경제생활확보설: J. Hupka(오스트리아) 경제준비설: 印南博吉(일) 공통재산준비설: 小島昌太郎(일), 近藤文二(일) 상호금융설: 米谷隆三(일), 酒井正三郎(일) 경제생활평균설: 末高信(일)
3 분법	손 해 설	손해보상계약설, 손해분담설, 위험전가설, 재산보전설(G. Jessen, 독)
	이 원 설	인격보험설, 생명보험부인설, 이원택일설(V. Ehrenberg, 독)
	비손해설	기술설, 욕망충족설, 저축설, 경제생활확보설, 기타

에 앞서 이를 정리·분류하여 그 체계를 파악하는 데도 문제가 있다. 일반적으로 그 분류에는 損害說과 非損害說의 2 분법과 損害說, 非損害說, 二元說의 3 분법이 있다. 여기서 保險本質論의 분류체계를 소개하고 그 가운데 대표적인 것으로 생각되는 몇 가지 학설을 간단하게 설명하기로 한다.

1) 손해분담설

독일의 경제학자(1890년대) A. Wagner는 보험을 다음과 같이 정의하고 있다. 즉, "經濟的 意味에 있어서 보험이란 개개의 경우에는 예견할 수 없는 사건에 대해서 받는 재산상의 불이익의 결과를 동일한 위험에 사로잡히면서 실제로는 이것에 조우치 않는 다수인에 의하여 분할됨으로써 손해를 배제 또는 경감하는 經濟施設이다."라고 한다. 이 정의는 그 이전에 S. Marshall에 의하여 대표되는 損害補償契約說을 비판하는 학설이다.

損害補償契約說은 해상보험의 법률적 연구에 주안을 둔 것으로서, 보험의 본질은 손해의 보상을 계약하는 것이라고 보고 있다. 그러나 이 학설은 해상보험과 같은 손해보험에 국한될 뿐이며 생명보험에 대해서 충분한 설명이 불가능하다. A. Wagner는 보험일반을 설명하기 위하여, "우연사고에 의한 불이익의 결과를 다수인에 의한 분할"로 규정하고 있는 것이 보험본질의 골자이다. 여기서 불이익의 결과란 '損害'를 의미한다. 이 학설은 H. Brämer, G. Schmoller 등에 의하여 지지되고 있다.

2) 욕망충족설

손해분담설 이후 보험본질론의 결점을 보완하고, 여러 가지 각도에서 統一說을 시도하였지만 손해개념에 대하여 너무 고집하고 있었다. 이러한 점에서 통일설은 불가능하였지만 손해를 욕망(Bedürfnis)이라는 말로 대치하여 손해보험과 생명보험을 통일한 학설이 발표되었다. 이것은 U. Gobbi를 대표로 하는 欲望充足說이다.

Gobbi는 이탈리아 밀라노대학 교수로서 1894년에 그의 이론을 발표하였지만, 개고하여 1896～1897년 독일 保險學會誌에 "偶發的 欲望의 概念을 기초로 한 保險理論"(Die Theorie der Versicherung begrundet auf den Begriff der eventuellen Bedürfnisse)을 발표하였다. 이 논문은 그 당시 F. Schönpflug, B. Rothe에 의하여 높이 평가되었고, 또한 1900～1930년대의 독일 보험학의 중심인물인 A. Manes도 이를 지지하였다.

Gobbi에 의하면, "保險이란 욕망을 야기하는 사건이 발생한 경우에 최소의 비용으로서 충분하고 확실하게 우발적 욕망을 만족시킬 수 있는 필요한 자금을 준비하는 것이다."라고 정의하고 있다.

A. Manes의 학설은 Gobbi의 학설을 수정·보완하고 있다. 우선 용어에서 Gobbi의 욕망(Bedürfnis) 대신 욕구(Bedarf)라는 표현을 사용하고 있다. 그에 의하면 욕망은 인간이 원래 가지고 있는 관념으로서 극히 주관적·정태적 상태이지만, 욕구는 욕망의 객관적·동태적 상태인 것으로 파악하고 있다. A. Manes는 그의 학설을 세 차례 개조하였으며, 일본의 印南博吉 교수도 처음에 욕망충족설을 지지하다가 그 후 經濟準備說로 전향하였다.

3) 위험전가설

이 학설은 위의 손해분담설의 흐름에 영향을 받은 것으로서 損害保險의 본질은 설명되고 있지만 생명보험에 있어서는 그 설명이 곤란하다. 또한, 이 학설은 A. H. Willet, S. S. Huebner, R. Riegel, A. H. Mowbray, R. H. Blanchard 등의 미국 보험학자에 의하여 채용되고 있는 것이 그 특징이다. 이것은 미국의 保險學이 위험개념을 그 출발점으로 하고 있기 때문인 것으로 풀이되고 있다.

위험전가설은 위험의 평균이라는 입장을 취하고 있다. 즉, 피보험자가 스스로 위험을 보험자에게 전가함을 보험의 본질로 삼고 있다. 이 학설의 대표자인 Willet에 의하면, "保險이란 자본의 불확실한 손해를 보장하기 위해서 자금을 저축하는 사회시설로서 다수의 개인의 위험을 한 개인 또는 다수인의 단체에 전가함으로써 이루어지는 것이다."라고 한다.

⑶ 보험본질론의 과제

보험의 본질을 추구하는 것은 보험을 올바르게 파악하기 위해서 절대적으로 필요하다. 보험의 정확한 파악이 기초가 되어야 비로소 保險의 理論, 科學的 保險論의 확립이 가능한 것이다. 그러나 보험본질론은 시대에 따라 또는 보험제도의 발전과 다양화에 따라 변천되어 오는 가운데 아직도 해결되지 않은 다음과 같은 많은 과제를 안고 있다.

① 保險本質論은 역사적으로 해상보험을 중심으로 한 법률적 본질론이 중심이 되어 있다. 여기서 법률적 본질론의 완전한 불식이 하나의 과제이다. 오늘날 현저하게 그 비중이 증대되고 있는 보험의 經濟的 諸現象의 파악과 해명 및 그것에 관한 모든 문제의 충분한 해결을 위해서는 전통적인 법률적 본질론에서 일차적으로 탈피할 필요가 있다.

② 保險本質論에서 사회보험에 대한 태도를 결정하지 않으면 안 된다. 사회보험이 민영보험에 비하여 그 발달과 보급은 늦었다고 하여 보험본질론에서 제외·무시·예외시될 수는 없다. 사회보험은 보험의 일종으로서 그 본질에 있어서도 다른 보험과 동일성을 발견하도록 노력해야 한다.

③ 保險類似制度 또는 類似保險(自家保險, 共濟 등)과의 관계, 관련, 차이를 명확하게 하는 것이 보험본질론의 새로운 과제이다. 사회가 고도화·복잡화됨에 따라 본래의 보험의 주변이 매우 어지러워지고 일견 보험으로 이해되지 않는 제반 제도가 많이 발생하고 있다. 이러한 성격적으로 명확하게 구분되지 않는 제반 제도가 보험과의 본질에 있어서 차이성을 추구하고 그 관계를 정리하는 것은 현재 매우 중요한 일이다.

④ 새로운 特種保險의 출현을 어떻게 취급할 것인가의 문제가 있다. 사회의 복잡화, 새로운 위험의 발생으로 보험수요가 다양화됨에 따라 여러 가지 형태의

보험종목을 개발하게 되는데, 이들은 종래의 보험과 공통점을 지니고 있는 반면에 차이점도 있기 때문에 본질론에서 어떻게 구별할 것인가의 문제가 있다.

⑤ 民營保險 가운데는 일부 責任保險의 경우처럼 보험가입이 강제되는 보험종목이 있다. 일반적으로 보험계약은 당사자의 자유의사에 의하여 체결되는 것이 원칙이지만 강제보험에서 이 원칙이 무시되고 있다. 또한, 단체보험의 경우도 특이한 성격을 지니고 있다.

⑥ 保險本質論에서는 일반적으로 자본주의사회의 보험제도를 중심으로 하고 있다. 그러나 오늘날 사회주의국가에서도 보험제도가 존재하고 있으며, 자본주의국가의 보험제도와 다소의 차이가 있다. 이것을 보험본질론에서 어떻게 해명할 것인가의 문제가 남아 있다.

3. 保險과 危險管理

(1) 위험의 개념

危險(risk)의 개념은 危險管理(risk management)의 등장에 의해서 보험이론에 있어서 크게 주목되고 있다. 특히 미국에 있어서는 1960년대에 위험의 개념을 둘러싼 논쟁이 전개되어 왔다. 위험이란 "損失의 機會이다." "損失의 不確實性이다."라고 정의하는 등 논자에 따라 개념규정이 매우 다양하다. 이러한 의미에서 위험의 개념은 보험의 정의와 마찬가지로 보험이론의 연구자에게는 새로운 골치아픈 문제로 등장하고 있다.

영어의 'risk'를 우리나라에서는 '危險'이라고 번역하고 있지만 그 속에 함축된 의미는 매우 다양하다. 또한, 보험이론의 전문용어로서 위험에 해당하는 것으로서 'peril'과 'hazard'라는 것이 있다. 'peril'이란 손해를 발생케 하는 원인인 우연한 사고(위험)를 말하며, 'hazard'는 손해발생의 가능성(빈도, 크기에 관련한 가능성)의 조건을 내포하고 있는 구체적 상태를 말한다. 'risk'는 손해발생의 가능성, 그것도 객관적 손해발생의 가능성이며, 특히 경제적 손해의 발생가능성을 말한다. 發生의 可能性이라 함은 '발생', '불발생'의 2개의 가능성을 가진다.

위험에 관한 이상과 같은 용어의 명확화는 이론의 구축에 절대적으로 필요하며, 위험관리의 전개를 위해서도 마찬가지이다. 위험관리의 관점에서는 위험의 개념을 예상과 현실의 관계에서 파악하고 있다. 즉, 위험은 일정한 상황하에 있어서 예상되어진 결과와 현실의 결과와의 잠재적 상위변동이라고 할 수 있다.

여기서 잠재적이라고 말하고 있는 것은 위험이 사전적인 개념이기 때문이며, 위험의 사후적인 개념은 그 결과인 손실(손해)이다.

미국에 있어서 '위험'의 개념논쟁이 본격화된 것은 1960년대이지만 그 이전에 A. H. Willet의 *The Economic Theory of Risk and Insurance*(Columbia University Press, 1901) 이래의 保險經濟論的 思考의 전통과 F. H. Knight의 *Risk Uncertainty and Profit*(1921, 2nd ed., 1933), C. O. Hardy의 *Risk and Risk Bearing*(Chicago, 1923), I. Pfeffer의 *Insurance and Economic Theory*(1956) 등의 이론을 이어 받으면서 1960년대로 들어오는 과정에서 한편에서는 近代意思決定理論(decision making theory), 다른 한편에서는 actuary학문에서 수학적 위험이론을 도입하여 위험이론을 체계화하려고 하였다.

1960년대 이후 미국의 보험학계에서 위험이론에 대한 논쟁과 관심이 고조된 배경에는 대기업에서 risk management 思考와 실천의 전개, 대학(business school) 내에서 risk management론의 도입노력보다 일반적으로는 미국사회에 있어서 전통적인 危險技術(risk technique)과 소비자주권의 경제이념의 영향이 있었기 때문이다. 保險學界에서는 위험이론에 대한 관심은 미국 이외에 독일에서도 영어의 'risk'에 해당하는 'Risiko, Gefahr, Wagnis'의 개념과 이론에 대하여 A. Manes, W. Mahr, K. Hax, P. Braeβ 교수 등의 연구가 있었고,[5] 일본 보험학계와 보험업계에서도 庭田範秋, 鈴木讓一, 箸方幹逸 등에 의하여 연구가 이루어지고 있다.[6]

1960년대 미국 보험학계의 위험이론에 대한 논쟁은 종래 위험을 확률, 기대치와 관련하여 해석하려는 것이 전통적 통념이었지만 1960년대에 와서 actuary 학문(수학적 위험이론)과 경영학(의사결정이론)의 공동도전을 받아 불확실성(uncertainty)을 강조하는 경향이 점차 우세하였고,[7] 불확실성론을 주장하는 학자는 그

---

5) A. Manes, *Versicherungswesen,* Band 1. 3. Auflage, 1922.
W. Mahr, *Einfuhrung in die Versicherungswirtschaft,* Munchen, 1951.
K. Hax, *Grundlagen des Versicherungswesens,* 1964.
P. Braeβ, *Versicherung und Risiko,* Wiesbaden, 1960.

6) 庭田範秋(編), 「保險經營論」, 有斐閣, 1977, 第 8 章 참조, 鈴木讓一, "リスク マネジメント", 「損害保險硏究」(第37卷 第 2 號, 第 4 號, 第38卷 第 1 號, 1975年 5 月~1976年 2 月), 箸方幹逸, "Risk ; 保險理論の 基礎概念ーアメリヵにおはる 最近の '論爭' 經過報告に よせて" 「損害保險硏究」(第31卷, 第 1 號, 1969年 2月).

7) 1960년대 미국의 關係文獻과 論文은 다음과 같은 것이 있다.
M. R. Greene. *Risk & Insurance*, South Western Publishing Co., 1962.
H. S. Denenberg & Others, *Risk and Insurance*, Prentice-Hall, Inc., 1964.
J. L. Athearn, *Risk and Insurance*, 1962.
C. A. Williams & R. M. Heins, *Risk Management and Insurance*, McGraw-Hill Book Co., 1964.
R. I. Mehr & B. A. Hedges, *Risk Managenent in the Business Enterprise*, Richard D. Irwin, 1963.

지배적 지위를 방어하지 않을 수 없는 상황에 있었다.

수학적 위험이론과 의사결정이론은 전통적인 위험이론에 대하여 불확실성을 강조하면서 공동도전하였지만 양자간에도 동상이몽격으로 서로의 입장은 상이하였다. 전자는 위험의 척도로서 分散, 標準偏差, 變動係數(coefficient of variation) 등을 의식적으로 채용·도입하고 있으며, 후자는 risk의 경제주체에 미치는 작용과 risk 상황하에서 주체의 행동선택을 문제로 하고 있다.

위의 두 가지 이론은 마찬가지로 불확실성이라는 용어를 사용하고 있지만 그 의미는 반드시 동일하지 않다. 수학적 위험이론에서의 불확실성은 절대량으로서 객관적으로 파악하려 하고 있으며, 의사결정이론에서는 인간의 심리학적 반응, 불효용 등과 같은 주관적 개념으로 파악하려고 한다. risk에 대하여 이와 같은 접근방법이 학파간에 대립되고 있는 동안 1966년 3월 보험용어정의위원회에서 risk의 개념에 대한 시안을 발표한 바 있는데, 여기서도 불확실성을 채용하고 있다. 위험 및 위험관리에 대한 연구는 1970년대에도 미국에서는 R. I. Mehr & B. A. Hedges의 「危險管理: 概念과 應用」(*Risk Management: Concepts and Application*, 1974)을 비롯하여 많은 저서[8]와 관계논문이 발표되고 있다.

(2) 위험의 원천과 분류

기업의 활동에 있어서 위험, 즉 예상된 결과와 현실의 결과와의 잠재적 상위는 어떠한 요인에 의하여 발생하는가? 예상에 대한 오차가 생기는 원천으로서 다음과 같은 요인을 예시할 수 있다.

① 정치적 요인: 예로서 규제적 법안의 통과, 행정지도, 국가의 정책변화 등으로 여기서는 국내정치뿐만 아니라 국제정치의 변화도 포함된다.

② 경제적 요인: 생산·유통·금융 등의 부문에 있어서 변화, 국제경제의 동향과 변화도 관계된다.

B. A. Hedges, "What is Wrong with Insurance Theory," *Journal of Risk and Insurance*, June 1964, Vol. XXXI, No. 2.

G. L. Head, "An Alternative to Defining Risk as Uncertainty," *Journal of Risk and Insurance*, June 1967, Vol. XXXIV, No. 2.

K. L. Mclntosh, "Comments on Risk", *Journal of Risk and Insurance*, December 1963, Vol. XXX, No. 4.

O. G. Wood, Evolution of the Concept of Risk," *Journal of Risk and Insurance*, March 1964, Vol. XXXI, No. 1.

8) J. S. Rosenbloom, *A Case Study in Risk Management*, Appleton-Century Crofts, 1972.

N. A. Baglini, *Risk Management in International Corporations*, Risk Studies Foundation, 1976.

③ 기술적 요인: 기술혁신, 기술개발, 기술도입 등

④ 법적 요인: 법원의 판결, 새로운 법률의 실시 등

⑤ 사회적 요인: 생활태도, 생활관습, 가치관, 소비·관습 등의 변화

⑥ 자연적 요인: 풍수해, 기상재해 등과 같은 자연력에 의한 재해

⑦ 물리적 요인: 건물의 구조, 용도 등

⑧ 인적 요인: 인간의 생리학적 사망, 질병, 노령, 노동불능, 과실 등

⑨ 환경요인: 주위의 상황, 환경정비 등

이상과 같은 제반 요인은 모든 위험의 원천을 망라하고 있을지라도 개별적·평면적으로 위험에 영향을 미치는 것은 아니다. 현실적으로 이러한 요인은 복잡하게 상호작용을 하게 되며 예상과 현실의 잠재적 상위는 경우에 따라 마이너스(손실) 또는 플러스(이익)를 가져온다.

위험은 일반적으로 논자에 따라 그 특질상 두 개의 범주로 분리되고 있다. 대표적인 분류로서 動態的 危險(dynamic risk)과 靜態的 危險(static risk), 基本的 危險(fundamental risk)과 特殊危險(particular risk), 投機的 危險(speculative risk)과 純粹危險(pure risk), 기타 實體性危險·社會性危險·마케팅危險 등이 있다.

동태적 위험과 정태적 위험은 A. H Willet에 의하여 분류된 것으로서 각각 다음과 같은 특징을 가지고 있다.[9] 靜態的 危險은 자연의 불규칙적인 작용이라든가 인간의 오류나 악행에 의하여 일어나는 손실과 관계되고, 손실의 작용은 소수인에게 직접적으로 미치고 일반적으로 사회에 대해서도 손실을 가져온다. 일정기간에 걸쳐 그 손실경향을 관찰한다면 일정한 규칙성을 인정할 수 있는 성질을 가지고 있다. 여기에 비하여 動態的 危險은 인간의 욕망이라든가 기술혁신과 같은 동태적 변화에 기인하는 위험이다. 따라서 그 영향은 광범하게 미치며 그 결과는 손실에만 결부되는 것이 아니고, 경우에 따라서는 이익발생의 가능성을 포함하고 있다.

기본적 위험과 특수위험은 C. A. Kulp & J. W. Hall의 *Casualty Insurance*(4th ed., New York: The Ronald Press Company, 1958)에 나타나 있는 분류이다. 基本的 危險은 발생원인과 결과(영향)의 면에서는 비개인적(impersonal)인 것으로서 적어도 개인적으로는 방지할 수 없는 성질의 것이다. 예로서 경제제도의 불확실성, 부조화 또는 풍수해와 같은 자연의 침해, 기타 사회적·정치적 요인의 변화

---

9) A. H. Willet, *The Economic Theory and Insurance* (New York: Columbia University Press, 1901 ; Philadelphia: University of Pennsylvania Press, 1951), pp. 18～19.

와 결부된 위험을 의미한다. 여기에 비하여 特殊危險은 발생원인, 결과면에서 개인적이고 통제가 쉬운 위험이다. 예로서 화재·폭발·도난과 같은 재산상의 손실, 사망·질병과 같은 인적 손실, 타인이 재산의 침해·상해 등으로 인한 법률적 배상책임상의 손실 등이 결과로서 발생한다.

투기적 위험과 순수위험은 A. H. Mowbray에 의한 분류방법[10]으로서 일반적으로 널리 사용되고 있다. 投機的 危險은 '損失의 機會'와 '利得의 機會'가 공존하고 있지만 純粹危險은 '損失의 機會'만이 존재한다.

마지막으로 실체성위험, 사회성위험, 마케팅위험은 손실의 원천에 입각한 분류이다.[11] 實體性危險이란 재산에 대한 직접적인 손해가능성을 말한다. 예로서 폭풍, 홍수, 화재 등과 같은 자연의 실체위험성과 생산과정에 있어서 원료의 결함에 의한 재산손해의 가능성까지도 포함된다. 社會性危險이란 사회규범을 벗어난 개인행동에 의하여 발생하는 위험(도난, 과실 등)이나 사회집단의 행동에 대한 예측불가능으로 인한 손실을 말한다. 마케팅위험이란 주로 활용가능한 시장조사자료와 같은 지식을 사용하지 않음으로써 나타나는 손해발생 가능성이며, 이 밖에 구매·판매시의 상품가격의 하락으로 인한 손해발생 가능성을 포함시킬 수 있다.

(3) 위험의 결과

위험의 결과는 사후적 개념으로 그것은 손실을 의미한다. 손실의 종류로서는 일반적으로 재산상의 손실, 예상이익의 상실, 배상책임상의 손실, 인적 손실 등이 있다. 그 내용을 간단하게 설명하면 다음과 같다.

財産上의 損失은 그 영향면에서 직접적 손실과 간접적 손실로 구분할 수 있다. 直接的 損失은 각종 危險原因(peril)의 작용의 결과 재산이 직접으로 손상을 입는 경우를 말하며, 間接的 損失이란 재산의 간접적 손실의 결과로서 가치가 감소된 것이다. 예로서 포도주 양조업에 있어서 저장고의 고장이라고 하는 직접적인 손해의 결과 저장고 내의 온도상승에 의하여 포도주의 가치가 하락된 것이라든가 또는 제조업에 있어서 기계의 중요한 부품의 하나가 파손되어 기계자체를 사용할 수 없는 경우를 말한다.

豫想利益의 喪失은 재산에 손해가 발생하였을 때 그 재산의 이용불능의 결

10) A. H. Mowbray & R. H. Blanchard, *Insurance, Its Theory and Practice in the United States*, 4th ed., McGraw-Hill Book Company, Inc., 1955, pp. 533~548.
11) C. O. Hardy, *Risk and Risk Bearing*, The University of Chicago Press, 1923, pp. 2~3.

과 이익이 감소되고 비용이 증가되는 것을 말한다. 이익의 감소는 기업활동의 중단, 공급자의 경영중단, 완성품에 대한 손해 등의 사태에서 발생하며, 비용의 증가는 여러 가지 원인을 지적할 수 있지만, 예로서 공장의 소실에 의한 생산활동의 중단의 결과, 그 기업의 제품에 대하여 고객을 상실할 가능성이다. 이 경우 시장에 있어서 상실한 고객을 다시 확보하기 위해서는 간접적 손실 이상으로 비용과 시간을 필요로 하게 된다.

賠償責任上의 損失은 재산에 손해를 끼치거나, 사람에게 상해를 입히는 경우 또는 권리의 침해의 결과 법적으로 책임의 문제가 발생하는 것이다. 일반적으로 법률에 의하여 인정되는 법정책임은 인간의 도의상의 책임에 비하여 범위가 좁고 한계가 있다. 법정책임에는 민사상의 책임과 형사상의 책임이 있지만 위험관리와 관계되는 것은 보통 민사책임이다. 타인의 법익을 침해한 자가 피해자의 손해를 배상하는 것이 민사책임이지만 계약상의 구성을 취하는 경우와 불법행위의 구성을 취하는 경우를 생각할 수 있다. 전자에 대해서는 계약위반, 보증위반이지만, 후자에 대해서는 고의에 의한 불법행위, 과실, 태만 등으로 생각할 수 있다. 특히 기업의 경우에는 對勤勞者(노동재해 등), 對消費者(제품의 안전성 등)와의 관계를 신중하게 고려해야 한다.

마지막으로 人的 損失에 대해서 설명하기로 한다. 사람에게 금전상의 손실을 생기게 하는 것은 사망, 일정연령의 도달(노령, 퇴직), 상해, 질병, 실업 등의 사태이다. 이러한 사태는 기업과 노동자의 경우를 구분하여 생각할 필요가 있다. 기업에 대해서 말한다면, 기업활동에 꼭 필요한 기능을 가지고 있는 종업원의 존재는 그의 사망이 기업에게 손실을 가져오며 또한 고객을 신뢰하여 신용거래로 상품을 판매한 경우 그 고객의 질병, 사망 등은 판매대금의 회수가 문제된다. 특히 중소기업의 경우 소유자가 사망하여 기업활동에 종사할 수 없을 때에 사업을 해산하는 사태까지 발생할 수 있다.

종업원에 있어서는 사망, 질병, 노령, 실업의 결과 소득의 상실, 예상할 수 없는 비용지출 등 잠재적 손실이 존재하고 있다. 이러한 사태에 대비하여 종업원은 물론 개인적으로 준비책을 마련해야 되지만 기업측도 그 대책을 수립해야 한다.

(4) 위험관리

1) 위험관리의 의의

危險管理(risk management)란 경영체의 제반 활동에 미치는 위험의 악영향을 최소의 비용으로서 자산 및 가동력을 보호하는 것이다.[12] 그러므로 여러 가지의 기술을 매우 논리적으로 행사하는 것이 요청되고 있다.

위험관리의 의의를 파악함에 있어서 용어상으로 유의할 점이 있다. 우선 '經營體'란 무엇인가 하는 문제이다. 경영체란 일반적으로 기업을 의미하고 있지만 기업에 한정되지 않고 가계와 지방자치단체 등의 관점에서도 접근할 필요가 있다. 다음의 문제는 위험(risk) 그 자체의 개념문제이다. 앞서 고찰한 바와 같이 '危險'의 개념규정은 미국의 보험학계에서도 논쟁의 대상이 되고 있다.

위의 개념규정에서 또 하나 문제되는 것은 '最少의 費用'의 의미이다. 확실히 이것은 위험이 미치는 나쁜 영향으로부터 자산가동력을 보호하기 위하여 될 수 있는 한 費用(cost)과 관계 없는 경제적 방책을 채택하는 것을 의미한다.

우리나라에서도 최근 위험관리에 관한 인식이 점차 높아지고 있고, 특히 1980년 이후 보험감독기관인 재무부와 한국보험공사에서도 기본시책으로 삼고 있다. 보험문헌상 위험(risk)을 개념 또는 보험본질과 관련시켜 다룬 것은 오래되었지만 危險管理(risk management)는 비교적 최근의 일이다. 보험교과서에 처음 등장한 것은 1955년에 출판된 A. H. Mowbray와 R. H. Blanchard 공저의 「保險」(*Insurance*, 제 4 판 제35장)이며,[13] 위험관리에 관한 전문적인 교재가 출현한 것은 1960년부터이다.

한편, 보험실무계에서 이 문제에 대하여 대처하기에 이른 계기는 1930년대의 대공황부터이다. 그 당시는 保險經營 내지 保險管理(insurance management)의 개념으로 위험관리의 선구적 제도로서 등장하였지만 제 2 차 세계대전 후 현저한 기술진보, 기업규모의 확대, 경제환경의 복잡화 등의 상황변화에 따라 'insurance management'로서는 충분한 기능을 기대할 수 없고 위험처리의 기능확대에 대한 요청에서 'risk management'가 탄생하게 되었다.

2) 위험관리의 대상위험

앞에서 위험의 종류를 유형별로 고찰하였지만 위험관리의 대상위험이 무엇인가에 대해서는 현단계에서 확정하기 곤란하다. 그러나 문헌상에서는 일반적으로 정태적 위험 내지 순수위험을 대상위험으로 하고 있다. 따라서 동태적 위험은 제외되는 것으로 볼 수 있는데, 정태적 위험과 동태적 위험의 중간성격의 위

12) 庭田範秋(編), 前揭書, p. 200.

13) A. H. Mowbary & R. H. Blanchard, *Insurance, Its Theory and Practice in the United States*, 4th ed., McGraw-Hill Book Company, Inc., 1955.

험이 있을 수 있고, 경우에 따라서는 동태적 위험과 관련된 위험일지라도 대상위험으로 고려할 필요가 있다. 예로서 새로운 공장을 매입하려는 경영상의 의사결정행위는 동태적 위험의 요인이 되지만 그 공장의 화재폭발은 손실의 발생을 잠재화(정태적 위험)하고 있다. 이러한 의미에서 동태적 위험도 대상위험으로 고려 할 필요가 있다.

기업규모의 확대, 다국적화, 경영활동의 다양화, 복잡화 가운데 해외공장의 몰수, 국유화(정치적 요인), 환시장의 변동(경제적 요인) 등의 사태에 대처함에 있어서 위험관리에서 구할 수 있는 것은 단지 정태적 위험, 순수위험을 대상위험으로 지정·국한할 필요가 있다. 위험관리의 유효성의 관점에서는 관리가능위험과 관리불능위험이라고 하는 위험범주에서 접근하는 것이 현실적이다.

위험관리의 대상위험을 정태적 위험에 한정시키고 있을지라도 정태적 위험의 범위는 매우 광범하다. 정태적 위험이나 순수위험은 보험경영의 관점에서 위험의 보험가능성을 기준으로 保險可能危險(insurable risk)과 保險不能危險(uninsurable risk)으로 분류할 수 있다.

3) 위험관리자의 기능

危險管理(risk management)의 기능은 經營管理(management)의 기능, 즉 計劃·組織·統制라고 하는 3기능에서 접근할 수 있다. 위험관리에 있어서 計劃이란 경영활동에 부수되는 정태적 위험을 예견하고 그 결과에 대한 위험의 처리수단을 명확하게 하여 위험관리를 실행하는 조직에의 지침을 제시하는 기능이다.

組織에 있어서는 계획의 단계에서 나타난 방침을 실시하고 위험처리업무의 확인·할당이 각 부문에서 이루어지도록 하는 것이다. 조직에 있어서 실행된 위험처리의 성과는 방치되지 않고 차기의 계획을 위한 평가검토가 이루어진다. 위험에 대한 비용과 관련하여 그 효과를 분석하고 예상사태에서 벗어난 것에 대하여 시정조치를 취하는 것이 마지막의 統制기능이다. 이와 같이 위험관리의 기능은 경영체의 목적에 대응하여 모든 다른 기능과 균형을 취하면서 순환적(risk management cycle)으로 이루어진다.

이것을 의사결정론적인 단계로 지적한다면, 위험의 확인→위험의 측정→위험처리방법의 선택→위험처리방법의 실행으로 표현할 수 있다. 위험관리의 기능에 있어서 중요한 것은 실제 그것을 수행하는 기능담당자의 능력과 역할이다. 기업의 경우에는 위험관리의 임무를 수행하는 사람으로서 그 명칭은 회사에 따라 반드시 일치하지 않지만 'risk manager'라는 직위가 있다.

위험처리의 방법으로 보험을 이용할 경우 처음에는 단지 보험증권을 관리하는 保險擔當者(insurance clerk)를 두고 있지만 보험보호의 내용에 있어서 그 임무영역이 확대되어질 경우에는 'insurance manager'라는 직위가 생기게 된다. 이와 같이 위험처리를 위한 기능확대의 요청에서 그 명칭은 변화하게 된다. 참고로 1969년 미국에 있어서 기업의 위험관리담당자의 의사결정에 관계되는 직능상의 내용과 권한과의 관계를 조사한 것을 보면 다음과 같다.

〈표 1-2〉 미국기업의 위험관리담당자의 권한

(단위: %)

결정내용	전 면 적	부 분 적
위험의 결정·평가	68	30
손실예방	24	58
안전관리	19	44
보험가입 여부	32	65
보유여부	27	68
보험자의 변경·선택	53	40
보험계약변경의 승인	72	25
필요한 보험금액의 검토	66	33
소손해에 대한 클레임 청구여부	85	12
보험기록의 보지	49	36
단체보험제도의 기획	25	38
복리제도의 기획	12	42

자료: Study of the Risk Manager and ASIM, "Conducted by Woodward and Fondiller Study," New York, 1969(再引用: 庭田範秋 編, 前揭書, p. 223).

4) 위험의 처리단계 및 수단

위험관리의 첫 단계는 위험의 확인이다. 위험의 확인에 관하여 약간의 방법이 있다. 미국에서는 保險會社 또는 美國經營者協會(American Management Association: AMA)의 보험부서에서 잠재적 손실을 파악하기 위한 체크 리스트(check list)가 출판되고 있다. 이것을 이용하는 것도 하나의 방법이다. 그 다음으로는 기업의 조직도, 재무제표 등의 회계정보, 기업활동에 부수되는 원재료·서비스의 흐름을 나타내는 플로우 차트(flow chart)에서 잠재적 손실을 찾아내는 방법이다.

위험을 확인한 다음 단계는 위험을 측정하는 것이다. 여기서 고려되어야 할 것은 손실의 발생빈도, 손실의 규모, 위험에 직면하고 있는 대상 수 등 세 가지이다. 이것은 위험의 변동과 관련하여 그 다음 단계의 유효성을 평가하기 위한 기초적 정보가 된다.

危險의 測定方法으로는 일정한 조건하에서 장기에 걸쳐 손실상황을 관찰하여 손실의 발생확률, 손실의 규모, 확률분포, 편차 등을 구하여 장래의 동향을 추정하는 통계적 접근법과 손실의 발생빈도, 손실의 규모에 대하여 일정한 범위를 설정하고 평가하는 분류접근법이 있다. 어떠한 방법에 의하든지 될 수 있는 한 많은 유익한 정보를 입수하여 위험을 측정할 필요가 있다. 위험이 확인될지라도 자료관계상 위험의 측정이 객관적으로 이루어지지 않는 경우가 있지만 이 때에는 주관적 평가가 중요하다.

위험의 측정상 PML의 문제가 고려되고 있다. PML이란 推定最大損害로서 Possible Maximum Loss 또는 Probable Maximum Loss의 頭문자를 표시한 것이지만 그 의미는 상위하다. 전자는 예방조치를 준비하여 두었으나 그것이 손해발생 사고시 작동하지 않아 입는 최대가능손실을 말하며, 후자는 예방조치가 효과적으로 작동한 경우에 경영체가 입는 최대의 손실(개연적 최대손실)을 뜻한다. 문헌에 따라서는 위의 Possible Maximum Loss를 MPL(Maximum Possible Loss)로 표기하기도 한다. 위험의 확인·측정은 1 회한으로 그칠 수는 없다. 경제환경의 동태화는 위험의 복잡화·다양화를 초래하고 있기 때문에 위험의 확인·측정(위험분석)은 매우 중요한 단계이며 일정한 분석방법에 의하여 정기적으로 실행하는 것이 바람직하다.

위험의 확인·측정이 이루어지면 그 다음 단계는 위험을 처리하기 위하여 적절한 수단을 검토하여 채택하는 것이다. 위험을 처리하기 위한 수단은 危險統制(risk control)와 손해발생 후 지급에 관한 자금조작, 즉 危險財務(risk finance)의 두 가지로 대별할 수 있다.[14)]

위험통제는 잠재적 손실의 발생확률, 손실의 규모, 대상 수 등을 조작하는 방법이며, 여기에는 일반적으로 위험회피, 위험경감, 위험대상단위의 분산, 위험이전 등 여러 가지 방법이 있다.

첫째, 危險回避의 예로서 건물의 시설관리상 책임을 회피하기 위하여 건물을 소유하지 않는 것도 일종의 위험회피이다. 그러나 건물의 소유에서 생길 수 있는 편익을 동시에 포기하는 결과가 되어 이 방법은 반드시 이용가능한 것은 아니다.

둘째, 危險輕減은 위험통제의 중심적인 방법으로 기술적 대응책과 인적 대

---

14) *cf. Insurance Institute of America*, Topical Outline RM 55(December 1975) & RM 56(May 1976).

응책으로 구성된다. 기술적 대응책에는 손실발생확률(빈도)감소를 위한 방법과 손실규모감소를 위한 방법의 두 가지가 있다. 전자는 손실예방, 후자는 손실경감이라고 할 수 있다. 손실예방은 예로서 기계의 안전장치가 있으며, 손실경감에는 화재발생에 대비하여 소화기, 방화벽 등을 들 수 있다. 다음으로 인적 대응책에는 절차상의 조치와 교육·훈련에 관한 조치의 두 가지 방법이 있다. 전자에는 안전장치의 정기검사, 가연물질의 정기적 배출, 종업원의 정기검진 등이 있으며, 후자는 안전·위험경감에 관한 훈련(피난훈련 등), 교육(특수과정 설치) 등이 있다.

셋째, 危險對象單位의 分散의 예로서 공장을 한 곳에 집중시키지 않고 각지에 분산하는 방법이다. 이것에 의하여 사고발생시 손실의 규모를 감소시킬 수 있다.

넷째, 危險移轉은 위험에 관계되는 재산이나 활동을 다른 사람에게 이전시키는 방법이다. 예로서 건물소유상의 책임을 그 건물을 매각함으로써 다른 사람에게 이전시키거나 법적 책임을 타인에게 이전시키기 위한 규정을 계약에 삽입시키는 것이다.

위험의 처리수단은 이상과 같은 위험통제의 방법 이외에 위험재무, 즉 손실발생 후 지급을 위한 자금조작의 방법이 있다. 대표적인 것은 危險移轉, 危險保有(risk retention), 信用의 세 가지 방법이다.

危險移轉의 典型은 보험자에게 위험을 이전시키는 것이다. 물론 보험 이외의 다른 방법도 있을 수 있다. 예로서 계약을 통하여 손해발생시(리스계약 등) 재무상의 책임을 이전시키는 것이다. 危險의 保有는 후술할 보험경영에 있어서 또는 위험재무상 중요한 수단이다. 여기에는 사전에 아무런 준비를 하지 않고 손해발생 후 그 결과를 스스로 부담하는 소극적인 보유도 있다. 그러나 위험관리론에서는 이와 같은 소극적인 보유는 제외시키고 있으며 위험의 보유는 위험분석의 결과 기업의 재무상황과 관련하여 적극적으로 보유하는 것을 의미한다. 용어상의 문제는 있지만 위험보유의 대표적인 것은 후술할 自家保險(self insurance)이 있으며, 그 발전적 형태로서 기업이 스스로 위험을 처리하기 위하여(keeping) 보험회사를 계열기업으로 두는 것이다.

마지막의 방법으로 信用에 의한 방법은 손해액이 기업의 재무력을 초과하는 사태가 발생할 것에 대비하여 자금을 차입하여 두는 것이다.

위에서 고찰한 위험처리의 수단에는 여러 가지가 있지만 대표적인 방법은 回避(avoidance), 保有(retention), 移轉(transfer)이다. 위험관리에 관한 전기 미국의

〈그림 1-1〉 위험처리에 관한 Flow Chart

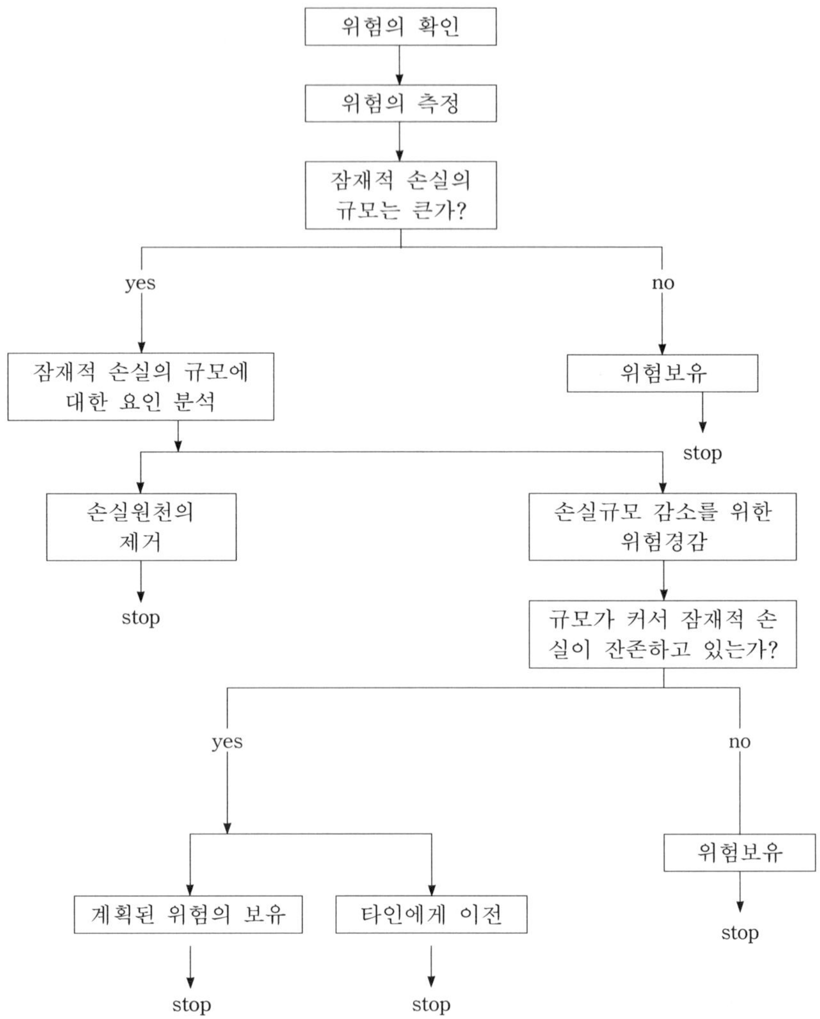

많은 보험학자들의 저서에서(K. Hax는 독일학자) 그 방법에 대하여 여러 가지를 열거하고 있는데, 유형별로 정리하면 다음과 같다.[15]

回避: Willet, Knight, Bickelhaupt, Mowbray *et al.*, Williams *et al.*, Greene, Hax
保有: Willet, Hardy, Bickelhaupt, Greene, Mehr *et al.*, Mowbray *et al.*, Williams *et al.*

15) 鈴木讓一, 前揭論文, 「損害保險硏究」(第38卷 第 1 號, 1976년 2 월), p. 45.

移轉: Hardy, Pfeffer, Bickelhaupt, Greene, Hax Mehr *et al.*, Mowbray *et al.*, Williams *et al.*, Pfeffer, Williams *et al.*

輕減: Willet, Greene, Williams *et al.*

豫防: Willet, Greene, Williams *et al.*

除去: Hardy, Pfeffer

保險(保證): Pfeffer, Mowbray *et al.*

結合: Knight, Greene, Williams *et al.*

特殊化: Knight, Hax

將來의 統制: Knight

豫想力의 强化: Knight

逆境에 의한 結果의 擴散: Knight

危險分割: Hax

危險分散: Hax

危險平均: Hax.

資金準備: Drucker, Hax

지금까지 위험처리의 방법에 대해 고찰하였다. 그 절차상의 순서와 흐름을 도시하면 〈그림 1-1〉과 같다.

4. 保險의 성립요건과 한계

(1) 보험의 성립요건

이 항목에서 保險의 성립요건이란 앞에서 고찰한 保險의 정의 내지 保險本質에 대한 구체적인 설명이다. 보험의 정의와 본질에 있어서는 학자에 따라 이론이 가지각색이지만 그 공통적·핵심적 내용은 다음과 같다.

1) 우연사건의 존재

보험제도는 우연한 사건에 의하여 경제생활의 안정이 위협받는 것을 방지하기 위한 것이다. 여기서 偶然한 事件이란 보험의 대상이 되는 위험(risk)의 존재를 말한다. 그 위험은 발생여부, 발생시기, 발생정도가 불확실하여야 한다. 만약 위험발생의 예측이 가능하다면 보험의 방법이 없어도 다른 수단에 의하여 예방 또는 진압이 가능할 것이다.

위험은 또한 同質性과 多數性의 요건을 갖추어야 한다. 위험의 동질성 때문에 오늘날 많은 종류의 보험종목이 개발되고 있다.

2) 多數經濟主體의 결합

보험이 성립되기 위해서는 위험의 同質性뿐만 아니라, 多數性이 요구된다. 이질적인 위험이 다수결합하거나 동질적인 위험이 소수결합한 경우에는 보험이 성립될 수 없다. 보험성립의 요건으로서 多數經濟主體의 결합은 보험의 團體性과 相互主義의 原則에 입각하고 있다.

보험단체는 하나의 危險團體(또는 危險共同體)이며, 그 바탕의 기본정신은 相互扶助 또는 相互主義에 있다. 이것을 한 마디로 설명하는 보험제도의 金言은, "一人은 萬人을 위해서, 萬人은 一人을 위해서"(Einer für Alle, Alle für Einen; One for All, All for One)이다.

3) 大數의 法則과 確率의 原理

보험의 성립요건으로서 다수경체주체의 결합은 대수의 법칙과 확률의 원리에 의하여 구체적으로 설명될 수 있으며, 보험제도가 투기 또는 도박과 구별되는 과학적·합리적인 제도로 인정되는 이유가 되고 있다.

보험에 있어서 위험발생의 예측은 대량위험을 관찰대상으로 하는 경우에 가능하다. 이것은 바로 大數의 法則(the law of large number)에 의한 것이다. 대수의 법칙에 의하면 어떠한 위험에 대하여 관찰대상과 관찰도수를 늘릴수록 실제 결과는 예정결과에 접근하게 된다. 보험의 성립요건으로서 위험의 다수성(대량성)은 이러한 대수의 법칙이 성립 가능하게 된다.

한편, 보험의 科學性은 확률(probability)의 원리에 의하여 부여되고 있다. 보험회사의 위험인수는 확률원리에 의하여 가능하고 위험발생의 예측, 보험료 및 경비산출도 이것에 의하여 역시 가능하다.

예로서 생명보험의 경우 확률원리를 실제 경험한 사망통계·생존통계에 적용시켜 生命表(生存表)를 작성하고, 화재보험에 있어서는 화재로 인한 지역별·위험종류별·건물구조별 사고경험에 의하여 적정한 보험료산출이 가능하게 된다.

4) 사회경제적 시설

보험은 多數經濟主體의 결합을 통하여 하나의 위험공동체로서 보험단체가 형성되고 그 기능면에서 사회적·경제적으로 큰 의미를 갖고 있다. 사회적 기능으로서는 보험의 바탕이 되고 있는 相互扶助, 連帶性, 團體性을 통하여 사회의 불안을 제거하고 모든 사회구성원의 단결과 협력을 구할 수 있는 근본적인 제도의 하나이다. 또한, 경제적으로는 은행, 신용금고, 증권 등과 더불어 특히 자본주의 경제사회에 있어서 필수적인 존재가 되고 있다.

(2) 보험의 한계

보험제도의 성립을 위해서는 이상과 같은 몇 가지 요건의 구비가 필요하며, 반면에 다음과 같은 경우에는 그 성립이 불가능하거나 어렵게 된다. 이것이 保險의 成立限界이다.

첫째, 總括的인 限界로서 위험의 존재이다. "危險 없이 保險 없다."(Ohne Gefahr, keine Versicherung)는 표현은 보험을 단적으로 가장 쉽게 설명하는 名言이다. 보험은 특히 경제불안에 대비하기 위한 선후책으로서 우연한 위험의 존재가 없다면 보험이 성립될 수 없다.

둘째, 技術上의 限界이다. 이것은 주로 위험의 성질 및 그 처리하는 방법에 관한 것으로서 위에서 설명한 大數의 法則과 確率의 原理가 지배될 수 있어야 한다. 구체적인 예로서 다음과 같은 경우에는 보험의 성립이 곤란하다.

① 지나치게 과대한 위험에 대해서는 보험의 성립이 어렵다. 그것은 이와 같은 위험에 대해서 대량관찰의 결과 안정적인 평균치를 발견할 수 없기 때문이다. 물론 거대한 재산위험은 위험을 다시 분산하는 재보험에 의하여 가능하다고 하지만 이 경우에도 農業保險, 輸出保險의 경우에서 볼 수 있는 대량위험의 동시다발은 보험의 성립을 곤란하게 한다. 戰爭危險의 경우에도 마찬가지로 설명할 수 있다.

② 사건발생의 빈도, 시기, 규모가 극히 불규칙한 위험에 대한 보험의 가능성은 희박하다.

③ 道德的 危險(moral risk)이 큰 것은 보험의 성립이 곤란하다. 도덕적 위험이란 보험가입자가 보험금의 사취를 목적으로 고의적으로 보험사고를 일으킬 위험을 말한다. 예로서 火災保險에 있어서 방화, 生命保險에 있어서 피보험자의 계획적인 살인, 기타 실제 사고가 일어난 후 사후적으로 보험에 가입하는 경우가 여기에 해당한다.

셋째, 經濟上의 限界이다. 이것은 보험의 수요와 공급에 관한 것이다. 보험수요에 있어서는 근소한 손해도 일어나지 않는 위험, 극히 드물게 발생하는 위험, 대부분의 사람들이 일반적으로 느끼지 않는 위험에 있어서 보험은 성립될 수 없다.

保險의 供給面에서는 보험회사가 특정한 보험종목에 대해서 주어진 조건, 즉 보험요율과 담보조건에 의하여 상품을 판매할 의사와 능력이 있느냐의 여부이다. 공급자인 보험회사의 입장에서는 수요가 많고, 위험분산이 충분히 이루어질 수 있어야 한다. 戰時下 또는 특정한 보험종목에 있어서 정부가 민간보험에 대해서 行政·稅制 등으로 지원하는 경우가 있는데, 이것은 보험의 공급을 촉진시키기 위한 것이다.

제 2 절 保 險 學

1. 保險學의 본질

保險學(Versicherungswissenschaft)이란 보험이라는 특수한 사회경제현상을 연구대상으로 하는 학문이라고 일반적으로 규정하고 있지만, 보험학의 개념, 영역 및 그 연구대상에 있어서는 다른 사회과학의 분야와 마찬가지로 아직까지 미완성의 단계에 있다. 보험학의 성격에 대한 논쟁은 1900년을 전후하여 獨逸保險學界에서 크게 전개된 바 있다.

1899년 獨逸保險學會의 창립을 계기로 학문논쟁은 보험학의 성격을 기술론 또는 경제학의 일부, 독자적인 학문으로서의 성립여부 등이 중심이 되었다.

1900년 당시의 獨逸保險學은 다른 관련학문과 마찬가지로 오늘날과 같은 학문적 체계가 부족하였고, 특히 관련학문으로서 법률학과 경제학이 발달하고 있었기 때문에 자연적으로 이들 학문과 관련시켜 그 일부로서 파악하려는 경향이 있었다. 그 당시 獨逸保險學會의 會則 제 1 조의 목적을 규정하는 내용 가운데, "保險學이란 보험제도의 존립 및 발전에 유용한 법률학, 경제학, 수학 및 자연과학의 지식 중에서 그 존재와 진보가 보험에 유용한 부분을 의미한다."고 하였다.

獨逸保險學會 會則에서 보험학의 성격을 이상과 같이 규정함에 따라 보험학은 일종의 集合科學(Sammelwissenschaft)으로 인정되었고 이것은 1920년대까지 장기간 保險學會 會長으로서 보험연구의 선도자 역할을 한 A. Manes도 이를 지지하였다. 그는 이것을 保險學의 獨逸的 槪念이라고 하였으며, 그 당시 유명한 Göttingen대학 보험세미나에서도 동일한 견해를 취하였다.

그러나 1900년 이후 독일에서의 보험학은 인접학문과 더불어 발전함에 따라 그 성격에 대한 논쟁이 계속되었다. 이러한 논쟁은 1930년대 초 나치스가 집권하기까지 계속되었는데 학문으로서 보험학의 존재를 부인하려는 일파와 반대로 그것을 인정하려는 논자로 구분되고 있다.

保險學의 否認派는 W. Rohrbeck, W. Schäfer, G. Leuckfeld, B. Rothe 등이다. W. Rohrbeck은 1921년 "保險技術이냐 또는 保險學이냐"(Versicherungstechnik oder Versicherungswissenschaft)라는 논문에서 보험학이 독립된 학문이 아니고 技術論에 불과하며, 관련학문의 보조학으로밖에 인정할 수 없다고 하였다. 그러나 만년인 1950년 독일 쾰른의 保險學者大會의 연설에서 보험학이 독자적인 학문임을 인정하였다.

한편, W. Schäfer는 1916년 그의 저서 「國民經濟와 保險」(*Volkswirtschaft und Versicherung*)에서 보험학은 국민경제학과 같이 여러 가지 인식방법과 목표를 갖는 학문을 포함하므로 통일적인 보험학의 성립은 곤란하다고 하였다. 또한, G. Luckfeld도 1910년 "獨逸學問에 있어서 保險의 理論"(Die Theorie der Versicherung in der deutschen Wissenschaft)라는 논문에서 보험학이 數理統計學, 法律學 및 國民經濟學의 3개의 학문으로 구성되므로 독자적인 학문으로 볼 수 없다고 하였다.

B. Rothe는 1931년 "保險의 社會經濟的 理論의 基礎"(Grundlegung zu einer sozialökonomischen Theorie der Versicherung)라는 논문에서, 보험은 사회경제학의 하나의 과제에 그치는 것이며 학문으로서 보험학의 성립을 부인하고 있다.

이상과 같이 보험학을 독자적인 학문으로서의 성격을 부인하는 논자가 많은 가운데 F. Hülsse, F. Helpenstein 등은 保險學認定派에 속한다. F. Hülsse는 독일 保險學會의 보험학 정의에 대한 과학성은 부인하지만 새로운 하나의 과학으로서 보험학의 존립을 주장하고 있다.

그는 1917년에 "保險學과 保險實學"(Versicherungswissenschaft und Versicherungskunde)이라는 논문에서 보험학의 독립성 및 그 본질을 인식론적으로 파악하고 있다. F. Helpenstein은 1931년 "保險學과 客觀性"(Versicherungswissenschaft und Objektivität)이라는 논문에서 社會經濟學으로서 보험학을 인정하고 있다.

독일에 있어서 보험학에 대한 논쟁은 1930년대 이후 중단되었고 제2차 세계대전 이후 현재에 이르기까지 보험본질론 이외에 보험학 그 자체에 대한 관심은 찾아보기 어렵다. 또한, 이와 같은 현상은 일본이나 다른 나라의 경우도 마찬가지이다. 특히 일본에서는 제2차 세계대전 이후 보험본질론에 대해서는 독일의 영향을 받아 활발한 논의가 있었으나 보험학에 대해서는 큰 관심을 표명하지 않았다.

보험학은 실학으로서 실무문제를 항상 가까이 하고 있기 때문에 技術論이라는 비난을 면하기 어렵게 되어 있다. 또한, 학문으로서의 성격을 부여할 때 여러 가지 관련학문으로 구성되어 있는 集合科學 또는 綜合科學의 성질을 지니고 있다. 이것은 보험학의 체계적인 연구와 이해를 어렵게 하는 하나의 요인이 되고 있다.

보험학은 사회과학의 다른 학문과 마찬가지로 많은 인접학문과 연관을 맺고 있다. 그것은 법률학, 경제학, 경영학 등의 사회과학뿐만 아니라 수학, 통계학, 공학, 의학 등과 같은 자연과학과 밀접한 관련을 가지고 있다. 따라서 보험학의 체계 또는 영역은 보험경제학, 보험정책학, 보험수학, 보험공학, 보험의학, 보험통계학, 보험법률학 등으로 구성되어 있다. 이 가운데 본서는 보험경영학에 특히 비중을 두고 서술하려고 한다. 保險經營學의 구체적인 성격에 대해서는 본절의 '3. 保險經濟學'을 참조하기 바란다.

2. 保險硏究의 발달

보험에 대한 연구의 시초는 保險本質論에서 언급한 바와 같이 海上保險에 대한 법률적인 것이었다. 문헌상으로는 1552년 베니스에서 간행된 P. Santerna의 「商人的 保險 및 保險論」과 1569년 B. Straccha의 「保險에 대해서」(*De assekurtaionibus*)가 대표적인 것이다. 이와 같이 海上保險에 대한 법률적 논술이 주가 된 것은 그 당시 지중해연안의 상인활동을 중심으로 거래관계로부터 생기는 구체적인 이해관계가 법률적 견해에 따라 결정되었기 때문이다.

보험에 대한 그 다음의 연구는 年金과 生命保險에 관한 數理的 硏究이다. 연금의 재정적 연구는 Nürnberg시장 B. Holtzschuler, Napoli의 의사 L. Tonti 및 G. Obrecht 등이다. 이들의 연구는 保險國營論에 가까운 것으로서 Holtzschuler는 1560년경 일종의 강제적 결혼보험의 계획안을 발표하였고, Obrecht는 1605년 「政府論」(*Politischen Diskus*)에서 보험에 대하여 논급하고 있다. 또한, 哲學者 G. W. Leibniz도 1697년 "保險"(Assekuranzen)이라는 논문을 발표하였다.

보험에 대한 數理統計의 硏究는 수학자 B. Pascal, Pierre de Fermat, C.Huygen, 네덜란드의 정치가 John de Witt 등에 의한 생명연구에 응용된 確率論이 중심이 되고 있다. 보험에 대한 연구가 체계화된 학문으로서 모습을 보이게 된 것은 19세기 중엽 이후로서 保險數理에 관한 것이 중심이 되고 있다. 1848년 런던에서

Actuary협회가 조직되고 그 자격이 정해짐과 동시에 이른바 Actuary학문의 실체가 형성되었다.

Actuary란 보험 특히 생명보험의 수리학 방면에 능숙한 전문가를 호칭하는 것이고, 우리 말로는 保險計理士라고 부르고 있다. Actuary가 습득해야 될 학문을 Actuary學이라고 하는데, 이것은 특히 생명보험사업의 경영에 있어서 필요한 수학적·통계적·계리학 지식의 집합으로서 구성되고 있다.

Actuary學은 1848년 협회의 설립 이후 機關誌(Journal of the Institute of Actuaries)를 발간(1856)하면서 처음에는 단순한 應用數學에 불과하던 것이 그 영역을 확대시켜 나갔다. 즉, 1860년부터 자격시험과목이 종래의 數理生命統計, 複利計算 및 簿記에 한정된 것을 개정하여 법률 및 경제학에 관한 내용을 추가하였다.

이상과 같은 보험의 연구는 초기에 數理統計에 관한 것이 중심이 되었으나 1860년대 이후 독일에서 국민경제학자에 의하여 경제학적 연구가 추가됨에 따라 보험학의 기초가 형성되기 시작하였다. 국민경제학자로서는 1865년 T. Saski의 "保險의 國民經濟的 意義와 각 保險部門의 利用"(Die wolk-wirtschaftliche Bedeutung des Versicherungswesen und der Nutzen der einzelnen Versicherungszweige), 1867년 E. Herrmann의 "經濟的 觀點에서의 保險理論"(Die Theorie der Versicherung vom wirtschaftlichen Standpunkte)이 각각 발표되었다. 또한, 재정학자 A. Wagner의 저서 「國家와 保險」(*Der Staat und Versicherungswesen*)과 「保險論」이 1881년과 1882년에 각각 출판되었다.

1886년 W. Roscher도 「國民經濟體系」에서 보험의 국민경제적 고찰을 시도하였다. 이와 같이 近代保險學의 형성과정에서 독일의 국민경제학자에 의하여 주로 연구되고 있었기 때문에 "保險은 國民經濟學의 庶子이다."라는 말이 E. Herrmann에 의하여 주장되었고, 다른 한편으로는 전술한 바와 같이 보험학을 초기에는 독립적인 학문으로 인정하지 않으려는 이유가 되기도 하였다.

독일을 중심으로 오늘날 보험학의 기틀이 마련된 것은 1896년 Göttingen대학의 보험세미나의 설치, 1899년 베를린에서 獨逸保險學會의 창립 이후 대학에서 보험의 경제적·법률적 연구가 활발하게 전개되었다. 독일보험학의 영향을 받아 일본에서도 1895년 보험학회가 조직(1940년 재발족)되었고, 1900년 이후 대학 등의 고등교육기관에서 保險論 및 保險法의 강좌가 다수 개설되었다. 또한, 일본의 영향을 받아 1920년대 한국의 普成專門學校(高麗大學校의 前身)의 교과목에도 '保險法'이 개설되고 있었다.

제 2 차 세계대전 이후 보험거래가 再保險市場을 통하여 국제적으로 확대되고 보험산업이 각국에서 크게 성장함에 따라 대학에서의 보험학연구도 독일, 미국, 일본을 중심으로 발전을 계속하고 있다. 보험학은 전술한 바와 같이 보험법학, 보험경제학, 보험경영학, 보험일반이론, 보험수학, 보험통계학, 보험공학, 보험의학 등으로 분화되면서 그 연구가 더욱 깊어지고 있으며, 또한 해상보험을 중심으로 한 실무연구도 매우 활발하다.

대학에서의 보험학연구는 독일의 경우 Hamburg대학, Köln대학, München대학, Frankfurt대학, Mannheim대학, Göttingen대학 등이 중심이 되고 있다. 이들 대학에서는 보험학의 각 부문에 걸쳐 세미나 및 保險硏究所를 설치하고 있다. 미국대학에서의 보험연구와 교육은 제 1 차 세계대전 후부터 시작되었다. 현재 펜실베니아대학을 비롯하여 전국의 대학 가운데 상당수가 보험학강좌를 개설하고 있다.

특히 1967년에는 뉴욕에 4 년제 保險大學(The College of Insurance)이 설립되어 석사학위과정까지 두고 있다. 일본의 대학에서는 보험학과의 설치는 없지만 전국의 대학에서 보험학 또는 그와 관련된 강좌가 개설되고 있으며, 日本保險學會를 비롯한 많은 연구기관이 보험사업자단체에 의하여 운영되고 있다.

3. 保險經營學

(1) 특수경영학으로서 보험경영학

보험경영학에 대한 이론을 서술하기 위한 전제로서 보험학의 본질 및 경영학의 본질적 문제를 먼저 언급할 필요가 있다. 그러나 이 문제에 대하여 상세하게 서술한다는 것은 보험학 및 경영학의 기본적 과제로서 여러 학파에 의한 본질 내지 방법론은 양자에 있어서 극히 다양하다. 따라서 여기서는 보험학 내지 경영학의 본질적 문제에 대하여 논하는 것은 생략하기로 하고 保險經營學에 관련되는 分野에 대해서만 서술하기로 한다.

보험경영학에 있어서는 이것을 경영학의 체계에 포함시킬 것인가 또는 보험학의 범위에 포함시킬 것인가의 문제가 있다. 여기서는 기본적으로 전자의 입장을 취하는 것이 타당하다고 생각되지만, 보험학의 한 분야로서의 보험경영학의 위치도 구명할 필요가 있다.

보험경영학의 연구에 있어서는 保險經營學이란 무엇인가를 해명하는 것이 기본적 과제이다. 즉, 이것은 보험경영학의 방법과 체계를 명확하게 하는 것이다. 보험경영학을 특수경영학의 하나로 규정하고 있는 이상 그 체계와 방법론은 마땅히 경영학(일반경영학)의 그것을 응용할 필요가 있다. 보험경영학의 방법은 경영학과 마찬가지로 실제적이고 유효적인 것이어야 한다. 즉, 보험경영학의 인식대상을 현실적으로 생성·발전하고 있는 보험기업에서 구하고 있는 이상 이것을 해명하는 수단은 마땅히 실제적·유효적이어야 할 필요가 있다. 다시 말하면 보험경영학의 이론은 繼續企業(going concern)으로서의 보험기업에 실제적으로 성립될 수 있는 이론을 제공하지 않으면 안 된다.16)

이러한 입장에서 보험경영학은 일반경영학과 그 기본적 입장을 공통으로 하고 있음과 동시에 특수경영학으로 성립되고 있다.17)

경영학을 一般經營學과 特殊經營學으로 구분하고 있는 것은 독일의 경영학계이며, 보험경영학을 특수경영학의 하나로 보고 있는 것도 역시 독일의 경영학계 및 보험학계이다. 일본의 경우는 후술하는 바와 같이 제2차 세계대전 이전부터 독일학계의 영향을 받아 현재까지 이 체계에 따르고 있지만, 반면에 미국의 보험학계는 보험경영학을 危險管理(risk management)의 일부로 보고 있다. 독일에서 특수경영학의 영역에 속하는 것은 보험경영론을 비롯하여 공업경영론, 상업경영론, 은행경영론, 교통경영론, 창고경영론, 수공업경영론, 농업경영론, 협동조합경영론 등 매우 다양하며 최근에는 에너지經營(經濟)論도 여기에 포함시키고 있다.

特殊經營學은 기업의 일반문제로부터 구별되어진 특수문제에 관한 경영학으로서 문제별 경영학 또는 업종별 경영학으로 이해되고 있다. 이러한 점에서 보험경영학은 그것이 내포하고 있는 問題群의 특수성에 의하여 특수경영학으로 규정하고 있다. 그러나 보험경영학은 일반경영학으로부터 고립될 수 있는 것이 아니고 상호 깊은 관련성을 맺고 있으며, 다른 한편으로 보험경영학은 그 독자의 문제군을 소유하고 있다. 이러한 일반경영학과의 관련성과 보험경영학의 독자성을 포괄하여 보험경영학의 체계가 구성되고 있다. 여기서 전자를 보험경영학의 이론적 체계, 후자를 그 기술적 체계로 규정할 수 있다.

(2) 보험학의 한 분야로서 보험경영학

주지하는 바와 같이 보험이라고 하는 산업이나 제도는 다른 일반의 산업이

16) 鈴木讓一, 「保險經營の硏究」, 東京: 文雅堂銀行硏究社, 1972, p. 116.
17) M. Gürtler, *Betriebswirtschaftliche Probleme des Versicherungswesens*, Betriebswirtschaftlicher Verlag Dr. Th. Gabler, Wiesbaden, 1959, SS. 12～16.

나 제도와 비교하여 현저하게 특이한 성격을 갖고 있기 때문에 보험을 학문적 연구대상으로 하고 있는 보험학 또한 다른 학문의 성격과 뚜렷하게 구별되며, 일반적으로 보험학은 여러 방면의 학문으로 구성된 集合科學(Zusarnrnenwissen-schaft)으로 규정하고 있다. 이러한 점에서 보험경영학은 독립적인 집합과학의 일부로서 보험학을 구성하고 있다.

보험학의 성격에 대해서는 보험본질론과 더불어 많은 학자들에 의하여 종래부터 다루어져 왔지만 아직까지 논란의 대상이 되고 있다. 集合科學으로서 보험학의 그 주요 구성부문이 되고 있는 것은 여러 분야의 학문이다. 우선 보험제도가 장기에 걸쳐 화폐의 授受를 둘러싼 계약이라는 면에서 經濟的 側面(保險經濟學)과 法律的 側面(保險法學)에서의 연구가 중요하다. 또한, 보험기업의 경영적 측면에서는 보험경영학이 그 주요한 일부를 구성하고 있다. 그 뿐만 아니라 보험학에 있어서 또 하나의 주요한 측면은 數理技術이다. 보험의 수리적·수학적 연구는 위험의 존재와 그 발생에 대한 大數法則의 分析, 確率計算의 追求에 의한 보험료의 합리적 산정을 통하여 보험경제나 보험경영 그 자체의 경제계산 또는 계량경영에 관하여 학문적 연구의 발전을 보게 하였다.[18]

한편, 보험학은 이상과 같은 經濟學, 經營學, 法律學, 數理·統計學과 밀접한 관계를 맺고 있을 뿐만 아니라 生命保險, 社會保險 등에서 醫學的 側面(保險醫學)의 연구가 필요하고 또한 각종 산업시설의 위험에 대한 특종보험의 개발로 工學的 側面(保險工學)도 그 주요한 일부가 되고 있다.

이상과 같이 保險經營學은 保險經濟學, 保險法學, 保險數學, 保險醫學, 保險工學 등과 상호 밀접한 관련성을 갖고 集合科學으로서 보험학의 일부를 구성하고 있지만 그 가운데 가장 관련성이 깊은 것은 보험경영학과 보험경제학과의 관계이다. 양자의 관계는 우선 경영학과 경제학의 일반관계에서 찾아보아야 하고 이것을 두 학문의 역사가 깊은 독일의 경우에서 보면 경영학이 경제학의 일분파로서 출발하였음을 알 수 있고, 그 후 양자가 서로 보완적으로 발전하여 왔다. 따라서 보험경영학은 보험경제학과 특히 밀접한 관계를 이루고 있을 뿐만 아니라 서로 공통영역을 이루고 있는 부문이 많다.

보험경제학은 보험경영학과 마찬가지로 아직까지 독자적인 학문체계가 확립되어 있지 않지만 최근까지 선진국에서 중점적으로 연구되고 있는 保險資本論, 競爭과 獨占理論, 利潤 및 費用理論, 需要 및 供給, 價格理論, 保險産業의 산업연관

18) 庭田範秋(編), 「保險經營學」, 東京: 有斐閣, 1978, p. 2.

분석 등은 보험경영학과 관련영역으로 인정할 수 있다. 이러한 면에서 本書에서는 위의 연구과제의 일부를 보험경영학의 영역에 포함시켜 부분적으로 다루어 보았다.

⑶ 보험경영학의 내용과 체계

보험경영학은 이제까지 보험이라는 무형상품을 생산·판매하는 데 경영의 기능을 집중시켜 왔기 때문에, 이 학문의 내용은 실무론적인 것이 많고 구체성과 실천적 성격을 갖고 있다는 점에서 주목되고 있다. 선진 각국의 보험경영론의 조류는 보통 보험의 현실을 알기쉽게 해설하고 保險販賣·保險마케팅에 관한 기술의 이론화를 도모하면서 이것과 관련하여 보험경영의 제반 문제의 분석을 시도하는 내용이 많다. 이러한 단계에서 보험경영론이 머무르고 있는 한 그 학문적인 발전은 기대할 수가 없다. 그러나 보험사업의 발달과 보험기업의 성장이 현저한 오늘날에 있어서는 본격적인 보험경영론의 등장도 시간문제인 것처럼 보인다.

일반경영학의 체계 내지 그 가운데 포괄된 중요한 問題群은 일반적으로 계획·조직·지휘·통제(이른바 management cycle)이다. 이러한 문제군은 보험경영학에 있어서도 기본적으로 논의되어야 한다. 그러나 보험경영학에 있어서 이것은 일반적인 사실로서 논의되는 것이 아니고 보험기업의 특수성을 전제로 하여 논의되어야 한다. 즉, 이러한 문제군에 대한 해명은 보험경영학의 이론적 체계를 구성하며, 이 이론적 체계는 보험경영학의 기술적 체계보다도 보다 밀접하게 일반경영학과 관련된다. 이와 같이 일반경영학과의 관련성의 대소에 의하여 보험경영학의 이론적 체계와 기술적 체계가 구별된다. 다시 말하면 보험경영학의 이론적 체계를 경시하여 기술적 체계만을 논할 때에는 보험경영학은 단지 기술론으로 시종된다. 따라서 보험경영학은 보험기업의 특수성을 고려하면서 이론적 체계와 기술적 체계를 포괄시켜 실증적이고 유효적인 이론전개를 행함으로써 特殊經營學으로 성립될 수 있는 것이다.

보험경영학의 연구대상이 되고 있는 보험기업은 현실적으로 損害保險企業과 生命保險企業으로 별개로 존재하고 있다. 양자의 兼營禁止 및 法的 規制는 국가에 따라 다소 차이가 있으나 대체적으로 兼營禁止의 방향으로 나가고 있다. 이와 같은 일반적인 경향을 전제로 한다면 보험경영학은 損害保險經營論과 生命保險經營論의 두 가지 분야로 규정될 수 있다. 그러나 보험경영학의 이론적 체계에 대해서는 양자를 구분할 수 있는 것은 극히 적고 기술적 체계에서만 양자를 구분할 필요가 있는 것이 약간 많을 뿐이다. 요컨대, 보험경영학 이론의 전개과정에 있어서는 손해보험과 생명보험의 양자의 구별을 항상 전제로 해야 할 것인지의 여부가 문제된다.

보험경영학을 특수경영학의 하나로 보고 그 이론적 체계와 내용도 기능을 중심으로 하여 경영학의 체계와 내용을 그대로 따르고 있는 것이 이 분야연구에 앞서가고 있는 독일과 일본의 보험학계의 일반적인 동향이다. 여기서 한 가지 공통적인 현상은 일반경영학에서 중요한 영역으로 다루어지고 있는 生產管理論이 보험경영학에서는 상품의 특성상(무형상품) 제외 또는 경시되고 있다. 다음은 독일과 일본의 보험학자에 의한 보험경영학의 체계와 내용을 간단히 소개하기로 한다.

1) R. Schmid

1934년에 발표한 "保險經濟學의 體系에 관한 考察"(Beitrag zur systematik der Versicherungswirtschaftslehre)이라는 논문에서 보험경영론의 내용과 체계를 다음과 같이 말하고 있다.

- 보험경영정태론
  - 자 본 론
  - 실 무 론
  - 기업형태론
  - 입 지 론
  - 경영경제적 기업위험론
- 보험경영동태론
  - 조 직 론
  - 수 익 론
    - 모 집 론
    - 신 청 론
    - 위험분류론
    - 보험관계론
    - 보험료론
    - 재산관리론
  - 비 용 론
    - 직접비용론
    - 간접비용론
  - 손 익 론
    - 손익원천론
    - 손익분배론
- 보험경영회계론
  - 원가계산론
  - 부 기
  - 경영경제적 통계
  - 경영경제적 예산
- 보험경영관리론

2) M. Gürtler 교수(스위스 Basel 大學)

1959년 그의 저서 「保險制度의 經營經濟的 諸問題」(*Betriebswirtschaftliche Probleme des Versicherungswesens*)에서 보험경영학의 몇 가지 문제를 다음과 같은 유형으로 구분하고 있다.

일 반 론
보험형태론
보험수요론
경영계산론 및 가격정책
보험회계론
외부조직(판매론)

3) H. L. Müller-Lutz 교수

1960년 「保險經營學의 原理」(*Grundbegriffe der Versicherungs-Betriebslehre*) 제 1 권[19](보험경영의 조직입문)과 제 2 권(보험경영의 회계제도 입문)을 저술한 후 1966년에 이르기까지 3 차의 개정판을 출간하였다. 1966년 판(제 2 권은 1968년 판)의 내용을 중심으로 보면 그의 보험경영학의 체계는 다음과 같다.

제 1 권 보험경영의 과제
보험경영의 구조
생산관리론
보험경영의 분류
단일종목경영론
다종목경영론
보험경영의 합리화
보험경영의 사무관리

제 2 권 기 초 론
경영계산론
부기 · 회계
경영통계
경영계획
회계제도의 조직

4) 庭田範秋 교수(日本 慶應義塾大學)

1971년 「保險經營論」(有斐閣)과 1978년의 「保險經營論」(編著: 有斐閣)에서 보험경영학의 체계를 경영관리의 기능을 중심으로 다음과 같이 분류하고 있다.

19) 제 1 권은 프랑스(1962), 이탈리아(1962), 스페인(1963), 미국(1966)에서 각각 飜譯出刊되었다.

그는 보험경영에 있어서는 일반경영학의 생산관리론에 해당되는 부분은 없는 것으로 보고 있다.

- 보험형태론
  - 기업형태론
  - 집중형태론
- 재무관리론
  - 회 계
  - 자금운용
- 보험조직론
  - 라인조직
  - 스탭조직
- 사무관리론
  - 영업사무
  - 보전사무
  - 자금운용사무
- 판매관리론
  - 상품개발
  - 판매촉진
  - 외무원 또는 대리점관리
- 실무관리론
  - 개별관리
  - 집단관리

5) W. A. Dinsdale(The Chartered Insurance Institute 教育擔當 理事)

W. A. Dinsdale의 「保險經營論」(*Insurance Administration,* 8th ed., Sir Isaac Pitman & Sons Ltd., London, 1963)은 원래 1924년 J. B. Welson과 H. Taylor의 공저 「保險組織과 經營管理」(*Insurance Organization and Management*)라는 서명으로 1959년 제 7 판까지 중판되어 오던 것을 1963년에 *Insurance Management*로 改題함과 동시에 제 8 판으로 하여 The Chartered Insurance Institute의 수강생을 위하여 특별교재(Insurance Handbook No. 7)로서 고안·발간한 것이다. 이 책은 보험회사의 사무관리를 중심으로 한 것으로서 그 내용(목차)은 다음과 같다.

서　　론
위험선택의 구조
사　　무
사무체계
기 계 화
사무조직
사무관리
임금·보수
회사의 경영간부
광　　고
지부관리 및 감사
대 리 점

비서업무, 회사합병 등
생명보험부문
화재보험부문
상해보험부문
해상보험부문
보험경영의 일반원칙
커뮤니케이션
기타(손해사정, 통계 등)

독일의 보험경영학은 전술한 바와 같이 특수경영학의 하나로 보고 있으며 경영학의 연구·발전이 다른 국가와 비교하여 역사가 오래되었기 때문에 특수경영학으로서 보험경영학의 문헌적 연구도 1920년대부터 찾아볼 수 있다. 보험경영학의 특색의 하나는 경영학의 일반적인 체계에 따라 保險會計 내지 保險經營計算論을 보험경영학에 포함시키고 있다.

독일에서 'Versicherungsbetriebslehre'라는 말이 바로 '保險經營學'을 의미하며 문헌상에 처음 사용된 것은 1914년 H. Hibert가 편집한 「保險制度의 技術論」(*Technik des Versicherungswesens*)의 부제로서 표현되고 있다. 그 후 보험경영학은 문헌상으로 1925년 A. Patzig의 「保險經營學」이 출간되었고, 1930년 A. Manes의 「保險論」(*Versicherungswesen*) 제 5 판(제 1 부 · 제 4 편)을 'Versicherungsbetrieb'(保險經營)으로 하여 보험계약의 모집, 위험의 측정, 준비금 · 회계 등의 보험경영학의 기술적 체계에 속하는 문제들을 다루고 있다.

A. Patzig의 「保險經營學」에서는 내용상으로 보험의 목적, 보험의 본질, 위험 및 보험료, 보험경영의 형태, 보험의 감독 등이고 나머지는 보험각론으로서 보험경영에 관한 일반적 기술은 書名에 비하여 매우 적다. A. Manes의 「保險論」은 1905년의 제 1 판(제 1 부 · 제 4 편)에서는 *Versicherungstechnik*(保險技術)이라고 하여 보험요율의 산정, 재무론, 기타 5 장으로 되어 있다.

보험경영학에 대하여 어느 정도 체계가 갖추어진 문헌은 F. Dorfel의 「保險經濟學」(*Versicherungswirtschaftslehre*, Berlin u. Wien, 1931)이다. 그 내용은 보험경영론에 관한 것으로서 보험사업의 법률적 기초, 보험기업의 조직, 보험료, 자산의 관리 · 운영, 손해의 발생, 재보험, 수익성 및 경제성, 회계, 수리, 감독 등으로 구성되어 있다.

독일의 보험경영학이 어느 정도 체계화단계에 도달한 것은 1950년대부터이다. 문헌상으로는 다음과 같은 저서가 주목되고 있다.

E. Adrian, 「保險經營學 入門」(*Einführung in die Versicherungsbetriebslehre*, 1952)
M. Gürtler, 「保險制度의 經營經濟的 諸問題」(*Betriebswirtschaftliche Probleme des Versicherungswesens*, Wiesbaden, 1959)
M. Gürtler, 「保險經營學 入門」(*Einfürung in die Betriebswirtschaftslehre der Versicherung, Stuttgart*, 1964)
H. L. Müller-Lutz, 「保險經營學의 基礎」(*Grundbegriffe der Versicherungs Betriebslehre*, Band 1): 「保險經營의 組織入門」(*Einführung in das Organisationswesen des Versicherungs Betriebes*, 2. überarbeitete Auflage, Karlsruhe, 1960) Band, 2): 「保險經營의 計算制度 入門」(*Einführung in das Rechnungswesen ds Versicherungs-Betriebes*, 2. überarbeitete Auflage, Karlsruhe, 1968)

1950년대 이후 독일의 보험경영학은 이상과 같은 입문서의 출판 이외에 다음에 언급할 보험회계학을 비롯하여 보험마케팅, 보험재무 및 투자, 기타보험경영학의 각론에서도 많은 저작과 논문이 발표되었다. 그 가운데 특히 유명한 저작은 D. Farny 교수의 「保險마케팅」, 「保險의 生産」 및 「費用理論」, 「保險財務」 등 각 부문에 걸쳐 많은 저작과 논문은 독일 및 일본 보험학계에서 관심을 끌고 있다.

그의 대표적인 저작은 박사학위논문인 "保險市場論"(Die Versicherungsmärkte: Eine Studie über die Versicherungsmarkttheorie, Berlin, 1961), 교수승진논문인 "保險의 生産 및 費用理論"(Produktions-und Kostentheorie der Versicherung, Karlsruhe, 1965), "保險企業의 販賣 및 販賣政策"(Absatz und Absatzpolitik des Versicherungsunternehmens: Eine Einführung, Karlsruhe, 1971) 등이다.

한편, 독일의 보험경영학은 미국경영학의 체계와는 달리 회계학을 경영학의 일부로 포함시킴에 따라 보험회계·원가계산·부기 등을 보험경영학의 일부로 다루고 있다. 이 부분에 관한 저작은 특히 위의 H. Gürtler 교수를 중심으로 1950년대와 1960년대에 많은 문헌의 출판이 있었고 관계논문도 다수 발표되고 있다. M. Gürtler 교수의 5대 저작은 다음과 같다.

「保險簿記入門」(*Einführung in die Versicherungsbuchhaltung*, 4. Auflage, Weißenburg, 1958)
「保險經營의 成果計算」(*Die Erfolgrechnung der Versicherungsbetriebe*, 2. Auflage, Berlin u. Frankfurt, 1958)
「保險經營의 計算」(*Die Kalkulation der Versicherungsbetriebe*, 2. Auflage, Berlin u. Frankfurt 1958)
「保險簿記의 理論 및 技術」(*Die Theorie und Technik der Versicherungsbuchführung*, 2. Auflage, Berlin u. Frankfurt/M, 1958)

「保險經營計算 入門」(*Einführung in die Kalkulation der Versicherungsbetriebe, Karlsruhe*, 1961)

위에서 고찰한 바와 같이 독일 보험경영학은 문헌상으로는 1950년대 이후 보험경영학원리와 보험회계학에 관한 단행본이 다수 출판되었는 바 전자는 이론적 체계에, 후자는 기술적 체계에 속하는 문제를 중심으로 다루고 있다. 그 이외에 보험경영 각론에 해당되는 것은 1960년대 이후 주로 보험마케팅, 보험재무에 관한 박사학위논문이 단행본으로 출판되었다.

미국의 보험경영학은 독일의 경우와 성격이 전혀 다를 뿐만 아니라 교과서 형식의 문헌도 거의 찾아볼 수 없다. 다만, 특징적인 사실이 있다면 보험이론이 처음부터 危險管理(risk management) 중심으로 전개되고 있기 때문에 보험경영학도 거의 대부분 위험이론에서 출발하고 있는 것으로 볼 수 있다. 따라서 이론적 체계는 보험경영론의 대부분이 위험이론으로 구성되어 있다.

보험회사경영의 기능적 측면에서는 保險마케팅, 保險投資, 保險代理店管理 등의 문제를 중심으로 한 문헌이 대부분 보험협회 또는 보험단체의 보고서형식으로 출판되고 있고 그 내용은 광범위한 실증적 연구가 중심이 되고 있다.

미국의 보험경영학은 위험이론과 연관을 맺고 있기 때문에 이 부문에 관한한 수리적·통계적 분석모델을 활용하려는 수준 높은 논문들이 1960년대 후반 이후 다수 발표되고 있다. 특히 季刊잡지로서 The American Risk and Insurance Association, Inc.에서 발행하는 *The Journal of Risk and Insurance*에서는 이 관계 논문을 다수 게재하고 있어 각국 보험학계의 주목을 받고 있다.

일본 보험경영학의 체계는 1940년대까지 대체적으로 전술한 독일 보험경영학의 영향을 받았고 전후 미국경영학의 경영관리론의 영향을 다소 받고 있으나 아직까지 특수경영학으로서 학문적 체계는 그대로 갖고 있다. 다른 하나의 특색이 있다고 한다면 庭田範秋, 西藤雅夫, 須田曠 등 일부 학자에 의하여 보험경영학을 보험경제학과 문제영역을 공통으로 하여 보완적으로 연구하려는 경향이 있다.

4. 保險의 관련학문

(1) 보험법학

保險法은 保險契約法이라고도 한다. 보험법은 私保險에 관한 법규 전반을 의미하며 보험계약관계를 다루는 商法 제 4 편 및 보험사업을 감독하는 감독법규, 즉 保險業法이 포함된다. 보다 광범하게는 의료보험, 산재보험 등 사회보험 및 우체국보험 등 私保險에 관한 법규도 포함된다.[20)]

보험법은 역사적으로 영국의 법제도를 중심으로 한 海上保險法이 가장 오래된 것으로서 보험실무 및 다른 나라 보험법의 형성에 큰 영향을 미치었다. 보험법의 경우도 일반법률과 마찬가지로 英美法과 大陸法으로 구분할 수 있다. 영국은 오랫동안 집적된 방대한 保險判例와 1774년 생명보험법, 1906년 해상보험법(Marine Insurance Act: MIA) 등이 대표적이며, 미국은 州保險法으로서 New York 州法이 1939년에 제정되었다. 대륙법으로서 독일의 1908년 보험계약법과 프랑스法典이 대표적이다.

한국의 保險法은 보험의 종류에 따라 다양한 법규가 제정되어 있는데 私保險에 관해서는 商法 제 4 편 제 1 장(통칙), 제 2 장(損害保險), 제 3 장(人保險)으로 구성되어 있다. 상법은 1962년에 제정되었고 그 제 4 편(保險編)에 의하여 규정되어 왔으며, 그 이후 경제성장과 법률환경의 변화에 따라 1991년 12월 보험편의 큰 개정이 있었다. 보험법은 그 이외에 보험사업을 감독하는 保險業法(1962)이 있으며 이 법률에 대해서는 후술할 보험감독정책의 항목에서 다시 설명하기로 한다. 私保險과 관련된 법률로서는 자동차손해배상보장법(1963), 제조물책임법(2000), 화재로인한재해보상과보험가입에관한법률(1975), 원자력손해배상보장법, 가스사고방지법, 예금자보호법 등 다수의 특별법이 있다.

(2) 보험수학

保險數學(actuarial science)은 保險統計와 더불어 학문적인 측면보다는 보험실무, 특히 생명보험과 같은 장기보험분야에서 절대적으로 필요한 내용이다. 보험학의 발전과 연구역사에서 보험수리에 관한 연구는 보험법 분야와 더불어 큰 비중을 차지하고 있으며 오늘날 保險計理士(Acturay) 시험과목에서도 필수과목으로 되어 있다. 보험실무에서 수리적 측면의 연구는 보험상품 및 보험경영의 기술적인 성격과 관련되어 보험료와 책임준비금의 산출, 계약자 배당, 위험관리에 적용되는 수리적 분석, 보험회사의 지급능력(solvency)의 측정, 生命表(사망률) 작성, 상품인가를 위한 기초서류 작성과 밀접한 관련성이 있다. 그 뿐만 아니라 보험수리는 年金數理의 영역까지 확대·보급되면서 公私年金의 재정추계 및 운영에 있어서도 그 적용의 필요성이 강조되고 있다.

20) 金星泰, 「保險法 講論」, 법문사, 2000, pp. 135~158 참조.

⑶ 보험경제학

保險經濟學은 보험경영학과 밀접한 관련성을 맺고 있다. 이것은 경제학과 경영학의 일반적인 관계에서도 동일한 현상으로 설명할 수 있으며 역사적(독일의 경우)으로도 경영학은 경제학의 한 분야로서 출발하였다. 따라서 보험경제학과 보험경영학은 공통영역을 이루고 있는 부문이 많지만, 보험경영학과 달리 보험경제학은 아직까지 독자적인 학문체계를 형성하지 못하고 있다. 우리나라 대학에서 보험총론은 거의 전부 경영학과의 선택과목으로 개설되고 있고, 일본의 경우도 이러한 현상을 찾아볼 수 있는 것은 보험경제학의 미성숙을 의미하는 것으로 이해할 수 있다.

보험경제학의 측면에서 연구되고 있는 것은 보험자본, 보험시장의 수요와 공급, 보험경쟁과 독과점이론, 보험비용과 가격이론, 보험의 효용이론, 보험의 국민경제적 측면 등이 주된 대상으로 되고 있다.

⑷ 보험의학

보험제도의 운영에서 醫學, 의사·병의원 등의 역할과 비중이 중요시되고 있는 것은 학문적인 측면보다 실무 및 현실적인 성격이 강하다. 보험의학은 원래 생명보험 계약에서 고액계약자에 대한 언더라이팅, 즉 신체검사가 필요하고 통계적으로 생명표 작성에 있어서 각종 건강보건 통계의 분석·이용을 위하여 연구되어 왔다. 보험산업의 발전에 따라 보험의학은 생명보험뿐만 아니라 각종 상해보험, 신체배상책임보험, 자동차보험(對人賠償事故), 폐질, 장해 등을 담보하는 보험에서 활용되었고 오늘날에 있어서는 의료보험, 산재보험과 같은 사회보험에 있어서도 직접적인 영향을 미치고 있다. 특히 사영보험과 사회보험의 운영에서 각종 재난에 의한 사고발생시 입원, 진료 등 병원의 역할이 필요하고 그 보수(진료수가)는 병원경영의 수지에 직접적인 영향을 미치고 있으므로 의료계에서는 물론 제약회사, 약국 등도 보험의학의 광범한 내용에 대해서 관심을 표명하고 있다.

⑸ 보험공학

손해보험의 실무와 관련하여 技術保險 또는 保險技術論이라는 용어가 최근 사용되고 있다. 이것은 손해보험의 가입대상이 되고 있는 각종 산업시설, 예로서 원자력발전소를 포함한 발전설비, 석유화학공장, 제철공업, 대형 선박 및 조선소, 항공기 등의 보험인수와 관련하여 위험의 선택, 위험수준 및 내용의 분석 등은 보험료산출과 再保險 처리에 기술적으로 필요한 지식과 경험이 요망되고 있다. 일반적으로 은행업과 증권업 분야에서는 공과대학 출신들이 한정적으로 필요한 경우가 있겠지만 손해보험에서는 보험인수, 위험분석, 위험분산처리, 사고발생시 원인규명, 피해액 산출에서 특수한 기능을 가진 전문가가 필요하다. 따라서 보험회사의 업무부(underwriting department)에는 전기, 금속, 원자력공학, 금속공학, 조선공학 등 공과대학 출신들의 채용이 이루어지고 있다. 그 뿐만 아니라 자동차보험에서 정비기능 자격증 소지자, 간호사, 병원근무 경험이 있는 직원의 채용이 필요한 것도 보험실무에서는 흔히 볼 수 있는 현상이다.

保險工學은 보험학의 일부로서 학문적 체계가 형성된 것은 아니지만 다른 금융산업에서 볼 수 없는 특수기능 보유자가 필요하고 이들은 보험종목에 따라 다양한 공학분야의 출신으로 구성되고 있어 이 분야를 종합하여 保險工學이라고 부르고 있다. 한편 각종 대형 산업시설은 설계, 공장건설 및 가동에 있어서 위험관리의 필요에서 최소한의 전담조직과 인원이 필요하고 이들은 보험회사의 underwriter와 협의하여 보험가입, 보험조건 등의 문제를 처리하고 있다.

5. 大學의 保險學敎育

(1) 외국 대학의 보험교육

1) 미국 대학의 보험교육[21)]

미국에 소재하고 있는 대학은 보험학교육을 위하여 Business School 안에 독립된 학과 또는 학부 내에 보험학전공을 개설하고 있는 대학이 있고, 다른 한편으로는 재무 또는 경영관련 학과에서 보험과정을 설치하는 등 다양한 형태로 보험학이 강의되고 있다. 다른 학문과 연계된 공동학과는 재무/보험학과 이외에 부동산학과(real estate), 상법학과 경영과학 및 정보학과 등이 있으며 보험학강의만을 전문으로 하는 단과대학으로 American College(Pennsylvania), The College of Insurance(1967: New York) 등이 있다.

미국 대학에서 개설되고 있는 보험학과목은 대학에 따라 차이가 있지만 일반적으로 위험관리론, 손해보험, 생명보험(연금포함)이 중심이 되어 보험프로그

21) 류근옥, "국내대학 보험교육의 문제점 및 개선대책", 「손해보험」(제350호, 1997. 12), pp. 19~26.

램이 개설되고 있다.

2) 독일 대학의 보험교육

대학에서 보험학강의가 가장 오래 전에 이루어진 국가는 독일이다. 독일은 대학에서 학과라는 울타리가 없고 학부제도 세미나개설 등을 통한 전공과정이 있다. 보험학강의도 세미나 및 전문연구소 설치, 전공교수, 학위논문 인정 등으로 그 외형을 살펴볼 수 있다. 역사적으로 1896년 Göttingen대학의 보험세미나 개설, 1899년 Berlin에서 독일보험학회의 창립 등 오랜 연륜을 지니면서 독일의 보험학강의 및 연구는 초기에 보험의 경제적·법률적·수리적 연구가 중심이었다. 제 2 차 세계대전 이후 서독을 중심으로 보험학강의는 Köln대학, Hamburg대학, München대학, Frankfurt대학, Mannheim대학, Göttingen대학이 중심이 되어 보험법, 보험경영, 보험수리를 중심으로 활발하게 연구 또는 강의가 진행되었다. 특히 독일은 비스마르크 이후 사회보험의 전통이 현재까지 지속되고 있고 이 분야에 대한 연구와 대학에서의 강의는 보험법과 더불어 가장 활발하게 추진되어 왔다.

3) 일본 대학의 보험교육

일본의 대학에서 보험학연구는 1895년 일본보험학회(1940년 재건)가 조직되고, 1900년 이후 대학과 같은 고등교육기관에서 보험론 및 보험법강좌가 다수 개설되었다. 1998년 현재 조사자료에 의하면 일본의 대학 및 대학원에서는 보험론, 생명보험론, 손해보험론, 보험법(상법), 사회보장론, 사회보장법, Risk management, 보험수학 등의 명칭으로 강좌가 개설되고 있다.

수강자 수는 학부 150,144명, 대학원 1,858명이며 대학의 경우 보험론, 사회보장론 등의 과목을 많이 수강하고 있다. 개설학부는 상학, 경영학, 경제학, 법학, 사회학이 중심이 되고 있고, 교수는 1,007명으로 교수 511명, 조교수 126명, 강사 51명, 비상근 강사 319명이다.

일본의 대학에서 특이한 것은 보험회사에서 비용을 부담하고 대학에서 개설한 기부강좌라는 것이 있다. 九州大學, 上智大學, 靑山學院大學, 立命館大學의 경제학부, 경영학부, 법학부에서 보험경제 특수연구, 보험학연습, 소비생활과 보험, 보험제도 특수연구, 보험경제, 보험제도 등의 강좌명이 사용되고 있다. 보험강의가 있는 대학 수는 374개 대학 중 262개 대학이며, 대학원연구과 176개, 학부 408개이다.

(2) 국내 대학의 보험교육

한국의 대학에서 보험학강의는 8·15 이전부터 고려대학교 전신인 普成專門에서 보험법, 보험론 등이 法科와 商科에서 개설되었고, 8·15 이후 1960년대까지 이러한 강의개설은 수도권의 종합대학에서 일반화되었다. 그 후 학과명칭의 변경과 경영학과 설치로 보험론이라는 과목은 경영학과에서 은행론(금융기관론), 증권시장론과 더불어 선택과목으로 인정되었고, 무역학과가 개설되어 각 대학에서 海上保險論이 강의되기도 하였다.

1980년대 보험시장의 개방화와 1970년대 이후 보험산업의 고도성장 등 주변환경의 변화에 따라 지방대학에서 보험학과 또는 금융보험학과가 설치되고, 전문대학에서도 보험실무를 중심으로 한 학과가 많이 인가되었다. 서울을 중심으로 한 수도권에서는 인구억제라는 이유로 대학의 증원이 불가능하도록 되어 있어 보험관련 학과는 지방대학이 중심이 되어 설치되었는데, 중앙대학교 안성캠퍼스(후에 폐과), 한양대학교 안산캠퍼스, 전주대학, 목포대학, 상명대학(천안 캠퍼스), 대구대학, 경남대학, 홍익대학(조치원캠퍼스), 순천향대학, 동서공과대학, 창원대학, 초당산업대학, 배제대학, 목원대학에서 보험관련 학과가 설치되었다. 이들 대학 가운데 일부는 학부제의 도입으로 학과에서 학부의 보험전공으로 편제를 변경하였다.

보험관련 학과 또는 학부의 보험전공에서 개설과목은 대학에 따라 전공필수과목, 선택과목에서 다소의 차이가 있지만 보험론(기초이론), 생명보험, 손해보험, 보험계약법, 보험수학, 사회보험, 보험실무 등의 과목이 일반적으로 강의되고 있다. 학부에는 보험학과가 없지만 특수대학원을 중심으로 보험전공교육을 실시하는 대학이 있는데 연세대학교, 성균관대학교, 한양대학교, 한국외국어대학교 등이 그 예이다.

국내 대학에서 운영하는 보험관련 학과는 대학에 따라 특성이 다르고 개설과목도 실무적으로 세분화되어 인접학문과의 연계가 체계화되어 있지 못하다. 지방대학의 신설학과로서 재원조달 및 우수한 학생과 교수확보의 어려움이 있으며, 전공학생의 관리 및 지원문제와 관련하여 산학협동을 통한 장학금유치, 취업알선, 교육의 질을 높이는 것이 현실적으로 한계가 있다.

⑶ 보험경영학의 과제

보험기업의 경영에 관한 학문적 연구, 즉 保險經營學의 중요성이 근래 더욱 인식되어지고 있다. 그것은 보험기업이 다른 산업 이상으로 사회적 책임의 증대와 공공성이 강조되는 가운데 기업의 자유경쟁의 원리하에서 경영합리화의 노력을 통하여 경영효율의 향상을 달성하여야 하는데, 그 앞에는 보험기업 내외의 산적된 제문제를 해결하여야 되기 때문이다. 이러한 점에서 보험경영학의 성립과 그 체계적 연구를 주위에서 더욱 열망하고 있는 것으로 볼 수 있다. 그러나 앞에서 고찰한 바와 같이 선진국의 경우도 보험경영학의 연구는 아직까지 초보단계에서 독자적인 학문의 기반이 약하고 기본적으로 해결해야 될 다음과 같은 몇 가지 과제를 안고 있다.

첫째, 보험경영학의 學問的 體系의 확립이다. 독일과 일본의 경우 보험경영학의 체계를 이론적 체계와 기술적 체계로 구분하고 있다. 전자는 보험경영학을 특수경영학의 하나로 보고 일반경영학의 이론적 체계를 응용하려고 하고 있지만 특히 인사관리·생산관리에 있어서는 보험사업의 성격상 일반기업 경영과는 다른 특수성(생산)을 지니고 있거나 또는 특수성이 없어서(인사) 문제되고 있다. 또한 보험기업 특유의 기술적 문제를 중심으로 하는 기술적 체계의 확립도 말로만 강조되고 있을 뿐 실제의 연구수준은 일정한 단계에 이르지 못하고 있다. 그 뿐만 아니라 이론적 체계와 기술적 체계를 조화·균형 있게 포괄시켜 실증적이고 유효한 이론을 발전시켜야 하는데 현시점에서는 보험경영학이 그 학문적 체계와 독자적인 위치를 확보하고 있지 못하다.

둘째, 보험경영학에서 다루어야 할 문제의 영역이다. 보험경영학은 특히 保險經濟學과 밀접한 관계를 맺고 있을 뿐만 아니라, 공통영역을 지니고 있는 분야가 있다. 보험경영학은 보험사업의 내외에서 생기는 경영현상의 해명을 목적으로 함과 동시에 그것을 고유의 문제영역으로 삼아야 할 것이다. 그러나 예로서 과점경쟁의 문제는 보험경제학과 보험경영학의 양자의 관점에서 논할 수 있다. 또한 경영형태 내지 조직에 대해서 국공영 및 민영의 어느 것이 일반적 또는 개별적으로 타당한 것인가에 관해서도 위의 보험경제학, 보험경영학의 입장 이외에 보험법학 또는 보험정책의 관점에서 검토될 수 있다.

이상과 같이 보험경영학과 보험경제학은 그 문제영역을 공유하고 있어 반드시 명확한 구분이 되지 않는다. 이것이 금후의 보험경영학의 문제이며 경제제도로서의 보험과 이 제도를 운영하는 보험기업을 각각 인식대상으로 하는 보험경제학과 보험경영학의 접점이기도 하다.

셋째, 生命保險의 기업경영과 損害保險의 기업경영은 이론적으로 일치되는 면도 있지만 반면에 보험요율, 상품의 구성과 성격, 위험측정과 선별, 재보험, 책임준비금 등 여러 부문에 있어서 양자간에 큰 차이가 있다. 따라서 보험경영학은 이러한 이질적인 보험기업의 경영문제를 하나의 이론체계로서 해명할 수 없다.

마지막으로 한국에 있어서 보험경영학의 과제이다. 앞에서 언급한 바와 같이 우리의 보험경영학은 현재 그 연구수준, 저작 및 발표논문, 보험실무계의 실정 등에서 볼 때 일본이나 독일, 기타 다른 국가와 비교하여 매우 부진한 상태에 있다. 이것은 대학 또는 대학원과정에서 보험경영론 내지 보험학의 과목의 비중이 낮고, 한편으로 보험실무계 및 보험교육·연수기관에서도 실무중심의 체계적인 연구와 교육·교재발간 등이 활발하게 추진되고 있지 못하기 때문이다.

제 3 절 保險의 역사

1. 保險史의 時代區分

保險史의 연구가 보험학이라는 학문분야 가운데 중요한 하나의 영역을 형성하고 있다는 점에 대해서는 의심의 여지가 없다. 보험이라고 하는 사회경제학 현상을 역사적으로 연구하는 것은 단순하게 과거에서 현재에 이르기까지 보험의 흐름만을 문제로 삼는 것은 아니다. 그것은 역사일반에서 그러한 것처럼 장래에 대한 문제를 당연히 포함하고, 새로운 역사를 창조하는 것이다. 따라서 保險史는 保險理論 및 保險政策과 더불어 삼위일체로서 보험학의 중심적인 내용이 되고 있다.

保險史의 연구에 있어서 시대구분은 보험의 종류가 다양하고 지역과 국가에 따라 그 발전 및 생성배경이 다르기 때문에 용이하지 않다. 특히 이것은 20세기 이후 현대보험의 시대로 진입할수록 더욱 그러하다. 현재까지 보험사의 시대구분은 전부 독일보험학자에 의한 것으로서 다음과 같이 19세기 이전을 중심으로 하고 있다.

① A. Manes는 1920년대 대표적 문헌인 「保險論」 제 1 권에서 保險史를 前

史와 本史로 구분하고 있다. 前史는 고대와 중세로 세분되고, 本史는 3 단계로서 保險證券 出現期(14세기 중엽~17세기), 保險會社 成立期(18세기~19세기 전반기), 近代的·國際的 經營 및 社會保險期(19세기 후반기 이후)로 각각 구분하고 있다.

② R. Ehrenberg는 1901년에 발표한 논문 "保險의 發展歷史에 대한 硏究"(Studien Zur Entwicklungsgeschichte der Versicherung)에서 自然經濟的 保險(길드 經濟 초기)과 貨幣經濟的 保險으로 구분하고 있다.

③ W. Mahr는 사회형태의 근대보험의 발전계보를 게르만·北歐的 根源과 로마·地中海的 根源으로 구분하고 있다.[22] 전자는 화재길드, 함부르크의 화재금고(Feuerkasse), 공적·법적 화재보험시설, 상호조합 등의 근원이며, 후자는 海上貸借(Seedarlehen) 등 해상보험의 근원이 되고 있다.

2. 近代資本主義와 保險

근대자본주의는 생산력의 발전에 따라 보험제도가 성립될 수 있는 기반이 조성되었다고 볼 수 있다. 그 이전 단계에서는 원시적 형태의 보험이 있었지만 보험본질상 이것을 하나의 제도로 인정하는 것은 다소의 어려움이 있다. 근대자본주의 이전의 경제적 사회의 구성에 있어서 경제생활의 보편적 토대는 共同體(Gemeinschaft)이다. 여기서 각 구성원은 공동체의 규제를 받으면서 동시에 그것에 의한 보장을 기대할 수 있었다.

근대자본주의의 형성과정에서 商業資本 및 高利貸資本의 危險負擔을 위하여 생긴 商人保險은 다양한 상인활동의 하나의 부문을 차지하고 있었다. 그 당시 상인보험은 투기적 성격과 도박의 성격을 일부 지니고 있었다. 이와 같은 상인보험은 18세기 사회경제기반의 근대화 과정에서 그 생존기반을 상실하고, 근대적 보험경영을 위하여 조합 또는 회사형태의 보험으로 전환하였다.

原始保險에 비하여 近代保險의 특징을 보험기술의 합리성 여부에서 찾으려고 하는 것이 일반적인 견해이며 동시에 보험의 사회적 기반의 성격을 구명할 것을 강조하고 있다. 재산보험에서 합리적 요율제도는 보험의 사회적 기반의 근대화와 표리일체의 관계에 있다. 또한, 生命保險에 있어서는 보험대상의 존재가 경제생산력의 발전과 직접적인 관계가 있기 때문에(노동력의 보존) 근대자본주의

22) W. Mahr. *Einfürung in die Versicherungswirtschaft*, 2. Auflage, Duncker & Humblot, Berlin, 1964, SS. 40~65.

가 그 생성기반이 되고 있다.

근대보험의 확립이란 보험의 사회적 기반에 있어서 근대화의 완료를 의미하며, 동시에 보험이 자본주의 경제사회의 기구 가운데 하나의 지위를 부여받고, 재생산에서 필요한 제도로 인정되고 있다. 이러한 관점은 보험이 자본주의 재생산과정의 기능면에서 그 존립의의를 인정받고 독립된 영업으로서 보험업의 자립화의 근거가 되는 것이다.

3. 現代保險의 생성

(1) 해상보험

해상보험의 기원에는 共同海損說, 冒險貸借 또는 海上貸借說(Seedarlehen) 등이 있지만, 현대 해상보험의 출발은 영국의 Lloyd's이다. 영국은 11세기부터 한자상인 및 롬바드상인 등의 외국상인에 의하여 국내외의 상권이 지배되고 있었지만, 1590년대부터 Elizabeth 1세는 외국상인을 추방하고 국내상인에 의하여 상업, 금융업 및 보험업을 운영하도록 하였다. 그 당시까지 해상보험은 거래의 중심점이 없었고 일반상업의 부수적인 거래로 운영되고 있었다.

해상보험은 1574년 保險會館(chamber of insurance)의 설치와 1601년 거래분쟁을 해결하기 위한 法院(court of assurance)의 설립에 의하여 점차 기반이 조성되었으며, 실무에 있어서는 Lloyd's가 해상보험을 전문적으로 취급하면서 오늘날 해상보험의 기틀이 마련되었다. Lloyd's의 역사는 E. Lloyd가 1688년 테임즈강의 Tower Street에 커피점을 개점하면서 이곳이 해운, 무역, 보험관계자들의 집회장소로 이용된 것에서 시작되었다.

1696년 Lloyd 커피점은 Lombard Street로 이전하면서 본격적인 해상보험의 거래장소가 되고 Lloyd's News를 주 3회 발행하면서 더욱 번성하였다. 1712년 E. Lloyd의 사망 이후 保險業者(underwriters)들이 점포를 인수하여 순수한 회원조직의 組合(New Lloyd's)이 되고 Lloyd's List라고 하는 새로운 海事新聞을 발간하였다.

1774년 Lloyd's는 J. A. Angerstein의 노력으로 영원한 기초를 확립하였으며, 또한 1871년 의회의 의결을 거쳐 공인조합으로 발족하였다. 그 후 Lloyd's는 Lloyd's法의 제정, 海上保險 이외의 다른 保險種目(non-marine insurance)도 일부 취급(1911)하였으며, 1928년 건물을 신축하여 현재에 이르고 있다. Lloyd's of

London은 오늘날까지 세계 보험거래의 중심지가 되고 있다.

영국에서 회사형태의 해상보험은 1720년 特許會社로서 Royal Exchange Assurance Corporation과 London Assurance Corporation의 2社가 인가를 받아 100년 동안 독점권을 누리면서 Lloyd's와 海上保險市場을 지배하고 있었다. 1820년 이후 Lloyd's의 발전과 회사형태의 海上保險會社가 다수 설립되어 현대 해상보험의 기틀이 마련되었다.

(2) 화재보험

중세 이후 화재보험은 독일지방의 함부르크를 중심으로 한 公營火災保險의 형태로서 火災金庫가 번성하고 있었다. 1561년 함부르크에서 100人의 양조업자가 설립한 조합형태의 Feuerkontrakt가 시초이며, 1676년 이러한 형태의 40개 조합이 합병하여 一般火災金庫(Generalfeuerkasse)를 설립하고 함부르크시가 이를 주관하였다.

현대 화재보험은 1666년 런던의 大火를 계기로 화재보험의 인식이 크게 보급되면서 N. Barbon이 개인업으로서 화재보험을 경영하고 그 성공을 계기로 하여 영국을 중심으로 화재보험회사가 많이 설립되었다. 1680년 Fire Office라고 하는 營利的 火災保險會社, 1681년 市營火災保險, 1683년 Friendly Society라고 하는 상호조직의 火災保險, 1710년 Sun Fire Office가 각각 설립되었다. 또한, 1720년 海上保險會社로 특허를 받은 위의 2社가 화재보험을 취급함에 따라 대중을 상대로 하는 제도로 발전하였다.

영국은 1860년부터 1911년까지 火災保險會社의 亂立期이었다. 이 기간 중에 설립된 회사는 567社이었으나 실제 영업을 계속한 것은 170社로서 많은 기복이 있었음을 알 수 있다. 보험회사는 1909년 保險會社法(Assurance Companies Act)이 제정되어 회계에 대한 감독이 엄격하여짐에 따라 會社濫設은 없어지고 기존 회사와 합병이 촉진되었다.

독일은 公營火災保險이 오랫동안 독점하였으므로 사영조직이 약세이었다. 그러나 19세기에 접어들면서 私營火災保險會社가 설립되어 양자가 경쟁하였다. 1812년 베를린火災保險株式會社, 1821년 상호조직의 Gothaer 火災保險銀行이 설립되었다. 1800년대 말 독일도 保險會社 濫設期로서 1901년 保險監督法의 제정을 보게 되었다.

미국의 화재보험은 해상보험과 더불어 독립 후에도 오랫동안 영국의 보험시장에 의하여 지배되고 있었다. 화재보험은 유명한 B. Franklin에 의하여 1752년 Philadelphia Contributionship for the Insurance of Houses from Loss by Fire가 현대 火災保險會社의 시초이다.

이것은 1730년 Philadelphia의 大火를 계기로 설립된 것이다. 1753년 조합형태의 Friendly Society for the Mutual Insuring of House against Fire, 1792년 최초의 주식회사 Insurance Company of the State of Pennsylvania(현존) 등이 설립되면서 火災保險市場의 기초가 마련되었다.

(3) 생명보험

생명보험은 그 성격상 海上保險·火災保險과 달리 중세 이후 원시보험의 형태로서 역사가 가장 오래된 보험제도이며, 그 운영과 형태도 국가와 시대에 따라 다소의 차이가 있다. 原始的 生命保險은 그리스·로마시대의 葬祭組合(Collegia Funerathica)에서 그 연원을 찾는 것이 일반적인 견해이며, 중세의 Guild 조직도 생명보험의 관련제도로 인정되고 있다.

현대 생명보험은 영국의 경우 1698년 Mercers Company, 1706년 Amicable Society for a Perpetual Assurance 등의 설립을 그 배경으로 하고 있다. 생명보험기술에 속한 사망표의 작성과 합리적인 보험요율의 산정은 1840년대와 1850년대에 가능하였다.

생명보험은 1756년 Society for the Equitable Assurance, 1806년 London Life, Provident Rock 등의 설립으로 시장기반이 조성되어 갔으며, 특히 1830년까지 많은 회사가 설립되어 濫設期를 맞이하였다. 1870년 生命保險會社法(Life Assurance Companies Act)의 제정에 의하여 사업을 감독함에 따라 부실회사가 크게 정비되고 그 이후 오늘날의 시장을 형성하게 된 전기가 되었다.

미국의 생명보험은 교회목사 등을 대상으로 1759년 Presbyterian Ministers Fund, 1769년 Episcopal Corporation이 각각 설립된 것이 현대 생명보험의 시초이다. 회사형태로서는 1794년 Insurance Company of North America, 1812년 Pennsylvania Company for Insurance on Lives and Granting Annuities, 1815년 Massachusetts Hospital Life Insurance Company가 대표적이다. 또한, 상호회사로서 1835년 New England Mutual Life Insurance Company(Boston), 1842년 Mutual Life Insurance Company(New York)가 각각 설립되었다.

(4) 사회보험

사회보험의 역사는 대표적으로 독일, 영국, 미국을 들 수 있다. 독일의 사회보험은 근대국가로서 통일(1870) 이후 사회주의자, 근로자들의 저항을 무마하기 위하여 1880년대 Bismark가 창시하였다. 사회보험으로서 産災保險은 1881년 의회에 법안이 제출되어 1884년 수정통과(1885년 10월 실시)되었으며, 醫療保險法은 1882년 4 월 법안의 제출, 동년 5 월 제정 공포, 1884년 12월에 실시되었다.

Bismark의 사회보험은 1889년 老齡者廢疾保險法의 제정(1891년 1 월 실시)으로 産災保險 및 醫療保險과 더불어 이른바 三部作이 완성되었다. 이들 사회보험은 1911년 법률이 통합되어 하나의 법률로 제정되었다. 이것이 바로 獨逸國保險法(Reichsversicherungsordnung: RVO)으로 현재까지 독일 社會保險의 기틀이 되고 있다.

영국은 독일과 비교하여 산업혁명과 근대자본주의의 형성의 선두주자임에도 불구하고 사회보험의 역사는 30년이나 뒤지고 있다. 영국은 16세기부터 전통적으로 救貧法(Poor Law)에 의하여 사회보장의 기능을 수행하여 왔다. 그러나 1870년대 후반의 경제불황과 실업증대가 사회문제화되고, B. S. Rowntree 등의 빈민조사(1889～1903년) 결과의 공표, 救貧法의 개혁논쟁(1905～1909년)을 거쳐 현대 사회보장제도로의 전환을 강하게 요망하고 있었다.

영국은 선진 자본주의국가로서 식민지에 의하여 상대적으로 근로자의 생활이 안정되어 처음에는 사회보험을 제 2 차적인 것으로 생각하는 경향이 있었고 Bismark의 사회보험계획에 대해서 '國家主義와 官僚主義의 産物'이라고 비웃고 있었다. 그러나 1900년을 전후한 빈곤, 노동쟁의, 사회불안 등에 의하여 1905년에 집권한 자유당정부의 수상 L. George가 중심이 되어 社會保險法으로서 1912년 國民保險法을 제정하였다. 동법은 현대 영국사회보장법의 근간으로서 제 1 부 의료보험, 제 2 부 실업보험으로 구성되었다. 1946년 産災保險法이 國民保險法(The National Insurance Act)에 추가되었다.

미국은 1930년까지 연방정부가 주도하는 사회보장제도는 없었고 주 단위로 일부가 실시되고 있었을 뿐이다. 1929년 경제공황을 계기로 Roosevelt 대통령은 New Deal 정책을 전개하였고, 그 일환으로 제정된 것이 1935년 社會保障法(Social Security Act)이다. 동법은 老齡年金과 失業保險이 중심이 되었다.

(5) 북한의 보험사정

1990년대 이후 북한은 나진·선봉지역을 자유경제 무역지대로 선포하고 부분적으로 개방정책을 추진하고 있으며, 남북교류도 민주당의 집권 이후 정부정책이 큰 변화를 보이고 있다. 그러나 보험에 관해서는 북한에 대한 자료가 매우 한정되어 있고 입수도 어려워 제한된 자료[23]를 중심으로 소개하기로 한다. 그동안 남북 경제협력의 진전에 따른 보험교류방안에 대해서 우리 보험업계에서 관심을 가지고 있으며, 삼성화재 등 일부 보험회사는 2000년부터 중국시장에 주재사무소 설치 등 적극성을 보이고 있다.

1) 북한 보험제도의 의의

① 북한에서의 보험의 개념(북한의 보험법 해설에서 인용): 사람들이 자연을 정복하며 물질적 부를 창조하고 생활하는 과정에서 예상치 않았던 자연재해나 보상사고로 인명 및 재산상 피해를 받게 되는 경우가 있을 수 있다. 이 경우에 그것을 회복하거나 원상복구하자면 그에 필요한 자금이 있어야 한다. 보험은 바로 자연재해나 불상사고로 인한 손실을 미리 막거나 발생된 손실을 보상하기 위하여 사회적으로 자금을 형성하고 이용하는 제도이다.

② 북한은 개인의 사유재산권이 원칙적으로 인정되지 않는 사회주의국가로 모든 기업이 직접·간접적으로 국영화되어 있으므로 개인의 재산권 보호를 위한 재산보험제도는 존재하지 않는다. 즉, 보험을 국가의 경제활동 및 재산보호의 수단, 그리고 국가재정의 자금동원 수단으로 이용하고 있다.

③ 우리나라는 보험을 'pool' 개념으로 자금을 조성·배분하는 것으로 이해하고 있으나 북한은 사회적으로 자금을 형성·이용하는 과정으로 간주하고 있다. 또 북한에서는 보험사고에 대해 자연재해 또는 불상사고라고 포괄적으로 정의하고 있으며, 보험사고의 발생에 있어서도 예방기능을 중요시하고 있다.

2) 보험산업의 발전과정

- 1946 국가와 민간공영으로 화재보험, 생명보험, 가축보험 등을 영위하는 조선보험주식회사 창설
- 1954 보험주식회사를 폐지하고 국유화하였으며 국가보험제도에 관한 기본규정

---

23) 대한재보험주식회사, "북한의 보험산업 현황", 1996. 10 참조.
고평석, "북한의 보험제도에 의한 대북 경협활동에 따른 위험담보문제", 「손해보험」(제384호, 2000. 11), pp. 2~14 참조.

마련

- 1957 화물과 선박을 위한 해상보험 취급으로 국제보험의 제도화
- 1957 중앙은행 전액출자로 조선국제보험 창립
- 1961 선박보험규정의 제정으로 선박보험의 체계화 도모
- 1966 화물운수보험규정의 제정으로 이 보험의 체계화 도모
- 1968 국제수송화물보험규정 시행(화물운수보험규정의 수정·보완)
- 1971 외국기관에 대한 재산보험 체계화(규정·세칙 등 제정)
- 1978 인체보험과 재산보험의 체계화(관련 규정 및 세칙 제정)
- 1980 해운법을 제정하고 그 제 8 장에서 국제보험(해상보험) 규정을 제정
- 1981 인체보험제도 체계화(규정 및 세칙 제정)

3) 보험제도의 특징

북한의 보험제도는 국가에서 직접 운영하고 있다. 따라서 보험자는 곧 국가이며 독점하고 있다. 보험은 국내보험과 국제보험으로 구분하고 있다. 전자는 협동단체가 소유하고 있는 재산이나 공민을 대상(인체보험, 재산보험)으로 하고, 후자는 대외무역을 비롯한 거래과정에서 자연재해, 불의의 사고로 인하여 발생하는 손실을 보상하며 해상보험, 책임보험, 재산보험 등이 여기에 속한다.

국내 보험사업은 조선중앙은행 저금보험처 및 각 지점에서 업무를 수행하고 국제보험은 조선국제보험(KFIC)에서 전담하고 있다. 북한의 손해보험은 조선국제보험의 독점체제이며, 동사는 국내위험의 해외분산을 위하여 국내위험을 pooling하는 과정을 수행하고 있다.

북한의 보험체계

- 국가보험
  - 국내보험
    - 인체보험
    - 재산보험
  - 국제보험
    - 해상보험
    - 책임보험
      - 배상책임보험
      - 재 보 험
      - 재산보험
      - 수출신용보험
  - 사회보험

인체보험은 한국의 생명보험(또는 인보험)에 해당하는 것으로서 보험계약자인 공민의 사망, 노동능력의 상실 또는 보험기간의 만료시에 보험금의 전부 또

는 일부가 지급되며, 16세 이상 65세 이하의 근로자 및 북한거주 외국인 등이 가입하고 있다.

재산보험은 한국의 손해보험에 해당된다. 의무가입보험과 임의가입보험으로 구분된다. 전자는 협동조합이 매년 1/4 분기에 보험대상이 되는 재산을 중앙은행에 가입시키고, 후자는 개별적으로 가지고 있는 가축을 보험대상으로 한다. 국제보험은 국제해상운송화물보험(적하보험), 배보험(선박보험), 공동해손 및 해난구조와 관련된 해상보험으로 구성되어 있다. 배보험은 배기간보험, 배항로보험, 배정박보험, 배수리보험 등이 포함된다. 공동해손 등에 관련된 해상보험은 공동해손분담금 지급의무를 진 피보험자의 분담금, 조난된 배의 소유주와 화주가 보험에 들어 있는 경우 구조료 등을 보험자가 지급한다.

북한에서 책임보험의 부류에는 배상책임보험, 재보험, 재산보험, 수출신용보험 등이 포함된다. 배상책임보험에는 선박, 비행기, 전람회 등과 관련된 보험이 있다. 선박은 배충돌배상책임보험, 배수리배상책임보험, 배불가동손실보험이 있고 비행기는 비행기 3 자배상책임보험, 승객불상사사고보험, 항공화물배상책임보험 등이 있다. 전람회는 전람회전시자배상책임보험, 전람회 3 자배상책임보험 등의 관련보험이 있다.

재보험의 취지는 한국과 유사하며 북한 해운법 제94조 1 항에 의거하여 가입하고 있다. 재산보험에는 비행기몸체보험, 철도운송화물보험, 전람품보험, 종합설비무역에 관한 건설 및 설비조립보험, 외국인재산보험 등이 있다. 수출신용보험은 신용거래에서 외국 구매자가 약정한 물품대금을 지급하지 않는 위험을 담보하고 있다.

4) 사회보험

북한의 근로자들은 사회보험법에 따라 일정한 보험료를 은행에 납부하고 다음과 같은 경우 여러 가지 보험급여를 받고 있다.

① 질병, 부상, 임신, 출산의 경우 의료상의 보조

② 질병, 부상, 불구로 인하여 일시적 노동능력을 상실한 경우의 보조금

③ 임신 및 출산으로 인하여 노동능력을 상실한 경우의 보조금

④ 질병, 부상으로 불구 또는 폐질이 되었을 때 위로금

⑤ 부양책임을 진 피보험자가 사망 또는 실종되었을 때 그 유가족에 대하여 위로금지급

⑥ 연로한 피보험자에게 양로위로금(연금)을 지급하고, 피보험자에 의하여

생계를 유지하는 자의 질병, 부상, 임신, 출산의 경우 의료상의 부조

5) 기 타

① 用語: 남북한 언어의 이질화 현상이 매우 심하지만 보험과 같은 국제화된 전문용어에 있어서는 동일 또는 유사한 용어를 사용하고 있다. 재보험에 있어서 한국과 차이가 있는 것은 다음과 같다.

영 어	한국용어	북한용어
retention	保有	自體責任額
facultative reinsurance	임의재보험	개별재보험(自願再保險)
treaty reinsurance	특약재보험	협정재보험
Q/S treaty	비례재보험	백분율재보험
surplus treaty	초과액재보험	좌동
pool	풀	연합체재보험
-	대차청산	차액지급
profit commission	재보험이익수수료	재보험이윤수수료
excess of loss cover	초과손해액재보험	손실초과액재보험
cash loss	즉시불보험금	현금보상한도

② 조선국제보험회사: 국제보험(해외보험)을 취급하는 기관으로 국내와 국외에 조직을 가지고 있다. 국내는 道의 총지점, 시·군·구의 지점이 있고 그 밑에 대리점 또는 영업소가 있다. 해외는 지사 또는 지점이 있고 그 산하에 대리점 또는 영업소 조직이 있다. 조선국제보험회사의 정책 및 의사결정기구로서 국영보험위원회가 있는데, 북한 보험제도 최고의 감독기관이다. 이 위원회는 직제상 정무원, 재정부의 산하기관이다.

조선국제보험은 자본금 북한화폐 1억원으로 평양에 본사가 있고 사장 1명, 부사장 2명, 이사 8명으로 조직되어 있다. 점포는 국내에 지점 200개, 대리점 2,000개가 있고 해외사무소는 파리, 함부르크, 카라카스, 카라치 등에 두고 있다.

③ 남북한 보험거래 및 교류의 문제: 북한은 국영보험의 획일성, 시장규모의 협소, 위험담보능력과 보험기술의 취약, 보험상품 및 업무처리의 관행 등에 있어서 우리와 비교하여 차이가 크기 때문에 실무 차원에서 충분한 협의가 필요하다. 한국기업이 북한에 진출할 경우 북한의 외국인기업법 제23조에 의하여 북한의 보험회사에 가입해야 하고, 合營企業의 경우 동일하다(합영법 제31조).

자유경제 무역지대에서는 외국투자가도 보험사업을 영위할 수 있으며 그 대표부, 지사, 대리점을 설치할 수 있다(북한보험법 제3조). 이 경우 수입보험료의 30% 이상

을 북한의 보험기관에 재보험으로 가입해야 한다(동법 제13조). 최근까지 남북한의 임가공무역과 물자교역에서 소규모의 수출입적하보험이 이용되고 있으나 앞으로 나진·선봉지역에 우리 기업이 직접 진출하여 경수로 지원사업인 원자력발전소 등의 건설이 본격화되면 화재보험, 건설공사보험, 기계조립보험, 운송보험, 상해보험, 근재보험, 생산물배상책임보험 등의 수요가 발생할 것이다.

4. 韓國保險의 역사

韓國保險史는 1965~1974년까지 필자에 의하여 집중적으로 연구된 분야이다. 이 이전까지 이 분야에 있어서는 자료의 정리도 전혀 되어 있지 않았으며, 특히 8·15 이전의 보험사정에 대해서는 백지의 상태에 있었다. 위의 기간 동안 필자는 論文發表[24], 보험회사의 社史執筆(「동양화재 50년사」, 「신동아화재 30년사」 등), 「韓國保險史」(무역경영사, 1974)를 출판하였다. 「損害保險史料」(전 6 권 부록 2 권, 대한손해보험협회, 1986, 필자: 편찬위원장)와 「생명보험사료」(전 4 권, 생명보험협회, 1990, 필자: 편찬위원회 자문 겸 위원)는 우리 보험업사의 문서 및 자료를 집대성한 것이었다. 한국보험사의 구체적 내용에 대해서는 이 자료를 이용하기 바란다.

(1) 일본 식민치하의 보험

1) 조선왕조의 개국과 외국보험

1876년 조선왕조가 일본의 강압에 의하여 문호가 개방되고(강화도조약) 각국과 통상조약이 체결됨에 따라 선진열강의 은행, 상사 등이 진출하였다. 그 활

---

24) 한국보험사에 관한 필자의 논문
① "李朝開國과 外國保險機關의 進出", 「損害保險」(第 9 卷 第 2 號, 1969. 6)
② "日帝 植民地保險史의 主要研究課題(一), (二)", 「損害保險」(第 9 卷 第 3 號, 1969. 9 및 第 4 號, 1969. 12)
③ "韓國損害保險釜史", 「保險月報」(第49號~第61號, 1967. 6~1968. 6)
④ "韓國保險前史의 研究序說", 「保險學會誌」(第 4 輯, 1968)
⑤ "韓國自動車保險의 史的 考察", 「自保塔」(第 5 號, 1967. 4)
⑥ "朝鮮火災와 朝鮮生命의 設立에 관한 史的 考察", 「損害保險」(第 7 卷 第 3 號, 1967. 9)
⑦ "日帝下 韓國保險史研究의 問題點", 「損害保險」(第 8 卷 第 4 號, 1868. 12)
⑧ "韓國保險團體史", 「損害保險」(第 8 卷 第 3 號, 1968. 9)
⑨ "農協法 第 13 條 朝鮮保險業令의 正體", 「損害保險」(第 7 卷 第 1 號, 1967. 3)
⑩ "美軍政 損保行政의 小考", 「損害保險」(第 7 卷 第 2 號, 1967. 6)
⑪ "事件中心으로 본 動亂期의 損保史", 「損害保險」(第 7 卷 第 4 號, 1967. 12)

동을 위하여 보험회사가 필요하였지만, 그 때까지 국내에는 보험회사가 없었기 때문에 商易活動을 위하여 그들 스스로 자국의 보험대리점을 겸한 것이 현대보험의 시초가 되고 있다. 그 당시 상역활동의 중심은 부산과 인천이었는데, 처음에는 영국계통 보험대리점이 중심이 되었고, 그 후 일본에서 보험회사가 설립됨에 따라 우리나라에 대리점으로 진출하였다.

화재·해상보험의 대리점은 적어도 1880년경에 진출하였을 것으로 추측되지만 정확한 기록은 없다. 기록에 의하면(仁川府史, 1931) 1900년 현재 인천에는 4개의 영국 보험회사 대리점, 즉 Commercial Union Assurance, Imperial Fire Insurance, Law Union and Rock Insurance, Royal Exchange Assurance가 영업을 하고 있었고, 독일계로서 Transatlantische Feuer Versicherung A. G. in Hamburg 대리점이 있었다. 생명보험대리점으로서는 「부산요람」(부산상업회의소, 1912)에 의하면 1904년 12월 현재 부산에서 6개의 영국계 생명보험대리점(미국계 1사 포함)이 이미 진출하여 영업하고 있었다.

일본 보험회사는 1880년 1월 東京海上保險(1879년 설립)이 부산대리점을 설치한 것이 최초이다. 그 후 10년 동안 일본에서 손해보험회사의 설립이 없었고 1892년 4월 일본화재, 1894년 1월 明治火災가 각각 부산과 인천에 대리점을 두었다. 또한 생명보험은 1891년 帝國生命 부산대리점이 최초이며 인천, 목포 등 주로 항구도시에 많은 생명보험회사 대리점이 진출하였다.

이와 같이 일본의 보험회사들은 1890~1900년의 濫設期에 많이 설립되어 1900년 保險業法의 감독을 받게 되었다. 이 감독법의 규제를 받지 않고 새로운 영업지역으로서 우리나라는 청일전쟁·러일전쟁의 승리로 일본보험시장의 무대가 되었다.

2) 會社令과 保險

1910년 한일합병 이후 상기 영국계의 보험대리점은 일본 보험회사의 영향을 다소 받았지만 제2차 세계대전 직전까지 영업활동을 하고 있었다. 합병 이후 일본의 보험회사들은 손해보험과 생명보험을 막론하고 대리점, 출장소, 주재원의 형태로 크게 진출하고 있었으며, 1914년 京城生命保險同業會가 조직되었다.

保險業은 다른 사업과 마찬가지로 1910년 12월에 제정(1911. 1. 1. 실시)된 회사령의 규제를 받게 되어 있었다. 그러나 회사령은 본점 또는 지점의 경우만 대상으로 하고 있었기 때문에 실질적인 규제는 없었다.

1920년 4월 1일 회사령은 일본 자본주의경제의 요청으로 폐지되었지만 그 부칙 제 4 항에 의하여 보험업 등에 대하여는 별도의 법률이 제정될 때까지 유지하도록 하였다. 별도의 법률이란 '朝鮮保險業令'을 의미하는데, 조선총독부는 8·15 해방까지 이것을 제정하지 않았다. 회사령은 1962년 1 월에 제정된 보험업법 부칙에 의하여 완전히 폐지되었다.

3) 조선생명과 조선화재의 설립

제 1 차 세계대전 이후 일본의 자본주의가 전시경기를 이용하여 발전하고, 회사령의 폐지 등으로 우리나라에서 모든 산업부문이 크게 활동할 수 있는 여건이 조성됨에 따라 보험회사 본사를 설립하려는 움직임이 있었다. 그 결과 1921년 조선생명보험주식회사와 1922년 조선화재해상보험주식회사가 각각 발족하였다. 조선생명은 한상룡, 이달용, 민병석 등 대주주가 되어 자본금 50만圓(납입자본금 125,000圓)으로 1921년 10월 13일 설립인가, 11월 1 일 창립총회를 갖고 11월 12일부터 개업하였다. 조선생명은 전국에 6 지부를 두고 양로보험, 위안보험, 결혼보험, 교육보험 등 4 종목을 상품으로 판매하였다. 동사는 6·25 동란으로 영업중지가 되고 1955년 상호를 한국생명보험주식회사로 개칭하였다. 그러나 재기하지 못하고 1962년 면허가 취소되었다.

조선화재해상보험주식회사는 1922년 7 월 8 일 설립인가, 10월 1 일 개업하였다. 동사는 조선은행, 조선식산은행 등이 대주주가 되어 자본금 500만圓(납입자본금 125만圓)으로 설립된 일본계 손해보험회사이다. 그 설립배경은 일본이 식민지인 만주에 大連火災(1922. 7), 대만에 大成火災(1920. 1)를 이미 설립하였고 한국에도 본사설립을 필요로 하였다.

朝鮮火災는 大連(1926. 2)과 奉天(1927. 8)에 출장소를 개설하고 조선은행을 따라 대륙까지 진출하였다. 동사는 8·15 해방으로 미군정하의 귀속재산이 되었고, 상호를 동양화재해상보험주식회사로 개칭하여 현재에 이르고 있으며, 우리나라에서 가장 오래된 보험회사이다.

4) 식민지 保險의 종말

1920년대 위의 조선생명과 조선화재의 본사가 설립됨에 따라 보험시장은 크게 확장되었고, 1930년대부터 보험회사는 종래의 대리점과 출장소를 지점으로 승격시켰다. 또한 한국에서 거두어들인 보험료를 본국에 송금하지 않고 국내시장에서 주식과 부동산에 투자하였다.

손해보험시장은 화재보험이 중심이 되었고 이 때부터 協定料率이 제정·실시되었다. 해상보험은 '朝鮮米'의 積荷保險이 큰 비중을 차지하였고 경쟁이 치열하여 1927년 풀이 결성되었다. 특종보험으로서는 신용보험(1915), 자동차보험(1924) 및 도난보험, 硝子保險, 삼림보험이 1930년을 전후하여 취급되었으나 그 실적은 극히 미약하였다. 또한 금융조합에서는 화재공제, 축산조합에서는 소(牛)에 대한 가축공제가 실시되었다.

생명보험은 個人保險이 중심이었고 그 당시 본사인 조선생명의 영업 실적은 한국인을 상대로 하여야 하는 어려움 때문에 큰 비중을 차지하지 못했다. 생명보험 가운데 특기할 것은 1929년 10월 조선총독부 체신국이 주관한 간이생명보험이다. 이것은 8·15 이후 국민생명보험으로 개칭되었다.

1940년대부터 일본의 전시경제정책으로 보험회사가 정비·합병됨에 따라 한국 내의 지점들도 통합되어 생명보험 19사, 손해보험 16사로 감소되었으며, 1938년 이후 전시보험법이 제정되고 보험회사에 대한 통제는 매우 강화되었다. 1945년 8월 일본의 패전으로 그 때까지 유효한 생명보험계약건수 995,974건, 계약금액 24억圓, 자산 1億 5千万圓은 받지 못하고 식민지하의 보험사업은 종말을 고하였다.

(2) 보험시장의 재건(1945～1962년)

1) 美軍政과 保險會社의 新設

1945년 12월 6일 군정법령 제33호에 의하여 조선화재를 비롯하여 일본 보험회사의 국내지점은 군정청의 관리를 받게 되었다. 동년 12월 1일 조선화재가 영업을 재개하고, 1946년 신동아, 서울화재, 대한화재, 1947년 국제재보험, 한국화재, 1948년 고려화재, 대동화재, 1949년 세일화재, 동방긴이화재가 각각 설립되었다.

생명보험회사는 기존 조선생명 이외에 1946년 대한생명, 협동생명, 1947년 고려생명 및 1950년 6·25 직전에 흥국생명이 새로 발족하였다. 미군정청에서 보험회사를 인가할 법적 근거가 없었다. 즉, 전술한 조선보험업령은 실제 제정되지 않았고 또한 일본 보험업법이 과거에 적용되지 않았기 때문에 1947년 4월 8일 군정청의 손해보험 고문 C.J.E. Stanton의 지시통첩에 의하여 일본의 保險業法을 의용하도록 하였다.

이것은 대한민국정부가 수립된 1948년 8월 15일 이후에는 효력이 없음에도 불구하고 새로운 보험업법의 제정실패(1948.9)와 6·25 동란으로 인한 망각으로 일본의 보험업법은 물론 보험모집단속법과 외국보험사업자에관한법률까지 근거도 없이 1962년 1월 우리 법률이 제정될 때까지 적용되어 왔다.

2) 6·25 동란과 保險

1950년 6·25 동란으로 생명보험은 자취를 감추었고, 화재보험회사는 금융담보물과 귀속재산을 보험대상으로 하여 전쟁기간 동안 은행을 따라 다니며 부산에서 영업을 계속할 수 있었다. 화재보험회사는 담보력의 증강을 위하여 설립 당시 자본금 1천만圓에서 1951년 5월과 9월 2차례에 걸쳐 각각 1억圓과 3억圓이 되도록 증자조치를 하였다. 이 때 기한 내에 증자를 하지 못하여 일부 회사가 整理·合併 또는 일시적으로 免許가 정지되는 사례가 있었다. 또한 1952년 1월 부산에서 한국안보화재해상재보험(주)이 설립되었다.

전쟁기간 동안 화재보험은 여러 가지 어려운 점이 많았다. 우선 ECA풀과 관재풀물건의 질서문란(직접 취급)이 계속되는 가운데 1953년 1월 30일과 1953년 11월 27일 부산에서 2차례의 大火가 발생하여 화재보험회사는 보상에 애로가 많았다. 또한 화재보험증권을 부당하게 발행하는 것을 방지하기 위한 보험증권인증제의 실시, 擔保能力을 강화하기 위하여 지급준비금 적립제의 실시, 전시하 보험회사 임직원의 봉급통제, 직원 일부에 대한 징병보류가 있었다.

3) 海上保險의 취급과 生命保險의 재건

8·15 해방 이후 국내 보험회사들은 화재보험에만 집중적으로 경쟁하였고 해상보험은 국내의 외국상사가 보험대리점으로서 또는 AIU(American International Underwriters) 등 미국의 보험회사에 의하여 계약이 인수되었다.

그러나 1952년부터 외국원조물자의 도입과 정부의 권유에 의하여 기존 손해보험회사들은 海上保險의 인가를 받고 1953년 1월 공동인수기구로서 대한해상운송보험공동인수사무소(pool office)가 개설되었다. 여기서는 주로 積荷保險을 취급하였다.

해상보험의 전업회사로서는 1955년 3월 동방해상보험(주)과 1959년 1월 범해상보험(주)이 각각 설립되어 해상보험은 위의 공동사무소와 더불어 3개 기관이 되었다.

생명보험업계는 휴전 이후에도 스스로 영업을 할 수 있는 의욕을 잃고 계속 휴업하고 있었다. 정부의 종용과 회사신설에 따라 1954년 제일생명, 1957년 동방생명, 1958년 대한교육보험과 동아생명이 각각 설립되었다. 이들 신설회사는 기존 대한생명, 고려생명, 협동생명, 흥국생명, 한국생명(조선생명)과 더불어 1957년부터 상품개발, 시장정비를 통하여 겨우 영업이 가능하였다.

그러나 4·19 의거 및 5·16 쿠데타로 생명보험시장은 신계약의 감소, 해약환급의 증가, 퇴직보험금의 지급증가로 큰 시련을 겪게 되었고 협동생명의 도산과 일부 회사가 공동관리의 대상이 되었다.

4) 火災保險市場의 秩序紊亂

화재보험시장에 있어서 料率割引, 외상보험계약의 체결, 풀물건의 직접 취급, 관권을 이용한 보험독점 등은 과거에도 있었지만 1954년 이후 안보화재(재보험회사에서 原受社로 전환), 해동화재(1953), 안국화재(1956), 한국무역화재(1959)의 신규참가로 더욱 시장질서가 문란하였다. 특히 은행측의 담보물에 대한 화재보험료의 외상과 접대 등의 폐습은 은행대리점의 취소와 그것에 의한 강제총대리점인 홍산사(주)가 1958년 1월에 관권을 배경으로 하여 설립되는 결과를 가져 왔다.

한편 특정회사가 농업은행의 米擔融資에 관련된 계약을 독점하기도 하였고, 관권을 배경으로 한 재보험회사가 原受保險會社들이 모르는 사이에 전격적으로 설립되기도 하였다.

(3) 보험산업의 발전(1963～1990년)

1) 保險業界의 整備

1962년 8월 최고회의의 보험업에 대한 특별감사 이후 많은 변화가 있었다. 증자(생명보험회사 5천만원, 손해보험회사 1억원)와 통합조치에 의하여 손해보험 14사(재보 1사 포함)가 10사로 줄어들고, 생명보험 7사는 6사가 되었다.

또한 국영 재보험회사로서 대한손해재보험공사가 1963년 3월 새로 설립되고, 해상보험의 다원화, 화재보험에서 금융풀의 실시(1964. 4)를 보게 되었다. 1952년 말과 1963년 초에 정비된 보험회사 수는 그 후 자동차보험풀의 주식회사로의 전환(1968)과 보증보험회사의 설립을 제외하고 20년이 지난 1980년대 중반까지 신규회사의 설립을 정부에서 인정하지 않고 있었다.

2) 經濟開發과 保險

1962년부터 시작된 경제개발 5개년계획에 의하여 공업화가 촉진되고 고도의 경제성장을 이룩하는 동안 보험산업도 20년 동안 크게 성장하였다. 동시에 보험회사는 內資動員에 중요한 몫을 담당하였고, 자본시장육성법(1968)과 기업공개촉진법(1972)에 따라 손해보험회사의 공개, 증권회사의 공동설립, 국공채, 공개기업주식 및 사채의 매입, 국민투자기금의 인수 등을 통하여 적극적으로 기여하였다.

1960년대 이후 재벌의 보험회사 경영참가가 유행하여 거의 모든 보험회사들은 계열기업으로 되어 있었다. 그 참가동기는, ① 은행주식의 인수에 의한 지배가 불가능하여 보험회사를 지배함으로써 자금조달을 기대하고 있고, ② 재벌계열기업의 자기보험계약이 많아 계열기업으로서 보험회사를 가질 필요가 있었고, ③ 보험회사의 신규면허가 없기 때문에 기존회사의 인수방법을 선택하였다.

3) 再保險과 特種保險

과거 재보험전업회사로서 국제재보험(1947), 한국안보화재해상재보험(1952), 한국손해재보험(1956), 다음으로 최고회의의 감사결과 건의에 의하여 국영 대한손해재보험공사가 원보험회사들의 반대에도 불구하고 1963년 3월 설립되어 해외재보험을 독점하였다. 동사는 1969년 9월 기업공개에 의하여 민간자본이 참여하고, 재보험거래에 있어서도 原受社가 직접 외국과 재보험을 할 수 있도록 일부 개방되었다. 또한 1978년 3월 완전히 민영화가 되었다.

特種保險으로서 자동차보험이 1957년 7월 전업회사로서 한국교통보험주식회사가 설립되었으나 1961년 도산되고 그 재건을 위하여 1962년 1월 손해보험회사 공동으로 한국자동차보험공영사(pool office)가 발족하였다. 자동차보험은 1963년 4월 자동차손해배상보장법의 제정에 의한 배상책임보험을 기반으로 크게 성장하면서 1968년 11월 주식회사로 전환한 이후 1983까지 독점전업회사로 영업하여 왔다(1983년 綜合保險 개방으로 동부그룹이 인수하여 현재 동부화재로 개칭).

특종보험은 또한 전업회사로서 대한보증보험(주)이 1969년 2월에 설립되어 保證保險을 독점판매하여 왔다. 종래 손해보험시장은 화재보험 중심에서 1960년대 후반부터 수출증대에 의하여 해상보험의 비중이 상대적으로 신장되는 가운데 1965년부터 항공보험, B/M보험, 조립보험, 근재보험, 상해보험, 건설공사보험, 장기보험(가계보험) 등이 인가되고 정부의 종용에 의하여 이 보험부문의 비중이 점차 확대되고 있다. 특히 근재보험은 건설기술자들의 해외취업(월남, 중동지역)으로 크게 성장하였으며, 상해보험의 확장에 따른 손해보험과 생명보험의 영역논쟁이 계속 일어나고 있다.

4) 生命保險의 급성장

생명보험은 1957년부터 어려운 사회경제의 여건 아래서 겨우 재건의 기반을 마련하려고 하였으나 4·19 의거 및 5·16 쿠데타에 의하여 좌절되었다. 1962년부터 경제개발 5개년계획의 추진을 위한 내자동원책으로 국민저축조합법이 제정되고 그 대부분이 생명보험을 통한 저축으로 유인하여 생명보험업계는 團體保險으로 이를 인수하였다. 그 결과 생명보험은 計數面에서 비약적인 성장을 하였다.

保有契約金額은 1961년 120억원, 1972년 4,200억원, 1982년 44조 4천억원이었다. 또한 자산은 1961년 10억원, 1972년 400억원, 1982년 22,864억원으로 증가하였으며, 보험계약준비금도 1961년 8억원, 1972년 421억원, 1982년 15,237억원으로 급성장하였다. 이러한 고도성장 가운데 6사간에 상위(2사)와 하위(4사)의 우열격차가 커지게 되고 1964년 협동생명, 1973년 고려생명이 공동관리(도산)되는 비운이 있었다.

체신부가 주관하는 국민생명보험은 1960년대 이후 민영보험에게 주도권을 빼앗겼으나 소액보험으로서 상대적으로 계속적인 성장을 하였다. 1970년대 후반에 사업이 폐지되고 잔존계약은 농협공제로 이관되었으나 1983년 7월 1일부터 체신보험이라는 이름으로 생명보험사업이 재개되었다(현재 우체국보험).

5) 外國保險과 國際去來

1960년대 이후 손해보험은 경제성장과 공업화에 의한 대형 공장물건의 보험가입과 외국차관에 의한 대단위 공장의 건설에 의하여 해외재보험의 의존도가 높아지고 대형 보험사고가 국내외에서 빈발하였다. 해외재보험에 대한 정보입수와 근재보험의 인수를 위하여 미국, 영국, 일본, 중동에 보험회사의 지점·출장소·주재원을 두어 왔다.

한편, 외국 보험회사의 국내진출로서 1960년 이전에 AIU(American International Underwriters)와 AFIA(American Foreign Insurance Association)이 면허 없이 영업하고 있으면서 우리 정부에 대하여 면허교섭이 있었다. 정부는 보험거래의 국제적인 자유화 물결과 우리 경제의 개방정책에 의하여 1968년부터 AIU(현재 AHA), AFIA를 비롯하여 지점·지사의 면허, 국내회사와 合作投資의 허용으로 미국, 일본(동경해상) 등의 손해보험회사와 생명보험회사들이 1970년대부터 한국내의 영업을 강화하고 있다.

6) 共濟事業의 확장

1960년대 이후 농협, 수협, 해운조합 등의 共濟事業이 크게 번창하면서 민영보험시장의 영역을 침투하고 있다. 농협의 공제사업은 1961년 10월부터 화재공제를 실시하였고, 1965년 8월부터 생명공제를 추가 실시하면서 민영보험을 모방하고 있다. 수산업협동조합은 1954년 어선공제, 1958년 선원공제를 실시하였으나 1960년 이후 사업을 크게 확장하여 1967년 시설공제(화재보험), 1970년 생명공제까지 추가하였다.

한국해운조합은 1958년 선박공제, 1960년 여객상해공제를 해운조합법에 의하여 실시하고 그 이후 사업을 확대하여 승무원까지 포함시켜 선원보험의 기능을 일부 수행하고 있다. 공제사업은 이상과 같은 농협, 수협, 해운조합이 중심이 되고 있으나 그 이외에도 건설공제조합, 운수회사의 자동차공제, 교원공제 등이 민영보험과 경합하고 있다.

7) 獨寡占體制의 형성과 자율화의 氣運

1962년 보험회사의 정비통합 이후 20년 동안 신규인가가 인정되지 않은 가운데 특히 손해보험시장은 화재보험, 해상보험, 자동차보험 등에 있어서 협정요율, 시장독점(풀), 전업회사 등의 형태로 시장을 지배하여 왔다.

이러한 현상은 8·15 해방 이후 손해보험시장의 재건과정에서 이미 그 기초가 마련된 것으로서 1960년대부터 그 체제가 더욱 강화되었다.

1977년 '保險産業 近代化方案'과 1981년 '保險産業 長期發展計劃' 및 정부의 금융자율화정책을 중심으로 한 시장자율화 조치에 의하여 그 동안 폐쇄적인 보험시장의 개방을 위하여 금융풀(한국화재보험협회)을 단계적으로 해제하는 등 일부 시장개방을 도모하고 있다.

이것은 특히 1980년 12월 공정거래법의 개정·강화로 인하여 보험산업에 대한 적용이 문제되고 있는 시점에서 보험시장은 타율적인 여건에 의하여 자유경쟁원리의 도입과 시장자율화를 받아들이지 않을 수 없게 되었다.

(4) 보험시장의 개방과 자율화(1990년 이후)

미국, 일본 등 선진국에 있어서 금융시장 및 자본시장 자율화에 따른 보험시장의 개방과 자율화 조치는 불과 2～3년 후 우리나라에도 그 조류가 그대로 들어오게 되었다. 국내 보험시장의 개방은 1980년대 후반부터 생명보험을 중심으로 1960년대 이후 기존의 6회사 체제에서 30여 개 회사(지방생보사, 수도권 생보사, 외국합작회사 등)도 늘어나고 이 가운데 상당수 회사가 10년을 넘기지 못하고 1997년 11월 외환위기(IMF체제)를 맞이하여 도산(합병)되었다.

보험시장의 개방은 회사 신설뿐만 아니라 재보험자유화, 외국회사에 직접 보험가입(Cross-Border)허용, 우리에게 생소한 독립대리점 및 보험중개인제도의 도입이 있었고, 손해사정업과 보험계리업도 그 후속조치로 개방되었다(〈표 1-3〉 참조).

〈표 1-3〉 보험시장 개방 현황 및 계획

구 분	시 행	시행계획
재보험자유화	항공보험('93. 4) 화재, 특종보험('97. 4)	선박보험('96. 4)
외국사에 직접 보험가입 (Cross-Border) 허용	수출적하('93. 1) 수입적하 · 항공('95. 4)	해외여행보험, 선박보험, 생명보험('97. 1)
독립대리점 도입	손보 복수대리점('93. 4) 생보 복수대리점('94. 4)	손보 독립대리점('96. 4) 생보 독립대리점('97. 4)
보험중개인 도입		손해보험중개인('97. 4) 생명보험중개인('98. 4) 대외 개방('98. 4)
손해사정업		대외 개방('98. 4)
보험계리업		대외 개방('98. 4)

이와 같이 1960년대 이후 폐쇄적인 보험시장이 하루 아침에 개방화의 물결을 타고 범정부적인 규제완화에 따라 보험감독도 외국사 차별폐지, 각종 허가 · 인가제도의 신고제 전환, 보험가격자유화 등의 조치가 있었다.

이상과 같은 보험시장의 개방은 필연적으로 가격자유화와 자유경쟁체제로 전환을 가져왔고 1997년 11월 이른바 외환위기의 IMF체제가 시작되면서 보험회사들은 특히 신설생보사를 중심으로 증자불능, 지급불능 등의 도산에 이르게 되었다. 보험가격의 자유화는 생명보험보다 원가의 개념이 추상적인 손해보험에서 문제되었고 자동차보험을 중심으로 모든 종목이 협정요율에서 범위요율(1994. 4~1996. 4)의 단계를 거쳐 자유요율(1996. 4~1998. 4)의 단계로 이행되고 2000년 이후 부가보험료뿐만 아니라 순보험료 부분까지 완전경쟁 요율체제가 되었다.

한편 1980년대 이후 보험산업에 대해서 불공정 거래행위와 가격담합(요율협정)을 규제하려는 공정거래법의 영향이 커져 가고 있었고 1990년대부터 시장개방과 가격자유화는 IMF의 불황을 타고 보험산업도 예외없이 큰 혼란에 빠지게 되었다.

(5) IMF체제와 보험회사 도산

1997년 말 우리 경제는 금융시스템의 취약성과 기업의 과다한 차입 경영체제의 부작용이 노출되면서 국가경제가 위기상황에 직면하였다. IMF외환금융위

〈표 1-4〉 보험가격 자유화 추진경과

구 분	자유화 내용	추진일정
일반손해보험 (자동차보험 포함)	선박, 운송, 기업성 특종보험 범위요율 적용 자동차보험 할인할증률 범위요율 적용	1994. 4
	화재, 적하, 가계성 특종보험 범위요율 적용 자동차보험 가입자 특성요율 범위요율 적용	1995. 4
	자동차보험 기본보험료 범위요율 시행	1996. 8
	선박, 운송, 기업성 특종보험 자유요율 적용	1996. 4
	화재, 적하, 가계성 특종보험 자유요율 적용	1997. 4
	자동차보험 기본보험료, 할인할증률 범위요율 확대	1998. 4
	자동차보험 가입자 특성요율 범위요율 폐지	1998. 4
	자동차보험 부가보험료 자유화	2000. 4
	7～10인승 자동차순보험료 자유화	2001. 1
	영업용자동차 순보험료 자유화	2001. 4
	개인용, 업무용, 이륜자동차 순보험료 자유화	2001. 8
장기손해보험	유지비 자유화	1994. 4
	사차배당 자유화	1995. 4
	예정위험률 자유화, 이차배당 자유화	1997. 4
	예정이율 범위요율 시행	1998. 4
	예정이율 자유화, 예정사업비율 자유화, 비차배당 도입	2000. 4

기 이후 기아산업 등 대기업의 연쇄부도와 외환부족에 따른 금융기관의 유동성 문제가 가시화되면서 일부 은행, 종합금융회사, 증권회사 등 금융기관이 사실상 지급불능에 처하는 사태가 발생하였고 보험회사도 예외가 아니었다. 생명보험회사의 경우 IMF사태 이후 해약환급금이 전년대비 94% 이상 증가하는 등 심각한 유동성위기를 맞이하면서 고금리상품을 팔아서 해약을 막으려고 하였는데, 그 결과 2001년부터 생명보험 및 손해보험의 장기보험은 초저금리체제 아래서 역마진 현상이 나타나고 있다.

1997년 11월 정부는 금융시장 안정 종합대책을 발표하여 모든 예금을 2000년 말까지 한시적으로 전액 보상하였으며, 금융감독원의 통합(1998. 4)과 금융산업구조개선에관한법률 및 예금자보호법을 제정하고 공적 자금을 투입하면서 부실금융기관의 구조조정에 착수하였다.

생보회사의 제 1 차 구조조정은 1998년 5 월 지급여력기준에 미달하는 생보사 18사에 대해서 경영정상화계획 제출요구 및 그 계획의 이행가능성평가 등의 단계를 거쳐 금융감독원은 동년 11월 4 개 생보사(국제, BYC, 태양, 고려생명)의 허가를 취소하였다.

제 2 차 구조조정은 제 1 차 구조조정 과정에서 조건부승인을 받은 회사 중 일부회사의 경영부실 확대로 9 개 회사에 대한 자산/부채의 실사(1999. 2)를 거쳐 동아, 국민, 태평양, 한덕, 조선, 두원 등 6 개 회사에 대하여 1999년 4 월 공개매각 절차를 개시하였다.

〈표 1-5〉 제 2 차 구조조정 현황 (단위: 억원)

회 사	조 선	동 아	태평양	국 민	한 덕	두 원
인 수 사	현 대	금 호	동 양	S K	S K	대 한
인수방식	M&A					계약이전
합 병 일	2000. 2	2000. 4	2000. 6	2000. 6	2000. 6	'99. 12
공적자금	1,166	10,922	2,597	2,594	3,350	3,227

주: 부실생보사의 부동산 및 부실채권 매입에 3,070억원의 공적 자금 추가소요

생명보험회사의 구조조정은 위의 6 개 회사 이외에 계열사에 대한 부실대출 등으로 자본잠식 상태로 판명된 대한생명을 구조조정 대상에 추가하였다. 이 회사는 3 차례에 걸친 공개입찰매각이 무산되고 가장 많은 공적 자금(3 조 5 천억원)을 투입한 상태에서 매각을 기다리고 있었다.

한편 외환금융위기 이후 일부 기존 생보사까지 경영부실이 표면화되면서 제일생명은 독일의 알리안츠보험그룹에 매각(1999. 6)되었고, 국내의 신설 생보사 구조조정은 2 차에 그치지 않고 2001년 4 월 현대생명과 삼신생명이 추가로 대한생명으로 계약이 이전되고 8 월 인가가 취소되었다. 1980년대 후반 시장개방 조치로 국내에 진출한 외국 생보사 가운데 합작사인 코오롱메트생명의 지분을 미국의 Metlife가 100% 인수(1998. 3)하고, 高合뉴욕생명은 합작회사인 뉴욕생명이 지분을 100% 인수(1999. 10)하였다. 그 동안 합작사로 운영되어 오던 永豊매뉴생명은 합작회사인 캐나다 매뉴라이프가 국내시장에서 철수하여 순수 국내사로 전환되었으나 2001년 외국회사에게 매각되었다.

손해보험회사의 구조조정은 부실회사인 두 개의 보증보험회사가 일차로 문

제되어 한국보증이 대한보증에 흡수·합병되었지만(서울보증보험), 보증보험의 총체적인 부실은 공적자금의 계속적인 투입에도 불구하고 개선되지 않고 있다. IMF 직후 손해보험회사는 신설사가 많이 포함된 생명보험회사와 달리 구조조정의 직격탄에서 벗어나는 것 같았으나 지급여력의 부족으로 해동화재를 인수한 외국의 리젠트화재, 대한화재, 국제화재 등 3개 회사가 매각절차를 밟고 있다.

IMF 이후 생명보험회사를 중심으로 한 구조조정은 이것으로 그치지 않고 감독당국은 선진국에 준하는 보험회사의 지급여력기준을 강화함에 따라 증시폭락, 공금리하락 등 자산운용에 피해를 입은 기존 생손보회사들도 자체적으로 인원과 조직의 축소 등 대책을 세워 왔으며 지급여력기준을 둘러싸고 당국과 논란 및 마찰이 일어나고 있다. 보험회사 경영부실의 역사는 우리나라에서 손해보험은 1951년 6·25 동란 중 증자를 못하여 일시적으로 허가가 취소된 것이 있고, 1960년대 초 신동아화재가 주주분규로 관리인이 일시 선임된 적이 있다. 생명보험은 조선생명(1921)의 인가취소, 경영부실로 1960년대 협동생명의 인가취소, 구동아생명(1958)의 합병(1962), 고려생명(1946, 1970년대 동해생명으로 개칭)의 인가취소 등의 사실이 있었지만 최근과 같은 업계 전체가 어려움을 장기간 겪고 있는 사실은 보험산업에 국한된 것은 아니라고 하여도, 그 특유의 저력을 발휘하여 난국을 타개해야 할 것이다.

⑹ 보험의 관련기관

보험산업과 직접 관련되는 기관은 학회와 업계단체로서 협회 등을 들 수 있다. 학회로서는 한국보험학회(1964), 한국리스크관리학회(1989), 한국보험의학회(1983)가 있다. 1959년 구한국보험학회가 발족되어 약 1년 동안 존재하였으나, 이것은 당시 제일생명보험의 지원 아래 생보시장 재건을 통하여 실무자 중심의 조직이었기 때문에 순수학회로 보기 어렵다. 학회와 관련되는 기관으로서 보험실무자 교육기관인 보험연수원(1965)이 있고, Actuary단체인 한국보험계리인회(1962), 보험요율의 검증 및 산출을 위하여 1983년 업계의 지원으로 출발한 보험개발원이 있다. 보험개발원의 전신은 손해보험요율산정회로서 협정요율산정이 주된 기능이었지만 가격자유화 조치 이후 보험개발원으로 개칭하고 전문연구까지 수행하고 있다.

사업자단체로서 보험업계는 대한손해보험협회(1946)와 생명보험협회(1950) 등 두 개의 협회가 있다. 은행과 증권업은 협회가 각각 하나이지만 보험협회가

2개로 나누어진 것은 보험사업은 원칙적으로 손해보험과 생명보험의 겸영이 허용되지 않고 있으므로 선진국에서도 협회가 이원화되어 있다. 한국화재보험협회(1973)는 '화재로인한재해보상과보험가입에관한법률'에 의하여 도시 고층건물의 의무가입 화재보험의 인수기관으로 출발하였으며 화재예방 및 방재기능의 역할도 수행하고 있다. 보험과 관련된 사업자단체로서는 보험대리점, 손해사정인 등의 연합단체도 조직되어 있다.

제 4 절 保險의 기능과 효용

1. 經濟的 機能

(1) 개별경제적 기능

보험은 우연적 사건에 기인하는 경제생활의 불안정을 제거하고 그 안정을 도모하는 제도이기 때문에 경제생활에 미치는 영향은 절대적으로 중요하다. 그 가운데 하나가 보험의 私經濟 내지 個別經濟的 機能이다. 여기에는 다음과 같은 여러 가지 기능이 있다.

첫째, 企業과 家計의 안전성을 부여한다. 기업의 경우 불의의 사고에 의하여 큰 재산상의 손실을 입었으나, 그것을 보상받는 제도가 없을 때 사고를 수습하고 기업을 재건할 수 없게 된다. 또한, 이것은 가계의 경우도 마찬가지이다. 그 이용수단으로서는 여러 가지 형태의 보험이 있지만 기업은 財產保險, 賠償責任保險 등을 주로 이용할 수 있고, 가계는 生命保險이 개인의 안전을 보장하는 제도이다.

둘째, 保險은 信用을 높이는 수단이 된다. 현대경제에 있어서 가계와 기업활동의 특징의 하나는 신용을 기반으로 하고 있는 것이다. 기업의 경우 금융기관으로부터 필요한 자금을 융자받기 위해서는 담보물을 제공하게 되고 이러한 담보물은 만약의 경우를 대비하기 위하여 보험에 가입되어 있지 않으면 금융기관으로서는 채권의 완전한 보전이 어렵게 된다. 특히 우리나라는 이른바 금융담보물의 화재보험가입이 의무화되어 있고 보험회사들의 계약인수경쟁이 집중되고 있어 이를 풀制度로 운영하여 왔다.

한편, 가계의 경우에도 오늘날 신용경제사회에서 각종 신용카드제도를 이용하거나 내구소비재의 할부구입이 보편화되고 있다. 가계 또는 개인의 신용을 뒷받침하기 위해서는 신용보험 또는 보증보험이 그 기능을 수행하고 있다.

셋째, 보험은 개별경제에 있어서 資本維持, 收入確保의 기능을 수행한다. 자본의 유지 및 보충기능은 화재보험이 재건비용의 조달을 가능하게 하는 것이 그 예의 하나이다. 또한, 오늘날 전문경영자 시대를 맞이하여 유능한 경영자가 불의의 사고로 사망하였을 때 기업에 미치는 손실을 고려하여 생명보험으로서 事業家生命保險(business life insurance) 또는 keyman 生命保險이라는 것이 선진국에서는 널리 활용되고 있다.

수입확보의 기능으로서는 생명보험이나 재산보험에 있어서 보험금의 수령 및 특히 해상적하보험에 있어서 희망이익보험이 그 예이다. 希望利益保險(profit insurance)이란 적하가 운송 도중에 사고가 일어나지 않고 무사하게 목적지에 도착하였다면 판매하여 얼마의 이익(통상 10~20%)을 기대할 수 있게 된다. 이러한 기득이익을 보상하여 주는 보험을 말하며 실무에서는 신용장금액의 110%정도 보험에 가입할 수 있다.

(2) 국민경제적 기능

보험의 국민경제적 기능은 생산·분배·교환·소비의 측면에서 여러 가지 중요한 역할을 한다. 먼저 생산에 있어서는 자본조달과 노동력의 유지에 기여하고 있다. 보험회사는 기관투자가로서 자본시장에서 자금의 동원에 그 일익을 담당하고 있다. 보험제도는 그 준비금으로 적립된 것을 금융시장에 방출하여 국민경제적으로 자본형성에 기여하고 있으며, 특히 생명보험은 장기계약의 성격에 의하여 국공채 등의 인수를 통하여 산업자금 내지 경제개발자금의 동원에 지대한 공헌을 하고 있다.

노동력의 유지에 대한 보험의 역할은 사회보험이 담당하고 있다. 사회보험 가운데는 특히 産業災害補償保險과 失業保險을 예로 들 수 있다. 산업재해보상보험은 업무상의 재해를 제도적으로 보상함으로써 작업장으로 신속한 복귀가 가능하며, 실업보험은 일정한 실업기간(통상 6개월~1년) 동안 실업수당을 지급하여 실직근로자의 생활을 유지시키고, 또한 그 기간 동안 직업훈련, 전직훈련을 통하여 새로운 직장을 구하는 데 도움을 줌으로써 노동력을 유지할 수 있는 것이다.

보험의 분배적 기능은 특히 사회보험의 연금보험에서 강조되고 있다. 자본주의경제체제에서 빈부격차는 계급간(자본가와 근로자), 계층간 또는 시간적·공간적으로 나타나고 있다. 年金保險은 定額年金에 큰 비중을 두고 소득비례 갹출을 통하여 소득의 불균형을 어느 정도 시정할 수 있다.

보험의 교환적 기능은 금융의 조절과 물가의 안정에서 찾아볼 수 있다. 보험은 자금집중을 통하여 제 2 금융의 형태로서 금융시장의 부족한 기능을 보완하고 있으며, 또한 자본유지와 생산의 원활한 기능을 통하여 불황을 어느 정도 조절할 수 있으므로 물가의 안정에 기여할 수 있다.

소비면에서 보험의 기능은 소비자신용보험을 통하여 건전한 소비생활을 유도할 수 있으며, 다른 한편으로 기업이 입은 경제적 손실을 보험제도를 통하여 기업이 부담하는 보험료를 제품원가에 반영하여 소비자에게 전가시킬 수 있다.

(3) 국제경제적 기능

보험의 國際經濟的 機能은 먼저 再保險去來를 통한 위험의 국제적 분산을 예로 들 수 있다. 자본주의경제의 성숙과 공업화의 과정에서 중화학공업 등 대단위 공장의 건설에 의하여 단위위험이 커짐에 따라 위험의 국제적 분산이 불가피하게 되었으며, 國際再保險制度는 정치적인 이념을 초월하여 서로 협력하고 있다.

과거 소련 등의 공산주의국가의 위험물건도 영국 Lloyd's 保險市場과 거래하고 있고 이것은 다시 Lloyd's를 통하여 전세계의 자유주의국가에까지 再再保險으로 위험이 분산되고 있었다. 또한, 제 1 차 세계대전시에는 재보험거래의 당사국간에 교전이 있게 되면 再保險特約은 잔여유효기간 동안 자동적으로 제 3 국에 의하여 가능하도록 미리 특약조항에서 규정하는 사례도 있었다.

보험의 국제거래는 해상보험의 분야에서는 원래 국제무역관계의 원활한 수행을 위해서 운송보험과 더불어 과거부터 국제거래가 빈번하게 전개되어 왔다. 1960년대부터 서방 선진국은 開放經濟體制를 지향하면서 경제자유화의 물결에 따라 보험거래의 자유화가 추진되었고 國際再保險去來, 保險會社의 外國進出 등에 따르는 각국의 차별정책 또는 장애요인을 완화 또는 폐지하는 경향을 보이고 있다.

오늘날 자본 및 노동력의 국제적 이동과 국제간의 교역증진에 따라 보험회사의 국제적 활동의 범위와 기능이 더욱 확대되었으며 이것을 통하여 국제경제의 안정과 발전에 큰 역할을 하고 있다.

2. 社會的 機能

보험제도는 이상과 같은 경제적 기능 이외에 사고의 예방적 기능, 생활의 안정과 향상기능을 수행한다.

첫째, 사고의 예방적 기능이다. 보험은 앞으로 일어날 것으로 예상되는 경제적 손해를 가져오게 하는 위험의 발생에 대비하는 제도이지만, 보험회사에서 손해의 예방을 위하여 여러 가지 방재시설에 투자하고 있다.

예로서 화재보험에서 소방차, 고가사다리, 각종 소화기의 기증, 이들의 생산기업에 대한 장기저리융자를 하고 있으며, 자동차보험에서 교통안전과 계몽에 참가하고 때로는 육교를 市에 기증하는 경우도 방재활동의 일부이다.

둘째, 생활안정 및 향상에 대한 기능을 수행한다. 이것은 生命保險, 傷害保險, 醫療保險 등을 통하여 불의의 사고에 의한 인명피해의 경제적 손실을 보상함으로써 가계의 경제적 타격을 완화시킬 수 있다. 또한, 연금이나 실업보험을 통하여 노후의 생활자금을 마련할 수 있고, 실업기간 중에는 일시적으로 실업수당을 받아 생계에 도움이 되고 재취업을 할 때까지 가정경제의 안정을 도모하게 된다.

한편, 각종 賠償責任保險을 통하여 손해배상을 둘러싼 사회적 분쟁을 조정하는 기능을 보험이 수행하고 있다. 오늘날 교통사고 등 업무상 본의 아니게 제 3자의 재산과 신체에 피해를 입히게 되는 경우가 많고 그것에 대한 제도적 보상장치(보험)가 마련되어 있지 않으면 당사자간의 분쟁은 소송까지 가게 되고 결국 사회적 불안을 가중시키게 되는데 賠償責任保險은 이러한 사회적 분쟁을 조정하고 있다.

우리나라의 보험회사 및 보험협회는 보험의 사회적 책임을 수행하고 사고예방을 위하여 많은 비용을 들여 각종 공익사업을 수행하고 있다. 삼성생명보험(주)은 공익재단을 운영하고 서울특별시 일원동에 대형 종합병원(삼성의료원)의 설치·운영 이외에 양로원, 장학금 등 각종 사업을 수행하고 있으며 1994년부터 대한손해보험협회와 생명보험협회는 교통사고예방, 사회복지사업 등과 관련된 사업을 위하여 예산을 투자하고 공익사업위원회를 운영하고 있다. 한국화재보험협회는 경기도 이천에 우리나라 특유의 방재시험연구원을 두고 있으며, 보험개발원은 교통사고 예방을 위하여 자동차기술연구소를 설치하였다.

3. 保險制度의 惡用

(1) 보험의 부정적 측면

保險制度는 이상과 같은 경제적·사회적 효용에도 불구하고 일부에서는 다음과 같은 두 가지 사실에서 보험제도를 비판하고 있다. 여기에는 보험자측에 있어서의 폐해와 피보험자측에 있어서의 폐해이다.

保險者側의 폐해는 도박보험의 유발과 보험경영의 부정을 초래하기 쉽다는 것이다. 보험자가 부당하게 이익을 추구하기 위하여 被保險利益(insurable interest)에 관계 없이 보험계약을 인수하는 경우 또는 보험목적물의 가격을 과대평가하는 경향이 있을 수 있다. 여기서 피보험이익이란 보험계약의 절대요건의 하나로서 보험목적과 경제적 이해관계를 말한다.

보험자는 또한 보험사업이 수리·조직·운영이 복잡한 것을 이용하여 감독당국의 규제가 소홀한 경우 준비금의 적립이나 보험자산의 운영에서 부정과 불법을 자행할 우려가 있다. 그 이외에도 보험사고에 있어서 고의적으로 보험금의 지급을 거부하거나 지연시키는 행위, 보험약관을 일방적으로 유리하게 해석하는 경우, 보험대리점과 모집인의 부정행위가 유발될 수도 있다.

피보험자측에서 야기될 수 있는 폐해는 보험사기와 보험목적물에 대한 주의를 게을리하는 것이다. 오늘날 선진국에서는 보험범죄가 점차 지능화되어 가고 있다. 피보험자 등이 고의적으로 보험사고(예로서 放火)를 일으키는 위험을 道德的 危險(moral risk)이라고 하는데, 이것은 재산보험이나 생명보험에서 흔하게 볼 수 있다.

특히, 생명보험에서 보험금의 사취를 목적으로 살해하거나 病歷을 속이는 이른바 告知義務의 고의적인 위반이 매우 흔하며 우리나라에서 생명보험분쟁 중 거의 대부분이 여기에 해당된다.

보험에 가입되어 있다고 하여도 피보험자 또는 보험계약자는 선의의 재산관리인으로서 손해의 예방과 방지에 최대한으로 노력할 의무(손해방지의무)가 있다. 이것은 도덕적·윤리적으로도 요망되고 있다. 이러한 보험의 부정적 측면은 건전한 보험사상의 보급, 사회도덕의 향상 및 국가의 엄격한 감독을 통하여 시정될 수 있는 문제로서 보험의 광범한 효용에 비하여 크게 우려할 바는 아니라고 할 수 있다.

(2) 保險犯罪

보험사업에 있어서 흔히 moral hazard 또는 moral risk라는 말이 오늘날 현실적인 문제로서 민영보험은 물론 산재보험, 고용보험 등 사회보험에 있어서도 심각하게 제기되고 있다. 민영보험에서는 적극적인 개념으로서 보험범죄 또는 보험사기라는 표현이 일반화되어 있으며 IMF체제 이후 정치·경제·사회의 불안으로 각종 보험범죄가 자동차보험, 생명보험, 상해보험 등 모든 종목에서 기승을 부리고 있다. 최근 보험협회와 규모가 큰 보험회사에서는 보험범죄에 대응하기 위하여 전담조직을 가동하고 있다.

민영보험에서 보험범죄를 예방하기 위한 국제적인 협의기구가 조직되어 있으며 2001년 6월 13일 헝가리 부다페스트에서 개최된 국제보험사기연차총회(International Association of Insurance Fraud Agencies)는 27개 국가 67명(한국측 2명)의 참석아래 진행된 바 있다. 保險 moral hazard에 대한 대응책을 마련하기 위하여 미국을 비롯한 선진 여러 나라에서 민영보험을 중심으로 활발하게 전개되고 있으며, 그 동안 소극적으로 대처해 온 검찰, 경찰 등 사직당국의 협조와 관심 속에서 신종범죄의 일환으로 보험회사와 당국은 적극적으로 대처하고 있다.

보험사기사건으로 당국에서 직접 관여한 건수는 2000년 604건으로 구속 277건, 불구속 입건 169건, 수배 72건, 수사 중 72건, 무혐의 58건, 기타(사망) 1건으로 나타나고 있다. 1999년 688건이 줄어든 것은 보험회사 등의 적극적인 대응책에 영향을 받은 것 같다. 생명보험의 경우는 계약 전 알릴 의무(告知義務)의 위반, 재해사망 위장 등 moral hazard가 계속 늘어나고 있어서 삼성생명 등은 별도의 子會社를 운영하며 대처하고 있다.

보험사기 및 범죄의 특성은 저위험 고수익(low risk-high return)의 범죄, 혐의입증의 곤란성, 지능적 범죄와 생계형 범죄의 공존, 보상성 심리와 동조의식 존재, 사기폐해의 간접성 및 광범위, 범죄의 복잡성과 다양성, 내부 종사자(보상요원)의 공모 등을 들 수 있다. 보험사업은 계약자에 대한 서비스가 우선이기 때문에 회사는 사건의 내용에 대해서 사법기관이 아니므로 적극적으로 대처하기 어려운 점이 있다.

민영보험에 있어서 범죄의 온상이 되고 있는 것은 특히 자동차보험 분야이다. 최근 차량범죄의 증가와 교통질서의 문란 및 사고의 다발성, 대리운전, 병원, 정비공장, 조직폭력, 放火, 고의살인 등 범죄 관계자의 공포현상이 많이 발생하고 있다. 미국은 보험범죄의 예방을 위하여 연방 및 주정부가 적극 노력하고 있다.

연방정부는 1994년 보험사기예방법이 제정되고, 미연방수사국(FBI)은 금융범죄수사단(인원 325명)이 별도로 조직되어 있다. 미국은 현재 35개 주에서 보험사기방지국 또는 보험사기특별조사반을 설치·운영하고 있다. 뉴욕주 보험청 보험사기방지국은 1981년 설치되었으며 전담 조사요원(전직 FBI 및 경찰출신) 26명을 포함하여 42명이 근무하고 있고 연간 예산은 220만 달러로서 주정부 보조금으로 충당되고 있다. 주정부 차원의 민간기구로서 전미보험범죄방지국(National Insurance Crime Bureau)이 1912년에 설치되었고 1,000여 개의 보험회사 및 자가보험기관이 회원으로 되어 있다.

우리나라 보험범죄는 민영보험뿐만 아니라 다른 보험제도, 즉 공제보험(농협공제, 수협공제, 운수공제 등), 우체국보험, 산재보험, 고용보험, 건강보험, 국민연금 등 사회보험의 영역에까지 조직적으로 연계되고 있다는 사실이 확인되고 있다. 이와 같이 보험범죄가 公私保險의 모든 영역에까지 확산되고 있는 것은 민영보험의 적극적인 보험시장 개척노력과 최근 4대 사회보험제도에서 의무적 가입대상을 자영자 및 4인 미만 사업장까지 확대적용하고 있기 때문이다.

사회보험은 민영보험에 비하여 범죄대응력이 미약하며 범죄피의자가 公私保險에 모두 가입하여 놓고 사기 등 다양한 수법으로 보험기관을 농락하고 있으므로 어느 한 보험주체의 노력만으로 문제의 해결이 어렵게 되었다. 이러한 점에서 2001년 2월 23일 산재보험을 운영하는 근로복지공단과 대한손해보험협회는 보험범죄예방을 위한 상호 정보교류 및 공동조사 등에 관한 협약을 체결하고 정보교류추진협의회를 구성·운영하기로 하였다.

제 2 장 保險의 종류

제 1 절 分類基準

오늘날 경제생활구조의 복잡성과 새로운 각종 위험의 출현으로 보험도 고도로 분화·발전되고 있기 때문에 그 종류는 극히 다종·다양하다. 이들을 어떠한 기준에 의하여 정리·분류하는 것은 학문적으로 필요할 뿐만 아니라 수많은 종류의 보험을 내용적으로 쉽게 파악하기 위하여 꼭 필요한 일이다. 일반적으로 보험의 분류기준은 다음과 같은 여러 가지가 있다.

① 보험법상의 분류: 損害保險과 人保險

② 보험경제상의 분류: 企業保險과 家計保險

③ 보험경영상의 분류: 營利保險과 相互保險

④ 보험기술상의 분류: 長期保險과 短期保險

⑤ 보험정책상의 분류: 私營保險과 公營保險, 任意保險과 強制保險

⑥ 보험책임상의 분류: 再保險과 原受保險, 共同保險과 重複保險

1. 保險法上의 분류

우리나라 상법은 보험을 損害保險과 人保險으로 크게 분류하고 있다. 손해보험은 다시 火災保險(제683조~제687조), 運送保險(제688조~제692조), 海上保險(제693조~제718조), 責任保險(제719조~제726조), 自動車保險(제726조)으로 세분하고 있으며, 人保險은 生命保險(제730조~제736조)과 傷害保險(제737조~제739조)으로 구분하고 있다.

상해보험은 상법에서 人保險으로 분류하고 있으나 保險業法 제10조 단서에서는 정책상 손해보험과 상호겸영을 허용하고 있다. 그러나 현실적으로 상해보험은 손해보험회사가 취급하고 있어서 과거 수년 동안 생명보험회사와 겸영논쟁이 계속된 바 있다.

2. 保險經濟上의 분류

보험의 경제상의 분류에 의한 企業保險과 家計保險의 구분은 보험에 가입하는 주체가 영리경제(기업)이냐 또는 소비경제(가계)이냐의 구별이다. 기업보험은 기업경제의 안정을 위해서 이용하는 보험으로서 일반적으로 재산보험(상법상의 손해보험)을 의미하며, 家計保險은 가정경제의 안정을 도모하기 위한 보험으로서 생명보험을 의미한다.

3. 保險經營上의 분류

보험경영상의 분류로서 營利保險은 영리를 목적으로 하는 보험이며, 相互保險은 가입자 상호간의 이익을 위해서 운영되는 비영리적인 보험이다. 保險業法에서는 보험기업의 형태를 株式會社(영리보험)와 相互會社(비영리보험)로 구분하고 있으나 상호회사는 실질적으로 존재하지 않고 있다.

미국, 독일, 일본에서는 상호회사가 다수 존재하고 있으며, 상호보험은 조합조직을 취하고 있는 경우도 많다. 그러나 우리나라의 농협, 수협 등의 공제사업을 상호보험으로 인정하는 데는 어려움이 있다.

4. 保險技術上의 분류

이것은 보험기간의 장단에 의한 분류로서 보통 長期保險은 生命保險, 短期保險은 損害保險을 각각 의미한다. 예외적인 사항은 있으나 손해보험은 1년, 생명보험은 5년 이상의 보험기간을 필요로 한다. 이러한 보험기간의 장단에 따라 보험기술상 책임준비금의 계산, 보험자산의 운용에서 큰 차이가 있다.

5. 保險政策上의 분류

이것에 의하면 私營保險과 公營保險, 任意保險과 强制保險으로 구분할 수 있다. 사영보험과 공영보험은 보험을 운영하는 주체가 사법상의 단체이냐 또는 공법상의 단체이냐에 의한 구별이다. 私營保險은 주식회사, 상호회사, 개인과 같은 사법상의 단체로서 조직되는 것이며 民營保險이라고도 한다. 公營保險은 국가 또는 공공단체에서 운영하는 보험으로서 國營保險이라고도 하며, 비영리보험이다.

任意保險과 强制保險의 구분은 가입자유를 기준으로 한 것이다. 민영보험은 임의보험에 속하며, 공영보험과 사회보험은 강제보험의 영역이다. 그러나 예외적으로 민영보험의 경우에도 법령이나 제도에 의하여 가입이 강제되는 경우가 있다. 법령에 의한 것은 自動車損害賠償保障法에 의한 책임보험의 가입이며, 제도에 의한 것은 금융기관담보물의 화재보험 가입, 수출입화물의 적하보험 가입 등이 그 예이다.

6. 保險責任上의 분류

여기서는 再保險과 原受保險, 共同保險과 重複保險으로 각각 구분된다. 再保險(reinsurance)은 보험의 보험으로서 보험계약자로부터 보험을 인수한 原受保險者 또는 原保險者(direct writer)가 보험계약상의 책임의 일부나 전부를 다른 보험자, 즉 再保險者(reinsurer)에게 계약을 통하여 인수시킨 보험을 말한다.

이 경우 최초의 보험을 原受保險(original insurance) 또는 原保險이라 하고, 재보험자가 보험계약상의 책임의 일부나 전부를 다시 다른 보험자에게 전가시킬 경우 이것을 再再保險(retrocession)이라고 한다.

共同保險(coinsurance)과 重複保險(double insurance)은 동일한 보험의 목적에 대해서 2개 이상의 보험관계가 성립되는 것이다. 전자는 보험금액의 합계가 보험가격을 초과하지 않는 것이며, 후자는 그것을 초과하는 것이다.

법률상 중복보험에 있어서 초과액은 무효가 된다. 또한, 중복보험은 계약의 체결시기에 따라 同時重複保險과 異時重複保險으로 구분된다. 공동보험은 일반적으로 보험경영의 합리화를 위하여 保有額(retention)을 조절하여 2개 이상의 보험자가 분할하여 계약을 인수하기 때문에 재보험의 성질을 가지고 있다.

제 2 절 民營保險

保險의 종류 또는 분류기준은 위에서 고찰한 바와 같이 여러 가지 근거에 의하여 구분할 수 있으며, 그 가운데 중심이 되는 것은 私保險, 즉 民營保險이다. 민영보험은 생명보험과 손해보험으로 분류할 수 있고, 특히 손해보험은 그 담보하는 위험의 유형에 따라 수많은 종목으로 분류되고 있다. 제 2 절의 민영보험에 대한 설명은 기본적인 내용만 서술하기로 하고 보험계약, 보험경영, 보험마케팅, 보험재무 및 회계 등에 있어서 생명보험과 손해보험의 동질성과 차이점은 그 해당항목에서 구체적으로 설명하기로 한다.

1. 生命保險

(1) 생명보험의 원리

인간의 욕구를 이야기할 때 흔히 A. H. Maslow의 「5 단계 욕구이론」(*Motivation and Personality*, New York, 1954)이 자주 거론되고 있다. 그가 말한 욕구단계는 생리적 욕구, 즉 衣·食·住와 같은 기본욕구, 안전(Safety)에 대한 욕구, 사회적 욕구, 자존심·존경의 욕구, 자기실현·자아인식욕구를 의미한다. 생명보험과 연관시켜 볼 때 보험을 필요로 하는 욕구충족은 첫째와 둘째의 욕구가 중심이 되고 있다. 인간은 의·식·주와 같은 기본적인 욕구충족이 제 1 차적으로 달성되기를 바라고 그 다음으로 돌발적인 사고, 재난, 경제적·정신적 불안으로부터 해방되기를 바라고 있다.

경제적 측면에서 인간이 현대사회에서 한 평생을 살아가는 동안 소득보상을 통한 경제적 안정을 계속 유지하는 것은 어려운 일이며, 이것이 어느 정도 보상된다고 하여도 질병, 재해, 폐질, 노령과 같은 요인에 의한 소득의 중단 또는 예상 외의 지출증대에 대비하여 특별한 대책을 세워 놓아야 마음이 편안할 수 있다. 경제적 안정을 위협하는 조기사망, 질병·실업 등으로 인한 소득중단 또한 감소, 노령으로 인한 경제활동 능력의 쇠퇴는 본인뿐만 아니라, 부양가족의 신상에까지 영향을 미치게 된다.

이러한 사실에 대응하기 위한 수단은 절약, 지축 등 다른 방법도 있지만 생명보험과 같은 보험을 기본수단으로 이용하고 있는 것이 오늘날 일반적인 현상이 되고 있다.

생명보험은 인간의 生死에 관련된 각종 위험이나 불안에 대비하기 위한 경제준비의 사회적 형태의 하나이다. 생명보험을 설명 또는 판매할 때 가입을 권유하는 생활설계사들은 인간의 라이프 사이클(life cycle, 생활주기)과 관련시켜 생명보험의 필요성과 그 효용을 강조하고 있다. 라이프 사이클이란 개인이 성장하고 가족신분상에 있어서 그 개인에게 일어나는 일련의 변화를 의미한다. 라이프 사이클은 개인에 따라 차이가 있지만, 일반적으로 24세 이전의 독신으로 성장 및 교육을 받는 시기, 결혼초기(25~30세), 가족형성기(31~40세), 가족성장 및 성숙기(41~55세), 은퇴기(55세 이후) 등의 단계가 한국인을 기준으로 한 생활주기단계(life stage)로 볼 수 있다. 최근 우리나라도 65세 이상의 노령인구가 차지하는 비중이 커지고 있어 고령화시대의 문제를 여러 측면에서 제기하고 있지만 평균 수명의 연장에도 불구하고 산업화사회에서 봉급생활자들의 정년은 연장되지 않고 오히려 조기퇴직, 명예퇴직과 더불어 평생직장의 보장이란 지난 시대의 유물이 되어 가고 있다.

노후에 대비하는 경제준비의 방법에는 생명보험 이외에 자식에 의한 부양, 토지·가옥 등 부동산 투자, 주식·유가증권 투자, 저축 등 다른 수단이 있지만 봉급생활자 또는 농어민·자영자 등으로 일생을 보내는 우리에게는 어느 방법도 쉽지 않고, 특히 자식에게 의존하는 것은 전통적 가족제도의 붕괴와 핵가족화의 진행 및 자식들의 서구식 개인주의적 사상으로 그 자체도 기대하기 어렵게 되어 가고 있다. 생명보험은 불의의 사고를 극복하고 라이프 사이클에 기초하여 장기간의 생활설계에 맞춘 경제준비제도로서 다른 어느 방법보다도 합리적이고 효율적인 수단이라고 할 수 있다.

(2) 생명보험의 기본형태

1) 定期保險

정기보험(term insurance)은 종래 우리나라에서 死亡保險으로 호칭되어 왔다. 이 보험은 일정한 제한된 기간 안에 사망이란 보험사고가 발생할 경우 미리 정한 보험금을 지급하고 반대로 그 기간까지 피보험자가 생존하게 되면 보험금을 지급하지 않는다. 중도해약시에도 일반적으로 장기보험이 아니면 환급금을 지급하지 아니한다.

정기보험은 보험기간을 기준으로 5년, 10년, 15년, 20년 등 기한만기의 정기보험과 연령을 기준으로 60세 또는 65세 등 연령만기의 정기보험이 있다. 선진국에서 정기보험은 전통적으로 배당금을 지급하는 정기보험과 지급하지 않는 정기보험으로 구분하였지만, 근래에는 보험회사간의 경쟁이 치열하여 여러 가지 혼합된 유행의 정기보험이 판매되고 있다.

2) 終身生命保險

종신생명보험 또는 종신보험(whole life insurance)은 언제라도 피보험자의 사망시에 보험금을 지급하는 생명보험계약을 말한다. 이 보험의 특징은 평균보험료(level premium) 원리에 기초하여 보험료를 산정하며, 피보험자가 평생을 통해서 보험의 혜택을 받을 수 있고 저축이나 투자를 가능하게 한다. 또한 종신보험은 최저비용으로 일생 동안 보험혜택을 받고, 계약초기에 사망에 대한 대비를 크게 희생시키지 않고 생명보험을 통한 저축을 가능하게 한다. 이 보험은 보험계약자에게 그의 수요변동에 따라 적응할 수 있는 신축성을 가지고 있다.

3) 養老保險

양로보험(endowment insurance)은 生死混合保險이라고도 한다. 이 보험은 피보험자가 일정한 보험기간 중에 사망하거나 또는 보험기간이 끝날 때까지 생존하면 보험금을 지급한다. 양로보험은 보험계약자가 사망하든지 생존하든지간에 일정기간 동안 일정금액을 저축하기를 원하는 경우에 필요하다.

4) 生存保險·年金保險(annuity)

생존보험 또는 연금보험은 일반 생명보험과 다소의 차이가 있다. 이 보험은 일정한 기간 후 또는 미리 정한 기간 말까지 피보험자가 생존하였을 때부터 시작하여 일정한 기간마다 일정한 금액을 정기적으로 지급한다. 이 보험의 종류에는 다음과 같은 여러 가지가 있다.

① 기간이 피보험자의 생사와 관련 없는 일정기간인 경우 확정연금(annuity certain)이라고 한다.

② 생존과 관계 있는 보험계약의 종류는 생존기간에 한해서 보험금을 정기적으로 지급하는 종신연금(straight life annuity), 분할상환 종신연금(installment refund annuity), 10년 확정불 종신연금(life annuity 10years certain) 등이 있다.

③ 보험계약자가 납입한 보험료로 투자된 주식의 시가변동이나 소비자 물가지수의 변동에 따라 결정되는 變額年金(variable annuity)이 있다.

5) 기　　타

생명보험의 기본적인 형태는 이상과 같은 3～4 가지를 들 수 있지만 실제

보험상품의 개발에 있어서는 혼합하여 여러 가지 특수한 형태로 만들기 때문에 우리나라의 경우만 하여도 현재 판매되고 있는 것이 수십 종에 이르고 있다. 그 이외의 특수한 형태의 생명보험으로서 團體生命保險(group life insurance), 事業家生命保險(business life insurance), 信用生命保險(credit life insurance) 등도 선진국에서는 일반화되고 있다.

단체생명보험은 직장을 중심으로 하여 하나의 보험계약을 통하여 여러 사람을 대상으로 하는 보험을 말한다. 즉, 보험계약은 사용자와 보험자 사이에 체결되며, 근로자들을 피보험자로 한다.

선진국에서는 醫療保險과 企業年金(退職年金)에서 단체보험을 많이 활용하고 있다. 事業家生命保險은 기업에서 유능한 경영자 또는 기술자의 생명(사망)을 보험에 가입시켜 사업경영의 안전을 도모하는 보험이다. 이 보험은 경영자 등의 사망에 의하여 받을 금전적 손실을 담보하는 것으로서 미국에서 크게 보급되고 있다(key-man insurance).

信用生命保險은 채무·채권관계에 수반하는 채무자의 사망위험을 대상으로 하며 그가 사망할 경우 보험자는 부채잔여금액을 그의 채권자에게 지급한다. 이 보험은 은행, 신용금고와 같은 대출기관, 백화점·할부판매업 등 신용판매기관을 통하여 취급된다. 생명보험의 특수한 형태로서 인플레이션에 의한 보험금의 가치하락을 방지하기 위하여 變額生命保險(variable life insurance) 또는 指數保險(index insurance)이라는 것이 있다. 그러나 이 보험은 일반화되지 못하고 있다.

우리나라 생명보험상품은 위에서 언급한 기본적인 형태(정기보험, 양로보험, 생존보험)는 유지하고 있으나, 1950년대 후반부터 현재에 이르기까지 무수한 상품이 인가→개정→판매중지의 악순환을 되풀이하여 왔다. 1970년대 이후 각종 주보험계약에 '災害特約', '疾病特約' 등 특약을 첨가하는 상품이 크게 유행하고 있다. 선진국에 비하여 단체보험시장으로서 의료보험과 연금보험(기업연금)의 기반이 매우 약한 것이 하나의 문제로 지적될 수 있다.

2. 損害保險

(1) 화재보험

火災保險(fire insurance)은 화재에 의한 손해를 보상하는 보험이다. 전쟁, 지진, 폭발에 의한 화재의 손해는 特約(special clause)이 없는 한 보상에서 제외된다. 화재보험은 일반적으로 화재로 인한 물적 손해를 보상하지만, 그 이외에 화재에 의한 휴업 때문에 상실한 영업상의 이익을 보상하는 營業中斷保險(business interruption insurance), 家賃喪失保險(Mietverlustversicherung), 화재로 인한 손해배상책임, 채권 등도 화재보험의 대상이 될 수 있다. 또한, 특수한 것으로서 삼림화재보험이라는 것도 있다.

화재보험은 不動產保險과 動產保險으로 구분된다. 不動產保險은 주택, 점포, 창고, 공장물건을 부보대상으로 하며, 動產保險은 가구, 가재, 상품, 재료, 기계 등을 포함한다. 우리나라 화재보험에서는 후자의 경우 화폐, 유가증권, 인지, 우표, 귀금속, 보석, 고서화, 골동품, 설계도안, 장부 등은 계약에서 특별히 표시하게 되어 있다.

(2) 해상보험

해상보험의 정의로 영국해상보험법(Marine Insurance Act, 1906: MIA) 제 1 조에서는 "해상보험계약은 保險者가 被保險者에 대하여 그 계약에 의해서 합의한 방법과 범위 내에서 해상손해, 즉 해상사업에 수반되는 손해를 보상할 것을 약속하는 계약이다."라고 규정하고 있으며, 우리 상법 제693조에서는 "해상보험의 보험자는 航海에 관한 事故로 인하여 생길 손해를 보상할 책임이 있다."라고 규정하고 있다.

해상보험은 국제간의 무역거래와 관련되어 재보험과 더불어 국제성이 가장 강한 보험종목이다. 따라서 보험실무에서도 화재보험이나 생명보험처럼 국내의 거래관행이 지배되는 것이 아니고, 영국을 중심으로 한 외국의 관련법률이나 약관이 그대로 적용되고 있다. 역사적으로 해상보험계약서가 공식적으로 처음 사용된 것은 영국의 Lloyd's 시장에서 1779년에 사용된 Lloyd's SG Policy이다. 이 보험증권은 영국뿐만 아니라, 국제무역거래에서 통용되어 왔기 때문에 200년 이상의 역사를 자랑하고 있다. 1982년부터 영국 해상보험시장에서 새로운 증권과 약관이 사용되고 있지만, 그 기본원칙과 중요내용은 Lloyd's SG Policy와 동일하다.

해상보험은 항해에 관한 운송위험을 보상하는 제도이지만 항해에 부수하여 발생하는 육상, 하천, 호수 등의 內海 및 항공위험까지 확장(연장)담보하는 경우가 많다. 해상보험은 해양국가로 발전한 영국의 법률과 판례에 준하여 오래 전부터 운영되어 왔기 때문에 영국의 해상보험 역사·법률 및 관습을 이해하는 것이 필수적이다.

해상보험이 해상운송 또는 무역거래와 관련하여 발전해 온 것은 당연한 사실이며, 보험실무도 매우 복잡하고 까다로운 편이다. 해상운송의 과정에서 해상 고유의 위험이 있고 우연적 사고로 인하여 그 손해를 보상하지 않으면 국제간 무역의 원활한 운영은 기대할 수 없으며, 이 보험은 무역금융과도 밀접한 관련성이 있다. 국제무역에 필요한 금융과 외환거래의 뒷받침이 있어야 무역거래의 발전과 안전성을 보장할 수 있는데 해상보험은 해운사업, 무역금융과 더불어 三位一體의 관계를 유지하고 있다.

해상보험의 두 가지 지주는 積荷保險과 船舶保險이다. 무역은 서로 다른 국가에 거주하는 사람들간의 상품매매이며 매매화물을 운반하기 위하여 운송계약을 체결하고 그 운송도중에 발생할 수 있는 위험에 대비하여 적하보험(cargo insurance)에 가입하게 된다. 따라서, 무역거래는 매매계약·운송계약·보험계약이 서로 3각관계를 이루고 있다. 선박보험(hull insurance)은 화물을 운송하는 수단으로서 선박이 필요하고 항해 중 화물을 적재한 선박이 각종 조난사고(충돌, 침몰, 파선 등)에 의하여 입게 될 경제적 손실을 보상하는 보험제도이다.

국제간의 화물운송은 선박뿐만 아니라 항공, 철도, 자동차 등의 다른 운반수단도 이용되고 있으며, 이와 관련하여 항공화물운송보험 등 운송보험도 광의의 해상보험에 포함시킬 수 있다. 이른바 국제복합운송인(international multimodal transport operator)은 국제간의 화물수송을 두 가지 이상의 운송수단을 이용하는 것을 의미하며, 운송인은 전운송구간에 걸쳐 화물의 손상을 책임지게 된다. 오늘날 콘테이너 수송의 발달에 복합운송제도는 활성화되고 있는데 적하보험계약의 운송약관에 의하여 단일 보험증권으로 복합운송상의 위험을 담보할 수 있다.

선박보험에는 기간보험(time policy)과 항해보험(voyage policy)의 두 종류가 있다. 여기에 대해서는 영국 해상보험법(Marine Insurance Act, 1906: MIA) 제25조에서 규정하고 있다. 기간보험은 보험의 목적물을 일정기간에 대하여 가입하는 보험계약이며, 항해보험은 어느 지점부터 다른 한 개 지점 또는 여러 개의 지점까지 가입하는 보험계약이다. 일반적으로 적하보험은 航海保險으로 가입하고, 선박보험은 期間保險으로 가입한다.

우리나라 보험실무에서는 해상보험의 범위를 적하보험과 선박보험으로 한정시키지 않고 콘테이너보험, 운송보험, 항공화물화주보험, 구조물설치보험, 항공보험까지 포함시키고 있다.

(3) 자동차보험

현대사회에 있어서 자동차는 지역이나 직업을 불문하고 일상생활에서 꼭 필요한 교통수단이 되고 있다. 특히, 자동차산업의 발달과 자동차 보유대수가 증가됨에 따라 교통사고는 크게 늘어나고 있으며, 그 사고로 인하여 많은 인명과 재산상의 손해가 발생하고 있다. 이러한 손해는 사회적·법률적으로 여러 가지 문제가 되고 있으며, 특히 인명의 피해는 피해자에 대한 손해배상의 문제가 크게 대두되고 있다. 오늘날 교통사고는 도로의 고속화와 자동차의 성능개량으로, 자동차의 고속화에 따른 교통사고의 대형화, 보상액의 고액화를 가져오고 있고 사건해결은 법률적 차원을 떠나 사회적 분쟁으로 확대되고 있다.

자동차보험(automobile insurance)은 가장 널리 보급된 손해보험 및 배상책임보험의 하나이다. 이 보험은 자동차의 소유·사용·관리로 인하여 일어나는 자동차 고유의 위험, 즉 운행 중 일어나는 각종 위험과 사고시에 피해를 보상하는 제도이다. 우리나라 자동차보험은 1963년 자동차손해배상보장법의 제정으로 책임보험과 임의보험의 두 종류를 근간으로 하여 운영되어 왔다. 자동차손해배상책임보험(compulsory automobile liability insurance)은 약칭 責任保險(對人賠償 Ⅰ)으로 지칭되고 있다. 이 보험은 자동차운행으로 타인의 생명 또는 신체를 사상케 함으로써 법률상 손해배상책임을 부담하게 되는 피보험자의 손해를 자동차손해배상보장법에서 정한 금액의 한도에서 부담하는 보험이며 피해자 1인당 보험금액은 사망, 부상, 후유장해로 구분하여 그 최고한도액을 동법 시행령에서 규정하고 있다.

우리나라에서 자동차종합보험이라고 하는 것은 개인 또는 개인사업자가 소유한 자가용 승용자동차만을 대상으로 하여 책임보험의 보상한도를 넘는 추가적인 손해를 보상하는 임의가입보험이다. 종합보험에서 보상하는 내용은 다음과 같다.

① 대인배상책임(bodily injury liability coverage)—대인배상 Ⅱ: 대인배상 Ⅰ을 초과하는 손해를 보상하는 보험으로 보상한도는 법률상 손해배상액과 필요타당한 비용이다.

② 대물배상책임(property damage liability coverage): 자동차 소유자가 자동차의 소유·사용·관리에 기인하여 타인의 재물에 손해를 끼쳐 법률상 손해배상책임을 부담하게 되어 생긴 손해를 보상하는 보험으로 보상한도는 직접손해와 간

접손해를 합하여 여러 단계로 되어 있다.

③ 자기신체사고(personal injury coverage): 교통사고로 피보험자 자신이 사상되어 입은 손해를 보상하며, 그 한도는 사상의 정도(4 단계)와 사망·부상·후유장해에 따라 차이가 있다.

④ 자기차량손해(physical damage): 교통사고로 피보험자 자신의 자동차에 생긴 손해를 보험가입금액 내에서 사고가 발생한 때와 장소의 時價를 기준으로 실제손해를 보상하는 보험이다.

⑤ 무보험자동차에 의한 상해: 보험은 피보험자가 자동차보험에 가입하지 아니한 자동차에 의한 사고로 죽거나 다쳤을 때, 그 손해에 대하여 배상의무자가 있을 경우 약관에서 정한 바에 따라 보상한다. 무보험자동차보험계약은 위에서 설명한 대인배상 Ⅰ, 대인배상 Ⅱ, 대물배상, 자기신체사고의 위험을 포함하여 모두 가입한 경우에 한하여 가입할 수 있다.

교통사고의 발생과 자동차보험의 처리과정에서 당사간의 보상을 둘러싸고 다툼이 빈발하고 있고, 모든 사고는 무조건 자동차보험에서 보상하는 것으로 잘못 알고 있는 경우가 많다. 다음과 같은 경우는 보상하지 아니한다.

㉠ 보험계약자, 피보험자의 고의로 인한 손해

㉡ 전쟁, 혁명, 내란, 사변, 폭동, 소요, 기타 이와 유사한 사태로 인한 손해

㉢ 지진, 분화, 태풍, 홍수, 해일 또는 이와 유사한 천재지변으로 인한 손해

㉣ 핵연료물질의 직접 또는 간접적인 영향으로 인한 손해

㉤ 피보험자 본인의 무면허 운전사고

㉥ 요금이나 대가를 목적으로 반복적으로 피보험자동차를 사용 또는 대여한 때에 생긴 사고로 인한 손해

㉦ 피보험자 본인의 음주운전 사고(손해 중 200만원 공제)

아래 사항 중 어느 하나에 해당하는 사람이 죽거나 다친 경우에는 보상하지 아니한다.

㉠ 기명피보험자 또는 그 부모, 배우자 및 자녀

㉡ 피보험자동차를 운전 중인 자 또는 그 부모, 배우자 및 자녀

㉢ 배상책임의무가 있는 피보험자의 피용자로서 산업재해보상보험법에 의한 재해보상을 받을 수 있는 사람(동법에 의한 보상범위를 초과하여 손해가 발생한 경우에도 보상하지 아니함)

우리나라의 자동차보험제도는 위에서 설명한 개인용 자동차보험 이외에 업

무용·영업용 등을 대상으로 다음과 같은 자동차보험 종목이 있다.

① 업무용 자동차보험(business automobile policy): 개인 및 개인사업자가 소유한 자가용 승용차를 제외한 모든 비사업용 자동차와 건설기계를 대상으로 하는 종합보험으로서, 담보위험의 종류는 개인용 자동차보험과 동일하다.

② 영업용 자동차보험(commercial automobile policy): 모든 사업용(영업용 및 대여용) 자동차 및 건설기계를 대상으로 한 보험으로서 보상내용 및 보상한도는 업무용과 동일하다.

③ 운전자보험(drivers insurance): 운전자가 자동차의 운행 중 본인이 입은 손해와 운전자 자신의 사상으로 생긴 손해를 보상하는 보험이다. 보상내용은 운전자가 구속 또는 입원시 가족의 생계비와 판결에 의한 벌금, 방어비용, 사망보험금 및 후유장해보험금이며 운전자 자신이 부상한 때의 의료비는 특약을 가입한 경우에 보상한다.

④ 외화표시자동차보험(automobile insurance written in foreign currency): 외국인 또는 외국기관 소유 자동차나 외국군부대에 용역, 납품 등을 위해 출입하는 자동차를 대상으로 하는 보험으로 보험금액과 보험료가 外貨로 표시된다. 담보내용은 다음과 같다.

㉠ 신체상해 배상책임

㉡ 재물손해 배상책임

㉢ 차량손해, 포괄손해, 충돌손해

㉣ 의료비

⑤ 자동차취급업자종합보험: 자동차 소유자 이외에 자동차 탁송업자, 자동차 판매업자, 정비업자 등 자동차를 취급하는 것을 사업으로 하는 자를 대상으로 하는 보험이다.

자동차손해배상보장법에 의하여 책임보험가입을 의무화하고 있어도 사고 후 도주한 뺑소니차와 같이 소유자가 분명하지 아니한 자동차에 의한 사고 및 보험에 가입하지 아니한 자동차, 정당한 권한 없이 사용한 자동차(도난자동차 등)에 의한 사고 등을 근절하기는 매우 어려운 실정이다. 이러한 자동차사고로 인한 피해를 보호할 목적으로 자동차손해배상보장사업을 실시하여 피해자에게 책임보험금의 한도 안에서 손해를 보상하고 있다. 이 보장사업은 정부(건설교통부)가 직접 주관하는 것이 바람직하지만, 과거부터 특정 자동차보험회사(한국자동차보험주식회사에서 동부화재해상보험주식회사)에 그 업무를 위탁하고 있다. 이 보장사업은 다른 법률에 의해 구제되지 않은 피해자에 대한 최소한의 구제조치로서 피해자가 국가배상법, 산재보험법 등에 의한 손해에 대하여 보상을 받은 때에는 정부는 그 보상금액만큼 보상책임을 면하고, 보상을 한 경우에는 지급한 금액의 한도 안에서 손해배상청구권을 행사(代位權)할 수 있다.

우리나라 자동차보험의 가입은 현실적으로 이원화되어 있다. 자동차보험회사뿐만 아니라, 육운진흥법에 근거를 두고 택시(1979. 6. 20), 화물자동차(1981. 3. 24), 버스사업자가 공제조합의 인가를 받아 자동차보험을 취급하고 있다(감독: 건설교통부). 자동차보험과 관련하여 교통사고처리특례법(1981. 12. 31 법률 제3490호)에 관련조항이 있다. 동법 제 4 조에서는 保險 또는 共濟에 가입된 자동차가 사고를 일으킨 경우 운전자에 대하여는 피해자의 명시한 의사에 반하여 公訴를 제기할 수 없도록 규정(동법 제 3 조 제 2 항 의단서조항 제외)하고 있다. 이 법률의 혜택을 받으려면 손해배상금 전액을 보상하는 보험 또는 공제에 가입하여야만 한다. 이 조항의 취지는 가해자는 피해자에 대하여 만족할 수 있는 처우와 보상을 하도록 하고 사건처리를 간소화함으로써 가해자와 피해자를 법률적으로 보호하는 한편 자가운전자의 증가추세에 따라 자율적인 준법 분위기를 조성하려는 것이다.

자동차보험은 책임보험과 종합보험(개인용, 업무용, 영업용)이 주축을 이루고 있지만 오토바이 등 이륜자동차(two wheeler)보험이 있다. 그 이외에 사고율이 높아 각 보험회사가 계약인수를 기피하는 불량물건은 전체의 20% 정도를 차지하고 있는데, 업계에서는 이들 계약을 특정물건(AIP)이라고 하고, 공동인수하여 위험을 분담하고 있다.

(4) 배상책임보험

賠償責任保險은 책임보험의 일종으로서 손해보험의 범주에 속하며, 일반손해보험과 마찬가지로 손해배상책임을 부담함으로써 입게 될 손해의 위험을 사회적으로 분산하는 것이다. 배상책임보험은 보험자와 피보험자 이외에 피해를 입은 제 3 자의 존재를 전제로 하는 보험이다.

배상책임보험은 현대 자본주의경제사회에 있어서 보험의 총아로서 그 종류와 영역이 더욱 확대되고 있다. 근대시민사회의 성립 이후 배상사고의 빈발, 배상의식과 법이론의 발전에 따라 배상문제가 사회적 분쟁으로 제기되고 있어 그 손해배상의 제도적 장치로서 배상책임보험의 존재는 매우 큰 의미를 지니고 있다. 미국의 경우 배상책임보험은 다음과 같은 여러 가지 종류가 있다.

① 포괄일반배상책임보험(comprehensive general liability insurance)

② 소유주 · 임대주 · 임차인배상책임보험(owner's landlord's and tenant's liability insurance)

③ 제조업자 · 청부업자배상책임보험(manufacturer's and contractor's liability insurance)

④ 제품완성작업배상책임보험(products-completed operations liability insurance)

⑤ 소유자 및 청부업자배상책임보험(owner's and contractor's protective liability insurance)

⑥ 계약배상책임보험(contractual liability insurance)

⑦ 제품회수보험(products recall insurance)

⑧ 개인권리침해배상책임보험(personal injury liability insurance)

⑨ 자동차손해배상책임보험

⑩ 근로자재해보상책임보험

⑪ 항공기배상책임보험

⑫ 전문직배상책임보험(professiona1 liability insurance): 여기에는 다음과 같은 종류가 있다.

㉠ 약제사배상책임보험(druggist's liability insurance)

㉡ 병원전문직배상책임보험(hospital professional liability insurance)

㉢ 일반의 · 외과의 · 치과의배상책임보험

㉣ 변호사배상책임보험

㉤ 보험대리점 · 중개인 과실배상책임보험

㉥ 회계사배상책임보험

㉦ 설계사 · 기술사배상책임보험

㉧ 이사 · 임원배상책임보험

㉨ 사냥꾼배상책임보험

배상책임보험은 재산보험과 달리 담보위험의 특성상 그 나라의 사회환경, 국민들의 권리의식수준과 밀접한 관련성을 가지고 있다. 우리나라는 1960년대부터 산업사회로 이행되고 경제개발정책으로 배상책임보험이 보급될 수 있는 여건은 조성되고 있었으나, 선진국과는 달리 이 보험의 판매는 매우 부진하였다. 배상책임보험의 사회적 기능은 피보험자에게는 자위수단이 되고, 피해자에게는 배상능력이 없는 가해자에 대하여 구제수단이 될 수 있다. 이러한 이유에서 선진국에서는 법률에 의하여 배상책임보험의 가입을 의무화하고 있다. 배상책임보험에는 임의보험과 의무보험이 있는데, 전자는 피보험자의 자위수단이 강조되는 반면에 후자는 피해자의 구제기능이 강조된다.

배상책임보험이 화재보험과 같은 일반 재산보험과 다른 점은 다음과 같다.[1)]

① 보험의 목적은 일반적으로 보험계약자와 이해관계가 있는 사고발생의 객체로 이해되고 있지만, 배상책임보험은 사고발생의 객체가 보험계약자와 이해관계가 없는 불특정한 타인의 재물이나 신체 또는 생명인 점에 특징이 있다.

② 보험사고 발생일자가 화재보험, 상해보험의 경우처럼 확정적이 아니다. 배상책임보험에서 타인에게 재물피해나 인명피해를 입혔다고 하여도 그 사고가 발생한 순간에 피보험자에게 확정적으로 손해가 발생하는 것은 아니다. 사고 발생 후 피보험자에게 손해배상청구가 있어야만 되고, 청구가 제기되어도 피보험자의 책임이 부인될 수도 있고 책임이 인정된다고 하여도 합의 또는 소송과정에서 변동될 수도 있다.

③ 재산보험에서 保險價額은 보험자가 법률상 부담하는 최고가액으로 보험목적물의 時價를 의미하지만 배상책임보험의 경우 사고발생 객체가 불특정 제 3자의 재물이나 신체이고, 보험의 목적인 피보험자의 재산관계는 적극적 또는 소극적 전재산을 의미하므로 보험가액은 무한이 된다.

④ 재산보험에서는 보험계약상 보험자가 보상해야 할 최고한도액을 保險金額이라고 하지만 배상책임보험에서는 책임의 측면에서 보상한도액(limit of liability)이라고 한다. 이러한 점에서 일반 재산보험은 사고시 보험가액과 보험금액의 비교에 의하여 비례보상 法理가 적용되지만 배상책임보험의 경우 이 法理가 적용되지 아니한다. 또한 일반 재산보험에서는 보험기간 중 사고로 보험금액이 전액 지급되면 그 보험계약은 소멸되지만 배상책임보험에서는 보상한도액이 원칙적으로 하나의 사고당 보험자의 보상한도액일 뿐이고, 정해진 보상한도액(보험금액)을 전액 지급하여도 그 보험계약은 소멸되지 아니한다〔예외: 1996년 미국의 ISO약관, 1988년 한국의 생산물배상책임보험(국문약관)〕.

위에서 미국의 주요 배상책임보험을 열거하였지만 오늘날 선진국의 경우 이 보험의 종류와 상품은 한없이 증가하고 있다. 일반적인 분류기준은 다음과 같다.

① 一般賠償責任保險과 專門職業賠償責任保險: 이 분류기준은 담보위험의

---

1) 지수현, 「배상책임보험론」, 보험연수원, 1995, pp. 55~57.

일반성과 전문성 여부에 따라 구분하려는 것이다. 전문직업배상책임보험에는 의사, 변호사, 설계사/기사배상책임보험 등 여러 가지가 있다.

② 任意賠償責任保險과 義務賠償責任保險: 보험가입이 피보험자의 임의의사이냐 또는 특정위험에 관하여 피해자보호와 구제수단의 확보책으로 법률에 의하여 가입을 의무화하고 있느냐에 따라 구분된다. 한국의 경우 의무배상책임보험의 종류에는 다음과 같은 것이 있다.

㉠ 가스사고배상책임보험: 고압가스안전관리법(제25조), 도시가스사업법(제43조), 액화석유가스의안전및사업관리법(제33조)

㉡ 원자력배상책임보험: 원자력손해배상법(제5조)

㉢ 체육시설업자배상책임보험: 체육시설의설치·이용에관한법률(제29조)

㉣ 특수건물신체배상책임보험: 화재로인한재해보상과보험가입에관한법률(제2조 3항, 제5조)

㉤ 자동차손해배상책임보험: 자동차손해배상보장법(제5조)

㉥ 遊·渡船事業者賠償責任保險: 유선및도선사업법(제33조)

㉦ 船主賠償責任保險(선원법 제98조)

㉧ 지방자치단체배상책임보험

③ 個人賠償責任保險과 營業賠償責任保險: 담보위험이 개인의 일상생활상 위험인가 또는 사무활동상의 위험인가에 따른 구분이다. 개인배상책임보험의 담보위험은 주택의 소유·사용·관리에 따르는 배상책임 및 개인의 일상생활이나 활동에 따르는 배상책임 등 두 가지로 구분할 수 있다.

(5) 특종보험

損害保險에는 이상과 같은 보험종류 이외에 여러 가지 특수위험을 담보하는 특종보험이 많으며 이들은 새로운 보험상품으로 계속 개발되고 있다. 또한, 단독보험상품은 아니지만 특별위험을 特別約款(特約)에 의하여 추가위험으로 담보하는 경우도 상당수가 있다. 보험업계에서는 1960년대부터 전통적인 화재보험과 해상보험을 제외하고 다른 손해보험 종목을 특종보험(일본은 新種保險)으로 부르고 있으나 이 가운데 자동차보험과 보증보험의 비중이 커지고, 전업회사로서 발전함에 따라 특종보험에서 자동차보험을 제외하려는 경향이 있었다. 또한 최근에는 장기보험과 연금상품(개인연금, 퇴직연금)의 비중이 커감에 따라 이들 역시 특종보험 분류에서 제외시키고 있다. 손해보험업계에서는 각종 통계에서 보험종목별 분류는 화재, 해상, 자동차, 보증, 특종, 장기, 개인연금으로 구분하고 있는데 보험료구성 및 시장점유율의 측면에서 비중이 큰 순서는 2004년의 경우 장기(42.5%), 자동차(37.6%), 특종(9.0%), 개인연금(3.0%), 보증(9.0%), 해상(2.2%), 화재보험(1.3%)이었다.

우리나라 손해보험시장에서 특종보험의 종류는 신상품을 포함하여 종목은 크게 늘어나고 있고 실적은 종목에 따라 상당한 차이를 보이고 있다. 화재·해상·자동차보험을 제외한 특종보험은 다음과 같이 정리할 수 있다.

① 보증보험: 신원, 이행, 납세, 인허가, 할부판매, 지급계약, 신용카드, 가계수표, 리스, 社債, 소액대출, 기타 보증보험

② 기술보험: 기관·기계보험(Boiler and Machine B/M), 조립보험, 건설공사보험, 전자기기보험(Electronic Equipment)

③ 책임보험: 일반배상책임보험, 가스배상책임보험, 근로자재해보상보험(해외근재, 국내근재, 선원근재, 직업훈련, 기타)

④ 상해보험: 보통상해보험, 학생안전보험, 해외여행보험, 국내여행보험, 건강생활보험, 직장인단체보험, 해외주재원신변안전보험, 스포츠상해보험, 학교폭력지킴이상해보험, 남북한주민왕래보험

⑤ 종합보험: 가정생활보험, 주택상공보험, 동산종합보험, 가정종합보험, 재산종합보험, 레저성종합보험, 기타

⑥ 장기보험: 장기화재보험, 장기상해보험, 장기종합보험

⑦ 개인연금

⑧ 기타 특종보험: 도난보험, 유리보험, 동물보험, 원자력보험, 해외원보험, 출산안심보험, 새시대암보험, 닥터암보험

제 3 절 國公營保險

보험사업은 은행, 증권과 달리 민간보험회사 이외에 다른 주체에 의하여 운영되는 경우가 일본이나 한국에서는 매우 많다. 사회보험의 경우는 민영보험과 구분하여 별도의 보험종목으로 인정할 수 있지만 포괄적으로 국영보험으로 볼 수 있거나 또는 성격 규명이 애매한 보험 및 운영기관이 다수 존재하고 있다. 일반적으로 국영보험이란 영리를 목적으로 하는 민간보험의 영역에 있는 보험을

국가 또는 공공기간이 주체가 되어 운영하는 것을 말한다. 물론 여기서 사회보험은 국영보험과 구분되어야 한다. 국가가 보험사업에 참여하는 경우는 국가와 시대에 따라 다르지만 두 가지 사정을 들 수 있다.

첫째는 국가의 재정수입 등이 부족하여 생명보험 등을 국가 또는 공공기관에서 취급하는 것이고, 둘째는 민간보험의 발전을 기대할 수 없고, 오히려 각종 폐단이 일어나는 경우 보험산업을 국영화하는 것이다. 일반적으로 국공영보험이라고 하는 것은 국영보험과 公營保險이 내용적으로 분명히 구분되지 않아서 쓰는 용어로 이해되고 있다.

보험의 종류 가운데는 대량위험의 발생 또는 그 성격상 영리를 목적으로 할 수 없어 사보험이 취급할 수 없는 것이 있다. 근대보험의 초기인 19세기 말에서 20세기 초까지 私保險이 발달되지 못하고 사회경제의 불안으로 국가 또는 공공기관이 주관하는 公營保險이 발달하고 있었다 그러나 私保險이 고도로 발달한 현대에 있어서도 산업정책상 목적으로 국가가 주관하는 보험이 아직도 남아 있다. 그 대표적인 것이 수출진흥을 목적으로 하는 輸出保險과 농업정책과 관련된 農業災害保險이 있다. 농업재해보험으로서 일부 農作物保險, 家畜保險, 우박保險 등은 미국, 독일 등 선진국에서는 私保險에서 취급하고 있다.

1. 輸出保險

輸出保險(export credit insurance)은 수출화물대금의 결제 과정에 있어서 발생할 수 있는 무역계약상의 계약불이행에 관한 위험을 남보하는 보험이다. 일반적으로 해상보험은 선박 또는 화물의 해상운송에 수반되는 위험을 담보하지만 이것만 가지고 무역업자 또는 해운업자가 안심하고 거래를 할 수 없다.

수출화물이 선적준비 또는 선적완료가 되었다고 하여도 수입상이 파산, 사망으로 화물의 인수를 거부하거나 대금의 결제를 기피 또는 지연시키는 경우가 있다. 이 경우 수출업자나 수출자금을 융자한 금융기관이 피해를 입게 된다. 이러한 위험을 信用危險(credit risk)이라고 하고, 수입국의 전쟁, 내란, 수입제한, 외환거래 제한조치 등과 같은 위험을 非常危險(emergency risk)이라고 한다.

수출보험은 이상과 같은 信用危險, 非常危險 또는 商業危險(commercial risk)을 담보하는 보험으로서 해상보험과는 다른 특수보험이다. 수출보험은 그 성격상 民營保險會社가 할 수 없으며, 국가 또는 공공기관이 비영리로 운영하는 것이 일반적이며, 그 기능은 수출상의 불안제거, 신용증대, 수출진흥, 해외상사의 신용조사 등이다.

수출보험의 종류에는 단기수출보험, 수출어음보험, 농수산물수출보험, 시장개척보험, 중장기수출보험, 해외공사보험, 해외투자보험, 수출보증보험, 이자율변동보험, 환변동보험, 신뢰성보험, 수출신용보증보험 등 여러 가지가 있다. 우리나라 수출보험은 1969년 2월 國營 大韓再保險公社가 정부대행으로 취급하다가 1977년 1월 1일부터 韓國輸出入銀行이 대행하고 있으며, 그 감독도 재무부에서 상공부(1979)로 이관되었다.

한국의 수출보험제도는 1990년대 초반까지 수출업자들의 이용률이 낮아 수출보험의 역할을 제대로 수행하지 못했는데, 1992년 한국수출보험공사의 설립 이후 수출보험 인수실적, 이용률, 기금 등에서 급격한 성장이 있었고, 외환위기 이후 수출보험의 손해율과 이용률은 크게 증가하였다. 수출보험 종목은 1969년 처음 업무를 개시할 때 5종목으로 운영되었으나 종목의 폐지, 보완, 신설을 거쳐 최근 12개의 종목과 1개의 수출신용보증을 합하여 13개 종목이다. 이 가운데 직접적인 상품수출과 관련된 종목은 단기수출보험, 중장기수출보험, 수출신용보증, 수출어음보험, 농수산물수출보험 등 5개 종목이다. 수출보험 운영기금은 1969년 발족당시 3억원의 기금으로 시작되어 1980년 30억, 1992년 200억, 1999년 3,000억원으로 증가되었다.

수출보험의 인수실적은 1997년 외환위기부터 1999년까지 크게 신장하였으며 실적이 큰 종목은 1997년 이전까지 수출어음보험이 중심이었으나 외환위기로 급격하게 줄어든 반면에 단기수출보험이 1995년부터 크게 증가하여 전체의 80%를 차지하고 있다.

2. 農業災害保險 · 自然災害保險

(1) 농업재해보험

農業災害保險(agricultural insurance)은 農業保險, 農作物保險 등 여러 가지 명칭이 사용되고 있다. 농업생산은 원래 기후조건 등 자연환경에 큰 영향을 받고 있으며 농업재해로 인한 작물계획의 실패, 수확감소는 오늘날 곡물수급과 식량자원의 중요성을 감안할 때 농업정책상 수해, 한해 냉해, 병충해, 우박 등 기타 자연적인 재해에 의한 농업생산자의 피해를 보상할 필요가 있다. 이것을 보험제도화한 것이 농업재해보험이다.

오늘날 農業災害保險은 미국, 유럽제국, 일본 등 선진국은 물론 인도 등 여러 후진농업국가에서도 이를 계획 또는 실시하고 있다 우리나라도 1960년대 이후 이 보험의 구상이 정부에 의하여 계속되고 있으나 아직 결실은 보지 못하고 있다. 農業協同組合이 주관하는 공제 가운데 농작업상해공제, 家畜共濟 등이 있으나 농업보험으로 인정할 수 없다. 한국은 2001년 3월부터 농작물재해보험이라는 이름으로 시범사업을 실시하고 있다. 이 보험의 필요성은 농업에 대한 재해대책이 미흡하여 피해를 입은 경우 농가의 파산 또는 부실화를 방지하고 재해대책을 정부차원에서 보험으로 전환하여 재정지출의 안정화와 체계적인 보상대책을 수립할 수 있다. 그 뿐만 아니라 농민단체의 무리한 무상보상 요구를 효과적으로 차단하고 농업에 대한 책임의식을 높여 정부에 대한 의존도를 낮추는 것이 가능하다. 이 보험의 특징은 보험회사에서 보상하지 않는 자연재해를 대상으로 하고 위험의 거대성과 동시다발현상으로 보험회사가 취급하기 곤란하며, 경제력이 낮은 농민을 대상으로 하고, 위험도에 대한 보험료부과의 차별화가 곤란하다.

농업재해보험은 세계적으로 54개 국 이상이 이 제도를 실시하고 있으며 북한에서도 1994년부터 농작물보험, 과일보험, 가축보험을 실시하고 있다. 대부분의 국가들이 정부가 직접 운영하거나 별도로 설립된 공공기관에 의하여 운영되고 있으나 보험회사가 독자적으로 취급하는 국가로서 영국, 독일, 핀란드 등 9개 국가가 있다.

농작물재해보험은 WTO에서 허용하는 보조금에 해당하여 각국에서 지원범위 및 지원율을 점차 확대하고 있는 추세이다.

선진국의 경우 몇 개 국가의 예를 들면 다음과 같다.

① 미국: 1938년부터 농림부 산하에 연방작물보험공사(FCIC)를 설립하여 이 제도를 도입하였고, 1980년 연방농작물보험법이 제정되었다. 보험대상은 밀, 옥수수, 콩, 감자 등 67개의 작물이며 FCIC가 상품개발, 프로그램 작성, 재보험 등의 책임을 지고 있으며 17개의 손해보험회사가 판매 및 손해사정업무를 수행하고 있다.

② 일본: 농업보험법(1938)과 가축보험법(1929)을 통합하여 1947년 농업재해보상법에 의거하여 실시하고 있고, 대상은 벼·보리·가축·과수 등 26개 작물과 가축·원예시설 등이다. 운영체제는 농림수산성이 상품개발, 제도입안, 기금설치, 재보험 책임을 지고 농협과 다른 조직인 농업공제조합이 각 지역행정 단위의 연

합회를 구성하여 보험의 판매와 보상을 담당하고 있다.

③ 캐나다: 1939년 The Prairie Assistance Act(PFAA)에 의거하여 실시하였으며, 1991년 Farm Income Act를 제정하여 운영하고 있다. 운영체제는 연방정부의 프로그램을 기초로 하여 주정부가 실정에 맞는 보험제도를 만들어 운영하고 위험은 연방정부와 주정부가 분담하고 있다. 보험대상은 사과, 배, 버찌 등 30여개 작물이다.

이상 3개 국가의 농작물재해보험의 운영내용은 국가에 따라 약간의 차이는 있지만, 담보수준은 수확량의 50~80%이며, 보험금은 손실량의 평균시장가격(일본은 생산자 수취가격)의 80~100%를 보상하고 있다. 가입방식은 임의가입이지만 일본의 경우 벼는 의무가입이고 기타는 임의가입이다. 가입률은 면적을 기준으로 캐나다 50%, 미국 40%, 일본 70~80%(과수 25%)이다. 재정지원은 캐나다는 보험료 50%, 운영비전액(주정부와 연방정부가 각각 50% 부담)을 부담하고, 일본은 보험료 50%, 운영비 70~80%(연간 540억엔 고정지원)를 지원하고 있다. 동시에 각국 정부(또는 연방정부)가 재보험을 인수하고 있는 것도 지원방식의 하나로 인정할 수 있다.

농업재해보험은 선진국뿐만 아니라 개발도상국가에서도 농업생산력의 발전과 식량부족 등을 타개하기 위하여 실시하고 있는데 스리랑카(1958년 시험실시), 방글라데시(1977), 태국(1978), 인도(1979), 필리핀(1980) 등이 그 예이다. 정부의 정책개입 없이 보험회사가 운영하는 국가로서 핀란드, 독일, 영국, 태국, 칠레, 말레이시아, 도미니카, 바하마, 짐바브웨 등 9개 국가가 있다.

한국은 오랜 기간 동안 농작물보험의 시행이 거론되어 오다가 2000년 12월 21일 농작물재해보험법이 제정되고, 2001년 3월 17일부터 판매가 시작되었다. 그 동안 자연재해대책법(행정자치부), 농업재해대책법(농림부)에 근거하여 재해지원이 있었으나 지원규모가 미흡하고 영농규모 및 감수량과 관계 없이 일률적으로 지원되는 과정에서 농민들의 지원규모 확대요구, 재정부담의 과중, 재해의 불규칙성과 재정불안의 문제가 있었다.

2000년 12월 농작물재해보험법의 제정으로 농협중앙회 산하에 농작물보험사업단이 발족되고 시범사업지역으로 40개의 市와 郡이 선정되었다. 대상농작물은 우선 사과와 배로 한정하고(2002년부터 감귤, 단감 등 4개 품목 추가), 재해의 종류는 태풍, 우박, 동상해(凍霜害)이며 상품은 2종(자기부담금 20%형, 30%형)이다. 보험금지급은 자기부담금 이상의 피해발생시 그 초과피해금액을 지급하고,

가입기간은 2001. 3. 19～5. 19(2 개월)이었다. 보험료의 분담내역은 다음과 같다.

① 농민부담: 순보험료의 50%, 부가보험료(운영비)의 50%

② 농협부담: 순보험료의 20%

③ 정부부담: 순보험료의 30%, 부가보험료의 50%

(2) 자연재해보험

자연재해는 위에서 언급한 농업재해보험과 직접·간접의 관련성을 맺고 있다. 매년 반복적으로 발생하고 있는 자연재해는 각종 기상이변, 태풍, 지진 등으로 전세계적으로 인명과 재산피해를 가져오고 매년 급증하고 있다는 점에서 심각성을 야기시키고 있다. 1987년부터 1999년까지 세계 10대 보험사고 가운데 1998년 북해에서 발생한 오일 유출사고(지급보험금 US$ 25억)를 제외하고 모두가 자연재해로 발생하였다는 사실은 각국 정부가 보상지원에 나서야 하고 인수를 기피하는 민영보험을 보완하여 직접 국영보험으로 대책을 마련해야 될 사정에 놓여 있다.

한국의 자연재해는 주로 호우피해가 중심이 되고 있다. 1998년 인명피해 364명, 재산피해 15,828억원으로 국가재정에 큰 부담을 주고 있다. 자연재해의 발생원인은 기상적 요인, 지형적 요인, 인위적 요인(무분별한 국토개발) 등이며 재해위험의 특성은 시간적·공간적으로 분산하기 어렵고(7～8 월에 집중), 피해액의 80%가 호우에 기인하고 있으며, 위험의 동시다발, 상습침수지역 또는 하천유역이 있으므로 자연재해보험을 계획할 경우 역선택의 소지가 매우 크다.

미국에서 자연재해보험의 대표적 사례는 홍수보험(Flood Insurance)과 농작물보험(Crop Insurance)이다. 홍수보험은 1897～1920년까지 손해보험회사가 임의가입으로 계약을 인수하였으나 홍수위험지역 주민만이 가입하는 역선택으로 1927년, 1928년 미시시피강, 미주리강의 대홍수 이후 홍수보험의 판매가 중단되었다. 국가적 차원에서 홍수보험의 도입은 1951년과 1952년에 대홍수로 인하여 연방정부와 의회가 노력하였으나 실패하고 1955년 태풍(코니, 다이안)의 발생으로 홍수보험법이 제정되었다. 개정된 홍수보험법(National Flood Insurance Act: NFIA)에 의하여 임의가입의 형태로 홍수보험이 운영되었으나, 1973년까지 취약지역 21,000개 가운데 3,000여 개 지역만이 가입(역선택)하여 실효가 없었다. 연방정부는 1973년 홍수재해방지법(Flood Disaster Protection Act)의 제정에 의하여 준강제가입을 유도하였다. 홍수보험은 도입초기에 연방정부가 주관하였으나 1978

년부터 주정부로 이관되고, 1983년부터 손해보험회사에서 직접 인수하고 있다.

일본은 지형적·기상적 특성으로 인하여 자연재해위험을 국가차원에서 예방하고 처리하려는 의지가 강하다. 그 대표적인 것이 지진보험에관한법률에 의한 지진보험, 농업재해보상법에 의한 농작물공제, 어업재해보상법과 어선손해등보상법에 의한 양식공제, 어선공제, 어선 및 선원보험 등이다. 지진보험은 1966년부터 임의가입 형태로 도입되고 있으며, 손해보험회사가 계약을 인수하고 정부의 재보험의 형태로 지원하고 있다. 가입률은 낮은 편이며 1999년 지진보험법의 개정으로 보험금 지급한도액을 4조 1,000억엔으로 정하고 정부 3조 4,891억 3천만엔, 보험회사 6,108억 7천만엔을 부담토록 하였다. 일본은 지진보험 이외에 국영 森林火災保險이 있다.

한국의 경우 홍수피해를 중심으로 자연재해의 피해가 크게 문제되고 있는데 보험제도의 문제는 농작물재해보험과 달리 보험회사 등 다른 기관에 맡기기 어려운 점이 있고 보험가입 역선택의 문제, 재정부담, 피해주민들과 피해지역의 집단행동 등 부작용의 발생 등이 염려되고 있다. 홍수보험의 연구개발 이외에 우리나라는 최근에 겪은 대형 산불피해, 삼풍백화점 및 성수대교의 붕괴 등 대형재난과 관련된 보험은 정부와 보험회사 등이 관심을 가져야 하고, 지진보험도 일본 등의 남의 일로만 생각할 수 없다. 1978년부터 1998년까지 최근 20년 동안 규모(M) 4.0～5.2까지 지진은 18차례가 있었다.

3. 郵遞局保險

우체국보험은 그 분류상 國公營保險, 公營保險, 官營保險 등 여러 가지로 호칭될 수 있다. 이 보험의 역사는 1929년 10월 당시 조선총독부 체신국에서 일본의 사례에 따라 간이생명보험으로 사업을 추진하였는데 그 취지는 영세민을 위한 소액, 무진찰, 월납보험이었다. 이 보험은 원래의 취지와는 달리 1941년부터 우편예금제도와 함께 전비조달기구로 악용되고 일본의 패전으로 계약자에게 피해를 주고 보험 이미지를 크게 손상시켰다. 8·15 해방 이후 사회불안과 인플레이션과 더불어 침체를 겪는 동안 국민생명보험으로 명칭을 변경하고 체신부가 우체국 조직을 이용하여 우편저축과 더불어 사업을 계속하여 왔다.

체신금융 및 보험사업은 체신부의 부대사업으로 지속적으로 발전하지 못하고 주변환경에 따라 많은 변화가 있었는데 자금운용의 경직성과 사업부진을 면할 수 없었다. 국민생명보험은 적자운영과 지급능력부족 등을 해소하기 위하여 1977년 7월 1일부터 사업을 농협에 이관시키고 업무를 중단하였다. 그러나 1982년 체신예금보험에관한법률을 제정하고 1983년 7월 1일부터 사업을 재개하였다. 체신보험은 우정사업본부체제가 되면서 우체국보험으로 명칭을 변경하여 운영하고 있다.

우체국보험의 법규는 체신예금·보험에관한법률(1982. 12. 31. 법률 제3610호)이며, 피보험자의 생명·신체의 상해를 보험사고로 하여 취급하는 생명보험사업이다. 업무관장은 정보통신부장관이 하고, 국가는 보험계약에 대하여 보험금의 지급책임을 지도록 되어 있다. 보험실무와 관련하여 보험종목, 계약한도액, 지급조건 등을 정할 때는 재경부장관과 협의하도록 되어 있다. 보험사업을 효율적으로 운영하기 위한 회계, 세입세출, 기금조성 및 운영, 기금증식사업, 잉여금 등에 대한 규정으로 체신보험특별회계법을 제정하였다.

우체국보험은 민간 생명보험회사, 농협 등의 생명공제사업과 경쟁을 하고 있는 처지에 있으며 보험회사의 생활설계사(모집인)제도와 유사한 보험관리사제도를 운영하고 있다. 보험관리사는 우체국보험의 모집 및 보험료 수금업무를 위탁받은 개인이며 실적 및 계약유지율에 따라 보험관리사의 등급(6등급)을 구분하고 있고 근속연수와 실적에 따라 여러 가지 수당을 지급하고 있다.

우체국보험은 1990년대 후반부터 농협생명공제와 더불어 민영보험을 크게 위협하고 있다. 1998년 수입보험료 점유비율이 6.5%(35,200억원)에서 1999년 8.6%(48,155억원), 2000년 12.9%(87,287억원)로 계속 성장하고 있다. 우체국보험은 농협공제와 함께 외환위기 이후 민영보험의 영향을 받아 사업구조를 크게 개편하고 있으며 보험분쟁심의위원회제도를 2000년부터 운영하고 있다.

우체국보험의 특성은 가입대상의 영세성(보험가입 최고한도 4,000만원), 보험가입의 간편성(진단절차 생략), 사업의 비영리성 및 공공성(공공자금 투자), 비독립적 정부사업이다. 취급상품은 이전부터 민영생명보험 및 농협생명공제의 영향을 받지 않을 수 없는데 1983년 사업재개 때에 5종의 상품으로 출발하였다. 그 당시 정기보험, 특별보장보험, 교육보험, 양로보험, 복지보험이 상품의 전부이었지만 연금보험과 보장성보험이 추가되어 현재는 12개 종목에 이르고 있다.

2000년 말 현재 사업실적은 보유계약건수 4,213,374건, 금액 48조원이며 생사혼합보험과 보장성보험이 절대적인 비중을 차지하고 있다.

2004년도 보유계약 106조 6,700억원, 자산 22조 8,900억원으로 농협생명공제 실적과 비슷하며 생명보험회사와 비교하면 업계 제 4 위의 회사규모와 같다.

4. 共濟保險

보험사업의 운영주체는 민영보험의 경우 회사형태가 일반적이고 회사는 주식회사가 중심이 되고 있지만, 상호회사라고 하는 보험사업 특유의 형태가 있다. 보험사업은 회사형태 이외에 조합형태 및 협동조합이 그 사업의 하나로 보험사업을 운영하는 경우도 있다. 우리나라에서는 이들 사업을 흔히 공제사업이라고 하고 있고, 민영보험에서는 유사보험이라고 한다. 일본이나 선진국에서는 조합보험, 공제보험 및 협동조합보험(Cooperative Insurance)이라고 한다. 협동조합보험은 세계적으로 농협이 중심이 되고 있고, 국제적인 조직으로 국제협동조합보험연합(International Cooperative & Mutual Insurance Federation: ICMIF)이 있고 2001년 서울총회가 한국에서 개최된 바 있다. ICMIF는 국제협동조합연맹(ICA)의 보험사업전문기구이며 1922년 발족되었다. 한국은 1969년에 가입하였고 65개 국가가 회원으로 가입되어 있다. 2001년 서울총회에는 250개 보험기관대표 350명이 참석하였다.

한국의 공제사업은 일본의 영향을 크게 받고 있으며, 그 중심은 과거 및 현재 농협이 큰 비중을 차지하고 있다. 역사적으로 1915년 광주 지방금융조합이 실시한 화재공제, 1919년 경북 축산조합연합회의 축우공제가 그 시초이며 1933년부터 조선금융조합연합회가 각 도와 군조직을 통하여 가축보험인 축우공제를 보급하였다. 어선공제는 1937년 일본제도의 영향을 받아 朝鮮水産會가 각 도의 수산회와 공동으로 조난어선에 대한 공제사업이 실시되었으며, 1958년 대한수산중앙회는 선원공제사업을 영위하였다.

1960년대에는 농협과 수협이 새로운 조직으로 발족함에 따라 공제사업도 확장되었으며 농협공제는 이 때부터 공제보험시장의 중심이 되어 왔다. 여기에 자극을 받아 해운공제, 교원공제, 건설공제, 운수(자동차)공제가 신설되어 공제사업은 생명보험, 손해보험, 보증보험의 영역으로 확장되었다. 그 뿐만 아니라 1970년대에는 기존 공제단체들의 시장확대에 영향을 받아 전기공사공제, 조선공업공제, 신용보증기금, 주택사업공제, 새마을금고의 공제사업, 대한의학협회의 공제사업, 신용협동조합의 공제사업, 체신공제조합, 전매공제회, 대한지방행정공제회 등이 보험사업을 공제라는 이름으로 부대사업으로 운영하고 있다.

이상과 같은 한국의 공제사업은 민영보험과 재경부 등 감독기관으로부터 반대와 견제를 받아 오고 있는데, 사업의 법적 근거는 농업협동조합법과 같은 협동조합법 이외에 민법·선원법·축산법 등과 같은 특별법에 의거하고 있는 경우, 명령(대통령령, 농림부령, 수산청 훈령 등)·자치규범·例規 등에 근거를 두고 있는 경우가 있다.

공제사업에서 가장 큰 비중을 차지하고 있는 농협의 공제사업은 1961년 구 농협, 농업은행의 가축공제와 화재공제사업을 승계하였으며, 1965년 생명공제를 실시하고, 1969년 공제부로 승격하고 ICMIF에도 가입하였다. 1970년대부터 단위농협의 생명공제 대리취급, 업무전산화(1971), 수련원개관(1975, 만리포), 국민생명보험 인수(1977) 등으로 사업규모가 확대되었다. 1980년대는 시군지부 원수공제취급(1982), 온라인실시(1986, 1988), 농작업상해공제의 실시(1989)가 있었고 1990년대부터 공제보급원, 즉 모집인 채용(1991), 공제보급단 운영(3개소), 공제연수원(1995) 운영이 있었다. 이러한 사업확대에 따라 1997년 유효계약 50조를 돌파하고, 1998년 공제료수입 4조, 공제자산 7조를 상회하였다. 2000년에는 공제보험을 종전의 사업본부체제에서 독립된 分社組織으로 운영하고 있다.

농협공제사업의 운영체계는 중앙본부로서 공제보험분사가 있고 그 산하에 16개의 지역본부, 4,061개의 회원조합과 58개의 공제사업단이 있다. 현재 생명공제 14종목, 손해공제 12종목을 취급하고 있으며, 2001년부터 정부를 대행하여 농작물재해보험을 실시하고 있다. 생명공제사업의 실적은 2004년 현재 8.5%의 시장을 점유(민영생보 81.8%, 우체국 보험 9.7%)하고 있다.

제 3 장 社會保險

법정복지제도는 그 적용대상 또는 시행이 강제되는 제도로서 사회보험(social insurance)이 그 주된 내용을 형성하고 있다. 사회보험은 사회정책을 위한 보험으로서 국가가 사회정책을 수행하기 위해서 보험의 원리와 방식을 도입하여 만든 사회경제제도이다. 구체적으로는 근로자를 중심으로 한 모든 국민을 대상으로 질병·사망·산업재해·노령·실업·기타 신체장해 등으로 인하여 노동능력의 상실과 소득의 감소 또는 중단이 발생하였을 때에 보험방식에 의하여 그것을 보장하는 제도라고 할 수 있다.

흔히 사회보험은 사회보장(social security)과 용어상 혼동하는 경향이 있다. 사회보험은 공적 부조(public assistance)와 더불어 사회보장의 2대 지주를 이루고 있으며 사회보장의 한 부분으로서 사회보험을 이해할 필요가 있다. 사회보험에는 여러 가지 제도가 포함될 수 있지만 산업재해보상보험(약칭 산재보험), 의료보험, 연금보험 및 고용보험이 주류를 형성하고 있다. 여기서 이 제도에 대해 설명하기로 한다.

제 1 절 産業災害補償保險

1. 産業災害의 의의와 발생원인

산업재해(industrial accident)의 개념은 국가에 따라 다소의 차이가 있기 때문에 한 마디로 정의를 내릴 수 없다. 산업재해에 대하여 법률상으로 규정되어 있는 용어는 없으며, 일반적으로는 그 개념을 취업 중에 예기치 못한 사건이 발생하는 것을 산업재해라고 하고 있다.[1] ILO의 구규정에 의하면, "산업재해란 근로자가 물체, 물질, 타인과 접촉 또는 각종 물체나 작업환경하에서 작업동작으로 인하여 사람에게 장해를 일으키는 것을 말한다."라고 되어 있다. 그러나 1964년에 채택된 제21호 조약(업무상해 경우의 급부에 관한 조약)에서는 그 개념을 확대하고 있는 것이 주목할 만하다.

협의의 산업재해는 위험한 물체나 농후한 가스 또는 액체의 접촉에서 일어나는 급성재해(그 후유증 포함)를 말한다. 재해의 결과는 인체의 손상일 수도 있고 재해예방이 목적하는 바는 인명의 구제와 인체손상의 방지에 있는 것이고, 재산상의 피해는 부수적인 것으로 볼 수 있지만 재산상의 피해가 상황여하에 따라 인명피해도 초래할 수 있으므로 양자를 구분하기 곤란하다.

이상과 같은 산업재해의 발생원인은 우선 그 통계를 작성하고 원인별 예방대책을 수립하기 위해서 기준에 따라 분류할 필요가 있다. 이 분류기준과 내용은 ILO의 분류기준, 미국 표준연구소, 일본의 노동성 산업안전연구소의 통계분류 등이 각각 다르다. 산업재해가 발생할 때 그 원인은 사용자측에서는 근로자의 부주의로 단정하는 경향이 있으나 사실은 다음과 같은 일반적인 원인을 열거할 수 있다.

① 단순, 단조로운 작업에서 오는 정신신경의 피로에 의한 수족부상
② 숙련작업의 경우 자신과잉에 의한 재해
③ 안전부주의
④ 능률급과 같은 자극적 임금제도
⑤ 심신피로에 의한 판단력, 주의력 또는 반응속도의 저하
⑥ 직장의 정리 또는 규율의 해이
⑦ 안전시설 미비

ILO의 자료에 의하면 1914년에서 1919년까지 제 1 차 세계대전으로 사상한 영국의 근로자는 160만 명임에 비하여, 1914년에서 1918년 동안의 산업재해에 의하여 사상한 영국의 근로자는 230만 명으로 추정하고 있다. 여기에 비하여 제 2 차 세계대전 기간을 통하여 영국군의 희생자는 매월 사상·행방불명자가 8,126명이었고, 이 기간 동안 제조공업만의 사상자는 매월 평균 22,002명으로 지적되고 있다. 이와 같이 전쟁으로 인한 인명피해도 늘어나고 있지만 산업사회의 산업재해와 직업병도 계속 늘어나고 있는 것은 주목할 만하다.

1) 성유운, 「산업재해와 직업병」, 홍문관, 1975, p. 23.

일반적으로 기계적 산업의 발전은 산업재해상의 위험성을 증대시키게 되는데 이것은 특히 자본주의 생산양식에 있어서는 피할 수 없는 일이었다. 즉 이윤을 최대한으로 추구할 목적으로 자본가는 장시간 노동·노동강화·정원감축 등에 의하여 근로자를 피로하게 하고, 고정자본지출을 절약하기 위해서 근로자에 대한 안전 위생시설의 비용을 줄여 나쁜 근로환경을 조성하게 되므로 근로자는 끊임없는 산업재해의 위험에 놓여 왔다. 이와 같이 자본주의적 생산양식은 숙명적으로 산업재해를 발생시켜 근로자의 생명과 건강뿐만 아니라 그 가족의 생활을 위협·파괴할 수 있어 오래 전부터 사회적 문제로 제기되어 왔다.

자본주의적 생산양식과 산업재해의 기본적 관계는 산업재해의 역사에서 볼 때 자본주의적 발전의 각 단계에 따라서 변화하여 왔다. 산업자본주의의 초기에는 수공업생산이 중심이었기 때문에 일반적으로 산업재해의 수는 많지 않았고 탄광을 제외한 업종에서 큰 재해는 거의 볼 수 없었다. 그 후 자본주의경제의 발전, 산업혁명의 진행, 기계제 생산의 지배적인 보급으로 산업재해는 비약적으로 증가되고 대규모화하였으며 근로자의 궁핍화를 촉진시키게 되었다.

산업자본주의의 확립기에 들어오면서 노동조건의 개선, 임금인상, 노동시간 제한입법, 최저연령법의 제정 등을 촉구하는 노동운동의 발전에 따라 각국에서 근로자 보호안전입법이 제정되었다. 그것에 의하여 시간단축, 안전규제 등으로 많은 국가에서 산업재해의 감소현상을 볼 수 있었지만 다른 한편으로는 반대로 증가현상이 나타났다. 즉 근로자 보호입법의 실시는 노동조합운동을 약화시키고 생산성향상을 위한 조건으로 작용하여 시설의 대규모화, 기계의 도입에 의한 근로능률의 향상과 노동의 집약화는 상대적으로 산업재해의 증대를 초래하였다.

독점자본주의의 단계에 들어오면서 이윤율의 저하를 막기 위한 새로운 관리기법(과학적 관리법)의 채용에 의하여 노동강화가 이루어짐에 따라 산업재해는 크게 증가하였다. 특히 제 1, 2 차 세계대전은 산업재해를 격증시켰고, 전후 급속한 기술혁신은 새로운 재해위험을 증대시켜 양적·질적 변화가 일어났으며 재해의 대형화, 직업병의 빈발은 근원적으로 막을 수 없는 사실이 되었다.

산업재해는 19세기 이후 증기동력의 사용과 전기이용에 의한 산업기계의 도입으로 경이적으로 증가하였지만, 현대사회에 있어서 에너지 혁명은 석탄이용에서 석유·가스이용, 원자력의 등장을 초래하여 산업재해도 초보적·고전적·전형적 위험에서 새로운 유형의 위험으로 전환되었다. 현대의 중화학공업시대는 최신의 위험과 각종 직업병을 유발시키게 되었고, 특히 교통수단의 발달과 혼잡으로 인한 출장도상 및 통근상의 교통재해도 새로운 의미에서 산업재해로 인정되고 있다.

2. 産災補償制度의 형성과 발전

위에서 고찰한 바와 같이 자본주의적 생산양식은 산업재해의 다발을 필연화하였지만 초기 자본주의적 사회에서는 이러한 새로운 사회적 사고에 대한 보상을 인도적·윤리적 측면에서는 물론, 법률적으로도 용인하지 않았다. 이러한 사실은 자본주의의 전형적인 발전을 나타낸 영국의 산업사회에 있어서도 마찬가지이었다.

근대시민법은 산업재해를 개인주의적인 책임이론의 범위 안에서 다루었고, 주로 불법행위의 법리에 의하여 처리하였다. 과실책임주의를 원칙으로 하는 불법행위에 있어서는 사용자과실의 존재를 매개로 하지 않으면 근로자는 산재에 의한 손해배상을 법적으로 청구할 수 없게 되었고, 실제 소송에 있어서 사용자측의 과실을 입증하는 것이 매우 곤란한 경우가 많았다. 또한 그 과실을 입증할 수 있는 경우에도 근로자측에도 과실이 있다면 過失相計의 原則에 의하여 손해배상액은 감액되고 충분한 보상은 이루어지지 않았다. 그 당시 영미에서는 기여과실의 원칙(contributory negligence), 동료근로자의 책임의 원칙(fellow servant rule), 위험인수의 원칙(assumption of risk) 등 사용자의 책임을 회피하기 위한 항변이론이 보급되어 있었고 법원에서도 이를 채용하고 있었다.

이상과 같은 법률논리에 따라 근로자는 산업재해에 대한 구제를 받지 못하였고, 그로 인한 노동불능이 빈곤계층으로 전락하여도 비생산적 시민 일반에 대한 구빈제도의 부조대상도 될 수 없었다. 영국의 경우는 근로자가 산업재해, 노령, 실업 등에서 생겨나는 생활파괴에 대처하기 위하여 우애조합에서 볼 수 있는 것처럼 근로자의 연대의식에 기초를 둔 자조적 상호 공제제도에 의하여 해결하려고 하였다. 그 후 산업혁명에 의하여 산업재해가 비약적으로 증대되고 산업재해에 대한 정당한 배상을 요구하는 노동조합운동이 고조되어 산업재해는 사회적 문제로 취급되었고 국가로서도 피재근로자에 대한 법적 구제에 나서게 되었다. 그 결과 나타난 것이 산업재해에 대한 사용자의 배상책임에 관한 입법이다.

1880년의 영국 사용자책임법(Employer's Liability Act) 및 1871년 독일의 사용자배상책임법(Reichshaftpflichtgesetz)이 바로 그 예이다. 이러한 입법은 무과실책임주의를 채택함으로써 사용자의 배상책임이 확대되었고 배상청구에 있어서 피재근로자의 입장이 더욱 유리하였다. 그러나 사용자는 미리 근로자에게 배상청구권을 포기하게 하고, 해고권을 배경으로 소송의 제기를 사실상 봉쇄하였기 때문에 이러한 입법에 의한 근로자의 구제에는 한계가 있었다. 이러한 산업재해의 노동 관계적 특질을 직시하여 새로운 법제도의 필요성이 인식되었는 바, 그 새로운 산재보상입법은 앞서 설명한 1884년 독일의 산재(재해)보험법, 1897년 영국의 근로자보상법(Workmen's Compensation Act)의 제정이다.

위의 새로운 입법은 각국 산재보상입법의 제정에 하나의 규범이 되었고, 동시에 직접보상방식과 사회보험방식이라고 하는 보상입법에 있어서 두 가지 전형을 성립시켰다. 직접보상방식의 영국형에 있어서는 개개의 사용자가 그가 고용하는 근로자에게 직접 배상을 행하는 것이며, 사회보험방식을 취하고 있는 독일형은 개별사용자가 피재근로자에 대하여 직접의 보상의무를 부담하지 않고, 보상의 법관계는 보험자와 근로자간에서 해결되도록 하였다.

제 2 차 세계대전까지 이러한 직접보상방식은 약 반세기 동안 보상입법의 지배적 형태이었지만 전후 각국의 산재보상제도는 전환기에 들어갔다. 그 때까지는 직접보상방식을 취하고 있던 많은 국가가 급속하게 사회보험방식으로 이행하여 오늘날에는 직접보상방식이 예외적인 형태가 되고 있다. 영국도 1946년에 국민보험(산업재해)법을 개정하여 전통적인 직접보상방식의 산재보상법을 폐지하였다. 이것은 전후 급속한 사회보장정책의 전개과정에서 산재보상제도도 사회보장을 구성하는 한 분야가 되었기 때문이다.

3. 産災補償의 이론과 원칙

(1) 무과실배상책임이론과 그 발전

과실책임주의의 불법행위법으로부터 무과실책임주의의 사용자책임법으로 이행한 산재보상입법과 그것에 의한 산재보상제도의 발자취를 보면, 현대의 산재보상제도는 전자의 결함에 대한 보충, 한계에 대한 반성 혹은 이를 극복하기 위하여 후자의 이론이 등장하여 그 발전의 기초를 부여한 것을 볼 수 있다. 이것은 자본주의경제, 특히 대기업의 발전에 따라 직장의 위험을 내재하고 조업을 하여 막대한 이익을 올리고 있는 기업측의 고의, 과실을 불문하고 근로자가 입은 재해에 대하여 손해배상책임을 부과시키는 것이 공평과 정의에서 바람직한 것으로 보고 있다(보상책임의 원칙 및 기업책임의 원칙).

각국의 현행 산재보상제도의 공통적인 특징은 첫째, 재해의 배상이 근로자가 입은 손해의 보상에만 그치지 않고 생활보장적 성격을 갖고 있으며 둘째, 보상방법의 특수성, 즉 보상의 정형화와 정률화 셋째, 행정감독의 형벌에 의한 이행의 강제와 그것에 의한 보상의 신속화 넷째, 보험제도와 결합에 의한 보상의 확보와 신속화 등이다. 이러한 점에서 산재배상제도는 민법상의 배상제도와는 다른 내용을 갖고 있다.

현행 산재보상제도에 있어서 사용자의 재해보상책임은 민법상의 불법행위 책임과는 다르며, 또한 무과실책임주의의 범위를 넘어선 내용으로 되어 있기 때문에 생존권 보장의 이념에 입각한 노동법 독자의 제도로 생각할 수 있다. 그러나 사용자의 보상책임의 근거나 근로자의 보상청구권의 법적 성질에 대해서는 여러 가지 견해가 있다. 이를 대별하면, 기업위험의 관념이나 산업재해가 사용자와 근로자에 대한 지배관계를 매개로 하여 생긴다는 점을 중시하여 피재근로자에 대한 손해보상에 입각한 이론(손실보상설)과 산업재해에 의한 근로자의 생활상의 위험을 중시하여 생존권 보장의 관점에서 근로자의 생활보장에 중점을 두는 이론(생활보장설)으로 나누어진다.

위의 두 가지 이론의 상위는 재해보상의 본질에 관한 역점을 어디에 두느냐에 있지만, 산재보상책임의 요건인 '업무상' 재해의 범위 및 결정의 기준을 둘러싼 중요한 대립이 생겨나고 있다. 후자는 피재근로자에 대한 보상이 생활보장적 성격을 가지고 있으므로 산재보장제도가 사회보장제도의 일환이 되어야 한다는 견해를 갖고 있음에 비하여 전자는 여기에 반대하고 있다. 현행 산재보상제도는 어디까지나 자본주의체제하에 있는 제도로서 그 의미는 타협적이어야 하는 것으로 보면 기본적으로는 위의 두 가지 기능(손실배상과 생활보장의 기능)을 포함하여 성립된 것이다.

(2) 배상이론과 배상원칙

근로자보상법과 무과실책임주의의 존재를 합리화시키는 데는 몇 가지 법률적·경제적 이론이 있다.[2)]

첫째, 직업적 위험이론(occupational-risk theory)이다. 이 이론은 각 기업이 직

---

2) G. E. Rejda, *Social Insurance and Economic Security*, Prentice-Hall, Inc., Englewood Cliffs, New Jersey, 1976, pp. 295～296.

업병이나 작업에 관련된 재해, 질병 등의 비용을 생산비의 일부로서 제품가격에 전가해야 한다는 전제에 기초를 두고 있다. 이 이론의 몇 가지 결점은, ① 근로자가 산재의 비용을 부담하지 않는다고 하지만 사용자부담은 결국 근로자의 인건비예산에서 지출되는 것이며, ② 사용자가 비용부담한 것은 제품원가에 전가시킬 때 시장에서의 가격경쟁상 문제가 있으며, ③ 근로자는 재해에 대한 여러 가지 제한적인 보상 때문에 실질적으로 비용의 일부를 본인이 부담하게 된다는 것 등이다.

둘째, 최저사회비용이론(least-social-cost theory)이다. 이 이론은 근로자재해보상법이 산업재해로 발생하는 경제적 손실을 최소한으로 감소시킨다는 개념에 입각한 것이다. 기업은 법률상의 경험요율(experience-rating provisions)이나 또는 보험에 가입하지 않았을 때의 지출비용이 보험비용의 부담을 초과하고 있다는 것을 알고 있기 때문에 산업재해를 감소시키는 데 자극을 받고 있다.

셋째, 사회적 타협이론(social-compromise theory)이다. 이 이론은 근로자재해보상이 사용자와 근로자간에 손익의 균형을 나타낸다는 것이다. 즉 피재근로자는 소송을 제기하여 보다 큰 보상을 받는다는 절대적인 보장도 없고 비용문제도 있으므로 배상청구권을 보상급여와 교환하려고 하고, 사용자는 소송에 패소하는 경우를 생각하여 무과실의 경우에도 보상하는 것이 유리하다는 생각에서 이 이론이 제기되었다. 위의 세 가지 이론 가운데 가장 합리적인 것은 둘째의 최저사회비용이론으로 볼 수 있다.

한편, 산재보상의 원칙을 논할 경우 우선 산업재해의 기본적 원인을 어떠한 입장(근로자와 사용자)에서 보느냐 또는 어떠한 각도에서 이해할 것인가에 따라 근본적으로 달라진다. 이것은 사용자의 입장에서 산업재해는 기계적 생산에 있어서 불가피하고(기술주의), 산업재해는 오직 근로자의 부주의·오류·체질에 의하여 발생하는 것으로서 근로자의 부단한 주의에 의하여 방지할 수 있으며(정신주의), 개개의 산업재해는 현실적으로는 우연히 발생하는(우연주의) 것이라는 등의 견해를 가지게 되는 것은 산업재해의 책임을 근로자에게 전가하려는 것이다. 그러므로 산재보상에 있어서 우선 확립되어야 할 것은 산업재해가 결코 자연적·우연적인 것이 아니고 자본주의적 생산양식에서 필연적으로 발생하는 사고이다.

이상과 같은 기본이념에 입각하여 산재보상에는 다음과 같은 원칙의 확립이 필요하다.

첫째, 산재보상의 인정에 관한 문제이다. 산재보상에 있어서는 무엇보다도 피재근로자와 그 가족의 구제에 기본을 두어야 한다. 그렇게 하기 위해서는 우선 당면하고 있는 업무상 재해와 업무 외의 재해를 결정할 때의 증거책임의 전환, 의사선택의 자유보장, 업무 외 상병에 대한 기업배상의 확립 등이 필요하다.

둘째, 산업재해의 치료 및 보상에 관한 것으로 다음 네 가지 문제가 있다. ① 장기치료 중 또는 상병치료 후에도 장해가 남아 있어 근로능력이 저하된 경우에 해고 또는 불이익되게 취급을 받아서는 안 되며, 또한 직장복귀의 권리가 보장되어야 한다. ② 휴양 또는 취업제한을 받아 생기는 임금의 감소는 완전히 보상되어야 한다. ③ 휴양에 필요한 비용 및 치료행위, 재활은 모두 보상되어야 한다. ④ 후유장해가 있을 때 정신적 고통에 대한 보상(위자료)이 있어야 한다.

셋째, 유족보상에 대한 문제이다. 산업재해는 그 근로자뿐만 아니라 가족에 대해서도 물심양면으로 타격을 주게 된다. 그러므로 유족에 대한 보상은 우선 유족이 안심하고 생활할 수 있도록 임금보상을 하여야 하고 그 이외에 위자료로서의 보상(사망일시금)이 있어야 한다.

산업보상제도는 기본적으로 이미 발생한 산업재해에 대해서 사용자의 책임으로 피해자와 그 가족의 생활보장을 확보하기 위한 제도이다. 그러나 산업재해에 있어서 무엇보다도 중요한 것은 재해를 미연에 예방하는 것이다. 그러므로 산재보상운동은 산재방지운동과 밀접한 관계가 있다는 사실을 근로자와 사용자는 잊어서는 안 된다.

4. 產業災害補償保險法의 성격

(1) 이중적 성격

산업재해보상에 관한 우리나라 법제도 가운데 가장 중요한 것은 근로기준법과 산업재해보상보험법이다. 근로기준법(1953년) 제78조 이하에서 사용자의 무과실책임으로서 보상의무를 규정하고 있으며, 근로자의 업무상 재해를 신속·공정하게 보상하고 이에 필요한 보험시설을 설치·운영하기 위하여 1963년 산업재해보상보험법을 제정하였다. 이 법에 의한 보험은 근로기준법의 적용을 받은 사업장의 사용자가 당연히 가입자가 되고 동법의 적용범위, 보상사유, 보상내용 등 보상관계의 모든 내용은 근로기준법상의 그것과 완전히 동일한 것이기 때문에 법률제정 당초의 산업재해보상보험법은 근로기준법상의 재해보상을 정부가 관장하는 보험을 통하여 담보하는 것과 같은 관계에 있는 것으로 파악되었다.

한편 산업재해보상보험법은 1970년대 이후 9차에 걸친 개정을 통하여 근로기준법과는 달리 수급권자의 선택에 따라 장해보상연금, 유족보상연금, 상병보상연금제도를 마련하였다. 또한 장해특별급여와 유족특별급여를 신설하여 민법상의 손해배상청구에 갈음할 수 있게 하였다. 이와 같이 산업재해보상보험법은 점차 근로기준법과 표리관계로부터 벗어나는 경향을 나타냄과 동시에, 오히려 오늘날은 산업재해보상보험법이 재해보상제도의 핵심을 이루고 있는 것처럼 보이고 있다. 산업재해보상보험법은 다음과 같은 양면적 성격을 지니고 있다.

① 산업재해보상보험법은 근로기준법의 사용자의 재해보상의무의 이행을 효과적으로 담보하는 성질을 지니고 있다. 즉, 산업재해에 대하여 사용자로 하여금 피해근로자에 대한 최저한도의 보상을 형벌로써 강제하는 근로기준법의 실효성을 정부가 주관하는 사회보험을 통해서 담보하려는 것이다. 이러한 의미에서 산업재해보상보험법은 근로기준법상의 재해보상책임에 대한 일종의 책임보험의 성격을 지니고 있으며, 보험료도 보험급여의 수급권자인 근로자가 부담하지 아니하고 보험가입자인 사용자가 부담하게 되어 있다.

② 산업재해보상보험법은 단지 근로기준법상의 사용자의 보상책임을 담보하는 데 그치지 않고, 불충분하지만 그 범위를 넘어 피재근로자 내지 그 가족의 생활보장적 기능을 강화시켜 나가려고 하고 있다.

⑵ 업무상 재해

산재보험에 있어서 보험급여의 지급사유는 업무상 재해(부상·질병)에 한정된다. 업무상 재해는 산재보험법 제 1 조(목적), 제 4 조(용어의 정의)에 명시되어 있고, 근로기준법에서는 제40조 제 1 항 시행령과 제43조 제 1 항 시행령에서 구체적으로 재해의 종류를 열거하고 있다.

산재보험법 제 4 조에서 업무상 재해를 업무상의 사유에 의한 근로자의 부상, 질병, 신체장해 또는 사망이라고 명확하게 규정하고 있다. 그러나 재해가 업무상인가 업무외인가의 판단은, 특히 질병에 있어서는 판단이 곤란한 경우가 많고 노사간의 분쟁이 끊임없이 일어나고 있다.

산재보험의 업무상 재해에 관한 보험급여는 그 재해가 노동관계에서 일어나는 것을 전제로 한다. 즉 이것은 업무수행성과 업무기인성을 요건으로 하고 있는데 업무수행성이란 예를 들어 취업 중, 작업에 수반 관련되는 행위 중, 작업의 준비 대기 중, 사업장 시설 내의 휴식 중, 출장도상 등을 말한다. 일본에서는 통근도상에서 사업장 전용버스 이용 중, 즉 통근상의 재해를 포함시키고 있으나 우리나라는 이를 인정하지 않고 있어 1977년 한국노동조합총연맹에서 그 개정안을 건의한 바 있다. 그 결과 사업자의 통근버스 등을 이용하는 경우에 한하여 통근상의 재해를 인정하고 있다. 이것은 전술한 1964년 ILO의 조약 제121조에서도 인정하고 있는 산업재해이다.

재해가 업무수행상으로 볼 수 있는 경우에도 발생한 상병이 업무기인성으로 볼 수 있어야만 한다. 업무기인성의 내용은 사업주의 지배하에 있는 상태에 기인하여 사고가 발생하고 그 사고로서 상병이 일어나는 것을 말한다. 즉 업무와 상병과의 상당 인과관계를 필요로 한다.

업무상 재해에 관한 견해는 재해보상의 본질을 어떻게 파악하느냐에 따라 그 범위를 달리할 수 있다.[3] 재해보상책임을 개별사용자의 손실보상의 하나의 형태에 불과한 것으로 이해하는 입장에서는 민사책임의 귀책구조의 유추에 의해서 업무상의 요건은 당연히 엄격하게 다루려고 하고 있으며, 반대로 재해보상의 생활보장적 기능을 중시하여 제도적으로 모든 기업에 보상책임을 부담하게 하는 재해보상제도가 일반화되어 있는 곳에서는 보상의 대상을 근로자의 생활보장의 관점에서 이해하려고 하고 있다.

(3) 다른 배상과의 관계

산업재해가 발생한 경우 사용자는 재해보상책임과 손해배상책임을 지는 입장에 있게 된다. 그러나 양자는 그 목적·요건·성질 등을 달리하므로 모든 산업에 대하여 두 가지의 책임이 언제나 사용자에게 부과되는 것은 아니다. 양자의 관계에 대하여 ① 두 제도의 경합을 인정하지 아니하고 재해보상이 성립되는 경우는 불법행위는 성립되지 아니한다는 견해, ② 두 제도간의 상호 보완성을 인정하지 않고 중복적으로 적용할 수 있다는 견해, ③ 두 제도간의 상호 보완성을 인정하는 견해가 있다. 이 가운데 마지막의 경우가 다수설에 속한다.

위의 경우 입법례와 국가에 따라 ① 재해보상의 대상이 되는 재해에 대해서는 보상과 원칙적으로 사용자의 배상책임은 없다는 입장을 취하는 입법(독일 RVO 제636조), ② 재해보상과 손해배상의 어느 한 쪽만의 청구를 인정하고, 피해근로자가 어느 한 쪽을 선택하여 청구한 경우 다른 청구권이 부정되는 것으로 하는 입법(1906년, 영국 근로자보상법),

3) 김진웅, "현행 노동재해보상제도의 구조와 법적 성질," 「노동법과 노동정책」, 일신사, 1985, pp. 359～360.

③ 양자의 경합청구를 인정하면서 양자간의 상호조정을 기도하는 입법(제 2 차 세계대전 후 영국·일본·한국) 등이 있다.

우리나라 현행 근로기준법 제90조(다른 손해배상과의 관계)는 보상을 받게 될 자가 동일한 사유에 대하여 민법, 기타 법률에 의하여 이 법의 재해보상에 상당한 금품을 받을 경우에는 그 가액의 한도에 있어서 사용자는 보상의 책임을 면한다고 규정하고 있다. 또한 산업재해보상보험법 제48조(다른 보상과 배상의 관계) 제 1 항에서는 "이 법에 의한 보험급여를 받은 때에는 보험가입자는 동일한 사유에 대하여는 근로기준법에 의한 모든 재해보상책임이 면제된다."고 규정함으로써 재해보상에 관한 근로기준법과 산업재해보상보험법의 관계를 분명히 하고, 동조 제 2 항과 제 3 항에서는 수급권자가 동일한 사유에 대하여 보험급여를 받았을 때에는 보험가입자는 그 금액의 한도에서 민법, 기타 법률에 의한 손해배상책임이 면제되며, 이와 반대의 경우에 있어서는 보험급여를 지급하지 아니한다고 규정하고 있다.

산업재해보상보험법 제54조(제 3 자에 대한 구상권)는 제 3 자의 가해로 인한 경우에 대해서도 재해보상과 손해배상의 관계를 위의 경우와 동일하게 규정하고 있으며, 유족특별급여(산업재해보상보험법 제43조)에 대해서도 역시 동일한 취지를 규정하고 있다.

5. 保險給與의 종류

(1) 요양급여

요양급여는 업무상의 상병을 치료하여 직장에 복귀시키는 이른바, 원상회복을 목적으로 하는 보상이므로 현물급여를 원칙으로 하고 있다. 이러한 요양급여는 요양비의 전액으로 하되, 노동부장관이 지정한 의료기관에서 요양을 받게 되어 있고(현물급여), 다만 불가피한 경우에는 요양비를 지급하게 된다(현금급여). 그러나 이 경우 상병이 3 일 이내의 요양으로 치유될 수 있을 때에는 지급하지 아니하며, 요양급여의 범위는 다음과 같다(동법 제40조의3).

진찰, 약제 또는 진찰재료와 의지 및 기타 보철구의 지급, 처치·수술·기타의 치료, 의료시설에의 수용, 개호, 이송, 기타 노동부장관이 정하는 사항이다.

요양급여를 받은 근로자가 요양개시 후 2 년이 경과된 날 이후에, 그 상병이 치유되지 아니한 상태에 있거나, 그 상병에 의한 폐질의 정도가 일정한 폐질 등급기준에 해당할 때에는 요양급여 외에 상병보상연금을 수급권자에게 지급한다.

상병보상연금은 3등급의 폐질 등급에 따라 지급하여 이러한 상병보상연금의 수급권자에게는 휴업급여를 지급하지 아니한다(동법 제40조의7).

산업재해보상보험의 급여는 그 성격상 내용이 다양하고 질적 수준이 높은 것이 근로자의 입장에서는 바람직하다. 따라서 선진국의 노동조합에서는 급여개선이 사회보험 투쟁운동의 중요한 대상이 되어 왔다. 우리나라는 1980년대부터 급여내용과 수준이 다소 개선되었으나 아직도 국제수준에는 미치지 못하고 있다. 일본의 경우만 해도 요양급여에 해당되는 기간을 정하지 않고 경미한 치료비까지 보험에서 부담하고 있으며, 상병보상연금의 요건은 요양개시 후 3년이 경과한 경우로 하고 있다.

(2) 휴업급여 · 장해급여

휴업급여는 요양으로 인하여 취업하지 못한 기간 중 1일에 대하여 평균임금의 70%에 상당하는 금액을 지급한다. 그러나 취업하지 못한 기간이 3일 이내인 경우에는 지급하지 아니한다(동법 제41조).

장해급여는 근로자의 업무상 상병이 치유된 후 신체에 장해가 남는 경우에 그 장해 정도에 따라 지급되는 급여이다. 장해급여는 장해등급(14등급)에 따라 장해보상연금 또는 장해보상일시금으로 지급한다. 그 보상수준은 연금의 경우 138일분(제 7 급)~329일분(제 1 급)이며, 일시금은 55일분(14등급)~1,474일분(제 1 급)이다. 연금 또는 일시금은 수급권자의 선택에 따라 지급되며, 연금은 수급권자의 선택에 따라 그 연금의 최초의 1년분 또는 4년분을 선급할 수 있다. 연금수급권자가 사망한 경우 이미 지급한 연금합계액이 장해보상일시금에 미달할 때에는 그 차액을 유가족에게 일시금으로 지급한다(동법 제42조).

한편, 보험가입자의 고의 또는 과실로 업무상 재해가 발생하여 근로자가 장해를 입은 경우에 수급권자가 민법에 의한 손해배상청구에 갈음하여 장해특별급여를 청구한 때에는 상기 장해급여 외에 장해특별급여를 지급할 수 있다.

수급권자가 장해특별급여를 받은 때에는 동일한 사유에 대하여 보험가입자에게 민법, 기타 법령의 규정에 의한 손해배상을 청구할 수 없으며, 장해특별급여를 지급한 때에는 노동부장관은 그 급여액의 전액을 사용자인 보험가입자로부터 징수한다.

(3) 유족급여 · 장의비

근로자가 사망하였을 경우 지급되는 것이 유족급여이다. 유족급여는 수급권자의 선택에 다라 유족보상일시금 또는 유족보상연금이 지급된다. 일시금은 평균임금의 1,300일분에 상당하는 금액으로 하며, 연금은 기본금액과 가산금액을 합산한 금액으로 한다. 기본금액은 급여기초연액(평균임금×365)의 47%이며, 가산금액은 유족보상연금 수급권자 및 그에 의하여 부양되고 있는 유족보상연금 수급권자 1인당 급여기초연액의 5%에 상당하는 금액의 합산액으로 한다. 다만 이 경우 합산액은 급여기초연액의 20%를 한도로 한다(동법시행령 제34조).

산업재해보상보험에는 또한 유족특별급여라는 것이 있다. 이것은 보험가입자의 고의 또는 과실로 업무상 재해가 발생하여 근로자가 사망한 경우에 수급권자가 민법에 의한 손해배상청구에 갈음하여 유족특별급여(평균임금의 1,000일분)를 청구한 때에 지급된다. 이 경우 급여를 받을 때에는 동일한 사유에 대하여 보험가입자에게 민법, 기타 법령의 규정에 의한 손해배상을 청구할 수 없다.

그러나 현재까지 상기 상병보상연금은 크게 증가되고 있으나, 유족특별급여는 1984년 이후 거의 활용되지 않고 있다. 이것은 실제 민사소송으로 해결하고 있음을 의미하므로 이 제도의 실효성에 대해서 재검토해야 할 것이다. 마지막으로 장의비는 평균임금의 120일분에 상당하는 금액을 지급하고 있다.

(4) 상병보상연금

상병이 폐질에 해당되는 등 중한 상태로서 장기간 요양하는 경우 산재근로자와 그 가족의 생계가 어려워지므로 이들에게 휴업급여 수준보다 높은 수준의 급여를 지급하여 근로자의 의료보장과 그 가족의 생활안정을 도모하기 위하여 1982년 12월 31일 법개정시 도입된 제도이다. 그 요건은 요양개시 후 2년이 경과된 후에도 부상 또는 질병이 치유되지 아니한 상태에 있고 질병에 의한 폐질등급기준에 해당하는 상태가 계속되는 근로자에게 휴업급여 대신 상병보상연금을 지급한다.

폐질등급은 3등급으로 되어 있고 257일분(제3등급)에서 329일분(제1등급)의 상병보상연금이 지급된다. 상병보상연금은 휴업급여와 함께 최저보상고시액을 적용하지 아니하지만 최저임금은 적용한다(최저임금액의 70/100 증액).

(5) 특별급여 등

업무상 재해를 입은 산재근로자는 법에 의한 보험급여 청구권을 근로복지공단에 대하여 가지고 있음은 물론 사용자에 대하여 근로기준법에 의한 재해보상청구권과 민법에 의한 손해배상청구권을 동시에 가질 수 있다. 산재근로자가 보험급여를 받고 2차적으로 사용자에 대하여 청구권을 행사하는 데는 시간적·경제적 문제가 많기 때문에 소송권에 보험급여 외에 소정의 특별급여를 지급하여 민사소송에 따른 시간적·경제적 손해를 극소화하기 위하여 이 제도가 도입되었다. 특별급여는 사업주의 민사배상액에 상당하는 금액을 산재보험에서 보험급여 외에 수급권자에게 지급하고 그 상당액을 사용자로부터 징수하는 민사대불제도를 말한다. 특별급여에는 장해특별급여와 유족특별급여 2가지 종류가 있는데 지급요건은 다음과 같다.

① 재해가 사용자의 고의 또는 과실로 발생할 것.

② 업무상 재해로 사망하거나 제1급 내지 제3급의 장해가 남을 것.

③ 사용자와 산재근로자(또는 유족)간에 합의가 이루어질 것.

한편 특별급여는 아니지만 요양급여와 관련하여 간병급여제도가 1999년 12월 31일 법개정으로 도입되었다. 간병급여는 요양급여를 받은 자가 치료 후 의학적으로 상시 또는 수시로 간병이 필요한 경우 지급되는 보험급여이다. 적용대상은 치료 후 장해등급 제1급 또는 제2급에 해당하는 자 중에서 정해진다.

6. 再活事業

산재근로자는 정상인으로 직업을 유지하다가 업무상 재해로 신체장해가 남게 되어 심리적 갈등이 심하며 직장복귀율이 낮은 편이다. 또한 장기간 입원 또는 요양을 하고 신체의 일부가 훼손되어 원래의 직무에 복귀하기 어려운 경우도 있기 때문에 요양기간 중이나 그 후 사회복귀 또는 직장복귀를 위하여 서비스를 제공받는 직업재활과 장래 남게 될 기능장해를 고려하여 그 능력장해를 최소화시켜 사회복귀를 돕는 의료재활이 있다.

산재근로자에 대한 전문적인 의료·심리상담과 장해자의 개인별 특성에 부합되는 직업재활의 실천으로 적절한 직업훈련 연계, 고용지원, 사후관리 등 일관된 서비스제공은 산재근로자의 직업복귀를 효과적으로 지원·도모하는 것이다.

노동부는 2001년 5월 재활사업 5개년 계획을 수립하여 근로복지공단으로 하여금 산재보험의 부수사업으로 이 부문의 중대성을 크게 강조하고 있다. 직업재활훈련원은 원래 산재의료관리원에서 운영하여 왔으나, 1997년부터 근로복지공단에 이관되었으며 기존의 훈련시설은 안산(1985)과 광주(1992) 두 곳에서 운영되고 있다. 훈련부문은 의상, 인쇄매체, 귀금속 공예, 컴퓨터 광고디자인, 광고미술, 산업설비 등이며 각각 100여 명을 수용할 수 있는 기숙사 시설까지 갖추고 있다.

제 2 절 醫療保險

1. 醫療保險의 개념과 특성

일반적으로 의료보험이라고 할 경우 이것은 사회보험분야의 하나로서 상병을 보험사고로 하는 제도의 총칭이다. 이 명칭을 사용하고 있는 계기는 질병과 관련되는 여러 가지 보험을 제도마다 다른 고유한 명칭을 붙이지 않고 총괄적인 명칭을 고려한 것이다. 종래 영어에서는 Sickness Insurance, Health Insurance, Hospital Insurance, Medical Expense Insurance, Surgical and Medical Insurance 등의 여러 가지 표현이 있고 독일에서는 전통적으로 Krankenversicherung이라는 용어를 쓰고 있다. 그리고 최근에는 Health Services, Medical Services, Medical Care 등의 용어도 흔히 쓰이지만 이상과 같은 질병과 관련되는 보험제도의 총칭으로 건강보험이라는 표현이 최근 한국과 일본에서도 보편화되어 가고 있다.

일본에서는 영어의 Sickness Insurance와 독어 Krankenversicherung을 '질병보험'으로 표현하고 그들의 건강보험을 영어로 'Health Insurance'라고 번역하고 있다. 그리고 일본에서는 질병보험(Sickness Insurance: Krankenversicherung)이란 상병으로 인한 노동불능에 기인하여 임금상실이 있을 때에 상병수당금 내지 휴업수당금을 지급하는 것으로 이해하고 있다. 여기에 대해서 상병 그 자체의 치료에 대한 의료 내지 의료비를 급부내용으로 하는 것을 '건강보험'이라고 하고 질병보험과 건강보험을 합한 개념을 '의료보험'이라고 부르고 있다.

우리나라에서는 의료보험법의 개정과 이 제도의 시행에 따라 '의료보험'이라는 총괄적인 명칭이 실무계에서 통일화·보편화되어 가고 있지만, 아직까지 일부

문헌과 논문에서는 일본에서 사용하고 있는 용어를 정확하게 이해하지 못하고 우리나라의 의료보험을 때로는 건강보험, 질병보험으로 호칭하고 있는 현실을 고려하여 건강보험으로 명칭을 변경하였다.

일반적으로 보험제도는 보험자와 보험계약자의 관계에 있어서 미리 정한 계약내용에 따라서 보험사고의 발생이 확인된다면 보험자가 보험계약자에게 보험급여, 즉 보험금을 지급하게 된다. 그러나 의료보험에 있어서는 이 관계가 다르다. 의료보험의 경우 상병이라는 보험사고가 발생하면 우선 당사자인 피보험자 또는 그의 가족이 진찰을 받게 되지만 그것이 객관적으로 확정되는 것이 아니고 대개는 자기의 주관에 의하여 정하여지게 된다. 그러므로 수진여부에 대한 판정이 피보험자가 주관적으로 결정하여 보험급부의 평등성이 결여된다. 이것은 단지 심리적인 요인에만 기초를 두는 것이 아니고 평상시의 건강상태, 상병의 인식, 시간적·경제적 여유, 지리적 조건 등의 주체적 요인에 의해서도 결정되므로 보험사고인 상병발생의 확인이 객관성을 결여하고 있다는 것이 문제가 된다.

다음으로 수진할 때의 의료내용, 즉 급부내용이 의사의 주관적 판단에 의하여 결정되는 경향이 있고 그 내용은 환자에 따라 다르기 때문에 이른바, 의료의 개별성이 크게 강조되고 있어 획일적인 보험급여가 인정될 수 없다. 이와 같은 현상은 의료보험의 재정문제와 크게 관련되고 있다. 대개의 경우 보험제도는 수지상등의 원칙이 지배하고 있고, 또한 과거의 경험에 의하여 사고를 어느 정도 예측할 수 있지만 의료보험의 경우는 의료의 개별성과 의사의 주관적 판단 때문에 매우 곤란하다.

의료보험은 이상과 같은 특성을 감안하여 급여수준을 제한함으로써 보험재정의 악화를 방지하는 문제와 다른 한편으로는 급여의 다양화·충실화가 요청되고 있어 양자는 언제나 이율배반적인 현상으로 나타나고 있다. 의료보험에서 의보진료가 제한진료(규격진료)가 되어 충분한 의료가 제공될 수 없음은 당연하다고 볼 수 있다. 그것은 전술한 바와 같이 의료보장의 하나의 수단으로서 의료보험은 그 급여수준이 '적정의료'가 목표이지만 보험재정의 유지와 안정 때문에 일정한 제약(본인의 일부 부담)이 가해짐은 불가피하다. 만약 보험진료에 의해서 필요한 의료수요를 모두 충족시킨다면 그것에 요하는 보험재정이 확립되어야 하고, 이러한 보험재정은 보험료의 인상 또는 국고부담의 증대가 있어야 하므로 현실적으로 양자에게는 각각 한계가 있다.

의료보험의 다른 또 하나의 특성은 보험의 원리에서 私保險의 경우는 실손해보상이 원칙이지만 소손해면책이 인정되고 있으므로 의료보험에서도 환자의 자기부담분은 소손해면책과 비교할 수 있다. 또한 의료보험의 원래의 취지에서 보면 충분한 보험급부가 제공된다면 사회보험으로서의 의의를 인정하기가 어렵다.

2. 醫療保險의 필요성과 한계

세계인권선언 제25조에서 규정한 것처럼 인간세계는 의·식·주 다음으로 건강유지를 위하여 '의료'가 큰 비중을 차지하고 있다. 오늘날과 같이 발달된 의료제도하에서 의료의 혜택을 적절하게 받지 못하는 사람은 그 이유가 의료시설과 의료요원의 부족 때문이 아니고 소득수준이 낮아서 의료비를 부담할 수 있는 능력이 없기 때문이다.

자본주의사회가 어느 정도 진전된 단계에 있어서도 복지사상이 충분하게 일어나지 않고 있을 때에는 의료비용이 생산적 투자가 아니고 소비에 불과한 것으로 보았고, 의료는 개인의 문제이지 사회적·국가적 책임이 아니라는 잘못된 인식 때문에 의료에 대한 사회정책적 고려가 지연되어 왔다. 그러나 오늘날에 있어서는 의료비가 인적 자원에 대한 생산적 투자인 동시에 경제발전에 필요한 기술인력의 확보와 능률유지에 불가결한 요소로 인정되고 있다. 따라서 가장 효과적·경제적으로 모든 사람들에게 필요한 의료를 제공하기 위한 방법으로 각국에서 사회경제적 형편에 따라 다양하게 전개되고 있는 제도가 바로 의료보험인 것이다. 이러한 의료보험제도가 발생·추진하게 된 동기와 필요성은 다음과 같다.

① 의료혜택의 중요성의 인식이다.

② 의료비용의 급등현상에 대처하기 위한 집단적 해결노력이다.

③ 의료비용이 필요한 시기와 의료비용총액의 예측불가능성이다.

의료보험제도의 존립의의는 이상과 같은 당위성에도 불구하고 국민의료의 모든 문제를 의료보험만으로 해결할 수 없다. 그 이유는 의료보험 그 자체가 본질적인 한계를 비롯하여 급여율, 국고보조, 보험규격 등의 여러 가지 한계성을 지니고 있기 때문이다. 여기서 그 내재적인 한계요인을 검토할 필요가 있다.

첫째, 전술한 의료보험의 본질적 한계이다. 의료보험은 일정 한도까지의 의료비를 보장하는 것이기 때문에 피보험자가 그 수준 이상의 보장을 원한다면 이는 보험으로 해결할 수 없다. 특히 법률상으로 가입이 강제된 의료보험에서 필요 충분한 의료보장을 기대할 수 없음은 사회보장이나 법정의료보험의 기본원칙이라고 할 수 있다. 그러므로 그 보완책으로서 사적 의료보험의 존재의의를 인정할 수 있는 것이다.

둘째, 급여율에 대한 한계이다. 보험료만으로 충분한 비용이 조달된다면 급여에 대한 제한은 필요 없을 것이지만, 보험방식으로 조달되는 자금에는 한계가 있으므로 급여율을 제한하게 되고 본인에게 비용의 일부를 부담지우는 것이다.

셋째, 보험료에 대한 한계이다. 사회보험으로서 의료보험에 있어서도 갹출과 급여간의 균형, 즉 수지상등의 원칙이 어느 정도 요청된다. 그러나 보험료에 있어서 저소득층의 저보험료에 제약되어 고소득층으로부터 다액의 보험료를 징수할 수 없게 되어 여기서 스스로 보험료의 한계가 나타난다. 이 경우 보험재정은 어렵게 되어 의료보장의 방법으로서 의료보험 자체가 한계에 직면하게 된다.

넷째, 국고보조에 한계가 있다. 사회보험에 있어서 국고보조의 근거, 의의, 한계 등에 대해서는 앞서 여러 곳에서 부분적으로 언급되었다. 의료보험에 대한 국고보조는 연금보험이나 실업보험보다 한층 더 큰 명분을 찾을 수 있지만 국가재정의 한계에서 오는 것은 다른 방도가 없다. 의료보험에 대한 국고보조는 보험형태에 구애되지 않고 획일적으로 요구할 수 없다. 사회보장의 정신에 입각한다면 저소득층이나 노령의료보장을 위하여 정부가 극히 한정된 계층을 대상으로 직접 주관하여 의료보험을 운영해야 하고, 이 경우 다액의 국고보조가 요청된다.

3. 醫療保險의 운영형태

(1) 의료보험의 운영주체

모든 보험제도에 있어서도 그 제도를 운영하기 위한 운영주체로서 보험자가 반드시 존재해야 한다. 보험자가 통상 사회보험에 있어서는 국가(정부 내지 공적 기관 또는 지방자치단체)가 원칙이고 그 이외에 공적 성격을 가진 특수단체 또는 법인이 보험자가 된다. 의료보험의 운영주체도 사회보험의 원칙에 따른다면 정부나 공적 기관이 되어야 한다. 그러나 의료보험은 다른 사회보험에 비하여 그 계층성이 심하기 때문에 위의 양자에게만 운영을 맡기는 것이 곤란한 경우가 있고, 특히 임의의료보험의 경우는 그 운영주체가 다양하다.

우리나라의 공적 의료보험의 운영은 1977년 의료보험법에 의하여 조합을 설립·운영하여 왔다. 의료보험조합에는 두 가지 종류가 있다. 그 하나는 강제설립조합(제 1 종 조합)이며, 다른 하나는 임의설립조합(제 2 종 조합)이다. 전자는 상시 500인 이상을 고용하는 사업장에 적용되며 후자는 일정한 지역(서울·부산 제외)의 일정규모(500인) 이상의 피보험자를 확보하여 조합을 설립하되 가입과 탈퇴가 임의로 되어 있다.

이와 같은 의료보험의 조합방식에 의한 운영 이외에 공무원과 사립학교 교직원에 대하여서는 보건복지부 밑에 의료보험관리공단을 설치·운영하여 왔다.

사업장의 근로자와 지역주민을 대상으로 하는 현행 의료보험제도의 조합방식에 의한 운영은 앞으로 더 이상 확대하는 데 큰 문제를 안고 왔다. 그것은 조합방식 자체의 문제가 아니라 이유는 다른 데 있다. 그 이유를 설명하기에 앞서 우리 제도가 모방하고 있는 일본의 의료보험의 운영주체와 비교할 필요가 있다.

일본에서의 이른바 건강보험의 운영은 건강보험조합과 정부가 직접 주관하는 정부관장건강보험으로 구분된다. 건강보험조합은 우리의 제 1 종 조합에 해당하는 것으로 근로자 300인 이상을 사용하는(실제상 취급기준은 1,000인 이상) 사업장 단위로 단독으로 설립되는 단일조합과, 합하여 300인 이상(실제상 취급기준은 3,000인 이상)을 사용하는 둘 이상의 사업장에서 공동으로 설립하는 총합조합이 있다. 정부관장은 건강보험조합이 설립될 수 없는 사업장의 근로자를 대상으로 하여 정부가 보험자로서 운영한다. 또한 일용근로자, 2 개월 이내의 기간을 정하여 고용되어 있는 자 및 계절업무종사자를 대상으로 하는 일용노동자건강보험은 정부(사회보험청)가 보험자이며, 농산어촌의 주민이나 도시의 상공업 자영자 등을 대상으로 하는 국민건강보험은 지방자치기관인 市·町·村을 보험자로 하고 있다.

한국과 일본을 비교할 때 근본적인 차이는 의료보험의 보호가 더욱 시급하게 요청되고 있는 계층에 대해서, 정부가 보험자로서 직접 주관하는 것을 우리나라에서는 개입하지 않고 있는 것이다. 일본의 국민건강보험에 해당하는 우리의 제 2 종 조합은 사실상 설립운영을 기대하기 어려우며, 일본의 일용노동자보험에 해당하는 우리나라의 근로자는 현재로서 적용이 제외(의보법시행령 제 3 조)되고 있다. 또한 현재 100인 이상의 제 1 종 조합의 대상을 연차적으로 확대하여 하향한다고 하여도 다수주체의 결합이라는 보험성립의 기본요건을 충족시키기 위해서는 가족까지 포함시켜도 300인 이하까지 내려오기 곤란하다. 일본의 경우는 보험원리상 필요한 절대수의 피보험자가 부족한 중소기업에 대해서는 정부관장으로 하고 있지만, 우리나라의 경우 현재와 같이 조합방식에 의할 경우 이들의 조합설립은 보험원리상 단독으로 불가능하다.

일본의 경우 정부관장건강보험, 일용노동자건강보험, 국민건강보험 등 세 가지 국영보험은 매년 거액의 재정적자가 누증되어 있고, 특히 국민건강보험의 재정적자는 일본 의료보험의 위기라고 할 수 있을 정도로 심각하였다. 이와 같은 일본의 경험에서 미루어 볼 때 현재 의료보험조합(제 1 종)의 가입자 이외에 대해서 정부가 보험자로서 운영하기는 어려울 것이다. 반면에 과거 의료보험법의 규정대로 한다면, 제 2 종 조합의 대상이 되고 있는 농어촌지역주민은 물론, 일고근로자나 중소기업의 종업원 등은 우리 특유의 여건과 보험원리면에서 볼 때 정부의 희생적인 개입(국고부담 또는 직접관리) 없이 의료보험의 혜택을 받기는 극히 곤란할 것이다.

의료보험의 운영주체로서 보험자는 그것이 임의의료보험인 경우 극히 다양하다. 우리나라의 경우 현재 보험회사(손해보험회사의 단체건강보험), 의료협동조합(전국의 청십자 조직), 대학당국의 학생의료보험(서울대·연세대·중앙대·경희대·이화여대·숙명여대 등) 등 그 운영형태가 매우 다양하다.

임의의료보험의 운영형태의 다양성은 특히 미국의 경우가 강제의료보험이 발달되어 있지 않기 때문에 대표적이다. 즉 보험회사, Blue Cross, Blue Shield, 대학의료보험 및 200여 개의 의료협동조합(Cooperative Group Health Plan), 재단의료보험(Kaiser Foundation Health Plan 등) 등 의료보험의 운영형태와 주체는 여러 가지이다. 또한 비스마르크 이후 강제의료보험이 사회보험의 주축으로 되고 있는 독일의 경우에도 현재 생명보험회사와 상호보험회사(Versicherungsvereins auf Gegenseitigkeit: VVaG)의 의료보험은 강제의료보험과 크게 경쟁이 되고 있다.

의료보험의 운영주체와 운영형태는 이 제도의 발전을 위하여 위에서 고찰한 대상 가운데 어느 것이 가장 좋은 것인가에 대한 해답은 이론적으로나 실제상 있을 수 없다. 이것은 각국의 제도적 배경과 현실여건에 차이가 있을 뿐만 아니라, 특히 의료보험의 계층성과 다양성 때문이다.

(2) 강제의료보험과 임의의료보험

오늘날 사회보험은 극히 발달된 선진국의 경우도 사회보험 그 자체나 그 일부로서의 의료보험의 기능과 역할에는 한계가 있다. 또한 사회보장의 수행이 현대국가의 의무라고 해도 국가의 재정형편상 단기간에 이를 개선·확대할 수도 없다. 모든 국민에 대하여 의료보장과 소득보장을 통해 최소한의 기본적 경제생활을 충족시켜 주는 수단은 반드시 사회보장제도만은 아니고, 또한 경제생활과 생활수준이 향상되고 있는 과정에서 사회보장에 의한 최소한의 제도만으로 국민은 만족할 수 없다.

이상과 같은 사정을 고려하여 볼 때 정부가 사회보장을 단계적으로 추진하는 과정에서 강제성이라는 사회보장의 주무기를 어떠한 경우에나 적용할 수는 없으며, 강제성의 이면에는 재정부담도 병행하는 것으로 보아야 한다. 정부의 입장은 국고부담을 적게 하면서 사회보장정책을 수행하여 나가는 길은, 사회보장의 한계성을 스스로 인정하고 기존제도를 충분히 활용하거나 이를 사회보장제도와 연결시켜 주는 것이 필요하다.

의료보험의 경우도 법정보험인 강제보험만으로 국민의료를 해결할 수 없으므로 여러 가지 형태의 임의보험도 권장해야 한다. 정부는 예산의 범위 내에서 정부주관형 의료보험을 저소득층에 대해서 일부는 스스로 운영하여야 하며, 과거 우리나라와 같이 사업장의 조합방식에 의한 의료보험운영을 감독하는 그 자체가 공적 의료보험의 근본일 수는 없다.

법정강제의료보험을 보완할 수 있는 임의의료보험의 체제와 수용태세는 현재 충분히 갖추어져 있지 않지만, 전술한 바와 같이 보험회사, 청십자, 대학의료보험의 존재를 확대·개선하는 것이 요망되고 있다. 물론 이 경우 의료보험의 체계상에는 문제가 없는 것도 아니지만, 이 방법을 무시하고 행정력에 의한 지시나 법률에 의하여 의료보험의 수혜폭을 넓히거나 정착시키는 것은 어려울 것으로 보인다.

임의의료보험의 영역을 넓혀 법정의료보험을 보완하면서 전국민을 대상으로 하는 체제로 전환하기 위해서는 보험회사로 하여금 적극적으로 개입하도록 종용하는 것이다. 현단계에서 우리나라의 보험회사는 수용태세가 갖추어져 있는 것은 아니지만, 이 점에서 본다면 강제보험이나 의료기관의 경우도 마찬가지이다.

선진국의 경우는 전술한 바와 같이 사회보험의 영역확대에 대하여 보험회사는 강한 저항을 느끼고 있다. 따라서 보험회사의 입장은 사보험의 영역으로 사회보장이 그 한계를 초월하여 침투하고 있는 것으로 보고 있다. 연금의 경우는 양자를 택일할 수 있는 길을 열어 놓고 있다. 따라서 의료보험의 경우도 소득이나 기타 의료의 개별성을 고려하여 수요자의 선택의 여지가 필요하다.

사회보장에 대한 각국 보험회사의 공통적인 요구는, 사회적 보상은 최저보상의 선에서 그칠 것, 공적 보장과 사적 보장의 경제사회에 미치는 영향을 충분하게 검토할 것, 사회보장을 정치적 의도로 왜곡하지 말 것 등이다.

사회보험으로서 의료보험이 크게 발달되어 있는 유럽 제국의 임의의료보험의 공통적인 사정은 다음과 같다.

① 대부분의 국가에서 임의의료보험의 경영상의 위험(재정적자)은 다른 영업종목이 보완하기 때문에 문제가 되지 않는다.

② 의료보험의 사회화를 추진하는 과정에서 대부분 국가의 사회정책가들은 사보험의 존재를 의식하지 않으며, 보완적 존재로 생각하고 있다.

③ 강제의료보험과 임의의료보험의 영역을 분할하고 있는 국가가 많다(영국·프랑스·스위스·스웨덴·벨기에·핀란드).

④ 대부분의 국가에서 강제보험과 임의보험의 택일을 인정하고 있다.

⑤ 사보험이 부가적인 보험으로 확대됨에 따라 대부분의 국가에서는 병원의 병상(1등 및 2등 병상) 부족으로 수용능력이 문제되고 있다. 독일에서는 사보험의 보험환자를 일반병상에 수용하도록 설득하고 있으며, 영국도 이와 유사한 현상이 나타나고 있다. 그러나 임의보험에서 환자의 요청으로 시설이 좋은 병원에 수용하지 않을 수 없게 되어 자체가 병원을 소유할 필요성을 느끼고 있다. 오스트리아에서는 일부 임의보험이 자체의 병원을 갖고 있다.

⑥ 일부 국가에서는 강제보험의 대상이 되어야 할 농민, 병약자 등에 대하여 임의보험에서 취급하게 하고 있어 그 비용보조를 정부에게 요구하고 있다(프랑스·네덜란드).

4. 醫療保險의 급여

(1) 급여의 종류

의료보험제도에 있어서 보험급여의 내용은 의료의 급여를 중심으로 하는 제도, 즉 요양급여와 상병수당금과 같은 소득보장급여의 두 가지 종류로 구성되어 있다. 일반적으로 사회보험의 체계가 소득과 의료의 두 가지 급여보장으로 구성되고 있지만, 의료보장만을 목적으로 하고 소득보장(상병수당 등)은 별개의 제도로 분리할 것인가의 문제는 한 마디로 단정할 수 없다. 사회보장제도의 진전과정에서 소득보장과 의료보장의 2대 체계가 각자 발달되고 있다면 의료보험에서는 오직 의료급여만을 중심으로 할 수 있으나, 소득보장제도가 상대적으로 발달되어 있지 않으면 급여내용의 충실이라는 점에서 상병수당과 같은 제한된 형태의 소득보장은 마땅히 인정되어야 한다.

최초의 우리나라 의료보험법에서는 보험급여를 이른바 법정급여와 부가급여로 구분하고 있었다. 전자는 법에 의해 당연히 지급해야 할 급여로서 요양급여와 분만급여가 있으며, 후자는 의료보험조합의 정관에서 정하는 바에 따라 임의로 지급하는 급여로서 상병수당금과 장제비가 있다. 따라서 조합재정에 여유가 없을 때에는 법정급여만 인정하고 부가급여는 허용하지 않을 수 있다.

요양급여는 요양비를 지급하는 것으로서 여기에는 진찰, 약제 또는 치료재료의 지급, 처치·수술, 기타의 치료, 의료시설에의 수용(입원), 간호, 이송 등이 포함된다 이러한 요양급여는 조합과 계약이 체결된 보건의료기관 또는 약국이나 조합이 설치·운영하는 의료기관이다. 따라서 요양급여는 특별한 사유가 없는 한 위와 같은 특별장소에서만 허용되는데, 다만 분만급여는 반드시 지정병원만이 요건이 아니고 자가분만의 경우도 보험급여를 받을 수 있다.

의료보험에서 지정병원제도를 원칙으로 하고 있는 이유는 병원의 분포, 수용시설, 수혜자의 생활권과 교통편의 및 의료보험조합과의 비용지급, 사무절차 등 현실적인 필요성과 편리성에 기인하고 있다. 우리나라 의료보험법에서는 조합의 지정병원 계약시에 병원의 지정에는 보건복지부장관의 승인을 받아야 하고 또한 그 변경, 취소의 경우에도 동일하다(1979년부터 지정병원제도 폐지).

의료보험의 급여 가운데 소득급여로서 상병수당은 질병, 부상으로 인하여 휴직 중인 피보험자의 생활을 보장하기 위한 급여이다. 이것은 피보험자가 상병 때문에 취업할 수 없게 되고, 그것이 원인이 되어 생활유지를 위해 필요한 보수를 충분히 받지 못할 경우에 지급된다. 그러나 업무상 질병으로 인한 휴직의 경우는 전술한 산업재해보상보험의 경우에 해당되므로 의료보험의 상병수당의 지급사유가 아니다. 상병수당의 지급액은 취업을 할 수 없게 된 기간 1일에 대하여 표준보수월액의 2% 범위에서 조합정관으로 정한다.

장제비는 피보험자 또는 피부양자가 사망한 경우에 지급하며, 그 지급액은 보험급여 가운데 분만급여와 장제비의 지급액을 대부분 일정액으로 규정하고 있어서(정액제) 실제 지출액에 미흡할 뿐만 아니라, 이 급여가 소기의 기능을 발휘하지 못하고 있다. 따라서 분만비와 장제비는 선진 외국의 경우처럼 임금의 일정비율(정률제)로 하되, 반드시 최저액을 정하여 두고 물가상승에 따라 융통성 있는 조정이 있어야 할 것이다.

이상과 같은 급여내용은 일반의료보험의 경우이고, 1979년 1월부터 실시하고 있는 공무원및사립학교교직원의료보험법에서는 요양급여, 분만급여, 건강진단, 장제비로 하고 있다. 일반 의료보험급여와 차이점은 건강진단비와 상병수당 제도에 있다.

사회보장제도의 급여는 그 수준이 높을수록, 또한 급여종류가 다양할수록 바람직한 것은 당연하다. 그러나 이것은 사용자 및 근로자의 보험료부담, 국고부담능력, 보험재정에 미치는 영향을 고려하지 않을 수 없다. 급여수준을 높이기 위해서 사용자와 근로자의 보험료부담을 높이는 것은 한계가 있을 뿐만 아니라, 완전한 수지상등의 원칙에 지배되면 사보험과의 구분이 불분명하게 되며, 국고보조에 의존하는 것도 한계가 있다. 사회보험으로서의 의료보험의 급여수준은 전술한 바와 같이 최저수준이 아니고 적정수준의 개념이다. 따라서 현재의 급여수준이 적정수준에 이르지 못하고 피보험자의 본인부담 비중을 높이는 경우에 의료보험 자체의 존재의의에도 문제가 있다.

우리나라 의료보험법에서는 초기에 상병수당과 장제비를 임의급여로서 부가급여로 규정하고 있었으나 부가급여(fringe benefit)의 본질상 상병수당 등은 부가급여가 아니다. 의료보험에서 부가급여라고 할 때에는 피보험자와 피부양가족의 건강증진을 위한 복지시설의 제공, 건강진단, 신속한 사회복귀와 취업을 위한 병원 내에서의 훈련 등이 포함되며, 상병수당·장제비 등은 법정급여에 포함되어야 한다.

의료보험제도가 정착된 일본의 경우 현재 많은 문제점을 안고 있지만 보험급여의 내용과 질에 있어서는 우리와 비교가 되지 않을 정도로 충실하다. 일본의 의료보험 가운데 근로자를 중심으로 한 건강보험의 급여는 피보험자 본인에 대해서 요양급여 및 요양비, 상병수당, 매장비, 분만비, 출산수당, 육아수당 등이다. 요양의 급여기간은 초기에 6개월로 되어 있었으나, 일본의 경우처럼 피보험자 자격이 존속되는 한 기간을 제한하지 않고 있다. 상병수당은 우리나라는 임의급여로서 1일에 대하여 2%(표준보수월액)이지만(과거 직장의료보험조합 또는 현재 통합건강보험관리공단에서는 재정부족으로 상병수당제도를 실시하지 못하고 있다), 일본은 법정급여로서 60%(피부양자가 없거나 또는 피보험자가 입원한 경우는 40%)를 지급하고 있다.

(2) 현물급여와 현금급여

의료보험의 급여에는 현물급여와 현금급여가 있다. 이 가운데 현물급여가 일반적 원칙인 점이 다른 사회보험과 의료보험의 차이점의 하나이다. 현물급여는 피보험자 또는 피부양자가 의료기관에서 진찰이나 치료를 받는 의료 그 자체를 급여내용으로 하는 것이다. 현물급여가 원활하게 제공되기 위해서는 의료기관과 의료종사자가 인근에 존재해야 한다. 이들이 의료보험에서 계약당사자가 아니면서 그 이상으로 중요하다는 것은 바로 이러한 역할의 수행 때문이다.

의료보험에서 현물급여는 무제한으로 제공될 수 없고, 일정범위에서 제공되고 있지만 전술한 바와 같이 의료보험의 재정에 대하여 적자요인의 하나가 되고 있다. 그럼에도 불구하고 현물급여가 많이 채용되고 있는 것은 그만한 이점이 있기 때문이다. 만약 의료보험에서 현물급여가 이용된다면 치료를 받을 때 피보험자는 우선 자기의 부담으로 하고, 그가 부담한 비용을 보험자로부터 급여로서 받게 되지만 수진할 때 처음부터 얼마의 돈을 준비하지 않으면 안 된다. 그 금액은 치료가 끝나는 단계에서 총액이 파악되므로 처음부터 그 통계를 예상할 수 없다. 그 금액이 근소할 때에는 문제가 없지만 장기의 상병이나 중상일 때는 근로자나 저소득층이 일시적이라고 하여도 그 금액을 부담할 수 없다. 따라서 현금급여에 의한 경우 경제적 이유에서 조기진찰을 받지 않거나 도중에 치료를 포기할 가능성이 있다.

이상과 같은 이유에서 의료보험은 현물급여가 불가피하게 되는데 그것을 용이하게 하기 위하여 지정병원제도를 이용하고 있다. 그러나 이러한 현물급여에 있어서는 무엇보다도 의료기관과 의료종사자들의 협력체제의 확립이 요청되고 있는데, 이것은 의료기관 및 그 지급방식과도 관련이 된다.

의료보험에서 현물급여가 중요한 것은 사실이지만, 그렇다고 현금급여가 이용되지 않는 것은 아니다. 비지정병원을 이용하지 않을 수 없는 급박한 상황일 때는 물론, 서구 제국의 경우처럼 처음 단계로서 개업의에게 초진을 받을 때는 현금급여가 채용되고 제 2 단계 병원으로 환자가 넘어와서 입원할 때에는 현물급여가 이용된다. 전자의 경우 환자가 의료요금을 지급한 후에 보험자로부터 그 금액을 받는 것을 의료비상환제도 또는 의료비환원제도라고 한다. 이러한 현금급여가 이루어지기 위해서는 위에서 언급한 바와 같이 피보험자가 진료비를 선불하고 사후에 상환이 있을 때까지 일정기간 동안 경제적 여유가 있어야 한다는 것을 전제로 한다. 만약 그것이 불가능할 경우 상병이 발생하였을 때에 보험자가 일정액을 미리 지급(전도)하는 것도 생각할 수 있으나, 이 경우 진료비를 예측할 수 없을 뿐만 아니라, 생활이 곤궁한 저소득자의 전도금을 다른 비용으로 유용할 가능성이 있다.

의료보험의 급여형태로서 위에서 고찰한 현물급여와 현금급여는 양자가 모두 현실적으로 문제점을 안고 있다. 현물급여하에서는 보험의 원칙인 보험료와 급여의 비례관계가 명확하지 않다. 보험에 있어서는 보험료에 따른 급여, 급여에 따른 보험료가 중요시되지만 의료보험에서는 환자의 상병상태에 따라서 급여내용과 그 환자가 부담한 보험료는 관계가 없다. 즉, 보험료는 소득에 비례하지만 급여는 그러하지 않다. 따라서 보험재정이 수지상등의 원칙을 요구할 때 현물급여는 곤란하기 때문에 의료의 실질적 내용은 저하되는 경향으로 나타난다. 이러한 모순을 해결하기 위하여 환자부담(의료비상환제도)으로서 보험재정을 유지시키기 위한 현금급여의 합리성이 주장되고 있다. 그러하지 않은 경우에는 현물급여라고 할지라도 일부 자기부담을 수반하여야 한다.

현금급여가 채용되는 경우에는 자동적으로 환자에게 부담이 가기 때문에 보험재정의 입장에서는 그것에 의한 지출의 삭감과 수진율의 인하를 기대할 수 있으므로 보험재정의 유지가 가능한 것이다. 현물급여의 경우도 마찬가지로 환자에게 부담을 지게 함으로써 수진율이 억제되고 지출의 삭감이 기대될 수 있다. 이와 같이 급여형태는 보험재정과 밀접한 관계를 갖고 있다.

5. 醫療保險의 과제

우리나라 의료보험의 발전과정에서 가장 큰 논란의 대상이 되어 왔고 또한 현재까지 문제되고 있는 것은 운영주체의 통합일원화와 보험재정의 악화 및 그에 따른 재정대책이다. 통합일원화는 직장의료보험조합(1977), 공무원·교원의료보험(1979), 지역의료보험조합(1988)이 각각 분리되어 운영되어 왔으나 특히 지역(농어촌·도시 자영자 등)의료보험의 재정이 어려워지면서 1988년부터 통합에 대한 큰 논란이 전개되어 왔다. 통합논의는 당초 직장의료보험조합(1979년 603개)간의 통합론, 지역의료보험조합(1989년 254개)간의 통합론이 각계에서 제기되어 왔으나, 1981년과 1982년 국회에서 통합안이 마련되었지만 성사되지 못했고 이 때는 직장의료보험의 문제이었다.

1988년 농어촌 의료보험의 실시 이후 의료보험통합논쟁은 진료체계, 국고보조확대 등이 동시에 문제되었다. 1989년 3월 여야 만장일치로 통과된 국민의료보장법은 대통령의 거부권 행사를 가져왔다. 통합론은 그 후 계속 거론되어

1994년 1월 의료보장개혁위원회를 구성하고 정책방향에 대한 보고서가 제출되었으나 입법으로 연결되지는 못했고, 1996년 11월 의료개혁위원회(국무총리 산하)가 구성되고 국민건강보험법(안)이 1997년 6월 야당인 민주당에서 국회에 제출되었다. 통합논의는 1999년까지 계속되었고 국민건강보험법의 국회의결로 2001년 7월 1일부터 직장의료보험과 공무원·교원의료보험의 재정통합이 계획되고, 2002년 지역의료보험과 직장가입자의 재정통합이 예정되어 있지만 의료보험의 재정적자와 연계되어 큰 진통을 겪고 있다.

2000년부터 의료보험의 재정적자는 외환위기 이후 지속적으로 문제되어 오다가 의약분업에 의한 재정의 추가 소모, 농어민·자영자집단의 보험료 수납률 저조 등으로 통합 이후 수 차례의 보험료인상에도 불구하고 이른바 건강보험의 재정은 고갈의 위기를 맞이하고 있다.

이상과 같이 의료보험제도는 지역행정단위 중심의 농어촌·자영자조합의 출범 이후 외형적으로 전국민의료보험시대가 도래하였지만 재정적자의 문제는 보험급여수준과 연계되는 것으로서 공적 의료보험의 한계를 드러내고 있는 것이다. 근본적인 문제해결을 위해서 보험료인상만으로는 부족하고 징수율 제고, 보험재정측면에서 의약분업의 보완, 공평한 보험료부과를 위한 자영자 등의 소득체계 및 정확한 파악이 필요하다. 그 뿐만 아니라 공적 의료보험의 기능적 한계를 인정하고 선진국처럼 기존의 민간의료보험시장의 역할을 고려하여 우리 제도를 근본적으로 재검토할 필요가 있다.

제 3 절 年金保險

1. 年金制度의 성격

공적 연금은 사회보장체계 가운데 하나의 지주를 이루고 있는 소득보장에 속하고, 그 가운데서도 장기소득보장을 부여하는 사회보장의 일종이다. 오늘날 소득보장정책은 국가 또는 지방공공단체에 의하여 각종의 금전급여로서 국민에게 최저생활을 보장할 뿐만 아니라, 될 수 있는 한 표준보다 낮지 않은 생활보장을 목적으로 하고 있다. 공적 연금은 장기소득보장책의 중요한 일환을 구성하고 있지만 공적 연금만으로 그 역할을 수행할 수는 없다.

공적 연금은 일상생활의 위험 가운데 노령·퇴직·폐질·일가의 소득자의 사망 등의 사유가 발생하였을 때, 미리 설정한 기준에 따라 획일적인 급여를 지급하는 제도이다. 그 급여의 기준은 위의 여러 가지 생활위험에 대해서 일반적으로 상정되는 니드(need)에 따라 사적 준비 내지 사적 부양의 관행과 정도를 일반적으로 고려하여 설정한다. 이와 같은 공적 연금은 소득의 상실 내지 상당한 저하가 장기간에 걸쳐 생활위험상의 보호를 받게 되는 점, 급여는 개개인의 니드에 대응하는 것이 아니고 미리 설정된 기준에 따른 획일적 급여라는 점, 사후적 구빈책이 아니고 보험기술에 기초를 둔 사전적 구빈책이라는 점, 자산조사(means test)를 하지 않는다는 점 등에서 공적 부조가 아니고 사회보험이다.

일반적으로 공적 연금이라고 할 경우는 연금보험 또는 연금이라는 명칭을 가진 제도에 반드시 한정될 필요는 없다. 공적 연금의 기능은 상술한 바와 같이 사전적 구빈책이지만, 이러한 기능면에서는 기업연금을 중심으로 한 사적 연금과 구별이 되지 않는다. 또한 재원조달상 보험방식과 부조방식에서나 그 운영상의 기술적 문제에 있어서도 공적 연금은 사적 연금과 뚜렷하게 구별되지 않으며, 양자는 총괄적인 연금제도로서 상호보완적이다.

연금의 경제적 성격을 분석함에 있어서 흔히 연금은 저축의 일형태 또는 일방식으로 파악하여 연금은 저축의 일종, 저축으로서의 연금이라는 말을 하고 있다. 사회통념상 이러한 표현은 의심할 여지가 없지만 사실은 저축일변도의 성격을 가진 것으로는 연금문제를 올바르게 이해할 수 없다. 연금은 확실히 저축이라기보다는 오히려 보험이다. 따라서 공적 연금은 공적 보험(공영보험)이다. 이 보험사고는 일정 연령 이상 생존하여 노령이 되거나 또는 노령에 의하여 소득획득능력의 현저한 감퇴 또는 상실 등이 그것에 해당한다. 이론적으로는 반드시 빈궁화라든가 생활난을 의미하는 것은 아니다.

다음은 연금제도의 판단기준에 대해서 언급하기로 한다. 공적 연금은 국가권력과 법률에 의하여 강제되기 때문에 가입여부에 있어서 개인의 자유가 허용되지 않는다. 그러나 가입의사에 따라 여러 가지 형태의 연금제도가 있을 때, 어느 제도가 장래에 있어서 안심할 수 있는 존재인가에 대해서 관심을 갖게 된다. 그 판단기준은 정해진 것이 없으며 무엇보다도 연금제도를 둘러싸고 있는 주위의 사정에 의하여 결정된다. 오늘날과 같은 기술발전·사회발전·사회변화가 현저한 시대에 있어서는 어떠한 연금제도도 새로운 사태에 대응하는 것은 용이하지 않다. 그렇지만 일반적인 판단기준은 다음과 같이 이야기할 수 있다.

① 그 연금제도가 지금까지 소기의 목적을 달성하였는가의 역사를 고찰하는 것이 매우 중요하다.

② 현시점에서 가입인원과 수급인원의 상황도 하나의 판단자료가 된다. 어느 연금제도의 경우에나 창설초기에는 가입인원은 많지만 수급인원이 거의 없다. 이것은 연금수급에 보통 최소한의 자격기간이 필요하기 때문에 일정한 연수를 경과하지 않으면 연금지급이 개시되지 않는다. 따라서 이 기간 동안은 연금제도가 미성숙한 단계이고 수입에 비하여 지출이 없어 자금이 적립되기 때문에 이러한 자금집적과 동원을 위하여 연금기금이 이용될 위험도 없지 않다. 특히 가입자의 입장에서는 연금의 조기성숙화를 위한 특별조치, 예로 자격기간 5년 내의 감액연금의 지급과 같은 것이 없다고 한다면 이 제도에 대한 신뢰감이 상실될 수도 있다.

③ 신규가입자가 얼마나 많으냐가 그 연금제도의 장래에 결정적인 영향을 미친다. 19세기의 주력산업이었던 석탄이나 철도는 그 당시 특권적인 석탄연금제도와 철도연금제도가 실시되어 수급인원은 많았지만, 반면에 자금원이 될 수 있는 가입인원이 적었기 때문에 연금재정은 문자 그대로 화차와 같았다.

연금보험의 미래는 여러 가지 불확실한 사회경제 여건에 좌우되기 때문에 그 전망이 반드시 밝다고 할 수 없다. 그러므로 연금에는 보험수리적 건전성과 사회적 연대성이 매우 중요한 원칙임을 알 수 있다.

2. 年金制度의 위치와 역할

연금제도의 사회경제적 의의와 기능을 여러 가지 면에서 고찰할 수 있지만 그 가운데 가장 중요한 것은 자본주의의 발달에 의한 생활구조의 변모, 인구노령화의 현상과 도시형 생활구조의 정착, 기업의 노무관리와 연금 및 연금의 국민경제적 기능 등에 관한 것이다. 이하에서 이러한 문제를 중심으로 연금제도의 기능을 살펴보기로 한다.

자본주의사회의 생활원리는 철저한 자기책임의 원리가 지배하고 있다. 임금을 기본적 소득으로 하고 있는 근로자들의 노후생활은 공식적으로는 노동력의 일상적·생애적·세대적 재생산비로서 임금수입의 시간적 자기분배에 의한 대응을 상정할 수 있다. 그러나 현실적으로 임금은 전적으로 생산에의 공헌도나 노동능력의 척도에 의하여 결정되는 것이 아니며, 또한 생활자금·세대자금의 요청이나 소비니드와 직접적으로 관련되어 결정되는 것도 아니다. 따라서 임금은 생활을 영위하는 데 부족현상을 나타내게 되며 노후에 대한 사적 준비를 할 여지가 없게 된다.

비록 임금이 상당한 수준에 있을지라도 일상지출을 감당한 후에 장래에 예정된 필요규모의 불확정한 노후준비에 충당한다는 것은 매우 곤란한 일이며, 노후 불안은 임금의 고저에 의한 것뿐만 아니라, 임금제도 자체에도 문제가 있다. 그리고 노령에 의한 노동능력과 노동기회의 상실은 인간의 자연적·생리적 사고인 동시에 사회체제 및 경제조직의 변화, 정년제의 사회적 강제, 기술혁신 등에 의하여 많은 사회적 문제가 발생하게 된다.

이상과 같은 노령자의 사회적 인식을 계기로 하여 자본주의국가에서는 일찍이 연금제도가 사회보험방식에 의하여 전개되고 있다. 연금제도는 노동의 능력이나 기회를 상실한 자에 대하여 생활수단을 제공하기 때문에 이것을 하나의 사회적 임금으로 볼 수 있다. 연금보험은 위험의 측정을 어렵게 하는 노령자부양의 비용을 공동 계산하여 개별적으로 용이하지 않은 준비를 집합적으로 확보하는 제도이다. 이 때에 형성되는 보험기금은 임금 가운데 평균적으로 포함되는 노후생계비의 강제저축이며, 가계지출구조를 합리화시키기 위한 임금의 특정 부분의 사회적 관리를 의미한다.

사회보험, 특히 노령연금보험의 기본적 특징은 재원의 반 이상을 직접의 수익자 이외에서 구한다는 점이다. 구체적으로는 사용자와 공비부담의 존재(현재적 부양비)가 그것이며 또한 피보험자 자신에 있어서도 고소득층은 무겁고 저소득층은 가벼운 갹출률을 설정할 수 있다(잠재적 부양성). 여기서 사용자의 부담은 결코 은혜적인 종속관계의 표현이 아니고 노동시장에서 형성되는 임금률을 기초로 하여 모든 사용자가 부담하는 이상 그것은 본질적으로 임금과 다름이 없으며, 피보험자의 부담분과 합하여 사회화된 임금을 구성한다. 이와 같이 사용자와 국가(공비부담)의 재정참가는 사회적 사고에 대한 산업과 국가의 책임의 표명이며, 다른 한편으로는 산업평화·사회질서의 유지라고 하는 수익의 대가라 볼 수 있다.

노령연금보험이 노후에 대한 가계지출구조를 합리화시키는 기능을 수행하기 위해서는 사용자 갹출을 포함한 총체적 임금수준이 취로 중과 퇴직 후의 생활에 그다지 부족하지 않아야 한다. 만약 그러할 경우 갹출자(현역 근로자)와 연금수급자(퇴직근로자)의 일방 또는 쌍방의 생활수준을 오히려 악화시키게 된다. 예를 들면 연금 그 자체만으로는 생활을 유지할 수 없는 수준인 경우, 부족분을 보충하기 위하여 노령자는 조건을 불문하고 취로를 계속할 것이므로 노동시장의 임금노동조건을 붕괴시키게 된다. 반대로 일반수준을 희생시키면서 연금수준을 높이는 것은 부분으로부터 전체로 빈곤이 전가된다. 요컨대 노령자가 노동시장에서 불공정한 경쟁자로서 재등장하는 것을 방지하기 위해서는 노령연금에 의한 최저생활의 확보가 가능해야 하고 동시에 이 연금제도가 소기의 기능을 발휘하기 위해서는 일반적인 임금노동조건의 수준유지가 전제되어야 한다.

다음은 연금제도의 국민경제적 의의와 기능에 대해서 고찰하기로 한다. 연금제도와 국민경제의 관계는 우선 연금과 소득재분배의 문제가 있다. 노령연금의 경우는 독특한 재분배방식으로서 시간적 재분배와 세대간의 재분배가 나타나고 있다. 노령연금의 급격한 추진은 세대간의 불공평한 부담을 초래한다는 주장이 있지만, 비용부담에서 50% 이상을 사용자와 국가에 의존한다면 이러한 경향은 큰 문제가 될 수 없다.

연금제도는 내부에서 비축된 자금을 국가가 재정투융자의 재원으로 이용하고 있다는 점에서 국민경제적 의의가 높이 평가되고 있다. 그러나 기금운용에 있어서 안전성과 유리성의 배반적 원칙이 있지만 기금이 국가기금으로 예탁되어 재정투융자정책에의 협력이 강요되고 있는 것은 안전성의 강조 이외에 납득할 수 있는 설명은 없다. 물론 일본의 경우처럼 가입자를 위한 환원투융자에도 문제가 없는 것은 아니지만 일종의 사회화된 자본으로서 연금기금의 관리책임과 급여의 지급책임이 국가에 있다고 하여, 국가의 일방적인 재정투융자정책에 의하여 투자방법이 결정되는 것은 수익성의 관점에서 문제가 있다.

3. 年金의 종류

연금제도의 종류는 무엇을 기준으로 분류하느냐에 따라 차이가 있고, 분류기준과 내용은 국가에 따라 다르다. 일반적인 분류기준은 운영주체, 근로시간, 연금액의 결정방법, 연금수급기간, 기타 각국에 있어서 여러 가지 명칭의 연금의 종류가 있다.

공적 연금은 사회보장의 체계 가운데 하나의 지주를 형성하고 있는 소득보장에 속하고 그 가운데에서도 장기소득보장의 성격을 지닌 사회보험이다. 그 운영주체는 국가 또는 법률로서 정한 특수법인(예: 한국의 사립학교교원연금관리공

- 운영주체
  - 공적 연금(public pension)
  - 사적 연금(private pension)
  - 개인연금(personal pension)
- 근로시간
  - 장래근무연금(future service pension)
  - 현재근무연금(present service pension)
  - 과거근무연금(past service pension)
- 연금액의 결정방식
  - 완전연금(full pension)
  - 감액연금(reduced pension)
  - 경과연금(transitional pension)
- 연금수급기간
  - 생명연금(life pension)
  - 확정연금(definite annuity)

단)이 운영하며 강제가입이 그 특징이다.

공적 연금제도는 국가에 따라 종류와 내용이 다르다. 영국은 전주민에게 적용되는 국민보험의 퇴직연금이 공적 연금의 중심이 되고 있으며, 미국은 노령·유족·질폐·의료보험(OASDHI)에 공적 연금이 포함되어 있다. 프랑스의 공적 연금은 매우 다양하여 일반 연금제도를 중심으로 하여 특수직업에 의한 연금제도 7종이 있다. 즉 농업근로자, 광산노동자, 국철근로자, 전기·가스공사근무원, 파리지하철근무원, 상선원, 자영자의 특별연금제도이다.

독일의 공적 연금은 생산직연금보험(Arbeiterrentenversicherung)과 직원연금보험(Angestelltenversicherung), 광부연금보험(Knappschaftliche Rentenversicherung), 농민노령부조(Altershilfe fur Landwirte)의 4종이며, 스웨덴은 국민연금(AP)과 국민부가연금(ATP)의 2종이 있다. 일본은 프랑스와 같이 매우 다양하여 8종이다. 즉 국민연금, 후생연금보험, 선원보험을 비롯하여 5개의 공제조합법에 의한 제도(국가공무원, 지방공무원, 공공기업체직원, 사립학교교직원, 농림어업단체직원)가 공적 연금에 속한다. 이상과 같은 선진 제국은 공적 연금 이외에 사적 연금(기업연금)이 보완적으로 매우 발달되어 있지만, 우리나라는 공적 연금뿐으로서 공무원연금, 군인연금, 사립학교교원연금, 국민연금이 있다.

위의 운영주체에 의한 분류에서 사적 연금은 별도로 언급하기로 한다. 사적 연금은 대별하여 기업연금과 협약연금(negotiated plan)으로 구분된다. 협약연금이란 노사간의 단체교섭에 의하여 다수의 노조와 다수의 사용자간에 성립되는 사적 연금이다. 그리고 개인연금이란 생명보험회사가 계약자 한 사람씩을 대상으로 하는 연금계약이다. 이 연금은 개인의 자유의사에 따라 체결되는 연금이다.

연금의 종류를 근무시간에 의하여 분류할 때는 상술한 바와 같이 장래근무연금, 현재근무연금, 과거근무연금의 3종으로 구분된다. 장래근무연금은 보험료의 납입기간에 대응하여 연금수급자격이 가산되는 보통연금이다. 이것은 개인연금과 동일한 원리이며 재정계획은 완전적립방식 또는 사전적립방식(advanced funding)에 의한 것이 원칙이다. 현재 근무연금은 구체적으로 공상연금, 순직연금과 같이 수급자격이나 연금액이 근무기간의 장단과 관계 없이 업무재해의 정도에 따라서 지급되는 연금이며, 재정방식으로는 연금현가적립방식(terminal funding)이 활용된다. 과거근무연금은 연금제도실시 이전의 보험료를 납입하지 않은 과거의 근무기간을 연금기간에 소급 통산하여 지급하는 연금이다. 이것은 연금이 강제가입 또는 제도로서 영원히 계속될 것을 가정하여 연금실시에 즈음하여 과거근무연금을 도입함으로써 연금제도의 조기성숙을 기할 수 있다. 이 경우에 과거근무연금의 활용에 따라 생기는 채무는 초기과거근무채무(initial past service liabilities: PSL)라 하고 이를 상각하는 재원을 정리재원이라고 한다.

연금액의 결정방법에 의한 분류로서 완전연금은 규정대로 기간 중에 갹출금을 납입(과거근무연금을 포함)하고 정상의 연금지급 개시연령에 지급 개시되는 연금이다. 감액연금은 일정연령 이전에 퇴직하는 자에 대해서 소정액을 공제하고 지급하는 연금이다. 경과연금은 잠정연금이라고도 하며, 과거근무연금을 포함하는 연금이다. 이것은 보험료를 납입하지 않은 과거근무기간분에 대응하여 약간부분을 퇴직연금에서 공제하는 경우의 연금이다.

연금수급기간의 장단에 따라 구분한 생명연금에는 종신연금과 유기연금이 있다. 전자는 생존하는 한 지급되는 연금이며 후자는 정기연금이라고도 하는데 수급자의 생존시기 가운데 일정기간 동안 지급되는 연금이다. 확정연금은 논자에 따라 정기연금이라고도 한다. 이것은 연금수급자의 생사에 관계 없이 확정기간 중 반드시 지급하는 연금이다.

연금의 종류는 위에서 구분한 분류기준 이외에도 정액연금, 보수비례연금, 가급연금, 관습형연금, 표준형연금, 물가상승을 고려한 슬라이드연금, 변액연금 등의 여러 가지 유형이 있다. 이 가운데 가급연금은 표준보수에 관계 없이 처와 자녀 수의 가족구성에 따라 지급하는 연금이다. 관습형연금과 표준형연금은 미국의 기업연금에서 분류하는 명칭으로 전자는 중소기업에서 각각 다른 형태로 운영되는 연금이며, 후자는 산업별노조가 각각의 경영자단체와 단체교섭을 통하여 각 소속산업별로 표준화된 급여내용을 가진 연금제도를 체결하는 것이다. 이와 같이 산업별로 대기업군에서 공통 표준화된 연금이 표준연금이다.

4. 企業年金

(1) 공적 연금과의 관계

1960년을 전후하여 구미 제국의 연금제도의 특징은 사적 연금제도의 발전이다. 그 동안 각국에서는 물론 공적 연금을 확충하였지만 연금재정에 의한 급여수준에 한계가 있기 때문에 이를 보족하는 사적 연금, 특히 후술할 기업연금이 크게 보급되고 있다. 미국, 독일, 프랑스, 이탈리아를 비롯하여 복지국가라고 하는 스웨덴에서는 기업연금(사적 연금)이 근로자의 노후보장에 중요한 역할을 하고 있다. 이것은 공적 연금이 기본적인 보장에만 한정됨으로써 사적 연금의 보완에 의하여 비로소 충분한 노후대책이 구축될 수 있는 것이다.

사적 연금의 출현 보급으로 1960년을 전후하여 일부 국가에서는 공적 연금과 경쟁 또는 영역 조정의 문제가 발생하게 되었는데, 이것이 전술한 調整年金으로서 영국의 적용제외방식(The Contracted-out Scheme), 독일의 사회보험가입면제보험(Befreiungsversicherung), 일본의 후생연금기금이다.

공적 연금과 사적 연금의 관계는 무엇보다 공적 연금의 대상이 기업의 노동자를 중심으로 할 때, 특히 기업연금과의 관계가 문제된다. 공적 연금의 대상이 만약 특수신분으로서 군인, 선원, 광부 등인 경우는 기업연금과 마찰을 피하거나 분야조정을 할 수 있지만, 공적 연금 적용대상의 발전추세를 역사적으로 보면 자본주의의 발전에 따라 기간업종인 광산, 운수, 공업(제조업)의 종업원을 1차 대상으로 해 왔다. 이러한 추세에서 1960년대에 각국에서 법률 또는 근로계약에 의하여 보완·추가연금으로서 기업연금이 출현하고, 여기에 생명보험회사의 연금보험이 판매됨에 따라 공적 연금과 사적 연금의 관계가 크게 논의되고 있다. 양자는 기업의 근로자를 대상으로 하고 있고, 연금재원의 부담을 주로 노사쌍방이 부담한다는 점에서 공존병존 또는 보완관계를 유지할 수 있는가에 대한 이해와 관심은 공적 연금의 운영주체인 정부와 비용부담자로서의 기업과 근로자의 입장이 상이할 수밖에 없다.

한편 공적 연금과 사적 연금에 있어서는 전통적으로 사적 연금이 발달된 국가(미국)와 공적 연금이 근간이 되고 있는 국가(영국)의 견해가 다를 뿐 아니라 같은 국가에 있어서도 정당정책에 따라 입장이 다르다. 유럽 제국, 특히 영국과 스웨덴의 노동당, 사회민주당 등은 기업연금의 공적 연금에의 통합을 주장하고 있다. 사적 연금의 존립 의의와 독자성을 지지하는 논거는 기초연금 이상의 보완부분까지 공영화하는 것이 정부 권력의 집중화, 관료지배의 강화, 강제가입, 비능률 등을 초래한다고 주장한다. 여기서 공적 연금의 우위성과 사적 연금의 흡수를 주장하는 논거는 다음과 같다.

① 국민의 일반적 생활수준이 높아지고 높은 생활수준에 익숙하게 되면 개개인의 기초적 니드의 수준이 전반적으로 높아져서 생존비의 유지만을 위한 공적 연금으로는 행복한 생활을 할 수 없고 생활의 안정도 보장할 수 없다.

② 연금보험에는 규모의 경제성이 작용하기 때문에 몇 개의 보험회사가 취급하는 것보다도 공적 연금으로 통합하는 것이 효율적이다.

③ 연금은 가입에서 급여가 종료할 때까지 수십 년을 소요하므로 사기업이 이와 같은 장기간 충분한 지급능력을 유지할 수 있는가에 대한 불안 또는 불확실성이 크다.

④ 연금슬라이드제도를 사기업에서 행한다면 장래의 지급능력에 대한 불안이 더욱 크게 된다.

⑤ 추가연금부분이 보험회사를 통하여 운영된다면 개인의 갹출능력의 유무에 따라 연금격차가 더욱 커지게 되므로, 분배의 평등이라는 관점에서도 공적 연금으로 추가연금을 운영하는 것이 바람직하다.

⑥ 갹출금에 의한 방대한 자금을 소수의 보험회사의 지배하에 두게 되면 금융자본의 지배권이 강화된다.

⑵ 기업연금의 필요성과 운영

기업연금의 필요성을 살펴보면 다음과 같다. 기업연금은 사적 연금에서 가장 큰 비중을 차지하고 있는 것으로서 경영연금 또는 직역연금이라고 한다 기업연금의 필요성은 다음과 같다.

첫째, 노후의 생활보장을 기업이나 근로자의 입장에서 정부에 의한 공적 연금에만 의존 또는 기대할 수 없을 뿐만 아니라, 공적 연금이 최소한의 생계비 보장수준 이상의 것까지 보장하기 어렵기 때문에 추가적인 보장이 필요하다는 점이다. 오늘날 의학기술의 발달과 평균수명의 연장, 정년퇴직제도와 고령자의 취업기회의 상실, 핵가족제도에 의한 노령자 부양개념의 희박과 생활구조·경제사정의 변화에 의한 근로소득계층의 지출증대와 그것에 따른 노령자부양의 곤란화가 일어나고 있다. 그러므로 이와 같은 사회적·경제적으로 노후생활이 한층 곤란하게 될 조건의 증대에 대비하여 기업연금제도가 필요하다.

둘째, 제 2 차 세계대전 후 경제사회의 변동과 보장의 필요성을 들 수 있다. 개인의 저축여력을 생각할 때 급격한 인플레이션이 일어난 전후의 경제변동과, 일해야만 먹고 살 수 있는 임금근로자의 비율이 경제발전과 더불어 더욱 높아지게 되었는데, 이들에게 일상생활을 위한 지출 이외에 저축을 자발적으로 기대하는 것이 어렵게 되었다. 또한 국민소득수준은 확실히 증가하고 있지만 반면에 생활문화수준의 증가, 생활내용의 고도화, 교육·의료비부담의 증대 등으로 저축의 여력을 가질 수 없게 되었다.

셋째, 사회보장제도에 의한 노후생활의 보장, 특히 공적 연금의 존재가 빈약하고 그 기능이 미약하기 때문에 종업원의 노후생활보장에 대한 기업의 사회적 책임의 수행과 종업원의 요구, 노동조합의 압력에 의하여 기업연금의 창설이 요망되고 있다. 또한 기업의 입장에서도 큰 관심사가 되고 있는 것은 종업원으로 하여금 직무에 전념하도록 하기 위해서는 일상생활뿐만 아니라, 노령퇴직 후의 생활안정에 대해서도 배려할 필요성을 인식하게 되었다.

기업에 있어서 노후생활의 보장제도는 전통적으로 퇴직금제도가 있다. 그러나 노후의 생활보장을 가장 효과적·합리적으로 수행하기 위해서는 퇴직일시금보다도 연금제도로 이행하는 것이 선진국의 기업연금 발달의 요인이 되고 있으며, 다음과 같은 점에서 퇴직금의 연금화가 필요하다.

① 기업측의 입장

㉠ 연금제도는 기업의 영속적 발전을 전제로 한 것인 만큼 이 제도의 실시는 종업원의 회사경영에 대한 관심을 높이는 결과가 되어 노사관계가 장기적으로 안정될 수 있다.

㉡ 연금제도를 실시함으로써 노후의 생활불안이 제거될 수 있다면 종업원은 안심하고 직무에 전념하고 회사에 대한 소속의식이 높아져서 생산성의 향상을 기대할 수 있다.

㉢ 연금은 퇴직일시금과 마찬가지로 퇴직을 지급사유로 하고 있지만 일반적으로 장기근속자와 고령퇴직자에게 수급자격이 부여되기 때문에 오랜 근속을 권장할 수 있다.

㉣ 기업에 있어서는 정년제도가 설치되어 있는 것이 일반적이지만 평균수명의 연장과 사회보장제도의 불비 등에 의한 노후생활의 불안으로 실질적으로 그 실시가 어렵게 된다. 이것을 연금제도의 창설에 의하여 노후의 생활보장이 확립된다면 정년제도에 의한 퇴직을 원활하게 할 수 있다.

ⓜ 연금은 퇴직일시금과 같이 일시에 다액의 지출을 필요로 하지 않고 합리적·계획적으로 자금의 적립지출이 이루어지므로 기업의 자금조작을 원활하게 한다.

ⓗ 연금기금은 사외의 전문기관에 적립하는 경우에는 재정계획의 장기적 방법이 용이하게 되고, 또한 기금운영에 대해서 완전히 인수기관에 예탁하기 때문에 사후절차가 생략될 뿐만 아니라 전문적인 적정관리를 기대할 수 있다.

② 종업원측의 입장

㉠ 퇴직금은 공로보상적 성격과 생활보장적 성격의 이면을 지니고 있지만 퇴직시 일시에 다액의 자금이 지급되는 현행의 퇴직일시금제도에 비하여, 퇴직 후에 지속적으로 일정금액이 일정시기에 확실하게 지급되는 연금이 생활보장적 색채가 강하다.

㉡ 퇴직일시금의 관리운영에 필요한 지식과 경험이 부족하고 이 자금의 투자에 실패할 경우 생활에 위협을 받게 되지만, 연금의 경우는 이러한 위험성이 없다.

㉢ 장기간 봉급생활자로서 생애를 보낸 자가 퇴직 후에도 생활감정·생활관습을 그대로 가질 수 있기 위해서는 정기적으로 지급되는 연금이 편리하다.

㉣ 연금제도의 실시에 의하여 노후의 생활불안이 해소되고 정년제의 실시가 원활하게 이루어지면 고령자의 정체 없이 종업원 일반에게 승진의 길이 열리게 된다.

㉤ 일시금으로 받은 퇴직금보다 연금으로 받는 것이 소득세액의 계산에서 유리하다.

넷째, 공적 연금제도의 원천적인 문제점을 들 수 있다. 앞서 사적 연금과의 관계에서 지적된 문제점 이외에도 구체적으로 연금적립금을 갖고 있지 않은 노령자에게 연금을 지급하기 위하여 생산근로자의 갹출금을 높여 부담을 주게 되고, 공적 연금을 동일한 제도를 각 기업과 근로자에게 적용하기 때문에 기업간의 차이를 고려하지 않고 있으며, 경영실적이 양호하고 노사협력이 잘 되고 있는 기업에 대해서는 자율적인 기업연금제도에 공적 연금의 급여수준과 질이 미치지 못하게 되며, 선진국의 경험에서 볼 때 공적 연금제도에 대하여 정당간에 유권자의 관심을 사기 위하여 총선거에서 무리한 연금공약을 내세워 연금이 정치의 제물이 되고 있다.

기업연금의 유형과 보급에 대하여 살펴보면 다음과 같다. 기업연금은 퇴직종업원에게 매년 연금을 지급하기 위하여 운영하는 조직이지만 그 형태는 보험료의 갹출방법, 기금의 적립방식, 기금관리 등에 따라 여러 가지로 분류될 수 있다.

① 갹출방법에 의한 분류는 갹출연금과 무갹출연금이 있다. 갹출연금은 기금적립을 위하여 갹출금을 노사간의 상호협정에 의하여 일정비율씩 분담하는 방법이며, 무갹출연금은 기업측이 전액을 부담하여 실시하는 방법이다.

② 적립방식에 의한 분류는 공적 연금의 경우와 유사하며, 완전부과방식(pay-as-you-go plan), 연금현가충족방식(terminal funding), 기금적립방식이 있다. 부과방식은 전술한 바 있으므로 설명을 생략하기로 한다. 연금현가충족방식은 종업원이 정년퇴직할 때 비로소 그 퇴직자의 연금지급에 필요한 연금재원, 즉 일시불즉시연금의 구입에 필요한 기금을 충당하는 것이다. 이것은 부과방식에 비하여 연금지급의 안전성을 확보할 수 있지만, 한편으로는 기업이 갹출불능의 상태에 있는 경우 이미 퇴직한 자에 대해서는 연금급여가 이루어지고 있지만 재직중의 종업원에 대해서는 보증할 수 없다는 결함이 있다. 기금적립방식은 연금현가충족방식을 변형한 것으로서 퇴직 전부터 일정한 방식으로 미리 기금을 적립하여 보다 완전한 제도에 의하려는 것이다. 일반적으로 세법에서 요구하는 것은 이 방법이다.

③ 기업연금제도를 관리하고 그 기금을 운용하는 기관별로 보면 자가연금방식, 신탁회사이용방식, 보험회사이용방식의 세 가지가 있다. 자가형연금은 연금제도의 일체의 운영을 자사가 행하는 것으로서 일본의 경우 세법에서는 이를 인정하지 않고 있다. 자가형연금은 연금지급을 위한 영속적 안전성이 불충분하다는 점에 문제가 있으며 외부기관에 그 운영을 위탁하는 신탁형연금과 보험형연금이 안전하다. 일본의 경우 이 두 가지 연금을 적격연금으로 세법에서 인정하고 세제상 우대하고 있다.

기업연금제도는 1960년을 전후하여 구미 각국에서 널리 보급되고 있어 공적연금과 쟁점을 일으키고 있는 동시에 연금제도의 추세적인 특징으로 나타나고 있다. 핀란드는 기업연금제도가 법적으로 강제되고 있고, 영국에 있어서도 선택적으로(The Contracted-out Scheme) 반강제적이며, 미국과 독일은 1974년 기업연금에 관한 특별법률이 제정되었다. 프랑스와 스웨덴에서는 전국적으로 노사간의 노동협약에 의하여 거의 모든 근로자가 기업연금제도의 적용을 받고 있다. 또한 네덜란드에서는 기업에서 노사의 신청이 있으면 기업연금제도가 창설되고 모든 근로자(일부에서는 사용자도 포함)가 강제가입하기로 되어 있다.

독일은 1974년 12월 22일 기업연금개선법이 제정되었는데 그 목적은 기업연금에 대한 근로자의 청구권보호에 있다. 동법의 주요 내용은 다음과 같다.

① 퇴직시에 만 35세 이상으로 근속 12년 이상, 기업연금에 대한 청구권이 최저 3년 전부터 존재하는 경우 및 만 35세 이상으로 기업연금청구권이 10년 전부터 존재하는 경우에는 연금청구권은 퇴직하여도 소멸되지 아니한다. 근로자는 퇴직시에 기업으로부터 자기 기업연금의 액수를 기재한 증명서를 받고 연금생활에 들어갈 때 연금지급을 받게 된다.

② 사용자가 도산하는 경우에도 사용자가 가입한 기업연금보증협회가 근로자의 기업연금을 보장한다.

③ 공적 연금, 기타 사회보장급여가 증액될지라도 기업연금은 그만큼 감액되지 않는다(신법에 의하여 규제).

④ 기업은 3년마다 물가, 기업연금수급자의 생활상태 및 기업의 경제적 사정을 고려하여 기업연금의 인상을 재검토해야 한다.

⑤ 기업연금과 공적 연금의 지급개시 시기를 조정한다. 공적 연금의 탄력적 수급개시연령을 이용하는 자에게는 신청에 의하여 기업연금도 그 시점부터 지급한다. 이미 공적 연금을 수급하고 있지만 기업연금의 지급개시를 기다리고 있는 자는 이전의 사용자에 대하여 새로운 제도의 실행을 청구할 수 있다. 이 경우에는 기업연금개선법이 시행된 이후(1974년 12월 22일)부터 지급한다.

기업연금의 운영과 문제점에 대하여 살펴보면 다음과 같다. 기업연금제도는 공적 연금제도에 추가되어 이를 보완하여 양자가 합쳐 퇴직 전의 소득에 가까운 연금을 확보하는 것을 의도하고 있다. 이러한 기업연금제도의 재정과 운영은 국가에 따라 차이가 있기 때문에 획일적으로 이야기할 수 없다. 각국의 대부분의 기업연금은 갹출과 급여에 있어서 임금비례방식을 취하고 있으며, 재원은 노사갹출에 의한 것이 일반적(프랑스, 네덜란드, 벨기에, 영국, 미국 등의 일부)이지만 이 경우에 대개는 사용자부담이 크다. 그리고 핀란드와 스웨덴의 경우는 사용자만의 부담에 의거하고 있다.

기업연금제도의 관리형태도 여러 가지이다. 전국적인 산업별 기금에 의하는 경우(프랑스, 네덜란드)가 있는가 하면, 많은 나라의 제도는 기업별로 운영하고 있음을 볼 수 있다. 또한 기업연금은 기업 내 관리와 기업 외 관리가 있다. 전자는 연금권의 보전에서 위험이 있기 때문에 보증보험에 가입하도록 규정한 국가도 있다. 스웨덴은 노동협약에 의하여, 미국은 연방법에서 이를 요구하고 있다. 연금의 기업 외 관리는 전술한 바와 같이 보험회사·신탁회사 등에서 일체를 위탁하는 경우이다.

기업연금의 재정방식은 기업별로 그 적용대상자가 공적 연금에 비하여 적기 때문에 이론상으로는 부과방식의 적용이 곤란하므로 대부분 적립방식에 의거하고 있다. 그러나 프랑스의 산업별 기금에 의한 운영은 적용대상자가 다수이므로 부과방식을 취하고 있다.

(3) 퇴직연금제도의 도입

1988년 국민연금의 도입이후 기존 퇴직일시금제도는 여러 가지 영향을 받아왔다. 그 대표적인 사례가 기업측이 퇴직금 누진제도에 대해서 부담을 느껴왔고, 퇴직금 재원의 일부(2.0/8.3)가 연금으로 전환(1993~1998)되는 한편 퇴직금의 중간정산제도가 도입되어 퇴직금은 실질적으로 반토막이 되었다. 이러한 과정에서 퇴직금은 2004년 12월 근로자퇴직급여보장법의 제정으로 2005년 12월 1일부터 5인 이상 사업장의 근로자에 대한 퇴직연금이 임의제도로서 도입되었다.

퇴직연금의 주요내용은 기존 일시금제도를 존치시키면서 근로자들의 선택에 따라 확정급여형과 확정기여형을 도입하였다. 전자는 연금급여가 사전에 확정되며 사용자의 부담은 적립금의 운용 결과에 따라 변동되고, 후자는 사용자의 부담금이 사전에 확정되고 연금급여는 적립금의 운용 결과에 따라 변동되는 제도이다. 연금급여 수급자격은 55세 이상으로 가입기간 10년 이상을 요구하고 있다. 퇴직연금의 수급권 보호를 위하여 적립금 운용의 안정성과 건전성 확보를 위하여 장치를 두고 있다고 하지만 불확실하다. 적립금의 관리업무는 퇴직연금사업자(은행, 보험회사 등)에게 위탁하고, 계약형태는 사용자로부터 분리되어 특별계정에 의한 보험계약 또는 신탁계약만 허용하고 있다.

퇴직연금은 기존 법정 일시금제도를 두고 있는 상태에서 국민연금과 틈새에서 장기간에 걸쳐 정착할 수밖에 없으며 그 전망은 다소 불투명하다. 그 뿐만 아니라 완전한 지급보장장치, 국민연금과 연계, 이 제도에 대한 추가적인 세제혜택, 기금운용의 어려움, 다원화된 수탁기관간의 무리한 계약 확보경쟁, 노사간의 이면적인 특별혜택 요구 가능성, 감독기관의 문제(금융감독원과 노동부의 이원화), 연금상품 개발 및 연금계리사제도의 도입 등의 과제가 있다.

5. 國民年金制度의 과제

근로자의 노후소득보장제도는 이른바 3층보장이론으로 설명하고 있다. 3층이란 제 1 층에서 공적 연금, 즉 우리나라에서는 국민연금이 기본바탕이 되어야 하고, 제 2 층은 1 층을 보완하여 직장이 보장하는 퇴직일시금 또는 퇴직연금(기업연금)이 있으며, 제 3 층은 개인연금 또는 저축 등이 여기에 포함된다. 노후보장은 이들 세 가지 제도가 상호보완적으로 발전하는 과정에서 가능하지만 장기근속자 이외에 많은 근로자들은 직장을 옮기고, 자영자 등으로 전업하면서 국민연금, 퇴직금 어느 경우에도 조건을 제대로 충족하지 못하고 개인연금, 기타 저축은 자녀교육비, 조기퇴직 등으로 거의 기대하지 못하고 있다.

우리나라 공적 연금은 국민연금, 공무원연금, 군인연금, 사립학교교원연금 등 직업중심으로 4 가지 제도가 있다. 근로자가 가입되어 있는 국민연금은 1988년 1 월 1 일부터 근로자를 가입대상으로 하여 실시되었는데 1995년에 농어민, 2000년에 도시 자영자까지 적용시켜 연금가입자의 구성이 복잡하게 되었다. 즉 임금근로자로서 정년이 있는 가입계층과 다른 계층이 복잡하게 혼합되고 있는 것이다. 그 뿐만 아니라 기존의 공무원, 군인, 사립학교교원연금은 소득비례연금이지만 국민연금은 기초연금(정액)과 소득비례부분이 혼합되어 있어서 공무원 등이 사기업으로 전직할 때 연금제도간에 연계가 될 수 없다.

1988년 출범한 국민연금의 특징은 재정방식에서 적립방식과 부과방식을 혼합한 수정적립방식의 채택, 세대간 및 세대 내의 소득재분배구조 추구, 급여수준과 보험료부담의 불균형이다. 근로자 중심으로 출발할 때 기존의 퇴직금제도와 병존 및 상호보완기능이 문제되었으며, 정년의 개념이 없는 농어민과 자영자의 편입은 많은 논란이 있었고 연금의 성격이 복잡하게 되었다. 특히 농어민, 자영자 등은 건강보험의 경우처럼 소득파악이 불가능하여 적정한 보험료산정 및 부과가 곤란하고, 임금근로자에 비하여 보험료 징수율이 현저하게 떨어지고 있다는 사실이다.

국민연금의 가장 큰 문제는 현재 및 장래의 재정불안이다. 기존의 공무원연금과 군인연금이 이미 오래 전부터 재정파탄의 위기에 직면하여 보험료인상(17%) 등 특별한 조치를 취하고 있지만 공적 연금에 대한 불신은 확산되어 가고 있으며 궁극적으로 정부불신으로 파급될 사정에 놓여 있다. 그 동안 역대 정부는 국민연금재원을 다른 재정목적으로 활용하기 위하여 1973년 국민연금법이 처음 제정될 때 국민투자기금법이 제정되었고, 1988년 국민연금의 도입을 두고 재정투용자특별회계법이 제정된 것은 결코 무관한 일이 아니었다. 그 뿐만 아니라 1991년 기금관리기본법, 1993년 공공자금관리기금법의 제정도 이면의 목적은 규모가 큰 국민연금기금을 공공자금으로 활용하려고 한 것이었다. 1997년 말 외환위기 이후 공적 연금의 기금은 명예퇴직, 기업의 구조조정에 의한 조기퇴직으로 큰 지출이 있었고 종합금융회사 등 일부 부실금융기관에 예탁된 기금 및 증권시장의 폭락에 의하여 기금운영과 재정불안이 가속되고 있다. 이러한 현상은 2000년 이후에도 저금리, 증권시장 및 공공부문에 투자된 누적액의 원금상환 유예 등으로 정부는 4대 연금부문에 걸쳐 엄청난 채무를 지고 있음에도 불구하고 역대 정권에 걸쳐 계속되고 있어서 문제의 심각성에 대한 인식이 부족한 실정이다. 이 문제는 외환위기 이후 최근 3년 동안 은행, 보험회사 등 각 금융기관에 공적 자금이 137조(2000년 8월 현재)가 투입되었고 그 회수가 부진한 가운데 일반국민들은 연금기금인 公共資金과 부실금융기관에 투입되고 있는 公的 資金을 구분하여 이해하지 못하고 있다.

1988년 국민연금은 근로자를 대상으로 하는 연금제도로 출발하는 과정에서 기존의 퇴직금과 기능면에서 양립문제를 둘러싸고 특히 노사간의 마찰이 심하였고, 1993년부터 재원구성에서 2～3%가 퇴직금재원에서 연금으로 이전되었다. 외환위기 이후 현재 보험요율은 기존의 9%(사용자 3%, 근로자 3%, 퇴직금 3%)가 사용자 및 근로자가 각각 4.5%를 부담하도록 하여 퇴직금제도의 혼란을 가져왔다. 그 뿐만 아니라 이 기간 동안 퇴직금 중간정산제도 도입, 퇴직연금(또는 퇴직신탁)의 실시 등 제2층의 노후보장제도인 퇴직금제도에 큰 변화가 있었다.

국민연금의 근본적인 문제의 하나는 근로자 중심의 연금제도에 농어민과 자영자를 편입시켜 징수율의 저조, 보험료산출 기본소득파악의 곤란, 보험재정에 많은 문제가 제기되고 있다. 외환위기 이후 국민연금시장에 대하여 세계은행(IBRD)은 우리 정부에게 노인소득보장지원과 연금기금관리의 투명성과 효율성을 증대시킬 것을 요구하고 서로 합의안을 1998년 3월 1일 마련하였다.

제 4 절 雇傭保險

1. 雇傭保險制度의 의의와 특징

(1) 고용보험제도의 의의

우선 명칭의 문제로서 우리나라에서는 1980년 이전까지 일반적으로 논의되는 과정에서 실업보험(Unemployment Insurance)으로 호칭되고 있었으나 1980년 이후 본격적으로 논의되면서 雇傭保險으로 명칭이 달라지게 되었다. 미국과 같은 영미권에서는 처음부터 계속 실업보험이라는 용어로 사용되었고 독일과 일본의 경우도 마찬가지였다. 그러나 1969년 서독이 법개정으로 실업보험이 고용보험으로 개칭되고, 일본 또한 1974년 12월 고용보험으로 개칭된 것에 영향을 받아 우리도 고용보험으로 부르기 시작하였다.

선진국에서는 전통적으로 실업보험의 실업급여가 중심이 되었고 1960년대 이후 적극적으로 고용정책(직업훈련, 고용안정 등)의 기능과 연계되어 이 제도가 운영되고 있으나 별도로 고용보험이라는 용어를 고집하고 있는 국가는 일본이며 과거 독일은 1927년의 실업보험법이 1969년 고용촉진법(Arbeitsförderungsgesetz)으로 흡수됨에 따라 일본에서도 그 영향을 받아 고용보험이라는 용어를 쓰기 시작하였고, 우리의 경우는 일본의 영향으로 고용보험이라고 하고 있다. 일본 역시 1947년 처음으로 제정된 법률은 실업보험법이었고 1974년까지 실업보험이라는 용어를 사용하여 왔다.

고용보험제도는 사회보험 4대지주의 하나로서 실직한 근로자에게 일정기간 동안 일정수준의 실업급여를 지급하여 상실소득의 일부를 보상함으로써 본인과 그 가족의 생활안정을 도모하기 위한 실업보험의 그 주축이 되고 있다. 그 뿐만 아니라 최근에는 실직근로자에게 적극적인 취업알선을 통하여 재취업을 촉진하고 직업안정을 위하여 실업예방, 근로자의 능력개발 등을 통하여 고용을 안정시키고 근로자의 복리증진을 목적으로 하고 있는 제도이다.

실업은 자본주의경제의 고유의 성격과 그 모순에서 불가피하게 일어나는 사회적 사고이다. 주지하는 바와 같이 근로자는 노동력을 상품으로 자본가에게 제공(판매)함으로써 그의 생활을 유지할 수 있는데, 현실적으로 노동력의 제공 또는 판매는 노동시장의 여러 가지 복합적인 제반 사정의 변화에 영향을 받으므로 근로자는 언제나 실업의 위험에 놓여 있게 된다.

자유경쟁을 원칙으로 하는 자본주의경제체제 아래서는 불경기는 말할 것도 없고 호경기에도 어느 정도 실업의 발생은 당연하며 그 이외에 기술혁신, 산업구조조정, 경기변동에 따라 실업은 누구에게나 발생할 수 있는 사회적 위험이 되고 있다. 그러므로 실업문제는 단순히 근로자 개인과 개별기업의 책임만으로만 방치할 수 없고 국민경제 차원에서 많은 국가에서는 실업보험 또는 고용보험의 이름으로 정부, 사용자, 근로자가 연대하여 실업자의 생활안정과 고용촉진을 위한 보험사업을 운영하고 있다.

고용보험이 선진국에서 실업보험으로 출발할 당시에 이 제도의 보험성(insurability), 즉 실업보험이 보험의 일반적인 성립요건을 구비하고 있는지에 대해서 1930년대 미국에서는 실업보험법안이 제안되었을 때 많은 비평가들은 실업 그 자체는 너무나 예측할 수 없는 요소가 많아 사회보험으로 도저히 성립될 수 없다고 반대하였다. 실업보험의 보험성립 여부는 다음 몇 가지 기준과 미국의 경험에서 그 보험적 성질이 인정되고 있다.

① 실업보험은 비자발적 실업만을 대상으로 하기 때문에 보험성이 인정된다.

② 위험의 발생이 가변적이다.

③ 대수법칙이 성립될 수 있다.

④ 피보험자 개개의 입장에서는 위험의 우연성이 인정되고 있다.

⑤ 실업위험은 일정한계 내에서 예측이 가능하므로 예정비용의 추정이 보험자의 입장에서 가능하다.

고용보험의 사회정책적 의의는 다음 세 가지로 요약할 수 있다. 첫째, 오늘날과 같은 고임금의 경제사회에서는 보험방식에 의하지 않고는 실업에 대한 재정안정을 기할 수 없고 둘째, 사용자로 하여금 고용안정에 대한 자극을 주고 셋째, 고용안정을 통하여 경제안정의 효과를 기대할 수 있다.

고용보험의 목적으로 기본적 목적과 부차적 목적으로 구분할 수 있다. 전자는 실업기간에 있어서 현금급여의 제공, 근로자의 생활수준유지, 재취업할 수 있는 시간의 제공, 실업자에 대한 구직원조를 들 수 있다. 후자는 경기대책효과, 인력효율화 및 개선, 고용안정, 숙련노동력의 유지를 예로 들 수 있다. 고용보험은 이상과 같은 목적 내지 효과뿐만 아니라, 다양한 측면에서 경제적·사회적 파급효과를 기대할 수 있다.

(2) 고용보험제도의 유형과 특징

다른 사회보험과 마찬가지로 고용보험은 그 적용방법에 따라 강제가입제도와 임의가입제도로 분류될 수 있다. 전자는 실업이 산업사회에 있어서 모든 사람에게 발생할 수 있는 사회적 위험에 속하므로 임금근로자는 강제적으로 보험의 적용을 받도록 해야 한다는 논리에서 출발한 것이다. 이러한 강제가입은 일정요건에 해당되는 사업장의 근로자에 대해서 포괄적으로 적용되는 것으로서 대부분의 선진국의 제도는 이 방식에 의존하고 있다.

강제가입제도는 근로자에 대한 실업보호를 보다 충실히 할 수 있고 직장알선과 직업훈련의 실시 등 고용정책과 연계시켜 운영함으로써 실업예방과 조기재취업을 촉진할 수 있는 장점이 있는 반면에 근로자 개인이 가입여부를 선택할 수 없는 단점이 있다. 임의적 고용보험제도는 주로 노동조합에 의하여 자발적으로 설립된 실업공제기금의 형태로 운영되고 있으며 덴마크, 스웨덴, 핀란드 등의 국가에서 운영되고 있다.

고용보험제도는 원래 실업급여를 지급하는 실업보험으로 출발하였고 초기에는 각국에서 노동조합에 의하여 실업공제기금의 형태로 시작된 임의제도였다. 그 후 정부가 정책적으로 이를 뒷받침하고 비용의 일부를 부담하는 제도로 발전하면서 점차 강제적용방식을 취하게 되었다. 노동조합에 의한 임의가입의 고용보험은 기금적립이나 그 기능에 한계가 있었고 자본주의경제의 구조적 특성상 대량실업의 발생은 불가피한 측면이 있었기 때문에 강제제도로 전환되게 되었다.

고용보험과 유사한 형태로서 실업부조제도가 있다. 엄격한 의미에서 이 제도는 보험과 구분되지만 소득조사를 전제로 저소득 실업자에 대하여 전액 국고부담으로 실업수당을 지급하는 형태이며 오스트레일리아, 뉴질랜드 등 8개 국가에서 실시하고 있다. 실업부조제도는 노사의 보험료 부담 없이 또한 고용기록과 관계 없이 저소득 실업자만을 대상으로 소득조사를 전제로 지급기간에 제한 없이 지급하는 것이 특징이다. 따라서 이 제도는 고용보험에 의한 실업급여요건을 충족시키지 못하는 실업자들이 그 혜택을 받게 된다.

고용보험제도는 위에서 언급한 바와 같이 강제제도, 임의제도 및 실업부조 등 3가지로 분류할 수 있지만, 2가지 이상의 형태가 혼합된 이원적 제도를 실시하는 국가도 있다. 독일, 프랑스, 영국 등은 강제고용보험제도를 채택하고 있으면서 실업급여기간이 종료되거나 급여요건을 충족시키지 못한 실업자에 대해서 실업부조제도를 병행하여 실시하고 있다. 또한 스웨덴, 핀란드 등은 임의고용보험제도를 근간으로 하면서 실업부조제도를 보완적으로 실시하고 있다. 2원적 고용보험제도는 실업자의 보호를 충실하게 하기 위한 것이지만 실업부조제도가 노동시장에 미치는 부정적인 영향 때문에 사회보험의 개혁이 논의될 때마다 이 제도의 개선을 둘러싼 논쟁이 일어나고 있다.

(3) 고용보험의 효과

고용보험의 효과는 다음과 같다.

1) 경제적 파급효과(부정적 측면)[4)]

고용보험은 실업자들에게 실직상태의 일정기간 동안 소득보조적 급부를 제공하여 이들의 복지를 증진시키는 사회보장적 기능을 가지고 있다. 그러나 실업급부의 지급은 실직자들의 구직노력에 부정적인 영향을 미치고 실업기간을 연장시키는 효과가 있다는 것이다. 고용보험의 파급효과를 고용의 극대화측면에서만 파악하는 시각은 잘못이다. 단기적인 고용증감만으로 고용보험의 정책효과를 측정하는 것은 문제가 있으며 무엇보다도 복잡한 노동시장의 성격에 대해서 철저한 분석이 병행되어야 한다.

부정적 측면에서 고용보험의 파급효과는 실업자의 구직활동을 약화시켜 실업기간이 늘어나고 자발적 실업을 유인하는 요인으로 작용할 수도 있다는 주장이 있다.

2) 노동시장에 미치는 영향

노동경제학에서는 종래 고용보험의 파급효과로서 노동시장에 미치는 영향에 대해서 활발한 연구가 있었다. 특히 이론적 측면에서의 연구가 집중되었는데 크게 두 가지 이론이 있다.

첫째, 직장탐색이론(Lippman & McCall, 1979; Mortensen, 1986)이다. 이 이론은 실업기간 중 구직노력 또는 탐색노력이 외생적이거나 고정되어 있으며, 적절한 임금제의를 거절하여도 고용보험급부가 계속 지급토록 되어 있는 것은 비현실적이라는 것이다. 최근에는 구직노력이 내생적이라는 가정이 필요하고 동시에 실업현상을 설명하는 데 구직노력이 핵심적인 변수가 될 수도 있다는 주장이 나오고 있다.

둘째, 실업급부와 관련된 또 하나의 이론은 균형이론이다. 대표적인 학자는 Albrecht & Axell(1984), Haber & Murray(1966)이며 이 연구모형에 의하면 실업급부가 증가하면 고임금부문과 저임금부문의 임금격차가 커지게 되고 현실적으로 실업급부가 기술수준이 낮은 근로자의 상대임금을 증가시키는 현상이 나타난다는 것이다.

종래 노동경제학에서는 위의 이론 이외에도 실업급부가 실업에 미치는 영향등을 중심으로 많은 학자들이 다양한 전제와 가정을 두고 연구하여 왔다. 실업급부는 소득효과와 대체효과를 동시에 유발하여 실업기간의 연장을 가져온다는

4) 김일중·최공필, "우리나라 고용보험제도의 재정추계와 경제·사회적 파급효과," 한국노동연구원, 1994.

주장(Mofit & Nicholson, 1982), 실업급부가 실업기간에 미치는 영향은 연령 등의 개인 특성은 물론 실업기간 자체에 따라 변화한다는 주장도 있다. 또한 실직의 초기단계에서는 실업급부의 긍정적인 영향이 크지만, 급부지급기간의 종료시점이 가까워지면 그 영향이 감소한다는 이론(Burdett, 1970)도 있다. 일반적으로 실업기간이 장기일수록 실업급부의 효과가 실업종류에 미치는 영향은 부정적이거나 거의 없다는 연구결론이 나오고 있다.

2. 도입과정과 경위

(1) 선 진 국

선진국에서의 고용보험의 도입과 발전은 정부가 주도한 고용보험이 아닌 노동조합 등 민간부문으로부터 성장한 자생적인 실업보험(실업급부)으로 출발한 것이며 이것이 그 후 강제가입방식의 고용보험제도로 발전한 것은 국가에 따라 서로 다른 역사적 배경을 지니고 있다.

1) 영 국

영국은 1911년 강제 고용보험제도를 도입하기 이전에 이미 노동조합이 중심이 되어 실업보험을 운영하고 있었다. 1908년 현재 실업급부를 지급하고 있는 노동조합은 780개로 약 180만 명의 조합을 대상으로 하고 있었다. 1911년 영국의 고용보험은 경제에 큰 영향을 미치는 사업장의 250만 명(건설, 조선, 기계산업 등)을 대상으로 하였고 고용이 불안한 방직업, 광업 등은 제외되었다.

고용보험은 제 1 차 세계대전이 끝나기까지 실업률이 낮고 경제사정이 불황이 아니었기 때문에 적용대상을 확대하는 등 기반을 확고하게 구축할 수 있었지만 급부기간의 연장 및 제도의 방만한 운영으로 재정이 악화되어 1921년 7월 기금이 완전히 고갈되었다. 지난 10년 동안 수입이 지출을 초과한 것은 2년에 불과하고 모두 적자이었으며 1931년 말 누적적자는 1억 1천만 파운드이었다. 영국정부는 고용보험의 제도적 개혁을 추진하였고 국가경제법(1931)에 의하여 보험료인상, 급부인하, 급부기간 축소(26주) 등의 조치가 있었다. 이러한 개혁조치는 1934년 실업법의 제정을 가져왔고 실업부조제도가 신설되었다.

제 2 차 세계대전 이후 고용보험은 다른 사회보험과 함께 1946년 국민보험법(The National Insurance Act)에 의하여 통합되었다. 또한 실업부조는 1948년 국민부조법에 의하여 국민부조 프로그램으로 통합되었다. 영국 고용보험은 1920년대의 기금고갈이 1934년 실업법에 의하여 극복되었지만 실업급부자격 및 급부기간을 결정하는 데 보수적으로 신중하게 처리해야 된다는 경험을 얻게 되었다.

2) 미 국

1935년 강제가입의 실업보험이 사회보장법(Social Security Act)의 일부로 입법화되기까지 이 제도는 임의가입의 자발적인 형태로 다음 3가지로 운영되고 있었다. 노동조합이 운영주체가 되고 있었다. 미국의 노동조합이 실업급부제도를 운영하는 것은 유럽의 경우처럼 크게 보급되지는 않았지만 1900년을 전후한 불황기간 동안 보편화되었다.

노사계약에 의한 실업급부의 운영은 1920년대부터 도입되었다.

기업내규제도는 제 1 차 세계대전 이후 일부 기업에서 실시되었고 1929년 경제공황과 대량실업의 발생으로 많은 기업에서 이 제도를 채택하게 되었다.

이상과 같은 3가지 형태의 자발적인 실업보험제도는 재원조달에서 한계가 있었기 때문에 영속성을 지니고 있지 못했으며, 이러한 사정으로 각 주를 중심으로 강제실업보험제도의 도입을 위한 입법운동 등이 전개되고 있었다. 입법화의 움직임이 있었던 주는 메사추세츠주(1926), 뉴욕주(1921), 위스콘신주(1921) 등에서 법안이 의회에 상정되었다. 그 과정에서 기업의 반대로 입법화는 실패된 주도 있었지만 경제공황 이후 1931년에는 17개 주에서 52개 법안이 제출되었다.

연방정부는 1930년대의 대공황 이전까지 실업보험에 대해서 큰 관심을 갖지 않았고 각 주정부의 입법에 의하여 운영되어야 한다고 생각하고 있었다. 그러나 주정부는 실업보험의 도입노력에도 불구하고 재원조달의 어려움이 있었고 실업보험을 실시하고 있는 주의 기업이 실시하지 않는 주의 기업과의 경쟁에서 불리하다는 사실이 장애요인으로 작용하고 있었다.

1934년 6월 대통령 산하 경제안정위원회가 설치되면서 실업보험에 대한 연방법의 재정필요성이 강조되었다. 이 위원회는 주정부 주도로 실업보험운영의 문제점을 해결하기 위하여 연방정부가 정률세를 부과하고 보험료를 부담하는 고용주에 대하여 세금공제를 할 것을 제안함과 동시에 연방정부가 실업보험법을 관장함에 있어서 충분한 기금을 교부하도록 권고하였다. 1935년 1월 루즈벨트 대통령은 위원회의 권고를 받아들여 입법화를 요청하였는데 1935년에 제정된 사회보장법 제 3 장과 제 4 장에 실업보험제도가 규정되었다. 제 3 장은 실업보험에 대한 연방관리와 교부금에 관한 것이고, 제 4 장은 연방실업세와 이와 관련된 내용이 규정되고 있었다.

연방정부의 실업보험 프로그램은 위의 법에 의하여 연방정부의 역할이 확대되었으며 철도원, 연방정부 민간피용자, 퇴직군인, 선원 등을 위한 특수 실업보험제도를 도입하였다. 1935년의 사회보장법이 미국 전역에서 주정부의 실업보험 실시를 촉진하였지만 보험요율산정, 준비금적립, 기금관리 등에 있어서 어려움을 겪고 있었다. 1937년 상반기까지 모든 주에서 실업보험법이 제정되고 사회보장법에서 실업보험 개시 후 2년간 실업급부를 금지하였기 때문에 1939년에 처음으로 모든 주가 실업급부를 지급할 수 있었다.

연방정부와 주정부에 의하여 공동운영되는 미국의 실업보험제도는 사회보장법, 연방실업세법 및 각 주법에 그 법적 근거를 두고 있었다. 각 주가 연방법이 정한 최소기준을 충족시키면 해당 주의 고용주는 6.2%의 연방급여세에 대하여 5.4%까지 세금감면 혜택을 받고 동시에 해당 주는 제도운영에 필요한 경비를 전액 연방정부로부터 보조받게 되었다.

3) 독 일

독일의 사회보험에서 의료보험, 산재보험, 연금보험 등은 세계에서 가장 먼저 실시되었지만 실업보험의 도입은 매우 늦은 편이다. 물론 임의제도로서 실업급부의 지급은 독일의 경우에도 19세기 후반부터 실업공제기금을 설치·운영하였고 1896년부터 지방자치단체가 노동조합의 실업공제기금에 보조금을 지급하기 시작하였다. 제 1 차 세계대전 이후 경제침체·퇴역군인의 증가 등으로 심각한 실업문제에 직면한 독일은 1918년 11월부터 연방정부, 주정부, 지방자치단체가 공동으로 실업기금을 조성하여 지방자치단체의 책임 아래 최고 26주까지 실업급여를 지급하였다.

1923년부터는 근로자와 사용자에게도 보험료를 징수(임금의 3 %)하고 지급기간을 무기한으로 하였으나 1925년부터 지급기간을 39주로 제한하고 조업단축수당제도를 도입하였다. 1926년부터 공적 연금의 재정을 보호하기 위하여 실업자의 공적 연금보험료를 실업기간 동안 실업기금에서 부담하였고 경기침체로 장기실업자가 증가함에 따라 실업급부 수급기간이 끝난 저소득 실업자에게 일정액의 생계비를 지급하였다. 이 제도는 오늘날 실업부조제도와 기능이 유사하다.

1927년 10월 독일은 직업소개및실업보험에관한법률이 제정되어 취업알선기능과 실업기금을 통합하여 사회보험방식에 의한 실업보험제도로 정비되었다. 보험료는 고용주와 근로자가 절반씩 부담하고 3 % 수준에서 처음 결정되었고 독일제국고용청이 업무를 관장하게 되었다. 이 실업보험법은 재정자립을 원칙으로 하고 적자발생시 연방정부가 보조가 아닌 융자만 할 수 있도록 하여 독일제국 고용청은 처음부터 재정안정을 위하여 특별한 관심을 두었다.

1929년 세계 대공황으로 실업률이 높아지고 보험재정의 적자가 확대되어 이때부터 정당한 사유가 없는 비자발적 실업자에게는 실업급부의 일부를 배제하고 보험요율도 1930년 1월 3.5%, 8월 4.5%, 10월 6.5%로 대폭 인상하였다. 1927년 실업보험법에서는 3가지 보장제도를 규정하고 있었다. 실업급부, 자산조사에 기초한 긴급급부제도, 지방자치단체의 극빈실업자 구제제도가 그것이다. 이 가운데 실업급부는 노사의 비용부담을 재원으로 하고 긴급급부제도는 연방정부(80%)와 지방정부(20%)가 비용을 부담하며, 극빈자 구제제도는 지방자치단체에 의하여 재원이 조달되었다.

제 2 차 세계대전 후 독일은 동독과 서독으로 양분되고 서독은 종래의 실업보험제도의 기본 틀을 그대로 유지하여 왔는데, 1950년대 중반부터 고도성장과 완전고용이 실현되었고 노동력을 효율적으로 활용하고 기술진보에 따른 업무수행능력의 향상을 위한 교육훈련의 강화, 산업구조의 변화과정에서 고용구조를 개선할 필요성이 절실하였다. 이러한 배경 아래서 서독은 1927년의 법률(1947년 개정)을 1969년 7월 1일 고용촉진법으로 대체하였다. 종래 독일의 실업보험은 실업급부를 지급하는 순수한 제도에서 실업을 사전에 예방하고 직업훈련을 통한 고용알선, 고용구조개선 등에 의한 적극적인 노동시장정책의 차원에서 확대·개편하여 고용보험제도로 전환하였다.

4) 일 본

1920년대의 공황과 실업의 발생으로 일본에서도 실업보험에 대한 관심이 고조되기 시작하였고 1925년부터 실업구제사업이 실시되기 시작하였다. 1921년과 1922년에 실업보험법안이 의회에 상정되었으나 시기상조라는 이유로 입법화되지 못했으며 이후 이 문제는 구체화되지 않았다. 제 2 차 세계대전 이후 일본은 계속되는 물가상승과 사회불안 속에서 패전 후 실업대책이 사회문제로 제기되고 있는 가운데 실업보험제도의 도입이 긴급한 과제로 받아들이게 되었다.

1947년 11월 실업보험법과 실업수당법이 제정되고 노동성이 관장하였다. 그 당시 최초로 실업보험법은 실업급부지급을 위한 제도로서 출발하였고 건설업, 전신전화업, 보건위생업, 기타 흥행 관계사업을 제외하였다. 실업급부금액은 임금의 40~80% 범위에서 결정되고, 수급기간을 일률적으로 180일로 제한하였다. 또한 보험요율은 전후 혼란기의 높은 이직률을 고려하여 2.2% 수준으로 하였다.

일본의 실업보험은 1975년 고용보험법으로 전환되기까지 30차례의 개정이 있었다. 1949년 제 1 차 개정에서는 대량실업 발생에 대비하기 위하여 긴급실업대책법이 제정됨과 동시에 日雇 실업보험제도가 실시되었다. 초창기 실업보험제도를 악용하는 사례가 드러남에 따라 1950년 제 8 차 개정에서는 이 제도의 건전한 운영을 방해하는 요소를 제거하기 위해서 계절적 실업자와 단기고용근로자에 대한 급부일수를 단축하였다.

1960년대 이후 일본경제는 지속적인 고도성장을 이룩하여 고용이 안정되었지만 1960년대 중반 이후 노동력의 부족현상이 나타나고 실업보험에서는 여성과 계절적 근로자 등 특정수급자가 급증하면서 수지불균형이 심화되기 시작하였고 중·고령자의 실업이 장기화되면서 보험재정에 큰 부담을 주었다. 다른 한편으로는 공공 직업안정기능이 미흡하여 취업알선이 제대로 이루어지지 않고 실업보험이 실업예방이나 고용구조개선에 대응하고 있지 못하다는 비난이 있었다.

1973년 석유파동 이후 산업구조조정과 고용조정이 빠르게 진행됨으로써 고용불안이 증대되면서 실업보험법은 폐지되고 1974년 12월 고용보험법이 제정되었다(1975. 4. 1 시행). 일본에서 실업보험법이 고용보험법으로 대체된 것은 위에서 언급한 서독의 제도에 영향을 받은 것으로 볼 수도 있다. 즉 종래의 실업보험제도가 노동력 과잉시대에 실직자에게 실업급부를 지급하여 생활안정을 도모하는 소극적 제도에서 적극적 고용정책차원의 직업안정, 직업능력개발과 연계시킨 제도로 전환시킨 것이다.

(2) 한 국

4 대 사회보험의 하나로서 고용보험은 우리나라에서 가장 늦게 출발하였다. 근로자를 대상으로 의료보험(1977), 산재보험(1964), 국민연금(1988)과 달리 고용보험은 실업급부 중심의 실업보험형태로서 1970년대 노동청을 중심으로 도입 및 추진이 논의되었으나 재원조달의 어려움과 그 당시 경제기획원 등 관련부서의 협력이 문제되어 그 동안 수 차례의 경제개발 5 개년 계획에서도 실업보험의 도입계획은 계속 보류되어 왔다. 반면에 직업훈련, 고용안정사업 등 실업보험과 관련되는 사업은 노동청(노동부)의 직제에 포함되고 산하기관으로 관리공단의 형태로서 적극 운영되기도 하였다.

고용보험제도의 도입을 정부가 공식적으로 계획·검토한 것은 제 7 차 경제사회발전 5 개년 계획에서이다. 1990년 8 월 30일 제 7 차 계획을 수립하기 위한 기본구상이 발표되고, 10월 23일 5개년 계획 작성지침 발표, 11월 계획시안을 마련하는 연구기관을 지정하고 부문계획위원회가 구성되었다. 고용보험은 사회보장부문 계획위원회의 소관으로 하였으며 4개의 소위원회 중 하나로서 고용보험소위원회가 설치되었다.

고용보험의 연구기관으로 처음에 한국보건사회연구원이 지정되었으나 1991년 2월 6일부터 한국노동연구원으로 변경되었고 3월에 고용보험계획(안)이 사회보장부문의 일환으로 정부에 제출되었다. 6월 12일 고용보험도입에 관한 정책협의회가 개최되었고 8월 23일 경제장관회의에서 5개년 계획이 후반기에 고용보험제도를 도입하기로 결정하고 전문가로 구성된 준비위원회를 구성하여 제도의 모형을 개발하도록 하였다.

고용보험제도의 도입은 1992년 국회의원 및 대통령선거에서 주요 정당의 선거공약으로 채택되기도 하였으며 1993년 2월에 출범한 김영삼 정부는 경제계획인 신경제 5개년 계획에서 고용보험을 1995년 시행할 것을 명시하였다. 이 계획에 따라 바로 한국노동연구원에 고용보험연구기획단이 30명의 위원위촉과 동시에 결성되었다(1995.5.18). 약 1년 동안 기획단은 연구·검토한 결과를 종합하여 1993년 5월 18일 제도의 실시방안을 정부에 제출하였다. 이것을 근거로 하여 고용보험법(안)이 정부안으로 되고 7월 30일 입법예고되었으며 공청회 등을 거쳐 10월 28일 국회에 제출되었다.

고용보험법(안)은 고용정책기본법 등 다른 관련법안과 함께 심의되고 12월 1일 국회 본회의에서 통과되어 12월 27일 법률 제4644호로 공포되었다. 고용보험제도의 출범준비를 위하여 1994년 4월 21일 노동부 직입안정국에 고용보험과가 신설되었으며 고용보험법시행령(1995.4.6)과 시행규칙(1995.6.12)이 각각 공포되었다. 이상과 같은 고용보험법의 제정과정에서 주요 쟁점이 된 사항은 적용대상과 범위, 비용부담, 고용보험법상의 직업능력개발사업과 직장 내 직업훈련의무제도와의 관계, 실업급여요건 및 급여수준, 퇴직금 일부의 고용보험료 전환, 고용보험의 관리운영기구 등이었다.

적용범위에 대해서는 논리적인 합리성보다 부처간(노동부, 상공자원부 등), 노사간의 이해가 엇갈려 오랜 진통을 겪었다.

비용부담에서 관리운영비의 국고부담을 노사양측이 주장하였고, 경제기획원은 반대하였다. 또한 경영자측은 퇴직금의 일부를 실업급여비용으로 전화하자는 주장을 펴기도 하였다.

고용보험법의 제정과 동법에 의한 직업능력개발사업의 취지에 맞추어 직업훈련기본법에 의한 훈련제도 및 분담금제도가 개선되어야 한다는 것이다. 여기서는 대기업과 중소기업의 이해관계가 다르게 나타나고 있다.

실업급여요건에서 피보험고용기간과 대기기간에 있어서 노동부의 입장과 노동계의 생각이 달랐다. 노동계는 가급적 기간을 단축할 것을 요구하고 있었으며, 급여수준도 노동계는 임금계층별로 차등화를 주장하였다.

고용보험의 관리기구는 정부형, 공단형 복수안이 제출되었다. 정부는 고용보험을 정부직영으로 운영할 것으로 결정됨에 따라 노동부의 기존 산업재해보상보험 업무를 근로복지공단으로 이관하고 고용보험의 운영을 위하여 노동부 직제를 개편하였다. 이에 따라 산재보험법과 고용보험법이 동시에 일부 개정되었는데 고용보험법은 관련조항을 정비하는 것 이외에 내용이 변경된 것은 아니었다.

3. 사업내용

(1) 기본사업 및 주관

우리나라 고용보험사업은 실업급여, 고용안정사업, 직업능력개발사업 등 세 가지로 구분할 수 있다. 실업급여는 실직한 근로자에게 일정기간 동안 실업급여를 지급하여 실직자의 생활안정을 도모하고 조기 재취업을 유도하기 위한 것이다. 그러나 우리 제도는 초창기부터 의욕적으로 이를 추진하고 있는데 실직기간 동안 기본급여뿐만 아니라, 직업훈련 수강시 기본급여 이외에 직업능력개발수당, 조기재취업수당을 지급하여 실직자가 기본급여에 안주하여 재취업 활동을 소홀하지 않도록 배려하고 있다.

고용안정사업은 근로자가 취업할 때부터 자기적성과 능력에 맞는 직업을 선택하고 원하는 직장에 취업할 수 있도록 각종 고용정보를 제공하고 취업알선 및 직업훈련(직업지도)을 안내하는 것이다.

직업능력개발사업은 회사 내 직업훈련 등을 지원하여 기업 내에서 근로자의 직업능력개발이 지속적으로 이루어지도록 여러 가지 유인책을 제공하는 것이다. 이 사업은 고용보험에서 실업급여 다음으로 중요한 핵심적인 사업이며, 이를 통하여 노동생산성향상, 임금수준향상을 도모함은 물론 기업의 대내외 경쟁력을 강화하기 위한 제도적 장치로서 기능을 수행할 수 있도록 한다.

보험료징수업무를 제외하고 고용보험사업은 노동부가 직접 관장하고 있다.

이 제도의 도입과정에서 관리공단을 별도로 설립하자는 의견도 강력하게 제기되었으나 기업의 특수성을 고려하여 노동부장관이 직접 관장하는 방식을 채택하였다. 그 명분은 다른 사회보험과는 달리 산업구조조정촉진, 고용구조개선과 관련하여 다른 부처와 긴밀한 협조가 필요하고 부정수급, 제도악용을 막고 지도감독 등 규제업무를 효율적으로 수행하기 위하여 국가행정력이 뒷받침되어야 한다는 것이다.

노동부에서 고용정책실을 두고 그 밑에 고용보험심의관, 직업안정심의관, 직업능력개발심의관이 있으며 고용보험심의관은 고용보험의 운영에 대한 실질적인 업무를 총괄하고 있다. 그 산하에 고용보험운영에 필요한 노동시장의 정보수집·분석 및 피보험자와 대상기업의 관리, 각종 급여관리, 제도기획 등을 위하여 해당과를 두고 있다. 또한 고용정책실 산하의 중앙고용정보관리소는 직업안정기관과 연결되어 고용보험전산망을 운영하며 일선기관에서 고용보험서비스를 신속하게 수행하는 중추적인 역할을 한다.

(2) 적용범위

고용보험의 적용범위는 원칙적으로 모든 사업장에서 적용되는 것이 바람직하지만, 초기과정에서 적용대상을 한정할 수밖에 없는데 사업의 내용에 따라 차이를 두고 있다. 1995년 7월 1일 제도시행에서 실업급여는 상시근로자 30인 이상의 사업장으로 하고, 1998년 1월부터는 10인 이상, 1998년 7월 5인 이상, 1998년 10월 1인 이상으로 확대하기로 하였다. 고용안정사업과 직업능력개발사업은 당초에 70인에서 1998년 1월부터는 50인 이상, 1998년 7월 5인 이상, 1998년 10월 1인 이상으로 적용이 확대되었다.

우리 고용보험제도가 적용범위를 이원화시킨 이유는 적용범위에 대해서 노동조합단체, 사용자단체 및 정부부처간에 논란이 있었기 때문이다. 특히 노동계의 입장은 실업급여부문에 대해서 가장 큰 관심을 가지고 가급적 확대시키려고 한 반면에 고용안정사업 등에 대해서는 확대적용에 따른 중소기업의 비용부담을 고려하여 70인 이상으로 한 것이다.

적용제외 근로자는 고용형태의 특성상 고용보험의 시행 초기부터 적용하는데 애로가 있는 다음 해당자들을 대상으로 하였다.

① 60세 이후 새로 고용된 자, 파트타임근로자, 일용근로자

② 국가 및 지방공무원법에 의한 공무원, 사립학교교직원, 선원 등의 특정

직종 종사자

③ 국가, 지방자치단체에서 직접 행하는 사업에 종사하는 자, 3 개월 이하의 계절적·임시적 사업에 고용된 자

④ 외 국 인

(3) 실업급여 · 보험료 및 재정

1) 실업급여

고용보험에 있어서 실업급여는 이직 전 18개월(기준기간) 중 12개월 이상 적용사업장에 피보험자로서 고용되어(피보험단위기간) 임금을 목적으로 근로를 제공한 자(현재 기준기간 12개월 중 6 개월 이상) 중 다음에 해당하는 경우에는 실업급여를 받을 수 있다.

① 정당한 이유 없이 자발적으로 이직하거나 자신의 중대한 귀책사유에 의하여 해고된 자가 아닐 것.

② 근로의 의사와 능력이 있음에도 불구하고 취업하지 못하고 있을 것.

③ 이상과 같은 실체적 요건 이외에 직업안정기관에 실업을 신고하고 수급자 자격증을 교부받은 자.

실업급여를 받을 수 있는 일정한 급여일수는 피보험단위기간 및 연령에 따라 30～210일이다. 취직이 특히 곤란한 자는 연령에 따라 30일 또는 60일을 한도로 실업급여를 연장지급할 수 있다. 그러나 이직일로부터 10개월이 경과하면 이후 실업급여는 지급되지 않는다. 수급자격자가 직업안정기관의 지시에 따라 직업훈련을 수강하는 경우에는 직업안정기간(2 년 한도) 동안 실업급여는 계속 지급된다.

1 일분의 실업급여액은 이직 전 12개월 동안 지급받은 임금총액을 365로 나누어 계산된 급여기초 임금일액의 50%이다. 다만 가족수당, 급식비 등의 복리후생적 수당은 제외되며 기초금액이 최저임금에 미달될 때에는 최저임금을 기초금액으로 한다. 실업급여는 이 제도 시행 후 1 년이 지난 1996년 7 월 이후부터이며 연말까지 처음 6 개월 동안 8,063명에게 10,459백만원이 지급되었다.

2) 보험료 및 재정

우리나라 고용보험제도의 보험료부담은 노사가 공동으로 분담하고 있다. 실업급여의 보험료는 노사가 각각 1/2씩 분담하고 고용안정사업과 직업능력개발사업의 보험료는 사업주가 전액 부담한다. 보험요율은 임금총액의 15/1,000 범위

내에서 3가지 사업별로 구분하여 정하게 되어 있는데, 그 당시 요율은 실업급여 요율 0.6%(노사가 0.3%씩 분담)이며, 사업주가 전액 부담하는 고용안정사업요율 0.2%, 직업능력개발사업요율 0.1~0.5%로서 합계 0.9~1.3%이다(1999년 1월부터 실업급여 노사 각 0.5%, 고용안정 0.3%, 직업능력개발사업 0.1~0.7%).

고용보험료는 산업보험료와 마찬가지로 사업주가 매 보험연도 개시 70일(3월 11일)까지 당해연도 기산보험료(임금총액×보험요율)를 보고·납부한 뒤 다음 연도 3월 11일까지 확정보험료(실제 지급한 임금총액×보험요율)를 산정하여 정산하도록 되어 있다.

고용보험재정과 관련하여 우리나라 고용보험법(제66조~제73조)에서는 고용보험기금이라는 표현을 쓰고 있다. 노동부장관은 보험사업에 필요한 재원에 충당하기 위하여 기금을 설치·운용하게 되어 있다. 기금은 보험료를 기본으로 하고 그 이외에 징수금(가산금, 연체금 등), 적립금 및 기금운용 수익금으로 구성된다. 1995년 7월 고용보험제도가 출범할 때 국고에서 기금의 기초를 확고하게 하기 위하여 부담한 금액은 없으며 고용보험법 제5조에서 국가는 매년 보험사업의 관리·운영에 소요되는 비용의 일부 또는 전부를 일반회계에서 부담할 수 있도록 규정하고 있다. 사회보험에서 국고부담은 기존의 산재보험, 국민연금, 의료보험 등에서 모두 이와 유사한 규정을 두고 있는데 정부의 사회보험에 대한 정책의지는 선진국에 비해 매우 약하다고 할 수 있다.

(4) 고용안정사업

고용안정사업은 실업을 예방하기 위한 고용지원사업과 고령자, 여성 등 유휴인력의 고용을 촉진하기 위한 고용촉진지원사업으로 구분할 수 있다. 고용지원조정사업은 기업이 고용조정을 통하여 고용안정을 도모할 수 있도록 휴업(휴업수당지원금), 전직훈련(전직훈련지원금) 또는 인력재배치(인력재배치지원금) 등으로 유도하기 위하여 여기에 소요되는 비용의 일부를 지원하는 사업을 말한다.

휴업수당지원금은 근로기준법상의 휴업수당을 지급하는 사업주에 대하여 당해 휴업수당의 1/3(중소기업 1/2)을 지원하며, 인력재배치, 전직훈련의 경우도 동일하다. 고용촉진지원사업은 일정한 지역의 고용을 촉진시키거나 고용촉진시설을 설치·운영하는 경우 이를 장려하고 그 비용의 일부를 지원하는 사업이다. 여기에는 지역고용촉진지원금, 고령자 등 고용촉진장려금, 고용촉진시설장려금 등이 있다. 지역고용촉진지원금은 고용사정이 악화된 지역으로 사업의 이전 또는 신설을 통하여 그 지역의 실업예방 또는 고용증대에 기여한 사업주에게 지불한 임금액 1/3(중소기업 1/2)을 조업개시일로부터 1년간 지급(100명 초과시 30% 지급)한다. 고령자 고용촉진장려금은 고령자를 고용한 사업주에 대하여 소정의 일정액을 지급하고, 육아휴직장려금은 3개월 이상의 육아휴직을 부여하고 휴직 후 재고용한 사업주에게 일정액을 지급하는 제도이다.

고용촉진시설장려금은 고용촉진을 위하여 이동근로자의 숙소, 여성근로자의 고용촉진시설 등을 설치·운영하고 있는 사업주에게 일정액을 지원하는 것이다. 그 이외에 노동부장관은 고용정보의 제공, 직업지도와 직업소개 및 필요한 전문인력배치, 기타 고용보험 관련업무를 지원하고 있다.

(5) 직업능력개발사업

이 사업은 종래 직업훈련법에 의한 직업훈련 의무제도와는 달리 각 기업의 실정에 맞는 직업능력개발사업을 발굴하고 이를 지원하려는 제도이다. 현재 상시근로자 1,000명 이상의 사업장은 기존 직업훈련 의무제도를 그대로 적용하고 1,000명 미만의 사업장에 대해서 직업능력개발사업의 적용을 받도록 하고 있다. 따라서 1,000명 이상 사업장에 대해서는 이 부분 보험료를 징수하고 있지 않으며 다만, 실업자 재취직훈련에 소요되는 비용에 충당하기 위하여 임금총액의 0.5%의 보험료를 징수하고 있다.

직업능력개발사업은 일정한 직업훈련사업을 하고 있는 사업주에게 인센티브를 제공하려는 취지에서 출발하고 있다. 직업훈련기본법에 의한 각종 제도를 실시하고 있는 사업주에게 소요된 비용을 지원하고, 시설설치, 장비구입에 필요한 비용을 대부 또는 비용의 일부를 지원한다. 그 이외에도 50세 이상의 고령자 직업훈련시 수강료의 전부 또는 일부를 보조하고, 근로자가 자비로 기능대학 또는 교육법에 의한 교육기관의 이공계학과에서 교육을 받을 경우 수업료의 전부 또는 일부를 지원한다.

제 5 절 公私保險의 제휴

1. 문제의 제기

한국은 4대 社會保險으로서 의료보험, 연금보험, 산재보험, 고용보험의 외형적인 틀이 1990년대 중반까지 형성되었고 2000년대에 들어와서 전국민 사회보험 체제로 진입하고 있다.

그러나 社會保險 각 제도마다 급여의 불충분, 비용의 과중한 수익자부담, 재원부족 및 기금운용의 문제, 제도통합(국민건강보험)의 진통과 4 대 보험의 통합운영 논쟁 등 해결하기 어려운 과제들이 산적되어 있다.

이러한 사회보험 기능한계의 틈새를 이용하여 민영보험은 일찍부터 임의의료보험, 개인연금과 기업연금, 근로자재해보상보험과 각종 상해보험의 개발과 시장경쟁을 통하여 국제화 추세에 맞추어 사회보험의 보완제도로서 크게 발전하고 있다.

이러한 현실에도 불구하고 강제가입보험인 사회보험은 정부측(보건복지부, 노동부, 행정자치부 등)과 운영주체인 각 관리공단의 무관심 속에서 민영보험의 존재와 역할을 외면하여 오는 가운데 최근 산재보험과 국민연금의 민영화문제가 보험회사측에서 공격적으로 제기되었고, 특히 의약분업 논쟁의 여파로 공적 의료보험에서 보험료인상으로 인한 국민부담의 加重을 둘러싸고 민영의료보험이 도입을 뒤늦게 논의하는 등 시장 현실을 너무나 모르고 있다.

2. 共存 및 競爭關係에 대한 논의

(1) 선 진 국

사회보험의 기능적 한계에 따라 민영보험과의 共存, 協力 및 경우에 따라 경쟁관계는 제 2 차 세계대전 이후 선진국의 사회보험의 재건과정에서 현실적인 문제로 제기되고 있었다.

유명한 W. Beveridge의 1942년 보고서(Social Insurance and Allied Services)에서도 사회보험은 민영보험(임의보험)의 존재와 그 보완적 역할을 요구하고 있다. 그에 의하면 사회보험은 최저생활수준에 이르기까지 기본적 필요(basic need)에 대한 조치를 마련하는 것이므로 그 이상의 수준을 위해서 또한 사회보험을 적용하기에는 보편적·획일적이 못되는 위험과 필요를 처리하기 위하여 임의보험의 병행이 요구된다고 하였다.

사회보험과 민영보험의 상호협력을 강조한 것은 독일의 유명한 보험학자 A. Manes「사회 보험론」(1926)에서도 찾을 수 있다. 그에 의하면 "사회보험은 항상 최소한도의 보험금만 지급하기 때문에 임의보험의 수요는 더욱 증대되어 민영보험이 크게 번성한다."고 하였다.

미국의 경우 Truman 대통령은 1948년 5월 24일 社會保障敎書 권고 제 4 항에서 사회보험의 확장을 위해 私保險을 포함시킬 것을 주장하였다.

1954년 1월 Eisenhower 대통령 역시 의회에 보낸 사회보장 교서에서, "OASI제도는 사적인 저축, 연금제도, 보험에 의한 保障을 대신하는 것은 아니다. 오히려 그 의도는 사회보장이 각종 다른 보장제도의 건전한 발전을 위한 토대를 부여하고 있다."고 하였다.

미국 대학에서 사회보험과 민영보험의 관계에 대한 체계적인 집중 논의는 1967년 6월 1~2일에 개최된 프린스톤대학 심포지엄(The Princeton Sympo-sium on the American System of Social Insurance)이었다.

이 심포지엄에서는 미국의 학자, 행정부, 사회보험 실무자뿐만 아니라 유럽 각국의 학자까지 참석하여 토의하였다. 이때 사회보험과 민영보험의 관계에 대해서는 별도의 분과위원회에서 'The Impact of Social Insurance on the Development of Private Benefit Plans'라는 제목 아래 진행되었다.[5)]

이 문제는 서독 보험학회 연차총회(1970. 3. 4~6)에서도 공동주제로 다루어진 바 있고 당시 유학중이던 筆者도 참석하였고, 귀국 후 한국에서 이 문제의 중요성에 대하여 관심을 가지게 된 계기가 되었다. Hannover에서 개최된 총회 주제 '사회보험과 민영보험의 공존 가능성'에서 다음과 같은 논문이 발표되었다.

① "社會保險과 民營保險間의 代替, 免除·選擇 可能性"(발표자: H. Schmatz)

② "私的 및 法的 醫療保險의 공존문제"(발표자: H. Ullmann)

③ "위의 두 가지 주제에 대한 토론보고"(E. Utecht)

④ "법률적인 代替關係, 특히 法定産災保險과 民間産災保險 및 責任保險間의 구상권 문제"(발표자: W. Claussen)

⑤ "民營生命保險, 法定年金 및 企業年金"(발표자: G. Heubeck)

⑥ "사회보험과 민영보험에 대한 여론"(W, Seuß)

독일에 있어서 사회보험과 민영보험의 관계는 Bismark 이후 사회보험이 전통적으로 保險主義를 채택하여 왔기 때문에 다른 어느 국가보다도 상호보완과 경쟁관계가 문제되어 왔다.

독일에서 역사적으로 양자의 관계를 보험종목별로 체계적으로 고찰한 문헌

5) W. G. Bowen(ed), *The Princeton Symposium on the American System of Social Insurance*, McGraw-Hill Book Co., 1968, pp, 187~212.

이 K. Hax 교수의 「사회보장과 민영보험의 複數體系에 있어서 발전가능성」(1968)이다.

이 책에서는 1890년대부터 1960년대 전반까지 독일 사회보험(산재보험, 연금보험, 의료보험 등)이 생명보험을 중심으로 한 사적 보장수단과의 관계를 장기간의 통계와 도표로서 잘 설명하고 있다.

사회보험과 민영보험의 상호관계는 선진국의 경우 국가와 사회보험 각 제도에 따라 차이가 있지만, 특히 의료보험과 연금보험 부문에서 양자의 공존 및 협력의 필요성이 강조되고 있다.

특히, 공적 연금이 적자재정 속에서 기업연금 및 임의보장제도의 지원이 필요하여 1974년 미국의 종업원퇴직소득보장법(ERISA)과 같은 해 서독의 기업노령연금개선법(기업연금법)[6]의 제정을 통한 민영보험과의 제휴는 기업연금이 준법정제도로서 자리매김이 불가피하였다.

(2) 한 국

① 한국보험학회 사회보험분과위원회 설치(1970년대 초반)
② 한국보험학회와 한국사회보장학회: 민영보험과 사회보험
③ 한국사회보장학회 기업연금세미나(1991)
④ 민정당 의료보험정책세미나(1983): 제 3 주제(민간의료보험 도입)
⑤ 산재보험의 민영화 문제제기(1996): 찬반양론
⑥ 국민연금의 민영화 주장(1999): 보험개발원, 국민연금관리공단
⑦ 공사연금제도(1997. 11～2000. 10): 한국보건사회연구원, OECD, IMF, IBRD
⑧ 개인연금 및 기업연금의 수탁기관 지정문제: 수탁기관간의 경쟁(1990년대)
⑨ 금융담보물 화재보험풀 차등배분: 사회보장성 상품취급 실적 비율
⑩ 기 타

3. 民營保險과 社會保險의 이론적 관계

(1) 양자의 관계

民營保險과 社會保險의 관계는 일반 保險政策 또는 社會保障政策에서 매우

6) ERISA 및 기업노령연금개선법의 原文 및 요약번역 자료는 1991년 한국사회보장학회가 발행한 기업연금 세미나 자료 참조.

중요한 문제이다. 그것은 오늘날 두 제도가 서로 고도로 발달되어 양자가 상호 경합되는 측면과 발전과정에서 협력해야 할 과제가 있기 때문이다. 이러한 현상은 선진국에서 제2차 세계대전 이후 전쟁으로 붕괴된 사회보험제도의 재건과정에서 민영보험의 사회보험적 기능이 강조된 것도 하나의 배경이 되고 있다.

1) 역사적 관계

현대적 의미에 있어서 民營保險은 자본주의경제의 소산으로서 그 발달은 국민경제적·사회경제적 발전을 반영하고 있다. 保險은 자본주의경계의 발전에 의해서만 발달하고 또한 보험제도 그 자체가 자본주의경제의 모든 조직, 구조, 기구의 보호자, 支持者로서의 역할을 수행하는 과정에서 보험은 회사보험, 사회보험 등 여러 가지 체제로 갈라지게 되었다.

사회보험 역시 영리목적을 추구하지 않는다고 하여도 자본주의경제의 발전에 따라 성장하여 왔다. 자본주의의 고도화에 따라 근로자 계층의 경제생활을 보장·확보하기 위하여 성립된 사회보험은 이들의 생활위험이 증대됨에 따라서 그 범위를 확장하였고, 임금생활자의 증가는 동시에 사회보험의 규모를 확대시켰다.

자본주의경제의 성장과정에서 민영보험과 사회보험은 처음에 각기 다른 목적에서 출발하여 다른 주체에 의하여 운영되어 왔으나, 사회보험의 범위가 확대되고 재정압박 등 여러 가지 문제점이 발생함에 따라 앞서 가고 있는 민영보험의 기술을 도입하지 않을 수 없었다. 반면에 민영보험의 입장에서도 保險의 公共性과 公益性이 요구되어 사회보험의 취지를 부분적으로 도입할 필요가 있어서 양자는 쉽게 서로 접근하게 된 것이다.

제1차 세계대전 이후부터 최근에 이르기까지 선진국에서는 일반국민 및 노동조합의 요구에 따라 사회보험의 범위가 확대되는 과정에서 민영보험과 양립하게 되었는데, 처음에는 서로가 크게 보급되지 않은 단계에 있었기 때문에 큰 마찰이 없었으나 점차 영역이 중복되고 경합단계에 들어가게 되었다.

사회보험과 민영보험은 그 이념이나 성격은 외견상 대조적인 것처럼 보이고 있다. 양자의 차이점은 강제주의와 자유주의 또는 부양주의와 保險主義로 설명할 수 있다. 그러나 사회보험측의 성장 또는 변화과정에서 고유의 강제주의에다가 부분적으로 자유주의의 원리를 도입하고, 한편으로는 전통적인 부양주의에서 보험주의를 가미하였고, 그 후에도 오히려 보험주의에 중점을 두어 왔기 때문에 민영보험과의 경쟁은 피할 수 없었다.

2) 保險技術的 關係

사회보험과 민영보험의 관계 내지 차이점을 보험기술적 측면에서 논하려는 입장이 있다(E.M. Burns, 1956). 여기서 보험기술이란 收支相等의 原則, 위험동질성의 원칙, 보험수리관계 등으로 설명하고 있다. 이 가운데 관심의 대상은 사회보험에서 과연 수지상등의 원칙이 인정되고 있느냐 하는 것이다. 이 원칙은 보험료의 총액과 보험금의 총액이 균등해야 한다는 것을 의미하고 $P=wZ$라는 공식으로 표시된다.

$$P=wZ$$

P=순보험료, w=보험사고의 발생확률, Z=보험금

위의 원칙이 사회보험을 지배할 수 있느냐의 문제는 사회보험의 각 제도에 따라 차이가 있을 수 있다. 위험의 성격이나 보험료의 산출기준에서 보면 산재보험은 위험동질성의 원칙이 지배되고 업종에 따라 다른 위험률을 적용하고 있기 때문에 民營保險(손해보험)과 원리상 다를 바 없다. 사회보험에서 수지상등의 원칙을 무시할 수 없는 것은 保險財政의 안정을 위하여 우선 필요하다.

또한 사회보험에서 보험료의 개념 및 구성은 엄격한 의미에서 민영보험과 차이가 있다. 즉 민영보험은 순보험료와 부가보험료(각종 경비 및 마진)를 합한 영업보험료를 의미하지만 사회보험에서는 관리운영비를 국가에서 부담할 경우 순보험료만을 의미한다. 우리나라에서는 산재보험료의 15%는 부가보험료이며 이 부분까지 사용자측이 부담하고 연금, 의료보험 등도 국고부담을 무시할 수 있기 때문에 민영보험과 보험료구성에는 차이가 없다.

이상과 같이 사회보험에서 수지상등원칙의 인정여부는 국고보조의 성격에 달려 있다. 국고부담이 단순한 사무비 보조에 그친다면 이 원칙은 사회보험에서도 그대로 인정되는 것이고 급여재원의 일부(부족분)를 위한 것이라면 이 원칙의 파괴를 전제로 한 것이다.

(2) 사회보험에 있어서 보험방식의 효용과 한계

사회보험의 개선방안을 모색함에 있어서 될 수 있는 한 保險的 技術을 활용하여 입안한 것이 몇 가지 있다. 의료보험의 예를 들면 적자누적 또는 재정파탄의 대책으로서 보험방식에 기초를 둔 小損害免責이 바로 그것이다. 즉 의료보험

에서 가벼운 질병에 대한 보험급여를 배제하고 일정 이상의 보험사고에 대한 급여만 지급하는 것이다.

민영보험에서 활용되고 있는 小損害免責은 사회보험에서 어떠한 사회정책적 의미를 지니고 있는 것은 아니다. 이것은 불필요한 의료보험수요 또는 가수요를 막아 적자재정에 미치는 영향을 줄이려는 데 있다. 또한 小損害를 배제하여 피보험자의 자기부담제도를 설치하거나, 實損補償에 대하여 비례보상방식을 채용함으로써 보험사고의 유발을 방지하고 비효율적인 의료를 배제하는 것은 의료보험의 운영에도 필요한 것이다. 동시에 이것은 사회보험에 있어서도 도덕적 위험이나 보험남용을 저지시킬 수 있다.

사회보험에 있어서 보험방식의 채용에 의하여 제도개선을 도모하려는 경우에는 반대가 있을 수 있다. 민영보험의 원칙으로서 존중되고 있는 수지상등의 원칙에 따르려면 사회보험에서도 급여를 인상하기 위해서는 보험료도 인상하여야 한다.

그러나 저소득계층에게 일정수준 이상의 보험료부담은 불가능하므로 사회보험에서 보험방식의 채용에는 한계가 있다. 다른 한편 사회보험에서 대상이 되는 위험(질병, 재해, 실업, 퇴직, 출산, 사망 등)은 때로는 민영보험으로 취급하기 곤란한 것도 존재하고 있다.

의료보험에 있어서 보험사고인 상병은 피보험자의 주관적인 판단에 따라 진료를 받기 때문에 많은 피보험자의 자의적인 판단에 따라 수진율이 좌우되고 급여총액을 변동시키기 때문에 보험의 한계를 넘어서고 있다. 마찬가지로 고용보험에 있어서 실업의 위험도 주관적·자의적인 것으로서 도덕적 위험이 존재하고 있기 대문에 이것 역시 保險成立의 문제를 포함하고 있다.

(3) 민영보험과 사회보험의 상호접근

사회보험에 있어서 민영보험에의 접근은 무엇보다도 保險技術과 保險原理 및 保險方式의 부분적인 도입으로 나타나고 있는데 그 가운데 중요한 사실은 다음과 같다.

① 收支相等原則의 채용

② 급여인상요구에 대한 보험료의 인상론

③ 재정적자의 해결책으로서 보험료인상론

④ 국고부담증액의 불가능론

⑤ 사업주 부담증액의 불가능론

⑥ 의료보험에서 규격진료 시인론

⑦ 임의가입제도의 존속에 대한 시인론

한편 영리를 목적으로 하는 민영보험이 사회보험의 영역에까지 접근하고 있는 이유는 다음과 같다.

① 민영보험의 公共性과 公益性의 강조이다. 이것은 보험회사의 자금이 다수 가입자의 보험료로 구성되어 있고 이들의 재산이나 신체의 위험을 보장하고 있다는 점에서 일반적인 사기업과 그 성격이 다르다. 따라서 이러한 공공성·공익성을 실천하기 위해서는 영리보험에만 집착할 수 없고 사회정책적인 보험도 취급하도록 각계로부터 압력을 받고 있다.

② 민영보험의 영리성에 대한 일반 대중의 저항이 있을 뿐만 아니라 정부당국에서도 사회보장성 보험을 취급하도록 요구하고 있어서 사회보험의 영역에까지 접근하게 된다.

③ 민영보험이 크게 보급되고 시장에서 경쟁이 치열해지면 새로운 대상을 찾아 중하층 소득계층을 대상으로 하는 시장개척 및 확장이 불가피하다. 또한 보험상품의 다양화와 보험수요의 변화에 따라 일상생활에 필요한 保險을 개발하는 데 오늘날 민영보험에서 판매하고 있는 각종 배상책임보험, 자동차보험, 상해보험, 의료보험, 연금 등은 사회보험에 완전히 접근하고 있다.

(4) 보완작용과 그 한계

사회보험은 사회 전체의 손에 의하여 국민의 최저한도의 경제생활을 보상하는 것이기 때문에 그 범위를 벗어날 수 없다. 그 이상의 경제생활의 보장을 확보하기 위해서는 개인 또는 기업의 책임 아래 이것을 준비해야 한다. 사회에 의한 보장과 기업에 의한 보장(근로자의 경우) 및 개인의 책임에 의한 보장이 三位一體가 됨으로써 경제생활의 보장에 만전을 기할 수 있다.

이와 같이 사회보장이 최저한도의 경제생활보장을 수행하는 임무에 그치고 있는 한 보다 높은 생활수준에 대한 준비를 위해서는 사회보험 이외의 다른 방법에 의존해야 되기 때문에 민영보험 등의 존재를 부정할 수 없는 것은 당연하다. 경우에 따라서는 오히려 민영보험이 사회보장을 보완하는 작용을 하여 양자의 병존은 가능하며, 사회보장급여가 낮을 때는 민영보험이 그 보완작용을 할 여지가 충분하게 남게 된다.

한편 사회보장 가운데 사회보험이 강제보급의 효과를 발휘할 때 保險思想이 확대되어 민영보험에 대한 이해를 깊게 한다. 동시에 사회보장에 의해서 모든 국민의 기초적 경제생활의 보장이 달성된다면 그 이상의 생활수준의 지속과 확보를 위하여 민영보험의 성장에 대한 기초나 기반을 제공하게 된다. 사회보장이 민영보험의 발달에 미치는 영향은 여러 가지 조건에 따라 다르게 나타난다.[7] 그 조건은,

① 보험시장을 포함한 경제사회에 있어서 富와 소득의 많고 적음, 그 분배 상태

② 사회보장의 수준과 그것이 어느 범위까지 국민생활을 보장할 수 있는가의 정도

③ 사회보장에 의해서 달성되는 소득재분배효과 및 재분배의 성격과 정도 등이다.

한편 사회보장의 존재 및 그 발달수준이 일정한 한계에 머무르고 있는 한 민영보험에 대해서 심리적인 좋은 영향을 미칠 수 있다. 이것은 두 가지 내용으로 설명할 수 있다. 사회보장의 발달수준이 낮은 초기에는 소극적인 심리영향이 강하고 반대로 사회보장의 발달수준이 높은 중기 이후는 적극적 심리영향이 강하게 나타난다.

전자는 사회보장이 종래부터 숙명적으로 민영보험에 부수되어 있다고 하는 보험혐오감 또는 멸시감을 제거 또는 경감시킬 수 있는 효과가 있고, 후자는 사회보장에 의해서 집단적으로 어느 정도 생활보장이 달성되고 있기 때문에 그 이상에 대해서는 자력으로 획득하거나 또는 충실한 보장을 확보해야 하겠다는 인간의 심리를 자극하는 효과가 나타난다.

민영보험은 기능적으로 사회보장을 보완하는 작용을 하지만 사회보장의 충실과 민영보험의 발전이란 현실적으로 양립되기 어렵고 서로 경합되고 있는 것을 선진국에서 찾아볼 수 있다. 사회보장이 생활보장에 대한 국민의 관심을 높여 민영보험의 발전에 기여하고 있는 것은 사실이지만 생활보장에 대한 관심 그 자체가 스스로 민영보험의 발전을 가져오는 것은 아니다.

민영보험이 발전할 수 있는 직접적인 원인은 보험업계가 생활수준에 대한 관심이 높아지는 정세를 이용하여 부단한 노력을 게을리 하지 않는 데 있다. 이러한 점에서 본다면 양자의 성장과정에서 경합관계를 우려하지 않을 수 없다.

---

7) 신수식, 「사회보장론」, 박영사, 1986(개정판), pp. 178~179.

이상과 같은 사실에서 사회보험과 민영보험이 마찰 없이 상호보완작용을 하도록 정책적으로 조정하는 것이 중요하지만 일반적으로 양자의 정책·감독·운영부서가 행정부 내에서 이원화 또는 분산되어 있기 때문에 이 점에 대해서 앞서 언급한 1970년 서독 보험학회총회에서 의료보험을 중심으로 다음과 같은 정책방안이 제시된 바 있다(H. Ullmann 발표논문).

① 국가는 민영의료보험도 사회보장에 기여할 수 있음을 분명히 인식해야 한다.

② 강제의료보험의 대상자 가운데 일정수준 이상의 소득자는 제외시켜 민간의료보험을 선택하게 해야 한다.[8]

③ 사회정책적·재정정책적인 측면에서 일정범위의 소득자는 민간의료보험과 강제의료보험 가운데 선택할 수 있게 해야 한다.

3. 先進國의 경험사례

민영보험과 사회보험에서 협력과 경쟁이 문제되고 있는 국가는 선진국으로서 미국, 독일, 영국, 스웨덴, 일본 등이다. 일반적으로 사회보장이 불충분한 상태에 있는 미국과 일본은 생명보험의 현저한 발전을 볼 수 있고 사회보장이 충실한 독일, 영국, 스웨덴에서는 상대적으로 생명보험의 발전이 순조롭지 않다는 사실은 경합관계가 존재하고 있음을 의미한다. 역사적으로 이들 국가에서 제 2 차 세계대전까지는 협력적 관계 또는 보완관계에 있었지만 전후 사회보험의 개혁과성에서 양사의 관계는 경쟁적인 관계로 전환되고 있었다.

(1) 미 국

1935년 사회보장법이 제정되었을 때 생명보험이 타격을 받을 것으로 예상되었으나 노령보장에 대한 인식이 높아지게 되어 생명보험의 연금부문이 오히려 증가하였다. 이러한 경향은 재 2 차 세계대전 이후에도 계속되었는데 그 원인은,

① 미국의 사회보장이 그 때까지 다른 선진국과 비교하여 상대적으로 낮은 수준에 있었고,

---

8) 한국은 고소득자를 강제의료보험에 포함시켜 보험재정의 안정을 도모하려고 하지만 의료보험재정에서 국고지원의 비중이 큰 독일의 경우는 강제가입자의 범위를 축소시켜 재정안정을 도모하고 민영보험의 도입을 통하여 이들을 수용하도록 하는 정책대안이 제시된 바 있다.

② 사회보장제도가 국민대중에게 보장에 대한 관심을 높여 연금이나 생명보험의 잠재수요를 환기시키는 역할을 하였으며,

③ 소득수준상승과 경제생활의 향상에 따라 보험상품이 다양화되고 판매정책도 큰 변화가 있었다.

미국의 사회보장제도가 1950년대까지 민영보험과 경합이 될 수 없었던 것은 사회보장체제 그 자체의 취약성 때문이었다. 즉 社會保障法에 의한 노령·유족보험(OASI)이 1956년 폐질보험이 추가(OASDI)되었고, 여기에 의료보험이 추가(OASDHI)된 것은 1971년이기 때문에 그 동안 폐질보험 및 의료보험은 민간보험이 중심이 되었다.

그러나 1960년대에는 Medicare와 Medicaid의 제정, 케네디 대통령을 비롯한 민주당정부의 의료보험 확충정책으로 사회보험과 민영보험의 관계는 종전과 비교하여 차이를 나타내고 있었다.

미국 사회보장제도의 특징은 연방과 각 주의 역할분담이 명확하고 보험회사 등에 의한 私的 保障이 큰 비중을 차지하고 있다. 의료보험의 경우도 65세 이하 국민은 민간보험에 가입되어 있고, 산재보험은 대부분의 주에서 보험회사가 취급하고 있다. 그 뿐만 아니라 근로자연금도 일반 근로자를 대상으로 기업연금, 자영업자를 대상으로 하는 Keogh Plan, 개인을 대상으로 하는 個人退職計定(Individual Retirement Account: IRA)이 중심이 되고 있다.

기업연금의 발전은 앞에서 언급한 1974년 ERISA의 성립으로 수급권보호 등 감독규제가 엄격해지고 새로운 발전의 계기를 맞이하였다.

의료보험의 경우도 국민의 1/4(65세 이상의 고령자, 빈곤자 등)이 정부가 운영하는 Medicare에 의하여 보호를 받고 있을 뿐이고 나머지 대부분은 민간보험회사의 의료보험에 가입되어 있다.

(2) 독 일

과거 서독에서 사회보험과 민영보험(생명보험회사)의 경합이 문제된 것은 1957년 공적 연금제도의 개정에 의하여 그 적용범위가 확대되었을 때이다. 이때 신규 적용자에 대해서 생명보험과 경합을 고려하여 그 해 3월부터 5월까지 3개월 동안 경과조치로서 法定年金(gesetzliche Rentenversicherung)과 동등 이상의 생명보험에 가입하면 법정연금의 적용을 면제받게 되었는데, 이때부터 공적 연금과 사적 연금의 경쟁이 표면화되었다.

한편 의료보험의 경우는, 제 2 차 세계대전 이전부터 생명보험회사의 의료보험(PKV)과 강제의료보험(GKV)이 병행되어 왔지만 전후 강제의료보험 가입대상의 월소득 상한액을 연차적으로 인상하였기 때문에[9] 그때마다 보험회사의 반대와 진정이 있었고, 한편으로 서비스경쟁으로 맞서고 있었다.

독일의 연금제도에서 기업연금제도는 전술한 1974년 기업연금법(Gesetz zur Verbesserung der betrieblichen Altersversorgung: BetrAVG)의 제정으로 급속하게 확대·보급되었다. 기업연금의 역사는 1850년대부터 시작되었고 1911년 화이트칼라 계층을 대상으로 하는 직원연금법의 제정 이후 기업연금은 중요한 제도로서 존속하여 왔다.

기업연금은 1960년대부터 1970년대의 고도 경제성장기에 급속하게 보급되었고, 1974년의 기업연금법은 미국의 ERISA에 필적할 만한 획기적인 법률이었다. 기업연금법에 의하여,

① 轉職者의 연금수급권 보호

② 공적 연금 인상에 따른 기업연금 상쇄·감액 금지

③ 기업도산시 수급자보호를 위한 연금보증상호조합(PSVaG)의 설치

④ 연금의 실질가치유지를 위하여 연금수준을 3년마다 조정하도록 하고 있다.[10]

서독지역에서 기업연금을 도입하고 있는 기업의 비율은 상업부문보다 공업부문이 높다. 1993년 전자가 34%, 후자가 64%이었다. 종업원 수가 많은 기업일수록 보급률이 높고 공업부문에서는 1,000명 이상을 고용하고 있는 기업의 90%가 기입현금을 실시하고 있다.

여기에 비해서 중소기업에서의 보급은 10~20% 수준에 머무르고 있다. 또한 동독지역에서의 보급률은 서독지역보다 매우 낮은 실정이다. 서독지역에서 기업연금의 평균지급월액은 1986년 남 527DM, 여 219DM, 1992년 남 652DM, 여 316DM, 1995년 남 663DM, 여 318DM이다.

---

9) 강제의료보험 가입대상자의 소득 상한액은 다음과 같다
1949년 375DM, 1952년 500DM, 1957년 660DM, 1965년 900DM, 1969년 990DM, 1970년 1,200DM, 1971년 1,700DM으로서 점차 상승하였다.

10) 독일이 기업연금제도는 다음 4가지 방식, 즉 기업퇴직연금(사내유보)제도, 共濟金庫, 年金金庫, 直接保險으로 운영되고 있다.

(3) 영　　국

1980년대 후반 영국은 국영기업의 민영화(privatisation)정책에 의하여 사회정책에 있어서도 민영화 논리가 전개됨에 따라 연금과 의료보험 분야에서 민영화 논의가 매우 활발하였다. 연금의 민영화는 영국 연금제도의 특징이 전국민을 커버하는 보편주의적 國民保險이라고 하는 공적 연금제도가 존재하여 왔지만 한편으로 적용제외된 職域年金制度가 다수 존재하고 있어서 실질적으로 공사연금 제도가 혼합되어 있다.

영국 연금제도의 또 하나의 특징은 기초연금과 소득비례연금을 포함하고 있는 두 단계제도(Two-tiered System)라고 할 수 있다.

이와 같이 공적 연금과 사적 연금이 병존하는 연금제도 아래서 공공부문의 역할이 축소되고 민간부분의 역할의 확대가 논의되는 과정에서 연금의 민영화가 기도되었다고 할 수 있다. 연금의 민영화의 정당성 논리는 다음 3가지로 요약되고 있었다.

① 공적 연금의 존재는 여러 가지 경우 시장메커니즘을 방해하고 있다. 예로서 저축률의 저하 또는 투자활동의 저해, 젊은(또는 늙은) 노동자의 근로의욕 감퇴, 사업자의 과도한 사회보험료부담에 의한 고용창출방해 등을 이유로 하고 있다. 또한 최근에는 私的 年金에 대한 규제 때문에 年金權의 이동이 곤란하고 그 결과 노동시장의 유동화가 방해받고 있다는 주장을 하고 있다.

② 공적 연금에 대한 국가재정부담을 경감시키기 위해서 민영화에 의한 공적 연금의 규모를 축소시킬 필요가 있다는 논리를 전개시키고 있다. 연금의 민영화는 국영기업이나 公營住宅의 매각과는 달리 국가에 직접 수입을 가져오는 것은 아니다.

③ 시장의 자원배분이나 財政好轉의 효과가 私的 年金이 公的 年金보다 앞서 가고 있다는 논리이다.

영국에서 연금의 민영화 논리는 사회보험을 폐지 또는 축소시켜 私保險으로 전환시키는 것을 의미한다. 그러나 이것은 용이한 일이 아니며 문제의 발단은 사회보장비용부담의 억제에서 이러한 논의가 시작되었다. 결국 연금의 민영화 구상은 좌절되었지만 공적 연금의 소득비례연금(SERPS) 축소와 私的 年金의 장려가 강조되었다. 그 방안으로서 공적 연금 적용제외조건의 완화, 직역연금 및 개인연금에 대한 세제혜택의 강화가 제시되었다.

연금개혁의 결과 1988년 4월부터 1990년 4월까지 젊은 세대를 중심으로 400만 명이 SERPS의 적용제외를 받아 개인연금을 선택할 수 있었다. 같은 시기에 적용제외를 받아 職域年金도 크게 확대되었다. 그 결과 민간기업 직역연금의 적용제외율이 1991년 84%까지 상승하였다. 반면에 연금 민영화를 반대하는 논리 가운데는,

① 적용제외 증가에 의한 사적 연금의 확대는 연금에 의한 '두 가지 국민'을 형성(사적 연금 가입자와 공적 연금 가입자)하고

② 사적 연금 확대와 동시에 공적 연금의 감액은 연금생활자의 公的 扶助에의 의존을 강하게 한다는 것이었다.

의료보험의 민영화는 연금의 민영화 논의와 차이가 있었다. 1948년 국민보건서비스법의 시행으로 영국의 의료기관은 사회화된 가운데 민간의료의 영역이 크게 축소되었기 때문에 민간의료보험도 규모가 적을 수밖에 없었다(전 국민의 5%).

그러나 그 규모는 1965년 2.67%에서 1979년 4.95%까지 증가하였고 이것은 국영의료(NHS)에 비하여 사립병원의 확대·증가에 직접적으로 영향을 받고 있다. 영국의 민간 의료보험은 3대 보험회사(BUPA, PPP, WPA)의 주도 아래 1980년 이후부터 1990년까지 점차 증가(피보험자 인구비례 1980년 6.4%, 1990년 9.4%)하였으나 그 이후 다소 위축되고 있다. 1994년 3대 보험회사에 가입되어 있는 민간의료보험 가입자 수는 457만 명으로서 인구비례 7.8%이었다.

영국에서 국영기업의 민영화정책에 의한 의료보험, 연금보험의 민영화 논의는 1997년 5월 총선결과 노동당의 승리에 따라 NHS의 재건이 강조되고 사회보험의 민영화정책도 좌절되고 있다.

(4) 기타 선진국

1960년대부터 유럽을 중심으로 한 선진 각국에서는 기업연금의 공적 연금에 대한 보완적 기능이 더욱 강조되고 한편으로는 공적 연금의 제도개혁에 의하여 가입대상, 급여, 비용부담 등에서 일부 마찰이 일어남에 따라 기존의 공적 연금과 동등 또는 그 이상 수준의 기업연금을 이용하는 경우 공적 연금의 가입의무를 면제시켜 주는 방법, 즉 공적 연금과 기업연금의 선택 가능성을 인정하고 있다.

그 대표적 국가가 영국(Contract-Out),[11] 일본(調整年金, 1966), 독일, 벨기에,

11) 영국의 공적 연금 적용제외(Contract-Out)제도는 1961년 4월 처음 실시되었고, 1975년 4월 폐지, 동년 9월 제2차 제도가 실시되어 1978년 4월까지 정당간에 많은 논란이 있었다.

뉴질랜드, 스웨덴 등이 있으며, 네덜란드와 스위스는 기업연금의 가입을 의무화하고 있다.

벨기에는 1968년 이전까지 공적 연금에 가입하지 않고 생명보험회사에서 취급하는 노령연금에 가입하는 것을 인정하였다. 그러나 1968년 여러 유형의 연금제도가 통합됨에 따라 이 제도는 통합·폐지되었다.

뉴질랜드의 연금제도는 영국제도의 영향을 크게 받고 있는데 1974년 8월 노동당 정부에서 연금법(Superannuation Scheme)을 제정(1975. 4 발효)하여 공적연금의 적용제외를 인정하였다.

스웨덴의 기업연금은 노사의 전국교섭에 의하여 도입되었고 또한 크게 보급되고 있다. 공적 부문에서는 노사협정에 의하여 이 제도가 도입되고 급여액도 공적 연금의 기초연금과 연계되어 합리적으로 산출하고 있다.

4. 韓國에서의 문제점과 장래방향

(1) 문 제 점

1) 잘못 출발한 사회보험

사회보험과 민영보험의 상호보완 또는 경쟁의 측면은 두 제도가 진실되게 서로 장단점을 교환하면서 접근하려는 과정에서 기대할 수 있다. 그러나 역사적으로 우리나라 4대 사회보험은 1960년대부터 출발하는 과정에서 각 제도가 서로 다른 배경과 환경 속에서 처음부터 서로 상대방의 존재를 의식하지 않고 있었다.

1963년 11월 민정이양을 앞두고 국가재건최고회의 입법으로 산재보험법과 의료보험법이 제정되었고, 1963년 알맹이가 전혀 없는 사회보장에관한법률이 제정되었다.

의료보험은 시범사업으로 일부 직장에서 시행되는 등 끝없이 표류하고 있는 가운데, 1973년 말 국민연금법이 제정되면서 석유파동 등 경제위기로 인하여 死文化되어 오다가 정치적인 결단으로 1988년부터 시행되었다.

의료보험은 직장을 중심으로 조합주의가 처음부터 강조되었고 산재보험과 마찬가지로 정부의 재정지원 없이 노사간의 수익자부담으로 규모가 큰 대기업을 중심으로 1977년 7월 1일부터 시행되었다.

의료보험은 직장, 공무원·교원 및 지역보험 등 3가지 제도가 하나로 통합되는 과정에서 큰 홍역을 치루고 있으며, 공적 연금 또한 공무원, 군인, 사립학교교원 및 국민연금 등 4가지로 분리·운영되면서 재정위기 등 많은 문제점만 안고 있다.

4대 사회보험은 최근 적용, 징수, 전산업무 등의 통합이 심도 있게 논의되었으나 각 기관의 이해가 엇갈려 좌절되고 말았다.

이상과 같이 사회보험은 대기업부터 적용되었기 때문에 처음 단계부터 민영보험과 적용대상에서 경합이 불가피하였고 최근 5인 미만의 영세사업장 근로자 및 자영업자까지 포함시키고 있으나, 적용관리의 어려움과 보험료징수율의 저조는 保險財政의 적자로 연결되고 있다. 이들 계층은 상당부분이 사회보험 및 민간보험의 어느 쪽에도 편입되지 못하고 있다.

2) 상대에 대한 理解不足

사회보험과 민영보험의 관계에 있어서 관련학회, 학자는 물론 사회보험을 운영하는 각 관리공단과 보험회사간의 교류가 거의 없는 실정이다. 이것은 정책수립 및 산하기관을 감독하는 행정부처의 경우도 마찬가지이다.

사회보험을 주로 다루는 한국사회보장학회와 민영보험의 한국보험학회의 회원이 이중으로 가입되어 있는 인사가 소수에 불과하다. IMF와 IBRD 등의 지원에 의한 公私年金制度에 대한 최근 3년간의 연구결과가 한국보건사회연구원의 주관으로 발표되었지만, 그 내용은 공적 연금이 중심이었고 사적 연금은 비중있게 다루어지지 않았다.

특히, 우리나라는 사회보험에 대한 국고지원이 어렵기 때문에 보험재정측면에서 사회보험측이 민영보험의 기술적인 측면(收支相等原則)에 관심을 가져야 한다고 본다면 사회보험학자들의 민영보험에 대한 이해가 선행되어야 한다.

한편, 민영보험회사에서 개발·판매하고 있는 사회보험성질의 상품은 그 개발과정에서 우리 사회보험제도의 특징과 부족한 니드를 충분히 고려하여야 하지만 保險計理人 또는 각 회사 상품개발팀에서도 사회보험에 대한 종합적인 이해가 부족하다.

사회보험 관련법령에는 일반적으로 유사명칭 사용금지와 같은 배타적인 규정이 있는데, 각 관리공단이나 정부 감독행정기관은 현실적으로 보험회사가 연금, 의료보험 등의 영역에서 사회보장과 관련되는 상품을 취급하고 있는지 관심을 갖고 있지 않다. 미국, 일본 등에서 도입되고 있는 年金計理人制度도 사회보험측에서는 공개적으로 거론되고 있지 않다.

3) 광범한 死角地帶

최근 4인 미만의 영세사업장까지 사회보험의 강제적용대상으로 하고 있지만 의료보험을 제외하고 실질적으로 사회보험의 전국적인 보급에는 큰 死角地帶가 남아 있다. 여기에는 봉급생활자 이외에 농어민, 도시자영자, 전업주부 및 영세사업장 종업원 및 비정규직 근로자의 상당부분이 미가입 상태로 있다.

그 뿐만 아니라 외국인 근로자, 장기체류 외국인, 단기체류 여행자 등은 실제 사회보험에서 수용되지 못하고 있다(해외교포 포함). 4인 미만 사업장 근로자들은 그 동안 형식적으로 지역에 편입되어 있었으나 사업장 근로자로 노출시켜 놓고 보니 적용관리, 보험료징수의 문제점이 명확하게 나타나고 있다.

전문직 종사자를 포함하여 사각지대에 있는 이들의 사회보험 적용은 소득파악의 전제가 선결요건인데, 민영보험의 가입에는 선택사항이기 때문에 전혀 이것이 문제되지 않고 있다.

⑵ 장래방향

사회보험의 확대과정에는 단계가 필요하고 초기에는 상당기간 임의가입계층이 존재하기 마련이다. 우리나라는 각 제도에서 강제적용과 미적용으로만 구분하고 임의가입이 거의 없었다.

선진국은 100여 년의 역사 속에서 전국민 가입을 성취하였지만 우리는 5년(고용보험), 12년(국민연금), 36년(산재보험)만에 법령상으로 전국민을 강제적용대상으로 하였으나 실제 사정은 그러하지 않다.

정부는 일정한 조건을 갖추고 있는 보험상품의 가입자에 대해서도 準法定制度 가입자로 인정하고 사회보험과 민영보험의 양자 가운데 선택가입이 가능하도록 길을 열어놓아야 할 것이다. 각 제도에 있어서 다음과 같은 방안의 채택이 고려될 수 있을 것이다.

1) 연금제도

국민연금이 소득비례부분에 대해서 일본의 調整年金, 영국의 적용제외제도의 취지가 도입되어야 할 것이다. 소득재분배의 취지가 조세제도, 기타 다른 영역에서는 합리적으로 추진되고 있지 못하면서 국민연금에서는 이를 지나치게 강조하여 예외를 인정하지 않고 있다.

公私年金制度를 보완적으로 발전시킴에 있어서 우리나라는 3층제도(근로자), 2층제도(공무원 등), 단일연금제도(자영자)의 混在가 상당기간 동안 피할 수 없으며, 이를 위하여 공사연금제도에 대한 관련법령의 정비 및 종합적인 연금세금제도가 개선되어야 한다.

2) 의료보험

의료보험의 운영형태는 직장조합 및 지역조합과 같이 당초의 방법이 합리적이었던 것으로 판단되고 있다. 이질적인 집단을 무리하게 통합하는 과정에서 보험재정, 보험료부담, 소득파악의 곤란성 등 해결하기 어려운 문제가 계속 남아있어서 계층간의 갈등의 여지를 남겨 놓고 있다.

어떠한 경우라도 현행제도로서는 고액의 진료비를 해결할 수 없고 본인부담부분이 클 수밖에 없다면 상병수당을 포함한 비보험급여를 부담하기 위해서는 임의제도로서 보험회사 등에 의한 제 2 의 의료보험제도가 自生的으로 생겨날 수밖에 없다. 연금의 기초연금제도와 달리 의료보험에서 기초의료비 또는 최저의료비 보장이란 있을 수 없다.

3) 산재보험

사회보험으로서 산재보험은 보험기술적으로 민영보험과 가장 근접하게 접근되어 있는 제도이며 이러한 점에서 민영화 논란이 있었다. 특히, 산재보험은 의료보험과 연금보험과는 달리 재해근로자 및 노동조합의 요구와 투쟁, 권리주장이 강한 특성을 지니고 있다.

최근까지 산재보험은 의료보험, 연금보험에 비하여 보험회사들의 관심 밖에 있었고, 손해보험회사들의 근로자재해보상보험이 제 2 의 보장제도로서 일부 보급되고 있었다. 그러나 상해보험의 취급이 생명보험과 손해보험의 공동취급 영역이 되면서 두 보험업계가 단체상해보험 내지 특수상품을 경쟁적으로 개발·판매하는 추세에 있기 때문에 公私産災保險의 문제도 가볍게 취급될 수 있는 것은 아니다.

제 4 장 保險監督과 保險契約

제 1 절 保險監督

1. 保險監督의 필요성

私營保險, 즉 민간보험에 대한 정부의 감독정책은 규제를 주요내용으로 하고 있다. 오늘날 선진국의 어느 나라를 막론하고 정도의 차이는 있지만 保險業에 대한 국가의 강한 간섭을 볼 수 있는데 그 이유는 다음과 같다.

① 보험업은 일종의 기술부문에 속하므로 보험사업자가 취급하는 사업내용에 대해서 일반 대중은 이해하기 어려운 것이 많다. 오늘날 경제생활이 점차 복잡하여지고 소비자운동이 고조되고 있지만, 특히 보험소비자들은 보험기업에 대한 정부의 감독과 감시를 크게 요망하고 있다.

② 보험은 가격(요율), 판매(모집), 준비금의 적립, 자산운용에 있어서 정부의 규제가 소홀하면 부실경영에 빠지기 쉽다. 보험가격인 보험요율은 과거경험과 여러 가지 통계수치에 의하여 산정되는데 보험사업자간의 부당한 협정행위가 많아 보험계약자에게 높은 수준의 보험요율을 강요하기 쉽다. 보험시장에서 판매의 경쟁이 치열하여 보험계약자에게 불리한 조치와 불필요한 낭비, 즉 모집비용의 과대지출 등이 있을 수 있다. 그 뿐만 아니라 준비금의 적립은 보험회사의 유동성 확보를 위하여 필요하며 만약 여기에 차질이 있을 경우 지급불능의 상태에 이르게 된다. 보험회사의 자산은 수많은 계약자의 위험에 대한 共通準備資產이므로 그 투자에 있어서 보험회사의 투자정책에만 결코 맡길 수는 없다.

③ 보험상품은 무형상품으로서 다른 제품과는 달리 그 효용은 결국 보험회사의 공신력에 의하여 달성될 수 있는 것이다. 보험사업은 특히 公共性과 公益

性, 社會性과 倫理性이 강하기 때문에 이를 유지·확보하기 위해서 정부의 효율적인 감독이 필요하다.

근대보험에 대한 국가의 감독체계가 확립된 것은 1890년대 말이다. 그 이전까지는 보험회사는 구체적인 간섭을 받지 않아 亂立期로서 많은 회사가 도산되고 포말회사가 많았다. 또한, 보험경영의 형태도 개인, 조합 등 매우 다양하였으며, 공신력도 매우 미약하였다. 보험업에 대한 체계적인 監督法의 제정은 1900년 일본의 保險業法과 1901년 독일의 保險監督法을 들 수 있지만 그 이전에도 미국과 영국에서도 보험감독에 관한 규정, 행정명령, 법령 등이 일부 있었다.

역사적으로 美國은 州議會의 法令으로 일부의 州에서 보험업을 감독·인가하였기 때문에 현재까지 州마다 監督法의 체계와 내용이 다르다. 1794년 펜실베니아州, 1810년 남캐럴라이나州, 1814년 뉴욕州에서 각각 法令을 제정하여 보험회사의 인가, 모집활동의 규제, 외국보험회사의 활동을 제한하였다.

1858년 메사추세츠州는 효율적인 보험감독을 위하여 전임감독관을 두었고 이것을 계기로 1859년 뉴욕州를 비롯하여 많은 州에서 이 제도를 채택하면서, 1871년 全國保險監督官協議會(National Convention of Insurance Commissioners)가 조직되었다. 이것은 현재 NAIC(National Association of Insurance Commissioners)의 전신이다.

2. 私營保險政策

보험사업에 대한 국가감독의 내용과 정도는 그 국가의 이념, 경제질서, 보험발달의 정도 등에 따라 상이할 수밖에 없다. 보험감독의 일반적인 내용과 그 정책기조에 대해서는 보험감독의 일부로서 본절의 4 에서 언급하기로 하고, 여기서는 보험감독의 기본방침을 제시하는 데 원리가 되고 있는 3 가지 주의, 즉 公示主義(Publizitätssystem), 準據主義(System der Normativbestimungen), 實質的 監督主義(System der materiellen Staataufsicht)에 대해서 간단하게 소개하기로 한다.

(1) 公示主義

私營保險監督에서 가장 자유로운 제도이다. 이것은 보험사업에 대해서 직접적인 감독을 하지 않고 다만 보험사업에 대해서 설립, 사업성적, 기타 특정한 사항을 공표시켜 그 사업의 양부를 피보험자 및 기타 이해관계인에게 판단시켜 주려는 주의이다.

이 제도는 1909년 및 1946년 英國의 保險會社法(Assurance Companies Act)에서 채용하고 있다.

公示主義의 근본사상은 보험사업의 경영에 있어서 감독은 국가가 할 것이 아니라, 피보험자 및 일반 대중의 판단에 맡기는 것이다. 이 제도는 보험사업의 경영에 자율성을 허용하는 것이지만 반면에 단점으로서는 피보험자 등이 보험사업의 양부를 비교·판단하는 능력을 구비해야 한다.

그러나 보험사업의 경영은 전문적인 영역에 속하는 것으로서 누구나 쉽게 이해할 수 있는 것은 아니며, 보험사업의 부실경영, 파산에 대해서 예방하기 어렵고, 피보험자 등의 손실이 예상된다.

⑵ 準據主義

公示主義와 만찬가지로 準據主義에서도 국가가 보험사업에 대해서 직접적인 간섭은 하지 않는다. 다만 사전에 보험사업이 그 경영에서 준수해야 할 각종 준칙을 설정하여 놓고 정부는 보험사업이 이 준칙에 의거하고 있느냐의 여부만 감독하는 것이다.

이 準據主義도 감독의 목적을 달성하는 데 충분하지 못하다. 公示主義에 비하여 다소 진보하고 있지만 변화 속에서 발전을 거듭하는 보험사업에 대하여 그 때마다 준칙을 개정·제정한다는 것은 곤란한 일이며, 보험사업의 경영에서 諸準則을 교묘하게 회피하여 나갈 때 문제가 된다.

⑶ 實質的 監督主義

公示主義와 準據主義와는 달리 보험사업에 대하여 면허를 필요로 할 뿐만 아니라 구체적인 사항에 대해서도 정부의 감독과 인가를 받게 하는 제도이다. 오늘날 대부분의 국가에서는 이 제도에 의하여 보험사업을 감독하고 있으며, 우리나라의 경우도 역시 동일하다. 역사적으로 保險監督法이 제정될 때에 대부분의 국가가 이 제도에 의거하고 있는 바 스위스(1885), 오스트리아(1896), 일본(1900), 독일(1901), 미국의 경우가 그 예이다.

實質的 監督主義에서는 보험사업의 면허, 경영형태와 설립자본금, 상호와 명칭의 단속, 공탁금, 재산이용방법의 제한, 업무의 공시, 회사의 검사, 감독명령, 책임준비금의 적립, 외국보험회사의 활동 등에 대해서 구체적으로 保險監督法에

서 규정하고 있다.

3. 公營保險政策으로서 保險國營論

公營保險政策은 私營保險政策의 상대적인 개념으로서 그 중심은 보험국영의 문제이다. 保險國營은 국가가 법률에 의하여 민간보험의 영역에 속하는 보험사업을 경영하는 것을 의미한다. 따라서 사회보험이나 또는 전술한 수출보험, 농업재보험 등의 산업정책보험의 국영은 논의의 대상에서 제외되어야 할 것이다.

保險國營論은 19세기 이후 사보험의 정착단계에서 부실과 도산이 속출되고 그 폐해가 나타나는 가운데 각국에서 保險監督法의 제정을 전후하여 크게 논의되었다. 이것은 제 1 차·제 2 차 세계대전과 그 사이의 경제불황 등 사회가 혼란한 가운데 일부에서 보험국영론이 제창되기도 하였다. 그러나 제 2 차 세계대전 이후 각국에서 보험산업이 안정적으로 성장하고 그 영역이 확대됨에 따라 전통적인 국영보험의 영역이 축소 또는 국가의 보험시장지배가 줄어듬에 따라 보험국영론에 대한 관심은 크게 줄어들게 되었다. 다만, 제 2 차 세계대전 후 프랑스, 영국 등에서 주요 기간산업의 국유화가 추친됨에 따라 보험도 은행 등과 더불어 한 때 국영론이 다시 재연된 적이 있다. 여기서 보험국영론의 역사, 찬반 및 우리나라에 있어서 보험국영론에 대해서 언급하기로 한다.

保險國營論은 17세기 초부터 독일지방을 중심으로 公營火災保險으로서 州營火災保險의 보급을 주장하는 이론이 C. Obrecht 등에 의하여 제창되었고, 18세기에는 官房學에서 國營保險論을 일부 볼 수 있었다. 근내에 있어서 保險國營思想 가운데 가장 관심을 끌고 있는 것은 A. Wagner가 1881년 「國家와 保險」(*Der Staat und Versicherung*)에서 주장한 국영보험론이다.

그는 1880년대의 Bismark의 사회보험계획과 서로 관련성을 맺고 있다. 그는 보험제도의 조직상의 입장, 경제적·기술적 성질, 위험의 예방·진압과 관련시켜 보험은 그 성질상 자유기업으로서 인수할 것이 아니라 공공적 시설로서 취급되어야 한다고 주장하였다.

제 1 차 세제대전 후 사회주의사상의 대두와 더불어 독일에서는 보험의 사회화가 논의되고 보험국영론이 새로 제기되었다. 1918년 국민의회의 社會化委員會에서 보험의 사회화가 구체적으로 논의된 바 있다. 보험국영에 대한 찬성의 입장은, ① 私營保險은 높은 보험요율을 적용하지만 국가경영은 비용절약을 도모할 수 있고, ② 보험기업은 고이윤과 고율배당을 하고 있으며, ③ 私營保險은 그 기초가 불확실하고 보험범죄가 많으며, ④ 私營保險은 위험의 예방·진압에 노력하지 않는다는 것 등이다.

國營反對論의 입장에 의하면, ① 私營保險도 공공적 성질을 가지고 있으므로 국영으로 할 이유가 없으며, ② 보험기술의 진보라는 과정에서 경쟁을 하는 私營保險이 國營保險보다 우월하며, ③ 私營保險은 재해방지에 크게 공헌하고 있으며, ④ 國營保險은 관료주의적이고 사무가 비능률적이며, ⑤ 국가는 상업에 관여해서는 안 된다는 것 등이다.

이상과 같은 保險國營論에 대한 논쟁은 독일이 중심이 되고 있으며 日本에서도 제 2 차 세계대전에 즈음하여 保險國營論이 활발하게 논의되었다(末高信, 「保險國營論」, 有光社, 1942). 독일에서 國營贊成論者는 위의 A. Wagner를 비롯하여 G. W Leibniz, D. Defoe, G. Worner(1913) 등이며, 反對論者는 A. Manes(1919)가 대표적이다. 또한, 미국에 있어서 贊成論者는 W. F. Gephart(1920)이며, 반대론자는 McCahan, Crispin 등이다.

韓國에 있어서 保險國營論은 1948년 7 월 17일 공포된 제헌헌법 제87조에서 보험, 은행, 전기, 수도 등을 국영 또는 공영으로 한다고 규정한 것에서 발단되었다. 헌법에서 이와 같은 통제경제적 요소를 가미한 것은 전후 영국, 프랑스, 동국공산권 등에서 기간산업의 국유화에 영향을 받은 것이다. 1948년 6 월부터 헌법상의 보험국영에 대하여 비상한 관심을 가지고 4 社(서울화재, 고려화재, 대한화재, 손해보험협회)가 의견서를 제출한 바 있다. 그 후 보험국영론은 재론되지 않고 있다가 1963년 3 월 國營再保險會社(大韓損害再保險公社)가 民營會社의 반대에도 불구하고 설립될 때에 그 타당성을 주장하는 일부 論者가 있었다.

4. 保險監督體系와 保險業法

(1) 보험감독체계

保險企業의 경영환경요인으로서 가장 중요한 것은 정부의 保險監督行政의 내용변화 및 태도이다. 保險事業은 다른 산업 이상으로 면허 및 실질적 감독주의하에서 保險業法과 같은 특별한 감독법에 의하여 정부의 엄격한 감독을 여러 측면에서 받기 때문에 경영활동을 수행함에 있어서 보험행정은 절대적으로 큰 영향을 미치고 있다.

우리나라에서는 '保險政策'과 '保險行政'을 일반적으로 뚜렷하게 구분하지 않고 혼용하는 경우가 많다. 보험정책이란 종합적인 경제정책의 일분야를 형성하는 것으로서 보험현상 전반에 관하여 경제정책으로서의 위치를 차지하고 있다. 여기에 대하여 보험행정은 보험정책의 목표를 실현하기 위한 고도의 합리성을 가지고 '보험에 관하여 국가의 행정기관이 행하는 경제적 작용'으로 파악할 수 있다. 오늘날 보험정책은 국가사회적 견지에서 전개되는 고차원의 대규모적인 경제정책의 추진과 달성을 위하여 보험에도 참가와 협력을 구하는 보험정책이 최근 보험정책의 주내용이며 또는 주류를 형성하고 있다.

일반적으로 보험행정이라고 할 때 협의로는 재경부 및 금융감독원이 행하는 사영보험에 관한 것을 의미하고 광의로는 특별법에 의한 국공영보험 및 조합보험의 행정을 포함한다. 후자는 현재 우리나라에서도 재경부 이외의 행정 각 부처에 산재되어 있어 국가적 차원에서 綜合保險行政의 구상이 필요한 실정이다.

보험행정이라고 할 때 우리는 흔히 감독행정으로서 통제·구속·간섭행정을 의미하는 것으로 생각하기 쉽지만 보험행정은 다른 일면에서는 지도행정·조장행정도 물론 포함하고 있다. 보험행정의 기본목표는 피보험자의 보호를 제일로 하고 보험자의 보호를 부수적으로 하는 데 두어야 한다. 반대로 보험자의 보호를 제일로 하고 그것을 통하여 보험회사의 경영이 안전·견실하여짐에 따라 피보험자의 보호가 가능하다는 논리는 적어도 그것이 보험과 같은 특수사업의 경우에는 결과적으로 보험회사만 보호하고 피보험자의 보호는 말로만 하고 그치게 된다.

오늘날 保險産業·保險企業에 대한 행정자세는 보다 적극적이고 능동적인 경향이 증대되고 있음을 부인할 수 없다. 최근의 보험행정은 한편으로 보험사업의 보호육성과 체질강화에 주력하면서 다른 한편으로는 보험계약자와 피보험자의 요청에 따라 福祉社會의 보험으로서 내용과 성격을 충실하게 갖추도록 요구하고 있다. 보험행정은 보험산업의 보호자 및 관리자로서의 적극적인 측면과 보험계약자 등의 이해관계자간의 조정자로서 약자인 보험계약자에게 기여하는 자세를 동시에 갖추어야 한다.

우리나라의 민영보험사업에 대한 보험행정의 내용은 보험업법을 중심으로 하여 인허가규제가 이루어지고 행정지도를 통하여 감독지도가 행하여지고 있다. 구체적으로는 보험사업의 면허, 신종상품의 約款·料率 등의 심사와 인가, 기초서류의 내용에 대한 검사 및 변경승인, 재산이용에 대한 제한, 보험모집업무의 규제, 책임준비금의 적립, 사업연도 말의 결산관계, 기타 보험회사 업무 전반에 걸쳐 그 감독권은 보험업법에 의하여 광범하게 미치고 있다. 따라서 보험행정은 지도행정으로서의 특징보다 인가행정 및 규제행정으로서의 성격이 강하다. 이것은 보험행정 특유의 성격에서 오는 일면과 다른 한편으로는 우리나라가 전통적으로 전형적인 관료우위와 행정선행의 행정국가라는 점에서 연유되는 것으로 볼 수 있다.

위에서 언급한 바와 같이 保險政策은 종합적인 경제정책의 한 분야이고, 保險行政은 보험정책의 목표를 실현하기 위하여 고도의 합리성을 가지고 보험에 관하여 국가의 행정기관이 행하는 경제작용이다. 따라서 경제정책→보험정책→보험행정의 관계에서 보험행정의 올바른 이해를 위해서는 경제정책과 보험정책의 관계와 체계를 이해해야 한다.

경제정책에서 성장정책·안정정책·공정정책을 논할 때 보험산업에 대해서도 보험성장정책·보험안정정책·보험공정정책으로 반영될 수 있다. 보험성장정책은 직접적으로는 피보험자와 보험자 양자를 대상으로 한다. 피보험자에 대해서는 보험료와 보험금에 대한 세금경감을 예로 할 수 있고, 보험자에 대해서는 보험가입 강제(책임보험 등 개발), 보험자유화 촉진이 그 수단이 될 수 있다. 또한 경제성장정책의 추진에 따라 보험산업에 대해서는 특종상품개발, 투자촉진이 요망된다. 경제안정정책이 추진되는 경우 보험산업에 대해서는 오히려 불리하게 작용될 수 있다. 보험회사에 대해서는 다른 사업 참가제한, 생손보겸영제한, 임원의 겸직제한, 자산운용규제, 회사신설규제 등의 조치가 따를 수 있다. 경제공정정책이 강력하게 추진될 경우 보험회사에 대해서는 규제정책으로 일관될 수 있다. 예로서 보험소비자운동의 촉진, 기초서류의 강화, 사업비규제, 검사권 및 감독명령권의 발동, 보험사업에 대한 공정거래법의 적용 등이 있을 수 있다.

보험감독체계는 어느 국가에 있어서나 그 나라의 보험감독법에 근거를 두고 있다. 보험감독의 목표는 여러 가지 논의가 있을 수 있지만 보험회사의 재무건전성확보를 통한 보험가입자보호에 초점이 맞추어지고 있다. 선진국으로서 미국은 실질적 감독주의를 채택하고 있고, 영국은 전통적으로 자유공시주의에서 1970년을 전후하여 다수의 보험회사가 파산됨에 따라 규제행정을 강화하는 방향으로 나가고 있다. 1975년 보험계약자보호법(Policyholders Protection Act)의 제정도 그 당시의 사정을 반영한 것이다. EC국가 회원국으로서 영국은 법제통일화를 위하여 필요한 조치를 취하였다.

독일의 보험감독체계는 1901년 보험감독법의 제정 이후 몇몇 중요한 변화가 있었지만 기본적인 틀은 그대로 유지하여 왔다. 전통적으로 독일의 보험감독은 보수적이고 엄격한 규제로 일관되어 왔지만 1990년대 이후 유럽공동체의 영향으로 규제행정에서 많은 변화가 일어나고 있다.

한국의 보험감독체계는 1978년부터 감독의 이원화, 즉 재경부와 보험감독원(1998년 금융감독원으로 통합)으로 감독체계가 형성되어 있어서 초기에는 여러 가지 문제가 발생하고 있었다. 감독업무수행과 관련된 권한문제, 감독업무의 실효성과 경제적 효율성, 금융감독원 통합 이후 보험감독업무의 전문성의 문제 등이 제기되어 왔다. 1980년대 중반 이후 전체 금융산업에서 야기된 규제완화, 자율화, 국제화와 1990년대 말의 외환위기로 취해진 일련의 금융정책 가운데 보험감독은 은행, 증권, 기타 금융시장정책의 큰 틀 속에서 움직여야 한다고 하지만 그 과정에서 보험산업의 특수성과 전문성이 반영되기 어려운 여러 가지 조치들이 있었다.

(2) 보험업법

보험산업을 효율적으로 감독하기 위하여 어느 국가에서나 보험감독법 내지 보험업법이 존재하고 있다. 미국은 1945년 McCarran-Ferguson Act가 보험감독을 연방이 아닌 개별 州의 소관으로 규정하고 있어 각 주마다 다른 보험업법을 가지고 있다. 미국은 감독체계의 통일화를 위하여 각 주의 보험감독관들로 구성된 미국보험감독관협회(National Association of Insurance Commissioners: NAIC)에 의하여 주도되고 있다. 영국에서 보험감독에 관한 기본법은 보험회사법(Insurance Companies Act, 1982)이며 소비자보호를 위하여 전술한 보험계약자보호법(1975)의 존재도 감독법의 일부로 인정할 수 있다.

독일의 보험감독법(Versicherungsaufsichtsgesetz: VVaG)은 면허 및 실질적 감독주의를 채택하고 있으며, EU지침에 따라 보수적인 조항의 일부 개정이 있었다. 보험감독은 보험감독청이 수행하며 보험계약법(VVG), 약관규제법(AGB-Gestez), 상법, 주식회사법, 파산법 등의 법률도 직접·간접으로 영향을 미치고 있다.

일본의 보험업법은 1900년에 제정되었으며 역사적으로 한국의 보험업법에 큰 영향을 미치었다. 일본은 보험업법 이외에 보험모집과 외국보험회사에 대해서 별도의 법률을 가지고 있는데, 한국은 일본의 감독법 내용을 따르고 있었으나 1978년 통합법으로서 방대한 보험업법이 제정되었다.

한국의 보험업법은 1977년 12월 31일 전문이 개정되고 법률 제3043호로 제정되었는데 2000년까지 14차례 개정이 있었다. 보험업법은 민영보험회사의 감독법으로서 절대적인 위치를 차지하고 있으며, 그 이외에 금융산업의구조개선에관한법률(1997), 예금자보호법(1995), 독점규제및공정거래에관한법률(1990), 소비자보호법(1986), 약관규제에관한법률(1986) 등도 보험감독과 관련되는 법률이다. 보험업법은 은행법, 증권업법 등과 비교가 되지 않을 정도로 방대한(229개 조항) 내용으로 되어 있는데 여기에는 死文化된 상호회사에 관한 조항이 40여 개나 포함(제41조~제81조)되어 있다. 보험업법의 주요내용은 다음과 같다.

① 보험사업자: 보험사업의 허가, 자본금·기금·보험계약자 보호예탁금, 재무건전성 유지, 경영공시, 내부통제기준, 상호, 겸영제한, 임원 겸직제한, 사외이사·감사위원회, 기초서류, 상호협정, 재산운용, 특별계정, 보험사업자에 대한 제재

② 주식회사: 자본감소, 소수주주권의 행사, 조직변경

③ 상호회사

④ 외국보험사업자

⑤ 계산: 재평가적립금, 책임준비금 등의 적립

⑥ 보험사업자의 관리: 관리계약, 정리권고, 정리명령, 보험관리인, 합병·계약이전

⑦ 해　　산

⑧ 청　　산

⑨ 보험의 모집: 모집인 자격, 등록, 보험대리점, 보험중개인

⑩ 금융감독원

⑪ 보험분쟁의 조정

⑫ 회　　계

⑬ 보험관련단체

⑭ 보험전문인(보험계리인, 손해사정인 등)

⑮ 벌　　칙

(3) 보험업법의 역사와 오류

우리나라 保險業法은 1962년 1월 15일 法律 제973호로 제정되었다. 이와 때를 같이 하여 동년 1월 20일 보험모집단속법(법률 제990호)과 외국보험사업자에관한법률

(법률 제989호)이 제정되었다. 보험사업의 역사가 1880년대임에도 불구하고 보험감독법의 제정은 40여 년에 불과한 것은 그 동안 중대한 과오가 있었기 때문이다.

일본은 1900년에 保險業法이 제정되었지만 8·15 해방까지 우리나라에는 동법이 적용되지 않았고 실질적인 보험감독법령이 아닌 會社令에 의하여 규제를 받았다. 한국과 같은 식민지인 대만(1922년 12월 28일 칙령 제251호)과 관동주(1908년 9월 24일 칙령 제213호)는 각각 독립된 보험감독법령이 있었지만 우리에게 법률을 제정하지 않은 것은 보험시장을 지배하고 있는 일본 보험회사지점들의 활동을 구속하지 않으려고 한 것이었다.

회사령은 원래 商工關係法令으로서 1910년 12월 29일에 제정되었다. 그 내용은 한국에서의 본사설립 및 일본에서 설립된 회사가 한국에 본·지점을 설치할 경우에는 조선총독부의 허가를 받아야 한다는 것이 기본골격이다. 따라서 회사령은 보험업을 감독하기 위하여 제정된 것이 아니고 또한 그 자체가 기술적인 보험업을 규제할 수도 없다. 1920년 4월 회사령은 폐지되었지만 보험업에 대해서는 당분간 조선보험업령이 제정될 때까지 그대로 유효하도록 하였다.

이른바 조선보험업령의 제정은 이 때부터 논의되었으나 조선총독부의 고의적인 무성의로 보험업은 회사령의 적용을 받아 왔다. 이 회사령은 1962년의 보험업법 부칙에 의하여 폐지되었다. 8·15 해방과 동시에 미군정이 실시되고 보험회사의 설립신청이 쇄도함에 따라 처음에는 몇몇 會社를 인가하여 준 미군정청의 그 당시 유효한 보험감독법이 없음을 알고 1947년 4월 8일 손해보험 고문 Clifford J.E. Stanton 소령의 지시에 의하여 일본의 보험업법을 의용하도록 하였다. 이 지시는 미군정법령은 아니므로 1948년 8월 15일 대한민국정부가 수립된 이후는 효력이 없었다.

1948년 8월 19일 우리 정부는 보험업계와 공동으로 보험업법기초전문위원회를 조선손해보험협회 내에 설치하고 일본의 보험업법을 모방한 초안이 1949년 1월에 작성되었으나 국회에 제출되지 못하였고, 6·25 동란으로 관계인사가 자리를 떠나고, 그 이후 미군정청의 지시가 그대로 유효한 것으로 잘못 판단하여 일본의 보험업법이 계속 誤用되었다. 그 뿐만 아니라 지시에도 없는 일본의 保險募集團束法과 외국보험사업자에관한법률이 적용되는 이중의 모순을 범하게 되었다. 따라서 1962년 1월 보험업법 등이 제정될 때까지 14년 동안 일본의 保險監督法이 근거 없이 우리나라에 적용되었다.

1961년 5·16 쿠데타 이후 군사정부에서 구법정리의 일환으로 법개정이 추진되는 가운데 상기 보험업법 등이 처음으로 우리 손에 의하여 제정되었다. 이때 법률 각 부칙에서 일본의 보험업법 등을 폐지한다고 하였지만 이는 근거가 없는 것이다. 그 후 1977년 보험산업근대화방안에 의하여 同年 12월 31일 法律 제3043호에 의하여 보험업법이 크게 개정되었다. 그 내용은 구보험업법과 보험모집단속법 및 외국보험사업자에관한법률 3가지를 하나의 法律로 통합하고 여기에 保險監督機關으로서 신설된 한국보험공사법이 첨가되어 보험업법은 전문, 229조, 부칙 19조의 방대한 법률이 되었는데 외국 보험업법에 비하여 그 체계가 복잡하게 되었다.

제 2 절　保險契約과 保險契約法

1. 保險契約

(1) 보험계약의 본질

보험계약의 본질에 있어서는 보험의 본질론과 마찬가지로 많은 논의와 학설이 대립되어 왔다. 특히 종래의 보험의 본질론은 보험계약의 중심의 법률론적 본질론이 중핵이 되어 왔기 때문에 더욱 혼란이 야기되었다.

상법 제638조의 정의에 의하면, "보험계약은 당사자 일방이 약정한 보험료를 지급하고 상대방이 재산 또는 생명이나 신체에 관하여 불확실한 사고가 생긴 경우에 일정한 보험금액, 기타의 급여를 지급할 것을 약정함으로써 효력이 생긴다."라고 규정하고 있다.

우리 상법의 이상과 같은 정의에 대하여 보험계약을 다른 유형의 계약과 구별하는 데 필요하고도 충분한 개념요소를 구비하고 있느냐에 대해서는 많은 학자들은 의문을 가지고 있으며, 또한 성격이 서로 다른 손해보험계약과 인보험계약을 하나의 조문에서 통합하여 정의하는 데는 논리적으로도 문제점을 안고 있다.

따라서 양자에게 공통되는 통일적인 정의를 내리기 어려우므로(一元說) 각각 별개의 정의를 내리는 二元說을 주장하는 학자도 다수가 있다. 우리의 舊商法(제629조, 제673조)은 이 방법에 따르고 있다.

보험계약의 관계자는 직접적으로 당사자인 보험자(보험회사)와 보험계약자가 있고, 이해관계를 가지는 제 3 자로서 피보험자와 보험수익자가 있다. 保險者(insurer, underwriter)는 보험사고가 발생할 때 약속한 보험금을 지급하는 사람을 의미하며, 保險契約者(insured, assured)는 자기의 이름으로 보험자와 보험계약을 체결하는 상대방 당사자로서 보험료를 지급할 의무가 있다.

피보험자는 보험계약의 직접 당사자가 아닌 보험계약관계자로서 재산보험에 있어서는 보험사고의 발생시 손해를 보상받는 사람이며, 人保險에 있어서는 보험의 목적인 사람이다. 또한, 보험수익자는 인보험에 있어서는 계약상의 이익을 받는 사람을 의미한다. 피보험자 또는 보험수익자는 자기를 위한 보험계약에 있어서는 보험계약자 자신이며, 타인을 위한 보험계약인 경우에는 제 3 자이다.

한편, 보험계약의 체결에 관련된 보험자의 보조자로서 보험대리점, 보험중개인, 보험모집인 등이 있으며 그 이외에 전문직업인으로서 損害査定人, 保險醫, 保險計理人 등이 있다. 특히 보험모집인은 보험계약의 체결의 대리권, 보험료수령권, 고지·통지의 수령권 등의 유무는 보험관계에서 자주 문제가 되고 있다.

우리나라 보험실무에서는 이른바 보험모집인의 三無權을 주장하고 있으나 보험대리점, 보험모집인 등의 잘못에 대한 소속보험회사의 배상책임(보험업법 제158조)을 규정하고 있는 것을 보면 보험계약자의 보호라는 입장에서 三無權의 주장은 무리가 있다고 생각된다.

그러나 보험업법 제158조 단서조항은, 보험사업자가 이들의 업무에 대하여 상당한 주의를 하였거나 이들이 행하는 보험모집에 있어서 보험계약자에게 가한 손해의 방지에 노력한 때에는 그러하지 않다고 규정함으로써 현실적으로 아무런 의미가 없게 되있다.

(2) 보험계약의 특성

保險契約은 상법상의 규정을 중심으로 다음과 같은 여러 가지 특성을 지니고 있다.

1) 不要式의 諾成契約

보험계약을 체결하기 위한 의사표시에는 특별한 방식은 필요하지 않다. 이것이 법률상 不要式契約이다. 또한, 보험계약은 당사자쌍방의 의사표시의 합치에 의하여 성립하고 계약성립을 위하여 당사자의 아무런 급여를 요하지 않는 諾成契約(상법 제638조)이다.

2) 有償·雙務契約

보험계약에 있어서는 보험계약자가 구체적으로 保險料를 지급할 의무를 부담하는 데 대하여 보험자는 약정한 사고의 발생을 조건으로 보험금을 지급하는 것으로서 보험계약은 계약당사자의 급부의 내용이 對價關係가 있다는 의미에서 유상계약이다. 또한, 보험계약은 계약당사자가 서로 계약상의 대가로서 채무를 부담한다는 의미에서 雙務契約이다.

3) 射倖契約(aleatory contract)

射倖契約이란 당사자에게 발생하는 구체적인 손익이 우연성을 가지는 계약을 말한다. 보험계약은 당사자가 계약상 의무의 이행으로서 보험료와 보험금의 쌍방 또는 적어도 일방의 유무 또는 大小가 우연한 사실에 의하여 좌우된다는 의미에서 일종의 사행계약이다.

4) 最大善意의 契約(utmost good faith)

보험계약은 원래 보험의 도박화를 방지하기 위하여 당사자의 상대방에 대한 선의를 확보하는 것이 요구되는 계약이라는 의미에서 최대선의의 계약이라고 한다. 그러나 善意 또는 信義誠實의 原則은 보험계약에서만 주창되는 것이 아니고 민법 등 모든 법역에 타당한 대원칙이다.

5) 附合契約(contract D'adhesion)

보험계약은 보험자가 미리 정한 標準的 保險約款, 즉 普通保險約款에 따라서 체결되는 것이 보통이다. 보통보험약관은 거래를 간편하게 하고 법률관계를 분명하게 하는 것이지만 보험계약자에게 불리한 조항이 포함될 우려가 있기 때문에 금융감독위원회의 인가를 받게 되어 있다(보험업법 제 5 조 제 3 항).

보험계약은 부합계약으로서 대중을 보호할 필요가 있으므로 상법 제663조는 당사자간의 특약으로서도 보험계약자, 피보험자 또는 보험수익자의 불이익으로 변경하지 못한다고 규정하고 있다. 이것은 보험계약법의 상대적 강행법규성을 인정한 것이다.

6) 技術的·團體的·社會的 特異性

보험은 收支相等의 原則에 의하여 지배되고 있으며 그 내용은 수리통계적 계산을 전제로 한다. 따라서 보험은 경영기술적 구조를 가지고 있는 바 보험계약에서도 그대로 나타나고 있다. 동시에 기술적 특성을 악용한다면 보험약관이 도박의 방향으로 흐를 가능성이 있기 때문에 最大善意契約性을 그 출발로 하고 있다.

보험계약의 단체성은 개개의 보험계약을 다수집결시킴으로써 보험자가 위험의 평균화와 분산화를 도모하는 것을 말한다. 보험계약의 사회적 특이성은 다른 계약에 비하여 사회적인 영향력이 크다는 뜻이다. 이것은 보험계약에 있어서 가입자전원이 같은 계약조건 아래서 보험보장을 받기 때문이다.

2. 保險契約法

(1) 보험계약법의 개념

보험계약법은 일반적으로 保險法이라고 한다. 보험법은 넓은 의미로 사용되며 여기에는 보험계약관계를 규율하는 상법 제4편 및 감독법인 보험업법 등을 포함하며 일반적으로 보험계약법이라고 할 때는 상법 제4편을 의미한다. 보험계약법은 보험자와 가입자간의 私法的인 法律關係를 규율함을 목적으로 하고, 보험계약 당사자간의 권리와 의무에 관한 것이 중심이 되고 있다. 보험계약법은 보험거래관계만을 규율하므로 그 기본성격은 상행위법에 속한다.[1)]

선진국의 보험법의 역사와 원천은 영미법과 대륙법으로 구분되고 있다. 영국은 해상보험법을 중심으로 가장 오랜 역사를 가지고 있고 보험법에 있어서도 판례, 관행 및 법률논리를 정착시켜 왔다. 특히 영국은 방대한 보험판례와 생명보험법(1774), 해상보험법(MIA, 1906) 등이 원천이 되고 있다. 미국에서 보험계약에 관한 법률은 연방이 아닌 州 중심으로 보험감독법적 규제를 규정하고 있다. 대표적인 것으로 캘리포니아州보험법(1935)과 뉴욕州보험법(1939)을 들 수 있다.

우리나라 보험법의 중심이 되고 있는 보험계약법은 상법 제4편(保險編)이며 제1장 통칙(제638조~제664조), 제2장 손해보험(제665조~제726조), 제3장 人保險(제727조~제739조)으로 구성되어 있다. 손해보험법은 화재보험, 운송보험, 해상보험, 책임보험, 자동차보험(1991. 12. 31. 신설)으로 되어 있고, 인보험은 생명보험과 상해보험을 포함시키고 있다. 상해보험은 법률에서 인보험에 편입되어 있지만 이른바 제3분야 보험으로서 소속영역을 둘러싸고 손해보험과 논란이 있었고 그 결과 실무에서는 상호겸영으로 하고 있다.

보험계약법인 상법(보험편)은 1962년에 제정되었지만 그 동안 보험산업의 발전과정에서 보험법의 개정이 계속 논의되어 왔으나, 보험계약법이 포함된 상법 자체가 경제단체 및 이해집단의 이해관계로 쉽게 개정이 되지 못했다. 그러

1) 金星泰, 「保險法講論」, 法文社, 2000, pp. 135～140 참조.

나 30년 동안 경제환경변화와 상법의 문제점이 지적되고 각계에서 개정의 필요성이 제기되어 1991년 12월 대표적인 개정이 있었다. 개정내용은 보험가입자보호(제638조의2~3, 제664조 등), 보험의 편의성보호(제725조의2, 제731조), 당사자간의 이해조정(제650조, 제652조 등), 거래현실에 맞지 않는 규정의 정비 등이다.

(2) 보험계약법의 특성

보험계약법의 특성은 보험계약 그 자체의 특성으로 이해할 수 있으며 여기서 특성이란 다른 거래법과 비교하여 차별성을 의미한다. 보험계약법의 특성은 기술성, 단체성, 사회성, 공공성, 국제성, 선의성(윤리성) 등이다.[2] 기술성이란 보험계약은 급부(보험금)와 반대급부(보험료)의 관계에서 동종의 위험에 노출된 다수의 경제주체 집단적으로 계약을 맺고 있으며 보험료 등의 계산에서 수리기술적 측면이 강조되고 있다. 재산보험의 경우에는 위험의 적절한 선택·관리·분산이 필요하고 통계적·경험적으로 위험을 처리하는 데 고도의 전문성이 요구되고 있다.

보험계약법의 단체성은 보험계약이 동종의 위험에 대처하기 위하여 다수의 불특정한 사람들이 가입한 위험단체 또는 위험공동체를 형성하고 있다는 점에 착안하고 있다. 여기서는 보험계약자 평등대우의 원칙이 적용되고, 단체를 이루기 위해서는 대량판매가 전제되어야 한다. 保險契約法에서 社會性과 公共性을 강조하고 있는 것은 보험가입자보호의 강화, 보험계약법의 强行法性에서 찾아볼 수 있다. 가입자보호는 대중을 상대로 하는 家計保險에 있어서 가입자들이 보험기술과 전문성을 이해하지 못하기 때문이며 또한 보험계약은 약관에 의하여 통일적으로 이루어지는 附合契約이므로 계약자보호원칙이 강하게 요구되고 있다. 강행법적인 성격은 계약자 불이익 변경금지의 원칙(상법 제663조), 공법적인 감독의 엄격성에서도 나타나고 있다.

보험계약법의 국제성은 외국과 재보험을 통한 위험의 국제적 분산이 필요하기 때문이다. 이 경우 위험의 인수, 보험약관의 통일성이 요구되고, 해상보험은 약관이 국제적으로 통일되어 있기 때문에 약관규제법의 적용이 배제될 여지가 있다. 보험계약법의 善意性 내지 倫理性은 보험계약에서 도덕적 위험이 존재하기 때문이다. 도덕적 위험의 발생은 보험사고의 발생 가능성을 크게 높이는 보험제도의 취약점이다. 보험거래를 대량적으로 처리하는 보험자로서는 기술적·

2) 金星泰, 上揭書, pp. 158~176 참조.

경제적 이유로 개별계약의 위험상황을 완전히 파악할 수 없으므로 악의적 보험가입자에 대해서는 제도적 약점을 지니고 있다. 따라서 보험가입자측의 정직성 내지 선의를 전제로 하지 않고는 보험제도의 정상적인 운영이 어렵다. 일반 계약에 있어서도 민법상의 신의성실의 원칙이 지배되고 있지만 보험계약에는 특성으로 最大善意契約性이 강조되고 있다.

(3) 보험계약법의 주요내용

상법의 보험계약법은 100여 개의 조문으로 구성되어 있는데 通則, 損害保險, 人保險으로 나누어 주요 내용을 간략하게 설명하기로 한다.[3)]

1) 通　則

보험계약법 통칙에는 보험계약의 성립, 告知義務, 보험계약의 효과, 보험계약의 변경·무효·종료·부활, 타인을 위한 보험계약이 주요 내용이다.

① 보험계약의 성립: 보험계약은 청약과 승낙을 거치는 諾成契約이다. 보험계약자와 보험자간에 청약과 승낙에서 의견일치가 있어야 한다. 일반으로 청약은 보험계약자가 설계사, 대리점 등의 권유에 따라 보험에 가입하기로 하고 보험청약서와 질문서에 필요한 사항을 기입하고 최초 보험료를 납입한다. 보험자는 계약자의 청약내용을 검토하여 가입여부를 결정한다. 물론 예외적으로 해상보험에서는 豫定保險(provisional policy, float policy, open cover)이라는 것이 있다. 예정보험은 계약내용의 일부가 미확인상태의 보험계약을 의미하는데, 적하보험에서 수출입화물의 선적시 실무상 편리를 위하여 일정조건 아래 포괄적으로 보험계약을 체결하고 있다.

보험계약자를 보호하기 위하여 청약철회청구제도(cooling-off system)라는 것이 있다. 이 제도는 보험계약자가 보험증권을 작성하여 발송한 시점에서 15일 내에 자신의 청약을 철회할 수 있도록 한 것이다. 특히 생명보험은 장기간 구속되는 계약으로서 신중히 재고할 기회를 주려는 취지로서 1980년대에 도입되었는데 그 동안 선진국과 달리 우리나라는 도입이 늦었다.

② 保險約款의 교부·설명: 보험계약을 체결할 때 보험자는 청약자에게 보험약관을 교부하고 중요내용에 대해서 알려야 하는 의무가 있다. 이른바 상법 제638조의3 제 1 항이 바로 그것이며 1991년 상법개정에서 신설된 것이다. 약관 제 3 조에서도 같은 취지를 규정하고 있다. 보험약관은 사업자인 보험회사에 의

---

3) 金星泰, 前揭書, pp. 179～359 참조.

하여 사전에 일방적으로 작성된 것이기 때문에 고객을 위하여 청약단계에서 이 의무를 부과한 것이다. 이 의무를 위반하면 보험업법(제158조)에 따라 보험자는 손해배상책임을 진다. 오늘날 인터넷 등에 의한 보험가입시 설명의무가 문제될 수 있지만 이 경우에도 의무가 면제되는 것은 아니라고 보고 있다.

③ 告知義務: 보험관련 용어를 쉽게 풀이하기 위하여 보험약관에서는 계약전 알릴 의무라고 하고 있으나 상법에서는 告知義務라는 용어를 그대로 사용하고 있다. 고지의무(duty of disclosure)란 보험계약자 또는 피보험자가 보험계약을 체결함에 있어서 중요한 사항을 알리고 부실하게 알리지 아니할 의무를 말한다(상법 제651조). 보험자는 수많은 계약을 취급하면서 보험계약의 승낙여부, 보험조건 및 보험료의 산출에 영향을 미치는 각종 위험정보를 가지고 있어야 하는데, 이것은 보험계약자측이 제출한 질문답변서의 내용으로 판단할 수밖에 없다. 보험계약자가 위험평가에 필요한 정보를 제공하지 않거나 잘못된 정보를 제공하면 가입자가 불량위험(bad risk)을 보험에 가입시키는 이른바 逆選擇(adverse selection)의 문제가 생긴다. 역선택이 빈발할 경우 조기보험사고가 많이 발생하고 보험금이 부당하게 유출되어 보험회사의 운영상의 타격은 물론 선의의 보험가입자에게도 피해를 입히게 된다. 따라서 보험제도는 보험가입자의 위험정보제공에 있어서 성실하고 정직한 태도가 반드시 필요하며 보험계약의 최대선의계약성은 이 경우에도 해당된다.

고지의무를 이행하기 위하여 중요한 고지사항은 보험계약자로서는 구체적으로 알기 어렵기 때문에 계약청약시에 질문란을 성실하게 기입하도록 하고 있다. 고지사항은 보험종목에 따라 다르다. 화재보험은 보험목적물의 材質(목조, 석조, 철근콘크리트 등), 구조, 용도, 주변환경 등이고, 자동차보험은 차량의 모델, 등록지, 용도, 운전자 등이다. 생명보험에서는 피보험자의 연령, 성별, 旣往症 및 과거 질병경력 등 구체적인 사항이 요구된다.

오늘날 생명보험계약에서 당사자간의 분쟁사유 가운데 주류를 이루고 있는 것은 고지의무의 위반여부이다. 고지의무의 위반요건은 중요한 사항에 대한 불고지·부실고지(객관적 요건)가 있어야 한다. 또한 의무위반이 되려면 보험계약자 등의 고의 또는 중대한 과실로 인한 것이야 하며(상법 제651조, 주관적 요건), 의무위반에 대한 입증책임에 있어서는 많은 논란이 있었으나 보험자에게 있다는 것이 통설이다. 고지의무 위반시 보험자는 보험계약을 해지할(상법 제655조) 수 있다. 해지의 효력은 장래에 대하여 발생하므로 이미 수령한 보험료는 반환할 필요가 없다. 그러나 생명보험의 경우 보험수익자를 위하여 적립한 금액은 보험계약자에게 지급하여야 한다(제736조 제 1 항).

계약해지권은 보험자 및 그 대리인의 악의·중과실이 있을 때는 행사할 수 없다. 이것이 해지권의 제한이며 除斥期間은 보험자가 위반사실을 안 날로부터 1월 내, 계약성립일로부터 3년으로 하고 있다(상법 제651조). 생명보험은 이 기간을 더 단축하여 진사계약 1년, 무진사계약 2년으로 하고 있다. 보험계약이 실효된 후 부활계약에 있어서도 고지의무를 이행해야 하는 데 주의할 필요가 있다.

생명보험 실무에서 고지의무수령권자에 대해서 분쟁이 자주 발생하고 있다. 이 문제에 있어서는 학설, 판례 등이 매우 복잡하다. 수령권자는 보험자, 보험계약체결대리권을 갖는 보험대리점, 保險醫(診査醫)는 수령권을 가지고 있다고 보며, 생활설계사(보험모집인)는 수령권이 없다고 보고 있다(1979 대법원 판례 등). 생활설계사에게 고지수령권을 인정하는 것이 가입자보호를 위하여 필요하다는 논의가 계속되고 있지만 모집제도의 정비·개선 등의 조치가 선행되어야 한다(1978 보험분쟁심판).

한편 보험계약자 등에게는 通知義務가 요구되고 있다. 고지의무는 보험계약이 성립되기 전까지 보험계약자측의 위험정보 제공의무이지만 통지의무는 계약이 성립한 후 위험의 현저한 변경·증가에 대하여 보험자에게 알릴 의무를 말한다.

④ 保險契約 當事者의 의무: 보험계약이 체결되면 보험자와 보험계약자 등은 각각 의무를 부담하게 된다. 보험자는 보험증권의 교부의무가 있는데 보험증권에 대해서는 다음 항목에서 설명하기로 한다. 보험계약에서 보험자의 가장 큰 의무는 보상의무이다. 보상의 일반적인 방법은 보험금의 지급이며 이 때 보험증권을 제출해야 한다. 보험금은 현금보상과 현물보상이 있으며 현금보상이 일반적이다. 현물급여는 손해보험에서 현금보상이 어려운 경우 간혹 이용되기도 하며 의료보험, 산재보험, 자동차보험 등에서 요양급여는 병원에서 치료, 즉 현물급여로 이루어지고 있다.

보험자의 보상의무와 관련하여 손해방지비용의 부담이 있다. 보험계약자 등이 손해의 방지·경감에 노력한 경우 그때 소요된 비용은 보험자가 부담한다. 보험금의 보상의무 이행시기는 다른 약정이 없으면 사고발생통지 후 보험자가 보험금액을 정한 날로부터 10일 이내로 하고 있다. 그러나 손해보험의 대형사고는 손해사정, 외국과의 재보험처리 등으로 시간이 소요되는 경우가 있으며 이 때는 보험금의 일부를 가지급보험금으로 처리하기도 한다. 보험금청구권의 시효기간은 2년이다. 시효기간의 기산점은 보험사고시를 기준으로 한다.

보험계약자 등의 의무는 보험료 납입의무, 위험의 변경 및 증가에 대한 통지의무, 보험사고통지의무, 손해방지·경감의무를 들 수 있다. 보험료납입의무에서 보험료는 보험자의 위험인수에 대한 대가이며 그 수준은 보험자가 결정한다. 보험료는 선납이며 일시납과 분납의 방법이 있다. 손해보험은 일시납이며, 장기계약인 생명보험의 경우는 분납방법을 이용하고 있다. 보험료는 현금으로 납입하는 것이 원칙이지만 실무에서는 어음이나 수표로 지급하는 경우가 있는데 어음 등의 부도를 가정할 수도 있으므로 여러 가지 논란이 있다. 최근에는 신용카드에 의한 보험료납입과 전자상거래의 활성화에 따라 인터넷상의 결제제도가 등장할 예정이다.

보험기간 중 보험목적물의 위험내용이 현저히 변경 또는 증가된 때에는 즉시 이 사실을 보험자에게 알리거나 적절한 조치를 취하도록 하는 의무가 보험계약자에게 부과되고 있다(상법 제652조, 제653조). 그 사유가 보험계약자 등의 고의 또는 중과실에 의한 경우 보험자는 그 사실을 안 날로부터 1월 내에 보험료를 증액청구하거나 계약을 해지할 수 있다. 위험의 변경이나 증가사실을 보험자에게 알려야 하는 것은 전술한 통지의무이다. 통지방법은 서면에 의한 것이 일반적이다. 보험사고 통지의무는 보험사고발생을 안 때 지체없이 보험자에게 통지해야 하는 것을 말한다(제657조 제1항). 사고발생을 신속하게 보험자에게 알려야 되는 이유는 원인 및 피해액조사, 증거확보를 위한 것이며 보험계약자 등은 사고원인 조사에 대한 협조의무도 포함된다.

⑤ 보험계약관계의 변경, 무효 등: 보험계약은 당사자간의 합의에 의하여 보험목적의 추가, 보험기간과 보험료의 변경 등이 가능하다. 보험계약이 성립된 경우에도 사회질서에 반하는 보험계약, 보험사고가 이미 발생하였거나 발생이 물리적으로 불가능한 경우, 피보험이익(보험목적에 대하여 피보험자가 가지는 적법한 경제적 이해관계)이 존재하지 않을 경우, 사기로 체결된 초과보험·중복보험 등은 무효로 한다. 생명보험에 있어서는 타인의 사망을 보험사고로 하는 보험계약에는 타인의 동의가 있어야 한다. 또한 동의무능력자를 피보험자로 하는 사망보험의 계약은 금지되고 있다. 예로서 15세 미만자, 심신상실자, 심신박약자의 사망을 보험사고로 하는 보험계약은 동의와 관계 없이 무효로 한다.

보험계약이 당연히 종료되는 경우는 2월 이상 보험료납입이 지체되는 경우, 보험사고발생대상의 멸실(피보험이익의 소멸), 보험자의 파산선고 후 3월 경과,

보험기간의 만료 등이 그 사유가 된다. 보험계약은 당사자의 의사에 의하여 종료될 수도 있다. 일정한 사유가 발생하여 당사자 일방이 보험계약을 취소, 해지하면 계약의 효력은 소급적 또는 장래에 대하여 소멸하는 경우가 있다. 보험계약이 해지되면 보험자는 미경과보험료만을 반환하면 된다.

보험계약의 효력이 소멸한 경우 일정한 요건 아래서 종전과 동일한 내용의 계약을 성립시키기 위하여 당사자간에 합의가 있을 때는 보험계약은 부활된다. 부활제도는 계약기간이 장기인 생명보험에서 주로 이용되고 있다. 계약이 부활될 때는 전술한 중요한 고지의무는 새로 이행하여야 한다.

2) 損害保險契約

손해보험계약은 보험자가 우연한 사고로 인하여 생길 재산상의 손해를 보상할 것을 약속하고 보험계약자가 이에 대하여 보험료를 납입할 것을 약정하는 계약이다. 손해보험계약은 당사자가 약정한 보험금액의 한도 내에서 실제 발생한 재산상의 손해만을 보상하는 實損補償이 기본원칙이다. 손해보험계약에서 기본적인 것은 앞의 通則에서 설명하였으므로 이 항목에서는 손해보험 특유의 몇 가지 사실에 대해서만 언급하기로 한다.

① 被保險利益: 피보험이익(insurable interest)이란 손해보험에 있어서 보험목적에 대하여 피보험자가 가지는 적법한 경제적 이해관계를 말한다. 피보험이익은 손해보험계약에서 핵심을 이루는 개념이며 이것이 존재하지 않으면 보험계약은 성립될 수 없다(Ohne Interesse, Keine Versicherung). 피보험이익의 요건은 금전으로 평가가 가능해야 하고, 적법성이어야 하며, 확정가능한 이익이어야 한다. 피보험이익의 중요성 내지 기능은 도덕적 위험을 방지하고, 피보험자가 보험가액 이상으로 보험금을 취득하지 못하도록(이득금지원칙) 하기 위함이다.

② 重複保險·超過保險 등: 손해보험계약은 생명보험계약과 달리 保險價額과 保險金額, 超過保險·一部保險, 重複保險이라는 특수한 용어가 사용되고 있다. 보험가액이란 피보험이익의 금전적 평가액을 말하며 일반적으로 보험목적의 객관적 가치, 즉 時價를 의미한다. 보험가액은 보험사고발생 객체의 현재가치이며 보험자의 최대 보상한도이다. 보험금액은 보험사고발생시 보험자가 지급하기로 약정한 최대 한도액을 말한다.

보험금액은 손해발생시 실제로 피보험자에게 지급되는 보험금과 구분된다. 보험실무에서는 손해발생시 보험자가 보상할 금액(보험금)은 보험가액의 범위 내에서 보험금액을 한도로 하여 결정된다. 생명보험에서는 보험금액과 보험금이 일치하므로 이러한 문제가 발생하지 아니한다. 보험가액은 보험금액과 일치하는 것이 일반적이다. 보험가액만큼 보험에 가입하는 것이다. 이 경우를 全部保險(full insurance)이라고 한다. 보험금액이 보험가액을 초과하면 超過保險(over insurance)이고, 보험금액이 보험가액보다 적은 경우는 一部保險(under insurance)이다. 일반적으로 사고보상시 초과보험에서 초과된 부분은 무효로 처리하며, 일부보험은 비례보상원칙에 의하여 처리한다.

중복보험이란 동일한 피보험이익으로 보험기간이 중복되는 수 개의 보험계약을 체결하는 경우를 말한다. 중복보험계약은 여러 개의 계약이 동시에 체결되는 동시중복보험과 약간의 시차를 두고 계약되는 異時重複保險이 있다. 중복보험은 보험금액의 합계가 보험가액을 초과하는 重複超過保險이 문제된다. 중복보험의 문제점을 예방하기 위하여 보험계약자는 각 보험자에 대하여 통지의무가 있다. 초과되지 않은 중복보험의 사고보상은 비례분담주의에 의하여 처리할 수 있다.

③ 保險者 代位 및 委付: 대위(subrogation)라 함은 보험자가 보험사고로 인한 손실을 보상한 경우 피보험자가 보험목적이나 제 3 자에 대해 가지고 있는 권리를 대신 취득하는 것을 말하며 여기에는 보험목적의 잔존물에 대한 대위(상법 제681조)와 제 3 자에 대한 청구권 대위(상법 제682조) 등 2 가지가 있다. 代位制度의 취지는 손해보험에서 보험사고로 생긴 손해를 피보험자가 보험자로부터 보상을 받고 그 잔존물이나 제 3 자에 대한 청구권을 계속 가지고 있거나 권리행사를 하면 결과적으로 이득을 얻는 셈이 된다. 보험자 대위는 보험사고를 당한 피보험자에게 보험자가 신속하게 보상한 다음 피보험자의 권리를 보험자에게 이전시키는 손해보험 특유의 제도이다.[4] 人保險은 보험사고발생 객체가 자연인이므로 잔존물 대위란 없고, 청구권 대위도 금지되고 있다.

대위와 유사한 제도로서 해상보험에는 委付(abandonment)라는 것이 있다. 위부는 보험목적이 전손(total loss)과 동일한 경우 그 증명 또는 계산이 곤란할 때 피보험자가 보험목적에 대한 권리를 보험자에게 취득시키고 보험금액의 전부를 청구하는 제도이다(상법 제710조). 양자의 차이는 제도의 취지에서 대위는 피보험자의 이중이득금지이고, 위부는 손해사정에 따른 시간과 비용절약이다. 또한 권리이전에서 대위는 법률상 당연이전이며, 위부는 피보험자의 의사표시가 있어야 한다.

④ 海上保險契約: 해상보험계약은 그 법리가 복잡하고 특수하다. 해상보험

4) 金星泰, 前揭書, p. 439.

계약의 내용은 상법 이외에 약관에서 구체적으로 규정하고 있는데, 해상보험약관은 육상보험과 달리 영국의 보험사업자협회가 만든 協會約款(Institute Clauses)을 그대로 사용하고 있다. 이것은 세계 여러 나라의 공통적인 현상이다. 그 동안 우리 상법의 해상보험계약규정은 영국약관에 의존하고 있는 해상보험 실무와 상당한 거리가 있었는데 1991년 상법 개정에서 영국의 법리 및 실무기준을 크게 수용하였다. 개정 상법에서는 해상보험증권 기재사항, 보험자의 책임 관련사항, 委付, 기타 사항을 명시하고 있다. 영문 해상보험증권과 약관의 내용에 대해서는 다음 항목에서 언급하기로 한다.

3) 人保險契約

인보험계약은 사람의 신체 또는 생명에 관하여 보험사고(사망, 생존, 신체장해, 질병 등)가 생긴 경우에 계약에서 정한 바에 따라 보험금액, 기타 급여를 할 책임을 지는 보험계약이다(상법 제727조). 상법에서 인보험은 생명보험과 상해보험으로 구분하고 있다. 상해보험은 법률상 인보험에 속하고 있지만 정액보험인 생명보험과 달리 실손보상적인 성격도 가지고 있어서 손해보험측과 그 취급을 둘러싸고 논란이 있었다. 결국 제 3 분야 보험으로 인정되고 손해보험과 생명보험 2 업계에서 공동취급하고 있다. 최근 사회적 수요가 많고 제도운영에 많은 문제가 야기되고 있는 건강보험(질병보험, 의료보험, 입원비보험 등 유사명칭 혼용)은 사회보험뿐만 아니라 손해보험, 생명보험을 불문하고 민간보험회사에서 계약을 인수하고 있지만 상법에서는 아무런 규정이 없다.

인보험은 家計保險이 중심이 되고 있다. 그러므로 보험계약자보호가 손해보험에 비하여 크게 상소되고 있고 장기계약이므로 계약체결에서 신중을 기할 것은 물론 인내심을 갖고 계약을 지속시켜 나가야 한다. 생명보험계약에서 특이한 사항은 타인의 생명보험 내지 타인을 위한 생명보험계약이다.

보험계약자가 피보험자를 자신이 아닌 타인으로 하여 체결한 생명보험을 '他人의 生命保險'이라 한다. 타인의 사망보험계약의 경우 보험금 취득을 노린 범죄행위가 야기될 가능성이 높기 때문에 각국은 타인의 사망보험의 효력을 제한하여 도덕적 위험을 배제시키고 있다. 생명보험계약에서는 피보험이익의 개념이 없는 것으로 인정되지만 영미법에서 타인의 생명보험계약은 보험계약자가 피보험자와 이해관계(피보험이익)를 갖는 것을 계약의 요건으로 하고 있다.

제한의 방법에는 피보험이익을 요구하는 이익주의, 친족주의, 동의주의 등이 있다. 친족주의는 보험수익자의 자격을 피보험자의 상속인이나 일정 범위의 친족으로 제한하는 것이고, 동의주의는 타인의 사망보험이 유효하려면 피보험자의 동의가 반드시 필요하다는 입장이다. 한국은 동의주의(상법 제731조 제 1 항)을 채택하고 있다.

생명보험계약에서는 보험금청구권자로 정해진 保險受益者가 따로 있을 수 있다. 생명보험계약은 장기간 지속되므로 누구를 보험수익자로 할 것인가의 문제는 보험계약자, 피보험자 등 여러 입장과 사정을 고려하여 결정할 수 있다. 타인의 생명보험인 경우 보험수익자를 지정하지 아니한 경우 피보험자가 사망하면 피보험자의 상속인이 보험수익자가 된다.

제 3 절 保險證券과 保險約款

1. 保險證券

保險證券(policy)이라 함은 보험계약의 성립을 증명하기 위하여 보험자가 교부하는 증서이다. 이러한 보험증권의 성질은 그 유가증권성 또는 그 발행의 許否를 둘러싸고 논쟁이 있다. 보험증권의 발행은 보험계약 당사자의 편리를 위한 것이지 계약의 성립요건이 아니며, 또한 보험자만이 기명날인하는 것이므로 당사자의 계약의 의사표시를 나타내는 계약서도 아니라는 견해가 있다. 다만, 보험증권은 보험계약에 관한 증거의 하나로서 계약내용에 관한 기재는 사실상의 추정을 받을 뿐이다.

보험증권에 기재할 사항은 법정되어 있지만 어음이나 수표와 같이 동일하지는 않다. 보험증권은 보험계약이 성립한 후 이를 증명하기 위하여 보험자가 작성하여 교부하는 증권(증거증권)이다. 보험증권의 기재사항은 상법 제666조(손해보험증권), 제728조(생명보험증권) 등에서 규정하고 있으나 엄격한 요식성을 요구하고 있지 않다. 보험증권의 기재사항은 다음과 같다.

1) 손해보험증권

① 보험의 목적

② 보험사고의 성질

③ 보험금액

④ 보험료와 그 지급방법

⑤ 보험기간을 정한 때에는 그 始期와 終期

⑥ 무효와 실권의 사유

⑦ 보험계약자의 주소, 성명, 상호

⑧ 보험계약의 연월일

⑨ 보험증권의 작성자와 그 작성 연월일

2) 생명보험증권

① 보험계약의 종류

② 피보험자의 주소, 성명 및 생년월일

③ 보험수익자를 정한 때에는 그 주소, 성명 및 생년월일

여러 가지 종목의 손해보험증권의 법률적 성격과 기재사항은 국내 보험실무에서 육상보험에 있어서는 큰 차이가 없지만 국제적으로 통용되는 영문 해상보험증권(Lloyd's SG Policy)의 역사와 내용은 특이하다. Lloyd's 해상보험증권은 수백 년의 역사를 지니고 있다. 영국 최초의 보험증권은 1547년 Santa Maria di Vinetia증권에서 볼 수 있고, 인쇄된 보험증권은 1680년 Golden Fbleece號증권이다. 이 증권이 변천하여 1779년 Lloyd's 총회에서 표준양식의 증권이 채택되었다.

20세기에 들어와서 Lloyd's SG Policy는 실무에 맞지 않아 각종 특별약관을 증권에 첨부하거나 뒷면에 인쇄해서 사용하는 것이 관습화되었다. 영국은 해상보험의 오랜 관습과 Lloyd's SG Policy의 文言에 대해서 내려진 판결의 대부분이 1906년 영국의 해상보험법(MIA)에서 정의됨과 동시에 法文化되었다. 시대적 요청에 따라 Lloyd's SG Policy와 협회 적하보험약관(Institute Cargo Clauses: ICC)은 1779년 통일양식으로 채용된 이후 계속 사용되어 오다가 1912년 8월, 1921년 6월, 1951년 1월, 1958년 1월, 1963년 1월에 각각 개정되었고 1982년 신적하보험약관으로 개정되기에 이르렀다.

영문 해상보험증권은 오랜 역사와 전통을 가지고 있으면서 다음과 같은 해석원칙이 지금까지 존중되고 있다.

① 手記文言의 우선원칙: 해상보험증권은 일반적인 경우에 적용할 인쇄된 양식을 준비해 두고 특정한 피보험자에게만 적용될 사항을 삽입시키는데, 삽입된 사항과 인쇄된 사항이 서로 모순되어 전체의 의미에 의문점이 있을 경우 삽입된 사항이 우선적인 효력을 갖는 것으로 해석되어야 한다.

② 계약당사자의 의사존중과 판례를 존중함이 해석의 기본원칙이다.

③ POP원칙: 보험증권의 각 구절은 학문적·이론적인 의미로 해석할 것이

아니라 평이하고(plain), 통상적으로(ordinary), 통속적인(popular) 의미로 해석되어야 한다.

④ 문서작성자 불이익의 원칙: 영국의 法諺에서는 "표시를 불명확하게 한 사람은 이에 대한 책임을 스스로 져야 한다." 또는 "날인증서(捺印證書) 중의 文言은 그 작성자에게 불리하도록 해석한다."는 말이 있다. 보험증권상 어구의 애매성은 보험자(작성자)에게 불리하게 해석해야 한다는 이 원칙은 보험자의 의무와 책임을 강조하고 약자인 피보험자를 보호하려는 취지이다.

2. 保險約款

보험계약은 절대다수의 가입자를 상대하는 집단적 거래를 전제로 하기 때문에 각각의 계약에 대하여 그 내용을 개별적으로 정하는 것은 곤란하다. 따라서 미리 표준적 계약조항을 정하여 두고 이것을 보험계약의 내용으로 하고 있는데, 이러한 표준적 계약조항을 普通保險約款(general insurance clause)이라고 한다. 만일 보험계약의 성질에 의하거나 또는 당사자의 특별한 희망에 의하여 특별한 위험을 추가적으로 보험자가 담보하기로 한 때에는 特別保險約款(special insurance clause), 약칭 特約에 의하여 가능하다.

보험자가 대량의 거래를 처리하기 위하여 보험계약이 附合契約의 성격을 갖고 있는 것은 불가피한 일이지만 이로 인한 문제점도 적지 않다. 약관을 사용하는 것은 우리 주변에서 보험거래뿐만 아니라 할부판매약관, 운송약관 등 여러가지 사례가 있고 소비자단체의 민원의 대상이 되고 있다. 이에 따라 1986년 約款의규제에관한法律이 제정되었는데 그 목적은 사업자가 그 거래상의 지위를 남용하여 불공정한 내용의 약관을 작성·통용하는 것을 방지하고 불공정한 약관의 내용을 규제하여 건전한 거래질서를 확립함으로써 소비자를 보호하고 국민생활의 균형 있는 향상을 도모하기 위함이다. 이 법률에 대해서는 후술할 소비자보호 항목에서 구체적으로 언급하기로 한다.

보험약관은 계약당사자에 대하여 효력, 즉 구속력을 갖고 있다. 당사자가 구체적인 경우에 약관에 따르지 않겠다는 특별한 의사표시가 없으면 약관상의 조건에 따르기로 합의한 것으로 받아들여지고 있다. 보험업법에서는 보험약관 내용의 합리화를 위하여 약관의 기재사항을 정하고 있으며, 보험약관의 제정이나 개정을 위해서는 주무장관의 심사와 인가를 받도록 되어 있다. 그러므로 만약 보험자가 일방적으로 작성하여 시행되고 있는 보험약관의 내용에서 소비자에게 일방적으로 불리한 내용이 포함되어 문제되어 있다면 인가를 해 준 주무장관이나 감독기관도 비난을 면할 수 없다.

약관규제법에서도 공정거래위원회가 불공정약관조항에 대해서 삭제·수정 등의 시정조치를 권고할 수 있게 하였고, 법원이 개별사건에서 약관의 해석을 통한 司法的 統制도 가능하다. 보험약관을 해석함에 있어서 특별한 원칙이 있다. 그 내용과 취지는 전술한 영국 해상보험증권의 해석원칙에 영향을 받은 것으로 판단된다. 우리나라의 약관규제법에서도 그 원칙의 일부를 수용하고 있다.

보험약관원칙은 다음과 같다.

① 個別約定 우선의 원칙이다. 당사자가 약관의 내용과 다른 합의사항이 있을 때에는 그 합의사항이 우선한다.

② 약관은 신의성실에 따라 공정하게 해석되어야 한다.

③ 약관은 고객에 따라 다르게 해석해서는 안 된다(통일적 해석).

④ 약관의 뜻이 분명하지 않을 때는 가입자에게 유리하게 해석해야 한다(작성자 불이익원칙).

⑤ 약관은 전체적으로 해석하고, 통상적인 의미로 해석해야 한다(전술한 영문 해상보험증권의 POP원칙).

⑥ 약관의 해석은 가급적 계약이 무효가 되지 않도록 해야 한다(유효해석의 원칙).

보험약관은 보험상품의 개발, 인가과정에서 중요한 기초서류의 일환으로 감독당국의 인가를 받아야 하고 수많은 상품마다 개별약관을 따로 정하고 있다. 생명보험약관은 이른바 표준약관이라는 것을 1976년부터 사용하고 있으며 손해보험은 종목마다 약관의 내용과 양에 차이가 있다. 국내보험약관 가운데는 자동차보험약관이 방대하며, 영문 해상보험약관은 내용이 특이하고 이해하는 데 상당한 어려움이 있다. 보험업법시행규칙 제 7 조에서는 보통보험약관의 주요 기재사항을 다음과 같이 규정하고 있다.

① 보험금의 지급사유

② 보험계약의 무효원인

③ 보험사업자의 면책사유

④ 보험사업자의 의무범위를 정하는 방법과 그 의무이행의 시기

⑤ 보험계약자 등이 그 의무를 이행하지 아니한 경우에 받는 손실

⑥ 보험계약의 전부 또는 일부의 해제원인과 해제한 경우 당사자의 권리의무

⑦ 보험계약자·피보험자 또는 보험금액을 취득할 자가 이익 또는 잉여금 배당을 받을 권리가 있는 경우 그 범위

(1) 생명보험 표준약관

1) 보험계약의 성립

계약의 성립은 보험계약자의 청약과 보험회사의 승낙으로 이루어지고 제 1 회 보험료를 납입한 날로부터 15일 이내에 청약을 철회할 수 있다(cooling off system). 진단계약의 경우 진단을 받은 이후는 청약의 철회가 불가능하다.

2) 계약의 무효사유

① 타인의 사망을 보험금 지급사유로 하는 계약에서 피보험자의 서면에 의한 동의를 얻지 아니한 경우(납입보험료 반환)

② 사망을 보험금 지급사유로 하는 계약에서 18세 미만자, 심신상실자 또는 심신박약자를 피보험자로 하는 경우

3) 보험금 지급사유

① 보험기간 중의 특정 시점 또는 보험기간 만기까지 살아 있는 경우(생존보험금)

② 보험기간 중 사망, 생사불명의 경우 실종선고가 있거나, 재해 또는 제 1 급 장해상태가 되었을 때

③ 보험기간 중 발생한 재해로 인하여 장해분류표 중 제 2 급 내지 제 6 급의 장해상태가 되었을 때(장해등급이 재해일로부터 180일 이내에 확정되지 아니하면 180일 현재의 장해진단을 기준)

4) 배당금지급

사업방법서에 의하여 계산된 확정배당금과 계약자배당금(재경부장관 인가) 지급

5) 보험회사 면책사유 및 계약해지

① 피보험자가 고의로 자신을 해친 경우(계약책임 개시 후 2 년이 경과한 후 피보험자의 자살 또는 자해행위는 예외), 납입보험료 반환

② 수익자가 고의로 피보험자를 해친 경우(다른 수익자가 있는 경우 해약환급금 지급)

③ 계약자가 고의로 피보험자를 해친 경우(납입보험료 반환 않음)

6) 전쟁, 기타 변란시의 보험금

피보험자가 전쟁, 기타 변란으로 사망하거나 제 1 급~제 6 급의 장해상태가 되었을 때, 보험금 감액지급(재경부장관의 인가 필요)

7) 가입자의 고지의무 위반(전술한 보험계약법의 주요내용 참조)

계약해지

8) 고지의무 위반시 계약해지 불가사유

① 회사가 계약당시 그 사실을 알았거나 중대한 과실로 알지 못했을 때

② 고지의무 위반사실이 보험금 지급사유 발생에 영향을 미쳤음을 회사가 증명하지 못한 때

③ 회사가 그 사실을 안 날로부터 1 개월 이상 지났거나 또는 책임개시일로부터 보험금 지급사유가 발생하지 아니하고 2 년(진단계약은 1 년)이 경과했을 때

④ 단체보험의 승낙통지를 한 때

⑤ 모집인 등이 고지의무사항을 임의로 기재한 경우(보험계약자 등의 자필서명한 경우는 예외)

9) 계약취소권의 행사제한

10) 보험료납입

11) 보험료납입 연체시 계약의 효력

① 보험료납입 유예기간은 제 2 회 이후의 보험료납입기일로부터 납입기일이 속하는 달의 다음 달 말일까지를 납입유예기간으로 한다. 유예기간이 끝나는 날의 다음 날부터 계약은 효력상실, 이 경우 해약환급금지급

② 회사의 수금불이행 또는 은행납입통지서의 미교부로 계약자가 보험료를 납입하지 못했을 때는 납입기일로부터 3 개월이 되는 날까지 계약의 효력은 지속

12) 계약의 부활

계약의 효력이 상실되었을 경우 계약자는 2 년 이내에 계약의 부활을 청약할 수 있고 이 경우 재고지하여야 한다.

13) 보험금청구시 구비서류

① 청구시(회사 양식)

② 사고증명서(사망진단서, 장해진단서 등)

③ 보험증권

④ 주민등록증 제시

⑤ 기　타

14) 약관대출

계약자는 해약환급금의 범위 내에서 대출을 받을 수 있다.

15) 분쟁조정

계약에 대해서 분쟁이 있는 경우 분쟁당사자는 금융감독원장에게 조정을 신청할 수 있다.

16) 보험보증기금의 지급보장

법인이 아닌 계약자는 보험회사의 파산 등으로 보험금 등을 지급하지 못할 경우 보험보증기금이 1 인당 5천만원 한도 내에서 지급을 보장한다.

(2) 자동차보험약관

자동차보험의 약관상 주요내용에 대해서는 제 2 장 제 2 절의 자동차보험의 항목에서 보험회사가 보상하는 내용과 면책조항을 중심으로 설명하였기 때문에 중복을 피하기 위하여 약관의 별표에서 정하고 있는 보험금지급기준(개인용 자동차보험)과 자동차보험 특별약관에 대해서 설명하기로 한다.

1) 보험금지급기준

개인용 자동차보험의 대인배상 I(책임보험)은 사망, 부상, 후유장해, 과실상계 등을 보상내용으로 하고 있다. 보상금액은 임금인상, 물가, 생계비 등 변동요인에 의하여 조정되고 있으므로 교과서에서 자료를 이용하여도 의미가 없어 생략하기로 한다.

① 사망의 경우 보험가입금액 한도 내에서 장례비, 위자료, 상실수익액 등이 지급된다. 장례비는 정액으로 되어 있고 위자료는 사망본인과 유족 위자료로 구분된다. 사망본인의 위자료는 20세 이상 60세 미만인 자와 20세 미만 60세 이상인 자가 구분되고 전자가 후자의 2 배를 받게 된다. 유족의 위자료는 청구권자의 신분(배우자, 부모, 자녀, 형제자매, 동거 중인 시부모와 장인·장모)에 따라 금액에 차이가 있고, 1 인을 기준으로 정하고 있다.

② 사망의 경우 상실수익액의 산정방법은 다음과 같이 약간 복잡하다.

<u>산정방법－사망본인</u>

(월평균 현실 소득액－생활비)×취업가능 월수에 해당하는 라이프니쯔 계수

위의 계산방식에서 월평균 현실 소득에서는 모든 세금이 공제되며, 유직자(급여소득자)와 사업소득자의 지급기준은 다르다. 급여소득자는 사고발생 직전 또는 사망 직전 과거 3개월 소득을 기준으로 하고 계절적 요인에 따라 급여에 차이가 있는 경우는 1년간을 기준으로 한다. 급여소득 이외의 자는 1년간의 소득을 기준으로 한다. 근로소득자의 경우 라이프니쯔 계수에는 근로자의 정년제도(종래까지 일반적으로 60세 기준)가 매우 중요한 영향을 미치고 있는데 최근 계약제, 연봉제, 조기정년, 명예퇴직, 정년단축 등의 경향이 있어서 사망근로자에게 불리하게 작용될 여지가 있다.

사업소득자는 세법에 따라 관계증빙서에 의하여 입증된 수익액에서 필요한 모든 경비 및 세금을 공제하고 본인의 기여율을 감안하여 다음과 같이 산정한다.

{(연간 수익액×소득표준율)−제세공과금}×노무기여율×투자비율

투자비율은 입증이 불가능할 경우 1/동업자 수, 노무기여율은 85/100를 한도로 타당한 율을 적용한다..

본인이 없더라도 사업의 계속성이 유지될 경우 위의 산식에 의하지 아니하고 일용근로자의 임금을 인정한다. 일용근로자의 임금은 통계법 제3조에 의한 통계작성 승인기관(대한건설협회, 중소기업협동조합중앙회 등)이 조사·공표한 노임 중 보통인부의 임금을 말한다.

현실 소득액의 입증이 곤란한 자가 교통사고로 사망한 경우 일용근로자 임금을 소득으로 인정하며 여기에는 기타 유직자, 미성년자, 가사종사자, 무직자(학생포함) 등이 포함된다. 생활비율의 인정은 독신 50%, 부양가족 1인 40%, 부양가족 2인 35%, 부양가족 3인 이상 30%를 적용한다.

취업가능 월수는 연한을 60세로 하여 선정하며, 60세 미만인 직종에 종사하는 자는 60세에 이르기까지 현실 소득액은 사망(또는 장해)확정 당시의 일용근로자 임금을 기준으로 한다. 라이프니쯔 계수에서 법정이율은 월 5/12%, 복리에 의하여 중간이자를 공제하고 계산한다.

③ 부상의 경우: 상해급별 보험가입금액 한도 내에서 다음 금액을 기준으로 한다. 구조 수색비는 사회통념상 필요 타당한 실비로 한다. 치료관계비로서 입원

료는 대중적인 일반병실을 기준으로 하고 치료비에는 응급치료, 호송, 진찰, 전원, 퇴원, 투약, 수술(성형수술 포함), 처치, 간호, 의지, 의치, 안경, 보청기 등에 소요되는 실비 및 치아 보철비를 부담한다.

위자료는 피해자 본인에 한하고 지급기준은 책임보험 상해구분(14등급)에 따라 일정액이 지급된다. 휴업손해는 휴업기간 중 피해자의 실제 수입감소액의 80% 해당액을 지급한다. 기타 손해배상금으로 입원기간 중 1일 일정액과 통원의 경우 1일 일정액을 추가로 지급한다.

④ 후유장해: 장해급별로 보험가입금액 한도 내에서 위자료, 상실수익액, 개호비(간접간호비) 등이 지급된다. 위자료는 피해자 본인에 한정되며 노동능력 상실률에 따라 일정액이 지급된다. 상실수익액은 노동능력의 상실로 인한 소득상실이 있는 경우 피해자의 월평균 현실 소득액에 노동능력 상실률과 상실기간에 해당하는 라이프니쯔 계수를 곱하여 선정한다.

개호비의 인정대상은 치료가 종결된 자로서 2인 이상 해당 전문의로부터 노동능력 상실률 100%의 후유장해를 받은 자이며 식물인간 상태의 환자 또는 척수손상으로 인한 사지 완전 마비환자로 생명유지에 필요한 일상생활의 처리동작에 있어 항상 다른 사람의 개호를 요하는 자를 말한다. 지급기준에서 개호인원은 1일 1인 이내에 한하며, 개호비는 일용근로자 임금을 기준으로 퇴원일로부터 향후 생존기간에 한하여 매월 정기금으로 지급한다.

⑤ 過失相計 등: 사망, 부상, 후유장해에 의하여 산출한 금액에 대하여 피해자측의 과실비율에 따라 상계한다(사망의 경우 장례비에 대해서는 적용하지 않음). 보험사고로 인하여 다른 이익을 받을 경우 이를 상계하여 보험금을 지급하며, 피보험자동차에 동승한 자의 사고는 동승유형별 감액비율을 적용한다. 그 비율은 다음과 같다.

운전자의 승낙이 없는 경우	강요동승, 무단동승	감액비율 100%
운전자의 승낙이 있는 경우	동승자의 요청	감액비율 20~50%
	상호의논, 합의	감액비율 10~30%
	운전자의 권유	감액비율 0~20%
승용차 함께 타기 실시차량		감액비율 적용 않음.

2) 개인자동차보험 특별약관

① 보험료 분할납입 특별약관: 보험료는 분할납입이 가능하며 제 2 회 이후

의 분할납입료를 납입하지 아니하면 30일간의 납입 최고기간을 두며, 이때까지 납입하지 아니하면 최고기간이 끝나는 날의 24시부터 보험계약은 해지된다.

② 가족운전자 한정운전 특별약관: 개인용 자동차보험에서 보험료를 절약하기 위하여 보험증권에 기재된 기명피보험자에 한하여 운전할 수 있도록 규정한 약관이다. 가족으로서 기명피보험자의 범위는 부모와 양부모, 배우자의 동거 중인 부모 또는 양부모, 배우자 또는 사실혼 관계에 있는 배우자, 출생자녀 또는 양자·양녀, 며느리를 말한다.

③ 신용카드이용 보험료납입 특별약관

④ 운전자 연령한정 특별약관: 주민등록상의 생년월일을 기준으로 운전할 자의 연령을 21세 이상 한정 또는 26세 이상 한정 특별약관이 있다. 가족운전자(기명피보험자) 가운데 저연령 운전자의 유무에 따라 보험료부담에 차이가 있다.

⑤ 다른 자동차 운전담보 특별약관

⑥ 자동갱신약정 특별약관

⑦ 대인배상 I 일시담보 특별약관

(3) 해상보험약관

해상보험약관은 전술한 바와 같이 영문으로 되어 있고 그 내용, 해석, 실무적용 등에서 이해하기 어려운 부분이 많다. 이것은 영국의 오랜 역사와 관습 및 판례 등을 중심으로 제정된 것이기 때문이다. 영문 해상보험약관은 적하보험과 선박보험으로 구분할 수 있다. 적하보험약관은 1884년 발족한 런던 보험자협회(Institute of London Underwriters)에서 제정한 협회약관(Institute Clauses)을 말하며 수차의 개정을 거쳐 현재는 신약관(ICC, 1982)이 통용되고 있다. 신약관인 ICC (A)·(B)·(C)는 19개의 개별약관으로 구성되어 있으며, 각 약관마다 명칭이 부여되어 있고 이를 다시 8개의 그룹으로 묶어서 담보위험, 면책위험, 담보기간 등의 표제를 붙여 새로운 체제를 갖추고 있다.

新協會期間約款-선박(ITC-Hulls, 1983)은 적하보험약관과 마찬가지로 1779년 Lloyd's에서 공식적으로 처음 사용한 SG Policy Form 이후 여러 차례 개정이 있었다. 현재 선박보험약관은 26개의 약관으로 구성되어 있고 그 이외에 여러 가지 특별약관이 있어 피보험자의 구미에 따라 선택할 수 있다.

한편 항공화물보험의 발달에 따라 이와 관련되는 약관이 있다. 항공운송업의 발달로 항공운송인의 책임에 관한 국제적인 통일조약이 성립(Warsaw Convention, 1929)된 후 1955년, 1967년 개정이 있었지만 운송인의 책임부담에는 한계가 있었기 때문에 화주가 항공화물에 대해서 해상보험으로 위험을 가입시키고 있다. 이 경우 협회 항공화물약관(Institute Air Cargo Clauses—All Risks)이 첨부된다. 이 약관은 12개 조항으로 구성되어 있다.

제 2 부　保險會社 經營

제 5 장 保險經營 一般(I)

제 1 절 保險經營의 목적 · 원칙 · 특징

1. 保險企業의 경영목적

(1) 보험경영목적과 기업행동

기업의 경영목적에 대해서는 종래 일반적으로 이윤극대화원리를 중심으로 비판론을 포함하여 여러 가지로 전개되어 왔다. 이윤극대화를 자명한 기업목적으로 하는 이론구성에 대한 비판이 1930년대부터 일어나게 되었고, 한편으로 1950년대부터 行動科學的 意思決定論 내지 企業行動科學(behavioral science)이라고 부르는 새로운 경영학의 조류 속에서 의사결정이론을 중심으로 기업의 목표설정은 이윤목적을 다른 목적의 의존적 관계에서 이해되어야 한다는 주장이 지배적이있다.

일정한 이윤이 확보되지 않으면 기업이 하나의 조직체로서 존립할 수 없다는 의미에서 종래 이윤은 불변의 기업의 지도원리가 되어 왔다. 그리나 기업이 존재하고 있는 환경적 제반 조건 가운데 문화적 요인, 즉 각 사회 특유의 사고·행동양식이 경영자의 의사결정이나 행동에 미치는 영향력에 의하여 경영목적을 설정하는 데 이윤극대화는 비판·수정·제한되고 있다.

이상과 같은 기업의 경영목적에 대한 일반적 고찰은 거래대상 및 기술적 요소에서 특수성을 지니고 있는 보험기업에 대해서도 타당한 것이라고 할 수 있다. 그러나 다른 한편으로는 보험거래의 특수성에 기초를 둔 경영목적의 독자성에 대한 고려도 망각해서는 안 된다. 또한, 보험기업은 그것이 존재하고 있는 각 국가·사회를 지배하는 문화구조나 역사발전의 제반 단계, 경제과정에 따라 보험

기업의 경영목적과 그것에 기초를 둔 행동에는 스스로 차이가 있다.[1)]

보험기업의 경우 다른 업종의 기업과 마찬가지로 利潤目的(수익성 목적)이 중심적 지위를 차지하고 있는 것은 사실이다. 이 점에 관해서 D. Farny 교수는 보험기업에 있어서 이윤노력이 타업종에 비하여 적다고 한 점은 주목할 필요가 있다. 보험기업의 행동을 해명하기 위한 目的變數[2)]는, ① 利潤追求, ② 販賣量 확대, ③ 保險技術的 危險 極小化, ④ 威信·支配力·獨立性 등의 非貨幣的 目的 등의 네 가지 요소의 결합에 의하여 이루어지며, 이러한 각 요소에 대한 각 기업의 평가의 정도가 다르기 때문에 시장행동의 목적은 기업마다 상위한 것으로 보고 있다. D. Farny의 保險企業 目的論은 그 후의 다른 論稿에서 각 변수에 웨이트(weight)를 붙이고 목적론을 수정하여 기업의 이윤추구와 보험가입자의 효용 충족이라는 두 가지 목적에 중심적 지위를 두고 있다.[3)] 이와 같이 그가 이윤목적에 중심적 지위를 부여하면서 다른 한편으로 보험기업의 이윤노력을 보험주식회사의 경우에 있어서도 상대적으로 낮게 평가하는 이유는 보험기업의 협동조합적 성격을 강조하는 입장에 동조하고 있기 때문이다.[4)]

보험기업의 이윤행동을 낮게 평가하는 다른 또 하나의 이유는 보험기업은 保險保護라고 하는 經濟財의 생산과정에 있어서 자기자본의 역할은 상대적으로 적고 보험계약자에 의하여 선납되는 보험료가 보험보호의 생산을 가능하게 하는 중심적 역할을 하기 때문에 이윤목적이 제약될 수밖에 없다는 것이다. 그러나 이러한 이윤노력의 제한은 수량화할 수 있는 것이 아니고 장기에 걸쳐 高利潤을 추구하는 데 대한 일종의 심리적 저항이라고 할 수 있다.

(2) 이윤추구와 안전성 추구

보험기업의 경영목적에서 利潤追求(Gewinnstreben)의 동기는 타기업에 비하여 낮다는 것은 사실이지만 주요목적에서 배제시킬 수는 없다. 이것은 보험기업에 있어서 소유와 경영의 분리에 의한 전문경영자의 등장에 의해서도 이윤목적이 현실적으로 크게 수정될 수는 없다. 한편으로는 주식회사형태의 보험기업에

1) 水島一也, "保險企業の 經營目的"; 近藤文二 編, "保險の 現代的 課題," 東京: 千倉書房, 1974, p. 35.

2) D. Farny, *Zum Kartellproblem in der industriellen Feuerversicherung*, In: ZfbF., 1965, Heft 10/11, S. 627 ff.

3) D. Farny, *Unternehmerische Ziel-und Mittelentscheidungen in der Verischerungswirtschaft*, In : ZVers Wiss, 1966, Heft 2, S. 135 ff.

4) 水島一也, 前揭論文, p. 50.

있어서 이윤목적이 중심적 위치를 차지하고 있는 것은 명확하지만 이와 같은 인식은 가입자의 효용충족을 제도이념으로 하고 있는 상호회사에 대해서도 기본적으로 타당하다.

현실적으로 보험기업이 목표설정을 하는 데 있어서 의사결정자는 일반기업의 경우처럼 소유자, 경영자, 종업원만이 아니고 다수의 보험계약자와 감독당국의 존재도 큰 영향력을 행사하고 있다.[5] 따라서 보험기업의 이윤극대화의 노력은 보험계약자 보호운동과 감독당국의 법률적 규제에 의하여 크게 제약된다. 특히 보험요율의 인하나 자동차보험과 같은 사회정책적 성격이 강한 보험에 대한 당국의 정책과 태도는 보험기업의 이윤노력을 직접적으로 제약하고 있다.

일반적으로 보험기업의 경영목적을 일반기업의 경영목적과 마찬가지로 이윤추구에 두고 있지만, 보험기업 특유의 성격에서 보면 成長追求와 安全性追求(Sicherheitsstreben)도 기본목적이 되어야 한다.

보험은 대수법칙을 기초로 하기 때문에 경영규모의 확대가 위험의 평균화를 통하여 위험차익에 좋은 결과를 가져옴과 동시에 사업비에 있어서 규모의 경제성에 의하여 利差益에 있어서도 자금량의 증대에 의한 좋은 결과를 기대할 수 있다. 따라서 성장추구는 바로 이윤추구와 밀접한 관련성을 갖게 된다. 그러나 다른 한편 경영규모의 확대가 가져오는 기업위험의 증대를 무시할 수 없다.

보험기업은 고유의 보험기술적 위험이 기업의 성장에 따라 항상 감소한다고는 예상할 수 없다. 기업간의 경쟁상황과 위험선택정책에 따라서는 규모의 확대에 의한 대량성 요구의 충족이 기업위험의 증대를 가져올 가능성도 적지 않다. 이러한 현실적 상황은 안전성 추구의 의의에 대한 고려를 강하게 요청하게 된다. 근본적으로 안전성 추구는 보험업 고유의 가치순환의 전도성에서 유래된다. 즉, 보험은 거래시점에서 원가파악이 항상 추정치로서만 행하여지기 때문에 우연성(위험)에 대한 보장책임을 맡고 있는 보험기업은 우연성의 필연화에 의한 손실발생의 가능성을 언제나 부담하고 있다.

보험기업은 기업일반적인 위험은 물론 投資危險, 危險分散危險, 保險技術的危險, 非保險技術的 特殊危險을 갖고 있기 때문에 안전성의 추구를 경영목표로 삼아야 한다. 보험기업의 경영목표로서 안전성 추구는 바로 이윤추구 및 성장추구와도 직결된다.

---

5) D. Farny, *Gewinn und Sicherheit als Ziel von Versicherungsunternehmen*, In: ZVersWiss, 1967, S. 50 ff.

2. 保險經營의 원칙과 주의

(1) 보험경영의 원칙

보험경영의 원칙에 대해서는 문헌에 따라 매우 다양하게 설명하고 있다. 예로서, ① 危險大量의 원칙(대수법칙), ② 危險同質性의 원칙, ③ 危險分散의 원칙, ④ 保險料適正의 원칙, ⑤ 保險給付適正의 원칙, ⑥ 採算性維持의 원칙, ⑦ 投資保全의 원칙(안전성·수익성), ⑧ 投資多樣化의 원칙, ⑨ 給付·反對給付均等의 원칙, ⑩ 收支相等의 원칙, ⑪ 契約者平等待遇의 원칙 등이 있다.

이와 같이 보험경영의 원칙론을 다양하게 열거하고 구체적으로 그 내용을 파악할 경우 원칙 상호간에 중복 또는 모순현상이 나타난다. 위의 제반 원칙 가운데 ①, ②, ③은 위험에 관한 원칙으로서 서로 관련시켜 설명할 수 있으며, ④와 ⑤는 그 성격상 ⑨, ⑩과 서로 관련된다. 또한, ⑥, ⑦, ⑧은 투자에 관한 원칙으로서 보험기업경영의 특유한 원칙은 아니며, ⑨와 ⑩은 하나의 원칙으로 설명이 가능하다. 마지막으로 ⑪은 법률적 해석에서 본 원칙이다. 그리고 이러한 제반 원칙은 보험의 경영형태의 차이 또는 생명보험기업과 손해보험기업에서 공통원칙이 될 수 없는 경우도 있다. 여기서 위의 제반 원칙을 몇 가지로 통합하여 설명하기로 한다.

1) 危險에 관한 原則

보험경영의 중심이 되는 것은 危險管理이다. 보험기업은 어떠한 형태의 위험이든지 모두 인수·소화할 수 있는 것은 아니며 위험은 몇 가지 요건을 충족시켜야 한다. 그것은 바로 大量危險, 同質危險, 그리고 분산가능한 危險이어야 한다.

첫째, 大量危險의 원칙은 보험성립의 기본요건의 하나인 대수법칙에 의하여 설명될 수 있다. 보험은 대수법칙에 의한 확률계산을 기초로 하여 성립되는 제도이다. 보험제도의 합리성은 대수법칙에 의하여 장기간의 재해나 사고의 발생경향을 통계적·대량적으로 처리하여 이것에 근거하여 장래의 재해발생을 추론하는 데 있다. 따라서 대량위험의 존재, 즉 다수의 경제주체(보험가입자)의 결합을 전제로 하여 보험경영이 이루어질 수 있다.

둘째, 보험경영은 大數法則의 적용에 의하여 보험료계산의 정확성을 기할 수 있기 때문에 위험집단의 동질성이 강조되고 있다. 危險의 同質性이란 위험의 유형과 정도에 있어서 동질을 의미하며, 보험종목이 다양한 것은 바로 동질위험을 모아 상품의 개발이 가능하기 때문이다.

셋째, 危險分散의 원칙은 同質危險이라고 하여도 반드시 위험의 크기가 같을 수 없으므로 대수법칙에 의하여 위험을 평균화하기 위해서 필요하다. 자본주의 경제제도에서 산업발전에 따라 위험의 대형화 경향은 보험경영에서 그 합리적인 조정책을 마련하지 않을 수 없다. 구체적인 방법은 보험경영에 있어서 재보험제도 및 공동보험제도이다. 양자는 위험의 분할에 의하여 위험의 평균화를 도모하는 수단이다. 또한, 보험경영에서 준비금을 적립하는 것은 이와 같은 위험을 시간적으로 분산하는 방법이다.

2) 收支에 관한 原則

收支에 관한 원칙에는 위에서 保險料適正의 원칙, 保險給付適正의 원칙, 給付·反對給付均等의 원칙 및 收支相等의 원칙이 포함된다. 보험기업은 경영에 필요한 總支出額(反對給付)과 總收入額(給付)이 장기적으로 서로 균형(상등)을 이루어야 한다(收支相等의 원칙). 이 원칙은 다음과 같은 몇 가지 뜻으로 설명할 수 있다.[6)]

① 한 종목의 보험에 있어서 純保險料의 총액과 지급된 보험금의 총액간에 균등현상이 나타나야 한다는 것이다. 이것은 同質·同型의 危險事件에 관하여 형성되는 보험집단에 대해서 필요한 보험금의 총액과 개개의 보험료 가운데 순보험료의 총액이 서로 과부족이 없는 계산상태를 말한다.

② 한 종목의 보험에 있어서 總保險料(純保險料와 附加保險料의 합계)와 보험금총액 및 그 보험의 운영관리에 소요된 비용의 합계간에 상등관계의 성립을 의미한다.

③ 보험기업이 경영상 취급한 전종목의 보험에 있어서 總保險料와 保險金總額 및 모든 보험의 運營管理에 소요된 비용의 합계간에 상등관계의 성립을 의미한다. 이것은 한 종목의 보험에 있어서 적자일지라도 다른 종목의 보험에서 생긴 흑자로 상쇄되어지는 경우도 생각할 수 있다.

④ 보험기업의 경영에 있어서 일체의 수입과 일체의 지출과의 상등관계이다.

⑤ 현재 어떤 종목의 보험이 적자일지라도 장래에 있어서 반드시 흑자가 될 것으로 예상된다면 시간적 경과를 거쳐 收支相等의 원칙이 달성된다. 보험기업이 신종상품에 대하여 적극적으로 과감하게 진출하는 것은 이와 같은 고려와 계

6) 庭田範秋, 「保險經營論」, 東京: 有斐閣, 1970, pp. 74~79.

산이 있기 때문이다.

이상과 같은 수지상등의 원칙에는 이윤의 문제가 포함되어 있지 않은 약점이 있다. 보험기업의 경영에서 지출과 수입이 상등하다면(투자수입까지 포함) 이윤이 없다는 뜻이 된다. 결국 收支相等의 원칙이란 보험의 기술적 원칙과 보험기업의 경영상의 원칙의 중간에 위치하는 것으로 이를 광의로 해석할 필요가 있다.

3) 投資에 관한 原則

일반기업에 적용되는 투자의 안전성·수익성 및 분산투자의 원칙은 보험기업에도 그대로 적용된다. 보험기업은 투자를 전업으로 하는 회사는 아니지만 보험자금의 성격상 투자가 매우 중요하다. 보험기업에 있어서 이윤의 주된 원천은 투자수익에서 기대되는 것이며, 영업상의 수익이란 상기 수지상등의 원칙에서 볼 때는 생각하기 어렵다. 만약 영업상의 수익이 언더라이팅, 재보험 등을 통한 것이 아니고 전적으로 높은 수준의 보험요율의 적용에서 생긴 것이라면 보험가입자보호의 측면에서 문제가 된다.

보험경영의 원칙으로서 위와 같은 투자원칙은 현실적으로 보험기업에서는 감독당국의 여러 가지 투자규제가 이루어지고 있고 특히 정부가 오늘날의 경우처럼 경제개발 및 공공투자를 요구할 때 또는 계열기업의 투자가 이루어질 때 투자의 일반원칙에 의존하는 것은 곤란하다.

⑵ 보험경영의 주의

보험기업은 그 경영방침의 결정상 두 개의 상반되는 諸主義 가운데 어느 것을 선택할 것인가의 문제가 있다. 다음에 소개하는 諸主義[7]는 생명보험기업과 손해보험기업에 모두 공통되는 것은 아니고 경우에 따라서는 어느 하나에 편재될 수도 있다. 또한, 諸主義 가운데 어느 것을 채용할 것인가는 각 보험기업의 경영상의 여러 가지 특성과 사회경제의 기본적 성격 및 동향에 따라 다르다.

1) 擴張主義와 堅實主義

보험기업의 경영에 있어서 약간의 희생이나 위험의 발생을 두려워하지 않고 경영규모의 확대를 도모하는 擴張主義가 있는 반면에 보험경영의 장기에 걸친 안정성·안전성 및 공공적 성격을 중시하여 될 수 있는 한 모험을 피하면서 운영하는 堅實主義가 있다. 현대는 보험기업의 경영규모가 클수록 기초가 강화되

7) 庭田範秋, 前揭書, pp. 52～58.

고 안정성이 높아 견실한 것으로 생각하는 경향이 있기 때문에 확장주의의 방향으로 나가고 있다. 이 경우 요구되는 기본적 조건은 보험기술과 보험경영기술의 고도화이다. 이것이 결여된 단계에서 확장주의는 투기적 행위에 가깝다.

2) 積極主義와 保守主義

보험은 원래 보수적 성격이 강하기 때문에 보험기업의 경영에 있어서도 保守主義가 채용된다. 경제가 불황기에는 保守主義는 적절하지만 반면에 고도성장이 지속되는 호황기에는 積極主義가 바람직하다. 또한, 특종보험의 立案과 판매 등에는 적극주의가 적합하고 자금운용에 관해서는 보수적인 것이 필요하다.

3) 市場開發的 販賣主義와 金融系列的 販賣主義

현재 고도로 발달된 마케팅技法을 활용하여 보험을 판매하는 방법이 市場開發的 販賣主義이며, 보험기업의 금융력을 활용하여 자금운용을 통하여 금융계열을 취하면서 보험을 판매하는 것이 金融系列的 販賣主義이다. 생명보험에 있어서 단체보험이나 단체연금, 손해보험에 있어서는 공장물건의 보험판매에서 금융계열적 판매주의가 지배적이다.

4) 大量契約獲得主義와 優良契約獲得主義

양자는 특히 생명보험기업과 관계되며, 손해보험기업에서도 가계보험의 경우는 이와 관련된다. 大量契約獲得主義에 의하여 보험기업을 경영할 때에는 고정비부분이 인하될 수 있다. 그러나 불량계약이 증가한다. 이것은 상기 擴張主義 및 積極主義와 관련된다. 반대로 優良契約獲得主義에 의하면 실효·해약의 발생에 대한 방지가 어느 정도 가능하며, 유동비부분이 절약되어 보험료의 인하도 가능하다. 다만, 이 경우 보험자금의 축적속도가 둔화된다. 이것은 또한 견실주의 및 보수주의와 관련된다.

5) 市場의 新規開發主義와 集約開發主義

점차 새로운 시장을 구하여 보험계약을 획득하는 것이 新規開發主義이며 종래부터 시장에서 보험금액의 증액이나 특종보험의 판매를 추진하는 것이 集約開發主義이다. 개인이나 기업의 소득이 상승할지라도 지리적으로 보험시장의 제한이 있는 경우에는 집약개발주의가 적합하다. 이것에 의하여 보험의 이해나 회사의 PR 등을 위한 비용이나 노력의 추가적 지출이 절약될 수 있지만, 보험의 효용이 보험가입자 수의 증가에 따라 체감하기 때문에 그만큼 판매의 곤란성이 증대된다. 한편으로, 신규개발주의는 시장에서 보험 및 보험기업의 PR이 성공하고 보험사상의 보급이 달성된다면 보험판매의 성공은 가능성이 크다.

6) 新規保險種類主義와 旣成保險種類主義

전자는 특종보험의 개발이나 새로운 양식의 보험판매에 노력하는 것을 말하며 그만큼 상당량의 경비를 필요로 하고 또는 실패할 가능성이 없지 않다. 그러나 새로운 보험상품으로서 신선한 감각을 가지고 고객과 접촉할 수 있는 장점이 있다. 후자는 판매담당자에 대한 취급보험지식의 교육이 필요하지 않고 기타 비용이 절약될 수 있지만 보험경영에서 이 주의는 소극적 경영이다.

7) 人海戰術主義와 優良外務員主義

보험기업은 특히 생명보험에서 대량의 탈락자가 생길 것을 전제로 하여 대량의 외무원을 채용하여 인해전술로서 보험의 판매를 시도하게 된다. 그러나 이 방법은 멀지 않아 한계에 직면하게 될 것이다. 우선 사회의 근대화에 따라 이 방법에 의한 연고판매가 어렵게 되고 외무원간의 노동조합의 결성과 발달은 이와 같은 보험기업의 경영방법을 반대하게 될 것이다. 또한, 임금의 상승, 인건비의 상승경향도 인해전술을 불가능하게 하며 그 이외에도 보험종류의 증가와 그 복잡성, 고급화의 현상은 지식·인격수준이 낮은 종래의 외무원으로서는 판매가 곤란하게 된다. 따라서 보험기업은 광고·선전비용을 충분히 활용하고 우량외무원을 채용·육성하여 판매에 임하는 정책이 바람직하다.

3. 保險經營의 특징

(1) 보험경영의 일반적 특징

1) 數理的·法律的 色彩

보험기업의 경영에 있어서는 수리적 측면과 법률적 측면이 매우 강조되고 있다. 보험은 대수법칙에 의한 확률계산에 기초를 두고 성립하는 제도이기 때문에 보험기업은 사망률, 위험률 등의 수리상의 문제에 대하여 상당한 관심과 노력을 기울이게 된다. 따라서 이 부문의 조직부서를 설치하고 전문직의 數理專門家(actuary)를 두고 있다. 또한, 보험은 항상 법률적 문제에 직면하기 때문에 보험기업의 법률적 색채를 부정할 수 없다. 보험약관을 작성·해석하고 구체적으로 손해발생의 경우 약관에 따라 처리해야 한다. 또한, 판례를 조사하고 각국의 법률·관습 및 각종 보험약관을 비교·검토할 필요가 있다.

2) 人的 要素

보험기업의 경영에 있어서는 다른 종류의 기업에 비하여 人的 要素가 매우 중요하다. 흔히 "보험경영은 사람과 종이(紙)에 의하여 이루어진다."고 말하고 있지만 여기서 종이의 부분은 점차 기계화되고 있다. 그러나 사람은 사무의 기계화에도 불구하고 보험상품의 개발, 언더라이팅, 보험계약의 획득, 보험의 판매, 경영관리, 기타 보험관계의 형성에 있어서 인적 요소는 일반 사회에서 이해하고 있는 이상으로 극히 중요하다.

3) 危 險 性

보험제도를 잘 알지 못하는 사람들은 보험사업을 투기로 보는 경향이 없지 않지만, 이론적으로는 보험은 과학적·합리적인 경제제도이며 보험기업의 경영에 있어서 危險性은 비교적 적은 편이다. 이것은 보험료의 산정이 대수법칙에 의하여 엄격한 계산이 이루어지고 또한 보험금의 지급은 엄격한 약관해석에 의하여 이루어지기 때문이다. 그 뿐만 아니라 보험료와 보험금간에는 給付·反對給付均等의 原則이 있어서 확실하게 이 원칙이 준수되는 한 보험경영에 있어서 收支相等의 원칙은 달성될 수 있다. 그리고 일정 수 이상의 보험가입자가 확보된다면 보험기업의 경영상의 위험은 현저하게 감소되고 대수법칙에 의한 확률계산에 따라 일층 정확하게 위험은 작용하게 된다. 재보험의 존재도 보험기업의 경영상의 위험을 완화시키고 있다.

4) 資 本 量

보험기업의 경영에 있어서 자기자본은 매우 적다고 할 수 있다. 이것은 유형의 상품을 생산하여 판매하는 기업이 아니기 때문에 기계나 공장 등의 제반 설비 및 원재료의 구입에 요하는 거액의 자본을 필요로 하지 않는다. 그리고 경영에 있어서 제반 비용은 보험료 가운데 附加保險料로서 회수되기 때문에 여기에 대한 자본도 필요하지 않다. 물론 보험기업의 창업기에는 처음부터 필요로 하는 상당한 경영규모를 달성하기 위하여 설비 기타 설치에 관한 창업비와 자본은 필요하지만 이것도 경영규모의 확대가 진행될수록 점차 필요하지 않게 된다.

보험기업의 경영상 특징적인 담보자본이나 준비자본에 있어서도 마찬가지로 경영규모의 확대와 보험자금의 증가에 따라 그 필요액은 감소된다. 이와 같이 보험기업의 경영은 그 발족시에는 法定資本金 및 어느 정도의 自己資本이 필요하지만 그 후 보험료의 集積의 결과 보험자금이라고 불리우는 타인자본도 자기자본과 같이 지배·사용될 수 있는 가능성이 보험경영의 특수성의 하나이다.

5) 經營規模

보험기업의 經營規模는 거의 무한정으로 커질 수 있다. 그것은 보험이 모든 생산과정이 필요하지 않고 생산자본을 요하지 않으며 보관이나 수송상의 유통자본을 필요로 하지 않기 때문이다. 또한, 새로운 상품이나 신양식에 대한 아이디어를 비교적 간단하게 인출할 수 있으며 판매에서 滯貨라는 것이 없기 때문이다. 보험경영의 규모는 커질수록 신용이 커지고, 자금량이 증대하여 경영상 우위에 서게 되며, 대수법칙에 의한 확률계산에 정확성을 기할 수 있다. 다만, 무리한 확장정책은 생명보험기업의 경우 불량계약, 실효, 해약을 증대시키게 된다. 그러나 타직종의 기업경영보다 보험기업의 경영에 있어서 적정규모는 매우 커질 수 있다.

6) 經營立地

보험기업의 經營立地의 문제는 그다지 중요하지 않다고 말하고 있다. 그것은 보험이 생명보험의 경우에서는 외무원의 손을 거쳐, 손해보험에서는 대리점의 활약에 의하여 사회에 제공되어지기 때문이다. 그러나 보험의 판매에 관련된 제반 업무, 보험의 모집계약의 획득과 보험료의 징수, 보험금의 지급, 보험자금의 운용, 감독관청이나 보험기업간의 상호연락, 보험협회 등과의 접촉을 고려한다면 역시 보험기업의 본사는 대도시·중심도시에 둘 수 있다. 그러나 반드시 도시의 중심부에 본사가 위치해야 하는 것은 아니다.

7) 景氣變動 등에 대한 影響

보험기업의 경영은 특히 경기변동이나 통화가치의 변동에 대하여 큰 영향을 받는다고 일반적으로 이야기하고 있다. 예로서 공황시에는 보험료수입의 감퇴가 생기는 것은 당연하며, 재무·투자면에서는 운용자산, 투융자자산의 가치하락이 현저하며 회사자산의 가치가 그만큼 상실된다. 한편으로는 인플레이션 시기에 있어서는 보험기업의 고유자산의 가치유지가 불가능하고 또한 보험계약의 획득이 곤란하게 된다. 그러나 생명보험의 경우 보험가입자의 이익에 반하여 정액보험금의 지급에 대한 부담이 적어지고, 어느 정도의 인플레이션이라면 오히려 경제계에 호황을 가져와서 사회 각층의 소득이 상승된 것으로 착각하기 쉬우므로 보험의 신규계약의 획득이나 증액에 좋은 영향을 미칠 수도 있다. 이 문제는 한마디로 단정하기 곤란하다.

8) 公共性의 重視

보험기업의 경영에는 公共性이 강조되고 있다. 이것은 보험경영이 다수보험가입자의 갹출을 기반으로 하여 성립되며 보험회사의 경영자는 이들의 신체상·재산상의 위험을 관리하는 사람의 입장에 있기 때문이다. 다른 한편으로는 보험기업의 금융기관적 성격, 생명보험의 경우 장기성, 보험자금운용의 사회적 영향력, 보험계약자의 보호 등에서 공공성의 의의를 찾을 수 있다. 보험경영에 있어서 공공성은 보험계약자·피보험자에 대해서만 인정되는 것이 아니고 오히려 사회 전반의 모든 사람들과 관계된다. 그 공공성의 정도는 일반적으로 말하여 전기·철도·수도사업보다는 약하다고 할 수 있다.

9) 獨 占 性

보험기업의 경영에는 실질적으로 獨占性이 존재하고 있다. 적어도 한국에 있어서는 보험기업은 특히 손해보험에서 독점 또는 과점의 상태에 있다. 이 점에 대해서는 제 8 장에서 언급하기로 한다. 일반적으로 보험사업의 독점성은 보험요율의 협정, 보험약관의 통일을 비롯하여 광범하게 가격카르텔, 조건카르텔 등이 결성되고 있는 점에서 지적되고 있지만 외국보험기업의 국내활동에 대한 통제, 보험기업의 신설규제 등도 독점에서 오는 영향력으로 볼 수 있고, 공제사업과 대기업의 자가보험의 출현은 일면 이러한 독점에 대한 저항으로 인정할 수 있다.

10) 國家統制

보험기업의 경영에 대해서는 國家統制가 매우 엄격하다. 보험업법의 존재와 내용이 바로 그것을 의미한다. 보험기업의 경영에 대한 국가통제는 상기 보험경영의 공공성의 입장에서도 이러한 경향을 더욱 촉진시키고 있으며 한편으로 이것은 보험기업에 대한 통제적 보호이다. 그러나 보험기업의 입장에서는 이것을 경영의 독립성이나 자주성에 대한 제한으로 받아들이고 있다.

(2) 생명보험기업의 경영특징

1) 數理技術의 活用

생명보험기업에는 수리기술을 구사하는 保險計理人(actuary)이 있다. 보험계리인이 취급하는 전문적인 업무로서는 경험사망표의 작성, 보험요율의 산출, 책임준비금률의 산출, 결산기의 제반 업무 등이며 그 밖에 경영 전반에 걸쳐 조언·권고하는 기능을 수행한다.

2) 販賣依存性

생명보험은 대수법칙에 따라 동질·동형의 다수계약이 집적될수록 경영상 안정을 도모할 수 있으므로 모든 것이 판매로부터 출발하는 생명보험경영에 있어서는 販賣依存性이 매우 크다. 따라서 무엇보다도 우선되어야 하는 것이 생명보험상품의 판매를 위해 판매조직의 확대·충실, 판매촉진, 판매원관리가 중시된다.

3) 長期繼續性

생명보험경영은 보험상품의 판매 후 보험금의 지급 또는 보험기간의 만료까지 장기간에 걸처 정기적으로 보험료를 받고 보험사고가 발생하였을 때에 경제적 보장을 제공하게 된다. 이것이 長期繼續性이며 생명보험의 경영특징의 하나이다. 생명보험의 보험료는 장기성 때문에 당초의 보험료는 사망률·이자율·사업비율에 있어서 모두 예정치를 사용하여 안전하게 산정하는 概算的 保險料(estimated premium)의 성격을 지니고 있다.

4) 資金運用의 重要性

보험거래업무의 수행과정에서 책임준비금을 비롯한 각종 준비금의 적립이 이루어지고 이것이 보험자금을 형성하여 자금운용업무가 발생한다. 이 資金運用業務가 생명보험경영의 특징의 하나가 되고 있다. 종래 보험거래업무를 본래적 업무와 자금운용업무·금융적 업무를 파생적인 부수적 업무로 구분하고 있지만 오늘날 생명보험경영에서는 자금운용의 중요성이나 금융업무를 본래적 업무의 일환으로 인정하는 단계에 이르고 있다.

(3) 손해보험기업의 경영특징

1) 保險的 特徵

손해보험경영의 특성은 보험의 본질에서 구할 수 있다. 손해보험은 확률계산과 대수법칙에 의한 사업으로 보험가입자에 있어서 장래의 우연한 경제적 손실이 발생하였을 때에 그 손해를 보상하여 원상회복을 시켜 주는 보험제도이다. 오늘날 자본주의경제제도 아래서 산업시설이 발전되고 확장됨에 따라 새로운 위험의 유형이 발생하고 일반적으로 개별위험 그 자체가 대형화되어가는 추세에 있다.

손해보험은 재산보험이므로 그 경영에 있어서는 위험의 적절한 선택·관리·분산이 절대적으로 필요하다. 생명보험경영에 비하여 손해보험경영의 특색의 하나는 바로 이 대형위험에 관한 대책, 구체적으로는 再保險(reinsurance)이며 이것은 손해보험기업의 경영기술상 매우 중요하다. 물론 생명보험의 경우도 재보험제도가 있지만 위험의 크기 및 재보험의 기술적 내용에서 보면 매우 약하다.

2) 資本主義的 特徵

손해보험경영을 개별적 산업자본의 기구로서 파악할 때 그 자본, 생산, 영업규모 및 이윤에 있어서 특징을 찾아볼 수 있다. 먼저 자본의 경우이다. 상공업에서의 자본은 노임 이외에 상품, 원재료, 기계, 공장 등의 판매와 생산의 수단으로 사용되지만 보험경영의 자본은 근로자의 임금 이외는 상공업의 경우처럼 설비투자, 재고와 같은 생산유통수단에 다액의 자본을 필요로 하지 않는다.

다음은 생산에 있어서의 특성이다. 손해보험사업은 보험서비스를 제공하는 것이지만 그 생산을 위하여 판매와 별개의 설비가 있는 것은 아니다. 보험의 생산과정은 유통과정을 포함시켜 이해하려는 입장이 있지만, 가치형성요소로서의 노동의 과정과 가치증식과정이 생산·유통의 양 과정에 있어서 밀접 불가분의 동시성을 지니면서 융합되어 있는 것이 보험사업의 하나의 특징이다.

영업규모면에서의 특징은 규모가 커질수록 경제성이 있다는 것이다. 다수의 양질계약을 획득하는 것이 확률예측의 정확도를 기대할 수 있을 뿐만 아니라 자금량의 증대, 신용의 제고를 기대할 수 있다. 손해보험경영은 본질적으로 확대지향형의 사업이다. 이것은 원보험의 모집에서나 재보험거래에 있어서도 기본적으로 마찬가지이다.

마지막으로 이윤의 특성이다. 손해보험경영의 수익은 營業收益(underwriting profit)과 營業外收益(投資收益)으로 구성된다. 보험계약의 거래에서 직접 발생하는 손익이 전자이며 자산수입, 제반 충당금, 준비금 등의 손익이 후자이다. 급부·반대급부균등의 원칙과 수지상등의 원칙에서는 보험경영의 이윤의 여지가 없다.

손해보험의 원가(보험요율)계산은 현실적으로 과거의 경험자료를 기초로 이루어진다. 경영상으로는 과거의 보험사고발생의 경험이나 손해율이 재현되는 것을 기대 내지 가정하고 그 외에 보험기술적 편차를 감안하여 보통 여유 있는 계산을 하게 된다. 이 경우 사업이 순조롭게 경과하면 어느 정도의 영업수익(잉여금)이 있을 수 있다. 손해보험에 있어서는 생명보험의 死差益과 같이 항상 이익을 기대하기는 곤란하다. 불확실성이 큰 다양한 질의 위험을 대상으로 하기 때문에 확률계산의 기초가 불안정하고 해마다 영업성적의 기복이 클 수 있다. 또한, 변화가 심한 시대에는 과거의 자료를 기준으로 하고 있는 관계로 요율부족으로 인한 손실이 발생하기 시작하면 이것을 간단하게 시정할 수 없기 때문에 영업손익에서 적자가 나지 않도록 언더라이팅 및 재보험 등을 통한 경영상의 노력을 경주해야 한다.

3) 事業的 特徵

손해보험경영은 다른 사업의 경영과 비교할 때 조직과 거래의 양면에서 법적 규제가 강하고, 일부의 협정행위에 대하여 독점금지법의 적용이 제외되며, 국제성이 특히 강하다는 것을 특징으로 규정할 수 있다.

첫째, 法的 規制이다. 보험경영은 보험사고라고 하는 경제적 불행에 대비하여 다수의 보험계약자로부터 맡겨진 보험료(보험자금)를 관리·운용하면서 보험금의 지급능력을 충실하게 유지해야 한다. 이 점은 생명보험경영이나 손해보험경영에서 마찬가지의 사실이다. 만약 보험회사가 지급능력이 불안할 때에는 가입자를 포함하여 국민경제 전반에 큰 영향을 미치게 된다. 따라서 보험업법에 의하여 보험사업의 경영형태, 보험모집, 담보력, 기타 경영 전반에 대하여 엄격하게 법적 규제를 하고 있으며, 또한 행정당국의 감독도 구체적인 사항에까지 미치고 있다.

둘째, 獨占禁止法의 제외이다. 손해보험은 그 성격상 생명보험에 비하여 재보험, 공동보험 등을 통한 공동행위의 필요, 즉 독과점의 성격이 강한 사업이다. 이러한 보험회사간의 공동행위 내지 상호협정(약관, 요율)은 원칙적으로 독점금지법(한국은 독점규제및공정거래에관한법률)에서 적용제외를 인정하고 있다.
구체적인 사항에 대해서는 제 8 장에서 상술하기로 한다.

셋째, 국제적 성격이 강한 것이 損害保險經營의 특성이다. 손해보험은 생명보험보다 재보험의 필요성이 강하고 오늘날 재보험제도는 국제적으로 위험을 분산시켜야 하므로 국제적 영업의 성격을 강하게 지니고 있다. 특히 제 2 차 세계대전 이후 국제무역의 발전, 교통·통신수단의 발달, 자본 및 노동의 이동에 의한 다국적기업의 출현 등으로 손해보험은 原保險을 통하여 타국진출이 일반화되어 있고 재보험거래는 국제적으로 서로 다변화되어 있다. 이러한 점에서 손해보험회사는 생명보험회사 이상으로 국제교류가 빈번하다.

제 2 절 保險經營의 형태

일반적으로 기업의 경영형태를 분류하는 기준은 法律的 形態와 經濟的 形態로 구분되고 있다. 法律的 形態는 기업형태의 법적 특징에 기초를 둔 형태적 분류로서 법인격의 유무, 구성원의 수와 그의 책임형태, 회사기관의 구성, 지분·

증권발행의 유무와 그 성격 등에 의하여 분류되며 그것이 법률에 의하여 정해지고 있다. 그러므로 기업의 법률적 형태는 어디까지나 경영체의 형식으로서 외견적 구조이기 때문에 기업의 경제적 형태와 몇 가지 다른 점이 존재하고 있다. 기업의 經濟的 形態는 기업가의 직능, 경영지배, 자본의 규모, 소유와 그 성격 등 여러 가지에 의하여 분류되고 있고 논자에 따라 채용기준이 다르기 때문에 완전 일치된 기업형태의 분류는 찾아볼 수 없고 법률적 형태에 비하여 명확하지 않다.

보험사업에서 볼 수 있는 각종의 기업형태를 고찰할 경우 우선 보험의 사업적 특수성을 의식하고 한편으로는 그 역사적·경제적 배경을 살펴볼 필요가 있다. 그러나 보험기업의 형태는 우리나라도 마찬가지이지만, 각국의 경우 대부분 保險監督法에서 그 형태를 규정하고 있다. 그 이유는 보험사업은 불특정한 다수인에 대한 채무의 이행을 확실하게 하기 위하여 일정한 형태를 취할 것을 보험감독법에서 요구하고 있기 때문이다. 그 뿐만 아니라 일정액 이상의 담보자금적 성격을 가진 자본금 또는 기금을 가질 것도 법률에서 규정하는 것이 보통이다.

보험의 경영형태에 대하여 보험감독법상의 규정은 국가에 따라 각기 역사적·경제적 배경이 다르기 때문에 매우 다양하다. 한국의 保險業法에서는 일본의 예에 따라 보험경영 형태를 사보험에서는 주식회사와 상호회사로 국한하고 있다 (제 5 조 제 2 항).

미국의 경우 보험기업의 경영형태는 주법에 따라 다르다. 대표적으로 뉴욕州法에서는 個人, 商事組合(firm), 社團(association), 法人(corporation) 또는 有限會社(joint stock company)는 보험사업을 영위할 수 있도록 되어 있다. 그 이외에 면허 및 기타 요건을 면제받는 보험자로서 자선조합, 주보험기금, 은행법에 의한 법인수탁자(corporate trustee), 공무원, 철도원 등을 대상으로 하는 퇴직연금제도가 있다.

독일의 경우 保險監督法은 개인을 보험사업의 주체로 정하지 않고 있다. 사업의 면허는 상호주의의 원칙에 의하여 단체원의 보험을 영위하는 相互保險組合(Versicherungsverein auf Gegenseitigkeit: VVaG)과 주식회사의 경우에만 인정한다. 상호보험조합은 보험감독법에 의하여 설립되며, 소상호보험조합과 대상호보험조합으로 구분된다. 상호보험조합에서 취급할 수 있는 보험종목은 生命保險, 傷害保險, 醫療保險, 責任保險, 火災保險 등에 한정되고 있다. 주식회사의 설립은 株式法에 의한다.

프랑스는 보험사업의 경영주체를 국영회사(1946. 4. 25 법률)[8], 국영금고, 민영회사, 조합으로 하고 있다. 보험감독법의 규제를 받는 보험사업으로서는 주식회사, 주식합자회사, 상호회사, 보험상호조합, 톤친조합 및 기타 보장조합의 형태를 들 수 있다.

이상과 같이 보험사업의 경영형태는 사업감독의 필요에서 각국에서는 보험사업의 경영형태를 보험감독법에서 규정하고 그것을 제한하고 있지만 영국의 경우 이러한 제한은 존재하지 않는다. 영국에 있어서 보험사업을 경영할 경우 원칙적으로 어떠한 기업형태를 채용하든지 자유이다. 이와 같이 보험사업에 있어서 기업형태상의 자유와 근대회사법 제정의 특수사정에서 보험사업의 형태는 지극히 복잡다기하다.[9] 일반적인 분류는 個人·會社·組合의 세 가지 형태로 구분할 수 있다. 個人은 후술할 Lloyd's가 대표적이며, 會社形態는 유한책임주식회사, 유한책임보험회사(상호회사 포함), 무한책임회사의 세 가지가 있고 각각 주식자본의 유무에 따라 회사성격은 양분된다. 組合形態의 保險은 협동조합, 상호조합(우애조합, 선주책임상호보험조합, 기타 상호조합) 및 노동조합이 있다.

보험기업의 형태는 이상과 같이 국가에 따라 역사적·경제적·법률적 성격에 따라 다양하기 때문에 통일되어 있지 않다. 다만, 영국을 제외하고 대부분의 국가에서 경영형태를 보험감독법에서 규정하고 있다는 것이 공통적인 특징이다. 본서에서는 그 형태를 會社形態, 組合形態, 個人 및 公營保險 등 크게 4가지로 구분하여 고찰하기로 한다.

1. 會　　社

우리나라의 현행 保險業法에서는 보험사업의 경영형태를 주식회사 및 상호회사의 회사형태로 국한하고 있으며(제 5 조 제 2 항), 保險事業에서는 300억원 이상의 자본금(주식회사) 또는 기금을 납입하도록(단종회사는 100억원 이상) 하고 있다(제 6 조 제 1 항). 보험사업의 경영형태를 주식회사와 상호회사에 국한시킨 것은 1962년 1월 15일 법률 제973호에 의하여 최초로 제정된 保險業法 제 6 조의 규정에 의한 것이었으며 그 후 몇 차례 보험업법의 개정이 있었으나 이 조항만은 그대로 존속되어 왔다.

---

8) 프랑스는 제 2 차 세계대전 직후 중요한 基幹産業과 더불어 保險事業도 國有化하였다.
9) 龜井利明, "英國に おける 保險企業の形態," "保險學の 論理と 現實"(末高信 博士 古稀祝賀論文集), 東京: 成文堂, 1965, pp. 143～173.

이와 같이 우리 보험업법에서 보험사업의 경영형태를 회사형태로 하고 있는데는 우리나라 고유의 역사적·경제적 배경에서 이루어진 것은 아니다. 이것은 오직 우리 보험업법이 일본의 보험업법을 처음부터 거의 동일하게 모방한 것에 기인하고 있다고 보아야 할 것이다. 따라서 보험업법에서 경영형태를 회사(주식회사와 상호회사)로 한 입법이유는 일본의 保險業法(제3조)의 역사적 배경에서 찾아보아야 할 것이다.[10]

일본에서는 1900년 보험업법이 제정되기 이전부터 법제의 정비 없이 보험사업은 특히 1890년대에 많은 포말회사가 난립되었고 그 당시 사회적 기반이 약한 조합보험이 남설되어 시급히 이를 단속하지 않을 수 없었다. 그때 일본은 서구제국의 보험업법을 검토한 결과 오스트리아의 보험감독법 제 2 조가 가장 적절하다고 생각하였고, 실체적 감독주의하에서 주식회사 및 상호회사가 같은 회사형태가 경영의 건전화를 촉진시킬 수 있다고 판단되어 일본 보험업법에서 회사경영주의를 채택하기에 이르렀다. 그 후 일본 보험업법은 수차의 개정이 있었지만 이 조항만은 오랜 전통을 지키면서 현재에 이르고 있다.

일본은 보험업법에서 이상과 같이 처음부터 회사경영주의로 한 것은 그 당시의 여건을 고려하여 불가피한 점이 있었지만, 그 후 최근에 이르기까지 보험업법은 자기모순에 빠져 있다는 날카로운 비판이 일어나고 있다. 즉 보험업법의 제정 이후 특별법에 의한 국영보험의 출현(간이생명보험과 전쟁사망상해보험)과 제 2 차 세계대전 이후 협동조합보험(공제사업)이 실시되면서 보험업법의 규제를 받지 않게 되어 보험사업의 법체계에 혼란이 일어나게 되었다. 따라서 보험업법은 사적 보험관계의 경영주체 전반에 대한 기본법 내지 모법으로서 역할을 과연 수행하고 있는가, 그렇지 않으면 단지 사보험경영주체에 관한 규정으로 남아 있는가에 대해서 중대한 문제로 보고 있다.

이상과 같은 일본 보험업법의 회사경영주의의 모순은 우리 보험업법에서도 그대로 나타나고 있다. 위에서 언급한 바와 같이 우리 보험업법은 1962년 1 월 15일 법률 제973호에 의하여 제정[11] 되었고, 보험사업은 주식회사 또는 상호회사(상호회사는 현재까지 존재하지 않고 있음)로서 재무부장관의 면허 없이는 영위

10) 靑谷和夫 監修, 「保險業法(上)」, 千倉書房, 東京, 1974, pp. 152~170.
11) 1948년 대한민국정부의 수립 이후부터 1962년 1 월 保險業法이 제정되기까지 약 14년 동안 미군정청고문관 Cifford J. E. Stanton 소령의 指示通牒(1947. 4. 8.)의 잘못된 해석으로 일본의 보험업법이 아무런 법적 근거 없이 의용되어 온 중대한 과오를 범하였다. 구체적인 내용에 대해서는 拙著, 「한국보험사」, 무역경영사, 1974, pp. 38~40, p. 81. pp. 142~144 참조.

할 수 없도록 하였다. 그러나 상기 일본의 예에 따라 農業協同組合法[12](제13조)과 水産業協同組合法(제4조의2)에서 각각 공제사업에 대한 보험업법의 적용배제를 규정함으로써 우리 보험업법도 자기모순에 빠지게 되었다.

한편, 재무부는 1969년부터 보험업법의 개정을 준비하면서 과거 일본에서 시도한 것처럼 공제사업을 조합보험으로 인정하고 이를 재무부가 민영보험과 마찬가지로 감독하려는 취지하에 보험업법 개정안을 국회에 상정하였으나(1970년) 농림분과위원회의 반대로 실현되지 않았다. 그때 개정법안은 제 6 조에서 보험사업의 경영형태를 주식회사 또는 상호회사 이외에 '보험사업기금의 총액이 5천만원 이상인 조합(법인인 조합을 포함한다. 이하 같다)'을 추가하고 동시에 제 3 장의 2 에 '조합'을 신설, 제72조의3 에서 '비조합원의 가입금지', 제72조의4 에서 '계리의 구분', 제72조의5 에서 '준용규정'을 두고 있었다.[13]

1977년 12월 31일 법률 제3043호에 의하여 크게 통합·개정된 현행 保險業法 제208조(공제사업에 대한 협의)에서 韓國保險公社가 재공제를 인수한 때 또는 보험사업과 균형 있는 발전을 도모하기 위하여 재무부장관이 필요하다고 인정할 때에는 공제사업을 영위하는 자에 대하여 기초서류사항에 관하여 협의를 요구할 수 있다고 규정하고 있다. 그러나 이것은 한국보험공사가 협동조합의 공제사업에 대하여 필요한 경우 再共濟의 인수를 위한 길을 열어 놓은 것에 주안이 있으며, 그렇다고 하여 보험업법에서 공제사업을 조합보험 내지 협동조합보험으로서 상호회사나 주식회사와 같이 하나의 경영형태로 인정한 것은 아니다.

(1) 주식회사

오늘날 자본주의 경제제도하에서 일반 기업이 가장 보편적으로 채용하고 있는 경영형태는 주식회사이다. 보험사업의 경우에 있어서도 각국의 보험감독법상 가장 기본적인 형태의 하나로 규정하고 있는 것이 保險株式會社이며 이것은 비록 공익성과 공공성이 특히 강조되고 있는 보험사업일지라도 일반적인 주식회사 제도의 특징과 장점을 그대로 지니고 있다. 보험주식회사의 기원은 1720년 영국

---

12) 農業協同組合法은 1961년 7 월 29일에 제정되었고, 동법 제13조 단서에서 공제사업에 대하여 조선보험업령의 적용을 배제한다고 규정한 바 있다. 조선보험업령은 실제로 존재하지 않았으며 보험업법의 제정이 1962년 1 월 15일로서 약 6 개월 늦었기 때문에 農協法에서 이러한 오류를 범하였다. 구체적인 내용에 대해서는 拙稿, "농협법 제13조 朝鮮保險業令의 정체,"「손해보험」(제 7 권 제 1 호, 1967. 3) 참조.

13) 韓東湖. "保險業法 개정법률안에 있어서의 문제점,"「保險月報」(제72호, 1969. 5), p. 9.

에서 特許會社(chartered company)로 설립된 Royal Exchange Assurance Corporation과 London Assurance Corporation의 2 개 회사이다.

그리고 일본은 1879년 동경해상화재보험주식회사가 최초로 설립되었으며, 한국은 1921년 조선생명보험주식회사와 1922년의 조선화재해상보험주식회사(현재 동양화재해상보험의 전신)이다. 상기 영국의 양사는 그 당시 영국왕실의 면허에 의한 특허회사로서 법인격을 갖고 주주의 유한책임제가 인정되었으며 해상보험경영의 독점권이 그 이후 100년간 인정되었다.

保險株式會社의 特徵은 상호회사조직과 비교하여 설명할 수 있다. 주식회사에서는 법정최저자본금에 대하여 보험감독법에서 규정하고 있으며, 반면에 상호회사는 그것에 상응하는 기금을 요구하고 있다. 주식회사에서는 보험료가 확정되어 있어 보험료의 부족으로 인한 추가부과란 있을 수 없으며 이 경우 회사는 그 부족액을 자본금과 잉여금에서 충당하게 된다.

保險株式會社의 長點은[14] ① 보다 능률적이고 효과적인 운영을 통하여 운영경비를 줄임으로써 피보험자에 대한 보험비용을 저하시킬 수 있고, ② 보험료가 사전에 확정되어 있어 피보험자가 이를 알 수 있으며, ③ 보험료는 가입자에게 공평하게 부과되고 대수법칙이 요구하는 많은 가입자를 손쉽게 모집할 수 있기 때문에 위험분산을 최적으로 할 수 있다는 장점을 가지고 있다. 그러나 保險株式會社의 短點은 ① 영리를 목적으로 하기 때문에 보험가입자로부터 위험을 인수함에 있어서 이기적으로 위험선택을 하게 되며, ② 동업자간의 치열한 경쟁이나 협정(각종 카르텔행위)을 통하여 보험가입자의 권익을 침해할 우려가 있고, ③ 회사의 지배권이 상호회사와 같이 보험계약자에게 있는 것이 아니라 소수의 대주주에게 있는 것이 문제이다.

주식회사는 제도상으로 후술할 상호회사와 큰 차이가 있으나 상호접근현상에 의하여 양자의 차이는 크게 좁아지고 있다. 주식회사측의 상호회사에 대한 접근은 생명보험에 있어 '配當附保險'의 판매를 들 수 있다. 보험주식회사의 원래의 취지는 영리를 목적으로 하고 무배당보험이 본래의 자세이지만 오늘날 선진각국에서 주식회사도 상호회사와 같이 이익의 상당부분을 보험계약자에게 배당해 주고 있어 영리주의는 제 2 차적인 목적으로 되고 있다.[15]

14) 方甲洙, 「最新保險學」, 博英社, 1975, p. 112.
趙海均, 「保險經營論」, 博英社, 1976, p. 75.
15) 金炳奇, "相互保險에 관한 硏究," 延世大學校 經營大學院, 1973, p. 18.

(2) 상호회사

상호보험회사는 보험기업에서 특히 생명보험의 특유한 회사형태라고 할 수 있다. 相互會社의 企業形態로서의 特徵은 주식회사기업과 비교하여 법률적·형식적으로는 차이가 있지만 경제적·실질적으로는 매우 유사하다. 법적 성질에 의하면 주식회사는 상법상의 회사이며 영리법인으로 상행위에 속하지만 상호회사는 특별법(보험업법)상의 비영리법인이다. 구성원에 있어서는 전자는 주주로서 주주총회를 개최하고 있지만, 후자는 보험계약자인 사원으로 구성되어 있고 일종의 자치기관인 사원총회가 있다. 또한, 사업책임에서 전자는 유한책임이지만, 후자는 무한연대책임이다.

근대적 상호회사는 후술할 상호보험조합으로부터 직접 발달한 것이 아니고 영리주의에 의한 보험주식회사의 장점을 취하면서 상호조합형태를 모태로 하여 성립한 것이다. 따라서 相互會社의 生成過程은 세 가지 유형, 즉 ① 설립시부터 상호조직을 취한 것, ② 처음에 상호보험조합 내지 공제시설로서 발족하였지만 그 후 발전과정에서 상호회사로 전환된 것, ③ 처음에 주식회사로 출발하였지만 그 후에 상호화된 것이다.[16]

위의 경우에서 주식회사에 대항하기 위하여 처음부터 상호회사로 설립된 것의 대표적인 예는 영국의 Eguitable Society, 독일의 Gothar생명보험, 일본의 제일생명보험상호회사 등이다. 또한, 기존 주식회사가 그 조직을 변경하여 상호화된 것의 대표적인 예는 미국의 Metropolitan Life와 Prudential Life가 있다.

보험 특유의 경영형태로서 상호회사조직이 생명보험부문에서 압도적임은 주지의 사실이지만, 다른 한편 손해보험부문에서는 주식회사 조직이 지배적이다. 생명보험에 있어서 상호회사조직의 우위성은 이론적 측면에서는 상호보험의 사회적 성격[17]과 경제적 성격에서 설명할 수 있지만 현실적으로는 다음 세 가지 점에서 그 우위성을 인정할 수 있다.

첫째, 生命保險이 家計保險의 性格을 가지고 있다는 점이다. 기업보험은 發生史的으로 자본과 고유한 관계를 가지고 근대자본주의적 회사제도를 채용하고

16) 水島一也, 「近代保險論」, 東京: 千倉書房, 1961, p. 158.
韓東湖, "韓國에 있어서 生命保險株式會社의 상호화에 관한 문제점과 그 구체적 방안," 「保險學會誌」(제11집, 1975), p. 119.
金炳奇, 前揭論文, pp. 27~28.

17) 野津務, 「相互保險の 硏究」, 東京: 中央大學, 1965, pp. 29~45.

있는 것이 일반적이지만 가계보험에 있어서는 보험이 가지고 있는 특수한 기술적 방식(다수경제단위의 결합)에서 유래하여 보험단체 구성원간의 정신적 유대를 강조하게 되었다. 이러한 연대사상이 보험단체 구성원의 공감을 불러일으키게 되어 저렴한 비영리적 보험을 위하여 결합하게 되는 것이다.

둘째, 生命保險의 技術的 特性이다. 보험주식회사에 있어서 자기자본은 담보자본의 성질을 가지고 있고, 이 담보자본은 위험인수의 과정에서 보장의 기능을 수행하게 된다. 생명보험에 있어서는 그 대상이 되는 위험의 성질상 사업위험은 손해보험에 비하여 적다는 것은 자명한 사실이다.

또한, 장기계약이라는 점에서 생명보험은 일시적인 위험변동을 장기적으로 평균화하는 것이 가능하다. 생명보험은 이와 같이 그 기술적 특성이 있기 때문에 담보자본으로서 거액의 자기자본을 주식회사 조직의 채용에 의하여 조달해야 할 필요성은 생명보험에는 존재하지 않는다. 또한, 위험변동의 가능성은 보험단체의 규모가 거대화됨에 따라 원칙적으로 감소한다는 것은 보험기술의 기초원리인 대수법칙으로 설명될 수 있다. 이러한 점에서 자본가가 없는 회사 또는 보험가입자 자신의 회사라고 할 수 있는 상호회사에 대하여 일반 대중을 끌어들일 수 있다.

셋째, 保險資金의 集積이다. 生保資金과 상호회사의 관련은 일정한 발전단계에 도달한 보험주식회사가 상호화되는 경우에 주로 타당성을 지니고 있다. 그것은 독점단계에 있어서 대중의 영세자금까지 그 지배하에 둔다는 것은 보험의 공공성과 공익성의 측면에서 문제되기 때문이다.

이론적인 측면에서는 상호회사형대에 의한 보험사업의 경영은 보험경영의 민주화 및 합리화, 보험에 대한 대중의 신뢰감의 제고를 기대할 수 있는 장점을 가지고 있다.[18] 그러나 특히 한국에 있어서 주식회사의 상호화 또는 생명보험상호회사의 설립에는 문제가 있다고 보겠다. 주지한 바와 같이 우리 보험업법에는 상호회사의 규정이 구보험업법에서부터 마련되어 있지만 6사 모두 주식회사 조직이었다. 또한, 1960년대 이후 주식회사나 상호회사를 막론하고 회사증설은 원칙적으로 정부당국에서 고려하고 있지 않았다.

따라서 생명보험상호회사에 대한 연구나 현실적인 논의는 활발하게 전개되지 못하고 있다. 그러나 보험업법에서는 1971년 1월 19일 법률 제2288호에 의하여 개정하여 제22조의2～제22조의14에 걸쳐 주식회사의 조직변경을 통한 상

18) 韓東湖, 前揭論文, pp. 128～129.

호회사로 전환할 수 있는 길을 개척해 놓고 있었다.[19] 이 조항은 1977년 12월 31일 법률 제3043호에 의하여 개정·통합된 현행 보험업법 제26조~제40조에서 그대로 인정하고 있다.

마지막으로 相互會社의 株式會社化[20]에 대해서 언급하기로 한다. 앞에서 고찰한 바와 같이 주식회사와 상호회사는 법률적·외형적으로는 대조적이지만 경제적·내면적으로는 상호 접근하고 있어 차이를 찾아보기 곤란하다.

상호회사의 주식회사화는 ① 相互會社에 있어서 自治制의 퇴색이다. 상호회사는 초기에는 회사계층별로 가입대상자를 제한하여 인적 결합의 요소가 짙었으나 그 후 보험가입자가 증가함으로써 사원의 의사가 반영되는 사원총회의 개최가 불가능하게 되어 기존 경영진이 거의 일방적으로 선출되고, 회사의 경영방침을 결정하는 것이 일반적이다.

② 保險料 追徵義務의 排除이다. 초기에 있어서 상호회사는 사원이 무한책임을 부담하면서 이익이 생기면 보험가입자(사원)에게 배당을 하고 반대로 손실이 생기면 보험료를 추징하였다. 그러나 상호회사도 기업으로서 다수의 보험가입자를 결합하여 보험기술상 합리화를 기해야 하므로 대량생산법칙에 의한 이점을 확보하지 않고는 생존할 수 없다. 따라서 손실발생의 경우에 연대책임을 지우는 보험료추징의무는 현실에 맞지 않기 때문에 오늘날의 상호회사는 주식회사의 유한책임제의 장점을 도입하여 확정보험료주의로 전환하게 되었다.

③ 所有와 經營의 分離라는 점에서 주식회사와 상호회사는 구분하기 곤란하다. 자본(소유)과 경영이 미분리 상태에 있던 자본주의 초기단계에는 이러한 주식회사에 대항하기 위하여 상호회사가 출현하였지만 그 후 주식회사에 있어서는 자본과 경영이 분리되는 추세에 있었고, 반면에 상호회사도 자치제의 퇴조현상으로 양자가 분리되기에 이르렀다.

선진국에서 보험상호회사의 비중은 1950년대 말까지 주식회사에 비하여 다소 열세에 있었지만 생명보험 분야에서는 상당한 역할을 하고 있었다. 1960년대 이후 상호회사의 주식회사 전환추세에 따라 상호회사의 숫자와 시장규모는 점진적으로 축소되어 왔다. 독일은 1969년 상호회사 121개, 주식회사 69개이던 것이 1991년 상호회사 100개, 주식회사 261개에 이르렀다. 의료보험과 생명보험회사

19) 保險業法의 개정에 앞서 1968년도 財務部 保險審議委員會에서 '株式會社의 組織變更(相互化)에 관한 問題'를 안건으로 다루었음.

20) 金炳奇, 前揭論文, pp. 19~26.
구하서, "한국 보험기업의 상호화에 관한 시론,"「보험학회지」(제13집, 1977), pp. 91~96.

의 경우는 상호회사의 형태를 취하고 있는 비중이 아직도 높은 편이다. 프랑스는 1994년 말 상호회사가 210개에 이르고 있었으며, 상호회사 시장점유율은 생명보험 7.6%, 손해보험 33.7%로서 1990년 이후 그 비중이 점차 낮아지고 있다.

우리나라에서는 전술한 바와 같이 농협 등의 공제사업의 확장, 보험업법상 상호회사에 대한 규정존재 및 1990년 이후 일부 생명보험회사 기업공개와 관련하여 계약자 배당문제를 둘러싸고 생명보험주식회사의 상호회사적 운영여부에 대한 논란이 야기되면서 선진국 상호회사에 대한 관심이 증대되었다. 최근 선진국에서 상호회사의 존재가 퇴색하고 주식회사로 전환되고 있는 추세의 배경과 이유는 국가에 따라 약간의 차이는 있지만 다음과 같이 정리할 수 있다.

① 대규모 상호회사는 주식회사에 근접 또는 주식회사로 전환 → 보험단체의 거대화로 인한 관리상 한계

② 주식회사의 계약자 이익환원 노력과 주주배당 제한

③ 두 형태가 동일시장에서 경쟁하는 현실적 상황 아래에서 배당부보험의 보급은 불가피하다. 현재 이익배당의 취급에 관해서 양자의 차이점은 찾아볼 수 없다.

④ 최근 생명보험의 저축적 요소, 기업연금 취급, 투자신탁적 성격이 강하게 대두되고 있어서 경영형태는 재검토의 대상이 되고 있다.

⑤ 경영환경의 변화에 의한 영향

㉠ 금리자유화에 의한 계약자의 금리 감응적 need의 변화

㉡ 생보의 투자신탁적 색채가 강하고 외부금융, 투자운용활동의 변화

㉢ 경영리스크, 특히 투자리스크이 큰 비중 → ALM 관리의 필요성 인식

㉣ 급변하는 경영환경 아래에서 생보사도 적극적으로 금융성이 강한 신상품을 개발하고 그 리스크도 부담하지 않으면 안 되었다.

㉤ 투자리스크의 확대에 의한 자본 재조달의 필요성이 생겨나고 universal bank화의 길을 걸으면서 업계간의 경쟁이 치열해지고 외부로부터 기업형태에 압박을 받게 되었다.

⑥ 상호회사 이윤개념의 불명확한 문제가 존재하고 있다. → 상호보험은 비영리보험이라고 하지만 현실적으로 어떠한 종류이든 이윤부분(안전할증)이 부가보험료에 포함되어 있는 것이 사실이다.

⑦ 두 형태의 상호접근의 현상이 크게 나타나고 있다.

㉠ 기술적으로는 상호회사도 적립금제도의 존중, 확정보험료에 의한 재보

험의 이용 등에 의하여 계약자의 추가납입의무의 발생을 억제하고 이러한 확정보험료주의의 채용은 상호회사의 형태적 특성을 잃어가고 있다.

㉡ 주식회사 형태에서 가입자 이익참가제 채용, 계약자위원회 또는 협의체제는 상호회사의 색채가 강하다.

㉢ 자본주의체제로서 두 형태가 동일시장에서 경쟁

㉣ 상호회사 행동원리로서 상호부조와 가입자 이익옹호의 관념이 현저하게 후퇴하고 이윤증대와 시장 점유율의 확대 지향

㉤ 양자의 제도적 성격, 경제적 성격이 이념과 현실간에 괴리가 존재하고 있다.

㉥ 양자는 그 형태의 차이에도 불구하고 모두 이윤추구를 목적으로 하고 있고 경영정책에서도 현저한 차이를 찾을 수 없다.

㉦ 상호회사는 주식회사와 달리 대주주의 간섭을 받지 않는 경영자지배(횡포)의 문제가 최근 강하게 제기되고 있다.

2. 組　合

(1) 협동조합보험

協同組合保險(cooperative insurance)이 용어로서 정착된 것은 N. Barou의 저서 「協同組合保險論」(*cooperative Insurance*, London, 1936)이 저술·소개되면서 널리 보급되었다. 보험사업의 경영형태의 하나로서 협동조합보험은 그 성격상 협동조합이 운영주체가 되고 있음을 말하지만 상술한 상호보험회사나 다음에 설명할 각종 조합형태의 보험과 매우 유사하여 뚜렷하게 구분되지 않고 있다. 이것은 또한 각국에 있어서 협동조합 자체의 생성배경, 운영방법 및 형태가 극히 다양하기 때문이기도 하다.

오늘날 협동조합보험은 각국에서 크게 발전되고 있고 특히 65개국의 250개 조합이 가맹되어 있는 國際協同組合同盟(ICA)을 통하여 협동조합보험에 있어서 이론의 체계화와 상호협력을 도모하고 있다. 한국의 농업협동조합과 수산업협동조합의 보험사업을 '共濟事業'이라고 부르고 있지만 그 명칭은 협동조합보험이라고 개칭하는 것이 타당할 것이다.

협동조합보험의 본질이나 특징을 설명할 경우 그것이 역사적 산물이라는 점에 착안해야 한다. 오늘날 협동조합보험은 자본주의경제의 발전과 그 그늘에서

탈출하려는 협동조합운동을 모체로 하고 있다. 따라서 협동조합보험이 형성된 요인은 社會的 側面과 經濟的 側面에서 고찰할 필요가 있다. 전자는 조합원에 대한 보험의 제공, 보험의 이익을 자체 내에 두려는 것, 자가보장적인 단체적 요소, 자기자금의 조성, 협동조합운동과의 관계 등 5가지 요인이 있다. 후자, 즉 경제적 요인으로는, ① 자본주의경제의 진행과의 관계, ② 개별경제주체에 대한 위험의 존재, ③ 개별경제주체의 다수화·자립화 등이다.

N. Barou는 協同組合保險이란 협동조합의 원리를 보험업의 분야에 적용하는 것을 의미하며, 그 형성과정에서 볼 수 있는 것처럼 자본주의 경제체제하에서 경제적 취약성을 보완하기 위한 상호부조조직인 협동조합을 모체로 하고 있다고 서술하고 있다. 그는 또한 협동조합보험의 형성동기를 자본제보험의 악폐를 배제시키고 조합원에게 정당한 보험보호를 제공하려는 것이며, 그것을 위한 협동조합보험의 지도원리로서 민주성의 원리, 공정의 원리, 자발성의 원리, 인간성의 원리, 사회성의 원리 등을 강조하고 있다.[21]

다음은 協同組合保險의 特質과 機能에 대해서 고찰하기로 한다. 협동조합보험의 특질은 주체적 특질, 운영적 특질, 기술적 특질의 세 가지로 설명되고 있다. 主體的 特質로서는 자율적 경영, 공유재산의 의식, 인적 결합의 색채가 농후하며, 運營的 特質로는 사업비의 저렴, 보험계약의 보전율이 사보험에 비하여 높고 도덕적 위험의 경감, 종합적 보험(손·생보겸영)의 실시 등이다. 협동조합보험의 技術的 特質로서는 첫째 급부·반대급부균등의 원칙이 사보험의 경우처럼 엄밀하게 적용되지 않고, 둘째 협동조합보험에서는 조합원을 위하여 특수분야의 보험을 개척해야 하기 때문에 영리보험(사보험)에 맡길 수 없다는 것이다.

협동조합보험의 기능은 經濟的 機能과 社會的 機能의 2가지가 있다. 經濟的 機能 가운데 특징적인 것은, ① 조합원인 근로자, 소생산자가 사고에 의하여 입은 경제적 손실을 제거·경감시켜 생산력을 유지시켜 주는 기능을 수행하며, ② 금융적 기능, ③ 보험을 이용한 자금조성의 기능을 수행하는 것이다. 協同組合保險의 社會的 機能은 ① 인적·물적 신용력의 증진, ② 보험가입을 통한 조합원의 인간적 유대의 강화, ③ 조합원에 대한 서비스 기능 등이다.

협동조합보험의 역사는 국가에 따라 그 생성배경과 발전방향이 서로 다르다. 그것도 소비생활협동조합에 의한 보험, 농업협동조합에 의한 보험, 노동조합

21) N. Barou, *Cooperative Insurance*. London, 1936.
再引用: 三上義夫, 「共濟事業論」, 東京: 全國協同組合出版株式會社, 1972, pp. 59~72.

운동에 있어서 협동조합보험 등이 서로 다르다. 이들 협동조합보험의 발생지는 영국을 중심으로 한 유럽 제국이며 시기적으로는 1850년대부터 1910년대까지 그 기반을 확고하게 하였다.

한국에 있어서 협동조합보험은 農協과 水協으로 구분할 수 있다. 農協은 8·15 이전에 금융조합연합회의 화재공제와 지방의 축산조합연합회의 가축(牛)공제가 실시된 바 있다. 현행제도는 1961년 농협법의 제정과 기능확대에 의하여 종래의 가축공제(특수공제) 외에 화재공제(1961. 10), 생명공제(1965. 8)가 1960년대에 이미 그 기반을 조성하였다. 水協은 1953년 10월 전신인 대한수산중앙회가 발족하면서 어선공제(1955), 선원(어부)공제(1958)가 실시되었고, 1960년에는 수협중앙회의 발족으로 시설공제, 즉 화재공제(1967. 7) 및 생명공제(1970. 10) 등을 실시하고 있다. 이와 같이 1960년대부터 농협과 수협이 전술한 바와 같이 각 협동조합법에서 공제사업에 대한 보험업법의 적용을 배제하는 조항을 신설하고 사업을 확장함에 따라 민영보험의 많은 반대가 있었다.

(2) 상호보험조합

相互保險組合이란 조합원의 상호구제를 목적으로 보험사업을 영위하는 조합이다. 상호보험조합은 주식자본 내지 출자금을 가지고 있지 않기 때문에 이윤획득의 목적 없이 오직 조합원 상호의 이익을 위하여 조합원 또는 그 가족의 사망·질병의 경우에 급부를 행하는 것이다. 그러나 각국에 있어서 상호보험의 생성배경, 유형, 규모, 보험종목 등에 따라 큰 차이가 있기 때문에 그 성격을 한마디로 규정할 수 없다. 특히 규모가 큰 상호보험조합은 성격상 전술한 상호회사나 협동조합보험과 차이를 설명하기가 매우 곤란하다.

일반적으로 상호보험조합은 역사적으로 중세의 Guild제도에서 출발한 것으로 보고 있다. 그 후 자본주의사회의 발전, 보험주식회사 및 보험상호회사 등의 출현으로 상호보험조합의 독특한 성격·특징도 점차 변모하여 자본주의의 사회환경에 순응하지 않을 수 없었다. 그 과정에서 국가에 따라 극히 다양하게 전개되어 오고 있기 때문에 보험사업의 경영형태로서 통일적인 설명은 불가능하다.

현존하는 상호보험조합의 형태도 국가에 따라 다양하다. 예로서 대표적인 相互保險組合은 독일의 상호보험조합(대상호보험조합과 소상호보험조합), 영국의 우애조합(Friendly Society)과 선주책임상호보험조합(Protection and Indemnity Club), 미국의 동포조합(Fraternal Orders), Country Mutuals, General Mutuals, Farm Mutuals, Factory Mutual Fire, 일본의 각종 공제사업, 한국의 한국해운조합의 공제사업(선박공제, 선객상해공제) 등이 그 대표적인 예이다. 이 가운데 그 규모면에서 또는 실제 운영에서 주식회사 또는 상호회사와 대등한 수준에서 경쟁하고 있는 것은 독일의 상호보험조합(VVaG)이다.

독일에서 보험사업의 주된 경영형태는 株式會社와 相互保險組合이며, 그 이외에 공적 기관과 극소수의 유한회사가 있다. 수적으로 큰 비중을 차지하고 있는 상호보험조합은 일반적으로 이것을 大상호보험조합과 小상호보험조합으로 구분하고 있다. 전후인 1952년 10,311개의 보험경영체 가운데 상호보험조합이 10,144개, 주식회사 107개, 공적기관 57개, 유한회사 3개로 각각 분포되고 있었다. 그 이후 소규모의 상호보험조합은 점차 감소하여 1967년에는 7,721개로 되었다. 동년도에 있어서 주식회사는 139개, 대규모 상호보험조합 116개, 공적 기관 52개, 유한회사 2개이었다. 특히 소규모의 상호보험조합은 지역적·직업적으로 사망, 화재 등의 위험에 대비하여 조직된 상호부조단체이지만 규모가 큰 일부 상호보험조합은 보험주식회사 이상으로 큰 영업실적과 자산을 보유하고 있다.[22)]

독일에서 상호보험조합에 대한 연방정부의 감독법률은 '私保險및建築貯金組合의監督에관한法律'(Gesetz über die Beaufsichtigung der privaten Versicherungsunternehmungen und Bausparkassen)에 의거하고 있다. 동법에서는 영업인가, 조합원자격, 기본재산 및 감독, 조합결산, 임원의 구성과 책임, 적립금과 잉여금, 정관의 변경, 조합의 해산, 준비규칙 등에 대하여 구체적으로 규정하고 있다(同法 제15조~제53조 참조).

3. 個人保險業者

保險業者의 經營形態로서 個人保險業者가 있다. 이것은 자연인 또는 타인과 결합하지 않고 단독으로 자기의 보험영업을 하고 있기 때문에 소유와 경영이 동일인에게 있다. 이러한 형태에 속하는 대표적인 것이 유명한 영국의 Lloyd's 보험업자이다. Lloyd's 보험업자는 일종의 규제조합인 Corporation of Lloyd's에 속하고 그 조직체 가운데 개인책임의 원칙에 기초를 두고 영업하고 있다. 이들의 성격은 법적으로는 개인기업에 속하지만 경제적으로는 회사나 조합이 아닌 社團法人의 構成員이라고 할 수 있다.

22) 拙稿, "獨逸 組合保險의 現況과 監督規定," 「損害保險」(제12권 제 1 호, 1972. 3), pp. 35~38.

런던의 Lloyd's가 정식으로 보험거래소 조직을 갖고 발기한 것은 1771년이며, 그 이전까지는 개인자격의 보험자(underwriter)가 E. Lloyd가 경영하는 커피하우스에 모여 보험거래를 하였다. 오늘날에는 3,600명 이상에 달하는 개인자격의 보험자가 모여 조직체를 형성하고 있으며, 각자는 그가 인수한 위험부분에 대해서만 책임을 진다.

Corporation of Lloyd's는 단지 개개인의 보험자가 모여서 보험거래를 할 수 있는 장소를 제공할 뿐이며 개개의 보험자를 대표하는 것은 아니다. 또한, 이 조직체는 보험거래에 관한 여러 가지 규칙을 제정하여 거래활동을 원활하게 하고 있으며, 회원인 개개의 보험자의 거래활동을 위한 여러 가지 편의도 도모하여 주고 있다.

보험자와 피보험자의 연결은 중개인(broker)을 통해서만 이루어지며, 이 중개인은 피보험자를 위하여 보험인수를 보험자에게 요구하고, 보험자는 위험을 검토한 후 인수하게 된다. Lloyd's단체에 가입한 개인보험자는 사실상 완전 독립하여 영업하고 있는 것은 아니다. 이들은 각종 보험금을 공탁하여 다른 회원과 함께 Lloyd's단체에 가입하고 신디케이트 또는 조합을 구성하여 단체로서 보험을 인수한다. Lloyd's의 회원이 되기를 원하는 사람은 엄격한 재력조사를 받게 되고 이 기관의 관계위원회에서 매년 각 개인보험자의 사업을 감독하고 재무상황을 파악하여 이들의 파산을 미리 방지하는 데 노력한다.

4. 公的 機關

保險事業의 經營形態에는 위에서 고찰한 주식회사, 상호보험, 협동조합, 상호보험조합 이외에 공기업 내지 공적 기관이 있다. 이것은 국가 또는 공공단체가 주체가 되어 보험사업을 영위하는 것을 말한다. 보험경영을 공기업 내지 공적 기관에 맡겨야 한다는 주장에는 여러 가지 측면에서 이론적 근거를 가지고 있다. 예로서 保險國營의 이론적 근거로서는 보험기술적·경영경제적·국민경제적·재정적·사회적·사상적 측면에서 그 타당성을 강조하고 있다. 또한, 정책목적에서도 그 합리성을 주장하고 있는 바, 예로서 사회정책목적, 경제정책목적, 재정정책목적 등에 비추어 보험국영의 찬성론이 제기되고 있다.

보험사업을 공적 기관에서 수행할 수 있다는 것은 오늘날 사회보험이나 경제 정책보험(농업재해보험, 수출보험 등)에 국한되고 있다. 이것은 순수한 사보험의 영역에 속하는 보험을 의미하는 것은 아니다. 특히 최근에는 사보험의 공익성의 강조와 그 영역의 확대로 공영보험 및 사회보험이 사보험과 상호 협력해야 될 여건에 놓이게 되었다. 보험사업을 공기업의 형태로서 운영할 때 경영주체에서 국가 또는 공공단체, 독점성의 유무에서 독점기업과 경쟁기업 등의 여러 가지 형태가 있다. 우리나라의 경우는 공영보험 또는 사회보험의 영역에서 그 경영주체가 매우 다양하다. 행정부기관이 직접 운영주체가 되고 있는 것은 노동부의 고용보험, 국방부의 군인연금보험, 정보통신부의 우체국보험 등이다. 또한, 공무원·교원·군인의 의료보험과 사립학교교원연금보험은 각각 특별한 관리공단을 설립하여 운영하고 있으며, 일반 근로자를 대상으로 한 의료보험은 직장별로 조합을 설립하여 이를 주관한 바 있었다. 그리고 근로복지공단의 산업재해보상보험에 포함되어야 할 해외근로자는 사보험회사의 근재보험에 맡기고 있으며, 해운항만청이 주관해야 할 선원보험은 현재 사보험회사와 한국해운조합의 공제사업으로 운영되고 있다. 특히 선원보험은 선원보험법을 근본적으로 개정하여 사회보험으로서 경영주체가 정부 또는 공공기관으로 전환되어야 한다. 수출보험은 경제정책적 보험으로 과거 대한재보험공사에서 영위하던 것을 한국수출입은행을 거쳐 현재는 수출보험공사에서 취급하고 있다. 현재 사회보험으로서 국민연금과 고용보험은 국민연금관리공단과 노동부가 각각 운영책임을 맡는 것으로 되어 있다.

이상과 같이 우리나라의 公營保險과 社會保險은 그 운영주체가 행정부의 각처에 산재되어 있을 뿐만 아니라 특히 문제되고 있는 것은 경영주체에 관한 원칙이 없고 행정부의 사정이 어려울 때에는 사보험회사 또는 사적 기관에 맡기고 있다는 사실이다. 선원보험과 의료보험은 원칙적으로 사회보험으로서 그 운영주체는 국가 또는 공공단체가 되어야 한다. 이 경우 일정범위의 대상자까지는 사보험에서도 취급할 수 있지만 사회보험과 협력하는 문제가 있다.

제 3 절 保險產業의 장래와 경영전략

1. 保險產業과 장기예측

(1) 장기예측의 연구방향과 방법

오늘날 불확실한 장래에 대한 미래연구는 정치·경제·사회·역사 등의 모든 영역뿐만 아니라 사회과학 전반에 걸쳐 활발하게 전개되고 있다. 1950년대까지는 미래연구라고 한 것이 그 방법론이나 내용에 있어서 하나의 예언 또는 종래의 점성술의 단계를 벗어나지 못하였으나, 1960년대부터는 이것이 하나의 학문, 즉 미래학(futurology)의 정립을 위하여 각국에서 활발하게 논의되고 있다. 이것은 제 2 차 세계대전 이후 현재에 이르기까지 정치·경제·산업·과학과 기술·군사·사회·문화 등의 모든 영역에서 너무나 급격한 환경변화가 있어서 이것에 대응하기 위한 것으로 볼 수 있다.

미래연구는 1966년 미래학에 대한 논의와 1967년 國際未來硏究會議(International Future Research Congress)의 개최를 계기로 하여 구미 각국은 물론 일본·구소련·동구에서도 활발하게 연구되었다. 국제회의는 1967년 Oslo에서 처음 개최되었을 때 30명의 전문가가 참가하였으나 1970년 京都會議에서는 250명, 1972년 Bucharest에서의 제 3 차 회의에서는 300명 이상이 참석하였다.

1960년대부터 미래연구는 유럽 제국이 중심이 되고 있다.[23] 그 가운데 대표적인 국가는 프랑스, 영국, 스칸디나비아 제국, 독일, 오스트리아 등 유럽은 거의 모든 국가에 미래연구가 확산되고 있다. 프랑스는 1950년대 후반에 G. Berger에 의하여 未來硏究센터(Center of Prospective Studies)가 설립되었다. 그의 사후 경제학자 P. Masse, Bertrand de Jouvenel 등에 의하여 각종 연구단체가 조직되었다. 1975년 프랑스에서는 J. Fourastie, J. Monod, J. Durand 등의 미래학자와 A. Sauvy(인구통계학자), Y. Friedman(건축가), R. Garaudy(철학자) 등이 중심이 되어 미래학의 기능에 대한 종합적인 토의가 있었다.

영국에서는 1964년 E. Goldsmith가 주관하는 「生態學專門誌」(*Ecologist*)에 100명 이상의 전문가가 향후 20년 후의 사정에 대한 분야별 논문을 발표하였으

23) J. Fowles(ed), *Handbook of Futures Research*, Greenwood Press, Westport, Connecticut, London, 1978, pp. 18～24.

며, 노벨문리학 수상자 D. Gabor도 이 방면에 큰 관심을 가지고 있었다. 독일에서는 O. Flechtheim, R. Jungk, H. Klages 등이 중심이 되어 1968년 베를린에서 未來學硏究所를 설립하였으며 이와 유사한 연구소가 Hanover, Hamburg, Heidelberg 등에서 조직되었다.

미래연구는 미국, 캐나다에서도 활발하게 전개되고 있다.[24] 미국은 1973년~1975년 John & M. McHale 등에 의한 미래학연구, 1976년 미래학연구회의의 개최를 계기로 하여 이 분야에 대한 큰 관심을 갖고 '서기 2000년의 미국경제'에 대한 연구도 이 때에 추진되었다. 미국에 있어서 미래연구에 대한 관심은 학문분야에서뿐만 아니라 국방성, NASA, 대기업(General Electric, IBM, Xerox 등)에서도 큰 관심을 가지게 되었다. 특히 대기업에서는 종래의 연구개발(R&D)에 대해서 더 이상 만족할 수 없어 장기예측에 관한 연구가 전개되고 있는 것이다. 캐나다는 1976년 2월 캐나다 미래연구협회가 조직되어 미래의 자원·교육·정책 등의 분야를 다루고 있다. 최근에는 정부에서 공공정책연구소를 설립하여 경제·과학·환경 등의 분야에 대해서 장기예측을 연구하고 있다.

지금까지 장기예측과 관련된 미래연구는 주로 그 방법론에 대해서 많은 관심을 가져 왔는데 대표적인 것으로서 趨勢法(trend extrapolation), 델파이법(delphi technique), Cross-Impact 分析法, 시뮬레이션 모델, 시뮬레이션 게임, 技術的 豫測方法(technological forecasting), 社會指標 및 社會豫測法(social indicators and social forecasting) 등 주로 통계적인 방법을 사용하고 있다.

趨勢法은 통계학을 이용한 분석방법으로서 미래의 예상에 있어서 가장 발생할 가능성이 높은 외번지를 이용하는 것이다. 교통사고, 출생률, 가정생활 필수품의 구매, 노동생산성 등의 조사에서 이 방법이 사용될 수 있다.

델파이法은 장기예측에 있어서 가장 보편적으로 사용되는 방법이다. 이 방법은 1950년대부터 미국에서 여러 분야에서 이용되었고, 특히 1964년 RAND회사에서 이 방법에 의한 장기예측보고서를 작성한 바 있다. 델파이法은 복잡한 문제의 해결을 위하여 集團커뮤니케이션의 절차를 구축하는 방법이다. 델파이法의 절차에 있어서 기본적인 요소는 ① 정보의 흐름(information flow)을 구축하고, ② 이것을 참가자에게 피드백시키며, ③ 참가자에 대해서는 익명으로 하는 것이다.

Cross-Impact 分析方法은 각자의 상호 작용에 의하여 사건이 발생할 확률에

24) *Ibid.*, pp. 24~26.

대한 효과를 연구하는 방법이다. 이 방법은 일어날 수 있는 사건의 복잡한 연쇄적인 관계를 분석하는 것이며, 이것을 통하여 미래연구방법으로 활용하는 것이다. 이 방법은 1966년 T. J. Gordon과 O. Helmer에 의하여 개발되었고, 1968년 처음 실험방법으로서 매트릭스에 의하여 새로운 중동전의 발생 가능성, 아랍산유국의 미국에 대한 석유금수조치를 비롯하여 4가지 사항을 대상으로 하였다.

오늘날 장기예측에 있어서 시뮬레이션 모델이나 게임을 이용하는 것이 가장 일반적인 방법의 하나가 되고 있다. 이것은 비록 이 분야뿐만 아니라 경영관리에 있어서 의사결정, 투자분야 등 거의 모든 부문에 걸쳐 이용되고 있다 시뮬레이션은 제2차 세계대전 중에 컴퓨터, OR, 수학적 게임이론, 비지니스게임 등과 더불어 개발된 기법의 하나이다. 1960년대부터 크게 보급되어 활용되고 있다.

장기예측방법의 하나로서 기술적 예측방법은 實驗的 方法과 規範的 方法으로 구분된다. 전자는 과거의 역사에 기초를 두고 미래의 발전을 예상하는 것이며, 후자는 미래의 문제 또는 상태를 가정하고 이를 충족시킬 수 있는 조건을 결정하는 것이다. 實驗的 方法에는 ① 성장곡선, 추세곡선 등을 이용하는 방법(purely extrapolative methods), ② 상관관계를 이용하는 실험법, ③ Cross-Impact 매트릭스, 델파이법 등을 이용하는 보조적 방법 등이 있다.

(2) 보험산업의 장기예측방법과 한계

앞에서 미래학을 중심으로 한 장기예측의 연구동향과 방법을 고찰하였다. 1960년대부터 이 분야에 대한 관심과 연구가 선진국에서 활발하게 전개하고 있지만, 원래 長期豫測이란 장래의 불확실한 변수요인의 작용이 크기 때문에 어느 정도까지의 정확한 예상이란 사실상 불가능하다. 특히 보험산업에 있어서 장기예측을 하는 데는 그 고유의 특성 때문에 여러 가지 장해요인이 많다.

전통적으로 보험산업의 장기예측에 대해서는 과거 미국에서 물가상승이 보험에 미치는 영향을 중심으로 여러 차례 연구한 바 있으나 만족할 만한 이론을 찾지 못했다. 그 인과관계를 구명하는 데는 많은 변수가 작용하고 있기 때문이다. 또한, 사보험회사의 장기예측은 충분한 연구자료가 부족할 뿐만 아니라 GNP, 인플레이션, 언더라이팅 이윤 등을 예측함에 있어서 원천적으로 오류가 다른 산업분야와 비교하여 매우 크다는 사실을 시인하지 않을 수 없다.

미국에서 종래 保險産業의 長期豫測은 생명보험회사를 중심으로 단편적으로 전개하였지만 1960년대 이후는 예측방법으로서 전기 델파이법을 보험산업에서도 주로 이용하고 있다. 이 방법은 1970년 미국 Indiana대학의 창립 150주년을 기념하기 위하여 서기 2000년의 미국 보험산업의 장기예측방법으로 활용되었다. 이 연구를 위하여 동대학의 A. M Weimer 교수, J. D. Long 교수 등이 주축이 되고, 약 60명의 패널 멤버가 참가하였다. 이 연구결과는 1972년에 보고서[25]로서 출판되었다.

서기 2000년의 보험산업에 대한 장기예측의 전제로서 미국경제에 있어서 경제성장(과거 및 장래), 인플레이션의 장기전망, 인플레이션·성장·실업과의 관계, GNP, 기타 미국경제의 장기전망 등을 예측·분석하고 이것을 기초로 하여 보험산업의 장기예측을 시도하였다.

(3) 보험산업의 장래에 영향을 미치는 요인

위의 연구결과에 의한 서기 2000년 미국의 保險產業의 발전에 영향을 미칠 요인은 다음과 같다.

1) 保險產業 전반에 미치는 영향

① 통합적인 經營情報시스템(MIS)이 컴퓨터에 의하여 이루어질 것이며 보험계리인, 컨트롤러(controllers)와 같은 전문가에 의하여 유지되어 온 세분화된 시스템은 제거될 것이다.

② 보험회사의 전문직종은 우대·승급될 것이다.

③ 중앙집중화된 자료처리시설이 널리 활용될 것이다.

④ 교육용 기자재가 크게 이용될 것이다.

⑤ 사무업무와 보험계약자에 대한 서비스는 자동화될 것이다.

⑥ 법률정보는 자동화로 전환될 것이다.

⑦ 보험회사는 합병되는 경우가 많아질 것이다.

⑧ 경영관리에 있어서 자동화된 의사결정절차가 널리 이용될 것이다.

⑨ 연수기관 및 기술은 급격하게 개선될 것이다.

⑩ 고속의 자료처리(인사, 기업정보)가 자동화 또는 강화될 것이다.

⑪ 새로운 교육 및 보다 신뢰성 있는 홍보기술이 인간행위에 영향을 미칠 것이다.

⑫ 자동화된 일반적인 신용조사 및 감사제도가 확립될 것이다.

---

25) R.I. Mehr & S. Neumann(ed), *Inflation, Technology and Growth, Possible Long-Range Implications for Insurance*, Graduate School of Business/Indiana University, 1972.

⑬ 기계적·화학적 방법이 인간의 분석적 능력의 개선을 위하여 개발될 것이다.

⑭ 저렴한 세계적·지역적인 통신수단이 이용될 것이다.

⑮ 전화, TV 등을 위한 비디오 통신수단이 가정과 기업에서 보편화될 것이다.

⑯ 기업은 재고관리, 입고, 정보 등에 있어서 컴퓨터를 크게 활용할 것이다.

⑰ 컴퓨터 임대가 가정 또는 기업에서 일반화될 것이다.

⑱ 통신, 계산 등을 위하여 퍼스널 컴퓨터 시설이 보편화될 것이다.

⑲ 모든 시민에 대한 각종 정보(세금, 신용, 교육, 의료, 교통 등)를 수록한 전국적인 정보자료함이 개발될 것이다.

2) 生命保險 및 醫療保險에 미치는 영향

① 조기사망 및 조기폐질의 가능성이 감소될 것이다.

② 간단하고 저렴한 피임수단의 보급에 의하여 출산율이 통제될 것이다.

③ 인공기관이 개발·활용될 것이다.

④ 개인적인 성격의 변화를 가져오기 위한 비마취성 약품이 보급되고 사회적으로 이것을 받아들일 것이다.

⑤ 물리적·화학적 치료에 따라 정신질환이 증가될 것이다.

⑥ 박테리아 및 바이러스 질병에 대한 생화학적 면역이 일반화될 것이다.

⑦ 의학적 증세의 판단이 자동화될 것이다.

⑧ 종합검진 의료시설이 자동화되고 컴퓨터에 의하여 체크될 수 있을 것이다.

⑨ 개인별 및 집단의학통계가 구비되어 활용될 것이다.

⑩ 고압산소실이 수술 및 사후치료에 사용될 것이다.

⑪ 새롭고 효과적인 백신이 개발될 것이다.

3) 自動車保險, 航空保險, 海上保險에 미치는 영향

① 항공교통의 통제영역에서 적극적으로 항로가 개척될 것이다.

② 고속도로에서 완전 자동안내 및 통제수단이 설치될 것이다.

③ 빠른 수송수단이 개발될 것이다.

④ 새로운 항공기종이 개발될 것이다.

⑤ 자동화된 컨베이어 벨트가 화물을 운반할 것이다.

⑥ 버스 정유소의 기능이 컴퓨터에 의하여 안내될 것이다.

⑦ 여객수송선의 속도가 빨라지고 그 운항이 자동화될 것이다.

⑧ 수송을 위한 지하터널이 새로운 목적으로 사용될 것이다.

⑨ 지역간의 수송이 크게 강화될 것이다.

⑩ 개인항공기 또는 자동적으로 운항하는 항공기가 크게 개발될 것이다.

⑪ 개인용 비행장이 많이 개발될 것이다.

⑫ 하천, 호수 등을 이용한 새로운 수상교통이 크게 발전될 것이다.

⑬ 충전, 연료, 엔진, 터빈 등 새로운 동력기관이 크게 개발될 것이다.

⑭ 사람과 화물을 수송하는 세계적인 저렴한 교통수단이 일반화될 것이다.

4) 財產保險 및 責任保險에 미치는 영향

① 콘크리트와 철강에 의한 지하건물이 많이 건설될 것이다.

② 건축에서 새로운 인공합성재료 및 극히 가벼운 자재가 사용될 것이다.

③ 고온과 저온에 대응할 수 있는 강한 건축구조물이 개발될 것이다.

④ 새롭고 개선된 건축자재(유리, 플라스틱 등)가 많이 개발될 것이다.

⑤ 건축기술이 더욱 치밀할 것이다.

⑥ 해저건설이 많아질 것이다.

⑦ 해양은 광물자원의 소유를 위하여 잦은 분쟁이 일어날 것이다.

⑧ 식료품 상점 및 백화점이 자동화될 것이다.

⑨ 새로운 에너지의 원천이 개발될 것이다.

⑩ 환경을 개선하고 보존하기 위한 새로운 기술이 개발될 것이다.

⑪ 주택관리가 자동화될 것이다.

⑫ 원자력이 에너지를 위하여 광범하게 이용될 것이다.

⑬ 지역적인 기상조절과 통제가 가능할 것이다.

⑭ 보나 신뢰성 있는 장기기상관측이 가능할 것이다.

⑮ 도난과 범죄를 방지하기 위한 전자장치가 더욱 개발될 것이다.

⑯ 컴퓨터가 각종 범죄의 예방과 해결을 위하여 큰 역할을 할 것이다.

한편, 保險企業의 未來像에 대하여 일본 慶應大學의 庭田範秋 교수는 1970년 다음과 같은 여러 가지 요인을 지적하고 있다.[26]

5) 保險事業에 비교적 강한 영향을 미칠 수 있는 要因

① 제 3 차 산업의 발달과 중요성의 증대

② 공해문제의 발생과 그의 대규모·다양화: 국가에 의한 국민의 재산, 생명, 건강의 보장에 관한 보험, 기업에 의한 배상책임보험, 국민자위를 위한 각종 특종보험의 개발 가능성이 높다.

26) 庭田範秋, 「保險經營論」, 東京: 有斐閣, 1971, pp. 363~391.

③ 인구문제와 식량문제: 특히 인보험에 미치는 영향이 크다.

④ 노령자문제: 公私 양면에서 연금에 미치는 영향이 크다.

⑤ 의료문제·의료비의 상승: 의료보험, 상해보험 및 의료비에 관련된 보험이 중시된다.

⑥ 교육수준의 상승·보급: 가계의 부담 증대에 의한 학자보험이 중시된다.

⑦ 인플레이션의 위협: 장기성을 지니는 보험의 변화

⑧ 도시화·주택난·교통난: 화재보험이나 화재보험을 중심으로 한 종합보험 및 상해보험, 교통상해보험 등의 탄생과 발달

⑨ 레저산업: 레저와 관련된 보험의 등장, 예로서 골프보험, 요트보험, 낚시보험 등

⑩ 소비문화의 발달: 내구소비재 또는 고급소비재를 위한 보험의 개발

⑪ 신용경제의 도래: 소비자신용생명보험의 발달

⑫ 사회관계의 합리화·법제화: 책임보험, 배상책임보험의 중요성 증대

⑬ motorization: 자동차보험의 경이적 발달

⑭ 생산·유통면에 있어서 신기술의 개발: 인보험으로서는 실업보험, 물보험으로서는 각종 특종보험의 등장과 중요화

⑮ 산업국가로의 변질: 장기성이 강한 보험자금의 수요 증대

⑯ 세계경제시대: 보험의 국제거래의 활발, 특히 해상보험과 재보험의 중시

⑰ 사회의 복지·민주화: 보험의 수요가 더욱 증대되고, 보험기업의 사회화가 요구됨과 동시에 그 내부에서도 민주화가 추진된다.

6) 未來에 있어서 保險發達의 促進要因

① 소득의 상승과 부의 증가

② 소득분배의 평등화와 부의 평균화

③ 교육의 향상에 의한 보험사상의 발달

④ 보험을 둘러싼 경제적 및 사회적 환경의 정리와 충실

⑤ 사회경제의 장기성과 신용성에의 이행

⑥ 보험기업의 합리화에 의한 저렴한 보험제공

⑦ 사회의 복잡화와 가속화에 의한 새로운 보장의 필요성 증대

⑧ 국내 및 국제적인 대규모 경제시대의 도래

⑨ 핵가족에 의한 가족제도의 붕괴와 개인주의적·자기책임적 정신의 충실

⑩ 기업경영에 있어서 사회적 책임론이나 경영권 사상의 등장

⑪ 생활 및 경제활동의 사회화현상과 보장의 사회화현상

⑫ 보험의 공공성 강화에 기인한 국가적 보호의 확대

⑬ 보험에 관한 기술과 학술이론의 발달

7) 未來에 있어서 保險發達의 沮害要因

① 사회보장의 발달, 그 보장 범위의 확대 및 수준상승

② 경제적 보장을 제공하는 보험 이외의 제도 또는 보험 유사제도의 등장

③ 보험과 경합하는 제도의 등장

④ 국가적 규제·통제로서의 보험정책의 존속 및 강화

⑤ 예방, 진압 등의 제반 수단의 발달

⑥ 기업 내에 있어서 자가보험과 국가경제의 계획화에 의한 보험대행

⑦ 독점적 지위에서 완성하려는 보험기업의 경영합리화 노력의 부족

⑧ 과거에 있었던 보험에 대한 나쁜 인상의 존재

⑨ 보험에 있어서 국제경쟁의 격화

⑩ 악성 인플레이션의 경향

⑪ 보험에 내재하는 수요불황기의 요인

⑫ 인간의 낙관성과 능력과신성

위에서 언급한 1970년 미국 Indiana 대학 세미나 자료와 1971년 일본의 庭田範秋 교수 저서에서는 그 당시 30년 이후가 되는 서기 2000년대의 보험산업 장래와 관련하여 자신있는 주장을 하였고 2001년 현재에도 상당부문 정확한 예측으로 인정할 수 있다. 필자는 이 책의 개정을 위하여 1980년대 중반 이후 보험산업의 미래에 대한 국내외의 연구동향에 대해서 계속 관심을 가져 왔으나 특별한 새로운 연구자료를 발견하기 어려웠다. 특히 서기 2000년을 눈앞에 두고 우리는 외환위기로 하루 앞을 내다보기 어려운 처지에서 국내 보험업계와 관련 연구소 등에서 장기전망은 없었고 제목으로는 "21세기 보험산업 전망"이라는 주제를 사용하고 있으나 그 내용은 핵심이 거의 없었다.

保險開發院이 주관한 1996년 6월 10일 미국 조지아 주립대학 석좌교수 Harold D. Skipper 초청 세미나에서 "21세기 보험산업의 전망"이라는 주제로 발표가 있었다.[27] 그는 21세기에 보험이 더 중요해지는 6가지 이유를 다음과 같이 열거하였다.

27) 보험개발원 보험연구소, "21세기 保險産業의 전망," 1996. 7, Harold D. Skipper 교수 초청 세미나 후속 자료집.

① 경제발전은 필연적으로 더 큰 위험과 강화된 위험관리에 대한 부수적인 요구를 수반한다. 보험은 위험관리의 중요한 부분이다.

② 보험은 특히 아시아 지역에서 1보다 큰 소득탄력성을 구가하며 빠르게 성장할 것이다.

③ 정부의 역할이 적어질수록 사보험의 역할은 더욱 증가한다. 정부의 경제적 보장기능의 지속적인 감소는 민간보험회사에 대해 더 많은 기회를 제공하게 될 것이다.

④ 경제발전과 더불어 가족에 근거한 경제적 보장은 감소하고 사보험에 대한 의존도는 증가한다.

⑤ 보험이 모든 문화권에서 전폭적으로 수용되고 있지는 않으나 보험회사들이 미묘한 문화적 차이에 대해서 적절하게 대응하고 있으므로 모든 사람들이 이해하게 되고 상황은 변화하게 될 것이다.

⑥ 경쟁의 증가에 따라 보험가격은 하락하고 보험 구매량은 더욱 증가할 것이다.

Harold D. Skipper 교수는 21세기 보험산업의 형태를 결정하게 될 몇 가지 보험시장의 현존하는 세계적인 추세를 다음과 같이 설명하고 있다.

첫째, 보험수요의 구조변화이다. 생명보험에서는 사망과 관련된 수요는 감소되고 생존급부가 증가할 것이다. 이것은 노령화 추세의 반영이며 연금보험상품의 수요증가를 의미한다. 이러한 현상은 선진국 보험시장의 경우이고, 손해보험 수요는 기업보험시장은 감소하고 자동차보험에서 손실을 줄이는 것이 보험회사의 중요한 사안이 될 것이다. 다른 한편으로는 대체보험방법의 증가, 예로서 Captive 보험회사,[28] 자가조달방식(self-funding arrangements) 내지 自家保險(self-insurance)과 같은 다른 위험전가 방식의 성숙으로 지속적으로 일반 보험회사들의 시장점유율을 잠식해 갈 것이다.

둘째, 미래 보험시장의 경쟁은 파격적으로 증가될 것이다. 그 배경은 정부가 불가피하게 선택할 수밖에 없는 기본정책인 자유화, 규제완화, 투명성, 외국 보험회사의 동등대우정책의 채택이다. 자유화는 과거 상대적으로 패쇄되어 있던 국내외 보험시장에서 보험회사들의 진입을 허용하는 것으로서 이것은 확실히 경

28) 캡티브는 모기업의 위험을 담보하기 위하여 설립된 정형화된 子保險會社이다. 재벌그룹에 속해 있는 손해보험회사는 모기업의 위험은 물론, 일반 공공의 위험을 인수하므로 광의의 Captive 보험회사라고 할 수 있다. 1996년 현재 전세계(유럽지역, 미주지역 등 25개 주요 거점에 소재)의 Captive 보험회사 수는 3,199개에 이르고 있다.

쟁을 촉진하게 된다. 투명성은 효율적인 시장접근을 위하여 근본적으로 필요하며 결과적으로 경쟁촉진에 영향을 미치게 된다. 국제적으로 경쟁을 고양시키는 원리의 하나는 규제완화이다. 정부는 규제에 대하여 사후적 접근방식(예로서 결과보고)을 채택하는 경향이 증가하고 그 결과 보험회사들의 경쟁범위가 커지게 된다. 공정한 무역원칙인 내국민대우의 원칙은 외국기업도 국내기업과 같이 우호적인 대우를 받아야 하는 것을 의미하는데, 외국보험사의 국내진출과 활동이 자유로워 경쟁은 가중될 수밖에 없다.

셋째, 특정 영역에 대한 정부감독의 강화이다. 최근 보험관련 모든 국제회의에서 규제완화(deregulation)에 관한 토의가 중심인 것처럼 보이지만 사실은 정부의 재규제(re-regulation)의 문제가 보다 정확한 표현이 될 것이다. 정부는 사전적 규제의 대부분을 지속적으로 해제할 것이지만 21세기의 보험산업에서는 다음 3가지 중요한 영역에 있어서 새로운 사후적 규제를 받게 될 것이다.

① 약관 및 가격에 대한 규제이다. 특히 가격자유화로 보험회사들은 가격할인(discount, rebate, over-commission 등) 등의 행위로 지급능력을 위태롭게 하고 결과적으로 지급불능사태는 과도한 시장경쟁의 부산물로서 감독기관의 규제를 끌어 들이게 된다.

② 과도한 경쟁은 가격결정에서 경쟁을 제한하려는 관행, 예로서 가격협정 또는 풀(pool)에 참여하려는 유혹을 받게 될 것이다. 한국의 손해보험시장은 과거 풀체제와 협정요율제도 아래서도 실질적인 경쟁을 하였기 때문에 잘못된 관행을 쉽게 탈피하는 것은 쉬운 일이 아니다.

③ 보험상품의 판매에 있어서 모집인, 대리점, 회사가 소비자에게 허위 또는 잘못된 정보를 제공하는 시장행위(market conduct)는 자유경쟁시대에서 열세회사가 살아남기 위한 전략으로 채택할 가능성이 있다. 정부는 이러한 불건전한 시장행위를 단절하기 위하여 규제강화의 필요성을 느끼게 될 것이다.

넷째, 유통형태의 변화이다. 21세기 보험시장은 사업비 절감과 서비스 증대를 위하여 유통망에 대해서 신경을 써야 한다. 미국은 자동차보험과 주택보험에서 사업비율은 독립대리점은 높고, 종속대리점(tied agent)의 사업비율은 보다 낮은 것으로 나타나고 있으며, 단일 모집제도에만 의존하기보다 다양한 모집제도(multiple line agent)에 관심을 가지고 있다. 다양한 유통방식 채용방법의 하나가 은행의 보험상품판매(방카슈랑스)이며, multiple line agents와 보험중개인의 역할 증대도 예측할 수 있다.

다섯째, 보험공급의 변화이다. 자유화의 추세로 새로운 국내 보험회사의 설립도 기존 회사들과 경쟁을 촉진시키게 될 것이며, 국제적인 보험과 재보험거래의 진보에 의하여 재보험을 중심으로 국제간의 경쟁도 가열될 것이다. 보험회사간의 경영협력(상품개발 서비스, 손해사정 분야 등)도 계속 증가될 것이다.

여섯째, 21세기 세계 보험시장에서 선진국은 성장률이 둔화되는 반면에 신흥시장(개발도상국)은 그 반대이기 때문에 선진국은 신흥시장에 초점을 맞출 것이다. 또한 많은 보험회사가 부족한 자본상태에 있기 때문에 증자, 합병 또는 해외영업을 도모해야 하며, 판매방식의 혁신을 통한 유통비용의 절감도 생존전략에 필수적인 요소가 될 것이다.

Harold D. Skipper 교수는 21세기의 과도한 경쟁여건에서 성공하기 위해서 보험회사 경영자들에게 다음 사항에 대한 새로운 인식의 필요성을 강조하였다.

① 장단점을 포함하여 자기회사에 대한 확실한 이해가 있어야 한다. 비교우위에서 혁신, 고객정보, 고객접근, 재무상태, 문화적 이해가 필요하다.

② 보험회사가 자신의 고객을 진정으로 이해해야 한다. 상품지향적이 아닌 고객지향적 경영정책이 요구된다. 고객서비스 강조, 고객에 대한 가치창조, 계속적인 서비스의 질향상 추구, 최상의 고객정보 활용이 필요하다.

③ 경쟁자를 잘 이해하고 특히 가장 성공적인 국제적 보험회사에 대한 연구와 경험활용이 필요하다.

④ 주위 환경에 대한 폭넓은 이해가 필요하다. 보험회사 경영자들은 변혁의 물결을 헤쳐 나가야 하고 자신의 모든 환경(경제·정치·문화·법률·인구통계적 환경 등)에 대한 이해가 있어야 한다.

2. 21세기 韓國 保險市場의 전망

한국에서 보험시장의 21세기 장기전망에 대해서는 전술한 바와 같이 1997년 말 외환위기 이후 경제파동으로 보험회사의 상당 부분이 정리 또는 지급여력부족현상에 직면하면서 미래를 전망하고 중장기 대책을 강구할 수 있는 여건이 아니었다. 다만 2000년 1월과 11월에 이와 관련하여 2개의 보고서가 보험개발원에 의하여 발표되었다. "21세기 보험산업 환경변화와 보험회사의 전략적 대응방안"(Insurance Business Report, 제13호, 2000. 1. 5)과 "향후 10년간 국내 보험산업 시장규모 및 트렌드 분석"(연구보고서 2000-9, 2000. 11)의 내용을 참고하여 정리하기로 한다.

(1) 중장기 환경 변화

경제 및 금융환경의 변화를 중심으로 보험시장 여건의 변화를 살펴보면 다음과 같이 요약할 수 있다.

1) 경제·금융환경 변화

2000년부터 IMF 금융위기를 극복하고 정상적인 성장궤도에 진입할 수 있을 것으로 예상되었으나 공사기업 구조조정의 미흡, 정부의 경제정책 실패, 정치불안 등으로 2001년 이후 계속 경제사정은 어려움이 지속되고 과도한 공적 자금의 투입으로 정부부채의 증가, 실업증가, 낮은 금리에도 불구하고 기업투자의 저조 등 경제회생 및 성장률에 회의적인 생각을 하고 있다.

금융환경은 IMF 금융위기를 극복하는 과정에서 IMF 등 국제기구의 요청으로 금융시장이 조기에 개방되었고 선진국의 영향을 받아 금융겸업화가 논의되면서 금융산업의 업무영역 조정에 대한 압력이 강력하게 작용하였다. 1990년 이후 세계 주요 금융기관의 합병사례는 우리나라에도 영향을 미치게 되어 은행과 보험회사도 합병추세가 지속되고 있다. 금융산업의 경쟁력 및 효율성의 제고를 위하여 금융겸업화가 추진되고 있다.

2) 사회환경 변화

인구의 고령화가 우리나라도 빠르게 진행되고 있으며 65세 이상의 노인인구가 1995년 8.3%에서 2010년 14.2%, 2021년 18.9%로 급증할 전망이다. 가족기능의 변화로서 핵가족이 가족제도의 주요한 형태로 자리잡고 있는 가운데 단신가구의 비중에 증가하는 추세에 있다. 이러한 가족형태의 변화는 전통적인 가족부양기능을 변화시켜 개인의 자조노력의 강조와 고령층 부양의 책임을 사회화시키는 결과를 가져올 것이다. 이에 따라 사회보험의 성장과 민영보험의 보완역할이 크게 부각되고 있다.

3) 보험제도 및 정책변화

보험시장 가격자유화의 일정이 앞당겨지고 있는 가운데 긍정적인 측면보다 경쟁이 격화된 상황에서 단기적인 시장점유율에 각 보험회사가 집착하여 무리하게 가격을 설정할 경우 보험회사 경영에 큰 리스크를 가져올 것으로 판단된다. 보험회사에 대한 감독방향이 재무건전성 위주로 규제를 강화하는 쪽으로 가고 있는데 상품, 가격, 자산운용, 판매 등의 규제가 완화되어도 규제 자체가 완화되고 있다는 것을 실감하기 어려울 것이다.

보험시장의 성장성에 대한 전망은 과거와 같은 고도성장은 경제여건의 변화로 기대하기 곤란하다. 상품측면에서 저축성 상품은 겸업화에 따른 치열한 경쟁으로 위축될 것이지만 보장성보험, 연금보험, 건강보험 등의 시장이 크게 성장할 전망이다. 손해보험시장은 기업보험보다 장기손해보험, 특종보험의 성장이 크게 나타날 것이며 자동차보험의 성장은 둔화될 전망이다. 보험시장의 경쟁구도에 대한 전망은 생명보험과 손해보험을 구분할 필요가 있다.

생명보험회사의 전망은, ① 인구고령화에 대응하여 종합금융서비스와 개인금융자산 관리서비스를 제공할 것이며, ② 연금 및 건강보험은 노후설계 보장기관으로서 자리를 확고하게 잡을 것이며, ③ 사회보험 역할축소에 대응하여 사보험의 보완역할이 계속 강조될 것이다.

손해보험의 전망은 생명보험과 업무영역 중복에 따라 연금, 상해보험, 장기간병보험 등에서 경쟁이 불가피하며, 최근 정부의 單種保險會社의 인가방침에 따라 자동차보험, 건강 및 상해보험을 전문으로 취급하는 전문보험회사의 등장으로 시장이 특화되는 현상을 볼 수 있을 것이다.

(2) 보험산업의 변화추세 전망

첫째, 생명보험수요의 특성과 구조적 변화이다. 전통적으로 생명보험과 손해보험을 막론하고 저축성보험 중심의 불균형 성장은 우리나라 보험산업의 특수성이 되어 왔지만 이제는 양적인 성장이 한계에 이르러 과거와 같은 성장추세는 지속되지 못할 것이다. 보험산업은 전형적인 공급자중심 시장의 특성을 보여 왔는데 이것은 근본적으로 보험수요의 비자발성과 모집인을 중심으로 밀어내기(push)형 수요창출이 하나의 수단으로 활용되었기 때문이다. 그러나 앞으로는 고학력 추세, 각종 대형재해 및 고액치료 질병의 빈발로 보장성보험의 필요성에 대한 관심증대로 자발적 보험수요가 증대될 것이다. 또한 가입자 특성에서 보험수요를 주도하는 세대의 연령층도 20대와 30대로 낮아질 전망이다. 보험가입목적에 있어서도 변화추세를 느낄 수 있는데 2000년대에는 보장성보험, 즉 의료비보장이나 재해 등에 대비하기 위한 상품이 주력상품으로 등장할 것이다.

둘째, 연금시장의 성장을 예상할 수 있다. 인구의 노령화 추세는 필연적으로 연금시장의 성장을 기대할 수 있는데 한국도 예외는 아니다. 공적 연금은 공무원연금(1960), 군인연금(1962), 사립학교교원연금(1975), 국민연금(1988) 등과 같이 직종별로 운영되고 있지만 연금시장의 미성숙, 공적 연금에 대한 재정불안, 연금제도에서 일시금 선호경향으로 보험회사가 주도하고 있는 개인연금과 퇴직연금에 의한 보완이 불가피하다는 사실을 수요자는 점차 인식하고 있다. 따라서 연금에 대한 보험회사의 역할을 21세기에서는 크게 요망되고 있다.

셋째, 건강보험시장의 급속한 확대이다. 공적 건강보험의 재정악화, 의약분업이후 국민의 의료비부담 증대에 따라 다양한 의료보장제도가 요구되고 있고 보험회사도 건강보험의 한계를 이용하여 적극 시장에 가담하고 있다. 이러한 경향은 정부당국이나 공적 건강보험에서 민간보험의 참여를 능동적으로 요구하는 시대가 도래하고 있음을 의미한다. 최근 암보험을 비롯한 다양한 질병의 치료비와 입원비를 보장하는 보험회사의 상품에 대하여 관심이 크게 증대되고 있으며 이러한 추세는 장래에도 지속될 것이다.

넷째, 보험산업 국제화의 진전이 가속화될 것이다. 보험시장 국제화는 유럽과 미주지역이 중심이었지만 중국의 보험시장 참여정책 이후 아시아 보험시장이 신흥시장으로서 선진국의 관심의 대상이 되고 있다. 또한 금융 및 자본자유화는 보험거래의 상대를 좋은 거래조건을 제시하는 국제시장에서 찾을 것이고 이와 관련되는 역외보험시장(Cross-Border)의 성장이 예상된다. 한국은 OECD 가입을 앞두고 1996년 Cross-Border 계약을 허용한 바 있다. 최근 보험시장 개방과 더불어 이 관계 보험계약이 예상과 달리 계속 증가하고 있으며 이를 통제·관리하는 데 어려움이 발생하고 있다.

다섯째, 배상책임보험의 수요증대이다. 2002년 7월 시행예정으로 되어 있는 제조물책임법은 보험상품뿐만 아니라 리콜담보상품 등 관련 상품들의 수요증가를 유발할 것으로 전망된다. 실제 PC통신과 인터넷상에서 특정 제품이나 기업에 대한 불만이 쏟아질 경우 기업이 입을 이미지 손실위험을 회피하기 위하여 배상책임보험의 신상품에 대한 기업의 수요는 늘어날 것이다.

여섯째, 보험산업에서 전자상거래의 도입이 증대될 것이다. 보험회사의 전자상거래는 정부가 무역업무의 간소화·신속화·자동화를 촉진하기 위해서 1991년 12월에 제정한 '무역업무자동화촉진에관한법률'에 따라 1995년 보험망의 연계를 통한 적하보험 업무서비스를 시작으로 본격적으로 도입되었다. 보험회사의 전자상거래 운영은 아직 초기단계에 있으며 보험회사의 홈페이지를 이용한 보험가격, 상품정보 제공서비스, 대출 및 재무상담서비스 제공, 일부 상품판매 등과 같은 제한된 서비스를 제공하는 단계에 있다. 이러한 상정에도 불구하고 2000년부터 사이버 보험회사가 등장할 수 있도록 보험회사 최저자본금 요건이 완화되었고, 4월부터 보험의 인터넷판매가 허용되었다. 이를 계기로 최근 보험회사는 정보통신을 이용한 보험상품판매가 활발히 진행되고 있다.

보험회사에서 정보통신을 이용한 상품판매는 주로 TM(Tele-marketing), DM(Direct Mail), CM(Cyber Marketing)을 이용하고 있으며 주로 TM을 이용한 판매방법에 의존하고 있다. 2000년 보험개발원이 실시한 5년 후 정보통신에 의한 보험상품판매 비중에 대한 설문조사(안경철 외, 보험산업의 전자상거래 구축과 효율적 활용방안, 2000. 3)에 의하면 생명보험은 건강보험과 사망보험, 손해보험은 자동차보험과 여행보험이 가장 높은 판매성장률을 보일 것으로 예상하였다.

한국에서 보험회사의 전자상거래가 다른 금융권과 비교하여 낙후되어 있다는 평가가 있지만 최근 중소형 보험회사와 외국사가 대형 보험회사와 경쟁하기 위하여 정보통신을 이용한 보험판매를 적극 추진하고 있어서 시장에서 새로운 경쟁양상을 보이고 있다.

3. 保險會社의 經營計劃과 經營戰略

(1) 보험회사의 경영계획

현대의 산업사회에서 기업은 繼續企業(going concern)으로서 사회적 임무를 수행하면서 존속할 것이 요구되고 있다. 繼續企業이란 안정적 성장을 하는 사회를 의미하는데, 기업이 안정적 성장을 하기 위해서는 장래의 경영계획의 중요성이 강조되지 않을 수 없다. 기업의 경영계획이란 기업의 목적을 달성하기 위하여 그 기본방침을 설정하는 것이다.

경영계획의 종류에는 기간적으로 보면 長期計劃과 短期計劃으로 구별되고 계획설정의 범위에서는 綜合計劃과 部分計劃, 계획의 성질에서는 量的 計劃과 金額的 計劃으로 각각 분류할 수 있다. 경영계획의 수립에 있어서는 기술혁신의 속도, 국민경제의 성장, 기업의 규모변화, 노동시장의 변모 등 제반 정세가 불확실하기 때문에 이러한 곤란성을 해결하고 장기에 걸쳐 종합적인 기업의 건전한 성장을 기하기 위해서는 장기적인 시야에서 기업의 성장조건을 적출하고 기업 내 각 부문의 실질적인 시책을 마련해야 한다.

종래 장기계획에 대한 평가 내지 비판은 결과만 보고 장기계획의 계수적인 정확성의 시비가 있었다. 이 문제는 경영계획을 단순히 예측치의 결합으로 보는 안이한 태도에서 나온 것이다. 장기예측의 중요성은 새삼스럽게 강조할 필요가 없지만, 예측치에 큰 착오가 생겼을 때에는 장기계획은 계수적으로 수정해야 한다. 오차는 예측방법에 문제가 있었거나 또는 계획책정당시에 있어서 예측불가능한 경제환경이 격변 등의 문제가 있었을 것이다. 계획과 실적의 차이 자체가 장기계획책정의 필요성을 조금이라도 부정할 수는 없다.

기업이 수행하는 장기계획에 있어서 가장 중요한 것은 확실한 경영이념의 확립과 그 방책을 나타내는 것이기 때문에 예측치의 정확 그 자체가 지나치게 강조되어서는 곤란하다. 장기계획은 어디까지나 개별기업에 의한 것이며 계수는 경영이념과 방책을 수립하기 위한 자료라는 점에 유의할 필요가 있다. 다시 말하면 장기계획은 과거를 기준으로 하며 현재를 그대로 장래에 이끌어 가려는 조감도라고는 할 수 없다.

장기계획의 수립에 있어서는 계수적으로 고도의 기술이나 난해한 계산방법을 꼭 사용해야 되는 것은 아니다. 그러나 적어도 다음과 같은 몇 가지 전제에 대해서는 반드시 해답을 줄 수 있을 정도의 신빙성은 기대할 수 있어야 한다. 그 전제는 ① 국민경제의 동향, ② 노동시장의 제반 문제, ③ 기술혁신의 속도, ④ 자금상황, ⑤ 업계에 있어서 당해기업이 점하는 지위 등이다.

장기계획은 모두 개별기업에 의한 것으로서 그 기업의 개성·특수성을 반영하고 있기 때문에 그 내용이나 형태는 매우 다양하여 형식적으로 통합·분류하는 것은 곤란하다. 일반적으로는 다음의 3가지 분류가 있을 수 있다.

첫째, 長期計劃의 樹立目的에 의한 분류로서 문제해결형의 장기계획, 이익개선형의 장기계획, 발전방향 결정형의 장기계획의 3가지가 있다. 문제해결형의 장기계획은 당면한 경영상의 중요문제를 해결하기 위하여 장기계획을 수립하는 것으로서 도산의 위기에 처한 회사의 재건계획 또는 타사와의 경쟁관계에 있어서 업계제패계획 등이 이 유형에 속한다. 이익개선형의 장기계획은 비교적 단기간을 그 대상기간으로 하여 착실한 이익개선을 도모하는 것이며, 발전방향 결정형의 장기계획은 기업의 발전방향에 대한 정책결정이며, 계획기간이 비교적 장기인 것이 통례이다.

둘째, 長期計劃의 特性은 문자 그대로 장기에 걸쳐 수행하는 계획이므로 이것과 短期計劃과의 關聯性에서 분류하는 방법이다. 그 하나는 단기경영계획(연도계획)과 마찬가지로 장기계획도 또한 실현가능성이 있도록 실행계획을 수립하는 것이며, 다른 하나는 실행계획으로서 단기계획과 밀접하게 내용적으로 관련성을 가지고 있을지라도 장기계획 자체로서는 반드시 실행계획을 필요로 하지 않는 유형이다.

셋째, 長期計劃과 短期計劃이 각각 독자적으로 설정되는 것이다. 이 경우 장기계획의 주안은 단기계획의 내용을 형성하는 각 개별계획(생산계획, 판매계획 등)을 장기개별계획의 형태로 하여 종합적으로 설정하여 개별계획간의 조정을 도모하는 것이다.

경영계획은 일면 경영자의 경영의지의 표명이라고 할 수 있다. 따라서 경영계획의 내용에는 경영자의 혁신적 요소, 전략적 사고, 경영의사결정의 집약으로서 효율적인 계획수행이 요구된다.[29] 지금까지 일반론으로서 경영계획의 의의와 중요성에 대하여 언급하였지만 그 내용은 보험기업의 경영계획에서도 몇 가지 특수성을 고려하면서 기본적인 원칙은 그대로 준수되어야 할 성질의 것이다.[30] 여기서 보험회사의 장기경영계획에 대해서 그 특수성을 고려하면서 이것을 생명보험회사와 손해보험회사를 각각 구분하여 고찰하기로 한다.

1) 生命保險會社의 長期經營計劃

기업경영에서 일반적으로 상술한 장기경영계획의 필요성 내지 중요성이 언제 어디서나 강조되고 있지만 문제를 생명보험회사에 국한시켜 볼 때 아직까지 長期計劃의 必要性에 대한 인식은 충분하지 않은 면이 있다. 그 이유로서는 다음 몇 가지를 열거할 수 있다.

① 생명보험사업은 적어도 오늘날까지 자주적인 경영의 여지가 비교적 적기 때문이다. 생명보험사업은 특히 공공성을 앞세워 손해보험사업 이상으로 엄격한 지도·감독을 받게 마련이다. 이러한 사정하에서 안정성만이 강조될 뿐 공익사업으로서 경영의 혁신을 기하려는 사고와 시책의 추진은 제한될 가능성이 있다. 따라서 생명보험사업에서는 장기계획이 과거경험의 연장이라는 형태에 불과하며, 일반적으로 그 필요성에 대한 인식은 타사업에 비하여 희박한 것으로 볼 수 있다.

② 판매하는 상품의 내용이 주로 사망보험과 생존보험이거나 또는 양자를 결합(생사혼합보험)한 것에 한정되고 있기 때문에 타업종과 같은 혁신(innovation)을 기하기가 곤란하다. 생명보험은 신종상품의 출현에 의하여 급격하게 市場占

29) E. Helten, *Zunehmender Einfluß kybernetischer Ideen auf die Versicherungswirtschaftliche Planungs-und Entscheidungspraxis*, VW, Heft 16, August 1970, SS. 1027~1028.

30) R. Schwebler, *Unternehmensplanung in der Versicherungswirtschaft*, VW, Heft 11, Juni, 1970, SS. 648~652. A. Moller, *Unternechmensplanung in der Lebensversicherung*, VW, 1963, S. 761.

有率(market share)에 변화할 가능성이 적기 때문이다.

③ 보험계약 자체가 매우 장기적이라는 점에서 장기계획은 일면 필요로 하고 있는 것 같지만 수지의 바탕이 되고 있는 보험료 계산의 기초에 시간적 유예가 있기 때문에 경기동향 등이 바로 경영의 위기로서 인식되지 않고 있어 장기적 관점에서 계획의 필요성이 희박한 것으로 생각되기 쉽다.

생명보험사업의 장기계획에 대하여 이상과 같은 의문이 있는 것은 사실이다. 그러나 생명보험사업에 있어서도 과거의 발전을 회고하고 장래를 전망하면서 현재의 많은 과제를 생각할 때 장기적인 경영계획을 입안하여 착실하게 기업성장을 지속해야 한다는 생각은 생보경영자로서는 누구나 생각하고 있을 것이다. 생명보험에서 보험계약이 장기라고 하는 것은 다른 업종 이상으로 계약자(고객)에게 장기에 걸친 부담을 지면서 경영을 수행하는 것을 의미하기 때문에 장기적 시야에서 경영계획의 수립은 절대로 필요하다. 이것과 관련하여 몇 가지 論點에 대해서 언급하기로 한다.

첫째, 生命保險을 둘러싸고 있는 環境의 變化이다. 위에서 언급한 바와 같이 생명보험사업 자체로서는 금후에도 이른바 기술혁신이라는 것을 찾아보기 어렵다. 그러나 생명보험회사가 기업으로서 건전하게 발전하는 데 필요한 광범한 기업군·고객층 가운데에는 기술혁신에 기인하여 영고성쇠가 현실적으로 나타나고 있다. 생명보험회사가 보험기능상 또는 장기자금 공급자로서의 금융기능상에서도 안정적 성장을 도모하기 위해서는 그의 대상이 되고 있는 산업계의 변모에 어떻게 대처할 것인가는 장래의 발전을 좌우하는 관건이며 그 대응책은 장기적인 시섬에서 번밀한 검토가 이루어져야 한다.

둘째, 다른 業種과의 競合關係이다. 오늘날 생명보험사업은 각종 생명공제뿐만 아니라 손해보험업계, 신탁업계와의 경합 등 그 접점에 있는 분야가 많다. 이와 같은 변화는 일반 대중의 소비구조 내지 저축구조의 변화, 경영구조의 변화에서 유래되고 있기 때문에 생명보험회사로서도 단지 수동적으로 소극적인 자세를 취할 것이 아니라 민간보험으로서 효용과 독자성을 견지하면서 그의 장래의 방향을 개척해 나가야 한다.

셋째, 生命保險事業에 있어서 經營規模擴大의 迅速이다. 이것은 생보사업의 현저한 성장을 의미하는데 경영의 규모와 조직의 확대는 경영의지를 조직 내에 침투시키는 것이 매우 어렵게 된다. 생명보험사업은 사람 중심의 기업체로서 조직 구성원에게 기업이 나아가야 할 목표로서 장기계획을 제시하고 그 노선을 나타내는 것은 매우 유효하다.

다음은 生命保險會社에 있어서 長期計劃의 特徵에 대해서 언급하기로 한다. 생명보험회사의 경영계획은 비교적 장기계획을 도입하는 특성을 가지고 있다. 그 이유는 생명보험계약이 장기이고 또한 안정성을 가져야 하기 때문에 상당한 장기의 수요예측이 가능해야 되기 때문이다. 이것은 또한 보험의 수요가 국민경제의 성장에 따라 안정적으로 증가될 것이 예상되면서, 다른 한편으로 혁신적 상품이 출현할 가능성이 다른 업종에 비하여 희박하고 경제변동의 파도에 직접적으로 영향을 받을 요인이 적다는 점을 고려할 때 생보기업의 성장은 기업 내의 인력(인원, 능률) 및 설비(영업용 점포) 등의 내부적 제반 조건에 크게 의존하게 된다. 따라서 생명보험회사의 장기계획의 특징은 이러한 생보사업의 특질에서 찾아볼 수 있다.

생명보험회사의 장기계획은 위에서 설명한 바와 같이 장기계획의 유형에 따라 그 내용이 달라질 수밖에 없다. 기능별로 계획을 수립하고 이를 종합·조정하여 장기계획을 입안할 때에는 먼저 기능별 부문계획으로서 판매계획, 보험료수납계획, 계약선택계획, 투융자계획, 점포계획, 인사계획, 교육계획, 조직·업무계획, 경비(자금)계획, 홍보계획 등에 대하여 세심한 배려를 하여야 한다.

생명보험회사의 장기계획에는 어떠한 정형이 있는 것은 아니다. 그 책정절차도 개개의 기업의 실태에 따라 정형화될 수 없지만 계획기간, 계획수립을 위한 조직(전담부서 또는 위원회방식) 및 책정절차는 회사간에 매우 유사하다고 할 수 있다. 계획기간은 일반적으로 10년 또는 우리나라의 경우 정부의 경제개발계획 기간이 5년이므로 여기에 맞추는 것이 좋을 것이며, 계획입안의 부서는 기획실 또는 각 집행부의 대표에 의하여 구성되는 위원회방식에 의할 수 있지만 각각 장단점을 가지고 있다.

2) 損害保險會社의 長期經營計劃

손해보험회사의 경영계획의 입안에 있어서 고려되어야 할 점은 위에서 언급한 생보의 경영계획에 비하여 실질적인 다종목 보험기업이며, 보험계약의 단기(보통 1년) 및 대형위험을 인수하고 있다는 점이 다르다. 따라서 경영계획의 입안에서는 이러한 특색이 반영되어야 한다.

손해보험회사의 경영계획 가운데 중요한 것의 하나는 보험료수입과 관련된 판매계획의 문제가 있다. 판매계획에는 판매예측이 필요하다. 예측에 대해서는 일반적으로 과거의 실적을 고려하여 장래의 경향을 예상하게 되지만 경제지표로서 국민총생산의 성장이 중시된다. 판매계획은 이것을 보험종목별로 어떻게 산정할 것인가의 문제가 있다. 이러한 판매계획은 극히 거시적인 것으로서 국민총생산이라는 재화 또는 서비스의 총계와의 관련을 전제로 할지라도 여기에는 배상책임보험과 같은 특수보험은 포함되지 않는다. 또한, 이것은 신제품개발계획과도 관련되지만 단순히 국민총생산과의 상관관계만에 의하여 손해보험기업의 판매계획을 예측하는 것은 불충분한 점이 있다.

손해보험회사의 판매계획에서 개개의 보험종목에 대하여 향후 일정기간(계획기간) 동안 어느 정도의 보험료수입이 필요한가를 예정해야 한다. 개별적으로 선박보험은 선박보유량, 적하보험은 수출입무역금액, 자동차보험은 자동차생산대수, 화재보험에서는 광공업의 생산 등 각종 지표 내지 수량과의 상호관계에 의하여 장래의 예측이 가능하며 또한 그것에 의하여 자사의 시장점유율을 정함과 동시에 자사의 고객층, 판매정책 등을 종합하여 보험종목별로 수입예측이 이루어져야 한다.

이상과 같이 손해보험회사의 경영계획은 原受保險市場에 있어서 판매계획을 중심으로 하여 수입계획을 산정함과 동시에 再保險計劃, 支出計劃(보험금·수수료·인건비·물건비 등), 人員計劃(채용·교육 등), 資産運用計劃 등을 입안하여 이를 종합적인 계획으로 조정하여야 한다. 여기서 이들 개별계획에 대하여 고찰하기로 한다.

① 再保險計劃에서는 기본적인 요건으로서 出再·受再의 均衡確保를 목표로 해야 한다. 물론 국내외의 보험시장의 형편에 따라서는 出再超過 또는 受再超過를 예정하여 방책을 수립하여야 한다. 原受保險料가 예측의 기초가 될 때 이것을 전제로 하여 受再·出再의 量을 결정하는 것은 어느 정도 부정확은 피할 수 없다. 이것은 재보험제도라고 하는 손해보험기업의 특질에 의하여 장기계획책정상의 곤란이 표면화되는 것이다. 이러한 곤란을 피하기 위해서는 단순한 방법으로서 다음과 같이 생각할 수 있다. 즉, 原受와 정미보험료의 비율을 과거의 실적에서 구하고 장래의 변화를 예측하여 일정기간 후에 있어서 이 비율이 어떻게 될 것인가를 결정하는 방법이다. 이 방법은 손해보험에서 종래의 보험종목에 대해서만 가능하며 최근에 개발된 장기종합보험은 우선 판매계획에서부터 별개의 관점에서 소비성향, 저축성향, 가입동기 등을 고려하여 그 상관관계에 의하여 예측이 되어야 한다.

② 손해보험회사의 경영계획에서는 보험료수입에 대한 支出計劃도 주요한

내용의 하나가 된다. 여기서는 우선 보험금, 대리점 및 모집수수료, 인건비·물건비 등이 문제된다. 이러한 비용은 原受保險料에 대한 변동비적인 비율로서 대리점수수요율, 손해율 등을 예상하여 지출계획이 책정되어야 한다. 판매계획과 마찬가지로 지출계획에 있어서도 재보험의 측면을 고려할 필요가 있다. 여기서는 原受損害率과 正味損害率의 변화, 대리점수수요율과 정미수수료(代理店手數料—出再保險手數料)율의 변화를 예측해야 한다.

③ 다음에 사업비로서 인건비 및 물건비에 관한 지출계획의 수립이 필요하다. 우선 인건비에 대한 예측은 人員計劃과 관련하여 이루어져야 한다. 인원계획은 보험료와 인원과의 상관관계, 손해사정 건수와 인원과의 관계, 영업부문 인원과 관리부문 인원과의 비율, 기타 방법에 의하여 책정된다. 예로서 5년 후의 인원은 현재의 20%가 증가될 계획이라면 점포 수, 사택설비도 동시에 고려되어야 한다. 점포계획은 판매계획과도 밀접한 관련성을 갖는다. 인원계획은 정년퇴직자·중도퇴직자 등을 고려하면서 동시에 채용시기, 남녀별·학력별·연령별 구성도 고려해야 한다.

④ 인원계획과 평균하여 책정되어야 할 것은 教育計劃이다. 이 계획은 기간 중 종업원에 대하여 직종별·계층별로 입안되어야 하고 그것에 필요한 교육시설의 설치계획도 포함되어야 한다. 교육계획에는 대리점계획도 중요한 일부가 되는데 이것은 다른 한편으로 판매계획과는 밀접한 관련이 있다.

⑤ 이상과 같이 장기경영계획은 여러 가지가 있지만 이들은 독립된 별개의 계획이 아니고 상호관련성을 가지면서 모순 없이 종합조정될 필요가 있다. 그 계획 가운데 또 하나의 중요한 것은 손해보험회사의 경우 資金運用에 관한 計劃이 필요하다. 제조기업에서는 설비계획, 증자, 사채의 발행, 차입금 등에 대한 자금계획이 중요하지만, 손해보험기업에 있어서는 금융기관적 성격에서 자금계획은 자산수익과 증자의 두 가지에 관한 계획이 중심이 된다.

영업면의 장기경영계획에서는 손해율의 증가를 전제로 하여 한계수익률의 저하를 고려해야 한다. 따라서 수익률의 저하를 자산수익에 의하여 보충할 필요가 있다. 이러한 의미에서 자산수익에 관한 장기계획은 큰 의의를 가지고 있다. 자산수익은 금액적으로 표시되지만 그 금액은 단지 매년 몇 %씩 증가한다는 방법으로는 불충분하고 어떠한 기준을 구할 필요가 있다. 여기에는 운용자산에 대한 평균이율을 생각해야 한다. 운용자산에 대해서는 그 자금이 연간 또는 일정연수 후에 어느 정도에 도달할 것인가를 예측하는 것이 우선 문제이지만 이것에 대해서도 단순한 누적방법은 채용될 수 없다. 일반적으로 운용자산의 연간증가액은 정미수지잔액과 자산수익의 합계에서 세금·감가상각, 주주배당금 등을 공제하고 있다. 그러나 그 사이에 있어서 곤란성의 하나는 운용자산의 대부분을 구성하고 있는 주식의 가격변동으로서 이것을 예측하는 것은 불가능에 가깝다.

장기경영계획의 책정에 있어서는 통제할 수 없는 요소가 존재하고 있다. 즉, 물가상승, 세율, 주가의 변동 등이 그 예이다. 따라서 계획의 책정에 있어서 이러한 요소는 일부 도외시하지 않을 수 없다. 損害保險企業의 長期經營計劃은 이상과 같은 개별계획 상호간의 조정이 이루어지고 최고경영자의 결정에 의하여 종합계획으로서 장기경영계획이 종국적으로 책정되어 시행단계로 이행한다. 경영계획은 시행과정의 일정 시점에서 그 실적평가와 차이분석을 하여야 한다. 손해보험기업의 경영계획에 있어서 그 計劃과 實績의 差異는 종합적으로 특히 다음과 같은 점에서 볼 수 있다.

① 보험요율의 변동에 의한 보험료계획의 오차
② 보험종목별 구성의 변화에 의한 손해율의 오차
③ 새로운 보험상품의 개발에 의한 보험료예측의 오차
④ 물가상승에 의한 지출계획의 오차
⑤ 인원계획의 오차에 의한 인건비의 변동

(2) 보험회사의 경영전략

1) 경영전략의 개념

기업의 경영전략은[31] 기업이 나아갈 방향을 결정짓는 문제로서 성장·확장(성장전략: growth)할 것인가, 안정을 추구하며 기업을 정리·정돈(안정전략: stability)할 것인가, 축소할 것인가(축소전략: retrenchment)를 결정하는 것이다. 경영전략이란 매우 광범한 개념이기 때문에 한마디로 정의하기는 어렵다. 많은 학자들이 내린 정의 가운데 공통적인 사실을 종합하면 기업이 성취하려는 목표를 설정하고 그것을 달성하기 위해서 어떠한 행동방향을 취할 것이며, 그 목표를 달성하는 데 필요한 자원을 배분하는 것을 결정하는 의사결정의 유형이라고 할 수 있다.

포괄적인 의미로서 全社的 戰略 또는 기업전략(corporate strategy)이라는 표현을 사용할 수 있지만 그 전략이 각각의 사업영역에서 다루어질 때는 사업전략

31) 김언수, 「TOP을 위한 전략경영」, 박영사, 1998, pp. 20~29.

(business strategy)이다. 사업전략은 특정 산업이나 시장에서 제품 또는 서비스의 경쟁우위를 향상시키는 경쟁전략이 중심이 된다. 하위개념으로 기능별 전략(functional strategy)이라는 것이 있다. 이것은 기업의 각 기능 부문들이 자원생산성을 극대화하기 위해 기업과 사업부의 전략과 목표를 달성하는 과정에서 수행되는 전략이다.

2) 保險會社의 經營戰略

보험회사 경영전략의 실질적인 내용, 추진방법 등에 대해서 한국의 사례를 중심으로 설명하는 것은 쉬운 일이 아니다. 하나의 사업전략으로서 몇 가지 현실적인 문제를 들어 보겠다.

① 손해보험회사로서 특정 보험종목만 취급하는 이른바 專業會社의 전략이다. 재보험, 자동차보험, 보증보험회사가 과거 및 현재에 존속하고 있는데 이들 전업회사는 정부방침에 의하여 설립 때부터 단일사업만 취급하였다. 재보험은 국영기업으로 출발(1963)하였으나 민영화(1978)되었고, 자동차보험은 독점회사에서 다원화(1983)되었으며, 보증보험은 2개 회사가 1개로 통합(서울보증보험)되었다. 전업회사는 사업이 성공하든 실패하든간에 기업전략에 의하여 결정된 것이 아니고 정부지원에 의하여 결정되었다면 문제가 되지 않을 수 없다.

② 최근에는 단일종목만 취급하는 단종회사가 자동차보험의 영업을 목적으로 일부 설립되고 있다. 이것도 설립자의 입장에서는 중요한 전략이 있었을 것이다. 또한 교보생명보험이 생명보험회사로서 자동차보험의 판매를 개시하였는데 이를 계기로 앞으로 일반 손해보험회사로 확대·전환할 것인가 또는 자동차보험 전업회사로 성장을 추구할 것인가를 결정하는 것도 전략적 의사결정에 속한다.

③ 1970년대부터 재벌그룹이 회사조직으로 사업부제를 채택함에 따라 계열보험회사들도 그룹방침에 의하여 이를 받아들인 바 있지만 사업부제의 전제조건(제품별, 시장별, 독립채산 등)상 보험회사에게 적합한 조직형태는 아닌 것이었다.

④ 한국의 보험회사들은 특히 선도하는 큰 보험회사의 전략을 무조건 모방하는 경우가 많았다. 중하위 회사들은 특정 상품이나 판매전략에서 차별성을 인식하고 독자적인 전략을 세우기 위한 노력이 부족하였다.

⑤ 자산운용 전략에서 감독기관의 자산운용준칙과 같은 규제 때문에 독자적인 투자전략을 수립하는 데 한계가 있지만, 대형회사보다 중하위회사 또는 전업회사의 투자수익률이 높은 연도가 있었다. 대형회사가 수익률에서 상위에 들지

못한 것은 그룹 내의 간섭 등 다른 사정이 개입될 여지가 있었다고 가정할 수 있지만 자산규모가 커지면서 보험회사의 부차적인 기능으로서 투자전략은 어떠한 다른 전략보다도 중요하다.

⑥ 손해보험회사의 상품전략에서 일본의 예를 모방하여 생명보험의 성격이 강한 장기보험, 연금, 건강보험 등의 상품취급은 외형적 성장을 추구하는 것 이외에 실익이 크다고 할 수 없다. 그러나 모든 손해보험회사들이 가고 있는 방향인데, 어느 한 회사가 독자적인 길을 간다는 것은 현실적인 풍토에서는 어렵다고 보여진다. 또한 과거 동일 대형물건에 대한 해외재보험 처리방식 및 위험분산전략도 회사간의 차별성을 인정하기 어려웠다.

⑦ 최근 보험업계에서는 은행과 영업을 제휴하는 방카슈랑스제도가 문제되고 있는데, 과거의 경험에서 이 제도는 보험회사의 은행 예속과 은행고객에게 특정 보험의 가입을 강요하는 변칙적인 방향으로 나갈 가능성이 있다. 중하위 보험회사가 시장에서 열세를 만회하기 위하여 은행과 제휴하는 경향이 있는데 대형 보험회사도 은행과 보험거래를 외면하기 어렵다. 따라서 영업전략상 보험회사의 은행주식 지분참여 등을 통하여 은행창구를 이용한 보험인수 전략에 관심을 갖지 않을 수 없다.

앞으로 보험산업은 동종회사뿐만 아니라 공제보험시장과 경쟁을 해야 하고 나아가 다른 금융권과의 경쟁강도가 커질 수밖에 없다. 따라서 보험회사들은 각자가 처한 경영환경과 경영역량을 적절히 평가하여 각자에 맞는 전략을 수립해야 한다. 보험회사가 선택할 수 있는 전략은 거시적으로 차별화 전략과 지배력 확대전략을 추진해야 한다.[32)]

차별화 전략은 자신의 경쟁력을 극대화하기 위하여 기존의 경쟁회사의 사업방법과는 차별화된 방식으로 시장에서 주도권을 갖고 추진하는 전략이다. 이 전략은 새로운 진입자에 의하여 주도되는 경우가 많으며, 기존 사업자 중에서도 핵심역량을 재정비하여 특정 대상, 예로서 고객·지역·상품 등을 집중공략하기 위해 채택될 수 있다. 1980년대 후반에 신설된 많은 생명보험회사가 10여 년만에 시장에서 퇴출된 사정에는 임직원의 대부분이 기존회사들의 출신으로서 새로운 차별화된 전략 없이 기존회사들의 전략을 맹목적으로 모방하였기 때문이다. 차별화 전략은 경영환경이 급격히 변화하면서 새로 경쟁요소에 의하여 시장이

32) 오영수 외, “21세기 보험산업 환경변화와 보험회사의 전략적 대응방안”, 보험개발원 보험연구소, 2000. 1, pp. 25～52.

재편될 가능성이 클 때 유효성이 크며, 경영환경이 안정되면 유효성이 낮다.

지배력 강화전략은 대형화 전략을 기본으로 하여 시장지배력을 강화하기 위한 전략이다. 지배력 확대는 국내시장뿐만 아니라 해외시장에 적극 진출하는 전략을 모색할 필요가 있다. 현실적으로 보험회사의 세부적인 대응전략이 필요한 부분은 가격자유화 전략, 정보기술활용 전략, 판매전략, 자산운용 전략, 환경변화의 대응전략, 새로운 업무영역개발 전략 등 여러 가지가 있다.

첫째, 가격자유화에 대응한 상품 및 가격전략이 필요하다. 경쟁체제 아래서는 생존가능한 보험원가관리 전략, 이익창출 등 위험을 선별하고 적절히 평가하는 능력이 요구된다. 가격경쟁은 단순히 경쟁회사보다 가격인하의 방법이 아니고 가격과 보상내용의 확대를 통해 고객과 상품을 차별화하는 방안이 모색되어야 한다. 대응전략으로서는 판매채널의 효율화를 통한 원가절감, 언더라이팅 및 보상체계의 선진화를 통한 보험금 누수방지에 노력하는 전략이 요구된다.

둘째, 기업 이미지 제고전략이다. 21세기는 기업 및 상품 브랜드 가치가 경쟁력의 중요한 요소가 될 것이며 보험회사는 이미지를 높이는 노력이 필요하다. 보험회사 이미지는 수익성과 연결하여 관리할 수 있는 방안을 강구해야 한다. 최근 지급여력이 문제되고 있어서 최고의 안전한 보험회사, 최고의 서비스 제공 보험회사로서의 이미지가 필요하다.

셋째, 상품 포트폴리오 재구성 전략이다. 생명보험은 국내사의 경우 외형경쟁 때문에 보장성 상품보다 저축성 상품판매에 주력하고 있고 IMF 경제위기를 맞이하여 큰 실패를 하였음에도 불구하고 이를 시정하지 못하고 있다. 반면에 국내의 외국 생보사들은 보장성보험에 주력하면서 실속 있는 경영을 하고 있다. 손해보험회사들은 규모에 관계 없이 대부분의 회사들이 유사한 상품구성비를 보이고 있는데, 전문화를 통한 수익성 중시의 전략이 필요하다.

넷째, 정보기술활용 전략이다. 정보기술(IT)에 입각한 보험기업의 선진화와 보험경영의 효율화는 21세기 보험산업의 핵심전략이 되어야 한다. 정보기술은 상품설계, 언더라이팅, 마케팅, 자산운용, 클레임 처리, 리스크관리 등 보험사업의 모든 영역에 적용될 수 있다.

다섯째, 새로운 판매기법의 활용전략이 요구된다. 이를 위하여 DB(database marketing)마케팅의 기법이 활용되어야 하고 사이버 판매채널도 활성화되어야 한다. 최근 국내 보험회사들은 상품안내, 대출안내, 계약정보 등에 대하여 사이버 채널을 운용하고 있지만 보다 적극적인 투자와 관심이 요망된다. 판매채널의 재구축은 보험가격의 자유화, 새로운 판매채널의 등장, 고객니드의 변화, 비용효율화에 대응하기 위한 전략이다.

여섯째, 자산운용 전략이다. 보험회사의 자산규모가 커지고 최근 투자환경이 열악(금리, 주식, 회사채, 부동산 등)하여 자산운용 능력의 제고와 운용기법의 선진화가 요청되고 있다. 이를 위하여 국제금융시장에 대한 정보력의 중요성이 커지고 있으며 인력의 전문화를 기해야 한다.

마지막으로 새로운 업무영역개발 전략이다. 새로운 업무영역에서 가장 비중이 큰 것은 사회보험의 보완전략이다. 공적 연금에 대한 국민들의 불안과 불신은 개인연금과 퇴직연금에 대한 추가적인 관심을 갖지 않을 수 없으므로 사적 연금에 대한 적극적인 대응전략이 필요하다. 그 뿐만 아니라 건강보험의 경우도 보험재정의 파탄과 급여수준 감액으로 국민들의 추가적인 자기부담액이 늘어나고 있어서 임의의료보험을 주관하고 있는 보험회사들의 역할이 필요하게 되었다. 사회보험의 대응전략은 노동부, 보건복지부 등 정부의 여러 부처의 이해와 협력이 필요하지만 보험업계는 협회 차원에서 年金計理人制度의 신설을 위한 연금법 개정이 있어야 한다.

제 6 장 保險經營 一般(II)

제 1 절 生命保險의 危險選擇

1. 危險選擇

위험처리를 위한 여러 가지 수단방법 가운데 보험에 의한 방법을 선택하려고 할 경우 보험회사로서는 危險選擇(underwriting)의 문제가 있게 된다. 危險選擇이란 보험가입 신청자가 제출한 보험가입 신청서를 중심으로 보험회사가 보험대상을 검토하여 그 인수여부를 판단하는 행위를 말한다.

위험선택의 목적은 보험회사가 좋은 위험을 인수하여 이익을 얻으려고 하는데 있다. 만약 어떤 보험회사가 인수한 대부분의 위험이 좋지 못하여 손해를 본다면 그 보험회사는 영업을 계속할 수 없을 것이다. 그러나 반대로 보험회사가 지나치게 양호한 보험대상만 인수하여 보험금을 지급하지 않아도 보험회사의 사회적 사명의 입장에서 볼 때는 문제가 된다.

보험회사는 위험선택을 위하여 독립된 부서(underwriting department)를 두고 있는데 기능상으로 보아 이 부서의 역할은 마케팅, 투자, 손해사정 등의 어느 부서보다도 그 비중이 크다. 이것은 위험선택의 중요성은 보험회사의 영업수지에 중대한 영향을 미치기 때문이다.

보험회사에서 이와 같은 위험선택기능을 담당하는 사람을 일반적으로 underwriter라고 부른다. underwriter의 명칭은 여러 가지 직무에서 많이 사용되고 있다. 예로서 보험요율을 검증하는 사람 또는 보험계약의 인수를 일상업무로서 하는 사람도 underwriter라고 부르고 있다.

보험회사는 어떠한 보험종목에서든지 위험인수 여부의 판단을 내리는 데 필요한 정보와 자료를 수집하는 길이 있으며 이것이 위험선택행위의 핵심이 된다. 의료보험에 있어서는, ① 보험가입 신청서, ② 보험대리점 또는 모집인의 보고, ③ 필요하다고 인정되는 경우 신체검사, ④ 전문적인 조사기관의 보고, ⑤ 다른 보험회사와 각종 정보의 교환·보고, ⑥ 병원과 의사의 의견서 등이다. 생명보험에 있어서는 일반적으로 의료보험과 유사하고, 신체검사가 중심이 되고 있으며, 손해보험은 보험종목에 따라 특수성과 다양성을 지니고 있다. 위험을 선택하는데 있어서 보험회사는 몇 가지 중요한 정책을 수립해야 한다. 그 가운데 중요한 것은 후술할 보험회사 자체의 위험보유한도의 결정, 인수할 위험의 종류결정, 재보험의 이용 등에 관한 것이다. 생명보험의 경우는 일반적으로 손해보험과는 달라서 표준하체위험이 주로 문제된다.

한편, underwriter가 위험선택행위를 함에 있어서 항상 유의해야 할 것은 도덕적 위험(moral risk)이 존재할 가능성이 있다는 사실이다. 이러한 도덕적 위험은 일반적으로 고액보험금액의 경우나 가난한 사람이 보험을 원하는 경우에 발생하기 쉽다. 또한 도덕적 위험과 밀접한 관계가 있는 것이 초과보험(over-insurance)이다. 超過保險이란 실제 보험물건의 가치보다 많은 액수를 보험금액으로 정하는 경우를 말한다. 초과보험인 경우 보험계약자는 보험사고를 고의로 발생케 하여 이익을 보려는 경향이 있다.

보험회사에서 위험선택정책을 수립하는 데 가장 중요하게 취급하는 것은 보험회사가 보유하고 있는 계약량이다. 보험시장이 협소하고 계약량이 적으면 위험선택에 주력하지 않고 아무것이나 모두 인수하려는 경향이 있다. 또한 경쟁이 심할 경우에 큰 회사와 경쟁하기 위하여 위험선택을 경시하는 경향이 있다.

2. 生命保險의 위험선택

危險選擇이란 생명보험에 있어서 위험, 즉 보험사고 발생가능성의 크기에 따라 생명보험의 가입신청을 분류하여 불량계약의 혼입을 방지하는 것이다. 생명보험의학에서 말하는 위험이란 전적으로 보험사고의 발생가능성이다. 그러므로 실제 사용할 때에는 사망률과 거의 마찬가지의 의미로 통용되고 있다. 이러한 경향은 최근 의료보험 등과 같은 여러 보험종목이 개발·판매되고 있어서 위험선택의 중요성이 강조되면서 그 이론이 사망보험을 중심으로 전개되고 있기 때문이다.

生命保險은 피보험자의 사망이나 상해 등에 의하여 일어나는 가입자의 손실을 보장하고 상호부조를 실현하기 위한 제도로서 그 성질상 대수법칙에 따라 일정한 사망률이나 상해율을 기초로 하여 가입자가 납입할 보험료를 계산한다. 따라서 생명보험회사는 항상 신계약의 획득에 노력하고, 될 수 있는 한 큰 피보험자의 집단을 구성해야 한다. 집단이 클수록 대수법칙의 적용에 안전성이 있으며 반대로 신계약의 획득이 불충분하고 계약의 소멸이 많아 형성되는 집단이 적을수록 대수법칙이 근사적으로밖에 적용될 수 없어 생명보험사업의 경영은 위기에 직면하게 된다. 이러한 점에서 볼 때 대량·양질계약의 획득을 위해서는 위험의 선택이 절대 필요하다. 한편, 생명보험의 위험선택은 전체 계약자의 이익보전에도 중대한 의의가 있다. 이것은 위험선택의 잘못으로 보험금지급의 예상 외의 증대는 계약자의 공동준비자산을 감소시켜 계약자 전체의 이익을 위태롭게 하기 때문이다. 또한, 생명보험은 계약자 각자에게 위험의 정도에 따라 보험료를 분담시켜야 한다는 衡平의 原則이라는 점에서 볼 때도 위험선택이 중요하다. 따라서 위험선택은 피보험자의 위험을 정당하게 평가하고 그 위험에 상응하는 보험요율을 적용해야 한다.

생명보험에 있어서 위험선택은 死差益과 조기사망과도 관계된다. 생명보험의 보험료 가운데는 위험보장의 성질을 가진 순보험료 부분이 있다. 회사는 노력에 의하여 사업비는 절감할 수 있지만 예정 외의 위험에 대한 순보험료의 부족을 사업비를 절약하여 부가보험료로 충당하는 것은 잘못이다. 정당한 위험선택에 의하여 예정 외의 위험을 배제하여 순보험료의 범위 내에서 위험보장을 실행해야 한다. 生命保險의 3大利源인 費差益, 利差益, 死差益 가운데 가장 확실한 차익은 死差益에서 기대할 수 있다. 이것은 피보험자의 합리적인 선택에 의하여 가능한 것으로서 회사 내부의 능력이나 노력에 의하여 확보할 수 있는 중요한 이원이다.

생명보험에 있어서 위험선택의 중요성은 또한 역선택과 그것으로 인한 조기사망의 방지에 있다. 일반적으로 신체에 결함이 있을수록 생명보험에 가입하려고 하는데 이것을 逆選擇이라고 한다. 역선택에 의한 사망은 보험계약기간의 초기에 발생하는 경향이 있다. 물론 조기사망의 전부가 역선택의 결과는 아니지만 위험선택의 잘못으로 인한 역선택이나 그것으로 인한 조기사망은 예정 외의 보험사고이다.

생명보험의 위험선택은 특정한 피보험자의 개인적 수명을 예측할 수는 없지만 사망에 영향을 미치는 여러 가지 요인을 분석하여 동일한 위험요소를 가진 피보험자의 그룹을 만들고 각 그룹의 위험도를 판정하여 그 위험의 정도를 그룹의 구성원인 개인에게 적용함으로써 위험을 선택하게 된다. 그룹마다 사망위험의 판정에는 그룹별로 필요충분한 통계량을 모아 장기간 관찰한 객관적 자료가 기본이 된다. 생명보험에 있어서 위험의 요소는 醫學的 危險과 環境的 危險으로 대별할 수 있다. 그 내용을 간단하게 소개하기로 한다.

(1) 의학적 위험

醫學的 危險은 신체적 위험으로서, 연령, 성별, 유전, 체질, 기왕증, 현재증 등이다. 이것은 의학적 수단, 즉 기초의학이나 임상의학 등의 지식에 기초를 두고 피보험자를 진사·검사함으로써 발견된 신체상의 결점을 醫學的 缺陷이라고 한다. 고혈압, 당뇨, 위궤양 등은 대표적인 의학적 결함이다. 의학적 결함은 사망이나 폐질 또는 상해나 질병 등과 밀접한 관계가 있다. 의학적 결함이 보험사고 발생의 가능성을 높이고 있는 경우 이것을 醫學的 危險이라고 한다. 따라서 신체적 위험을 대상으로 행하고 있는 의학적 선택을 의학적 위험에 대한 선택이라고 말하고 있다.

생명보험의 가입신청시 의사가 피보험자에 대하여 신체상황을 검사하는데 이것을 診査라고 한다. 그 내용은 일반적으로 건강상태에 대한 중요사항의 고지를 받고 신체의 검진을 행하여 의학적 결함의 유무를 판정한다. 생명보험의 진사를 하는 의사를 診査醫라고 부르고, 여기에는 社醫와 囑託醫가 있다. 전자는 생명보험회사에 고용되어 있는 의사이며, 후자는 생명보험회사와 진사에 대하여 위임계약을 맺고 있는 의사이다. 의학적 결함으로 지적되고 있는 것은 앞에서 언급한 바와 같이 이른바 성인병이라고 하며, 고혈압, 당뇨병, 뇌졸증 등이 중심이 되고 있다.

의학적 선택의 효과는 위험선택부문에만 관계될 뿐만 아니라 생명보험사업으로서 중요한 관심사이다. 위험선택의 효과를 높이기 위해서는 선택기준이나 방법에 대한 연구를 통하여 선택효과를 검토할 필요가 있다. 선택효과의 판정은 선택되어진 집단, 즉 생명보험회사가 계약한 피보험자집단과 완전히 선택을 하지 않은 집단과 비교하는 것이다. 그러나 위험선택은 회사 내의 실무이기 때문에 엄밀한 의미에서 선택되지 않은 대조집단을 얻기가 곤란하다. 그러므로 예정사망에 대한 실제사망과 비교, 정부의 보건당국에서 집계한 국민사망과의 비교로서 대응하는 경우가 많다.

⑵ 환경적 위험

사망이나 상해 등 보험사고의 발생에 인간이 생존하는 환경이 큰 영향을 미친다. 따라서 거주환경이나 직업환경과 같은 환경을 무시하고 위험선택을 행할 수 없다. 환경면에서 위험의 선택을 행하는 것을 環境選擇이라고 말하고, 이 환경선택에 의해서 피보험자가 가지고 있는 위험을 판정하는 행위는 環境査定이라고 말할 수 있다. 의학사정과 환경사정의 결과를 종합함으로써 비로소 적절한 선택이 가능하다.

건강상태에 대하여 의학적으로 무결함체(건강체)로 사정이 될지라도 직업 그 자체의 재해위험이 클 경우 생명보험회사는 이와 같은 피보험자를 표준체로 취급할 수 없다. 외국의 생명보험회사 가운데는 환경적 요소에 대해서는 통계적 관찰을 통하여 숫자사정의 대상으로 하여 사정표준에 따라 게재된 평점을 의학적 결함의 평점과 마찬가지로 가감하여 의학적 사정과 환경사정의 양자를 종합평가하는 방법을 사용하고 있다. 환경적 요인에는 국가와 민족에 따른 특수사정이 많지만 대체적으로 그 대상은 직업, 거주지, 습관, 수입과 과당계약, 도덕적 위험 등이다.

⑶ 위험선택의 방법

1) 加入年齡과 最高保險金額의 制限

생명보험의 加入年齡은 진사에 의한 선택과 무진사의 경우 기준연령에 차이가 있다. 후자의 경우 연령에 제한을 두는 것이 일반적이다. 保險金額은 피보험자 1인에 대하여 최고액이 보험회사마다 결정되고 있다. 最高保險金額의 制限은 경영의 안정과 관계되는 것으로서 반드시 역선택의 방지만을 목적으로 행하여지는 것은 아니지만 거액의 보험금이 인간의 심리를 자극할 가능성을 생각한다면 역선택의 방지에도 유효한 것으로 생각된다.

標準下體保險의 경우에는 표준체와는 달리 가입연령 및 금액의 한도를 설정할 수 있다. 또한, 여자는 사망률에서는 남자보다 일반적으로 양호하며 위험선택상의 안전도는 높다. 그러나 여자가 일가의 생계의 중심이 되는 경우는 비교적 적기 때문에 남자보다 역선택의 경향이 강하다고 할 수 있다. 여자를 피보험자로 한 이상적인 고액계약은 역선택으로도 생각할 수 있기 때문에 회사에 따라서는 최고보험금액의 한도를 남자보다 낮게 책정하는 경우도 있다.

2) 外務員과 危險選擇

외무원은 원칙적으로 무선택으로 계약의 신청을 받아서는 안 된다. 외무원은 직접 면접에 의하여 피보험자로서의 적격성을 판단해야 한다. 판단의 자료는 피보험자의 가정환경, 외관, 경력, 언어, 동작 등의 필요사항을 취급·보고하여 사정자료로 제공해야 한다. 외무원은 그의 모집활동을 통하여 보험계약자 혹은 피보험자와 몇 번 접촉을 하기 때문에 그만큼 실태를 잘 파악할 수 있는 입장에 있다. 예로서 현재 입원가료 중에 있거나 고액의 보험에 가입할 정도의 수입이 없는 등 구체적인 사실이 판명될 때에는 모집대상에서 제외시켜야 한다. 현실적으로 외무원에게 이와 같은 위험선택을 하도록 하는 것은 어려운 점이 있지만 위험선택의 의의를 높이고 회사경영의 안정을 위해서는 외무원에게도 될 수 있는 한 위험선택에 대한 인식을 높이는 것이 요청되고 있다.

3) 診査醫와 査定

생명보험의 진사를 하는 의사에는 社醫와 囑託醫가 있다. 社醫는 회사의 직원으로서 진사를 전문으로 하기 때문에 생명보험의 위험선택에 대하여 숙련도가 높지만 囑託醫는 개업의가 부업으로서 진사를 행하기 때문에 사의와 같은 숙련을 기대할 수 없다. 따라서 회사는 항상 촉탁의의 생명보험에 대한 이해를 깊게 하고 진사에 숙련될 수 있도록 노력해야 한다.

보험계약자 또는 피보험자는 보험계약을 신청할 때 위험측정을 위하여 중요사항에 대하여 사실을 보고할 의무가 있다. 이것을 告知義務라고 한다. 보험계약자 또는 피보험자가 고의 또는 중대한 과실로 중요사항을 고지하지 않거나 부실한 고지를 한 경우에는 고지의무위반으로서 회사는 그 계약을 해지할 수 있다(상법 제651조).

일반적으로 중요사항이란 회사가 그 사실을 안 경우에 계약을 승낙하지 않았거나 또는 표준체로서는 계약하지 않았을 것이 객관적으로 인정되는 것을 말한다. 생명보험에 있어서 의학적 위험의 선택은 고지의무와 밀접한 관계가 있다.

4) 保險體와 非保險體

保險體란 의학적·환경적으로 피보험자로서 적당하다고 인정되는 상태이다. 보험체에는 표준위험률의 범위 내에 있는 것과, 표준위험률을 어느 정도 상회하고 있지만 무엇인가의 조건을 갖춘다면 피보험자로서 취급될 수 있는 것이 있다. 표준위험률의 범위 내에 있는 것을 일명 標準體라고도 하며, 어떠한 보험종류에서나 무조건 계약할 수 있다. 표준체로 계약이 될 수 없는 결함체일지라도 그 집단 내의 위험도가 어느 정도 균일하고 또한 큰 집단이라면 보험사고의 발생률을 예측할 수 있기 때문에 보험의 대상으로 할 수 있다. 이와 같은 경우에는 특별보험료의 징수 또는 보험금삭감을 조건으로 계약한다.

한편, 非保險體는 고도의 결함이 있어 피보험자로서 적당하지 않은 신체를 말한다. 고도의 결함을 가진 사람은 적고 가입신청이 많지 않기 때문에 큰 집단을 형성할 수 없어 대수법칙도 성립되지 않는다. 만약 충분한 가입신청이 있을지라도 계약조건이 매우 까다롭기 때문에 특별보험료의 고액계약 등이 성립될 수 없다. 결함체 가운데 일정범위를 표준하체로 하고 그것을 초과하는 것을 謝絶體, 즉 비보험체로 하는 것이 일반적이다.

의학적 사정에는 피보험자가 표준체, 표준하체 또는 사절체 가운데 어느 것에 속하는가를 판정하고 표준하체의 경우에는 피보험자가 가지고 있는 위험도에 따라서 몇 개의 그룹으로 구분한다. 표준하체계약에는 특별보험료의 징수, 보험금삭감에 의한 지급, 연증법 등에 의하여 계약을 할 수 있다. 保險金削減은 계약 후 일정기간 내에 보험사고가 발생한 경우 그 경과연수에 따라 일정비율의 보험금을 삭감해서 지급하는 것이며, 年增法은 피보험자의 실제 연령에 어떤 특정연수를 가한 연령으로 보험료를 적용하여 계약하는 방법이다. 최근 선진국에서 표준하체보험은 특별보험료가 주가 되고 보험금삭감은 종으로 운영되고 있으며, 연증법이 사용되는 것은 흔하지 않다.

5) 生存調査와 死亡調査

위험선택에는 청약시 보험계약자 또는 피보험자의 건강상태나 생활환경에 대한 조사를 할 필요가 있다. 조사는 그 실행의 시기에 따라 생존조사와 사망조사로 구분된다. 生存調査란 피보험자의 생존 중에 행하는 조사로서 계약의 성립 전 또는 성립 직후에 한다. 死亡調査는 피보험자의 조기사망(단기사망)의 경우에 행하는 조사로서 고지의무 위반이나 사기행위 등의 의심이 날 경우 행하는 것이 보통이다. 조사활동은 계약의 당사자 이외의 제 3 자에 의하여 이루어진다. 조사에는 직접 조사와 간접 조사의 방법이 있다. 전자는 보험계약자 또는 피보험자(가족 포함)와 직접 면접에 의하는 경우이고 후자는 인근 주민의 이야기를 듣고 피보험자의 상태를 판단하는 조사방법이다.

조사에 의하여 판명될 수 있는 중요한 사실은, ① 중대사실의 不告知, ② 관계자의 중대과실, ③ 사기적 행위, ④ 代診, ⑤ 법률 및 보험지식의 부족에 의한 오해, ⑥ 診査의 과실 등이다. 사망조사는 피보험자의 사망에 의하여 보험금의 청구가 있을 때 행하여지며 일반적으로 계약 후 2년 이내의 조기사망이 대상이 된다.

위험선택을 위하여 이상과 같은 생존조사와 사망조사는 경비문제, 조사기관 및 능력의 확대가 문제되고 있다. 또한, 이러한 문제를 포함하여 위에서 언급한 위험선택을 위한 모든 방법의 운영에 있어서 모집부서와 마찰 없이 효율적으로 수행하는 것도 현실적으로 우리나라에서는 하나의 과제가 되고 있다.

3. 生命保險會社의 언더라이팅 동향

종래 우리나라 생명보험회사의 대부분은 언더라이터 역할의 중요성에 대한 인식부족으로 전문가 양성이 어려운 가운데 계약심사에서 단순사무의 처리수준에 머무르고 있었다. 그러나 최근 생명보험회사의 3대 利源 가운데 死差益의 비중이 커지면서 언더라이팅이 핵심업무인 동시에 경쟁력 향상의 필수조건이라는 인식이 점차 확산되고 있다. 여기서 국내 대형 생명보험회사와 외국 생명보험회사들의 언더라이팅 기법, 정보교환, 언더라이터 양성, 교육의 동향 및 발전 방향에 대해서 언급하기로 한다.[1)]

국내에서 영업하고 있는 외국 생보사의 언더라이팅은 국내사와는 달리 자국 또는 자사의 경험통계를 활용하여 사망률, 질병 발생률을 결정하고 적합한 경험을 기초로 계약의 심사업무에 적용하고 있다. 국내사는 환경적 심사의 대부분을 직업과 운전 등의 위험요소를 고려하지만 비위험직종과 구별하여 보험료에 반영하지 못하고 단지 가입한도만을 제한하고 있는 실정이다. 또한 의적 심사의 경우 신체적 위험을 측정하고 있으나 체증성 질환을 적용할 수 있는 할증 테이블이 없어 삭감연수 1년에서 5년까지 범위를 정하여 삭감법으로 인수하고 있다. 재정적 심사의 경우 종신보험의 판매증가에 따른 보장금액이 고액화 추세에 있어 재정심사의 필요성이 증대되고 있지만, 고객의 소득노출에 대한 거부감 등으로 엄격한 심사가 이루어지지 않고 있다. 역선택에 대비하여 업계는 정보교환제도를 적극 활용하고 있지만 신용불량 및 중복계약 여부에 중점을 두고 있고 병력이나 질병관계는 각사의 자료만으로 심사하고 있다.

1) 김원호, "선진사·국내 언더라이팅 현황 및 발전방향,"「생명보험」(제268호, 2001, 5), pp. 9~24 참조.

생명보험 계약인수에 있어서 언더라이팅 부문은 의적 부문, 직업부문, 재정부문, 역선택(도덕)부문, 정보교환, 환경부문, 재보험부문, 언더라이팅 매뉴얼 사용에 있어서 국내사와 외국 생보사간에 차이가 있다. 의적 부문에서 국내사는 社醫가 담당하고, 초과 사망자 수 300점 이내, 특정부위 부담보이지만 외국사는 언더라이터가 담당하고, 초과 사망자 수 500점 이내, 특정부위뿐만 아니라 특정질병을 담보하지 않고 있다. 위험직종의 인수에 국내사는 가입금액의 한도와 특약을 제한하고 있지만 외국사는 주계약, 특약별로 보험료를 할증하고 있다. 피보험자의 재정심사기준도 외국사는 연간 소득대비 보험금의 비율을 정하고 있지만 국내사는 사회적 환경 미성숙으로 최고한도만 제한하고 있다. 역선택이나 보험사기 방지를 위하여 국내사는 사후적 조치를 위주로 하고 있으나, 외국사는 사전적 기능을 강화하고 있다. 주거지역, 생활환경, 취미 등의 환경부문 심사도 외국사는 실제 심사하고 있지만 국내사는 참고자료로 활용하고 있는 정도이다. 언더라이팅 매뉴얼의 이용에서 국내사는 일본 등 외국회사를 기준으로 하여 작성한 업계 공통기준을 활용하고 있으나 외국사는 각사별로 기준이 상이한 자국 및 자사 경험통계를 이용하고 있다.

생명보험회사간의 피보험자에 대한 정보교환은 우리나라에서 고액보험가입자 명단교환(1997. 10), 상해보험 중복가입 정보교환(1998. 1), 사고보험금지급 정보교환(1999. 1), 입원급부금특약 정보교환(1999. 1) 등이 최근에 실시되고 있다. 고액보험가입자 명단교환은 1997년 생·손보 합산 사망보험금 52억원이 지급되는 사건의 발생(자살여부 논란)으로 실시되었고, 상해보험중복가입은 제 3 분야보험으로 상해보험의 판매영역이 붕괴됨에 따라 이루어진 것이다. 사망보험금지급 정보교환은 역선택 사고의 빈발 때문에 실시되고 있다.

피보험자에 대한 정보교환을 위해서 미국에서는 MIB(Medical Information Bureau)가 있는데 이 기구는 고지의무 위반을 중심으로 한 도덕적 위험의 방지를 위해서 유용하게 활용되고 있다. 일본은 1979년 6 월부터 미국의 MIB를 모방하여 생명보험협회 내에 정보교환 특별위원회를 설치·운영하고 있으며, 생명보험 범죄방지를 위해 생보경찰연락협의회가 1980년 설치되었다. 선진국에서는 고객의 심사정보, 즉 질병, 직업, 신체장애, 운전여부 등을 입력하면 전문 언더라이팅을 실행하는 컴퓨터 계약·심사시스템 EUS(Expert Underwriting System)을 운영하고 있다. 이 제도를 통하여 계약체결에 대한 종합심사체계를 구축하여 부실계약의 사전차단 및 청약심사의 완전 전산화가 이루어지고 있다. EUS는 방카슈랑스제도가 발전한 유럽에서 특히 활용되고 있으며, 재보험회사(Cologne Re, Swiss Re, Munich Re 등)에 의해 개발되었다.

우리나라에서 생명보험의 언더라이팅관련 실무는 대부분 사무직이 담당하고 있으며 인력전문화가 미흡한 실정이고, 아직 공인자격제도가 없다. 미국에는 FLMI(Fellow, Life Management Institute), ALU(The Academy of Life Underwriting), 영국 CII, 일본 JII 등의 자격증제도가 있다. ALU과정은 3단계 자격증제도가 있으며, 3단계의 자격시험에 합격하면 정회원인 FALU(Fellowship, Academy of Life Underwriting)의 호칭이 부여된다. 국내에서는 1999년부터 일부 대형 생보사, 재보험회사 및 외국 생보사에서 언더라이팅 국제자격시험인 FLMI와 ALU를 위하여 전문화교육에 임하고 있으나 양성 프로그램이 구축되어 있지 못하다.

우리나라는 의적 심사와 환경적 심사에 비중을 두고 있으나 선진국 수준의 언더라이팅 기법의 완전 소화가 부진하고 특히, 재정적 심사를 위한 Financial Underwriting의 체계적 도입은 역선택 방지를 통한 도덕적 위험에 대처하기 위하여 필요하다. 최근 신계약의 언더라이팅과 관련된 환경은 계약금액의 고액화, 상품의 다양화, 정보기술의 진보, 개인정보보호 의식의 고양 등을 배경으로 전환기를 맞이하고 있다. 따라서 생명보험 분야에서도 언더라이팅 전문인력의 양성체계를 시급히 확립하여야 한다.

제 2 절 危險의 保有와 再保險

1. 危險의 보유

保有(retention)라 함은 일반적으로 보험자가 자기의 계산에 의거하여 위험의 전부 또는 일부 혹은 위험의 범위를 한정하여 그 전부 또는 일부를 자기의 책임부담으로 하는 것을 말한다. 이와 같은 자기의 책임부담액을 용어상으로는 보유한도(retention limit), 보유액, 보유제한액, 보유최고한도액 등 여러 가지 명칭으로 사용된다.

自己의 保有限度라 함은 보험자가 자기의 존립을 위태롭지 않게 개개의 위험에 대하여 자기계산에 의하여 부담하고 있는 최고책임액을 말한다. 이와 같이 보유는 보험자가 자기계산에 의하여 부담할 수 있는 위험의 한도를 정하기 때문에 손실액과 관계된다.

保有에는 여러 가지 종류가 있다. 이것을 몇 가지 유형으로 구분하면, ① 보험금액(위험금액)보유와 손실(손해)보유, ② 개별위험보유·집적위험보유·총계위험보유, ③ 금액보유와 위험보유, ④ 단독보유와 단체보유, ⑤ 약정보유와 선택보유, ⑥ 절대액보유와 약정비율보유, ⑦ 분할보유와 포괄보유 등이 있다.

보유의 결정은 보험경영에 있어서 계약을 인수할 때 위험선택기술의 제일보인 동시에 최종결정업무이기 때문에 매우 중요한 의의를 지니고 있다. 보험경영은 장기적으로 보아야 하겠지만 어느 연도에 큰 손실을 입으면 경영 그 자체의 계속이 불가능한 경우도 있다. 그러므로 보험회사에 있어서는 경영의 안정을 기함과 동시에 원수보험영업의 확대에 기여하는 보유 및 재보험의 업무가 매우 중요한 역할을 하게 된다. 종래 보유의 결정은 계약인수에 있어서 위험평가와 같이 주로 경험에 의거하여 왔다.

그러나 단순한 underwriter의 경험에 의한 전문적인 느낌에만 의존하여 보유기준한도를 설정할 수 있는 것은 아니다. 여기서 느낌이라고 하여도 危險集團(portfolio)[2)]의 구성, 사고발생 전의 위험(hazard)의 상태, 손해경과상황의 분석, 그 이외에 종합경험에 의한 종합지식이다. 이 종합지식이 단순히 과거의 사실경험만의 축적이라면 아무리 결과가 평가나 판정과 같다고 하여도 그 결과의 필연성을 설명할 수 없는 경우가 많다. 그러므로 최근에는 수학적·통계적 분석을 병용하고 있다.

모든 보험종목에 있어서 보유는 경영자가 자기를 위해서 결정하는 위험액을 측정할 때까지는 정책에 속하는 결정사항이다. 이와 같이 보유문제에 있어서 모든 관건을 쥐고 있는 것은 바로 결정(decision)이다. 보유는 결정에 의해서 이루어지는 것이지 어떠한 절대적 기준에 의하여 추출될 수 있는 성질의 것은 아니다. 보유는 결과를 판단하기 위하여 추론을 정확히 하고 이 추론으로부터 각자의 기호에 따라 선택함으로써 결정되는 것이다.

2) 포트폴리오(portfolio)는 원래 두 개 혹은 그 이상의 資産의 結合을 뜻한다. 대체로 포트폴리오管理는 종래 복수의 證券分散投資를 중심으로 이해되어 왔으나 최근에는 設備投資뿐만 아니라 資本豫算에 있어서도 이 이론이 적용되고 있어서 資本市場의 均衡과 관련하여 기업을 평가하는 이론으로 전개되고 있다(池淸, 「現代財務管理論」, 貿易經營社, 1978, p. 339). 한편, 保險經營에 있어서는 포트폴리오가 두 개 혹은 그 이상의 危險集團의 結合 또는 構成을 의미하는 것으로 사용되고 있다.

2. 保有와 재보험

보험사업의 경영에는 여러 가지 성질이 존재하고 있지만 그 가운데 하나가 재보험(reinsurance)의 중요성이다. 再保險이란 보험의 보험(the insurance of insurance)으로서 원래 보험계약자로부터 보험을 인수한 原保險者(direct writer)가 보험계약상의 책임의 일부 또는 전부를 다른 보험자, 즉 재보험자(reinsurer)에게 재차 쌍방합의나 계약을 통하여 위험을 전가시킨 보험을 뜻한다. 또한, 재보험을 인수한 재보험자가 그 보험계약상의 책임의 일부 또는 전부를 또 다시 다른 보험자에게 인수시킨 재보험을 再再保險(retrocession)이라고 하고 인수한 보험자를 再再保險者(retrocessionaire)라고 한다.

재보험이 보험의 각 분야에 걸쳐서 널리 이용되고 있는 이유는 여러 가지가 있지만 그 가운데 가장 중요한 이유는 위험의 분산에 있다. 보험은 대수법칙을 기반으로 다수의 동질적인 위험을 대상으로 하여 보험사고의 발생을 예측할 수 있으며, 따라서 불확실성(uncertainty)을 확실성(certainty)으로 전환시키는 것이다. 그러나 이 대수법칙은 전위험 중에서 모든 보험사고의 발생빈도 또는 손해액 정도는 예측할 수 있어도 어떠한 특정 위험의 사고발생이나 그것으로 인한 손해액은 알 수 없다. 또한, 대수법칙은 동질적인 위험집단을 대상으로 하므로 이질적인 위험들이 섞여 있다면 결과는 예측한 바와 같이 나타날 수는 없다. 이질적이란 것은 보험의 종류와 성질이 전혀 다른 것이거나 또는 위험규모의 차이가 심한 것을 말하는데 재보험에서 주로 문제삼는 것은 후자의 경우이다.

보험자와 재보험자간에 거래하는 재보험의 방법은 크게 구분하여 다음 세 가지로 분류할 수 있다. 즉, 任意再保險(facultative reinsurance), 特約再保險(treaty reinsurance) 혹은 自動再保險(automatic reinsurance), 再保險풀(reinsurance pool) 혹은 再保險신디케이트(reinsurance syndicate)가 있다.

任意再保險이란 재보험을 통하여 위험을 분산시키려고 하는 원보험자가 재보험을 원하는 재보험자에게 사사건건 이를 통고하며, 재보험자는 이 위험의 인수를 통고받고 잘 검토하여 인수여부를 결정하는 재보험방법을 말한다. 이와 같이 원보험자는 자기가 재보험을 원하는 위험만을 재보험자에게 인수시키는 자유가 있고 재보험자는 그 위험을 검토하여 이를 인수하거나 거절할 수 있는 자유가 있다. 그러므로 개개의 위험의 대상으로 재보험자와 원보험자간에 인수나 인계행위를 할 경우에는 각각 별도의 재보험거래로 간주되는 것이다.

特約再保險은 自動再保險이라고도 한다. 이 방법은 보험자와 재보험자 사이에 사전에 계약을 체결하며, 일정기간(보통 1년) 동안 전자가 인수한 어떠한 특정 종목의 보험을 자동적으로 후자에게 인수시키는 재보험을 말한다.

再保險契約은 대개 원보험자와 보험계약자 사이에 맺어진 계약조건을 따르는 것이 통례이고 다만 양자 사이에는 원보험자가 지출한 경비에 해당하는 수수료에 대하여 합의를 보게 되어 있다. 일반적으로 재보험자는 원보험자가 보험계약자로부터 위험인수시 받은 보험료의 일부를 원보험자로부터 지급받는데, 그 보험료는 재보험자가 원보험자로부터 인수한 부분의 위험과 비례하는 것이고, 재보험자는 그가 받은 보험료에서 원보험자에게 出再手數料(ceding commission)를 지급해야 한다.

原保險者는 재보험자에게 1년에 몇 회씩으로 나누어 미리 정한 일자에 그 기간 동안 出再하고 受再한 기록을 제출하는 것이 통례인데 일반적으로 1년을 4분기로 구분하여 분기별로 제출하는 바 이 기록을 bordereaux라고 한다. 再保險풀은 일명 再保險신디케이트라고도 한다. 再保險풀이란 2개 이상의 보험자가 모여서 계약을 체결하여 특정 종목에 해당하는 보험의 일부 또는 전부를 재보험하기 위해서 풀에 넘겨 한 곳에 모으고 사전에 합의한 비율에 따라서 풀에 가입한 회원에게 재보험으로 나누어 주는 방법이다.

재보험의 성격을 설명하는 데는 재보험은 어떠한 종류의 계약을 통하여 소기의 목적인 위험의 분산과 더불어 보험사업의 안정을 기할 수 있겠는가 하는 문제가 생긴다. 再保險契約의 종류에는 크게 나누어서 保險의 分割引受(sharing of insurance)와 損害의 分割分擔(sharing of losses)의 두 가지로 분류할 수 있다. 최근 이를 比例再保險(proportional reinsurance)과 非比例再保險(nonproportional reinsurance)라고 부르기도 한다.

보험의 분할인수형식을 취하는 재보험계약에는 比例再保險(quota-share-reinsurance)과 保有超過再保險(surplus line reinsurance)의 두 가지가 있고, 손실의 분할부담을 목적으로 하는 재보험종류에는 超過損害再保險(excess of loss reinsurance), 超過損失率再保險(excess of loss ratio reinsurance) 및 損害分散再保險(spread of loss reinsurance)의 세 가지가 있다. 여기서 이와 같이 재보험계약의 종류에 대해서 각각 간단하게 설명하기로 한다.

比例再保險이란 특약재보험의 한 종류로서 원보험자가 사전에 약정한 바에 의하여 특정 종목의 보험을 보험계약자로부터 인수받는 대로 일정한 비율에 해당하는 부분을 자동적으로 재보험자에게 다시 부보하고 재보험자는 이것을 인수할 것에 합의하는 종류의 재보험계약을 말한다. 이와 같은 재보험계약은 전술한 특약재보험에만 사용되는 것으로 원보험자·재보험자 사이에 이러한 계약이 성립되면 자동적으로 원보험자가 선택한 위험의 일부분을 재보험자가 인수받게 된다.

保有超過再保險이란 특약재보험의 한 종류로서 재보험자와의 사전계약을 통하여 원보험자는 인수한 모든 위험 가운데서 개개의 보험계약의 액수가 일정한 금액에 도달할 때까지 出再하지 않고 전액을 직접 보유하며 일정한 금액을 초과할 경우에 한하여 출재한다는 기준선(line)을 금액으로 책정하여 놓고 그 기준선을 초과하는 위험을 모두 재보험자에게 출재하는 재보험을 말한다. 이 경우 원보험자가 인수한 보험금액이 클 때에는 여러 재보험자를 상대로 보유초과부분을 각 재보험자에게 일부분을 분할출재하는 것이 통례이다. 이와 같이 여러 재보험자가 보유초과재보험에 관여할 경우에는 그 보유초과부분 가운데서 제일 먼저 할당하는 재보험을 제 1 보유초과재보험(the first surplus reinsurance)이라 하고, 인수한 보험금액이 남을 경우에는 제 2·제 3 보유초과재보험을 이용할 수 있다.

超過損害再保險이란 재보험자가 원보험자로부터 인수한 위험 가운데 어떠한 위험의 발생으로 인하여 원보험자가 지급해야 하는 손해액에 대하여 사전에 합의를 보고 손해가 약정한 액수 이상에 도달할 경우 재보험자가 원보험자에게 그 초과부분에 해당하는 손해액수를 사전에 약정한 최고금액을 한도로 지급하는 재보험이다.

超過損失率再保險은 원보험자가 1년 동안에 인수한 계약의 사업결과가 좋지 못한 경우를 고려하여 이에 대비하는 종류의 재보험이며, 그 사업의 실과를 측정하는 기준은 損失率(loss ratio)이다. 여기에서 말하는 사업의 결과란 원보험자가 선택하여 인수한 모든 보험계약에서 일어난 총손해액을 의미한다. 그러므로 이 종류의 재보험은 개개의 손해를 대상으로 상기 초과손해재보험과는 매우 대조적이다. 손실률은 원보험자의 총발생손해액(incurred losses)과 총경과보험료(earned premium)의 비율(백분율)로서 표시된다.

마지막으로 損害分散再保險이란 재보험자가 어떤 특정한 보험종목, 예로서 화재보험이나 확장위험담보특약 등에 있어서 어떤 하나의 보험사고발생으로 어떤 기준액 이상의 손해를 입을 경우 그 손해의 인수 최고한도를 약정하고 이 기준액을 초과하는 손해를 원보험자에게 보상하여 주는 종류의 재보험이다.

3. 保有限度의 결정

(1) 보험자의 보유결정 모델

보험경영에 있어서 위험선택과 적정보유한도의 결정의 중요성은 이제까지의 설명으로 어느 정도 해명된 것으로 볼 수 있다. 앞에서 언급한 바와 같이 보유는 경영자 또는 underwriter의 판단과 결정에 의해서 이루어지는 것이지 그것에 관하여 절대적인 기준을 만드는 것은 매우 곤란하다. 보유는 상술한 재보험과 관련하여 고찰할 필요가 있는데, 종래 보험자의 위험선택의 경험이 어느 정도 풍부한가에 따라 보유한도가 결정되어 왔다. 여기서 경험이란 통계나 객관적인 자료를 이용한 것이 아니고 단순한 경험적 직감이었다.

손해보험기업의 경영에 있어서 수익원은 영업수입보험료와 자산운용에 의한 수입의 두 가지이다. 이 가운데 중요한 것은 영업수입이며 그 원천은 기본적으로 보유보험료이다. 보험회사는 영업수입으로서 사업비를 마련하고 보험금을 지급하기 때문에 영업부문에 있어서 수지의 안정 내지 수지의 축적은 위험의 선택에 의한 보유한도 결정에 전적으로 의존하고 있다. 따라서 보험경영은 특히 손해보험에서 보유와 재보험의 문제가 중요하다는 것은 재언할 필요가 없다.

적정보유한도를 결정함에 있어서 종래의 경험적 방법에서 진전하여 합리적인 보유모델에 관한 연구가 근래 화재보험을 중심으로 시론적으로 이루어지고 있다. 이것은 1960년대 후반부터 미국의 보험실무계에서 W. D. Welker(The Insurance Company of North America의 Underwriter)와 F. D. DuBois(Employers Mutual Compaines의 부사장)를 중심으로 전술한 PML(Probable Maximum Loss), MPL(Maximum Possible Loss)의 개념이 도입·소개되면서 1사건당 보유한도(limit per event) 및 위험당 보유한도(limit per risk)에 관한 다음과 같은 보유모델이 시론적 입장에서 조심스럽게 제안되고 있다.

[모델 Ⅰ]

最高保有限度 $= X\% \times$ 收入保險料(再保險 포함)

한 영업종목에서 일정한 종류에 대한 손해율은 어떠한 1회의 보험사고의 경우에도 $X\%$를 초과하지 않도록 보유한도를 정하는 방법이다. 이 방식에서는 먼저 再保險受再를 포함한 收入保險料(premium earned)를 예측해야 한다. 숫자 X는 1~5%가 일반적이다. 그러나 화재보험과 재해보험종목에서는 1~3%의 범위 내로 하고 해상보험종목은 5% 내외의 높은 율을 적용한다. 이 방식은 회사의 재무상태를 전혀 고려하지 않고 영업성적의 안정을 위한 순수한 기술적 측면에서 본 것이다.

[모델 II]

$$\text{最高保有限度} = Y\% \times (\text{資本} + \text{剩餘金})$$

이 방식은 어떠한 보험사고의 경우에도 Y% 이상의 자본금 및 잉여금을 축나게 하지 않는다는 점을 전제로 하고 있다. Y를 결정하는 데 이상적이며 유용한 방법으로서는 위험의 집합론이라고 하는 수학이론이 있다. 이 이론을 현실적으로 적용해 본 결과 Y는 손해보험종목에서는 $\frac{1}{2} \sim 1\frac{1}{2}\%$ 정도의 크기이어야 한다는 것이다.

[모델 III]

$$\text{最高保有限度額} = Z\% \times \text{換金性資金}$$

이 방식은 보유한도를 유동자산(적당한 기간에 환금할 수 있는 자산)에 기초를 두고 있다. Z를 결정하기 위해서는 단기간 내에 대형보험사고가 매년 몇 번이나 발생될 것인가를 예측해야 한다. 예측결과 예로서 10회라고 하면 $Z = \frac{100}{10}$ (10%)이 된다.

[모델 IV]

$$\text{危險當 保有限度} = \frac{\text{事故當 保有限度}}{\text{PMN}}$$

이 방식에서 PMN은 1사건당 最大豫測個別危險의 數(Probable Maximum Number of Individual Risk per one event: PMN)이다. 이 PMN의 수치는 화재보험종목에서 사용되는 PML(Probable Maximum Loss)와 그 성격이 매우 유사하다.

(2) 보험가입 여부 결정모델

위험의 보유한도의 결정 또는 그것을 위한 모델의 연구는 이제까지 보험자의 입장에서 인수한 위험을 어떻게 처리할 것인가의 측면에서 다루어 왔다. 그러나 위험을 안고 있는 기업의 입장에서 보험에 가입하여 위험을 전가 또는 이전시킬 것인가 또는 가입하지 않고 위험을 스스로 보유하고 있을 것인가를 결정하는 데 있어서 모델연구가 있다. 이와 같은 보험과 보유의 두 가지 방법의 선택·평가모델에 대해서 D. B. Houston의 가설적 모델[3] 및 몇몇 사람의 제안이 있지만 여기서는 R. L. Carter와 N. A. Doherty가 공동 연구한 보험의 가치를 중심으로 한 모델을 소개[4]하기로 한다.

$$\text{保險의 價値}(V) = F(r-i) - P\{(1-e) - v + r\}$$

F: 당해연도에 있어서 예상코스트를 초과하는 손실의 변동을 커버하기 위하여 필요로 하는 준비금의 크기
r: 자금의 투하(예로서 사업활동에 대하여)에 의하여 입수가능한 수익률
i: 유동형태(예로서 예금)로서 유보되어진 경우의 자금에 대한 입수가능한 이익률
P: 총보험료
e: 당해연도 중에 발생한 손실의 평균예상코스트(총보험료에 대한 비율로서 표시)
v: 보험자에 의하여 제공되어지는 부수적 서비스의 예상치(총보험료에 대한 비율로서 표시)

위의 공식에서 $F(r-i)$는 기업의 자금투하에 의하여 획득되어지지 않는 부가적 수입을 표시하고, $P\{(1-e)-v+r\}$은 보험코스트를 의미한다. 또한, $P(1-e)$는 부가보험료, Pv는 부수적 서비스, Pr는 보험료지급을 위하여 갖고 있는 준비금에서 수입의 상실분을 각각 표시한다. 이 공식에서 V가 플러스일 때 보험의 가치가 확인되고, 보유보다 보험을 선택하는 것이 바람직하다고 볼 수 있다.

《例》

1,000,000백원의 가치가 있는 공장을 갖고 있는 기업이 있다. 이 공장의 최대의 손실(배상책임상의 문제를 포함하지 않고 재산상의 손실에 한정)은 1,000,000백원이다. 이 공장에 대하여 전부보험과 같은 정도의 보장을 확보하기 위해서는 동류의 준비금을 필요로 한다. 따라서 준비금 F는 1,000,000백원이다. 그리고 이 공장을 부보할 때 總保險料는 5,000백원이며 연도 손실을 3,000백원으로 예상된다. 사업에 자금을 투하

3) D. B. Houston, *Risk, Insurance and Sampling*, Risk and Insurance, Vol, XXXI, No. 4(December 1964).
4) *Handbook of Risk Management*, Kluwer-Harrap Handbook, 1974.

한 경우 세금차감 전의 수익률은 15%, 예금으로 얻어지는 이자수입은 이자율 6%로 계산한다. 또한, 보험자의 부수적 서비스의 평가는 250백원이라고 가정한다. 이러한 조건하에서 보험가치의 산정은 다음과 같다.

$$V=1{,}000{,}000(0.15-0.06)-5{,}000\{)1-0.60)-0.05+1.15\}$$
$$=90{,}000-\{2{,}000-250+750\}$$
$$=87{,}500(\text{백원})$$

이와 같은 경우 위험처리의 수단으로서 보험이 선호되어질 수 있다. 그러나 현실적으로는 상당히 복잡한 요소가 관계되어 이 경우처럼 단순하게 보험이 이용될 수 있는 것은 아니다. 위의 공식에서 보험자의 부수적 서비스의 평가기준은 불명확하며, 연도 손실의 추정도 실제에 있어서는 매우 곤란하다고 할 수 있다. 그러나 위험처리의 문제에 대하여 보험을 유일한 수단으로 할 것인가 또는 그 이외의 다른 방법을 고려할 것인가 하는 선택에 있어서 이와 같은 모델은 판단재료를 제공하고 있다. 보험경영의 관점에서도 이러한 모델이 지니고 있는 의미를 깊이 생각해야 할 것이다.

4. 危險의 保有와 自家保險

自家保險(self insurance)이란 일반적으로 재산소유자가 그 재산을 보험에 가입시키는 대신 그 보험료에 상당하는 금액을 적립하여 두고 만약에 손해가 발생할 경우 보상하는 제도로서 보험 이외의 위험처리수단의 하나이다. 한국에서 자가보험의 논의는 보험학계에서는 문헌상으로 보험과 대비하여 보험유사시설로 다루었고, 특히 보험업계에서는 협동조합의 공제사업과 더불어 '類似保險'이라고 하여 그 존재에 대하여 매우 부정적 거부반응을 보여왔다.

위험처리의 기술로서 자가보험의 이용은 미국에서는 보험제도(사보험)가 발달되어 있음에도 불구하고 전기·수도·가스 등의 공공기업체에서 많이 이용하고 있어 보험회사에서는 대항적 신상품을 판매하여 왔다. 미국에서 자가보험의 실태에 대한 자료는 1959~1960년의 기간 동안 R. C. Goshay가 American Society of Insurance Management(현재 Risk and Insurance Management Society, Inc.)의 회원회사에 대한 조사결과가 발표되었다.[5] 조사대상 1,100사 가운데 설문에 답한

5) R. C. Goshay, *Corporate Self-Insurance and Risk Retention*, Homewood, Ⅲ: Richard D. Irwin,

회사는 750사(제 1 차 조사 650사, 제 2 차 조사 100사)이었다. 그 당시 340사가 화재보험, 134사가 배상책임을 자가보험으로 이용하고 있었으며, 준비금의 설정 방법이나 제도의 운영은 기업에 따라 매우 다양하였다.

위험의 금전적 결과에 대비하기 위하여 보험과 같은 다른 사람에게 위험을 이동시키는 방법과 자기 스스로 위험을 보유하는 두 가지 방법이 있다. 자가보험은 위험처리방법의 기술로서 후자인 危險保有(risk retention)에 속한다. 위험보유에는 두 가지 방법, 즉 積極的 保有와 消極的 保有가 있다. 자가보험은 위험분석을 전제로 하고 있기 때문에 의식적인 위험처리 태도를 바탕으로 한 적극적 보유라고 할 수 있다.

K. Hax는 자가보험 대신으로 自己充足(Selbstdeckung)[6]이라는 용어를 사용하고 있다. 광의에 있어서 자기충족이란 누구든지 위험을 스스로 인수하여 계약에 의한 제 3 자에게 전가시키지 않는 상태를 말한다. 이 경우에는 몇 가지 단계가 있다. 그 제 1 단계는 보험을 포함하여 어떠한 준비조치를 강구하지 않고 위험을 스스로 감수하는 단계이다. 제 2 단계는 제 1 단계와 마찬가지로 보험은 이용하지 않지만 반면에 계획적으로 다른 준비조치를 취하는 것이다. 즉, 손해방지를 위한 예방조치 또는 동시에 유동자산으로 준비금 및 적립금을 형성하여 손해가 발생하였을 때 금전적 효용을 충족시키려는 것이다. 제 3 단계에서는 보험기술을 위험극복을 위한 수단으로 이용하는 것이다. 이 경우 다수의 동종 또는 유사위험을 총괄함으로써 손해평균화를 실현할 수 있다.

자가보험이 위험의 처리수단으로서 확인을 받기 위해서는 몇 가지의 기준이 있다. 즉, 財務能力(financial capacity), 危險單位分布의 適格, 大災害對策(catastrophic protection)의 세 가지 점이다.[7]

첫째, 財務能力이 자가보험의 기준의 하나로 설정되고 있는 것은 궁극적으로 기업이 자기의 손해를 부보하지 않는 범위까지는 보유해야만 되기 때문이다. 따라서 재무능력이란 기업이 손해를 보유하거나 또는 보유할 수 있는 정도를 표현한 것이다. 그 기준에서 절대적인 액은 의미가 없고 그것과 관계되는 기업의 금융자산(financial resources) 및 부보되는 경영활동의 성격, 기업의 경영관리, 대재해, 보험시장의 동향, 기타 요인이 중요하다. 이러한 재무능력의 기준을 만족

Inc., 1964), pp. 107～190.

6) K. Hax, *Grundlagen des Versicherungswesens*, Betriebswirtschaftlicher Verlag Dr. Th. Gabler GmbH, Wiesbaden, 1964, S. 47.

7) 森宮 康, "自家保險に 關する考察,"「保險學雜誌」(第47卷 제 3 號, 1976. 6), pp. 54～56.

시키는 데는 두 가지 방법이 있다. 하나는 유동자금(liquid inviolate fund)을 설정하는 전통적 방법이고, 다른 또 하나는 그 수행에 있어서는 마찬가지이지만 내부자금(cash-flow), 보다 엄밀한 의미에서는 유동자산상태(current asset position)의 측면에서 대책을 강구하는 방법이다. 이 경우 손실보유의 수준은 기업의 운전자본력의 범위 내에서 설정되어지며 정기적인 갹출에 의하여 설정·유지되는 유동준비자금의 요건이 결정적으로 중요하다.

둘째, 危險單位分布가 자가보험계획에 적격성을 부여하기 위해서는 위험의 대량성(mass), 동질성(homogeneity), 독립성(indefendence)의 요건이 충족되어야 한다. 이 적격성을 측정함에 있어서 가장 논리적인 접근법은 위험단위분포에서 나타난 손실경험의 신뢰성이다. 손실경험의 진폭이 큰 경우 자가보험은 실행될 수 없다.

셋째, 자가보험에는 大災害의 對策, 즉 비상위험의 문제가 있다. 일반적으로 자가보험계획에서는 다액의 손실에 대비하기 위하여 예기하지 못한 대형사고를 고려해야 한다. 이것은 보험회사의 경우 재보험의 이용과 비교할 수 있다. 자가보험에서 그 대책이 마련되지 않으면 보험처리제도로서 존속하기 곤란하다. 기업의 위험에 대비하기 위하여 자가보험의 채용을 유인하는 요소는 현실적으로, ① 보험보호를 제공하는 보험시장의 한정성, ② 위험처리방법의 이용상 코스트 관계(보험료) 등 여러 가지가 있다. 코스트에서는 크게 세 가지 면에서 자가보험을 채용하려고 한다. 첫째는 위험이 보험에 의하여 처리되는 경우에 자기의 기업활동과 직접 관계가 없는 위험에까지 보험료를 납입(불필요한 보험보호)해야 하는 경우이며, 둘째는 자가보험자로서 직접 손해를 위한 비용이 보험가입비용(보험료)보다 낮은 경우이고, 셋째는 자가보험의 경비가 보험자의 그것보다 이하인 경우이다.

제 3 절 保險企業의 經營規模理論

일반 기업의 경영규모이론, 이윤이론 및 비용이론은 제조업을 중심으로 경영학의 생산관리론이나 관리경제학에서 흔히 다루고 있다. 그러나 그 이론체계 및 수준은 앞으로 더욱 연구·보완해야 할 입장에 있다. 보험기업과 같은 '생산'과 상품에서 특수성을 지니고 있는 경우에 위의 이론의 도움을 받아 도입·적용하거나 새로운 독자적인 이론체계의 수립을 모색한다는 것은 현단계로서 보험경영학의 어느 분야보다도 어렵다. 보험기업에 있어서 경영규모와 비용이론은 1965년 서독의 D. Farny의 교수승진논문(Habilitation)으로 출판된 "보험의 생산 및 비용이론"(Produktions-und Kostentheorie der Versicherung, Verlag Versicherungswirtschaft e. V., Karlsruhe, 1965)에서 처음 체계적으로 시도되었다. 이 논문은 그 후 日本의 水島一也 교수의 「보험의 경쟁이론」(千倉書房, 1967)에서 일부 소개되면서 일본의 다른 일부학자들에 의하여도 1960년대 후반기에 D. Farny의 「보험시장론」(*Die Versicherungsmärkte*, Duncher & Humblot/Berlin, 1961)의 이론과 더불어 소개되었다.

D. Farny의 경영규모와 비용이론은 전적으로 서독 경영학계의 원로·석학이었던 E. Gutenberg 교수의 「경영학입문(제 1 권: 생산관리론)」(*Gruundlagen der Betriebswirtschaftslehre, 1. Band, Die Produktion*, 6. Auflage, Berlin-Göttingen-Heidelberg, 1961)을 이론모델로 하여 이를 보험기업에 적용하려고 하였다.

1. 保險企業의 경영규모 일반론

모든 종류의 산업에서 기업의 경영규모의 대소에 따라 코스트 또는 수익면에서 규모의 이익 또는 규모의 불이익이 존재한다는 것은 오늘날 자명한 사실이지만 그와 같은 규모의 이익 또는 불이익을 가져오는 요인과 그 정도에 대해서는 반드시 명확하게 파악되지 않고 있다. 그리고 규모의 이익에 관한 실증적 연구가 이루어지고 있는 것은 주로 제조업의 분야이며, 보험업에 대해서는 전술한 서독의 D. Farny의 보험의 생산 및 비용이론(1965)을 비롯하여 일본의 몇몇 학자[8]에 의하여 試論的으로 연구되고 있는 실정이다.

'規模의 利益'이란 경제학에서 A. Marshall의 「經濟原論」(*Principles of Economics*, 8th, ed., 1922) 이후 規模의 經濟(economics of scale)라는 이름으로 논의되어 온 것으로서, 기술수준의 일정불변하에서 대규모생산의 이익은 내부경제(기업 자체의 조직과 경영능률에 의한 생산비의 절약)와 외부경제(그 기업에 속하

8) 石田重森, "生命保險事業に おける 有効競爭," 「保險學雜誌」(제471호)
前川寬, "わが國 生命保險事業の 規模と費用," 「三田商學硏究」(제16권 제 3 호)
福田裕紀夫, "生命保險企業の 行動理論," 「保險硏究」(제26집)
庭田範秋, "保險業に おける 經營規模と 集中," 「保險學雜誌」(제457호, 1972)
水島一也, "保險業に おける 經營規模と 集中," 「保險學雜誌」(제456호, 1972)
越知隆, "損害保險事業 に おける 規模の 利益," 「損害保險硏究」(제37권 제 4 호, 1975)

는 산업이나 관련산업의 발달에 의하여 수송·매입·판매 등의 절약)에서 존재하는 것으로 보아 왔다. 이것은 기업의 생산규모의 확대에 따라 한계비용(생산량을 1 단위 증가하는 데 요하는 비용)이 체감하고 생산량 1 단위당의 평균비용도 한계비용이 이것과 같아질 때까지 체감하는 것을 의미하는 것으로서 그것이 가능한 이유는 생산규모의 확대에 관한 변동비와 고정비가 존재하는 비용구조에 있다. 그러므로 이것은 생산설비가 일정한 단기에 있어서는 물론 설비가 변화하는 장기에 있어서도 비용의 증대 이상으로 생산량이 증대한다고 하는 관계가 일정규모(장기의 평균비용이 장기의 한계비용과 같아지는 최적규모의 점)에 도달할 때까지 존재한다.

규모의 이익(scale merit)이란 그것이 보험기업의 경우에는 경영관리를 위한 기술도입의 면에서 논할 때, 대규모 보험기업은 온라인 시스템(on line system)과 컴퓨터를 도입하는 데 유리하며, 소규모는 채산적으로 불리하다. 따라서 사무합리화의 공헌도는 대기업의 경우가 보다 유리하다. 그 뿐만 아니라 신용력과 금융력에서도 대기업이 우세하며, 대량매입·대량판매 등의 시장활동, 우수한 인재의 모집 및 양성에 있어서도 대기업이 유리하다. 그러나 반대로 대기업은 인간적인 접촉관계가 결여되며 노무관리상의 문제가 있고 경영자의 기업가적인 의식이 희박하여 경영이 경직화되기 쉽다.

적정규모란 기술단위, 관리단위, 재무단위, 판매단위, 위험단위 및 경기변동 내구단위 등에서 최적을 달성할 수 있는 규모라고 생각되지만 각각의 규모의 이익이란 일정한 기술하에 있어서 설비변동에 따라 발생하는 이익으로서 최적규모는 최소평균비용을 실현하는 경영규모이다. 평균비용은 규모의 증가에 따라 체감하기 때문에 적정규모는 평균총비용의 최저점에서 이루어진다.

보험업에서 말하는 규모의 이익이란 규모에 관하여 체감하는 고정적 비용을 말하며, 보험업에 있어서 적정규모는 어느 정도 무한대이다. 실제상으로는 적정규모를 생각하는 의의는 적으며, 이것은 대규모에서나 또는 소규모에서 함께 성립될 수 있다.[9] 일반적으로 보험업에 있어서는 고정자본은 적다. 그러므로 규모의 이익은 결정적 효과를 가져오지 않는다. 이것은 다른 한편으로 보험업이 두뇌산업 때문이기도 하다. 그러므로 규모의 이익이 성립되기 위해서는 보험상품의 다양화와 차별화가 바람직하다.

보험업에 있어서는 상품의 대량생산(대량계약의 획득)은 규모의 이익이 된

9) 庭田範秋, 「損害保險の 經濟分析」, 千倉書房, 東京, 1979, p. 73.

다. 예로서 점포나 사무기계의 증설 없이 평소에 10만 건을 모집하고 있다가 15만 건을 모집하였다고 하여 한계비용이 한계수입을 초과하는 것과 같은 사정은 나타나지 않는다. 물건비와 인건비를 경비의 개념으로 파악한다면 보험업에 있어서 규모의 이익은 경비율에 결정적으로 의존하고 있다.

위에서 언급한 바와 같이 규모의 이익이란 어느 의미에서는 불변 내지 고정비용의 문제이다. 불변비용이란 단기에 있어서 보험효용 형성량의 대소에 관계없이 일정불변의 비용이라고 정의할 수 있지만 장기간으로 확장하면 설비변화를 포함한 보험효용 형성규모에 관하여 체감적인 고정비용이 된다. 여기에 있어서 대량형성의 이익과 규모의 이익이 관계 없는 것은 아니다. 결국 적정규모의 개념은 일정시점에 있어서 규모에 관한 개념이며, 다른 시점에 있어서는 다른 규모가 적정규모가 된다. 성장산업으로서의 보험기업의 적정규모는 부단하게 확대화되는 경향이 있다.

보험기업에 있어서 대규모와 중소규모를 비교할 때 기본적으로 고려해야 될 사항이 있다. 이것은 첫째, 보험본래의 효율화의 관점에서 저보험료(가격의 문제)로서 대중이 희망하는 보험(품질·품종의 문제)을 공급하고 있는가 둘째, 보험기업의 경영적 관점에서 안정성·경쟁력·효율화 등을 고려해야 한다. 여기서 안정성이란 시장에서의 저항력과 계약고감소의 저지력을 말하며 경쟁력이란 시장에의 공격력(시장침투체계)에 의한 시장점유율(market share)의 증대를 의미한다. 또한 효율이란 평균비용의 규모증대에 따른 체감이다.

보험기업은 경쟁격화에 따라 규모확대가 이루어지게 되지만 그것이 때로는 불필요한 설비투자와 경영지출의 증대를 가져오기 때문에 반드시 제공되는 경제적 보장의 향상·충실을 의미하는 것은 아니다. 특히 각 방면에서 다음과 같은 경향이 나타날 때에는 주의할 필요가 있다.

① 판매면에서 다수의 외무원·대리점에 의한 보험의 강제·부정권유

② 품질면에서 불량한 신종상품

③ 설비면에서 신점포의 난립, 불필요한 대형 컴퓨터 등의 과잉투자

④ 개발면에서 내용이 같은 상품을 모델만 바꾸는 것

보험업에 있어서 경영규모(적정규모)를 이야기할 때 경영관리상 규모의 상한과 하한이 있다. 그것은 일반적으로 다음과 같이 말할 수 있다.[10)]

---

10) 庭田範秋, 前揭書, pp. 67～69.

〈상 한 론〉

① 최고경영자와 각 경영단위·부분책임자와의 단절

② 의사결정자와 목표설정자의 단절

③ 경영층의 단계과다

④ 기업이 하나의 전체로서 활동할 수 없는 경우

⑤ 경영자의 기업가 의식의 상실

〈하 한 론〉

① 컴퓨터를 사용할 수 없는 규모

② 인재를 사내에서 양성할 수 없는 규모

③ 각 부문의 전문화가 달성될 수 없는 규모

④ 보험종목별, 지역별, 계절별 보험계약 획득의 불균형을 소화·상쇄할 수 없는 규모

⑤ 비상위험에 대하여 내구력을 가질 수 없는 규모

⑥ 자기 산하에 지점이 있지만 그것이 규모의 이익을 발휘할 수 없는 정도의 규모

2. 生命保險企業의 경영규모론

생명보험시장에 있어서 시장구조(market structure)와 시장행동(market conduct)면에서 볼 때 생명보험회사의 경영규모는 시장에서의 집중도 내지 점유율이 기준이 되고, 구체적으로는 보유계약고와 총자산을 그 내용으로 한다. 생명보험회사는 보유계약고 확대원리를 행동지표로 한다는 이론에 의하면 당연히 시장고유의 실태를 나타내는 판매경쟁의 직접적 성과인 보유계약고가 지표가 될 수 있다. 그러나 이윤극대화를 위해서는 오히려 총자산 확대원리 그 자체가 본래의 본질적인 목표가 되어야 하며, 특히 경영규모를 나타내는 지표로서는 총자산기준이 합당하다. 그러나 현실적으로는 보유계약고와 총자산의 양자를 병용하여 종합적으로 보는 입장이 일반적이다.

생명보험회사의 경영규모를 나타내는 기준으로서 보유계약고, 총자산 이외에 수입보험료도 하나의 기준이 될 수 있다. 손해보험에서는 수입보험료 또는 정미보험료를 절대적으로 중시하고 있지만 생명보험에서는 우선순위에서 보유계약고에게 밀려나고 있다. 그러나 규모를 나타내는 3대지표라고 할 때 수입보험

료는 보유계약고 및 총자산과 더불어 동일한 비중으로 다루어져야 한다. 생명보험시장에 있어서 규모의 경제성, 즉 규모의 이익은 최근까지 시론적 연구단계에 있고, 또한 그 방법은 논자에 따라 차이가 있다. 규모의 이익은 기술면·금융면·판매면 등 여러 가지 측면에서 생각할 수 있지만 현재까지 각 논자는 어느 하나의 측면에서 이것을 분석하려고 하고 있다. 기술면에서는 보유계약고의 확대에 의하여 보험기술적 요건인 부보대상의 대량성에 기초를 두고 양호한 위험평균화를 기대하려는 것이고, 금융면에서는 투자·대부 등의 금융업무에 있어서 보유자금량의 관점에서 유리성을 찾으려는 것이다. 그리고 판매면에서는 사업비를 중심으로 대기업이 유리한 입장에서 우위성을 모색하려는 것이다.

3. 損害保險企業의 경영규모론

경제학적인 규모의 이익의 개념은 제조업을 중심으로 전개된 것이므로 금융업, 보험업, 특히 손해보험사업에 대해서는 다음과 같은 점에서 본질적으로 다른 의의를 가지고 있다는 것을 유의해야 한다.

① 손해보험사업의 경우 일반적으로 규모의 지표가 되고 있는 것은 수입보험료이며, 생산설비에 상당하는 점포나 사무기계를 별도로 한다면 인원도 중요하다. 소회사가 소규모에 머무르고 있는 것은 그 기업의 배경, 영업기반 등의 특질과 제약에 의하여 그 이상 급속하게 확대될 수 없는 구조적 요인이 강하게 작용하고 있기 때문이다. 이것은 각사의 영업종목 전체가 아니고 각각 사정이 다르기 때문에 보험종목별로 고찰할 필요가 있다.

② 손해보험요율제도의 현상에 있어서 업계 전체의 규모의 현저한 확대에 의하여 요율구성상 부가율의 일부를 점하는 고정경비율이 저감할 때에는 부가율기준을 인하함으로써 보험계약자에게 이익환원이 가능하다고 할 수 있다.

③ 위와 같은 제조건에 따라 손해보험사업에 있어서 규모의 이익이란 소회사가 중회사로, 중회사가 대회사를 향하여 규모를 확대시켜 나가는 과정에서 효율개선을 실현해야 한다는 단순한 문제가 아니고 규모의 대소에 관한 한 대회사의 경영의 우위와 소회사의 경영의 劣勢라고 하는 기업격차의 문제로서 이것을 다루어야 한다.

보험경영, 특히 손보경영에 있어서 적정규모에서 말하는 규모의 상한이 있다고 한다면 그 요인은 관리기구가 비대하여 능률적인 관리를 할 수 없는 경영관리의 한계 또는 조직의 거대화에 수반되어 책임과 관할의 불명확 및 관료주의의 출현이라는 측면에서 생각할 수 있다. 그러나 이와 같은 기업경영의 능력은 경험의 축적, 새로운 조직·방법의 도입, 정보관리기술의 혁신 등에 의하여 증대되기 때문에 적정경영규모의 상한이 존재한다고 할지라도 그것은 현존 대기업의 경영규모와는 거리가 멀다고 할 수 있다.

한편, 손보경영의 최저 필요규모의 관점에서 규모의 이익의 실현을 포함한 기업규모의 모든 측면을 검증할 필요가 있다. 보험사업에 있어서 규모의 이익을 구성하는 요소로서는 ① 컴퓨터 이용의 고도화, ② 판매체제의 우위와 효율화, ③ 자사보유능력의 증대에 의한 정미보험료의 증가, ④ 각 부문에 있어서 전문스탭의 충실과 활용 등이다. 이 가운데 컴퓨터 이용의 고도화에 의한 서비스능력, 정보기능의 확충과 사무부문의 생략은 대규모기업에서만 볼 수 있는 이점이기 때문에 단순히 경비율의 면에서 본 효율만이 아니고 영업기반의 확대라는 면에서도 대규모경영의 우위와 소규모경영의 열세의 격차가 확대될 가능성이 있다.

손해보험사업에 있어서 규모의 이익에 관한 실증적 연구는 1960년대 이후 선진국에서 많은 연구가 있었지만 본질적으로 매우 어렵다는 사실을 인식할 수 있다. 그 방법에 있어서 다음 몇 가지 사실을 정리하고 그 본질적인 한계성과 상대성에 대하여 언급하기로 한다.

1) 규모의 이익에 있어서 효율의 요소

손해보험경영에 있어서 규모의 이익이라고 할 경우 묵시적인 전제가 되고 있는 효율(efficiency)의 개념은 지금까지 몇 가지 예에서 본 것과 같이 전종목합계 또는 특정보험종목의 사업비율(투자경비를 포함하지 않음), 모집비율, 일반관리비, 영업비율, 손해조사비율, 투자경비를 포함한 총사업비율, 손해율, 영업이익률 등 극히 다양하다. 또한 요율구성상 예정되어 있는 부가율과의 관계에 있어서는 비차손익(예정사업비율에 대한 실제사업비율의 차이) 또는 부가보험료손익(부가율과 실제사업비율과의 차이)의 관점이 있지만 여기에 대하여 다음과 같이 정리하여 생각할 필요가 있다.

① 손해율은 소규모경영에서 불리할지라도 이 점은 재보험조치에 의하여 해결될 수 있으며, 특히 규모와 관련되어 문제되고 있는 효율개념은 아니다.

② 규모의 개념을 어떻게 이해할 것인가의 문제가 있는데 수입보험료를 기준으로 하여 생각하는 한 투자경비는 사업손익계산에 있어서 사업비는 아니고, 사업비율에 포함시켜 규모와의 관련성을 검증할 수 없다. 다만 사업비 전체의

크기에서 본다면 투자경비를 산입하여도 그 영향은 매우 적다.

③ 사업비를 변동비와 고정비로 구분할 때 수입보험료의 대소변화에 따라 비례하여 변동하는 변동비의 대수입보험료비율은 일정하기 때문에 특히 수입보험료 규모와의 관계를 다루는 것은 의미가 없다. 모집비는 대리점 수수료 등에 의하여 구성되고 있기 때문에 본래 변동비(비례비)이지만 규모의 확대에 의한 효율화의 이익이 있는 성격의 사업비는 아니다. 그럼에도 불구하고 Hedges의 검증예에 있어서 미국 화재보험의 모집비율에서 기업규모별 차이가 인정된 것은 동일한 화재보험 브로커 수수료에도 경쟁의 요소가 있어 소회사의 경우 높은 경향을 나타내고 있기 때문이다.

④ 사업비율은 모집비율만이 아니고 일반관리비·영업비율 또는 손해조사비율도 보험종목별로 현저하게 상위하다. 따라서 규모와 효율과의 관계에 대하여 검증을 시도함에 있어서 종목별로 할 것인가 또는 종목구성이 근사한 각사의 전종목 평균사업비를 사용할 것인가를 결정해야 한다. 종목별 사업비자료에 의한 분석의 경우는 인건비·물건비의 대부분을 점하는 공통경비의 종목별 배분계산의 적부가 문제이며, 잡다한 소량종목에 대해서까지 이러한 유형의 검증을 행하는 것은 의미가 없다고 생각된다.

⑤ 손해보험사업에 있어서는 종목에 따라 다르지만 원수보험료에 대하여 재보험(수재·출재)도 상당히 큰 비중을 차지하고 있어 사업비효율면에서는 원수사업비율에 대하여 수재수수료율 및 출재수수료율이 매우 다르기 때문에 이를 종합한 정미사업비율도 원수사업비율과 큰 차이가 있다. 규모의 이익을 검증할 경우 어느 자료에 의할 것인가의 문제가 있지만 원보험수지와 재보험수지와의 이질성에서 볼 때, 재보험의 요소를 제외하고 원보험의 영업면에서 분석하는 것이 규모와의 관계를 보다 정확하게 검출하는 방법이라고 할 수 있다. 미국 등의 검증예에서 정미보험료·정미사업비율을 다루면서도 재보험전문 또는 그것과 가까운 회사를 자료에서 제외시키고 있는 것도 그 이유 때문이다.

⑥ 규모의 이익을 검증함에 있어서 영업이익률과의 관계를 고려하는 방법도 있다. 영업이익률은 사업비율 이외에 손해율의 요소를 포함하고 있기 때문에 손해보험업계에 있어서 소회사경영의 실태에서 본다면 손해율을 포함한 종합적인 검증이 실제적으로 이루어지고 있는 것은 아니지만 그 결과는 반드시 규모 고유의 이익의 유무·정도와 결부되어 있기 때문에 이것을 효율의 지표로서 규모와의 관련성을 추구할 필요가 있다.

⑦ 손해보험경영에 있어서 진정한 효율지표는 비차손익 또는 부가보험료손익(수지잔율)이라고 생각된다. 그러나 부가보험료수지의 분석에 관해서는 자료면에서 현저한 제약이 있기 때문에, 특히 우리나라의 경우 부가보험료수입을 규정하는 부가율의 기준이 반드시 뚜렷하지 않기 때문에 이 방법에 의한 규모의 이익을 검증하는 것도 문제이다. 이러한 의미에서 고정비율 또는 사업비율의 동향이 규모와의 관련에서 어떻게 변화하는가에 초점을 두는 것이 분석상 비교적 용이함과 동시에 가장 유효한 것으로 생각된다.

2) 규모의 이익에 있어서 규모의 지표

규모의 이익을 논하거나 또한 그 검증을 시도할 경우 무엇으로서 규모의 지표로 삼을 것인가가 근본적으로 중요하지만, 그 문제의식을 원점에서 생각하지 않으면 안 된다. 이 문제에 있어서 우리들의 최대의 관심사는 손보경영의 효율이 각 기업의 규모와 어떻게 관련되어 있는가이다. 손보기업의 효율의 본질을 규모의 대소·변화와의 관계를 명확하게 함에 있어서 요율구성상 부가율기준을 어떻게 생각할 것인가 하는 점이다. 이 점에서 본다면 사업비효율은 항상 수입보험료에 대한 비율로서 평가되어지고 있기 때문에 손보기업의 규모를 측정하는 척도는 수입보험료가 되어야 한다. 수입보험료에는 원수보험료와 재보험관계(수재·출재)를 포함한 정미보험료가 있지만 전자에 의하여 효율의 문제를 다루어야 한다는 것은 이미 설명한 바 있다.

여기에 대하여 물량면에서 종업원 1인당 계약건수·수입보험료, 수입보험료 단위당 인원 등에 대하여 규모와 효율의 관계를 검증하는 방법도 있다. 이 경우 보험종목별 차이의 요소를 어떻게 볼 것인가 또는 종합적으로 평가함에 있어서 결국은 계수적으로 환산·평가되어야 할 필요성이 있다.

3) 관찰대상회사의 선택과 그룹별 구분

손보경영의 규모와 효율을 전종목합계에 대하여 고찰한 경우는 물론 특정종목에 대해서 검증할 경우에도 기초자료가 되는 관찰대상회사의 비교가능성(공통성 내지 동질성)은 필수의 전제조건이 되고 있다. 미국 손해보험기업의 검증예에서도 이 점이 인식되어 주식회사·상호회사·기타 대리점제 회사와 직급제 회사, 다종목영업회사와 단일종목전문회사, 요율산정단체 가맹회사와 비가맹회사 등의 유형구분이 이루어지고 있는 것이다.

우리나라의 경우도 보증보험, 재보험회사는 전업회사로 되어 있어 다른 11사와 큰 차이가 있기 때문에 비교·분석하는 데는 문제가 있다. 특히 재보험의 거래방법 등도 매우 중요한 영향을 미치게 된다. 관찰대상회사를 그룹별로 구분함에 있어서는 규모의 지표가 되는 수입보험료의 일정범위별로 단계를 설정하는 방법이 있지만 중요한 것은 실제 회사의 규모별 분포상황에 가장 합치되고, 규모그룹별로 효율면의 특징을 정확하게 표현할 수 있도록 구분하는 것이다.

4) 규모의 이익검증을 위한 관찰시기

규모의 이익이라는 손보경영상의 요소를 명확하게 검출하기 위해서는 그 인식파악을 방해하는 큰 구조적 변화가 생겨나지 않는 시기를 선택할 필요가 있다. 전술한 R.J. Hensley가 1958년의 시점에서 미국 손보회사의 규모의 이익을 검증함에 있어서 특히 1950~1954년의 시기를 선정한 것은 바로 이 때문이다. 시기를 선정함에 있어서도 규모의 이익은 그때의 일정한 전제조건하에서 생기는 것이기 때문에 환경정세의 변화에 의하여 조건이 변한다면 그 양태도 달라지게 된다. 따라서 규모의 이익을 검증하려는 목적이 과거 일시기를 고찰하는 데 그치지 않고 장래에 있어서 참고할 수 있는 지침을 마련하는 데 있는 이상 최근시점의 제조건과 실태에 대하여 고찰하고, 아울러 그 동향을 파악하는 것이 무엇보다도 중요하다.

마지막으로 손보기업의 규모의 이익에 관한 실증연구의 본질적인 한계성과 상대성에 대해서 언급하기로 한다. 손해보험사업에 있어서 실증이 곤란한 이유는 다음과 같은 문제점이 있기 때문이다.

① 손해보험사업에 있어서 규모의 이익은 제조업에서 볼 수 있는 것처럼 현저하고 결정적인 것은 아니다.

② 오늘날 손해보험은 매우 다기다양하고 손보기업의 영업내용도 복잡화되고 있을 뿐만 아니라, 보험종목별로 경영효율은 크게 다르다. 따라서 규모의 이익을 검증하기 위해서는 보험종목별, 수입보험료 구성, 영업기반, 모집조직 등 규모 이외의 모든 면에서 유사한 회사를 선출하든가 또는 특정한 종목 또는 주요종목에 대해서 고찰해야 한다. 엄밀하게 유사회사를 선택한다는 것은 회사 수가 너무 많거나 또는 너무 적은 경우에는 곤란하며, 특정종목 또는 주요종목에 대하여 보는 경우에도 회사간의 규모별 구분이 종목에 따라 다르다.

③ 손해보험회사의 경비의 대부분은 공통경비로서 이것을 보험종목별로 적정배분한다는 것은 매우 곤란하다. 특히 우리나라와 같이 비교적 소량다종의 보험부문에서는 실태의 파악은 매우 어렵다.

④ 규모의 이익·불이익은 기준을 어느 수준에 두고 구분할 것이며, 동시에

시계열적으로는 각사의 효율이 각각 어떻게 변화·추이되고 있는가 하는 것이 문제이다. 또한 각 시점에 있어서 경영 제조건의 여하에 따라 부단하게 변화하고 있기 때문에 본질적으로 상대적 개념이다. 그러므로 규모의 이익에 관한 어떠한 실증적 연구도 그 시점의 특정조건하에서 사례의 설명에 그치고 있고 그것이 일반론으로 확대될 수 있는 보편타당성을 지니고 있는 것은 아니다.

제 7 장 保險企業의 經營環境과 社會的 責任

제 1 절 保險企業의 經營環境

오늘날 기업은 외부세계와 단절되고 분리된 한 집단에 불과한 것이 아니라, 기업이 존재하는 사회의 각 집단과 어떠한 관계를 맺고 활동하는 社會的 組織體라고 할 수 있다. 따라서 기업은 외부로부터 자기기업에 가해지는 지배, 제약, 압력 및 규제 등의 이해관계에서 오는 영향력과 교섭하여 자기기업의 생존발전을 도모하는 사회적 존재이다.

기업은 그 주변의 환경, 정치·경제·사회·문화 등과의 관계를 떠나서는 이해하기 어려운 것이다. 물론 기업이 경영 내적으로 독자성이 없는 것은 아니지만 경영층의 경영 내부활동에 대한 지배력과 통제력은 외부로부터의 작용에 큰 영향을 받게 된다. 그러므로 오늘날 어떠한 기업을 막론하고 경영 내적 요소를 경영 외부의 영향과 서로 관련시키지 않고는 경영활동을 전개할 수 없게 되었다. 그리하여 기업경영자들은 자기기업의 독자성을 유지하면서 자기기업의 이해와 관련된 이해집단의 이해와 상호조정하여 나가는 과정에서 자기기업의 성격을 규정짓고 생존발전해 나가는 것이다. 이것을 이른바 現代企業의 對環境關係라고 부른다.

보험기업에 있어서 외부의 경제환경의 영향력은 다른 산업에 비하여 매우 크다고 할 수 있다. 국제환경, 정치, 행정, 경제, 사회, 기타 매스컴 등의 영향을 보험사업이 다른 산업 이상으로 공공성과 공익성이 강조되고 보험업법과 같은 특별감독법에 의하여 엄격한 규제를 받기 때문에 경영의 독자성은 크게 제한되고 있다. 그 뿐만 아니라 보험계약자 및 피보험자와의 관계도 일반 기업의 단순한 고객관계와는 다른 차원에 있다. 이러한 점에서 보험기업에 있어서 경영환경의 문제는 절대로 소홀하게 다루어질 수 없다고 생각된다.

1. 國際環境

전후 세계경제는 기술혁신의 급속한 진전과 기업규모의 거대화, 국제간의 경제교류의 촉진 등을 통하여 협력체제를 구축해 왔다. 경제정책에 있어서는 개방경제체제에서 오히려 보호주의적 태도를 취하면서도 기업활동의 확장을 통하여 경제교류를 증대시켜 나갔으며, 특히 1960년대에 들어와서는 이러한 현상이 세계적으로 일반화되어 각국 경제에 여러 가지 문제를 제기하게 되었다.

1960년대의 세계경제의 환경을 특징지우는 것으로는, ① 서구 제국을 중심으로 한 자유세계의 경제적 부흥, ② 유럽 經濟共同體(European Economic Community) 등의 블럭경제 통합운동 내지 관세동맹의 신장, ③ 동서 양진영간의 경제경쟁의 격화, ④ 저개발제국의 대두와 남북문제, ⑤ 자유화 진전과 多國籍企業(multinational corporation) 내지 世界企業(world enterprise)의 발전이다. 이러한 문제는 1960년대 이후 세계의 기업환경을 특징지우는 대표적인 현상으로서 우리나라에 있어서도 현실적으로 많은 문제점을 제기해 주고 있다.

한편, 보험산업에 있어서도 전후 국제경제교류의 증진과 상호 협력체제에 바탕을 둔 국제경제환경의 변화에 따라 종래의 국제재보험거래에서 크게 진보하여 보험기업의 상호진출과 재보험거래의 활성화를 통하여 국제환경요인의 중요성이 더욱 크게 인식되고 있다. 여기서 그 시대적 배경과 동향 및 우리 보험기업의 국제환경을 중심으로 고찰하기로 한다.

(1) 개방경제체제와 보험업

전후 미국 및 유럽 제국의 무역과 외환자유화의 이상을 불러일으킨 것은 1944년 브레튼 우드協定에 의한 國際通貨基金(IMF)과 世界銀行의 설립에 의하여 그 기초가 마련되었다. 그러나 전후 세계경제는 전승국이나 패전국 모두가 시련을 겪고 있는 가운데 자유진영과 공산진영의 대립의 격화 및 아시아, 아프리카 등의 식민지가 독립되면서부터 서구의 전통적인 선진공업국은 그 경제재건이 매우 어려운 처지에 있었다.

1948년 4월 미국은 특히 유럽에 대한 경제원조를 위하여 이른바 마샬 플랜이 실시되어 1952년 6월 30일까지 170억불이 지출되었다. 한편, 미국의 대 유럽

원조에 호응하여 서구 제국은 1948년 4월 歐洲經濟協力委員會를 改組하여 마샬 플랜의 원조기구인 歐洲經濟協力機構(OEEC)를 설립하고 이 기구를 통하여 마샬 원조를 각국에 할당하였다.

OEEC는 서구 제국의 경제부흥·안정에 큰 역할을 하였으며, 서구 제국은 이 기구를 활용하여 무역·외환의 자유화라는 당면목표를 추진하였다. 즉, 1949년부터 이들 국가는 상호간의 무역의 수량제한의 완화가 실시되고 1950년 8월 자유화협정이 채택되고 9월에는 歐洲支拂同盟(EPU)이 창설되었다. 이 자유화협정 가운데는 자유화를 실시하기 위하여 무역거래 이외의 4가지 범주를 규정하였는 바 그 가운데 하나가 보험거래이었다.

보험거래의 항목에 관한 내용은, "상이한 국가에 있어서 거주자간의 원수보험자의 거래에 관련된 제반 제도를 완화하고, 또한 외국보험자에 대하여 여러 가지 차별대우를 배제하는 방책을 모색"하려는 것으로서 이것은 각국에 있어서 보험업의 실질적인 자유화를 의미하고 전후 보험업과 자유화라는 문제가 세계적으로 크게 대두된 계기가 되었다.

OECD(OEEC의 재편성에 의하여 1961년 9월 발족)의 가맹국이 보험업의 자유화를 실시함에 있어서 우선 조정 또는 개정해야 될 것은 각국의 보험업에 대한 감독제도에 관한 것이었다. 즉, 각국의 상이한 감독제도를 어떻게 하여 자유화에의 목표에 적합하게 할 수 있는가가 문제였다. 이와 같이 보험업의 자유화가 다른 산업보다도 어려운 이유는 직접적으로 보험업 특유의 사정과 간접적으로는 그 후의 수에즈운하 사건의 돌발과 유럽의 농업불황이었다. 그러나 OECD를 중심으로 가맹국의 강한 노력은 오늘날의 대폭적인 자유화 실현의 모체가 되었다.

1960년 歐洲共同市場(EEC)의 발족과 1960년 영국이 중심이 된 歐洲貿易自由聯合(European Free Trade Association)의 결성으로 양자가 대항함에 따라 1948년 이후 10년간 미국의 원조와 영국의 지도하에 협력하여 온 유럽 제국의 경제협력은 분해위기에 있었다. 이를 방지하기 위하여 1960년 1월 EEC 5개국(룩셈부르크 제외)과 EFTA 5개국 및 그 이외의 유럽 제국이 중심이 되어 OEEC를 재편성하여 1961년 9월 OECD를 정식으로 발족시켰다.

OECD는 1960년 12월 14일에 회의에서 다음과 같은 3가지 정책을 추진할 것을 결의하였다. 즉, ① 가맹 제국간의 지속적인 경제성장률을 최대로 하고 고용 및 생활수준의 향상을 도모함과 동시에 재정의 안정을 유지하여 세계경제의 발전에 기여할 것, ② 경제성장의 과정에 있어서 가맹 제국과 비가맹 제국의 건전한 경제발전에 기여할 것, ③ 국제적 의무에 기초를 두고 다각적으로 무차별 대우의 기반에서 세계무역의 확대에 기여할 것 등이다.

OECD는 이상과 같은 정책목표를 달성하기 위하여 가맹 제국에 재화 및 서비스의 교환, 경제지출 및 자본이동의 자유를 유지·확장시키는 데 여러 장해요인을 제거하기 위하여 공동노력을 다짐하였다. OECD의 자유화정책은 2종의 자유화, 즉 무역외경상거래의 자유화와 자본이동의 자유화이었다. 보험업에 대한 자유화는 바로 이러한 방침에서 출발한 것이다. 그 내용은 다음 항목에서 설명하기로 한다.

(2) 경제자유화와 보험업

OECD의 보험업에 관한 자유화항목은 주로 經常的 貿易外去來의 코드(Code of Liberalization of Current Invisible Operations)의 부속서 A의 D항 및 부표 1의 제 1 부에서 제 5 부에 걸쳐 기재되어 있다. 이 코드의 보험에 관한 自由化項目은 다음과 같은 6 항이 규정되어 있다.

① 사회보장 및 사회보험

② 수출입화물에 관한 보험

③ 생명보험

④ 기타의 모든 보험

⑤ 재보험 및 재재보험에 관한 거래 및 송금

⑥ 해외에 있어서 보험기업의 경영

社會保障 및 社會保險에 관해서는 3 항으로 분류되어 있다. 즉, 첫째는 가맹국에서 지지되어지는 사회보험의 보험료의 송금에 관한 자유화와 가맹국에 거주하고 있는 가입자 또는 수익자에 대한 사회보험 보험금의 송금에 관한 자유화가 각각 규정되어 있고, 둘째는 가맹국 가운데 1 개국에 의해서만 사회보험으로 볼 수 있는 보험에 관한 송금의 경우에는 일층 자유롭게 취급하도록 하는 규정이며, 셋째는 민간보험회사가 행하는 사회보험거래도 이 규정에 따르고 있다.

다음으로 수출입화물에 관한 보험에 있어서는 원보험에 관한 거래 및 송금에 대하여 규정하고 있다. 이것은 하나의 가맹국의 보험업자와 다른 가맹국의 가입자간에 원보험거래에 있어서 보험료와 보험금의 송금에 관한 자유화를 규정하고 있다.

생명보험은 계약 자체의 자유화가 요구되는 것은 아니다. 자유화의 대상이 되는 경우는, ① 하나의 가맹국의 거주자로부터 다른 국가의 보험업자에게 보험료송금의 자유화 인정, ② 하나의 가맹국의 보험업자가 다른 국가의 보험수익자에게 보험금 또는 연금(확정연금은 제외)송금에 대한 자유화의 인정 등 2가지이다.

기타의 모든 보험이란 생명보험 이외의 모든 손해보험을 의미한다. 화재보험 등 일반적인 손해보험의 國外付保는 원칙적으로 자유화의무에 포함되어 있지 않다. 그러나 다음의 경우에는 자유화할 것을 요구하고 있다.

① 하나의 가맹국에서 어떤 종류의 위험을 보상할 수 없는 경우에 한하여 그 위험을 보상하는 다른 가맹국의 보험회사와 보험계약을 체결할 수 있고 또한 보험료송금의 자유화를 규정하고 있다. 이때에 제한은 최저한도에 머무르고 있다.

② 다른 가맹국에서 결제되는 보험금의 송금 및 보험료의 송금의 자유화를 규정하고 있다.

③ 보험계약에 수반되는 권한을 행사할 때 필요하다고 인정되는 비용에 관한 송금의 자유화를 규정하고 있다.

④ 각 가맹국은 상호간의 지급을 결제하고 그 잔액을 송금하는 협정에 기초를 두고 그것의 수행을 위하여 보험업자 또는 대리점을 인가할 수 있다.

再保險과 再再保險의 去來 및 送金의 自由化는 다음 3가지를 규정하고 있다.

① 재보험거래에 관한 계정은 재보험계약조항에 따라서 원보험계약에 의한 통화, 재재보험회사의 국가통화 또는 인수한 업자의 국가통화로서 인출할 수 있다.

② 계정잔액의 결제는 재재보험업자와 재보험업자 상호간의 채권의 결제에 의하거나 또는 양자간의 보험계약에 의하여 처리할 수 있다.

③ 재보험업자는 가맹국 내에 설립된 은행에 계정을 개설할 수 있다. 이 계정에 의하여 결제된 재보험자의 소유금액을 예치 또는 결제에 필요한 금액을 차입할 수 있다.

해외에 있어서 보험기업의 경영은 가맹국이 다른 가맹국의 보험업자가 자국 내에서 영업을 할 경우, ① 보험사업개설에 대한 면허, ② 보험사업의 개시 및 운영에 관한 제공탁금, ③ 자금의 운용·투자 등에 대한 차별대우의 철폐, ④ 자금 및 이윤송금의 자유화를 규정하고 있다.

보험기업의 경영에 있어서 국제환경의 문제는 지금까지 고찰한 바와 같이 제 2 차 세계대전 후 서구 제국을 중심으로 OEEC, OECD, EEC 등을 통하여 개방경제체제 내지 경제 및 자본의 자유화 풍조에 따라 보험사업의 국제화도 필연적으로 요청되기에 이르렀다. 보험의 국제거래는 그 이전에 재보험을 통하여 이루어지는 것을 주된 기능으로 보아 왔고, 과거 식민지역에 종주국의 보험회사가 본사, 지점 또는 대리점을 설립하여 식민지국가의 보험시장까지 지배한 것이 국제화의 전부이었지만 전후 이상과 같은 국제경제의 동향에 따라 그 성격도 크게 변화되고 있다.

(3) OECD가입과 한국의 보험업

1996년 10월 11일 OECD 정회원으로 가입이 최종적으로 확정되어 29번째 회원국이 되었다. OECD 가입은 1990년대 초부터 추진되었고 보험분야에서는 1994년 12월 보험위원회에서 한국의 옵저버 자격을 심사하였다. 1995년 12월 한국에 대한 정회원 자격심사가 있을 때 정부대표단은 이 회의에서 국내 보험시장의 자유화 계획을 발표하였고, 그 결과 보험분야에서는 문제가 없다는 보험위원회 보고서를 이사회에 제출하였다. OECD 가입시 보험분야 협의과정에서 가장 중요한 내용은 1995년 12월에 발표된 우리나라 보험시장의 자유화 계획이다. 그 중요내용은 다음과 같은 5 가지 조치들이다.

① 保險仲介人制度의 도입(손보 1997. 4, 생보 1998. 4)과 대외개방(1998. 4)

② 경제적 수요심사(ENT)제도의 폐지(1997. 1)

③ 域外去來 또는 國境間去來라고 부르는 Cross-Border의 추가허용(1997. 1)

④ 재보험의 조기 자유화(1997. 4)

⑤ 손해사정업 및 보험계리업의 개방(1998. 4)

위의 5 가지 조치의 대부분은 그 이전 UR협상과정에서 우리 정부가 추진한 자유화 일정보다 조기에 시행되거나 확대된 것들이다. 정부가 약속한 위의 자유화 조치들은 국가간 시장통합이 가속화되고 있는 국제환경 아래서 우리 보험산업도 국제적 위상에 맞게 소비자의 권익증진, 시장원리에 의한 보험회사간의 건전한 경쟁촉진, 보험관계제도의 투명성 확보, 선진국과의 조화 등을 목적으로 추진된 것이었다.

OECD가입은 정부 입장에서 여러 가지 측면을 고려하고, 대응책을 마련하였지만 특히 보험과 같은 특정 산업부문에서 우리는 새로운 제도도입과 시장개방이 부담이 되었다. 보험중개인제도는 우리에게 생소한 것으로서 기존의 대리점 및 모집인조직 이외에 추가된 것이다. 미국, 영국 등의 선진국 보험중개인제도는 상품개발, 가격 및 서비스 경쟁을 가속화시키고 판매조직을 다양화시킬 수 있어 여러 가지 긍정적 및 부정적 효과를 가져 올 수 있다.

경제적 수요심사(ENT)를 보험회사의 설립인가 때 국내보험시장 상황, 기여 가능성, 유대관계 등을 고려하고 보험수요에 적정한 수의 보험회사만 허가해 주는 제도인데 그 이전에 이 제도의 폐지를 계속 요구하여 왔다. Cross-Border는 외국 보험회사가 한국에 지점 또는 자회사 등의 영업조직을 설치하지 아니하고도 국내 보험가입자에게 보험상품을 판매할 수 있는 제도이다. 1997년 1월부터 생명보험 전종목, 손해보험은 장기상해보험, 해외여행보험, 선박보험이 추가로 허용되었다. 이러한 조치로 손보사를 보유하고 있지 않은 대기업의 고액물건 및 손해율이 낮은 우량물건 등은 국경간거래의 추가허용에 따라 외국보험회사에 직접 가입 또는 해외에 Captive 회사를 설립하여 국내 보험계약을 유치시킬 수 있어 계약이탈과 외화유출의 가능성이 크게 되었다.

1997년 4월부터 화재보험, 특종보험 등 전종목에 대한 재보험거래가 완전 자유화됨에 따라 기존의 요율구득협정 및 국내회사에 대한 優先出再制度가 완전히 폐지되었다. 요율구득협정이 폐지되면 국내 보험회사간에 요율경쟁이 심화되고, 보험중개인제도의 도입으로 손해율이 낮은 고액 기업성물건의 요율인하경쟁이 예상되고 있다.

손해사정업과 보험계리업의 대외개방은 WTO협상 때부터 계속 요구된 사항으로 그 동안 외국인 투자제한 업종으로 묶여 있었으나, OECD 가입협상을 계기로 1998년 4월부터 외국인투자가 허용되었다. 이 조치는 선진기법의 도입으로 긍정적인 효과도 일부 기대할 수 있지만, 손해사정업 및 보험계리업은 규모가 영세하고 법인 수도 적기 때문에 대자본 및 전문성을 보유한 외국사의 진입은 국내시장의 잠식이 우려되고 있다.

2. 政　治

보험은 정치(의회, 정당활동 등)에 약하다는 말이 있다.[1] 이것은 정치를 움직

1) 庭田範秋, 「現代 生命保險の課題 ── 保險の社會學と經營學」, 東京: 東洋經濟新報社, 1979, p. 1.

일 수 있는 힘이 부족하다는 뜻이 아니고, 반대로 정치측으로부터 각종 작용이나 영향을 받을 경우에도 그것을 방어할 수 있는 힘을 가지고 있지 못하다는 것이다. 현실적으로 정치 내지 정치가에 의하여 民營保險이 영향을 받을 수 있는 소지는 다음 세 가지 경우가 있다.

첫째, 정치가는 일반적으로 평소에 민영보험에 대해서는 무관심하지만 社會保險 내지 사회보장에 대한 관심은 지대하다. 그 이유는 의회에서의 연설이나 정당정책의 수립에 있어서 이들은 언제나 일반 대중의 인기와 관심사를 항상 의식하고 있기 때문에 때로는 무리한 사회보장정책을 주장하고 이를 입법화할 경우가 있다. 이때 私保險은 사회보장과 서로 마찰 또는 경쟁자의 입장에서 여러 가지 불리한 점을 감수하지 않을 수 없게 된다.

1934년 6월 8일 미국의 F.D. Roosevelt 대통령이 의회에서 뉴딜정책을 설명하는 가운데 처음으로 Social Security(사회보장)이라는 표현을 사용하였다. 1941년 M. Stack는 그의 논문 "社會保障의 意味"(The Meaning of Social Security)[2]에서 그 당시까지 이 용어의 뜻이 참으로 막연하여 그 사용된 계기가 정치가에 의한 정치적 목적과 슬로건에서 비롯된 것이라고 지적하고 있다. Social Security, 즉 사회보장이라는 용어는 우리에게 매우 친근감을 갖게 하고 일상생활에서 즐겨 쓰고 있지만 특히 선거 때에 정치가가 그 뜻을 잘 이해하지 못하면서도 흔히 쓰는 경향이 있다. 이것은 유권자의 관심이 선진국의 경우 물가·세금·사회보장이기 때문이다. 최근 유럽 제국에서 각 정당이 무리한 사회보장공약(특히 연금부문)을 하고 있고 집권 후 그 공약을 이행하는 데 있어서 사회보장재정에 중대한 위기를 맞고 있음은 잘 알려진 사실이다. 정치가 내지 정치활동에 의한 사회보장제도의 확충과 입법화 및 사회보장공약의 남발은 2000년대 우리나라의 경우에도 예상할 수 있으며, 이 경우 사보험과 사회보장과의 관계는 매우 복잡하여지게 될 것이다.

둘째, 정치가에 의한 保險國營論의 주장이다. 그 배경과 근거는 국가와 시대에 따라 다르지만 제 2 차 세계대전 후 동구 제국과 노동당이 집권한 프랑스 등 일부 서구국가의 헌법에서 주요 기간산업의 국유화와 더불어 보험산업의 국유화를 규정한 바 있었다. 그 당시 헌법의 국제적 조류에 따라 1948년 7월 17일에

2) M. Stack, "The Meaning of Social Security", *Journal of Comparative Legislation and International Law*, 1941, In: W. Haber & W. J. Cohen(co-editions), *Readings in Social Security*, (New York: Prentice-Hall, Inc., 1948), p. 42.

제정된 우리의 제헌헌법 제87조에서 보험국영을 규정하였기 때문에 1948년 6월 손해보험업계에서 반대의견서를 제출하는 등 큰 혼란이 있었다. 다른 또 하나의 예로서 1965년 6월 7일 국회에서 李炳玉 의원 외 13인이 제안한 '損害保險業界育成을 위한 建議案'의 제 2 항에서 국영 대한손해재보험공사의 불하(민영화)가 제기됨에 따라 대한손해보험협회의 찬성과 공사측의 반대논쟁이 전개되었다.[3] 이 사건의 결과 공사는 협회에 회원사로 가입하고 1969년 9월 株式公開(原受社의 참가)를 통한 민영회사로 전향한 계기가 되었다.

셋째, 일반 국민이나 소비자단체와 같은 특정 단체에서 보험에 대한 불평불만을 토로할 때 정치가는 선거의 '票'와 '支持'를 의식하면서 이를 정치무대로 끌여들여 보험회사에 대하여 주의를 환기시키고 비판적인 발언을 하게 되고 아울러 행정당국에게 규제하도록 요청할 가능성이 있다.

1987년 12월 대통령선거 당시 집권당 후보는 보험모집인(25만 명)의 수당을 인상시켜 주겠다는 공약을 선거유세에서 발표하여 실소를 금치 못했다. 공무원이 아닌 보험모집인 수당까지 대통령의 뜻이 반영될 수 없는 것이다. 1990년대 후반부터 국회의원 선거 및 양대정당에서는 건강보험, 고용보험 등 사회보험에 대해서 관심을 갖기 시작하였다. 건강보험에 있어서 현재 집권당인 새천년민주당은 전국통합, 한나라당은 분리운영(직장과 지역)을 주장하여 왔다. 실업급여를 중심으로 한 고용보험의 경우도 일용근로자의 대상포함 등 보험제도의 기술적 특성이나 자영자 등의 소득파악 곤란으로 보험료산출이 용이하지 않아 제도의 통합이 어려움에도 불구하고 무리하게 추진하려는 경향이 있다. 민주당은 집권초기(당시는 새정치국민회의)인 1998년 8월부터 1개월의 한정된 기간으로 보험제도 개선 정책기획단을 구성하여 보험산업의 문제점에 대한 개선방안을 마련하고 이를 정책에 반영하고 관련법규의 개정을 추진하려는 활동이 있었다.

3. 經濟·社會

보험사업은 다른 산업과 마찬가지로 경제·사회의 제반 여건에 큰 영향을 받는다. 보험기업의 경영은 경제성장과 경제적 여건의 호·불황과 직접적인 관계를 맺고 있다. 이것은 損害保險과 生命保險의 경우에 있어서 그 요인에는 다소의 차이가 있지만 결과적으로는 마찬가지이다. 전자는 기업을 대상으로 하는 보

3) 拙著, 「韓國保險史」, 貿易經營社, 1974, pp. 146～147.

험사업으로서 경제성장에 의한 회사의 증설, 규모의 확대, 무역거래의 활발, 금융·자본시장의 활성화에 의한 신규계약의 증가와 보험모집의 용이, 보험자금운용에 의한 수익증대를 기대할 수 있고, 반대로 경기불황의 경우에는 상대적으로 보험경영에 곤란을 수반하게 한다. 후자, 즉 생명보험사업의 경우는 손해보험사업과 경제여건의 불황에 있어서 유사한 결과가 초래될 것으로 보고 있으나, 호황기라고 하여 반드시 자발적으로 기대하기 어렵다. 그것은 일반적으로 생명보험상품은 손해보험상품에 비하여 자발적인 수요가 적고 또한 호경기에는 다른 경쟁적인 저축수단제도의 발달, 사회보장제도의 확충이 따르기 때문이다.

한편, 보험제도는 장래의 우연한 위험(불안)에 의하여 발생하는 경제적 손실을 보상하는 것이지만 사회불안여건이 빈번하게 일어날 때에는 우선 경제불안에 부수되어 보험수요를 크게 감축시키게 된다. 특히 이것은 장기계약인 생명보험사업의 경우는 현저하게 나타나며 동시에 실효·해약의 급격한 증가현상이 나타난다.

1960년 이후 20년 동안 4·19 의거 등 우리나라에는 몇 가지 사회불안요인이 있었다. 기본적으로 그것이 보험사업에 어느 정도의 영향을 미치었는가에 대한 보험업계의 분석자료는 거의 없는 것으로 알고 있다. 저자의 졸저 「韓國保險史」(무역경영사, 1974)에서 4·19 의거를 전후한 생보계의 경영상태를 비교·분석하여 보았지만 결과는 예상한 것처럼 매우 부정적인 반응으로 나타났다. 그러나 그 당시는 보험업계의 기반이 확고하지 못하였고, 또한 사회불안에 대한 상대적인 대항능력도 배양되지 않고 있었기 때문에 큰 의미는 없다고 볼 수 있다.

보험기업의 환경요인의 하나로서 경제적·사회적 여건의 문제는 위에서 고찰한 것처럼 안정기와 불안정기에 대조적인 양상을 보이고 있지만, 다른 한편으로 불안정기에 있어서 보험기업의 적극적인 사업활동은 불안의 정도를 다소나마 감소시킬 수 있는 제도적 특성을 지니고 있다는 사실을 명심할 필요가 있다.

4. 情報와 매스컴

산업사회가 성숙하여지고 그것이 일정한 단계에 도달하게 되면 정보산업은 국민생활과 기업활동——정치·경제·사회·문화 등의 각 방면——에 대하여 절대적인 영향을 미치게 된다. 특히 기업활동에서는 이러한 정보의 수집·가공·개발·이용을 적극화하지 않고는 경쟁사회에서 유지·존속하기 어렵다. 이와 같이 정보화사회의 도래와 진행과정에서 보험산업은 일면 정보산업이라고 할 수 있으며, 다른 일면으로는 정보를 절대적으로 필요로 하는 산업이다.

보험은 재해나 재난의 발생에 대응하는 것이기 때문에 위험의 존재와 손해의 발생, 비용지출의 필요가 있는 정보를 사회 각층으로부터 분업적으로 수집·정리하여 제공하지만 다른 한편으로는 보험산업이 지식산업 또는 두뇌산업으로서 보험경영을 확실하게 하기 위하여 다른 기관으로부터 정보의 도움을 필요로 하고 있다.

정보는 주로 매스컴(mass comm)이라는 모체를 통하여 전달·제공되기 때문에 보험사업은 우선 그것과의 관계가 밀접할 뿐만 아니라, 후술할 광고·홍보의 측면에서도 매스컴의 태도는 보험기업의 중요한 환경요인의 하나가 되고 있다. 보험기업과 매스컴의 관계는 후술하기로 하고 여기서는 환경요인의 하나인 매스컴에 대하여 특히 보험업계가 약한 이유에 대해서 언급하기로 한다.

보험사업이 매스컴에 약한 이유의 하나는 그 독점성에 있다. 매스컴이 일반적으로 여론에 영합하고 또한 그것을 의식할 때 대자본과 독점에 대해서는 언제나 비판적인 태도를 취하는 경향이 있다. 자본주의사회에 있어서 기업의 독점 또는 거대화는 비판의 대상이 되고 있지만 다른 산업의 경우와는 달리 보험산업은 설립부터 엄격한 면허제도에 의하기 때문에 누구나 요건만 갖추었다고 하여 설립면허를 받을 수 없다. 따라서 보험기업은 설립과정에서부터 다소의 독점성을 지니고 있다.

다음은 보험산업이 일종의 서비스산업이기 때문에 고객에 대한 서비스가 조금만 소홀하여도 매스컴의 공격을 받을 수 있는 약점을 지니고 있다. 그 뿐만 아니라 보험회사는 광고주로서의 매력 이외에는 일반적으로 매스컴의 이익과 거리가 멀기 때문에 다수의 보험계약자에 대한 부당행위가 있을 때에는 다수의 독자층을 의식하면서 소비자보호운동의 입장에서도 보험회사를 비판하게 된다. 이러한 점에서 보험회사는 매스컴에 대하여 종래 언제나 수세의 입장에 있어 왔지만 좀더 적극적으로 접근하여 매스컴을 사업에 유리하도록 이용할 수 있는 방책을 강구하여야 한다.

제 2 절 保險企業의 社會的 責任

오늘날 크게 논의되고 있는 企業의 社會的 責任은 經營者의 社會的 責任과 같은 뜻으로 해석되고 있다. 이것은 현대기업이 자본(소유)과 경영의 분리로 인하여 경영자가 기업의 최고책임자의 위치에 있기 때문이다. 경영자의 사회적 책임에 대해서 우리 주변에서 흔히 이야기되고 있지만 그 의미는 반드시 명료하지 않은 것 같고 책임의 한계 내지 범위도 분명하지 못한 면이 있다.

경영자의 사회적 책임이라고 할 때 사회적이라는 말의 의미를 음미할 필요가 있다. 경영학의 입장에서 보면 이는 개인적 혹은 그 자신 이외의 제 3 자에 대한 것이며, 영리적 이윤추구의 책임이 아니라는 것은 분명하다. 일반적으로 경영자의 사회적 책임은 국가나 사회에 공헌하는 것을 그 내용으로 하게 되는데 구체적으로 이해집단, 예로서 정부, 금융기관, 지역사회, 주주, 소비자, 종업원 등과의 관계에서 사회적 책임이 구체화된다고 하겠다.

보험기업의 사회적 책임이라는 말도 우리 주변에서 언제 어디서나 항상 듣게 되는데 그것은 무엇을 의미하며, 일반 기업의 사회적 책임과 내용이 같은가 또는 특색이 있는가를 생각해 볼 필요가 있다. 보험기업의 사회적 책임이라는 것은 일반 기업의 사회적 책임과 내용 및 취지는 동일하다고 할 수 있다. 다만, 사회적 책임을 중시하는 강도 내지 농도가 더욱 크고 진하다고 할 수 있으며, 그것을 이행하는 수단과 방법에 특색이 있다고 할 수 있다. 그러나 지금까지 보험기업의 사회적 책임은 구호 또는 말로서만 강조되어 왔고 그 구체적인 내용에 대해서는 문헌상으로 제대로 정리된 것은 매우 희귀하다. 저자는 사견이지만 이 문제에 대해서 우선 보험기업가(경영자)의 성격과 보험기업의 경영이념을 생각해 보려고 한다. 그 다음에는 이것과 관련하여 보험사업의 공익성과 공공성이 강조되고 있는 이유와 배경 및 사회적 책임을 수행하는 몇 가지 현실적인 수단을 중심으로 설명하려고 한다.

1. 保險企業의 經營理念

(1) 보험기업가론

현대기업의 경영자는 경영의 전문화의 요구로 출자자나 소유자로부터 경영권을 위임받고 종합적이고 장기적인 기업활동의 지침이 되는 목표설정과 수단선택을 위한 의사결정자를 말하게 된다. 그러나 이들 경영자는 기업형태의 특성과 기구구성의 특성에 따라 소유자도 될 수 있고 관리자도 될 수 있다. 현대적 의미의 경영자기능은 관리자기능의 발달과 기업가기능의 변화가 혼합된 것으로 볼 수 있으며, 다른 일면 경영자는 현대사회에 있어서 知識勤勞者[4]라고 할 수 있다.

오늘날 경영자론의 연구는 두 가지 접근방법의 결합에 의해서 이루어지고 있다. 즉, 기업가론과 관리자론의 결합이다. 기업가론은 경영이론의 입장에서 본 경제체제의 발전이론적 접근이며, 관리자론은 경영의 내부조직 및 관리론적 입장에서 본 접근이다. 그러나 소유와 경영의 분리를 전제로 한 제도론적 접근에 있어서 경영자론의 대두는 재접근에 의한 결합이다.

기업가론 내지 경영자론에 대해서 오늘날 경영학의 많은 문헌에서 그 기능을 중심으로 M. Weber, J. A. Schumpeter, C. I. Barnard의 *The Functions of the Executive*(1938), P. F. Drucker의 *The Practice of Management* 등의 주장을 인용·소개하고 있다. 그러나 보험기업의 기업가론 내지 경영자론에 대해서는 다음에 소개할 고전적인 문헌 이외에는 없다.

일반적으로 보험경영자의 성격·기능·위치에 대하여 "보험경영자는 수많은 사람(보험가입자)들의 공동준비재산을 관리하는 관리자이다." 또는 "보험경영자는 수많은 사람들과 기업의 신체와 재산상의 위험을 대신 책임지고 있는 사람(risk-undertaker)이다."라고 말하고 있다. 이 표현은 보험경영자의 성격과 기능을 가장 적절하게 설명한 것으로 볼 수 있지만, 유감스럽게도 그 문헌상의 출처는 찾아볼 수 없고 보험기업의 사회적 책임을 강조할 때 시중에서 즐겨 사용하는 표현이다.

보험기업가론에 대해서는 보험사업의 여명기인 17세기 말부터 18세기 초두에 걸쳐 영국의 개성적인 경제사상가 D. Defoe(1660~1731)의 주장[5]이 있다. 그는 자신이 상인보험자로서의 체험을 통하여 그의 저작 「企業論」(*An Essay upon Projects,* London, 1697) 가운데 보험(보험, 공제조합, 연금제도, 선원실업보험, 근로자연금보험, 보험국영론 등을 포함)에 관해서 논급하고 있다. 그는 이 저작에서 건전한 보험사업을 의도하는 기업가의 길을 직업윤리면에서 시사하고 있다. 그에 의하면 보험기업가는 양식·정직·창의를 가지고 착실한 성과에 대하여 만족할 수 있는 사람이어야 한다고 강조하고 있다. 그가 보험기업가의 창조적 역할을 강조한 것은 그 당시 사기적인 기업가가 많았고, 또한 보험은 부실한 泡沫會社에 의하여 운영되고 있었기 때문이다. 또한 그의 보험국영론 역시 1693년 스미날함대사건이 계기가 되어 선원보험과 해상보험의 국영을 주장하였다.

4) P. F. Drucker, *The Effective Executive*, London: Pam Books Ltd., 1967, p. 8.
5) 水島一也, "保險企業者論序說," 日本保險學會創立 30周年 記念論文集, 1971, pp. 127~146.

(2) 보험기업의 경영이념

經營理念(management philosophy 또는 management ideology)이란 경영에 있어서 전종업원의 활동을 뒷받침하는 정신적 지주로서 경영자의 경영관 내지 경영사상을 말한다. 경영이념론이 등장한 시대적 배경은 자본주의 정신으로서의 영리지상주의의 후퇴와 기업의 사회적 책임에 대한 자각의 발생으로 경영윤리를 확립하고 새로운 도덕과 이념을 구하여 종업원 전원에게 하나의 일치·공통된 정신적 지주로 삼을 필요성에서 발생한 것이다.

經營理念을 필요로 하는 企業內의 要因은 ① 경영담당자의 업무가 많아지고 전문화·분업화되고, ② 경영관리조직이 계층적으로 분화되어, ③ 각 계층에 따라 실제의 일이나 사고의 양식이 다르기 때문에 이것을 정신적으로 하나의 목표에 연결시키기 위한 것이다. 경영이념의 밑바탕에 있는 제반 정신은 일반적으로 민주주의의 정신, 사회공공성 존중의 정신, 인간성 존중의 정신, 양심과 양식을 존중하는 정신, 협력의 정신, 공정의 정신 등이다.

보험기업의 경영이념은 일반 기업의 경영이념 위에 보험사업의 특수성이 반영되고 있다. 일반 기업의 경영이념은 그 기업이 위치하고 있는 시대적·국가적·사회적 배경과 조류에 따라 다르고 여기에 경영자 개인의 가치관과 사회적 가치체계에 따라 차이가 있다.

보험회사의 경영이념의 정립을 위하여 미국(1950년대), 일본(1960년대) 등은 일찍부터 관심을 가져 왔다. 미국에 있어서 보험기업의 경영이념은 생명보험회사에서는 일반적으로 기업의 사회적 사명과 공익성이 강조되고 있으며, 손해보험회사에서는 생명보험회사와는 달리 이윤과 계약자 서비스에 바탕을 두고 있다. 그리고 양자의 공통된 경영이념은 동업사간에 경쟁과 협력관계를 강조하고 있다. 기업간에 경쟁과 협력은 미국의 모든 기업사회에 있어서 전통적으로 오랫동안 경영이념으로 받아들여지고 있으며, 이것이 오늘날 미국 기업발전에 원동력이 되었다고 할 수 있다.

일본 보험기업의 경영이념에 대해서는 庭田範秋 교수가 1967년 6월 말 현재를 기준으로 생명보험 20사, 손해보험 20사를 조사대상으로 하여 그 결과를 정리하였다. 경영이념에 관한 조사자료는 社訓(社是), 社歌, 社史, 회사설립취지서 등 21종에 이르고 있다. 보험기업의 경영이념에 있어서 많이 사용되고 있는 문언을 중심으로 생명보험회사의 경영이념과 손해보험회사의 경영이념, 양자의

공통점과 차이점 및 경영이념의 특징을 살펴보면 다음과 같다.[6)]

1) 生命保險會社의 經營理念

① 보험의 공공성, 보험회사의 공공적 사명·사회복지적 사명

② 계약자에 대한 봉사·계약자본위

③ 견실한 경영·신용의 중시

④ 공존공영·상호부조

⑤ 성실·친절

⑥ 적극적 방침·정예주의

⑦ 계약자, 종업원, 회사(또는 주주)의 삼위일체론

⑧ 평화와 행복에의 노력·공헌

⑨ 가정에의 봉사

⑩ 종업원의 생활향상

2) 損害保險會社의 經營理念

① 견실성·견실경영

② 손해보험사업의 공공성

③ 회사의 번영·발전

④ 경영의 합리화·능률화

⑤ 요율의 인하

⑥ 영업중시·增收

⑦ 계약자, 회사, 대리점, 주주, 종업원의 이해의 일치

⑧ 적극성·혁신성·활동력·정예주의

⑨ 자유경쟁에 승리, 자유경쟁을 통한 회사의 번영

⑩ 세계적 시야·세계와의 관련

⑪ 인재의 육성·종업원의 생활향상

⑫ 책임감·봉사의 정신

3) 生·損保 經營理念의 共通點

① 공공성의 중시

② 계약자에 대한 봉사의 중시

③ 견실경영

④ 회사, 종업원, 계약자의 이해일치와 일체감

6) 庭田範秋, 「保險經營論」, 東京: 有斐閣, 1971, 第 4 章 '保險企業の經營理念' 참조.

⑤ 종업원의 생활향상

⑥ 인재양성

4) 生·損保經營理念의 差異點

① 生保側은 공존공영론이 강하지만, 損保側은 기업의식이 강하고 기업간 경쟁을 전제로 하고 있는 회사가 많다.

② 생보측은 봉사의 정신을 강조하고 있음에 비하여 손보측은 회사의 번영을 전면에 내세우는 경우가 많다.

③ 생보측은 가정이라는 말을 많이 사용하는 데 비하여 손보측은 세계라는 표현을 자주 사용하고 있다.

④ 생보측은 외무원에 대한 배려를 찾아볼 수 있고, 손보측은 대리점이나 주주를 의식하고 있다.

⑤ 생보측은 보험의 상호주의를 강하게 나타내고 있음에 비하여, 손보측은 기업경영의 영리성을 이야기하고 있는 경우가 많다.

(3) 한국 보험기업의 경영이념

우리나라 기업가 및 기업의 행동양식을 역사적으로 고찰하여 볼 때 保險企業의 경영자에게 지나친 이상과 이념을 무리하게 요구할 수는 없다고 보겠다. 그것은 또한 보험업계 내부의 다음과 같은 특수한 사정에 기인하기도 한다.

① 우리 보험기업의 연륜이 너무 짧다. 대부분의 보험회사는 1946~1950년 또는 1953~1959년에 설립되었지만 그 동안 增資不能, 經營不實, 정부의 整備·統合方針에 따라 다소 정리되고 현재 수의 체제를 유지한 것은 1962년 말부터이다. 역사적으로 고찰하면 1960년 이전까지는 보험기업가와 보험기업은 존재하였지만 그 시기에 끝이 났고 1960년 이후 현재까지 지속적으로 발전하여 연장이 된 것은 아니다. 따라서 1960년대 이후의 짧은 기간 동안 유능한 경험을 가질 수 있는 전문경영자의 훈련기간이 부족하였다.

② 외형적으로 所有와 經營이 분리되고 있으나 실질적으로 경영자가 소신있게 일할 수 있는 여건은 되지 않고 있다. 특히 生·損保 대부분의 회사가 1960년대 이후 재벌의 계열회사로서 그 지배하에 들어감에 따라 공개기업이든 또는 아니든간에 보험회사의 자산투자 등에 상당한 영향력을 뒤에서 행사하였고 보험경영자는 계약자, 종업원, 주주의 삼위일체적인 역학관계에서 일방적으로 대주주의 편에 서지 않을 수 없었다.

③ 위의 이유에서 전문경영자가 크게 부족한 보험업계에서 경영자의 잦은 교체가 있었고 많은 보험회사에서 외부의 영입 케이스로서 새로운 경영자를 맞이하였다.

④ 損害保險市場에 있어서 소수에 의한 독과점체제가 오랫동안 지속되어 왔고 또한 정부에서는 그 동안 다른 산업부문 이상으로 두터운 보험회사 보호정책을 쓰면서 신규회사의 증설을 원칙적으로 1963년부터 인정하지 않고 있었다. 이러한 풍토 속에서 보험경영은 안일성·의존성·배타성 등의 타성에서 벗어나지 못하고 있고, 국제경쟁력, 자유경쟁원리의 도입, 보험가입자보호 등 격변하는 경영 내적·외적의 환경요인의 변화와 압력에 무기력할 수밖에 없다.

⑤ 1990년대부터 보험시장의 자유화와 대외개방의 압력이 계속되는 가운데 생명보험은 지방회사, 합작회사, 외국회사의 신규설립으로 수의 증가를 볼 수 있었고, 1997년 말의 외환위기를 보험업계는 구조조정과 지급여력확보가 큰 문제로 부각되어 왔다. 이러한 여건 아래서 일부 회사는 시장에서의 퇴출을 면하기 위하여 또는 회사의 정리·합병의 소용돌이 속에서 경영자가 여러 차례 바뀌는 시련을 감내하여 왔다.

우리나라 보험회사의 경영이념을 알아보는 하나의 방편으로 1980년 6월과 2001년 9월 각 보험회사의 社訓 또는 경영방침 등을 조사하였다. 이 가운데 생명보험회사의 숫자는 최근 정리·합병에도 불구하고 엄청난 변동이 있었다.

〈표 7-1〉 생명보험회사의 사훈(1980. 6)

회 사 명	내 용
A 사	인화·성실·신용
B 사	인화단결·성실봉사·公信努力·업적앙양
C 사	誠敬之心·內和外親·실천수범
D 사	창의력의 개발·책임소재의 확립·업무의 전문화
E 사	성 실
F 사	인화단결·창의노력·책임완수

〈표 7-2〉 생보사의 사훈(2001. 9)

회 사 명	사 훈	비 고
대 한	인화, 성실, 신용	
알리안츠제일	의지, 신뢰성, 친근감, 개인존중, 전문성	
삼 성	고객기업가치의 극대화	2001년 경영

	-고객신뢰정착 -책임경영 구현 -재무기반 강화	방침
흥 국	새로운 사고, 능동적 실천, 정성어린 봉사	
교 보	성실	
금 호	안정적 이익기반 구축	경영슬로건 (매년 변경)
신 한	고객만족, 자율과 책임, 창의와 도전	경영가치
동 부	고객제일, 최강조직, 인화단결	
영 풍	인화, 근면, 성실	
뉴 욕	재정적 안정성(Financial Strength), 성실성(Integrity), 인본정신(Humanism)	
럭 키	창조, 봉사, 인화	
S K	인간위주의 경영, 합리적인 경영, 현실을 인식한 경영	
메트라이프	FAITH(메트라이프 한국현지법인 신념), 공정(Fairness), 능력(Ability), 성실(Integrity), 신뢰(Trust), 정직(Honesty)	
I N G	–	
푸르덴셜	–	
라 이 나	–	
A I G	–	
프 랑 스	전문, 신뢰, 창의	

〈표 7-3〉 손해보험회사의 사훈(1980. 6)

회 사 명	내 용
A 사	성실봉사 · 창의개척 · 인화협동
B 사	없 음
C 사	信望愛
D 사	성실근면 · 協同團結 · 계획실천
E 사	성실하고 정직하자 · 창의를 발휘하고 노력하자
F 사	적극적으로 일하자 · 합리적으로 일하자 · 국가, 사회에 기여하자
G 사	자기개발 · 책임경영 · 목표달성
H 사	융화단결 · 창의개발 · 신속정확
I 사	현재 [인화단결 / 성실근면 / 창조실천] 과거 [인화단결 / 창의노력 / 책임완수]
J 사	화목하자 · 근면하자 · 책임지자
K 사	智信行省 · 共榮惠民

L 사	현재 서로돕고 힘을 모아 정직하고 올바르게 부지런히 일하자	과거 정직하게 살고 가치있는 일을 올바르게 하자
M 사	현재 애사심으로 결속된 인화단결 社勢발전을 위한 의욕적 자세 실력배양과 창의력 발휘	과거 진실하자 겸손하자 치밀하자

〈표 7-4〉 손해보험회사의 사훈(2001. 9)

회사명	사 훈	경영이념
동 양	창의와 신념, 성의와 실천, 책임과 봉사	고객중심경영과 핵심역량강화를 통한 기업가치증대
신 동 아	인화, 성실, 창의	인간을 존중하는 회사 정도를 추구하는 회사 가치를 창출하는 회사
대 한	信, 望, 愛	이익중심 경영체제 확립 고객최우선 경영정책 전략적 마케팅 체계 강화
국 제	근면, 성실, 계획, 실천, 협화, 단결	고객과의 신뢰를 바탕으로 고객이 다시 찾는 특화된 일류 금융서비스 기업
쌍 용	신뢰, 혁신, 인화	고객, 주주, 종업원에게 신뢰받는 견실한 보험회사
제 일	–	고객에 만족을, 사회에 공헌을
리 젠 트	자기계발, 책임경영, 목표달성	중지를 모아 목표를 달성하자
삼 성	고객과 함께 한다, 세계에 도전한다, 미래를 창조한다	21C 인류사회에 공헌하는 좋은 손해보험회사
현 대	근면, 검소, 친애	우리 현대해상은 뛰어난 창의력과 강건한 추진력으로 금융산업을 선도해 가며 고객의 만족을 회사활동의 중심에 두고 가정에는 행복, 기업에는 번영을 제공하며 풍요로운 사회와 국민경제 발전에 이바지한다.
L G	–	고객을 위한 가치창조, 인간존중의 경영
동 부	질서, 신뢰, 사랑	좋은 기업

재 보	고객우선, 내실경영, 가치창조	경영의 투명성 제고 외형성장에서 실질위주로의 경영전환 공격적인 해외보험시장의 개척 보험의 부가가치 창출과 신상품의 개발 재보험 정보관리체제의 확립
서 보	—	고객친화경영, 미래지향적 경영 기본에 충실한 원칙경영, 내부만족경영 사회적 역할을 다하는 책임경영

우리나라 보험회사의 사훈 내지 경영이념(1980년)은 미국이나 일본처럼 보험회사로서 특색이 나타나 있지 않다. 생명보험회사와 손해보험회사의 차이도 인정하기 어렵고 일반적으로 人和, 성실, 창조, 책임, 근면 등의 표현을 쓰고 있다. 이것은 동양사회 고유의 전통적인 사회적 윤리를 기초로 하고 있는 것처럼 보인다.

2001년 9월에 조사한 최근의 사훈에서 생명보험회사의 경우 국내사는 1980년대의 내용과 큰 차이가 없다. 다만 IMF 경제위기를 맞이한 최근의 사정이 반영된 것으로 볼 수 있는 것으로서 재무기반강화(삼성생명, New York 생명), 이익기반구축(금호생명), 신뢰성확보(삼성생명, 알리안츠 제일, 메트라이프, 프랑스 생명), 고객만족(삼성생명, 신한생명, 동부생명) 등이 특징으로 규정할 수 있다.

손해보험회사의 사훈(1980년)은 보험회사의 특성이 거의 반영되고 있지 않았으며, 2001년 조사자료에 의하면 기본적인 바탕에는 큰 변화가 없으나 고객우선(동양, 대한, 국제, 쌍용, 삼성, 현대, LG, 재보, 서울보증)을 여러 회사에서 강조하고 있고 이익중심, 전략적 마케팅(대한), 내실경영, 경영의 투명성, 공격적 경영(재보)을 앞세우고 있는 회사도 있다.

2. 保險企業의 公共性 · 倫理性 · 社會性

(1) 공 공 성

보험기업의 사회적 책임은 공공성 내지 공익성, 사회성, 윤리성에서 크게 강조되고 있다. 이들은 내용적으로 서로 밀접한 관련성을 가지고 있으나 별개의 항목별로 구분하여 설명하기로 한다. 보험사업의 공공성 등을 논할 때 우리나라와 같이 損害保險會社와 生命保險會社가 영업종목면에서 각각 기업보험과 가계보험으로 엄격하게 구분되어 있고 保險業法(제10조) 에서 상호겸영을 원칙적으로 제한하고 있는 입장에서 볼 때 공공성의 정도와 강도를 양자에 대해서 동일수준으로 강조될 수 있는가 하는 문제가 있다. 보험사업의 공공성 등은 생명보험사업에서 특히 강조되고 있으며, 손해보험사업에서는 보험가입자가 개인이 아닌 법인으로서 기업이 중심이 되고 있어 보험자와 보험계약자 모두가 대부분의 경우 사업자이므로 그들은 서로 업자 대 업자의 관계에 있다. 따라서 손해보험사업의 경우 공공성 등은 생명보험사업에 비하여 낮다고 보아야 할 것이다.

보험사업에서 공공성이 강조되고 있는 것은 여러 측면에서 그 이유를 설명할 수 있다. 우선 다수계약자에 대한 보험보호, 즉 위험을 대신 보험회사가 관리하고 있기 때문이다. 그 관리가 부실하여 보험보호가 제대로 되지 않을 때에는 많은 사람들에게 주는 피해는 물론 국가적·사회적으로도 손실이 아닐 수 없다. 그 다음은 보험사업이 공신력 하나만을 가지고 자기자본보다 많은 가입자들이 납입하는 보험료를 기반으로 하여 운영하기 때문이다.

따라서 자산운용이나 책임준비금의 적립에 의한 지급능력의 유지 등도 공공성과 크게 관련된다. 또한, 보험기업은 법률상으로는 사기업이지만 관청면허기업으로서 사업의 성격상 공기업 내지 준공기업의 성질을 가지고 있다. 보험기업의 이윤추구가 다른 산업에 비하여 더욱 제한되어야 한다는 논거는 바로 이러한 공공성에 그 이유가 있고 또한 정부가 보험회사에 대하여 공공투자와 복지성 투자를 강요하고 있는 것도 일면 이 사업의 공공성에 기인한다고 보아야 할 것이다.

보험감독기관은 보험회사의 공익사업을 실질적으로 추진할 수 있도록 관련법규를 개정하고 매년 협회공동 및 회원사 단독으로 구체적인 사업을 하도록 하고 있다. 생명보험업계의 경우 1990년 생명보험회사 잉여금 및 재평가적립금 처리지침과 보험사 공익사업 추진방안이 시달되어 1991년 1월 생명보험 공익사업 추진위원회가 구성되었다. 이 조직의 근거는 보험업감독규정 제87조(재산이용의 방법) 제1항 6호(공익사업 투자)와 보험감독업무시행세칙 제71조(공익사업 추진위원회)에 의거하고 있다.

보험회사 공익사업의 범위는 다음과 같이 매우 포괄적이다.

① 국민보건 및 복지향상: 주택사업, 의료사업, 사회복지사업

② 문화·예술진흥: 상설전시관, 공연행사장

③ 교통안전지원 대책

④ 탁아사업, 노인촌건립, 장학재단, 보험센터설립, 사회문제 캠페인, 소년·

소녀가장 지원, 실직자 지원

⑤ 지역문화행사, 전국학생미술대회, 전시회, 문화·예술관련 재단설립

생명보험업계의 공익사업은 협회가 주관하는 업계 공동공익사업과 개별회사 공익사업으로 구분할 수 있다. 개별회사의 경우 각 생보사 일반 재원에서 출연하여 공익사업을 하는 경우와 삼성생명과 교보생명 2개 회사가 독자적으로 행하는 재평가재원 공익사업이 있다. 이 2개 회사는 1989년과 1990년에 자산재평가를 실시하여 발생한 재평가차익 중에서 과거 계약자지분을 공익기금으로 적립하여 그 이자로서 공익사업을 전개하고 있다. 삼성생명은 독자적인 공익재단을 갖고 있으며 대형병원(서울 삼성병원)을 설립하고 그 운영을 지원하고 있다. 공익사업기금은 삼성생명 440억원, 교보생명 337억원을 확보하고 있다. 생명보험업계는 1991년부터 2000년까지 10년 동안 8,900억원을 지원하였고 2001년에는 340억원의 재원으로 폭넓은 공익사업을 추진하고 있다.

손해보험업계의 공익사업은 교통사고 예방을 위하여 집중적으로 지원하고 있다. 그 이외의 사업으로는 보험범죄 방지사업, 인보사업, 문화체육 진흥사업, 고개서비스 사업 등이 있다. 교통사고 예방활동은 다음과 같다.

① 정부의 교통안전대책 추진지원

② 교통사고 줄이기 범국민 계도사업

③ 교통사고예방 홍보사업

④ 교통안전 비디오, 영상물 제작·배포

손해보험업계의 공익사업은 자동차보험과 관련된 교통사고 예방을 위한 사업에 집중되고 있는 특성이 있으며 그 성격상 협회가 주관하고 있다. 전체 공익사업 소요예산은 2000년 357억원, 2001년 390억원이 책정되었다.

(2) 윤 리 성

보험사업의 倫理性은 다른 종류의 기업에서도 강조되고 있지만 보험기업에서 특히 이것이 강조되고 있는 것은 보험계약의 사행성에 있다고 보아야 할 것이다. 보험제도는 이론상으로는 대수법칙, 통계 등에 의한 가장 과학적이고 합리적인 경제시설이라고 하지만 현실적으로 보험회사경영에 있어서는 반드시 그러하지 못한 면이 있을 수 있다. 단순히 보험의 윤리성이라고 할 때에는 보험계약자측에 대해서도 이것이 강요되어야 한다. 즉, 보험계약자의 도덕적 위험, 위험의 역선택, 고의에 의한 보험사고의 유발, 기타 보험회사의 약점을 이용한 제도

적 악용 등의 배제가 윤리성을 실현하는 구체적인 방법이다. 물론 이러한 점은 보험기업측에서도 일으킬 수 있으므로 윤리성은 마땅히 강조되어야 한다.

보험사업의 윤리성과 관련하여 부언하고 싶은 것은 1968년 11월 21일에 제정된 한국보험단의 보험인윤리강령이다. 그 내용부터 소개하고 간단하게 논평하기로 한다.

◇ 保險人倫理綱領 ◇

우리 보험인은 우리에게 지워진 경제적·사회적 책무의 중차대함을 느껴 우리들 스스로의 긍지와 양식에 의하여 보험인의 윤리강령을 제정하고 이를 성실히 준수할 것을 다짐한다.

우리 경제의 급격한 발전과 사회보장영역의 확대로 모든 자유인의 생활안정을 도모하고 국가발전에 기여하기 위하여 우리는 그 필요로 하는 자원의 확보와 有爲한 사업에의 투입으로 자본시장 발전에 적극 참여하며, 보험관계인의 권익보호로 국민의 보험에 대한 신뢰감올 두터히 함에 서슴지 않는다.

우리들 보험인은 보험시장을 성장·발전시키기 위하여 공정, 창의, 선의의 경쟁에 의한 자율적인 실천을 기할 것이며, 이에서 이탈하는 보험인은 국민으로부터 소외되므로 경제적·사회적 퇴진을 자초하게 됨을 우리는 확신한다.

1. 公 共 性

보험은 항상 공공의 것이다. 이는 경제적·사회적 수요에 대응하는 公器로서 존재하는 것으로 幾個人의 사유물일 수 없다. 우리는 이의 관리자로서 올바르게 운영하여 피보험자의 권익보호에 투철하여 공공의 복리증진에 전력한다.

2. 誠實한 奉仕

우리는 보험가입자에 대한 봉사에 있어 신속·정확·완전을 신조로 성실하게 업무를 수행한다. 더욱이 공중에의 신뢰를 바탕으로 하여 공공의 이익에 충실하고 책임있는 최대의 봉사를 한다.

3. 公正한 去來

보험의 모집에서 보상에 이르기까지 모든 과정에 있어서 신뢰와 성실을 다하여 보험가입자의 이익을 존중함으로써 보험업의 공신력올 앙양한다.

4. 福祉社會의 建設

우리는 사회공중의 신뢰와 호의에 기초를 둔 상부상조의 이념으로 공공의 복지와 사회보장의 영역을 확대하도록 최선의 노력을 경주한다.

5. 經濟發展에의 寄與

우리는 국민경제 발전에 적극 기여할 것이며 국민경제에 대한 윤리성을 인지하고 국가의 시책에 순응하여 자본시장의 일익을 담당함으로써 내자동원에 크게 일조하는 우리임을 자부한다.

6. 秩序와 法規의 遵守

우리는 보험시장의 발전을 저해하는 도덕적·관습적·법률적·諸違規를 단연 용납하지 않으며, 나아가 보험의 담당자로서의 긍지와 사회인으로서의 양식을 훼손하는 일체의 행위를 배격하여 질서 있고 밝은 내일을 기약한다.

7. 保險企業人의 姿勢

우리는 사회가 요구하는 복지확대와 국민이 갈망하는 경제발전의 일역을 담당한다. 모름지기 기본적인 자유와 사회정의에 입각한 공정함과 기업경영의 창의성과 간단없는 연구를 바탕으로 견실하고 청신한 방향으로 보험사업의 혁신을 기한다.

1968. 11. 21

韓國保險團

◘ 保險人倫理綱領(1981. 改正) ◘

우리는 보험산업의 역군으로서 온 겨레의 소망인 안정과 번영을 추구함을 우리들의 사명으로 한다.

보험산업은 새시대가 지향하는 복지국가건설의 기반이며 지속적인 경제성장을 이룩하는 밑거름이다.

이에 우리 보험인은 주어진 책무의 중차대함을 절감하여 보험윤리강령을 제정하고 이를 성실히 준수할 것을 다짐한다.

1. 公 共 性

우리는 보험의 공공성을 깊이 인식하고 국민의 생활안정과 복리증진에 기여한다.

2. 公信力 提高

우리는 보험산업의 공신력을 제고하여 보험의 생활화가 이루어지도록 최선의 노력을 경주한다.

3. 誠實·奉仕

우리는 보험가입자보호를 최우선으로 하고 성실과 봉사를 신조로 하여 신뢰받는 保險人像 구현에 정진한다.

4. 技術開發

우리는 자기능력을 배양하고 새로운 보험기술을 개발하여 국민경제의 발전과 복지사회건설에 솔선한다.

5. 遵　　法

우리는 법과 질서를 존중하는 보험인으로서 새시대·새역사 창조에 앞장선다.

保險人倫理綱領의 내용은 위에서 언급한 보험사업의 공공성·공익성·사회성·윤리성 모두가 집약되는 것으로도 볼 수 있다. 1968년 11월 21일자로 이 강령이 제정된 것은 韓國保險團의 발족과 동시에 동일자를 제 1 회 '保險의 날'로 정하고 큰 행사를 치르기 위하여 정부주도형으로 만들어진 것이다. 그러나 그 후 정부의 각종 '날'의 통폐합조치에 따라 '保險의 날'은 '貯蓄의 날'에 흡수되면서부터 행사의 중지와 함께 한국보험단의 존재도 자취를 감추게 되었다. 한국보험단은 한국보험공사의 설립 후 재발족의 형식을 취하였지만 保險人倫理綱領은 보험업계의 기억에서 사라질 정도로 현재는 그 자체와 존재조차 의식하지 못할 정도가 되었고 보험업계의 큰 행사에서도 식순에서 낭독이 제외되고 있다.

保險人倫理綱領은 그 제정동기는 '保險의 날'이나 한국보험단과는 무관하다. 이것은 보험기업인들이 항상 그 내용을 유념하면서 일상의 경영활동에서 스스로 실천하여야 할 德目이다. 이 保險人倫理綱領은 위에서 언급한 각사 보험경영자의 경영이념으로 볼 수 있는 社訓과 함께 단순히 형식적인 존재에 그쳐서는 안될 것이다.

(3) 사 회 성

보험사업의 사회성이란 기업의 사회화 또는 소유의 사회화를 상기시키지만 그러한 측면보다는 보험기업의 대내외적 관계, 즉 다수의 이해자집단을 말한다. 여기에는 물론 국가와 사회도 포함된다. 그 가운데 가장 중요한 이해관계자는 보험계약자집단이다. 보험사업의 성립은 원천적으로 절대다수의 가입자를 전제로 하기 때문에 일반기업에서 말하는 소비자 또는 고객과의 관계와는 그 의미가 다르다. 다른 한편으로 상기 기업의 사회화 또는 소유의 사회화라는 의미가 보험기업의 사회성을 이야기할 때 전혀 배제할 수는 없다. 보험사업의 국유화 내지 보험국영론은 일면 보험기업의 사회화로서 보험기업이 사회적 사명을 완수하지 못할 때 자주 제기된다는 사실은 과거의 역사에서 체험하고 있다.

3. 保險企業과 福祉

(1) 복지지향의 보험경영

최근 국민복지지표로서 종래의 國民總生産(Gross National Product: GNP)의 개념 대신 純國民福祉(Net National Welfare: NNW)의 개념이 등장하고 있다. 그러

나 이 새로운 개념은 반드시 명확하지는 않다. 일반적으로 국민복지지표의 체계로서 GNP(성장 및 성장요인, 안정, 분배 등)를 중심으로 한 경제적 복지지표와 경제 외적 복지지표로서 안전, 보건, 생활편익, 쾌적(여유시간, 오락 등), 사회참여와 소외(그 지표로서 자살률, 이혼율, 범죄발생률 등)에 대해서 크게 논의되고 있다.

오늘날 福祉라는 말은 우리의 일상생활에서 흔히 사용하고 있어 일종의 유행어처럼 범람하고 있다. 보험과 복지에 관해서는 종래 보험의 기능적 측면에서 그 의의가 강조되어 왔지만 오늘날 보험기업의 사회적 책임을 논하면서 구체적으로 私保險이 복지 또는 복지사회의 구현에 실질적으로 공헌을 요구하고 있고 사보험의 福祉産業 부정론을 日本保險學會에서 제기함에 따라 일본에서는 현재까지 큰 논란이 되고 있다.

보험산업과 복지문제를 구체적으로 제기한 것은 일본에서 1975년 6월 보험심의회답신 이후 保險福祉産業論이 논의되면서 시작되었다. 일본보험학회에서 1977년 相互扶助로서의 보험의 성격부정과 1978년 福祉産業 부정론이 토의됨에 따라 보험업계(특히 생명보험업계)는 큰 충격을 받게 되어 현재 이 문제는 학리적으로나 실무적으로 기로에 서 있다.

보험기업의 사회적 책임을 구체적으로 실현하는 수단으로서 복지지향의 보험경영은 여러 측면에서 강조될 수 있으나 특히 생명보험업계의 복지성투자와 손해보험업계의 防災活動을 들 수 있다. 물론 복지성투자는 손해보험사업과도 관계되고 생명보험사업에서도 방재활동은 무시할 수 없지만 양자간에 비중이 다른 것으로 보아야 한다.

복지성 투자대상은 주택금융, 공공투자(국가기간산업 등), 공적 운용기관의 설치, 환원투융자, 국공채보유, 기관투자가로서의 기대, 기타 복지금융 등이다. 이것은 보험회사의 자산운용에 있어서 이윤이나 영리에 편중되어 부동산투자 등에 집중되는 것을 상대적으로 제한함으로써 가능하여진다. 그러나 보험감독행정에서 보험사업의 투자를 너무 이곳으로 편중투자하도록 하는 것도 문제가 있다. 보험기업의 복지성투자에는 한계가 있다.

保險企業의 防災活動은 사회적 책임을 수행하는 하나의 방법인 동시에 보험사고의 예방효과에 의하여 보험경영 그 자체에 있어서도 매우 유익한 결과를 기대할 수 있다. 보험사업은 항상 위험관리와 선택 및 보유에 신경을 쓰고 있기 때문에 방재활동에 있어서는 어느 정도 전문가의 위치에 있게 된다. 따라서 손해방지를 위한 각종홍보·지도계몽은 물론 보다 궁극적으로는 방재기구(소화기, 각종 안전장치 등)의 제조업에 대한 투자 및 저리융자, 방재활동단체를 지원하는 것은 保險企業의 社會的 義務라고도 할 수 있다. 오늘날 선진보험국가 가운데서 미국의 보험업계는 이 부문에 있어서 많은 활동과 투자를 하고 있다.

損害保險事業은 보험종목에 따라 방재활동과 내용이 매우 다양하고 광범하다. 특히 화재보험, 해상보험, 자동차보험에 있어서 방재활동이 다양하게 전개되어야 함은 물론 산업재해 및 배상책임에 관한 방재활동에 있어서 기술개발·연구, 투자 및 자금지원 등 실질적으로 도움이 될 수 있는 방향으로 전개되어야 하며, 방재활동을 단순히 보험회사의 선전효과나 영리성과 독점성에 대한 사회의 불신과 비난을 면하기 위한 형식적인 활동에 그쳐서는 안 된다.

(2) 복지형 보험상품과 사회적 책임

보험은 기능적인 측면에서 보면 거의 모든 보험상품이 복지와 관련된다. 그러나 그 가운데서 보험회사의 영리성을 떠나서 보험회사가 사회복지의 증진과 사회적 책임의 수행을 위하여 개발·보급해야 될 보험상품은 각종 배상책임보험, 사회보장성 상품(의료보험, 근재보험, 연금보험, 상해보험 등), 공해와 관련된 보험상품을 저렴한 가격으로 개발하여 적극적으로 보급해야 한다. 이것이 보험기업이 사회적 책임을 수행하는 구체적인 방법의 하나이다.

賠償責任保險은 오늘날 자본주의 산업사회에서 총아라고 할 수 있을 정도로 사회적 분쟁을 해결하고 물리적 손해배상을 합리적으로 처리할 수 있는 유용한 보험제도이다. 최근까지 개발된 것으로서 생산물배상책임보험, 자동차배상책임보험, 시설소유관리자배상책임보험, 청부업자배상책임보험, 개인배상책임보험, 스포츠배상책임보험, 직업상의 배상책임보험(의사, 약사, 변호사, 공인회계사, 직업사냥꾼 등), 기타 여러 형태의 보험이 있다. 이러한 배상책임보험은 사정에 따라 보험회사가 이익을 추구할 수 없는 경우가 있지만 다른 영리적 보험상품에서 얻은 일부를 여기에 충당하더라도 이러한 보험을 외면해서는 안 된다.

社會保障性 商品은 원래 사회보험의 영역에 속하는 의료보험, 산재보험, 연금보험 등을 적극적으로 개척하여 국가의 사회보장정책과 제휴·협력해야 할 책임이 민영보험업자에게 있기 때문이다. 사회보장과 사보험의 경쟁과 협력의 양면성은 선진국의 경험과 현황에서 잘 알 수 있지만, 우리나라의 경우도 최근 정부의 사회보장정책의 추진에 따라 이것이 문제되고 있다. 1980년도 재무부의 주

요 보험시책의 하나가 바로 이 사회보장성 상품개발과 추진이다. 이것은 보험기업의 사회적 책임을 수행하는 하나의 방법이며, 동시에 정부의 무모한 사회보장 확충정책에 의한 보험시장의 영역축소에 대비하기 위한 보험업계의 자구책이기도 하다.

마지막으로 福祉型 保險商品으로 공해와 관련된 상품의 개발을 통한 사회적 책임의 구현이다. 오늘날 산업사회에서 크게 문제되고 있는 공해는 보험제도만으로 물론 구제가 될 수 없고, 보험기술적으로 공해의 상품화가 어려운 점이 있다. 그러나 책임보험의 일종으로서 油濁保險(oil pollution insurance), 식품사고보험 등과 같은 기술적으로 가능성이 있는 상품은 채산성을 떠나서 개발·판매하는 것이 현재 요망되고 있다. 보험회사가 이상과 같은 복지형 보험에 대하여 적극적인 자세를 취하지 않고 소극적인 대응책만을 사용할 때 국민의 신망을 잃은 과정에서 경우에 따라서는 보험국영론이 재등장될 수도 있다.

4. 參加와 保險經營

기업경영에 있어서 경영민주화의 하나의 방안으로 從業員의 經營參加(자본참가, 이윤참가 포함)는 매우 중요한 의의를 지니고 있다. 독일은 1951년 共同決定法(Mitbestimmungsgesetz)에 의하여 법제화되었고 다른 국가에서는 노사협의회(또는 경영협의회) 혹은 노사협력의 방안으로 다양한 방법으로 직접·간접으로 종업원의 경영참가가 제도화되어 있다. 經營參加制度의 意義는 종업원의 사기향상, 소속의식의 고취, 생산성향상, 노사협력 등 여러 가지 측면에서 찾아볼 수 있다.

보험기업에 있어서 이해자집단으로 일반 기업의 경우처럼 사내 종업원은 물론 대리점, 외무원, 보험계약자 등도 경영참가의 대상자로 검토되어야 한다. 특히 상호보험회사의 사원(보험가입자)은 사원총회(보험업법 제61조~제63조)를 통하여 제도적으로 경영참가가 보장될 수 있기 때문에 여기서는 설명을 생략하기로 한다.

보험회사, 특히 생명보험회사는 노동집약형 산업이라고 할 수 있다. 일반적으로 종업원이라고 말하는 내근사원은 현재 급속하게 업무의 기계화·컴퓨터화가 추진되고 있어서 노동조합이 결성되어 있다고 하여도 경영참가가 소극적일 수밖에 없다. 그러나 현장근로자로서 많은 여성을 대량적으로 채용하고 있는 보험모집인은 제조업의 현장근로자와는 성격이 다르지만 보험상품의 판매의 중요성에서 볼 때 이제까지 회사의 경영층(top management)과 현장의 거리가 경영참가 또는 의사반영에서 너무나 멀었다는 점은 여러 가지 측면에서 다시 생각해 보아야 할 문제이다. 보험모집인의 역할은 주된 기능으로서 상품판매 이외에 일반 대중을 상대로 회사의 이미지와 보험의 이미지를 전달하게 되며 이들의 실수는 바로 회사에게 직접적으로 영향을 미치게 한다.

지금까지 한국의 보험기업은 보험모집인을 대량으로 채용하면서 능률과 업적향상을 위한 독려만 하였을 뿐 경영참가의 측면에서 관리는 거의 무관심하였다. 보험모집인에 대해서는 경영참가를 위한 노동조합의 조직을 반드시 전제로 하는 것은 아니지만 이들의 사기향상을 위해서 회사가 스스로 하나의 조직단체를 구성할 수 있도록 직접·간접으로 지원하고 그들의 일치된 의사가 어떠한 형태에 의하든간에 경영에 전달·반영되도록 해야 하겠다.

보험사업은 손해사정조직, 대리점협회, 보험에 관심을 가지고 있는 특정 시민단체 내지 소비자단체 등이 건전하게 발전하여 이해집단으로서 보험회사와 좋은 유대관계를 가질 수 있도록 보험협회에서 관심을 가지고 지원 또는 협의할 필요가 있다. 이들 단체뿐만 아니라 보험회사 노동조합과의 관계도 다른 금융산업 이상으로 共生關係가 유지되어야 하고, 생활설계사(모집인)의 노조 설립문제도 반대보다는 대책을 가지고 있어야 할 것이다. 필자는 1980년 이 교재를 보험연수원 교재로 처음 집필하였는데, 보험회사 노조문제가 포함되어 있다고 하여 보험연수원과 업계가 신경을 쓰고 있어서 내용의 일부가 삭제된 사실을 상기하면 현재의 사정에서 隔世之感을 느끼고 있다.

제 3 절 保險消費者 保護

消費者問題가 사회적으로 제기된 것은 자본주의경제가 고도화됨에 따라 과잉생산과 과소소비의 문제가 심화되면서부터 시작되었다. 즉 경쟁의 자유가 가져온 상품의 과잉생산은 상품의 판매부진과 생산자 상호간에 치열한 경쟁을 유발시켜 생산단축, 품질저하, 기만적 상행위, 가격덤핑 등을 초래하여 소비자로부터 비판의 소리가 높아져서 하나의 사회적 문제로 대두되었다.

자본주의사회에 있어서 소비자운동의 궁극적인 목적은 기업이 창출해 내는 선전이나 광고에 의한 依存效果(dependence effect)에 대한 저항력을 배양·발휘함으로써 각종 상품선택에 있어서 자주적인 가치판단을 가능케 하여 소비자주권(consumer sovereignty)을 확립시키는 데 있다. 소비자보호의 기본원리로서 1962년 미국의 J. F. Kennedy 대통령이 하원에 대한 消費者利益保護에 관한 特別敎書에서 밝힌 소비자의 4가지 기본권리, 즉 안전의 권리(the right to safety), 알 권리(the right to be informed), 선택의 권리(the right to choose), 의사존중을 받을 권리(the right to be heard)는 그 후 세계 각국의 소비자운동을 전개하는 데 원동력이 되고 있다.

소비자운동의 기본목적은 위에서 말한 소비자운동을 확립하고 소비자의 4대권리를 보장하고 신장시키는 데 있으며, 소비자운동은 정치적·경제적·사회적 제측면에서 큰 의의를 가지고 있다. 이와 같이 산업전반에 걸쳐 오늘날 어느 국가를 막론하고 소비자운동이 활발하게 전개됨에 따라 보험산업에 있어서도 그 특수사정에 의하여 크게 파급되고 있다.

1. 保險消費者運動의 본질

보험기업의 경영이념을 크게 분류할 때 相互扶助·相互救濟·公共的 使命·福祉社會的 使命의 달성이 제창되고 있다. 여기에는 또한 견실경영에 의한 보험계약자의 보호와 봉사도 포함되어 있다. 보험이라는 제도가 오랜 역사 속에서 문명제국에서 상당한 발전을 하고 있다는 사실은 보험의 효용이 사회적으로 확인된 논거일 수도 있다. 보험의 효용이 일반 국민의 생활에서 필요·불가결하다는 것은 부정할 수 없지만 단지 이러한 사실만으로 보험기업은 자기만족에 빠질 수는 없다.

보험의 효용이 옛날부터 널리 인정되고 있는 반면에 보험의 폐해에 관한 논의가 단순히 일반 국민 사이에서 뿐만 아니라, 학자나 연구자 등 지식인들 사이에서도 크게 논의되고 있다. 경우에 따라서는 이들 지식인들이 의외로 보험에 대한 혐오감과 반발감을 가지고 있기도 하다. 올바른 보험비판론은 보험의 효용을 인정하면서도 그 위에 악영향이나 불만·미비점·폐해를 추궁하고 그 해결방안을 제시하고 그 실천을 보험회사에 대하여 요구하고 있기 때문에 오늘날의 소비자의 광범한 보호운동은 이러한 점에서 보험에까지 미치게 된다.

보험기업이 보험소비자운동에 대해서 주의할 점은 그것이 단지 보험에 대한 비난이든가 또는 고발로서 시종되지 않는다는 사실이다. 보험소비자들은 피해자의 단결에 의하여 기업에 대하여 반격을 하는 경우가 많다. 그러나 보험소비자운동은 이러한 점에서 보험을 파괴하려는 것이 아니고 종국적으로는 보험의 시대에 영합하여 제도를 개선하게 하려는 것으로 보아야 할 것이다. 보험소비자운동에 대한 보험 및 보험기업의 대답태도가 변명이나 궤변으로 그 위기를 모면하려는 것은 큰 잘못이다. 이것을 자기반성의 기회로 삼아 일반 국민에 대한 保險敎育의 기회로 활용해야 하고, 保險嫌惡의 宿命을 불식할 수 있는 기회로 삼아야 한다.

보험소비자운동은 선진국의 경우 보험가입자가 많은 생명보험의 분야에서 특히 문제되고 있다. 손해보험에 있어서는 자가운전의 시대를 맞이하여 자동차보험에서 소비자운동이 전개되고 있다. 생명보험의 소비자운동은 우선 보험비판에서 비롯된다. 그 비판의 대상은 보험회사에 대한 것, 보험외무원에 대한 것 및 보험제도 그 자체에 관한 것이다. 이들은 서로 독립적으로 또는 상호관계하여 생명보험비판을 형성하고 있다. 그 내용 가운데는 일부 오해를 받고 있는 것도 있지만 어떠한 경우이든지 생명보험업계는 숙명적으로 해결해야만 되는 일이다.

⑴ 보험회사에 대한 비판

보험회사의 보수성, 독선성, 독점성 내지 과점성을 비판하고 시장의 신규참가의 제한, 미온적인 경영체질, 특수한 입장에서 독특한 대우, 保護行政의 존재 등이 또한 비판의 대상이 되고 있다. 이와 같은 보험회사에 대한 비판과 공격은 경우에 따라서는 사실을 왜곡하고 과장·오인된 사례도 많지만 그 사실의 옳고 그름을 떠나 하나의 조류 내지 풍조가 되고 있다는 데 문제가 있다. 보험회사에 대한 비판은 여기에서 그치지 않고 구체적으로, ① 경영에서 민주적이 되지 못하고 소비자 등의 의향이 반영되지 않고 있으며, ② 보험상품에서 사회보장성상품이 적고 공해발생의 공포에 대하여 보험상품화하지 못하고 있고, ③ 보험자금의 복지운용 및 환원운용이 소극적이라고 불평하고 있다. 이러한 비판은 당연하게 보험국영론으로까지 몰고 갈 가능성이 있다.

⑵ 보험외무원에 대한 비판

보험비판의 주요 부분은 외무원의 질의 저하와 보험회사의 외무원관리에 대한 비방이다. 여기서는 구체적으로, ① 외무원에 의한 집요한 판매권유, ② 외무원의 대량채용·대량탈락, ③ 고지의무를 둘러싼 분쟁, ④ 외무원의 생활안정 등이 문제되고 있다.

(3) 보험제도 자체에 대한 비판

보험 그 자체에 대한 비판을 받아들여야 하는 것은 어쩌면 보험의 숙명인지 모른다. 예로서 생명보험의 수리성이나 법률성의 강한 색채, 장기계약성, 보험에 의한 이득불가의 원칙, 보험료선불의 원칙 등은 보험의 구조를 지배하는 골격으로서 여기에 대한 비판은 사전에 이해하는 방법으로 대처하지 않으면 안 된다.

이상과 같은 생명보험에 대한 소비자의 비판은 경우에 따라서는 이율배반적인 현상으로 나타나고 있다. 예로서 보험자금의 복지운용을 강하게 요구하면서 다른 한편으로 계약자에 대한 高配當을 주장하는 경우이다. 또한 생명보험의 해약에 있어서 해약환급금의 증액을 요구하고 있지만 이것은 해약을 하지 않는 절대다수의 계약자들에게는 불이익이 된다. 생명보험이 인플레이션에 약하다고 비판하면서 계약자들이 납입하는 보험료의 증액은 반대하는 경우, 보험회사의 번영은 시인하면서 다른 한편으로 독과점이라고 비판하는 것도 이율배반의 현상이다.

2. 先進國 保險消費者運動의 전개내용과 대책

보험소비자운동의 전개내용은 일률적으로 말할 수 없다. 그것은 보험의 종류(생보와 손보), 보험상품의 내용, 보험회사의 태도, 보험시장의 여건 등에 따라 다르게 나타난다. 때로는 보험소비자운동이 보험에 대한 악의, 무시와 몰이해에 의하여 일어날 수도 있다. 보험기업은 소비자에 대하여 판매면에서는 약자이지만(소비자는 강자), 법제면에서는 강자(소비자는 약자)이다. 또한 보험료를 수납하는 단계까지는 약자(소비자는 강자)이지만 보험금을 지급하는 단계에서는 강자(소비자는 약자)이다. 그 이외에 보험관계가 지속되는 가운데서는 회사가 약자이지만 자금운용(계약자대부)이나 실효·해약시에는 강자로 군림하게 된다. 이와 같이 보험소비자운동에 있어서 소비자와 보험기업은 서로가 강자와 약자의 이중성을 지니는 미묘한 위치에 있게 된다.

보험소비자운동은 외국의 경험에 의하면 생명보험과 손해보험에서 크게 다르게 나타나고 있다. 사회적으로 특히 문제가 되는 것은 선진국에서드 생명보험의 경우가 많다. 다른 산업에 비하여 보험산업에 대한 소비자운동은 대기업에 의한 시장지배와 독점성을 지니고 있다는 점에서 문제되고 있다. 특히 한국의 경우는 후술하는 바와 같이 독과점체제 위에서 독점회사(자동차보험)와 단일창구에 의한 풀체제로 강제보험가입이 되고 있어 보험소비자보호는 기대하기 어렵게 되었다.

생명보험을 증심으로 보험소비자운동이 미국, 일본 등과 같은 선진국에서 전개되고 있는 대상은 외무원제도, 상품, 상호회사, 계약정보, 인플레이션, 계약조건, 보험료, 모집제도, 자금운용 등 회사의 업무전반에 걸쳐 있다. 여기에 대한 대책은 정부의 행정적 대응책과 업계의 대응책으로 구분할 수 있다.

(1) 미 국

미국의 소비자운동은 전통적으로 강한 국민들의 權利意識과 사회적·경제적 힘에 의하여 크게 발전되고 있다. 소비자운동의 대두와 확대는 각종 소비자보호 입법, 예로서 식품·의약·화장품법, 전국교통·자동차안전법, 식육검사법 등의 제정 내지 개정으로 자동차, 약품, 식료품 등의 일반 산업계에 큰 영향을 미치었지만 1970년을 전후하여 생명보험업계에도 늦었지만 그 영향이 파급되어 생명보험경영에 있어서 消費者運動은 피할 수 없는 문제가 되었다.

미국에 있어서 생명보험에 대한 소비자운동은 다른 일반 산업과는 달리 데모나 불매운동 등의 공격적인 사건은 없었다. 그것은 생명보험이 매우 복잡한 상품이기 때문에 공격목표가 불명확한 것에 기인하기도 한다. 그러나 미국생명보험업계의 PR기관인 Institute of Life Insurance(ILI)가 1972년 실시한 소비자의식조사에 의하면, ① 생명보험에 대한 이해도에 있어서, "잘 알 수 없다"와 "전혀 알 수 없다"고 회답한 것이 전체의 53%, ② 소비자운동에 대한 지지도는 "전면적으로 지지한다"와 "지지한다"가 전체의 90%이었으며, ③ 소비자운동은 어느 업종에 필요한가의 업종별 지지비율을 보면 1위 식료품 57%, 2위 약품 51%, 3위 주택 35%, 4위 생명보험 29%, 5위 은행 20%의 순으로 나타났다.

미국에 있어서 생명보험에 대한 소비자운동의 파급은 이상과 같은 일반 소비자의 잠재적인 비판·불만을 대변하여 지식층에 의하여 일어나고 있다. 즉 1960년대 후반부터 생명보험에 정통한 대학교수, 정치가, 보험행정담당자 등이 학회지, 보험잡지, 기타 금융관계의 출판물 등에서 생명보험에 관한 비판을 발표하고 생명보험업계나 보험행정에 대하여 요망·제언을 행하는 활동을 전개하고 있다. 1970년대의 3년 동안 의회에서 생명보험이 거론된 것은 400회이며, 대학생의 95%가 설문조사에서 생명보험의 직업선택을 거부하는 반응을 보였다.[7] 미국에서 생명보험에 대한 비판으로서 대표적인 것은 N.F. Dacey의 「生命保險의 誤謬」(*What's Wrong with Your Life Insurance*, Collier Books, New York, 1978)이다. 이 책은 1963년 처음 출판된 후 1978년까지 제11판이 중판되었다. 그 내용은 1960년의 계수를 중심으로 생명보험전반(34개 부문)에 대하여 정확하게 모순과 문제점을 소비자의 입장에서 비판하고 있다.

한편, GM결함차 적발과 소비자운동가로 널리 알려진 럴프 네다는 1972년부터 생명보험기업을 비판·공격하기 위한 조사에 착수하였으며, 1973년 5월에는 상원의원 필립 하드가 이끄는 상원 反트러스트小委員會에서 생명보험기업에 관한 소위원회를 개최하고 증인으로서 럴프 네다와 소비자연맹대표 피터 슈우크가 출석하여 생명보험기업의 각 측면에 대하여 신랄한 비판을 하면서 생명보험회사의 경영개선 및 행정규제의 강화와 통일을 요구하였다.

이상과 같은 소비자운동의 성향에 대하여 각 주의 보험감독국은 소비자보호행정을 강화하는 움직임을 보여 왔다. 1973년 5월 전국보험감독자협회(NAIC)는 소비자에 대한 적정한 선택정보의 제공, 모집활동의 적정화라는 관점에서 고객에게 생명보험의 코스트(보험을 위하여 요하는 실질부담) 표시를 모집외무원에게 의무화시키고 또한 고객에게 오해될 수 있는 부정화법을 금지하는 것 등을 내용으로 하는 모델규제법안을 채택하였다.

보험소비자운동의 생명보험업계에 대한 공격은 1973년 2월부터 시작된 반트러스트소위원회의 공청회를 전후하여 그 운동이 더욱 활발하게 전개되고 있다. 생명보험업계에서도 이러한 소비자운동에 대응하여 여러 형태의 소비자 지향정책을 전개하고 있다. 예로서 전술한 ILI는 1972년 말부터 소비자의 오해를 해명하고 그 苦情·要望 등을 받아들이기 위하여 소비자문제를 전담하는 소비자문제위원회를 설치하였다. 또한 생명보험회사의 사회적 책임의 수행을 보다 충실·확대하기 위하여 ILI 내에 사회적 책임위원회를 설치하여 그것에 관한 정보센터를 운영하고 있다.

다른 한편 생명보험 외무원측에서도 소비자운동에 대응하여 소비자에게 적정한 정보를 제공한다는 관점에서 보험코스트의 공개문제가 대두되고 있으며,

7) V. Gerdes, *Verbraucherbewegung und Versicherung in den U.S.A.*, Versicherungswirtschaft Heft 18, Sept. 1977, S.1165
I. Pfeffer & D.R. Klock, *Perspectives on Insurance*, Englewood Cliffs, N.J.: Prentice-Hall, Inc., 1974. *cf.* Chapter 30, Consumerist Developments in Insurance.

그들의 단체인 全國生命保險外務員協會(NALU)에서도 이 문제에 대하여 큰 관심을 가지고 생명보험업계가 보험코스트 비교문제의 연구를 위하여 설치한 합동특별위원회와 협력하고 또한 독자적으로 이것을 검토하는 등 외무원의 입장에서 소비자문제를 다루고 있다. 미국에 있어서 생명보험소비자운동은 여러 측면에서 전개되고 있지만 그 공통적인 내용은 다음과 같다.

① 外務員制度에 대한 비판: 외무원에게 지급하는 수수료의 비율은 매우 높고 또한 외무원의 교체(turn-over)가 심하여 신입외무원의 교육훈련비가 팽창하고 있다. 따라서 외야경비지출은 소비자재산을 貪食·浪費하고 있다. 외무원에 의한 모집경쟁은 코스트를 인하시켜 합리적인 경쟁이 이루어지지 않고 있다.

② 商品에 대한 비판: 해약환급금은 어떤 생명보험(양로보험이나 종신보험 등)에 있어서는 보험료의 어느 부분이 저축부분과 보장부분으로 구성되어 있는지가 불명확하기 때문에 소비자에게 혼란과 오해를 가져오고 있다.

③ 相互會社에 대한 비판: 상호회사는 계약자가 사원이지만 실제는 계약자가 거의 참가하지 않는 사원(계약자)총회를 운영함으로써 극히 폐쇄적인 경영을 하고 있다.

④ 契約情報에 관한 비판: 보험계약을 체결할 때에 소비자에게 보험에 관한 잘못된 정보가 제공되고 부정화법·사기적 화법이 횡행하고 있다. 보험약관은 문자가 작고 전문용어가 사용되고 있어 읽어서 이해할 수 없다. 소비자에게는 어느 보험종류가 또는 어느 회사의 보험계약이 좋은가를 판단할 수 있는 적정한 선택정보가 주어지지 않고 있다.

⑤ 기타: 현재 판매되고 있는 생명보험에서 사용하고 있는 死亡表는 10년 전의 것이며 또한 예정이율도 낮기 때문에 보험료는 높게 책정되고 생명보험회사는 계약자로부터 集金한 자금을 계약자와는 완전히 관계 없는 사업에 투자하고 있어 사회적 책임을 망각하고 있다.

미국의 보험소비자보호를 위한 감독기관의 대책은 연방정부와 주정부 차원에서 관련법규에 차이가 있을 수 있다. 소비자보호를 위한 포괄적인 내용 가운데 보험계약자보호 장치로서 계약자보호예탁금제도와 생명보험의 정보공시제도에 대해서 살펴보기로 한다.

보험계약자보호예탁금제도는 각 주마다 다소의 차이가 있기 때문에 New York주를 기준으로 하여 설명하겠다. 물론 연방정부 차원에서 금융권 전체에 대한 예금보험공사(FDIC)가 있고 그 산하에 은행보험기금과 저축조합보험기금 2

가지의 보험기금이 있다. FDIC와 별도로 주정부 차원의 제도적 장치로서 보험계약자를 위한 별도의 보호제도이다. 보험보증기금제도의 기본구조는 전국보험감독관협회(National Association of Insurance Commissioners: NAIC)가 지난 1969년(손해보험)과 1970년(생명보험)에 채택된 보증협회모델법(Guaranty Association Model Act)에 근거하고 있다.

이 모델법에 의거하여 손해보험 및 생명·건강보험은 별도로 각 주에서 비영리 민간법인 형태로 보증협회가 설치·운영되고 있으며 보험사업자는 인가와 동시에 이 협회의 회원이 되는 것을 조건으로 한다. 손해보험보증기금의 갹출요율은 원수보험료의 1~2%이며, 보증한도는 1인당 30만$(일부 주는 15만$ 또는 50만$)이다. 손해보험은 기업보험이 중심이기 때문에 보호대상에서 해상보험, 신용보증보험, 재보험, 근로자재해보험은 제외된다.

생명·건강보험 보증기금의 보증한도는 사망급여 30만$, 적립금(해약환급금) 10만$, 연금 10만~30만$로서 주에 따라 차이가 있다. 기금에 대한 갹출요율은 연간 수입보험료의 2%이다. 기금은 생명보험, 건강보험, 연금 등 3가지로 분리 운영하고, 보호대상에서 제외되는 것은 주에 따라 차이가 있으나 변액보험, 일부 재보험, 비할당연금(unallocated annuities) 등이다.

정보공시제도는 특히 생명보험계약에서 계약자 이익에 관한 정보가 알기쉽게 공시해야 하는 것을 의미하는데, 많은 나라에서 정보의 비대칭성 때문에 관리에 어려움이 있다. 미국은 유니버설보험, 변액보험과 같은 특수상품의 등장 이후 급부 예시가 보편화되는 가운데 Prudential 등 일부 대형 생보사의 불완전 판매행위로 문제가 제기되었다. 보험상품은 다른 유형상품과 달리 많은 특성으로 인해 불완전 판매가 발생하는 등 구매리스크가 발생할 소지가 있고 여기에 대한 생보사의 정보제공은 미흡하다.

미국의 생명보험시장에서 보험계약자보호가 문제되는 또 하나의 측면은 부정한 승환계약(replacement, churning)의 유도, 모집인 등의 불완전 판매, 정보교환체계의 미구축 등이다. 승환계약이란 기본보험의 대체를 통해 신계약을 창출하는 방법으로 다른 보험계약으로 바꾸는 것을 의미하는데, 가장 흔한 사례로 피보험자의 건강상태 변화, 기존보험에 대한 과다한 약관대출금 등의 이유로 승환계약이 이용되어 왔다. 계약자들은 모집인들이 수수료를 목적으로 승환계약을 조장하고 있다고 비판하고 있다. 모집인의 불완전판매는 생명보험상품을 저축 또는 퇴직목적으로 구입하려는 계약자들을 대상으로 적극적인 판촉행위를 하는 과정에서 오해를 해명하지 않고 오인하도록 유도한다는 것이다.

미국은 생명보험의 정보공시를 강화함과 동시에 1995년 NAIC는 배당예시 허용에 따른 역기능을 최소화하기 위해 뉴모델규칙(예시에 관한 모델규칙)을 채택하였다. 이 규칙에서는 가입자 안내서, 예비정보, 요약 보험증권 등을 가입자에게 제공하도록 의무화하고 있다. 안내서에는 상품의 주요 특징, 계약에 관한 리스크, 장래급부, 코스트 등이 명시되고, 요약된 보험증권에는 보험료, 사망보험금, 해약환급금, 배당금에 대한 정보제공이 포함되어 있다. 예비정보는 가입자에게 특히 중요한 7가지 정보의 공시를 의무화(뉴욕주)하고 있다. 승환계약에 대해서도 뉴욕주는 1998년부터 규제를 강화하고 있다.

생명보험업계는 불완전 판매행위가 사회적 문제로 부각됨에 따라 업계차원에서 자율규제를 강화하고 있다. 그 방법으로 올바른 영업관행의 정착을 목적으로 1998년 4월 보험영업표준협회(Insurance Marketplace Standards Association: IMSA)를 출범(155개 회사 회원가입)시켰다. 이 조직에서는 윤리적 영업활동에 관한 원칙을 제정하였다.

(2) 일 본

1) 1970년대 이후 보험소비자의 보호정책 강화

일본의 보험소비자 보호문제가 제기된 것은 1960년대 초반부터이다. 특히 생명보험분야에 있어서 모집인, 상품, 상호회사, 계약정보, 인플레이션 문제, 계약조건, 보험료, 모집제도, 자산운용 등 보험회사 업무 전반에 대해서 감독행정, 보험심의회, 소비자단체, 생명보험협회 및 회원회사 등 이해집단 전부가 적극적인 관심을 보이게 되었다.

먼저 행정부의 대책으로는 국민생활심의회와 보험심의회의 기능을 활용하고 있다. 일본에서 총리대신의 자문기관인 국민생활심의회는 소비자보호의 시책을 심의하기 위한 하부기구로서 소비자보호부회를 설치하고 있다. 1972년 2월 제출된 "서비스에 관한 消費者保護에 대하여"라는 답신에서 보험서비스를 독립항목으로 다루면서 다음과 같은 개선사항을 제안하였다. 이 답신에 따라 동년 10월 정부의 소비자보호정책 추진의 최고기관인 소비자보호회의에서 결의사항으로 받아들였다.

① 보험요율 규제완화

② 배당의 탄력성 부가

③ 다양한 내용의 보험상품 제공에 의한 소비자의 선택폭 확대

④ 계약조건의 적정화

⑤ 선택을 위한 풍부한 정보제공

⑥ 모집제도의 개선

⑦ 소비자의견 반영

일본에서 보험정책결정에 영향력을 행사하고 있는 보험심의회는 1962년 제 1회 정책답신(答申) 이후 소비자보호에 관한 많은 의견을 개진하였다. 그 주요 내용은 다음과 같다.

① 1962. 3. 22 生命保險 計理: 보험료 및 배당의 획일주의 시정, 계약자 실질부담의 경감, 해약공제를 위한 내부유보 강화

② 1965. 3. 22 상호회사 조직운영 개선: 사원총대(總代)선발위원회 조직 검토, 사원의 의사반영기관 설치.

③ 1964 · 1965 생명보험 모집제도: 모집인 시험제 도입, 회사의 책임체제 확립, 제도합리화, 유지율 개선

보험심의회는 1970년 이후에도 보험소비자보호를 위한 답신이 계속되었다. 그 내용으로는 1972년 상품 다양화, 자산운용의 公共性 중시, 외국회사의 일본인 계약, 무배당보험 및 변액보험, 1974년 모집제도 개선, 상품과 관련하여 인플레이션 대책, 정기보험의 적극판매, 저축기능, 정보제공 개선 등의 조치가 있었다.

1968년 소비자보호기본법이 제정된 이후 일본의 보험소비자운동은 생명보험을 중심으로 소비자단체의 각종 출판물에 의한 비판, 시정운동, 건의요망이 있었다. 단체는 전국소비자대회, 주요지역 소비자클럽, 주부연합회 등이 생명보험의 計略을 비판하고 계약자이익을 수호하기 위한 대회결의(1972), 보험제도 불만에 대한 면접조사(1971. 12. 10～1972. 3. 20)가 있었다. 조사내용과 시정요망에서 거론된 내용은 다음과 같다.

① 외무원제도 재검토

② 정확하고 충분한 정보제공

③ 계약 이후 계약관리에 대한 회사의 주의 강화

④ 상담기관 증설 및 홍보 강화

⑤ 보험료의 탄력화

보험소비자운동은 이상과 같은 단체에 의한 비판, 시정촉구 이외에 평론가 등

에 의한 비판서적 출판, 신문에 독자투고란 이용, 컬럼기고, 신문기사 등이 1970년대부터 매우 활발하게 전개되었다. 보험비판 서적의 출간은 다음과 같다.

① 保險問題硏究會, 「保險會社를 告發한다」, 1970.

② 鶴蒔靖夫, 「保險王國의 光과 影」, 1971.

③ 生保問題硏究會, 「生命保險은 損害인가 利得인가」, 1972.

④ 卷正平, 「保險의 秘密」, 1973.

⑤ 消費者를 위한 保險硏究클럽, 「生命保險의 7가지 수수께끼」, 1974.

⑥ 仲本潤平, 「保險會社殘酷物語」, 1975.

⑦ 全國勞動者共濟生活協同組合聯合會, 「保險의 計略」, 1974.

⑧ 南邦子, 「生命保險의 內幕」, 1977.

⑨ 佐瀨稔, 「生命保險의 거짓말部分」, 1977.

2) 신보험업법(1995) 이후 소비자보호정책

일본의 보험업법은 제2차 세계대전을 앞두고 1939년 1941년 개정된 이후 1980년대까지 근본적인 수정 없이 부분개정에 의하여 운영되어 왔으나 1980년대 후반의 금융자유화, 국제화추세에 따라 보험산업 환경의 급격한 변화로 1989년부터 1992년까지 3년 동안 보험심의회가 개정방향을 심의·검토하여 1995년 5월 신보험업법이 제정(1996년 4월 시행)되었다. 현행 보험업법에서 새로 도입된 생명보험 계약자보호와 관련된 기준, 지침 등의 내용은 다음과 같다.

① 상품·요율제도의 심사기준

㉠ 보험계약의 내용이 보험계약자 등의 보호에 소홀할 우려가 없을 것.

㉡ 보험계약의 내용이 특정인에게 부당하게 차별적으로 취급하지 않을 것.

㉢ 보험계약의 내용이 공공질서 또는 선량한 풍속을 해치는 행위를 조장 또는 유발할 우려가 없을 것.

㉣ 보험계약자 등의 권리의무, 기타 보험계약의 내용이 보험계약자 등에게 명확하고도 평이하게 규정될 것.

㉤ 기타 보험업법시행규칙에서 정한 기준에 적합할 것.

② 보험료 및 책임준비금 산출방법서 인가·심사기준

㉠ 산출방법이 보험수리에 기초하여 합리적이고 타당할 것.

㉡ 보험료가 특정인에 대하여 부당하게 차별적이지 않을 것.

㉢ 기타 보험업법시행규칙이 정한 기준에 적합할 것.

③ 모집과 관련된 계약자보호제도: 일본에서 생명보험의 소비자보호는 전통

적으로 모집인 및 모집제도와 관련된 것이 많았으며 최근 보험중개인제도가 추가 도입되었다. 생명보험 모집인은 약 40만 명으로 여자가 중심이며 그 동안 논란되어 온 모집인권리(계약체결권) 유무와 관련하여 신보험업법은 일부 모집인에 대하여 계약체결대리권을 부여하였다. 계약체결시 모집인은 계약체결의 대리권 유무를 고객에게 알리도록 의무화하였고, 모집과 관련하여 불법행위를 한 경우 회사의 배상책임을 인정하고 있다. 보험중개인이 보험계약의 체결을 매개하는 경우 고객에게 서면 교부의무가 있는데 그 가운데 중요한 것은 다음과 같다.

㉠ 계약체결권 및 보험료수령권이 없다는 취지

㉡ 보험사고가 발생한 경우 보험금 지급사유에 해당하는지 여부를 판단하지 못한다는 취지

㉢ 고객의 요구가 있을 경우 계약수수료·보수, 손해배상 책임보증금의 내용, 중개인이 거래하고 있는 보험회사 거래상황에 대해서 알릴 의무가 있다.

㉣ 고객을 위하여 성실히 계약체결을 매개할 의무가 있다.

④ 보험모집 또는 계약전환시의 정보제공: 구법에서 보험모집과 관련하여 문서, 도화의 부당표시금지를 소극적으로 규제하고 정보제공제도는 없었지만 신법에서는 고객에 대한 정보제공을 충실히 하기 위하여 모집 또는 계약전환시 다음과 같이 적극적으로 고객에게 일정한 정보를 제공하도록 규제하고 있다(서면교부 및 설명의무).

㉠ 보험계약의 중요사항(공통사항 4 가지) 등

㉡ 변액보험: 사산의 종류, 평가방법, 운용시침, 운용실적에 따라 보험금 등의 금액이 불확실하다는 사실

㉢ 해약환급금이 없는 계약의 경우 그 사실

㉣ 외화표시 보험계약의 경우 엔화로 환산한 금액이 계약체결시보다 하회할 수 있다는 사실

㉤ 보험계약 전환의 경우 특칙

⑤ 보험모집시 표시금지 사항: 보험모집시 금지되고 있는 사항으로(법 제300조) 허위표시, 중요사항의 불고지, 허위고지 권장, 계약전환, 특별이익 제공, 오해를 초래할 우려가 있는 예상배당 등의 표시이다. 다른 회사 상품 등과 비교정보는 그 방법에 따라 보험계약자이익이 침해될 우려가 있기 때문에 비교정보 표시에 관한 구체적인 세부 실시내용을 규제하고 있다. 그 가운데 중요한 내용은 보험

요율, 담보내용(면책사유 등), 납입보험료와 만기환급금과의 관계, 예상배당 표시, 회사의 신용 또는 지급능력 표시 등이다.

⑥ 특별계정제도: 특별계정은 1986년 10월 변액보험의 판매와 관련하여 보험업법시행규칙에 근거를 두고 도입되었는데, 신보험업법은 그 중요성을 감안하여 법률에 설치근거를 두고 변액보험계약뿐만 아니라 적격퇴직연금보험, 후생기금연금보험, 국민연금보험 중 책임준비금의 운용실적에 따라 보험금, 기타 급부금이 달라지는 보험계약으로 확대적용하였다.

⑦ 계약자배당제도: 계약자배당의 원칙과 계약자배당준비금의 적립근거를 신설하였다. 계약자배당원칙으로 '공정하고 衡平한 기준으로서 보험업법시행규칙에서 정한 기준'에 따라야 한다고 규정하고 있으며 배당방법으로 4가지를 규정하고 있다.

⑧ 보험계리인제도: 일본의 보험계리인제도는 생명보험계리인, 손해보험계리인, 연금계리인으로 구분되고 각각 시험과목이 다르다. 계리인 자격은 일본 계리인회의 정회원으로 실무에 5년 이상 종사한 자로 하며 선임 등은 회사 이사회에서 결정한다. 계리인은 보험계약자보호와 관련하여 많은 직무와 확인업무 가운데 책임준비금산출, 계약자배당의 계산, 배당준비금 적립사항에 대한 것이 중요하며 보험회사로부터 어느 정도 독립적인 위치에서 직무를 수행할 수 있다.

⑨ 지급여력과 조기시정조치: 신보험업법에서 보험회사의 건전성을 판단하는 기준으로 지급여력비율제도를 도입하였다. 이것은 미국 NAIC 모델(Risk-Based Capitalization: RBC)과 유사하며 한국도 이 제도를 도입하고 있다. 1999년부터 지급여력비율의 단계에 따라 경영개선계획서 제출, 자기자본 확충계획, 기타 자구노력계획의 제출 및 실행하도록 되어 있고 이들 계획의 실행에 문제가 있을 때는 업무의 전부 또는 일부의 정지를 명령할 수 있는 조기시정조치제도가 도입되었다.

⑩ 경영위기대응제도: 신법에서는 구법에서 인정한 감독당국의 명령에 의한 보험계약의 강제이전제도를 폐지하고 그 대신 임의절차를 기초로 하여 금융재생위원회가 적극적으로 관여하여 파산보험회사를 신속하게 처리하는 강제형 제도를 도입하였다. 보험회사업무 또는 재산상황에 비추어 사업의 계속이 곤란하다고 판단될 경우 업무정지(일부 또는 전부)명령, 계약이전, 합병협의명령, 보험업무 및 재산관리명령, 예정이율 등 보험계약조건의 변경 등의 조치를 취할 수 있다. 이와 관련하여 1998년 5월 생명보험과 손해보험이 별도로 보험계약자보호

기구를 설립하였다.

⑪ 경영내용 및 정보공시제도: 경영내용 공시(disclosure)제도는 주주, 채권자, 보험계약자 등이 보험회사의 계산서류 및 감사보고서를 열람할 수 있으며, 업무 및 재산상황에 대한 설명서류를 공람할 수 있도록 한 것이다. 생명보험 정보공시제도는 앞서 설명한 계약자 등에게 정보제공의무와 관련된 것이다.

3) 보험보증기금제도

일본의 1996년 신보험업법시행 이전에는 계약자보호예탁금제도가 있었는데 법개정으로 폐지되고 다만 외국보험회사에 대해서는 법 제190조에 의거하여 일본 내 사업허가시 예탁금(2억엔)을 예치하도록 하고 있다. 예탁금제도의 폐지대신 보험보증기금제도가 1998년 12월 도입되었다. 새로운 계약자보호기구는 생명보험과 손해보험이 각각 별도로 공익법인으로 보험계약자보호기구를 설치하고 모든 보험회사는 강제가입으로 되어 있다. 운영방법은 파산보험회사에 대한 구제보험회사가 있을 경우 그 보험회사에게 보험계약을 포괄이전하고 이 기구에서 자금을 지원하며, 구제보험회사가 없을 경우 이 기구에게 보험계약을 포괄이전하여 그 해당 보험계약의 지속적인 유지를 추진한다.

생명보험계약자보호기구의 대상계약, 보상내용, 업계부담은 다음과 같다.

① 개인연금보험과 재형연금보험은 2001년 3월 말(경과조치기간)까지 100% 보상하고 그 이후 90% 보상

② 개인보험 및 단체보험은 경과조치기간까지 사망보험금과 입원급부금 100% 보상, 해약환급금 90% 보상, 그 이후는 이들 보상한도를 90%로 한다.

③ 단체연금보험은 경과조치 기간 구분 없이 90% 보상한다.

④ 업계부담액은 600억엔 이외에 운용경비를 추가부담하며 적립한도액은 4,000억엔으로 한다.

손해보험의 계약자보호제도는 다음과 같다.

① 대상계약은 가계성의 지진보험, 자배책보험, 상해보험 등이며 보상내용은 보험금은 100%, 책임준비금 및 해약환급금은 90%까지 보상한다.

② 업계의 연간부담액은 50억엔 이외에 15억엔의 운용경비 추가부담이 있다. 적립한도액은 연간부담액의 10배로 한다.

(3) 영 국

영국에 있어서 생명보험의 소비자보호문제는 포괄적으로 제기될 수 있지만

정보공시와 보험보증기금제도를 중심으로 살펴보기로 한다. 정보공시제도에 있어서 영국은 오스트레일리아 등 영연방국가와 더불어 제도의 개선·보완을 통한 질적 지표를 우선으로 감독정책으로 채택하고 있다. 영국은 프랑스와 마찬가지로 보험판매자와 고객과의 정보교환문제의 발생으로 인하여 소송이 빈발하고 있으며 법원은 보험판매자(보험회사, 중개인)의 설명의무책임을 묻고 있으며, 특히 중개인에게는 엄격한 판결을 내리고 있다.

영국은 1992년 자동차보험계약(프랑스는 1994년)에서 가입자 부실고지와 관련된 소송에서 보험중개자인 브로커의 계약시 주의의무책임을 인정한 바 있으며 또한 1988년부터 1994년까지 많은 회사들이 규정을 어기고 공적 연금인 職域年金에 잔류하거나 가입하는 것이 유리한 사람들을 대상으로 개인연금을 판매하여 연금 불완전판매라는 문제를 야기시켰다. 영국과 오스트레일리아는 보험가입시 중개인이 준수해야 할 규칙과 행동을 보험가입 과정별로(5 단계) 다음과 같이 설정하여 운영하고 있다.

① 제 1 단계: 중개인이 고객에게 권한, 의무, 영업범위 등을 공시

② 제 2 단계: 고객의 정보가 중개인에게 공시

③ 제 3 단계: 중개인에 의해 고객정보의 확인 및 해석

④ 제 4 단계: 고객이 상호간의 의무·권한 등을 올바르게 이해하고 있는지 여부 확인

⑤ 제 5 단계: 제 4 단계까지의 절차 등에 대해 고객과 중개인 모두 오해가 없는지를 확인

영국의 보험시장은 경쟁적 시장으로서 생명보험의 정보공시를 포함한 규제는 1986년 금융서비스법에 따라 자율규제기관에 의하여 이루어져 왔다. 자율규제기관은 금융중개업자규제협회(Financial Intermediaries, Managers and Brokers Regulatory Association: FIMBRA)와 생명보험 그리고 Unit Trust규제기관(Life Assurance and Unit Trust Regulatory Organization: LAUTRO)이다. 개인투자가의 이익을 도모할 목적으로 위의 두 개 기관이 1994년 통합되어 자율감독기관인 PIA (Personal Investment Authority)가 보험에 관한 정보공시를 규제·감독을 하고 있다. 이 기관은 1997년 노동당으로 정권이 교체된 이후 금융서비스의 글로벌화에 대응하기 위하여 단일 규제기관의 필요성이 제기되었으므로 2000년부터 모든 금융서비스의 규제·감독이 금융서비스기구(Financial Services Authority: FSA)로 옮겨 갔다.

금융서비스법의 시행으로 생명보험 상품판매에 종사하는 자는 특정한 생명보험회사 소속대리인과 독립된 독립중개인으로 이원화되어 있다. 규정에서는 중개인이 독립금융중개인(IFA)인지 전속대리인(Tied Agent: TA)인지 그 지위를 고객에게 공시하도록 되어 있다. 영국에서 생명보험 가입자에 대한 정보공시는 장래 계약자배당을 좌우하는 회사의 효율성과 건전성에 관한 자료를 잘 이해하여 의사결정을 할 수 있도록 상당히 엄격하게 정보공시를 규제하고 있다. 단계별 생명보험 정보공시체계는 가입자안내서, 상품명세서, 유배당계약안내서 등에 의한 정보제공 및 공시를 강화하고 있다.

보험계약자보호와 관련하여 영국의 계약자보호예탁금제도와 보험보증기금제도에 대해서 설명하기로 한다. 보호예탁금제도의 설치 및 운영근거는 1982년 보험회사법(Insurance Company Law)과 1994년의 보험회사규칙에서 명시하고 있다. 예탁금은 일부 또는 전부를 현금 또는 유가증권으로 해당 금액만큼 예탁해야 하며 재보험 전업회사는 예탁의무가 없다. EC지역 외의 보험회사는 최저 보증기금의 50% 이상을 법원에 의무적으로 공탁해야 하고, 통상산업부(DTI) 장관은 공탁금액을 변경할 수 있다. 예탁금의 소유권은 보험사업자에게 있으나 운영주체는 통상산업부 보험국(제 1 과)이다.

현재 영국에서 보험계약자보호제도의 근거법은 1975년에 제정된 보험계약자보호법(Policyholders Protection Act)이다. 이 법은 1970년대 초 다수의 중소 보험회사 및 1974년 대형 생보사(National Life 회사)의 파산에 따라 계약자보호의 필요성이 제기되어 만들어진 것이다. 1997년 이 법은 크게 개정되었는데, 운영기관으로서 보험계약자보호위원회가 설치되고 생명보험과 손해보험 분야를 모두 관장하되 별도계정으로 운영하고 있다. 위원회의 업무는 보험회사 파산에 따른 청산업무와 재무위험에 처한 경우 그 업무로 구분되어 있다.

1) 보호대상 보험계약의 범위

① 보호대상의 판단기준은 계약상의 리스크 또는 책임이 소재하는 장소, 보험회사의 국적 등에 의하여 결정된다.

㉠ 손해보험은 계약시의 계약자의 주소(개인) 또는 사업장소(법인)

㉡ 가옥보험 또는 家財保險은 건물의 소재지역

㉢ 자동차보험은 자동차 등록장소

㉣ 휴가보험(4 개월 이내)은 가입장소

② 보험계약자보호 대상에 포함되는 경우는 다음과 같다.

㉠ 영국 내 지점을 통해 영국 보험회사에 의하여 발행된 보험계약으로 리스크 또는 보험책임이 EEA국가(18개 국가) 등에 있는 경우

㉡ EEA국가의 영업지점을 통해 영국 보험회사에 의해 발행된 보험계약으로 리스크 또는 보험책임이 영국에 있는 경우

㉢ EEA국가의 영업지점을 통해 EC국가 보험회사에 의해 발행된 보험계약으로 리스크 또는 보험책임이 영국에 있는 경우

㉣ Channel群島 또는 Man島의 영업거점을 통하여 영국 보험회사에 의해 발행된 보험계약으로, 리스크 또는 보험책임이 이들 섬(島)에 있는 경우

2) 계약자보호위원회의 실질적인 대응조치

① 보험회사 파산에 따른 청산의 경우

㉠ 손해보험으로 강제보험(자동차보험, 사용자책임보험 등)에 대해서는 파산보험회사에 대한 우선 청구권의 100% 전액보상, 임의보험에 대해서는 90% 보상, 단지 보호대상은 개인 보험계약자와 20인 미만의 Partnership 법인에 한정된다.

㉡ 생명보험은 보험계약급부액의 90%를 보상하며, 위원회가 과다하다고 판단할 경우 삭감이 가능하다.

㉢ 청산개시시 계속된 생명보험계약의 지속을 위하여 필요한 경우 생보사업 전부 또는 일부를 다른 생보사에 이전시키거나, 기존계약에 대신하여 다른 보험회사와 신규계약을 체결할 수 있다.

② 보험회사가 재무위험에 처했을 때

㉠ 생명보험, 손해보험 구분 없이 적절한 조건을 전제로 재정지원을 한다.

㉡ 위의 경우 보험금지급의 연기 또는 계약상 급부금의 삭감(생명보험의 경우 최고 90%)을 전제로 한다.

3) 계약자보호기금의 갹출

① 필요한 자금확보를 위하여 보험회사 및 생명보험 중개인에 대하여 사후부과방식으로 자금을 갹출한다.

② 보험회사는 생명보험과 손해보험 양측에 대해서 부과하지만 별도계정으로 관리하고, 중개인의 경우는 생명보험에 한하여 부과한다.

③ 부과기준은 수입보험료(net premium)로 하고, 필요한 경우 위원회가 자금차입(한도액 £4,000만)도 가능하다.

④ 부과기준이 되는 수입보험료 산정은 영국 내 면허, EC국가 면허 등에 따

라 개별적으로 세분화되어 있다.

⑤ 갹출금 상한수준은 손해보험 수입보험료의 0.8%, 생명보험 1.0% 이다.

3. 韓國의 保險契約者保護

(1) 1970년대 이후 보험계약자보호 시책

어느 국가를 막론하고 일반적인 消費者運動이 활발하게 전개되지 않고서는 그 일부가 되는 보험소비자운동의 전개는 기대할 수 없다. 한국은 한국부인회(1963), 주부클럽연합회(1966), 전국주부교실중앙회(1971) 등 여성소비자단체가 소비자운동을 전개하고 있으나, 1980년 1월 소비자보호기본법이 겨우 제정되었고, 정부의 행정적인 지원이 부족하여 그 활동은 극히 미약할 수밖에 없었다. 이러한 여건 아래서 이들 단체의 하부기구로서 또는 독립단체로서 보험소비자기구 내지 단체는 존재하지 않고 있을 뿐만 아니라, 다른 문제에 비하여 보험소비자 문제는 현재로서는 이들의 관심과 다소의 거리가 있다.

정부의 보험소비자보호대책은 1977년의 '保險産業近代化方案'에서 처음으로 제기되었다. 여기서는 그 방안으로 생명보험에서는 보험금지급의 신속화와 구비서류의 간소화가 제시되었고 손해보험은 거액사고의 경우 가도금의 지급과 화재보험풀제도의 단계적 해제가 포함되고 있었다. 그리고 1980년에 한국보험공사의 기본방침 가운데 하나로서 보험소비자보호는 다음과 같은 내용이 포함되어 있다.

① 대중성 가계보험시장의 개척

② 보험상담기구의 확대

③ 세제지원

④ 상품개발 촉진 및 기초서류정비

⑤ 보험요율의 합리적 조정

⑥ 부실모집예방

⑦ 생명보험의 계약자 배당연구

1977년 12월 31일 보험업법은 법률 제3043호로 전면 개정되었으나 1962년에 제정된 3가지 감독법, 즉 보험업법, 보험모집단속법, 외국보험사업자에관한 법률을 하나의 보험업법으로 통합한 것에 불과하고 여기에 1978년 3월에 발족한 한국보험공사(보험감독원)에 관한 내용이 첨가되었다. 보험계약자보호와 관련하여 새로운 보험업법에서 추가된 것은 소속 보험사업자의 배상책임, 보험분쟁조정기관의 설치 등이다. 보험감독기관이 금융감독원, 증권감독원에 이어 신설됨에 따라 한국보험공사의 조직으로 분쟁조정국과 민원실이 설치되고 각 보험회사로 하여금 소비자보호 부서를 두도록 하였다. 그 뿐만 아니라, 생명보험협회와 손해보험협회도 전국 주요도시에 지방사무소를 설치하여 보험홍보와 민원문제를 취급하게 되었다. 보험분쟁조정기관은 금융감독원으로 통합되어 업무가 이관되었으며, 1981년 농협중앙회의 공제분쟁심의회, 2000년 우체국보험분쟁심의회도 민영보험의 영향을 받아 별도로 운영하고 있다.

보험계약자보호를 위한 대책은 보험계약자단체와 보험업계측의 노력보다는 보험감독원의 설립 이후 행정감독기관의 주도 아래 추진되었다. 1977년 보험산업 근대화 방안, 1981년 보험산업 장기발전 계획에서도 계약자보호문제가 일부 포함되고 있었으나, 구체적이고 새로운 내용은 없었다. 1980년을 전후하여 계약자보호측면에서 문제될 수 있었던 것은 다음과 같다.

생명보험 분야는 모집제도 및 외무원문제, 해약환급금에 대한 계약자 불만, 계약자배당, 계약취소청구제도(Cooling-off System)의 조기도입이 관심의 대상이었다. 손해보험은 자동차보험 등의 독점, 자유경쟁을 부인하는 각종 풀체제, 사업자간의 소비자를 구속하는 여러 가지 협정의 체결, 높은 보험요율의 지속 등이 문제되고 있었다.

(2) 보험계약자보호를 위한 법규강화

전술한 일본의 신보험업법의 영향과 국내 보험시장 및 소비자보호원 등 정부의 시책으로 1998년부터 2000년까지 보험업법이 수차 개정되는 과정에서 보험계약자보호예탁금 등 여러 가지 사항이 보험업법에서 개정 또는 신설되었다. 그 주요내용은 다음과 같다.

1) 보험계약자보호예탁금(2003, 폐지)

보험회사의 파산 또는 지급불능시 계약자의 보호를 위하여 종래 보험감독원은 보험보증기금을 설치·운영하여 왔으나, 금융감독원으로 통합되면서 보험보증기금은 예금자보호법에 의하여 설립된 예금보험공사가 이를 포괄적으로 승계하였으며, 그 이후 보험계약자보호예탁금의 이름으로 운영되고 있다. 보험사업자가 금융감독원에 예탁해야 될 보호예탁금은 납입자본금 또는 기금의 30% 이상 50% 이하의 범위에서 금융감독위원회가 정하는 비율에 해당하는 금액을 현금 또는 유가증권으로 예탁해야 한다(외국 보험회사 지점 50% 범위 내).

2) 영업보증금

보험대리점과 보험중개인은 영업보증금을 예탁해야 한다. 대리점의 보증금은 1 억원을 한도로 하며, 중개인은 개인 1 억원 이상 법인 3 억원 이상으로 한다. 보험중개인은 손해배상책임을 지게 되는데, 보험계약체결의 중개행위와 관련하여 손해를 입은 보험계약자 등은 보험중개인의 영업보증금 한도 내에서 금융감독원장에게 손해배상금의 지급을 신청할 수 있다(보험업법시행령 제30조의9). 보험중개인 배상책임보험에 가입할 때 영업보증금을 감액받을 수 있으며, 보험계약자는 중개행위와 관련하여 손해를 입은 경우 영업보증금에서 다른 채권자에 우선하여 변제를 받을 권리를 가진다.

3) 經營公示

보험사업자는 보험계약자의 보호를 위하여 다음 사항을 공시해야 한다(보험업법 시행령 제12조의4).

① 재무 및 손익에 관한 사항

② 자금의 조달 및 운용에 관한 사항

③ 감독법 등에 의한 제재 및 조치를 받은 경우 그 내용

④ 기타 보험계약자보호를 위하여 공시가 필요하다고 인정되는 사항

4) 재무건전성의 유지

보험사업자는 경영의 건전성을 확보하기 위하여 자본 및 자산의 적정성과 건전성에 관한 다음과 같은 기준을 준수해야 한다.

① 지급여력비율 100% 유지

② 정기적으로 보유자산의 건전성을 분류하고 대손충당금을 적립할 것

③ 위험 및 유동성의 관리에 관하여 금융감독위원회가 정한 기준을 충족할 것

5) 소속 보험사업자의 배상책임

보험업법 제158조에 의하면 "보험사업자는 그 임원, 직원, 보험모집인 또는 보험대리점이 모집함에 있어서 보험계약자에게 가한 손해를 배상할 책임이 있다."고 규정하고 있다. 그러나 단서 조항에서 "모집을 위탁한 보험사업자가 위탁시 상당한 주의를 하였고 또한 이들이 행하는 모집에 있어서 보험계약자에게 가한 손해의 방지에 노력한 때에는 그러하지 아니하다."고 하여 배상책임을 회피하려는 인상을 주고 있다. 보험모집인과 보험대리점은 현재 한 회사에 전속주의를 규정하고 있으면서 지도, 교육 및 관리책임을 보험회사가 소홀히 할 때 수수

료수입을 목적으로 불완전판매의 성행을 막기 곤란하다.

⑶ 보험민원의 증가와 과제

보험소비자가 1978년 보험전담감독기구인 한국보험공사의 설립 이후부터 금융감독원으로 통합된 이후에도 감독원에 제기되고 있는 민원은 감소되지 않고 있다. 보험민원 가운데 가장 큰 비중을 차지하는 것은 보험금지급과 관련된 것으로 그 내용은 보험금의 산정, 장해 및 상해등급 결정, 지급지연, 회사의 귀책사항과 면책사항(免負責)이다. 미국 등에서는 보험금지급과 관련된 사항을 불공정행위로 엄격하게 규제하고 있으나 국내에서는 그러하지 않다.

보험소비자의 민원 가운데 그 다음으로 큰 비중을 차지하고 있는 부문은 보험모집과 관련된 사항이다. 계약성립의 실효, 고지의무와 통지의무의 위반이 주로 문제되고 있다. 민영생명보험, 농협의 생명공제, 우체국보험의 분쟁사건 가운데 가장 큰 비중을 차지하고 있는 것이 고지의무위반과 재해인정 여부에 관한 것이다. 모집과 관련된 문제는 보험약관의 교부 및 설명의무가 지켜져야 한다. 매년 갱신되는 자동차보험계약에서 한 회사와 계약을 계속할 때 보험약관의 설명은 고사하고 약관 없이 가입증권만 우송하고 있는 실정이다. 보험약관의 교부·명시의무는 약관법 제 3 조뿐만 아니라, 1991년 개정된 상법 제638조의3에서도

〈표 7-5〉 연도별·유형별 보험민원 현황

		보험모집	계약성립실효	고지통지의무	면부책	보험금산정	장해상해등급	지급지연	재산운용	보험질서(횡유용 등)	기 타	소 계
'01	건 수	1,013	838	704	1,819	2,614	1,277	458	302	340	1,442	10,807
	%	9.4	7.8	6.5	16.8	24.2	11.8	4.2	2.8	3.2	13.3	100.0
'02	건 수	1,132	899	716	2,106	2,387	979	638	271	368	1,601	11,097
	%	10.2	8.1	6.5	19.0	21.5	8.8	5.8	2.4	3.3	14.4	100.0
'03	건 수	1,824	1,241	679	1,978	3,203	1,090	698	443	308	2,170	13,634
	%	13.4	9.1	5.0	14.5	23.5	8.0	5.1	3.2	2.3	15.9	100.0
'04	건 수	2,975	1,520	732	2,485	3,248	1,107	823	490	378	2,779	16,537
	%	18.0	9.2	4.4	15.0	19.6	6.7	5.0	3.0	2.3	16.8	100.0

자료: 금융감독원 보험민원 및 분쟁처리 자료.

보험계약을 체결함에 있어서 보험자는 청약자에게 보험약관을 교부하고 그 중요 내용을 알리도록 되어 있다.

1) 募集人 3 無權의 문제

보험모집인에게는 3無權이 문제되고 있다. 즉 보험계약체결권, 고지의무수령권, 보험료영수권(제 1 회 보험료수령은 제외)이 인정되지 않고 있다. 1996년 2월 정부의 행정쇄신위원회가 소비자보호원의 의견을 받아들여 다루었으나 결론을 내리지 못했다. 3無權에 대해서는 법률이나 규정에서 정한 사항은 아니며 업계에서는 책임문제를 둘러싸고 3無權을 주장하고 있다.

현실적으로 모집인은 특정 한 개의 회사에 전속되어 있고 가입자들은 모집인의 권리유무에 대해서 모를 뿐만 아니라, 실제 모집인의 역할이 외견상 계약의 권유 정도에 그치고 있는 것도 아니다. 3無權의 논리는 과거 일본에서 전래된 것으로 볼 수 있는데 1996년 시행된 보험업법의 개정으로 모집인에게 대리권을 부여할 수 있는 근거를 두고 있다.

2) 休眠保險金의 발생

최근 우리나라에서 국민연금의 반환일시금, 은행예금에서 소액의 잔고, 생명보험회사가 계약자에게 연락할 수 없어 금고에서 낮잠을 자고 있는 보험금이 문제된 바 있으며 계속 발생하고 있어 그 근절대책이 문제되고 있다. 휴면보험금에 대해서 1998년 9월 보험감독원은 휴면보험금의 발생증가와 관련하여 원인분석과 조기지급대책을 수립하도록 지시한 바 있다. 이것은 보험계약자 등이 본인들의 권리행사를 않고 있는 것도 문제이며 계약자의 주소불명, 주소변경 통지의 소홀, 연간 큰 규모의 인구이동, 보험회사의 계약자 관리상의 문제 등이 복합적으로 작용하고 있다.

1998년 8월 실효계약에 대한 보험회사의 우편통지 건수는 598,234건이며 9%에 해당하는 53,603건이 반송되어 왔다. 또한 휴면보험금 청구안내를 위하여 75,910건에 대하여 우편으로 통지하였으나 6,377건이 반송되었다. 계약자 개인별 주소관리 시스템을 개발·운영하여 휴면보험금의 발생을 사전에 억제하기 위해서는 계약의 청약단계, 유지단계, 실효단계, 소멸시효 완성단계에 따라 주소정비와 주소검색 시스템을 개발하고 철저하게 관리해야 한다.

3) 생명보험 정보공시

위에서 미국, 영국, 일본에 있어서 보험계약자보호와 관련하여 정보공시의 활성화에 대해서 언급하였다. 우리나라 생명보험판매에 있어서 질서문란과 판매자의 여러 가지 비합리적인 행위를 바로 잡고 계약자집단의 민원을 줄이기 위해서는 정보제공 및 공시제도가 강화되어야 한다. 앞으로 보험가격의 완전 자유화, 보험판매에서 전자상거래의 증가와 소비자보호, 규제완화 등으로 변액보험과 같은 금융형 상품의 판매가 증가되면 필연적으로 보험구매의 리스크는 증대할 것으로 예상된다. 다른 한편 금융자율화에 따른 소비자의 가격비교능력의 향상으로 보험상품과 가격에 대한 유용한 정보를 요구하게 될 것이다. 보험판매자와 고객간에 정보의 비대칭성과 정보교환의 문제가 발생하는 경우에는 미국의 예와 같이 집단민원과 소송으로 이어질 가능성도 있다. 1999년 금융감독원의 전체 민원상담에서 보험이 차지한 비중이 52%로서 은행과 기타 비금융기관 33.5%보다 매우 높은 실정이었다.

보험회사의 정보공시는 잘못하면 역기능 차원(계약자배당 예시 등)에서 보험모집인에 의한 불완전판매 행위가 발생하여 업계의 신뢰성에 타격을 주게 되므로(미국의 예) 모집인의 준법정신과 판매윤리교육이 필요하다.

4) 보험계약자보호법 등의 제정

한국 보험업법은 1977년 말 기존의 3개 법률의 물리적 통합에 의하여 양적으로 비대하였을 뿐 새로운 추세에 맞는 감독법으로서 체계와 면모를 갖추지 못하고 1998년부터 금융감독원의 통합과 IMF 외환위기, 자유화, 국제화, 규제완화의 환경변화 속에서 필요한 새로운 조항이 삽입되는 한편 상호회사 규정과 같은 사문화된 조항, 삭제조항이 그대로 표시되고 있어서 역사적인 오류와 더불어 감독법의 면모를 일신할 필요가 있다. 특히 보험계약자보호조항은 보험업법의 여러 곳에 산재되어 있는데, 이를 체계화시키고 독립된 법률로서 제정하는 것이 필요하다고 생각된다.

한편, 보험계약자보호는 소비자(단체)의 자구적 노력, 보험업계의 시책전환, 감독당국의 행정노력이 보완적으로 이루어질 때 가능하다. 따라서 보험계약자 정기 간담회의 개최를 통한 불만청취, 이와 관련된 모니터제도의 운영, 보험협회의 지부와 보험회사의 소비자 상담기능은 회사의 홍보에 치중하는 것이 아니라 소비자보호 창구로서 기능을 전환해야 한다.

제 8 장 保險産業의 競爭과 獨占

보험업에 있어서 경쟁과 독점의 문제는 근년에 제기된 것은 아니다. 이 문제는 선진 각국에서 獨占禁止法의 제정에 즈음하여 보험업에 대해 적용여부가 논의되면서 학계와 업계에서 관심을 갖게 되었다. 보험업의 경쟁과 독점은 또한 보험경제학의 주요한 하나의 분야가 되고 있지만, 다른 한편으로는 보험경영상의 과제이기도 하다. 이 문제의 중요성에 비추어 볼 때 이제까지 그 성과 및 이론적 수준은 선진국의 경우도 그다지 높다고 할 수는 없다. 그 이유의 하나는 각국의 독점금지법에서 보험업에 대하여 일부 제외를 인정함에 따라 보험업에서의 이론적 연구는 자연적으로 소홀하게 다루었고 지금까지 부분적으로 서술되고 있어 이론이 체계화되지 못하고 있다.

제 1 절 保險産業과 경쟁

1. 保險産業에 있어서 경쟁의 의의

자본주의 경제사회의 특징의 하나는 자유경쟁과 이윤추구라고 할 수 있다. 그러나 여기에는 스스로 한계가 있으며 그 공과에 따라 수정이 불가피하다. 이윤추구를 위하여 자유경쟁 그 자체가 합리화되기 위해서는 경쟁은 진보의 원동력이 되어야 하고 경쟁의 폐해 또는 부정수단에 의한 경쟁이 지양되어야 한다.

흔히 "競爭은 獨占의 어머니"라고 말하고 있다. 이것은 확실히 운명적·숙명적인 명제이다. 경쟁은 기업집중을 거쳐 기업규모가 확대되고 이 경우 경쟁시장에서 일단 유리하게 작용하여 독점을 형성하게 된다. 자유경쟁의 전제는 ①

시장에 있어서 공급자와 수요자가 다수이어서 각 거래량이 어느 정도 평균화되어 하나의 경제주체가 독단적으로 시장가격에 영향을 미치지 않아야 하고, ② 공급자·수요자 모두가 시장상태에 관한 충분한 정보를 갖고 있어야 하며, ③ 공급자·수요자 각자의 극대화행동에 대하여 그것을 방해하는 인위적·제도적 제한이 없을 것, ④ 공급자의 시장에의 신규참가가 자유로워야 하고, ⑤ 수요자가 상품선택에 있어서 어떠한 편견이 없어야 한다.

이상과 같은 자유경쟁의 충족조건에서 볼 때 보험시장에서는 진정한 의미의 자유경쟁은 없다고 할 수 있다. 현실적으로 보험시장의 경쟁은 보험업계(공급자)의 경쟁적 상호보강 및 보완, 경쟁의 공공성적인 규제, 업계의 협조·협정방식 등에 의하여 제한되고 있다.[1] 그 뿐만 아니라, 보험사업의 경쟁을 제약하고 있는 다른 요인으로는 보험료(가격)와 보험금(상품)의 관계파악의 곤란, 보험의 장기성(생명보험의 경우), 재보험의 존재, 강제보험 및 경제정책적·공적 보험의 존재, 법적 규제, 보험사업의 공공성 등이다.

보험사업의 경쟁은 契約獲得競爭과 資金運用競爭으로 구분할 수 있다. 전자는 보험상품의 판매경쟁이며, 후자는 보험금융경쟁으로서 양자는 상호관련적이다. 또한, 전자는 대중소비사회형 경쟁과 재벌계열형 경쟁, 후자는 보험계약자대부경쟁과 기업융자·투자경쟁으로 각각 구분될 수 있다. 보험회사가 피보험자 또는 보험계약자에게 대부를 제공하고 동시에 보험을 판매하며 기업에게 보험자금을 투융자하여 주고 그것에 의하여 기업단위의 보험판매가 달성되고 있다.

현실적으로 보험시장에 있어서 경쟁은 자금운용경쟁보다도 계약획득경쟁이 더욱 치열하게 전개되고 있다. 그 이유는 보험상품의 생산에 있어서는 제조업과는 달리 원재료, 기계설비 등이 필요하지 않아 수요가 있는 한 공급은 무한정 가능하고 또한 보험사업의 성격상 보유계약의 확대에 의한 대규모화가 여러 가지 점에서 유리하기 때문이다. 구체적으로는 다음과 같은 사실을 열거할 수 있다.

① 필요한 신용력, 周知度 및 知名度를 높일 수 있다.

② 價格管理力(price leadership)의 확보를 통하여 자기회사에게 유리하게 업계를 끌어들일 수 있다.

③ 대형·고능률 컴퓨터의 사용에 의하여 적정규모를 확대할 수 있다.

④ 인재의 자기회사에의 유인 및 육성력의 증대

1) Rainer Krüger-Barvels, *Marketing in Versicherungsbetrieb*, Verlag Rombach, Freiburg, 1971, SS. 43~57.

⑤ 정보수집력의 증대

⑥ 보험계약의 대량집적에 의한 대수법칙의 발휘

⑦ 대규모성에 기인한 경영상의 위험부담력이나 위험소화력에 의하여 손해극복력의 증대

⑧ 국제경쟁력의 강화

2. 保險市場의 경쟁이론

보험사업은 다른 사업에 비하여 법률적(감독행정) 및 경제적 특질(시장, 상품, 가격 등)이 현저하기 때문에 보험사업의 경쟁이론의 형성은 곤란한 과제에 속하며 현재까지 모색단계에 있다.

보험시장의 경쟁이론에 대하여 최초로 체계적 검토를 시도한 사람은 1961년 D. Farny 교수의 박사학위논문인 "保險市場論"[2]에서이다. 그의 이론은 保險市場의 不完全(Die Unvollkommenheit des Versicherungmarktes), 즉 불완전경쟁론적 입장에서 접근하고 있다. 完全市場(完全競爭)의 조건으로서 D. Farny는 ① 재화의 내용적 동질성 및 인적·장소적·시간적 선호가 없을 것, ② 시장이 투명할 것, ③ 시장관계자가 합리적 원칙에 의하여 극대원칙에 따라 행동할 것, ④ 국가는 시장관계자의 협정여부에 관계 없이 시장에 간섭하는 일이 전혀 없을 것, ⑤ 가변적인 시장사정의 변화에 즉각적으로 적응할 수 있을 것 등을 들고 있다. 이에 따라 위의 5가지 조건 가운데 어느 하나라도 만족할 수 없는 경우는 경제이론상 불완전시장이라고 규정하면서 보험시장의 불완전성을 주장하고 있다.[3]

D. Farny의 이상과 같은 보험의 가격이론을 중심으로 한 보험시장의 불완전성에 대한 주장은 1940년대 H. Möller의 이론[4]에 기초를 둔 것으로 보이며, 그 후 그 이론은 후술할 1960년대 중반 U. Müller와의 화재보험요율카르텔에 관한 일대 논쟁에서도 찾아볼 수 있다. D. Farny의 박사학위논문 출판 이후 그의 이론에 대하여 독일의 보험학계의 관심은 물론 일본에서도 水島一也 교수가 1967년에 D. Farny이론의 소개 및 비판적 입장에서 저서 「保險の競爭理論」을 출간하

2) D. Farny, "Versicherungsmarkte : Eine Studie über die Versicherungsmarkttheorie," Duncker & Humblot, 1961.

3) D. Farny, a. a. O., SS. 26~42.

4) H. Möller, *Des Konkurrenz System in Versicherungswesen*, In: Jahrbücher für Nationalökonomie und Statistik, Bd, 159, Jena, 1994.

였으며, 笠原長壽 등 여러 학자들이 관심을 표명하면서 보험시장의 경쟁에 관한 이론적 체계를 모색하고 있다.

水島一也 교수의 이론 가운데 특징적인 것은 保險市場의 參加와 競爭에 관한 것이다. 여기에 관한 그의 주장을 요약·정리하여[5] 다음과 같이 말할 수 있다. 보험업에 있어서 市場參加(entry)에 대한 제반 조건의 검토는 보험업의 경쟁과 독점에 관한 이론구성에 있어서 매우 중요한 의의를 지니고 있다. 자유로운 신규참가를 저해하는 요인으로서는 경제적 요인은 물론 지리적 조건이나 자연적 독점, 정치적 보호 등의 경제 외적 조건이 일반적으로 존재하고 있다. 保險市場에의 參加障壁, 즉 沮害要因은, ① 비용의 절대적 유리성, ② 생산물의 분화, ③ 대규모기업의 유리성, ④ 기존기업의 반응, ⑤ 최저 필요자본액, ⑥ 보험감독정책 등이다. 水島一也 교수는 보험업에 있어서 시장참가장벽은 제조업에 비하여 반드시 크다고 볼 수 없지만 보험공급의 비독립성 및 수요확보에 있어서 개인적 선호의 중요성 때문에 신규참가에 영향을 미치는 것으로 보고 있다.

이상과 같은 보험시장의 경쟁이론에 대하여 笠原長壽 교수는 1979년 5월 한국보험학회 정기총회의 학술강연에서 발표한 요약논문 "保險事業에 있어서의 競爭理論의 構成"(「보험학회지」, 1980, 제16집에 게재)에서 D. Farny 교수와 水島一也 교수의 이론에 대한 문제점의 지적과 아울러 몇 가지 과제를 제시하고 있다.

笠原長壽 교수에 의하면, D. Farny 교수의 이론에서는 ① 경쟁과 시장의 관계가 명확하지 않고, ② 강제보험을 시장대상에서 제외시킨다는 설명이 없으며, ③ 형식론적인 파악에 그치고 있음을 문제점으로 지적하고 있다. 또한, 水島一也 교수에 대해서는, ① 보험업의 경쟁은 기존시장에의 신규참가 문제뿐만 아니라 오히려 기존시장 내에서의 기존보험회사 상호간의 경쟁과 유력보험회사에 의한 과점화상태의 분석이 보다 중요하며, ② 일반 제조업(미국 중심)의 유효경쟁론을 보험사업의 경쟁이론에 무리하게 결부시키고 있으며, ③ 보험사업의 경쟁범위를 국내시장에 한정시키고 있으나 오늘날 보험시장의 경쟁은 국제화되고 있다는 점을 들어 비판하고 있다.

마지막으로, 笠原長壽 교수는 보험사업의 경쟁이론의 구성을 위한 시론으로서 다음과 같은 몇 가지 과제의 정리·인식·예견을 포함시켜 이론을 체계화할

5) 水島一也, 「保險の競爭理論」, 東京: 千倉書房, 1967, pp. 105～122.

것을 주장하고[6] 있다.

1) 前提的 課題의 整理와 認識

① 자본구조의 특질

② 생산구조의 특질

③ 상품적 특질
- 상품의 불가시성
- 가격(요율)의 불투명성
- 부합계약에 의한 공급
- 보험의 효용
- 상품의 고도의 대체성

④ 시장적 특질

2) 諸條件의 變化에 대한 認識과 豫見

① 보험상품의 복합화와 단순화

② 제 3 분야보험(질병보험)의 발전

③ 공적 보험과 사적 보험의 결합

④ 가계보험과 기업보험의 분화

⑤ 감독행정과 경쟁정책

⑥ 生保와 損保의 겸영화

⑦ 보험계약자중심의 경영

3) 市場的 側面의 分析과 綜合的 競爭理論의 構成

① 보험사업부문간
- 생명보험사업간
- 손해보험사업간

② 산업부문간(특히 금융업)

③ 기업계열간

④ 국민경제 전체

⑤ 국제간

3. 保險料率 競爭

보험시장에 있어서 상품의 가격, 즉 保險料率은 감독정책상 自由料率(競爭料

6) 笠原長壽, "保險事業에 있어서의 競爭理論의 構成(譯)," 「保險學會誌」(第16輯, 1980), pp. 213~214.

率)과 協定料率(카르텔料率)의 두 가지로 구분할 수 있다. 양자 가운데 어느 것을 선택할 것인가는 국가와 시대에 따라 다르고, 또한 한 국가에 있어서도 보험종목에 따라 다르며 양자를 병용하는 경우도 있다. 이론적인 면에서는 물론 현실적인 면에서 두 요율제도의 장단점, 타당성과 모순성, 이론적 근거를 두고 많은 논란이 있어 왔다.

이론적으로는 먼저 요율경쟁의 합리성을 중심으로 미국에서 크게 논의되어 오고 있다. 요율경쟁이 결과적으로 보험료수준에 어느 정도의 영향을 미치고 있는가 하는 것은 매우 중요한 문제이지만, 이것은 보험기업의 이윤, 보험사고발생률, 당국의 요율규제정책 등에 따라 다르다.[7] 미국보험시장에서는 연방정부와 주정부의 보험요율정책에 있어서 경쟁요율의 채택이 바람직하다는 최근의 조사보고서가 제출되어 종래의 일반적인 요율정책의 타당성을 재확인하고 있다.

이 보고서는 1977년 Washington의 American Enterprise Institute에 의하여 연구·작성된 것인데 연방·주정부에 대한 保險政策報告書의 結論 및 勸告部門의 요지는 다음과 같다.[8]

① 주정부의 엄격한 요율통제는 역효과를 가져온다.

② 활발한 요율경쟁은 합리적인 요율수준목표와 일치할 수 있다.

③ 활발한 요율경쟁은 신뢰성 있는 보험시장 메커니즘의 목표를 달성시킬 수 있다.

④ 보험산업은 트러스트禁止法(Federal Anti-Trust Laws)에 따라 효율적으로 운영되어야 한다.

⑤ 경쟁은 지급능력 유지정책에 대하여 필요한 보다 효율적인 제도를 확립시킬 수 있다.

⑥ 경쟁은 피보험자에 대하여 부당한 차별대우를 방지시킬 수 있다.

보험요율경쟁에 대하여 이론적 측면에서 그 성격을 규명하려고 한 학자는 전술한 D. Farny 교수이며, 여기에 대하여 부분적으로 비판적 태도를 취하고 있는 학자는 水島一也 교수이다. D. Farny 교수에 의하면 보험시장에서 전개되는 회사간의 요율경쟁은 시장형태 내지 경쟁의 성격에 따라 서로 다른 시장경과를

---

7) State of New York Insurance Department, *Cartels vs. Competition: A Critique of Insurance Price Regulation*, A Report to Hugh L. Carey and the New York State Legislature, 1975, pp. 87~98.

8) P.W. MacAvoy(ed.), *Federal-State Regulation of the Pricing and Marketing of Insurance*, Ford Administration Papers on Regulatory Reform, American Enterprise Institute for Public Policy Research Washington, D.C., 1977, pp. 89~94.

가져오게 되므로 그 분석이론은 각각의 경우에 따라 동일하지 않다고 보고 있다. 그는 이 양자의 구별을 지적하는 데 그치고 적극적인 이론전개를 하고 있지 않다고 水島一也 교수는 말하고 있다.[9)]

보험시장에서의 料率競爭은, ① 시장형태가 다점적인 시장인가 또는 과점적인 시장인가, ② 보험수요자의 개인적 선호, ③ 보험급부내용의 대체성, ④ 보험시장의 투명성, ⑤ 보험종목 및 보험계약기간, ⑥ 당국의 요율정책 등에 따라 그 정도와 방법에 차이가 있음은 물론이다.

보험시장에서는 이상과 같이 자유요율 내지 경쟁요율이 존속하는가 하면, 다른 한편으로는 요율단체의 구성에 의하여 표준요율을 정하여 놓고 이것을 이른바 협정요율로서 가맹기업간에 준수하도록 요구하고 있고, 이러한 요율결정을 당국에서 인가요율로서 인정하는 경우도 있다. 이것은 보험시장에 있어서 파멸적인 요율경쟁을 방지하고 각 보험기업의 지급능력을 유지시켜 시장의 혼란을 회피한다는 점에서 보험수요자측의 이익과도 합치된다. 그러나 이와 같은 카르텔요율의 현실적인 불가피성과 그 폐해를 중심으로 찬반론이 학계에서는 논쟁의 대상이 되고 있다.

카르텔料率의 贊反論爭은 특히, 독일에서 1965년부터 D. Farny 교수와 그 당시 프랑크푸르트대학 K. Hax 교수의 문하에서 보험학을 연구하고 있던 U. Müller 사이에 두 차례의 논쟁이 있었다.[10)] 논쟁의 발단은 1963년 12월 16일 독일에 있어서 대기업의 공장화재보험 및 경영중단보험(Betriebsunterbrechungsversicheung)에 관한 요율협정(Rothenburger 협정)이 체결되었다. 전통적으로 경쟁원리를 기본으로 하고 있는 독일에서 그 당시 이 문제에 대하여 각계에서 논란이 되고 있었는데, 카르텔단체는 D. Farny 교수에게 시장이론적 및 시장정책적 입장에서 본 보험요율카르텔에 대하여 평가(Gutachten)를 의뢰하였다.

D. Farny 교수는 여기에 대해 이론적 입장에서 재건부흥카르텔(Sanierungskartell)로서의 성격을 부여하고 그 존재의 타당성을 인정함에 따라 그 후 U.

9) 水島一也, 前揭書, p. 47.

10) 兩者의 發表論文은 다음과 같다.

D. Farny, "Konkurrenz und Kartelle in der Versicherung: Das Pramienkartell der Industrie－Feuerversicherer－Sanierung eines gleichgewichtslosen Marktes." In: Handelsblatt vom 21. Sept 1964.

D. Farny, "Zum Kartellproblem in der in der industriellen Feuerversicherung." In: Zfbf Heft 10/11, 1965.

U. Müller, "Zum Kartellproblem in der industriellen Feuerversicherung." In: Zfbf Heft 5/6, 1965.

Müller의 독자적인 이론적 분석에 의한 비판논문(반대론)이 발표되고 다시 한 차례의 공방전이 있었다. D. Farny 교수의 이론은 "料率카르텔에 관한 經濟學的 評價"(Wirtschaftswissenschaftliche Gutachten über Prämienkartelle)라는 논문에서 최종적으로 정리되어 1970년 2월 격주간 보험전문잡지 「保險經濟」(*Versicherungswirtschaft*: VW)의 별책부록으로 발표되었다. 화재보험요율카르텔의 타당성과 모순성에 관한 논문은 독일의 다른 학자에 의해서도 다수 발표된 바 있다.[11)]

4. 不當競爭과 有效競爭

자본주의경제에 있어서 기업간의 경쟁이 필연적으로 초래하게 되는 시장의 독점적 성격의 강화라고 하는 사태에 대하여 유효경쟁론이 제기되고 있고 그 상대적 개념으로서 불공정경쟁 내지 부당경쟁이 동시에 문제되고 있다. 이 두 가지 경쟁양태는 현실적으로 보험사업에 있어서도 가장 중요한 과제가 되고 있다.

보험사업에 있어서 부당경쟁의 문제는 유효경쟁과는 달리 개념규정 및 기준이나 이론적인 측면보다는 구체적인 부당경쟁의 형태 및 유례를 중심으로 법률 또는 행정규제에 의하여 이를 금지시키고 있다. 보험사업을 영위하는 과정에서 부정경쟁, 사기행위 등을 규제하기 위한 미국의 全國保險監督者協會(National Association of Insurance Commissioners: NAIC)의 1972년 改正法[12)](NAIC Model Act Relating to Unfair Methods of Competition and Unfair and Deceptive Acts and Practices in the Business of Insurance) 제 4 조와 제 5 조에서는 구체적으로 다음과 같은 경우를 부정경쟁 및 사기행위로 보고 이를 금지시키고 있다.

① 다음 사항을 보험증권상 잘못 기재하거나 허위광고·진술한 경우

㉠ 보험계약의 급부, 계약조건, 기타 이익

㉡ 잉여금 및 배당금의 분배

㉢ ㉠, ㉡에 관한 허위설명 및 진술

㉣ 보험회사(생보)의 법정준비금이나 재무상태에 대한 과대·허위설명

11) 예로서 다음과 같은 論文이 발표되었다.
E. Nowak, "Wettbewerb und Kartellfragen in der Versicherungswirtschaft," Die Versicherungspraxis Heft 4, 1971.
J. Zapf, *Sanierung der Industrieversicherung ohne Kartell?*, Die Versicherungspraxis Heft 4, 1971.

12) 이 법률은 1945년 3월 9일 公法 제15호로 제정되었다.

㉤ 보험상품의 종류 및 성격의 허위설명

㉥ 보험증권(생보)상의 해약, 만기, 변경, 환급 등에 관한 사실을 속일 목적으로 허위로 진술하는 것

㉦ 담보, 대부에 관한 조건

㉧ 주식배당

② 허위광고 및 정보의 유포

③ 각종 수단에 의한 명예훼손

④ 독점 등을 목적으로 하는 강제, 위압, 거부 등의 행위

⑤ 보험계약자에 대한 부당한 차별대우

⑥ 리베이트(rebates)

⑦ 불공정한 손해사정

⑧ 보험계약자의 불만에 관한 사항의 취급, 절차, 기록, 서류의 오류 및 불비

⑨ 보험회사, 대리점, 브로커의 이익 및 수수료 등에 관련된 계약서류상의 허위기재

⑩ 채무자에 대한 보험회사 및 대리점의 회유 및 강압행위

이상과 같은 여러 가지 유형의 불공정행위는 결과적으로 부정경쟁의 수단으로 이용되어 보험시장의 혼란을 유발시킴과 동시에 시장에서의 독점적 지위를 확보하려고 하기 때문에 법률적으로 금지시키고 있다. 우리나라의 경우는 구보험모집단속법(1962), 현행 보험업법(제156조), 보험업감독규정(제139조)에서 모집행위와 직접 관련된 요율의 리베이트 등 부정수단이 금지되고 있을 뿐, 손해사정 등에 관한 불공정거래행위에 대해서는 직접적으로 포함시키지 않고 있다.

한편, 有效競爭(workable competition, effective competition)의 문제는 현대 자본주의경제하에서 광범위하게 존재하고 있는 독점 및 과점에 대응하여 종래 경제학에서 논의되어 온 完全競爭(perfect competition)에 대신하여 보다 현실적·실제적인 기준 내지 독점규제의 기준으로서 등장하였다. 유효경쟁의 개념은 주관적 가치판단이나 논자에 따라 다종다양하다. 처음으로 개념규정을 주장한 사람은 미국인 J. B. Clark이며, 그는 1940년 6월 *American Economic Review*誌에서 "有效競爭의 概念에 대하여"(Toward a Concept of Workable Competition)라는 논문을 발표하였다.[13)]

13) J. B. Clark는 그의 연구를 마무리하여 1961년 *Competition as a Dynamic Process*라는 著書를 출간하였다.

유효경쟁의 개념규정에 있어서 그 기준이 되고 있는 것은 논자에 따라 다르지만 일반적으로 市場構造(market structure), 市場行動(market conduct), 市場成果(market performance)의 세 가지 기준이 중심이 되고 있다.[14] 市場構造에서는 집중도(market concentration), 참가장벽, 제품차별화 등이 문제되며, 市場行動에서는 가격정책, 제품정책, 경쟁자 강압정책 등을 문제로 하고 있다. 그리고 市場成果에서는 효율성, 이윤수준, 진보성이 문제된다.

위의 세 가지 가운데 일반적으로 유효경쟁의 기준개념으로 사용되고 있는 것은 시장구조와 시장성과이다. 이러한 유효경쟁의 개념을 보험시장의 유효경쟁 원리로서 시론적으로 도입하려는 단계에 있다. 이 경우에 있어서도 각국의 보험시장에 따라 다르고, 한 국가에 있어서도 손해보험시장과 생명보험시장이 구분되어 설명되어야 한다.

손해보험시장의 유효경쟁은 1950년대의 미국시장을 대상으로 하여 R.J. Hensley가 저작을 통하여 발표한 바 있다. 그는 손해보험사업을 공익사업과 자유기업의 중간적 성격을 가진 것으로 보고 그 市場成果基準(performance)으로서 進步性(progressiveness), 生產物의 多樣性(product variety), 擔保能力(capacity), 利潤水準(profit levels), 販賣費(selling costs)의 5 항목을 들고 있다.[15]

進步性이란 보험상품의 혁신, 비용 및 가격의 인하가 이루어지는 것으로서 특히 포괄위험담보보험(multiple-line insurance), 자동차손해배상책임보험, 상해보험, 의료보험이 문제된다. 生產物의 多樣性은 수요자인 보험계약자의 니드(need)에 적합한 다양성 있는 보험보호(보험상품)를 말한다. 擔保能力이란 모든 보험수요에 바로 응할 수 있는 능력을 의미하며, 利潤 역시 보험사업의 성과평가에서 기본적으로 중요하다. 미국 손보업의 이윤계산은 감독당국에 의한 계산방법(statutory underwriting profit)에 의하고 있다. 마지막으로 유효경쟁의 기준으로서 販賣費는 가격경쟁과 관련하여 사업비, 대리점수수료 등이 문제된다.

R.J. Hensley는 미국 損保險의 有效競爭을 촉진하기 위한 정책수단으로서, ① 보험사업에 대한 연방감독의 강화, ② 공영보험의 도입, ③ 현행 반트러스트법 적용제외조치의 폐지에 의한 경쟁적 시장체제의 확립 등 세 가지 점을 강조하고 있다.[16] 보험사업에 대한 연방정부의 감독강화는 각 주간의 감독법의 차이

14) 小西唯雄, 「反獨占政策と有效競爭」, 東京: 有斐閣, 1965, pp. 94～122, pp. 143～147.

15) R.J. Hensley, *Competition, Regulation and the Public Interest in Non-Life Insurance*(Berkeley and Los Angeles: University of California Press, 1962), pp. 12～15.

16) *Ibid.*, pp. 208～215.

에서 오는 불합리성을 제거하기 위한 것이고, 공영보험의 도입은 사보험과의 경쟁을 확대시켜 사보험의 성과개선에 좋은 결과를 기대할 수 있기 때문이다. 보험사업에 대한 독점금지법의 적용제외조치의 폐지에 의한 경쟁시장체제의 확립은 보험의 경쟁이론에 관한 중요논점을 포함하고 있다.

독점금지법의 전면적용에 의하여 각 기업의 자신의 통계 이외에 의존할 수 있는 계산적 기초가 없을 때에는 손해원가 이하의 요율절하의 경쟁이 일어날 가능성이 크다.

한편, 생명보험시장의 유효경쟁에 관한 실증적인 연구는 일본의 생명보험업계를 대상으로 하여 1975년 石田重森가 그 결과를 발표하였다.[17] 그는 보험시장의 유효경쟁에 관한 기준개념 가운데 시장구조와 시장행동을 중심으로 일본 생명보험회사 15사를 대상으로 집중도, 신계약률, 유지율, 보유계약고 등을 자료로 하여 분석하고 있다. 그는 일본 생명보험업계에 있어서 유효경쟁체제를 확립하기 위해서는 市場構造나 市場行動面에서 다음과 같은 조건의 정비를 주장하고 있다.[18]

① 시장에 있어서 신규참가가 인정되고 중·소규모기업은 대기업에 선행하여 신제품과 신시장을 개발하여야 한다.

② 제품차별화와 저렴한 보험료정책이 필요하다.

③ 외무원과 판매경쟁의 질적 개선이 수반되어야 한다.

石田重森는 생명보험시장에서 유효경쟁개념을 적용하는 경우 그 기준선택에 있어서는 생명보험사업이 다른 산업과는 달리 법률적 참가장벽, 실질적인 제품동질화의 특수성 때문에 매우 어려운 점이 있다고 보고 있다. 또한, 생명보험사업을 실증적으로 분석할 때 개인보험, 단체보험, 연금보험 등을 종류별로 분석해야 되겠지만 실제는 모두 포함시킨 수치를 사용할 수밖에 없어 정확도와 정밀도가 부족하고 그 이외에 외적으로 협동조합 등의 생명공제, 간이생명보험 등이 제외되고 있는 것도 문제점으로 지적하고 있다.

17) 石田重森, "生命保險事業に おける 有效競爭," 「保險學雜誌」(第461號, 1975), pp. 114~134.
18) 上揭論文, pp. 130~133.

제 2 절 保險産業과 독점

1. 保險産業의 독점형태

앞서의 고찰을 통하여 보험시장의 경쟁이론이 어느 정도 해명된 것으로 보여진다. 보험시장에서의 경쟁은 결과적으로 독점적 성격을 가져오는 것은 불가피한 현상이다. 그러나 그 과정에 대해서는, ① 보험자본의 운용 자체에 내재하는 법칙적 필연성과, ② 산업독점을 기초로 한 경제독점화의 진행에서 보험자본의 독점화를 요구하는 두 가지 과정에서 이를 파악하려고 하고 있으며, 특히 이 문제에 대해서는 과거 일본의 보험학계에서 많은 연구와 논쟁이 있어 왔다. 保險事業의 獨占形態는 保險카르텔, 保險콘체른, 保險풀 등 세 가지 형태가 일반적이다. 이하에서 특히 保險풀의 概念問題를 중심으로 세 가지 독점형태를 설명하기로 한다.

(1) 보험카르텔

카르텔(cartel)은 동종기업이 생산·판매 등에 있어서 경쟁을 배제하고 독점을 유지하기 위한 수단으로서 가격, 생산, 지역 등 기타 거래조건에 대하여 협정을 체결하고 공동행위를 하는 것을 말한다. 보험사업에 있어서도 이러한 사업자간의 카르텔 행위가 매우 많다. 그 대표적인 것으로서 保險約款의 統一(條件카르텔)과 保險料率의 協定(價格카르텔)이 있다.

보험사업에 있어서 사업자간의 공동협정행위는 그 이외에도, ① 재보험거래에 있어서 거래상대방 및 수수료의 결정 또는 제한협정, ② 원보험 및 재보험거래에 관한 수량의 결정 또는 제한(보유한도)협정, ③ 재보험협정, ④ 공동보험협정, ⑤ 손해사정협정, ⑥ 기타 보험사업자간의 공동행위 및 협정 등도 보험카르텔에 속한다.

(2) 보험콘체른

콘체른의 개념에 관한 학설과 견해는 다양하지만 일반적으로 말해서, 법률적으로 독립된 복수기업이 어떠한 수단과 방법에 의하여 어떤 경제적 목적을 위하여 결합하여 지배·종속관계를 유지하는 경제적 통일체이다. 이러한 기업결합의 한 형태로서 콘체른은 그 결합도에서는 카르텔과 트러스트의 중간적 지위를 차지하고 있다고 할 수 있으나 현실적으로 콘체른은 이와 같은 개념규정처럼 순수한 모습을 갖추고 있는 것은 아니다.

이상과 같은 기업결합이 보험경제에 있어서 형성될 때에는 일반적으로 保險콘체른(Versicherungskonzern)이라고 한다. 보험콘체른의 본질은 원칙적으로 보험기업간의 결합에 한정되지만, 대개의 경우는 타업종과의 지배·종속관계도 포함하는 것으로 보고 있다. 保險콘체른은 특히 과거 독일의 보험시장에서 전형적으로 발전한 것으로서 그 형성동기는, ① 재보험관계에 의하여 재보험회사와 원보험회사간에 콘체른이 형성되는 경우, ② 1901년 독일의 최초의 보험감독법에서 겸영을 금지하고 있었기 때문에 자본참가를 통하여 生保社와 損保社간에 콘체른이 형성되었고, ③ 1918～1923년의 극심한 인플레이션期를 맞이하여 보험회사의 경영이 곤란하였기 때문에 회사간의 결합현상(보험콘체른)이 나타났다.

보험콘체른의 형성목적과 기능은 經營合理化와 獨占形成의 두 가지이다. 콘체른 일반에 대하여 그 비독점적 성격을 강조하고 이른바 산업합리화 목적을 추구하는 기업집중으로서 이것을 이해하려는 입장이 제 2 차 세계대전을 전후하여 독일학계에서 지배적인 현상이었다. 그러나 보험콘체른의 형성동기가 시장지위의 강화를 위한 독점이윤의 획득이라는 면을 현실적으로 부인할 수 없다.

(3) 보험풀(Versicherungspool)

독점의 최고형태는 풀(pool)이다. 일반 산업에 있어서 풀의 역사를 보면 미국의 경우 1880년대부터 1890년대까지 각 산업분야에 널리 보급되고 있었다. 일반 산업에서 풀은 일종의 독점형태이지만 그 성격은 카르텔과 비교하여 단기적이라는 견해[19]와 트러스트보다 독점성이 약하다는 견해[20]가 있지만 일반적으로 풀은 카르텔보다 고위의 독점형태로 인정되고 있으며, 그 성격은 획일적으로 말할 수 없다. 그것은 풀의 형태가 역사적으로 처음 생성되어 발전한 미국에서도 풀의 종류와 형태가 시대 및 적용업종에 따라 다양하기 때문이다.

미국경제는 남북전쟁(1861～1864년) 이후 산업자본주의체제로 전환됨에 따라 각종 형태의 독점현상이 출현하였는데, 특히 그 가운데서 풀은 모든 산업부문에서 독점형태로서 가장 일반화되고 있었다. 역사적으로 미국에서 처음으로

---

19) F. Machlop, *The Political Economy of Monopoly*(Baltimore: The Johns Hopkins Press, 1952), p. 92.

20) H. B. Thorelli, *The Federal, Anti-Trust Policy*(Baltimore: The Johns Hopkins Press. 1955), p. 74.

형성된 것은 1868년의 미시간소금협회(Michigan Salt Association)의 풀이다.[21] 이것은 중요한 생산업자의 모든 생산물을 구입하기 위한 조직으로서 이와 유사한 형태가 1880∼1890년까지 일반 제조업과 면화매매업부문에서 크게 유행하였다. 그 가운데서 특히 유명한 것은 1882년의 증류업풀로서 이것은 그 트러스트라고 하는 새로운 독점형태가 출현하기까지 생산제한과 판매할당 등으로 동업자간의 불필요한 경쟁을 방지하여 왔다.

1880년대의 미국의 풀체제는 모든 산업부문으로 확대되어 철강, 연초, 석탄, 전선, 금속업 등에까지 보급되어 1887년 州間通商法(The Interstate Commerce Act)의 규제를 받게 되었다 이 기간 동안 생성된 풀의 일반적인 형태는 다음과 같은 두 가지 유형으로 구분할 수 있다.

첫째, 고도의 전문화된 독점형태로서 特許풀(patent pool)이라는 것이 있다. 이것은 모든 가맹기업이 규약을 준수할 것을 맹세하는 서약과 함께 생산물은 전부 중앙금고(central treasury)에 집중되어 판매되며 그 이윤의 분배도 공동계산(pool account)에 의하게 된다. 이러한 형태의 풀은 카르텔이나 트러스트보다 그 독점성이 더욱 강력하여 가맹기업의 독립성과 outsider는 인정될 수 없다. 이 유형의 풀에 속하는 것으로 전선제조업의 각종 풀을 비롯하여 시멘트 풀(1911년), 자동차제조업풀(1909∼1911년), 사진제작업풀(Eastman Kodak and Motion Picture Pool, 1915년) 등이 대표적이다.

둘째, 모든 순수입을 한 곳에 집중시켜 놓고 이것을 미리 정한 비율에 따라 재분배하는 利潤分配풀(profits pool)이 있다. 이윤분배풀의 목적은 같은 종류의 풀이나 가격카르텔단체 등의 세력을 방지하기 위한 자구책이며 가격차이에서 생기는 초과수입은 가맹기업에게 균등하게 분배한다.

한편, 보험사업에 있어서 풀은 원래 보험회사 상호간에 처음으로 결성된 것이 아니고 자본주의의 형성단계의 다른 산업부문에서 생긴 經濟풀制度(Wirtschaftspool)에서 연유된 것이다. 그러므로 그 개념이나 성격규정에서 독자적·통일적인 정의를 내리는 것은 매우 곤란하다.

保險풀의 역사는 위에서 고찰한 다른 산업부문에서와 마찬가지로 미국에서 1870년대부터 찾아볼 수 있다. 그러나 학문상으로 보험풀에 대한 법률상의 해석이나 본질론에 관한 학계의 논쟁 및 관심은 적어도 제 1 차 세계대전까지는 찾아보기 어렵다. 제 1 차 세계대전 후 보험풀에 관한 연구는 독일보험학계에서 법률

21) W. Z. Ripley, *Trusts Pools and Corporations*(New York: Ginn and Company, 1916), p. XIII.

적·경제적 측면에서 산발적으로 다루어지게 되었다. 보험풀의 본질에 대한 이론적인 체계를 수립하려고 한 것은 1927년 독일 Leipzig대학에서 박사학위 논문으로 제출된 J. Sändig의 논문[22], "保險풀—그 本質과 經濟的 意義"를 최초의 것으로 인정할 수 있고, 1930년 A. Manes의 저서 「保險論」에서도 보험풀의 성격에 대하여 언급하고 있다.

A. Manes에 의하면[23], 保險풀이란 다수의 보험자가 보험의 목적, 특약조항 및 기본요율을 결정하고 이 협정에 의하여 각사가 인수한 보험계약을 전부 한 곳에 모아 미리 정한 비율에 따라 가맹기업간의 계약을 분배하는 제도라고 말하고 있다. 그에 의하면 보험풀은 조건(약관)과 가격(요율)협정을 전제로 하고 있기 때문에 보험카르텔의 일종이라고 할 수 있으나 중앙기관(pool office)을 통하여 회사간에 危險共同體(Gefahrgemeinschaft)가 구성되고 공동관리를 하기 때문에 경쟁은 전적으로 배제되고 보험카르텔보다 협정이 더욱 강력하여 보험기업의 합동(fusion)에 가깝다고 할 수 있다. 이러한 보험풀의 형성동기는 국가와 보험종목 및 결성당시의 보험시장의 배경에 따라 다르지만 일반적으로 다음 두 가지 사정에 기인하고 있다.

첫째는 保險技術上 重危險(notleidende Risiken)으로서 어느 한 보험회사가 계약(위험)을 인수하기가 어려운 경우 또는 위험의 평균화가 필요한 경우이다. 이러한 사례는 전시하 또는 새로운 보험상품의 개척과정에서 기술적 경험부족과 통계적 자료가 부족한 때에 형성된다. 둘째의 경우는 한정된 보험계약의 대상을 두고 다수의 보험회사가 상호경쟁을 배제하기 위하여 풀이 결성된다. 이 경우에는 일반적으로 독점금지법 또는 감독당국의 규제를 받기 때문에 문제가 된다. 과거 독일에서 형성된 보험풀은 전자가 일반적이었다.

J. Sändig는 保險풀의 종류를 團體풀(Gesellschaftenpool)과 代表者풀(Vertreterpool)의 두 가지로 구분하고 있다.[24] 전자는 가맹보험회사 전부가 협정조인에 참여하는 경우를 말하고, 후자는 모든 회사로부터 전권을 위임받아 한 회사가 대표자의 자격으로 풀업무를 주관하는 것이다. 단체풀의 경우 문제되는 것은 가맹보험회사의 수, 계약분배율, 풀대상이 되고 있는 보험종류 또는 풀의 운영방법 등이다.

22) J. Sändig, "Der Versicherungspool: Sein Wesen und Seine wirtschaftliche Bedeutung," Rheinhold Berger, Lucka(Leipzig), 1927.
23) A. Manes, *Versicherungswesen*, Leipzig, 1930, S. 140ff.
24) J. Sändig, a. a. O., SS. 18~19.

保險풀의 합리적인 운영을 위하여 필요한 기구는 풀總會(Poolvesammlung), 풀委員會, 풀執行機關이다. 총회는 주식회사의 주주총회와 같은 성격의 것이며, 이는 기능면에서 계약분배율의 결정과 같은 중요사항에 대하여 표결권을 행사한다. 그 뿐만 아니라 보험요율과 규약의 개정, 회원의 가입과 탈퇴, 풀대표자의 선임, 풀의 해산, 협정위반 등에 관한 결의는 총회의 권한에 속한다. 또한, 위원회조직의 위원은 가맹회사의 이사급 인사 가운데 총회에서 선임하며 임기는 1년 또는 그 이상이다. 위원회의 기능은 풀업무 전반에 대하여 중요한 사항을 결의한다.

한편, 保險풀의 形成動機는 J. Sändig에 의하면 역사적으로 볼 때 미국의 경우는 위험분산과 경쟁배제의 수단으로, 독일은 위험분산에 그 주안점을 두어 왔다. 이것은 그의 논문이 발표된 1920년대까지 이들 국가에서 재보험제도의 미숙과 국제간의 재보험거래가 원활하지 못한 데서 비롯되고 있으며, 다른 한편으로는 신종보험의 판매 및 위험측정에 경험이 부족하였기 때문이다. 독일의 경우 제 1 차 세계대전이 포함된 1914～1918년이 보험풀의 전성기이었다. 이 기간에 있어서 풀이 결성된 보험종목은 화재보험, 운송보험, 항공보험, 자동차보험, 재보험 등이있는데, 그 존속기간은 대체적으로 1～5년이었다. 그 당시 풀이 결정된 동기는 다음과 같다.[25]

① 보험기술상으로 개개의 보험회사가 감당할 수 없는 비상위험의 분할

② 원보험회사의 경영수지의 악화

③ 재보험자의 위험인수능력의 부족

④ 일부 지방 재보험회사의 파산

⑤ 보험회사의 보험상품에 대한 경험부족

⑥ 보험회사의 파산대책을 위한 하나의 수단

⑦ 보험산업 국유화의 예방대책

이상과 같은 독일에서 보험풀의 목적과 기능은 전통적으로 위험의 공동부담의 성격이 매우 강하게 반영되고 있다. 이것은 상기 J. Sändig의 논문 및 A. Manes의 저서에서는 물론, 전후 독일보험업계의 중진인 W. Mahr의 유명한 「保險經濟入門」[26]에서도 보험풀의 성격과 그 기능을 위험공동체로서 재보험계약성

25) J. Sändig, a. a. O., SS. 119～127.

26) W. Mahr, *Einfuhrung in die Versicherungswirtschaft: Allgemeine Versicherungslehre*, Zweite Auflage, Duncker & Humbolt/Berlin, 1964, SS. 252～253.

질에서 구하고 있다. 전후 각국에 있어서 보험풀은 경쟁배제형은 한국을 제외하고는 거의 존재하고 있지 않으며, 다만 원자력보험과 같은 특수위험보험이나 지역간의 재보험거래에서 신디케이트 또는 풀이 일부 존재하고 있을 뿐이다.

2. 保險産業의 독점효과와 한계

보험사업의 독점이 어떠한 시장구조를 형성하게 되고 시장지배력의 행사에 있어서 어느 정도 강력한가에 따라 독점형성의 효과와 한계가 분명하여진다. 따라서 보험사업에 있어서 독점효과와 한계는 획일적으로 이야기할 수는 없고 독점의 정도와 시장여건에 따라 다르게 나타난다. 보험업에 있어서 독점화는 최대가능한 이윤획득을 궁극적인 행동목표로 하는 보험자본의 이윤동기를 그 출발점으로 하고 있다. 이와 같은 이윤원리에 입각하여 보유계약의 확대를 둘러싼 개별보험회사간의 경쟁은 요율수준의 인하, 판매비용의 증대, 그 이외에 때로는 보유계약 질적 구성의 악화 등을 통하여 이윤율의 저하를 가져온다. 이러한 경쟁과정의 결과로서 保險料率카르텔, 保險콘체른, 保險풀, 保險企業合併 등의 독점형태가 나타난다.

보험시장에 있어서 독점 내지 과점가격체제가 형성되었다고 하여도 그 독점가격이 항상 높은 수준을 유지할 수 있는 입장을 취할 수는 없다. 그 논거로서 보험공급자측의 다음과 같은 경쟁적인 측면이 있을 수 있기 때문이다.[27)]

첫째, 保險市場에 대한 新規參加이다. 보험거래의 특수성에서 볼 때 신설회사는 일반적으로 요율카르텔에 참가하는 것이 유리하다. 이 경우 기존 기업이 요율카르텔을 통하여 과대한 요율수준을 설정하고 막대한 초과이윤을 계속 획득할 때에 신설기업의 보험시장참가를 통하여 기존 대기업의 시장지위에 영향을 미칠 수 있다. 따라서 그 이상의 요율카르텔에 의한 초과이윤의 획득은 어려워진다.

둘째, 保險保護의 任意可增性이다. 이것은 보험의 생산기술면에서의 특징으로 특히 인수금액의 소화능력에 관하여 쉽게 이것을 인정할 수 있다. 보험시장에서 과대한 독점가격이 존재하는 경우 out-sider기업이 새로 생기게 되어 보험보호의 공급능력을 증대시켜 독점성을 약화시키게 된다.

셋째, 保險生産의 同型性이다. 보험은 어떠한 기업에 있어서든지 동일보험종목에 대한 손해원가는 동일하며, 그 크기는 경영 외적 요인에 의하여 결정된다.

27) 水島一也, 前揭書, pp. 196~199.

여기에는 제조업에서 볼 수 있는 생산설비의 우열이나 대량생산의 경쟁상의 이점은 존재하지 않는다. 대규모경영에 의한 위험평균화의 우위는 사실로서 인정할 수 있을지라도 소기업도 재보험·공동보험 등의 수단에 의하여 위험평균화의 달성이 가능하다. 이 점은 독점가격의 상한을 정하게 하는 작용을 한다.

넷째, 制度的 競爭이다. 과대한 독점가격은 조합보험 내지 공제사업 등으로부터 제도적 경쟁의 유인을 구성한다. 이러한 현상은 전후 일본의 보험시장과 1960년대 이후 한국의 보험시장에서 협동조합을 중심으로 공제사업(협동조합보험)이 출현한 계기가 되었다. 다른 한편으로는 대기업에 있어서 자가보험의 운영도 마찬가지의 현상으로 설명할 수 있다.

3. 선진국의 獨占禁止法과 保險業

미국을 비롯한 선진 자본주의국가의 독점금지법의 구성은 私的 獨占의 禁止, 부당한 거래제한의 금지 및 불공정한 거래방법의 금지 등 세 가지를 주된 내용으로 하고 있다. 이러한 독점금지법은 자유경쟁의 경제질서를 유지하기 위한 공적 규제를 목적으로 하는 경제법이다. 일반적으로 독점금지법의 체계를 파악하는 방법으로서 두 개의 대조적인 학설[28]이 있다. 그 하나는 禁止主義型이고, 다른 하나는 弊害規制主義型이다.

禁止主義型에 의하면 독점금지법은 자유경쟁 경제질서의 유지를 경제구조의 절대적 원리로 파악하고 모든 사적 독점, 부당한 거래제한은 경제악으로서 전면적으로 금지시켜야 한다는 학설이다. 이 학설에 의하면 독점금지법의 체계 가운데 자유경쟁의 경제질서에 상반되는 모든 행위는 인정할 수 없다는 것이다. 弊害規制主義型에 의하면 자유경쟁의 경제질서를 경제구조의 절대적 원리로 하지 않고 사적 독점이나 부당한 거래제한에 의하여 생기는 국민경제적 폐해를 방지하는 것을 목적으로 하고 있다.

금지주의형의 입장에서는 법률에서 명확하게 독점금지법의 적용제외를 규정하지 않는 한 모든 경쟁제한행위는 독점금지법의 위반이라고 할 수 있으며, 폐해규제주의형의 입장은 경쟁제한행위일지라도 공공의 이익에 반하지 않는 한 독점금지법의 위반이라고 보지 않는다.

보험사업과 관련하여 각국에서 독점금지법의 적용여부에 대해서는 특히 미

28) 里村育施, "獨占禁止法をめぐる諸問題," 「生保經營」(第43卷 第1號, 1975. 1), pp. 36~41.

국에서 역사적으로 보아 문제되어 왔다. 여기서 미국을 중심으로 EC, 독일, 영국, 프랑스, 캐나다 등의 선진국에 있어서 독점금지법과 보험업의 관계를 살펴보기로 한다.

(1) 미　　국

미국의 경우는 주지하는 바와 같이 각 州마다 보험업에 대한 규제법이 존재하고 있기 때문에 1945년의 McCarran Ferguson Act(公法 제15호)에 의하여 聯邦獨占禁止法은 보험업자의 행위가 보이콧(boycott), 강제(coercion), 위협(intimidation)에 해당하지 않는 한 적용하지 않고 있어서 연방독점금지법의 적용제외 범위는 근래까지 매우 광범하였다. 그러나 1970년대 이후 현재까지 보험업에 대한 독점금지법의 적용제외는 강한 비판의 대상이 되고 있고 불가침의 장벽이 흔들리고 있다. 대표적인 사례는 다음과 같다.

① 캘리포니아, 뉴욕, 텍사스주 등에서는 주독점금지법이 보험업에 적용되고 있으며, 미시간주는 주독점금지법의 적용제외가 축소되었다.

② 1990년 3월 뉴저지주 내에서는 자가용자동차보험에 한하여 보험업에 대한 주독점금지법의 적용제외를 인정하지 않는 自家用自動車公正法(Personal Automobil Fair Act)이 제정되었다. 이 법률이 제정된 배경은 1989년 2월 同州 출신 J. Courter 하원의원이 자동차보험에 대하여 연방독점금지의 적용제외를 인정하지 않는 취지의 법개정을 연방의회에 제안하였으나 부결됨에 따라 이 법률이 성립되었다. 그 당시 뉴저지주는 미국에서 자동차보험요율이 가장 높았으며 이를 인하하기 위하여 이 법인이 경쟁원리를 도입할 의도로 제안된 것이다.

③ McCarran법에 대한 강한 비판은 1970년대 중반 및 1980년대 중반 두 차례 발생한 배상책임보험을 중심으로 한 보험위기는 보험에 관한 심각한 사회문제가 제기되었고, 높은 보험요율, 보험의 인수거절, 보험조건의 축소 등의 조치에 대하여 소비자단체 및 지방자치단체의 강한 반발과 비판을 초래하였다. 그 비판은 보험업자의 공동행위에 대한 연방독점금지법의 적용제외를 규정한 McCarran법에 대한 것이었다. 1961년의 연방상원의 위원회보고서, 1977년의 사법성 보고서, 1979년의 '반트러스트법 및 수속검토 전국위원회' 보고서 등은 연방독점금지법 적용제외 아래서 보험업의 상황, 주규제의 실정을 문제삼았고 적용제외의 범위축소와 경쟁촉진을 강력하게 권고하고 있다. 1970년대 후반부터 법원에서도 연방독점금지법의 적용제외 요건을 의도적으로 좁게 해석하는 경향을

보이고 있다.

④ McCarran법의 改廢動向은 동법의 개정 또는 폐지를 목적으로 하는 법안이 1977년부터 1990년까지 10여 차례 이상 연방의회에 제안(대부분 민주당의원에 의한 제안)된 바 있다. 주요 법안의 내용은 다음과 같다.

1) Books-Edwards 法案(H. R., 1663년)－1 차(1989년), 2 차[29](1991년)

① 聯邦獨占禁止法의 적용대상

㉠ 가격협정

㉡ 경쟁자간의 보험판매를 위한 지역·고객의 할당

㉢ 보험업의 독점 또는 독점화 기도

② 聯邦獨占禁止法의 적용제외

㉠ 과거 손해 데이터의 수집 및 배포

㉡ 과거 손해 데이터에 적용 가능한 손해조정요소(loss development factor)의 결정

㉢ trend factor의 결정

위의 법안에 대하여 미국 손해보험업계는 분열된 의견을 보이고 있다. 대형사가 가맹되어 있는 American Insurance Association(AIA)은 법개정에 반대할 수 있는 설득력 있는 대안을 제시하지 못하고 있는 입장이며 중소형회사들이 가맹되어 있는 Alliance of American Insurers(AAI)와 요율산정단체 비가맹보험업자 전국협회(National Association of Independent Insurers: NAII)는 반대입장을 분명히 취하고 있다.

2) Metzenbaum 法案

3 회에 걸쳐 McCarran법의 개정을 의회에 제출하였다.

(2) E C

한편 EC의 경우는 EC競爭法이 보험업에 적용되는 명문상의 규정은 없지만 EC위원회의 결정에 의해서 동법이 보험업에 적용될 수 있음을 분명히 하고 있다. EC위원회의 결정에 의하여 각국 보험업에 있어서 경쟁법의 적용이 결정된 것은 다음과 같다.

① 이탈리아 기계보험 및 건설공사보험의 인수공동체인 Nuovo Cegam Consortium의 협정(요율협정): 1984. 3. 30.

29) 제 2 차의 修正法案名은 Insurance Competitive Pricing Act of 1991이다.

② 독일 손해보험협회의 요율인상 권고: 1984. 12. 5.

③ 그리스보험법에서 공유재산을 그리스국영보험회사에 부보하도록 한 것과 그리스국영은행의 고객에게 그리스국영보험회사를 이용할 것을 규정한 내용: 1985. 4. 24.

④ 선주책임상호보험클럽(PI Club)에 대한 EC위원회의 결정(1981년): 17개의 PI Club이 국제그룹협정(International Group Agreement: IGA)을 체결한 것에 대하여 EC위원회는 엄격한 감시를 조건으로 10년간의 적용제외를 인정

⑤ 1991년 5월 각료이사회는 위원회의 제안 중 일부 수정하여 제1534호로 채택하였는데, 일괄적용 제외의 대상행위는 다음과 같다.

㉠ 공동의 손해통계 등에 기초한 공동의 위험보험요율 협정

㉡ 공동의 표준보험약관 제정

㉢ 공동보험 또는 재보험에 관한 풀협정

㉣ 손해사정

㉤ 안전장치의 검사승인

㉥ 가중 리스크(aggregated risks)에 관한 정보

(3) 독 일

1957년 7월 처음으로 제정된 競爭制限禁止法(GWB)은 보험업에 대하여 일반 원칙인 금지주의원칙을 적용하지 않고 폐해규제주의를 적용함으로써 광범한 적용제외를 인정하고 있었다. 즉, 동법 제102조는 보험업자간의 협정·권장 및 사업자단체의 결의에 대해 일정한 조건 아래서 3개 조항(제1조, 제15조, 제38조 제1항 제11호)은 적용하지 않을 것을 규정함으로써 보험업에 대하여 경쟁제한적 규약의 금지규정을 적용하지 않고 있는 것이다. 그러나 동법의 3개 조항 이외의 규정은 적용되기 때문에 시장지배적 지위의 남용이나 기업결합에 대해서는 보험업도 규제대상이 되고 있다.

1957년 법률이 보험업에 대하여 禁止主義原則을 적용하지 않은 이유는 ① 보험계약자보호를 위한 보험회사의 도산방지, ② 보험감독법(VAG)에 의한 연방보험감독청의 감독정책의 존재 등을 열거할 수 있지만 보험업은 그 성격상 경쟁원리가 타당하지 않다는 적극적 이유는 반드시 명확하지 않다.

경쟁제한금지법 제102조는 1980년 동법의 제4차 개정으로 계약의 투명성 확보나 시장지배적 지위의 남용금지를 목적으로 契約公示制度(공개성원칙)가 도

입되었다. 그 개정 이전은 보험업자가 보험감독청에 경쟁제한적 계약·결의·권장행위를 제출하면 바로 유효하였지만(신고주의) 개정 후 다음과 같은 과정을 거쳐야만 유효하게 되었다.

① 보험감독청이 보험업자로부터 제출받아 수리한 경우 감독청은 그 사본을 카르텔청에 보내야 한다.

② 카르텔청은 제출받은 계약·결의·권장행위를 연방관보에 고시한다.

③ 카르텔청은 3개월 이내에 관계 사업자로부터 의견표명의 기회를 부여한다.

④ 제출일로부터 3개월이 경과해야 한다.

제 4 차 개정으로 카르텔청은 남용행위가 있을 때 한하여 제출수리를 거부할 수 있는데, 남용규제에 있어서는 보험감독청의 동의를 받아야 한다. 보험감독청은 감독법에 근거한 이유가 없으면 동의를 거부할 수 없으며, 양자의 합의가 불가능하면 연방경제장관의 지시에 따름으로써 동의를 대신한 것으로 인정된다.

1992년의 EC통합에 대비하고 1988년 6월 EC경쟁정책에 적응하기 위하여 연방정부는 경쟁제한금지법 개정의 기본방침을 결정하였는데, 그 가운데는 동법 제99조~제103조까지의 금지주의원칙 적용제외 영역을 감축하기로 하였다. 보험법에 대해서는 유럽法院判決[30](Case 45/85)에 의해서 독일보험업자는 EC공동체내의 거래에 관해서는 경쟁제한금지법의 제102조에 의하여 부여되고 있는 적용제외를 채용할 수 없다는 취지의 EC법 우선이 인정됨에 따라 공동보험·재보험거래 및 개별거래의 두 가지를 예외로 하는 금지주의원칙이 인정될 뿐이었다.

독점위원회는 1988년 7월 제 7 차 기본보고서의 제 6 장에서 보험사업에 관하여 연방정부에 다음과 같은 제안을 하였다.

① 제102조의 금지주의 적용제외를 원칙적으로 폐지

② 약관과 요율의 자율화(인가·통일약관의 폐지, 요율규제의 폐지)

③ 보험계약자(대형위험 제외)보호를 위한 도산보상기금의 창설

상기 제안에 대하여 연방정부는 기본적으로는 반대하지 않지만 제102조의 전면적인 삭제에 대해서는 법적 불안정을 초래하기 때문에 적어도 수년간의 이

30) 독일 損害保險事業者團體는 전기 EC위원회의 결정에 대하여 결정취소 소송을 유럽法院에 제기하였으나 1987년 1월 27일 판결로서 이를 却下하고 EC위원회의 결정을 지지하였으며, EC競爭法은 보험부문에도 전면적으로 적용될 수 있음을 확정하였다. 즉, 유럽法院은 보험업자간의 손해통계에 기초를 둔 純保險料산정에 있어서 광범한 협력을 인정하지만 소비자가 지불하는 최종보험료(영업보험료)를 공동으로 결정하는 것은 保險市場에 있어서 가격경쟁을 완전히 배제하는 것으로서 인정할 수 없다는 EC위원회의 정책을 확인하였다.

행기간이 필요하다고 보고 EC경쟁법이 독일 경쟁제한금지법보다는 유연하므로 바로 삭제하는 것은 타당하지 않다는 입장을 취하면서 다음과 같은 제102조의 제 5 차 개정내용을 제시하였다.

1990년 1 월부터 실시되고 있는 경쟁제한금지법 제 5 차 개정에 의한 제102조의 개정내용은 다음과 같다.

① 종래 적용제외 카르텔이 인정되기 위한 요건의 하나로서 "법률에 근거를 둔 보험감독청 또는 각 주의 보험감독청에 의한 인가 또는 감독에 따르는 사항"이라는 형식적 요건이 있었지만 실질적 요건으로서 다음 사항이 추가되었다.

㉠ 업자간의 협력 또는 계약조건의 통일에 의하여 급부능력을 향상·유지할 것.

㉡ 그 결과가 수요의 충족을 개선하는 데 적당하고 필요한 경우일 것.

㉢ 경쟁제한효과와 기대효과(수요충족 개선효과)가 균형을 유지할 것.

종래 규정에 의하면 보험업자들이 제출한 협정 등은 보험감독청이 정한 요건으로 보아 경쟁제한의 정당한 이유가 있다면 제출 후 3 개월이 경과하면 유효하였지만 이때의 개정에 의해서 위의 실질적 요건이 추가된 것이다. 이 요건은 경쟁제한금지법 제 5 조 제 2 항의 合理化카르텔규정과 유사하다. 그러나 동항의 경영합리화의 개념은 협소하기 때문에 보험업자간의 계속적인 협력(협정)은 인정되기 어렵다. 만약 제102조를 무조건 삭제한다면 제 2 조~제 8 조까지 규정한 제 1 조의 적용제외 카르텔에는 해당되지 않으므로 보험업자간의 계속적인 협력에 의한 카르텔이 불가능하게 된다. 그러므로 제 5 조 제 2 항의 경영합리화 개념을 확장하고 특별한 허용요건(EC競爭法 제85조 제 3 항)을 정하여 제 2 조~제 8 조까지의 적용제외 카르텔과 함께 새로운 적용제외 카르텔을 창설하고 있다. 이러한 새로운 카르텔을 異議카르텔이라고 부르고 있는데 이것은 일반적인 합리화 카르텔보다도 규제가 완화되고 있다.

② 보험업자가 협정 등을 먼저 제출해야 할 곳은 카르텔청으로 변경되었다. 종래는 보험감독청에 먼저 제출되고 그 사본을 카르텔청에 송부하였지만 개정에 의하여 그 순서가 반대로 되었다.

③ 카르텔청은 보험감독청에게 의사표명의 기회를 인정(제 5 항)한다. 종래는 카르텔청의 남용규제는 보험감독청의 동의(Einvernehmen)를 얻도록 하였지만 개정으로서 단지 의사표명의 기회만 인정(Benehmen)되고 있다.

이상과 같은 競爭制限禁止法 제102조의 제 5 차 개정은 보험업에 대하여 獨

禁政策이 크게 변화하고 있음을 보여 주고 있다. 그러나 이 개정은 1992년의 EC시장통합을 의식하여 EC독금정책과 타협하기 위한 형식적 개정 또는 조건부 변경이어서 실질적 변경은 나타나지 않은 경우가 많고 그 개정의 실효성, 즉 개정이 당면하고 있는 어떠한 실질적 변화를 가져오지 못하고 있다.

카르텔청은 이전부터 보험법에 대하여 엄격하게 남용규제를 하였고, 요율협정 등은 적자보험분야에만 인정되고 흑자로 전환되면 바로 협정을 폐기시키는 조치를 취하고 있으므로 제 5 차 개정에 의해서 바로 실질적으로 엄격한 규제가 실시되고 있다고 생각되지 아니한다.

(4) 영 국

1974년 保險會社法에 의하여 면허를 받은 보험업자가 보험서비스의 제공에 관련하여 행하는 협정은 1976년 制限的 去來慣行法(Restrictive Trade Practice Act) 제11조에 근거를 두고 동법 시행령 부칙 제 8 조에 의하여 공정거래청에의 등록의무가 면제되고 카르텔규제의 대상에서 제외되어 왔다. 그러나 1976년 동법의 개정안이 제안된 내용에 의하면 경쟁제한적 협정을 원칙적으로 금지하고 등록제도도 폐지하는 것을 골자로 하고 있다. 다만, 개정안에는 특정한 협정에 대해서는 적용제외가 인정되고 일정한 유형에 대해서는 일괄적으로 적용제외를 인정하고 있다.

영국에 있어서 반경쟁적 행위의 규제는 1980년 경쟁법에 의해서 이루어지고 있다. 동법 제 2 조 제 1 항은 국내에서 상품의 생산·공급, 서비스의 제공·획득에 관한 경쟁을 제한·왜곡·방해하려는 의도 또는 그와 관련되는 일련의 행위를 반경쟁적 행위로 보고 동법 제 3 조∼제10조까지의 규정에 의하여 규제되고 있다. 그러나 동법 제 2 조 제 2 항은 1976년 제한적 거래관행법에 근거를 둔 등록된 협정에 의하여 이루어지는 행위는 반경쟁적 행위로 규정하고 있지 않고 있으므로 보험법에 대해서는 서비스의 제공 등에 있어서 경쟁을 저지하는 행위일지라도 반경쟁적 행위로서 규제되지 않고 있다.

公正去來法 제 7 조에 의하면 동종의 서비스를 제공함에 있어서 그 1/4 이상을 동일한 자 또는 경쟁을 제한하는 상호 결합관계에 있는 동일기업집단이 점하고 있는 경우는 독점상태로 보고 있다. 따라서 보험서비스의 제공에 있어서 경쟁제한적 협정은 상기 카르텔 규제의 대상제외가 되지만 이와 관계되는 보험업자가 독점상태에 있을 때는 동법의 적용이 가능하다고 보고 있다.

독점위원회는 1969～1972년까지 火災保險料率協定團體인 FOC(Fire Offices Committee)를 조사하여 1972년 상무부에 제출한 보고서에 의하면 FOC의 독점 상태를 다음과 같이 지적하고 FOC의 공동 손해통계의 작성은 인정하지만 요율 제도 및 공동보험의 협정은 폐지할 것을 권고하였다.

① 최저보험료의 협정

② 공동보험의 협정

상무부는 권고내용을 원칙적으로 받아들이고 정식명령이 아닌 권고형식으로 FOC에 압력을 가하였다. FOC는 이것이 요율협정이 없으면 파멸적 경쟁에 빠지게 된다고 주장하였지만 결국 다음과 같은 대응책으로 순응하지 않을 수 없었다.

㉠ 주택화재보험요율 폐지(1971년)

㉡ 지역요율 폐지(1977년)

㉢ 상점·농장요율 폐지(1981년)

㉣ 상공업물건 요율 폐지(1985년)

㉤ FOC 해산(1985. 6. 30)

FOC의 해산으로 그 업무의 일부는 1985년 7월 1일에 설립된 英國保險協會(Association of British Insurers: ABI)에 인계되었다. 현재 ABI는 FOC의 등급별에 근거를 두고 손해통계를 작성하고 순보험요율을 산출하고 있지만(부가요율은 조사하지 않음) 이 요율지침은 구속력이 없다.

(5) 프 랑 스

1986년 價格競爭令 시행 이전까지 요율이나 약관에 관한 협정은 보험감독청이 규제하였다. 즉, 1976년 7월에 제정된 保險法典(Code des Assurances) L310-5조에 의해서 상기협정을 보험감독청으로 사전에 송부하고(제1항) 1개월 이내에 이의가 제기되지 아니하면(1개월 경과 후에도 보험심의회의 의견을 구한다면 이의를 표명할 수 있음)(제4항) 시행된다(제3항). 그러나 1970년대 후반부터 독금정책이 강화됨에 따라 요율협정 등은 인정되지 아니하였고 장기간(1820～1980년) 계속된 화재보험요율에 대한 협정도 그것이 보험료에 대한 리베이트를 금지하고 있기 때문에 1945년 價格令에 위반된다는 1979년의 경쟁위원회의 권고를 근거로 폐지되었다(순보험요율의 결정을 위한 공동통계는 인정).

1986년에 제정된 가격경쟁령은 제57조에서 상기 보험법전 L310-5조의 제3항 및 제4항을 폐지하였으며, 그 후 1989년 12월 保險法典改正法(제89-1014호)의 제46

또는 상기 L310-5조를 전면적으로 삭제하였다. 그 결과 1986년 가격경쟁령은 EC 조약 제85조와 마찬가지로 일반적으로 카르텔 금지를 규정하고 있어서 보험업에서도 경쟁제한적 협정에 대해서 어떠한 특별한 적용제외 규정을 두고 있지 않다. 보험업에 있어서 이러한 종류의 협정은 가격경쟁령 제10조에 정한 요건을 구비하고 있는 경우에 한하여 적용제외가 인정될 뿐이다.

(6) 캐 나 다

1986년 競爭法 제45조 제 1 항 C 호에 의하여 공모·담합·합의·협정에 따라 보험료의 경쟁을 저해 또는 제한하는 것은 금지되고 있다. 이를 위반한 경우는 5 년의 금고 또는 100만$의 벌금 또는 병과가 되고 있다. 이러한 경쟁법에서는 보험업을 적용제외한다는 규정이 존재하지 아니하며 또한 보험법에서도 독금법의 적용제외 규정은 없다.

(7) 일 본

일본의 독점금지법(사적독점의금지및공정거래의확보에관한법률)은 1947년 패전 후 경제민주화정책을 배경으로 하여 당시 미군의 점령 아래서 미국의 독점금지법을 모델로 하여 제정하였다. 독점금지법의 보험업에 대한 적용여부에 대해서는 업계 및 감독관청의 주요 관심사이었으며, 특히 손해보험요율산정단체에 관한 것이 문제되었다. 1948년 7 월 29일 법률 제193호로 손해보험요율산출단체에관한법률이 제정되고 이 단체가 '사적독점의금지및공정거래의확보에관한법률의적용제외등에관한법(독금법적용제외법)'에 의하여 예외를 인정받을 수 있었다. 그 결과 보험요율을 산출하는 카르텔기구로서 손해보험요율산정회(1948. 11. 1), 자동차보험요율산정회(1964), 일본선박보험연맹(1963), 일본기계보험연맹(1956) 등이 결성되었다.

이상과 같이 일본은 보험요율의 공동산출에 관하여 독점금지법의 적용을 제외받기 위한 특별법(독금법적용제외법)의 제정을 전제로 한 것이며, 보험사업자간의 다른 공동행위 또는 협정체결에 대해서는 1949년부터 1966년에 이르기까지 보험업법의 개정을 통하여 관련조항에서 독점금지법의 취지를 반영시키고 독점금지법과 보험업법의 상호 조정을 도모하여 왔다. 보험업법의 관련조항은 다음과 같다.

1) 보험업법 제12조의3(공동행위에대한독점금지법의 적용제외)

독점금지법은 다음과 같은 행위에 대해서는 적용하지 아니한다. 다만 불공정한 거래방법의 사용, 상호 사업활동의 부당한 구속을 통하여 일정한 거래분야에서 경쟁을 실질적으로 제한하여 보험계약자 등의 이익을 부당하게 해칠 때에는 그러하지 아니하다.

① 해상보험사업, 항공보험사업, 자동차책임보험사업, 지진보험에 속하는 거래에 대하여 손해보험회사간(외국보험사업자 포함)에 행하는 협정계약, 기타 공동행위

② 위의 보험종목 거래에 있어서 다음 사항에 관한 손해보험회사간의 협정, 계약, 기타 공동행위

㉠ 보험 또는 재보험 거래에 관한 수량의 결정 또는 제한

㉡ 보험계약 내용의 결정(보험요율에 관한 것은 제외)

㉢ 재보험에 관하여 상대방과 수수료의 결정 또는 제한

보험업법 제12조의3 은 1949년 독점금지위원회에서 재보험에 관한 각종 계약의 내용(출재액의 최고한도, 出再의 순위, 배분비율, 수수료, 再再保險 등에 관한 협정)이 독점금지법 및 사업자단체법의 위반이라고 심의 결정하였기 때문에 그것을 면하기 위하여, 1951년 12월 10일 법률 제304호에 의하여 추가(개정)된 것이다. 그 후 이 조항은 1953년부터 1966년까지 항공보험, 자동차책임보험, 지진보험을 각각 추가 개정하였다.

2) 보험업법 제12조의4(공개청문회 개최 요구)

이 조항의 내용은 1951년에 개정된 것으로 독점금지법의 적용제외에 의하여 손해보험회사, 보험계약자, 피보험자 등의 이해관계자가 공동행위 때문에 이익을 침해받았다고 인정할 때는 주무대신(대장성)에게 공청회 개최를 요구할 수 있도록 하였다. 그 결과 이유가 있다고 인정될 때에는 공동행위의 전부 또는 일부의 취소·변경을 명할 수 있다.

3) 보험업법 제12조의5-7

제12조의5 는 공동행위가 공익에 반하거나, 보험사업의 건전한 발달을 저해하는 경우, 공개청문회에서 문제된 내용 등에 대해서 독점금지위원회와 협의하여 시정조치를 취할 수 있는 근거를 명시하고 있다. 제12조의5 는 공개청문에 관계되는 공동행위를 한 손해보험회사에 대하여 그 공동행위의 전부 또는 일부의 취소 또는 변경을 명할 수 있게 하였다. 제12조의6 은 손해보험회사가 제12조의3

각 호의 공동행위에 대하여(변경한 경우 포함) 주무대신에게 제출토록 하고 있는데, 이것은 공동행위의 감독수단이다.

주무대신은 이 명령을 결정할 때에 사전에 독점거래위원회와 협의하여야 한다. 제12조의7 은 독점거래위원회의 인정 또는 권한의 행사가 주무대신의 공동행위에 대한 처분결과에 구속받지 않을 것을 규정하고 있다. 주무대신의 처분은 오직 보험행정의 입장에서 이루어진 것이므로 공정거래의 확보를 책임맡은 독점거래위원회의 인정 또는 권한을 구속할 수 없기 때문이다.

일본의 경우 독점금지법과 관련하여 손해보험요율산출단체에관한법률은 1998년 7 월 1 일 개정 · 시행되었다. 전술한 바와 같이 1948년 제정된 이 법률은 독점금지법의 적용대상에서 제외되는 특례를 인정받아 왔지만 신보험업법의 제정 등 보험환경의 급격한 변화에 따라 금융시스템개혁법 부칙 중 독점금지법적용제외법 가운데, 요율단체에관한법률이 삭제됨에 따라 이 법률도 다른 법률과 마찬가지로 독점금지법의 적용 아래 두게 되었다. 요율단체가 기준요율의 산출 · 제공에 관한 업무를 수행하기 위해서는 독점금지법의 적용제외 조치가 필요하다는 관점에서 제 7 조의3 에서 독점금지법의 적용제외 규정을 신설하였다. 이 규정은 독점금지법 제 8 조의 적용을 제외하는 범위를 동조 제 1 항 제 1 호(일정한 거래분야에 있어서 경쟁의 실질적 제한) 및 제 4 호(구성 사업자의 기능 또는 활동의 부당한 제한)에 한정되고 있다는 점에서 개정 전 독점금지법 적용제외 조치와 비교하여 적용제외 범위가 협소하게 된 것을 감수할 수밖에 없었다. 그러나 요율단체의 행위로서 독점금지법 제 8 조 제 1 항 제 2 호(부당한 거래제한 또는 불공정한 거래방법에 해당하는 국제협정 또는 국제계약), 제 3 호(일정한 사업분야에 있어서 현재 또는 장래의 사업자 수의 제한) 및 제 5 호(사업자에게 불공정한 거래방법에 해당하는 행위를 하도록 하는 것)는 상정할 수 없기 때문에 실질적으로는 개정 전의 적용제외 효과와 다른 것은 없다고 생각한다.

1996년 4 월 1 일부터 시행된 신보험업법에서는 공동행위와 관련된 내용을 제102조에서 제105조에 걸쳐 규정하고 있는데 다음 4 가지 전제조건 아래서 손해보험에 한하여 공동행위가 인정되고 있다(제102조 제 1 항, 제 2 항).

① 보험계약자 또는 피보험자의 이익을 부당하게 해치지 않을 것.

② 부당하게 차별적이지 않을 것.

③ 가입 및 탈퇴를 부당하게 제한하지 않을 것.

④ 위험의 분산 또는 평준화, 기타 공동행위를 행하는 목적에 비추어 필요

최소한도일 것.

공동행위의 인가, 변경명령, 인가취소는 대장대신의 소관이며 인가의 경우 대장대신은 미리 공정거래위원회의 동의를 얻어야 한다(제103조). 또한 대장대신은 제103조의 규정에 의한 처분을 했을 때 지체없이 공정거래위원회에 통지해야 한다. 공정거래위원회는 대장대신의 인가를 받은 공동행위라도 위의 4가지 전제조건에 적합하지 않다고 인정될 때에는 대장대신에게 제103조의 규정에 의한 처분을 할 수 있으며 이 경우 관보에 공시해야 한다.

제 3 절 한국의 公正去來法과 保險

1. 문제의 제기

우리나라의 보험업계 및 보험감독당국에서 公正去來法에 대하여 관심을 갖기 시작한 것은 1975년 12월 31일 *物價安定및公正去來에관한法律*(법률 2798호)이 제정(1976년 3월 15일 시행)된 때부터이었다. 그러나 그 당시에는 이 법률 제21조에서 특별법에 의하여 적용을 받고 있는 사업자에 대해서는 동법의 적용을 제외한다라고 규정하고 있었기 때문에 보험산업도 보험업법이라는 특별법의 배경을 갖고 있어서 공정거래법의 적용을 면제받을 수 있는 것으로 생각하여 극히 일부에서 약간의 관심을 보였을 뿐이었다.

공정거래법에 물가안정과 독점규제라고 하는 두 가지 다른 기능을 하나의 법률로서 규정하고 있었고 이 법률이 그 동안 본래의 기능을 수행하지 못하고 있었기 때문에 정부는 이 법률을 크게 강화하려고 한 것이 1980년이었다. 이 문제는 이른바 1979년 10월 26일 이후 정부기반이 흔들리고 군사독재가 시작되려는 시기이었음에도 불구하고 재벌독점규제의 사회여론 지지를 얻기 위하여 1980년 12월 31일 독점규제및공정거래에관한법률이 제정(시행 1981년 3월)되었다.

보험감독당국과 보험업계에서 공정거래법의 존재에 대해서 본격적으로 관심을 갖기 시작한 것은 바로 이 때부터이었다. 1980년대 이후 공정거래법의 각 산업에 대한 확대적용 및 강화와 더불어 공정거래위원회가 경제기획원 산하기구로 설치되면서 금융·보험산업에 대한 적용문제를 둘러싸고 관련업계의 반대 및 재무부와 경제기획원간에 논란이 계속되는 가운데 행정부처간에 갈등이 지속되었다.

보험산업에 대한 公正去來法의 적용여부와 문제점은 세 가지 측면에서 살펴볼 수 있다.

첫째는 보험산업에 있어서 상호협정 또는 공동행위 등에 대해서 공정거래법을 적용할 것인지의 여부가 규정상 분명하지 않으면서 행정적으로 규제대상에 포함시키겠다고 기회가 있을 때마다 공정거래위원회측에서 으름장을 놓아왔다.

1975년 舊公正去來法 제21조에서는 특별법의 적용을 받고 있는 사업자에 대해서는 적용하지 않는다고 규정함으로써 보험산업은 보험업법의 존재에 의하여 공정거래법의 적용을 면할 수 있었고, 현행법인 1980년 공정거래법에서도 처음부터 적용대상에서 제외되고 있었다. 즉, 공정거래법 제 2 조와 동시행령 제 2 조에서 대상업종을 명시하고 있었지만 보험업은 포함되지 않았고 또한 제47조(法令에 의한 正當한 行爲)의 규정에 의해서도 보험업은 면제되는 것으로 해석되고 있었다. 그러나 공정거래법이 강화된 이후 1980년대 초반부터 금융, 보험업에 대한 확대적용 논란이 지속되었는데 이때에 경제기획원과 공정거래위원회는 공격적 입장을 취하고 있었고, 재무부와 보험업계는 반대와 방어적 입장을 취하고 있었다.

그 결과 1984년 7월 公正去來法 附則의 개정에 의하여 보험업이 적용대상에 추가되는 규정을 삽입하는 등 우여곡절이 있었고 그 후 다시 공정거래법 제 2 조 제 1 호 '바목'에 의하여 일단 보험업 등을 적용대상에 포함시켜 놓고 제61조(金融, 保險業을 영위하는 事業者에 대한 特例)에 의하여 법률 제 3 조, 제 7 조, 제10조, 제12조, 제29조의 규정을 적용하지 아니한다고 하였다. 특히 제 3 조(市場支配的 地位의 濫用禁止)는 공공거래법의 핵심적인 조항으로서 여기에 대한 특례인정(비적용)은 사실상 공정거래법의 의지가 무엇인지 판단을 흐리게 하고 있다.

둘째, 공정거래법의 보험업에 대한 입법태도와 내용이 1975년법, 1980년법 및 현행법에 이르기까지 극히 애매모호한 것도 문제되지만 다른 한편으로 선진국과 달리 우리나라 보험업법에서 공정거래법과 배치 또는 상응되는 상호협정(제17조)조항도 그 내역상으로 볼 때 문제되고 있다. 구체적인 사실에 대해서는 다음 항목에서 서술하기로 한다.

셋째, 우리나라 보험산업(특히 손해보험)은 다른 어느 선진국의 경우와 달리 그 동안 각종 상호협정에 의한 공동행위가 너무나 많이 오랫동안 유지·존속되어 왔다는 사실[31]을 두고 볼 때 공정거래법의 적용시비는 선진국과 비교할 때 현실적으로 엄청난 차이가 있음을 인정해야 할 것이다.

2. 우리 保險業法 相互協定條項의 來歷

우리나라에 있어서 보험산업의 공동행위에 대한 보험업법과 공정거래법의 규정은 선진국에 비하여 문제점이 많고 두 법률 모두 모순과 잘못을 내포하고 있다. 공정거래법에서의 문제점은 위에서 언급한 바와 같이 동법의 제정이 비교적 최근의 일이고 보험 등의 특정 산업에 대한 적용여부가 규정상 애매하고 유명무실한 점이 없지 않았다.

보험업법과 공정거래법의 관계에서 모순은 보험업법측에서 쉽게 찾아볼 수 있다. 우리 보험업법이 처음으로 제정된 것은 1962년 1월이고 그 당시는 공정거래법이 존재하지도 않았다. 8·15 이전 일제하의 한국 내 보험시장에 있어서는 보험업법이 제정되지 않았고 1920년 4월 폐지된 會社令이 보험감독법의 기능을 대행하고 있었다. 8·15 이후 미군정이 실시되고 보험회사의 신규인가 등 필요하고 유효한 법률이 없었기 때문에 1947년 4월 미군정청에 의하여 일본의 보험업법[32](1940. 3. 29 개정 법률 제59호)이 의용되었다.

1948년 8월 15일 대한민국정부의 수립과 동시에 우리 보험업법의 제정이 논의되었으나 실패하고, 6·25 동란과 그 이후에도 구일본 보험업법이 근거 없이 계속 사용되었다. 우리 보험업법이 근거 없다는 사실을 업계와 정부에서 알고 있었기 때문에 구일본 보험업법의 내용을 그대로 원용하여 보험업법안이 1958년 1월 국무회의까지 통과되었으나 국회에 상정되지 못하고 실패하였고, 1962년 1월 군사정부의 국가재건최고회의에서 현행 보험업법이 처음으로 제정되었다.

우리 보험업법에서 사업자의 독점적 행위를 조장하는 상호협정조항이 규정된 것은 1962년 1월에 제정된 보험업법 제14조이다. 그 당시 상호협정조항이 감독법에 명시된 것은 감독정책상 이유와 필요가 있었다기보다는 그 이전까지 실질적으로 의용하여 온 일본의 보험업법이 전쟁을 앞두고 전시통제를 위해서

31) 拙稿, "保險行政 規制緩和와 競爭促進,"「經濟規制와 競爭政策(II)」, 韓國開發硏究院, 1990, pp. 286～287 참조.

32) 參照: 生命保險協會,「生命保險史料」(第 1 卷, 1990), pp. 305～324.

규정한 '統制協定'(일본 보험업법 제11조)을 1958년 우리 보험업법(안) 제14조에서 내용을 그대로 두고 있다가 1962년 1월의 최초 보험업법 제14조에서 '相互協定'으로 하여 엉뚱하게 전혀 다른 목적과 의도로 변용되고 말았다.

이상과 같은 사실은 〈표 8-1〉과 같이 일본 보험업법(1940) 제11조, 우리 보험업법(안) 제14조(1958), 최초의 보험업법(1962) 제14조, 현행 보험업법(1977) 제17조의 내용을 비교하여 보면 쉽게 알 수 있다.

일본 보험업법 제11조는 이른바 전시조항으로 패전 후 위헌사항 등으로 당연히 폐지되었다. 그러나 1962년 우리 정부에서 보험업법을 제정할 때 그 당시의 일본 보험업법을 참고한 것이 아니라 1958년 국무회의에서 통과된 보험업법안을 1962년 최고회의에서 그대로 통과시켰고, 1958년의 법안은 바로 1940년의 일본 보험업법의 내용이 근간이 되었기 때문에 1962년 당시 선진국에서는 독점금지법의 강화와 보험감독법과의 마찰이 문제되고 있는 것을 전혀 의식하지 못하고 통제협정과 상호협정을 동일한 개념과 입법취지로 보아 넘긴 것이다. 또한, 그 당시 우리나라에서는 독점금지법이 없었고 시대적 여건상 그 어느 쪽에서도 이 조항을 문제삼고 있지 않았다.

우리 보험업법에서 상호협정조항이 안고 있는 문제점은 ① 그 유래가 일본 보험업법에서 수십 년 전 전시통제를 목적으로 신설된 조항을 그대로 원용하고 있고, ② 상호협정은 사업자간의 독과점을 목적으로 한 공동행위이기 때문에 보험감독법에서는 이를 규제하는 것이 원칙임에도 불구하고 감독기관이 오히려 조장하는 규정을 두고 있으며, ③ 다른 선진국의 보험업법에서 그 유례를 찾아볼 수 없는 이러한 조항을 둠으로써 공정거래법이 제정된 이후 동법과 정면으로 배치되고 있기 때문이다.

보험업법의 상호협정규정에서 문제되고 있는 것은 1962년 구법 제14조 제3항, 현행법 제17조 제2항에서 동일한 취지로서 "재무부장관은 보험 사업자에 대하여 …… 새로운 협정의 체결을 명하거나 협정의 전부 또는 일부에 따를 것을 명할 수 있다."라고 규정하고 있는 대목이다. 사업자간의 상호협정에 의한 공동행위는 협정의 가입을 반대하는 事業者(outsider)도 있을 수 있지만 이 조항에서는 그것도 허용하지 않으려는 취지로 보이며 과거의 관행상 그러한 예도 있었다.

우리나라 손해보험 역사에서 pool의 효시가 된 1964년의 금융pool의 경우도 보험사업자의 결사반대에도 불구하고 정부에서 강압적인 수단과 방법을 동원하

〈표 8-1〉 보험업법 상호협정조항 내역 비교

근 거	조 항 내 용
日本 保險 業法 (1940)	第11조 保險會社命令ノ定ムル所ニ依リ其ノ事業ニ關シ統制協定ヲ爲シタルトキハ之ヲ主務大臣ニ◯出ツルコトヲ要ズルコトヲ變更又ハ廢止シタルトキ亦同シ 主務大臣前項ノ統制協定ガ公益ニ反シ又ハ保險事業ノ健全ナル發達ヲ害スト認ムルトキハ其ノ變更又ハ取消ヲ命ズルコトヲ得 主務大臣保險事業ノ健全ナル發達ヲ圖ル爲特ニ必要アリト認ムルトキハ保險會社ニ對シ第一項ノ統制協定ヲ爲スベキコトヲ命シ又ハ同項ノ統制協定ノ加盟會社若ハ非加盟會社ニ對シ其ノ統制協定ノ全部若ハ一部ニ依ルベキコトヲ命ズルコトヲ得
保險 業法 案 (1958)	第14조(統制協定) ① 보험회사가 명령의 정하는 바에 의하여 그 사업에 관하여 통제협정을 하였을 때에는 이를 주무부장관에게 신고하여야 한다. 이를 변경 또는 폐지하였을 때에도 또한 같다. ② 주무부장관은 전항의 통제협정이 공익에 반하거나 또는 보험사업의 건전한 발달을 해한다고 인정할 때에는 그 변경 또는 취소를 명령할 수 있다. ③ 주무부장관은 특히 필요하다고 인정할 때에는 보험회사에 대하여 제 1 항의 통제협정을 할 것을 명하거나 또는 동항의 통제협정의 가맹회사나 비가맹회사에 대하여 그 통제협정의 전부 또는 일부에 의할 것을 명할 수 있다.
保險 業法 (1962)	第14조(相互協定) ① 보험회사가 그 사업에 관한 공동행위를 하기 위하여 상호협정을 하였을 때에는 재무부령의 정하는 바에 의하여 이를 재무부장관에게 신고하여야 한다. 이를 변경 또는 폐지하였을 때에도 또한 같다. ② 재무부장관은 전항의 협정이 공익에 반하거나 또는 보험사업의 건전한 발달을 해한다고 인정할 때에는 그의 변경 또는 취소를 명할 수 있다. ③ 재무부장관은 특히 필요하다고 인정할 때에는 보험회사에 대하여 제 1 항의 협정을 할 것을 명하거나 또는 동항의 협정의 가맹회사에 대하여 그 협정의 전부 또는 일부에 의할 것을 명할 수 있다.
保險 業法 (1977)	第17조(相互協定) ① 보험사업자는 그 사업에 관한 공동행위를 하기 위하여 상호협정을 하고자 할 때에는 재무부령이 정하는 바에 의하여 재무부 장관의 인가를 받아야 한다. 이를 변경 또는 폐지하고자 할 때에도 또한 같다. ② 재무부장관은 공익 또는 보험사업의 건전한 발전을 위하여 특히 필요하다고 인정하는 때에는 보험사업자에 대하여 제 1 항의 협정의 변경·폐지 또는 새로운 협정의 체결을 명하거나 보험사업자에 대하여 그 협정의 전부 또는 일부에 따를 것을 명할 수 있다.

여 협정을 체결하게 하였으며[33] 금융pool 협정서에는 가맹기업의 전원일치 찬성이 아니면 규정의 개폐(해체)가 불가능하게 하는 조항도 둔 바 있다.

3. 문제점의 재조명

(1) 보험업법과 감독행정

보험업이 판매면에서 공동행위(풀, 공동보험 등)나 가격결정에 있어서 협정요율을 채택하는 카르텔행위는 독점금지법에서 경쟁제한행위로 규정하면서 이를 금지 또는 제한하고 있는 것이 선진국 법률의 보편적인 내용이며 獨禁法에서 특히 보험업에 대하여 부분적 또는 포괄적으로 적용제외를 인정한 것은 보험업의 특수성을 고려한 면도 있지만, 보다 중요한 것은 보험감독법 자체에서 공동행위를 규제함으로써 독금법의 입법정신을 감독법에 반영하고 있음을 전제로 한 것이다. 그럼에도 불구하고 우리나라 保險業法은 전술한 바와 같이 일본의 보험업법을 잘못 의용한 결과 1962년 1월 이전까지 일본법률이 근거 없이 사용되어 왔고, 1962년 현행 보험업법이 처음으로 제정될 때 그 당시의 일본 보험업법을 모방한 것이 아니라 1940년 戰前에 최종적으로 개정된 일종의 전시 보험업법을 미군정시대에 의용하고 이것이 모체가 되어 우리 정부수립 이후 1948년 법률안과 1958년 법률안이 마련되었고 이것이 바탕이 되어 1962년 현행법이 만들어진 것이다. 따라서 일본 보험업법에서는 전후 위헌사항으로 지적되고 獨禁法(1947)에 의하여 폐지된 제11조의 통제협정이 우리 법률에서 상호협정으로 대체된 것이었다.

우리나라의 보험업법에 있어서 제17조(구법 제14조)의 상호협정과 같은 조항은 선진국의 보험감독법에서는 그 어느 나라에서도 유례를 찾아볼 수 없다. 그뿐만 아니라, 공동행위 그 자체에 대해서 보험감독법에서는 철저하게 규제를 하고 있으며 이것이 또한 독금법 적용제외의 전제가 되어 왔다. 1945년의 McCarran 법에서 보험법에 대하여 제한적으로 적용제외를 인정한 것도 특히 보

33) 火災保險事業者들이 평소에는 pool을 대부분 찬성하였으나 이때 협회를 중심으로 단결된 행동으로 반대하고 나온 것은 정부에 대한 감정적인 문제가 포함되었기 때문이다. 즉, 최고회의의 업계감사(1962. 8), 증자, 정비통합, 국영재보험회사의 설립 및 pool 주관 등이 그 반대의 이유가 되었다. 정부는 화재보험요율인하, 대리점의 요건강화 및 대리점 이외의 모집불인정 등의 조치를 취함에 따라 업계가 정부방침에 따르게 되었다. 정부의 이러한 의도는 화재보험에 집중된 경쟁을 없애고 그 여력으로 신생 해상보험시장을 개척하기 위함이다.

험요율 등에 있어서 각 州가 별도의 규제입법을 갖고 있을 것을 전제로 한 것이다.

이상과 같은 사실을 고려할 때 우리나라에서도 公正去來法(1975, 1980)의 존재를 의식할 때는 保險業法 제17조(相互協定)가 개폐의 대상이 되어야 하고 보험업법에서 요율에 관한 조항과 정책이 보다 분명하게 규정되어야 할 것이다.

우리나라 보험업법에서 상호협정은 1962년 제정당시 申告主義에서 1977년 개정으로 認可主義가 채택되었고, 1980년대 이후 보험시장의 자율화 조치로 종전의 많은 공동행위(pool)가 부분적으로 해체되어 왔다. 그러나 公正去來法이 保險業을 문제삼고 있는 것은 1980년 이후였기 때문에 그 이전까지 보험시장에 있어서 각종 카르텔행위는 보험감독기관이나 보험업계에서는 과거부터 반복되어 온 현상으로 크게 문제시하지 않는 경향이 있었다. 특히 보험행정으로 문제될 수 있었던 것은 1974년 감사원 감사의 지적에 의하여 해산된 損害保險料率算定會(요율카르텔기관)가 시장자율화가 금융산업 전반에 걸쳐 확산되고 있던 1983년 말에 행정방침으로 재결성하게 된 것은 확실히 역행적인 조치였고 그 당시는 공정거래법도 개정되어 확대·강화 움직임을 보이고 있었다.

⑵ 공정거래법과 보험업법의 개정

우리나라의 '독점규제및공정거래에관한법률'은 1975년 제정된 이후 그 후 개정은 1980년, 1986년, 1990년, 1992년, 1994년, 1996년, 1997년, 1998년(5차례), 1999년(2차례), 2000년에 있었다. 공정거래법의 이와 같은 잦은 개정은 그동안 독점규제의 요청이 강력하였고, 동법의 실효적인 규율을 위한 사회·경제적인 여건이 그만큼 성숙되어 왔다는 것을 의미한다. 보험산업에 대한 공정거래법의 적용문제는 1980년 법개정에서부터 논란과 관심의 대상이 되어 왔고 그 결과 1984년 동법 시행령의 개정으로 보험업도 규제대상에 포함시켰다(동령 제2조 제1항 제4호). 그러나 부칙 제2조에서 보험업에 대한 공정거래법의 적용은 동법 제15조에서 규정한 불공정거래와 보험업법에 근거가 없는 공동행위에 한하도록 하였다.

1990년 전문 개정된 공정거래법 제2조 1호(바)는 보험업을 금융, 부동산사업 및 서비스업과 함께 동법의 규제대상으로 하되, 다만 보험사업자에 대하여는 시장지배적 지위의 남용금지에 관한 동법 제3조, 기업결합의 신청에 관한 동법 제12조, 재판매 가격유지 제한에 관한 동법 제29조의 적용을 명시적으로 배제하고 있었다. 특히 동법 제58조는 "사업자 또는 사업자단체가 법률 또는 그 법률에 의한 명령에 따라 행하는 정당한 행위에 대해서는 동법을 적용하지 아니한다."라고 명문으로 규정하고 있다.

1992년 공정거래법의 개정에서 보험업에 대한 적용문제는 그대로 유지되고 있었으며, 이 개정에서 신설된 계열회사에 대한 채무보증의 제한에 관한 동법 제10조의2 제 1 항 또한 보험업에 대해서는 적용하지 아니하는 것으로 하였다 (동법 제61조: 1996년 삭제).

1996년 공정거래법의 개정은 보험업에 대한 일부 적용 배제조항과 예외조항을 삭제하는 한편 보험업 제17조(상호협정)의 개정에 의하여 금융감독위원회가 상호협정의 체결·변경의 인가 또는 명령을 할 때는 미리 공정거래위원회와 협의하여야 한다고 개정(1998. 1. 13)하여 외형상 보험업도 공정거래법의 적용을 받고, 보험감독당국의 상호협정 인가·명령은 사전에 협의케 함으로써 공정거래위원회가 주도하고 있는 것처럼 보이고 있다. 개정된 보험업법 제17조의 내용은 다음과 같다.

> **第17條**(相互協定) ① 보험사업자는 그 사업에 관한 공동행위를 하기 위하여 相互協定을 하고자 할 때에는 대통령령이 정하는 바에 의하여 금융감독위원회의 인가를 받아야 한다. 이를 변경 또는 폐지하고자 할 때에도 또한 같다(2000. 1. 21, 본항개정).
> ② 금융감독위원회는 公益 또는 保險事業의 건전한 발전을 위하여 특히 필요하다고 인정하는 때에는 보험사업자에 대하여 제 1 항의 협정의 변경·폐지 또는 새로운 협정의 체결을 명하거나 보험사업자에 대하여 그 협정의 전부 또는 일부에 따를 것을 명할 수 있다(1998. 1. 13, 본항개정).
> ③ 금융감독위원회는 제 1 항 또는 제 2 항의 규정에 의하여 상호협정의 체결 또는 변경의 인가를 하거나 명령을 하고자 할 때에는 미리 공정거래위원회와 협의하여야 한다(1998. 1. 13, 본항개정).

1996년 12월 제 5 차 공정거래법의 개정은 자본·금융시장의 개방에 대비하고, 경제 각 부문에 동법의 적용확대를 위하여 추진된 것이다. 개정법에서는 적용배제조항인 제61조를 폐지하고 개별적으로 해당조항에 적용제외 규정을 두어 적용제외의 폭을 축소하였다. 이에 따라 금융·보험업도 경쟁제한적 기업결합제한(제7조) 등은 적용을 받는 반면에 시장지배적 남용행위금지(제3조), 출자총액제한(제10조), 채무보증제한(제10조의2) 등의 조항에서 개별적으로 예외를 인정하였다.

1999년 1 월 제 7 차 공정거래법의 개정은 IMF관리체제 이후 금융산업의 구조조정이 급격히 추진되고 그 독과점 형성 및 남용가능성이 크게 증대하였다는 점이 감안되었고 금융·보험사업자라고 하여 일반 사업자와 달리 취급할 합리적인 사유가 없어졌다고 본 것이다. 이에 따라 1999년 2월 약칭 카르텔일괄정리법(독점규제및공정거래에관한법률의적용이제외되는부당한공동행위등의정비에관한법률)이 제정되었다. 그 결과 사업자간의 행위가 부당한 공동행위에 해당되지만 개별법령에 근거가 있기 때문에 공정거래법 제58조(법령에 따른 정당한 행위)에 따라 공정거래법의 적용이 제외되는 행위 등이 정비되고 있다. 카르텔정리대상의 하나로 보험개발원의 요율공동산출제도가 문제되어 2000년부터 보험개발원은 순보험료만 산출하여 제공할 수 있고(2002년 4월부터 순보험료 완전자율화) 부가보험료는 보험회사들이 개별적으로 산출하게 되었다.

(3) 보험업법 제17조의 개정방향

1980년대 이후 보험산업도 금융산업 환경변화의 영향으로 타율적·자율적으로 많은 변화가 있었고 종전의 여러 유형의 공동 행위가 크게 개선되어 온 것은 사실이지만 公正去來法과 保險業法은 현재의 규정과 내용으로 양자관계가 합리적으로 정립되었다고 볼 수는 없다. 앞으로 재벌규제를 내용으로 하는 공정거래법의 확대 적용·강화의 움직임은 지난 번 국회의원 및 대통령 선거과정과 결과에서도 쉽게 짐작할 수 있으며, 다른 한편으로 국제적인 경쟁력 강화, 소비자보호, 시장자율화 등을 위한 조치의 지속은 공정거래법의 개정을 불가피하게 할 것이다.

선진국의 경험에서 알 수 있는 바와 같이 보험업에 대한 이들 국가의 독금법이 종전까지 포괄적으로 적용제외되어 온 것이 최근에는 이를 사안별로 적용하려는 움직임이 있고 예외를 축소 또는 부인하려는 것이 국제적인 추세이다.

公正去來法과 保險業의 관계에 있어서 종래, ① 보험업의 특수성을 인정하여 선진국의 독금법에서도 적용제외를 인정하고 있다는 주장, ② 정부 부처간에 필요 이상의 감정적인 대립으로까지 비화되고 있는 것처럼 보이는 현상, ③ 상호협정 등에 의한 공동행위가 오히려 업계의 도산방지를 통하여 보험소비자를 보호하는 것이라고 항변하는 주장 등은 보험회사측의 사정과 입장만을 고려한 자기류의 주장에 불과하다.

우리나라 보험시장(특히 손해보험)의 8·15 이후 시장재건과정에서 풀 등의 역사적 사실, 현실적인 경쟁여건과 양상, 시장의 특성을 고려하고 보험업에 대한 공정거래법 적용여부의 문제는 두 법률에서 다음 조항의 재검토 필요성을 강조하려고 한다.

우선 공정거래법 제58조(법령에 따른 정당한 행위)이다. 공정거래법은 사업자 또는 사업자단체가 다른 법률 또는 그 법률에 의한 명령에 따라 행하는 정당한 행위에 대하여는 적용하지 아니한다는 규정이다. 보험업에 대한 적용 면제조항으로 거론되는 제58조의 법령에 따른 정당한 행위에 대한 해석상의 문제이다. 행위의 정당성은 공정거래법의 관점이 아니라 보험업법의 취지에 따라 해석되어야 한다는 일부 보험법학자들의 의견이 있다. 그러나 이러한 해석이 공정거래법의 정신 및 동법 제58조의 취지에 부합하는 것인지는 의문이 있다.

그 이유는 앞에서 수차 강조한 바와 같이 우리 보험업법의 역사적 오류와 특히 제17조(상호협정)의 입법배경 및 참고법령에서 볼 때 1962년 보험업법의 출발부터 잘못되었다는 사실이다. 특히 공정거래법이 제정되기 이전부터 오랫동안 보험업계는 수많은 상호협정(협정요율, 판매풀 등)이 있었고, 감독기관의 잘못된 행정시책의 가능성은 경험상 앞으로도 예상되기 때문이다. 제17조 2항은 금융감독위원회는 새로운 협정의 체결을 명령할 수 있고 보험사업자로 하여금 협정의 전부 또는 일부에 따를 것을 명령하여 out-sider의 존재를 인정하려 하지 않는다는 것은 자유경쟁 촉진에 역행하는 것이다.

감독기관이 공익 또는 보험산업의 건전한 발전을 위해 사업자단체의 반대에도 불구하고 상호협정을 일방적으로 강요할 수 있는 이 표현의 출처는 전술한 일본 보험업법(1940년) 제11조 전시통제협정 조항에서 비롯된 것이다. 그러므로 보험업법에서 공정거래법의 근본취지를 받아들여 상호협정은 근본적으로 제한 또는 금지시키고, 사전에 공정거래위원회와 협의를 원활히 수행함으로써 공정거래법의 보험업에 대한 적용배제 취지와 부합되는 것이다. 공정거래법에서 보험업에 대한 적용제외를 인정하기 위해서는 선진국의 경우와 같이 기본적인 전제조건이 있어야 하며, 또한 금융업과 보험업을 동일한 부류로 보아 공정거래법에서 예외조항을 규정하고 있는 것도 보험업의 특수성이 반영되고 있지 않기 때문이다.

제 9 장 保險마케팅

제 1 절 保險마케팅의 개념과 특성

1. 保險마케팅의 개념

오늘날 우리가 흔히 사용하는 마케팅(marketing)이라는 말은 일반적으로 "소비자에게 최대의 만족을 주고 생산자의 생산목적을 가장 효율적으로 달성시키는 방법에 의하여 재화와 용역을 생산자로부터 중간사용자나 소비자에게 유통시키는 경제활동"[1]이라고 정의할 수 있다. 마케팅은 생산과 소비를 연결시키는 유통과 제품을 만들어 파는 販賣라는 두 개의 기본적 활동의 수행을 그 임무로 삼고 있다. 여기서 流通은 사회경제의 순환과정으로서의 파악이고, 販賣는 하나의 기업활동 내지 경영관리활동으로서의 파악이다. 전자는 생산된 재화가 어떻게 하여 생산자로부터 소비자에게 흘러 들어가는가를 국민경제적 관점에서 본 것인데 반하여, 후자는 생산자가 어떻게 하여 소비자가 원하는 제품을 만들어 판매할 것인가를 개별적인 기업의 입장에서 본 것이다. 그러나 현대적 개념으로서의 마케팅은 개별적 기업의 입장에서 본다고 하여도 단순한 販賣만을 마케팅 자체로 보지 않으며 오히려 기업활동 자체를 마케팅활동으로 파악하는 이른바 全體마케팅(total marketing)으로 파악하고 있다.

보험마케팅의 설명에 앞서 保險商品 그 자체에 대해서 잠깐 생각해 볼 필요가 있다. 보험실무계에서는 거의 무의식적으로 保險商品이라는 말을 자주 쓰고 있다. 흔히 보험상품을 無形商品이라고 하는데, 여기서 우선 과연 보험이 상품이냐 아니냐, 즉 보험상품성 여부가 보험본질론에서 특히 일본의 보험학자들간에

1) 金東基, 「現代 마케팅原論」, 博英社, 1979, p. 2

많은 논쟁이 있어 왔다. 저자는 여기서 보험본질론에서 다루고 있는 保險商品에 대해서는 논외로 하고 保險證券을 상품 그 자체로 의제하여 논하기로 한다.

保險마케팅이라고 할 때 이것은 보험상품을 보험자가 생산하여 보험소비자, 즉 보험가입자에게 연결시키는 경제활동이라고 할 수 있다. 따라서 보험마케팅의 개념은 일반적인 의미의 마케팅과 본질적으로 큰 차이가 있는 것은 아니다.

물론 후술하는 바와 같이 보험마케팅이 일반 제조업의 마케팅과 다른 특성을 가지고 있지만 그 가운데 중심이 되고 있는 수요와 공급, 판매, 상품개발, 홍보 등에 있어서 양자간에 공통적인 이론의 영역이 다수 존재하고 있다.

보험기업에 있어서 마케팅의 필요성은 특히 보험제도 그 자체의 고유의 속성에서 존재하고 있다고 보아야 할 것이다. 보험제도는 다수경제주체의 결합에 의한 대수법칙의 성립을 전제로 하고 있다. 다시 말하면 동종의 위험을 느끼는 절대다수의 보험가입자가 모이지 않고는 보험이 성립될 수 없다. 이것은 보험회사가 적극적인 판매활동을 통하여 다수의 보험계약자를 집합(보험가입)시켜야 함을 의미한다. 이러한 점에서 보험마케팅은 보험기업의 경영활동의 출발이라고 할 수 있으며, 이것이 이루어지지 않고는 보험생산, 보험투자 등의 다른 경영활동이 있을 수 없다.

2. 保險市場에 있어서 managerial marketing의 도입문제

managerial marketing은 顧客志向的 思考(customer orientation)를 기본이념으로 하여 기업의 전사적 관점에서 장기적 기업이윤을 추구하는 데 필요한 마케팅의 계획·조직·집행·통제·조정 등의 경영자활동을 중심으로 한 마케팅이다. 따라서 managerial marketing 이론은 제품·가격·경로·판매·촉진광고·인적 판매·조직 등의 마케팅 제반 요소를 통일적·합리적으로 배분하여 最適結合(optimum mix)을 결정하려는 마케팅 믹스理論(marketing mix theory)이라고도 할 수 있다.

마케팅 믹스이론은 이와 같이 managerial marketing의 핵심을 이루는 것으로서 전사적 관점에서 장기적·지속적 이윤의 확보에 공헌하기 위해서 기업의 다른 활동부문, 즉 생산, 재무, 인사 및 회계 등의 제반 부문과 상호관계를 통하여 회사라는 모든 조직체계에 유기적으로 작용하여 조화를 이루어야 한다. 다시 말하면 managerial marketing의 중추적 역할을 담당하는 마케팅 믹스이론은 기업 내에 있어서 제반 부문으로부터 요구와 기대를 충족시켜 주는 동시에 기업의 전체적인 경영목표를 달성시켜 주어야 하는 말하자면 양자를 통일적으로 조정시켜 주는 기능을 행해야 한다.

managerial marketing의 전개는 기업활동 전체를 마케팅의 관점에서 경영자의 조직적이고 종합적인 관리기능을 원활히 수행시키기 위해서 생긴 새로운 마케팅 연구방법이다. 그 기본적 특징은 이것이 모든 기업활동의 기본이념이 되고 있다는 것이다. 즉, managerial marketing은 마케팅의 다른 경영기능간의 상호관계와 상호작용을 중시하여 마케팅을 기업활동의 전체계를 기획하는 기초로 삼고 있다. 그 결과 오늘날 마케팅은 비단 유통영역뿐만 아니라, 생산영역에까지 확대되어 제품계획에서부터 투자·설비부문까지 커버하고 있다.

managerial marketing의 특질은, ① 마케팅을 탁월한 최고경영자가 행하는 의사결정의 문제로서 이해하고, ② 최고경영자가 행하는 의사결정의 근본적 기초가 消費者志向的 思考(consumer orientation)가 되게 하며, ③ 마케팅 문제를 해결하기 위하여 창의적 지휘와 효과적 관리가 최고경영자에게 요청되며 마침내 이것은 기업경영과 기업활동의 기본이념이 되고 있다.

오늘날까지 보험업계에 있어서는 비가격경쟁을 내용으로 하는 managerial marketing 이론을 도입하지 않고 경시하여 온 이유는 다음 몇 가지이다.

① 제 2 차 세계대전 이후 최근에 이르기까지 각국에 있어서 경제부흥, 국민생활의 향상, 생활양식 및 사회사상의 변화가 보험의 대상을 안정적으로 증가·확대시켰고 유효한 산업수요 자체가 매년 안정성장을 지속하여 왔다. 이러한 단계에서 큰 판매노력을 하지 않아도 언뜻 보기에 순조롭게 보험료의 증수를 기대할 수 있어 보험은 이윤진밍이 좋은 산업(profitable industry)으로 생각되이 왔기 때문이다.

② 보험시장의 대부분의 경우 과점시장을 형성하여 제조업의 경우처럼 자본의 유기적 구성이 고도화를 하지 않아도 되었다. 따라서 제조업에 있어서 수요의 감퇴가 바로 생산과잉→조업단축→이윤율저하와 이윤의 감소로 결부되는 것처럼 수입보험료의 감소가 이윤의 감소를 바로 의미하는 것은 아니기 때문이다.

③ 보험의 효용이 미래의 불확정요인을 포함한 효용을 현재의 확정될 효용으로 파악하게 함으로써 이것을 구입한 고객의 만족은 간접적이며, 만족의 시기는 장래에 걸쳐 있다. 이러한 간접적·장기적 성격이 상품으로서의 라이프 사이클(life cycle)을 일반 소비재와 같이 급속하게 단축시킬 수 없다. 따라서 단기간에 대량판매하여 자본의 회전율을 높이거나 또는 보험의 연구개발에 사용한 비

용 등을 단기간에 회수하는 것은 어렵다.

④ 보험사업의 난해성과 그 상품의 추상성을 들 수 있다. 보험상품은 약관, 요율, 각종 특약 등에 대해서 보험회사원으로서도 완전히 이해할 수 없을 정도로 복잡다기한 문제를 가지고 있다. 또한, 판매되고 있는 상품은 무형의 서비스로서 일반 소비재와 같이 五感으로 인식될 수 있는 것도 아니다. 보험상품의 이와 같은 숙명적 특징은 managerial marketing의 도입에 큰 저해요인이 되고 있다.

이상과 같은 현실적인 문제점에도 불구하고 보험사업에 있어서 managerial marketing의 도입은 크게 요청되고 있다. 보험은 전술한 바와 같은 제조업과는 달리 자본의 유기적 구성의 고도화를 수반하지 않지만 인건비, 물건비 등의 고정적 성격을 가진 비용의 증가에 따라 이윤율이 저하되는 경향이 있고 경영안정을 위해서 어떻게 하든지 판매량을 증대시킬 필요가 있다. 그것을 위해서는 무엇보다도 광대한 시장을 창조하고 보다 저렴한 가격으로 양질의 보험상품을 대량으로 판매할 수 있는 태세를 자주적으로 확립할 필요가 있다.

최근 일반 대중의 생활의식·생활양식의 변화와 더불어 자동차손해배상책임보험의 강제적용 및 보험료의 과세소득공제제도 등으로 보험사상의 보급에 공헌하였고, 보험에 대한 시장지배는 seller's market이 아닌 buyer's market로서 고객우위의 시장태세로 질적 변화가 이루어지고 있다. 이러한 추세에 따라 보험마케팅은 그 제반 활동에 유기적·조직적으로 또한 종합적·통일적으로 관리·수행되지 않으면 그 기능을 충분히 발휘할 수 없게 되었다. 따라서 보험기업은 시장목표에 대하여 통제가능한 마케팅 요인을 최적결합하여 마케팅전략을 설정하고 전사적 관점에서 조직적으로 수행해야 하는 managerial marketing이 필요하게 되었다.

재언할 필요도 없이 보험마케팅 개념의 중심은 顧客中心主義志向(customer oriented)이 되어야만 한다. 이 고객중심주의에 바탕을 두고 사회적 책임을 수행함으로써 이윤을 극대화하고 종업원의 행복을 추구하는 세 가지 점의 균형과 조화가 마케팅 담당자의 최대 임무이다.

보험회사가 영속적으로 존립·번영하기 위해서 고객중심의 보험마케팅 관리체계를 어떻게 구성할 것인가, 여기에는 우선 마케팅전략의 형성이 필요하다. 마케팅전략은 顧客中心 내지 시장표적(market target)과 그 표적을 구하는 마케팅 믹스(marketing mix)를 결정하는 두 가지 측면의 결합이다. 보험시장은 전체적으로 많은 이질적으로 세분화된 시장으로 구성되어 있다. 이렇게 세분화된 고객층은 각기 다른 보험을 다른 장소와 다른 시기에 필요로 한다. 또한, 보험의 품질(담보조건)에 대해서도 고객의 소득, 지위, 입장 등에 따라서 여러 가지로 요구되어지고 있기 때문에 마케팅전략은 우선 기업이 그 목표로서 추구하는 고객층을 결정하고 그 다음에 그 목표의 마케팅전략을 최적으로 적응시키는 것이 필요하다.

3. 保險마케팅의 특성

保險마케팅의 특성은 일반적으로 保險保護(Versicherungsschutz)라고 하는 무형의 서비스급부에 대한 마케팅條件(marketing condition)으로서 설명되고 있다. 그 첫째는 보험상품의 특성이다. R. Fröhner는 保險商品과 一般商品의 差異點을 다음과 같이 설명하고 있다.[2)]

① 상품의 성격면에서 일반상품은 구체적 상품으로서 명확한 소비효용과 부차적 효용을 가지고 있지만, 보험상품은 무형상품·관념적 상품으로서 추상적인 효용을 가지고 있다.

② 욕구(수요면)에서 일반상품은 존재·인식·감지되고 있으나 보험상품은 존재하고는 있지만 주로 인식되지 못하고 있다.

③ 일반상품은 고객의 자발성이 대부분 존재하고 있지만 보험상품에 대해서는 대부분의 경우 고객의 자발성은 존재하지 않는다.

④ 일반상품은 판매와 더불어 경제과정이 종료되고 경우에 따라서 판매한 이후에 고객에 대한 서비스가 계속된다. 반면에 보험상품의 판매는 고객과 보험자간의 계약체결로부터 보험계약기간까지 또는 보험급부지급까지 계속되며, 서비스는 개인적인 보살핌, 고객에 대한 조언, 보험계약의 변경, 사고처리 등 다양하다.

⑤ 일반상품은 급부와 반대급부가 동시에 이루어지나 보험상품은 보험사고가 발생하면 사전에 반대급부를 받는다.

保險保護로서 保險商品의 特性은 그 이외에, ① 객관적이 아니고(nicht gegen-

---

2) R. Fröhner, *Lebensversicherung der Assekuranz, Versicherungswirtschaft auf dem Weg zum Marketing*, In : Die Absatzwirtshaft, 12. Jg., Heft 5, 1966, S. 20.
趙海均, "保險産業에 있어서 마케팅에 관한 연구,"「保險學會誌」(第15輯, 1979), pp. 32～33.

ständlich), ② 잡아볼 수 없으며(nicht greifbar), ③ 볼 수 없으며(nicht sichtbar), ④ 순간적으로 급부가 실현될 수 없고, ⑤ 구체적인 등가관계가 없으며(keinen konkreten Gegenwert), ⑥ 대부분 장기간의 계약구속이 이루어지고 있고, ⑦ 상품공급은 임의로 무한정 증대시킬 수 있고, ⑧ 미래의 수요를 파악하기 곤란하다.[3] 이러한 특성에서 보험상품은 판매가 어렵고 충분한 상품설명과 선전이 필요하다.

다음으로 保險마케팅의 特性은 마케팅조건으로서 경영 내적 조건과 경영 외적 조건에서 그 특성을 찾아볼 수 있다.[4] 경영 내적 조건은 주로 보험기술상의 제약요인 내지 상품의 특성에서 비롯된다. 보험산업은 일반 산업분야와는 달리 生產容量(product capacity)의 문제가 나타나지 않는다. 그 이유는 제조업에서는 생산을 위하여 특수한 기계·시설을 필요로 하고 제조과정이 기술적·화학적·물리적 조건에 의하여 제약을 받지만 보험산업에서는 제조과정이 계산·기장·평가·조사 등 업무로서 주로 인적 요소에 의하여 처리될 수 있기 때문이다.

보험마케팅의 특성으로서 경영 외적 조건은 보험사업을 둘러싸고 있는 외적 환경의 변화이다. 따라서 보험마케팅 활동을 수행하는 데 있어서는 경영 외적 환경에 대하여 연구조사하여 대책을 세워야 한다. 보험산업에 영향을 미치는 외부 환경에 대해서는 전술한 제 7 장 제 1 절에서 구체적으로 언급하였다. 外部環境要因으로 중요한 것은 국제환경, 경제사회의 변화, 감독행정, 경쟁자, 소비자 등의 이해관계자, 인구의 증가 및 구성분포 등 여러 가지가 있다.

보험마케팅에 있어서 국민경제사정의 변화는 국민소득, 구매력, 고용상태, 기술발전, 실물투자 등에서 변화를 가져오므로 이들은 보험수요를 결정하는 중요한 요인일 뿐만 아니라 보험산업에 큰 영향을 미치게 된다. 인구증가율 또는 인구의 연령별 구성, 인구의 분포(도시와 농촌)도 판매량의 지표로서 매우 중요하다.

---

3) E. Delisle, *Marketing in der Versicherungswirtschaft*, Verlag Versicherungswirtschaft e. V., Karlsruhe, 1971, S. 46.

4) E. Delisle, a.a. O., SS. 50～54, 趙海均, 前揭論文, pp. 33～36.

제 2 절 保險需要와 市場調査

1. 保險需要

보험에 대한 수요의 출발점은 위험(risk)의 인지에서 구할 수 있다. 개개의 경제주체가 장래의 어떠한 우연적 사실의 발생에 의하여 스스로의 경제운영에 지장이 나타날 가능성을 인식하면서 그것에 대한 대책을 생각한 것에서부터 보험수요가 형성되기 시작한다. 이와 같이 현재의 시점에서 장래를 생각한다는 의미에서 보험수요는 사전적 성격을 가지고 있다. 사전적이라는 것은 경제주체의 계획성·합리성을 전제로 하여 어떠한 사실의 발생에 의하여 일어날 결과를 가정하고 그것에 대한 대책을 세운다는 점에서 여기에는 항상 논리적 사고가 뒤따르고 있다.

이와 같은 계획성·합리성·논리성이라는 사고방식에 입각한 경제주체의 행동은 기업경영에 있어서 현저하게 나타나고 있다. 기업경영에 있어서 위험에 대한 합리적인 보장수단의 선택은 위험관리의 대상이 된다. 기업의 危險管理機能의 擔當者(risk manager)는 대상으로 하고 있는 위험에 대하여 예방·경감·회피·보유(자가보험 등에 의한 개별적 준비의 형성), 이전(보험 등의 이용) 등의 여러 가지 방안에 대하여 득실을 검토하여 그 적절한 방법을 탐구하게 된다. 이러한 경우 보험은 그 중요한 수단의 하나가 되고 있다.

현실적으로 한국에 있어서는 기업보험수요가 상술한 본래적인 위험관리의 수법에 의하여 충분한 합리적 계산하에서 형성되는 것은 아니다. 오히려 보험가입의 강제성 또는 제도적으로 가입이 의무화되어 있는 경우 및 보험회사와 자본, 융자 등의 특정한 거래관계에 의하여 보험수요가 결정되는 경우가 많다.

위험의 인지를 출발점으로 하여 그것에 대한 보장수단으로서 보험을 선택하는 기업의 행위는 다른 보장수단과 비교함에 있어서 가계보험의 경우와는 질적으로 다르다. 가계보험에 대한 수요는 사회경제적·문화적 요인이 상당한 영향을 미치지만 기업보험의 수요는 원칙적으로 이러한 요인이 중요하지 않다. 따라서 보험서비스에 대한 수요의 특징은 가계보험의 경우에는 명확하게 인식되지만 기업보험에 있어서는 제반 특성이 표면화되지 않는 경우가 많다.

保險需要의 決定要因은 기업보험과 가계보험에서 共通要因과 個別要因이 있다. 일반적으로 말하면 논자에 따라 주장하는 요인과 강조하는 점에 차이가 있

지만 다음 사항을 열거할 수 있다.5)

① 보험상품의 가격

② 다른 제품과의 가격비교

③ 개인적 선호

④ 소　　득

⑤ 보험수요의 간접성

⑥ 보험사상 · 인식

⑦ 손해발생가능성

⑧ 보험가입에 대한 법적 강제

⑨ 보험계약의 의무화

⑩ 보험계약에 대한 세제상의 혜택

위에서 열거한 항목 가운데 일반적으로 말해서 가계보험의 수요결정요인은 ②, ③, ④, ⑤, ⑥, ⑩이며 기업보험의 경우는 주로 ①, ⑦, ⑧, ⑨가 수요결정요인이 될 수 있다. 이 가운데 보험수요와 가격에 대해서는 제 9 장 제 4 절에서 설명할 것이다. 여기서는 가계보험을 중심으로 수요의 간접성, 보험사상, 개인적 선호에 대해서 언급하기로 한다.

보험보호에 대한 가계의 니드(need)는 일반적으로 생활유지에 기본적 욕구가 충족된 후에 나타난다. 생활의 안정성이나 보장에의 욕구는 의·식·주, 기타의 기본적 필요가 만족된 다음 단계에서 비로소 문제되기 때문이다. 이 사실을 가계에 있어서 保險需要의 間接性이라고 한다. 이러한 관점에서 보험수요의 크기를 규정하는 요인으로서 소득수준의 중요성을 쉽게 이해할 수 있다. 가계보험에 있어서 보험수요의 크기는 결국 기본적 욕구를 만족시킬 수 있는 일정한 소득수준에 의하여 결정되며, 또한 개개의 경제주체(가계)가 가지고 있는 리스크의 관심정도에 따라 크기가 달라진다. 리스크의 관심은 인지의 단계를 거쳐 그것에 대응하는 보장수단의 조달을 필요로 하는데, 이 경우 그 사회에 있어서 보험사

5) ① R. L. Carter, *Economics and Insurance: An Introduction to the Economic Aspects of Insurance*, PH Press Ltd., Waterloo Road, Stockport, Cheshire, 1972, p. 88.
② R. Krüger－Barvels, *Marketing im Versicherungsbetrieb*, Verlag Rombach Freiburg, 1971, SS. 81～114.
③ K. Röhrer, *Marktforschung und Versicherungsbedarf*, Verlag Versicherungswirtschaft e. V., Karlsruhe, 1967, SS. 28～30.
④ G. D. Höhr, Der *Versicherungsbedarf und die Methoden seiner Untersuchung im Rahmen der Marktforschung*, Dissertation, Universität zu Köln, 1969, SS. 22～30.
⑤ 水島一也, 「現代保險經濟」, 東京：千倉書房, 1979, pp. 76～84.

상의 수준이 보험수요의 간접성을 좌우하는 중요한 요인이 된다.

가계보험에 있어서 수요의 간접성을 가져오는 요인으로는 그 이외에 保險서비스의 效用을 들 수 있다. 보험에 대한 경제주체의 이해와 효용평가가 수요의 간접성 정도를 좌우하는 요인이 될 수 있다. 가계보험이 보험수요에 영향을 미치는 또 하나의 요인은 상술한 보험사상의 수준, 즉 보험제도에 대한 인식의 정도이다. 이것은 보험회사의 홍보활동이나 지식·교육수준 등에 의하여 영향을 받지만 국민 전체를 두고 생각할 때에는 전통적 문화의 영향이나 의식구조 등도 보험인식과 관계된다.

마지막으로 보험수요의 결정요인으로서 개인적 선호를 들 수 있다. 보험보호는 무형재이며, 그 질적 내용은 보험약관의 이해에 의하여 비로소 명확하여지므로 어느 정도 추상성을 특징으로 가지고 있다. 가계보험의 경우 약관내용에 대한 충분하고 정확한 이해가 보험계약의 체결에 영향을 미치게 된다. 또한, 보험요율의 고저에 대한 판단은 약관내용을 이해하는 이상으로 보험계약자에게는 곤란하다. 이와 같은 약관내용 및 요율에 관한 불투명성 때문에 보험거래에 있어서 특정한 기업 내지 판매기관(대리점·외무원)에 대한 수요자의 개인적인 선호가 중요한 의사결정요인이 된다. 이것은 결국 보험기업으로서 수요유인을 위한 이미지가 매우 중요하다는 것을 나타낸다.

보험거래는 계약체결의 시점에서 완결되는 것은 아니다. 기간의 장단에 따라 거래당사자의 관계는 반드시 어느 시간의 경과를 포함하고 있다. 일반 재화의 거래에 있어서 애프터 서비스(after service)의 문제가 아니고 거래관계의 지속성이 본질적 요소를 구성하고 있다. 생명보험과 같이 장기계약의 경우에는 이론적으로 말한다면, 특정 기업의 재무적 견실성의 확인이 계약체결을 위한 전제가 될 수 있다. 그러나 이것은 사실상 불가능하고 가입자는 특정 기업에 대한 주관적 선호나 막연한 기업의 이미지에 의하여 계약을 체결하는 사례가 많다. 이와 같이 보험수요 형성에 개인적 선호가 중요한 역할을 하고 있다는 사실은 보험시장의 불완전성에 기인하고 있다.

2. 生命保險의 市場調査

(1) 조사영역과 대상

최근에 있어서 생보업계의 현저한 경향으로서 소비자선호의 다양화에 대응하여 보험상품의 다양화, 보장범위의 확대, 상품수명(life cycle)의 단기화가 나타나고 있다. 그 뿐만 아니라 초대형상품의 탄생, 각종 특약의 보급, 판매방법의 다양화, 동업사 및 인접기관(생명공제, 외국보험회사, 기타 다른 저축기관 등)과의 경쟁격화, 소비자운동 등으로 인한 시장동향이 항상 유동적으로 변화하고 있다. 이러한 변화에 신속하게 대응하여 경쟁에서 탈락되지 않기 위해서는 적절한 시장조사활동에 의한 시장동향의 파악이 요청되고 있다.

生命保險業界에 있어서 市場調査는 그 목적별로 분류하면, ① 기초조사·경제동향조사, ② 업계·인접산업조사, ③ 고객조사·계약자조사, ④ 외무원조사, ⑤ 대리점조사, ⑥ 기타 해약 ·실효조사 등의 여러 가지가 있다. 이와 같은 시장 조사는 그 영역이 일반적으로 생각하고 있는 것보다 광범하고 근년에는 생명보험 마케팅현상의 복잡화에 따라 그 영역도 점차 확대되는 경향이 있다. 그 가운데 중요한 調査領域은 다음 4가지로 구분할 수 있다.

1) 經濟·社會情勢에 관한 조사

장기적인 경영계획의 입안이나 수요예측을 행하는 경우에 경제사정이나 사회정세의 변화·동향을 조사하여 그 전제조건을 명확하게 하는 것은 어떠한 기업에서도 필요하다. 생명보험은 고객의 범위가 전체 국민이며 니드가 후발적으로서 소득사정에 따라 좌우되기 때문에 경제적·사회적인 외생요인에 큰 영향을 받는다. 예를 들면,

① 수입보험료(P)는 개인보험에서는 개인가처분소득(DI), 기업보험에서는 법인소득(CI)의 함수이다.

$$P = f(DI) + f(CI)$$

② 또한, 신계약고(S)는 잠재수요(N)에 대한 그 연도의 충족률(a)에 의하여 결정한다.

$$S = f(N) = a \cdot N$$

③ 여기서 잠재수요 N은 세대 수(H)와 1세대당의 보장부족액(S)의 곱(積)이다.

$$N = H \cdot S, \qquad S = \text{필요보장액} - \text{기존계약}$$

④ 또한, 충족률 a는 생보회사의 판매력과 소비자의 가입의욕의 함수이다.

⑤ 생보회사의 판매력은 판매원 수와 그의 능력의 곱(積)이다.

⑥ 판매원 수는 노동인구에 대한 생보회사의 흡수력에 의하여 좌우된다.

2) 市場에 관한 조사

시장조사는 넓은 의미에서는 수요예측도 포함되지만 좁은 의미에서는 需要의 質的인 側面을 해명하기 위한 조사를 주로 한다.

① 생명보험 가입상황

② 가입태도 · 의견

③ 지역특성과 시장점유율

3) 商品에 관한 조사

① 상품판매상황

② 상품에 관한 가입자, 판매원의 의식

③ 상품이 판매되는 이유와 판매강점의 탐구

4) 販賣機關에 대한 조사

① 販賣員에 관한 조사: 職業意識, 屬性, 教育, 士氣, 勤續 · 年齡構造, 退社理由 등

② 機關長에 관한 조사

③ 代理店에 관한 조사

④ 廣告 · 弘報活動에 관한 조사

(2) 조사방법과 순서

시장조사방법에는 일반적으로 觀察法, 質問法, 實驗法의 세 가지가 있다. 관찰법은 소비자, 판매점 및 사내기록을 대상으로 하여 조사자가 조사대상을 관찰한 자료를 수집하는 방법이다. 경쟁 타사의 상품이나 점포 등을 관찰할 수도 있고 판매원의 행동이나 타사의 영업소의 운영실태를 조사하는 경우에 유효하다.

質問法에는 面接法과 質問紙記入法의 두 가지가 있다. 면접법은 다시 深層面接法, 集團面接法의 두 가지 방법으로 구분된다. 深層面接法은 인터뷰에 의하여 회답자와 장기간 대화를 통하여 의견 · 감정 · 성향 · 신념 등에 관한 자료를 수

집하는 것이다. 또한, 集團面接法은 5인～10인의 집단을 대상으로 특정 문제에 대하여 상호토의를 통하여 자료를 수집하는 방법이다. 質問紙記入法은 조사대상자에게 설문지를 배부하여 주고 의견을 기입하게 하는 방법이다.

마지막으로 實驗法은 실험에 의하여 어떠한 가설을 테스트하는 것으로서 몇 가지 대체안 가운데 어느 하나를 선택하는 데 사용된다. 이 방법은 주로 소비재 등의 상품테스트, 광고효과테스트 등에 적합하다. 생보회사에서는 상품보다도 오히려 외야시책의 우열테스트 등에 이용될 수 있다.

시장조사는 마케팅에 관한 자료를 수집하여 이를 분석·가공하여 정보로 활용하는 작업이다. 그 순서를 일반적으로, ① 내용의 확정, ② 가설의 설정, ③ 자료의 수집, ④ 자료의 분석, ⑤ 자료의 집계와 조사결과의 해석, ⑥ 권고와 실제 적용(follow up)이다. 이 가운데 특히 중요한 것은 자료의 수집과 분석이다. 여기서 그 내용을 보충적으로 설명하기로 한다.

일반적으로 자료에는 새로운 조사에 의하여 발견된 것과 기존의 것을 활용하는 방법의 두 가지가 있다. 전자를 제 1 차자료, 후자를 제 2 차자료라고 한다. 시장조사에 있어서 기본자료의 활용은 조사를 위한 시간, 비용, 노력을 크게 절약할 수 있다. 제 2 차자료로서는 관청통계·조사자료, 업계 제단체의 자료, 신문자료, 사내 제자료, 타사자료 등이 있다. 이들 제 2 차자료는 회사를 위하여 작성된 것이 아니기 때문에 이용할 때에는 조사목적에 맞도록 수정·가공할 필요가 있다.

제 1 차자료는 조사목적을 위하여 기존자료가 이용될 수 없는 경우에 새로 수집·작성하는 자료이다. 제 1 차자료의 경우에도 사내정보를 충분히 활용할 수 있어야 하며 그것이 어려울 경우 상기 제반 방법에 의하여 실제조사를 하는 것이다. 조사에서 나타난 자료는 분류·집계·분석하여 처리하여야 한다. 그 방법으로는 여러 가지가 있지만 일반적으로 다음 세 가지가 이용된다.

첫째, 比率計算이다. 모든 숫자는 비율을 계산하기 위하여 존재한다고 할 수 있을 정도로 이 방법은 널리 이용되고 있다. 증가율, 구성비율과 같은 단순한 비율, 비율과 비율의 상관을 나타내는 것 이외에 후술할 경영분석에서 사용하는 고정비율·유동비율·자본회전율, 기타 표준화된 비율 등 매우 다양하다. 비율의 효용은 변화와 균형의 정도를 나타내는 데 있으며 이것을 통하여 이상사태나 변화를 인식할 수 있다. 생명보험회사에서 보통 사용되는 것으로는 新契約比率, 繼續率, 事業費率 등 경영효율적 비율이 있으며, 또한 마케팅의 측면에서 市場占有

率, 保險料의 所得彈力性, 保障充足率, 生命保險 普及率 등이 있다.

둘째, 時系列分析이다. 이것은 하나의 자료군의 시간적 경과에 따르는 변화 또는 2개의 다른 자료군의 변화를 비교하여 제3의 변수로서 시간을 사용하는 방법이다. 이 방법은 자료의 주기변동이나 계절변동을 발견하기 위하여 또는 과거의 동향에서 장래를 예측하는 방법으로서 이용된다.

셋째, 相關分析이다. 이것은 일련의 자료 'A'가 다른 자료 'B'의 움직임에 어느 정도 밀접한 관계가 있는가를 알아보는 것이다. 상관관계의 예로서 하나가 증가하면 다른 하나도 증가하는 경우를 '順相關'이라고 하며, 그 반대의 경우를 '逆相關'이라고 한다. 이와 같은 상관관계의 정도와 성질을 해명하는 방법을 상관분석이라고 한다. 생명보험의 경우의 예로서 세대의 수입증가와 보험료납입액의 증가, 수입에 대한 납입보험료의 비율, 납입보험료와 세대주의 연령·직업·가족 수와의 관계 등의 경우에서 상관계수가 산출될 수 있다.

(3) 實例-생명보험협회의 전국조사

생명보험의 性向에 대한 전국조사는 우리나라에서 생명보험협회가 1976년부터 제1차조사 이후 3년마다 실시하여 오고 있다. 일본이 1965년부터 실시하고 있는 것에 자극을 받아 생명보험협회는 2000년 제9차조사 결과를 발표하였다. 이 조사는 전국가구의 생명보험 가입실태 조사와 생명보험시장의 상황변화에 미치는 여러 요인의 분석, 소비자들의 생명보험에 관한 지식, 태도, 행동의 변화를 파악하여 장래 생명보험 시장동향의 예측, 상품개발 및 소비자 니드에 부합하는 생명보험 시비스의 개발을 통해 생명보험시장의 확대를 위한 자료로써 활용하는 데 그 목적이 있다. 조사내용과 항목은 다음과 같다.

1) 생명보험 가입상황

① 가 입 률

㉠ 생명보험

㉡ 우체국보험

㉢ 농협 생명공제

② 생명보험 여건 변화

㉠ 생명보험에 대한 긍정적 인식도

㉡ 개인보험 보유계약 건수: 사망보험, 개인연금

③ 지역별 생명보험 가입률

㉠ 서　　울

㉡ 광 역 시

㉢ 기타 도시

㉣ 읍면지역

④ 특성별 가입률

㉠ 가구소득별

㉡ 가구주 학력별

㉢ 연 령 별

㉣ 가입종목

㉤ 연간 납입보험료

㉥ 가구수입 대비 연간 납입보험료 비율

2) 최근 가입한 생명보험에 대하여

① 보험가입시 연령

② 보험가입 결정자

㉠ 부　　인

㉡ 가 구 주

㉢ 가족상의

㉣ 부모상의

㉤ 자녀상의

③ 가입경로

㉠ 가정방문

㉡ 직장방문

㉢ 직접 가입

㉣ 통신판매

④ 가입동기

㉠ 생명보험의 필요성을 느껴서

㉡ 설계사의 권유

㉢ 주변 환경변화에 자극되어

㉣ 기　　타

⑤ 가입목적

㉠ 만일에 대비한 가족의 생활보장
㉡ 재해·교통사고 대비
㉢ 의료비·질병사고 대비
㉣ 노후 생활보장
㉤ 자녀교육, 결혼자금

⑥ 가입시 고려사항
㉠ 보장금액
㉡ 보장기간
㉢ 보험료 수준
㉣ 보험료 납입기간
㉤ 부가 서비스

⑦ 설계사와의 관계
㉠ 만난 동기
㉡ 접촉횟수(처음 만남, 만남 지속)
㉢ 설계사 방문횟수
㉣ 계약내용의 이해도
㉤ 가입 후의 연락

3) 생명보험의 장래 가입의향(전체가입자 대상)

① 보험가입금액에 대한 만족도
② 가입 필요성 여부
③ 추가가입 의향
④ 가입의향이 없는 이유

4) 가입하고 싶은 보험의 종류

① 판매상품에 대한 선호도
② 가구주 연령별 보험상품 선호도
③ 개발 가능한 상품에 대한 선호도
④ 가구주 연령별 개발가능 상품 선호도

5) 납입보험료

① 보험료납입 경로
② 납입방법
③ 납입에 대한 생각(저축, 필요경비, 생활보장 수단 등)

④ 지출 가능한 보험료

6) 생명보험에 대한 최근의 경험

① 최근 3년간 해약·실효 경험과 생명보험에 대한 인식

② 해약·실효계약의 유지기간

③ 해약·실효한 보험종류

④ 해약·실효한 이유

7) 설계사의 활동상황

① 설계사 방문상황

② 설계사 설명에 대한 반응

③ 설계사의 설명태도

8) 생명보험에 대한 지식 및 이해수준

① 생명보험제도에 대한 지식

② 생명보험 세제에 대한 지식

③ 지식수준

④ 인식수준

9) 생명보험에 대한 의견

① 생명보험회사와 보험 전반

② 생명보험에 대한 최근의 느낌

③ 보험가격 자유화에 대한 태도

10) 생활의 불안

① 생활불안의 유무

② 생활불안의 내용

11) 생활과 생명보험

① 물가와 생명보험

② 노후 생활자금에 대한 불안도

③ 노후 생활자금이 걱정 안 되는 이유

④ 노후 생활자금으로 생각되는 준비수단

⑤ 노후 생활자금으로서 필요하다고 느끼는 금액

⑥ 연령별 노후 생활자금과 소득 중 비율

⑦ 장기간 근로가 불가능할 때 생활자금에 대한 의견

⑧ 장기간 노동불능시 가족의 생활자금

12) 생명보험 홍보에 대한 의견

① 홍보매체: TV, 신문, 라디오, 옥외광고 등

② 홍보내용

③ 홍보 반응도

제 3 절 保險商品 개발과 정책

1. 保險商品의 개발

商品開發의 순서는 신상품개발, 기존상품의 개량, 기존상품의 신용도 개척 등과 같이 그 목적에 따라 다르다. 일반적으로 제조기업의 경우에 제품을 개발하는 과정은 신제품 아이디어의 탐구→심사선택→평가→개발→테스트→상품화(merchan-dising)의 절차를 거치게 된다. 그러나 보험상품의 경우는 이러한 과정을 거친 다음 마지막으로 금융감독원장으로부터 상품심사를 개별적으로 받아야 한다. 認可 申請書에는 보험약관(판매조건), 보험료(가격) 및 책임준비금 산출방법서 등의 이른바 기초서류를 첨부하여야 한다(保險業法 제 5 조 제 3 항). 이와 같이 保險商品의 開發은 일반 제조업의 상품개발과는 달리 품질·조건(보험약관), 가격(보험요율) 등에 대하여 감독당국의 인가를 받아야 하기 때문에 상품개발에 특색이 있다. 최근 상품개발은 신고 또는 보고사항으로 되어 있고 감독원장의 심사를 받는다.

보험회사가 특색 있는 상품을 개발하였을 때 이것을 다른 제품과 마찬가지로 특허권을 신청할 수 있는 것은 아니다. 1960년대 중반부터 손해보험의 특종보험개발을 지원하기 위하여 재무부가 일정기간(6 개월~1 년 6 개월) 동안 독점적·우선적 판매권을 인정한 것은 보험사업에서 창의력의 발휘를 통해서 시장확대를 위한 보험행정상의 문제이며 이것이 다른 제품의 특허권보유와는 다르다. 보험상품이 특허의 대상이 될 수 없는 것은 보험약관과 보험요율이 공개되어야 하는 보험고유의 속성 때문이다. 특히 보험요율은 협정요율제도하에서 한 회사의 이재율을 기준으로 산정하는 것이 아니고 업계 전체의 장기간의 사고 통계를 기준으로 산정된다.

보험시장에서 보험기업간의 공정한 경쟁질서가 확보·유지되고 또한 협정요율이 아닌 자유경쟁요율의 경우에는 경영의 특색을 살리고 창의력에 의한 경쟁을 권장하기 위하여 보험기업이 개발한 각각의 보험상품에 대하여 우선적 판매권의 부여 또는 상품개발특허권을 부여할 수 있다. 그 방법으로 각사간의 상품의 차별화를 품질면과 가격면에서 인정할 수 있다. 이것은 바로 보험경영의 특색화·중점화 및 경영개성의 발휘를 의미한다.

保險商品의 價格面에서의 差別化는 예를 들면 고액상품의 판매에 있어서 부가보험료 부분의 절약에 의한 보험료할인이나 가격저렴화를 들 수 있다. 마찬가지로 단체보험의 경우에도 이것이 가능하다. 보험상품의 품질면에서의 차별화는 특허제도 또는 우선적 판매권을 부여하는 것이다. 다만, 여기서 문제되는 것은 상품구성요소나 형성소재가 비교적 단순한 소수의 보험상품에서 어느 회사가 다른 회사보다 먼저 상품을 개발하는가이다. 외국상품의 교묘한 모방, 명칭변경, 특약첨가 등의 형태도 있을 수 있다.

保險商品의 開發은 반드시 신상품의 개발만을 의미하는 것은 아니고 기존상품의 개량도 큰 비중을 차지하게 된다. 보험상품의 개발방향은 생명보험상품과 손해보험상품의 내용이 다를 수 있다. 공통적으로 이야기할 수 있는 것은 상품개발과 관련하여 두 가지 책임, 즉 첫째는 시대적 변천에 따라 요구되는 상품을 개발하여 국민의 경제생활안정에 필요한 보험을 적시에 공급하는 책임이며, 둘째는 건전한 상품개발을 통하여 장기적으로 보험업계를 발전시킬 책임이다.[6] 보험회사간에 지나친 경쟁의 결과 부실상품을 만들어 과잉선전하는 일이 있어서는 안 된다. 앞에서 언급한 것처럼 복지형 보험상품의 개발도 보험기업의 사회적 책임의 하나이다.

보험상품개발의 기본방향은 효용을 극대화할 수 있는 상품 및 상품의 다양화 등이 요청되고 있다. 보험상품개발은 상술한 바와 같이 감독당국의 사전인가를 받아야 판매가 가능하므로 여기에 대한 행정당국의 상품인가정책이 문제될 수 있다. 상품개발에 대한 행정시책은 그 질적 수준이 높아야 하고 개방적·진취적·자유경쟁원리에 입각한 것이어야 한다. 각사간의 상품경쟁에서 당국의 시책은 공동상품 또는 단독상품의 어느 것에 의할 것인가는 위의 기본원칙에 의하여 결정되어야 한다.

신종상품의 개발에 의한 상품의 다양화가 生保界와 損保界에서 공통적으로 요구되고 있는 과제인 바 양자에게 특히 요망되고 있는 상품은 생보계의 연금보험과 손보계의 책임보험의 개발이다. 전자는 고령화현상과 연금시대를 맞이하여

6) 李京龍, "生命保險 新商品開發을 위한 課題," 「保險學會誌」(第16輯, 1980년), p. 157.

기업연금(사적 연금)을 적극적으로 개발할 필요성이 어느 때보다 절실하게 요망되고 있으며,[7] 후자, 즉 損保界는 경제발전과 사회생활의 변천조류에 맞추어 각종 책임보험을 적극적으로 개발해야 될 여건에 놓여 있다.[8]

2. 生命保險과 損害保險의 相互兼營의 문제

보험상품개발과 상품정책의 문제와 관련하여 생각할 때 생명보험과 손해보험의 겸영여부가 매우 중요한 과제로 등장하게 된다. 이 문제는 비단 상품개발과 취급·판매면에서 뿐만 아니라 보험계약법의 이론을 중심으로 한 학문상의 문제로서 매우 중요한 의미를 지니고 있다. 생명보험과 손해보험의 개념에 대해서는 보험본질론, 보험학설, 보험의 정의에서 오랜 역사를 두고 양자를 일체로 파악하려고 노력하여 왔지만 이제까지 명쾌한 학계의 정설은 발견되지 않고 있다.

생명보험과 손해보험의 상호겸영이 보험업계에서 문제로 표면화된 것은 우리나라에서는 1960년대 후반부터이다. 그 당시 舊保險業法 제10조(保險會社의 他保險兼營의 禁止)에서는 “보험회사는 생명보험사업과 손해보험사업을 겸영할 수 없다.”고 분명히 규정하고 있었다. 양자의 겸영종목으로 문제되고 있는 것은 특히 상해보험과 의료보험(건강보험)의 2 종목이다. 이것이 우리 보험업계에서 계속 문제되어 온 것은 이웃 일본에서의 논쟁 및 우리 보험업법이 그 당시 실질적으로 일본보험업법과 내용이 거의 동일하였으므로 우리나라에서도 문제되지 않을 수 없었다.

1960년대 후반부터 손보계는 상해보험, 장기저축성가계보험, 단체건강보험을 판매하기 시작하였고, 1970년대부터 경제성장과 사회개발로 인하여 이 보험의 전망이 밝아질 것이 예상됨에 따라 생보계에서 이 문제를 거론하게 되었다. 1968년 재무부 보험심의위원회에서 의제로 상정되었는데 동위원회는 ‘繼續研究課題’로 남기면서 가부의 결론을 내리지 못했다.

1970년대에 들어와서 이 문제는 한국보험학회에 자문을 의뢰하는 등 계속 문제가 되어 오다가 1977년 12월 31일 개정 保險業法 제10조에서는 양자의 겸

---

7) 拙著,「國民福祉年金論」, 生命保險協會, 1979, pp. 82～96.

8) 李京龍, “經濟發展에 따른 責任保險의 開發方向,” 大韓損害保險協會 제 2 회 國際損害保險세미나(1980년 5 월) 發表論文.

영을 원칙적으로 제한하였으나 예외적으로 동조 제 3 호에서 "…… 人保險과 損害保險으로 구분하기 곤란한 보험으로서 재무부장관이 보험심의위원회의 심의를 거쳐 지정하는 보험"에 대해서는 겸영의 길을 열어 놓았다.

보험업법에서는 生命保險(人保檢)과 損害保險(財産保險)의 겸영을 원칙적으로 제한 내지 금지하고 있는 것은 대륙법계통의 독일보험감독법과 그것의 영향을 받은 일본보험업법 및 다시 한국의 보험업법에서 그것을 답습하고 있다. 그 입법취지는 같은 보험사업이면서 生保와 損保는 법률적 성격이나 보험기술적 내용이 다르기 때문에 겸영을 허용할 경우 경영부실에 의하여 보험가입자의 보험보호가 우려되고 있기 때문인 것으로 보인다. 그러나 양자는 보험본질론, 보험학설, 보험의 정의에서는 구분이 곤란하지만 현실적으로 상품의 내용과 성격에서는 처음부터 상호 상대방의 성격을 일면 내포하고 있었고(〈표 9-1〉 참조), 특히 보험제도가 발달되어 그 중간성격을 지닌 상품개발이 이루어짐에 따라 필연적으

〈표 9-1〉 인보험과 손해보험의 구분

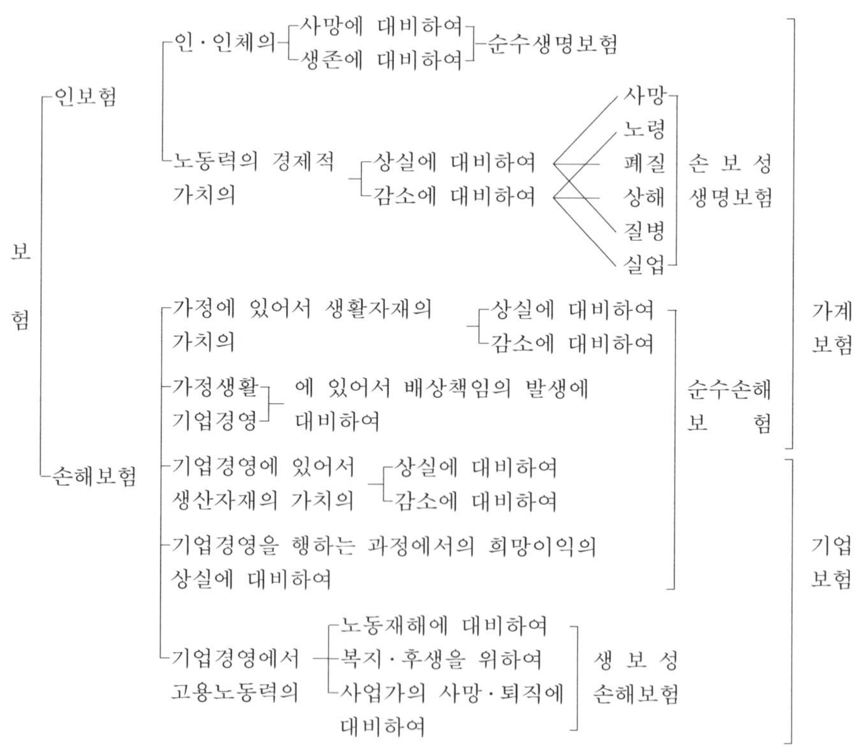

로 이것이 문제되지 않을 수 없다.

傷害保險이나 醫療保險은 민영보험에서 이른바 중복분야보험 또는 '제 3 분야 보험'으로서 학설상으로도 제 3 보험설, 중간보험설, 제 3 분야 보험설, 무명계약설 등이 주장되고 있으나 정설은 없고 또한 원천적으로 정설을 기대할 수도 없다. 이 문제는 학문적으로는 이제까지 어떠한 결론을 얻어내지 못했음에도 불구하고 앞으로도 계속 연구논쟁을 거듭할 가치가 있다. 그러나 한국의 生保界와 損保界의 상품실태와 소비자의 니드에서 볼 때 공동판매를 통하여 겸영을 허용하는 것이 바람직하다고 생각된다. 특히 이 문제는 앞으로 생보계와 손보계가 정부의 사회보험확대에 의한 민보시장영역에의 침투에 공동으로 대처하기 위해서도 필요하다.

상해보험, 질병보험, 개호보험 등 이른바 제 3 분야 보험에 대한 손해보험업계와 생명보험업계의 영역분쟁은 1988년 장기손해보험 상품 개발기준을 제정할 때 한정된 범위에서 상호겸영을 허용하는 방향으로 전환되고, 1997년 재경부가 상호겸영을 허용하는 상품관리규정의 개정을 통하여 해결되었다. 이를 법률로서 뒷받침하기 위하여 보험업법 제10조는 상호겸영 금지원칙은 고수하되 예외적으로 상해보험과 인보험의 재보험 및 그 이외에 인보험과 손해보험으로 구분하기 곤란한 보험으로서(1999. 5. 24. 개정) 질병보험과 장기간병보험(보험업법시행령 제12조의8, 1999. 7. 6 신설) 등은 허용하였다. 이 문제는 상호겸영이 가능한 보험으로서 상해보험, 인보험의 재보험, 질병보험, 장기간병보험을 보험업법 제10조와 동시행령 제12조의8 에서 명시하였지만, 이와 유사한 새로운 상품의 개발이 특히 제 3 분야 보험에서 계속 출현될 수 있는 가능성이 크기 때문에 그때마다 업계간의 논쟁은 재연될 것이다.

보험사업에서 생명보험과 손해보험의 영역을 구분하고 겸영을 원칙적으로 허가하지 않은 것은 두 보험제도의 성격이 다르고 계약자보호의 필요에서 일본, 한국뿐만 아니라 미국, 영국 등에서도 제한하고 있다. 그러나 이러한 감독법규정의 배경은 보험회사의 경영이 불안한 제 2 차 세계대전 이전의 시대사정을 반영한 것이고 오늘날에 있어서는 방카슈랑스 등 금융기관간의 상품영역이 확대되고, 농협 등 협동조합보험(공제사업)에서도 생명보험과 손해보험을 함께 영위하고 있는 현실을 고려할 때 구분계리 등을 전제로 상호겸영할 수 있는 상품영역을 점차 확대해야 한다. 선진국의 최근 사례를 보면 미국은 건강보험과 상해보험에 대해서 상호겸영이 가능하고, 영국은 자회사와 지주회사를 통하여 생손보 겸영이 가능하며, 일본은 질병보험에 대해서 판매가 서로 허용되고 생보사의 재보험사업이 인정되고 있다. 일본은 또한 1996년 보험업법 개정으로 자회사 방식의 상호 진출이 허용되고 있다.

3. 保險商品政策

(1) 생명보험회사의 상품정책

생명보험상품의 내용과 특징은 무형재로서 추상적 존재이다. 따라서 수요가 약한 상품이므로 마케팅技法의 적극적인 활용과 전개가 필요하다. 생명보험상품의 기본적 종류는 그 보험보호 및 기간의 장단에 따라 분류하면 일반적으로 終身保險, 養老保險, 定期保險으로 구분되고, 인간의 생사를 대상으로 분류하면 死亡保險, 生存保險, 生死混合保險으로 구분될 수 있다. 이러한 종류의 생명보험은 각각 장점과 단점을 지니고 있다. 생보기업의 효율적인 경영과 마케팅활동을 적극적으로 전개하기 위해서 상품정책을 수립할 때에는 이와 같은 생명보험의 상품파악이 특히 강조되고 있다.

상품으로서의 생명보험은 단지 일반 국민측의 사정에 따라서만 개발·제공되는 것이 아니고 현실적으로는 생명보험상품을 취급하는 보험기업측의 사정이 크게 반영되고 있다. 마케팅에서 말하는 상품정책 또는 상품계획은 생명보험기업의 경영에 있어서 매우 중요한 시책의 하나이며 이것은 소비자와의 관계뿐만 아니라 특히 동업경쟁회사와의 관계에서도 상품정책이 다르게 결정될 수 있다. 일반적으로 마케팅의 측면에서 생명보험회사의 상품정책은 소비자와 경쟁회사를 항상 의식하면서 그 기본방향을 결정해야 한다. 여기에는 현실적으로 상품정책에 있어서 두 개의 대조적인 사항 가운데 어느 하나를 선택해야 하는 문제가 있다. 그것은 생명보험상품에 있어서 보장기능과 저축기능, 유배당과 무배당, 특약상품과 단독상품, 전환제도와 중도증액제도 등과 같은 것이다. 이것은 회사로서의 이미 상품개발과정에서 고려될 수 있으나 제품의 다양화를 기하면서도 상품정책(판매정책)에 있어서는 어느 하나에 치중하지 않을 수 없다. 여기서 그 내용을 각각 간단하게 소개하기로 한다.

1) 保障機能과 貯蓄機能

생명보험은 어느 정도 보장기능과 저축기능의 양자를 동시에 지니고 있지만 그 가운데 어느 하나에 중점을 둠으로써 保障型 商品과 貯蓄型 商品으로 구분된다. 일반적으로 사망보험은 보장형이고, 생존보험은 저축형이며 또한 보험계약이 단기인 경우에는 보장에 역점을 둔 상품이며, 장기인 경우에는 저축성을 포함한 상품인 것은 당연하다. 생명보험에서 보장형 상품과 저축형 상품은 어느 것이 좋은가 하는 논의는 무의미하다. 그것은 보험상품을 구입하는 사람들의 경제적 입장에서 선택되어지기 때문이다. 예로서 일상의 생활이나 직업이 활동적이고 긴장·이동이 심한 경우는 보장형 상품을 바라게 되고, 평온무사형의 사람들은 저축형 상품을 원하게 된다.

2) 有配當 또는 無配當

생명보험계약자에 대하여 이익 또는 잉여금(이것은 주로 利差益·死差益·費差益에 의한 것이다)을 배당하는 보험상품을 配當附保險이라고 하고 그 반대의 경우를 無配當保險이라고 한다. 생명보험역사의 초기에는 처음부터 배당부보험과 무배당보험이 구분되어 판매되었으나 오늘날 선진국에서는 무배당보험이란 일부밖에 존재하지 않는다. 우리나라의 경우는 생명보험회사의 배당능력이 부족하여 1960년대 초반까지 배당은 이루어지고 있지 않고 있었다. 그러나 장기계약의 경우 배당은 利差益·死差益·費差益에 의하여 생기므로 보험계약자의 당연한 권리라고 할 수 있다.

3) 特約商品과 單獨商品

특약상품은 예로서 疾病特約, 傷害特約, 成人病特約 등과 같이 별개의 위험을 추가로 담보하는 보험상품이며 단독상품은 특약이 없는 일반적인 의미의 생명보험상품이다. 질병특약 등은 원래 사회보험으로서 의료보험이 발달되어 있지 않은 국가에서 의료보장의 수단으로 일부상품으로서 채용하고 있는 것이다. 오늘날 우리나라에 있어서 상당수의 생명보험상품에서 '災害保障特約'을 인성하고 있는데, 고액의 배액보장상품의 판매는 결코 바람직한 상품정책은 아니다.

4) 轉換制度와 中途增額制度

전환제도는 생명보험계약에서 종래 해약의 구제방법의 하나로 다른 보험계약으로 전환시켜 주는 계약제도를 일반적으로 의미하였으나 오늘날에 있어서는 가입자의 수입증대, 생활수준의 향상, 재해규모의 확대 등으로 니드가 변화된 경우에 새로운 보험상품으로 전환시키는 것까지 포함되고 있다. 중도증액제도는 일본에서 1974년 12월부터 채용하고 있는 제도로서 계약기간 중에 보험액을 증액할 수 있는 보험상품이다. 우리나라에서는 일부 회사에서 특약형식으로 中途支給遞增式 特別保障保險이라는 것을 판매한 바 있다.

생명보험회사의 상품정책은 광의로는 상품개발정책, 상품판매정책, 소비자운동 대응정책을 포함하는 것으로서 생명보험상품을 둘러싼 정세의 변화에 적용할 수 있는 것이어야 한다. 특히 생보시장에 있어서 신규참가의 허용과 자유경쟁의 원리가 도입될 경우 경쟁기업에 대응하기 위한 경영전략의 구심점은 상품정책에 있다고 할 수 있다.

(2) 생명보험상품의 인가·개발정책의 비판

1970년 이후 최근 30년 동안 우리나라 생명보험시장에서는 엄청난 숫자의 상품이 인가, 판매, 판매중단, 폐기의 단계를 반복하여 오고 있다. 여기서 문제되는 것은 어떤 상품의 최초 가입자가 만기로 보험금을 수령하기도 전에 단명으로 상품수명이 끝나고 있다. 이 경우 계약자보호는 형식에 그치고 있고, 1970년 이전 생명보험상품은 기록조차 찾기 어렵다. 그 뿐만 아니라 존속하고 있는 상품도 잦은 기초서류 변경, 변경인가, 대체상품의 개발 등으로 과거 상품에 대한 정리가 용이하지 않았다. 필자가 과거 조사한 바에 의하면 1982년 3월 현재 판매중지한 203개의 상품 가운데 계약기간 10년 만기를 기준으로 하면 상품 자체의 존속기간이 10년 미만인 것이 189개이었으며, 특히 3년 미만 수명 114개, 6개월 미만 수명도 13개에 이르고 있었다. 이러한 경우는 1980년대 초반에만 그러한 것이 아니고 상품의 난개발 정책은 최근에도 지속되고 있어서 연도별로 생명보험협회가 발간하는 「생명보험 상품편람」은 두꺼운 한 권의 책으로 나오고 있다.

만약 8·15 해방 이후 생명보험상품의 인가기록을 감독당국이 관리하고 있으면서 과거에 인가된 상품과 명칭이 동일한 것을 재사용할 수 없다고 한다면 作名이 어려워서 상품개발이 불가능할 정도이다. 필자가 상품인가 정책에서 가장 안타깝게 생각하고 있는 것이 1960년대 생명보험 시장재건과 업계발전의 일등 공신으로서 1980년대까지 20여 년 동안 최장수 기록을 가지고 있는 국민저축보험의 마지막 행정적 처리과정이었다.

국민저축보험은 1962년 자본축적과 內資動員을 위하여 제정된 국민저축조합법에 의거하여 저축수단으로서 단체보험으로 생명보험 가입이 허용된 저축형 생명보험상품이다. 이것은 중도해약도 허용되지 않고 계약조건은 은행 정기예금 이자보다 유리하게 취급하는 것을 조건으로 하였지만, 실제 거래에서 직장인들은 보험가입도 모르고 있었고(국민저축조합원인 근로자들의 동의 필요), 일부 생명보험회사는 조건이 다른 자사의 기존상품으로 계약을 인수하고 있었다. 국민저축조합법은 1976년 3월 근로자 재산형성에 관한 법률의 제정으로 동법에 편입된 후에도 강제저축제도로서 생명보험 가입은 그대로 존속되었다. 1978년 재무부는 그 동안 난맥상의 국민저축보험제도를 개선하고 중화학공업 육성자금을 마련하기 위한 국민투자기금의 기간에 맞추어 이 보험의 만기를 종래 10~15년을 5년으로 단축하고 그 명칭도 '국민저축보험'으로 통일하였다.

1981년 3월 재무부는 강제저축에 의한 내자동원의 한계를 의식하고 이 제도의 부작용을 고려하여 9월 정기국회에서 폐지를 확정하고 국민저축보험의 신규계약의 중지를 결정하였다. 그때 기존계약이 1,500억원에 이르고 있어서 생명보험회사는 보험금지급을 위하여 자금부담을 크게 느끼고 있었다. 특히 국민저축보험에서 신규계약의 보험료수입 가운데 50%를 국민투자기금(5년 만기)에 투입하고 있어서 800억원의 자금이 동결되어 있었다. 업계는 재무부의 지시에 의하여 이 보험의 판매중지(폐지)를 6사 공동으로 협정하고 7월 4일 재무부가 허가(保-1, 233-645)하였다. 그러나 국민저축보험의 중단에 따른 자금부담이 문제됨에 따라 관련 법조항의 폐지를 국회에 상정하지 않고 11월 한국보험공사 인보험 요율심의위원회에서 이미 폐지된 상품을 신상품이 아닌 기존 상품의 변경·인가조건으로 부의하여 필자의 반대에도 불구하고 변칙처리하였다. 필자가 반대한 이유는 ① 7월 4일자 재무부 판매 중지 공문에서 분명한 사실을 다른 심의위원과 감독기관, 업계에서 부인하고 있었고(1981년 필자는 6개월 동안 독일체류), ② 국민저축보험은 1962년부터 생명보험시장을 위하여 크게 공헌하였고, 반면에 우대금리 적용의 이 상품을 근로자에게 불리하게 다른 상품으로 취급하여 왔으며, ③ 앞으로 종업원 퇴직적립보험, 기업연금, 기타 단체보험의 장래를 위하여 국민저축보험의 마지막 매듭을 잘못 처리해서는 안 된다는 것이었다. 결국 강제저축제도는 그 후 얼마되지 않아 폐지되고 국민저축보험은 판매중단되었다.

(3) 손해보험회사의 상품정책

보험상품정책과 관련하여 전술한 보험기업의 상품겸영형태를 미국에서는 Mono-Line Insurance, Multiple-Line Insurance, ALL-Lines Insurance이라는 말로 구별하고 있다. Mono-Line이란 하나의 보험부문의 전업형태를 말하고, Multiple-Line이란 海上保險·火災保險 및 災害保險(casualty insurance)을 겸영하는 형태를 의미하며, All-Lines는 生命保險, 海上保險, 火災保險 등 전보험부문을 겸영하는 형태를 말한다. 우리나라 손해보험회사는 위의 기준에 의하여 분류하면 1980년대까지 Mono-Line 3社(韓國自動車保險, 大韓保證保險, 大韓再保險), Multiple-Line 10사(각 原受社)이며, All-Lines는 존재하지 않고 있었다. All-Lines는 1960년대 이후 특히 미국보험시장에서 점차 증가하고 있다.

손해보험상품은 생명보험상품에 비하여 보험기술적 특성과 담보위험의 다양성에 의하여 큰 차이가 있다. 따라서 그 상품정책도 양자간에는 근본적으로 다르다. 보험회사의 상품정책은 소비자의 다양한 욕구에 맞추어 제품의 다양화가 요망되고 있다. 보험상품은 제조업의 유형상품과 달리 상품을 생산하여 판매되지 않으면 창고에 보관하여야 되는 것은 아니므로 상품개발면에서는 일단 다양화를 기하고, 판매면에서는 주상품 집중판매, 전상품 일률판매, 생보와 겸영이 허용되는 경우 관련 상품을 묶어 세트(set)로서 판매할 수 있는 등 여러 가지 방법이 있다.

손해보험상품은 생명보험상품과 달라서 경쟁을 전제로 할 경우 시장기반이 자기기업에 유리한 주상품 집중판매가 바람직하다. 이것은 재보험과 위험분산, 언더라이팅기술, 시장기반의 구축 등에 있어서 하나의 기업이 다른 경쟁회사들보다도 모든 보험종목에서 우위를 차지할 수는 없기 때문이다. 그러나 우리나라의 상기 전업회사 3사는 이러한 점에서 출발한 것은 아니고 독점회사로서의 전업형태이다.

損害保險會社의 商品政策은 우리나라의 현실에서 볼 수 있는 것처럼, ① 풀보험물건의 존재, ② 자동차배상책임보험과 같은 법률에 의한 강제가입상품, ③ 계열기업 관계에 의한 제도적 독점, ④ 각종 보험상품에 있어서 이재율의 차이, ⑤ 가계보험과 같은 행정당국의 특전상품(그 실적에 따라 풀계약 배분비율 조정), 기타 특수한 사정이 있는 보험종목에 대하여 자유경쟁이 원칙적으로 추진되고 있는 현실에 비추어 볼 때 개별기업으로서는 그 방향설정이 매우 어렵다고 할 수 있다.

한편, 손해보험회사의 상품정책을 감독당국의 입장에서 기업보험 중심으로 할 것인가 또는 동시에 가계보험을 적극 개발하게 할 것인가는 매우 중요하다. 최근 수년 동안 보험의 대중화라는 목표하에서 당국은 후자에 역점을 두어 왔다. 그 결과 풀계약 배분비율을 그 실적에 의하여 조정하였기 때문에 과잉경쟁이 유발되는 등 부작용이 나타나고 있었다. 生保와 損保의 상호겸영을 원칙적으로 보험업법에서 제한하고 있으면서 損保社로 하여금 가계성보험으로 적극 유도하는 시책은 일면 그 모순성을 내포하고 있다.

(4) 금융산업의 업무영역 조정과 상품정책

1990년대 중반부터 우리나라는 범세계적인 금융산업의 자율화 추세에 따라 정부의 규제완화 및 회사차원의 업무효율 극대화 운동은 보험업계로서도 급변하는 금융환경 아래서 생존을 위한 전략수립이 불가피하다. 선진국에서 금융기관간의 업무영역 조정문제에 관한 추세를 보면 미국, 캐나다, 일본 등을 주축으로 한 금융전업주의로부터 독일, 영국, 프랑스 등 유럽 국가들에 의하여 채택되어 온 금융겸업주의로 전환하는 추세에 따라 우리는 정부 주도로 금융산업 선진화를 위한 금융구조의 개편을 검토해 왔다. 그 기본골격은 금융산업의 신규진입 허용문제, 대형화 및 전문화 방안의 모색, 금융기관간 업무영역의 조정, 소유구조의 개편문제 등이 포함되어 왔다. 이러한 경향은 금융기관간의 경쟁 심화, 금리자유화 및 금융개방화 추진, 금융의 국제화 등의 추세에 따른 것으로 우리가 가입된 OECD국가간에도 금융기관의 업무영역이 서로 확대되어 가고 특히 은행권의 보험업 진출이 활발해지고 있는 것에 영향을 받고 있다.

한국은 전통적으로 금융업무에서 분업주의를 원칙으로 하였고 예외적으로 한정된 분야에서 겸업을 허용하고 있어서 업무의 효율성이 저하되고 영역간의 심한 불균형이 초래되고 있었다. 보험산업의 입장에서 업무영역의 문제는 전술한 바와 같이 보험산업 내부의 생손보간 업무영역 조정과 다른 금융권 업무영역으로의 진출 및 업무제휴가 문제되고 있다. 보험산업에서 업무영역의 문제는 자유화, 개방화 및 Cross-Border 허용확대와 같은 세계적 추세와 국내의 금융산업 개편이 진행되는 가운데 우리 보험산업의 생존 및 국제경쟁력의 강화를 위해 필요하다.

보험을 포함한 전체 금융시장에서 보면 은행과 증권간의 업무영역 구분이 제거되는 등 금융자율화가 빠르게 진전되고 있는 가운데 보험산업이 이들과 업무영역에서 형평성을 유지하지 못할 경우 경쟁에서 불리하고 종합금융 서비스 제공측면에서 보험산업의 낙후성을 가져올 수 있다. 종합금융화 추세로 가는 업무영역 개방을 위한 진출방식에는 부분적 겸영방식, 업종별 子會社 방식, 포괄적 子會社 겸영방식, 持株會社 방식, 유니버설 뱅크 방식(완전 겸업) 등이 있다. 이러한 여러 가지 방식 가운데 보험회사가 취할 유리한 방식의 선택에는 현실적인 특수 사정이 있다. 즉, 보험회사 가운데 재벌과 계열관계에 있는지 여부, 정부정책이 보험회사가 은행을 지배할 수 없도록 하여 왔고, 보험회사의 자산규모가 비대해짐에 따라 자산운용이 보험회사의 기본업무가 되고 있다는 사실이다.

생손보험회사간에 업무영역 조정문제로서 제 3 분야 보험의 겸영에 대해서는 전술하였기 때문에 재론을 피하고, 다른 금융기관과의 동일상품 또는 유사상품의 공동취급으로 인한 시장에서의 경쟁이 문제되고 있다. 보험회사와 은행간의 동일종류 상품판매의 경쟁은 노후설계 연금보험(은행측 노후설계연금신탁)이었고, 1994년 6 월 20일부터 개인연금의 공동취급(생보, 손보, 은행, 우체국, 농협 등)에 이어 최근에는 퇴직연금보험(은행측 퇴직연금신탁)까지 생손보 및 은행이 경쟁적으로 판매하고 있다. 보험회사의 상품개발 및 판매에서 앞으로 생명보험과 손해보험의 업무영역은 이미 제한적으로 허용된 상해보험, 질병보험, 장기간병보험뿐만 아니라, 유사상품의 등장으로 앞으로 상호겸영의 폭이 더욱 확대될 것이며, 노령화 사회에서 연금의 중요성이 강조되고 연금시장의 규모가 커짐에 따라 보험회사와 다른 금융기관간의 동일상품 판매경쟁이 치열할 것이므로 보험회사의 상품개발전략은 이러한 사정을 충분히 고려해야 한다.

제 4 절 保險價格

1. 保險生產理論

(1) 보험생산의 개념

보험생산이란 보험보호(Versicherungsschutz)라는 특수한 용역(service)을 산출하기 위한 일련의 행동을 의미한다.[9] 보험상품의 생산은 제조업의 상품생산과는 달리 유형상품이 아니라 무형의 급부를 산출하는 것이다. 보험상품은 형체가 없기 때문에 촉감도 없고, 눈으로 볼 수도 없으며, 그 소비에 의한 특별한 효용이란 위험발생에 대비한 보험보호의 약속을 통하여 안정감을 느낄 수 있는 정신적 상품이며, 추상적 상품의 성격을 가진다.[10]

보험상품의 생산은 일반 제조업이나 다른 용역사업에 비하여 다음과 같은 특성을 가지고 있다.[11]

9) 趙海均, 「保險經營論」, 博英社, 1976, p. 158.
10) D. Farny, *Produktions-und Kostentheorie der Versicherung*, Verlag Versicherungswirtschaft e. V., Karlsruhe, 1965, SS. 6～8.
11) 趙海均, 前揭書, pp. 159～160.

① 보험생산은 다수의 경제주체를 전제로 한다. 제조업에 있어서는 생산량의 증감에 따라 제조원가에 영향을 미치지만 보험생산은 생산량과 원가는 직접적인 관계가 없다.

② 보험상품은 일반상품과는 달리 저장할 필요도 없으며, 판매 후에 생산(보험금지급)이 가능하기 때문에(생산과 판매의 순서가 전도) 얼마만큼 생산할 것인가 하는 생산계획을 사전에 수립할 수 없다.

③ 일반 제조업에서는 생산을 위하여 특수한 기계·시설이 필요하며 제조과정이 기술적·화학적·물질적인 조건에 의하여 제약되고 있으나, 보험생산에 있어서는 기계시설이나 제조과정이 필요하지 않다. 보험상품은 사전에 주문생산을 하거나 또는 판매량을 예상하여 미리 생산하여 확보해 두는 것이 아니므로 보험생산은 순간적 생산(Momentanproduktion)이라고도 한다.

④ 보험생산은 일반 제조생산에서 가지는 기업위험(business risk), 즉 경기변동이나 경쟁자의 출현 등의 위험 이외에 특수한 보험기술적 위험(versicherungstechnisches Risiko)을 가지게 된다. 보험기술적 위험이란 실제로 발생할 사건발생확률과 보험료산정에 기초가 된 사건발생확률이 손해의 정도를 초과함으로써 나타나게 되는 위험을 말한다. 이와 같이 보험기술적 위험의 존재는 수입과 지출의 균형을 잃게 되며, 보험사업의 운영에 지장을 초래할 뿐만 아니라 보험사업의 존속 자체에까지 위협을 주게 된다.

(2) 產業聯關分析의 보험생산액 정의

산업연관분석(inter-industry relations study, inter-industry analysis)은 일명 투입산출분석(input-output analysis)이라고 한다. 이것은 각 산업의 상호관계를 고찰하기 위한 것으로서 경제학의 분석법 가운데 거시적 분석과 미시적 분석의 중간에 위치한 것이다.

보험업의 산업연관분석은 보험의 경제순환을 연구하기 위한 것으로서 다른 산업과의 관계에 대한 보험의 생태학적 연구이다. 일반적으로 말하면 모든 경제현상은 고립적으로 생겨나서 존재하는 것이 아니고 유기적인 상호의존관계를 유지하면서 활동하고 있다. 보험현상도 예외는 아니다. 따라서 보험의 경제학적 연구에 있어서는 보험을 다른 경제현상과 고립시켜 연구할 수는 없다.

보험의 산업연관분석을 할 때 가장 중요한 것이 보험업의 생산액에 대한 정의이다. 우리나라에서도 한국은행에서 몇 년마다 한 번씩 산업연관표를 작성하고 있지만 '보험생산액'의 정의는 분명하게 내리지 않은 것 같다. 보험업의 생산액에 대하여 미국의 산업연관표(1947년 표) 및 일본의 산업연관표(1951년 표, 1955년 표)에서 손해보험의 생산액에 대한 잘못된 정의를 내리고 있었다.[12] 일본에서는 1951년·1955년·1965년·1970년에 각각 산업연관표를 작성하였는데 보험업의 생산액에 대한 정의가 일관성 없이 다소간에 변천하면서 오늘에 이르고 있다.[13] 우리나라의 산업연관표의 보험업의 생산액에 대한 정의는 이상과 같은 일본에서 사용하는 산업연관표를 비판 없이 그대로 적용하고 있는 것으로 보인다.

우리나라에서 매년 3월 말 기업결산이 끝나고 매출액 또는 생산액 기준으로 100대 기업을 발표하고 있는데 보험산업이나 금융기관을 제조업과 순위를 비교하는 합리적인 기준은 찾을 수 없다. 일본에서도 1970년 이후 그 이전까지의 보험업의 범위, 생산액의 정의 및 추계공식에 대하여 반성하고 UN의 새로운 SNA(System of National Accounts)방식에 따라 보험업의 생산액을 다음과 같이 공식화하였다.

① 생명보험업

> 민간생명보험업(상호회사·주식회사 포함)의 생산액(서비스료)={(정미보험료수입)+(자산운용수익)}-{(정미지급보험금+해약환급금)+(지급비금순증액+책임준비금순증액)+(가입자배당금+가입자배당준비금순증액+제86조 준비금순증액)}

② 손해보험업(재일 외국손보사 포함)

> 손해보험업의 생산액={(정미보험료수입)+(자산운용수익)}-{(정미지급보험금)+(해약·만기환급금 등)+(지급비금순증액)+(책임준비금순증액)}

12) 谷山新良, "保險業の 産業聯關分析," 日本保險學會 創立 30周年 紀念論文集, 1971, p. 116.
13) 그 경위에 대해서는 다음의 論文 참조.
佐波宣平, "産業聯關表に おける 保險業の 生産額," 「損害保險硏究」(제30권 제 1 호, 1968년 2 월)
谷山新良, "保險業の 産業聯關分析," 近藤文二 篇, "保險の 現代的 課題," 千倉書房, 東京, 1974, pp. 95~153.
今田益三, "産業聯關表と 損害保險," 近藤文二 篇, "保險の 現代的 課題," 千倉書房, 東京, 1974, pp. 155~199.

(3) D. Farny의 보험생산이론

D. Farny는 보험기업의 행동을 기본적으로 보험보호라고 하는 서비스의 생산활동(엄밀하게는 판매와 생산)에 의제하여 그 활동을 생산요소의 반입·지급이라는 관점에서 보고 있다. 이러한 관점은 그의 이론이 Gutenberg의 생산관리론에 영향을 받고 있기 때문이다. D. Farny는 보험생산을 "경제적인 보험보호를 산출할 목적으로 생산요소를 결합하는 것"[14]이라는 정의에서 출발하여 보험보호 급부에 관련된 비용구성의 음미를 통하여 생산요소를 해명하는 방법을 취하고 있다. 구체적으로는 보험보호라고 하는 무형급부의 생산에 필요로 하는 총비용 가운데 사업비에 대응하는 생산요소군은 노동급부와 경영수단이라고 하는 한정적 생산요소이다. 이러한 종류의 생산요소는 경영을 제도로서 유지하기 위하여 필요로 하고 있다는 점에서 보험 이외의 다른 경영에서도 공통이며, 또한 단기적으로는 보험생산의 특수성과 직접 관련을 가지고 있지 않다(보험생산의 일반성).

오히려 보험생산의 특수성은 총비용 가운데 손해비용(Schadenaufwendungen)의 존재에 의하여 확정되어지는 대체적 생산요소와 관련하여 나타나는 것이다. 그것은 우선 원수보험계약을 인수할 때에 출재나 담보자본의 적립을 하지 않고 전액을 자기보유로 하는 상황을 가정할 수 있다. 여기서 생산되는 개개의 보험보호 급부의 대가로서 보험회사가 받아들이는 영업보험료 가운데 순보험료에 대응하여 손해비용(요소비용)이 발생하고 그것에 의하여 손해보상(Schadenvergütungen)이 확정되어진다. 그러므로 생산요소로서의 손해보상은 개개의 보험계약에 있어서 담보물건의 손해의 기대치와 계약건수라고 하는 2개의 기준에 의하여 측정된다.

여기서 논의의 대상이 되고 있는 보험경영은 전불확정 보험료주의를 채용하고 있기 때문에 그 보유에 있어서는 보험기업으로서 수용할 수 없는 수준의 보험기술적 위험[15]에 당면하게 된다. 그러므로 보험경영에서는 손해보상과 대체가능한, 또한 보험기술적 위험을 축소할 수 있는 생산요소의 투입을 필요로 한다. D. Farny는 이러한 요소로서 재보험 및 담보자본(Sicherheitskapital)을 들고 있다. 그러나 양자의 투입은 손해보상만의 투입에 대응하는 비용(손해비용)보다도 다액의 비용(재보험비용 및 담보자본비용의 발생에 의하여)을 가져오게 한다. 그러므

14) D. Farny, aa. O., S. 64.
15) D. Farny, aa. O., SS. 19～26.

로 시장경제하에서 사기업 형태를 취하고 있는 보험회사는 요소투입을 할 때 비용과 보험기술적 위험 및 이윤과 확실성 사이에서 수용가능한 수준을 선택한다고 하는 것이 D. Farny의 기본명제이다. 그의 이론체계는 기본적으로는 다음 2개의 산식으로 표현되고 있다.

$$\text{제약조건(생산함수)}: (S_1, S_2, S_3, I_1, I_2)=f(x)$$

여기서 $Si(i=1, 2, 3)$는 대체적 생산요소인 손해보상·재보험·담보자본, $\mathrm{I}i(i=1, 2)$는 한정적 생산요소인 노동급부·경영수단을, x는 생산되어진 개별적 보험보호 서비스를 각각 나타낸다.

$$\text{목적함수}: N=g(G, S) \rightarrow \max!$$

여기서 G는 이윤, S는 확실성, N은 보험기업의 총효용을 각각 나타낸다.

이상과 같은 D. Farny의 보험생산이론에 대하여 U. Müller-Manzke는 그의 박사학위논문, "공장화재보험에 있어서 가격형성의 기초"(Grundlagen der Preisbildung in der Industrieversicherung, 1967년 Frankfurt 대학)를 통하여 비판하면서 그의 독자적인 이론체계를 구축하려고 하고 있다. 그의 비판은 기본적으로는 D. Farny의 이른바 생산요소(input)로서의 손해보상에 관한 것이다.[16] U. Müller-Manzke는 D. Farny의 '손해보상'은 구체적으로는 보험금지급을 가르키는 것으로서 이것은 보험보호라는 무형의 급부의 구체화, 다시 말하면 보험생산의 output의 한 현상형태에 불과하다고 비판하고 있다.

U. Müller-Manzke는 D. Farny의 주장에서 이론의 근거가 되고 있는 생산요소간의 상호 대체성을 의문시하고 있다. D. Farny가 주장하고 있는 대체적 생산요소는 모두가 동일한 의미에서 상호 대체적인 것이 아니고 재보험만이 담보자본 또는 '손해보상'과 대체 가능한 것이라고 주장하고 있다.

그 이유는 담보자본과 '손해보상'은 재무적 수단의 원천관계에 있고, 이 관계는 통상 잠재적이지만 예외적으로 거대한 손해가 발생할 때에만 현재화되기 때문이다.

---

16) U. Müller-Manzke, "Grundlagen der Preisbildung in der Industrieversicherung," Duncker & Humblot/Berlin, 1969, SS. 27～29.

재보험의 대체성은 2가지가 있다. 그 하나는 그것이 사전적으로 다른 화폐원에 대하여 손해보상을 위하여 수입원으로서 대체 가능하다는 점이다. 결국 보험계약자에게 공여되는 보험보호약속을 위하여 재무적 준비대상을 보험기업이 구하는 한 재보험보호는 비상위험준비금에 의한 재무적 보호와 대체 가능한 것이다. 이 대체성은 화폐의 원천과 관련되지만, 사전적으로 계산상으로 이루어지는 것이 아니고 오히려 실물경제에 있어서 대체를 의미한다. 다른 하나는 재보험이 원보험기업 자신의 손해부담을 사후적으로 경감시켜 줌으로써 재보험보호가 원보험기업의 손해비용과 사후적인 계산에 있어서만 대체 가능하다는 점이다. 결국 재보험에 있어서 원보험기업의 손해지급은 재보험기업에게 전가시킨 액만큼 저하되기 때문이다. 그러나 이와 같은 대체성은 생산이론에서 사용되는 것은 아니다. 왜냐하면 급부생산을 위한 요소결합에는 단지 계산상으로만 관련되는 요소가 아니고 실물적인 구성인자만큼 포괄되기 때문이다. 그러므로 원보험기업의 급부생산에 투입된 재보험이라는 생산요소의 실태는 원보험기업이 실제로 수취한 재보험금수입이라고 할 수 있다.

U. Müller-Manzke는 '손해보상(손해지급)'과 재보험과의 대체성에 관련하여 생산요소로서의 손해지급의 위치에 대하여 기본적인 문제점을 제시하고 있다. 요컨대 개별적 기업경영의 생산이론에 있어서 실물경제를 파악하기 위하여 필요로 하는 사전적 관점이 D. Farny의 생산요소로서의 손해보상의 그 도출과정에서 등한시되고 있다는 점이다.

2. 保險市場의 價格理論

기업에 있어서 생산제품의 가격결정을 논할 때에는 이론적으로는 비용 및 수익과 관련하여 고찰하게 된다. 가격결정이론은 경제학에 의하여 상당히 진보된 일면을 간과할 수 없지만 현실적으로 기업에 의한 가격결정문제는 가격종류, 가격결정기능, 기업형태(사기업과 공기업)의 차이에 의한 가격결정상황, 가격결정행태(pricing behavior) 등에서 매우 복잡하고 어려운 점이 있다.

보험기업에 있어서 가격결정의 문제는 후술할 보험요율의 문제로서 실무적으로는 비용·수익형성과 관련시켜 가격결정을 논하려는 관리경제학적 연구는 큰 뜻이 없다. 그러나 학문적·이론적으로 볼 때 보험기업의 경영이 이론적 체계를 뒷받침으로 하여 발전되어야 한다는 점에서는 이제까지 그 연구가 거의 이루어지고 있지 않았던 이 부문에 대해서 보험경영학에서는 상당한 관심을 경주해야 될 것이다. 이 항목에서 보험의 가격이론은 일반 경영 내지 경제학의 가격이론을 보험기업에 도입·적용하려는 시론적 연구이며, 이는 전술한 보험에 있어서 이윤, 비용, 생산문제와 서로 관련된다.

(1) 보험의 가격형성이론

D. Farny는 전술한 그의 박사학위논문을 저서로서 출판한 「보험시장」에서 마지막 부분을 이용하여 보험기업의 가격정책의 관점에서 보험의 가격형성과정의 이론을 전개하고 있다.[17] 그의 가격형성이론은 보험시장의 불완전성(Unvollkommenheit)을 전제로 하고 보험시장의 불완전성의 이유로서는 보험급부 내용의 분화경향, 보험수요자측의 개인적 선호, 시장투명성의 결여, 유리한 타사 계약에의 전환에 대한 저해요인, 공급자·수요자 쌍방에 있어서 극대원리의 관철불능, 보험시장 내외의 시장규제요인 등을 열거하고 있다.[18]

D. Farny에 의하면 보험시장은 그 불완전성요소, 특히 보험수요자측의 개인적 선호 때문에 각 공급자는 그 선호구조의 한계에 이르기까지 소독점(Miniaturmonopol)을 향유하고 그 영역에서는 자율적인 판매전략을 수립할 수 있다고 말하고 있다.[19] 보험시장은 그 불완전성에 의하여 또는 보험기업의 가격조작에 의한 판매량 변동의 폭은 적다. 즉 보험기업은 판매곡선상의 일정한 영역에서는 판매량의 변동에 따라 가격변경이 이루어질 때 이것은 자율적 가격정책의 영역이라고 이름을 붙이고 있다(〈그림 9-1〉). 이 영역은 당해기업이 가지고 있는 선호구조의 상한점(P_2x_2)과 경쟁기업의 선호구조에 의존하는 하한점(P_1x_1)에 의하여 구분되지만, 상한점 이상으로 가격인상이 이루어질 때에는 당해기업의 판매량이 현저하게 감소하고, 한편 하한점 이하로 가격인하는 경쟁기업의 고객을 탈취함으로써 판매량은 현저하게 증가한다.

D. Farny는 하나의 기업의 가격정책이 다른 경쟁기업에 미치는 효과에 대하여 언급하고 있다.[20] 여기서 다른 경쟁기업이 어느 기업의 가격변경에 대하여 아무런 반응을 나타내지 않는 경우와 반응을 나타내는 경우를 생각할 수 있다.

---

17) D. Farny, "Versicherungsmärkte; Eine Studie über die Versicherungsmarkttlheorie," Duncker & Humblot/Berlin, SS. 154～166.
18) D. Farny, a.a.O., SS. 26～77.
19) D. Farny, a.a.O., S. 76.
20) D. Farny, a.a.O., SS. 158～159.

〈그림 9-1〉 자율적 가격정책의 영역

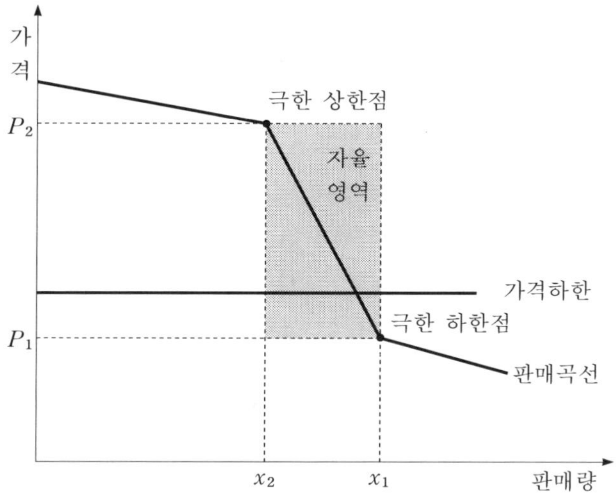

전자는 시장에 있어서 공급자 수가 많고, 적극적으로 가격변경을 행하는 기업의 판매곡선의 경사가 큰 과점적 경쟁이며, 후자는 소수의 공급자간에 경쟁이 이루어지는 과점적 경쟁의 경우이다. 따라서 어느 기업의 적극적인 가격정책에 대한 경쟁자의 반응은 궁극적으로는 공급자 수 및 시장불완전성의 정도에 의하고 있다.

〈그림 9-1〉에서 알 수 있는 바와 같이 하한점 이하로 요율을 인하하는 보험사는 극단적인 판매량의 증가를 기대할 수 있다. 이와 같이 자율적 가격정책 영역의 하한점 이하로 요율인하는 그것이 시장경과에 미치는 영향은 매우 중요한 의의를 가지고 있다. 이 점에 대하여 D. Farny는 경영비용의 관점에서 그 이하로 더 이상 인하할 수 없는 가격하한의 위치를 대부분의 보험시장에서는 비교적 큰 불완전성을 가지고 있기 때문에 P_1보다 위쪽으로 정한다고 볼 수 있다. 보험시장에서 요율절하만큼 경쟁에 의한 시장교란은 불완전성의 정도가 높은 보험시장에서는 큰 제약이 되고 있다. 이것은 한편으로는 불완전요소가 상대적으로 적은 해상운송보험이나 공장화재보험의 시장에서는 과도경쟁의 가능성이 큰 것을 의미한다.

보험시장에서의 가격은 P_2와 가격하한의 중간에서 움직이고 있지만 그것이 어느 점에서 결정되는가는 일반적으로 이야기할 수 없다. 그 이유는 보험기업이 공급을 결정하는 행동원리가 전통적 가격이론을 전제로 할 때 이윤극대원리에 의거하기 때문에 획일적으로 정할 수 없다는 것이다. D Farny의 이론에 의하면 보험시장에서 가격하한의 위치에 따라 손해원가의 크기가 중요한 의미를 가지지만 이러한 손해원가가 단기적·장기적으로 변동됨으로써 보험자의 주관적 판단에 의해서 가격하한의 위치를 결정하는 것은 매우 곤란한 것으로 보고 있다.

보험시장에 있어서 가격수준에 관해서 D. Farny의 명확한 주장은 없다. 그러나 그것이 보험시장에 있어서 경쟁의 결과 가격은 궁극적으로는 보험경영의 비용구조에 의하여 규정되고 있는 가격하한을 중심으로 결정된다고 가정할 수 있다. 이상과 같은 D. Farny의 가격형성이론은 종래 학계에서 등한시되어 온 보험의 가격이론을 보험시장의 불완전성을 기초로 하여 전개시키고 있는 점에 대해서는 높이 평가할 수 있다. 그러나 그의 이론의 기초 내지 전제가 되고 있는 보험시장의 불완전성에 대하여 일본의 水島一也 교수는 보험수요자측의 개인적 선호를 중심으로 약간의 의견을 제기하고 있다.[21]

⑵ 가격형성에 영향을 미치는 요인

보험시장에 있어서 가격형성에 영향을 미치는 요인에 대해서 D. Farny 교수와 보험요율카르텔 및 보험생산의 이론에서 일대 논쟁을 전개한 U. Müller-Manzke는 그의 박사학위논문, "공장화재보험에 있어서 가격형성의 기초"(Grundlagen der Preisbildung in der Industrieversicherung)의 후반 부분에서 서독의 공장화재보험시장을 중심으로 그의 독자적인 이론체계를 확립·전개시키고 있다.

그는 보험시장의 가격형성에 있어서 영향요인을 거래상의 요인[22]과 시장상의 요인[23]의 두 가지로 크게 분류하고 있다. 전자는 구체적으로, ① 보험시장에 있어서 가격거래의 구조, ② 가격거래의 기준척도, ③ 가격거래의 상호 독립성, ④ 거래상대방의 위치 및 가격한계선, ⑤ 보험기업의 이윤 및 목표설정(Zielsetzungen), ⑥ 거래시기, ⑦ 거래중단의 위험, ⑧ 상호 양보 등의 요인이 있다. 후자, 즉 시장상의 요인은 공급자측의 사정, 수요자측의 사정 및 공급자측에서 카르텔요율을 고수할 때 그 가격형성에 미치는 영향은 차이가 있다는 것이다. 여기서 또한 공급자측과 수요자측의 사정에 있어서 시장이 자유경쟁일 때와 독점

21) 水島一也, 「保險의 競爭理論」, 千倉書房, 東京, 1967, pp. 44～47.
22) U. Müller-Manzke, a.a.O., SS. 87～148.
23) U. Müller-Manzke, a.a.O., SS. 87～148.

시장일 때가 다르며, 경쟁의 경우에도 그 정도에 따라 미치는 영향의 정도는 다르게 나타난다. 그 뿐만 아니라 보험시장에 있어서 공급은 무한정으로 가능하다는 점이 또한 가격형성에 영향을 미치고 있다. 이상과 같이 보험시장에 있어서 가격형성에 영향을 미치는 요인은 여러 가지가 있지만 여기서 카르텔과 가격형성에 대해서만 간단하게 언급하기로 한다.[24]

보험시장에 있어서 공급자에 의한 카르텔의 형성은 보험의 수요와 공급에 대하여 중대한 의미를 가지게 된다. 시장에서 수요의 탄력성이 적어질수록 또는 공급의 탄력성이 커질수록 가격인하에 의하여 부가적인 이윤의 기대는 적어지게 되고, 또한 반대의 경우에는 가격인상을 통하여 이윤의 가능성은 더욱 커지게 된다. 보험시장에서 카르텔의 형성은 그 정도와 기간에 따라 다소의 차이는 있지만 가격수준은 최소비용을 커버하고 이윤을 기대할 수 있는 선에서 결정되기 마련이다. 이것이 정부의 가격규제정책(보험요율의 경우 감독당국의 승인)이 강한 경우에도 마찬가지이다. 이 경우에 카르텔단체에 가맹하지 않은 외부의 out-sider의 존재와 외국보험사업자와의 가격경쟁의 문제가 있어 가격카르텔(요율카르텔)의 경우에도 일방적으로 높은 수준을 유지하기는 곤란하다.

보험시장에서 요율카르텔은 정부의 카르텔정책이나 카르텔의 기간에 따라 요율, 즉 가격수준에 매우 큰 영향을 받게 된다. 일반적으로 카르텔기간이 짧을수록 가격수준은 낮게 되며, 반대로 기간이 길어질수록 가격수준은 점차 인상되게 된다. 이 경우에도 물론 out-sider의 존재유무, 정부의 카르텔정책, 보험가입자의 저항에 따라 차이가 있다.

(3) 보험수요와 가격이론

개별적 소비자로서 어떤 제품에 대한 그의 수요는 여러 가지 요인에 의하여 영향을 받는다. 그 가운데 중요한 요인은 당해 제품의 가격, 동종 다른 제품의 가격, 개인의 기호와 선호, 개인의 소득 등이다. 그 뿐만 아니라 시장수요에 영향을 미치는 요인은 인구 수, 연령, 성별, 국민소득 및 부의 분배 등도 매우 주요하다.

경제학자들은 일반적으로 제품에 대한 수요와 가격과의 관계를 한계효용의 체감과 관련시켜 설명하려고 한다. 보험에 대한 기본적 수요는 소비자가 손실발생의 위험을 보험자에게 전가시킴으로써 얻어질 수 있는 재무적 안전성에 대한

24) U. Müller-Manzke, a.a.O., SS. 173~186.

〈그림 9-2〉 수요탄력성

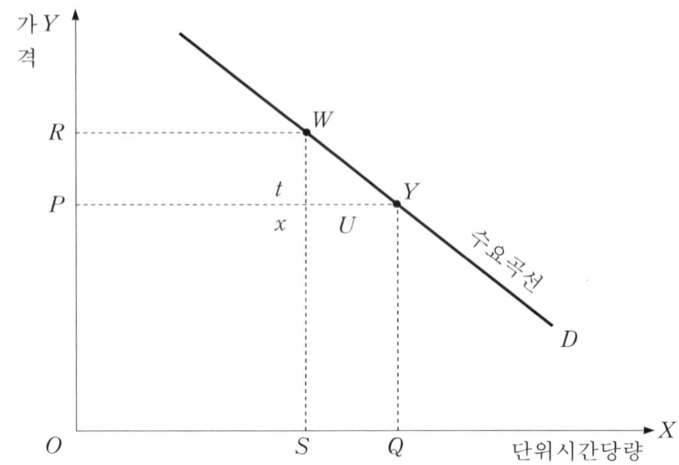

그의 만족도에서 나타난다.[25] 즉 이것은 소비자(보험가입자)가 보험료의 납입대가로서 선택되어질 수 있는 기회비용(opportunity cost)의 만족도에 의하여 결정된다. 보험소비자가 어떤 상품을 구입할 때 그의 의사결정에 영향을 미치는 요인은 다른 상품 이상으로 매우 복잡하다. 그것은 언제 어느 규모로 발생할지도 모르는 손실에 대한 안전성의 기대가 매우 막연하기 때문이다. 그러나 소비행태 내지 소비결정에 직접적으로 영향을 미치는 요인 가운데 중요한 것은 가격, 즉 보험료이다. 소비자는 그가 납입한 보험료와 만약의 경우 일어날 장래의 기대손실을 비교하여 양자 가운데 어느 것이 큰가에 따라 결정할 가능성이 있다.

일반적으로 보험의 대소비자, 즉 사업회사일수록 보험요율의 변화에 대하여 매우 민감한 반응을 보이게 된다. 대기업은 경영에 있어서 위험이나 손실발생 가능성에 대하여 보험회사만큼 전문적인 계산을 하고 또한 경험을 가지고 있으므로 보험요율의 증가 또는 할인에 대하여 직접적인 반응을 나타낸다. 반대로 일반 소비자(군소 보험계약자)들은 보험요율의 변화에 대하여 비교적 민감한 반응을 보이지 않게 된다.

보험의 수요와 가격의 관계에서 가장 중요한 간섭은 강제가입 내지 준강제보험의 존재이며 그 대표적인 것은 자동차보험이다.[26] 대부분의 국가에서 자동

25) R. L. Carter, *Economics and Insurance; An Introduction to the Ecomomic Aspects of Insurance*, PH Press Ltd., Waterloo Road, Stockport, Cheshire, 1972, p. 89.

26) *Ibid*., pp. 90~91.

차책임보험은 강제보험으로 하고 있으며(일부는 국가독점), 이 경우 보험요율은 정부가 직접 통제·결정하고 있다. 따라서 강제보험에 있어서 보험수요와 가격은 직접적인 관계는 없다.

보험의 수요와 가격과의 관계는 보험상품의 종류에 따라 다르게 나타나고 있다. 생명보험의 경우도 사망보험, 생존보험, 생사혼합보험에 있어서 서로 다르다. 가격변화에 따른 제품의 수요는 일반적으로 가격탄력성(price elasticity)에 의하여 설명되고 있다. 수요탄력성은 일반적으로 다음 산식에 의하여 측정되고 있다.

$$수요탄력성(\varepsilon)=\frac{수요량변동률}{가격변동률}$$

여기서 그 몫(商)이 1보다 클 때 수요는 탄력적이라고 말할 수 있으며, 1보다 작을 때에는 비탄력적이라고 할 수 있다 그리고 1이면 수요는 단일탄력적(unitary elastic)이라고 할 수 있다. 이와 같은 측정방법을 〈그림 9-2〉에 의하여 설명하면, 가격이 P에서 R로 증가하면 수요는 Q에서 S로 감소하고 수요탄력성은 다음 산식에 의하게 된다.

$$E=\frac{\Delta q}{q}\div\frac{\Delta p}{p}=\frac{\Delta q}{q}\cdot\frac{p}{q}=\frac{SQ}{PR}\cdot\frac{OP}{OQ}$$

보험시장에 있어서 소비자는 다른 제품의 구매자와는 달리 상품이나 시장에 대하여 알고 있는 지식이나 정보에 큰 차이가 있고, 또한 구매는 브로커와 대리점을 통하여 이루어지므로 동일한 보험종목에 있어서 수요곡선은 큰 차이가 있다. 그 뿐만 아니라 보험시장에서 협정요율(rate cartel)이 지속되고 있고, 가맹회사와 비가맹회사가 있는 경우 수요곡선은 양자의 시장점유율 및 보험계약의 인수능력에 따라 수요곡선이 다르게 나타난다.[27]

3. 生命保險의 保險料

(1) 보험료의 구성과 특성

상품 일반의 가격은 단기적으로 본다면 수요공급관계에 의하여 결정되고,

27) *Ibid*, pp. 110~115.

장기적으로는 그 제조원가를 중심으로 하여 일정한 폭으로 상하로 변동한다는 것은 이미 가격의 일반 논리에서 확립되어진 사실이다. 당해상품에 대한 수요가 그 상품의 공급을 초과할 때 그 가격은 상승하고 반대로 당해상품에 대한 공급이 그 상품의 수요를 초과할 때 그 가격은 하락한다. 또한 그 가격의 상승은 다른 조건이 동일하다면 그것에 대한 수요량을 감소시키거나 공급량을 증대시키는 경향이 있다. 반대로 가격이 하락할 때에는 그것에 대한 수요량이 증대하거나 공급량이 감소되는 경향이 있다. 그러나 시장에서는 동일한 작용과 반작용이 반복·교체하는 것은 아니고 그 변화의 정도에 따라 가격의 변동현상이 나타난다. 이것은 유형재의 가격결정에서 볼 수 있는 일반적인 현상이지만, 교통서비스, 전력서비스, 생명보험과 같은 무형재의 경우 가격결정은 유형재와는 다르다.

무형재가 유형재와 다른 점은 그것을 매점하여 보유·저축할 수 없다는 것이다. 특히 교통서비스에 있어서는 그 수요의 시간에 따라 이른바 출퇴근시간(rush-hour)이 존재하고, 전력서비스는 수요가 급상승하는 시간(peak time)이 있지만 생명보험상품은 같은 무형재이면서 수요가 이상현상에 의하여 급상승하는 경우는 없다. 이러한 점에서 생명보험상품은 무형재 가운데서도 특이한 성격을 가지고 있다.

생명보험이라는 상품은 수요에 응할 수 없는 상태를 야기한다는 것은 그 상품자체의 성질로 보아 완전히 생각할 수 없다. 오히려 이러한 경우에 있어서는 그 판매액의 증대를 통하여 위험분산이 광범하게 이루어지고 따라서 대수의 법칙의 타당성이 일층 정확하게 되는 결과 이론적으로 볼 때 이것은 수리적 위험이 저하되어 그 가격은 저감될 수 있다. 그러나 현재까지 생명보험의 경영에 있어서는 아직까지 이러한 사태를 경험하지 못하고 있다.

생명보험이라는 상품은 상술한 바와 같이 무형재이지만 교통서비스 또는 전력서비스와는 달리 수요에 대비하여 항상 상품을 준비하고 있다가 적절한 상품을 공급해야 하는 특수성을 가지고 있다. 그러나 새로운 상품의 개발에 있어서는 보험상품의 설계, 기타 준비기간이 필요하기 때문에 수요가 있다고 하여 바로 공급되어질 수 있는 것이 아닌 경우도 있다.

생명보험회사의 경영자는 생명보험이라는 상품의 판매가격을 결정함에 있어서 일반적으로 가격구성요소로서 사망률 및 예정이율에 의하여 산정된 제 1 차 가격(순보험료)에서 판매경비, 기타 영업을 위한 제비용과 어느 정도의 이윤(주식회사의 경우)을 포함하는 최종가격(영업보험료 또는 표정보험료)의 산정에 대하여 검토해야 한다. 여기서 물가 슬라이드, 즉 생명보험에 있어서는 제경비와 더불어 물가변동률도 고려되어야 한다.

생명보험의 판매가격을 구성하는 요소 가운데 영업비라는 항목은 통상 각종 경제지표의 변화에 따라 변동되는 데 대하여 사망률과 이율은 그러하지 않다. 즉, 사망률은 일국의 인구통계에서 귀납되어지며 장기에 걸쳐(적어도 당해보험기간에 대해서는) 변동되지 않으며, 또한 이율도 정상적인 국민경제하에서는 안정도가 높다고(적어도 당해보험기간에 대해서는) 할 수 있다. 그러나 종래 판매가격의 중심이 되고 있는 순보험료 부분의 구성요소인 사망률이나 이율도 어느 기간에 대해서 본다면 상당한 변동이 있었다. 즉, 제 2 차 세계대전을 비롯한 각국의 사회불안(사망률)과 1970년대 이후의 유가파동(oil shock)으로 경제 일반이 격변의 와중에 있었을 때 이율도 큰 변동이 있었다.

생명보험상품의 가격구성은 제 1 차 가격(순보험료)과 제 2 차 최종가격(영업보험료)을 구분한다는 것은 반드시 큰 뜻이 있는 것은 아니지만 양자를 구분함으로써 그 구성요소별로 적정성·타당성의 여부를 판단할 필요가 있다. 생명보험의 보험료구성은 위에서 설명한 것을 다음과 같이 정리할 수 있다.

(계산기초)

- 영업보험료 (보 험 료)
  - 순보험료 (제 1 차 가격)
    - 예정사망률(예정입원율 포함)
    - 예정이율
  - 부가보험료 — 예정사업비율

(2) 보험료계산의 기초

1) 사 망 률

전술한 바와 같이 생명보험이라는 상품의 제 1 차 가격산정의 기초가 되는 사망률(mortality rate)은 인간의 사망생잔의 개연율이다. 인간의 생명의 길이(수명)는 각 개인의 체질, 습성, 수입, 기타 여러 가지 조건에 의하여 결정되지만 모든 사람에게 공통되는 조건 가운데 가장 중요한 것은 연령이다. 따라서 사람들의 수명의 길이를 나타내는 사망생잔율은 각 연령 단계를 기준으로 하여 이것을 관찰하는 것이 타당하며, 또한 일반적으로 행하여지고 있다. 여기서 과거의 경험을 기초로 하여 각 연령의 사망자 수 및 생존자 수를 예기한 것을 생명표 또는 사망표(mortality table)라고 한다.

수지상등의 원칙은 보험료산출의 기본원칙이지만 이 기본원칙에 충실하기 위하여는 다수의 피보험자가 어떠한 비율로 사망·생잔하는지를 알지 못하면 보험료의 계산은 할 수 없다. 즉 만인은 모두 다른 생명력을 가지고 있으므로 동일정도의 생명력을 가지고 있는 사람들을 그룹별로 나누고 그 군단에서 일정한 법칙성을 찾아낼 수 없다면 이 보험료는 계산할 수 없다. 따라서 이 법칙성에 의거하여 작성된 것을 생명표 또는 사망표라고 한다. 생명표에는 조사시기와 대상성별 등을 명시하지 않으면 안 된다. 조사대상이 일반 국민인 것을 국민표, 생명보험 등의 피보험자인 것을 경험표라고 한다. 생명보험회사는 보험계약을 체결할 때 진사 등의 방법으로 피보험자가 될 사람들의 건강상태 등을 점검하기 때문에 일반적으로 경험표는 국민표보다 낮은 사망경험을 나타내고 있다.

2) 이 율

생명보험이라는 상품은 대부분 장기에 걸친 보험계약에 의하여 판매되며, 보험회사가 수령한 분할판매대금(연불, 반년불 또는 월불에 의한 보험료)은 그 보험계약기간 동안 상당기간 축적되고, 생명보험회사는 그 자금이 축적·보유기간 동안 이것을 회사 내의 금고에 보관하는 것이 아니고 사회에 이용(투자)하기 때문에 그 보수로서 금리 내지 배당금 등의 이득이 생기게 된다. 따라서 생명보험회사는 보험료를 산정할 때 그 준비재산운용에 의하여 얻어질 이율을 예정하여 그것을 계산에 넣을 필요가 있다. 이 예정된 이율은 보험료산정의 중요한 요소가 된다.

한편, 금리라고 하는 이득의 발생은 일정한 경제사회의 운동법칙에 따라 경제사정이 변화하게 되는데 그 변화에 따라 이율의 결정에 영향을 미치게 된다. 우리가 보통 말하는 이자는 투하자본으로서의 '돈'의 사용에 대한 보수이며, 이율이라고 할 때에는 그 투하자본을 운용하면서 얻어진 자본이득에 대한 비율을 의미한다.

생명보험의 보험료계산에서 사망률도 '예정사망률'을 사용하고 있지만 이것은 생명보험의 기간이 장기이기 때문에 일단 사망률과 이율에 변동이 있을 것이라는 가정에서 출발한 것이며, 실제사망률이나 실제이율과 차이(플러스)가 나기 마련인데 이것은 후술할 계약자배당의 원천이 된다. 이율은 사망률과 달라서 금융시장에 있어서 자금의 수요·공급관계, 정부의 금리정책, 재정정책, 정치·경제의 안정, 자금의 국제적 이동과 동향 등의 여러 가지 요인에 의하여 자주 변동될 수 있기 때문에 예정이율은 보험료산출의 기초로 하는데, 일반적으로 실제금리보다 낮게 책정하고 있다. 이것은 장래에 금융시장에 있어서 금리가 인하될 것이라는 전제에 따르고 있기 때문이다.

3) 사업비율

생명보험상품의 가격은 위에서 언급한 바와 같이 제 1 차 가격으로서 순보험료(사망률과 이율에 의하여 산정) 이외에 부가보험료가 가산된 최종가격, 즉 영업보험료가 일반적으로 말하는 보험료로서 보험가입자에게 제시된다. 다시 말하면 영업보험료 가운데 순보험료 부분 이외에 사업의 경영을 위하여 필요로 하는 경비, 즉 사업비(또는 영업비)가 부가보험료로서 미리 계산되어 포함시키고 있다. 사업비, 즉 영업비를 세분하면 신계약비(모집인의 제급여, 증권작성비, 진사비, 지사 등의 점포운영비, 선전비 등), 유지비(내근직원의 급여, 보전사무경비 등), 준금비 등으로 구분된다.

생명보험회사의 사업비는 이것을 협의의 사업비와 광의의 사업비로 분류할 수 있다. 전자는 생명보험사업에 있어서 각종 사무집행의 경비이며, 후자는 협의의 사업비 이외에 영업이윤, 조세, 공과금 등이 포함된다. 전자에는 구체적으로, ① 신규판매를 위한 경비(신규판매비)와 판매상품 지속을 위한 경비(계속비), ② 인건비, ③ 경상비와 임시비 등으로 분류할 수 있다.[28)]

광의의 사업비로서 생명보험회사의 영업이윤은 일반적으로 제품의 매상액에서 그 원가를 공제한 차액으로 보고 있다. 그러나 현실적으로 기업이윤은 단지 매상액과 원가의 차액에서 발생하는 것이 아니고 미리 원가의 일부로서 매가 중에 가산시켜 놓고 있는 것이 일반적이다. 이러한 점에서 볼 때 생명보험경영과 같이 정확한 계수를 기초로 하고 있는 사업에서는 그 판매가액(보험료) 가운데 미리 일정한 영업이윤을 포함시키고 있음은 일면 당연한 것으로 볼 수 있다. 따라서 생명보험회사의 경영을 특히 판매가격의 신정이라는 견지에서 볼 때 이윤도 또한 영업비의 일부를 형성하는 것으로 보아야 할 것이다. 생명보험회사가 부담하는 각종 세금 및 공과금의 경우도 동일한 논리에 의하여 광의의 영업비의 일부를 구성하는 것으로 볼 수 있다.

다음에 생명보험회사의 경영에 있어서는 때로는 유행병이나 천재 등에 의하여 생명표에서 예정하고 있는 이상의 사망이 발생할 수 있다. 이것은 수학적 위험이라고 한다. 생명보험회사의 입장에서는 이 수학적 위험도 또한 가격의 일부로서 첨가하여 이를 보험료에 반영시키지 않으면 경영의 유지가 곤란할 수도 있다. 결론적으로 말해서 생명보험의 상품가격은 우선 사망률과 예정이율에서 제 1 차 가격(순보험료)을 구하고 여기 부가보험료로서 협의와 광의의 사업비가 첨

28) 末高 信·森田健三, 「生命保險經營の 論理と現實」, 成文堂, 東京, 1977, pp. 129～130.

가된 최종판매가격(영업보험료)을 산정하게 된다.

(3) 보험료의 부과방법

생명보험의 보험료 부과방법에는 자연보험료식과 평준보험료식, 일시불 순보험료, 분할불 영업보험료 등 여러 가지 형태가 있다. 먼저 자연보험료식과 평준보험료식에 대해서 설명하기로 한다.

자연보험료식이란 피보험자의 사망률이 매년 증가하는 것에 비례하여 순보험료도 그것에 비례하여 징수하는 방법이다. 여기에 비하여 전보험기간 일정률의 보험료를 징수하는 방법을 평준보험료식이라고 한다. 이 두 가지 방식은 어느 경우에도 장점과 단점이 있지만 자연보험료식의 결점은 연령이 증가됨에 따라 보험료도 높아지기 때문에 50세를 넘어 급격하게 사망률이 높아지면 납입불가능한 요율이 된다. 그 뿐만 아니라 연령의 증가에 따라 가득력이 반대로 저하되는 연대에 있기 때문에 이 방식은 일반적으로 실용화되지 않고 있다.

한편 평준보험료식의 결점은 평준이라는 점에서 계약 후 연수가 얼마 경과되지 않는 기간에는 장래의 보험료에 충당하기 위하여 자연보험료식보다도 높은 보험료를 계약자는 부담해야 한다. 그러므로 일찍 피보험자가 사망할 때에는 자연보험료와 비교하여 높은 보험료를 납입해야 한다. 따라서 자연보험료방식의 결점이 큰 현재로서는 특수한 보험종류를 제외하고는 평준보험료방식에 의하고 있다.

자연보험료방식에서는 그 연도에 수입한 순보험료는 전액 그 연도의 보험금 지급에 충당되어진다. 즉, 매년의 수지는 상등하므로 과부족은 없다. 최근 선진각국에서 공적 연금의 재정방식으로 부과방식에 대한 비판의 소리가 높다. 부과방식이란 어느 연도에 필요한 연금총액을 연금수급자를 제외한 전피보험자에게 부담시키는 것이다. 이것은 그 연도의 수입과 지출을 일치시킨다는 점에서 자연보험료방식과 유사하며, 일견 합리적인 것처럼 보인다.

특히 초기에는 연금수급자 수가 보험료를 부담하는 피보험자 수에 비하여 매우 적기 때문에 현행 보험요율로서 대폭적인 연금액의 인상이 가능하기 때문에 이 방식을 권장하는 사람들이 많다. 그러나 연금에 있어서 부과방식의 최대의 결점은 자연보험료방식의 경우에 피보험자의 노령화에 따라 보험료가 납입불능한 요율이 되는 결점과 동일하다. 우리나라의 군인연금이 이러한 재정방식을 채용하였기 때문에 현재 재정적으로 어려운 여건에 있다.

다음은 일시불순보험료에 대해서 설명해 보기로 한다. 보험에서 수지상등의 원칙이란 어느 기간의 수입과 지출이 동등한 것을 말한다. 기간이 1 년이라면 1 년간의 수입과 지출을 계산하는 것은 간단하지만 10년이나 20년의 장기간의 경우는 수지를 상등하게 하는 데 문제가 있다. 어느 시점에서도 계산은 가능하지만 일반적인 방법은 계약 당초의 시점에서 계산하는 방법이다. 장래 지급할 보험금총액의 현가는 수지상등의 원칙에서 장래 수입될 보험료총액의 현가와 같다고 할 수 있다. 이 보험료총액의 현가를 일시불순보험료라고 한다. 따라서 일시불순보험료를 구하기 위해서는 장래 지급할 보험금총액의 현가를 계산하면 된다.

마지막으로 분할불영업보험료에 대해서 간단하게 언급하기로 한다. 보험료는 연불을 기준으로 산정되지만 최근에는 반년불, 월불, 주불(미국의 경우) 등 단기 분할불영업보험료가 산정되는 경우가 많다. 연불보험료와 분할불보험료를 비교하면 분할불보험료가 높다. 그것은 보험회사로서 연불이라면 1 회의 처리로서 끝나지만 분할불은 수 회에 의하여 납부되기 때문에 수수료·경비가 더 소요되며, 보험료의 분할입금은 운용자산의 증가가 지연되고 이자수입이 감소되기 때문이다. 또한 1 년을 하나의 기간으로 볼 때 도중에 사망이 발생한다면 잔여기간의 보험료의 납입은 없기 때문에 그만큼 위험부담이 크다.

4. 損害保險의 保險料

(1) 보험요율의 구조와 요율산출의 기본원리

손해보험의 보험요율은 전술한 생명보험의 보험료와 마찬가지로 손해보상이 예정된 순보험료 부분과 사업운영에 필요한 경비 및 이윤에 충당되는 부가보험료에 의하여 구성되고 순보험료 부분은 명확하게 계약규모에 의하여 변동하는 비례비이므로 고액계약이라고 하여 요율할인의 여지는 존재하지 않는다. 여기에 대하여 부가보험료 부분은 현행 요율제도하에서는 순보험료의 일정 비율로서 부가되고 있다. 따라서 순보험요율이 높은 계약일수록 부가보험요율은 상대적으로 높게 되며, 계약의 규모를 나타내는 보험금액에 정비례하여 부가보험료는 증가한다.

손해보험계약에서 순보험요율, 즉 위험률이 높다면 보험수요는 커지며, 대리점을 통하지 않고 직접 계약이 이루어지는 등 계약모집의 경비가 절약되므로 반대로 저율이어야 한다는 비판이 높다.[29] 또한, 계약의 규모가 커짐에 따라 부가보험료의 절대액은 증가할지라도 결코 비례적으로 증가되는 것은 아니다. 여기

29) 北本駒治, 「損害保險硏究」, 京都: 法律文化社, 1970, p. 63.

에는 일부는 각종 수수료·이윤부분과 같은 일정률로서 지출·계상됨에 따라 비례적으로 증가되는 부분도 포함되어 있지만 다른 일부는 인건비·물건비와 같이 총영업량에 대하여 고정적 혹은 준고정적으로 지출되고 총영업량의 증대에 따라 계약 1건당 일정 보험금액에 대하여 체감적으로 부담하는 부분 및 물건비 가운데 일부 통신비·인쇄비와 같이 계약규모에 관계 없이 계약 1건당 고정적인 비용도 포함되어 있다. 손해보험회사의 사업비 비목을 그 성격에 따라 분류하면 〈표 9-2〉와 같다. 이것은 부가보험료의 구성요소들이다.

부가보험료를 순보험료에 대한 일정비율로서 부가한다는 것은 어떠한 이론적 근거를 가지고 있는 것은 아니다. 부가보험요율과 순보험요율은 이론적으로나 실제적으로 어떠한 상관관계를 가지고 있는 것은 아니므로 별개로 산정되어질 수 있다. 부가보험요율은 보험금지급을 위한 순보험요율과 완전히 성질을 달리하기 때문에 회사의 경영정책에 의하여 지출이 어느 정도 증감되며, 또한 각사간에 사업비율이 상이하므로 부가보험요율은 각사의 자유결정에 맡겨야 한다는 논의도 있다. 그러나 이것을 자유경쟁에 위임하면 순보험료와 부가보험료 사이에 명확한 구분이 없으므로 무제한 경쟁이 야기되고 일부 기업의 독점화를 조장하는 결과를 가져온다. 그러나 부가보험요율을 순보험요율과 별개로 산출할지라도 순보험요율과 마찬가지로 각사 공통의 기반에 입각하여 조사·산출된다면 손해보험사업의 건전한 발달은 기대할 수 없다.

〈표 9-2〉 손해보험회사의 사업비 비목

- 사 업 비
  - 변 동 비
    - 변 동 비 — 사비
      - 인건비 : 임직원보수, 퇴직금·연금, 후생비
      - 물건비 : 임차료, 수선비, 일반관리비, 통신비, 인쇄비 등
    - 준변동비 — 사비
      - 인건비 : 임시급여, 기타 여기에 준하는 비용
      - 물건비 : 교통비, 소모품비, 도서비, 조사비, 회의비, 교제비, 협회비, 잡비 등
  - 고 정 비 — 수수료, 기타 — 대리점수수료, 계약수수료, 집금수수료 등

損害保險의 엄중한 요율산출을 위하여 준수되어야 할 기본원리는[30] ① 充分性(adequacy), ② 公平性(equity), ③ 過當하지 않을 것(not excessive), ④ 經濟的

30) R. I. Mehr & E. Cammack, *Principles of Insurance*, rev. ed., Chicago, 1957, pp. 693～694.
P. Gordis, *Property and Casualty Insurance*, 6th ed., 1958, p. 115.
W. H. Rodda, *Fire and Property Insurance*, 1958, p. 129.

實施可能性(economic feasibility), ⑤ 安定性(stability), ⑥ 適應性(flexibility), ⑦ 損害防止活動을 위한 誘引(inducement for loss prevention activities) 등이다.

이하에서 이들 제반 원리에 대해서 차례로 간단하게 기술하기로 한다. 미국의 경우 ①, ②, ③은 법적 강제사항으로서 인가요율 모두가 준수하여야 될 사항이며, ④, ⑤, ⑥, ⑦은 기본적 요청사항으로서 앞으로 도달되어야 할 이상요율을 나타낸다. 한국의 보험업감독규정 제37조에서는 보험요율 산출원칙으로서 합리성·적정성·공평성을 요구하고 있다.

1) 充 分 性

보험요율에 대한 제 1 의 요건은 모든 손해를 보상하고 보험회사의 운영비 총액을 커버하는 데 충분한 크기이어야 한다는 사실이다. 요율의 충분성을 강조하는 것은 보험기업자에게 불충분한 요율의 부과를 인정한다면 결국 지급불능의 상태에 이르게 되어 계약자에게 큰 손해를 끼치게 되기 때문이다. 특정 요율의 충분성은 요율표 작성에서 예정된 손해율과 현실의 손해율의 비교에 의하여 판정된다.

2) 公 平 性

공평한 요율의 부과는 피보험자와 보험자의 양자에 있어서 똑같이 중요하다. 이것은 또한 요율산정에 있어서 공평성을 의미하기도 한다. 공평성은 추상적으로 정의를 내리기는 쉽지만 실제에 있어서 확보하기가 매우 어려운 일이다. 공평성을 달성하기 위해서 보험자는 각 보험계약자의 물건을 특수한 범주로 분류하여야 한다. 이것은 두 사람의 보험계약자가 정확하게 동일조건의 물건을 제출할 수 없기 때문이다.

3) 過當하지 않을 것

보험요율이 충분한 나머지 때로는 과당해질 수 있다. 이것은 결국 고율의 보험요율이 적용됨을 의미한다. 요율의 과당여부에 대하여 감독당국과 보험회사간에 견해의 차이는 있을 수 있지만, 이것은 장기적으로 정확한 손해통계에 의거하여야 한다. 여기서 문제는 보험사업자의 합리적인 경영과 이윤확보이다. 보험사업자의 안전성을 도모하기 위하여 경영의 합리화는 소홀히 하면서 사업비와 이윤 등의 부가보험료를 필요 이상으로 책정할 수는 없다.

4) 經濟的 實施可能性

요율이 경제적 실시가능성을 가지고 있어야 한다는 것은 공급된 보험이 보험계약자에 대한 비용을 기준으로 하여 제공되어야 함을 의미한다. 보험보호가 비교적 낮은 비용으로 제공된다는 것은 보험사고가 비교적 낮은 발생확률을 가지게 될 뿐만 아니라, 그 손해가 발생하여도 비교적 큰 손해는 아니어야 한다. 만약 사고가 빈발하고 요율이 고율이라면 보험은 불가능하다.

5) 安 定 性

요율은 비교적 단기적으로 안정되어야 한다. 요율변경을 자주하는 것은 바람직하지 못하다. 이것은 보험계약자가 보험의 구입을 그가 현재 주식시장에 있어서 증권의 매입과 마찬가지로 생각하는 경향이 있기 때문이다. 보험의 구입에는 투기의 여지가 존재하지 않는다. 투기는 보험의 근본적 목적을 해치고 위험을 초래하여 그것을 분산 전가할 수 없다. 자주 변동하는 요율은 구매자를 고민하게 하고 보험회사로 하여금 불합리한 대중관계를 가져오게 한다.

6) 適應性(또는 融通性)

보험요율은 단기적으로는 안정적이어야 하지만 장기적으로는 수정(적응성)되어야 하는데, 이것은 요율산정에 있어서 다함께 중요한 원리이다. 요율의 수준은 경제사정과 물건의 물적 성질의 기본적 변화에 적응해야 한다. 요율의 안정성의 입장에서 볼 때 확실하게 불충분하거나 또는 과당한 요율이 무기한 유지될 수는 없다.

7) 損害防止活動을 위한 誘引

요율은 손해방지활동을 촉진할 수 있도록 구성되어야 한다. 보험계약자가 방화시설이나 안전대책을 마련할 때 요율공제가 인정되어 스스로 주의를 하도록 할 필요가 있다. 손해방지활동의 경제적 이익은 보험계약자뿐만 아니라, 보험회사나 사회적으로도 유익하므로 그것을 전제로 한 요율공제는 우대되어야 한다.

⑵ 적정요율에 관한 기본과제

1) '適正'의 기준과 관점

이상적인 料率(the ideal rate)이란 동질위험의 크기에 따른 그룹별로 각각 보험손해와 경비를 커버하는 데 충분한 수입을 가져오고 또한 이러한 위험을 담보하는 보험자에 대하여 타당한(reasonable) 마진(margin)을 생기게 하는 요율을 말한다.[31] 요율의 문제는 보험자가 직면하고 있는 모든 문제 가운데 가장 중요하고, 가장 복잡하고, 동시에 가장 곤란한 것이라고 할 수 있다.

料率算定의 기본원칙은 앞에서 설명한 바와 같이 일반적으로 7가지를 들고 있으나 그것은 논자와 각국의 料率算定法의 규정(목적)에 따라 약간의 차이가

31) A. H. Mowbray & R. H. Blanchard, *Insurance*, 5th ed., New York, 1961, p. 372.

있다. 미국 각 주의 요율산정법에 규정하고 있는 3 대 기본원칙은, ① 충분하고(adequate), ② 과도하지 않고(not excessive), ③ 위험에 따른 공평한 차별(discriminate fairly)이다. 또한, 일본의 '損害保險料率算出團體에관한法律' 제 9 조에서도 "요율단체가 산출하는 보험요율은 합리적이며, 타당해야 하고, 또한 부당하게 차별적인 것이어서는 안 된다."고 규정하고 있다.

適正料率(proper rates)의 요건으로서 전술한 3 원칙을 포함하여 7 가지 가운데 논자[32]에 따라서는 感應性(responsiveness)과 競爭性(competitiveness)을 열거하는 경우도 있다. 감응성이란 요율산정에서 손해원가나 경비의 실태 변화를 신속하게 반영시키는 것을 의미하며, 경쟁성은 경쟁상의 필요에 따라 기본원칙을 수정하는 것을 말한다.

적정요율의 기준은 상술한 바와 같이 몇 가지 원칙이 있지만 '適正'의 판단은 반드시 유일·절대적인 것은 없다. 순보험료 부분의 경우 비교적 명확한 척도가 있지만 부가보험료 부분에 대해서는 사업비 부분이 적정한가 또는 이윤 부분이 과다하지 않는가는 쉽게 판단할 수 없다. '적정'의 기준은 논자의 입장에 따라 다른 면이 있고, 계약자, 사회 일반대중, 기업구성원, 주주 등 각각 관점이 다르기 때문에 반드시 일치하고 있는 것은 아니다. 사업비 부분이 어디까지 압축될 수 있는가 하는 합리화의 문제는 별개로 할지라도 부가보험료에서는 임금수준이 어느 정도 높으면 우수한 노동력을 확보할 수 있는가 또한 공공성이 높은 사업에서 어느 정도의 수익이 확보된다면 자본을 흡수할 수 있는가 하는 문제는 경시할 수 없다. 이와 같은 추상적인 적정요율의 기본원칙과 다원적인 현실의 입장을 연결시키는 섭섬이 필요하나는 것은 당연한 사실이며, 사회적으로 조정된 '적정'의 기준을 확립한다는 것은 요율산정에 있어서 구성기준이 된다.[33]

2) 標準料率構成과 許容經費率

손해보험의 보험료는 보험자의 각종 지출(유보를 포함)을 커버하기 위하여 보험계약자로부터 부과·징수되는 것이다. 보험계약자로부터 징수되는 보험료, 즉 영업보험료는 전술한 바와 같이 순보험료와 부가보험료로 구성된다. 사업비 가운데 損害査定費는 지급보험금의 부대비용으로서 개별계약에 할당·계상되는 경비(allocated loss expenses)와 별도로 계상되어지는 경비(unallocated loss expenses)

32) R. M. Crowe, *Evaluating Rate Making Systems*, The Annuals of the Society of CPCU, Fall, 1964, pp. 213~224.

33) 越知隆, "損害保險の適正料率と 附加保險料,"「損害保險研究」(제31권 제 1 호, 1969년 2월), p. 135.

로 구성된다. 손해사정비는 과당한 손해지급을 억제하기 위하여 지출되어지는 한 회사의 관리경비이지만[34] 미국에서는 요율구성기준 가운데 손해사정비는 일반적으로 순보험료 부분에 포함시키고 있다. 그 이외에 세금(연방소득세를 제외한 제세)은 사업비에 포함시키고 있다.

미국에 있어서 손해보험요율의 구성내용을 보면 가격으로서의 손해보험요율의 성격은 이른바 풀 코스트原則(full cost principle)에 의한 가격결정방식과 유사하다. 즉, 이것은 손해원가에 의하여 결정되는 순보험료에 평균적인 사업비와 표준적인 이윤을 합한 영업보험료에 의하고 있다. 그러나 평균적인 풀 코스트(full cost)라고 할 때 그 내용은 반드시 명확하지 않고[35] 보험사업의 부가보험료의 산정과 부과도 각종 요소에 따라 다르기 때문에 요율의 적정화에는 문제가 있다.

보험요율의 합리성 내지 타당성은 요율구성 및 그 체계를 떠나서는 논할 수 없다. 일반적으로 가격의 합리성은 그 비용이 어떻게 구성되었는가를 밝힘으로써 분명하게 된다. 보험요율의 합리성을 논할 때에는 그 원가요소의 분석을 통하여 손해보상분과 경비지출 충당분의 비교에 의하여 계산한다. 그러나 요율의 합리성을 판정하는 기준이 되고 있는 적정경비율은 경비 제요소를 명확하게 파악하여 원가계산에 의하여 산출된 경비배부액을 순보험료와 대비하여 구해야 할 성격의 것이다.

손해보험의 적정요율론으로서 전술한 적정이윤론과 더불어 미국, 일본과 같은 선진국에서는 이론적으로 또는 실제에 있어서 많은 연구가 거듭되고 있다. 그 구체적인 내용은 각종 손해보험종목에 있어서 표준요율구성과 부가보험료에 있어서 경비허용률 및 이윤 등에 관하여 대학교수를 중심으로 한 여러 논자들의 주장과 요율산정기관에서 실제 적용하고 있는 비율 및 계수이다.

3) 料率算定과 적정화의 문제점

앞에서 고찰한 손해보험의 요율구성기준을 料率算出(rate making)의 실제와 관련시켜 보면 純保險料란 예정손해율(영미에서는 손해사정비율 포함)이며, 부가보험료는 예정사업비율(미국에서는 손해사정비를 제외하고, 제세를 포함)과 이윤(예정영업이익률과 비상위험준비율)의 합계이다. 이 경우 豫定損害率이란 許容損害率(permissible loss ratio)임을 주의할 필요가 있다. 일반적으로 예정손해율은 허

34) A. H. Mowbray & R. H. Blanchard, *op. cit.*, p. 374.

35) 'full cost principle'이란 限界收入과 限界費用의 일치점(경제이론상의 利潤極大點)에서 價格이 결정된다는 說이 있음에도 불구하고 실제로는 오히려 平均費用에 일정률의 利潤(mark-up)을 가산한 것을 'full cost'로 보고 있다.

용손해율의 한계에서 정하여진다.

손해보험의 요율구성기준을 실제 요율산출에 적용함에 있어서 손해율의 계산방식이 문제된다. 즉, 기준과 비교할 때 실제손해율은, ① 기경과보험료에 대한 旣生保險金(지급보험금+당년도 말 미불보험금－전년도 말 미불보험금)의 비율로서 보는 것이 보통이지만 그 경우, ② 과거 몇 년간의 통계자료에 의할 것인가, ③ 과거연도의 보험료는 현행 요율수준으로 수정할 필요가 있는가, ④ 경향을 반영시키기 위해서는 단순한 산술평균이 아니고 최근의 연도일수록 높은 비중(weight)을 붙여 집계할 필요가 있는가, ⑤ 실제손해율과 기준손해율과의 차이가 몇 퍼센트 이상이면 어떠한 산식으로 요율개정을 할 것인가에 대한 규칙을 명확하게 해야 하다.

예로서 미국의 화재보험에 있어서는 '火災保險硏究 및 計理協會'(Fire Insurance Research and Actuarial Association. 이전의 Inter-Regional Insurance Conference)의 권고에 따라 다음 산식에 의하여 요율이 조정되고 있다.[36]

$$M=\frac{L+A}{1-(E_w+E_e+P)}$$

M: 현행 요율의 수정지수(예로서 10% 인하의 경우는 0.90, 10% 인상의 경우는 1.10)
L: 과거 6년간의 기경과보험료(현행 요율수준으로 수정)에 대한 기생손해(현재의 비용수준으로 수정)의 비율(단, 비중은 최근년 30, 전년도 25, 전전년도 15, 그 이전의 3년은 각각 10으로 한다)
A: 최근년의 기경과보험료에 대한 손해사정비의 비율
E_w: 경비통계에 있어서 종목분류 No. 1~3의 최근년 계상보험료에 대한 경비의 비율
E_e: 경비통계에 있어 종목분류 No. 1~3 이외의 최근년 계상보험료에 대한 경비의 비율
P: 요율 가운데 산입된 영업이익과 비상위험준비의 율

위의 산식을 실제 예를 들어서 설명하기로 한다. 요율구성기준상의 허용손해율이 50%, 경험통계가 다음의 〈표 9-3〉과 같다고 하면,

$$\text{실제손해율}=\frac{\text{수정보험금}}{\text{수정보험료}}=\frac{399{,}971}{735{,}296}=54.29$$

$$\text{요율수정률}=\frac{\text{실제손해율}}{\text{허용손해율}}=\frac{54.29}{50.0}=1.09$$

36) K. H. Parker, Ratemaking in Fire Insurance, in Long & Gregg(eds.), *Property and Liability Insurance Handbook*, pp. 182~184.

즉, 요율은 9% 인상할 수 있다. 그러나 이 경우 경험통계기간의 보험료총액이 일정한 크기 이상이어야 된다. 500만~600만$ 미만일 때에는 그 금액구분에 따라서 정해진 信賴度係數(credibility factor)가 적용되어 개정의 폭이 축소된다. 〈표 9-3〉의 예에서는 보험료 375만$에 대한 신뢰도가 0.7이다. 따라서 요율 인상률은,

$$9 \times 0.7 = 63\%$$

가 된다.

요율개정의 산식에 있어서 문제가 되는 것은 기준과 실제와의 허용편차의 폭이다. 미국의 '1921~1949년 標準利潤公式'에서는 그 편차를 상하 각 2%로 정하고 있다. 그러나 이것을 우리나라 손해보험사업에 적용할 경우 적정한 편차의 한계를 어떻게 정할 것인가가 문제이다.

〈표 9-3〉 火災保險 修正損害率 계산방식의 실제 예

년	보험료				보험금				수 정 손해율 $\left(\frac{D'}{D}\right)$
	기경과 보험료 (A)	요율수준수정 계수(B)	웨이트 (C)	수 정 보험료 (D)	지 급 보험금 (A')	기생보험금의 수정 계수(B')	웨이트 (C')	수 정 보험금 (D')	
1	$ 750,340	0.90	0.10	$ 67,531	$ 321,590	1.03	0.10	$ 33,124	% 49.06
2	751,700	0.95	0.15	107,117	324,500	0.99	0.15	48,188	44.99
3	752,950	0.99	0.20	149,084	382,630	1.02	0.20	78,057	52.36
4	737,710	1.00	0.25	184,428	389,150	1.07	0.25	104,098	56.44
5	757,120	1.00	0.30	227,136	421,31	1.08	0.30	136,504	60.10
計	3,749,820	-	1.00	735,296	1,839,180	-	1.00	399.971	54.29

주: $D = A \times B \times C$, $D' = A' \times B' \times C'$

보험요율적정화의 제 2 의 문제점은 요율산정의 기초를 어떻게 하여 정확하게 실태에 맞게 하고, 또한 과거의 자료를 수정함에 있어서 시차(time lag)를 최소로 하는 것이 중요하다. 이것은 특히 물가수준 상승, 즉 인플레이션의 영향 때문이다. 물가수준의 변동은 사업비의 일부에 영향을 미치기 때문에 이것과 밀접한 관련이 있는 경비(인건비, 교통비, 소모품비 등)는 물가수준에 의한 수정을 해

야 한다. 이러한 점에서 볼 때 적정요율의 문제는 사업비율의 적정화 내지 정당화의 문제이며, 손해보험 요율산정의 기본문제는 순보험료산정의 기술보다는 다음 항목에서 설명할 부가보험료의 적정화와 합리적 부과가 중심이 되고 있다.

(3) 부가보험료의 적정화

1) 經費의 정확한 計算

부가보험료 적정화의 제일 요건은 경비의 정확한 계산에 의하여 그 실태를 명확하게 파악하는 것이다. 미국의 경우 NAIC에 의하여 1948년 保險事業費明細表(Insurance Expense Exhibit)가 연차보고서의 부표로서 제정되었으며, 또한 1948년 7월 1일 損害保險經費會計統一規則(Uniform Classifications of Expenses of Fire & Marine & Casualty & Surety Company)이 공포되었다. 이 통일회계규칙은 뉴욕州 보험청이 중임이 되어 약 3년간 283개의 보험회사의 실태를 조사하고, 여기에 NAIC의 전문위원회의 협력을 얻어 마련한 초안을 공청회를 열어 수차 수정한 것이다.

일본의 경우도 1957년 10월 일본손해보험협회에 경영합리화위원회가 설치되고, 손보사업의 현상을 보다 정확하게 파악하기 위한 전제로서 각사 경비의 보험종목별 계산기준을 통일하는 작업을 하였다. 그 결과 1959년 2월 '經費計算基準要綱'이 마련되었다.

2) 營業量의 大小·變化와의 관계

보험요율은 이미 설명한 바와 같이 full cost방식으로 산정되고 있지만 이 경우 평균사업비율은 영업량의 대소에 의하여 다르다는 사실을 유의해야 한다. 사업비 가운데 수입보험료에 비례하여 증감하는 것이 보통이지만 社費는 비례적으로 증감하지 않고 영업량의 증대에 따라 비율이 체감한다. 附加保險料率과 營業量과의 관계를 수식화하면 다음과 같다.

영업보험료 P, 지급보험금률 L, 社費를 E, 대리점수수료를 C, 이윤을 I로 각각 표시하면 다음과 같다.

$$P=L+E+C+I$$

또한, 보험금액을 A, 영업보험요율을 r, 위험원가율을 $l\left(=\frac{L}{A}\right)$, 대리점수수료율을 $c\left(=\frac{C}{P}\right)$, 이윤율을 $i\left(=\frac{I}{P}\right)$로 하면 다음과 같다.

$$A_r = A_1 + E + A_{rc} + A_{ri}$$
$$A_r(1-c-i) = A_1 + E$$
$$r = \frac{1}{1-c-i}\left(l + \frac{E}{A}\right)$$

3) 保險金額 크기와의 관계

영업량의 크기와 부가보험요율과의 관계는 보험금액의 크기와 부가보험요율과의 관계에도 그대로 적용된다. 계약 1건당 사업비에 있어서도 보험금액의 크기에 비례하여 증감하는 부분과 비례하여 증감하지 않는 고정적 부분이 있다.

따라서 부가보험료가 보험금액 혹은 보험료에 비례하여 일정률로서 부과되고 있는 경우 고액계약일수록 수입부가보험료가 많고, 소액계약일수록 수입부가보험료가 적다. 즉, 일정률부과에 의한 부가보험료는 고액계약에 있어서 잉여를 생기게 하지만 소액계약에서는 부족이 나타나기 때문에 개별계약 보험금액과 社費와의 비례·불비례관계의 분석·검토를 함에 있어서 합리적 부과방식을 도입하는 것이 부가보험료의 적정화를 위한 하나의 과제이다.

4) 事業費의 압축

부가보험료의 적정화를 위해서 무엇보다도 사업비의 합리화에 의한 압축노력이 필요하다. 그러나 현실적으로 관리가능한 것은 그 일부에 불과하다.

5) 賦課方式의 합리화

부가보험료 적정화의 밑바탕이 되는 것은 부과방식의 합리화이다. 보험요율의 구성요소의 비율은 언제나 일정한 것이 아니고 위험의 정도와 경비는 각각 독립된 요인에 의하여 움직이기 때문에 손해율과 경비율간에 일정한 비율을 유지한다는 것은 경비면에서 합리화의 객관적 기준으로서는 불충분하다. 보험요율의 적정화를 위해서는 보다 객관적이고 합리적인 기준을 검토해야 한다.

경영효율화는 사회경제 환경의 격변 속에서 오늘날 큰 전환기에 직면하고 있는 손해보험업계로서 각사 경영의 최대의 과제가 되고 있다. 손보경영의 효율화가 무엇인가에 대해서는 반드시 명확한 공통의 인식이 없고 단지 사업비율 전체의 고저를 비교·논의(내역별 구분 없이)되고 있는 현상이다.

경영효율을 판정하는 요소로서 가장 중요한 것은 사업비율이다. 각사의 경영효율이 요율면에서 될 수 있는 한 반영되도록 요율의 탄력화를 적극적으로 촉진하고 요율면에서 각사의 경영노력을 추구할 필요가 있다. 그러나 현실적으로는 특히, 우리나라의 경우 요율구성체계에서 각사의 사업비율이 분명하게 개별적으로 반영되어 있는 것이 아니고 또한 획일적으로 영업보험료로서 정해지고 있기 때문에 개별기업의 영업효율의 성과가 크다고 하여 협정요율제도 아래서 그것을 인하·조정할 수 있는 것은 아니다.

부가보험료의 적정화를 위해서는 전술한 바와 같이 먼저 요율구성에 있어서 부가율의 전면적 재검토가 필요하고, 경비계산기준이 명확하여야 한다. 경영효율을 판정하는 요소로서 가장 중요한 것은 사업비율이지만, 여기서 먼저 경영효율 평가기준의 확립이 필요하다. 규모의 불이익이나 효율개선을 저해하는 특수요인의 해결은 기업노력의 문제이지만 영업기반의 상위에 의한 효율의 차이는 기업노력과 어느 정도 무관계하며 부가율기준과의 상대적 관계 등에 의하여 생긴 효율의 차이 또한 그 부분에 관해서는 경영효율평가의 기준이 될 수 없다.

附加保險料의 적정화를 통한 경영효율을 개선함에 있어서 기본적인 방향과 그 과제는 상술한 바와 같이, ① 우선 요율구성에 있어서 부가율의 전면적 재검토와 요소별 명확화를 도모하는 동시에, ② 다른 한편으로는 요율구분에 대응한 사업비계산 제반 기준의 정비와 실태파악을 위한 노력이 급선무이다. 이것에 의하여, ③ 부가율의 적정화와 효율의 본질에 따라 경영효율 평가기준의 확립이 중요하며, ④ 개별기업이 각각 효율개선에 관한 특수요인의 해결을 도모하고, 규모의 불이익의 극복을 포함한 효율화를 추진하는 것이 중요하다.

損保經營의 '效率'의 본실과 '效率化'의 관점에서 볼 때 매우 중요한 것은 부가보험료 수지의 구조와 문제점에 관한 것으로서 특히, 우리나라 실정에 비추어 볼 때 이것은 단순히 요율산정상의 기술적 측면에서 그치고 있는 것이 아니고 그 개선은 손보경영의 근간이라고 할 수 있는 중대한 과제이다.

(4) 보험요율산정에 있어서 투자수익의 반영문제

보험요율산정에서 투자수익은 이론적·원칙적으로 마땅히 반영되어야 한다. 이것은 투자수익의 원천이 보험계약자가 납입하는 보험료의 운용에 의하여 생기기 때문이다. 만약 보험회사가 현재와 같이 투자수익을 요율에 반영하지 않고 순수한 이재율이 높은 경우 엄청난 투자수익은 뒤로 두고 높은 요율을 보험가입자에게 제시한다면 확실히 이것은 문제로 삼지 않을 수 없다.

투자수익이 요율산정에 반영되어야 하는가에 대한 찬반논쟁은 1965년 이후 미국에서 크게 전개되었고, 1970년대부터 많은 州에서 이를 반영하고 있다. 이 논쟁은 全國保險監督者協會(National Association of Insurance Commissioners: NAIC)에 의하여 전개되었는데, 손해보험 가운데 특히 자동차보험요율에서 먼저 시작되었다. 1965～1970년까지 16개 주에서 이 문제에 대해서 공청회가 개최된 이후[37] 오늘날에는 상당수의 州에서 손해보험요율은 물론 생명보험요율에서도 투자수익을 반영하고 있다.

투자수익의 반영문제에 대한 논쟁의 초점은 투자수익 반영여부 그 자체와 반영한다면 어떠한 방법으로 하여야 될 것인가의 두 가지 점에 있었다. 또한, 이 경우에 있어서 보험사업의 경영형태로서 주식회사의 손해보험(보험기업 가운데 70% 점유)에서 문제되고 상호보험회사는 물론 제외된다.

주식회사의 경우 요율산정에 투자수익을 반영하는 구체적인 방법으로서는 여러 가지 복잡한 모델이 연구·응용되고 있다. 그 가운데 대표적으로 가장 간단한 산식을 소개하면 다음과 같다.[38]

$$r=\frac{U+I+I'}{K'}$$

r: 투자수익이 반영된 전체 요율
U: 예상영업수익(expected underwriting profit)
I: 위험이 없거나 또는 낮은 투자위험에 있어서 예상되는 보험요율준비금의 투자성과
K': 통계적으로 결정된 필요한 투자자산의 수준(금액)
I': K'로부터 예상되는 투자성과

미국의 경우 투자수익의 요율에서 반영문제는 생명보험요율에서는 1965년 이전에 오랫동안 검토되어 왔지만, 손해보험요율에서는 각 州의 보험감독당국에서 많은 회사의 투자수익을 정확하게 알 수 없었고 이를 요율에 반영하는 데 있어서 모델 개발의 어려움 및 보험회사측의 강한 반대가 있었기 때문에 1965년 이전까지는 크게 논의되지 못하였다. 그러나 그 이후 각 州에서 공청회의 개최와 모델 개발에 의하여 실제로 반영하고 있는 주가 늘어가고 있다. 우리나라의 보험요율제도에 있어서 생명보험은 물론 특히 손해보험요율에 있어서도 앞으로

37) R. W. Cooper, "Investment Return and Property Liability Insurance Ratemaking," Homewood, Illinois : Richard D. Irwin, Inc, 1974, pp. 2～3.
38) *Ibid*, p. 116.

요율체계의 근본적인 재편성과 보험회사 투자수익의 요율에의 반영을 진지하게 받아들이고 그 방법에 대해서 적극적으로 연구·검토해야 할 것이다.

(5) 협정요율제도의 문제점

1) 각종 공동행위

손해보험에 있어서도 소비자의 수요충족, 공정한 가격형성 및 사업의 효율적인 운영을 위하여 각 기업의 자유로운 창의력의 발휘가 요망되는 것은 다른 사업과 마찬가지이다. 그러나 다른 한편으로 손해보험에 있어서 무제한의 자유경쟁에서 생기는 각종의 불합리한 폐해를 피하기 위하여 사업자간의 약간의 공동행위나 행정개입에 의한 제약은 어찌 할 수 없다. 문제는 이 양자의 조화점을 어디에서 구할 것인가에 있다. 보험시장에 있어서 질서의 유지를 중요시할 때에는 담보내용, 계약조건, 요율, 모집기구 등에서 경쟁이 인정될 수 없지만 오늘날 자유경쟁의 분야가 더욱 확대되어 가고 있는 것이 선진국 보험시장의 추세이다.

각종의 공동행위 가운데 손해통계의 작성 및 손해원가(순보험료)의 작성을 공동으로 하는 것에 대해서는 크게 문제삼을 필요가 없다. 또한, 이 공동작업으로부터 얻어진 요율을 단순히 권고요율로서 제시된다면 반드시 부적법이라고 할 수 없다. 보험약관 및 요율체계의 통일은 개개의 보험자의 창의를 구속하고 소비자의 수요충족을 방해하는 원인이 되지만, 손해통계의 공동작업을 위해서는 각 기업의 보험약관 및 요율체계에 통일성이 유지되어야 하는 것은 불가피하다. 그 방법으로서 표준약관이나 표준적인 요율체계를 작성하게 되지만 이것은 피보험자의 불이익을 고려하여 감독당국의 인가를 필요로 한다. 문제는 사업자단체가 사적 협정으로서 표준약관 등의 사용을 회원회사에게 강요한다면 공정거래법 또는 보험감독법에서 금지시켜야 할 것이다.

특히 중요한 문제는 요율의 수치에 관한 협정의 시비에 있다. 통계가 불비하여 과학적인 요율책정방법이 나오지 못하고 요율표가 조잡한 시대에 있어서는 각 보험기업이 지켜야 할 요율수치를 스스로 확실하게 파악할 수 없기 때문에 요율경쟁이 파멸적인 과당경쟁으로 몰고가는 것은 필연적인 현상이었다. 그러나 오늘날에 있어서는 사정이 크게 달라지고 있다. 선진 제국에 관한 한 손해통계가 체계적으로 정비되어 있기 때문에 이미 경쟁시장하에서도 요율경쟁 때문에 지급불능, 도산 등이 일어난 사례는 흔하지 않다. 따라서 현재의 단계에서 요율카르텔의 사회적인 이해득실이 재검토되어야 하는 것은 당연한 사실이라고 생각된다.

2) 料率카르텔의 이해득실

① 料率카르텔의 단점: 일반적으로 가격카르텔의 최대의 폐해는 독점이윤의 획득을 위한 부당한 가격인상에 있지만 정부의 엄격한 감독을 받고 있는 보험사업에 있어서는 그와 같은 독점이윤이 현저하게 허용될 수는 없다. 그러나 가격카르텔 아래에서는 그 이외에 사업의 효율적인 운영을 저해하는 요인이 작용한다는 것은 널리 인정되고 있다. 이 경우 정부의 감독으로서도 반드시 효과적으로 제어될 수 있는 것은 아니다.

첫째, 코스트의 低減에 대한 저해요인이다. 가격경쟁이 존재하지 않는 경우는 그것이 존재하는 경우와 비교하여 코스트 인하의 유인이 약하다. 손해보험에 있어서 가격경쟁의 경우 코스트 인하 유인은 주로 사업비에 대하여 존재하지만 그 이외에 손해원가에 대해서도 인하경쟁이 일어날 수 있다. 그것은 위험의 선택에 노력하고, 낮은 요율로서 우량 리스크를 모으는 경쟁이다. 이 경우 나머지 비우량 리스크는 다른 보험기업이 보다 높은 요율로서 인수하게 된다. 이러한 측면에서 경쟁이 시장에 있어서 일반적인 코스트 저감에 전면적으로 결부되어지는 것은 아니다. 그러나 많은 기업이 이와 같은 경쟁 태도를 취함으로써 자사의 포트폴리오에 있어서 우량 리스크의 비중을 높이려고 노력하는 것은 결국 시장 전체에 있어서 코스트 저감의 효과를 가져 온다고 볼 수 있다.

둘째, 消費者의 이익에 대한 감수성이 부족하다는 것이다. 카르텔제도에서는 기업은 자기의 이익을 소비자의 이익보다 우선시키려고 하기 때문에 그 결과 소비자의 욕구는 충족될 수 없고 그 진보가 저해되는 것이다.

셋째, 통제가 무한정으로 확대되는 것이다. 보험요율은 하나를 통제하면 다른 것도 통제되어지며, 통제해야 될 범위가 무한정으로 확대된다. 통제되지 않고 있는 분야에서는 불합리한 과당경쟁이 일어난다. 이것 때문에 카르텔의 규정은 현저하게 다기·복잡해지는 경향이 있으므로 그것이 보험사업의 탄력적·효율적인 운영을 저해하는 것이다. 또한, 이러한 사정 아래에서는 카르텔규정에 구멍이 생기게 되고 경쟁의 공정성을 저해하게 된다.

요율카르텔이 행하여지고 있을지라도 유력한 out-sider가 존재하고 있어 카르텔의 시장지배력이 약할 때에는 카르텔의 폐해는 그만큼 적어진다. 보험사업에 대한 독점금지법의 적용제외가 인정되고 있지 않는 국가에서도 요율카르텔이 허용되고 있는 예가 있다. 요율카르텔을 인정하는 경우에는 감독당국에 의한 사전인가제도와 같은 엄격한 규제를 필요로 함을 유의해야 한다.

② 料率競爭의 단점: 요율경쟁은 자주 마찰을 수반하게 된다. 선진국에 있어서 요율경쟁 때문에 경영의 파탄이나 어느 분야에서 계속 결손이 생기는 것은 전혀 없지는 않다. 일반 사회에서 과당경쟁 체질이 존재할 때는 요율경쟁이 불건전하다는 관념을 더욱 크게 한다. 또한, 일반적으로 경쟁시장에 있어서는 보험수지의 良否에 5년 내지 10년의 싸이클을 볼 수 있는 경우가 많다. 수지가 양호하게 계속된다면 보험의 공급이 증가하고 요율이 저하된다. 이것 때문에 수지가 악화되어 보험의 공급이 감소되고 드디어 요율이 상승하기 시작한다. 요율이 높아지면 수지가 호전되고 공급의 과잉현상이 나타난다. 공급과잉의 시기는 보험수지를 무시한 불건전한 인수를 행하는 보험자가 나타나고 다른 보험자도 그것에 따라가지 않을 수 없다. 또한, 공급의 부족시기에는 위험의 선택이 과도하게 행하여지고 保險의 利用可能性(availability)의 문제가 생긴다. 이와 같은 현상은 명확하게 요율경쟁의 단점이다.

요율경쟁이 행하여지고 있고 또한 시장에 있어서 경쟁조건이 충분한 경우, 즉 과점 등의 경쟁저해요인이 없고 요율의 결정에 있어서 시장원리가 충분하게 그 기능을 발휘하는 경우에는 일반적으로 사전인가제도는 불필요하다. 그러나 실체적 감독주의하에서는 이 경우에도 보험자의 지급능력의 확보, 부당차별의 방지, 덤핑을 방지하기 위한 정부에 의한 어떠한 규제가 필요하다.

③ 제도의 선택: 이상의 결과에서 요율카르텔, 요율경쟁은 어느 것이나 장점과 단점을 가지고 있다. 어느 것이 적당한가의 판단은 그 시장에 있어서 그 때의 상태를 전제로 하여 어느 제도가 폐해가 적고 이익이 큰가에 달려 있다. 구미에서는 이전까지 요율경쟁을 하지 않는 경우가 있었지만 오늘날에 있어서는 많은 보험종목에서 요율경쟁을 조장하고 있다. 이와 같은 변화는 일반적인 반카르텔사상의 성장이나 경쟁존중의 이념이 확립되었기 때문이며, 다른 한편으로는 요율경쟁의 폐해를 최소한으로 할 수 있는 기초조건(손해통계의 개선, 요율산정기술의 진보, 보험사상의 성장 등)이 정비된 것에도 그 원인의 하나가 있다.

④ 純保險料率만의 카르텔 가능성 여부: 요율카르텔을 용인하는 경우 그 카르텔은 영업보험료의 총체에 대한 것이 아니고 순보험요율에 대해서만 인정할 수 있고 부가보험요율의 결정은 시장원리에 맡겨야 한다는 견해가 있다. 그 근거는 대량관찰에 의한 공동계산을 필요로 하는 것은 損害原價(claim cost)에만 인정되고 사업비는 각 보험기업이 단독으로 이것을 견적할 수 있다는 것이다. 또

한, 사업비율은 동일 보험종목 및 동종의 위험집단에 대해서도 각 기업의 경영환경, 경영방침 등에 따라 다르기 때문에 여기에 대해서 각 기업에서 공통의 일정치를 채용하는 것은 불합리하다. 그 뿐만 아니라, 요율산정을 담당하는 요율단체는 회원회사의 사업비의 실적치는 알고 있지만 꼭 필요한 사업비의 액이 얼마인가에 대해서는 이것을 쉽게 측정할 수 있는 입장에 있지는 않다. 따라서 부가보험요율을 카르텔의 범위에서 제외시켜야 한다는 견해는 그만한 이유가 있다.

다른 한편으로는 실제로 부가보험요율을 각 기업에서 자유로 한다면 요율경쟁의 결과 대부분의 경우 순보험요율도 자유롭게 경쟁하는 동일한 상태가 생겨나게 된다. 그 이유는 경쟁시장에 있어서 각 기업은 실제 사업비율의 고저에 관계 없이 영업보험요율 그 자체를 경쟁에서 감당할 수 있는 수준에서 정하지 않을 수 없기 때문에 그 일부인 순보험요율이 협정되어 있을지라도 결과는 마찬가지이다. 순보험요율만의 카르텔이 유효한 기능을 수행할 수 있다면 그것은 영업보험요율 가운데 부가보험요율이 차지하는 비율이 극히 적은 경우나 요율의 사전인가제도 아래서 감독당국이 각 보험기업의 부가보험요율의 적부를 엄격하게 심사하는 경우이다.

독일의 자동차보험에 있어서는 순보험료는 원칙적으로 업계평균의 클레임코스트에 의하여 결정되고, 사업비 부분은 각 기업의 실적치에 따라 정해지지만 양자 모두 당국의 사전인가를 필요로 한다. 이와 같은 관점에서 합리적인 부가보험요율의 공동결정에는 기술적으로나 카르텔 이론적으로 곤란한 점이 있다. 요율카르텔을 용인하는 경우에도 그것을 영업보험요율 전체에 대해서 인정되는 것은 아니라고 볼 수 있다.

⑤ 料率團體의 기능의 한계: 클레임 코스트나 요율은 기본적으로 과거의 실적에 기초를 둔 수치에서 장래에 있어서의 상승·하강의 경향치를 가미하여 수정한 것이다. 사업비에 대해서는 앞에서 언급한 바와 같이 요율단체는 회원회사가 실제로 소비한 액은 알 수 있지만 꼭 필요한 사업비의 크기에 대해서 확실한 계산을 하는 것은 곤란하다. 물론 요율단체는 반드시 필요한 사업비의 크기를 측정하도록 노력하고 또한 어느 정도까지는 그것을 추정할 수 있지만 그 수치를 명확한 근거를 가지고 정확하게 파악하는 것은 쉬운 일이 아니다.

다음으로 클레임 코스트에 있어서도 사업비의 경우와 유사하다고 할 수 있다. 클레임 코스트는 위험의 선택 정도 등에 따라서 변화하기 때문에 과거의 통계에서 나타난 클레임 코스트는 그 당시의 계약인수방침 아래서 이루어진 것이며 그 후 방침의 변화를 정확하게 고려하는 것은 요율단체로서는 곤란한 일이다. 이것은 다수기업에 의한 공동계산의 숙명이라고 말할 수 있다. 대수법칙에 의존하는 보험사업에 있어서는 이와 같은 공동계산에 의하여 코스트를 파악하는 것이 사업의 합리적인 운영을 위하여 필요하다. 이러한 중대한 기능을 현실적으로 요율단체가 어떻게 수행할 것인지가 기본 과제이다.

위에서 언급한 협정요율제도와 이를 산출하는 카르텔기구 또는 요율단체의 존재는 8·15 이후 화재보험을 중심으로 한 시장재건에서 시작하여 1990년대 초반 요율자유화가 이루어지기까지 지속되었다. 특히, 우리나라에서 문제된 것은 공정거래법의 보험산업에 대한 적용문제가 본격적으로 거론된 1980년대 초반부터 보험감독당국은 시대의 흐름에 역행하여 손해보험 요율산정단체의 설치를 추진하였다. 이것이 바로 1983년 12월 16일 발족한 한국손해보험요율산정회이다. 1983년부터 1993년까지 10년 동안 과거 어느 때보다 협정요율제도의 전성기라고 할 수 있다. 1989년 11월 27일 요율산정회가 폐지되고 보험개발원이 설립되었지만 요율과 관련된 업무는 그대로 승계되었고 보험회사의 회원가입 및 비용부담이나 이른바 '社員總會'라고 하는 표현은 그대로 사용하고 있다.

(6) 손해보험의 요율검증제도

손해보험의 가격(보험료)은 현재의 시점에서 원가요소가 확정되는 일반 상품의 가격과는 달리 사고시점에 가서 원가를 알 수 있는 미실현 예정가격이므로 일정기간마다 예정과 실제가격을 검증하고 차이가 생기면 가격조정을 하게 되는데, 이것이 손해보험의 요율검증제도이다. 이 제도는 과거 일본의 손해보험요율산정단체에서 시행하여 오던 것을 참고하여 1981년 11월 10일 도입하였다. 검증업무의 수행기관은 도입 당시 손해보험요율산정위원회이었고 그 후 한국손해보험요율산정회(1983. 12. 16), 보험개발원(1989. 11. 27)으로 이관되었다.

요율검증제도의 도입은 비록 협정요율제도 아래서 운영되었지만 보험계약자에게 보험요율에 대한 신뢰를 주어 보험산업 발전에 기여하였을 뿐만 아니라 권고요율, 경쟁요율 시대에 진입하면서 요율제도의 길잡이 역할을 할 수 있었다. 과거 한국은 협정요율, 인가요율제도 아래서 보험요율이 예정률에 의하여 인가되므로 보험요율 수준의 검증과 조정은 보험사업자의 보험요율 정상화라는 측면에서 뿐만 아니라 감독당국에게는 인가된 요율의 사후 감독제도라는 측면에서 특히 중요성을 가지고 있었다. 이 제도의 운영은 요율검증에 관한 규정에 따라 각 손해보험회사가 매년 전체 손해보험 종목에 대한 요율검증보고서를 요율산정기관인 보험개발원에 제출하고, 보험개발원은 이를 집계·분석하여 감독관청에 보고하고 보험료를 조정하였다.

손해보험의 요율검증을 위해서는 실적손해율, 안전율(safety loading), 실적사업비율, 예정손해율, 예정사업비율의 산정이 필요하다.

실적손해율의 산출공식은 다음 3가지인데, 우리나라는 기발생손해율 방식을 사용하고 있다.

$$\text{회계연도 손해율(Account Year Base)} = \frac{\text{당해 회계연도 중의 지급보험금}}{\text{당해 회계연도 중의 수입보험료}}$$

$$\text{증권연도 손해율(Policy Year Base)} = \frac{\text{당년도 계약의 발생보험금}}{\text{당년도 계약의 수입보험료}}$$

$$\text{기발생손해율(Earned To Incurred Base)} = \frac{\text{당년도 책임기간 중의 발생보험금}}{\text{당년도 책임기간 중의 경과보험료(1/24 방법 사용)}}$$

① 실적손해율은 과거 실적의 집계일 뿐이므로 장차 요율수준의 예측이 남아 있다. 규정에 의하면 장래 예측을 위하여 실적손해율의 수정이 필요하며 그 방법은 과거의 요율조정 및 보험금지급조건 변경시의 수정과 최근년도를 기준으로 가중치를 부여하도록 되어 있다.

보험금지급조건의 변경은, 예로서 벼락담보 추가, 실손 보상조건의 신설 등으로 지급조건이 증가한 경우이다. 최근년도 가중치 부여에 의한 수정은 5년간의 실적을 기준으로 한다.

② 안전율은 손해율이 불안정하거나 비상위험의 발생 가능성이 큰 보험종목 또는 담보위험의 경우에는 적정한 수준의 안전율을 감안하여 실적손해율을 조정하는 것이다.

③ 실적사업비율은 원수보험료의 과거 1년간의 실적을 기준으로 하되 사업비지출의 일시적인 증감으로 과거 1년간의 실적을 반영하기 곤란한 경우에는

그 이전의 사업비를 고려하여 사업비율을 조정할 수 있다. 실적사업비의 배분과 계산은 요율 자체뿐만 아니라 검증 및 조정에 있어서 매우 중요한 사항인데 배분방법은 손해보험회사의 재무제표규칙에 의한 손익계산서상의 비목을 원수보험료 기준으로 분류한다.

과거 보험요율 검증관련 규정에 의하면 요율의 조정요인은 원칙적으로 보험종목별 합산비율(손해율+사업비율)의 실적치와 예정치를 비교하는 다음 공식을 적용한다.

$$\text{조정률} = 1 - \frac{\text{실적손해율} + (\text{안전율}) + \text{실적사업비율}}{\text{예정손해율} + \text{예정사업비율}}$$

손해보험의 요율검증 조정공식은 미국과 일본을 중심으로 여러 학자들에 의하여 수많은 방법이 추천되고 있으며 각 방법의 장단점이 다르고 보험종목에 따라서는(임의보험, 의무보험 등) 동일한 공식이 무차별적으로 적용되기 어려운 점도 있다.

5. 保險價格의 자유화

(1) 추진배경과 일정

우리나라 보험시장의 요율자유경쟁, 즉 가격자유화는 1993년 12월 기본방침이 확정되고 1994년 4월 1일부터 단계적으로 실시하였으나 UR협상 타결, WTO 체제의 출범, OECD가입을 추진함에 따라 1994년 7월 23일 자유화 일정이 일부 단축되고 이에 따라 보험시장의 개방화도 가속화되었다. 보험가격의 자유화는 외형적으로는 IMF, OECD 등 국제기구의 요구를 수용하는 형태를 취했으나 실질적으로 경쟁원리의 조기정착을 통한 가격과 서비스의 차별화를 통하여 보험산업의 경쟁력을 제고하고 소비자의 권익을 증진하는 데 그 목적이 있었다.

다른 한편으로 우리나라의 보험가격 자유화는 지난 수십 년, 특히 손해보험시장에서는 가격협정이 오랫동안 지속되는 가운데 불공정한 거래가 성행하여 공정거래법의 적용이 불가피하여 경쟁요율을 도입하지 않을 수 없었고 보험 선진국에서도 가격자유화가 우리보다 앞서 급격하게 추진되고 있었기 때문이다. 이러한 가격자유화의 추진은 특히 우리나라에서는 부당경쟁 등 각종 부작용을 극복해야 할 과제를 안고 있다. 그 뿐만 아니라 재무구조 부실화 방지 및 가입자 권익보호를 위해서 건전성 규제장치가 합리적으로 가동되어야 하는 감독정책상의 문제도 동시에 제기되고 있다.

보험가격자유화가 추진된 1994년 이전까지 우리나라 손해보험요율제도는 사전에 정부가 인가한 인가요율 및 협정요율체계가 오랫동안 유지되어 왔다. 1994년 4월부터 범위요율, 자유요율 형태의 단계별 가격자유화가 추진되었다. 이에 따라 1994년 4월부터 선박보험, 운송보험, 영업배상책임보험이 자유화되고, 1995년 4월부터 수출입적하보험, 화재보험 등 일반 손해보험은 2년간 범위요율을 적용한 후 자유요율로 이행되었다. 자동차보험은 높은 손해율로 인한 경영여건의 악화와 일반 국민에게 미치는 영향을 고려하여 보험료에 미치는 영향이 적은 것부터 단계적으로 자유화하였다. 즉 1994년 4월 할인·할증요율, 1995년 8월 가입자 특성요율, 1996년 8월 기본보험료, 1998년 4월 범위요율 확대 등 단계적 자유화가 추진되었다.

1998년에는 OECD가 카르텔 금지권고안을 채택함에 따라 이에 기초하여 우리나라 공정거래위원회가 카르텔일괄정리법(독점규제및공정거래에관한법률의적용이제외되는부당한공동행위의정비에관한법률)이 제정·공포(1999. 2. 5)되면서 2000년부터 보험회사의 요율산정방식이 변경되었다. 공정거래위원회가 보험요율제도에 대하여 시정을 요구하는 것은 부가보험료 부분이었다. 부가보험료를 업계가 공동으로 산출함에 따라 회사별로 차이가 발생하는 경영효율이 보험료에 반영되지 않아 보험소비자의 부담이 가중되어 왔던 것이다. 2000년부터는 보험회사가 보험개발원에서 산정한 순보험료에 자사의 경영효율이 반영된 부가보험료를 합산해서 보험료를 산출하도록 방식을 변경하였다. 자유화의 추진은 이 수준에 그치지 않고 2002년 4월부터 순보험료 자유화를 통한 완전가격자유화를 실시하기로 하였다.

2000년 4월 이후 손해보험 가격자유화는 장기손해보험과 자동차보험을 포함한 일반 손해보험 부문이었다. 장기보험은 일정한 범위 안에서 운용되던 예정사업비율과 예정이자율을 생명보험과 같이 2000년 4월부터 전면 자유화되고 일반손해보험과 손익을 구분할 수 있는 분리계정제도를 도입하여 계약자에게 배당제도를 실시하기로 하였다. 자동차보험에 있어서는 순보험료 자유화가 1999년 3월 발표된 일정과 달리 경쟁제한요소를 근본적으로 없애고 실질적인 가격자유화를 촉진하기 위해 우선 충격이 적은 승합차에 대해 2001년 1월 시범적으로 자유화를 실시하였다. 이어서 4 월 영업용 자동차보험, 8 월 개인용 · 업무용 자동차보험에 대해서 순보험료를 자유화시켜 모든 차종에 대해서 자동차보험료를 전면 자유화하였다.

(2) 선진국의 가격자유화 동향

미국의 손해보험요율은 1960년대 후반부터 1970년대에 걸쳐 경쟁요율체제로 이행되었는데, 1980년대 중반 이후 배상책임보험의 재정위기로 요율이 경쟁적으로 인상되어 보험구매가 불가능해짐에 따라 일부 주에서는 자동차보험을 중심으로 요율규제를 강화하기도 하였다. 1969년부터 1990년까지 도산된 302개의 손해보험회사 가운데 부적정한 요율산출에 의한 것이 86개 회사(28%)이었다. 요율규제는 연방정부가 제정한 Model법과 주정부의 요율규제법이 있다. Model법은 주정부 요율규제법의 통일성을 기하기 위하여 여러 주에 걸쳐 보험회사 영업활동의 불일치와 마찰을 최소화하기 위해 제정된 것이며, 주법의 요율규제는 주마다 상이하여 7 가지로 분류되어 다양하게 운영되고 있다.

일본의 손해보험 요율자유화는 1994년 미국과 보험협의에 기초하여 시작되었고 1996년 11월에 발표된 3 대원칙(Free, Fair, Global)에 기초한 금융자유화의 빅뱅과 보조를 맞추어 추진되고 있다. 또한 1996년 보험업법 개정(신보험업법) 및 손해보험요율산출단체에관한법률의 개정에 의거하여 범위요율의 신고 불필요, 화재보험(공장물건)의 권고요율 도입 등이 있었다. 1998년 손해보험요율산출단체에관한법률의 재개정을 통해 산정회 요율의 사용의무 폐지(예외: 자배책보험과 지진보험), 2000년 7 월부터 경과기간(2 년)의 만료로 가격자유화가 본격적으로 실시되고 있다.

유럽에서 규제가 상대적으로 심했던 독일 손해보험시장의 가격자유화는 EU 시장 프로그램에 의해 EU손해보험지침의 국내법화 과정에서 본격화되었다. EU의 손해보험지침에 의한 독일 보험감독법의 개정내용은 다음과 같다.

- 제 1 차 지침(1973. 7. 24): 영업거점 설치의 자유화(1975. 12, 보험감독법 개정)
- 제 2 차 지침(1988. 6. 22): 기업성보험의 자유화(1990. 6, 보험감독법에서 폐지)
- 제 3 차 지침(1992. 6. 30): 가계성보험의 자유화(1994. 7, 요율규제 폐지)

독일은 제 3 차 지침이 있기까지 1994년 이전에는 자동차보험의 요율구조 및 각종 요율적용 요소에 대하여 모든 보험회사가 요율에 관한 규정을 통일적으로 준수하도록 하였다. 자동차배상책임보험료의 경우도 순보험료는 요율산출기관이 제시한 것을 의무적으로 사용하고 부가보험료는 보험회사가 자체적으로 산출하여 최종적인 영업보험료를 적용하도록 하였다. 제 3 차 지침 이후 보험감독법을 개정하여 자배책보험 등 보험종목의 요율, 약관의 인가제도와 제출제도는 폐지되고 요율산출기관이 작성한 순보험요율의 준수의무도 폐지되고 권고요율로서만 사용되었다. 독일의 손해보험시장은 가격자유화와 시장진입 제한의 폐지 이후 요율경쟁이 심화되어 요율인하 현상을 보였다. 요율경쟁은 수익성 저하를 가져왔고, 판매채널의 다양화와 저비용 보험회사가 등장하였다. 또한 인터넷을 통한 자동차보험의 할인(15%)판매도 나타났다.

(3) 생명보험의 가격자유화

우리나라 생명보험의 가격자유화는 다른 금융권의 금리자유화 일정, 외국보험회사와 경쟁 등을 고려하여 1994년부터 보험료산출기초와 배당자유화로 구분하여 단계적으로 추진되었다. 그 일정은 다음과 같다.

	계약자 배당	보 험 료
· 제 1 단계(1994. 4):	-	예정유지비
· 제 2 단계(1995. 4):	死差배당	-
· 제 3 단계(1997. 4):	利差배당	예정위험률
· 제 4 단계(1998년 이후):	費差배당	예정사업비율, 예정이율

생명보험시장에 있어서 가격경쟁의 수단은 예정이율과 계약자배당이 큰 역할을 하게 된다.[39] 예정이율은 보험료 수준에 직접적인 영향을 미치게 되고 IMF 체제 이후 이 부분이 잘못되어 최근 업계에서 역마진 현상이 나타난 것이다. 생명보험은 보장기능보다 우리나라에서는 저축기능을 강조하여 왔기 때문에 자산운용이나 금융중개기능에서 다른 금융권과 경쟁을 피할 수 없다. 따라서 금융자유화와 자본자유화는 생명보험에서 가격자유화를 수용하지 않을 수 없다. 생명보험회사의 자산은 대출금으로서 운용비율이 높아 최근 여신금리자유화에 따라 금융기관이 경쟁적으로 저금리 대출을 활용하고 있어 보험회사 대출과 경쟁을 하게 된다.

생명보험계약은 수지상등의 원칙에 의하여 수입될 보험료의 현재가치와 지

39) 정봉은 외, 「생명보험 가격자유화 방안」, 보험개발원, 1997. 3, pp. 29~53.

급될 보험금의 현재가치를 동일하게 하는 구조를 가지고 있다. 이 경우 보험료와 보험금을 현재가치화하기 위하여 적용하는 이자율을 예정이자율이라 한다. 예정이율은 보험료산출의 기초가 되며 보험회사는 예정이율 이상의 자산운용 수익률을 올려야만 계약자에게 보험금을 지급할 수 있는 자금을 마련할 수 있다. 그러므로 예정이율은 실제 예상수익률보다 낮게 책정하여 안정성을 도모하는 것이 보통이며 예정이율을 초과한 실제 수익률은 배당을 통하여 계약자에게 환원한다.

예정이율에 대한 규제는 우리나라에서 1958년 11월부터 실시되었으며, 시중의 은행 정기예금 금리를 고려하여 낮게 책정하여 왔다. 따라서 그 동안 정기예금 금리가 자주 변경됨에 따라 생명보험상품의 평균수명이 짧고, 판매중지되는 사례가 1980년대 중반까지 빈번했던 사실은 앞에서 언급한 바 있다. 1984년부터 배당제도가 도입되어 예정이율을 금리변동에 따라 자주 변경하는 폐단은 다소 개선되었다.

계약자배당제도는 후술할 제10장 保險財務에서 구체적으로 설명할 것이지만 이 항목에서 생명보험 가격경쟁 수단으로서 배당자유화는 그 자체가 가격자유화라고 볼 수 있기 때문에 간단히 언급하기로 한다. 보험회사는 과거의 경험통계를 바탕으로 하고 안전율을 고려하여 안전성을 확보할 수 있는 보험료를 계약자로부터 징수한다. 그러므로 급격한 환경변화가 일어나지 않으면 예상보다 나은 실적이 나타나고 실적과 예상간의 차이를 계약자에게 다시 환원하는 것이 계약자배당이다. 계약자배당 재원으로는 보험료의 사후정산으로서 계약자에게 환불하여 주는 부분과 보험회사의 경영노력에 의하여 얻어진 이익이 있지만 가격경쟁과 관련시켜 논할 때에는 전자에 국한시키는 것이 타당하다.

가격자유화의 일환으로 계약자배당의 자유화는 경영의 효율성을 제고시켜 계약자에게 최대한의 잉여금을 지급하는 긍정적인 효과를 가져오지만 반면에 다음과 같은 부작용을 초래할 수도 있다.[40]

① 사전적 가격책정에서 배당액을 감안하여 가격을 산출함으로써 가격정보에 둔감한 계약자들을 현혹시킬 수 있다. 그러므로 보험정보 공시제도를 활성화시켜 보험료산출에 민감한 영향을 주는 예정이율의 공시를 확실하게 해야 한다.

② 무리한 배당예시를 하거나 방만한 경영으로 배당약속을 이행하지 못할 때 민원이 제기되고, 생명보험의 부정적 이미지가 문제된다.

40) 정봉은 외, 上揭書, pp. 71～72.

③ 배당자유화가 도입되면 배당능력이 부족한 영세회사가 도태될 수 있다.

④ 보험계약의 부실화 가능성이 크다. 설계사가 새로운 상품의 배당예시와 보험가격을 설명하고 기존계약을 해지시키고 새 계약으로 변경하는 등 승환계약이 발생되는 문제가 나타난다.

⑤ 무배당보험의 판매위축이 나타난다. 가격경쟁이 치열해지면 재무구조가 건실한 회사의 배당확대 정책으로 계약자가 배당보험을 선호하게 되므로 무배당 보험의 경쟁력은 낮아질 것이다.

(4) 손해보험의 가격자유화

과거 및 최근의 경험에서 볼 때, 우리나라 보험시장에서의 가격자유화는 생명보험보다 손해보험의 경우가 복잡하고 모집질서의 문란 등 다양한 문제점이 제기된다. 손해보험 가격자유화는 특히 시장에서 비중이 큰 자동차보험시장에서 대표적으로 문제점이 발생하고 있다. 이론적으로 보험가격자유화는 보험소비자, 보험회사, 모집조직(설계사, 대리점 등)에 긍정적인 영향과 부정적인 영향을 미치고 있다.[41)]

긍정적인 영향으로 보험소비자에게는 ① 가격인하로 경제적인 이익이 되고, ② 상품의 다양화로 선택의 폭이 증대되며, ③ 구미에 맞는 상품을 적극적으로 탐색할 수 있다. 보험회사로서는 ① 다양한 보장의 상품개발에 대한 욕구가 생기고, ② 시장경쟁의 원리로 전략변화가 나타난다. 모집조직에는 수당 또는 수수료수입의 증대가 예상된다. 반면에 부정적인 영향으로 보험소비자에게는, ① 모집조직간의 경쟁으로 보험회사 선정에 혼란이 야기되고, ② 가입자 및 피해자 보호에 문제점이 발생한다. 보험회사는 ① 지나친 가격경쟁으로 보험료수입의 감소 및 수익성 저하를 가져오고, ② 모집조직간 불공정경쟁으로 보험산업 이미지가 악화된다. 모집조직에는 고객유치를 위해서 보험료 할인, 대납, 리베이트 금품의 제공이 문제된다.

이상과 같은 사실은 손해보험시장에서 가격자유화가 실시된지 짧은 기간이지만 그대로 나타나고 있는 현상이다. 선진국에서도 보험가격자유화의 추진과정에서 보험회사간의 요율경쟁으로 재무건전성이 극도로 저해되어 보험회사가 파산하는 사례도 흔히 볼 수 있었다. 우리나라에서 손해보험 가격자유화는 어떠한

41) 이순재, "가격자유화에 따른 불공정거래 근절방안," 한국보험학회 제39회 정책세미나 발표논문, 2001. 11. 16.

부작용이 있어도 거부할 수 없는 시대적 조류라고 볼 때 특히 보험회사로서는 다음과 같은 문제에 대하여 대책을 수립해야 한다.

① 언더라이팅 기능의 강화이다. 언더라이팅은 다른 경우에도 중요한 문제이지만 가격자유화 아래서는 보험회사가 계약인수시 위험을 평가하여 인수여부를 결정하고 그 위험에 상응하는 요율과 조건을 부과해야 하는데, 언더라이팅을 경시하고 불합리한 가격과 조건으로 위험을 인수하면 큰 영업손실을 입게 된다.

② 보험회사별 가격산출 능력이 있어야 한다. 오랫동안 우리나라 보험회사는 인가요율, 협정요율 속에서 영업하여 왔고 가격자유화에도 불구하고 경쟁회사의 제시요율보다 무조건 낮게 하여 계약을 끌어가려는 타성은 버려야 한다. 가격산출을 위해서는 통계자료 구축과 통계시스템의 정비가 필수적이고 보험회사가 자기책임 아래 합리적인 요율을 산출할 수 있어야 한다.

③ 사업비의 감축노력이 절대적으로 요망된다. 가격할인 등 가격경쟁으로 인한 손해율 상승에 첨가되어 과도한 사업비까지 지출될 경우 보험회사의 재무건전성은 크게 악화될 것이다.

④ 국내 손해보험시장은 대형회사와 중소형회사로 양립되어 있는데, 특히 중소형회사가 대형회사와 경쟁하기 위해서는 무조건 선도회사를 모방할 것이 아니라 특화전략이 필요하다.

마지막으로 가격자유화 시대에 있어서 보험감독기관의 역할이다. 최근 정부역할의 축소를 여러 분야에서 요구하고 규제완화가 적극적으로 추진되고 있다. 가격자유화에 대한 시장질서의 유지를 위해서 보험감독기관의 간섭이 필요한 경우에도 규제완화의 조류 속에서 소극적으로 대처해서는 안 된다. 다른 경우는 정보공시기능의 강화를 통하여 보험소비자가 합리적인 판단을 할 수 있도록 도움을 주는 정도에서 정부의 행정적인 개입을 자제할 필요가 있겠지만 보험시장의 판매질서 문란은 궁극적으로 회사의 파산을 가져 온다는 사실을 선진국의 경험에서 알 수 있기 때문에 감독당국의 대처가 필요하다.

제 5 절 販賣管理

1. 販賣組織

(1) 관리조직

보험기업의 경영에 있어서 판매활동의 중요성은 대량판매에 의한 대수법칙의 실현이 보험성립의 기본전제가 되고 있기 때문이다. 또한, 보험상품생산의 특성상 제조업과는 달리 수요가 있는 한 대량생산은 언제나 준비되어 있기 때문에 동질상품의 공급은 언제 어디서나 가능하다. 보험상품의 판매활동을 수행하기 위해서는 우선 판매조직이 정비·강화되어야 한다. 판매조직은 이를 管理組織과 外野組織으로 구분할 수 있다.

관리조직은 판매활동 전반에 관련된 업무와 기능을 수행하는 본사의 관련조직과 지사조직이다. 본사의 관련조직은 각국의 경우가 상이하고 生保社와 損保社 또는 個別保險會社에 따라 다르기 때문에 일률적으로 말할 수는 없다. 우리나라의 경우도 회사에 따라 차이가 있다. 일반적으로 損保社는 영업담당상무 밑에 5~6개 정도의 많은 영업부를 두고 있다. 이들은 회사 직급조직이며, 후술할 대리점과 경우에 따라서는 모집경쟁을 하는 수도 있다. 손보사에서는 대리점부가 있어 소속대리점의 활동을 지원하고 있으며 그 이외에 기획실(부)에서 상품개발, 홍보를 맡고 있는 것이 현재의 일반적인 실정이다. 반면에 生命保險의 본사에서의 판매관리조직은 기업보험부, 단체보험부, 개인보험부 등의 판매관리를 담당하는 라인부서가 있고 이를 지원하는 스탭부서로서 교육·홍보 상품개발(계리인실)을 담당하는 조직이 있다.

생명보험과 손해보험을 공통적으로 이야기하여 일반적으로 본사의 販賣管理組織의 機能은 다음과 같다.

① 판매계획 입안

② 기구·제도 입안

③ 지점(지사)의 소관구역 결정

④ 보험상품의 개발·연구

⑤ 홍보·영업안내 제작

⑥ 판매촉진책 마련

⑦ 실적통계 작성 · 검토

⑧ 외무원의 채용 · 교육 · 인사 · 등록

⑨ 대리점의 지원

지사(지점)조직은 본사의 통할하에 소관구역 내의 보험계약의 판매 · 유지를 담당하는 조직이다. 우리나라에서는 손보사는 지방지점과 대도시에 가계보험 판매조직이 별도로 있으며, 생명보험의 일부 회사는 전국을 몇 개 지역으로 구분하여 본사의 권한위양 방식에 의한 지역본부 제도를 설치 · 운영하는 경우도 있다.

보험회사의 조직 특성상 가장 비중을 두고 있는 것이 판매조직이다. 1980년대는 그룹 계열사의 영향으로 사업부제 조직을 도입한 경우도 있었고, 지방 영업조직으로 總局이라는 조직명칭을 사용하고 있다. 1990년대부터는 팀(team)조직의 도입이 일반화되면서 본사는 대부분 이 조직에 의하고 있다. 예로서 법인지원팀, 법인영업팀, 영업기획팀, 영업추진팀 등이 생명보험회사의 판매와 관련되는 본사조직이다. 손해보험회사도 개인영업과 법인영업을 구분하여 지역본부를 두고 있으며, 특히 자동차보험의 중요성 때문에 별도의 업무본부를 두고 있는 회사도 있다. 2001년 6월 현재 생명보험회사의 지방점포 현황은 총국 35개, 영업국 623개, 영업소 5,732개이며, 손해보험회사의 영업점포는 3,140개(2000년 말 현재)에 이르고 있다.

(2) 外野組織

보험회사의 모집조직은 우리나라에서 여러 가지 특수한 사정이 반영되고 있다. 예로서 본사가 직접 영업에 관여하는 직할부서 내지 직급조직이 있고 생명보험 대리점과 손해보험의 보험중개인제도는 비교적 근래에 도입된 제도이다. 모집조직의 규모, 명칭 등은 회사에 따라 다소 차이가 있다. 생명보험회사는 지역본부 아래 수많은 지점조직을 두고 있다. 손해보험회사는 본사에서 기업(법인)영업을 주관하는 부서를 여러 개 두고 있는 것이 특징이며, 지역본부 아래는 지점과 그 산하에 수많은 영업소조직을 가지고 있다.

保險會社의 外野組織은 직접 보험상품의 판매기능을 수행하는 일선조직으로서 직접 보험계약자와 상대하면서 판매활동을 전개하고 있다. 우리나라에서는 손보사의 경우 대리점과 모집인이 병행되고 있지만 생보사에서는 아직 대리점제도의 기능이 약하다. 미국이나 영국 등 선진 보험국에서는 대리점과 모집인 이외에 브로커제도가 있으며 외야조직의 체계도 우리나라와는 큰 차이가 있다.

生命保險의 外野販賣組織으로 미국에서는 총대리점제도, 지사제도, 브로커제도가 있다. 총대리점은 보험회사로부터 위임을 받아 일정지역에서 소속보험회사를 위하여 신계약의 모집, 기계약의 집금·보전 등의 업무를 수행한다. 총대리점은 보험회사의 피용자가 아닌 독립된 기업으로서 모집에 종사하는 외무원도 자기책임하에서 채용·훈련·감독한다. 보험브로커는 어떠한 특정 회사에 고용되어 있지 않고 피보험자와 보험자 사이의 중개자로서 보험을 권유한다.

영국 生保社의 販賣組織은 본사, 지사, 영업소 등의 회사의 내부판매망과 대리점, 브로커 등의 외야판매망으로 구성되어 있다. 지사와 영업소는 각각 대도시와 중소도시에 설치되며, 본사로부터 대폭적으로 권한이 위양된 판매관리기관으로서 그 밑에 대리점, 브로커 등의 조직을 두고 있다. 일본 生保社의 外野組織은 본사(지부), 영업소, 출장소가 중심이 되고 있으며 직접 판매활동은 그 소속대리점과 모집인이 수행한다. 대리점에는 체결대리점과 매개대리점이 있는데 생명보험의 대리점은 모두 매개대리점으로서 보험계약체결의 대리권을 갖지 않고 계약을 매개하는 데 불과하다. 대리점의 업무형태에는 집금대리점, 소개대리점, 모집대리점의 3종이 있다.

일본에서 生命保險의 販賣方式은 대리점이나 모집인제도 이외에, ① 소비자신용공여기관과의 제휴에 의한 판매, ② 크레디트 카드발행회사와의 제휴에 의한 판매, ③ 통신판매(우편이용), ④ 점두판매(백화점·상점 등 이용), ⑤ 손해보험회사 등 다른 금융기관과의 제휴에 의한 판매 등 그 방법이 다양하게 전개되고 있다.

2. 販賣機能 擔當者

(1) 대 리 점

1) 代理店의 機能

대리점의 기능은 대리점 그 자신의 자질, 활동영역, 법규, 보험회사와 계약관계에 따라 다르다. 일반적으로 한 국가에 있어서 보험대리점의 수준·자질·활동은 그 국가의 보험회사의 그것과 매우 비슷한 처지에 있다고 할 수 있다. 代理店의 機能은 미국과 같은 선진국의 경우 다음과 같은 두 가지 중요한 기능을 수행하고 있다.

첫째, 顧客에 대한 서비스 機能이다. 보험의 목적은 위험을 피보험자로부터 보험자에게 이전시킴으로써 손해(loss)에 관한 불안과 부담을 경감시키는 것이다. 그러나 대부분의 사람들은 당면하고 있는 위험의 성질이나 중대성에 대하여 잘 모르고 있고 또한 위험으로부터 생기는 경제적 손실을 보호받을 수 있는 보험제도에 대해서도 역시 잘 알지 못하고 있다. 이러한 상황하에서 보험대리점이 고객을 위하여 수행하는 기능에는 다음 세 가지가 있다.

① 危險의 分析이다. 대리점은 고객이 직면하고 있는 위험을 분석하여 그가 어떻게 대처해야 할 것인가를 결정하는 데 도움을 주어야 한다. 경우에 따라서는 안전 및 방재계획을 작성·실행함으로써 위험을 경감 또는 제거하게 하고 다른 한편으로는 위험을 스스로 부담(자가보험)할 것인가 또는 보험회사를 이용할 것인가를 선택하는 데 도움을 주어야 한다.

② 대리점이 고객에 대하여 서비스를 제공하는 제 2 의 방법은 안전계획, 손해방지계획, 손해사정의 절차, 보험담보의 변경, 보험계획 등 여러 가지 면에서 원조를 제공하여야 한다. 물론 대리점은 안전관리 기술자나 재해방지 기술자가 아니기 때문에 이러한 원조를 직접 수행할 수 없으나 소속보험회사의 기술부문으로부터 고객을 위한 귀중한 기술원조를 얻어낼 수 있다.

손해가 발생하였을 때 대리점이 제공하는 원조는 항상 고객에게 감사하는 마음을 갖게 하고 계속하여 고객이 되게 하는 계기가 된다. 이때의 서비스 내용은 손해발생의 통지를 받아 피보험자를 도와서 필요한 보고서류를 작성하고 손해사정에 대한 피보험자의 정당한 불만이 있을 때에는 보험회사에 대하여 피보험자를 대리한다.

③ 대리점은 고객과 보험회사의 중간에서 양자의 관계를 좋게 하는 데 큰 영향을 미친다. 따라서 대리점은 고객이 보험에 가입하는 직접적인 동기를 부여한다.

둘째, 保險者에 대한 서비스機能이다. 대리점이 고객에게 적절한 서비스를 제공하기 위해서는 자신이 소속하고 있는 보험회사에 대해서도 보험계약의 개척, 가벼운 언더라이팅 업무 등 필요한 서비스를 제공해야 한다. 보험계약의 개척기능은 바로 영업활동이다. 다수의 보험가입자의 획득을 요건으로 하는 보험사업은 시장조직을 가지고 판매를 전문으로 하는 대리점의 능력에 의존하지 않을 수 없다. 보험상품을 생산하여 공급하는 보험회사가 재정적 안정을 도모하기 위해서는 대리점이 가져오는 보험계약에서 적정한 이익이 있어야 하는데 이것은 바로 대리점의 언더라이팅 기능이다. 대리점은 평균적으로 보험회사의 언더라이팅상의 이익에 공헌하기 위하여 양질의 위험을 선별하여 보험회사를 원조하여야 하고 동시에 불량위험을 제거하는 노력을 하여야 한다. 대리점은 이와 같은 위험의 선택뿐만 아니라 보험회사의 언더라이팅을 위하여 최신의 정확한 정보를 제공하고, 이 정보에 따라 보험회사는 위험을 선택·구분하여 요율을 결정한다.

한편, 대리점의 損害査定機能은 선진국의 경우 대리점이 보험회사를 대신하여 소손해의 사정을 행하는 것을 의미한다. 대리점에 의한 소손해의 사정·지급은 보험회사를 위한 경비절약의 목적뿐만 아니라 보험가입자에게 신속한 보험금의 지급을 통한 서비스의 제공이다. 이러한 대리점의 손해사정·지급권한을 미국에서는 'draft authority'라고 한다.

보험회사를 위한 대리점의 業務管理機能은 대리점의 주업무는 물론 아니다. 그러나 경우에 따라서는 대리점이 소액계약에 대해서 보험증권의 발행업무까지 위임을 받아 대행하는 수도 있다. 이와 관련하여 가입자를 위하여 계약신청서의 작성·제출하는 데 도움을 주고 있다. 이와 같은 보험회사에 대한 서비스에 의하여 받을 수 있는 대리점의 이익은 보험회사와 유리한 교섭력을 갖게 하고 대리점계약의 체결에도 유리한 지위를 확보할 수 있다.

대리점의 고객 및 보험회사에 대한 이상과 같은 서비스기능은 결국 대리점 자신을 위해 이익이 된다.

2) 韓國의 代理店制度

1960년대 이전까지 우리나라 손해보험시장의 구조는 화재보험을 중심으로 형성되었고 이른바 금융기관대리점이 은행의 자기담보물건을 의무적으로 화재보험에 가입시키는 과정에 은행이 스스로 대리점역할을 겸영하고 있다.

이 경우 제도적으로 보험가입이 강요되고 있기 때문에 실질적으로 대리점의 존재가 필요하지 않았지만 은행의 화재보험회사에 대한 일종의 횡포이었다.

1958년 주식회사 興產社라고 하는 강제 총대리점의 출현사건을[42] 계기로 금융기관은 行友會의 이름으로 보험회사와 대리점계약을 다시 체결하였으며, 1950년대부터 거액의 미수보험료를 누적시킨 부조리의 온상이었다.

1964년 4 월 金融풀이 실시되기까지 화재보험의 대리점제도는 은행대리점이 중심이 되었고 대리점이란 대부분의 경우 보험회사의 경비지출 창구로 이용하는

---

42) 拙稿, "株式會社興產社의 出現과 그 教訓," 「保險調查月報」(第12號, 1979년 2월), pp. 12~20 참조.

유명무실한 경유대리점이었기 때문에 대리점제도의 인정 그 자체가 오히려 보험회사경영의 불합리성을 합법화시켜 주는 결과가 되었다. 1962년 保險募集團束法의 제정 이후 동법에서 대리점을 등록제도로 규정하였고, 1964년 3월 금융풀의 시행을 앞두고 재무부의 지시(화재보험대리점 운영요강)에 의하여 처음으로 자격제도가 설정되었다. 이 자격요건은 1966년 이후 현재까지 수차의 개정이 있었다.

代理店의 種類는 1964년 처음으로 一般代理店과 專業代理店으로 구분하였으나 1970년부터 일반대리점과 총대리점으로 이원화하였다. 1978년 한국보험공사가 설립되고 대리점감독업무를 주관함에 따리 동년 4월 1일 종래의 손해보험대리점관리규정을 개정하고 대리점을 일반대리점, 특별대리점, 총대리점의 3종으로 구분하고 각자에 대하여 그 자격요건을 강화하였다. 이와 같이 대리점시책은 1960년대 후반부터 수차의 개정·변경에도 불구하고 실효를 거두지 못하고 있다. 그 원인은 그 동안 손해보험시장이 풀제도, 전업회사, 본사직급 등에 의하여 지배되어 오는 가운데 보험회사 경영자들도 대리점제도의 필요성을 크게 느끼지 않고 있었고, 한편으로는 대리점 그 자체에 대해서 매력을 느끼는 사람이 적었기 때문이다. 대리점이 기업화되고 정착되기 위해서는 이제까지 시행해 오던 자격규제보다는 상기 저해요인의 해결이 선행되어야 한다.

현재 우리나라 보험대리점제도는 인보험 대리점과 손해보험 대리점으로 구분하고 손해보험 대리점은 그 영업범위 등에 따라 초급대리점, 일반대리점, 총괄대리점으로 구분한다. 인보험 대리점은 생명보험 전종목을 취급하고, 손해보험대리점의 종류 및 등급에 따른 영업범위는 다음과 같다.

① 초급대리점: 화재보험, 자동차보험, 보증보험, 운송보험, 상해보험, 배상책임보험, 도난보험, 종합보험, 장기손해보험, 기타 특종보험 중 가계성 보험

② 일반대리점: 적하보험, 선박보험, 항공보험 및 원자력보험을 제외한 손해보험 전종목

③ 총괄대리점: 손해보험 전종목

일반대리점의 승격기준은 지역(서울, 부산, 기타)에 따라 구분하고, 보험종목(손해보험, 보증보험)에 따라 구분되는데 월평균 수입보험료가 일정금액 이상이어야 하고 동시에 월평균 가계물건을 일정건수 이상 또는 일정금액 이상 달성해야 한다. 총괄대리점 승격기준은 일반대리점 기준보다 수입보험료와 가계물건 취급건수가 약 3배 정도 많아야 한다.

보험대리점은 법인대리점과 개인대리점으로 구분되기도 하며 일정한 등록요

건(대리점 운영경험, 교육이수, 계약실적)을 갖추고 있어야 한다. 등록된 대리점은 일정금액의 영업보증금을 대리점계약을 체결할 회사에 예탁하여야 한다. 대리점 계약기간은 1년 이상으로 하고, 인보험계약과 손해보험계약의 겸업이 가능하다. 우리나라 보험대리점은 특정 보험회사에 소속된 전속대리점과 여러 보험회사와 대리점계약을 체결할 수 있는 독립대리점의 2종류가 있는데, 독립대리점은 1996년에 도입되었지만 활성화되지 못하고 있다. 손해보험회사의 대리점은 2005년 9월 말 현재 45,892개이며 생명보험회사 대리점은 2005년 6월 말 현재 6,572개에 이르고 있다.

대리점의 보험료 거수실적은 보험종목과 연도에 따라 차이가 있지만 전체의 40% 이상을 차지하고 있다. 대리점에 의한 판매가 큰 보험종목은 화재보험, 자동차보험, 특종보험, 장기보험, 개인연금이다. 보험대리점의 숫자는 6만 개를 상회하지만 실적이 부진한 대리점의 등록 말소율이 약 30%에 가깝고, 대리점 운영경험 1년 미만이 34%에 이르고 있어서 대리점의 영세성과 비전문성이 언제나 문제되고 있다. 대리점의 등급별 숫자는 초급대리점이 76%이고 그 가운데 대부분이 개인대리점이다. 보험대리점의 발전방향은 대형화 및 전문화가 추진되어야 하고, 특히 보험회사의 대리점육성을 위한 지원이 강화되어야 한다. 동시에 보험대리점 스스로 교육 등을 통한 자질향상에 노력해야 한다. 이제 보험판매도 전자상거래가 활성화되고 있으므로 대리점의 기능과 역할이 더욱 제고되어야 한다.

1990년대부터 대리점제도는 많은 변화가 있었다. 손해보험대리점은 1992년 복수대리점과 대리점 연수생제도가 도입되었고, 1995년 허가제에서 등록제로 변경되었다. 또한 1996년 독립대리점제도의 시행, 2000년 9월 대리점의 계약체결 제한을 폐지하는 조치가 있었다. 생명보험대리점은 1983년 제도가 처음 도입되었고, 1997년 4월 독립대리점제도가 시행되었다.

(2) 모 집 인

보험모집인은 외무원이라고 하고, 우리나라 업계에서는 생활설계사라는 명칭을 사용하고 있다. 보험의 모집을 할 수 있는 자는 보험회사의 임직원(대표이사, 감사 제외), 보험모집인, 보험대리점, 보험중개인 등인데 이 가운데 특히 생명보험에서 가장 큰 비중을 차지하고 있는 것이 보험모집인이다. 모집인은 생명보험의 경우 2005년 6월 말 현재 134,172명으로 여자 113,058명 남자 21,114명이다. 외환위기 이전에는 약 30만 명에 육박하였으나 최근 수년 동안 부실모집인의 정리 등으로 크게 감소하였다. 손해보험의 모집은 대리점에 크게 의존하고 있지만 모집인도 2005년 9월 말 현재 73,538명에 이르고 있으며 이들이 거두어 들이고 있는 수입보험료 비중도 40%를 상회하고 있다. 이것은 기업보험보다 장기보험, 자동차보험에서 모집인의 활약이 크기 때문이다.

모집인제도에 관련된 규정, 기타 조치는 생명보험 모집인에 관한 것이 중심이 되어 왔고 이것이 손해보험 모집인에게도 적용되고 있다. 모집인등록, 시험, 자격제도는 1970년대에 크게 강화되었으나 실제 효과는 거두지 못했다. 1990년대부터 보험회사점포및모집관리규정에 의하여 등록제도, 수당, 모집질서, 모집인 스카우트 등 여러 조치들이 수차례 개정되어 왔고, 2000년 12월 공정거래위원회의 요구로 보험모집인 스카우트협정이 폐지되었다.

모집인은 일정한 자격을 가지고 등록해야 하는데 그 업무는 금융감독원장이 각 보험협회에 위임하고 있다. 모집인제도의 문제점은 부실모집, 처우개선, 모집경험 부족, 높은 탈락률 등으로 이러한 현상은 1960년대 이후 계속되어 왔으며 시정이 되지 않고 있다. 이와 관련하여 특히 쟁점이 되고 있는 사실은 모집인 집단의 근로자 인정여부 및 모집인의 3無權에 관한 것이다.

1) 모집인의 근로자 인정 문제

보험모집인을 근로자로 인정하고 이들의 노동조합 조직을 허용할 것인가의 문제는 민주당 정부 출범 이후 논란이 일어나고 있다. 정부는 다수의 비정규직 근로자 중 보험모집인 등 특수고용관계 종사자를 근로자에 준하는 자로 인정하여 보수, 부당해고 제한, 4대 사회보험 가입 등 근로조건 보호정책을 추진하고 있는 가운데 노동계는 이들에게 근로기준법의 전면적용과 노동조합의 가입을 주장하고 있다. 여기에 대해서 보험업계(특히 생명보험)는 회사의 비용부담 증가 및 모집조직의 정상적 운용의 저해를 초래하여 구조조정으로 어려움을 겪고 있는 보험산업에 타격을 주고, 보험회사의 모집인 채용기피로 30만 명에 달하는 여성인력의 고용불안을 야기하여 금융경제 및 사회적 부작용을 초래할 것을 우려하고 있다. 따라서 업계는 이에 대한 정책결정은 구조조정이 완결되고 경제상황이 회복된 이후로 연기할 것을 주장하고 있다.

보험업계는 모집인제도가 지난 수십 년간 관계법령, 대법원 판례, 세법, 기타 관행상 근로자가 아닌 자영업자로 인정되어 왔기 때문에 근로자로서 인정하고 그 결과 노조결성이 부당하다는 것이다. 모집인을 세법에서 자영자로 인정하고 있는 것은 그 동안 일부 실적이 우수한 모집인으로 거액의 모집수당을 받는 경우 근로자로 인정하면 소득세 부과문제가 있기 때문에 우량 모집인 스스로 자영자로 대우할 것을 바라고 있었다.

보험모집인은 한 회사에 전속되어 활동하고 있고 우량 모집인은 정규시간에 출근하여 영업소장의 지휘 아래 근무하고 있으므로 자영업자로 보기 어렵다. 따라서 대학의 시간강사도 노동조합의 결성이 허용되고 있는 현실에서 모집인 노조를 거부할 명분은 약하다. 근로자로 인정하여 근로기준법 적용과 4대 사회보험 의무적용의 문제와 노조조직 허용문제는 구분하여 생각할 필요가 있다.

보험모집인의 노조가입과 연관하여 보험회사는 모집제도를 전반적으로 검토할 필요가 있다. 즉 모집제도의 중심을 생명보험과 손해보험 모두 대리점제도에 두고 특히 법인대리점, 보험회사 계열 법인대리점 및 독립대리점제도를 활성화하여 모집인은 이들 대리점에 소속하도록 함으로써 보험회사는 모집인과 직접 고용관계를 떠나는 것이다. 이들 모집인에게 노조를 허용하는 경우에도 회사별, 대리점별 노조결성보다 전체 모집인을 총괄하는 직업별 조합(craft union) 내지 직종별 조합이 성격상 바람직하다. 모집인의 근로자 인정 및 노조가입의 문제는 외형적으로 우리나라 노동운동의 동향, 추세 및 정치적 여건의 입장에서 인정하는 방향으로 나가야 한다고 생각되지만 다른 비정규직 근로자와 차이가 있음을 유념해야 한다. 일반적으로 비정규직 근로자는 건설업 등 생산직이 중심이 되고 있어서 특히 산재보험과 고용보험의 가입이 문제되어 왔지만 모집인은 가정주부 등 여성중심 직종으로 등록 후 실적부진 때문에 조기 탈락률이 높고 회사의 사정에 의하여 해고하는 사례가 드물기 때문이다.

2) 3 無 權

보험모집인의 3無權 문제는 이 책 제7장 제3절의 보험소비자보호에서 이미 언급하였다. 위의 항목에서 모집인의 근로자 인정여부와 노조결성 허용문제는 이들에 대한 소속회사의 배상책임과 지도감독 및 관리상의 문제로 연결된다.

보험업법상으로는 다수의 계약자보호의 관점에서 회사가 계약법상의 책임을 지고 개개의 보험모집인에게는 어떠한 특권을 부여하지 않고 다음 업무를 수행하게 하고 있다.

① 보험모집인에게는 계약체결권이 없다. 모집인은 가입청약자를 회사에 전달만 하는 것이다.

② 원칙적으로 초회보험료 이외의 보험료를 수령할 권한이 없다.

③ 모집인에게는 계약체결권이 없기 때문에 모집인에 대한 告知는 회사에

대한 고지가 아니다.

이상과 같은 3가지 점을 '募集人의 三無權'이라고 하는데 실제 모집인을 믿고 가입한 계약자와 회사간에 자주 분쟁이 일어나고 있다. 최근 우리나라에서도 생명보험분쟁은 주로 고지의무의 위반사건이 많다. 이 경우 계약체결권과 고지의무수령이 없는 모집인이 일선에서 계약자와 사실상 거래가 이루어지기 때문에 사고가 발생한 경우 회사측은 면책을 주장하는 경우가 있다.

保險業法 제158조 제1항은 보험사업자로 하여금 그 임원, 직원, 보험모집인 또는 보험대리점이 모집을 함에 있어서 보험계약자에게 가한 손해를 배상할 책임이 있다고 규정하고 있다. 그러나 그 단서에서 "다만, 보험모집인과 보험대리점에 있어서는 소속보험사업자가 당해 보험모집인 또는 보험대리점에 위탁을 함에 있어서 상당한 주의를 하였고 또한 이들이 행하는 모집에 있어서 보험계약자에게 가한 손해의 방지에 노력한 때에는 그러하지 아니하다."고 규정하고 있다. 따라서 단서의 내용은 이 조항의 근본취지인 사용자의 배상책임을 애매·모호하게 해석할 가능성이 있기 때문에 보험계약자의 보호가 문제될 수 있다.

우리나라 보험회사는 보험모집인의 채용, 교육·훈련, 급여, 관리면에서 큰 문제점을 안고 있다는 것은 주지의 사실이다. 보험제도 내지 경영의 합리화방안의 하나로서 이 문제가 시정되는 것이 보험산업의 건전한 발전은 물론 보험가입자보호와 보험기업의 책임을 수행하는 길이 될 것이다.

(3) 保險仲介士

보험중개사(insurance broker)제도는 국가에 따라 서로 달라 보험모집시장에서 담당하는 역할과 수행하는 업무의 범위에 차이가 있다. 일반적으로 보험중개인은 보험회사를 위하여 계약체결에 관계하는 대리점이나 모집인과 달리 독립적으로 보험계약의 체결을 중개하는 자이며, 중개사는 소정의 보수를 받고 고객의 위험을 분석하고 이를 바탕으로 보험회사가 취급하는 상품을 소비자에게 권유 또는 주선하고 보험회사를 상대로 고객의 입장에서 최적의 보험계약을 교섭하는 자를 말한다.[43] 대리점이나 모집인과 모집행위에 있어서 중개인의 권한 및 책임의 차이점은 다음 〈표 9-4〉와 같다.

보험중개사제도는 영국 등 선진국에서 발달된 보험판매조직의 하나의 형태로서 대부분의 국가에서 운영되고 있다. 한국은 1995년 1월 보험업법 개정시에

43) 보험개발원, "保險仲介人制度 導入方案," 공청회 자료, 1996.11, p.3.

〈표 9-4〉 보험모집조직의 권한 및 의무

구 분	직 급	대리점	모집인	중개인
요율협상권	○	×	×	○
보험료수령권	○	○	×	×
계약체결대리권	○	○	×	×
고지의무수령권	○	×	×	×
전속회사의 배상책임	○	○	○	×

주: ○-있음, ×-없음

보험중개사 관련규정을 보완하였으나 구체적인 내용은 마련되지 않았다. 정부는 기존의 대리점, 모집인조직 이외에 새로운 별도의 모집조직의 필요성은 크지 않은 것으로 보았고 국내 보험시장 여건상 보험중개인과 같은 새로운 제도는 1993년 이후 새로 도입된 복수대리점, 독립대리점이 어느 정도 정착된 단계에서 도입되어야 한다는 입장이었다. 그러나 보험상품개발과 가격자유화가 급격하게 추진되고 있는 그때의 상황에서 보험회사와 독립적인 지위에서 다양한 상품정보를 소비자에게 제공하고 가격협상을 대행하는 보험중개사제도 도입의 필요성이 크게 요구되고 있었다. 그 뿐만 아니라 UR협상 등 보험시장 개방과 관련하여 미국 등 선진국은 한국 보험시장에서도 보험중개사 도입에 대해서 압력과 관심을 보였고, 1995년 11월 OECD보험위원회에서 보험시장의 자유화계획을 발표하여 1997년 4월부터 중개사제도를 도입하기로 하였다. 이에 따라 1996년 11월 보험개발원, 한국보험학회에서 공청회 및 의견발표가 있었다.

보험중개사제도가 도입된 후 1998년과 1999년 중개사 등록기준, 영업보증금, 자격시험 등에 관한 일부가 개정되었다. 중개사는 인보험 중개사(재보험 중개 포함)과 손해보험 중개사(재보험 포함, 보증보험 제외)로 구분하고 영업보증금은 개인 1억원 이상, 법인 3억원 이상으로 하고 있다. 보험중개사는 1998년 4명이 시험에 합격하여 등록하였으며, 1999년 3월 그 숫자가 16명으로, 2000년 87명으로 늘어났다. 보험중개사제도의 도입은 국내 보험시장의 여건상 자발적인 도입이 아니고 보험시장 대외개방의 압력으로 일본과 더불어 한국에서도 도입되었다. 이 제도의 장점과 단점은 다음과 같다.

① 장 점

㉠ 고객중심의 마케팅 전략이 가능하다.

ⓛ 다양한 상품 및 가격정보의 제공이 가능하다.

ⓒ 위험관리 등 서비스 제공을 받을 수 있다.

② 단 점

㉠ 보험회사의 지원이 없다.

ⓛ 영업관리 업무에 시간과 경비가 과다하게 소요된다.

ⓒ 보험회사 전속조직(대리점 등)과 경쟁·갈등이 표출된다.

㉣ 시장 교란자로서 보험회사의 기피대상이 될 수 있다.

보험중개사제도는 우리나라에서 손해보험(1997)과 생명보험(1998)이 모두 채용하고 있고 IMF체제로 많은 사람들이 관심을 가지고 응시하여 2000년 이후 엄청난 숫자가 시험에 합격하였으나, 실제 활동은 부진하다. 중개사제도는 1999년 7월 허가제도에서 등록제도로 변경되고 응시자격제한도 폐지되었다.

3. 새로운 販賣技法

(1) 도입배경

금융산업환경의 급격한 변화에 의한 무한경쟁시대의 도래와 정보통신기술의 획기적 발전에 따른 정보화사회의 진전에 따라 보험업계에서도 생명보험과 자동차보험을 중심으로 새로운 판매채널의 도입이 이루어지고 있다. 은행, 증권, 보험 등 금융기관간의 업무영역 붕괴추세로 이들간에 영업경쟁이 가속되고 각자의 고유영역 붕괴와 진입장벽의 소멸에 따라 다른 금융권의 상호진출 및 업무제휴 등을 통한 참여가 확대하는 추세에 있나. 그 뿐만 아니라 선진국 대형 보험회사의 국내시장 공략이 본격화됨에 따라 이들과의 경쟁력 확보 및 기존시장 방어를 위한 대응방안을 모색하는 과정에서 기존의 고비용, 저효율의 판매채널(모집인, 대리점 등)을 대체, 보완하고 새로운 시장을 개척할 수 있는 판매채널의 다양화가 필요하게 되었다.

이상과 같은 사정은 정보통신기술의 획기적인 발전에 따른 정보화사회의 급진전으로 실행여건이 성숙되어 가고 있다. 인터넷 이용자 수의 급증 및 경제전반에 걸친 e-Business 확산에 따른 마케팅 패러다임이 전환되어야 할 필요성이 증대되어 가고 있다. 보험산업의 내부적 요인으로는 외환위기를 맞은 이후 국내시장의 영업 및 경영여건의 악화 속에서 가격자유화에 따른 경쟁의 본격화로 신규시장 발굴의 필요성이 대두되고 있다. 보험산업은 생손보간의 경쟁뿐만 아니라 공제사업, 우체국보험 등 다른 주체에 의한 시장압박과 외국회사의 진출로 종래의 모집인, 대리점제도에서 볼 수 있는 대량도입, 대량탈락의 저효율로서는 생존하기 어려운 것이 현실이다. 또한 보험수요 계층의 변화에 따른 영업 패러다임의 변화가 불가피하게 되었는데 온라인을 통한 신속성·편의성 등을 추구하는 새로운 소비자 계층의 출현에 대한 대응책이 필요하게 되었다.

새로운 소비자 계층을 확보하기 위해 시간과 공간의 제한을 받지 않고 다양하게 대응할 수 있는 채널이 필요하게 되었는데, 이른바 디지탈세대(X세대+N세대)가 전체 인구의 58.8%를 차지하는 상황 아래서 잠재고객 계층을 먼저 확보하고 미래시장의 선점을 통하여 경쟁에 나서지 않을 수 없다.

(2) CM(Cyber-Marketing)

사이버 마케팅이란 보험회사가 인터넷 등의 통신망에 가상점포(Cyber Mall) 등을 개설하여 일반 보험소비자를 대상으로 보험상품에 대한 정보제공, 마케팅,

〈표 9-5〉 보험상품 판매절차(예시)

절차	내용
① 인터넷상에 Cyber Mall 개설	• 보험회사 등이 인터넷상에 보험상품 판매를 위한 홈페이지 개설
⇩	
② 상품정보 및 보험계약조건 등 안내	• 상품정보 제공 및 청약의사 확인 • 보험조건 및 보험료 등 제시
⇩	
③ 청약, 전자서명 및 보험료 납부	• 보험가입 희망자가 홈페이지상의 청약서에 해당사항 기재 후 전자서명 및 보험료 납입(신용카드, 계좌이체 등)
⇩	**(실제)** 가입희망자에 청약서 우송→계약자 고지사항 기입, 자필서명 후 보험회사로 반송 및 보험료 납입 ※TMR(Telemarketer)을 통한 상담 및 계약확인 등 병행
④ 보험증권 및 약관, 보험료영수증 전송	• 보험계약자에게 보험증권 및 약관, 보험료영수증 등을 전자문서로 전송 **(실제)** 보험계약자에 보험증권, 약관, 보험료 납입영수증 등 우송

주: 생명보험협회, 「생명보험협회보」(제19호, 2000년 제 1 호), 자료참조.

보험계약 체결 및 계약관련 서류의 전송, 소비자보호 업무 등을 일괄적으로 수행하는 것, 즉 온라인 시스템을 통한 보험거래를 말한다. 보험상품의 판매절차는 〈표 9-5〉와 같이 예시할 수 있다.

사이버 마케팅의 장단점은 다음의 〈표 9-6〉과 같다.

미국 생명보험회사의 인터넷 활용사례를 보면, Prudential생명은 기존계약자 서비스 및 소비자 대상 구매욕구 환기, 정보제공, 고객과 의사소통 채널로 활용하고 있다. General Life사는 General American사의 자회사로 1995년에 설립된 세계 최초의 가상보험회사(Virtual Insurance Company)이다. 이 회사는 인터넷을 통해 보험가입 및 계약관련 정보, 고객 서비스 등을 제공하고 보험계약체결은 4,500여 개의 대리점을 활용하고 있다. Liberty Financial사는 세계 최초의 인터넷 전용 생명보험상품인 연금상품을 개발하여 1995년 1월부터 자회사인 Independence Life and Annuity를 통해 판매하고 있다.

일본의 대형 생명보험회사인 朝日生命은 일본 최대의 컴퓨터 업체인 후지쯔사와 공동으로 인터넷을 통한 생명보험 상품판매 전문회사를 설립하고 2001년 1월에 업무를 개시하였다. 또한 일본에 진출한 미국계 생명보험회사 American Family(AFLAC)생명은 2001년 7월 일본전신전화(NTT)의 자회사와 공동으로 인터넷을 통한 생명보험판매 전문회사(자본금 9억엔)를 설립하고 암보험과 의료보험 등 제3분야 보험을 저렴한 보험료로 판매하고 있다.

국내 보험회사들은 현재 홈페이지를 구축하는 차원을 넘어서 사이버 쇼핑몰을 구축하여 적극적으로 사이버 판매채널에 진출하고 있다. 〈표 9-7〉에서 알 수

〈표 9-6〉 사이버 마케팅의 장단점

	장 점	단 점
보 험 가입자	• 저렴한 보험료 • 보험가입 편리 • 상품·회사정보 입수 용이	• 정보의 비대칭성으로 인한 보험사기 등 피해 가능성
보 험 회 사	• 보험모집 비용의 절감 • 쌍방향 통신으로 고객의 구미에 맞는 상품개발 가능 • 회사 및 상품홍보 용이 • 고소득 전문직 종사자에 대한 target marketing 기회 제공 • 고객 서비스 개선기회 증가	• 소비자와 직접 접촉이 없어서 역선택 가능성 증가 • 기존 판매채널과 갈등예상 • 단순·정형화된 상품에 국한하여 판매 가능 • 고객정보의 보안확보 필요 • 사이버 인프라 구축비용 소요

〈표 9-7〉 국내 보험회사 사이버채널 운영현황

	회 사 명	주요 서비스 내용
생명보험	대 한	상품안내, 가상보험설계 및 상담·대출, 생활편의 서비스
	삼 성	상품안내, 가상보험설계, 인터넷청약, 보험상담, 대출
	교 보	상품안내, 계약사항 조회, 입출금 서비스, 자동이체, 대출
	대 신	상품안내, 온라인 서비스, 대출안내
	태 평 양	상품안내
	한 덕	상품안내, 가상보험설계, 계약정보 조회, 설계사 방문 요청
	국 민	상품안내, 대출안내
	한 국	상품안내, 대출안내, 계약조회
	신 한	상품안내, 대출안내, 재테크상담
	동 부	상품안내, 대출안내, 계약조회
	동 양	재정설계, 가상보험설계, 재테크정보
	메트라이프	상품안내
	삼신올스테이트	대출안내
	뉴 욕	상품안내
	영 풍	상품안내
	한 성	상품안내, 대출안내
	금 호	상품안내, 대출안내, 계약보전 및 보험금지급 안내
	조 선	상품안내, 계약상담
	S K	상품안내, 청약안내, 대출안내
	I N G	상품안내, 생활설계 서비스
	푸르덴셜	상품안내
손해보험	동 양	상품안내, 가상보험설계, 온라인 보험가입 신청, 계약조회
	신 동 아	상품안내, 가상보험설계
	국 제	상품안내, 대출안내
	대 한	상품안내, 가상보험설계, 계약조회
	제 일	상품안내, 대출안내
	쌍 용	상품안내, 가상보험설계, 온라인 보험청약 상담
	해 동	상품안내
	삼 성	상품안내, 가상보험설계, 온라인 보험청약, 대출정보, 계약조회
	현 대	상품소개, 보험가입 신청 및 상담
	L G	상품안내, 가상보험설계, 생활설계, 대출안내
	동 부	상품안내, 가상보험설계, 계약조회, 대출안내
	A H A	상품안내, 온라인 보험청약
	Ace American	보험요율표

있는 바와 같이 아직은 상품안내, 대출안내, 가상보험설계, 보험상담, 재테크 정보, 보험청약, 계약조회 등의 수준에 머무르고 있다. 이와 같이 본격적인 보험판

매보다는 상품의 홍보 등에 주로 활용되는 초기단계에 있기 때문에 CM을 통한 판매비중의 급격한 성장과 영업이익의 실현은 당분간 기대하기 어렵다. 유럽의 경우 현재 CM판매비중은 1% 미만이지만 2008년까지 10% 정도로 성장할 것으로 전망하고 있다.

(3) TM(Tele-Marketing)

TM이란 보험회사가 전화를 이용하여 잠재적 고객에게 보험상품 및 보험가격에 대한 정보를 제공하고 보험가입을 권유하는 판매방식을 말한다. TM은 고객에 대한 접근방식에 따라 In-bound TM과 Out-bound TM, 그 운영방식에 따라 단순 TM과 복합 TM으로 구분할 수 있다. In-bound TM은 광고 또는 DM (Direct Mail)으로 기존계약자나 불특정 다수의 소비자에게 보험상품 및 가격에 대한 정보를 제공한 후 고객으로부터 걸려오는 전화를 통해 보험가입을 권유하는 판매방식이며, Out-bound TM은 회사 자체 보유고객이나 업무제휴를 통해 입수한 외부고객 정보를 활용하여 회사가 먼저 전화로 고객에게 보험정보를 제공하고 보험가입을 권유하는 판매방식이다.

단순 TM은 순수하게 전화만을 이용하여 회사 자체 보유고객이나 일반 소비자에게 보험상품 및 가격에 대한 정보를 제공하고 보험가입을 권유하는 판매방식이며, 복합 TM은 TM판매를 위해 신문광고, DM, CM, 제휴판매 등의 다른 판매채널을 활용하거나 TM과 모집인의 방문판매를 병행하는 판매방식이다.

TM의 장점은 전통판매방식에 비해 모집비용이 절약되고 고객에 대한 접근이 용이하며, 고객 선별기능이 뛰어나다는 등의 이점이 있으며, 반면에 보험회사가 고객에게 무분별하게 전화를 걸어 보험가입을 권유할 경우 개인의 사생활을 침해하는 등의 부작용이 발생할 우려가 있다. 우리나라에서 TM판매조직은 1990년대 중반부터 본격적으로 시작되어 저비용 판매채널로서 효과적으로 운영되고 있다. TM판매 영업은 라이나생명이 1995년 1월, 삼성생명과 교보생명이 1996년 4월, 신한생명이 1997년 1월부터 실시하였다. 판매실적은 수입보험료 기준으로 1999년 0.14%, 2000년 1/4분기 0.40%의 비중을 차지하고 있으며 대부분의 회사에서 2003년 이내에 10%까지 높인다는 계획 아래 조직을 확충하고 있다. 라이나생명의 경우 2000년 1/4분기 판매실적이 전체 수입보험료의 47.38%를 차지하고 있다. 외국에서 TM판매방식의 채용은 영국이 중심이 되고 있고 다른 국가에서는 개인의 프라이버시 침해를 규제하는 방향으로 운영되고 있다.

1995년 TM판매 비중은 영국 9 %, 프랑스 1 %이다. 그러나 한국은 저비용 고효율 구조의 대표적인 판매채널로서 TM방식이 성장 잠재력을 가지고 있다. TM판매는 기존의 판매채널을 보완·지원함으로써 복합마케팅을 통합 시너지 효과를 극대화시키고 동시에 신규시장과 틈새시장을 공략하기 위한 저비용 판매채널로서 적극 활용될 것으로 보인다. 그러나 이 제도의 활성화를 위해서는 기존 판매조직과 갈등이 예상되고, 새로운 판매채널의 운영과 관련되는 표준규범 또는 관행이 정착되지 못하고 있으며, 공인 인증기관의 인증수수료 과다 및 인증절차의 복잡성이 현실적으로 문제되고 있다.

4. 방카슈랑스 도입 및 확대 문제

(1) 방카슈랑스의 형태와 외국사례

방카슈랑스(Bancassurance)는 프랑스어의 Banque(은행)와 Assurance(보험)를 합쳐 만든 말로 은행의 판매망(창구)을 통해 은행고객을 대상으로 보험상품 및 서비스를 제공하는 것을 의미한다. 넓은 의미로는 은행과 보험회사간에 단순 업무제휴(보험료 이체 등)에서 양자의 자본참여 및 자회사 설립과 같은 폭넓은 개념까지 포함된다. 최근에는 공동의 고객을 대상으로 하여 공동상품의 개발 및 판매 등 은행과 보험회사간에 동등한 종합적인 업무제휴 행태로 발전하고 있다. 방카슈랑스의 형태는 다음과 같다.

① 단순 업무제휴 형태: 보험료 자동이체, 보험금 지급대행 등

② 판매제휴 형태: 상품의 공동개발 병행추진

㉠ 은행 상주형: 은행점포 내에서 보험회사 직원의 상품판매

㉡ 은행 대리점형: 은행이 보험회사의 대리점 업무수행, 여기에는 은행자체가 보험회사의 대리점 업무를 수행하는 형태와 은행 자회사로서 별도의 보험판매회사 설립형태가 있다.

③ 은행과 보험회사의 자회사 설립 또는 자본제휴 형태(상호 지분참여)

종합금융화가 진전된 유럽 국가에서는 은행과 보험회사간에 자본제휴(계열관계)뿐만 아니라 은행창구와 보험회사에서 서로 상대방의 상품판매도 허용되는 추세에 있다. 영국은 은행지점에서 보험판매를 위해서는 전속대리점 또는 독립중개인 자격취득이 필요하며(1986년 금융서비스법), 주요 판매상품은 변액생명보험 및 주택 대출관련 양로보험 등이다. 프랑스는 은행규제위원회에서 은행의 보험브로커(대리

점)업을 허용하고 보험상품을 판매하는 지점별로 보험대리점 인가가 필요하다. 주요 판매상품은 장기저축보험과 신용보험 등이다.

1998년을 기준으로 하여 유럽 국가에서 생명보험시장의 방카슈랑스 비중은 프랑스 59%, 스페인 78%, 네덜란드 28%, 영국 18%, 독일 18%이었다. 미국과 일본도 금융기관의 업무영역이 확대되어 종합금융화가 진전되고 있다. 미국은 1999년 11월 금융서비스현대화법의 제정으로 은행과 보험회사간에 상호 참여가 허용되고 있다. 즉, 은행은 지주회사를 통해 보험회사, 증권회사를 설립(인수)할 수 있고 은행의 보험대리점 업무도 허용된다. 보험회사도 자회사 또는 지주회사로서 은행의 설립(인수)이 허용되고 있다. 일본은 단계적으로 은행과 보험회사간에 상호 참여가 허용될 계획이며 1998년 보험회사의 신탁자회사 설립 및 신탁상품 창구판매가 허용되었다. 또한 은행창구에서 보험상품판매가 허용되고 있는데, 판매 가능한 상품은 해당은행 보험자회사의 신용생명보험, 주택론관련 화재보험으로 제한하고 있다.

방카슈랑스가 발달한 유럽 지역에서 은행의 보험판매조직의 핵심은 금융설계사(Financial Planning Consultants: FPC)이며 영국은 은행별로 1,000~2,000명 정도의 금융설계사 조직을 가지고 있다. 이들은 주로 DM, TM방식을 이용하여 보험을 판매하고 있다. 각국의 대표적인 방카슈랑스는 프랑스의 Credit Agricole 보험자회사(1986), 독일의 Dresdner Bank, 미국의 Chase Bank 판매전문회사이다.

(2) 금융기관 보험대리점의 허용논란

금융기관에게 보험대리점을 허용할 것인가에 대한 공식적인 논의는 1993년 "금융제도 개편연구" 보고서에서 처음으로 다루어졌다. 이 보고서는 업무영역에 관한 논의로서 핵심업무와 부수업무로 나누어 핵심업무의 상호 진출은 가급적 제한하고, 부수업무의 상호 진출은 제한을 두지 않는다는 것이었다. 이 경우 비은행 금융기관은 그 기관 내에서 다른 업종의 업무를 취급하는 것보다 자회사를 통해서 진출하는 방안이 검토되었다. 금융기관에 대한 보험판매 채널 확대에 관한 논의는 판매채널의 다양화·효율화·이용자 편의성 등을 제고하는 차원에서 다른 금융기관과의 판매제휴를 허용하는 방안이 검토된 것이다.

1996년 '한국경제 장기구상'에서는 2000년까지 은행, 증권, 보험의 3대 축을 유지하면서 자회사를 통한 이종업무의 부수업무 진출을 확대 허용하고 그 이후 금융시스템의 안정성을 저해하지 않는 범위에서 겸업주의를 점진적으로 도입한다는 것이었다. 1997년 금융개혁 종합보고서는 금융권별로 핵심업무를 제외한 모든 업무에 대해 직접 겸영의 범위를 확대하고 핵심업무에 대해서도 자회사 방식의 상호 진출을 확대하자는 것이었다. 이 보고서에서는 모든 금융업무는 직접 겸영할 수 있는 완전한 유니버설 뱅킹제도로 이행하는 것은 시기상조로 판단하고, 금융기관에 대한 보험판매 채널의 확대에 관한 논의에서는 보험판매를 보험회사의 핵심업무에서 제외하고 금융권간 전략적 제휴를 광범하게 허용하자는 것이었다.

1999년 '한국경제 중장기 비전'에서는 보험상품의 은행창구 판매의 문제는 검토가 되었으나 결론을 도출하지 못하고 보험업 핵심업무를 보험계약의 인수로 축소조정하는 선에서 검토되었다.

이상과 같은 각 보고서 등에서 금융기관 보험대리점의 허용문제가 제기된 배경에는 국제완화와 금융감독정책의 변화, 경쟁의 글로벌화와 금융제도의 국제적 동조화, 국제적 금융겸업화 추세, 보험산업 판매채널의 효율화에 대한 필요성 등이 작용하였다. 그러나 그 이면에는 금융산업 구조조정이 부진하였고, 금융산업간 동등한 경쟁여건의 미흡 등의 제약요인이 있었다. 2000년 12월 금융감독원은 금융기관 보험대리점의 허용여부에 대해서 보험개발원으로 하여금 공청회 개최를 종용하고 실시 직전에 무산되는 등 보험업계에서는 원칙적으로 반대하고 시기상조를 주장하는 한편 그 대비책으로 은행과 업무제휴를 추진하고 있었다.

금융당국은 2003년 8월부터 시행하려던 방카슈랑스를 2002년부터 조기 시행할 움직임을 보임에 따라(2001.5) 보험회사는 생명보험협회를 중심으로 다음 몇 가지 이유로 여건조성 시기까지 상당 기간 유보가 필요하고, 별도로 도입의 전제조건을 제시하였다.

① 보험회사 조직 와해

② 보험업 종사자의 대량실업으로 사회문제화

③ 생보시장의 급속한 잠식으로 파산회사의 급증

④ 은행의 압력판매 및 끼워팔기로 생보사 계약의 급속한 이탈

⑤ 선진국의 사례(프랑스, 캐나다, 호주, 미국, 일본 등)에서 보험업계 타격지대

⑥ 도입까지 상당한 시간 필요

㉠ 미국: 1983년 모집인 파견에 의한 은행창구 판매허용에서 1999년 보험의 은행대리점 방식 최초 허용

㉡ 일본: 1999년 도입방침 결정 후 2001년 4월 허용(손해보험의 장기화재보험, 생명보험 도입보류)

〈도입 전제조건〉

① 15만 명 이상의 모집인 및 내근직원 실업문제 해결 가능여부

② 10～20조원의 공적자금 조성 가능여부

③ 생명보험회사의 파산으로 인한 경제혼란

방카슈랑스 도입에 대해서 한국보험학회 및 업계에서도 수차 논의가 있었으며 보험개발원 주최 공청회도 2001년에 개최되었다. 그러나 생명보험회사의 추가적인 정리(2개 회사)와 손해보험회사도 3개 회사가 지급여력부족으로 관리명령을 받는 등 보험업계의 사정이 어려워짐에 따라 감독당국은 도입을 강행하려는 방침에서 후퇴하고 연기를 결정하였다.

방카슈랑스는 은행측의 집요한 요구에 의하여 단계적으로 도입하기로 하고 제 1 단계로서 2003년 8월 1일부터 생명보험은 연금, 교육, 양로보험 등 개인 저축성보험과 신용생명보험에 국한하여 제도가 도입되었고, 손해보험은 개인연금, 주택화재보험, 특종보험(단체보험 제외), 장기저축성보험을 취급하였다. 그 결과 보험업계로서는 당초 예상과 달리 은행측의 무리한 판매 드라이브정책에 의하여 실적이 높아지고 모집질서가 문란하여 설계사 및 보험대리점단체와 생손보협회가 크게 반대하여 제 2 단계(2005. 4. 1) 확대 시행계획으로 생보의 보장성보험과 손보의 자동차보험의 취급 계획은 제 3 단계(2007. 4. 1) 이후로 연기되었다.

(3) 금융기관 보험대리점(1946～1964년)의 역사적 교훈

금융기관 보험대리점의 허용문제는 방카슈랑스의 시대적 흐름이라는 차원에서 볼 때 논의 또는 연구과제로 잘못 생각할 수 있는 경향이나 가능성이 충분하다. 그러나 이 문제에 대하여 비록 손해보험시장에 국한하여 과거(1946～1964년)의 쓰라린 과오와 그 후 30여 년 동안의 후유증을 제대로 안다면 어떠한 전제와 조건이 제시되어도 보험대리점의 허용문제는 결코 재론되어서는 안 된다. 이것은 논의 또는 검토 그 자체가 역사의 망각이고 妄想이기 때문이다. 여기서 잘못된 쓰라린 과거의 경험을 돌이켜 보기로 한다.[44]

---

44) 이 항목과 관련된 역사적 자료에 대해서는 다음 문헌을 이용하기 바람.

① 申守植, "한국손보험 풀史,"「대한재보험공사 保險月報」(1967. 7～1968. 8) 연재자료.

② 대한손해보험협회, "損害保險史料"(1986) Ⅱ, Ⅲ, Ⅳ卷 중 金融풀 부분 참조.

1) 은행의 보험대리점 역사와 횡포

일제시대 금융기관 담보물의 화재보험 강제가입에만 의존하던 화재보험업계의 영업관행은 8·15 이후에도 그대로 답습되었다. 1945년 11월 1일 조선은행과 殖産은행이 한국인 진용으로 재출발하고 시중은행의 영업활동에 따라 화재보험은 기존의 조선화재(1922)의 영업재개와 더불어 6·25까지 신동아, 대한, 서울, 고려, 한국, 국제(재보), 제일, 동방간이화재, 대동 등이 설립되면서 금융담보물 화재보험의 인수경쟁이 치열하였다.

화재보험업계는 1946년 8월 협회가 발족되고 담보물의 화재보험계약을 공동창구에서 인수하려는 이른바 금융풀의 논의가 이때부터 공식적으로 거론되었다. 그러나 은행과 특수관계에 있는 일부 보험회사와 은행의 비협조로 풀 추진 작업은 실패를 거듭하였다. 그 당시 금융담보물은 형식적으로는 은행이 보험회사의 대리점으로서 관련 화재보험계약을 처리하였으나 실제로는 각 은행지점의 대출담당 직원 또는 지점별로 처리방식이 달라 혼란이 야기되었으며 그 과정에서 온갖 비리도 발생하였다. 그 유형은 다음과 같다.

① 은행측의 각서요구: 은행은 보험회사에 대하여 rabate, over-commission의 요구는 물론 외상보험도 감수하겠다는 각서제출을 강요하는 사례가 허다하였다. 외상보험이란 보험료를 납입하지 않고 화재보험증권의 발행을 요구하는 것으로서 그 당시 화재보험약관(제 2 조 제 2 항)에서 보험료 수령 전에 생긴 손해는 책임지지 아니한다는 규정을 그 은행에 대해서는 예외로 적용하지 않는다는 내용이었다. 이러한 폐단은 8·15 이후부터 6·25 전쟁기간 동안 동일지역의 보험회사 지점과 은행지점간에 비밀리에 행하여지고 있었지만 서울 환도 이후(1954)에는 은행측에서 공개적으로 공문으로 각서를 요구하는 사례도 있었다(1956. 7. 5, 한국산업은행 대전지점).

② 보험가입금액의 기준의 손해사정 요구: 1957년 5월 28일 상업은행이 요구하는 각서내용은 손해사정에 있어서 이재시의 가액을 기준으로 할 것이 아니라 가입금액(보험금액)을 기준으로 하자는 것이었다.

손해보험협회는 화재보험이 실무상 미평가보험(무평가보험)으로 시가주의를 원칙하고 있기 때문에 거부를 통고하였는데 상업은행은 약관(제14조)에서 규정한 초과보험을 미연에 방지하기 위한 보험회사의 획책이라고 주장하고 보험목적의 가치감소로 인한 손해는 은행이 부담하는 결과를 초래할 수 있다고 하여 그 구체적인 설명 및 참고문헌의 제시를 요청하였다(1957. 7. 4, 한상영 제403호, 손해액 측정에 관한 각서제출의 건).

③ 무리한 대리점 계약사항 요구: 1952년 2월 한국식산은행은 외상보험의 합법화와 논리에 맞지 않는 다음 사항을 대리점계약 조항에 추가하도록 요구하였다.

㉠ 공제회(다른 은행의 경우 行友會) 지부에 대리권 인정

㉡ 약관 제 2 조 제 2 항 개정요구

㉢ 만기 후 7일간 책임의 연장

㉣ 대리점 수수료의 현장지급

㉤ 6·25 이전의 미수보험료 포기

2) 미수보험료의 누적

화재보험 미수보험료의 회수정책은 8·15 직후 미군정 손보행정의 근간이 되어 왔고(신수식, "미군정 손보정책의 소고,"「손해보험」 제 7 권 제 2 호, 1967. 6), 이 문제는 그 대부분이 금융기관 대리점에서 발생되었다. 그 뿐만 아니라 금융담보물에 대한 화재보험계약의 불미스러운 모든 사건은 여기서 직접적으로 파생되었다.

보험회사는 금융기관 대리점의 누적된 미수보험료를 회수하기 위하여 매년 결산기를 맞이하여 금융단에 손보협회가 강력하게 요청하여 왔으나 오히려 미회수금액이 매년 증가할 뿐이었다. 이 문제는 특히 1953년 2월 15일 대통령 긴급명령 제13호에 의거한 '금융기관에 대한 금전채권의 보고지시'에서 그 청산이 시달되었고 재무부에서도 수차 지시가 있었으나 장기간 누적된 금융계의 폐습은 시정되지 않았다.

1957년 9월 후술할 금융기관 대리점의 폐기조치로 인하여 은행측은 미납보험료의 청산책임을 회피할 수 있는 기회가 되었지만 그 이후에도 미수보험료는 누적되어 1961년 2월 11일 다음과 같은 청산지시를 하였다(1961. 2. 11. 財理 제1193호).

① 당월분의 보험료는 그 다음달 25일까지 청산할 것.

② 1960년 말까지 代理店貸計定은 1961년 2월 말까지 가불 또는 기타의 방법으로 청산할 것.

위의 지시에도 불구하고 은행측의 처리방법은 일방적으로 은행에 유리하도록 해괴하게 처리하려고 하였는데 그 대표적인 사례가 한국산업은행이었다. 1961년 4월 말 현재 14억환(圜)의 미지급보험료를 보유하고 있던 한국산업은행은 다음과 같은 처리방침을 발표하여 보험업계의 강한 비난을 받았다(金松石, "산은의 보험료 처리비판,"「保險硏究」 제 1 권 제 5 호, 1961. 5). 즉, 1961년 4월

18일 현재 모든 유효계약은 이를 해약하고 4 월 18일을 기점으로 신규계약으로 취급하고 이에 해당하는 보험료를 채무자로부터 수금하지 못한 때에는 替當假拂을 해서라도 즉시 청산한다는 것이었다(1961. 4. 7, 산업(업) 제241호, 대리점계정 보험료 청산에 관한 건). 산업은행이 제시한 이 방법은 1961년 4 월 18일 이후의 유효계약에 대해서는 보험료를 지급하겠으나 경과계약에 대해서는 못한다는 것이었다. 이로서 장기간 누적되어 온 미수보험료는 영원히 미회수채권이 되고 말았다.

3) 금융기관 대리점의 폐지소동(1957. 9)

금융기관 담보물의 화재보험계약을 인수하기 위한 보험회사간의 경쟁과 은행대리점의 횡포는 외상보험(미수보험료) 등 앞에서 언급한 사실 이외에 은행측의 거액의 일반예금 요구, 퇴직 임직원의 보험회사 낙하산 인사 등 그 형태가 다양하였다. 특히 이 문제는 은행내부에서도 대출업무와 관련된 보험계약 비리를 둘러싸고 치부가 노출됨에 따라 1957년 7 월 한국은행 은행감독부에서 감사에 착수하였다.

감사를 계기로 하여 8·15 이후 이때까지 온갖 잡음을 일으켜 왔던 금융기관의 화재보험 대리점업무는 1957년 9 월 21일자로 대한금융단에서 대리점계약의 폐기를 통고하여 왔다. 금융단에서 이러한 조치를 취한 표면상의 이유는, 은행이 보험회사와 대리점계약을 맺고 대리점 수수료(연간 약 5 억환으로 추산)를 받는다는 것은 금융기관업무의 정도가 아닐 뿐 아니라 이것으로 인한 불미한 소문이 떠돌아 금융질서 유지에도 지장이 적지 않으므로 대리점업무를 중단한다는 것이었다.

금융단의 일방적인 대리점해약과 통보한 조치사항은 다음과 같다.

① 10월 31일로 대리점업무를 종료하겠으니 미리 인수 대비를 하기 바람.

② 10월 31일 현재 미수보험료(외상보험료) 채권은 대리점 사무의 종결에 따라 자연 그 현상대로 귀사에 반환하겠음.

③ 위의 미수보험료의 징수에 관하여는 가급적 그 회수에 협조하겠음.

종래 금융기관 담보물에만 의존하여 온 화재보험회사는 이상과 같은 금융단의 일방적, 돌발적인 조치에 당황하지 않을 수 없었고, 미온적으로 독촉하던 미수보험료 회수를 위하여 서두르는 한편 대리점 폐기에 따른 대책을 강구하는 데 정신이 없었다.

4) 강제 총대리점 (株)興產社의 출몰(1958. 1～1959. 3)

금융기관 보험대리점의 업무중단에 따라 갑자기 방대한 관련 화재보험계약의 인수가 문제되는 가운데 비밀리에 전국 유일의 화재보험 강제 총대리점의 발족이 태동하기 시작하였다. 이것이 그 악명 높은 興産社 사건이다. (주)홍산사란 자본금 1천만환(납입액 250만환) 규모로서 1958년 1월 1일 발족한 금융기관 화재보험의 강제 총대리점이다.

홍산사의 존속기간은 1년 정도의 단기로 끝났지만 이는 보험업계 및 금융계에 유례 없는 정치적 권력이 개입되었다는 점에서 각계의 비난과 반대가 대단하였다. 특히 당시 각 신문은 홍산사의 설립을 전후하여 연일 대서특필로서 공박하였는데 그 이유는 이것이 단순한 보험대리점 사건이 아니라 그 중심인물이 재계 및 정계의 거물급 인사이었기 때문이다. 반면에 정작 관심을 표명해야 할 보험업계로서는 후환이 두려워 공식적으로 논의(반대)조차 하지 않았으므로 보험회사 서류에는 전혀 기록되어 있지 않다. 따라서 홍산사에 관한 기록은 그 당시 야당성이 강한 동아일보, 경향신문 등 신문자료에 의존하지 않을 수 없다.

홍산사의 발족과 영업활동에 있어서는 시중은행보다 국책은행으로서 농업은행과 산업은행이 협조적이었고 보험회사로서는 평소 이들과 영업관계가 있던 두 개의 회사가 적극적으로 가담하였다. 홍산사는 처음에 대한금융단에 소속된 모든 은행의 화재보험계약뿐만 아니라 국영기업체, 기타 공공단체의 공유물까지 포함시키려고 하였으나 그 당시 민영화가 추진되고 있던 시중은행이 비협조적이었고 이들과 계열관계에 있던 일부 보험회사도 대리점계약에 미온적이어서 온갖 협박수단을 동원하였다. 홍산사와 은행(산업은행 등)간의 협정서, 홍산사와 보험회사간의 대리점계약 가운데 불합리한 내용은 다음과 같다.

① 홍산사와 대리점계약을 반대하는 보험회사에 대해서는 그 계열기업을 포함하여 대출을 하지 아니한다.

② 보험계약의 분배는 그 은행에 예치된 보험회사의 예금비율에 의한다.

③ 홍산사는 보험료 수령액의 60% 이상을 보험회사 명의로 은행에 예치한다.

④ 홍산사와 대리점계약이 없는 보험회사의 화재보험증권을 채권보전의 목적으로 영수할 수 없다.

⑤ 홍산사와 금융기관이 합의한 배분비율을 보험회사는 무조건 승인하고 이 비율은 매월 각 보험회사의 예금잔액에 따라 조정한다.

⑥ 보험계약은 홍산사와 은행이 직접 취급한다.

홍산사의 횡포는 그 당시 정치권력을 업고 無所不爲로 극치에 이르렀는데 예로서 홍산사에 반기를 든 고려화재는 대주주인 金成坤 씨가 경영하던 금성방직의 화재보험계약을 대출은행인 산업은행과 홍산사의 압력으로 계속계약에 실패하고, 홍산사에 대해서 사과하고 대리점계약을 부활하였으나, 그 보험계약은 홍산사의 적부심사 결과 다른 회사(해동)에게 주고 말았다.

홍산사의 이상과 같은 횡포가 연일 신문에 보도되고, 1958년 10월 국회 국정감사에서의 물의 등 비난이 계속됨에 따라 재무부장관 金顯哲 씨는 진상조사하여 의법조치하겠다고 수차 언급하였으나, 홍산사의 배후인맥이 자유당 정부의 거물급 인사이었고 정치자금의 헌납 등 정치적인 복선이 있었기 때문에 실행에 옮기지 못했다.

홍산사는 서울 중구 소공동에 본사를 두고 각 지방(道)에 점포를 두었는데 각계의 강력한 비난과 반대 및 당초 계획의 좌절, 국회 국정감사, 신문비판에 따라 1959년 1월 31일 대리점계약을 일방적으로 해약하고 3월 31일 청산업무를 완료하였다.

이때, 홍산사는 각 보험회사에 대하여 거액의 미납보험료를 남겨 두어 8사(안국, 국제는 미계약)에게 큰 피해를 주었다.

5) 行友會에 의한 금융대리점의 변칙적 부활

1957년 금융기관 대리점제도의 폐지에 따라 손해보험협회는 대책을 강구하였는데 그 선택방안은 과거 귀속재산을 민간에게 처분하는 과정에서 그 대금의 상환이 끝날 때까지 담보물로서 처분귀속재산을 화재보험에 가입시키게 되었고, 이른바 管財풀의 경험에 따라 은행이 직접 보험회사의 대리점업무를 하지 못할 경우 行友會의 명의로 대리점계약을 체결하자는 것이었다. 이 방안은 11월 9일 협회 임시이사회에서 원안대로 통과되고 12월 1일부터 실시하려 했으나 은행측의 태도가 결정되지 않아 보류하고 있던 중에 2개월 동안 준비작업을 완료한 홍산사가 1958년 1월 1일 발족함에 따라 사태는 새로운 국면을 맞이하였다.

홍산사의 발족 이후 여기에 가담(협조)하지 않은 시중은행과 화재보험회사는 行友會의 명의로 보험회사와 대리점계약을 체결함으로써 금융기관 보험대리점은 변칙적으로 부활하였다. 이것은 결과적으로 종래의 은행에 의한 직접 대리점제도와 하등의 다름이 없었으며 그 이전의 거래악습이 조금이라도 시정된 것도 아니었다. 금융기관 대리점의 폐기소동은 결과적으로 악명 높은 전국 유일의 강제 총대리점 홍산사를 탄생시켰고, 금융기관으로 하여금 미납보험료의 청산책임을 회피할 수 있게 하였다. 여기서 行友會에 의한 대리점업무의 변칙적 승계에 대해서 결정적인 아이디어를 제공한 管財풀에 대해서 소개하기로 한다.

귀속재산의 매각에 의한 화재보험계약에 대한 경쟁질서가 극도로 문란하여짐에 따라 1951년 4월 20일 관재청과 손보협회간에 풀협정이 체결되었다. 그러나 관재청은 국가기관(공무원)이어서 처음부터 대리점수수료를 지급하지 않기로 하였는데 이것 때문에 관재청은 비협조적이었고, 여기서 수반하여 손보협회와 이면적으로 금품거래가 있었다. 이것이 관재청 내부에서 물의를 일으켜 1953년 3월 25일자로 협정을 폐기한다는 관재청의 통보가 있었고, 화재보험이 가입 없이 귀속재산의 매각은 불가능하여 국무총리의 지시통첩에 의하여 종래의 풀제도를 존속시키도록 하였다.

약 8개월간의 우여곡절 끝에 12월 1일 제 2차 풀협정이 체결되었는데, 1차 협정과 다른 점은 대리점 수수료 10%를 합법적으로 받기 위하여 管財廳 廳友會의 명의로 계약을 체결하였다. 수수료와 관련하여 특히 물의를 일으킨 것은 서울특별시 管財局과의 관계이다. 부산 피난 때부터 사무운영비 명목으로 借用(협회측 주장)해 준 것이 누적되어 그 후 대리점 수수료와 相殺시켰는데 관재청은 직원에게 사적으로 빌려 준 것이라고 주장하는 등 분쟁이 일어나 서울특별시 경찰국의 조사가 있었다. 관재풀은 대리점 수수료의 지급에도 불구하고 협회에서 관련직원 약간 명을 파견시켜 일을 돕는 관행이 오랫동안 지속되었으며, 1955년 말부터 사무비로 5%를 별도로 지급하였다. 대리점 명칭은 관재청 '廳友會'(1953), 재무부 관재국 '局友會'(1955, 12), 서울특별시는 관재국 '燐友會'로 하였으며 풀의 존속기간(1951~1961) 가운데 매각 전성기는 1954년부터 1957년까지이었다.

6) 금융기관 대리점의 휴유증

1950년대를 중심으로 한 금융기관 보험대리점제도를 둘러싼 여러 가지 문제는 위에서 언급하였지만, 1960년대부터 1990년대까지 30년 동안 有形 및 無形의 엄청난 후유증을 손해보험업계에 안겨 주었다. 보험감독당국 및 보험업계는 특히 무형적인 후유증에 대해서 기억하지도 못하고 있고, 최근 금융기관 보험대리점의 復活이 논의되고 있는 현실이 안타까울 뿐이다.

① 금융풀의 전면적 실시(1964. 4): 홍산사 사건 이후 금융담보물의 화재보험계약은 行友會에 의한 대리점계약으로 종래의 잘못된 거래관행이 그대로 유지

되었다. 4·19의거 이후 보험업계에서 풀을 실시하자는 의견이 거론되었으나 과거와 같이 찬반이 엇갈리는 가운데 5·16쿠데타가 일어났다. 1962년 8월 국가재건 최고회의의 재경분과위원회가 주관한 보험회사 감사결과 정책건의 중에서 금융풀 실시가 포함된 것을 계기로 1963년 1월 정비통합이 끝난 손해보험업계에 대해서 재무부가 3월부터 풀의 실시를 발표하였다.

금융풀의 문제는 찬반론이 있어 왔으나 1950년대 권력을 배경으로 유리한 지위에서 반대하던 일부 보험회사의 사정과 여건이 달라지게 되어 추진이 쉬울 것으로 예견되었다. 그러나 최고회의의 감사결과 업계를 강제통합하고, 원하지 않은 국영재보험회사의 설립, 증자 등의 조치가 있은 후 감사결과 건의에 의한 풀의 실시와 재무부의 강압적 추진(화재보험료 인하, 순수 대리점에 의한 계약모집 등)에 대하여 업계는 일치단결하여 반대하였다. 언론과 학계에서도 자유경쟁의 경제논리에 배치된다는 입장에서 반대하였지만 정부의 방침대로 풀은 1964년 4월 16일부터 실시되었다.

재무부는 금융풀의 강행을 위하여 압력수단으로 화재보험 요율인하와 1964년 3월 15일까지 금융기관 대리점(行友會) 폐지를 지시하였다. 재무부의 감정적인 조치로서 금융기관 대리점 폐지조치는 업계에서 과거 홍산사의 再版인 동시에 업계의 혼란만 조장한다고 하여 강력하게 반발하였지만, 새로운 압력수단으로 은행에서 미납하여 온 미수보험료를 1963년 말까지 받아 들이도록 보험회사에게 강요하고, 금융대리점 폐지에 따른 화재보험계약은 실현 불가능한 엄격한 자격기준을 갖춘 일반 대리점에 의해서만 모집할 수 있도록 하였다. 그 결과 업계의 항복을 받아 낸 재무부는 대리점 지시는 취소하고 요율인하는 그대로 인정하여 업계는 요율인하의 손해를 감수하면서 정부의 지시대로 금융풀을 실시하였다.

금융기관 대리점제도의 폐단을 없애기 위한 최선의 방안으로 풀의 실시로 정책을 몰고 간 것은 소(牛)의 뿔을 고치려 하다가 소를 죽이는 矯角殺牛의 어리석음을 범한 것이다. 금융풀의 실시로 낭비적인 경쟁력을 그 당시 해상보험 등 특종보험 시장으로 경쟁과 시장개척을 유도하려는 의도가 있었지만 결과는 그대로 되지 않았다. 또한 풀실시 이후에도 行友會에 대하여 3%를 근거 없는 수수료를 지급하여 왔는데 국내에 진출한 CITY은행 등 외국은행은 借入者에 전달하고 은행이나 行友會가 받아 쓰지 않았다.

한편 풀의 실시 이후에도 보험업계는 1960년대 후반부터 풀계약을 동산종합보험 등 다른 명칭으로 바꾸어 변칙처리하는 경향이 있어서 은행관련계약은 화재보험뿐만 아니라 다른 명칭의 계약까지 포함하여 풀의 누수현상을 막으려는 궁여지책을 쓰게 되었다.

② 손해보험의 전면적인 풀체제 유도: 8·15해방 이후 금융풀은 계속 논의만 거듭하다가 1964년에 실시되었지만 금융기관과 직간접으로 관련되는 풀과 다른 화재보험풀은 그 이전에도 수없이 존재하였다. 이들은 단기간 존속한 풀로서 큰 저항 없이 실시된 반면에 금융풀은 비중이 크고 담보대출제도가 존속하는 동안 풀의 수명은 영원하기 때문이었다.

다른 풀로서 화재보험은 ECA원조물자풀(1949. 7～1953), 누에고치(購繭)풀(1949. 11～1953), 物聯(물자운영조합연합회)풀(1949. 9), 交易풀(1949), 管財풀(1951. 4～1960), 미곡담보융자(米擔)풀(1960. 4～1961. 9) 등이 있었다. 해상보험풀은 해상운송보험풀(1953. 2～1964. 2), 조달청풀(1964. 7～), 해상보험풀(1967. 3～1968. 11), 해상·보세보험풀(1975. 1～), 소형 선박보험풀(1973. 7～)이 있었다. 그 이외에는 규모가 큰 자동차보험풀(1962. 2～1968. 11)은 해체 이후 독점회사로 존속하다가 1983년 다원화되었고, 원자력보험풀(1971. 1～)도 존재하였다.

8·15 이후부터 1980년대까지 우리 손해보험시장의 구조와 역사는 풀체제로 연속되어 왔는데 그 가운데 핵심적인 위치를 차지하고 있었던 것은 금융풀이다. 보험시장은 풀에 의하여 철저하게 폐쇄적으로 운영되었고 동시에 보험가격도 협정요율제도 아래서 리베이트 지급 등 모순을 노출하였다. 또한 위험분산은 국영재보사에 대한 강제출재로, 계약에 대한 언더라이팅의 여지가 거의 없었다. 이러한 여건 아래서 우리 손보업계는 생명보험과 비교하여 큰 성장을 보지 못했고 보험정책이 아닌 금융·자본시장 개방정책과 공정거래법의 적용위협 속에서 타율적으로 개방압력을 받게 되었다.

③ 大明信社 사건: 금융풀의 실시를 전제로 화재보험에 집중된 경쟁력을 해상보험시장으로 돌리기 위하여 1963년 8월, 1950년대 출범부터 해상보험 전업회사이던 동방해상(현대해상 전신)과 범한해상(LG화재 전신) 두 회사를 화재보험을 겸영하게 하고 동시에 해상운송보험풀(1953)에 가맹되어 있던 8개의 화재보험회사도 풀의 해체와 함께 해상보험을 취급하게 되었다. 따라서 종래 해상보험은 3개의 기관에서 인수하던 것이 10개 회사가 경쟁하게 되었다.

해상보험에 대한 불합리한 모집경쟁은 그 당시 선박보험 및 적하보험의 이재율이 높았음에도 불구하고 과당경쟁이 지속되어 1964년 7월 관수물자를 조달하는 조달청 적하보험풀이 결성되었다. 그 후 1967년 3월 20일 모든 해상보험이 전면적인 풀이 실시되고(한국해상보험공동사무소) 屋上屋으로 강제 총대리점 (株)大明信社가 출현하였다.

금융풀은 그 실시 여부에 대하여 오랫동안 공개적으로 논의되었지만 해상보험풀과 大明信社는 갑자기 설립되었고 업계는 반대 또는 저항하지도 못했다. 그 때 손해보험협회 회의록에는 "논의하지 않기로 하다."라는 한 줄의 기록밖에 없다. 大明信社는 과거 興産社와 출현배경과 성격이 매우 유사하여 그 당시 국가 최고의 정보기관이 개입했다는 소문만이 유력하였다. 홍산사와 유사한 점은 전국 유일의 강제 총대리점이라는 점과 권력을 배경으로 설립되었고, 수명이 짧고 (1967. 3~1968. 11), 업계가 반대할 수 없을 정도로 공식적인 회의도 개최할 수 없는 공포 분위기 속에서 추진되었다는 사실이다. 양자의 차이점은. ① 홍산사는 화재보험의 금융담보물에 국한했고, 대명신사는 모든 해상보험을 포함한 점이고, ② 대명신사는 홍산사에 없는 해상보험풀 위에 군림하고 있었고 屋上屋의 존재이었다. ③ 홍산사는 언론 및 국회(국정감사)에서 크게 문제삼았지만 대명신사는 언론과 정치권에서도 거의 함구하고 있었다는 사실이다. 한 가지 분명한 사실은 대명신사는 그 추진 아이디어를 확실하게 홍산사에서 구했다고 볼 수 있는데 홍산사와 달리 금융대리점의 폐기소동 등 표면적으로 내세울 수 있는 이유가 없었다는 사실이다.

④ 보험회사의 낙하산 인사: 8·15해방 직후부터 1964년 금융풀이 실시되기까지 화재보험회사의 경영진 및 간부는 거의 은행출신으로 구성되었고 이들은 1970년대 중반까지 업계에 남아 있었다. 이러한 사실은 금융기관 보험대리점 및 그와 관련된 계약인수 때문이었다. 은행장을 역임한 후 보험회사 사장으로 자리를 옮긴 사람도 여러 명이 있으며 부장급 이상이 주류를 이루었다.

손해보험회사는 1922년 조선화재의 설립 이후 한국인이 하위직급에 다수 포진하고 있었고 8·15 이후 조선화재(동양화재)의 영업재개와 신설 신동아, 대한, 서울화재에 근무하였다. 일부는 8·15 이전 한국 내의 일본 보험회사의 근무경력을 가진 인사도 있었고, 8·15 직후 보험업계에 투신한 사원도 있었지만 이들은 1970년대에 들어와서 은행 인맥이 끊어진 다음에야 임원이 될 수 있었다(동양화재 정주영, 고려화재 김원제, 신동아 이창규, 대한 이영복 등).

⑤ 回歸해서는 안 될 역사적 교훈: 1946년부터 1964년까지 지속된 금융기관 보험대리점은 이 기간 동안 대리점제도 그 자체의 과실을 탓하기보다는 이것

이 계기가 된 금융풀의 발족과 모든 손해보험 종목으로 파급되어 최근 30년 동안 보험시장을 凍結시킨 정책 실패는 돌이킬 수 없는 상처를 남겨 놓고 있다.

선진국으로부터 밀려 들어 온 금융자율화의 시대적 조류와 공정거래법의 적용 등 외세에 의하여 풀은 해체되고 시장기능이 복원되어 가고 있지만 아직도 그 후유증은 보험시장의 모든 구석에 남아 있다. 그럼에도 불구하고 금융기관 보험대리점의 허용에 대한 논의 또는 형식적인 공청회는 방카슈랑스의 흐름을 타고 당연히 거론될 수 있는 내용이라고 생각해서는 안 된다. 이것은 한국적 금융기관 보험대리점의 문제와 선진국에서 유입된 방카슈랑스는 그 路線을 같이 할 수 없다.

현실적으로 은행이 보험대리점 역할을 함에 있어서 대출을 미끼로 우월적 위치에서 강제적으로 보험가입을 강요하지 않고, 또한 과거와 같은 온갖 비리 수단을 동원하지 않고 순수한 보험대리점의 기능을 할 수 있다고는 보이지 않는다. 은행은 최근 10여 년 동안 노후설계연금신탁(보험), 개인연금, 퇴직신탁(퇴직보험) 상품을 보험회사와 경쟁적으로 취급함에 있어서 판매조직의 열세로 보험회사에 대한 경쟁자가 될 수 없다는 사실은 이미 입증되어 왔다.

은행이 대출과정에서 적금가입 등 이른바 꺾기 관행을 버리지 못하고 있고 그 위에 보험가입까지 강요한다면 어렵게 돈을 빌려 쓰는 사람들에게 二重苦를 안기는 결과가 되고 결국 은행과 보험회사가 野合하고 있다는 비난을 면하기 어렵다. 은행이 거래업무와 관련하여 채권확보를 위하여 담보물의 보험가입이 필요하다면 차입자에게 보험회사 선택권리를 인정하고 필요한 보험증권만 제출서류의 일종으로 포함시키면 될 것이다.

혹자는 본인이 과거 역사를 이유로 은행의 보험대리점의 문제점을 제기하고 있는 사실에 대해서 시대와 상황이 다르다고 할지 모른다. 시대와 사정은 40년의 역사 속에서 달라지고 있지만 과거의 폐습과 악습은 그대로 남아 있고 재현되고 있다는 사실이 중요하다. 1990년대부터 금융풀이 해체되는 과정에서 지금까지 손해보험의 경우 담보물의 화재보험 및 자동차보험(담보로 제공된 자동차) 등은 옛날 방식대로 行友會조직에 의하여 보험계약이 처리되고 등록된 실제 대리점을 경유시켜 위장처리하는 것은 새삼스러운 수법이 아니다. 이 문제는 최근 은행 등에서 대거 퇴직한 인사들의 보험대리점 영업과 결코 무관하지 않다.

이상과 같은 금융기관 보험대리점의 폐단이 제도폐지 30년이 지난 역사 속에서도 재현될 수 있는 여지가 남아 있는 한 은행의 보험대리점은 불필요하게 보험회사간의 경쟁을 유발시키고 은행에 대한 복종을 강요하는 결과를 가져 올 것이다. 금융기관 보험대리점이 취급할 수 있는 상품은 과거 손해보험 가운데 담보물의 화재보험이 거의 전부이었지만 이것은 그 시대의 보험시장에서 거래되고 있던 상품 자체가 화재보험이 중심이었기 때문이다. 앞으로 금융기관 보험대리점이 허용될 경우 생명보험을 포함하여 많은 보험상품이 담보물과 관계 없이 대출의 대가로 보험가입이 강요될 여지가 있다.

5. 販賣活動과 규제

(1) 판매준비와 활동

보험상품의 販賣準備는 정보활동과 판매계획활동으로 구분된다.[45] 情報活動은 실제의 판매활동을 수행하는 데 영향을 미치는 제반 요소를 체계적으로 조사연구하는 활동으로 그 내용은 전술한 수요조사, 시장조사, 경쟁조사 및 후술할 홍보·광고조사 등이다. 광범한 업무를 내용으로 하는 정보활동은 판매계획을 합리적으로 수립하는 데 필요한 의사결정의 자료가 된다. 情報活動의 擔當者는 보험자, 보험자단체, 협회, 기타 시장조사기관이 될 수 있다.

보험사업에 있어서 판매의 중요성은 매우 크기 때문에 판매계획은 판매활동을 위한 지침이 될 뿐만 아니라 다른 경제활동을 위한 기본이 된다. 판매계획은 시장에 대한 정보활동과 경영에 대한 정보활동을 기초로 수립되는데 그 내용은 무엇보다도 계획기간 내에 예상되는 판매성과를 보험종목별·고객별·지역별·판매조직별로 측정하여야 한다.[46] 미래의 판매성과를 측정함에 있어서 단순히 과거의 판매성적을 기준으로 할 것이 아니라 실제로 사용되는 판매활동의 수단과 방법의 영향을 고려해야 한다. 따라서 판매계획의 숫자는 모든 이용가능한 정보를 기초로 하여 계수화되어야 한다.

이상과 같은 판매준비활동을 거쳐 수행되는 실제 판매활동은 시장개척활동→모집→애프터 서비스의 단계로 이행된다. 시장개척은 모집인에 의한 개척과 회사에 의한 개척으로 구분된다. 모집인에 의한 개척은 수차에 걸친 방문, 고객과의 접촉, 소개 등의 방법에 의한다. 會社에 의한 開拓方法은 다음 두 가지 방

45) D. Farny, *Absatz und Absatzpolitik des Versicherungsunternehmens: Eine Einführung*, Verlag Versicherungswirtschaft e. V., Karlsruhe, 1971, SS. 12~17.

46) 趙海均, 「保險經營論」, 博英社, 1976, pp. 233~234.

법이 있다.

첫째는 豫想顧客의 組織化이다. 이것은 일반 고객에 대하여 회사의 이미지 향상과 폭넓은 지지자를 확보하기 위하여 生保社가 여러 가지 제도를 실시하는 것이다. 그 방법으로서 ① 정기발간물의 배포와 상품의 안내, ② 기업의 정보제공, ③ 고객과 커뮤니케이션 전개, ④ 회원제를 만들어 회사주체 제반 행사의 초대, ⑤ 기타 회원에 대한 특수편익 제공 등이다.

둘째는 外務員에 대한 販賣情報의 提供이다. 외무원에게 제공하는 유력한 판매정보는 旣契約者情報와 團體情報가 있다. 旣契約者는 장래의 유력한 고객이 또한 될 수 있지만 보험판매가 고객과 외무원의 인간관계에 의하여 성립되는 요소가 강한만큼 외무원이 퇴사하는 경우는 기계약자와의 접촉이 드물어진다. 이러한 고아계약을 외무원에게 알려 판매활동을 원조하는 것이다 團體情報는 기업에 의한 공장신설, 영업소의 설치 등과 같은 새로운 집단시장의 발생을 외무원에게 알려 판매활동을 하도록 하는 것이다.

종래까지 외무원의 계약자 판매활동이 시장개척의 전부이었지만 생명보험의 경우 최근에 있어서는 시장의 고도화·복잡화에 따라 외무원의 힘에 한계가 생기게 되었고 또한 시장개척활동의 신계약 주체를 외무원에 두는 것은 시장확보에 효율이 크게 떨어지고 있다. 따라서 판매지원기관과 그 책임자의 역량이 무엇보다도 중요하게 되었다.

⑵ 판매활동에 대한 법적 규제

보험상품의 판매활동은 다른 상품의 판매와는 달리 보험수요자(보험계약자)의 이익을 보호하기 위하여 특별한 법적 규제를 받는다. 1962년 1월 20일 보험모집단속법이 법률 제990호로 제정되었는데 동법은 1977년 말 개정 보험업법에 흡수·통합되었다. 보험을 모집할 수 있는 자는 회사의 임직원(대표이사와 감사 제외), 모집인, 대리점 등으로서 모집인은 일정한 자격요건을 갖춘 자로서 등록한 자이어야 한다. 보험대리점 또한 일정한 자격요건을 갖추고, 금융감독원의 감독을 받도록 되어 있다.

보험대리점은 保險業法(제149조), 손해보험대리점관리규정 및 동시행세칙에 의하여 자격요건, 허가, 등록 등에 대하여 엄격하게 규제되고 있다. 보험대리점, 보험모집인 등이 계약체결 또는 모집에 있어서 다음 행위는 금지되고 있다(保險業法 제155조~제156조).

① 모집문서·도서를 사용할 때 보험회사의 자산과 부채에 관한 사항을 기재하는 경우에 금융감독위원회에 제출한 서류(保險業法 제93조)에 기재된 사항과 다른 내용의 것을 기재하지 못한다.

② 모집문서·도서에는 보험회사의 장래의 이익배당 또는 잉여금의 분배에 대한 예상에 관한 사항을 기재하지 못한다.

③ 보험계약자 또는 피보험자에 대하여 부실한 사항을 알리거나 보험계약의 계약조항의 일부에 대하여 비교한 사항을 알리거나 보험계약의 계약조항 중 중요한 사항을 알리지 아니하는 행위

④ 보험계약자 또는 피보험자가 보험회사에 대하여 중요한 사항을 알리는 (고지의무) 것을 방해하거나 알리지 아니할 것을 권유하는 행위

⑤ 보험계약자 또는 피보험자가 보험회사에 대하여 중요한 사항에 관하여 부실한 사항을 일릴 것을 권유하는 행위

⑥ 보험계약자 또는 피보험자에 대하여 특별한 이익의 제공을 약속하거나 보험료의 할인, 기타 특별한 이익을 제공하는 행위

⑦ 보험계약자 또는 피보험자에 대하여 기존보험계약을 부당하게 소멸시킴으로써 새로운 보험계약을 청약하게 하거나 또는 어떠한 것을 권유하는 행위

보험상품의 판매활동에 대한 법적 규제는 상기 항목 이외에도 보험계약의 체결에 있어서 보험료의 외상금지, 전술한 소속보험회사의 배상책임, 대리점에 대한 감독·보고·검사(손해보험대리점 관리규정), 영업보증금의 예탁 등이 있다.

보험산업 이외의 다른 산업에 대해서 정부는 온갖 육성법·촉진법·진흥법 등의 이름을 붙여 특정 산업의 개발·육성을 위하여 특별법을 제정하여 지원하고 있다. 증권산업에 대해서는 자본시장육성법(1969), 기업공개촉진법(1972) 등이 과거 제정된 바 있다. 그러나 보험산업에 대해서는 위에서 살펴본 바와 같이 판매활동을 여러 측면에서 구속하고 있다. 현실적으로 보험상품 및 가격의 자유화가 이루어지면 판매(모집)조직(대리점, 모집인)을 중심으로 한 불공정거래 및 불완전판매행위가 흔하게 발생하여 보험시장의 질서를 문란시키는 것은 보험제도의 속성이라고 볼 수 있는데, 특히 우리나라에서는 과거 손해보험시장을 중심으로 판매질서가 극도로 혼란스러웠고 이러한 현상은 최근 가격자유화 이후 그 정도가 심각해지고 있다.

보험회사의 부당한 가격경쟁의 형태는 보험료의 덤핑(dumping), 할인(discount) 및 리베이트(rebate)의 제공 등이다. 덤핑이란 보험회사가 위험도 이하로 순보험

료를 책정하는 행위를 말하며, 할인은 정해져 있는 요율에서 일정률의 보험료를 삭감시켜 주는 것이다. 모든 계약자에게 할인하는 경우도 있지만 특정 계약자에게만 할인율을 적용하는 것이 문제이다. 리베이트란 보험회사 또는 모집조직이 보험계약 인수의 대가로 보험계약자에게 금품이나 특별한 이익을 제공하는 것을 말한다. 리베이트는 가장 일반적인 불공정거래의 방법이며 이때 각종 秘資金 조성의 원천이 되고 세금부과에서 탈세의 문제도 제기된다. 그 뿐만 아니라 유령대리점을 두고 직접 인수한 계약을 경유처리하여 대리점 수수료로 지출한 것처럼 회계처리를 하는 경우도 있다. 대한손해보험협회는 부당한 모집행위를 근절시키기 위하여 회원사간에 상호 협정을 체결하고 위반시 제재금을 부과하고 있으나 시정되지 않고 있다.

가장 빈번하게 발생하는 부당행위의 유형과 순위는 특별이익의 제공, 기초서류의 위반, 법령위반, 부당인수, 경유처리, 부당지원, 무자격 모집, 보험료 대납, 부당 스카우트, 요율산정, 허위사실의 유포이다. 1998년부터 2000년까지 3년 동안 적발되어 제재금을 부과한 계약은 1,865건에 대하여 제재금은 3,526백만원이었다.

(3) 판매정책

보험판매정책은 보험상품정책과 더불어 전술한 보험경영정책 가운데 가장 중요한 내용이 되고 있다. 특히 오늘날 보험기업의 외부환경과 경영내부환경이 급속하게 변화되고 있고 보험수요자의 소비성향도 사회경제사정, 생활관습·의식구조의 변화에 따라 점차 변화되고 있으므로 적절한 상품개발과 판매는 보험회사 존립의 기본요건이 되고 있다. 이러한 점에서 판매정책은 마케팅의 환경변화를 의식하면서 혁신을 기해야 할 것이다.[47)]

保險販賣政策은 광의로 해석하면 전술한 보험마케팅의 제반 문제가 포괄될 수 있으나 서술의 중복을 피하기 위하여 여기서는 판매정책의 결정문제와 판매계획 및 판매조정을 중심으로 언급하기로 한다.

보험기업에 있어서 판매정책의 결정과정은 판매목표의 설정→판매정책 대체안의 구상→정책대체안에 대한 정보의 활용→최적 판매정책안의 선정 등의 단계를 거치게 된다.[48)] 판매목표, 즉 판매계획을 설정함에 있어서 고려되어야 할 요

47) D. I. Bickelhaupt, "Trends and Innovations in the Marketing of Insurance," *Journal of Marketing* Vol. 31, No. 3, July 1967, pp. 21～22.

48) D. Farny, a.a. O., SS. 22～26.

소는 과거 경험을 중심으로 수익, 수요예상, 안전성, 가격, 경쟁관계 등이다. 그 이외에 외적 환경요인으로서 보험감독(법), 보험시장의 구조변화, 강제가입보험의 출현 또는 확대, 유리한 보험세제의 개혁 등도 판매목표의 설정에 영향을 미치는 요인이다.

판매목표가 설정되면 현실적으로 어느 정도 실현 가능성이 있는 몇 개의 대체안을 찾아야 한다. 이 대체안에 대하여 충분한 마케팅정보를 활용하여 가장 적절한 판매정책을 결정하는 단계가 남아 있다. 판매정책을 결정함에 있어서 자기회사의 판매조직, 판매기능 및 능력 등을 고려하는 것이 무엇보다도 중요하며, 특히 동업사 가운데 규모가 큰 회사의 판매정책을 그대로 모방하는 것은 금물이다.

판매목표의 설정에 있어서 핵심적인 내용은 保險商品別·地域別·販賣組織別 販賣計劃量의 책정이다. 목표량을 무리하게 설정하거나 책임량을 할당하는 형식을 취할 경우 부실계약, 불완전판매 및 이른바 작성계약까지 동원되어 많은 부작용이 나타나게 된다. 판매목표의 달성이 어려울 때에는 그 원인을 분석·평가하여 이를 조정하는 제도가 확립되어야 하는데 이것이 통제기능이다.[49)]

제 6 절 保險弘報·廣告

1. 필 요 성

(1) 홍보와 광고의 개념

弘報란 우리의 일상생활에서 흔히 사용하는 PR(public relations)을 의미한다. 'public relations'라는 말을 직역하면 '公衆과의 關係'이다. 오늘날 보험회사뿐만 아니라 모든 기업은 반드시 그 기업활동의 범위에 따라서 크든지 또는 작든지간에 공중과 관계를 가지고 있다. 예로서 그것은 고객, 종업원, 거래처, 감독관청 등이 대상이 된다. 이와 같은 많은 사람들과 여러 가지 형태의 관계를 맺게 되는데 이러한 상태를 단순한 의미에서 PR, 즉 홍보라고 한다.

여기서 문제가 되는 것은 어느 기업이 가지고 있는 공중과의 관계가 양호한

49) K.P. Flößer, *Absatzplanung und Absatzlenkung der Versicherungsunternehmen*, Diss, Hamburg, 1967, SS. 125~135.

가 또는 불량한가이다. 모든 기업은 이러한 관계에 대하여 무관심할 수는 없다. 그것은 기업이 '公衆과의 관계'에 대하여 관심을 가지고 보다 적극적으로 그 관계를 개선하도록 노력하는 것이 본래적 의미의 홍보이기 때문이다. 즉, 弘報란 기업이 일반 대중에게 그 기업의 정책·방침·활동 등에 대하여 신용과 이해 및 지지를 얻고 보다 원만한 관계를 유지하는 것을 목적으로 하는 활동이다. 그러므로 항상 일반 대중의 의향이나 반응을 구하고 그것을 기업경영에 반영함과 동시에 기업자신이 자기분석을 하여 그 결과에서 생겨난 정책·방침·서비스 등을 공중에 대하여 계속적으로 설명·전달하는 활동이어야 한다.

홍보의 의미를 한 마디로 정의를 내리는 것은 무리하다. 따라서 다음 세 가지 요소로 나누어 이해할 필요가 있다(미국 PR協會의 定義).

첫째는 組織體가 公衆에 대하여 그의 활동에 있어서 이해와 신용을 얻어 원만한 관계를 계속하게 하는 '弘報理念'이며, 둘째는 공중의 의향을 확인하고 반응을 조사하여 그것을 경영에 반영하는 정책을 세워 공중에게 표명하는 '弘報活動'이며, 셋째는 홍보활동을 수행함에 있어서 사용되는 수단, 표현방법 등의 '弘報技術'이다.

한편, 廣告(advertising, advertisement)란 일상생활에서 홍보 또는 선전과 같은 의미로 흔히 사용되고 있지만 개념상으로 양자를 구분할 필요가 있다. 광고는 홍보의 기술을 응용한 것이지만 원래는 기업의 마케팅활동의 한 요소로서 이해 할 수 있다. 마케팅活動이란 기업이 수요자(소비자, 보험의 경우는 가입 대상자)의 욕구를 충족시키기 위하여 상품이나 서비스를 개발하고 그것에 관한 정보를 전달하여 적극적으로 수요를 환기시키며, 그 수요에 가장 적합한 방법으로 상품이나 서비스를 수요자에게 제공하는 기업활동이다. 이 가운데 광고에서 부과된 역할은 개발된 상품이나 서비스에 대하여 소비자의 욕구를 현재화시키고 수요를 환기시키기 위하여 정확한 상품이나 서비스의 정보를 전달하는 것이다.

홍보나 광고는 서로 밀접한 관련성은 있지만 양자를 동일한 개념으로 인정하는 것은 잘못이다. 홍보측의 입장에서 본다면 광고는 홍보의 정보제공수단의 하나에 불과하며, 실무면에서도 홍보활동의 중심은 'publicity'라고 할 수 있다. 홍보를 연구하는 사람 가운데에는 광고를 홍보의 하위개념으로 보는 사람도 있다. 이와 같은 홍보와 광고를 동일시할 수는 없지만 양자는 시대에 따라 변화하면서 서로 매우 근사하게 접근하고 있음은 부인할 수 없다. 홍보나 광고는 그 활동의 순서, 관리방법이 현실적으로 마찬가지가 되고 있어 조직과 기능을 분리시켜 운영할 수는 없다.

(2) 보험홍보의 필요성

보험홍보의 필요성은 손해보험보다는 공중관계가 복잡하고 기회가 많은 생명보험에서 더 문제가 된다고 할 수 있다. 그러나 보험은 生命保險과 損害保險을 포함하여 원천적·본질적으로 다음과 같이 7가지의 결함[50] (die sieben Handikaps der Versicherung)을 가지고 있다. 그 내용을 살펴보는 것이 홍보의 필요성을 역설하는 것이라고 할 수 있다.

① 보험은 그것을 바라보는 것만으로서도 호기심을 느끼고 또는 소유하고 싶어지는 그러한 유형의 상품은 결코 아니며 경우에 따라서는 유쾌하지 못하고 마음에 들지 않는 상품이다. 이것은 보험상품이 음식, 피복, 주택 등과 달라서 직접적인 수요의식이 약하기 때문이다.

② 보험은 그 성격상 광범한 홍보활동에도 불구하고 그것이 잘 인식되지 않는다는 것이다. 이것은 특히 생명보험에 있어서 그러하다. 보험상품의 효용의 대상이 되고 있는 위험의 발생 그 자체에 대해서는 일상생활에서 불안하게 생각하고 있으나 막상 자기의 일로는 생각하지 않으려는 경향이 있고 비록 자기의 일로 생각할지라도 숙명·운명에 맡기려는 체념사상이 있다. 또한, 확실하게 사고가 발생할지 모르면서 보험을 이용하는 데 있어서는 몇 번이고 망설이게 된다.

③ 보험의 서비스給付는 습관적으로 만족할 수 있는 것은 아니다. 보험증권을 소지하고 있다고 하여 평소에 다른 유가증권과 같이 소중하게 보관하려고 하지 않으며 또한 보험증권 그 자체는 유가증권은 아니다.

④ 보험급부는 고객에게 모든 경우에 있어서 만족을 주는 것은 아니다. 보험사고가 발생할 경우 손해사정의 결과에 대하여 때로는 불만을 가질 수도 있다.

⑤ 보험상품의 구입 이후 특히 장기계약인 생명보험에 있어서는 다른 상품과 같이 직접 사용하는 즐거움이 없을 뿐만 아니라 애프터 서비스 같은 것이 없다. 사실에 있어서 생명보험계약자가 보험료를 은행을 통하여 납입하는 경우는

---

50) P. Brechtbühl, *Versicherung und öffentliche Meinung*, Die Versicherungsrundschau(Zeitschrift der österreichischen Gesellschaft für Versicherungsfachwissen), 1970. 12, Nr. 12, SS. 360~363.

보험회사와 계약이 끝날 때까지 대면의 기회가 없고 다른 한편으로 방문하여 集金하는 경우에는 서비스 측면보다는 연고관계를 이용한 소개를 요구하고 있어 오히려 부담이 되는 경우가 있다.

⑥ 보험은 소유자로서의 자부심(Besitzerstolz)을 느낄 수 없다. 이것은 국영제품 또는 희귀한 상품도 아니며, 사고가 발생할 경우를 제외하고 그것이 소유자로 하여금 어떠한 효용을 창조할 수 있는 것은 아니다.

⑦ 고객이 회사를 방문할 때 다른 제조업의 경우는 거대한 시설, 제품, 원료 등을 볼 수 있고 회사 스스로 고객을 유치하여 견학하게 할 수 있지만 보험회사는 상품의 제조과정을 고객에게 보일 수 있는 것도 아니다. 오늘날 대부분의 보험회사가 전산시설과 독립된 건물을 가지고 있으나 그것도 독자적으로 갖지 못하고 있는 회사는 고객이 방문하여도 크게 자랑할 수 있는 것이 없다.

보험에 있어서 弘報의 개념은 "보험은 사회에 있어서나 국가에 있어서 절대로 필요한 것이다."라고 하는 사상을 창조하는 것이다. 이 사상을 일반 대중에 전하는 두 가지 길은 보험급부의 지급과 보험자산의 사회적 움직임에 대하여 대화하고 또한 직접 보여주는 것이다. 그러나 이것은 어디까지나 관념적인 것이기 때문에 실무적으로는 보험에 관하여 소비자정보를 제공하는 데 중점을 두고 그것을 교량으로 하여 대중에게 보험을 이해시키는 것이다. 또한, 소비자정보를 널리 유포시킴으로써 회사나 외무원이 보험을 쉽게 판매할 수 있는 분위기를 만드는 것이다.

(3) 보험광고의 필요성

보험사업에 있어서 홍보의 역사는 미국의 경우 1930년대 생명보험에서 먼저 시작되었다. 1930년대의 대공황은 다른 기업과 마찬가지로 생명보험사업에 대한 비판의 소리가 높아 의회에서 독점기업으로서 조사한 9가지 업종 가운데 하나가 되었다. 조사의 결과 생명보험회사의 어느 정도의 건전경영이 입증되었지만, 이것을 계기로 업계에서 홍보의 중요성을 강하게 인식하였다.

보험홍보와 더불어 보험광고는 기업활동의 중요한 분야인 마케팅의 한 요소이다. 자본주의의 특징의 하나는 상품의 대량판매이다. 대량판매의 전제는 대량수요·대량구매이다. 특히 보험제도는 그 속성에서 이미 대량판매, 즉 다수의 경제주체의 가입에 의한 대수법칙의 구현이 그 성립의 기본요건이므로 보험기업은 어떠한 방법에 의하든간에 대량수요를 환기시키지 않으면 안 된다. 그 가장 효과적인 방법이 보험기업과 소비자와의 관념적인 거리를 단축시키는 것이다. 즉, 대중의 시간이나 청각에 보험상품을 호소하여 수요를 현재화시키는 것이 보험광고의 기능이다.

자본주의의 초기에는 광고기능은 소비자의 수요를 상승시켰으나 그 성숙기가 됨에 따라 수요의 절대적 증가는 기대할 수 없게 되었고, 각 기업이 자기제품의 선택적 수요를 환기시키기 위하여 광고를 함과 동시에 가격경쟁에서 점차 상품내용, 품질 서비스경쟁으로 이행하게 되었다. 또한, 대량판매를 위한 대량생산은 상품의 획일화를 초래하여 상품의 특징이 없는 결과가 되어 소비자는 가격, 상품내용 등의 판단기준을 잃게 되고 상품의 우열보다도 관념적으로 우수성을 지닌 회사의 제품을 중시하게 되었다.

보험업계에 있어서도 마찬가지의 현상이다. 보험상품은 다른 소비재상품과는 달리 관념적 구조의 상품이며, 인간의 이성적·합리적 판단이 구입여부를 결정하는 특성이 있기 때문에 광고만에 의하여 수요가 환기되는 것은 아니다. 보험상품은 특히 가격이 같고(협정요율의 경우), 품질이 같기 때문에 자기회사의 제품이 우수하다고 광고하는 데는 문제가 있다. 다만, 여기서 강조될 수 있는 것은 가격, 품질 이외에 단독상품의 경우 상품내용과 서비스의 우위성을 강조할 수 있다. 그러나 보험상품이 무형상품이기 때문에 서비스라고 하는 것도 일반제품과 같이 반품교환, 고장수리, 책임보증을 할 수도 있는 것이 아니므로 막연한 이야기이다.

보험상품은 광고만에 의하여 수요가 환기되어 판매될 수 있는 것은 아니므로 판매원의 직접 접촉에 의한 설득판매가 기본적인 판매형태이다. 그러나 보험광고는 홍보와 더불어 판매원의 활동을 보다 유리하게 전개할 수 있도록 보험에 관한 지식이나 정보를 대중에게 전달함으로써 어느 정도 판매활동의 보완적 기능과 역할을 기대할 수 있는 것이다.

2. 保險弘報의 대상

홍보와 광고의 필요성이 인식되고 또한 양자가 통합되어 가는 과정에 있어서 보험홍보는 누구를 대상으로 할 것인가의 문제가 있다. 보험홍보는 흔히 보험계약자 또는 장래 보험계약자가 될 사람만을 대상으로 하는 것으로 생각하기 쉽지만 이것은 큰 잘못이다. 그 대상은 보험발전에 영향을 미치고 있는 또는 열

〈그림 9-3〉 보험홍보대상

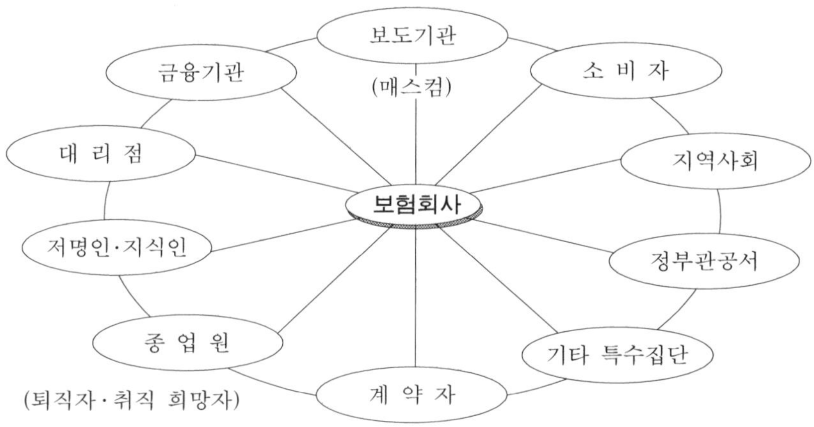

쇠를 쥐고 있는 여러 집단[51](Schlüsselgruppen)이 있으며 각 집단에 기술적 곤란성 및 대상계층의 다양화의 문제가 있다.

保險弘報의 대상은 제 1 차적으로 보험계약자가 중요하지만 그 이외에 종업원, 대리점, 진사의(생보의 경우),[52] 정부관공서, 보도기관, 지역사회, 저명인사·지식인, 투자거래처, 동업자, 일반 소비자(대중) 등의 여러 집단이다(〈그림 9-3〉 참조).

① 保險契約者에 대한 홍보의 중요성은 새삼 강조할 필요가 없다. 그러나 보험가입 이후 생보는 보험료납입이 지체되고 있을 때, 손보는 만기가 되었을 때가 아니면 보험회사로부터 이떠한 연락도 없는 것이 우리나라의 현실이다.

② 從業員은 기업 내부에 있어서 경영계획을 실시한 경영자의 중요한 협력자로서 외부에 대해서는 회사의 얼굴로서 대중과 접촉하고 있기 때문에 종업원에 대한 홍보도 매우 중요한 의미를 가지고 있다. 종업원은 내근사원과 외근사원을 이 점에 있어서는 구분할 필요가 없으며 여기에는 퇴직자, 취직 희망자, 관련기업의 종업원도 포함되어야 한다.

③ 보험계약성립의 매개역할을 하는 代理店도 보험회사와 중요한 관계를 가지고 있다.

51) H. Stephenson(hrsg), *Leitbuch der Public Relations*, Verlag W. Girardet, Essen, 1964, SS. 629 ~630. 여기서는 6개의 利害集團을 열거하고 있다.

52) 自動車保險, 傷害保險의 경우 일반 병원이 弘報의 대상이 된다.

④ 保險會社와 醫師·病院과의 관계이다. 생명보험의 경우는 社醫 외에 각 지역 촉탁의제도가 있으며, 손해보험의 경우도 자동차보험, 질병보험, 근재보험 등 의사 또는 병원과 관계되는 보험종목이 사회적 추세의 변화에 따라 크게 늘어나고 있다. 여기서 의료수가, 치료 등의 문제를 중심으로 보험자와 보험계약자의 계약당사자 이외에 이들 의사가 매우 중요한 영향력을 행사하고 있다.

⑤ 政府官公署는 주로 감독관청을 의미하지만 그 이외에도 세무관서, 사회보험과 경쟁 및 협력이 문제되고 있는 보건복지부, 화재보험과 소방당국, 자동차보험과 건설교통부·행정자치부 등 정부의 각 부처와 원만한 관계가 요망되고 있다.

⑥ 報道機關과의 관계는 전술한 보험기업의 경영환경에서 이미 언급하였다. 보험은 원천적으로 매스컴의 비판에 약하고 쉽게 약점을 노출하기 쉬우므로 정보 입수처로서 매스컴을 활용함과 동시에 평소에 폭넓은 홍보관계가 필요하다.

⑦ 보험회사는 전국 각지에 지사, 지부, 영업소 등의 조직을 가지고 있고 외무원의 활동도 그 소재하는 地域社會에서 이루어지고 있으므로 당해 지역사회와 양호한 신뢰관계가 형성되도록 노력하고 그 지역사회의 발전에 협력해야 한다.

⑧ 보험에 대한 여론형성에 큰 영향을 미치는 계층이 著名人士, 知識人, 教育者, 專門批評家이다. 최근 우리나라 보험업계에서 학생과 교육자(초·중·고교사)에 대해서는 홍보활동을 활발하게 전개하고 있으나 그 이외의 지식인과 전문가에 대해서는 전혀 홍보활동을 하지 못하고 있다. 실제에 있어서 우리나라는 지식인 계층이 보험에 대하여 상당수가 거부반응을 보이고 있다는 사실을 중시하고 그것에 대한 적절한 홍보대책이 마련되어야 할 것이다.

⑨ 보험회사는 投融資去來 對象者와 원만한 관계를 유지해야 한다. 보험자금은 국민경제에 큰 역할을 하고 또한 공공성투자를 하도록 감독당국에서 요구하고 있으므로 투자자로서의 많은 대상기관과 긴밀한 협력관계를 유지해야 한다.

⑩ 보험회사는 同業他社와 심한 판매경쟁을 전개하고 있다. 자본주의사회에 있어서 모든 기업이 영리를 추구하면서 정상적인 형태의 경쟁은 보험산업의 발전을 촉진하지만 부정한 경쟁격화는 반대로 건전한 발전을 저해할 우려가 있다. 따라서 건전한 경쟁풍토의 조성을 위하여 동업자와 양호한 관계를 유지할 필요가 있다.

⑪ 마지막으로 보험회사는 一般消費者(大衆)와 긴밀한 홍보관계를 항상 유지하고 있어야 한다. 그 방법은 종래 매스컴을 통하여 이루어 왔지만 그 대상이

광범하여 너무 막연하고 효과면에서 측정이 어려웠다. 보험회사는 기존조직을 최대한으로 동원하여 여론의 구성원으로서 또한 장래의 가입자로서 이들 일반 대중과 기회 있을 때마다 긴밀한 관계를 가질 수 있도록 노력해야 한다.

3. 保險弘報의 수단

보험홍보의 수단과 방법은 상술한 홍보의 대상계층에 따라 다르다. 여기서 弘報대상으로 契約者, 從業員, 一般消費者, 報道機關 등의 4계층에 대한 홍보수단을 언급하기로 한다. 먼저 계약자에 대한 홍보활동은 계약자가 전국적으로 분포되어 있고 막대한 숫자이므로 보험회사와 우호관계를 지속하기 위해서는 적극적인 홍보가 필요하다. 그 구체적인 방법으로서는 ① 외무원에 의한 홍보활동, ② 사업보고서 등의 신문공고, 기타 각종 정보의 전달, ③ PR지의 발행, ④ 팜플렛의 활용, ⑤ 매스컴에 의한 홍보활동, ⑥ 본사나 지사의 강당·회의실의 개방에 의한 지역사회 및 계약자들의 이용, ⑦ 기타 모니터(monitor)제도 및 계약자 간담회제도의 이용 등이 있다.

다음으로 외무원과 대리점을 포함한 종업원에 대한 弘報活動의 媒體는 ① 사내보, ② 교육용 자료·교재, ③ 제반 회의, ④ 제안제도의 운영 등의 방법이 있다. 그리고 일반 소비자에 대한 홍보활동온 이를 전국적인 규모에 의한 광고활동과 지역적 규모에 의한 홍보활동으로 구분할 수 있다. 전자의 매체는 신문, 방송, 텔레비전 등이며 후자는 옥외광고, 교통광고 등의 방법이 있다.

보험에 대한 여론환기에 유효한 수단이 되고 있는 보도기관에 대한 홍보 활동은 본래적인 의미의 PR의 중심적 활동이다. 홍보의 유력한 수단으로서 근년에 널리 인식되고 있는 'publicity' 활동이란 매스컴에 뉴스의 소재를 제공하는 활동으로 이해되고 있다. 보험회사가 제공하는 정보는 매스컴에 무료로 제공되며 그것을 취재할 것인가에 대한 선택권은 매스컴측에 있다. 따라서 'publicity'에 성공하기 위해서는 정보가 사회적으로 보아 뉴스의 가치가 있는 것이 가장 중요하다.

광고는 매스컴의 매체를 사용한 회사의 주관적 발언인 데 대하여 'publicity'는 객관적인 의사를 전달하는 것이다. 따라서 'publicity'의 특징은 매스컴의 사회적 신용과 권위에 의한 진실한 보도이기 때문에 그 정보를 일반 대중이 저항 없이 받아들일 수 있는 것이어야 한다. 그 방법으로는 뉴스발표, 취재협력, 기자간담회 등이 있다. 보험이 뉴스의 소재가 되기 위해서는 뉴스의 기본조건(신기성·영향성·사회성 등)을 만족시킬 수 있어야 한다.

4. 保險廣告

앞에서 언급한 바와 같이 홍보와 광고는 개념적으로 구분되지만 우리의 일상생활에서는 반드시 양자를 구분하지 않고 같은 의미로 사용되고 있다. 보험홍보와 보험광고의 경우도 마찬가지로 생각된다. 보험광고는 전술한 보험홍보와 구체적으로 구분되지 않고 있지만 저자의 견해로서는 保險弘報는 우선 그 대상이 매우 광범하고(11개 계층) 목적은 보험회사와 우호관계를 유지하는 데 있지만 保險廣告는 특히 일반 소비자(대중)를 대상으로 보험상품의 선전과 회사의 이미지를 높이는 데 그 목적이 있다고 생각된다. 이러한 점에서 볼 때 보험광고는 광의의 보험홍보의 일부이며 실질적인 차이는 대상범위 및 목적에서 찾을 수 있다.

保險廣告의 目的은 보험보호(보험상품)의 가치와 의미에 대한 정보제공과 신뢰형성에 있으며[53] 保險廣告의 基本的 形態는 다음과 같은 여러 가지 사실에 의하여 결정된다고 할 수 있다.[54]

① 보험광고는 수요환기, 수요확대, 수요형성 등의 그 추구하는 광고목표에 따라 다르며 또는 광고목표는 보험보호 또는 보험기업의 속성에 따라 논의되어질 수 있다.

② 보험광고는 그 목표설정의 기간에 따라 단기광고와 장기광고로 구분된다. 전자는 시간적으로 한정된 보험수요를 환기시키기 위한 것으로 예로서 사회보험의 適用免除保險[55](Befreiungsversicherungen)과 같은 것이고, 후자는 장기적 관점에서 보험기업의 판매에 영향을 미칠 수 있는 광고이다.

③ 보험광고는 그 목적에 따라 세 가지 형태로 구분된다. 첫째는 단일보험상품을 위한 광고이고, 둘째는 일정한 그룹의 보험상품광고이며, 셋째는 보험상품 전체를 위한 광고이다.

53) W. F. Kappes, *Die Praxis der Versicherungswerbung*, Verlag Versicherungswirtschaft e. V., Karlsruhe, 1966, S. 143.

54) D. Farny, *Absatz und Absatzpolitik des*, ... SS. 57 ~ 61.

55) 適用免除保險이란 강제가입인 社會保險의 適用擴大 또는 制度改善에 의하여 새로 가입이 의무화된 계층이 이미 동등 또는 보다 유리한 조건의 民營保險에 가입되어 있을 때에 예외적으로 가입이 면제되는 보험을 말한다. 이것은 주로 公的 年金과 生命保險의 관계에서 나타나며 영국, 독일, 일본에서 그 예를 찾아볼 수 있다.

④ 보험광고는 회사 단독광고와 공동광고가 있다. 후자는 보험콘체른, 보험회사그룹(계열기업) 및 보험협회 등에 의한 광고이다.

⑤ 광고효과의 수익자에 따라 보험회사를 위한 광고와 판매기관을 위한 광고가 있다. 후자는 독립된 보험대리점이 보험회사를 위해서가 아니고 자기영업을 위해서 대리점광고를 하는 것이다.

보험광고는 가계보험을 위주로 하는 생명보험회사와 기업보험을 중심으로 하는 손해보험회사에 있어서 광고의 내용과 광고매체의 선택이 달라진다. 또한, 생명보험과 손해보험에 있어서 상품의 다양화의 경우 기본적으로 양자간에 차이가 있다. 즉, 생명보험의 경우 상품은 다양화되어도 담보위험의 성질에서 보면 상품간에 큰 차이가 없지만 손해보험의 경우는 상품에 따라 큰 차이가 있기 때문에 이러한 사실이 보험상품광고에서 고려되어야 한다.

끝으로 共同廣告制度에 대해서 언급하기로 한다. 최근 우리나라의 보험광고는 행정당국의 지시에 의하여 TV, 라디오 등의 매체를 이용하는 경우 원칙적으로 공동광고로서 보험협회가 주관하고 있다. 보험시장에서 자유경쟁이 완전히 보장되는 경우는 광고도 개별 보험회사의 광고정책에 의하여 결정되어야 하지만 과거와 같이 협정요율에 가격이 같고 또한 품질이 같은 공동상품이 대부분인 경우 공동광고가 바람직하다고 생각된다. 이 경우 회사가 신종상품(단독상품)의 광고가 아닌 일반 광고를 할 경우 이것은 보험광고가 아니고 광고주인 보험회사의 상호광고에 불과하다고 할 수 있다. 다른 제품의 경우 소비자는 품질·가격보다 때로는 상표만 보고 특정 회사 제품을 선호하는 경향이 있을 수 있지만 보험상품은 적어도 우리나라와 같은 여건하에서도 품질·가격이 같고 또한 회사마다 특이한 서비스경쟁을 기대할 수 없으므로 특정 보험회사의 상품을 선호해야 될 아무런 이유가 없다고 하겠다.

保險企業의 業績擴大政策이 판매조직력, 품질경쟁, 가격경쟁, 서비스경쟁에 의하여 결정되는 것이 아니고, 판매원의 수적 증원방식(특히 생명보험의 경우)을 골격으로 하여 경영의 우열이 결정된다고 한다면 여러 가지 면에서 중대한 문제가 발생한다. 이 경우 보험상품의 몰개성화의 문제를 광고기능에 의하여 어떻게 이행시켜 소비자로 하여금 개성 있는 상품평가로 전환시키느냐의 문제가 남게 된다. 광고의 개성이 없다는 것은 광고기능을 상실하게 되는 것이고 더 나아가서는 타사의 광고를 자사의 경비로서 원조하는 결과가 된다. 각사의 보험상품의 개성이 없는 경우 그 광고도 개성이 없게 되고 결국 광고기능을 상실하게 된다.

제10장 保險財務

제 1 절 保險財務의 특성

1. 保險企業의 재무활동

현대기업에 있어서 財務活動 내지 財務管理(financial management)는 기업이 필요로 하는 자금을 합리적으로 조달하고, 조달된 자금을 합리적으로 운용하는 것을 뜻한다. 기업에서 이러한 역할을 담당하는 재무관리자의 기능은 종래에는 정확한 재무기록을 유지하고 재무보고를 행하며 기업의 현금수준을 관장하는 자금중심의 재무관리로 제한되어 왔다. 따라서 기업의 유동성(liquidity)이 부족한 상태에 놓여 있을 때 필요한 추가적인 자금을 중·장기적 자금형태로 조달하는 데 그 주된 기능이 있었다. 그러나 최근 재무관리의 성격 및 재무관리자의 기능은 이와 같은 자금관리나 자금조달의 한정된 기능에서 벗어나 조달된 자본이 구체적인 자산의 형태로 전환되는 투자와 기업의 전반적인 평가와 관련되어 있는 資本의 最適配合(best mix of financing)에까지도 그 기능이 확대되었다.[1)]

현대기업의 재무관리에 있어서는 자본코스트와 자본구조를 중심으로 하는 資本調達決定(financing decision)과 자본의 운용을 중심으로 하는 投資決定(investment decision)이 그 내용의 핵심을 이루고 있으며 자본조달 결정에 있어서 자본코스트의 극소화와 투자결정에 있어서 투자가치의 극대화가 조화를 이루어 기업이익의 극대화를 실현하는 것을 그 목적으로 하고 있다.

이상과 같이 일반 기업에 있어서 재무관리는 자본의 조달과 운용이 그 중심기능을 형성하고 있으며 기업의 다른 어느 부문보다도 중요하다. 그러나 보험기

1) 池淸, 「現代財務管理論」, 貿易經營社, 1978, p. 23.

업에 있어서 재무관리는 물론 중요하지만 일반 기업의 그것과는 성격상의 차이가 있고 보험감독법과 감독행정에서 보험사업은 어느 부문보다도 강한 규제를 받고 있다. 이것은 보험경영의 안전성추구가 감독행정의 제일의 과제이기 때문이다.

보험사업의 경영에서는 일반 기업경영에서 중시하는 자본조달업무는 재무활동에서 중요한 내용이 되지 않지만[2] 반면에 보험금의 지급을 위하여 지급준비금을 산정하고 이를 마련하는 업무 및 축적된 자본의 법적 규제에 의한 제한된 범위에서의 투자업무는 매우 중요하다. 보험기업의 재무는 보험계약자로부터 보험료를 사전에 징수하고 만약 보험사고가 발생한 경우(생명보험은 만기 그 자체가 보험사고의 하나임), 보험금을 지급하여 보험료수입과 보험금지급간에 시간적 격차로 인하여 축적된 자금을 감독법의 요구에 따라 관리·운용하는 것이다. 保險企業에 있어서 財務活動의 特徵 및 課題는 다음과 같은 사실이 있다.[3]

① 일반 기업은 고가의 기계설비·시설 등이 필요하며 조달된 자금으로 이를 매입하여야 하지만 보험사업에 있어서는 이와 같은 거대한 시설·기계 등이 필요하지 않다. 다만, 사업운영에 필요한 건물·사무용품·집기 등이 필요하며 최근에는 컴퓨터 시설도입에 많은 자금을 투입하고 있는 정도이다.

② 보험사업은 자금의 장기축적이 가능하다. 이것은 생명보험과 손해보험에서 차이가 있다. 자금의 축적이 가능한 것은 보험사고의 발생과 사업비의 지출이 일시에 나타나지 않고 전기간에 걸쳐 발생하기 때문이다.

③ 보험사업에 필요한 자본은 그 일부만이 기업주 또는 자본가로부터 조달되며 대부분은 가입자가 납입한 보험료로 충당된다.

④ 장기간 축적된 자금은 지급준비의 수단으로서 투자자산의 재원을 형성하며 자산운용률과 수익률의 향상이 크게 요청되고 있다. 투자수익의 상당부분은 보험금의 부족분, 계약자배당 및 환급, 요율산정 등에 이용·충당된다.

일반 기업의 경영목표는 이윤의 극대화에 있다. 그러나 보험사업에 있어서는 기본적으로 利潤追求와 安定追求의 2대목표 가운데 후자가 우선되어야 한다. 그 이유는 보험보호라고 하는 보험상품의 판매는 보험계약자에게 안전성(보장성)을 판매하는 것이기 때문이다. 보험사업이 추구하는 이익의 목표와 안전성의 목표가 재무관리의 측면에서 계속적으로 경시된다면 어느 기간에 가서는 보험기업의 재정이 불안하여지고 지급불능상태에 빠지게 된다.

2) 趙海均, 「保險經營論」, 博英社, 1976, p. 259.

3) D. Farny, *Die Finanzwirtschaft der Versichurungsunternehmen*, Die Versicherungsrundschau, 21. Jahrgang, Heft 9, 1966, SS. 282~286.

보험사업에 있어서 이익추구와 안전성추구는 부분적으로 상호 배타적인 성격을 가지고 있으므로 두 목표를 동시에 실현한다는 것은 사실상 불가능하다. 그것은 재무의 안정을 추구할 목적으로 필요 이상의 지급준비를 하고 그것을 위하여 적립된 자산을 유동자산으로 보유한다면 투자활동이 위축되어 투자수익이 적게 된다. 반대로 보험사업의 재무활동이 이익추구만을 주로 하여 보유한 유동자산에 비하여 너무나 많은 자금을 고정자산 등에 투자한다면 결과적으로 재무의 안전성은 파괴된다. 그러나 현실적으로 보험기업의 지나친 이익추구는 감독법의 취지에서나 또는 보험기업의 공공성과 사회적 책임에 의하여 제약되어야 한다.

이상과 같이 보험기업에 있어서 재무관리상의 2대목표인 안전성과 이익(수익성)추구는 서로 상충되기 때문에 어떻게 상호 조절하여야 되는가는 보험기업의 재무관리상 핵심적인 문제로 등장하게 된다. 이러한 문제의 해결을 위하여는 적정한 유동성을 보유하도록 하는 流動性政策(Liquiditätspolitik)이 필요하다. 보험회사, 특히 손해보험회사의 유동성분석에 있어서는 후술할 경영분석에서 다루기로 한다.

2. 保險資本

보험자본의 성격에 관한 본질규정을 중심으로 한 연구와 논쟁은 제2차 세계대전 이후 독일과 일본보험학계의 일부에서 크게 전개되었다. 그것은 戰前까지 지배적이었던 보험학의 전통적·인습적 방법, 즉 법해석학적 보험학, 기술학, 액추어리학, 집합과학, 종합보험학, 주관적인 효용경제학의 방법 등과 결부된 형이상학적인 보험본질론에 대한 반성과 그 극복으로서 보험경제이론의 과학적 체계화를 시도하는 과정에서 많은 관심과 연구가 있어 왔다.

보험자본의 성격에 관한 이론적 문제의 내용은 다방면에 걸쳐 있지만 그것은 주로 보험자본의 금융자본적 성격에 관한 문제에 초점을 두고 논의되어 왔다. 일본의 보험학자 가운데 특히 이 문제에 관하여 많은 연구를 하면서 서로 논쟁을 전개한 학자는 1950년대와 1960년대에 걸쳐 明治大學의 笠原長壽 교수와 神戸大學의 水島一也 교수이다.[4] 이들의 논쟁은 구체적으로 보험자본의 범주

4) 양 교수의 많은 관련논문 가운데 대표적인 것은 다음과 같다.
笠原長壽, "保險資本の金融資本的 性格に 關する考察,"「生命保險文化研究所報」(第9號, 1962)
______, "保險資本の性格についての再檢討", 日本保險學會 創立 三十周年紀念論文集, 1971.

구성, 보험자금의 성격, 보험자본(생보자본)의 금융자본적 성격, 독점단계의 보험이윤과 평균이윤법칙에 관한 문제가 중심이 되었다. 여기서 이 두 교수의 이론을 중심으로 한 보험자본의 성격에 대해서 약술하기로 한다.

水島一也 교수에 의하면 保險資本이란 보험업의 거래에 있어서 선불된 가치이며 그 범위로서는 타인자본의 성격을 가진 보험자금(후술)과 엄격하게 구별되어야 한다는 것이다. 말하자면 보험자금이 현실적으로 이자가 붙은 자본으로서 기능을 수행하는 과정에서 은행의 경우와 유사한 현상을 볼 수 있을지라도 이론적으로는 보험자본을 금융자본으로 볼 수 없다는 것이다. 그에 의하면 결국 보험자본은 선불되어지고, 증식된 가치로서 보통 자기자본이라고 할 수 있다는 것이다. 이러한 자기자본적 견해는 순수한 형태로서의 보험자본의 입장에서 본다면 매우 타당한 견해로 나타나고 있다. 그 이유는 보험자본을 화폐취급 자본범주에 속하는 것으로 파악하는 한 상업자본으로서의 동일성을 가지기 때문에 상품취급자본과 화폐취급자본을 본질적으로 구분하는 기준은 양 자본의 자본투하의 차이에서 구하는 것은 당연한 귀결이다.

이상과 같이 水島一也 교수의 금융자본으로서의 보험자본 부인론에 대하여 笠原長壽 교수는 보험자본의 금융자본적 성격에 관한 기본적 입장을 고수하고 있다. 그에 의하면 독점적 보험회사 또는 독점적 은행과 결합한 보험회사가 독점적 산업자본과 자본적으로 융합하여 그 기초하에서 상호 의존관계와 임원을 통한 인적 결합이 형성되어 독점자본의 형태가 된다는 것이다. 笠原長壽 교수는, ① 보험업의 금융적 활동을 과소평가할 수 없고, ② 보험회사와 독점적 산업자본의 결합을 부정할 수 없으며, ③ 보험기업(특히 생보기업)이 방대한 자금의 집적으로서 산업기업측의 자금수요에 응하는 경우 결부될 가능성이 있으며, ④ 보험자본은 은행자본과 같이 논리적 필연성을 가진 금융자본은 아니지만 보험자금의 집적·집중을 기초로 하여 금융자본적 현상형태로서 활동하고 있다는 것이다.

보험자본의 금융자본적 성격에 대한 위의 두 교수의 논쟁에서 水島一也 교수는 理論的 側面, 笠原長壽 교수는 經驗的·實證的 側面에 의거하고 있어 누구의 이론이 타당하다고 말하는 것은 곤란하다. 경험적 사실에서 보면 과거 독일(1920~1930년대)과 일본의 경우 보험자본과 금융자본이 밀착되어 독점자본을 형성하고 있었으며, 우리나라의 경우도 1950년대 후반부터 1960년대 전반까지

水島一也, "保險資本の 性格について" 「國民經濟雜誌」(第109卷 第1號, 1964)

______,"保險資本の 性格をめくる 問題," 「保險學雜誌」(第431號, 1965)

재벌을 중심으로 일부 시중은행과 일부 손해보험회사간에 그러한 관계를 볼 수 있었다. 이것은 정부가 부정축재환수금조로 재벌소유 은행주식을 환수하여 대주주가 됨에 따라 이러한 현상은 사라지게 되었다.

3. 保險資金

保險資金이라고 할 때 그 가운데는 보험기업이 운용하는 일체의 자금이 포함되는 것으로 이해하는 것이 일반적이다. 그러나 엄밀한 이론적 입장에서 보면 보험업의 자기자본(보험자본)과 타인자본인 보험자금과는 구별되어야 한다.[5] 즉, 보험경영을 위하여 보험자본이 투하되고 그 경영과정을 통하여 보험의 기술적 계기에 의하여 형성·누적된 자금(타인자본)을 보험자금으로 이해할 수 있다.

보험자금의 대부분은 보험계약상의 의무를 이행하기 위하여 준비금, 즉 보험계약준비금을 형성한다. 보험기업은 이 보험자금을 자기자본과 합하여 운용한다. 보험자금의 성격을 좀더 분명하게 설명하기 위하여 후술할 준비금과 관련하여 언급해야 한다. 보험기업의 운용자금 전체 가운데 보험계약준비금의 비율은 압도적으로 크다. 보험자금의 대종을 이루는 것은 책임준비금이다. 그것은 주로 미경과보험료와 보험료적립금으로 구성된다. 보험자금의 중요한 일부인 책임준비금의 성격에 대해서는 설명의 중복을 피하기 위하여 다음 항목으로 미루기로 한다.

保險資金의 性格에 있어서도 보험자본과 마찬가지로 전기 水島一也 교수와 笠原長壽 교수의 견해에는 차이가 있다.[6] 水島一也 교수는 전술한 바와 같이 보험자금을 자기자본(보험자본)이 아닌 타인자본으로 보고 있다. 구체적으로 단기보험을 원칙으로 하는 손해보험에 있어서 보험자금은 주로 보험기간과 회계기간의 차이에서 생기는 보험료의 기간배분의 결과로서 미경과보험료준비금으로 구성되기 때문에 그 자금의 성격도 단기성을 특징으로 한다. 또한, 장기간에 걸쳐 보험기간이 계속되는 생명보험에서는 평준보험료방식의 채용에 의한 보험료적립금이 형성되고 그 외에 양로보험의 경우처럼 저축요소의 혼입에 의한 저축보험료의 적립을 볼 수 있다는 것이다.

이와 같이 水島一也 교수는 보험자금(특히 생보자금)의 보수성 및 수동적 성

5) 水島一也, 「現代保險經濟」, 東京: 千倉書房, 1979, p. 121.

6) 주 4) 관계논문 참조.

격을 주장하고 있는 것에 대하여 笠原長壽 교수는 자금운용상의 법적 규제는 보험자금 그 자체의 속성이 아니고 일정한 사회경제적 조건하에서 정책상의 견지에서 외부적으로 규제되는 것이므로 보험자금의 수동성은 의미가 없다는 것이다.

앞에서 언급한 보험자본과 더불어 보험자금의 성격을 어떻게 파악할 것인가는 이론적·학문적으로 매우 중요할 뿐만 아니라 정책당국의 경우도 그 입장에 따라 자산운용정책이 달라질 수 있다. 우리나라 보험학계에서는 아직 여기에 대한 관심을 나타내지 않고 있지만 행정부에서는 보험회사, 특히 생명보험회사를 금융기관의 일부로 보고 보장성보다는 저축성을 우위에 두는 경향을 보여 왔다. 그 결과 생명보험회사를 저축기관으로 인정하고 내자동원의 중요한 기관으로 지정하기까지 하였다 이러한 사실은 이론적 근거보다는 현실적 사정에 기인한 것으로서 자금동원에 의한 경제개발의 필요성과 과거 보험회사 감독기구로서 '保險課'가 재무부 이재국에서 은행감독기구인 '理財課'와 함께 있었기 때문에 그것에 큰 영향을 받은 것으로 보인다.

제 2 절 保險準備金과 支給餘力

1. 準備金의 성격

일반적으로 보험회사에서 보험료는 보험사고가 발생하기 전에 선금으로 받아들이므로 보험계약에서 약정한 사고가 발생하였을 경우에는 보험금을 지급하기 위하여 준비금을 적립해 놓아야 한다. 이러한 준비금은 보험계약자의 이익을 도모하기 위하여 감독당국에서 법으로 각종 준비금의 적립을 명령한다. 그러므로 보험회사의 법정준비금은 일반 기업의 경우와는 달리 회사의 자산이 아니고 부채이다. 법정준비금은 보험회사가 장래에 이행하여야 할 채무를 위하여 보험종목별로 보험준비금을 적립함으로써 보험회사의 지급능력(solvency)을 보장하여 사전에 파산을 방지할 수 있다.

保險準備金은 이상과 같은 法定準備金 이외에 任意準備金(voluntary reserves)이 있다. 이것은 보험회사에서 자발적으로 일정한 목적을 위하여 적립하는 것이다. 예로서 유가증권가격의 변동에 대비하는 有價證券評價準備金(security valuation reserves), 감가상각을 위한 準備金(reserves for depreciation), 非常危險準備金

(contingency reserves), 大罹災準備金(catastrophic reserves) 등 여러 가지가 있다.

손해보험회사의 지급능력보장은 주로 법정준비금 적립요구를 통하여 이루어지고 있다. 이러한 목적을 달성하기 위하여 감독당국은 일반적으로 아주 복잡한 각종 준비금 적립방법을 마련하여 그 방법에 의하여 준비금의 적립을 요구한다. 법률적으로 각종 준비금을 흔히 두 가지 종류로 분류하고 있다. 그 하나는 현재채무를 위한 것이고 다른 또 하나는 장래채무를 위한 것이다. 전자는 현재나 가까운 장래에 지급을 요하는 각종 채무를 말하며 그 종류로서는 保險金支給準備金(claim reserves), 保險金支給經費準備金(claim expense reserves), 지급결의가 된 利益配當金, 支給準備金 등이 있다. 후자는 미래에 지급하여야 하는 각종 채무를 말하며 현재는 채무가 확정되어 있지 않고 다만 채무의 발생가능성에 대비하는 종류의 채무로서 未經過保險料準備金(unearned premium reserves)이 대표적인 예이다.

손해보험의 준비금제도는 국가와 보험상품에 따라서 그 종류, 분류기준, 적립방법, 명칭이 다르다. 또한, 생명보험에 비하여 준비금의 종류가 많은 것이 일반적이다. 우리나라 보험업법에서는 손해보험의 준비금을 責任準備金과 非常危險積立金으로 구분(保險業法 제98조)하고 있다.

2. 生命保險의 준비금

(1) 責任準備金의 성격

생명보험의 근간은 사망 내지 생존을 보험사고로 하여 보험보장(금전보장)을 행하는 것이다. 이와 같이 生命保險은 사망 내지 생존이라는 보험사고를 기준으로 하여 死亡保險과 生存保險으로 대별할 수 있지만 장래 지급되어지는 보험금의 용도 및 보험료의 납입방법 등을 기준으로 할 때 그 종류는 다종다양하다.

생명보험의 사업상의 이점은 무엇보다도 대량성의 요건이 만족됨으로써 실현된다. 재언할 필요도 없이 대량성의 요건은 보험사고발생의 확률을 안정화시킬 뿐만 아니라 준비금의 적립과 그 운용을 용이하게 하는 데 필요조건이 된다. 준비금의 적립은 후술할 손해보험의 경우도 마찬가지이지만 보험사고발생의 수리통계적 파악에 의하여 보험금지급에 대비하기 위한 것이다.

생명보험에 있어서 순보험료는 전보험기간을 통하여 확률적으로 계산되며 총지출과 총수입이 같다고 하는 이른바 收支相等의 原則이 성립되도록 계산한다. 즉, 보험기간을 중도에서 끊어서 그 시점 이후의 기간의 총수입과 총지출을 비교하여도 역시 같을 수는 없다. 사망발생의 확률은 연령이 높을수록 높기 때문에 사망보험금의 지급은 계약 후기일수록 증가한다. 그러나 보험료는 평준식으로 또한 후기일수록 장래의 보험료수입은 상대적으로 감소한다. 그 이외에 만기 보험금의 어떤 계약은 만기보험금의 지급준비도 필요하다. 따라서 생명보험회사가 장래의 지급책임을 다하기 위해서는 그 시점에 있어서 그 수지의 부족액을 준비금으로 유보해 둘 필요가 있다. 이것이 그 계약의 그 시점에 있어서 책임준비금이다.

한편, 보험기간의 시기에서부터 그 시점까지의 수지를 생각하여 볼 때 전보험기간에서는 수지가 상등하고 또한 그 시점 이후의 기간에서는 수지부족이 있기 때문에 시기에서부터 그 시점까지의 기간에서는 항상 수입초과, 즉 총수입은 총지출을 상회하므로 그 초과액은 후기의 지출에 충당되어진다. 즉, 책임준비금은 장래의 변동요소를 가미하여 예상되는 수지의 부족액에 대한 준비금인 동시에 과거의 수지의 잔액을 사내에 유보시키는 것이다.

責任準備金(policy reserve, premium reserve)은 생명보험에서나 손해보험에서 마찬가지로 未經過保險料準備金(unearned premium reserve)과 保險料積立金(mathematical reserve)으로 구성된다. 보험가입자의 가입시기가 임의이기 때문에 보험회사의 회계연도와 반드시 일치될 수는 없다. 예로서 보험기간이 1년으로서 당해 회계연도의 6개월이 경과한 시점에서 보험계약이 체결되었다면 가입자가 1년의 보험료를 선납한 경우 미경과기간이 6개월 남아있기 때문에 보험료의 50%는 적립할 필요가 있다. 또한, 9개월 경과 후는 25%가 된다.

(2) 純保險料方式과 Zillmer方式

책임준비금의 계산은 생명보험에 있어서 매우 복잡하다. 생명보험의 책임준비금의 산출방식에는 純保險料責任準備金方式(net level premium reserve), 질멜責任準備金方式(Zillmerized reserve)이 있고, 그 이외에 充足保險料責任準備金方式(Methode der ausreichenden Prämien)이라는 것이 있다. 일반적으로는 전자의 방법에 의하고 있다.

순보험료책임준비금방식에서 보험료는 평준화되기 때문에 보험기간의 중도에서는 수입한 보험료, 특히 이 경우에는 순보험료와 그 이자는 지급보험금과 일치하지 않는 것이 보통이다. 계약 당초에는 보험료가 높기 때문에 지급보험금보다 많고 차액분만큼 잉여가 생기지만 이 잉여는 장래에는 반대로 지급보험금이 많기 때문에 적립하여 둔다. 이 적립대상이 되는 보험료를 純保險料責任準備金이라고 한다. 이 적립방식은 평준화에 의하여 매년 동액의 순보험료를 수입재원으로 하고 있기 때문에 초년도부터 다액의 준비금을 적립해야 한다. 책임준비금은 두텁게 적립하면 할수록 보험회사는 안전하지만 보험수리상으로 안전한 적립방법은 이 純保險料式責任準備金이다.

생명보험은 신계약 모집당시 회사가 상당한 신계약경비를 지출하는 외에 기타 경비가 첨가되므로 일반적으로는 초년도경비는 차년도 이후 경비를 크게 상회하는 것이 상례이다. 따라서 한편으로는 상기 순보험료식으로 책임준비금을 적립하고 다른 한편으로 초년도경비를 처리하는 데 필요한 부가보험료 초과부분에 해당하는 적당한 재원이 있어야 한다. 차년도 이후의 부가보험료가 계약유지경비를 지출하고 여분이 있을 경우, 즉 구계약으로부터 생기는 費差가 부족분을 메우는 재원이 되어야 한다. 그러나 이것은 신설회사나 신계약이 급성장하는 회사에 대하여 적당한 구제책이 되지 못한다. 이 문제를 해결하는 새로운 책임준비금적립방식이 1863년 독일의 A. Zillmer(1831～1893년)에 의하여 발표되었으며, 이 방식을 Zillmer式責任準備金이라고 한다.

Zillmer식은 평준영업보험료를 일부 변형시켜 초년도에 예정신계약비를 전액 커버하고 그만큼 순보험료를 감액시키며 차년도 이후는 신계약비는 제로(0)로 하고 그만큼 순보험료는 증액시키는 것이다. 이러한 경우 초년도의 부가보험료는 차년도 이후의 부가보험료보다 많기 때문에 초년도에 신계약비를 전액지출하여도 어떠한 지장을 가져오지 않는다. 이와 같은 Zillmer식은 초년도에 신계약비분만큼 순보험료식보다 적게 적립되지만 차년도 이후는 매년 분할하여 그 부분을 상각하여 나간다. 상각기간이 5년의 경우를 5년 Zillmer, 10년의 경우를 10년 Zillmer, 전보험기간의 경우를 전기 Zillmer라고 한다. 상각기간 경과 후는 당연히 순보험료식 책임준비금과 완전 동일하게 된다.

責任準備金은 사업연도 말에 保險料積立金과 未經過保險料로 나누어 적립된다. 결국 책임준비금은 장래의 급부를 위하여 수지부족액을 미리 적립하는 것이지만 이것을 사업연도 단위로 보면 그 사업연도의 보험료 가운데 미경과분을 미경과보험료로 하고 그 이외의 것을 보험료적립금으로 하여 적립한 것이다. 생명보험회사가 적립하는 책임준비금 가운데는 그 이외에 危險準備金이라는 것이 있다. 이것은 재해나 질병에 의한 비정상적 대량의 사고발생에 대비하기 위한 것이다. 일반적으로는 이익의 일부를 유보하여 적립하고 있다.

(3) 책임준비금 적립방식의 변천

우리나라 생명보험의 責任準備金의 積立은 원칙적으로 순보험료식으로 해야 하며 회사의 실정에 따라 전기 Zillmer식 또는 단기식에 의하여 적립할 수 있다. 중도해약 및 확정배당준비금, 실효계약에 대한 책임준비금의 계산은 실제로 사용·집행된 전기 Zillmer식에 의하게 되어 있다. 이와 같이 책임준비금의 적립방식에 있어서 이원적인 방법을 쓰고 있는 것은 생명보험회사마다 사정이 다르고 생보시장의 여건의 변화에 순응하기 위한 조치로 생각된다. 그러나 책임준비금의 산출방식은 세법상의 이해관계는 물론 후술할 해약환급금과 계약자배당에 매우 큰 영향을 미치기 때문에 책임준비금에 대한 당국의 정책은 고유의 목적과

〈표 10-1〉 책임준비금 적립방식의 변천

구 분	최저준비금	내 용
'74년 이전	全期 Zillmer	· $n \geq 5$ 인 보험의 초과사업비 공제적립 인정
'75년	全期 Zillmer	· 적립금의 부치준비금 인정(결손사)
'76~'77년	全期 Zillmer	· 적립금 예정이율=보험료산출시 예정률+3% 이하 · 당기순이익>이월손실금인 경우: 적립금 예정이율을 보험료산출시 예정이율로 인하
'78~'79년	全期 Zillmer	· 초년도 준비금의 계산을 예정신계약비 납입보험료에 비례적립 · 당기손실 발생회사는 예정신계약비 초기 전액 지급을 인정
'80년	全期 Zillmer	· 부치준비금 불인정 · 순보식 적립가능 보험종류 지정 -중도보험금 및 급부금 지급보험 -5년 이하 양로보험 -단체보험 -단독보험 중 저축보험료/순보험료 비율이 90% 이상인 보험
'82~'83년	해약환급금식	· 해약공제액 포함
'84~'86년	해약환급금식	· 순보식준비금 적립 후에도 당기이익을 시현한 회사에 한하여 총액계약자이익배당 적립 허용
'87~현재	*K*방식(순보행정)	· 순보식과 해약식 혼합비례방식

자료: 朴天圭, "책임준비금 적립제도 개선방안 연구,"「보험조사월보」(제21권 제 4 호, 1998. 4), p. 14.

원리·원칙에 충실해야 할 것이다.

우리나라 생명보험회사는 1979년 이전까지 업계가 계속하여 당기손실을 나타냄에 따라 전기 Zillmer식을 사용하였고 재무구조가 취약한 회사의 사정을 고려하여 매년 결산지침을 탄력적으로 운용하여 왔다. 1980년부터 1983년까지는 재무구조가 다소 호전됨에 따라 1980년에 준비금 부담 경감조치를 일소하고 처음으로 순보험료식 적립을 허용하였다. 1984년부터 1986년까지 순보험료식 준비금을 적립하고도 당기이익이 발생한 회사에는 계약자이익배당준비금의 적립을 허용하였는데 삼성생명과 교보생명이 이 경우에 해당되었다. 1987년 이후 순보험료식과 해약식의 혼합비례방식인 K율방식을 채택하여 왔다.

K율방식 적립방법에서 K율은 해약식 준비금에서 추가로 더 적립한 금액의 비율을 의미한다. 이 방식을 도입하게 된 취지는 매년 보험료적립금률(K율)을 상향 조정하도록 함으로써 생명보험회사로 하여금 가장 충실한 보험료적립금방식인 순보험료식 준비금을 목표로 하여 적립의 충실을 유도하는 데 있었다. K율의 산출방식은 다음과 같다.

〈보험료적립금 적립률(K율)〉

$$ {}_tV = {}_tV^{(w)} + K \cdot ({}_tV^{(n)} - {}_tV^{(w)}) $$

${}_tV$: 실제적립금, ${}_tV^{(n)}$: 순보험료식 책임준비금, ${}_tV^{(w)}$: 해약환급금식 책임준비금,
K: 보험료적립금 적립률

즉,

$$ K = \frac{\text{실제적립 책임준비금} - \text{해약식 책임준비금}}{\text{순보식 책임준비금} - \text{해약식 책임준비금}} $$

$$ = \frac{\text{최저준비금에서 추가로 더 적립한 금액}}{\text{법정최고준비금과 최저준비금의 차액}}, \ (\text{단, } 0 < K < 1) $$

구 분	의 미
$K=1$	순보험료식 준비금적립
$0<K<1$	해약환급금식과 순보험료식 준비금의 중간수준 적립
$K=0$	해약환급금식 적립
$K<0$	해약환급금식 준비금적립 미달

주: K율에 따라 ① 주주지분과 계약지분을 차별화하고, ② K가 1인 회사의 경우 주주배당을 허용하며, ③ 보험보증기금 출연시 K율에 따른 할인율을 적용한다.

(4) 현행 책임준비금제도

보험사업자는 장래에 지급할 보험금, 환급금 및 계약자배당금의 지급에 충당하기 위하여 다음과 같은 금액을 책임준비금으로 계상해야 한다(보험업법시행규칙 제21조).

① 매 결산기 말 현재 보험금 등의 지급사유가 발생하지 아니한 계약에 대하여 보험종목별 또는 계약기간 경과별로 보험료 및 책임준비금 산출방법서에서 정하는 바에 따라 계산한 보험료적립금과 미경과보험료

② 매 결산기 말 현재 보험금 등의 지급사유가 발생한 계약에 대하여 보험금, 환급금 또는 계약자배당금에 관한 소송이 계속 중인 금액이나 지급이 확정된 금액과 보험금지급사유가 이미 발생하였으나, 보험금지급금액의 미확정으로 인하여 아직 지급하지 아니한 금액

③ 보험사업자가 보험계약자에게 배당하기 위하여 적립한 금액으로서 금융감독위원회의 승인을 받은 금액

④ 재보험에 출재한 경우 그 부분에 대한 책임준비금은 재보험사업자가 계상해야 한다.

위의 ①에서 규정한 보험료적립금은 이미 납입된 순보험료를 기준으로 한 순보험료식에 의하여 계산한 금액보다 소액으로 할 수 없다. 그러나 금융감독위원회가 필요하다고 인정할 경우는 보험수리상 지장이 없는 범위 안에서 다른 방법으로 보험료적립금을 계산할 수 있고(보험업법시행부칙 제23조 제 1 항), 미경과보험료 및 예정이익률의 계산방법과 비상위험준비금의 계상한도액은 금융감독위원회가 정한다. 책임준비금의 적립과 그 계산에 관한 방법은 보험감독규정 제114조와 보험감독업무시행세칙 제23조에서 다음과 같이 규정하고 있다.

> **제114조(책임준비금의 적립)** ① 보험계약에 대한 책임준비금은 보험료적립금·미경과보험료적립금·지급준비금·계약자배당준비금·계약자이익배당준비금·재보험료적립금으로 구분하여 각각 적립한다.
>
> ② 보험료적립금은 매 회계연도 말 현재 보험금 등의 지급사유가 발생하지 아니한 계약이 해약된 경우에 계약자 또는 수익자에게 지급하여야 할 해약환급액(해약공제액을 포함한다)으로서 제115조의 규정에 의하여 계산한 금액으로 한다.
>
> ③ 미경과보험료적립금은 회계연도 말 이전에 납입기일이 도래한 보험료 중 차기 이후의 기간에 해당하는 보험료로서 보험료 및 책임준비금 산출방법서에 의하여 계산한 금액으로 한다.

④ 지급준비금은 매 회계연도 말 현재 보험금 등의 지급사유가 발생한 계약에 대하여 보험금·환급금·계약자배당금에 관한 분쟁(금융분쟁조정위원회에 계류 중인 것에 한한다) 또는 소송이 계류 중인 금액이나, 보험금지급이 확정된 금액과 보험금지급금액의 미확정으로 인하여 아직 지급하지 아니한 금액으로 한다.

⑤ 계약자배당준비금은 금리차보장준비금, 위험률차배당준비금, 이자율차배당준비금, 사업비차배당준비금, 장기유지특별배당준비금, 재평가특별배당준비금으로 구분한다(2001. 3. 30 본항개정).

⑥ 계약자이익배당준비금은 장래에 계약자배당에 충당할 목적으로 법령이나 약관에 의해 영업성과에 따라 총액으로 적립하는 금액을 말한다.

⑦ 보험계약을 출재한 경우에는 출재금액을 출재보험준비금의 과목으로 하여 책임준비금에서 차감하는 방식으로 표시하고, 수재한 경우에는 출재보험사업자가 적립하지 아니한 책임준비금 전액을 재보험료적립금의 과목으로 하여 적립하여야 한다.

제23조(책임준비금의 계산) ① 보험료적립금은 순보험료식 준비금으로 적립하며 회계연도 말 보험료적립금은 다음과 같이 월별 기간경과에 따라 산출한다.

$$t+\frac{m}{12}V = tV + \frac{m}{12}(t+1V - tV)$$

단, m: 납입경과월수, tV: 보험연도 말 순보험료식 보험료적립금

② 연생보험의 보험료적립금은 주피보험자와 주된 종피보험자의 생존여부에 따라 구분하여 적립한다.

③ 보험료적립금은 연납보험료를 기준으로 하여 산출한다.
다만, 생존시 이미 납입한 보험료를 지급하는 보험의 경우에는 납입주기별로 보험료적립금을 산출한다.

④ 미경과보험료적립금은 다음과 같이 산출한다.

$$\text{미경과보험료적립금} = \frac{m'-t}{m'} \cdot P$$

단, m: 납입주기(2, 3, 6, 12), t: 납입경과월수, P: 납입순보험료

현행 우리나라 생명보험의 책임준비금제도는 순보험료식 제도로서 1999년부터 시행되고 있다. 보험업법 회계처리준칙의 제정에 따라 준비금 적립방식이 기존의 순보험료식·해약식의 병행에서 순보험료식으로 통일된 것이다. 이에 따라 보험료적립금은 종전의 순보험료식(최고)원칙으로 하고 7년 상각해약환급금

식(최저)이 허용되었으나 순보험료식으로 통일되었으며, 최고한도와 최저한도 내에서 적립률(K율)의 하향이 불가하였으나 현재는 보험료결손예상시 신계약비 추가상각 및 보험료적립금 추가적립 규정이 신설되었다. 또한 신계약비는 종래 당기비용으로 처리하였으나 현재는 자산계상 후 7년 이내 상각하도록 되어 있다. 1999년도 제도변경에서 특이한 것은 보험료결손제도가 도입되어 시장금리가 예정이율보다 장기간 하락하여 보험료적립금의 부족이 예상될 때에는 보험료적립을 추가적립하도록 되어 있다. 이 개정제도는 미국의 표준책임준비금제도와 비교하여 부분적 표준책임준비금제도의 성격을 지니고 있다.

⑸ 解約還給金

생명보험은 일반적으로 장기계약이기 때문에 기간의 도중에서 계약을 계속할 수 없는 경우가 있다. 보험계약자(가입자)에게는 계약의 도중에도 해약을 할 수 있다. 물론 해약한다면 보험료납입의무는 없어지지만 동시에 보험금수령의 권리도 포기하게 된다. 보험회사는 해약신청을 받은 경우 그 때까지 적립된 책임준비금 가운데 약간의 공제(이것을 해약공제율 또는 해약익이라고 한다)를 한 금액을 해약환급금으로서 계약자에게 지급한다. 계약자의 지분이라고 할 수 있는 책임준비금을 전액 반환하지 않고 약간의 공제를 하여 지급하는 이유는 다음 3가지이다.

① 逆選擇의 問題가 있다. 사망보험의 경우 피보험자가 현재 와병 중에 있을지라도 보험계약은 계속될 수 있다. 즉, 해약된 계약의 피보험자는 건강체로 생각되기 때문에 잔존 피보험자집단의 사망률은 해약이 없는 경우에 비하여 악화된다. 보험회사는 계약시에 피보험자의 건강을 어떠한 방법으로 체크하고 일정수준 이상인 경우에 가입을 승인한다. 이것에 대하여 계약자측으로서는 선택되어지기 때문에 역선택이라고 할 수 있다.

② 未償却新契約費의 辨濟이다. 보험계약이 전기간 계속된다면 평준화된 예정신계약비도 전액 납입되어진다. 계약이 당사자간의 합의에 의하여 체결된 경우에는 그 약정이 모두 이루어질 수 있다는 관점에서 본다면 장래수입이 있을 것으로 생각하고 지출한 신계약비 가운데 해약시점 이후의 미상각신계약비분은 공제되지 않으면 안 된다.

③ 期待利益의 損失이다. 보험회사는 계약자가 납입한 보험료를 가지고 보험금을 지급하고 책임준비금을 유리하게 운용하여 제경비를 지출하고 있다. 후

술할 계약자배당은 이러한 제경영활동의 결과에서 나타나는데 계약이 해약된다는 것은 그 이익의 감소를 초래한다. 이러한 이유에서 해약환급금은 책임준비금에서 약간의 금액을 공제한 액으로 한다.

해약·실효시에 보험계약자로서는 그가 납입한 보험료 전액이 이자는 가산하지 않더라도 환불되는 것으로 오판하고 있는 경우가 있기 때문에 자주 보험회사에 대하여 불만을 토로하게 된다. 그 환급금의 기준은 일단 책임준비금으로 한다는 사실에 대하여 이론의 여지가 없다. 그러나 이 경우 기준이 되는 책임준비금을 순보험료식과 Zillmer식(단기와 전기) 어느 것에 의하는가에 따라 해약환급액은 차이가 있게 마련이다.

우리나라 解約還給金制度는 그 동안 보험가입자의 불만이 많아 개선되어가고 있다. 1960년대에는 계약 후 1년 이내는 환급금이 없었지만 그 후 기간을 6개월로 단축하였으며, 다시 경과기간에 관계 없이 책임준비금의 90%로 하였으며 3년 이상의 유지계약에는 책임준비금 전액을 환급금으로 하고 있다. 과거 生保界에서 굳이 '解約益'이라는 용어를 쓰기 싫어하고 있고, 利源分析에서 나타난 결과에 대해서는 事業費의 未償還이며 資産運用의 缺損이라고 말하고 있다. 문제는 모집인의 대량채용에 의한 대량모집·대량탈락과 각사의 계약고 경쟁의 악순환이 되풀이되는 가운데 보험회사가 이를 시정하려는 노력이 부족하였다. 이것은 보험계약자의 입장에서 보면 해약은 회사측의 무리한 부실모집에서도 일부 발생하게 되고 그 결과 계약자만 손해를 보고 있다는 불만에 대해서 보험회사는 완전하게 논리적으로 또는 해약환급의 본질에 대한 홍보활동을 전개하지 못하고 있다.

해약환급금제도에 대한 보험계약자들의 이해부족 및 불만처리를 위해서 보험감독업무시행세칙에서는 생명보험(제24조)과 장기손해보험(제41조)의 해약환급금 계산방식을 구체적으로 규정하고 있다.

제24조(해약환급금의 계산) ① 해약환급금은 보험료 및 책임준비금 산출방법서에서 계산한 금액과 다음 각 호에서 정하는 방법으로 계산한 금액 중 큰 금액으로 한다.

1. 순보험료식 보험료적립금에서 다음과 같이 미상각신계약비를 공제한다. 다만, 순보험료식 보험료적립금에서 미상각신계약비를 공제한 금액이 음(陰)의 값인 경우에는 이를 영(零)으로 처리한다.

$$tW = tV(N) - \frac{12 \cdot m - t}{12 \cdot m} \cdot \alpha$$

단, tW: 해약환급금, $tV(N)$: 순보험료식 보험료적립금, α: 예정신계약비, t: 납입경과월수, m: 신계약비상각기간

2. 제 1 호의 규정에 의한 신계약비 상각기간은 보험료 납입기간으로 하되, 보험료 납입기간이 7 년 이상일 때에는 7 년으로 한다. 다만, 금리연동형보험은 보험료 납입기간이 5 년 이상일 때에는 5 년으로 할 수 있다.

3. 제 1 호의 규정에 의한 순보험료식 보험료적립금 및 미상각신계약비 계산시 적용하는 기초율은 다음 각 목의 기초율로 한다.

가. 감독규정 제115조 제 1 항의 규정에 의한 표준이율의 125%와 보험료산출시 적용한 예정이율 중 낮은 이율. 다만, 금리연동형보험의 적립부분은 보험료 및 책임준비금 산출방법서에서 정한 부리이율을 적용한다.

나. 별표 4 에서 정한 보험종류별 신계약비율 한도와 보험료산출시 적용한 예정신계약비율 중 낮은 신계약비율

다. 보험료산출시 적용한 예정위험률

② 보험사업자는 보험계약이 해지되는 경우 제 1 항의 규정에 의한 해약환급금에 미경과보험료적립금 등을 가산한 금액을 보험계약자에게 지급하여야 한다.

제41조(장기손해보험의 해약환급금 계산) ① 해약환급금은 제40조 제 1 항의 보험료적립금과 다음 각 호에서 정하는 기초율을 적용하여 계산한 금액 중 큰 금액으로 한다. 다만, 보험료적립금이 음(陰)의 값인 경우에는 이를 영(零)으로 처리한다.

1. 감독규정 제122조 제 3 항의 규정에 의한 표준이율의 125%와 보험료산출시 적용한 예정이율 중 낮은 이율. 다만, 금리연동형보험의 적립부분은 보험료 및 책임순비금 산출방법서에서 정한 부리이율을 적용한다.

2. 별표 4 에서 정한 보험종류별 신계약비율 한도와 보험료산출시 적용한 예정신계약비율 중 낮은 신계약비율

3. 보험료계산시 적용한 예정위험률

② 보험사업자는 보험계약이 해지되는 경우 제 1 항의 규정에 의한 해약환급금에 미경과보험료적립금 등을 가산한 금액을 보험계약자에게 지급하여야 한다.

3. 損害保險의 준비금

(1) 책임준비금

責任準備金(liability reserve)이란 보험보장이라고 하는 보험자의 계약상 책임을 이행하기 위하여 계산기술에 의하여 적립하는 금액이다. 여기서 계약상의 책임이란 현재의 위험기간에 있어서 장래 발생할 가능성을 가진 보험금지급책임과 그 때까지의 사업계속책임(경비)이라고 할 수 있다. 일반적으로 손해보험계약에서 볼 수 있는 것처럼 보험료 선납방식과 일정 보험료방식을 채용하고 있는 조건에서는 보험금지급책임액과 사업계속책임액이 계약에 의하여 받을 수 있는 영업보험료수입총액과 일치하도록 보험자가 노력하지 않으면 안 된다.

전술한 바와 같이 책임준비금에는 보통 保險料積立金(premium reserve)과 未經過保險料準備金(unearned premium reserve)으로 구성된다. 손해보험에서는 후자가 책임준비금의 중요한 내용이 된다. 이것은 바로 보험료의 미경과부분과 미경과위험에 대한 준비금이다. 未經過保險料準備金이란 이 준비금 적립일 이후에 생기는 각종 부채를 위하여 할당된 총보험료의 일부를 말하며 준비금의 적립 이후 시간이 경과됨에 따라 일정한 비율의 총보험료가 보험자의 자산으로 옮겨지게 된다. 이것은 시간이 경과함에 따라서 보험자는 경비를 지출하고 보험금을 지급하여 각종 부채를 지불하는 까닭이다.

未經過保險料(unearned premium)란 경과보험료준비금을 적립할 당시 보험자의 소유로 되지 않는 총보험료의 일부분을 말한다. 이 미경과보험료준비금을 再保險準備金이라고도 한다. 이것은 미경과보험료준비금을 가지고 보험자가 그의 현재의 부채를 충분히 재보험을 통하여 재보험자에게 전가시킬 수 있기 때문이다.

미경과보험료준비금은 일반적으로 법률로서 적립을 요구하고 있다. 선진국가의 경우 미경과보험료준비금은 순보험료에 의하여 계산되는 것이 아니고, 총보험료에 의하여 계산되므로 수수료·경비부분에 해당하는 총보험료의 30～40%는 실질적으로 보험자의 소유가 된다고 볼 수 있다.

책임준비금 가운데 가장 큰 비중을 차지하고 있는 이상과 같은 미경과보험료준비금은 계산방법에 관한 실제와 이론은 국가와 논자에 따라 다르다. 손해보험계약에 있어서 책임준비금은 사업연도 중 수입한 보험료에서 보험금, 사업비, 지급준비금 등을 공제한 잔액을 적립하도록 하고 있다.

미경과위험에 대한 준비금은 이론적으로 계산할 수 없지만 평균적인 미경과

기간은 6개월이기 때문에(손해보험의 계약기간은 보통 1년) 수입보험료의 절반은 미경과이다. 미국에서 학자들의 주장은 일반적으로 36~40%의 미경과보험료준비금의 적립을 요구하고 있으나, 그 계산방법은 일반적으로 법률에서 年間比例計算法(annual pro rata fraction basis)에 의할 것을 규정하고 있다. 즉, 모든 계약이 1년간 평균으로 체결된 것으로 가정하고 이것을 총괄하여 1년도의 중앙에서 체결된 것으로 한다. 따라서 1년계약에 대해서는 미경과기간은 1/2, 3년계약에 있어서 당해연도분은 5/6, 전년도분은 1/2과 같이 계산한다.

⑵ 지급준비금

손해보험회사의 支給準備金(claim reserve or loss reserve)이란, 이미 발생한 사유에 의한 보험금, 환급금 또는 보험계약에 의한 배당금의 지급의무가 인정되는 경우에 있어서 그 지급에 필요하다고 인정되는 금액에 상당하는 적립금이다. 이 적립액은 이상적으로는 발생한 손해의 전부를 지급하는 데 충분한 금액이 되지 않으면 안 된다. 다른 한편 손해보험의 지급준비금에 있어서도 그 실태는 보험종목과 담보위험에 따라 다르며, 지급준비금의 적립의 적정도가 특히 문제되는 것은 보험금의 지급이 수년에 걸치는 장기영업(long-term business)이다.

지급준비금은 미발생손해의 지급을 위하여 적립하는 책임준비금과는 달리 이미 발생한 손해에 관한 未給未了의 손해(부대비용을 포함)의 지급을 위하여 적립하는 負債性充當金이다. 이 경우 기발생손해(incurred loss)란 보고의 유무에 관계 없이 일정시점에 있어서 모든 발생손해를 포함한다. 따라서 支給準備金은 다음 두 가지로 구성된다.

① 旣知 또는 旣報告損害(known or reported losses)에 대한 보통지급준비금(regular loss reserve)

② 未知 또는 未報告損害(unknown or unreported losses)에 대한 기발생미보고손해지급준비금(incurred-but-not-reported loss reserve, 'IBNR 準備金'이라고 약칭)

⑶ 非常危險準備金

오늘날 급속한 기술혁신을 배경으로 하여 경제사회의 발전 및 산업구조의 고도화는 양적으로나 질적으로 새로운 위험을 탄생시키고 있다. 예를 들면 석유정제를 중심으로 하는 중화학콤비나트, 원자력발전소, 초대형선, 고층빌딩 또는 그 곳에 집적된 위험, 그 이외에 세계적인 인플레이션경향, 배상수준의 급등 등

수없이 많다. 이와 같은 사회환경 가운데 위험부담을 채무로 하고 있는 손보사업으로서는 요율수준의 인상이나 재보험수단에서만 호소할 것이 아니라 손보기업으로서 담보력의 증강이 이루어져야 한다. 이 담보력의 증강을 촉진하는 유효한 수단이 비상위험준비금제도이다.

우리나라 保險業法施行規則 제22조에서는 비상위험준비금을 특별준비금의 하나로 규정하고 있다. 非常危險準備金은 예상사고율을 초과하는 비상위험에 대비하여 적립하여야 한다고 규정하고 있으나 그 방법과 한도에 대해서는 금융감독위원회가 별도로 정한다고 규정하고 있다.

非常危險이란 무엇인가에 대해서는 표현 자체가 극히 추상적이며 그 내용도 명확하지 않다. 일반적으로 비상위험으로 부르고 있는 것은 대화, 대지진, 항공기사고, 거대선박사고 등을 생각할 경우 예측불가능한 대규모 재해를 말한다. 따라서 비상위험의 성격에 대해서는, ① 발생여부가 분명하지 않고, ② 발생시기를 알 수 없고, ③ 발생규모를 알 수 없는 우연사고의 3요건을 갖추고 있다.

非常危險準備金은 선진국의 경우 보험종목에 따라 보험요율의 구성요소로서 부가보험료의 일부로서 2~3% 정도 반영시키고 있다. 그러나 여기에 대한 수리통계학적인 연구로서 1960년대 이후 國際액추어리協會(International Actuarial Association)의 損害保險分科(Actuarial Studies in Non-Life Insurance: ASTNI)를 중심으로 수학적 모델설정이 시도되고 있다.

(4) 손해보험의 각종 준비금제도

우리나라의 손해보험의 경우 보험계약준비금은 책임준비금과 비상 위험준비금으로 구분하고, 책임준비금은 지급준비금, 장기저축성 보험료적립금, 미경과보험료적립금, 계약자배당준비금 및 계약자이익배당준비금으로 세분한다(보험업감독규정 제122조).

장기저축성 보험료적립금은 대차대조표일 현재 보험금 등의 지급사유가 발생하지 아니한 계약에 대하여 장래의 보험금 등의 지급을 위하여 적립해야 하는 금액이며 보험료적립금이 제로(0)보다 적은 때에는 제로(0)로 한다. 지급준비금 및 미경과보험료의 적립, 비상위험준비금의 적립과 환입사용 기준은 금융감독원장이 정하도록 되어 있다. 손해보험의 각종 준비금 계산방법은 보험감독업무시행세칙에 보험종목별로 다음과 같이 규정되어 있다.

제83조(손해보험의 지급준비금) ① 자동차보험의 지급준비금은 제1호 금액과 제3호

의 미보고발생손해액의 합계액으로 한다. 다만, 대인배상책임의 경우 제 2 호의 금액이 제 1 호 및 제 3 호의 합계액보다 많을 때에는 제 2 호의 금액으로 한다.

1. 보험사고별로 추산하여 산출한 금액(수재보험의 경우에는 출재보험자로부터 통보된 금액)
2. 대차대조표일 이전 5년간의 사고발생연도기준 지급보험금 진전추이방식에 의하여 산출된 금액. 다만, 자동차보험 영위기간이 5 년 미만인 경우에는 손해보험사업자의 평균치 자료에 근거하여 산출하며, 지급보험금 진전추이방식에 의한 지급준비금의 계산기준은 별표 18과 같다.
3. 미보고 발생손해액: 대차대조표일 이전 1 년간 경과보험료의 1 %(대인배상책임의 경우에는 3 %) 해당액

② 상해보험, 배상책임보험 및 근로자재해보상책임보험의 지급준비금은 다음 각 호의 1 에 의하여 산출한 금액의 합계액으로 한다.

1. 보험사고별로 추산하여 산출한 금액. 다만, 수재보험의 경우에는 출재보험자로부터 통보된 금액으로 한다.
2. 미보고 발생손해액: 대차대조표일 이전 1 년간 경과보험료의 3 % 해당액

③ 해외수재보험의 지급준비금은 다음 각 호의 1 에 의하여 산출한 금액의 합계액으로 한다.

1. 해외재보험자로부터 통보된 기보고 발생손해액
2. 미보고 발생손해액: 제 1 호의 기보고 발생손해액의 10% 해당액과 해외재보험자로부터 통보된 미보고 발생손해액 중 많은 금액

④ 보증보험의 지급준비금은 다음 각 호의 1 에 의하여 산출한 금액의 합계액으로 한다.

1. 보험사고별로 추산하여 산출한 금액. 다만, 수재보험의 경우에는 출재보험자로부터 통보된 금액으로 한다.
2. 금융성 보증보험(사채보증보험, 사업자주택자금보증보험, 개인주택자금보증보험, 소액대출보증보험, 생활안전자금보증보험, 이행(지급)보증보험 중 자금지급보증)에 대하여는 보험계약자가 당좌거래가 정지된 경우 등 보험사고 발생이 확실시되는 경우에는 보험계약별 손해액을 추산하여 산출한 금액
3. 미보고 발생손해액: 대차대조표일 이전 1년간 경과보험료의 3 % 해당액

⑤ 제 1 항 내지 제 4 항에서 규정하는 보험종목을 제외한 보험종목의 지급준비금은 보험사고별로 추산하여 산출한 금액으로 한다. 다만, 수재보험의 경우에는 출재보험자로부터 통보된 금액으로 한다.

⑥ 손해보험사업자는 제 1 항 및 제 2 항 각 1 호의 규정에 의한 지급준비금의 추산기준을 내규로 정하여야 하며, 특별한 사유가 없는 한 이를 매기 계속 적용하여야

한다.

⑦ 손해보험사업자는 지급준비금을 추정함에 있어서 소송, 중재 등 보험사고의 해결과정에서 발생하는 비용 등을 가산하고, 보험사고의 해결과정에서 취득하는 담보자산의 매각 또는 구상권 등 기타 권리의 행사로 인한 회수가능액은 차감한다. 이때 회수가능금액의 산출은 감독규정 제121조의 방법을 준용한다.

第84条(손해보험의 미경과보험료적립금) 미경과보험료적립금은 다음 각 호의 방법에 의하여 산출한 차기이월미경과보험료 해당액을 계상한다.

1. 자동차보험: 매 계약건별로 다음 각 목의 산식에 따라 산출한 금액. 다만, 수재보험의 경우에는 출재보험자로부터 통보된 금액으로 한다.

가. 보험료를 일시에 납입하는 경우

$$\text{보유보험료} \times \frac{\text{미경과기간(일수)}}{\text{보험기간(일수)}}$$

나. 보험료를 분할납입하는 경우

$$\left(\begin{array}{l}\text{분할납입 보유}\\\text{보험료의 총액}\end{array}\right) \times \frac{\text{미경과기간(일수)}}{\text{보험기간(일수)}} - \left(\begin{array}{l}\text{납입기일이 도래하지 않}\\\text{은 보유보험료 해당액}\end{array}\right)$$

2. 선박보험, 항공보험 및 근로자재해보장책임보험: 대차대조표일 이전 1년간 보유보험료의 20% 해당액

3. 적하보험: 대차대조표일 이전 3월간의 보유보험료

4. 운송보험 및 해외여행자상해보험: 대차대조표일 이전 1월간의 보유보험료

5 장기저축성손해보험: 해당 보험종목의 보험료 및 책임준비금 산출방법서에 규정한 산식에 따라 산출한 금액. 다만, 장기저축성손해보험을 위험보험료식으로 수재하는 경우에는 보험료납입기간별·미경과월별로 다음 산식에 따라 산출한 금액의 합계액으로 한다.

$$\text{미경과월별보유보험료} \times \left(1 - \frac{\text{경과월수} \times 2 - 1}{\text{보험료납입기간(월)} \times 2}\right)$$

6. 생명보험의 수재보험: 생명보험재보험료 및 책임준비금 산출방법서에 규정한 산식에 따라 산출한 금액

7. 해외수재보험: 대차대조표일 이전 1년간 보유보험료의 40% 해당액. 다만, 경과

보험료기준으로 수재하는 경우에는 영(零)으로 한다.

8. 보증보험: 매 계약건별로 다음 각 목의 규정에 의하여 산출한 금액. 다만, 수재보험의 경우에는 출재보험자로부터 통보된 금액으로 한다.

가. 공탁보증보험 및 보석보증보험: 보험료 및 책임준비금 산출방법서에서 정한 금액

나. 할부판매보증보험

$$\text{보유보험료} \times \frac{\{\text{미경과기간(일수)}\} \times \{\text{미경과기간(일수)} + 1\}}{\{\text{보험기간(일수)}\} \times \{\text{보험기간(일수)} + 1\}}$$

다. 기타 보증보험: 제 1 호에서 규정한 각 목의 산식에 따라 산출한 금액

9. 제 1 호 내지 제 8 호에 규정한 보험종목을 제외한 보험종목 다음 각 목의 산식에 따라 산출한 금액 중 한 가지 방법을 매기 계속하여 적용하여야 한다.

가. 일할계산법

$$\text{보유보험료} \times \left(1 - \frac{\text{경과기간(일수)}}{\text{보험기간(일수)}}\right)$$

나. 월할계산법

$$\text{미경과월별 보유보험료} \times \left(1 - \frac{\text{경과월수} \times 2 - 1}{24}\right)$$

第85條(비상위험준비금) ① 비상위험준비금은 다음 산식에 의하여 산출한 금액의 50% 이상 100% 이하의 금액을 대차대조표일 이전 1년간 경과보험료의 50%에 달할 때까지 매기 누적하여 적립하여야 한다.

$$\text{비상위험준비금적립금액} = \text{보험종목별 보유보험료} \times \text{예정이익률}$$

② 비상위험준비금은 보험종목별(화재보험, 해상보험, 자동차보험, 특종보험, 보증보험, 해외수재 및 원보험의 6 개 종목으로 구분한다)로 경과손해율이 100%를 초과하는 경우와 이익잉여금을 초과하는 결손이 발생하는 경우 그 초과금액을 환입할 수 있다. 다만, 비상위험준비금 환입 전의 당기순손실을 초과하지 못한다.

③ 제 1 항의 예정이익률은 기초서류에서 정한 율을 말한다. 단, 수재보험 및 해외원

보의 예정이익률은 2％를 적용한다.

손해보험의 종목별 각종 준비금제도에 대한 규정은 위의 정도에 그치지 않고 자동차보험의 지급준비금(보험업감독규정 제86조), 장기손해보험의 계약자배당준비금의 적립(동규정 제81조), 퇴직보험계약의 계약자배당준비금의 적립(동규정 제82조) 등이 구체적으로 규정되어 있다.

4. 財務健全性과 支給餘力制度

(1) 보험회사의 재무건전성 규제

IMF체제 이후 우리나라 생명보험회사 및 손해보험회사가 지급능력의 부족으로 일부 도산 및 합병조치가 이루어지고 있는 가운데 재무건전성에 대한 규제의 일환으로 보험회사의 지급능력 내지 지급여력에 대한 규제에 대해서 감독당국과 업계는 물론 보험학계에서도 주요 관심사항이 되고 있다.[7] 오늘날 보험산업을 비롯하여 모든 주요 산업정책에서 이른바 규제완화가 크게 강조되고 또한 실현되고 있지만 적어도 보험회사의 지급능력과 관련되는 재무건전성의 문제에 대해서는 본질적으로 규제의 범위 또는 정도가 어떠한 이유에서든지 완화되기 어렵다. 특히 한국뿐만 아니라 선진 여러 국가의 보험산업이 1990년대 이후 계속 도산과 합병의 소용돌이 속에서 벗어나지 못하고 있는 현실을 고려하면 진행되고 있던 규제완화도 역행할 수 있는 사정에 놓여 있다.

일반적으로 보험산업은 원래 규제가 불가피한 사업의 특성을 지니고 있으며 재무건전성에 대해서는 회사설립과 운영전반에 걸쳐 광범하게 규제되고 있다.[8] 보험회사의 설립에서는 일정수준 이상의 최소자본금의 납입을 요구하고 있다. 보험사업자는 최소한 300억원(單種 保險會社는 100억원) 이상의 자본금을 납입해야 하고, 그 30％를 보험계약자 보호예탁금으로 금융감독원에 예탁해야 한다. 그 뿐만 아니라 자산운용에 대한 규제는 매우 엄격하고 구체적이다. 보험회사

---

7) 2001년 5월 11일 한국보험학회 창립 第37주년 기념 학술세미나에서 다음 3편의 논문이 발표되었다(공통주제: 보험회사 재무건전성 규제).
① 山下友信, “(일본) 보험회사의 지급여력”
② 류근옥, “생명보험회사의 재무건전성 규제와 개선방향”
③ 정홍주, “손해보험회사의 재무건전성 규제와 개선방향”

8) 李淳在, “손해보험산업 재무건전성 규제의 개선방향에 관하여,” 「보험조사월보」(제20권 제12호, 1997. 12), pp. 38～49.

자산은 계약자에 대한 부채(책임준비금 등)가 대부분이므로 투자의 안전성이 중시되고 있다. 보험업법 제 6 조의3(재무건전성의 유지)에 의하여 보험사업자는 자본의 적정성, 자산의 건전성, 기타 경영의 건전성 확보를 위하여 필요한 사항에 대하여 일정기준을 준수해야 한다. 여기서 일정기준이란 보험업법시행령 제12조의3(재무건전성 기준)에 의한 후술할 지급여력금액을 말한다.

재산운용의 건전성을 위해 보험업법 제19조, 동시행령 제14조, 보험업감독규정 제95조~제97조 등에서 구체적으로 명시하고 있다. 또한 종전까지 요율제도도 인가요율로서 간섭하고 가격자유화시대에서도 파멸적인 가격경쟁을 하지 못하도록 회계, 세무 등 간접적인 통제수단을 활용하고 있다. 보험회사 재무건전성과 가장 밀접한 관련성이 있는 것은 전술한 책임준비금제도이다. 보험회사는 언제나 보험금의 지급이 가능하도록 준비금제도에 대해서 다른 어느 부문보다도 감독당국이 규제하고 있다. 이러한 준비금만으로 부채를 변제할 수 없을 때에는 추가적인 자금을 확보하도록 조치할 수 있는데, 이것이 다음 항목에서 논할 지급여력에 대한 조치이다.

감독당국은 보험회사의 경영효율과 재무상태를 수시로 파악하여 조기에 재무부실을 감지하여 대책을 강구하는 이른바 早期警報制度도 오늘날 모든 국가의 보험감독행정에 포함되어 있다. 만약 보험회사가 파산되어 계약자에게 직접적인 피해가 발생하면 보험보증기금을 활용하여 보험회사를 대신하여 계약자에게 지급한다(1인당 최고 5천만원 한도).

(2) 선진국의 지급여력제도

일반적으로 재무능력, 재무건전성, 지급능력(solvency), 지급여력(solvency margin)은 같은 의미로 사용되고 있다. 보험회사의 지급능력에 영향을 미치는 요인은 책임준비금의 적립과 지급여력으로서 잉여금의 확보이다. 여기서 보험회사 재무건전성과 관련하여 잉여금 계정(surplus accounts)에 대해서 간단히 언급하기로 한다.[9] 잉여금 계정은 일반적으로 납입잉여금(paid-in surplus)과 이익잉여금(earned surplus)으로 분류할 수 있다. 납입잉여금은 보험회사에서 발행한 주식을 액면가격 이상으로 매각하여 얻는 이익금으로 충당하며, 이익잉여금은 보험회사의 운영을 통한 흑자로서 충당된다. 일반적으로 납입잉여금은 고정되어 있는 것이 통례이며, 막대한 이익잉여금에 대해서는 그 한도 초과부분에 대해서 감독당

9) 방갑수, 「최신 보험학」, 박영사, 1992, pp. 382~385.

국이 각종 배당금으로 주주와 보험계약자에게 지급하도록 한다.

생명보험회사의 이익잉여금은 사망률, 이자율, 사업비율의 차이에서 이익이 생기는 것이 3대 원천이 되고 있으며, 그 이외에 자산재평가로부터 얻는 이익이 있다. 손해보험회사의 이익잉여금은 위험선택이익(underwriting profit)과 투자이익(investment profit)에서 얻어진다. 손해보험회사의 능력을 비교할 때 보험계약자 잉여금 계정(policyholders' surplus account)을 비교한다. 보험계약자 잉여금 계정이란 납입자본금, 이익잉여금, 임의준비금을 포함하는 계정을 말한다. 이 계정은 보험사고가 일어나 보험금을 지급하는 데 필요에 따라 쉽게 사용할 수 있는 것이 특색이다. 미국에서 화재보험을 주로 취급하는 보험회사의 재무능력을 분석하는 데 사용하는 것이 보험계약자 잉여금과 미경과보험료준비금의 비율이다. 1:1의 비율이면 보통수준이고, 2:1의 비율은 재무건전성이 인정되고, 1:2의 비율은 재무건전성이 취약한 것을 의미한다.

선진국 보험회사의 지급여력규제와 관련하여 대표적인 예를 들고 있는 것이 미국이 1994년에 도입한 RBC(Risk Based Capital)와 영국제도를 모태로 하여 1973년 법제화된 EU(유럽)의 손해보험 지급여력제도이다. RBC는 위험가중자본금에 의한 평가방법인데, 이 방법은 기존의 최저자본금제도로는 보험가입물건의 대형화, 위험누적으로 보험계약자보호가 어렵다고 보아 제기된 것이다. 미국은 전통적으로 1970년대 이전까지 손해보험회사의 재무건전성을 평가하기 위한 기준으로 보험료 대비 잉여금의 비율(premium-to-surplus ratio)에 의존하여 왔다. 1960년대부터 손해보험회사의 파산이 증가추세에 있었고, 1980년대는 저축 및 대부조합(Saving and Loans Associations)의 파산이 문제되면서 보험회사 재무건전성에 대한 규제강화의 필요성이 제기되었다.

RBC제도는 보험회시가 보유하는 각종 리스크에 대비하기 위해 최저한도로 필요로 하는 자기자본을 계산하는 것이다. 보험회사가 보유하고 있는 리스크를 자산측의 신용리스크 및 가격변동리스크(C_1 리스크), 부채측의 보험인수리스크(C_2 리스크), 유동성리스크 (C_3 리스크), 경영리스크(C_4 리스크)의 4종류로 분류하고 특정 산식에 따라 리스크 총액을 분모로 하고, 자기자본 및 자기자본에 상당하는 총액을 분자로 하여 산출한 것이 RBC비율이다.

EU의 지급여력기준은 常數要件인 최저보증기금(Minimum Guarantee Fund)과 變數要件인 지급여력(Solvency Margin)의 이중구조로 되어 있고, 최저보증기금은 사업규모(부채규모)와 무관하게 보험종목별로 세분화되어 있다. 지급여력요건은 수입보험료기준 및 보험금기준으로 각각 계산하여 그 중 큰 금액 이상의 순자산을 유지하도록 하고 있다. 이중기준을 도입한 이유는 손실빈도가 매우 낮은 보험종목에 대한 종합적인 대응책으로 사용하는 것이다.

일본의 지급여력 표준안은 1992년 5월 보험심의회의 답신에서 리스크관리 방법의 하나로 제시된 이후 미국, EU 등의 제도를 참고하여 보험회사가 당면하고 있는 여러 가지 리스크를 일정산식에 기초하여 정량화하여 위험자산을 산출하고 여기에 대한 자기자본을 일정수준 이상으로 유지할 것을 규제하고 있다. 산정방식은 다음과 같다.

$$\text{지급여력비율} = \text{지급여력총액} \times \frac{\text{리스크 총액}}{\text{기준리스크 상당액}}$$

주: 기준리스크 상당액=(보험리스크 총액+자산운용 등 리스크 총액)×1/2

(3) 생보사의 지급여력제도

1) 제도의 변천과정

우리나라 생명보험회사의 지급능력에 대해서는 종래 보험업법 등의 규정에 의한 책임준비금의 적립에 관한 감독이 중심이었으나 1991년 4월부터 담보력의 확보기준으로 총자산이 책임준비금보다 일정액 이상 보유를 의무화하였다. 즉 1991년 30억원, 1992년 50억원, 1993년 100억원으로 상향 조정되었다. 1994년 6월 생명보험회사의 지급능력에 관한 규정이 처음으로 제정되었는데, 매 사업연도 말 100억원 이상의 지급여력을 유지하도록 하고 미만시 부족규모에 따라 3단계 제재조치를 취하도록 하였다. 100억원 이상의 지급여력 인정항목은 자본금 및 잉여금, 책임준비금적립 초과액, 계약자이익배당금, 보험업법 제97조 준비금, 대손충당금, 사업비 절감액 등이었다.

1996년 2월 지급능력에 관한 규정의 개정으로 책임준비금의 1% 이상의 지급여력을 유지하도록 하였는데, 이 때 인정항목으로 금융형 상품 절감액이 추가되었고, 부족금액 규모에 따라 5단계 제재조치를 취하도록 하였다. IMF 외환위기로 생명보험회사는 대량의 실효 및 해약사태로 지급능력이 위기를 맞이함에 따라 이 규정이 다시 개정되었는데(보험업감독규정으로 보완) 그 내용은 지급여력기준(해약환급금식 책임준비금)에 대한 지급여력비율이 0% 초과하도록 하고

〈표 10-2〉 지급여력제도의 변천경과

년 도	지급여력기준	지급여력(인정항목)	제재조치기준
'94. 6	100억원 이상	· 자본금 및 잉여금 · 책임준비금 적립 초과액 · 계약자이익배당금 · 보험업법 제97조 준비금 · 대손충당금 · 사업비 절감액	-3 단계 제재조치 · 부족금액규모 기준
'96. 2	책임준비금의 1 % 이상	상 동 단, 금융형상품 절감액(신규)	-5 단계 제재조치 · 부족금액규모 기준
'98. 4	지급여력비율 > 0 % *지급여력비율 =지급여력/책임준비금	상 동 단, 사업비절감액(삭제) 금융형상품 절감액(삭제) 후순위차입(자본금 이내, 신규)	-3 단계 제재조치 · 0 ~ −10% · −10 ~ −20% · −20% 초과
'99. 3	〃	상 동 단, 신계약비 차감	상 동
'99. 5	지급여력비율 > 100% *지급여력비율 =[(책임준비금 × 4 %) +(위험보험금 × 보험위험계수)] × 소정비율	· (합산항목* − 차감항목**) *합산항목: 자본금, 잉여금, 계약자이익배당금, 계약자이익배당안정화준비금, 책임준비금 초과적립액, 대손충당금(정상, 요주의 해당분), 자본조정, 후순위차입금 **차감항목: 신계약비, 영업권	-3 단계 제재조치 · 100 ~ 50% · 50 ~ 0 % · 0 미만
'00. 8	〃	상 동 단, 차감항목을 신계약비, 무형자산, 선급비용으로 확대	상 동

지급여력비율 부족규모에 따라 3단계 제재조치를 취하게 되었다. 그 이후 부실생보사 대량퇴출을 계기로 IMF와 협의하여 1999년 5월 EU수준으로 강화하였다. 또한 2004년 3월까지 EU수준(책임준비금의 4% + 위험보험금의 0.1 ~ 0.3%)으로 점진적으로 강화할 계획으로 되어 있다. 보험업감독규정에 의한 생명보험회사 지급여력 확보기준은 2000년 8월 일부 개정이 있었는데, 이 때 생·손보규정이 통합되고 차감항목이 일부 조정되었다.

2) 현행제도의 주요내용(보험업법시행령 및 보험업감독규정)

① 지급여력 확보기준: 지급여력비율 100% 이상(영 제12조 의3 제 2 항)

② 지급여력비율: $\frac{\text{지급여력금액}}{\text{지급여력기준금액}} \times 100$

③ 산출방식(보험업감독규정 제40조)

지급여력	=	합산항목	① 납입자본금 ② 자본잉여금 및 이익잉여금 ③ 계약자이익배당준비금 및 계약자배당안정화준비금 ④ '순보험료식 보험료적립금－미상각신계약비'를 초과하는 보험료적립금 ⑤ 대손충당금 중 '정상' 및 '요주의'에 해당하는 대손충당금 ⑥ 자본조정 ⑦ 후순위차입금 (납입자본금 범위 내)
		차감항목	① 신계약비 ② 무형자산 ③ 선급비용

지급여력기준	=	(책임준비금×4 %)×소정비율＋(위험보험금*×보험위험계수**)×소정비율***

* 위험보험금: 보험가입금액－책임준비금(보험금지급시 생보사가 우선 부담하게 되는 책임준비금 초과금액)

** 보험위험계수: 보험가입금액 대비 지급보험금의 비중(업계평균 연 0.3%)

*** 소정비율: 규정강화에 따른 생보사의 일시적인 자금부담을 완화시키기 위하여 1999.9～2004.3까지 매 반기별 일정비율 상향조정

시 기	소정비율	책임준비금 (4% 대비)
1999. 9	6.25%	0.25%
2000. 3	12.50%	0.50%
2000. 9	18.75%	0.75%
2001. 3	25.00%	1.00%
2001. 9	37.50%	1.50%

시 기	소정비율	책임준비금 (4% 대비)
2002. 3	50.00%	2.00%
2002. 9	62.50%	2.50%
2003. 3	75.00%	3.00%
2003. 9	87.50%	3.50%
2004. 3	100.0%	4.00%

◆지급여력기준 미달시 적기시정조치◆

지급여력비율	조치단계	조치내용	비고(은행)
100～50%	경영개선권고	증자, 배당제한 등	BIS 8～6 %
50～0 %	경영개선요구	보험사업 일부정지 등	BIS 6 % 미만
0 % 미만	경영개선명령	사업정지, 합병, 계약이전 등	부실금융기관

〈표 10-3〉 생보사의 지급여력기준 산정방법

위험 유형	국내 지급여력기준금액 산출식	위험계수
금리위험	(순보험료식 책임준비금－미상각신계약비) ×책임준비금 위험계수(＝4%)×소정비율	4.0%
보험위험	위험보험금×보험위험계수(＝0.3%)×소정비율	0.3%
투자위험	0	미고려
경영위험	0	미고려
최소지급여력	금리위험＋보험위험	-

현행 생보사의 지급여력기준은 크게 두 가지로 나누어 책임준비금적립에 따른 금리변동위험과 예상 밖의 위험보험금의 발생, 즉 보험채무 발생위험에 대비하는 지급여력 확보에 초점을 두고 있다. 특히 금리변동위험에 대하여 준비금의 4%를 지급여력준비금으로 확보하도록 규정하고 있는데, 국내 생보사의 취약한 재정능력을 감안하여 2004년까지 소정비율에 따라 단계적으로 이 수준에 도달하도록 정하고 있다. EU에서는 투자형 보험인 경우에도 금리위험에 대한 위험계수가 4%이지만 투자위험을 생보사가 부담하지 않으면 4% 대신 1%를 적용하게 된다.

〈표 10-4〉 단계별 제재조치 내용

1단계: 경영개선권고 (50%≤지급여력비율＜100%)	2단계: 경영개선요구 (0%≤지급여력비율＜50%)	3단계: 경영개선명령 (지급여력비율＜0%)
1. 자본금의 증액 또는 감액 2. 사업비의 감축 3. 점포관리의 효율화 4. 고정자산에 대한 투자제한 5. 부실자산의 처분 6. 인력 및 조직운영의 개선 7. 주주 및 계약자배당의 제한 8. 신규업무 진출 및 신규출자의 제한 9. 자기주식의 취득금지 10. 요율의 조정	1. 점포의 폐쇄, 통합 또는 신설제한 2. 임원진 교체요구 3. 보험사업의 일부 정지 4. 인력 및 조직의 축소 5. 합병, 제3자 인수 또는 영업의 전부 또는 일부 양도계획의 수립 6. 위험자산의 보유제한 및 자산의 처분 7. 자회사정리 8. 재보험처리	1. 주식의 전부 또는 일부 소각 2. 임원의 직무집행정지 및 관리인의 선임 3. 6월 이내에 보험사업의 전부 정지 4. 계약의 전부 또는 일부의 이전 5. 합 병 6. 제3자에 의한 당해 보험사업의 인수 7. 영업의 전부 또는 일부의 양도

생명보험은 이상과 같이 2004년 3월까지 단계적으로 기준에 맞추도록 연도별 소정비율을 정하고 있지만 손해보험은 일시에 지급여력기준을 충족하도록 정하고 있어서(장기손해보험은 일시에 소정비율 100% 적용) 생명보험에 비하여 상대적으로 적립부담이 크기 때문에 2000년 8월 규정 개정 이후 손보업계에서는 많은 반대와 논란이 있었다.

미국, 일본, 유럽 각국은 1년 단위로 지급여력평가를 실시하고 있으나 한국은 분기별로 평가하고 있다. 즉 매분기 종료 후 1개월 이내, 사업연도 말에는 사업연도 종료 후 2개월 이내에 보고하도록 되어 있다. 이것은 국내 보험회사의 재무건전성이 선진국에 비하여 부족한 면이 있어 집중적인 감시활동이 필요하다는 차원에서 취해진 조치이다.

지급여력제도의 변경에 따른 보험업계의 불만은 생명보험회사의 경우 주가폭락으로 인한 유가증권 평가손익에 따라 지급여력비율의 변동성이 크고 적기시정조치 대상 편입여부가 결정되는 것을 문제로 삼았다. 특히 분기 말일자의 주식시장 상황에 따라 적기 시정조치 부과대상 여부가 결정되므로 장기자금을 취급하는 보험회사로서 정상적인 유가증권투자가 어렵고 기관투자가로서 역할수행이 곤란하다는 것이었다. 감독당국은 유가증권투자 평가손익을 지급여력비율 산정시 반영하지 않거나 반영비율을 축소하는 것은 곤란하다고 주장하고 있었는데 그 이유는 EU, 미국, 일본 등도 이 경우 유가증권투자 평가손익을 전액 반영하고 있고 국제회계기준상 유가증권투자 평가손익은 전액 자본조정항목에 포함하도록 규정하고 있다는 것이다. 따라서 감독당국은 현행제도의 범위 내에서 적기 시정조치를 탄력적으로 운영하는 방안으로, 분기 말의 급격한 주가하락으로 인하여 일시적으로 적기 시정조치 부과대상이 된 경우 그 조치를 유예(예: 3개월)하도록 하였다.

(4) 손보사의 지급여력제도

우리나라 손해보험회사의 지급능력제도는 1982년부터 시행된 손해보험회사의 경영효율화지침(보이 1234-1126, 1981. 11. 10)이다. 이 지침에 의하면 자기자본 충실화, 보험계약준비금의 충실화, 적정배당 실시를 위하여 사내유보 촉진에 대하여 규정하고 있었다. 그 후 지급능력에 관한 제도로서 1986년 3월에 도입된 보험계약자 잉여금 대 보유보험료 비율(Premium-to-Surplus Ratio)이다. 1987년 당시의 적정비율은 900%이었으나 연차적으로 비율을 강화하여 1988년 800%, 1989년 700%,

1990년 600%, 1991년 이후 500%를 넘지 않도록 하였다. 이 제도는 감독당국이 담보력 여부만 측정하였을 뿐 500%초과시 제재조치는 없고 비율 개선만 유도하고 있어 현실성이 없었다.

손해보험회사의 지급능력제도가 크게 개정되고 기본적인 골격을 갖춘 것은 1998년 2월 손해보험회사 지급능력에 관한 규정의 제정이다. 이 규정은 동년 6월 및 1999년 6월 두 차례의 개정을 거쳐 현재에 이르고 있다. 1998년 2월의 제도는 종전의 계약자잉여금의 항목을 소폭 조정하여 지급여력으로 인정하고 그 기준을 보험종목별로 산출하여 지급여력기준 대비 지급여력비율이 일정수준 유지하도록 하였으며 부족비율에 따라 제재조치를 취할 수 있도록 하였는데 이 규정은 EU의 지급여력제도와 유사하다.

1998년 2월에 제정된 지급여력기준은 화재, 해상, 자동차, 보증, 기타 특종보험 등 보험종목별로 구분하여 보험료기준 산출액과 보험금기준 산출액 중 큰 금액으로 하였다. 장기보험 및 일반보험의 투자위험에 대한 지급여력기준은 매 사업연도 말 책임준비금의 1%로 하며, 해외출재위험에 대한 지급여력기준은 해외출재보험료의 2%로 하였다. 손해보험회사 지급능력에 관한 규정은 그 해 6월 보험업감독규정에 편입되면서 1차 개정이 있었는데, 개정내용은 크게 3가지였다. 지급여력 구성항목으로 합산항목 중 유가증권 평가충당금을 삭제하고 후순위차입금은 납입자본금의 100% 범위 내에서 지급여력에 산입하였다. 또한 제재조치를 4단계에서 3단계로 축소하고 지급여력부족비율을 변경하였으며, 지급여력 보고기간을 1년으로 하던 것을 매 분기 말로 분기종료 후 1개월 이내에 감독원장에게 보고서를 제출하도록 하였다.

1999년 6월 2차 개정은 손해보험회사의 지급여력제도를 국제적 기준(EU방식)에 맞도록 크게 개정·강화하였다. 그 주요 내용은 다음과 같다.

① 일반 손해보험은 EU방식을 준용하고, 과거의 경영지표(손해율, 사업비율)를 이용하여 필요한 지급여력을 산정할 수 있도록 하고, 장기손해보험은 1999년 5월 개정된 생명보험의 지급여력제도를 준용하였다.

② 지급여력은 자산건전성 분류에 따라 '정상', '요주의'에 해당하는 채권은 그 대손충당금을 전액 지급여력으로 인정하고 또한 투자유가증권 평가손익 등 자본조정항목을 지급여력에 산입하였다.

③ 지급여력기준은 일반 손해보험의 경우 종목별로 산정하던 것을 EU방식과 같이 전체를 기준으로 산정하고, 장기보험의 지급여력기준은 책임준비금의 1%

〈표 10-5〉 손보사 지급여력 구성항목

합산항목	차감항목
• 납입자본금 • 자본잉여금 • 이익잉여금 • 비상위험준비금 • 자본조정 • 자산건전성 분류결과 '정상' 및 '요주의'로 분류된 자산에 대하여 적립된 대손충당금 • 계약자이익배당준비금 • 저축성 보험료 중 해지시 환급될 금액을 초과하여 적립하는 금액 • 후순위차입액 -후순위차입액은 납입자본금의 50% 이내만 인정. 잔존기간이 5년 이내인 경우 매년 20%씩 차감	• 미상각신계약비 • 영업권 등 무형자산 • 선급비용

에서 4%로 강화하여 생명보험기준과 형평성을 유지하도록 하였다.

④ 지급여력기준은 일반보험과 장기보험을 합산하여 산출하되 퇴직보험과 특별계정으로 운용되는 실적배당상품은 산출대상에서 제외시켰다.

⑤ 지급여력기준＝일반보험 지급여력기준＋장기보험 지급여력기준

㉠ 일반보험(다음 중 큰 값)

• 1년간 보유보험료×보험료기준 비율(17.8%)

• 3년평균 보험금(발생손해액)×보험금기준 비율(25.2%)

㉡ 장기보험(다음 중 큰 값)

• 장기보험에 대한 책임준비금의 4%＋장기보험 1년간 보유위험보험료 ×보험료기준 비율(17.8%)

• 장기보험에 대한 책임준비금의 4%＋장기보험 3년평균 발생 손해액 ×보험금기준 비율(25.2%)

〈표 10-6〉 지급여력비율에 따른 제재조치

지급여력비율	제재조치
50～100% 이하	기관·임원 경고, 자본금증액 등 10개 사항
0～50% 이하	주주배당 제한·금지, 영업제한 등 8개 사항
0% 미만	보험사업 전부·일부 정지, 계약이전, 합병 등 10개 사항

⑥ 지급여력비율에 따른 제재조치는 지급여력비율 100%를 기준으로 100% 이하일 경우 지급여력비율에 따라 3단계로 제재조치(생명보험과 동일)

1999년 6월 개정·강화된 이상과 같은 손해보험회사의 지급여력제도에 대하여 2001년 2월 보험개발원 보험연구소(국내 보험회사 지급여력제도 검토)와 한국보험학회의 연구보고서(손해보험 지급여력제도의 평가와 개선방안)는 다음과 같은 점에서 문제점을 지적하였고 동년 5월 한국보험학회 정기총회 및 제39회 정책세미나에서 생명보험과 손해보험의 지급여력제도가 다루어진 바 있다. 제기된 문제점은 다음과 같다.

① 보험경영 리스크가 제대로 반영되지 않았다. 보험은 은행 등 다른 금융기관처럼 투자위험 등에 대처하는 데 한계가 있고 경영위험 등 비계량적 위험에도 대처하기 어렵다.

② 부채 중심의 지급여력규제에서 자본중심규제로 전환할 필요가 있다.

③ EU방식의 준용은 국내환경의 차이뿐만 아니라 분석자료, 기간, 방법, 제도의 유용성 논란이 일부 제기되고 있다.

④ 생명보험 지급여력항목으로 미국이나 EU와 같이 장래이익을 지급여력항목으로 포함시켜야 한다는 주장이 있다.

⑤ 손해보험의 장기보험은 지급여력기준(책임준비금의 4%)은 생명보험과 같게 하여 너무 높게 책정되었다.

⑥ 평가기간을 분기별로 하여 주식시장의 불완전성과 변동성이 큰 경우 지급여력비율의 변동이 심하고 유가증권 평가손익의 지급여력비율에 대한 영향력의 과다로 주식시장의 등락시 지급여력비율의 왜곡 가능성이 증대될 수 있다.

⑦ 유가증권을 시가평가하여 평가손익을 당기순손익이나 자본조정에 반영하고 지급여력항목으로 포함시키고 있어서 주식평가손익에 따라 영업손익을 입은 보험회사가 우량회사가 부실회사로, 부실회사가 우량회사로 전락될 수 있다.

⑧ 주식시장에서 보험회사를 기관투자가로 인정한다면 지급여력평가에 있어서 주식의 100% 시가평가는 다소 무리일 수 있다.

⑨ EU방식은 지급여력기준이 보험종목별로 차등화되어 있으나, 우리나라는 생명보험과 손해보험의 경우 일괄적용되고 있다.

제 3 절 保險會社의 構造調整과 合併·引受(M&A)

1. 金融産業 및 保險會社의 構造調整

은행 등 금융기관과 보험회사는 과거 부실의 경험이 있었지만 정부의 두터운 보호정책으로 경제·사회분야 및 소비자보호에 심각한 영향을 미치지는 않았다. 그러나 1997년 말 외환위기로 국내경제가 혼란에 빠지게 되었고 IMF의 지원프로그램에 따라 우리 정부와 IMF측의 합의조항에 의거하여 보험회사를 포함한 금융산업의 구조조정이 강력하게 추진되고 있으나 그 결과는 합병·인수(M&A)와 관련하여 여러 가지 장애요인 때문에 추진실적은 당초의 계획에 미치지 못하고 있다. 금융산업 구조조정의 핵심은 부실금융기관의 조기퇴출을 유도하여 금융시장의 정상화를 초기에 구축하는 것이었다. IMF측과 합의사항은 은행 및 종금사에 대한 우선 처리 및 은행권 구조조정 중 지급불능에 처한 금융기관은 즉시 정리하고 증권, 보험, 신용금고, 신협, 리스산업 등은 대주주 책임 아래 증자 또는 자체 경영정상화 유도를 원칙으로 하였다. 그러나 일부 대기업 계열사를 제외한 대부분의 제 2 금융권은 대주주의 증자능력이 부족하고 외자도입 및 다른 인수자의 물색이 어려운 상황이어서 구조조정은 부진을 면하지 못하고 있다.

금융기관에 대한 구조조정 대상 선정기준은 은행 및 종금사 BIS기준 자기

〈표 10-7〉 부실 금융기관의 정리 형태

구 분	주요사항
· 자산·부채의 취득 및 승계(P&A)	· 피인수기관의 일부분만 인수, 추가 부실발생이 높을 경우 선호
· 자산의 분리 (우량자산 대 부실자산)	· 피인수기관의 자산 중 우량자산은 우량기관에게 넘기고 부실자산은 부실기관으로 이관하는 형태
· 인수 및 합병(M&A)	· 부실기관의 직접적인 인수·합병
· 계약이전 및 청산	· 일정수준의 부보범위 내에서 보호조치 이후 자산 및 부채를 정리
· 지분매각 및 제휴	· 기존 지분의 부분매각 및 신규자본 유입에 의한 자본제휴

주: 계약이전 및 청산에는 가교보험사에 의한 계약이전 및 청산이 포함됨.

자본비율(8％), 증권회사 영업용 순자본비율(150％), 생명보험회사와 손해보험회사는 전술한 지급여력비율이 중심이 되고 있다. 구조조정에 따른 부실 보험회사의 처리방식은 기본적으로 해당 부실회사의 자산 및 부채의 양도 및 인수(P&A: Purchase and Assumption)방식, 자발적인 합병·인수(M&A), 계약이전 방식에 의한 우량 금융기관으로의 강제이전 및 청산, 기존 대주주 지분의 국내외 매각 및 자본제휴방식 등이 대표적이다. 다만, 구조조정 과정에서 부실회사의 처리에 소요되는 비용(구조조정 지원 공적 자금 포함)의 최소화 및 퇴출로 인한 파급영향의 조기차단 원칙과 해당 금융업종의 특징에 따라 처리방식이 선택될 수 있다고 하지만, 이제까지의 경험으로는 국내에서 원칙과 처리방식이 잘 지켜지고 이행되었다고 보기 어렵다.

금융산업 구조조정의 기본적인 틀은 부실금융기관의 정리, 부실채권의 정리, 자본충실화, 인원 및 점포 등의 조직축소 방법을 사용하고 있다. 은행은 대형은행을 중심으로 하여 우량은행 양성화 추진 및 은행간 짝짓기 방식(예: 우량은행＋부실은행, 또는 시중은행＋지방은행)의 합병추진이 일반적이고, 다만 일부 대형 부실은행은 국내외 매각에 의한 이전단계로서 정부 공적 자금의 先投入과 기존 주주지분에 대한 감자추진을 통해 우선 정사화를 추진한 후 해외매각(제일은행, 서울은행)을 추진하는 방식을 취하고 있다. 보험은 우량 생명보험회사로의 계약이전 및 합병(보증보험)방식이 이미 추진되어 왔다. 증권은 부실증권사 조기퇴출 및 업무정지, 청산 등으로 정리되었으며, 리스회사를 개별청산 및 가교회사(한국리스)로 자산·부채가 이전되었다.

2. M&A

M&A는 기업의 외형성장의 전략적 방법의 하나로서 合併(Mergers)과 引受(Acquistions)의 결합어이다. 이것은 개인, 단체 또는 회사가 특정 회사의 주식 또는 자산을 직접 또는 간접으로 취득하여 지배권을 획득하는 거래의 일부 또는 전부를 말한다.[10] 합병은 기업결합의 수단으로서 둘 이상의 회사가 결합하여 하나의 새로운 회사를 설립하는 新設合併과 한 회사가 다른 회사를 흡수하여 하나의 회사로 합쳐지는 吸收合併의 형태가 있다. 引受는 합병과 같이 법적인 변화보다는 실질적인 지배권의 변화를 가져오는 형태로서 주주간의 주식이동을 통하

10) 金浩敬 外, "保險產業의 M&A에 관한 연구," 보험개발원, 1998. 1, p. 5.

여 이루어지며 주식취득의 형태는 市場買集, 지배주주로부터 양수, 공개매수, 전환사채나 주식옵션행사 등이 있다. 이러한 합병과 인수는 법적 결합성의 여부에 따라 구분이 가능할 뿐 합작투자나 전략적 제휴까지 모두 포함하여 M&A라 부르기 때문에 합병과 인수의 엄격한 구분은 모호하다. 전략적 제휴를 포함한 광의의 M&A는 기업의 중요한 경영전략의 수단으로서 신규사업 진출, 사업구조 개편, 경영합리화 등을 실현하는 데 중요한 역할을 담당하고 있다.

기업간 많은 M&A를 경험한 선진국에 있어서 이에 대한 동기는 시대의 흐름이나 기업환경에 따라 변화되어 왔으나 다음과 같은 목적으로 시도되어 왔다.[11)]

① 기업들이 급변하는 환경 속에서 시장점유율을 확대하고 독점적 지위를 유지하기 위하여 M&A를 통한 대형화를 도모하여 왔다. 이것은 동종의 사업분야에서 경쟁하는 기업간의 수평적 결합으로서 시장 점유율을 높이는 동시에 규모의 경제를 실현하기 위한 것이다.

② 수직적 결합형태를 추진하는 M&A의 경우는 생산활동에 필요한 원자재 조달, 생산·판매체제의 계열화를 추진하여 생산·판매의 효율성을 제고시키기 위한 차원에서 진행된다.

③ 기업의 규모가 커지고 소비자의 니드가 다양화되면서 사업의 다각화를 위하여 M&A가 증대되고 있다. 이것은 서로 관련이 없는 업종간의 결합으로 경영위험을 분산시키고 금융 및 인적 자원배분의 효율성을 높이는 것을 목적으로 한다. 이러한 사업다각화를 통해 신흥기업들이 그룹으로 성장하게 되었고, 과거 우리나라 M&A의 대부분이 이러한 목적으로 추진되었다.

④ 기존 사업구조의 재구축을 위해서 필요하다. 치열한 기업경쟁에 대처하기 위해서 비대해진 사업과 조직에 대한 구조조정의 필요성을 느끼게 되어 시도된 M&A의 형태이다.

⑤ 전략적 목적에 의한 경쟁력 강화에 목적을 두는 경우도 있다. 기업의 국제화를 위한 전략경영의 일환으로 국가간에도 M&A가 활성화되고 있는 추세인데 이는 M&A를 통하여 핵심기술, 양질의 인력, 원자재 확보 등 국제경쟁력 있는 경영자원의 획득을 목적으로 하거나 각각 경쟁우위에 있는 핵심사업을 가진 기업끼리 결합하여 시너지효과 창출을 목표로 하고 있다. 최근 기술개발 속도가 빠르게 진행되고 그 비용이 급증하면서 첨단산업 분야나 금융산업 분야에서 이러한 목적의 M&A가 빠르게 확산되고 있다.

---

11) 金浩敬, 上揭書, pp. 9~19 참조.

M&A는 우호적인 경우와 적대적인 경우를 구분하려는 경향이 있다. M&A는 비용이나 영업망에 있어서 시너지효과와 비용절감을 통한 긍정적인 영향을 미치고 있다고 볼 수 있으며, 성공적인 M&A는 부실기업의 퇴출이나 기업도산에 대한 대안으로 활용될 수도 있기 때문에 퇴출에 따른 사회·경제적 비용을 절감시키는 역할을 한다. 적절한 합병은 지급불능(도산) 사태에 대한 생존전략의 대안으로 사용될 수도 있고 도산에 따른 다른 손실들을 덜어 줄 수도 있다. 보험회사의 경우는 계약자의 손실, 다른 보험회사의 보험보증기금에 대한 납입금, 도산과 관련된 법적·행정적 비용, 기타 보험과 관련되는 여러 이해관계자들에게 미치는 부정적인 영향을 그만큼 줄일 수 있다.

적대적인 M&A의 경우는 우리나라에서 사례가 많지 않으나 세계적 추세로 보아 관심을 가지고 있어야 한다. 적대적 매수·합병 그 자체의 경제적 가치에 대해서는 이해관계자간에 富의 이전효과만을 수반할 뿐 그 자체가 사회경제적인 가치창조에 기여하는 바는 적다는 지적이 있는가 하면, 반대로 적대적 M&A의 존재가 비효율적인 메커니즘이라는 긍정적인 측면도 있는 것으로 보고 있다. 현실적으로 적대적 M&A에 대한 방어전략의 지나친 발달이 가져올 수 있는 부정적인 효과도 있다. 적대적 M&A의 위험이 과다할 경우 기업의 경영자는 장기적인 자본투자와 R&D 투자는 소홀히 하고 단기적인 주가상승을 위한 의사결정에 주력할 가능성이 있고 방어전략을 마련하는 과정에서 대규모 부채사용을 광범하게 조장함으로써 부도위험을 증가시키고 이에 따른 금융비용을 증가시킬 수 있다는 것이다. M&A의 긍정적 또는 부정적 효과를 논할 때 기업경영, 국민경제, 기업윤리 등 여러 측면에서 이 문제를 다룰 필요가 있다.

M&A는 기법이 다양화되고 고도화됨에 따라 그 유형도 여러 가지로 구분할 수 있다. 거래의사에 따라 분류하면 위에서 언급한 우호적(friendly) M&A와 적대적(hostile) M&A로 구분된다. 전자는 매수기업의 매수활동이 상대기업 경영진의 동의하에 진행되어 쌍방의 협상에 의해서 인수조건 등이 결정되는 것을 말하고, 후자는 매수기업이 상대기업 경영진의 동의 없이 강압적 수단에 의해 합병·매수하는 것으로서 그 수단은 시장매집, 위임장 대결, 공개매수 등의 방법이 주로 사용된다. 결합형태에 의한 분류로서는 수평적 M&A, 수직적 M&A, 다각적 M&A가 있다. 수평적 M&A는 동종산업간에 이루어지며, 수직적 M&A는 예로서 석유산업에서 원유의 채광·정유·석유판매 기업간의 결합과 같이 생산단계가 서로 다른 기업간의 M&A를 말한다. 다각적 M&A는 서로 관련이 없는 업종간

의 M&A를 의미한다.

교섭방법에 따라서는 개별교섭에 의한 M&A와 공개매수에 의한 M&A로 구분된다. 전자는 상대회사와 개별적인 매수교섭을 통해 합의계약으로 인수하며 우호적인 買受·合倂에 이용된다. 후자는 장외시장에서 일정가격으로 일정기간 내에 주식을 대량매수하는 방법으로 비우호적 M&A의 경우 특히 이 방법이 많이 이용된다. 결합주체에 따라서는 국내적 M&A와 국제간 M&A로 구분되고, 결제수단에 의한 분류로서 현금매수, 주식교환매수, LBO(Leveraged Buy Out)매수, 복합매수 등의 형태가 있다. LBO매수는 상대기업의 자산을 담보로 자금을 조달하여 기업매수를 한 후 그 기업의 이익금이나 자산의 매각대금으로 차입금을 상환해 나가는 방식이다.

3. 선진국 保險會社의 구조조정과 M&A

(1) 구조조정 특징과 방법

1980년대 이후 미국, 유럽, 일본 등의 경우를 중심으로 보험회사 구조조정의 특징과 방법을 살펴보기로 한다. 선진국의 구조조정 사례 보고서는 대부분 은행중심의 금융산업 전반에 관한 것이며 보험산업의 사례를 별도로 취급한 자료는 흔하지 않다.

부실 금융기관에 대한 정리과정에서 금융시장의 혼란을 최소화하기 위해서 대상기관의 선정기준 및 정리방식을 객관적으로 설정하고 있으며, 예로서 은행의 BIS기준 자기자본비율처럼 국제적으로 인정되는 객관적인 기준을 적용하고 있다. 금융기관의 부실성을 판단한 후 회생가능한 기관에 대해서는 조기에 정리함과 동시에 구조조정을 통한 건전성 확보방안을 강구하고 있으며, 부실 금융기관의 추가손실 및 금융중개기능의 급격한 악화를 막기 위해서 영업정지 및 패쇄 등 조기에 정리하고 있다. 정리방법은 청산(liquidation), 가교금융기관(bridge company)으로 청산, 제 3 자 매각을 전제로 한 일시적 국유화, 인수 및 합병(M&A), 자산 및 부채이전(P&A) 등이 대표적이다.

회생 가능한 금융기관의 구조조정은 재무구조조정과 운영구조조정으로 구분할 수 있다. 재무구조조정은 금융기관의 채무상환 능력을 높이기 위해서 유동성·수익성·순자산가치 증대를 유도하는 방법으로 두 가지 경우가 있다. 대차대조표구조 개선방식으로 유상증자, 후순위채발행 또는 후순위차입 등의 자본확충방식이 있고, 다른 또 하나의 방법은 손익구조 개선방식으로 이것은 운영경비 절감 등을 위해 금융기관 자체의 노력과 정부지원 방법이 있다. 운용구조조정이란 재무구조조정의 효과를 지속시키기 위해 금융기관의 효율성을 제고시키는 것이다. 재무구조조정 이후에도 수익성 및 건전성 등의 악화가 재발되는 것을 방지하기 위하여 경영합리화, 내부지배구조 개혁, 외부지배구조 강화 등의 방법을 이용하고 있다. 경영합리화의 방법으로 계열회사 등의 매각 및 패쇄, 점포 및 조직의 축소, 인원감축 및 재배치 등을 통한 비용절감 등이 있다. 내부지배구조 개혁은 경영진 및 대주주의 교체, 경영부실에 대한 손해보상책임제도의 강화이다. 외부지배구조 강화는 감사기능 강화, 공시제도 및 회계제도의 개선 및 선진화를 위한 조치가 필요하다.

주요 국가 금융산업의 구조조정 개혁에서 얻어진 성공사례와 교훈을 다음과 같이 정리할 수 있다.[12)]

① 금융기관 건전경영을 저해하는 각종 내부문제 및 법률, 회계, 감독제도 등을 포함한 종합적인 접근방식의 개선이 필요하다.

② 구조조정 속도의 단기화 및 속도화가 요구된다.

③ 엄격한 시장퇴출제도가 필요하다. 특히 대형 금융기관이라도 부실기관으로 판정시에는 과감하게 퇴출시킬 필요가 있다.

④ 구조조정을 주관하는 주도기관이 있어야 한다(미국, 스페인, 스웨덴은 예금보험기구).

⑤ 회생 가능한 금융기관에 대해서는 정부의 재정지원이 필요하며, 그 수단으로 부실채권과 국채 또는 정부보증채로 교환하는 방식이 주로 사용된다.

⑥ 유동성 지원이 필요한 경우에도 중앙은행이 유동성 공급을 최소화하고 채무상환능력이 없는 기관에는 공급지원을 금지한다.

⑦ 금융기관의 손실에 대한 분담배분(정부, 금융기관, 일반 국민) 처리가 구조조정의 성패를 좌우한다.

⑧ 대부분의 국가에서 금융기관의 수익성 개선이 구조조정보다 달성하기 어려운 것으로 평가되고 있다.

⑨ 재정지원 규모가 최소화되어야 도덕적 위험 등의 방지가 가능하며, 대부분의 국가가 공적 자금으로 구조조정비용을 보전하였다.

---

12) 丁奉恩 外, "우리나라 保險産業의 구조조정", 보험개발원 연구조사자료 99-5, 1999. 7, pp. 14~16.

⑩ 재정지원은 금융산업 및 기업구조조정과 연계하여 추진해야 된다.
⑪ 공공부문이 부담하는 구조조정 비용에 대한 투명한 기록이 필요하다.

(2) 보험회사 M&A 사례

1) 미 국

① 생명보험회사: 1970년대 후반 이후 금융자유화의 진전으로 고금리, 고물가 상태가 도래하였고 이에 따라 고금리상품(MMF 등)의 구입을 위해 기존 계약자의 전통적인 종신보험의 해약과 계약자 대출이 급증하였다. 생보사들은 자금유출에 대처하기 위해 확정금리부상품, 투자보증부계약(GIC), 변액보험 등 금리에 민감한 상품을 집중 판매하였다. 이와 같은 금리민감형 상품의 수익률 보전을 위해 고위험, 고수익형 투자전략으로 지향하게 되었고 결국 상업용 부동산 및 투자부적격 채권(junk bond)에 과도하게 투자하였다. 그러나 1989년 Black Monday 이후 부동산시장의 장기침체, junk bond 시장의 붕괴가 발생하면서 투자손실의 급증과 그에 따른 자산규모 축소, 수입보험료 감소가 가중되어 중대형급 생보사가 파산한 것이다.

1970년대부터 1980년대까지 도산한 생보사의 2/3가 소형회사이었으나 1980년대 말부터 1990년대 초반에는 중대형 보험사의 도산이 발생하였고, 특히 1991년에는 대형사 6개사가 연쇄적으로 도산되었다(Mutual Benefit, Executive Life, Executive of Life NY, First Capital Life, Fidelity Bankers Life, Monarch Life 등). 파산원인은 대내외의 경쟁심화, 높은 이율 보증상품의 판매 및 고이율보장을 위한 상업용 부동산, junk bond 및 파생상품 등 위험자산에 대한 무리한 투자확대가 결정적인 요인으로 작용하였다.

미국에 있어서 부실회사 정리와 관련하여 제도상으로는 공공의 이익과 직결되는 보험산업은 일반 산업과 다르게 취급하고 있다. 보험회사는 일반 기업의 도산시에 적용되는 미국연방파산법 또는 회사법 대신에 전국보험감독관협의회(NAIC)에서 제시한 모델에 의거하여 제정된 통일청산법(Uniform Liquidation Act) 또는 청산법의 적용을 받게 된다. 두 법안의 경우 모두 부실 보험회사의 재건(Rehabilitation), 청산(Liquidation), 정리(Conservation), 해산(Dissolution)과 관련하여 세부사항을 취급하고 있다.

미국은 부실회사의 처리방법으로 재조직(Reorganization), 상호회사화, 재보험처리, 재건계획(Rehabilitation) 등 다양한 방법을 조합하여 사용하고 있다. 이 가운데 재건계획의 경우 우선 보험감독청 및 전국 생명건강보험 보증기구(National Organization of Life and Health Insurance Guaranty Association: NOLHIGA) 및 각 주의 보험보증공사 및 보험보증기금이 공동으로 참여하여 법원의 인가를 받아 실시하고 있다. 도산회사의 정리는 대부분 해당지역 보험감독청의 관리 아래 회사의 일부분이 다른 보험회사로 매각되어 인수되거나 각 지역의 보험보증기구의 자금지원 아래 재건계획이 진행된다.

이상과 같은 사정에 따라 1980년대 말부터 1990년대 초까지 생보계가 재정위기시대를 맞이하여 그것을 타개하기 위한 방안으로 보험회사 M&A가 수없이 진행되어 왔으며, 그 후 생보사들은 재무건전성 강화에 주력해 왔으므로 1994년 이후 M&A는 경영난의 회사를 구제하는 목적보다는 전략적인 목적을 가지게 되었다. 생명보험업계의 M&A는 1995년 33건, 1996년 58건의 거래가 있었다.

② 손해보험회사: 1960년대부터 1980년대 중반 이전까지 연평균 4건에 불과한 도산건수가 1980년대 중반 이후 급격하게 증가하였다. 도산 이유는 경쟁심화로 인한 과도한 보험요율 인하, 언더라이팅 기준을 완화하여 무리한 계약인수 확대, 전속대리점에 대한 관리 실패, 준비금적립의 불충실, 재보험 실패가 복합적으로 작용되었다. 이러한 사정을 배경으로 미국의 손해보험회사들은 M&A거래가 활발하게 전개되었는데 1980년대까지 연평균 10건 정도이었으나 1991년부터 크게 증가하였다. 특히 1995년과 1996년에 손보사의 M&A는 크게 늘어났다(1996년 23건). 이러한 경향은 보험회사의 경쟁과열, 악성클레임의 증가, 준비금의 부족에 의한 영향으로 시장에서 퇴출되는 부실회사의 정리방식으로 더욱 증가될 것으로 보인다.

미국 손해보험업계의 M&A는 거래의 40% 정도가 재보험 분야에서 이루어지고 있다. 1996년 17건의 M&A거래가 있었는데, 그 대표적인 사례가 Swiss Re의 Merchantile & General 인수, General Re의 National Re 인수, Munich Re의 American Re 인수 등이다.

2) 유럽 국가

유럽에서 M&A의 형태와 추진배경은 정치·경제·역사·문화의 차이에 따라 국가별로 다양하게 나타나고 있다. 영국은 M&A를 통한 사업확장이 일반적인 현상인 데 비하여 대륙국가들은 최근까지 금융시장의 여건으로 M&A가 활성화되지 못했다. 영국에서 기업인수는 통상적으로 적대적 인수 또는 회사지분 100%의 인수라는 형태를 취하고 있었고, 대륙국가들은 은행이라는 중개기관을 통하여 상장 또는 비상장주식을 비공개적으로 취득하여 왔다. 그러나 EU 단일시장의 출범에 따라 1988～1993년까지 M&A가 급속하게 증가하고 있으며 M&A 이외에도 국경간 제휴(cross-border alliance), 합작투자(joint-ventures) 등이 활성화되고 있다.

유럽 보험시장에서의 M&A는 1990년대 초반부터 상당한 변화를 보이고 있다. 보험사업자들은 프랑스 등에서 시장규모가 큰 독일의 진출 토대를 마련하기 위하여 관심을 가질 뿐만 아니라, 미국 시장으로 영역을 확대하고 있다. 이러한 현상은 자동차보험의 경영악화를 비롯하여 유럽 각국 보험시장의 낮은 성장과 수익성의 저조 때문인 것으로 분석되고 있으며 이를 타개하기 위하여 M&A에 대해서 관심을 보이고 있는 것이다. 가장 대규모의 합병은 프랑스 최대의 보험회사인 AXA와 UAP의 합병이다. 합병으로 이 회사는 세계에서 자산규모 1위, 보험료수입 2위를 차지하게 되었다.

유럽 보험시장은 M&A동향에서 보면 영국뿐만 아니라 프랑스, 네덜란드, 북유럽 국가들도 고도의 통합(consolidation)이 이루어지고 있으며, 독일은 규제완화와 자유화에 따라 대형 보험회사에 의하여 인수가 활발하게 전개되고 있다. 생명보험 부문에서도 유럽시장에서는 ING, Conseco Inc., American General Corp. 등이 인수·합병의 중심 역할을 하고 있다. 1996년 프랑스의 AXA와 UAP, 영국의 Royal & Sun Alliance 등 대형 유럽 보험회사들의 합병열풍은 보험시장을 소수의 초대형 보험회사가 석권하는 시장구조로 변모시킬 것으로 보인다.

재보험시장도 위에서 언급한 바와 같이 Swiss Re, Munich Re 등 유럽소재 재보험회사들에 의하여 M&A가 주도되고 있다. 재보험회사로서 규모가 가장 큰 Munich Re가 American Re를 33억$에 매입한 것은 신규상품 개발, 파생금융상품, 금융재보험 등의 영역을 확대시키기 위한 것이었다. 국제적인 보험회사 M&A 동향은 미국 손해보험회사가 해외진출의 기회를 확대시키고 있다는 점과 영국을 비롯한 유럽 선진국도 자국시장의 성장한계를 인식하고 남미, 동부유럽, 아시아, 태평양지역 소재의 보험회사 인수 등을 통해 시장확대를 시도하고 있다. 1997년 상반기 동안 영국 보험회사는 12개의 해외 보험회사 합병을 위해 434백만$를 투자하였다.

3) 일 본

일본경제는 1990년 주가폭락으로 시작하여, 부동산 급락, 자산붕괴로 이어지고 기업도산과 부동산을 담보로 대출이 이루어지고 있는 금융관행으로 은행이 많은 양의 부실채권을 가지게 되었다. 1997년 11월에는 일본경제를 지탱하여 온 금융시스템이 무너짐에 따라 증권, 은행 등이 도산되어 일본의 금융구조가 큰 혼란에 빠지게 되었다. 이러한 여건 속에서 보험회사도 예외가 될 수 없었다. 1997년 5월 닛산(日産)생명이 전후 최초의 보험회사 파산을 기록하게 되었고, 1999년 도호(東邦)생명, 2000년 4개의 회사(第百, 大正, 協榮, 千代田), 2001년 도쿄(東京) 생명 등 6개 회사가 도산되었다. 그 뿐만 아니라 2000년에는 중견 손해보험회사(업계 8위)인 다이이치(第一)화재가 파산되어 보험회사에 대한 소비자의 신뢰가 이탈하는 심각한 부작용이 나타났다.

일본에서 보험회사의 파산원인은[13] 다음과 같이 지적되고 있다.

① 초저금리 시기의 상품 및 보유계약에 대한 구조개혁의 실패이다. 일본 생명보험업계는 거품경제가 진행되고 있는 이후에도 종래의 예정이율에 대한 관행을 버리지 못하고 있었다. 즉 금리의 계속적인 인하에도 불구하고 예정이율을 소폭 인하하는 데 그치는 미온적 대응으로 일관하였다. 그 결과 역마진 해소의 방법이 없어 1996년부터 보유계약 구조개혁에 착수하였으나 성과가 없었고, 1991년 이후 책임준비금에 부담이 큰 양로보험 및 연금보험의 비중이 개선되지 않아 상품 포트폴리오 개혁에 실패하였다.

② 자산운용 리스크가 악순환되고 있는 가운데 이를 개선하지 못했다. 생명보험회사들은 고수익확보를 위한 고위험자산을 과다하게 보유하고 있었고 동시에 안이한 기업대출로 인해 부실채권을 과도하게 보유하고 있었다. 자산운용 실패를 만회하기 위해 해외의 금융파생상품에 대규모로 투자한 것도 결과적으로 잘못되었다.

③ 버블기의 경영관행과 관습을 그대로 지속하고 있었다. 버블기에 성행했던 영업과 연계된 정책투융자 관행이 유지되어 왔고 불투명한 회계처리, 리스크 관리의 기본과 인식의 부재도 그대로 남아 있었다.

④ 그릇된 기업문화가 파산의 중요 요인으로 작용했다고 보고 있다. 생명보험회사는 과거 상호회사인 점을 이용하여 아무도 책임지지 않는 문화가 팽배해 있었고, 위원회 중시 등 협의체적 타협문화가 만연되고 있었다. 그 뿐만 아니라 1970년대 이후 지속적인 보험료 인하에 의한 영업 드라이브가 체질화되어 있었고, 고성장시대의 향수에 젖은 문화가 경영실패로 작용하였다는 것이다.

---

13) 참조: 박성욱, 「危機의 日本 保險業」, 보험개발원, 2001. 6.
삼성생명보험(주), 「他山之石 日本生保社의 危機」, 2001. 5.

도산된 생명보험회사의 처리방법에 대해서 대표적인 예로서 닛산생명의 경우를 간단하게 소개하기로 한다. 먼저 일본 생명보험협회가 계약자보호기금의 출자에 의해 가교보험회사인 아오바생명보험(주)을 설립하여 계약을 포괄이전시켰다. 이 때 기존의 계약조건 변경은 보험금 및 해약환급금 삭감, 예정이율 변경 등 계약자에게도 부담을 전가시키는 형태로 하였다. 3,000억엔의 채무 초과 중 2,000억엔은 계약자보호기금으로 원조하고 나머지 1,000억엔은 영업권으로 상계하여 아오바생명이 향후 5년간의 수익으로 상각하기로 하였다.

다이이치(第一)화재보험는 2000년 5월 1일 일본 금융감독청으로부터 보험관리인에 의한 업무 및 재산관리명령을 받았다. 그때 자산부족 규모는 372억엔, 지급여력비율 −74.7%이었는데 이 회사의 파산원인은 적립형 보험을 지나치게 많이 판매하였고, 부실채권 증대와 자산운용 수익률 저하에 따른 역마진의 지속이 주요 요인이 되고 있다. 적립형 보험의 비중은 업계평균(1998년)이 23%인 데 비하여 이 회사는 60%이었다. 또한 회수불능채권이 612억엔, 보유 유가증권 등 자산평가손 320억엔, 1~1.5%의 역마진 발생, 업계평균을 크게 상회하는 고비용(사업비율)구조 지속이 있었다.

4. 韓國 保險會社의 구조조정과 M&A

(1) M&A와 관련된 감독법규의 내용

보험회사의 관리, 해산 및 청산 등에 관한 보험업법의 규정은 IMF체제와 부실 보험회사의 출현으로 1998년 1월 법개정에 의하여 구체적인 내용이 많이 보완되었고, 보험감독규정에서는 부실 생명보험회사의 인수·합병에 대하여 별도로 규정하고 있다. 관련법령은 다음과 같다.

1) 보험업법

① 보험사업자의 관리: 보험업법 제2장 제6절

- 제99조(관리의 위탁): 업무와 재산의 관리위탁
- 제100조(관리계약의 인가): 금융감독위원회의 인가
- 제101조(공고와 등기)
- 제102조(위임규정의 적용)
- 제103조(수탁보험사업자의 책임)
- 제104조(관리계약의 해제)

- 제105조(관리계약의 해제 또는 종료의 공고)
- 제105조의2(정리계획서의 제출): 보험사업자의 사업폐지에 따른 정리계획서 제출 (60일 전)
- 제106조(정리의 권고): 금융감독위원회의 보험사업자에 대한 합병, 업무위탁, 재산관리, 계약이전 등의 권고
- 제107조(관리명령): 업무 또는 재산상황으로 사업의 계속이 어렵다고 인정될 경우 계약이전 등에 대한 명령발동
- 제108조(보험관리인)
- 제109조(관리의 등기)
- 제110조(사업 등의 정지): 사업과 임원의 업무집행 정지
- 제111조(관리에 필요한 처분): 보험계약에 관한 계산기초의 변경, 보험금액 및 보험료의 삭감, 계약조건 변경 등
- 제112조(합병 또는 계약이전의 협의)
- 제113조(관리의 종료)

② 해산: 보험업법 제 2 장 제 7 절

- 제114조(해산사유 등): 회사의 합병, 파산, 계약이전, 주주총회의 결의
- 제115조(해산·합병 등의 결의)
- 제116조(해산·합병 등의 인가)
- 제117조(계약의 이전): 계약이전, 채권자 이익을 위한 재산유보
- 제118조(계약이전의 공고와 이의제출)
- 제119조(신계약의 금지)
- 제120조(계약조건의 변경)
- 제121조(재산처분의 금지)
- 제122조(계약이전의 공고)
- 제123조(권리의무의 승계)
- 제124조(계약이전으로 인한 入社): 상호회사인 경우
- 제125조(해산 후의 계약이전 결의)
- 제126조(해산등기의 신청)
- 제127조(강제이전의 협의)
- 제128조(재산의 이전)
- 제129조(이전계약의 계리)
- 제130조(강제이전의 결정)
- 제131조(강제이전의 효력과 공고)

- 제132조(준용규정)
- 제133조(영업양도 · 양수의 인가)
- 제134조(합병결의의 공고)
- 제135조(계약조건의 변경)
- 제136조(상호회사의 합병)
- 제137조(합병의 경우의 사원관계)

③ 청산: 보험업법 제 2 장 제 8 절

- 제138조(청산인): 보험사업 허가취소로 해산시 금융감독위원회가 청산인 선임
- 제139조(청산인의 보수)
- 제140조(해산 후의 보험금 지급)
- 제141조(채권신고 기간 내의 변제)
- 제142조(청산인의 감독)
- 제143조(해산 후의 강제관리)

2) 보험업감독규정

보험업감독규정 제25조 이하에서는 5 대 재벌의 부실 보험회사 인수 · 합병에 대하여 규정하고 있다. 1980년대 후반 신설된 생보사를 대량 인가할 때 재벌의 참여를 배제시켜 왔지만 부실회사의 발생으로 5 대 재벌은 2003년 3 월 31일까지 다음 두 가지 경우에 한하여 주주가 될 수 있도록 하였다. 그러나 실제 5 대 재벌의 부실생보사 인수에 의한 시장참여는 없었다.

① 부실 생명보험사업과 2 개 이상을 인수하여 합병하는 경우

② 생명보험사업자를 설립하고 2 개 이상의 부실회사를 인수하여 합병하는 경우

부실생보사의 인수 · 합병에 대한 지원책으로 지급여력의 부족시 미달규모에 따라 최장 5 년 이내의 유예기간(자금지원을 받은 경우 3 년)을 정하여 지급여력 비율기준을 준수하도록 할 수 있다.

(2) 배경과 추진상황

1) 부실보험회사의 퇴출경험

한국의 보험산업 역사에서 경영부실 등의 사유로 보험회사가 면허 취소된 경우와 합병된 사례는 과거 여러 차례 있었다. 먼저 손해보험회사의 경우 8 · 15 해방 이후 기존의 조선화재 외에 신설된 화재보험회사 가운데 1951년 전쟁 중

부산 피난지역에서 재무부의 두 차례에 걸친 증자지시를 이행하지 못하여 일부 회사가 일시적으로 면허정지 또는 정리된 사례가 있다. 1949년에 설립된 東邦簡易火災가 이때 정리되었고, 1951년 11월 6일 증자를 할 수 없었던 서울화재(1946년 설립), 한국화재(1947년 설립), 대동화재(1948년 설립)의 3개 회사는 합병되어 東國火災가 되었다(후에 한국화재, 서울화재로 상호변경). 1957년 7월 16일 자동차보험 전업회사로 설립된 한국교통보험주식회사는 1961년 8월 1일 사업부진으로 면허가 취소되었다. 5·16 쿠데타 이후 군사정부의 보험업계 특별감사에 의한 증자와 합병조치에 따라 한국재보험(1956년 설립)은 현대해상의 전신인 동방해상에 흡수합병되었고, 서울화재는 고려화재로 합병되었다. 또한 1959년 보세창고 무역업자들이 중심이 되어 설립된 한국무역화재는 영업이 부진하여 대한화재에 합병되었고, 안국화재는 안보화재에 합병(1963)되어 상호를 다시 안국화재로 변경하였다. 1964년 신동아화재는 주주분쟁 등으로 보험관리인이 파견되는 시련이 있었다.

한편 생명보험회사는 1946년 기존의 조선생명 외에 대한생명, 협동생명, 고려생명이 설립되어 영업을 하고 있었으나 6·25 전쟁 기간 중 이들 회사는 영업이 불가능하고 사업장 소재지도 불분명하였지만 화재보험회사와는 달리 이들 생

〈표 10-8〉 생보사의 정리 사례

회 사 명	년 도	파산사유	비 고
동아생명	1962	• '62년 설립 후 경영부실 누적 피인수(고려생명)	피 인 수
협동생명	1964	• '58년 영업재개 후 자본금납입 지연 및 누적부채의 급증, '61년부터 동방생명의 관리체제 유지 • '62년 관리해제 후 면허취소 및 '64년 3개사(대한, 동방, 대한교육보험)로 자산 및 계약이전	면허취소, 계약이전
고려생명 (현재의 동아생명)	1973	• '47년 설립 후 경영부실 및 보험금지급 지연 지속, • '73년 면허취소 이후 5개 생보사의 공동관리 • '73년 동해생명으로 계약이전 • 그 후 동해생명은 피인수(현재의 동아생명) (※'80년 공영토건, '83년 동아그룹으로 피인수)	면허취소, 계약이전, 피인수
제일생명	-	• '58년 이후 과도한 사업비지출로 경영악화, • '60년 강제관리(3개 생보사에 의한 공동관리) 및 5개 시중은행 공동출자관리 중 구주주들의 자본금 납입 성공(증자 성공) • '63년 영업재개 후 현재에 이름	구주주들의 증자 참여, 영업재개(정상화)

보사는 전쟁기간이라는 특수사정을 고려하여 행정조치는 취하지 않았다. 다만 조선생명은 1955년 한국생명으로 상호를 변경하고 신설된 회사(제일생명, 동방생명, 대한교육보험 등)와 함께 영업을 하려고 했으나 여의치 않아 계속 휴면상태에 있다가 1962년 면허가 취소되었다.

한편 1958년에 설립된 東亞生命(1970년대 이후 東亞生命과는 별개의 회사임)은 1962년 군사정부의 감사 이후 생보사로서는 유일하게 정리된 회사로서 대한교육보험에 합병되었다. 그 뿐만 아니라 1960년대 초반에 협동생명과 제일생명이 관리명령을 받았는데 협동생명은 끝내 면허취소되었고 제일생명은 증자에 의하여 재생되었다. 1973년 고려생명이 면허가 취소되고 보험계약은 동해생명으로 이전되었다.

2) 구조조정에 의한 보험회사 정리

1990년대 이후 IMF사태와 관계 없이 외국계 생보사의 계약이전에 의한 자발적인 시장퇴출이 있었다. 미국계의 AFLAC가 1991년 교보생명에 계약을 이전하였고, Georgia생명이 1992년 Netherland생명(현재 ING)에 계약을 이전하고 사업을 철수하였다(지점폐쇄). 또한 일부 합작회사들의 경우 1990년대 중반 이후 기존의 지분에 대한 지분조정 등의 변경이 있었다.

1997년 말 외환위기 이후 IMF와 금융산업 구조조정에 관련된 여러 가지 사항이 협의되었으며 그 결과 관련법규를 정비하고 금융기관 구조조정이 추진되었다. 금융감독체계개편관련법률에 의하여 감독원의 통합, 금융감독위원회 설치, 예금자보호법 제정, 예금보험공사의 부실 금융기관의 정리기능 강화 등의 조치가 있었다. 또한 금융산업구조개선에관한법률(1998. 1. 8)이 공포되고, 구조조정 관련 세제지원을 위하여 법인세법, 조세감면규제법 등의 개정이 있었다.

부실 생명보험회사에 대한 제 1 차 구조조정은 1998년 5 월 지급여력기준에 미달한 18개 생보사에 대해 경영정상화계획을 제출할 것을 명령하는 것으로 시작되었다. 제출된 계획을 평가한 결과(1998. 6) 4 개 회사를 승인하지 않고 계약이전을 결정하였다. 그 결과는 국제생명→삼성생명, BYC생명→교보생명, 태양생명→흥국생명, 고려생명→제일생명으로 계약이 이전되고 이들 4 개 회사는 허가가 취소(1998. 11)되었다. 이때, 인수사에 대한 부채초과분 11,534억원의 재정지원(공적 자금 투입)이 있었다.

제 2 차 구조정은 제 1 차 구조조정 과정(1998)에서 조건부 승인을 받은 회사 중 일부 생보사의 경영부실 확대로 제 2 차 구조조정이 추진되었다. 1998년 2 월 경영정상화계획의 이행실적이 부진한 9개 생보사에 대한 자산과 부채를 실시한 결과 동아, 국민, 태평양, 한덕, 조선, 두원 등 6개 회사를 구조조정 대상으로 선정하고 1999년 4월 공개매각절차를 제시하였다. 그 결과 M&A 방식으로 조선→현대, 동아→금호, 태평양→동양, 국민→SK, 한덕→SK로 통합되고 인수 희망자가 없는 두원생명은 계약이전방식(P&A)으로 대한생명으로 계약이 이전되었다. 이때, 정리된 6개 회사의 자산부족분의 일부를 공적 자금으로 지원하였는데, 그 금액은 23,865억원이었다.

IMF금융위기 이후 일부 생보사의 경영부실이 표면화되면서 외국생보사의 국내사 인수 및 국내진출한 외국사의 철수 등 자발적인 구조조정이 진행되고, 일부 대기업은 그룹의 구조조정 차원에서 우량 생보사의 해외매각이 추진되기도 하였다. 1999년 6월 총자산 3조 8,272억원 규모의 국내 4위 생보사인 제일생명은 세계적 보험그룹인 독일의 알리안츠에 매각되었고, 합작사인 코오롱메트생명 지분을 미국 Metlife가 100% 인수(1998. 3)하였으며, 고합뉴욕생명은 합작선인 뉴욕생명이 지분 100%를 인수(1999. 10)하였다. 또한 그 동안 합작사로 운영되어 오던 영풍매뉴생명은 합작선인 캐나다 매뉴라이프가 국내시장에서 철수하여 순수한 국내사로 전환되었다.

생명보험회사의 구조조정은 위의 2차례에 그치지 않고 계속 부실회사가 속출하고 있었다. 제3차 구조조정 대상은 현대생명과 삼신생명으로 결정되었고, 한일생명은 자구계획이 여의치 않아 2001년 11월 경영개선명령을 받았다. 2001년 8월 현대생명과 삼신생명의 보험계약이 인수회사가 없어 대한생명으로 이전되었다. 현대생명의 전신은 1989년 11월에 설립된 한국생명이며, 2000년 2월 조선생명을 흡수 합병하고 상호를 현대생명으로 변경하였다. 대주주는 현대그룹 계열사이었으나 그룹자체가 재정위기 속에서 분리되면서 경영정상화계획을 이행할 수 없었다. 대한생명으로 계약을 이전할 때 현대그룹의 부실책임을 추궁하기 위하여 현대그룹 관련회사의 예금자보호대상이 아닌 법인보험계약 및 대출·채권은 이전 대상에서 제외시켰다.

IMF금융위기 이후 생명보험업계의 불황과 구조조정은 위에서 언급한 3차례의 구조조정으로 끝나지 않고 있다. 부실회사로서 규모가 커서 정리가 안 된 것이 대한생명이다. 이 회사는 부실계열사에 대한 부당대출 사건을 계기로 1999년 2월 자산과 부채에 대한 실사를 한 결과(1998년 12월 말 현재) 부채가 자산을 2.9조원이 초과하고 있었다. 3차례의 입찰을 통한 인수회사를 물색하였으나 적격업자가 나오지 못하고, 외자유치도 실패하였다.

1999년 8월 6일 대한생명을 부실금융기관으로 지정하고 경영정상화를 위하여 두 차례에 걸쳐 3조 5000억원의 공적 자금이 투입되었으나 아직도 정리를 끝내지 못하고 있다. 대한생명은 그 자체가 거대한 부실생명사이면서(구조조정 대상업체) 인수희망이 없는 두원생명, 현대생명, 삼신생명의 계약까지 끌어안게 되었다.

대한생명의 처리가 장기화되고 있는 가운데 생명보험은 대신생명이 부실금융기관으로 결정되고 행정처분을 받고 있다. 이 회사는 2001년 3월 말 현재 자산과 부채의 실사결과 부채초과액이 2,411억원에 이르러 7월 12일 부실회사로 결정하고 임원의 업무정지에 따른 관리인 선임을 결정하였다.

한편 지금까지 보험회사의 구조조정은 생명보험이 중심이었지만 손해보험의 경우도 보증보험회사의 합병과 일반 손해보험 3개사가 부실기관으로 지정받고 있다. 금융감독위원회는 1998년 9월 대한보증보험과 한국보증보험 두 회사에 대하여 경영정상화계획 및 이행각서의 제출을 요구한 바 있었고 그 결과 11월 25일 두 회사를 합병하여 서울보증보험으로 상호를 변경하였다. 1999년 6월 서울보증보험은 부실금융기관으로 결정하고 예금보험공사에 출자지원(1조 2,500억원), 성업공사에 미구상채권 인수대금의 정산연기(2년), 기존주식 전부를 무상으로 소각하는 자본감소조치를 취했다. 서울보증보험은 자산·부채 평가(1999년 3월 말 기준)결과 부채가 자산을 3조 7,930억원을 초과하고 있었다. 또한 미지급보험금이 3조 4,124억원인 데 비하여 유동자산은 1조 773억원에 불과하여 사실상 지급불능사태에 빠져 있었다.

서울보증보험의 경영정상화가 미궁에 빠져 있는 가운데 2001년 추가로 공적자금이 투입되었는데 그 동안 지원받은 공적 자금은 10조 2,500억원이었다. 손해보험은 IMF금융위기 이후 보증보험 2개 회사를 제외하고 구조조정은 생명보험업계의 일로 생각하여 왔으나, 최근 수년 동안 회사간에 우열격차가 심화되고 지급여력제도가 강화되면서 특히 중하위 회사의 남보능력부족이 제기됨으로써 업계와 협회는 전술한 EU방식의 지급여력제도에 대해서 개정을 요구하고 나섰다. 2001년 중하위 손보사 가운데 국제, 대한,[14] 리젠트(전 해동화재)에 대해서 관리인이 선임되고 합병·인수회사를 물색하고 있다.

14) 2001년 11월 30일 금융감독위원회는 대한화재에 감자명령(주식 전부 무상소각)을 내리고 대한시멘트 등 인수자의 출자와 함께 예금보험공사가 순자산 부족액 801억원에서 인수가격을 차감한 381억원의 공적 자금을 투입하고 매각을 완료하였다.

제 4 절 生命保險 契約者配當과 企業公開

1. 契約者配當

(1) 계약자배당의 성격

생명보험에서는 예정률로서 豫定死亡率 이외에 豫定利率, 豫定事業費率, 豫定入院率 등의 豫定給付率이 있다. 그 계산기초는 보험계약이 장기에 걸쳐 있기 때문에 사업의 안전성을 고려하여 정하게 된다. 따라서 계약자배당의 기본은 보험료의 산정에 이용된 예정률과 실제율과의 차이에 의한 차액을 계약자에게 반환하고 보험료를 수정하는 것이다. 만약 장래를 예측하는 것이 가능하여 보험료를 정확하게 계산할 수 있다면 배당이라는 것은 없다. 그러므로 보험회사의 배당은 일반 기업의 주식배당과는 근본적으로 다르다.

생명보험계약은 대부분 장기성 계약으로 장래의 위험을 정확하게 예측하는 것이 불가능하므로 보험료를 산출할 때 예정률(이자율, 사망률, 경비율 등)에 안전할증을 가산하여 보험료를 계산한다. 이러한 방법을 사용할 수밖에 없는 이유는 손실에 대한 부담을 사후에 계약자에게 추가로 요구하는 것은 불가능하기 때문이며, 후에 정산하여 실제 발생한 이자수입, 사망률과 차이가 있으면 그 주된 잉여금의 발생원인이 예정기초율의 안정성에 기인한 바 크므로 결국 계약자배당도 부과된 보험료의 초과분에 대한 환불성격인 것이다. 이러한 계약자배당의 분배원칙은 공평성과 실용성, 탄력성 및 대중성이다.[15)]

공평성은 생명보험제도가 불특정 다수의 계약자를 대상으로 하고 이들의 집합으로 이루어지기 때문에 특별한 사정이 없는 한 모든 계약자들을 공평하게 대우해야 한다. 계약자배당을 공평하게 분배하기 위해서는 그것에 앞서 정확한 잉여금의 계산과 계약자잉여금에 대한 공헌도의 측정이 있어야 한다. 정확한 잉여금의 계산을 위해서는 결산잉여금에서 내부유보의 증감분을 파악하고, 결산시점에서 판명되지 않는 적정보험료 수준(상하한선), 부동산 등 미평가자산의 금액에 대한 파악이 어려운 부분이다. 계약자 잉여금에 대한 각 계약자의 공헌도 측정은 계약자가 납입한 보험료를 분석하는 일이다.

15) 정성택, "死差配當 自由化가 생보업계에 미치는 영향", 「보험개발연구」(1995년 제 2 호), pp. 63~65.

보험료는 예정사망률, 예정이율 및 예정사업비율에 의하여 산출되므로 예정치와 실제치의 차이를 분석하는 것이다. 利差益은 총자산(운용자산)의 운용결과로 얻어지는 것이므로 총자산에서 점유하는 각 계약자의 지분(근사치로서 책임준비금으로 대체할 수 있음)이 차지하는 비율로서 공헌도를 파악한다. 死差益에 대한 각 계약자의 공헌을 계산하는 것은 쉽지 않다. 보험종류, 연령, 진단유무뿐만 아니라 성별, 직업, 거주지 등으로 세분화할 필요가 있어서 매우 복잡하다. 費差益에 대해서도 각 계약자별로 계산하는 것이 이상적이만 실제에 있어서는 부가사업비의 수준에 따라 보험종목, 보험금액, 계약연도 등을 고려한 그룹별 계산방법을 채택할 필요가 있다.

계약자배당의 분배원칙으로서 실용성은 위에서 언급한 공평성이 매우 중요하지만, 정확하게 계산하기 어렵고 배당계산에 너무 많은 시간과 노력이 소요된다면 실행할 수 없기 때문에 다른 조건으로 실용성이라는 원칙이 필요한 것이다. 계약자배당은 잉여금의 분배이므로 경영실적이나 경제·사회의 정세변화를 고려하여 탄력적으로 운영되어야 한다는 것이 실용성의 원칙이다. 대중성 원칙은 생명보험에 가입한 일반 대중은 보험에 대한 지식이 없거나 부족한 사람들이 많아서 아무리 훌륭한 배당방법을 적용하여도 이해하지 못하는 경우가 많다. 따라서 배당방식은 수리적 공평성과 정확성이 강조되고 있지만, 실제로는 일반 대중의 보험에 대한 지식을 고려하여 가능한 한 간단하고 알기 쉽게 할 필요가 있다.

(2) 계약자배당의 원천

1) 死 差 益

보험회사는 계약시에 피보험자를 어떠한 방법에 의하든지간에 선택한다. 의사에 의한 診査, 모집자의 면접에 의한 신체상황 등의 조사보고(望診), 피보험자나 계약자의 건강에 관한 자기신고(고지의무) 또는 조사기관을 통한 별도조사(생존조사) 등의 선택이 그것이다. 이러한 선택에 의하여 계약당조의 피보험자 십난은 일정수준 이상의 긴강체인 피보험자의 집단이기 때문에 그 사망률은 국민사망률보다도 크게 하회한다. 또한, 생명보험에 가입하는 것은 어느 정도 이상의 소득이 있는 계층이며, 일반적으로 소득수준이 높은 계층일수록 사망률은 낮다.

이상과 같은 선택에 의하여 예정사망률보다도 실제사망률이 낮으면 死差益이 생긴다. 고연령계약은 사망률이 높기 때문에 보험회사에서 위험을 고려하여 올바로 선택한다면 사망률의 크기에 비례하여 보험료도 높기 때문에 死差益은

〈그림 10-1〉 이원별배당

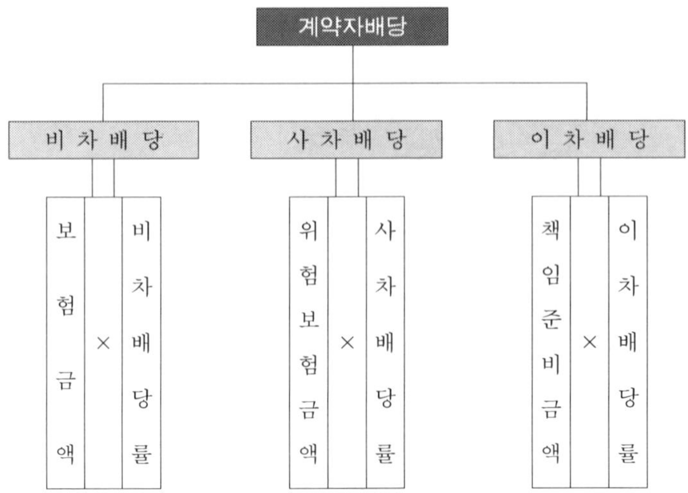

주: 위험보험금액이란 보험금액으로부터 그때의 책임준비금액을 뺀 금액을 말한다.

크게 된다.

2) 入院差益 등

이것이 새로운 差益이다. 현재 전혀 고려할 수 없는 상해 또는 입원사고의 경우 장해급부나 입원급부를 지급하는 재해보장특약, 질병으로 인한 입원, 수술급부를 지급하는 질병특약 등도 마찬가지로 예정률을 사용하기 때문에 당연히 어떠한 선택을 행하는가에 따라 차익은 크게 된다. 특히 재해보장특약에 대해서는 최근 우리나라 보험상품에서도 많이 이용하고 있어 관심의 대상이 되고 있다.

3) 利 差 益

보험회사는 수입보험료 가운데 적립한 것을 운용하여 이자나 배당금수입을 얻게 되는데 그 실제이율이 예정이율 이상으로 되면 利差益이 생기게 된다. 최근과 같은 경제변동이 심한 시대에는 자산운용의 여하에 따라 수익에 큰 차이가 생기게 된다. 예로서 총수요억제책에 의하여 불황이 침투되고 주가하락과 배당감소의 현상이 일어나지만 다른 한편으로 고금리에 의하여 자산은 될 수 있는 한 대부로 전향시켜 운용의 효율화를 기해야 한다.

4) 費 差 益

실제사업비가 예정사업비보다 적다면 비차익이 생기게 된다. 費差益을 나타나게 하는 데는 여러 가지 방책이 있지만 손해보험회사에 비하여 많은 인원을

〈그림 10-2〉 생명보험회사의 利源

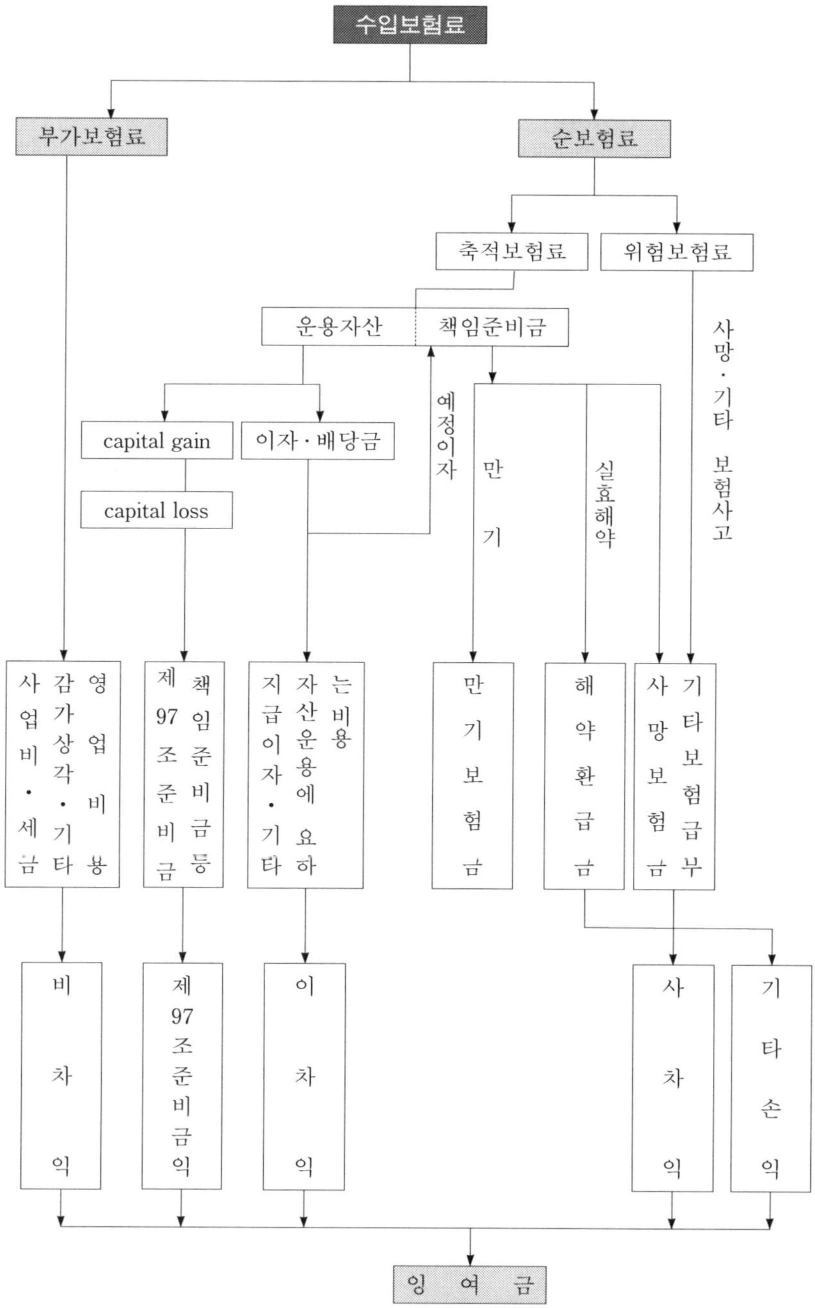

사용하고 있는 생명보험회사는 인건비가 그 초점이 되고 있다. 지금까지 설명한 계약자배당의 원천(이원)과 그 출처를 그림으로 나타내면 각각 〈그림 10-1〉, 〈그림 10-2〉와 같다.

⑶ 배당금의 지급방법

1) 保險料相殺配當

지급될 배당금과 납입해야 될 보험료를 상쇄하는 방법이다. 表定保險料로부터 배당금을 뺀 금액을 계약자가 납입하여야 되기 때문에 年拂, 半年拂의 계약이 많은 경우에는 적용이 편리한 방법이다. 배당금은 매년 증가하기 때문에 계약자가 납입할 보험료는 매년 체감된다. 특히 20년, 30년의 장기계약에서는 만기가 가까워질수록 배당금이 표정보험료보다 크게 된다.

2) 現金配當

보험료납입과는 관계 없이 어느 시점에서 배당금을 지급하는 것이다. 월납계약 등은 계약초기를 제외하면 배당금이 月納保險料보다 많기 때문에 이 방법에 의할 수 있다.

3) 据置配當

보험기간 중에 배당금을 지급하지 않고 일정한 이율을 붙여 사망·만기·해약 등에 의하여 계약이 소멸할 때 보험금이나 해약환급금 등과 함께 지급하는 방법이다.

4) 保險金買增配當

배당금으로 보험금을 구입하는 방법이다. 선진 각국의 최근동향으로서 대형보장보험에 가입하는 계약자가 증가하고 있지만 이들 계약자는 배당금보다도 인플레이션에 의한 보장액의 저하를 문제로 생각하여 배당금보다 보험금을 買增하여 보장액을 증가시키고 있다. 그 방법으로서는 ① 원계약과 동일한 내용의 보험, ② 양로보험, ③ 정기보험 등이 있다.

이상과 같은 배당금의 지급방법은 계약자의 니드에 따라 계약시에 선택할 수 있다. 그러나 우리나라에서는 아직까지 이러한 계약자배당제도가 실시되지 않고 있다. 그 이유는 생명보험회사가 제도도입을 아직 추진하고 있지 않기 때문이며 후술할 특별배당제도 내지 확정배당제도는 실시한 바 있으나 본질적으로 여기서 말하고 있는 계약자배당(이익배당제도)과는 다르다.

契約者配當은 생명보험계약의 성격상 보험계약자가 당연히 요구할 수 있는 권리에 속한다. 생명보험회사가 배당을 하는 경우에도 회사에 따라 배당률의 차이가 있을 수 있다. 자유경쟁하에서는 이것이 문제되지 않지만 각사가 배당률의 경쟁이 일어나 시장에서의 경쟁이 치열하게 야기될 수 있다. 과거 일본에서는 행정당국에서 배당률을 획일화시키면서 이를 열세회사의 재무상태에 맞추었기 때문에 보험소비자로부터 이것이 이른바 船團行政이라고 하여 많은 반대운동이 있었다.

2. 配當金制度의 변천

(1) 特別配當制度

우리나라 생명보험업계의 特別配當制度란 1960년대 중반 이후 금리인상에 따른 보완조치로서 실시되었다. 정부는 1965년 9월 30일을 기하여 금융기관의 수신금리를 최고 연 15%에서 연 30%로 대폭 인상하였다. 이것은 그 당시 금리기능의 회복과 금융의 정상화를 위하여 사채의 성행을 억제하고 제 1 차 경제개발 5 개년 계획에 필요한 내자의 원활한 조달을 위해서 취해진 조치이었다. 이와 같이 은행예금금리가 대폭 인상됨에 따라 생명보험의 예정이율이 10~12%인데 비하여 은행금리가 30%이었으므로 生保界는 가입자에 대하여 어느 정도 금리보상이 불가피하게 되었다.

生保界는 계약자보호를 위한 임시조치로서 기존 계약이나 신계약을 막론하고 1965년 10월 1 일 이후에 납입되는 각종 보험료에 대하여 일정한 금리보상률을 징하여 계약자에게 배당하는 제도를 마련하였다. 이것을 우리나라에서는 '特別配當制度'라고 부르고 있다. 生保社에서는 특별배당금의 재원을 매년 결산시에 계산하여 특별배당준비금으로 적립하였다가 보험금(만기) 및 해약환급금의 지급시에 가산지급하는 방식을 취하였다.

1968년 5 월 예금금리가 연 28.2%로 하향조정되었으며, 1969년 5 월부터 1972년 1 월 17일까지 5 회에 걸쳐 계속 인하되고, 동년 8 월 연 12%로 다시 인하됨에 따라 生保界에서는 그 때마다 特別配當金利率(〈표 10-9〉 참조)을 인하조정하였다. 생보계의 특별배당제도는 1972년 8 월 3 일 경제긴급조치로서 연 12%의 금리수준으로 인하됨에 따라 이후 이 제도를 폐지하고 이미 적립된 준비금에 대해서는 계속 보장하여 주었다.

〈표 10-9〉 특별배당금리율 변동

시행년월일	은행예금금리	특별배당률		비 고
		특별배당금	동이율	
1965년 이전	연 15%	-	-	
1965. 10. 1	연 30%	보험료의 21%	배당금의 연 30%	
1968. 4. 30	연 28.2%	〃 17%	〃 20%	
1968. 9. 30	연 25.2%	〃 17%	〃 20%	
1969. 5. 30	연 22.8%	〃 12%	12%	① 특배 적용한 7월 1일부터 ② 특배원리금의 연 12%附利
1971. 6. 28	연 20.4%	〃 8%	〃 12%	① 특배 적용은 7월 1일부터 ② 특배원리금의 연 12%附利
1972. 1. 17	연 16.8%	〃 3%	특별배당금의 12%	① 특배 적용은 2월 1일부터 ② 특배원리금의 연 12%附利
1972. 8. 3	연 12%	폐 지	폐 지	8월 1일부터 특배 폐지

⑵ 確定配當

상기 특별배당제도는 보험가입자에 대한 공평성의 결여와 금리변동에 따른 업무의 복잡성 등을 이유로 7년간 시행하고 1972년 8월 이를 폐지하였다. 그 대신 1979년 1월 1일부터 確定配當制度를 실시하였다. 우리나라에서 말하는 확정배당제도는 金利連動制度라고 할 수 있으며, 상기 특별배당제도와 동일한 내용이지만 제도운용상 약간의 차이가 있다.

확정배당제도는 1972년 8월 특별배당제도 폐지 이후 보험금리정책에 대한 운용상의 문제점들을 해결하기 위하여 은행의 금리변동에 따라서 유동성을 가질 수 있는 保險金利의 連動制를 말한다. 이것은 보험기간의 단·장기구분에 따른 차등률이 아닌 일정한 단일 예정이율(연 12%)을 정하고, 이 이율을 보험료의 계산기초로 하여 계약자에게 보험의 전기간을 보장하며, 은행금리율과 예정이율의 차이에 대한 금액은 매 보험연도 말에 보험계약자에게 지급함으로써 가입자는 결국 은행금리를 보상받는 결과가 된다.

⑶ 死差益配當

1982년 금리인하조치 이후 지속적인 利差損의 발생과 만성적인 差損에 빠져 있던 생명보험업계는 반대현상으로서 지속적으로 나타나는 死差益을 계약자에게 환불하는 대신 이를 이차손과 비차손의 보전에 충당하고 있었다. 따라서 정부는 1984년 4월 1일 사치익의 일부를 계약자에게 지급토록 결정하고 1983년 회계연도 이후 사차익 부분을 계약자배당을 위하여 적립하도록 하였다. 그 지급방법은 회계연도별 현금배당이 아닌 보험금 또는 해약환급금에 가산하도록 하였다. 이 사차익배당금은 1986년 회계연도까지만 적용되고 1988년 초의 새로운 계약자배당정책의 수립에 따라 폐지되어 기존 적립금도 신설된 사차배당준비금에 흡수되었다.

⑷ 精算配當

1980년대 초반 이전까지 우리나라는 일본의 생명표와 정부 통계청의 국민전체 사망통계를 기초로 하여 조정된 조정국민생명표가 보험료산출시에 사용되는 예정사망률의 기초가 되어 오다가 1985년 간이경험생명표가 작성되어 보험료산출에 이용하였다. 그러나 이 간이생명표의 사망률이 종전의 조정국민생명표보다 전반적으로 낮음에 따라 1986년 2월 1일 이후 유효한 생명보험계약에 대해 기존계약에 적용한 조정국민생명표와 간이경험생명표의 사망률 차이를 정산하여 배당하도록 하였다. 정산배당을 위하여 매 사업연도 말 사망률표에 위험보험금액을 곱한 금액을 적립하도록 하였으며, 지급방법은 계약자의 선택에 따라 보험료와 相計하거나 보험금 또는 해약환급금에 가산하여 지급토록 하였다. 이 제도는 1988년의 배당지침에서 사차배당을 신설함에 따라 1986년까지만 운영되었다.

⑸ 계약자배당의 확대실시

ㅣ) 1987회계연도 계약자배당준비금의 적립과 배당에 관한 지침(1988. 4. 8)에 의하면 계약자배당은 과거에 비하여 포괄적으로 확대되었다. 그 내용은 이차배당, 장기유지 특별배당, 사차배당으로 구분하고 현금배당을 허용하고 있었다. 주요 내용은 다음과 같다.

① 이차배당은 1987사업연도 말 현재 유효한 계약으로 2년 이상 유지된 보험계약을 대상으로 하며, 배당금액은 전사업연도 말 해약환급금식 보험료적립금에 이차배당률을 곱한 금액으로 한다. 이차배당률은 이차배당기준율에서 확정배당률을 포함한 보험상품별 예정이율을 차감한 율로 한다.

② 장기유지 특별배당은 1987사업연도 말 현재 유효한 계약으로 6년 이상 유지된 장기유지계약을 대상으로 하며, 전사업연도 말 해약환급금식 보험료적립

금에 장기유지 특별배당률을 곱한 금액을 배당금으로 한다. 장기유지 특별배당률은 {(경과연수−5)×1.0%}로 하고 최고 25%로 제한한다.

③ 사차배당은 1987사업연도 말 현재 1년 이상 유지된 보험계약을 대상으로 하고, 각각의 1987사업연도 중 위험보험료에 사차배당률을 곱한 금액을 배당금으로 하며, 사차배당률은 다음과 같이 계산한다.

$$1-\frac{\text{제 1 회 경험생명표상 사망률(성별, 연령별)의 80\%}}{\text{보험료산출시 사용한 예정사망률}}$$

배당준비금 적립한도액은 회사가 사용하는 보험료적립금 적립방법에 따라 회사별로 차별화되고 있다. 적립준비금이 순보험료식 보험료적립금에 미달하여 적립된 경우 확정배당준비금을 적립한 후의 1988사업연도 예정당기이익에서 위에서 산출된 이차배당, 장기유지 특별배당, 사차배당금액을 배당준비금으로 적립하고 남은 잔여이익의 일정률을 책임준비금으로 추가적립하거나 누적결손 보전재원으로 사용하도록 한다. 책임준비금을 순보험료식 보험료준비금으로 적립하고 위에서 산출된 이차배당, 장기유지 특별배당 소요액 전액을 1987사업연도 이전에 총액적립한 배당준비금으로 충당할 수 있는 경우에는 1987사업연도 예정당기이익에서 우선 확정배당준비금을 적립하고 다음에 사차배당 소요액을 배당준비금으로 적립하고 남은 잔여이익의 일정금액을 배당금준비금으로 총액적립하도록 하고 있다.

2) 1989년 재무부 지침

1988년 지침과 유사하며 차이점은 다음과 같다.

① 장기유지 특별배당률을 {1.0%+(경과연수−6)×0.2%}로 한다.

② 사차배당률 결정공식에 있어서 제 1 회 경험생명표상 사망률의 80%를 75%로 인하하였다.

③ 배당금은 당해 사업연도 종료일 이후에 현금지급, 납입할 보험료와 상계, 보험금 또는 제환급금 지급시 가산지급하는 방법 중 계약자가 선택하도록 하고, 배당준비금 적립 후 실제 지급시기까지는 1년만기 정기예금금리의 이자를 가산지급한다.

3) 1990년 재무부 지침

① 이차배당기준율을 12%에서 11%로 인하

② 사차배당률 공식에서 제 1 회 경험생명표상 사망률의 75%를 70%로 조정

③ 1988사업연도 수준의 책임준비금을 적립하고 확정배당 소요액을 우선 적립한 후의 잔여이익 중 1989사업연도 주주와 계약자간 이익배분기준에 의하여 회사가 선택한 비율에 따라 계약자지분을 구분한다.

④ 1989년과 1990년의 배당금을 해당 보험연도 종료일 이후 합산하여 지급하며, 보험연도 종료일 전에 중도·소멸되는 계약에 대해서는 1989년도의 배당금만 지급한다.

⑤ 1990사업연도 중 새로 배당대상이 되는 계약은 다음 방식으로 산출한 배당금을 지급한다.

> 1989보험연도 말 현재 해약환급금식 보험료적립금(사차배당은 위험보험료)
> ×1989년의 배당률

⑥ 1989사업연도 주주와 계약자간 이익배분기준은 1988사업연도 수준의 책임준비금을 적립하고 확정배당 소요액을 우선 적립한 후의 잔여이익은 다음 방법에 의하여 회사가 자율적으로 구분하여야 한다.

요건(*K*율)	주주지분 한도	계약자 지분
100%	30% 이하	70% 이상
50% 이상	20% 이하	80% 이상
50% 미만	10% 이하	90% 이상

주주지분으로 분류한 이익 중 주주배당은 순보험료식으로 보험료 적립금을 완전히 적립한 회사(*K*율=100%)에 대해서만 허용한다. 계약자지분으로 분류한 이익은 계약자배당재원 또는 책임준비금적립 충실화(*K*율 상향조정) 재원으로만 사용할 수 있다.

⑹ 종래 계약자배당의 문제점

1988년부터 1990년까지 그 내용이 일부 수정·보완된 계약자배당제도는 이차배당과 장기유지계약에 대한 특별배당을 신설하고 사차배당률을 높이는 등 과거와 비교하여 포괄적으로 개선되었다. 그러나 그때 이미 금융자율화 등 환경변화가 선진국과 우리나라 금융시장에 파급되고 있어서 그것까지 고려한 조치는

〈표 10-10〉 계약자배당의 종류

배당종류	시행시기	배당내용
특별배당	'65～'72년	예정이율(10～12%)과 은행예금금리(30～16.8%)와의 격차를 보상하여 준 것으로 납입보험료에 일정비율(21～3%)을 해약·사망·만기시에 가산지급하였고, 1972년 8월 은행금리가 12%로 인하되면서 중단되었다.
확정배당 (금리차보장)	'78년 이후	생보사의 예정이율이 은행의 정기예금이율보다 낮을 경우 그 차액을 지급해 주는 배당으로 현재까지 존속되는 제도이다.
사차익배당	'84년 이후	1년 이상 유지된 계약으로 예정사망률과 실제사망률 차이를 보전하는 것으로 연간 위험보험료에 사차배당률을 곱하여 산출한다.
(정산배당)	('86～'87년)	'85년 간이경험생명표 작성에 따라 보험회사의 경험률이 예측되어 종전의 국민생명표와의 사망률차를 정산하는 사차배당의 일종이다.
이차배당	'87년 이후	2년 이상 유지된 계약으로 실세금리를 보상해 주는 성격으로 전보험연도 말 해약식 준비금에 이차배당률을 곱하여 산출한다.
장기유지배당	'87년 이후	장기유지계약(6년 이상)에 대한 우대 및 투자수익보상 성격으로 경과기간에 따라 장기유지 특별배당률을 곱하여 산출한다.

아니었다. 우선 정부지시에 의한 획일적인 배당제도의 운영이 문제될 수 있었다. 종전에는 정부가 '보험료 산출기초 및 상품개발지침'을 통하여 보험료산출시 획일적인 예정사망률, 예정이율, 예정경비율 등을 사용하도록 하고 동시에 계약준비금의 적립규모와 방법을 시달하여 왔다. 이와 같이 생명보험의 가격을 통제함에 따라 계약자배당은 개별 보험회사의 실제 영업성과와 일치되는 것을 기대할 수 없었다.

위에서 고찰한 바와 같이 1987년부터 1990년까지 배당금제도의 운영이 크게 개선 또는 변경되었다고 하지만, 1990년까지만 하여도 많은 생명보험회사 가운데 삼성생명과 교보생명 등 2개 회사만이 순보험료식 적립을 하여 왔고 나머지 회사는 그것에 크게 미치지 못하는 실정이었다. 따라서 책임준비금의 적립이 충분하지 못하고 비상사태에 대비한 잉여금의 축적도 거의 없는 형편에서 利源別로 독립배당을 가능하게 한 것은 재무적 파탄을 가져 올 가능성이 농후한 것이다. 즉 사차익과 이차익은 생기지만 費差損이 너무 커서 이로 인한 적자가 매년 누적되어 오는 현실을 무시하고 이원별 독립배당 방식의 도입은 크게 잘못된 조치이었다.

3. 현행 契約者配當制度

(1) 계약자배당 자유화

생명보험의 가격제도의 성격은 사전적 가격인 보험료와 사후적 가격인 계약자배당으로 구성되어 있는 것으로 볼 수 있다. 이 책의 제 9 장 제 4 절 5 의 (3) 生命保險의 가격자유화 항목에서 이미 언급하였지만 생명보험에서는 배당자유화가 가격자유화의 큰 몫을 차지하고 있다. 1970년대 이후 우리나라 생명보험 배당제도의 변천과정은 위에서 살펴보았지만 너무 잦은 제도변경이 이루어지는 가운데 많은 문제점을 내포하고 있었다.

1995년 4 월 생명보험 가격자유화의 제 2 단계 조치에서 배당자유화가 처음으로 도입되었는데 배당재원 중에서 위험률차 배당, 즉 사차익에 대한 부분이 먼저 자유화의 대상이 되었다. 배당자유화는 가격자유화의 근간으로서 그 도입배경은 금융자유화, 자본자유화, 국제화, 개방화의 추세 속에서 보험산업도 공정거래법의 적용압력과 자유경쟁이 불가피하였고, 소비자보호와 가격경쟁은 외국생보사의 국내활동과 더불어 피할 수 없는 국내외의 환경적 요인에 의하여 결정된 것이었다. 사차익배당의 자유화로 기존사를 포함한 8 개 회사는 배당률을 연산 위험보험료의 25%, 기타 회사는 15%를 사용하기로 하였는데 자유화에도 불구하고 각사의 배당률이 거의 동일하여 자유화의 취지가 무색하게 되었으며, 재무구조가 양호한 회사는 시장경쟁에서 유리한 반면에 이미 누적적자가 심각하여 배당재원확보에 어려움을 겪고 있는 대부분의 신설 회사는 힘겨운 처지에 있었다. 배당자유화는 사차익 부분에만 그치지 않고 1997년 4 월 이차익배당자유화, 1998년 이후 비차익 배당자유화가 추진되어 무모한 경쟁이 일어났고 바로 이어진 IMF의 위기에 직격탄을 맞아 신설 생보사들은 도산된 것이다.

(2) 배당금액 산출방식과 준비금 적립

우리나라 생명보험과 손해보험(장기보험)의 계약자배당에 있어서 대상계약, 배당금액 산출, 배당준비금 적립, 배당준비금 적립 전 잉여금의 처리 등에 대해서는 보험업감독규정과 그 시행세칙에서 규정하고 있다. 대상계약과 배당금액 산출방법은 다음과 같다(보험업감독업무 시행세칙 제76조).

① 생명보험은 1년 이상 유지된 유효한 배당보험계약에 대하여 각각의 전보험연도 말 순보험료식 보험료적립금에서 미상각신계약비를 차감한 금액에 이자율차배당률을 곱한 금액을 이자율차배당금으로 지급한다.

② 이자율차배당률은 배당기준율에서 보험상품별 예정이율을 차감한 율로 한다. 다만, 1997년 10월 1일 이전에 판매된 보험의 이자율차배당률은 배당기준율에서 사업연도 개시일 현재의 금리차보장률을 포함한 보험상품별 예정이율을 차감한 율로 한다.

③ 6년 이상 유지된 유효한 배당보험계약에 대하여 각각의 전보험연도 말 순보험료식 보험료적립금에서 미상각신계약비를 차감한 금액에 장기유지 특별배당률{회사별률+(경과연수－6)×회사별률}을 곱한 금액을 장기유지 특별배당금으로 지급한다.

④ 1년 이상 유지된 유효한 배당보험계약에 대하여 각각의 연간 위험보험료에 위험률차배당률을 곱한 금액을 위험률차배당금으로 지급한다.

⑤ 위험률차배당률은 100%에서

$$\frac{\text{제 3 회 경험생명표상 사망률(성명 · 연령별)} \times \text{회사별률}}{\text{보험료산출시 사용한 예정사망률}}$$

을 공제한 율로 한다.

⑥ 1년 이상 유지된 유효한 배당보험계약에 대하여 보험가입금액에 사업비차배당률을 곱한 금액을 사업비차배당금으로 지급한다.

⑦ 사업비차배당률은 예정사업비율에서 사업비차배당기준율을 차감한 율로 한다.

⑧ 위의 각 항목에서 이자율차배당기준율(제2항), 회사별률(제3항, 제5항), 사업비차배당기준율(제7항)은 생명보험회사가 자율적으로 결정한다.

우리나라 생명보험회사의 계약자배당의 종류는 이자율차배당, 장기유지 특별배당, 위험률차배당, 사업비차배당 등 4가지이며, 계약자배당을 위한 준비금은 계약자배당준비금(4종)과 계약자이익배당준비금으로 구분하고 있다(감독규정 제117조 제1항). 계약자배당의 대상계약 및 배당금산출기준은 금융감독원장이 정한다. 여기서 무엇보다도 관심의 대상은 계약자배당준비금 적립 전에 잉여금의 처리에 있다. 보험업감독규정 제116조의 규정은 다음과 같다.

① 생명보험사업자는 매 회계연도 말에 책임준비금(금리차보장배당, 신규발생 계약자배당금 및 그 부리이자 포함)을 우선 적립한 후 잔여액(계약자배당준비금 적립 전 잉여금)을 유·무배당 보험손익 및 자본계정 운용수익으로 구분하며, 무배당보험손익 및 자본계정 운용수익은 주주지분으로 처리하고 유배당보험이익에 대한 것은 주주지분 10% 이하로 하고 잔여부분은 계약자지분으로 처리한다.

② 주주지분은 법인세 비용의 납부재원, 결손보전 및 주주배당 등으로 사용할 수 있다.

③ 계약자지분은 계약자배당 재원으로 사용하거나 적립할 수 있다.

④ 주주배당은 당해 회계연도 말 지급여력비율이 100% 이상인 경우에 정관이 정하는 바에 따라 실시할 수 있다.

⑤ 위의 ①의 규정에 의하여 계산된 계약자지분은 계약자배당준비금으로 적립하고 잔여지분은 총액으로 계약자이익배당준비금으로 적립한다. 다만 이월 결손금이 있는 생명보험회사는 주주지분을 우선 사용하고 이월결손금이 남는 경우에는 결손보전재원으로 사용할 수 있다.

생명보험회사는 계약자배당준비금 적립 전 잉여금이 부족한 경우에도 이익이 발생한 利源(위험률차, 이자율차, 사업비차)에 계약자배당준비금을 적립할 수 있으며, 당해 회계연도 이전에 총액으로 적립한 계약자이익배당준비금을 계약자배당준비금으로 우선 사용하여야 한다. 또한 총액으로 적립한 계약자이익배당준비금은 당해 회계연도 종료일로부터 5년 내에 개별계약자에 대한 계약자배당 재원으로 사용해야 한다. 배당금의 지급방법으로 현금지급, 납입할 보험료와 상계, 보험금 또는 제환급금 지급시 가산방법 중 계약자가 선택하는 방법에 따라 지급하도록 되어 있다(보험업감독규정 제117조 10항).

한편, 조세특례제한법 제86조 등의 규정에 의한 개인연금보험계약 및 연금저축보험계약의 계약자배당금은 해당기간별 보험회사의 이자율차배당기준율로 附利하여 계약소멸시 또한 연금개시 이후 연금에 증액하여 지급하며, 종업원퇴직적립보험의 계약자배당금을 납입할 보험료와 상계하는 경우에는 당해 보험료 산출시 사업비를 부가할 수 없다.

생명보험회사의 계약자배당금의 산출 및 적립과 관련하여 중요한 것 중의 하나가 재평가적립금의 처리방법인데 지금까지 우리나라에서 삼성생명과 교보생명이 이와 관련되었으며 후술할 두 회사의 기업공개문제와도 연계된다. 보험업감독규정 제119조에 의하면 재평가적립금의 처리방법에 대해서 다음과 같이 규정하고 있다.

① 생명보험회사는 재평가적립금의 90% 이상을 계약자지분으로 처리하고 잔여액은 주주지분으로 처리한다. 여기서 재평가적립금은 자산재평가법에 의한 자산재평가를 한 경우에 재평가차익에서 재평가일 1일 전의 대차대조표상의 이월결손금과 재평가세액을 공제한 후의 잔액을 말한다.

② 주주지분은 재평가일 이후 발생한 대차대조표상의 이월결손금의 보전 또는 자본전입에 사용할 수 있다.

③ 계약자지분은 부채계정으로 처리하고 금융감독원장의 승인을 받아 다음과 같이 사용한다.

㉠ 계약자지분의 1/2 이상을 과거 계약자 몫으로 하여 공익법인에 출연한다.

㉡ 위에서 처리된 금액의 잔여액은 재평가일 1일 전 현행 1년 이상 유지된 보험계약에 대하여 보험료적립금에 비례하여 계산한 금액을 당해 계약자에게 지급한다.

④ 생명보험회사는 주주지분과 계약자지분의 처리에 대한 구체적인 계획을 금융감독원장에게 제출해야 되고, 공익법인 출연과 계약자에 대한 지급은 자본전입을 시작한 회계연도부터 실시해야 한다.

손해보험회사의 계약자배당준비금 적립 전 잉여금의 처리는 생명보험회사의 규정에 준하며, 배당금재원은 생명보험과 차이가 위험률차배당(사차익)이 손해보험회사에는 해당되지 않고 이자율차와 사업비차배당준비금만 적립하면 된다. 계약자배당 대상계약은 생명보험과 마찬가지로 1년 이상 유지된 유효한 배당보험계약이며, 이차익과 비차익에 대한 배당기준율은 손해보험회사가 자율적으로 결정할 수 있다.

생명보험회사와 손해보험회사가 공동으로 취급하고 있는 퇴직보험계약의 계약자배당준비금의 적립은 계약자배당의 종류별로 다음과 같은 산식에 의하여 계상한 금액을 사업연도 말에 계약자배당준비금으로 적립해야 한다.

㉠ 이자율차배당준비금＝당해 사업연도 말 현재 유효한 보험계약의 전 사업연도 말 보험료적립금에 당해 사업연도 수입순보험료 및 지급보

험금의 경과일수에 따른 적수를 가감한 금액×이자율차배당률

㉡ 사업비차배당준비금=기발생 사업비차 배당준비금+당해 사업연도 말 현재 유효한 보험계약의 보험가입금액×사업비차배당률×(1－예정계약 소멸률)

(3) 선진국의 계약자배당제도

선진국의 계약자배당제도는 우리와 비교하여 복잡하지 않고 단순한 편이다. 그것은 완전자율화 형태를 취하고 있기 때문이다. 계약자배당 방법에 있어서 영국, 미국, 독일 등은 완전자율화로 운영되고 있다. 다만 일본의 경우는 범위요율을 시행하고 배당방법은 사차익, 비차익 및 이차익에 대하여 이원별 배당이 실시되고 있다. 각국의 사정을 간단하게 살펴보기로 한다.

미국에서는 배당률 결정이 각사의 자율에 맡겨져 있다. 배당금계산은 이원별로 이루어지고 정산배당의 성격으로 그 차액을 보전하고 있다. 그 이외의 방식으로 Asset Share방식과 Fund방식이 있다. 전자는 실제 기초율에 의거한 모델과 연도 말 책임준비금과의 차액을 보전하는 방식이며, 후자는 유보할 적정금액(Fund)을 정하고 이 금액에 따라 이원별 방식에 따른 배당액이 결정된다. 뉴욕주의 배당결정 방법은, 계약초년도에는 배당을 하지 않고, 배당금은 매년 계약해당일에 지급 또는 충당되며, 사전에 제시한 예시 배당금을 가급적 보장한다.

영국은 계약자배당이 완전 자율화이지만 다만 적절한 최저액 이상을 배당한 경우 나머지 잉여금 사용방법만 규정하고 있다. 배당금지급은 보험금 증액방식이 사용된다. 독일은 전보험회사의 최근 3년 동안 평균배당률을 기준으로 설정한 표준하회율 이상으로 결정되며, 법적 배당률은 90%이다. 배당준비금은 최소한 잉여금의 90% 이상 적립해야 된다.

일본은 배당률의 상한선과 하한선이 설정되어 있고, 규제범위가 제시되고 있다. 배당금은 3개의 이원별로 배당되고, 장기유지배당(10년 이상 계약)과 소멸시 배당이 있다. 배당준비금의 적립은 상호회사는 결산시 잉여금의 90% 이상, 주식회사는 배당준비금 적립액과 잉여금을 합한 금액의 90%로 하고 있다. 사차익의 5%는 사내에 유보된다.

4. 契約者配當과 生保社의 기업공개 문제

(1) 기업공개 추진배경과 경과

1) 추진배경

정부는 1968년 자본시장육성에관한법률과 1972년 기업공개촉진법을 제정하여 자본시장을 통한 자본조달로서 기업의 재무구조 개선과 아울러 기업경영에 있어서 자본과 경영의 분리를 통하여 전문경영자에 의한 과학적 경영을 제고하기 위하여 기업공개를 유도하기 위한 노력을 계속하여 왔다. 그 뿐만 아니라 기업공개를 촉진하기 위하여 조세상의 유인제도(조세감면규제법시행령)와 행정력을 동원하여 왔으며, 1983년에는 자본시장 기능확충 방안의 일환으로 상장요건을 크게 강화하여 공개여건을 진작시켰다. 손해보험회사에 대해서는 1974년 12월 3일 손해보험사업의 경영쇄신 지시의 일환으로 기업공개를 포함시켰고, 해당 손해보험회사들은 기업공개계획을 12월 31일까지 제출토록 하였다.

공개대상회사는 원수보험 10사 중 동양화재를 제외한 신동아, 국제, 제일, 안국, 동방, 범한, 고려, 대한 및 해동화재이었고, 공개시한은 1975년 11월 30일까지이었다. 공개방법으로 자본금 10억원 이상 회사는 기발행 주식을 공개매출하고 10억원 이하 회사는 자본금 10억원까지 증자공모 및 일반 증자를 하게 하였다. 자산재평가법에 의한 자본전입을 할 경우 그 적립금의 1/2까지만 전입하고 매출공개 및 증자공모의 기준에 따라 공개하도록 하였다. 이때의 공개과정에서는 보험회사 상호간의 상대회사 주식소유는 금지시켰다.

그 당시 손해보험회사를 포함한 다른 금융산업과 일반 제조회사들은 이러한 정부의 노력과 권장에 의하여 많은 기업들이 공개를 계속하여 왔으나 생명보험회사들은 적자경영과 취약한 재무구조 때문에 정부도 권장할 수 없었고 회사측에서도 공개준비를 위한 움직임은 볼 수 없었다. 그러나 1987년을 전후하여 생보시장의 대외개방으로 기존의 6사 체제에서 30여 개 회사가 각축을 벌이는 시장환경변화가 있었고 1992년 자본시장 개방계획을 앞두고 생보사들의 대응이 뒤따르지 않을 수 없는 상황에 이르고 있었다. 이러한 상황에서 1988년 11월 대한생명보험이 기업공개 방침을 밝히면서, 생보사의 기업공개의 타당성 여부 및 기업공개를 허용할 경우 주주와 보험계약자간에 이익배분 문제를 둘러싼 논의가 제기되고 있었다.

한편, 1989년과 1990년 기업공개를 전제로 자산재평가를 실시한 교보생명과 삼성생명은 법인세 납부 유예기간이 계속 연장되는 문제가 있었는데 이들 2회사는 1990년 8월 제정된 생명보험회사의 잉여금 및 재평가적립금 처리지침에 따라 9월 재평가적립금 등을 처리하였다. 이러한 사정에서 생명보험회사의 기업공개문제가 부각되고 그 당시 몇 개 생보사가 기업공개의사를 표명하고 나온 배경과 이유는 다음과 같이 정리할 수 있다.[16)]

① 1980년대 후반의 당기순이익의 시현에 따른 일부 생보사의 수익성에 대한 인식변화

② 자산규모의 급격한 증가로 생명보험산업의 중요성과 역할에 대한 인식의 제고

③ 급증하는 자산규모에 비해서 상대적으로 적은 자본금 비율

④ 극소수 대주주가 소액의 자본금으로 막대한 자산의 생명보험회사 경영을 지배하고 있다는 비판의식의 확산

⑤ 당기순이익은 영업이익이 아닌 투자수익으로 인한 것이며 투자자산의 대부분은 계약자의 자산인 준비금으로 이루어지고 있다는 인식 아래서 극소수 대주주에 의한 이익독점에 대한 불만의 고조

⑥ 생명보험시장의 대내외적 개방으로 인한 시장구조의 변화와 국제화로 보다 효율적인 경영 필요성의 대두

⑦ 소비자보호단체의 계약자보호에 대한 관심고조

처음에 삼성생명과 교보생명의 자산재평가일은 각각 1989. 4. 1 및 1990. 2. 1이었고 이에 따라 당초 기업공개 시한도 삼성생명 1992. 1. 31, 교보생명 1991. 3. 31이었다. 그러나 계약자에 대한 분배문제가 결정되지 않아 당국이 공개를 미루어 왔고 조세특례제한법이 이 두 회사의 기업공개 때문에 4차례나 개정되었다. 현행 조세특례제한법시행령 제138조(기업공개시 자산재평가에 관한 특례)의 법인세 면제기간이 11년으로 규정되었다. 이에 따라 삼성생명의 공개시한이 2001년 1월 31일, 교보생명은 2000년 3월 31일까지로 되어 있던 것이 또 다시 연기가 불가피하였다.

2) 추진경과

위에서 언급한 바와 같이 기업공개를 전제로 교보생명과 삼성생명이 각각

16) 한국보험학회, "생명보험주식회사의 기업공개와 잉여금 배분", 1990. 5, 이것은 생명보험협회의 연구용역 보고서임.

1989년 4월과 1990년 2월 자산재평가를 실시하였는데, 계획대로 공개를 히지 않으면 법인세를 부담해야 하고 일차로 그 면제기간의 연장이 2년으로 되어 있어 기간 내에 공개여부를 결정해야만 되었다. 생보사의 기업공개가 연기됨에 따라 법인세 면제기간은 1990년 12월 31일 5년으로 연장, 1993년 12월 31일 8년으로 연장, 1996년 12월 31일 10년으로 연장, 1998년 12월 31일 11년으로 각각 연장되었다. 이와 같은 자산재평가와 조세제한특례법상 법인세 면제기간의 문제 때문에 생보사 기업공개의 그 당시 정책과제로 부각되어 1990년 3월 한국보험학회의 '生命保險會社 企業公開에 관한 심포지엄', 1990년 3월 재무부의 '生保社 企業公開에 관한 視角', 1990년 5월 생명보험협회의 연구용역으로 한국보험학회의 '生命保險株式會社의 企業公開와 剩餘金 配分'이 비슷한 시기에 발표되었다. 재무부는 삼성생명과 교보생명의 기업공개 문제가 쉽게 풀리지 않아 그 해 8월 '생명보험회사의 잉여금 및 재평가적립금 처리지침'을 제정하고 그에 따라 재평가적립금 처분 및 자본금 증액을 승인하였으며(1990. 9), 그 해 12월 31일 조세특례제한법상 법인세 면제기간을 2년에서 5년으로 연장하는 조치를 취했다.

생명보험회사의 기업공개 문제는 1990년 이후 법인세 면제기간의 연장(2년→5년→8년→10년→11년)에 따라 계속 연장되어 오다가 1999년 6월 30일 삼성그룹이 삼성자동차의 부채처리 방안으로 삼성생명 주식매각과 동시에 이 회사 상장문제를 공론화함으로써 생보사 기업공개 문제가 약 10년만에 다시 부각되었다. 금융감독원은 금융연구원을 앞세워 기업공개에서 가장 큰 쟁점으로 부각되어 온 잉여금배분 문제를 생명보험 계약자에게 주식으로 분배할 것을 주장하였는데 이때 금융연구원의 두 차례(1999. 8, 1999. 11)의 공청회를 개최하였고, 금융감독원은 상장자문위원회(1999. 9)를 설치하고, 외국기관에 연구자문을 의뢰함과 동시에 출입기자 간담회를 개최하였다. 한국보험학회는 1990년 전술한 학술토론회의 경험을 바탕으로 1999년 8월과 12월 두 차례의 공개토론회를 개최하여 주식에 의한 계약자지분의 참여를 반대하고 나섰다. 그 결과 금융감독원은 생보사 기업공개를 또 다시 연기시키고 현재에 이르고 있다.

(2) 상장요건과 상장효과

1) 신규 상장요건과 충족여부

1999년 6월부터 12월 말까지 삼성생명과 교보생명의 기업공개 문제는 위에서 살펴본 바와 같이 금융감독원과 금융연구원, 한국보험학회, 삼성과 교보 두

회사는 각자의 입장을 여러 차례 공청회 등을 통하여 밝힌 바 있고, 이 문제에 대하여 시민단체와 언론에서는 큰 관심을 표명하고 있었다. 여기서 신규상장 심사요건에 대해서는 2001년 11월 현재 개정된 내용을 중심으로 소개하기로 한다. 다만, 상장요건에 대한 충족여부의 쟁점에 대해서 논란이 있었던 1999년 8월의 상장요건을 기준으로 하기로 한다.

① 설립 후 경과연수는 예비상장 심사청구일 현재 3년 이상 경과하고 계속하여 영업하고 있을 것.

② 심사청구일 현재 자본금 50억원 이상, 자기자본 100억원 이상이고, 상장예정 주식 총수가 30만 주 이상일 것.

③ 매출액이 최근 3사업연도 평균 150억원 이상이고, 최근 사업연도에 200억원 이상일 것.

④ 주식의 분산요건으로서 소액주주의 소유주식수는 다음 중 어느 하나에 해당되어야 한다.

㉠ 의결권이 있는 주식 총수의 30/100 이상일 것.

㉡ 의결권이 있는 모집 또는 매출한 주식의 총수가 주식 총수의 30/100 이상일 것.

㉢ 심사청구 후 의결권이 있는 모집 또는 매출한 주식의 총수가 상장 신청일 현재 발행주식 총수 및 의결권 있는 주식 총수의 10/100 이상으로서 예비상장 심사청구일 현재 자기자본을 기준으로 다음 사항에 해당할 것.

i) 자기자본 500억원 이상, 1,000억원 미만 법인: 100만 주 이상

ii) 자기자본 1,000억원 이상, 2,500억원 미만 법인: 200만 주 이상

iii) 자기자본 2,500억원 이상인 법인: 50만 주 이상

⑤ 최대주주 등이 소유하고 있는 주식의 총수 및 의결권 있는 주식의 총수가 각각 발행주식 총수 및 의결권 있는 주식 총수의 70/100 이하일 것.

⑥ 재무내용

㉠ 부채비율은 금융업, 보험업 등을 영위하는 법인은 심사청구일 현재 금융감독위원회가 금융산업의구조개선에관한법률 제10조의 규정에 의하여 취하는 적기시정조치 상태에 있지 아니할 것(일반 산업은 부채비율이 동업종 평균부채비율의 1.5배 미만일 것).

㉡ 경영성과는 다음 사항 중 어느 하나에 해당할 것.

i) 최근 사업연도에 영업이익, 경상이익 및 당기순이익이 있고, 이들 중

적은 금액이 최근 사업연도 말 현재 자기자본의 5/100 이상으로서, 최근 3사업연도의 영업이익, 경상이익 및 당기순이익 중 적은 금액의 당해 사업연도 말 현재 자기자본에 대한 비율의 합계가 10/100 이상일 것.

ii) 최근 사업연도에 영업이익, 경상이익 및 당기순이익이 있고 이들 중 적은 금액이 25억원 이상으로서 최근 3사업연도의 영업이익, 경상이익 및 당기순이익 중 적은 금액의 합계가 50억원 이상일 것.

iii) 심사청구일 현재 자기자본이 1,000억원 이상인 법인으로서 최근 사업연도에 영업이익, 경상이익 및 당기순이익이 있고, 이들 중 적은 금액이 최근 사업연도 말 현재 자기자본의 3/100 이상이거나, 이들 중 적은 금액이 50억원 이상이며, 최근 사업연도에 영업활동으로 인한 현금흐름이 陽(+)일 것.

iv) 최근 사업연도 말 현재 자본잠식이 없을 것.

v) 자산가치가 액면가액의 2배(대형법인은 1.5배)를 초과하고 수익가치가 액면가액의 2배를 초과할 것.

⑦ 부도발생사실이 있었던 경우 심사청구일로부터 1년 전에 그 사유가 해소되었을 것.

⑧ 회사경영에 중대한 영향을 미칠 수 있는 소송 등의 분쟁사건이 없을 것.

⑨ 심사청구일로부터 소급하여 1년간 재평가적립금을 자본에 전입한 경우에는 다음의 요건을 구비할 것.

㉠ 자본전입총액이 심사청구일로부터 2년 전의 날이 속하는 사업연도 말 현재 자본금의 50/100 이하일 것. 다만, 자본전입시의 자기자본이 자본전입 후의 자본금의 3배 이상인 경우에는 100/100 이하이어야 하고 재평가적립금 외의 잉여금의 자본전입이 있는 경우에는 이를 포함한 자본전입총액이 100/100 이하이어야 한다.

㉡ 자본전입시 자기자본이 자본전입 후의 자본금의 2배 이상일 것.

㉢ 자본전입총액이 심사청구일로부터 1년 전의 날 현재의 재평가적립금과 그 이후에 발생한 재평가적립금을 합한 금액의 50/100 이하일 것.

⑩ 심사청구일로부터 소급하여 1년간 재평가적립금 외의 잉여금을 자본에 전입(주식배당 포함)한 경우에는 다음의 요건을 구비할 것.

㉠ 자본전입총액이 심사청구일로부터 2년 전의 날이 속하는 사업연도 말 현재 자본금의 50/100 이하일 것. 다만 자본전입시의 자기자본이 자본전입 후의 자본금의 3배 이상인 경우에는 100/100 이하로 하되, ⑨의 재평가적립금의 자

〈표 10-11〉 공개요건 충족여부

<table>
<tr><th colspan="2">구 분</th><th>공개요건</th><th>삼 성</th><th>교 보</th></tr>
<tr><td rowspan="3">기업
규모</td><td>납입자본금</td><td>30억원 이상</td><td>936억원</td><td>686억원</td></tr>
<tr><td>자기자본</td><td>50억원 이상</td><td>5,894억원</td><td>5,299억원</td></tr>
<tr><td>매 출 액
(보 험 료)</td><td>최근 3년도 평균 150억원 이상
최근년도 200억원 이상</td><td>14조 5,811억원
16조 4,415억원</td><td>8조 2,708억원
8조 9,426억원</td></tr>
<tr><td rowspan="2">납입
자본
이익
률</td><td>이 익</td><td>영업이익>0
경상이익>0
당기순이익>0</td><td>3,529억원
1,489억원
956억원</td><td>3,059억원
2,383억원
512억원</td></tr>
<tr><td>이 익 률</td><td>최근년도>25%
최근 3년치>50%</td><td>102.1%
213.9%</td><td>74.6%
268.4%</td></tr>
</table>

주: 매출액은 보험료수입 금액임
자료: 한국금융연구원, "생명보험회사의 기업공개," 1999. 12, 공청회 자료.

본전입이 있는 경우에는 이를 포함한 자본전입 총액이 100/100 이하일 것.

㉡ 자본전입시의 자기자본이 자본전입 후의 자본금의 1.5배 이상일 것.

⑪ 심사청구일로부터 1년 전의 날 현재 최대주주 등 및 발행 총주식 수의 1/100 이상을 소유한 주주의 소유주식비율이 심사청구일 전 1년 이내에 변동이 없을 것.

⑫ 주식양도의 제한이 없을 것.

이상과 같은 중요한 상장심사요건은 1999년 6월 삼성생명 등의 주식공개가 공론화된 이후 1999년 8월 6일, 2000년 6월 23일, 2001년 5월 11일, 2001년 11월 9일에 각각 일부 개정이 있었다. 1999년 6월 현재의 상장요건을 기준으로 할 때('98회계연도 기준) 삼성과 교보는 기업규모 및 납입자본 이익률 등 공개요건을 대부분 충족하고 있었다. 다만 삼성의 경우 그 직전에 주식소유비율의 변동이 있었기 때문에 변동일(1999. 3. 29)로부터 1년간 공개가 불가능하였다.

주식분산요건으로서 소액주주 요건, 최대주주 등에 대해서는 기업공개 후 상장 전까지 충족해야 되며, '재평가적립금의 자본전입요건'과 '재평가적립금 외의 잉여금의 자본전입요건'은 각각 〈표 10-12〉, 〈표 10-13〉과 같다.

2) 상장효과

자본시장육성에관한법률(1968)과 기업공개촉진법(1972)이 제정된 후 기업공

〈표 10-12〉 재평가적립금의 자본전입 요건

기 준	삼 성	교 보
자본에 전입한 총액이 예비상장심사 청구서를 제출하는 날부터 3년 전의 날이 속하는 사업연도 말 현재의 자본금의 30% 이하일 것.	• 자본전입 한도: 280.8억원(=936억원×30%)	• 자본전입 한도: 205.8억원(=686억원×30%)
자기자본이 자본에 전입한 후의 자본금의 2배 이상일 것.	• 자기자본(A): 5,894억원 • 자본전입 후 자본금(B): 1,216억원(=936억원+280.8억원) ⇒A=4.84B	• 자기자본(A): 5,300억원 • 자본전입후 자본금(B): 891.8억원(=686억원+205.8억원) ⇒A=5.94B
자본에 전입한 총액이 예비상장심사 청구서를 제출하는 날부터 2년 전의 날 현재의 재평가적립금과 그 이후에 발생한 재평가적립금을 합한 금액의 50% 이하일 것.	• 자본전입액(280.8억원)은 재평가적립금(939억원)의 29.9%	• 자본전입액(205.8억원)은 재평가적립금(680억원)의 30.3%

주: '99년 3월 말 기준.
자료: 한국금융연구원, "생명보험회사의 기업공개," 1999. 12, 공청회 자료.

〈표 10-13〉 재평가적립금 외의 잉여금의 자본전입 요건

기 준	삼 성	교 보
자본에 전입한 총액이 예비상장심사 청구서를 제출하는 날부터 2년 전의 날이 속하는 사업연도 말 현재의 자본금의 30% 이하일 것.	• 자본전입 한도: 280.8억원(=936억원×30%)	• 자본전입 한도: 205.8억원(=686억원×30%)
자기자본이 자본에 전입한 후의 자본금의 1.5배 이상일 것.	• 자기자본(A): 5,894억원 • 자본전입 후 자본금(B): 1,216억원(=936억원+280.8억원) ⇒A=4.84B	• 자기자본(A): 5,300억원 • 자본전입 후 자본금(B): 891.8억원(=686억원+205.8억원) ⇒A=5.94B

주: '99년 3월 말 기준.
자료: 한국금융연구원, "생명보험회사의 기업공개," 1999. 12, 공청회 자료.

개를 촉진하기 위하여 세제상의 유인제도와 행정력을 동원하여 금융산업을 포함하여 많은 업종의 회사들이 공개를 서둘러 왔다. 전술한 손해보험회사의 기업공개(1975. 11. 30까지)도 경영쇄신방안의 일환으로 실시된 것이지만 그 당시 공개

조건상 손해보험회사들 가운데 무리가 따르는 회사가 있지만 정부의 일방적인 지침에 의하여 추진된 것이다. 그러나 생명보험회사 가운데 선두주자인 삼성생명과 교보생명의 공개문제가 10년 이상 끌어오고 있다는 것은 이해하기 어려운 면이 있다. 물론 잉여금의 계약자분배가 핵심적인 쟁점이 되었지만 그것이 주식회사 형태의 생명보험회사에 국한되어 논란이 되고 있다는 사실이 문제이다. 공개 당시는 해당되지 않았지만 손해보험회사의 경우 오래 전부터 장기보험의 비중이 커지고 있기 때문에 똑같은 논리가 이미 공개되어 있는 손해보험회사의 증자 또는 재평가이익의 자본전입 등에서 거론이 되지 않고 있는 것도 이상한 일이다.

일반적으로 보험회사의 기업공개는 소유와 경영의 분리 및 시장감시기능을 통하여 경영의 투명성을 높이고 보험사업의 공공성을 더욱 확대시킬 수 있다는 점에서 필요하다. 생보사의 기업공개는 소수 대주주 중심의 소유 및 지배구조를 개선하여 경영의 합리화를 도모하고 효율성과 투명성을 높일 수 있고, 회사의 이미지가 개선되고 인지도가 높아져서 생명보험회사의 공신력 제고가 가능하다. 또한 직접금융을 통한 자본조달능력의 확대로 담보력이 증대될 수 있다. 특히 IMF 외환위기 이후는 외자유치, M&A 등이 무리없이 추진되어 장기적으로 생보산업의 구조조정에도 도움이 될 수 있다. 보험시장의 개방으로 외국 생보사가 지점형태, 합작회사, 기존 생보사의 경영권 인수 등으로 국내 보험회사들의 영업, 언더라이팅, 투자 및 경영개선에 여러 가지 긍정적인 영향을 미치고 있지만, 외국자본 가운데 독일의 Allianz가 제일생명을 인수하여 직접 경영에 참여하고 있는 것처럼 국내 생보사의 기업공개는 앞으로 외국보험회사의 시장지배에 대응하기 위한 경영전략상의 문제이기도 하다.

생명보험회사의 기업공개는 신규자금조달, 생명보험 인지도 향상, 국내외 경쟁력 제고 및 국제적인 금융환경 변화에 생명보험회사가 능동적으로 대응할 수 있고 장기적으로 선진화될 수 있는 발판이 될 것이라는 점에서 조속히 추진되어야 한다. 1990년 3월 보험심의위원회의 심의를 거쳐 재무부가 발표한 '生保社企業公開에 관한 視角'에서 기업공개에 대하여 찬반 및 다수의견을 다음과 같이 정리한 바 있다.

① 긍정적 견해

㉠ 공익기업인 생보사의 성장과실은 국민에게 분배되어야 한다.

㉡ 기업공개를 통하여 소유와 경영을 분리해야 한다.

㉢ 금융자율화와 시장개방에 대응하기 위해서 공개가 필요하다.

㉣ 생보사가 주식회사 형태인 것을 인정해야 한다.

② 부정적 견해

㉠ 생명보험업은 상호회사적 성격을 가지고 있어서 자본금이 필요없는 산업이다.

㉡ 생보사의 자산은 계약자의 자산이므로 공개할 수 없다.

㉢ 생보사의 공개는 계약자의 이익을 침해하는 조치이다.

㉣ 기업공개시 경영효율성이 저하될 것이다.

③ 다수의견

㉠ 생보사는 주식회사이고 공개요건을 충족하는 한 당연히 허용되어야 한다.

㉡ 공개시 주주배당 압력으로 계약자보호에 문제가 있다는 주장은 설득력이 없다.

(3) 주요 쟁점사항

우리나라에서 10년 동안 생명보험회사의 기업공개에 대한 수차의 해묵은 논쟁의 쟁점사항을 정리하는 것이 쉽지 않다. 그 이유는 지난 10년 동안 공청회 또는 발표된 내용은 재무부 1회(1990년), 한국보험학회 4회(1990년 2회, 1999년 2회), 한국금융연구원 2회(1999년), 당사자인 삼성생명과 교보생명의 의견 등을 하나로 정리하기가 어렵다는 사실이다. 특히 1990년 재무부 의견, 삼성생명과 교보생명의 주장은 각 기관의 입장을 대변하여 발표된 것이지만 한국금융연구원과 한국보험학회의 공청회 내용은 주제발표자의 의견을 놓고 토론한 경우와 그러하지 않은 경우가 있다. 한국금융연구원의 주장은 발표자가 있지만 개인의 의견이라기보다 후선에 있는 금융감독원 및 감독원 내의 상장자문위원회(1999. 9. 설치)의 의견으로 보는 것이 타당할 것이다. 한국보험학회는 발표자 또는 연구자가 있는 경우가 있고 주제발표 없이 쟁점사항 중심으로 다수자가 토론한 경우도 있다. 학회에서 발표한 주제 등은 다음과 같다.

① 일시: 1990. 3. 20
주제: 생보사 기업공개에 관한 심포지엄
발표자: 양승규(서울대 교수)
토론자: 14명(학계, 연구기관, 언론계, 경제계, 소비자단체, 보험회사 등)

② 일시: 1990. 5(학술연구 용역)

주제: 생명보험주식회사의 기업공개와 잉여금배분

연구자: 4명 이경룡(서강대 교수)

김성재(한국외국어대 교수)

박승전(연세대 교수)

신수식(고려대 교수)

③ 일시: 1999. 8. 4

주제: 생명보험회사의 기업공개와 이익배분

발표자: 김성재(한국외국어대 교수)

토론자: 10명(학계, 소비자 단체, 언론계, 참여연대, 업계)

④ 일시: 1999. 12. 23

주제: 없음(생보사 기업공개의 쟁점사항에 대한 학술토론)

토론자: 7명(학계, 언론)

생명보험회사 기업공개에 관한 쟁점사항은 이상과 같이 발표자와 토론자의 주장이 엇갈리는 등 문제가 있으며, 특히 1999년 6월 이후 공개에 대한 재논의는 한국금융연구원 등의 주장에 대해서 한국보험학회와 삼성, 교보 등 공개대상회사의 주장이 상당부분 상반되고 있었다. 여기서 쟁점사항은 1999년 12월 13일 한국금융감독원의 제2차 공청회와 12월 23일 한국보험학회의 제2차 쟁점사항 학술토론회를 중심으로 양자의 주장과 관계회사의 입장을 살펴보기로 한다.

〈표 10-14〉 생보사 기업공개 쟁점사항

한국보험학회(1999. 12. 23)	한국금융연구원(1999. 12. 13)
· 생보사의 성격 · 주주와 계약자의 위험공유 · 생보사의 성장 및 이익창출 기여 · 상장이익(및 주식배분)배분 · 기존 재평가액 중 유보액 처리 · 신규 자산재평가 처리방법 · 해약식 초과이익 처리방법 · 이익배분기준 적정성	· 생보사의 성격 · 재평가차액 중 내부유보액 처리 · 상장 전 재평가차액 등의 처리 · 해약식 초과적립금의 처리 · 이익배분기준 및 분리계정세도

1) 생보사의 성격

생명보험주식회사를 공개하는 경우 계약자의 지위와 권한이 공개 전후와 동일하며, 일반적으로 기업공개시 자본이득에 대한 계약자의 청구권이 인정되지 않지만 금융연구원의 주장은 법적으로 주식회사이지만 경영방식은 상호회사 방식으로 운영되었고, 배당상품 판매비중이 과다하다는 것이다. 그러나 보험학 교수 대부분은 국내 생보사는 법적으로 모두 주식회사이고 상호회사는 존재한 적이 없으며, 주주와 계약자의 관계는 채권자와 채무자의 관계이다. 배당상품을 판매하여도 이 관계는 변함이 없으며, 주식회사의 주인은 주주이다는 것이다.

선진국의 경우 상호회사가 주식회사로 전환되는 추세에 있으며 주식회사를 공개할 경우 계약자는 회사성장에 기여한 정도와 의결권 및 잔여재산을 분배받을 권리를 포기하는 대가로 상호회사의 잉여금을 주식으로 배분받아 결과적으로 자본이득이 계약자에게 귀속되는 것을 주식회사의 기업공개에 적용하려는 것은 잘못이다. 또한 유배당보험의 판매비중이 높았다는 금융연구원의 주장은, 우리나라는 1992년까지 감독당국이 무배당보험의 판매를 허용하지 않았고 그 후 무배당보험은 판매비중이 낮은 보장성보험 등 일부 보험에만 한정되었기 때문에 유배당상품의 비중이 당연히 클 수밖에 없다(삼성생명).

2) 주주와 계약자의 위험공유

생명보험회사는 과거 손해발생시 주주가 자본을 투입하지 않고 주주의 채무변제의무를 계약자에게 전가시켜 왔으며, 계약자배당이 실시되지 않는 등 계약자에게 경영리스크를 전가시키고 있다는 것이 금융연구원 등의 주장이다. 그러나 실제로 계약자는 채권자로서 주주와 같은 리스크를 공유하고 있지 않으며 주식회사의 계약자는 주주의 권리에 우선하여 예금자보호법에 의하여 5,000만원까지 우선적으로 보호되고 있다. 자본금의 크기와 계약자의 리스크 분담논리는 무리이며, 영업 및 투자리스크를 계약자가 부담했다고 할 수 없다. IMF 경제위기 이후 생보사의 도산 과정에서 주주는 결손보전 또는 주식소각 처분리스크를 부담했지만 계약자가 직간접으로 책임을 공유한 적은 없다. 유배당상품의 계약자에 대한 이익배분의 문제도 다른 생명보험회사와 달리 공개를 하려는 삼성과 교보는 상대적으로 많은 부분을 배당하였기 때문에 부실생보사의 사정을 이 두 회사에 적용하는 것은 무리이다. 삼성의 경우 이익배분 기준이 제정되기 전까지(1979~1988년) 계약자배분 84%(2,505억원), 기준제정 후(1989~1998년) 92.9%(23,086억원)가 지급되었다.

3) 상장이익의 배분

금융연구원 등은 계약자의 상장이익 참여를 인정하고, 공개시 상장이익을 계약자와 주주간의 성장 및 이익기여도에 따라 배분해야 하며 이익배분 방식에 주식배분을 주장하였다. 쟁점사항 중 이 부분이 가장 큰 논란의 대상이 되고 있는데, 1999년의 경우는 삼성자동차 부채상환을 위해서 대주주가 소유하고 있던 삼성생명의 주식을 공개를 통하여 처분하며 그 경우 매우 높은 가격으로 주가가 산정될 수 있다는 언론의 보도가 있은 후 문제가 더욱 쟁점화되었다. 1990년 기업공개가 거론되었을 때도 이 문제가 제기되었지만 상법 등 관련법으로서는 현실적으로 계약자에게 주식을 배분할 방법이 없다. 만약 가능한 방법이 있다면, ① 무상증자를 실시하고 주주가 우선 주식을 인수한 후 계약자에게 무상으로 증여하는 방법인데 개별주주의 동의를 얻어야 하고, ② 신주발행 후 제 3 자 배정방식으로 유상증자를 실시하고 기존주주는 신주인수를 포기하고 이를 계약자에게 증여하는 방법인데 이 경우 주주총회의 특별결의(2/3 이상의 동의)가 있어야 한다.

생보사의 성장 및 이익창출은 궁극적으로 경영능력의 결과이며 경영에 따른 최종책임은 주주에게 있다. 상장시 자본이익은 오랜 세월의 주주자본 또는 영업권이 현가한 것이며 상호회사가 아닌 주식회사 계약자에게 주식으로 배분할 수 있는 방법이 없다. 위의 두 가지 방법을 무리하게 생각할 수 있지만 외국인 주주 등의 소송제기(新株發行 無效의 訴)에 대항할 수 없고, 特別法의 제정도 거론되고 있으나 주주의 재산권 침해(위헌)가 문제된다.

4) 자산재평가차익 등의 처리

1990년 당시 자산재평가차익 중 일부를 유보하고 재무부의 처리지침(생명보험회사잉여금및재평가적립금처리지침 제14조, 재무부 생보 22330-353)에 의하면 잔액은 자본계정에 계리하여 결손보전 또는 계약자배당재원으로 사용할 수 있도록 삼성과 교보의 경우 1990년 이후 지속된 이익실현으로 충분한 계약자배당재원을 확보하고, 결손이 없어 내부유보한 상태로 보유하고 있다(과거 계약자 몫은 공익사업에 출연). 이 부분을 주식으로 계약자에게 무상지급하거나, 자본전입 한도 내에서 계약자지분으로 자본금화하고 잔액은 현금으로 계약자에게 배분하자는 안이 금융연구원 공청회에서 거론되었다. 그러나 과거 재평가차익 내부유보액은 자본전입의 대상이 아니고 그 당시 재무부 처리지침에 따라 계약자배당 또는 결손보전에만 사용이 가능하며, 1989~1990년 재평가차익의 자본전입은 주주의 동의가 필요하다.

상장 전에 부동산 등을 재평가하여 계약자에게 배분하여야 한다는 공청회의 주장에도 문제가 있다. 이것은 미실현 이익을 사외에 유출하는 결과가 되어 감독당국이 평가기준으로 삼고 있는 지급여력비율을 악화시키는 결과가 된다. 또한 2000년 4 월부터 표준책임준비금 및 표준해약 환급금제도를 도입하면서 운용

수익률의 하락이나 대형 보험사고에 대비하기 위한 추가준비금의 필요성이 거론되면서 기업공개를 앞둔 회사의 부동산 등을 평가하여 평가차익을 배분해야 한다는 주장은 정책의 일관성이 없다.

해약식 초과이익의 처리방법에 있어서 초과적립액을 계약자 몫으로 분배해야 한다는 주장이 있었는데 이것은 지급여력을 강화하는 측면에서 부채계정(별도 준비금으로 적립)으로 유지하는 것이 바람직하다. 적립금 처리방식에 따른 회계상의 이익을 계약자배당으로 처리하는 것은 성급한 것이며 향후 이로 인하여 잉여금이 확정될 때 잉여금배분방식에 따라 처리하는 것이 바람직하다.

(4) 기업공개 추진방향

우리나라의 생명보험에 있어서 무엇보다도 중요한 것은 회사의 지급여력의 충실화와 계약자배당을 중심으로 한 가입자의 보호시책이다. 보험감독기관은 최근에 와서 특히 이 문제에 대하여 특별히 신경을 쓰고 있지만, 시장개방으로 신설된 생보사들이 10년을 넘기지 못하고 퇴출되고 있다. 이러한 여건 속에서 비록 양극화 현상이지만 삼성생명과 교보생명이 공개문제로 쟁점화되고 있다는 것은 한편으로 생보산업의 장래를 위하여 다행스러운 일이다.

두 회사의 공개가 공론화된지 10년이 지나고 있는데 감독당국이 반드시 염두에 두고 정책을 계획·추진해야 할 것은 지금까지의 공개방안이 삼성과 교보에 대한 일과성이어서는 안 된다는 것이다. 앞으로 공개대상에 포함될 다른 회사에 대해서도 그대로 적용될 수 있는 원칙이 있어야 하고, 비록 공개요건은 갖추지 못하고 있는 회사의 경우에도 계약자배당은 형평성이 유지되어야 하므로 배당 등 계약자보호수준이 향상되어야 하고 배당조건과 수준은 공개여부와 관계없이 동등한 정도가 되어야 한다. 계약자배당을 강조하는 과정에서 주주배당이든, 계약자배당이든간에 사외유출보다는 사내유보를 강화하고 비상위험 등 특별준비금으로 적립하여 지급여력을 증대시켜야 한다.

원천적으로 생명보험에 있어서 상호회사의 계약자배당이론이 주식회사에도 적용하려는 오류는 특히 상호회사 자체가 존재하지 않는 우리나라에서 주식회사이지만 상호회사 방식으로 운영되었으므로 공개시 주식배당이 주어져야 한다는 논리는 이론에도 부합되지 않고 관련법규에도 맞지 않는 것이다. 또한 시민단체 또는 계약자들은 보험료의 정산에 의한 차액을 배당이라는 좋은 이름으로 지급하고 있는 생명보험의 본질을 잘못 이해하여 계약자배당에는 기업공개시 주식배당도 같은 성질의 배당개념으로 받아들이고 있다. 생보사의 기업공개시 계약자는 주주와 더불어 주식으로서 이익분배에 참여할 수 있다고 생각하면 경영부실로 도산되었을 때 대주주와 같이 책임을 지거나 불이익을 감수해야 하는 데도 예금자보호법 등에 의하여 주주보다 우선하여 계약자는 보호받고 있다.

생명보험회사의 거대한 자산의 대부분은 계약자에 대한 보험금지급을 위하여 부채로서 책임준비금 등으로 적립되어 있고 이것이 자산운용의 대상이 되고 있다. 보험에 대한 인식이 부족한 사람들은 이 부분까지 전부 공개되어 주주 몫으로 인정되는 것으로 오해하는 경우도 많다. 보험업감독규정 등에서 정한 지급여력을 초과달성하고 남는 잉여금 부분 중 주주지분에 대해서 공개되는 것이고 공개로 인한 이익이나 주식은 당연히 주주가 차지하고, 잘못되면 책임도 부담해야 하는 것이 주식회사의 기본이라고 할 수 있다. 대주주가 현금으로 납입 또는 증자한 자본금 총액과 공개할 주주지분을 단순 비교하여 양자의 큰 차이를 공개이익의 독점으로 보는 것은 무리이다. 주주는 경영의 온갖 리스크를 책임지고 있으며 경영이 부실해지면 그 뒷처리에 대해서도 모든 책임을 져야 하는 위치에 있다. 모든 기업에 공통적으로 적용되는 유가증권 상장에 적용되는 법규를 충족하고도 주식회사 형태에서 생명보험회사에만 별도로 적용되어야 하는 추가조건이 요구된다면 모순이 아닐 수 없고 중하위 생명보험회사 또는 부실회사의 범주에 속하는 생보사의 계약자에 대해서는 배당자유화에도 불구하고 대형회사 수준의 계약자배당이 보장되지 못하고 있는 현실을 고려해야 한다. 삼성과 교보를 제외한 생보사 중 내부유보액을 보유하고 있는 회사가 없고, 2001년 이후 자산재평가제도가 없어지는 점을 감안한다면, 향후 공개될 수 있는 다른 생보사에는 적용할 수 없는 1회용의 공개방안이 되는 것이다. 이상과 같은 사실에도 불구하고 우리나라 생명보험의 발전에 전체 계약자가 집단적으로 기여하였음은 부인할 수 없는 사실이다. 그럼에도 불구하고 계약자 개개인의 소속보험회사에 대한 기여도는 1960년대 이후 40년 동안 수많은 생명보험 상품이 평균 3년을 넘기지 못하고 신상품으로 대체되는 악순환 속에서 계약자 역시 실효·해약 등으로 만기까지 인내심을 가지고 남아 있지 못한 사정을 고려하면 주식으로 계약자배당을 인정한다고 하여도 객관적인 기준을 만들기 어렵고 높은 주식가격에 비하여 낮은 배당금액으로는 실제 주식배당의 의미가 당초의 기대와 예상이 크게 빗나갈 수도 있다. 또한 계약자의 공헌도 파악이 용이하지 않고 연락까지 어려운 현실이고 보면 막연하게 불특정 다수계약자에 대해서 과거, 현재 및 미래계약자(실제 해당될 수 없음)로 계층을 구분하고 총체적인 분배지분을 배정하는 것도 대안이 될 수 없다.

1965년 한일국교정상화가 이루어지고 8·15 이전까지 對日請求權 배상금액에서 생명보험 가입자들도 보험증권 등의 증빙서류를 가지고 신고하게 하였다. 그 결과 1945년부터 1965년까지 20년 동안 6·25 등의 혼란기도 있었고 남북으로 분산된 과거 생명보험 계약자 또는 그 후손들의 극히 일부만 신고한 사실을 상기할 필요가 있다. 이제까지 계약자배당문제가 거론될 때마다 불특정한 과거 계약자는 파악도 어렵기 때문에 일괄적으로 그 지분을 공익사업으로 처리하려는 정책대안이 있었지만 파악할 수도 없는 개별계약자의 기준을 1960년 이후 가입자를 기준으로 할 경우 파악이 불가능한 개별계약자보다는 전술한 장기수명의 국민저축보험 등 단체계약이 차지하고 공헌한 비중을 고려(계산)하여 현존하는 기업의 경우 종업원 복지기금으로 처리하거나 소속 기업이 퇴직자 등을 파악하여 지급하는 방안의 채택이 합리적이다.

제 5 절 保險稅制

保險稅制는 事業者에 대한 稅制와 加入者에 대한 稅制로 크게 두 가지로 분류할 수 있다. 보험세제에 있어서는 일반적인 이론이나 원칙이 있는 것이 아니고 각국의 세법체계와 특수한 사정에 따라 특색이 있다. 손해보험회사와 생명보험회사의 경우 일반적으로 후자에 대한 세제가 중심이 되고 있으며 특히 가입자에 대한 세제혜택은 각국에서 크게 보급되고 있다.

우리나라의 보험세제는 생명보험이 중심이 되고 있으며 그 가운데 가입자 세제가 계약자에게 유리하게 규정되어 있는 것은 생명보험이 과거부터 국민저축수단의 하나로서 자본형성에 기여하고 있다는 점과 자본시장처럼 정부의 특별한 육성책이 없었기 때문에 세제에 있어서는 보험대중화를 위하여 생명보험협회의 노력과 재경부의 협력으로 다른 저축수단에 비하여 생보가입자는 큰 혜택을 받고 있다.

1. 個人保險 稅制

(1) 보험료 소득공제

보험료 소득공제는 근로자 복지지원을 위한 제도의 하나로 근로자가 보험계약에 의해 보험료를 납입하는 경우 일정액을 해당연도 근로소득에서 필요한 경비로 공제되는 것을 말한다. 관련세법은 소득세법 제52조, 동시행령 제109조, 동시행규칙 제56조의6 등이다. 공제대상 계약자는 근로소득자 본인 또는 소득이 없는 가족이며, 피보험자는 근로소득자(일용근로자 제외), 배우자, 기타 가족이다. 대상보험은 생명보험, 손해보험, 우체국보험 등 광범하게 적용되고 있다.

생명보험은 각 보험종목별 만 40세 가입시 보험기간 전기간에 걸친 월납을 기준으로 생존만기시 보험금의 총액이 납입보험료를 초과하지 않는 보장성보험이 대상이다. 손해보험은 화재, 자동차, 도난보험 등 기타 손해보험 중에서 보험료를 부담하는 주체가 기업 또는 단체가 아닌 가계에서 부담하는 보험이다. 보험료 소득공제는 민영보험뿐만 아니라 우체국보험, 농협, 수협, 신협, 새마을금고의 생명공제에 대해서도 만기시의 공제금이 공제료 납입액을 초과하지 않는 범위에서 공제되고 있다. 이 제도는 1977년에 도입되었고 처음 공제한도가 연간 12만원이던 것이 1999년부터 70만원으로 확대되었다. 소득공제에는 표준공제제도라는 것이 있다. 이것은 특별공제신청을 각 항목별로 하지 않는 근로소득자 또는 근로소득 외의 종합소득만 있는 사업자의 경우 특별공제(의료보험료, 생명

〈표 10-15〉 보험료 소득공제 변천과정

연 도	공제대상자	공제금액	피보험자
1977년 (도입)	월정급여 30만원 이하의 근로소득자	연 12만원 한도 (생명보험료)	본인 및 배우자, 기타 가족
1978년	40만원 이하	〃	〃
1979년	50만원 이하	연 15만원 한도	〃
1980년	〃	연 24만원 한도	〃
1982년	전근로소득자 (일용근로자 제외)	연 24만원 한도 (보장성보험료)	〃
1993년	〃	연 50만원 한도	〃
1999년 이후	〃	연 70만원 한도	〃

보험료, 의료비, 교육비 등 공제) 대신에 일괄적으로 표준공제 60만원을 적용받는 것을 말한다.

⑵ 보험차익 과세

보험차익 과세는 소득세법 제16조, 동시행령 제25조에 근거를 두고 있는 것으로서 이 제도는 일정기간 미만(현재 7년) 유지된 보험계약에서 발생하는 보험차익(납입한 보험료 총액과 보험금의 대비)을 일종의 이자소득으로 보아 과세하는 것을 말한다. 이 제도는 1991년 1월 1일 소득세법 개정시 동법 제17조(이자소득)가 개정되어 3년 미만 유지된 저축성보험의 보험차익에 대해서 부과되면서 생명보험협회 등에서 많은 반대가 있어 왔다. 생명보험의 가입목적은 만일의 경우 가족의 생활보장, 의료비보장, 재해사고 대비, 노후 생활자금 마련 등 보장목적이 절대적인 비중을 차지하고 있으며, 보험차익은 원래 이익획득이 목적인 저축상품의 이자와 차별되어야 한다는 것이다. 또한 선진국에서도 생명보험의 사회보장 보완기능을 인정하여 금융소득과 달리 보험차익에 대해서는 세금을 부과하고 있지 않으며, 특히 고소득층의 투자목적인 증권양도차익에 대해서는 자본시장 육성이라는 명분 아래 비과세하면서 중·저소득층의 보장수단인 보험차익과세를 도입·확대함은 불합리하다는 것이었다.

1991년 1월 처음 도입된 보험차익에 대한 과세는 보험료 납입액이 800만원 이하는 보험차익의 5%를 분리과세하고, 800만원을 초과할 때는 보험차익의 21.5%를 과세하였다. 이때 보험업계의 불만을 받아들여 1991년 11월 1일부터 소액 저축성보험의 범위를 800만원에서 1,200만원으로 상향 조정하였다. 1993년 10월부터 보험료 납입액을 1,800만원으로 조정하였다. 1996년 1월 1일부터는 보험료 납입액이 1,800만원 이하는 보험차익의 10% 과세, 1,800만원 초과시는 16.5%의 과세로 변경되었으며, 이때부터 5년 이상 유지계약에 대해 이자소득세를 비과세로 하지만, 연간 금융소득 합계 4,000만원 초과분은 종합과세하였다.

보험차익에 대한 과세는 1996년 5월 13일부터 7년 이상 유지계약에 대해 이자소득세를 비과세로 하다가, 1998년 4월 1일부터는 다시 5년 이상 유지계약(1996.1.1 이후 계약부터 적용)으로 단축시켰으며 이때 금융소득 종합과세는 유보(원천분리 과세로 종결)하였다. 현행 보험차익 과세의 과세대상 요건은 보험계약일로부터 만기일 또는 중도해지일까지의 기간이 7년 미만인 경우(2001년 1월 1일 이후 계약부터 적용)와 피보험자의 사망, 질병, 부상, 기타 신체상의 상해로

〈표 10-16〉 보험차익 과세 징수세율

구 분	세 율		
	소 득 세	주 민 세	농 특 세
일반과세	보험차익의 15%	소득세의 10%	-
저율과세	보험차익의 10%	-	감면세액의 10%

인하여 지급받거나 자산의 멸실 또는 손괴로 인하여 지급받는 보험금이 아닌 경우에 적용된다. 2001년 1월 1일 이후 발생하는 보험차익에 대해서는 보험계약자와 수익자가 동일인이 아닌 경우에도 보험차익 과세를 적용한다. 현재 연간 금융소득 4,000만원 초과분에 대해서는 종합과세하며 보험차익 과세의 적용세율은 〈표 10-16〉과 같다.

(3) 개인연금보험 세제

1) 旧개인연금보험(조세특례제한법 제86조, 동시행령 제80조)

개인연금보험이라 함은 2000년 12월 31일까지 가입한 다음의 요건을 갖춘 상품으로서 보험료 납입기간이 만료된 후 그 지급을 연금형태로 받는 보험이다. 계약요건은 다음과 같다.

① 가입연령: 만 20세 이상

② 보험료 납입기간: 10년 이상

③ 보험료 납입방법: 월납 또는 3개월 납

④ 납입보험료 한도: 월 100만원 이하

⑤ 연금개시 연령: 만 55세 이상

⑥ 연금지급기간: 5년 이상

⑦ 연금형태: 종신연금형 또는 확정연금형

개인연금의 세제지원 내용은 소득공제와 이자소득세 비과세이다. 소득공제는 연간 납입보험료의 40% 상당액을 공제(연간 72만원 한도)하며, 이자소득세는 10년 이상 보험료를 납입한 후 5년 이상 연금을 수령할 경우에 그 연금소득에 대한 이자소득을 비과세한다. 5년 미만 중도해지 때에는 연간 납입보험료의 4% 상당액(연 72,000원 한도)을 소득세로 추징하며 중도해지사유가 퇴직, 사업장 폐업 등 불가피한 사유로 해지하는 경우는 소득세 추징이 면제된다. 또한 10년 미만 유지 후 해지하거나, 10년 이상 유지한 계약이라도 연금지급 후 5년 이

내에 일시금 수령시 보험차익에 대해 이자소득세를 과세한다. 다만 퇴직, 사업장 폐업 등 불가피한 사유로 해지하는 경우는 이자소득세가 비과세된다.

2) 신개인연금보험

구개인연금보험 세제와 차이점은 2001년 1월 1일 이후 가입한 상품에 적용되며, 계약조건에서 가입연령 만 18세 이상으로 하고, 소득공제는 연간 납입보험료 전액을 공제(연 240만원 한도)한다. 연금소득에 대한 과세는 연금을 수령할 경우 연금소득에 대하여 연금소득공제를 차감한 금액을 다른 소득과 합산하여 종합과세한다. 연금소득의 계산은 다음과 같다.

$$\text{연금소득} = \text{연금수령액} \times \left(\frac{1 - \left(\begin{array}{c} \text{매년 240만원을 초과하여} \\ \text{불입한 금액의 누계액} \end{array} \right)}{\text{연금개시일 현재 원리금합계액}} \right)$$

중도해지액 및 일시금을 기타소득으로 보아 소득세를 부과하며 연간 기타소득금액이 300만원 초과금액을 종합과세한다.

$$\text{기타 소득} = \left(\begin{array}{c} \text{해지 또는 연금 외의} \\ \text{형태로 지급받는 금액} \end{array} \right) \times \left(\frac{1 - \left(\begin{array}{c} \text{매년 240만원을 초과하여} \\ \text{불입한 금액의 누계액} \end{array} \right)}{\text{총지급액 또는 총지급예상액}} \right)$$

5년 이내 중도해지시 연간 납입보험료 누계액(240만원 한도)의 5% 가산세를 부과한다. 다만 사망, 해외이주 등 불가피한 경우 면제한다. 연금소득의 종류는 국민연금, 공무원연금 등 공적 연금(2002. 1. 1 이후 납입분 관련 연금액), 퇴직연금(2005. 1. 1 이후 납입 관련 연금액) 및 개인연금(2001. 1. 1 이후 납입분 중 소득공제받은 부분 관련 연금액) 등 3가지이다.

연금소득공제를 위하여 연금소득을 합산한 금액에서 다음 금액을 차감한다. 과세방법은 다음과 같다.

① 250만원 이하: 전액
② 250만원~500만원: 40%
③ 500만원~900만원: 20%
④ 900만원~2,600만원: 10%

(①~④) 최대 600만원 한도

연금소득에서 연금소득공제를 차감한 후의 연금소득금액을 다른 소득과 합산하여 누진세율로 종합소득세를 부과한다.

⑷ 금융재산 상속세제

피상속인의 사망으로 인하여 상속이 개시되는 경우 상속개시일 현재 상속재산 가액 중에 보험금, 예금, 주식 등의 금융재산가액에서 금융채무액을 차감한 가액에 대하여 최고 2억원까지 상속공제한다. 피상속인 사망시까지 납입한 보험료의 총합계액 중 피상속인이 부담한 보험료비율에 상당하는 금액을 상속재산으로 간주하는데, 상속재산으로 보는 보험금은 다음 산식으로 계산한다.

$$\text{보험금} \times \frac{\text{피상속인 부담보험료}}{\text{납입된 보험료}}$$

금융채무는 금융기관에 대한 채무로서 입증서류에 의하여 확인할 수 있는 금액이며 공제금액은 순금융자산이 2,000만원 이하는 전액공제, 2,000만원 초과시 순금융자산의 20%(최저 2,000만원, 최고 2억원)가 공제된다. 적용세율은 다음과 같다.

과세표준	세 율
1억원 이하	10%
1억원 초과 5억원 이하	20%
5억원 초과 10억원 이하	30%
10억원 초과 30억원 이하	40%
30억원 초과	50%

⑸ 기타 개인보험 세제

1) 장애인전용 보장성보험

장애인 복지지원을 위한 제도로서 근로자가 장애인전용 보장성보험에 가입하여 보험료를 납입한 경우 일정액을 해당연도 근로소득에서 공제하고, 장애인이 수취하는 보험금에 대해 증여세를 비과세로 한다. 이 보험의 조건으로 계약자는 근로소득자 본인 또는 소득이 없는 가족이어야 하며, 피보험자 또는 수익자는 기본공제 대상자로서 장애자이어야 한다. 대상보험은 보험계약 또는 보험료 납입 영수증에 장애인전용 보장성보험으로 표시된 것이어야 한다. 소득공제는 당해연도 지출보험료 중 연간 100만원을 한도로 공제되며, 증여세 비과세는 장애인이 지급받는 보험금에 대해 연간 4,000만원까지 비과세된다(소득세법 제52조, 동시행령 제109조의2, 상증법 제46조).

2) 근로자우대 저축보험

근로자우대 저축보험은 연간 총급여액 3,000만원 이하인 근로자 1인당 매월 50만원 범위 내에서 3년 이상 적립하는 저축으로서 다음 요건을 갖춘 상품이다(조세특례제한법 제88조).

① 가입대상: 연간 총급여액 3,000만원 이하 근로자

② 가입한도: 1인당 1통장

③ 보험료 납입기간: 3년 이상 5년 이하

④ 보험료 납입방법: 월납 1만원 이상 50만원 이하

⑤ 가입기한: 2002년 12월 31일까지

세제지원 내용은 이자소득에 대한 비과세이다. 다만, 계약기간 만료일 이후에 발생한 이자소득에 대해서는 비과세가 적용되지 않는다. 3년 이내에 계약을 해지하면 이자소득세가 과세되며 사망, 해외이주 등 부득이한 사유로 해지되면 비과세 대상이 된다.

2. 法人稅制

(1) 단체정기재해보험

종업원의 업무상 우발적인 사고에 대하여 사전에 대비함으로써 종업원을 각종 위험으로부터 보장하기 위한 보험으로서 1982년 세법개정시 근로자에 대한 보장기능을 강화하기 위해 단체정기재해보험에 대한 세제상의 지원제도가 신설되었다(법인세법시행령 제45조, 소득세법시행령 제38조). 세제상의 혜택요건은, ① 재해로 인한 사용인의 사망과 상해를 보험금지급사유로 해야 하고, ② 사용인을 피보험자와 수익자로 해야 하고, ③ 만기에 납입보험료를 환급받지 아니하는 순수보장성보험이어야 한다. 세제혜택으로 법인이 종업원을 피보험자와 수익자로 하는 단체정기재해보험 계약을 체결하고 보험료를 부담한 경우 복리후생적 경비로서 손비처리된다. 종업원은 단체정기재해보험의 보험료를 법인이 부담하는 경우 연간, 8만원까지 근로소득에서 제외되고, 이를 초과하는 금액은 근로소득에 합산되어 과세된다. 다만 초과금액은 보험료 소득공제를 받을 수 있다.

⑵ 퇴직보험 세제

종업원에 대한 퇴직금 지급보장 차원에서 세제지원(법인세법시행령 제44조의2)이 이루어지고 있다. 대상계약은 임원 또는 사용인의 퇴직을 보험금의 지급사유로 하고 임원 또는 사용인을 피보험자와 수익자로 하는 퇴직보험 등의 보험료로서

① 보험업법에 의하여 허가를 받은 보험사업자가 취급하는 퇴직보험

② 신탁업법에 의하여 신탁업의 인가를 받은 금융기관이 취급하는 퇴직일시금신탁

③ 증권투자신탁업법에 의하여 허가를 받은 위탁회사가 취급하는 퇴직일시금신탁

손금산입 한도는 가입할 퇴직보험금 등의 한도액에 대한 보험료에서 직전 사업연도 종료일까지 지급한 보험료 등을 차감한 것으로 한다. 가입할 퇴직보험금 등의 한도액은 퇴직급여 추계액에서 퇴직급여충당금을 차감한 금액을 말한다. 퇴직보험에 가입하고 보험회사로부터 수령하는 확정배당금은 당해 사업연도의 익금으로 계산하고, 해약환급금은 당해금액을 지급받기로 확정된 사업연도의 익금으로 계산한다.

⑶ 책임준비금의 손금산입

보험회사의 책임준비금을 계상한 경우 대통령령이 정하는 손금산입 한도 내에서 손금산입이 가능하다(법인세법 제30조 및 제31조, 동시행령 제57조 및 제58조). 1980년대 초반까지 보험회사의 책임준비금은 부채항목으로서 법인세의 과세대상에서 제외되고 있었으나 외형적으로 거대한 재벌그룹의 보험회사가 책임준비금의 성격 때문에 적자를 나타내고 이로 인하여 법인세를 부과하지 못하고 있는 사실에 대하여 논란이 있었다. 이른바 책임준비금의 성격과 지급능력이 충분한 보험회사의 책임준비금 이외에 특별준비금 등을 포함한 책임준비금제도 전체에 대한 과세가 문제되었다. 그 결과 다음과 같은 기준에 의하여 책임준비금에 대한 손금산입 한도가 도입되었다.

① 책임보험금의 종류(보험업법 제98조, 동시행규칙 제21조)

㉠ 매 결산기 말 현재 보험금 등의 지급사유가 발생하지 아니한 계약에 대하여 보험종목별 또는 계약기간 경과별로 보험료 및 책임준비금산출방법서에서 정하는 바에 따라 계산한 보험료적립금과 미경과보험료

㉡ 매 결산기 말 현재 보험금 등의 지급사유가 발생한 계약에 대하여 보

험금· 환급금 또는 계약자배당금에 관한 소송이 계속 중인 금액이나 지급이 확정된 금액과 보험금지급사유가 이미 발생하였으나 보험금지급금액의 미확정으로 인하여 아직 지급하지 아니한 금액

㉢ 보험사업자가 보험계약자에게 배당하기 위하여 적립한 금액으로서 금융감독위원회의 승인을 얻은 금액

㉣ 보험사업자가 보험계약을 재보험에 붙인 경우에는 재보험에 붙인 분에 대한 책임준비금은 계상하지 아니하며 재보험을 받은 보험사업자가 책임준비금을 계상

② 손금산입 한도(법인세법시행령 제57조 및 제58조): 다음의 금액을 합한 금액

㉠ 금융감독원장이 인가한 보험약관에 의하여 당해 사업연도 종료일 현재 모든 보험계약이 해약된 경우 계약자 또는 수익자에게 지급하여야 할 환급액(해약공제액을 포함): 보험계약이 해약된 경우에 계약자 또는 수익자에게 지급하여야 할 환급액(해약공제액을 포함)이란 순보험료식 보험료적립금을 의미

㉡ 당해 사업연도 종료일 현재 보험사고가 발생하였으나 아직 지급하여야 할 보험금이 확정되지 아니한 경우 그 손해액을 감안하여 추정한 보험금 상당액. 다만, 인보험에 있어서는 보험계약상의 보험금으로 함.

㉢ 보험계약자에게 배당하기 위하여 적립한 배당준비금으로서 금융감독원장이 재정경제부장관과 협의하여 정한 손금산입기준에 따라 승인한 금액

3. 募集人·代理店의 稅制

모집인은 모집 및 집금실적에 따라 비례급여가 지급되며 각각 독립적으로 업무를 수행하고 보수를 받기 때문에 소득세법상 사업소득 중 자유직업 소득에 해당된다(소득세법 제144조의2, 동시행령 제201조의3). 원천징수 및 납부는 회사가 모집인에게 지급하는 각종 수당에서 3%를 원천징수하며 익월 10일까지 관할세무서에 납부한다. 사업소득금액은 총수입금에서 필요경비를 차감한 금액으로 한다. 총수입금액은 1년 동안 보험회사로부터 지급받은 제수당이며, 필요경비는 수입금액이 7,500만원 이하인 연말정산 대상 모집인은 소득률에 의해 계산하고(소득세법총리령 제94조의2), 수입금액이 7,500만원을 초과하는 모집인은 외부 또는 자기조정에 의해 실제 지출경비로 계산한다. 총수입금액이 4,000만원 이하는 소득률 20%, 필요경비 80%이며, 4,000~7,500만원 이하는 소득률 27.5%, 필요경비 72.5%이다. 세율은 10~40%의 누진세율이 적용된다.

보험대리점은 세법상 사업자등록을 하고 사업을 영위하는 사업소득자이며, 소득세법 제19조 제 1 항 제15호에서 말하는 '사회 및 개인 서비스업에서 발생하는 소득'에 대하여 소득세를 납부하여야 하는 납세자이다. 대리점의 총수입금액(소득금액)은 1년 동안 보험회사로부터 지급받은 대리점수수료, 즉 계산서 발행총액이며, 필요경비는 장부에 실제 기장한 비용이 인정되고, 장부에 기장하지 않았을 때는 표준소득률을 적용한다. 표준소득률은 기본세율 35.2%, 차등세율 28.1%이다. 대리점 소속 모집인은 보험회사소속 모집인과 동일한 세율이 적용된다.

보험회사와 관계되는 기타 세제는 부가가치세, 주민세, 사업소세, 면허세, 인지세, 교육세 등이 있다.

제 6 절　保險資產의 運用

1. 資產運用의 중요성

(1) 의의와 중요성

投資는 미래에 실현될 보다 큰 보수(이익)를 기대하고 지금 자금을 투입하는 것을 뜻한다. 이와 같이 투자를 정의할 때 몇 가지 投資의 基本性格을 파악할 수 있다. ① 자금의 투하라고 함은 현금의 유출을 뜻하게 된다. 물론 여기에는 투자가 완성되기까지 소망되는 投資支出을 뜻하게 되지만 투자와 관련된 현금유출에는 경상적인 비용도 포함된다. ② 투자행위에서 기대하는 보수는 순현금유입의 증가를 뜻한다. 즉, 현금유입이 현금유출보다 크다는 것을 의미하며 여기서는 여러 가지 방법에 의하여 그 경제성이 측정된다. ③ 자금을 투하하는 시기와 대가를 얻는 시기와의 차이 때문에 화폐의 시간가치를 고려하여야 한다. ④ 투자의 성격은 그 보수가 미래에 실현되고 이 미래는 누구나 확신을 가지고 예측할 수 없는 위험과 불확실성하에 놓여 있다.

이상과 같은 투자일반의 기본적 성격을 염두에 두면서 보험회사 자산투자의 의의와 중요성에 대해서 살펴보기로 한다. 보험회사의 본래적 업무는 계약자로부터 보험료를 징수하여 보험사고가 발생할 경우에 보험수익자에게 보험금을 지급하는 것이다. 그러나 보험제도는 위험기간 동안 장래의 보험금지급을 위하여 전술한 바와 같이 책임준비금 등을 적립하며 그것을 운용할 필요가 생기게 된다. 즉, 계약자로부터 사전에 징수하는 보험료는 그 상당부분이 책임준비금을 구성하게 되고 이 축적된 자금을 운용하여 일정 이상의 이익을 올릴 필요가 있다.

보험회사의 자금 가운데 큰 비중을 차지하고 있는 책임준비금, 즉 운용되어질 자금의 대부분은 보험계약자에 대한 보험회사의 부채의 대가로서 신탁되어진 자금이다. 따라서 이 자금운용의 성패는 보험회사의 유동성 확보와 직결되며 투자수익은 보험회사의 성장을 의미한다.

이와 같이 보험회사의 資產運用은 매우 중요하지만 보험회사는 바로 투자전문회사는 아니다. 보험회사의 자산운용업무는 본래적인 보험업무의 수행과정에서 축적된 자금을 운용하는 부수적·파생적 업무이다. 보험회사의 기능은 생명보험회사와 손해보험회사를 막론하고 보상업무가 제 1 차적 기능이고 이러한 기능을 성공적으로 수행하기 위하여 제 2 차적 기능으로서 투자업무를 경시할 수 없는 것이다. 전자는 일종의 보증기능이며 후자는 신탁기능이다.

보험회사의 자금운용은 투자로서 파악할 수 있는 성격을 본질적·내재적으로 가지고 있지만 전면적으로 투자를 허용할 수는 없다. 이것은 보험회사에 의하여 수취된 금액을 본질적인 의미에서 자본의 개념과 동일시할 수 없기 때문이다. 보험회사는 직접 신용을 제공하는 금융기관과는 달리 그 자금의 운용에 있어서 다른 신용기관을 사용하는 경우가 많으며, 보험회사는 원칙적으로 자본시장에 대한 중개자의 역할을 하는 것에 불과하다고 보아야 한다. 이러한 입장에서 보면 보험회사의 자금운용은 투자에 대해서 매우 불완전한 개념을 갖고 있다고 할 수 있다. 바꾸어 말하면 보험회사의 자금운용은 일부는 투자로 볼 수 있고 다른 일부는 단지 자본처분으로서 자본형성의 한 요인을 형성하고 있는 것에 불과하다고 할 수 있다. 이것을 保險會社投資의 二重構造性이라고 할 수 있다.

(2) 保險資產의 특징

이 책의 제10장 제 1 절에서 保險資本과 保險資金의 성격에 대해서 고찰하였지만 그것은 어디까지나 학문적·이론적 측면이었다. 여기서 언급할 保險資產의 문제는 이론적인 성격보다는 현실적·실무적인 측면에서 다루는 것이 합리적이다. 보험자산의 특성은 다음 4 가지로 요약할 수 있다.[17)]

첫째, 보험자산은 타인자본의 성격을 가지고 있다. 보험자산은 자기자본과 타인자본으로 구성되어 있지만 자산에서 절대적인 비중을 차지하고 있는 것은

17) 金鍾國, 「生命保險總論」, 보험연수원, 1995, pp. 439~441.

타인자본이다. 타인자본의 핵심은 각종 보험계약준비금 등이며 자산운용의 대상이 되는 것은 바로 이 부분의 자산이다. 따라서 자산운용의 성패는 보험회사의 지급여력과 관계되어 보험회사 존립에 절대적인 영향을 미치게 된다. 자기자본은 회사설립시의 자본금(상호회사는 기금), 이와 관련되는 증자액, 제적립금 및 잉여금 등으로 구성되어 있으며, 창업초기에는 담보자금으로서 그 필요성이 인정되고 있지만 보험회사가 계속기업으로서, 특히 생명보험회사는 장기계약을 보유하고 있기 때문에 가입자가 납입하는 보험료수입 등 자금이 계속 유입되기 때문에 정상적인 경영을 할 때 자기자본은 더 이상 필요성을 느끼지 않게 된다. 이러한 사정에서 보험자산에서 차지하는 자기자본의 비율이 극히 낮은 것이 통례이다. 1990년대 이후 전술한 삼성생명과 교보생명의 기업공개가 거론될 때마다 성과배분에서 계약자지분의 확충과 주주지분의 축소가 정책당국에서 강조한 것도 바로 대주주의 순수한 자기투자액이 막대한 자산규모와 비교하여 너무 적었기 때문이다. 다른 한 가지 예로서 1980년대 후반 생명보험회사의 신설이 난립될 때 인가신청을 한 모든 회사가 당국이 제시한 최저자본금 100억원만 신청서에 적어 넣어 적격회사를 심사하는 데 어려움이 있었다. 신설회사들이 IMF경제위기 때 구조조정의 대상이 된 중요한 이유의 하나는 설립자본금의 취약과 증자능력이 부족하였기 때문이다.

타인자본으로서 책임준비금 등은 보험계약상의 의무를 다하기 위하여 적립하는 것으로서 보험금지급에 충당하기 위한 보험료적립금과 그 사업연도 중에 수입한 보험료 중에서 결산시 차년도 이후 수입에 속하는 미경과보험료로 구성된다. 보험자산을 구성하는 모든 지료는 그 적립목적에 따라 특징과 성격에 차이가 있지만 책임준비금이 보험자산의 대부분을 차지하고 있다는 점에서 책임준비금의 특성이 그대로 보험자산의 특성이라고 할 수 있다.

둘째, 신탁자산의 성격을 가지고 있다. 특히 생명보험계약의 특성은 장기간 동안 일부 계약자가 사망 또는 재해로 약속한 보험금이 지급되고 있지만 신체검사 등을 통하여 건강한 사람들이 가입한 대부분의 계약은 가입자의 노력에 의하여 만기까지 계약이 지속되고 이때 만기보험금이 지급된다. 따라서 손해보험과 달리 생명보험계약은 반드시 보험사고가 발생한다고 볼 수 있고 가입자가 납입하는 보험료는 만기보험금 등 혜택을 반드시 받기 위하여 보험회사를 믿고 맡기는 일종의 신탁자산의 성격을 가지고 있다.

셋째, 보험자산은 장기자금의 성격을 가지고 있다. 이것은 생명보험회사의 자산 특성이지만 최근에는 손해보험회사도 총자산에서 차지하는 절대적인 비중이 장기손해보험계약의 보험료수입과 책임준비금이기 때문에 동일한 논리의 설명이 우리나라에서는 가능하다. 생명보험계약은 장기성·고정성·계속성 등이 특징이므로 자금은 다른 금융기관의 자금과 비교하여 특징을 가지고 있다. 따라서 생명보험의 자금은 장기투자에 큰 비중을 두게 되므로 기관투자가로서 역할이 강조되고 금융·자본시장을 통한 직간접 투자로서 국민경제 측면에서도 큰 공헌을 하고 있다.

넷째, 규제자산의 성격을 가지고 있다. 보험사업은 공신력을 생명으로 하고 있기 때문에 사업의 안정성과 신뢰성의 확보가 필요하다. 이러한 점에서 오늘날 정부측의 규제완화가 크게 거론되고 있지만 보험감독당국은 가입자들의 권익을 위하여 보험회사의 설립·운영 전반에 걸쳐 간섭할 뿐만 아니라, 특히 자산운용은 재무건전성을 통한 지급여력제도와 직결되기 때문에 엄격하게 규제, 감독 및 검사업무를 수행하고 있다. 자산운용규제에 대해서는 본절 3에서 구체적으로 설명하기로 한다.

2. 資産運用의 기본원칙

보험회사의 자금운용이 투자의 개념으로 파악되고 있는 이상 보험회사투자에 대해서도 일반적 투자원칙에 대한 개별성 및 특수성의 확립이 필요하다. 이러한 개별성과 특수성의 확립은 우선 보험회사의 투자정책을 규정하는 데 큰 의의를 가지고 있다. 투자원칙의 구성요인, 즉 안전성·수익성·유동성에 대한 보험회사투자가 가지는 개별성과 특수성을 확립하고 이러한 제원칙을 보험회사투자의 특수성에 적당하게 혼합시켜 구현하는 것이 보험회사 투자정책에 대하여 요청되고 있다. 보험회사의 투자원칙에는 일반적으로 投資의 3原則이라고 하는 安全性의 原則, 收益性의 原則, 流動性의 原則 이외에 公共性의 原則이 추가되어야 한다. 여기서 이 원칙에 대해서 보험투자의 특수성을 반영시키면서 그 성격을 설명하기로 한다.

(1) 安全性의 原則

보험회사투자에 있어서 투자의 안전성은 축적된 자금 가운데 큰 비중을 차지하고 있는 책임준비금의 특질에서 구할 수 있다. 책임준비금은 보험금의 지급

등 보험계약자에 대한 의무를 이행하기 위하여 적립되는 신탁재산적 성격을 가지고 있기 때문에 자산운용에 있어서 안전성이 유지되지 않을 경우 보험금의 지급 등 계약자의 청구에 응할 수 없다. 이 경우 보험 그 자체의 존재의의를 상실하고, 보험사업의 신용이 크게 손상된다. 보험회사투자에 있어서 투자의 안전성은 자본의 유지라고 하는 본질적 투자론에서 뿐만 아니라 보험영업론의 입장에서도 요청되고 있다.

投資의 安全性은 화폐가치의 변동을 고려하지 않은 명목적 안전성을 의미하지만 제 1 차 세계대전 후 독일 생명보험회사의 자산운용의 경험에서 볼 때 화폐가치의 변동을 고려한 실질적 안전성도 중시되어야 한다고 제창된 바 있다. 원래 생명보험계약은 확정금액표시의 계약이며, 보험금의 화폐가치의 변동에 관계없이 계약당시에 정해진 확정금액으로 지급되기 때문에 생명보험회사의 자산운용은 실제에 있어서 명목적 안전성의 유지만으로 충분하였다. 그러나 제 1 차 세계대전 후 독일에 있어서 생명보험회사의 축적자금이 확정마르크(RM)채권에 운용된 결과 인플레이션의 엄청난 진행에 따라 자산의 감가, 사업비의 등귀 등에 의하여 생명보험의 기능이 감소되고 회사경영에 큰 혼란이 일어났다. 그 결과 외국 통화표시의 계약(달러, 프랑 등)에 있어서는 그 준비금을 계약과 동일한 화폐로 표시되고 있는 물건에 운용할 수 있다는 동일화폐담보의 원칙이 도입됨과 동시에 인플레이션기에서 사업비의 증대를 커버하여 생보경영의 건전성을 기하고 자산의 실질적 감가를 방지하여 계약자의 이익을 보호한다는 의미에서 생보회사의 자산운용에 있어서 실질적 안전성의 유지가 중시되기에 이르렀다.

(2) 收益性의 原則

收益性의 原則이란 투자대상의 선별에 있어서 투자수익률이 높은 것을 대상으로 하여야 함을 의미한다. 특히 생명보험회사의 투자에 있어서 수익성의 원칙에 대한 고려는 예정이율제도의 채용에 의하여 투자의 최저수익은 예정이율을 커버해야 함을 기초로 하고 있기 때문이다. 다시 말하면 축적자금의 투자에 있어서는 최저한 예정이율을 커버해야만 수익성을 기대할 수 있다.

생명보험회사의 投資의 收益性은 이상과 같은 순수한 투자론적 요청에서 뿐만 아니라 생명보험의 영업적 관점에서도 요청되고 있다. 즉, 보험계약자에 대한 이익배당제도(계약자배당)하에서도 투자의 수익성의 실현 없이는 그 제도의 운영이 곤란하다.

⑶ 流動性의 原則

流動性의 原則이란 투하한 자금의 회수가 필요한 경우에 즉시 현금으로 환금할 수 있도록 투자활동을 수행하는 것을 의미한다. 투자의 원칙으로서 상기 안전성의 원칙과 수익성의 원칙이 준수되고 있는 경우에도 유동성의 원칙이 이용되고 있지 않을 때에는 필요한 자금을 회수할 수 없어 보험사업의 운영에 지장을 초래하게 된다. 이들 세 가지 투자원칙은 때로는 이율배반적일 수도 있으므로 서로 적절하게 조정하는 것이 무엇보다도 중요하다.

보험투자에 있어서 流動性의 原則은 생명보험보다도 손해보험에서 특히 요청된다. 책임준비금의 장기적 성격에서 생명보험회사의 자산운용에 있어서는 공황기나 인플레이션기를 제외하고는 유동성을 고려할 필요가 적다. 그러나 손해보험에 있어서는 우발위험, 대이재의 발생으로 일시에 거액의 보험금지급이 필요한 경우가 있으므로 유동성의 확보가 매우 중요하다.

⑷ 公共性의 원칙

위의 3가지 투자원칙이 보험회사투자의 일반적 원칙인 데 비하여 公共性의 原則은 보험회사투자에 있어서 특수성의 원칙이다. 이것은 전술한 제7장 제2절의 보험기업의 사회적 책임과도 직접적으로 관련된다. 보험회사에 축적된 자금은 특히 생명보험의 경우 대중의 영세자금을 집적한 것이기 때문에 공공적 색채가 강하고 그 자산운용은 널리 국민경제의 각 분야에 걸쳐 이루어지고 있기 때문에 공공성이 요청되고 있다. 이와 같이 공공성의 발휘에 있어서 保險會社投資는 현실적으로 몇 가지 문제를 안고 있다.

첫째, 지나친 公共性의 발휘는 보험계약자의 이익을 위하여 그 한계가 있어야 한다는 것이다. 다시 말하면 공공성의 강조는 한편으로 보험계약자에게 손실을 가져올 수도 있다. 다른 한편으로는 보험회사 자신을 위해서 지나친 영리행위는 인정될 수 없지만 하나의 사업체로서 수익성을 부인할 수도 없는 것이 주식회사 형태로서의 보험회사가 안고 있는 고민이다.

둘째, 安全性·收益性·流動性이라는 투자의 3대원칙과 공공성의 원칙은 정면으로 대립되고 있다. 따라서 공공성의 원칙은 일반적인 투자의 3대원칙과 조정할 필요가 있다.

셋째, 公共性의 原則이라고 할 때 구체적으로 어떻게 투자하는 것이 이 원칙에 합치하는가는 보험계약자의 기대와 정부의 기대 및 보험회사의 생각이 서로 다를 수도 있다. 보험계약자측은 환원투자를 기대하고 정부는 경제개발 및 중화학공업에의 투자를 유도하려고 하며, 보험회사로서는 가능한 범위에서 계열기업에 집중투자를 하려고 할 것이다. 따라서 이들 이해관계자간에 최대공약수에 해당하는 투자대상을 찾는 것이 무엇보다도 필요한 동시에 어려운 과제이다.

보험자산 운용에 있어서 투자의 기본원칙은 위에서 열거한 안전성, 수익성, 유동성, 공익성 이외에 다양성 등 위험분산원칙이 있지만 원칙이 많을수록 원칙 상호간에 모순·충돌되기 마련이다. 예로서 안전성과 수익성, 안전성(장기투자)과 유동성, 수익성과 공익성의 관계가 그러하다. 보험자산의 운용에서 기본원칙은 반드시 지켜야 할 사항이지만 현실적으로 정부, 대주주, 계약자 단체 등은 이러한 기본원칙에 구애받지 않고 자기입장에서 자산운용을 강요하기도 한다. 감독당국은 과거부터 증권시장의 사정이 어려울 때(주가의 폭락 또는 폭등) 기관투자가라는 이유로 유가증권 투자에 무리하게 간섭한 사례가 너무 많았으며, 심지어 계약과 관계가 없는 중소기업에 대한 투자도 운용자산의 일정비율의 대출 등을 강요하였다. 그 뿐만 아니라 수익률이 낮은 공익사업에 대한 지나친 자금배려도 요구하여 왔다. 특히 대주주는 계열 보험회사의 자금을 감독당국이 정한 기준을 초과하여 대출, 주식, 채권에 이용하도록 강요하여 보험회사 임원을 문책받게 하였다. 계약자 단체 또한 투융자 등을 요구하면서 보험자산이 계약자자산이므로 계약자의 이익이 되는 방향으로 운용할 것을 요구하는 사례가 있었다.

3. 運用對象과 運用規制

(1) 운용대상

보험회사의 자산운용의 대상은 감독당국에서 법률과 행정명령으로 규제하고 있기 때문에 보험회사가 자율적으로 그 대상을 결정하거나 투자비율을 정할 수는 없다. 보험회사의 투자대상은 경제환경의 변화 및 사회추세의 변화에 따라 달라지고 그 역점을 두고 있는 대상도 다르다. 그 뿐만 아니라 국가에 따라 또는 시대에 따라 보험회사의 투자정책은 수시로 변화되고 있다. 특이한 예로서 제 1 차 세계대전과 제 2 차 세계대전 기간 중 독일과 일본은 전쟁준비기간을 포함하여 보험회사에 대하여 전비조달의 목적으로 국공채 또는 전시공채(독일의 경우)의 매입비율을 크게 인상하였다.

1933년부터 나치스 독일은 실업보험, 연금보험과 같은 사회보험의 기금도 전쟁자금으로 활용하였으며, 일본은 간이생명보험의 자금까지 동원하였다. 따라서 민영보험의 자산운용은 이들 국가에 있어서 전시하에서는 전쟁자금의 활용이 기본목적이었다.

각국에 었어서 보험회사 자산운용의 대상과 비율은 국가마다 특이한 경제사정을 반영하고 있기 때문에 일률적으로 이야기할 수는 없다. 미국의 경우는 연방정부공채, 지방채, 철도채, 공익사업채, 일반산업채 등의 채권과 저당대부, 주식, 부동산이 중심이 되고 있다. 이 가운데 역사적으로 각종 채권과 저당대부, 주식의 투자비율에서 큰 비중을 차지하여 왔다. 일본의 경우 투자정책은 제 2 차 세계대전 이후 많은 변화를 가져 왔으며, 보험업법시행규칙에서 대상을 정하고 있다. 자산운용 대상은 주변여건에 따라 달라지고 있는데 과거에는 국공채, 채권, 회사채, 주식, 외국채, 지방채, 유가증권 담보대부, 부동산, 선박담보대부, 공공단체에 대한 대부, 보험약관 대부, 우편저금 및 은행예금, 금전 또는 유가증권 신탁 등이었다.

보험회사의 자산운용 대상은 국가와 시대에 따라서 차이가 있고, 금융 및 자본시장의 환경이나 투자여건에 따라 수시로 변경될 수 있다. 그러나 기본적인 운용대상은 주식, 회사채, 국공채 등의 유가증권과 대출금 및 부동산 등이 중심이 되고 있다. 자본주의가 발달되고 자본시장이 발달될수록 유가증권 등에 대한 투자가 보험회사 자산운용의 핵심이 되고 있다. 우리나라 보험업법시행령 제15조(재산운용의 비율)에 의하면 주식, 부동산, 대부, 주식 및 채권담보대부, 외국환·외국부동산·외화증권의 소유, 중소기업 주식(벤처기업 제외) 등을 운용대상으로 하고 있다. 물론 유가증권에는 지방채도 포함되며, 금융기관에 대한 예금, 어음할인, 신탁회사에 대한 금전 또는 유가증권의 신탁 등에 대한 자산운용도 가능하다.

(2) 운용규제

1) 규제방식

경제이론적으로 보면 모든 기업의 경제행위는 경쟁시장을 통하여 효율적인 결과에 도달할 수 있도록 시장기구의 자율적인 활동에 맡기고 정부의 규제는 자제하는 것이 합리적이다. 그러나 현실적으로 보험자산은 전술한 바와 같이 계약과 자산, 신탁자산 등의 특성을 지니고 있어서 자산운용이 실패할 경우 그 파급효과는 너무 크기 때문에 규제완화가 강조되고 있는 현재에도 자산운용만큼은 보험회사의 자율에 맡길 수 없다. 종래 감독당국의 규제가 결과적으로 보험회사의 재정건전성과는 관계 없이 국공채의 매입강요, 증권시장의 안정을 위하여 보험자금의 지나친 동원 등의 예도 있었다. 그 뿐만 아니라 보험자산이 대상별 투자비율을 초과하여 투기성 자금으로 흐른 예도 있었고, 계열그룹의 대주주가 비상장계열사의 주식투자 또는 불법 대출을 강요하기도 하였다.

보험자산 운용에 대한 감독당국의 규제는 보험자금과 보험자산의 특수성을 인정하고 무엇보다도 보험계약자의 이익보호와 보험사업의 재무건전성을 확보하는 데 기본적인 목적을 두어야 한다. 보험회사 자산운용에 대한 규제방식은 선관주의방식과 비율규제방식의 두 가지로 구분할 수 있다.[18] 善管主義方式이란 보험회사의 자산운용은 자신의 개인자산을 관리하는 것과 마찬가지로 신의성실의 원칙에 따라 이루어져야 한다는 개념에 근거한 것이다. 이 방식에서는 투자결과가 아니라 투자행위의 과정이 신의성실을 판단하는 핵심기준이 되며, 투자대상 자산의 범위에 대한 특별한 제한이 없고 비율규제 역시 없는 경우가 많다. 또한 보험회사는 비율규제를 초과하여 투자할 수도 있다. 선관주의는 자산운용에서 외부규제에 중점을 두기보다는 내부통제에 중점을 두고 있는 방식으로서 감독당국이 갖고 있는 자신감을 전제로 한다.

비율규제방식은 우리나라가 채택하고 있는 것으로서 보험회사의 투자 가능한 자산종류를 감독당국이 사전에 제한하고 각 자산종류별로 보유한도를 설정하는 규제방식으로서 선관주의방식보다 상대적으로 엄격한 규제방식이다. 이 방식을 채택하고 있는 국가의 보험감독 기본방향은 실질적 감독주의이며, 감독당국이 정한 투자지침에 위반하면 엄격한 제재를 받게 된다. 비율규제에서는 특정자산의 보유하한을 규정하는 것과 상한을 규정하는 두 가지 방법이 있다. 대부분의 비율규제는 상한규제에 속하고 있는데 이 비율방식을 선택하고 있는 것은 특정자산에 대한 집중투자로 인하여 발생할 수 있는 리스크의 집중을 사전에 예방하기 위한 것이다. 또한 내부거래 차원에서 일반적으로 자사주식 및 계열사에 대한 주식보유를 제한하고, 동일인에 대한 대출한도 및 비율이나 동일물건에 대한 투자한도가 존재하는 경우가 일반적이다. 위의 두 가지 방식의 장단점을 살펴보면 다음과 같다.

---

18) 김재현·이경희, 「생명보험산업의 자산운용 규제 개선방향에 관한 연구」, 보험개발원 보험연구소, 2001. 10, pp. 10～15.

선관주의의 장점은 인위적인 비율규제는 하지 않기 때문에 보험회사가 수익과 위험간 최적선택을 가능하게 할 수 있다. 그것은 이 원칙 아래서는 투자에 영향을 미치는 복합적인 환경의 변화에 민첩하게 대응하여 포트폴리오를 조정할 수 있기 때문에 가능한 것이다. 선관주의의 장점이 제대로 발휘되기 위해서는 다음과 같은 시장환경의 여건이 먼저 조성되어야 한다.

① 금융시장에서 당사자들의 거래행위가 투명하게 이루어져야 한다.

② 보험회사는 신탁자산을 관리하는 수탁자로서 성실히 계약자의 자산을 관리해야 한다.

③ ②를 위해서는 보험회사 경영의 공정성과 투명성을 확보할 수 있도록 기업지배구조가 선진화되어야 하고, 효율적인 내부통제제도가 구비되어 있어야 한다.

④ 감독당국의 감독능력 및 의지가 중요하다. 감독당국이 시장의 유동성에 대한 경험이 풍부하고, 보험회사의 내부통제 및 보험산업의 자율규제 능력에 대한 확실한 믿음과 자신감을 가지고 있어야 한다.

반면에 비율규제방식의 단점은 보험회사의 투자유연성을 떨어뜨리고 최적 포트폴리오 투자를 어렵게 할 수 있다는 것이다. 일반적으로 비율규제는 높은 비율의 채권과 국내자산의 보유를 요구하는 경향이 있으며, 자산운용 담당자로 하여금 법적 제한에 따르는 수동적인 투자를 하도록 유인하는 결과가 나타난다. 이것은 결국 보험회사의 자산운용 담당자간에 경쟁의 유인을 감퇴시키고 자산운용 수익률의 저하를 초래하는 것이다. 전통적으로 비율규제방식을 채택하여 온 우리나라 보험자산 운용규제에서 부동산투자를 예시할 수 있다. 1980년대까지 보험회사의 자산운용에서 특히 부동산투자는 정부의 부동산 투기억제정책에 의하여 장기자본을 운용해야 하는 생보사의 특성이 반영되지 못했고, 생산업체가 아닌 보험회사에도 업무용 부동산만 제한적으로 투자하게 한 결과 업무용 건물과 모집인 등의 연수원 시설에 부풀려 투자하려고 하였다. 또한 비율규제방식에서 대형회사와 신설회사간에 자산규모의 차이 때문에 중소형 보험회사는 독자적인 사옥의 신축이 어렵게 된 경우도 있었다. 비율규제방식에서는 일반적으로 비상장주식과 벤처 캐피탈 등에 대한 투자한도를 규제하고 있는데 이것 역시 중소규모 보험회사의 발전을 저해할 수 있는 것이다.

2) 규제내용과 변천

우리나라의 보험회사 자산운용의 규제에 대한 변천내용을 살펴보면, 1968년 재무부가 '보험자산운용지침'을 시달하여 자산운용을 법제화하였고, 1973년 '보험회사자산운용준칙'(1969년)을 개정하여 보험회사의 자산운용을 실질적으로 규제하기 시작하였다. 보험회사의 자산운용에 대해서는 1962년 보험업법이 제정되고 동시행령에서 운용대상과 비율이 간단하게 규정되고 있었으나 투자환경의 변화에 따라 각종 예규로서 규제되고 그것을 종합하여 상기 자산운용준칙으로 대체되었으나 현재는 보험업법시행령(제14조~제16조)과 보험업감독규정(제59조~제60조, 제95조~제104조) 등에서 세부적인 사항까지 명시하고 있다.

1960년대는 보험회사의 자산규모도 적었고 투자여건도 제한적이었지만 전기 자본시장육성법(1968년), 기업공개촉진법(1972년) 등의 제정과 동시에 보험회사의 자산운용에 대해서도 적극적으로 개입하기 시작하였고, 보험회사가 공동으로 출자하여 증권회사를 설립하게 하였다. 1969년 보험회사의 자산운용준칙이 개정된 후 1980년대 말까지 20여 년 동안 이 준칙은 많은 개정과 보완이 있었다. 보험자산의 운용대상은 지침의 많은 개정에도 불구하고 현금예금, 주식 및 유가증권(회사채, 국공채 등), 대출금, 부동산이 중심이 되어 왔다. 보험회사의 주식투자 비율에 대한 규제가 여러 차례 개정된 것은 증권시장 발전을 위해서 기관투자가로서 보험회사를 끌어들이려는 재무부 시책이 영향을 미치었고 역대 증권보험국장은 보험산업보다 증권산업에 더 큰 관심을 두고 있었다. 다른 한편으로는 대부분 재벌계열사로서 보험회사는 그룹 내의 비상장 계열사 주식의 집중투자를 제한하려는 감독의지도 포함되고 있었다. 보험자산의 채권투자는 1990년대 초반까지 국공채의 강제소화가 큰 의미를 지녀왔으나(1993년까지 총자산의 20% 이상) 현재는 규제가 폐지되고 있다.

1980년대 이후 보험자산의 상당 부분이 기업 또는 가계에 대한 대출재원으로 활용되어 왔는데 이것은 시중의 자금수요를 은행 등의 금융기관이 수용할 수 없었기 때문이며 보험자금에 대한 요청이 많아 현재는 총자산의 40%까지 대출할 수 있게 되었다. 부동산에 대한 투자는 그 동안 투기억제 차원에서 계속 규제가 지속되었으나 현재는 총자산의 15% 이내로 일괄규제하고 있다. 부동산 투자비율의 변천을 보면 1960년대 총자산의 30%에서, 1977년 25%, 1978년 20%, 1979년 15%, 1990년 투자사업용 5%, 업무시설용 10% 등으로 제한하였으나 1998년부터 세부규제(총자산 규모에 의한 차등비율규제)가 폐지되고 총자산의 15%로 단순화되었다.

1988년부터 허용된 해외투자에 대해서는 보험회사의자산운용에관한준칙에 이 관계조항이 처음으로 추가되었다. 해외투자에 대한 비율규제 한도는 2%로

〈표 10-17〉 자산운용규제(2001. 4 현재)

구 분	규 제 내 용
주 식	· 총자산의 40% 이내 · 자기자본 이내 비상장주식 소유(중소기업의 비상장주식은 총자산 대비 1% 이내) · 보험사업자가 소유 또는 담보하는 동일인 주식은 그 회사 총발행주식의 15% 이내
채 권	· 규제 없음
대 출	· 당해 보험사업자의 보험계약자가 아닌 자에 대한 대출 합계액은 총자산의 40% 이내
부 동 산	· 총자산의 15% 이내
해외투자	· 총자산의 10% 이내
자율운용자산	· 총자산의 5% 이내
선물거래	· 총자산 대비 위탁증거금 3% 이내
동일인 투자	· 동일회사의 채권 및 주식의 소유 또는 담보로 하는 대출: 5% 이내 · 동일인 대출: 3% 이내 · 동일물건 담보대출: 5% · 동일한 기업집단의 대출: 5% 이내 · 동일한 기업집단의 채권 및 주식의 소유 또는 담보로 하는 대출: 10% 이내 · 동일인 또는 동일한 기업집단에 대한 거액대부(보험사업자 총자산의 1%를 초과하는 대출)의 합계액: 20% 이내
자기계열집단	· 대출 및 투자: 각각 2% 이내 · 자기계열집단이 발행한 채권 및 주식의 소유 또는 이를 담보로 하는 대출: 2% 이내

시작하여 1994년 5%, 1995년 10%로 확대되었다. 이상과 같이 보험회사의 자산운용은 그 대상과 운용비율에서 철저하게 규제하여 온 결과 회사가 자율적으로 운용할 수 있는 재산이란 없었는데, 1995년 처음으로 자율운용자산 허용한도가 총자산의 2%로 책정되었고, 2000년부터 5%로 확대되었다.

3) 현행 자산운용 규제

보험회사의 자산운용규제에 관한 관련법규는 보험업법, 동시행령 및 보험업감독규정(1998)에 근거를 두고 있다. 보험업법 제19조(자산운용의 건전성)에서는 자산운용의 기본방침으로 안전성, 수익성, 유동성 및 공공성이 확보되도록 운용할 것을 규정하고 운용대상으로 다음과 같이 정하고 있다.

① 유가증권의 취득 및 그 이용

② 부동산의 취득 및 그 이용

③ 대출 및 어음의 할인

④ 금융기관에의 예금

⑤ 신탁회사에 대한 금전·유가증권 또는 부동산신탁

⑥ 선물거래 또는 해외선물거래

⑦ 기타 대통령령이 정하는 방법(시행령 제14조의2, 보험업감독규정 제87조)

㉠ 콜론

㉡ 중소기업 창업투자조합에 대한 출자(중소기업창업지원법 제12조 제 5 호)

㉢ 신기술사업 투자조합에 대한 출자(여신금융전문업법 제41조 제 3 항)

㉣ 기업구조조정 조합(산업발전법 제15조 제 1 항)

㉤ 선물거래법에 의한 선물거래 또는 해외선물거래

㉥ 외화증권의 취득 및 이용(외국환거래법)

㉦ 공익사업에 대한 투자(국민보건, 복지향상, 문화·예술진흥사업 등)

보험업법시행령 제15조는 재산운용의 비율(〈표 10-17 참조〉)을 규정하고 있다. 보험회사의 주식투자와 관련하여 동시행령 제14조(재산운용의 방법) 제 3 항에서는 비상장주식의 취득을 원칙적으로 금지하되 국채, 지방채 또는 특별법에 의하여 설립된 법인이 발행한 채권과 중소기업 발행주식 등에 대해서는 취득을 허용하고 있다. 2001년 9 월 27일 제 2 단계 금융규제 정비방안에 따라 보험회사의 비상장주식 허용범위를 확내하여 증권투자회사의 사모발행 주식, 사회간집자본 시설사업을 영위하는 회사가 발행하는 주식까지 포함시키고 있다.

보험업법시행령 제16조의2는 자회사와의 거래제한으로 투자한도를 15%로 제한하고 있으며 이를 초과할 때는 금융감독위원회의 승인을 받도록 하고 있다. 보험업감독규정 제95조에서는 동일인에 대한 대출비율을 엄격하게 규제하고 있는데 총사산의 3% 이내로 제한하고 있다. 자기계열집단에 속하는 개인에 대한 대출한도는 1 억원 이내로 하고 있다.

1995년 특별계정제도의 도입에 따라 이에 관한 재산이용방법이 제정(보험업감독규정 제96조) 되어 그 운용비율을 명시하고 있으나 비율규제는 일반계정과 크게 다르지 않다. 특별계정의 도입은 퇴직보험에 대한 것으로서 특히 이 보험자금은 수많은 계약자가 단체로 납입한 보험료로 조성된 부채적 성격의 타인자본 내지 신탁자본이라고 할 수 있고 그 운용에 있어서 금융·자본시장을 비롯한 국민경제 각 분야에 대한 영향력이 막대하므로 자산운용에서 공공성이 요구되고 있기 때문에 별도계정으로 취급하게 되었다.

보험회사의 지급여력 강화를 위한 재무건전성 기준으로 금융감독위원회가 정하는 방법으로 보험회사는 정기적으로 보유자산의 건전성을 분류하고 대손충당금을 적립하게 되어 있는데(보험업법시행령 제12조의3 제2항 제2호, 보험업감독규정 제59조 및 제60조), 이 규정 또한 보험회사의 자산관리에 대한 감독당국의 규제이다. 보험업감독규정 제59조에 의하면 보험회사는 정기적으로 채무자의 채무상환능력과 금융거래내용 등을 감안하여 보유자산의 건전성을 '정상', '요주의', '고정', '회수의문', '추정손실' 등 5단계로 분류하고 적정한 수준의 대손충당금을 적립하도록 하고 있다. 여기서 보유자산은 다음과 같다.

① 보험업회계처리준칙에 의한 대출채권

② 유가증권

③ 보험미수금

④ 미수금, 미수수익, 가지급금 및 받을어음, 부도어음

⑤ 기타 보험회사가 건전성 분류가 필요하다고 인정하는 자산

대손충당금 적립기준(보험업감독규정 제60조)으로 보험회사는 분기별 결산일 현재 상기 자산의 건전성 분류결과에 따라 다음 금액을 대손충당금으로 적립해야 한다.

① 정상분류: 자산금액의 0.5% 이상

② 요주의 분류: 자산금액의 2% 이상

③ 고정 분류: 자산금액의 20% 이상

④ 회수의문 분류: 자산금액의 50% 이상

⑤ 추정손실 분류: 자산금액의 100%

4. 資產運用의 문제점과 效率化

(1) 자산운용 관련규제

보험회사의 자산운용에 대한 규제는 선진국과 비교하면 상대적으로 엄격하고 복잡하다. 특히 우리나라에 있어서 자산운용에 대한 규제의 불가피성은 전술한 바와 같이 과거의 폐단 또는 잘못된 관행으로서 감독기관의 문제, 금융산업 등 직접적인 주변환경의 문제, 보험회사측의 문제(계열회사 투자 등) 그리고 최

근에 와서는 IMF 경제위기 이후 많은 보험회사의 퇴출과 지급여력 부족현상이 첨가되어 보험회사의 자산운용은 규제의 정도와 수준이 더욱 복잡하고 구체적일 수밖에 없게 되었다. 따라서 규제완화측면에서 일부 연구기관과 학자들이 주장하고 있는, 금지규정만 나열되는 네거티브방식보다 포지티브방식으로 전환하여 규제를 하더라도 유연성과 탄력성이 부여되어야 한다는 사실은 과거의 경험, 즉 보험회사에 대한 불신과 감독기관의 자신감 상실 내지 간접적·우회적으로 규제하는 대안의 부재로 실행에 옮기는 것은 쉽지 않다.

이상과 같은 사실에도 불구하고 보험회사의 자산규모는 다른 금융기관에 비하여 팽창속도가 빠르고, 대내외적으로 저금리체제 아래서 경쟁이 심화되고 있어서 규제에 대한 경직성의 탈피는 특히 대형 보험회사로서는 요구하고 있는 사실이다. 1960년대 이후 보험회사의 자산운용은 비율규제방식으로 일관되어 왔는데 자산내용별 비율규제와 보험자산의 안전성·수익성이 연계된 조치로 보기 어려운 점이 있었다. 운용비율은 때로는 자본시장의 육성을 위하여 보험자금의 주식투자가 무리하게 동원되었으며, 중소기업의 재정지원이 국가시책이 됨에 따라 보험자산이 계약자와 거리가 먼 중소기업에 투자하도록 강요되었고 그 비율도 생보사의 경우 기업대출금 증가액의 35% 이상을 중소기업에 대출(보험업감독규정 제95조 제 5 항)하도록 규정하고 있다. 또한 보험회사자산은 수익성을 경시하고 공익사업에 대한 투자, 사회간접자본에 대한 투자까지 규정하고 있다. 보험산업, 특히 생명보험은 여러 가지 상품 가운데 국가의 사회보장의 부족기능을 보완하는 사회보장적 성격을 지닌 상품을 판매하고 있어서 공익성의 성격이 상품 자체에 내재되어 있는 것은 사실이지만 보험회사(주식회사) 그 자체는 자선기관 또는 공공복지단체는 결코 아닌 것이다.[19)]

보험회사의 자산운용에 대한 비율규제가 보험자산이 특정 분야로 편중투자되는 것을 방지하고 국민경제적 측면에서 균형 있는 자원배분의 도모를 위하여 필요할 수도 있고 또한 감독행정에서도 비율감시만으로 감독이 쉬워지는 행정편의적인 측면도 없지 않다. 비율규제가 이에 현금·예금 및 채권부문에서 폐지된 것은 규제의 의미가 상실되고 보험회사의 자산운용에 실질적인 영향을 미치지 못하고 있기 때문이다. 자산운용에 대한 비율규제는 매우 엄격한 것 같지만

19) 이 책 '제10장 제 6 절 2.' 자산운용의 기본원칙으로서 '공공성의 원칙'이 과연 보험자산운용의 기본원칙이 될 수 있느냐에 대해서 필자는 매우 고심하고 있다. 공공성의 원칙을 교재에 넣은 것은 관련법과 다른 保險敎材에서 언급하고 있기 때문에 배제시키지 않았다.

여러 경우에 예외를 인정하고 있다(보험업법시행령 제15조 제5항). 재산운용비율의 5/10 범위 안에서 금융감독위원회의 비율 인하조정이 가능할 뿐만 아니라 자산운용제한에 대한 예외도 인정(보험업법시행령 제16조)하고 있다. 비율규제방식에서 예외 등의 인정은 일면 경직성을 탈피하고 융통성을 부여하고 있는 것으로 볼 수도 있지만 그 집행과정에서 일관성 있는 예외원칙을 찾기 어렵고 또한 비율규제방식의 실효성에 대한 의문을 제기하기도 한다. 또한 보험회사의 자산규모에서 대형회사와 중소형회사의 차이가 너무 큰 양극화 현상 속에서 자산운용의 비율규제방식은 자산운용 실무자로부터 불만과 예외적용을 요구받게 될 것이다.

(2) 變額保險의 판매와 자산운용

變額生命保險(variable life insurance)을 2001년 7월 우리나라에서 변액종신보험이라는 이름으로 인가되어 판매되고 있다. 변액보험은 종신보험의 변형이며 미국에서는 1952년 변액연금(variable annuity)으로 개발하여 판매되기 시작하였다. 이 보험은 보험금액에 관련된 투자계정실적에 따라 일반적으로 1년에 한 번씩 금액이 조절된다. 또한 현금가치도 투자가치에 따라 매일 변동하며, 계약금액과 현금가치가 증권투자계정의 실적과 직결되어 있으므로 변액연금과 같은 원리를 사용하고 있다. 일반적으로 1년 또는 일정기간 동안 보험금액이 변동될 수 있는 상한선과 하한선을 규정하고 그 금액이 보험계약체결 당시 금액을 하회할 수 없도록 하고 있다. 이 보험은 보험료의 일부를 매년 조절 보험금액과 당초 보험금액의 차이에 해당하는 1년 정기보험을 사는 데 충당된다. 일반적으로 보험회사는 보험계약자로 하여금 보험료와 보험계약의 현가를 보험계약별로 몇 가지 투자방법 가운데 하나를 1년에 한 번씩 선택하도록 하며 투자방법에는 주식투자기금, 채권기금, 은행이나 그 밖의 금융기관의 정기예금에 해당되는 money market fund 등이 있다. 이 보험의 특징은 보험계약자가 지불하는 보험료와 보험계약상의 현가 가운데 투자위험을 보험계약자가 부담하도록 하고 경비와 사망위험을 보험회사가 부담하고 있는 점이다.

최근 우리나라에서 판매되고 있는 변액생명보험은 지난 수년간 업계의 지속적인 노력으로 개발되어 실적배당상품으로 취급하고 있는데 그 동안 투자신탁 등 다른 금융기관과의 업무영역이 문제되어 다소의 논란이 있었다. 현재 생명보험시장을 둘러싸고 있는 금융환경은 금리의 하향 안정화와 자산수익률 악화에 따른 금리 역마진의 발생, 소비자들의 투자수익률 선호의식의 고조 등으로 급격한 변화가 이루어지고 있어서 앞으로 이 보험의 판매 성공여부와 자산운용의 문제가 관심의 대상이 되고 있다. 우리나라 변액보험의 상품내용은 다음과 같다.[20]

① 보험금액의 변동방법은 다음 중 하나를 선택한다.

㉠ 초과적립금(실제적립금—기본보험계약의 예정책임준비금)을 일시납으로 하여 계산한 보험금액을 기본보험금액에 가산하는 방법

㉡ 기본보험금액에 상당하는 적립액에 비례한 보험금액을 기본보험금액에 가산하는 방법

㉢ 기본보험금액에 계약자적립금을 가산하는 방법

② 초기 투자자금

㉠ 특별계정의 원활한 운영을 위하여 각 펀드별로 다음 금액을 한도로 하여 일반계정에서 특별계정으로 자금을 이체할 수 있다.

i) 총자산의 1%가 100억원 이상인 경우: 100억원

ii) 총자산의 1%가 100억원 미만인 경우: 총자산의 1%

㉡ 각 특별계정의 자산이 사업연도 말 기준으로 위에서 정한 초기 투자자금의 200%를 초과하는 경우에는 초기 투자자금을 6개월 이내에 일반계정으로 상환한다.

③ 펀드의 유형 및 수

㉠ 펀드의 유형

• 채권형: 채권, 대출, 단기자금 등으로 운용

• 혼합형: 채권, 대출, 단기자금, 주식(50% 이내) 등으로 운용

㉡ 펀드는 3개 이내에서 설정 가능

④ 각종 운용비용 및 수수료

㉠ 최저사망보험금 보증비용: 최저사망보험금을 보장하기 위한 보증비용은 매년 계약자적립금의 α% 범위 이내에서 회사가 자율적으로 설정하고 매월 특별계정에서 인출하여 구분·관리한다.

㉡ 특별계정 운용수수료: 특별계정 운영을 위한 수수료를 연기준으로 특별계정 계약자적립금의 β% 범위 이내에서 회사가 자율적으로 설정하고 매년 특별계정에서 인출하여 구분·관리한다.

20) 보험개발원·보험연구소, "변액보험의 도입과 보험사의 운용방향", 「보험동향」(제18호, 2001년 여름호), pp. 35~42.

⑤ 자산의 평가방법

㉠ 특별계정의 자산은 원칙적으로 시가법에 의해서 평가한다.

㉡ 시가법은 각 특별계정별로 적용한다.

⑥ 계약자의 펀드선택 및 변경

㉠ 계약자는 보험계약 체결시 펀드 중 하나를 선택할 수 있고 매년 몇 회의 범위 내에서 변경을 요구할 수 있다. 이 경우 변경 요구일을 기준으로 현금을 이전하는 방식에 따른다.

㉡ 회사는 계약자적립금의 γ % 범위 이내에서 수수료를 청구할 수 있다.

⑦ 판매관련 사항

㉠ 변액보험의 판매자는 운용실적에 따라 보험금, 해약환급금이 변동하는 등 변액보험의 특성에 대한 설명자료를 청약 전에 계약자에게 제공하고 상세히 설명하여야 한다.

㉡ 변액보험의 판매자는 청약 전에 특별계정 결산사항을 포함한 특별계정의 운용내역을 계약자에게 통지하여야 한다.

㉢ 변액보험의 판매자는 확정되지 않은 수익률 등을 예상하여 계약자에게 제시하는 등 부실판매를 해서는 안 된다.

㉣ 회사는 계약자의 이해를 쉽게 하기 위하여 장래의 투자수익률, 예정이율을 기준으로 예시한 안내자료를 작성할 수 있다.

생명보험업계는 변액보험의 판매에 대하여 상당한 기대를 하고 있으며 성공할 경우 변액유니버설보험, 변액연금 등으로 상품확대가 가능할 것으로 보고 있지만 문제는 생명보험회사의 이 관계계약에 대한 자산운용능력에 성패가 좌우된다. 일본의 경우에는 1987년부터 변액보험이 판매되기 시작하여 도입초기(1987～1989년)에 인기가 있었으나 1990년대의 10년 동안은 실패한 것으로 평가되고 있다. 그 실패 요인은 다음과 같다.

① 버블경제 붕괴에 따른 주식시장 폭락

② 특별계정 Fund 운영 미숙(단일 Fund 운영)

③ 부실판매에 따른 Fund에 대한 국민의식 저하

④ 상품의 경직성

변액보험의 발상지인 미국을 비롯하여 영국(Unit Linked Insurance), 독일(Fund Link Insurance) 및 캐나다 등의 선진국에는 변액보험이 소비자의 실세금리 선호경향에 부응하고 보험회사의 투자리스크를 헷지할 수 있다는 장점 등으로 대부분의 생명보험회사에서 취급하고 있다. 특히 미국은 변액보험이 전통적인 종신보험을 추월(1999년)하는 등 성공적인 판매가 이루어지고 있는데 그 이유와 배경은 다음과 같다.

① 주식시장의 지속적인 활황과 금리의 하락

② Mutual Fund의 대중화에 다른 실적배당보험의 인지도 개선

③ 상품의 뛰어난 융통성 및 다양한 투자선택

④ 세금이연 및 절세효과

우리나라에서 변액보험의 운영은 퇴직보험과 함께 특별계정으로 취급하는 신상품이지만 그 도입시점이 금리 역마진으로 어려움을 겪고 있는 생보사로서 증권시장 등 자산운용 여건이 좋지 않아 계약자들의 선호도와 인지도가 성패의 요건이 되고 있다. 특히 이 보험은 판매 담당자의 구체적이고 전문적인 설명이 필요하며 잘못하면 다른 상품보다 부실판매 가능성이 높다. 이 상품은 특성이 자기책임원칙에 기초를 둔 고위험·고수익 성격이 강하며, 단기상품보다는 장기상품으로 운영되어야 하는데 가입자와 보험회사 모두 단기금융형상품으로 취급·선호할 때 변칙적인 판매가 우려되고 계약자 불만과 분쟁의 소지가 일어날 수 있다.

변액보험은 투자실적에 대한 계약자책임원칙이 중시되는 제도이다. 이 보험은 특별계정으로 운용되는 적립보험료로 Fund를 구성하며 이를 투자하여 실적에 따라 보험금이 변동되므로 회사는 투자리스크를 헷지할 수 있는 반면에 계약자는 투자결과를 수용해야 된다. 투자리스크를 계약자가 부담하고 초과수익 또한 계약자에게 환원되기 때문에 선동적인 상품과는 다른 특성을 계약자가 알고 가입하여도 그 결과에 대해서 승복할지는 미지수이다. 투자실적에 관계 없이 최저사망보험금은 보증이 된다고 하지만 사망의 경우 그 비율이 극히 낮기 때문에 큰 의미를 지니고 있는 것은 아니다. 변액보험 Fund의 투자대상이 되고 있는 자산수익률은 2000년의 경우 채권 9.2%, 주식 6.4%, 대출금 11.3%, 예금 6.8%이었다.

(3) 자산운용과 재무전략

최근 우리나라 보험회사에서도 자산운용기법 내지 위험회피 수단으로 자산·부채종합관리(Asset Liability Management: ALM)와 金融先物, 옵션거래에 대해서 관심을 가지고 적극 도입하려 하고 있다. 이것은 특히 생명보험에서 종래 보장

성보험보다 저축성보험의 판매에 주력한 결과 거대한 계약자자산관리에 대해서 새로운 기법의 도입이 필요하였고, 투자환경이 열악하여지는 가운데 변액보험과 같은 고수익·고위험·고유동성 추구에 대한 관심이 고조되면서 자산운용의 효율화와 리스크 회피의 관점에서 자산관리에 대해서 전력을 투구하지 않을 수 없게 되었다.

ALM은 1970년대 중반 미국의 대형 상업은행에서 경영기법으로 도입한 것으로서 경제·금융·자본시장환경에 대한 정확한 예측을 통하여 적정한 유동성을 확보하고 동시에 자산과 부채의 최적결합을 결정하고 관리하는 것이다. ALM의 특징은 자산과 부채의 관계를 주목함으로써 양자의 차이를 조정하여 자산운용의 효율을 높이고, 현금흐름을 파악하여 현재 및 장래의 자금사정에 대해서 장기적·종합적으로 관리를 할 수 있는 것이다. 또한 수익과 관련되는 리스크의 파악을 통하여 수익목표와 자금건전성 여부에 대한 고도의 정밀한 관리가 가능하도록 하려는 것이다.

ALM이 미국 생명보험회사의 자산관리기법으로 도입된 배경은 금융혁신의 진전에 따른 유동성관리와 변액보험, 유니버설보험, 변액연금 등 금리연동상품의 개발과 판매가 확대됨에 따라 유동성과 부채의 변화에 대한 리스크 관리기법으로 자산·부채종합관리제도가 대형은행에 이어 도입된 것이다.

우리나라는 1980년대 은행 등 금융기관에서 적극적인 관심을 보이기 시작하였고 생명보험회사도 그것에 자극을 받아 1990년대부터 자산 및 리스크관리에 이 기법이 도입되기 시작하여 금융연수원, 보험연수원에서도 실무자를 대상으로 ALM 과정 또는 관련내용을 교육프로그램에 반영하였다.

金融先物, 옵션거래는 투자리스크의 증대에 따른 가격변동리스크를 관리하여 높은 수익성을 추구하려는 새로운 금융기법의 하나이다. 미국의 생명보험회사에서 이 제도를 처음 도입한 것은 1983년 뉴욕주 보험법 개정(제1403조)에 의하여 외국유가증권의 매매에 따른 환율변동리스크의 헷징을 목적으로 외국통화의 선물거래, 옵션거래 등에 대하여 자산의 2%까지 허용하였다. 한국도 보험회사의 자산운용에관한준칙이 보험업감독규정(1998년)으로 이관되고 전통적인 비율규제 방식에서 다소의 변혁을 시도하려는 입장에서 총자산 대비 위탁증거금 3% 이내에서 허용하였다. 보험회사의 선물거래에 있어서 미국, 영국, 일본 등은 규제를 하지 않고 있다.

보험회사의 자산운용은 종합적인 재무전략 차원에서 추진되어야 한다. IMF

경제위기 직전에도 이미 우리나라 금융시장은 여러 가지로 불안정하였고 금융파생상품의 등장 등 투자리스크가 확대되어 왔으며 IMF 이후 금융기관의 과도한 부실채권과 보험회사의 지급능력 부족은 금융시장의 기반을 크게 흔들어 놓았다. 특히 생명보험회사로서는 자산운용에서 자산손실위험, 이자율위험, 경영위험, 외환위험 및 순수한 보험위험(언더라이팅 위험)에 대해서 고도의 회피전략을 수립하지 않을 수 없게 되었다.

① 자산손실위험은 채권, 주식, 부동산 등 투자자산의 시장가격 하락 및 원금과 이자상환 불능에 따른 투자손실위험이다. 이 위험은 신용위험과 밀접한 연관성이 있으며 수익률과 상충관계에 있다. 현금보유 등을 제외하고 현실적으로 자산손실위험을 완전하게 회피할 수 있는 수단은 없으며 자산운용이 생명보험회사의 주된 기능에 속할 정도로 비대해진 보험자산의 손실위험은 어느 정도 보유가 피할 수 없지만 그 보유 정도와 한도에 대한 철저한 분석이 필요하고 불필요한 위험의 회피방법을 찾아야 할 것이다.

② 이자율위험은 이자율의 변동으로 인하여 발생하는 예상하지 못했던 현금흐름 및 자산가치의 하락에 따른 위험을 말한다. 이자율위험은 금융 및 자본시장의 변동과 자산운용성과에 따라 보험회사의 경영을 좌우하는 최대의 위험요인이 될 수 있다. 최근 생명보험회사들의 상품 예정이율을 잘못 책정하여 막대한 금리 역마진 손실에 직면한 것도 이자율변동위험을 예측하지 못한 결과이다. 생명보험회사의 자산가치는 물론 현금흐름 역시 이자율과 밀접한 관계를 갖고 있으므로 이자율위험의 회피수단으로서 계약자에게 위험전가, 다양한 투자대상의 확보 등이 요구된다.

③ 경영위험의 회피전략이다. 시장에서 신규진입, 계약별 특성, 경영상의 실수 등 모든 경영부문에서 발생하는 위험을 경영위험이라고 한다. 경영위험과 관련하여 계열사에 대한 보험자금의 불법대출, 부실채권인수를 위한 대주주의 무리한 요구를 거부하기 어려운 현실적인 사정도 경영위험에 속한다. 또한 앞으로는 판매채널의 문제가 주요 위험요인으로 부각될 수 있다. 보험회사의 판매채널은 다른 금융기관과 달리 모집인과 대리점이다. 모집인의 경우는 노동조합의 결성과 활동방향에 따라(파업 등) 엄청난 파장을 가져올 수 있다. 특히 문제되는 것은 전술한 방카슈랑스 도입도 큰 변수요인이다. 방카슈랑스는 은행의 보험회사 대리점 영업의 경우와 자회사 설립의 경우로 구분할 수 있다. 우리 금융지주회사는 기존의 자회사로서 은행, 신용카드, 종금, 투신운용, 증권회사뿐만 아니

라 외국사와 합작으로 2002년 상반기 생명보험회사의 설립을 계획하고 있다.

④ 보험회사를 포함한 금융기관의 재무위험으로 외환위험을 들 수 있으며 그 회피전략이 필요하다. 최근 금융국제화가 진전되면서 외환자유화, 외국인 주식투자한도 확대, 내국민의 해외투자 확대 등으로 투기성자금의 유출입이 증가하면서 늘어나는 외환위험에 대한 방어전략이 필요한 실정이다.

⑤ 순수한 보험위험은 사망률, 발병률, 사업비 등의 예상하지 못했던 변화로 인해 발생하는 보험료 미계상에 따른 위험을 말한다. 일반적으로 보험회사에서는 안전할증과 보수적인 준비금의 적립, 재보험 등의 방법을 통하여 보험위험을 회피하고 있으나 노령화의 진전으로 의료비와 연금의 지급규모가 늘어나고, 특히 생보와 손보 모두 모럴리스크가 심각하게 제기되고 있어서 그 대책을 강구하여 위험을 최소화시키는 전략이 요망되고 있다.

(4) 보험회사의 종합금융기관화와 자산운용

금융산업의 개편에 의한 금융겸업화는 오늘날 세계적인 추세가 되고 있다. 1980년대 후반 신설 생명보험회사가 대량으로 인가될 때부터 겸업화 추세가 은행중심으로 일방통행으로 운영하려는 경향이 있었다. 즉 생명보험회사의 설립 또는 주식인수에서 보험회사의 금융권 진출은 높은 장벽을 세워놓고 그 대신 은행 등의 보험회사 진출은 용이하게 하고 있다. 금융겸업화에 대한 정부의 시책은 은행중심으로, 은행이 주도하도록 함에 따라 은행의 보험회사 진출은 용이해지고, 보험회사의 상대적 진출은 극도로 제한하고 다른 자회사 설립까지 제약을 받고 있다. 은행이 보험업에 진출하게 된 배경은 미국, 프랑스, 일본 등에서 유사한 요인이 작용하고 있는데(대내·외적 요인, 금융개방 압력에 대응 등) 다음과 같은 이유를 들 수 있다.

① 규제정책이 은행의 보험업 진입을 허용하는 쪽으로 변화하였다.

② 전통적인 은행 고유업무는 수익률이 저하하는 추세를 보이고 있기 때문에 새로운 수익원을 찾아 업무를 다각화할 필요가 있었다.

③ 고객의 투자선호가 노령화의 진전 등에 따라 전통적인 저축보다는 연금보험 등으로 변하고 있다.

④ 은행업무와 관련하여 접촉하는 대규모의 고객을 기반으로 보험판매를 할 수 있다(농협 등의 신용업무창구를 통한 보험가입 권유).

⑤ 낮은 비용으로 쉽게 운영할 수 있는 보험판매채널인 지점망을 광범위하

게 소유하고 있다.

⑥ 보험회사에 비해 상대적으로 우위에 있는 판매와 마케팅기법을 활용할 수 있다.

⑦ 고객정보를 다수 보유하고 있어서 가장 적절한 상품이 무엇인지 알 수 있고 보험회사보다 고객정보와 경쟁에서 우위에 있다.

보험회사가 주도하여 금융겸업화를 성공적으로 이끌어가고 있는 사례는 유럽에서 흔히 볼 수 있다.[21]

완전겸업방식으로 네덜란드의 ING그룹, 북유럽의 Skandia그룹을 들 수 있다. 지주회사 방식으로는 덴마크의 Baltica 보험회사, Mapfre 보험회사, 합작회사 방식으로는 영국의 Midland Life 보험회사, Royal Scottish Assurance, 전략적 제휴방식으로 독일의 Allianz/Dresdner, 프랑스의 CNP 국영 생명보험회사이다. 이 가운데 ING와 Allianz는 한국에 진출하여 일차적으로 생명보험사업을 성공적으로 수행하고 있다.

우리나라에서도 종합금융기관화는 은행이 주도하고 있고, 최근에는 금융지주회사의 설립과 방카슈랑스 제도를 이용하여 특히 생명보험 분야로 진출하여 보험회사를 자회사로 설립을 추진하고 있다. 보험회사의 업무영역 확대의 필요성은 상품개발, 자산운용, 판매 등 여러 분야에서 요구되고 있다. 상품개발은 전술한 변액생명보험의 인가가 늦어진 것은 투자신탁회사 등의 업무영역에 관련된 반대 때문이었다. 보험상품이 은행, 증권, 투자신탁회사 등 다른 금융기관과 연계하여 개발하는 것이 가능하다면 부동산 등 실물자산의 신탁운용과 관련된 상품은 그 특성이 강조될 수 있다. 특히 보험회사는 자산운용의 효율화를 위해서 종합금융기관으로 가는 것이 불가피하다. 보험회사의 자산운용수익률의 고저가 보험상품의 경쟁력을 결정하는 중요한 요소가 되기 때문에 보험자산의 운용업무는 보험회사경영에서 중요한 업무라고 할 수 있다. 국민경제적 차원에서 보험자산이 자지하는 비중이 커짐에 따라 보험회사가 금융시장이나, 자본시장에서 기관투자가로서의 역할은 무시할 수 없는 수준에 이르고 있다. 또한 금리자유화로 고금리 선호의식이 높아지고 있어 보험회사의 경쟁력 향상을 위해서 자산운용 업무가 차지하는 비중이 커지고 있다.

보험회사의 경우는 1970년대 자본시장 육성을 위하여 공동출자 형태로 생명보험회사와 손해보험회사로 하여금 2개의 증권회사를 설립하도록 강요하였으면

21) 오영수, 「보험회사 종합금융기관화 전략」, 보험개발원, 1997. 2, pp. 52～64.

서 그 후 보험회사자산의 고속성장이 이루어지는 가운데 다른 사업 겸영금지원칙(보험업법 제9조)에 따라 보험의 인수·판매 이외에는 일반대출과 국공채 창구판매를 제외하고 업무영역이 극도로 제한적이고 또한 자회사를 통한 다른 금융업 등의 진출도 은행과 증권회사와는 달리 제한되고 있다. 보험회사의 종합금융기관화를 위해서 추가로 요망되는 업무영역은 어디까지나 보험 고유의 업무인 보험상품설계, 보험상품판매, 보험자산운용과 관련하여 결정되어야 한다. 이러한 측면에서 보험회사에게 개방되어야 할 다른 금융기관 등의 업무는 다음과 같다.

① 은행업무 가운데 보험회사의 참여가 필요한 업무는 상업어음할인, 외국환업무, 지급결제업무 등이다. 외국환업무는 보험회사 자산운용이 국제화되는 추세에 맞추어 허용될 필요가 있다. 보험회사가 해외유가증권, 금융선물거래, 해외부동산투자 등을 증가시켰을 때 환율변동에 따른 환차손위험을 피하고 계약자자산의 건전성을 유지하기 위해 외국환업무가 필요하다.

② 보험회사의 증권업무 참여는 유가증권을 이용한 복합상품의 개발을 위함이고, 특히 증권업무 중에서도 회사채 인수와 사모채 알선이 보험회사에 추가로 개방되어야 한다. 2001년 7월 말 현재 생명보험회사가 보유하고 있는 유가증권은 국공채 16조원, 회사채 59조원, 수익증권 4조 4천억원, 해외유가증권 5조 800억원 등이다.

③ 보험회사의 신탁업무는 금융형상품의 개발과 자산운용 부문을 강화하기 위해 필요하다. 전술한 변액보험기업연금 등 금리 및 투자성과와 관련 있는 상품을 취급하기 위해서는 신탁업무를 중심으로 자산운용 부문을 독립시켜 운영할 필요가 있다. 또한 신탁업무가 허용될 경우 만기보험금신탁(일본은 신보험업법에서 허용), 부동산 신탁을 통하여 장기자산운용에 탄력성을 높일 수 있다. 2001년 7월 말 현재 생명보험회사의 부동산 담보대출액은 8조 8천억원에 이르고 있다.

④ 카드사업의 경우도 현재 생명보험회사(삼성생명 카드, 교보생명 카드, 대한생명 카드)들이 발행하고 있는 보험카드의 기능을 확충하여 종합금융서비스를 제공할 수 있도록 해야 한다. 현재는 보험카드 기능이 주로 약관대출, 배당금 및 보험금지급에 쓰이고 있는 정도이다.

⑤ 리스업무의 경우 보험회사가 자회사 형태로 진출하여 업무의 효율화를 추진할 수 있다. 생명보험회사는 장기자금을 이용하여 설비자금의 공급기관으로서 역할을 할 수 있고, 손해보험회사는 항공기, 선박, 첨단정보기기 등의 취급경험을 살려 시설대여와 보험을 세트 상품화할 수 있을 것이다.

(5) 자산운용 시스템의 개선

보험회사의 자산운용은 비율규제방식에 의한 감독당국의 직접적인 통제 이외에 주변의 증권시장 등 금융환경의 변화에 의하여 영향을 받기 때문에 자율적인 투자여력은 거의 없는 실정이다. 또한 최근 저금리, 신용경색 및 증시침체로 인한 자산운용의 환경악화를 장기적으로 극복할 만한 역량이 중규모 이하의 회사들은 대부분 결여되어 있다. 보험회사의 자산운용의 애로사항은 2000년 이후 수익성악화, 투자리스크의 증대, 안정된 자산투자 포트폴리오 구성의 어려움이 내재되어 있다. 그 뿐만 아니라 자산운용은 대상의 설정에서 거래, 사후관리에 이르기까지 효율성이 낮고 미래에 대한 예측과 장기전략의 수립이 쉽지 않은 처지에 있다.

보험회사의 자산운용은 크게 두 가지 범위에서 개선이 먼저 이루어져야 한다.[22] 첫째는 자산운용의 규제가 지나치게 심하다는 것이다. 물론 생명보험회사와 손해보험회사 모두 개정된 지급여력기준을 충족시키지 못하고 재정위기에 직면하고 있는 회사가 계속 속출하고 있는 상황에서 규제완화가 감독당국의 입장에서는 어려울 수 있지만 안전성의 범위 안에서 수익성을 극대화할 수 있는 효과적인 감독이 필요하다. 둘째는 보험회사가 수익성이 높은 자산운용을 할 수 있는 역량을 구축해야 한다. 이를 위해서 자산운용 및 리스크관리 전문인력의 양성과 해외투자, 파생상품 등 다양한 리스크 헷지 수단을 모색해야 하고 ALM과 같은 자산·부채의 종합적인 관리시스템의 체계화가 이루어져야 한다.

보험회사 자산운용의 효율화를 위해서는 하부구조의 개선도 동시에 추진되어야 한다. 철저한 손익개념에 근거하여 사업비, 수익률 등을 종합적으로 검토하고 자산운용과 관련되는 각 과정과 기능이 혼재되어 있는 것을 분화시켜 효율성을 높여야 한다. 자산운용 및 관리의 핵심은 전문인력의 확보에 있으므로 유능한 투자인력의 공급부족 속에서 은행, 증권 및 연금단체와 비교하여 인력확보의 어려움을 해결할 수 있는 방안이 모색되어야 한다. 자산운용의 전문성을 높이기 위해서는 전문적인 자회사의 설립이나 아웃소싱 등은 아직 큰 성과를 보이지 못하고 있지만 중소형 보험회사로서는 공동으로 대응책을 강구할 수 있을 것이다.

22) 보험개발원, 「21세기 보험산업의 비전과 발전과제」, 2001. 10, pp. 247～249.

제11장 保險會社의 經營評價와 保險會計

제 1 절 保險會社의 經營分析

1. 經營分析의 기초

(1) 의의와 목표

經營分析(financial analysis, Betriebsvergleich)이란 재무제표나 원가계산 등 제반 회계자료에 표시되는 회계수치를 비교·분석하여 경영의 성과와 재무상태의 良否를 판단하고 나아가서는 그 원인을 규명하는 하나의 기술 또는 방법이라고 할 수 있다. 따라서 경영분석의 직접적인 목표는 경영의 성과인 수익성분석과 경영의 상태에 근거를 두는 재무유동성의 분석에 그 초점을 두게 된다.

경영분석의 초기 발전과정에서는 주로 기업의 단기적 채무지급능력인 유동성분석이 그 주요대상이 되었다. 이 流動性分析은 채권자들에 의하여 채무자의 신용을 분석한다는 뜻에서 信用分析이라고 부른다. 그러나 企業의 流動性이란 주로 단기자산과 단기부채와의 관계에서 평가되는 단순한 유동성분석만으로 충분할 수가 없다. 지속적이고 장기적인 유동성의 유지는 대차대조표상에 표시되는 전체적인 재무구조의 건전성에 바탕을 두는 것이므로 자기자본과 부채규모의 상관관계에서 평가되는 이른바 안전성분석과 고정자산과 자기자본과의 관계에서 평가되는 자본의 배분관계분석도 큰 영향을 미치게 된다. 따라서 경영분석의 목표는 일차적으로 기업의 재무유동성과 재무구조의 안전성분석에서 찾아볼 수 있다.

경영분석은 이와 같은 流動性과 安全性의 分析 이외에도 다른 한편으로는 收益性分析이라는 또 하나의 큰 목표를 가지고 있다. 기업의 계속적이고 건실한 지급능력의 유지는 그 기업의 수익성에 크게 의존하게 되므로 단순한 유동성의 분석만으로는 분석자가 원하는 전반적인 경영분석은 불가능한 것이 된다.

경영분석의 목적은 분석주체가 누구냐에 따라 각각 상이하다. 경영분석에는 경영관리자에 의하여 관리목적의 수단으로 실시되는 내부적 목적에 대한 경영분석과 여신자·투자자의 입장에서 실시하는 외부적 목적에 대한 경영분석 등 두 가지로 구분할 수 있다. 미국의 초기에 있어서 경영분석은 은행가들에 의하여 거래처의 채무지급능력을 판단하는 신용분석에서 출발하였고 그 후 전문적인 투자가들이 대상기업의 업적과 내용을 분석하는 이른바 投資分析(investment analysis) 등 외부적 분석이 중심이 되었다.

이와 같이 외부적 목적으로 출발한 경영분석은 그 후 기업을 직접 운영하고 있는 경영자들에 의하여 기업 내부의 경영활동의 良否를 스스로 판단하고 나아가서는 합리적인 경영개선의 수단의 하나로 널리 이용하게 되었다. 또한, 경영분석의 최근 동향은 종전의 경영분석이 주로 과거와 현재의 상태에 대한 분석에 중점을 두어 왔으나 최근의 경영분석은 미래지향적인 방향으로 그 초점을 바꾸고 있는 것이 특징적으로 나타나고 있다.

즉, 최근의 경영분석은 손익분기점분석, 이익관리상태에 대한 분석, 자금계획분석 등 새로운 분야에까지 그 분석범위를 확대시키고 있다. 이러한 점에서 경영분석은 기업의 과거·현재·미래의 계획분야에 이르는 광범한 재무자료를 토대로 하여 기업의 경영성과와 재무상태를 분석하고 그 원인을 규명함으로써 경영자를 비롯한 여러 이해관계자들에게 보다 정밀한 경영정보를 제공하는 분석방법으로 이용되고 있다.

(2) 전제와 한계

경영분석은 여러 가지 자료를 토대로 하고 또한 분석자, 분석목적, 분석방법 등이 다르므로 그 결과에 있어서는 상당한 차이가 발생할 수 있다. 그러나 경영분석은 비록 분석목적은 다르다고 할지라도 분석결과 자체는 객관적이고 정확한 결론을 얻을 수 있어야 한다. 현실적으로 경영분석은 여러 가지 제약된 조건 아래서 수행된다. 그 가운데 가장 문제가 되고 있는 것은 분석자료에 있다. 경영분석에 이용되는 자료는 전제조건으로서 자료의 공개성, 진실성, 통일성, 계속성, 경영여건의 비교성 등이 가능해야 한다.

資料의 公開性은 경영분석에 이용되는 대부분의 자료가 상법상의 규정, 공개법인으로서 증권거래소에 상장되므로 외부에서도 자료입수가 비교적 용이하다. 그러나 경우에 따라 외부인사로서는 정밀한 분석자료의 입수가 곤란하며 가능한 경우에도 상당한 제약을 받는 것만은 사실이다.

따라서 경영분석의 효과적인 수행을 위해 분석자료의 공개문제가 근본적인 전제조건의 하나가 된다. 또한, 공개된 자료는 진실성이 있어야 된다는 것이 다른 또 하나의 전제조건이 되고 있다. 재무제표가 진실한 사정을 반영하지 못하게 되면 분석결과는 아무런 쓸모가 없게 된다. 그러므로 기업이 발표하는 재무제표가 진실성을 반영할 수 있도록 법적·제도적인 뒷받침이 마련되어야 한다.

경영분석의 방법은 근본적으로 상호비교와 기간비교에 의하여 그 良否를 상대적으로 평가하는 방법을 취한다. 따라서 특정 기업의 재무자료는 그것이 비록 진실한 사실을 반영하고 있는 것이라도 타기업과 비교가능성을 갖기 위해서는 일정하게 통일된 기준에 의하여 작성된 것이어야 한다. 會計資料의 統一性에는 形式的 統一과 實質的 統一이 있다. 전자는 계정조직과 계정명칭, 회계기간, 표시방법과 용어통일의 문제가 따른다.

또한, 경영분석에 이용되는 자료는 연도별로 繼續性올 유지하고 있어야 한다. 企業會計基準에서도 계속성의 원칙을 강조하고 있지만 분석자료인 재무제표는 매년 통일된 원칙과 절차에 따라 작성되어야 하며, 감가상각방법·자산평가방법·원가계산방법 등이 일정한 기준에 따라 계속성이 유지되어야 한다. 만일 계속성을 유지하지 못한 분석자료를 토대로 경영을 기간적으로 비교한다는 것은 아무런 뜻이 없다.

한편, 경영분석에 있어서는 다른 또 하나의 전제조건으로서 經營與件의 比較性을 가져야 한다는 점이 특히 강조되고 있다. 경영여건의 비교성을 얻기 위하여 고려되어야 할 중요한 요소는 경영규모, 생산방법, 조업도, 가격수준 등이다. 경영분석에서는 동종기업이라고 할지라도 규모의 차이에 따라 회사의 구조와 성과가 다르므로 자본금, 총자산액, 매출액, 종업원 수 등에서 가급적 비슷하여야 한다. 또한, 생산방법이 다르면 경영의 사정이 다르므로 경영분석을 위해서는 제조공정기술 등에서 큰 차이가 없어야 한다.

경영분석을 효과적으로 수행하기 위해서는 위에서 지적한 전제조건들이 가능한 한 충실히 충족되어야만 한다. 그러나 이들 전제조건이 충족되었다고 하여도 완전한 경영분석이란 기대할 수 없다. 왜냐하면 經營分析이란 재무제표와 회사의 기초적 자료 등 주로 수치적으로 표현될 수 있는 자료만을 토대로 이루어지고 있기 때문이다. 그러나 경영에서 수적으로 표시할 수 없는 요소의 예로서 경영자의 능력, 기계설비 등의 우열, 기술수준 정도 등에 따라 그 성과와 앞으로의 전망이 달라질 수 있는가 하면 또한 수적으로 표시될 수 있는 것이라도 그 수치가 재무제표의 경우처럼 과연 얼마나 사실을 그대로 반영하고 있는가가 문제이다.

이와 같이 경영분석은 근본적으로 다음과 같은 한계에 의하여 그 범위가 제한되는 것이며 기업의 재무상태와 경영성과를 전반적으로 분석할 수 있는 것은 아니다. 經營分析의 限界에는 數値自體의 限界와 非數値的 要素의 限界로 구분할 수 있다. 전자는 財務諸表의 限界와 一般數値의 限界로 구분될 수 있다. 재무제표가 가지는 한계는 다음과 같다.

① 재무제표가 다루는 대상은 그것을 정확하게 측정·평가할 수 없으며 재무제표에 대하여 정확한 자료를 요구하는 것은 불가능하다.

② 재무제표상에는 표시되지 않는 다수의 요소가 존재하고 있으므로 재무제표란 기업의 제반 사정을 반영시키는 것이 아니고 오히려 기업의 현재의 재무회계 상태를 보여 주는 것이라고 할 수 있다.

③ 대차대조표는 그 용어가 보통 의미하는 資產價値(value of assets)를 나타내는 것이 아니라 각종 자산에 대한 습관적인 회계절차에 의하여 수정된 資產原價(asset costs)를 표시하는 것이다.

④ 손익계산서에 표시된 순이익은 절대적인 것이 아니며 상대적인 것에 불과하다. 기업은 이익계산에 관한 수많은 습관적 방법 중에서 임의로 하나의 방법을 선택하여 그것에 의하여 순이익을 산출하고 있다.

경영분석에는 회계적 자료만을 이용하는 것이 아니라 통계적·수학적 자료도 그 분석에 활용하게 된다. 그것은 회계적 방법만으로는 다양한 경영의 움직임을 충분히 표현할 수 없기 때문이다. 그러나 경영분석에 사용되는 일반적인 수치도 회계수치와 마찬가지로 한계가 따르게 된다. 예로서 종업원의 인원 수는 정확하게 표현할 수 있으나 질적 수준에 대해서는 불가능하다.

또한, 사용하고 있는 기계와 설비도 그 노후도와 현재의 성능은 사실상 표시하기가 어려운 것이다.

경영의 성과와 재무상태는 이상과 같이 수치적으로는 도저히 파악할 수 없는 측면을 동시에 가지고 있다. 경영분석에 있어서는 보통 회계적 자료 내지 통계적 자료를 많이 이용하고 있으나 때로는 인적 요소 또는 기술수준과 같은 비수치적 요소가 경영에 큰 영향을 미치며 경영의 성패를 좌우하는 경우가 있다. 經營分析의 限界로서 人的 要素와 非人的 要素의 두 가지가 있다. 인적 요소에는 ① 경영자의 능력과 신용, ② 종업원의 기술수준과 능력, ③ 종업원의 인간관계와 사기, ④ 거래처와의 유대관계, ⑤ 기업의 전통과 관례 등이 있다. 또한, 비인적 요소에는 ① 기업의 신용, ② 설비의 우열과 노후상태, ③ 공장입지, ④ 관리체제 등이 그 예에 속한다.

⑶ 保險經營分析의 발전과정

기업 전반에 대한 경영분석의 연구가 체계화된 것은 오래된 일이 아니다. 미국의 경우 1910년대에 있어서 경영분석은 그 기술적 측면에서 보잘 것 없었다. 그 후 1919년 A. Wall이 금융기관의 여신업무를 목적으로 신용분석을 함에 있어서 비율분석의 범위를 확대할 것을 주장하면서 靜態比率(static ratio)과 動態比率(dynamic ratio) 등 8종의 주요 비율을 선택하고, 경영의 종합적 분석방법으로서 指數法과 標準比率法 등을 개발하여 오늘날의 경영분석방법의 골격을 마련하였다.

그 이외에도 1925년 S. Gilman에 의한 趨勢比率(trend ratio)과 趨勢法의 연구, J.H. Bliss의 표준비율 개념의 도입이 주효하여 1930년대의 경영분석은 오늘날의 수준에까지 발전하였다.

한편, 독일에 있어서 경영분석은 經營比較論(Betriebsvergleich)으로서 발전하고 있는 것이 특징이다. 1911년 F. Leitner에 의하여 발표된 「貸借對照表技術과 貸借對照表分析」(*Bilanztechnik und Bilanzanalyse*), 1912년 P. Gerstner의 「貸借對照表分析」(*Bilanzanzlyse*) 등의 저서가 비교적 독자적인 입장에서 재무제표분석의 체계화를 기도하였다. 경영분석(경영비교)에 관한 최초의 이론적 연구는 1926년 Schmalenbach의 「動的 貸借對照表論」(*Dynamische Bilanz*)으로서 여기에서는 경영비교를 기간비교와 상호비교 등으로 구분하고 있는 것이 특징이다. 그는 또한 1927년 「美國에 있어서 貸借對照表 및 經營分析(*Bilanz und Betriebsanalyse in America*), 1928년 「經營分析論」(*Betriebsanalyse*) 등을 저술하여 경영분석이론을 발전시켰다.

독일에 있어서 경영분석은 제1차 세계대전을 전후하여 많은 연구가 있었고 특히 독일기계제작업연합회, 독일주물공업연합회, 독일산업합리국의 경제관리위원회 등 실무계에서 이를 활용하여 경영분석의 보급에 큰 공헌을 하였다.

이상과 같이 경영분석은 원래 미국과 독일에서 그 연구가 시작되어 1930년대에 현재의 수준으로 발전하였다. 그러나 이것은 다른 기업의 경우이고 보험회사를 대상으로 한 경영분석기법의 개발과 이용은 현재까지 극히 한정된 범위에서 시론적 방법으로 일반적인 경영분석의 방법이 그대로 도입되고 있는 실정이다. 또한, 그 내용도 손해보험에 치중되어 있고 범위는 매우 한정되고 있다.

보험경영분석의 방법에 대한 연구는 상기 일반적인 경영분석이 발달·보급된 독일과 미국에서 1950년대부터 연구되고 있으며, 1960년대 이후 일본에서도 손해보험실무계에서 비교적 활발하게 연구되고 있다. 저자가 확인한 바로는 보험경영분석에 대한 초기의 논문으로 1943년 3월 H. Hax 교수의 "保險經濟에 있어서 經營比較의 可能性과 限界"(Möglichkeiten und Grenzen des Betriebsvergleichs in der Versicherungswirtschaft)라는 논문이 있다. 이 논문에서는 보험기업에 있어서 경영분석의 가능성과 한계를 타진한 것으로서 그 내용은 보험기업을 중심으로 한, ① 경영분석의 본질과 의의, ② 경영분석의 종류, ③ 경영분석의 내용, ④ 경영분석의 방법, ⑤ 경영분석의 전제와 한계 등이다.

또한 보험경영분석에 관한 논문으로서 1956년 M. Gürtler 교수의 "災害保險·責任保險에 있어서 經營比較"(Betriebsvergleich in der Unfall-Haftpflichtversicherung)라는 것이 있다. 이 논문은 손해보험 가운데 자동차책임보험 등을 중심으로 하여 경영분석을 한 것으로서 구체적인 숫자를 가지고 분석하고 있다. 그는 1931년의 「保險經營의 成果計算」(*Die Erfolgsrechnung der Versicherungsbetriebe*)이라는 저서를 1958년 4월 제 2 개정판을 내면서 보험기업의 원가 및 손익계산에 대한 체계화를 시노하여 보험경영분석에 큰 공헌을 하였다.

1950년대에는 독일어권에 속하는 독일, 오스트리아, 스위스 등에서 상기 M. Gürtler 교수 등 많은 학자들이 성과계산을 중심으로 보험회계의 입장에서 경영분석에 대한 연구가 있었고 이때부터 여기에 관한 박사학위논문도 여러 편이 발표되었다. 독일에 있어서 보험경영분석에 관련된 연구는 전술한 바와 같이 제 1 차 세계대전을 전후하여 일반 경영분석에 대한 연구와 실무계에서의 응용이 활발하여 그것에 영향을 받은 것으로 보인다.

한편, 보험기업의 유동성분석에 관한 국제적 통일기준의 마련을 위하여 1966년 제 6 차 유럽保險監督者會議(London)와 동년 7월 제 2 차 世界保險法會議(Hamburg)에서 손해보험기업에 대해서 국제회의가 있었다. 이것은 유럽공동시장의 회원국간에 보험회사의 자유로운 진출허용에 따라 각국 보험회사에 관한 지급능력의 확보, 즉 유동성에 관한 통일기준이 필요하였기 때문이다. 그 결과 1967년 6월 17일 회원국의 경제장관회의에서 통일안을 마련하였다.

미국에 있어서 보험경영분석은 1949년 統一會計規則(Uniform Accounting Instructions)이 제정된 이후 1950년대부터 여러 문헌에서 산발적으로 많은 연구가 이루어지고 있다. 통일회계규칙의 목적은 원래 손해보험의 요율(부가보험료) 산정을 위한 경비회계의 통일에 있었지만 이것이 보험기업의 비용분석 등 경영분석 전반에 큰 자극을 주었다. 경영분석의 내용은 保險料率, 事業費, 責任準備金(流動性分析), 契約者剩餘金 등이 중심이 되었다.

미국에 있어서 문헌은 회계부문을 제외하고 대부분은 보험총론에 관한 교과서로서 보험경영평가에 관한 전문서적은 물론 아니다. 이들 문헌에서는 준비금 등 특히 일부로서 이 문제를 다루고 있을 뿐이다. 1960년대 이후 보험경영분석의 연구는 주로 재무분석이 중심이 되어 왔는데 이 관계 논문이 보험전문 계간 학술지 *The Journal of Risk and Insurance*에 다수 발표되고 있다.

미국에서는 1978년도부터 보험감독업무의 객관화와 보험회사의 자율적인 경영개선을 증진시키기 위하여 보험감독정보제도(Insurance Regulatory Information System: IRIS)라고 불리우는 경영평가제도를 운용하고 있다. IRIS는 2가지 단계로 운용되는데 제1단계는 통계단계로 연차보고서에 의하여 주요 재무비율 및 일반 현황을 수집·정리·요약하는 단계이다. 제2단계는 분석단계로서 연차보고서와 주요 재무비율을 관계 전문가가 분석·검증하는 단계이다.

생명보험회사에 대한 IRIS평가항목은 12개 항목으로 되어 있으며 각각 통상범위를 표준비율로 설정하여 표준비율을 벗어나는 항목이 4개 이상인 회사와 전년도의 분석결과가 즉각적인 감독을 요하는 회사로 판정된 회사가 분석대상회사로 된다.

분석대상회사에 대하여는 관계 전문가가 회사의 자료작성기준, 타 유사회사와의 차이점, 표준치를 벗어난 정도 등에 대한 종합적인 정밀분석을 실시하고 그 결과 문제점이 있다고 판단되어 회사를 즉각적인 주의(immediate attention)를 요하는 회사와 주의가 요망되는(targeted attention) 회사로 분류하고, 이에 해당하지 않는 회사에 대해서는 보고서에 그 이유를 명백히 밝히도록 하고 있다.

분석대상회사에 대한 보고서는 해당보험회사, 해당회사 관할 주정부의 보험감독청과 전국의 각 보험감독청에 통보되어 감독자료로 활용되는 한편, 자율적인 경영개선을 도모할 수 있도록 하고 있다. IRIS의 특징은 모든 보험회사에 강제적으로 실시하는 제도가 아니라 회사 스스로 동제도의 참여를 희망한 회사에 대하여 실시한다는 점이다. 그러나 참여하지 아니한 회사는 1 차적인 감독대상 회사가 된다.

IRIS는 경영평가의 일반적인 한계를 극복하기 위하여 IRIS비율 분석결과 활용시의 주의사항을 분명히 하고 있다. 즉, 감독기준을 IRIS에 전적으로 의존하여서는 아니되며, 주정부의 보험감독청에서 검사의 실시 등 중요한 사항을 결정할 때에는 반드시 연차보고서 및 기타 정보사항에 의한 추가적인 분석이나 검증을 할 것 등을 명시함으로써 동제도 운용에 신중을 기하도록 하고 있으며, 분석대상회사의 분석결과는 비공개함을 원칙으로 하고 있다.

일본에서의 보험경영평가에 관한 연구는 최근까지 손해보험이 중심이 되고 있으며 생명보험에서는 거의 개척되지 못하고 있다. 손해보험기업의 경영분석에 관한 연구는 실무계 인사가 중심이 되고 있으며 그 대표적인 사람은 손해보험사업연구소의 鈴木譲一이다. 그는 1961년 이후 손해보험기업의 경영분석에 관하여 많은 업적을 발표하고 있다.

이상과 같이 일본에서는 손해보험기업의 경영분석이 실무계 인사에 의하여 연구됨에 따라 실제 손해보험회사에서도 실무적으로 보급·이용되고 있다.

1973년 3 월부터 6 월까지 中原章吉 교수가 조사한 바에 의하면 일본 손해보험회사 22사 가운데 설문에 응한 14사에서 경영평가를 실시하고 있는 회사 8 사, 실시하지 않고 있는 회사 6 사로 나타났다. 실시하고 있는 8 사는 경영평가의 방법에 있어서 지수법에 의하고 있는 회사가 4 사이고 나머지 4 사는 다른 분석방법을 사용하고 있었다. 또한 실시한 연도는 1955년 이전 1 사, 1955년 이후 3 사, 연도불명 4 사이었다.

일본에서 경영분석은 이상과 같이 손해보험회사에서는 많은 연구와 이용이 되고 있으나 생명보험회사에서는 거의 연구가 되지 않고 있다. 「신생명보험실무강좌」(제 2 권: 경영관리, 제 9 판, 신생명보험실무장좌간행회, 1978)에서 高橋通太씨에 의하여 생명보험회사의 '경영분석'이 다루어지고 있으나 그 내용은 특징적인 것이 없고 마지막 부분에 원가계산 실례와 사업비분석에 대해서 언급하고 있을 뿐이다.

일본에서는 초기단계까지 우리나라나 미국과 같이 경영평가제도를 별도로 운영하고 있지 않았다. 그러나 보험업법에 의거 생명보험회사가 매 사업연도별로 정부의 주무부처인 대장대신에게 제출하도록 되어 있는 사업보고서에 경영효율일람표가 명시되어 있어 동경영효율일람표를 토대로 감독에 필요한 기초자료를 파악하고 있는 것으로 생각된다. 경영효율일람표는 보유계약 순증가율 등 총 13개 항목으로 구성되어 있고 평가항목의 전년도 대비 증가율, 계정간 상관관계 비율 및 구성비율에 의하여 경영효율을 평가하는 것으로 되어 있으며 표준치는 공표되고 있지 않다.

한국에 있어서 보험경영평가에 대한 연구는 보험회사 경영자로서 오랫동안 손해보험업계에 종사한 박은희 교수이다. 그는 1964년과 1965년에 손해보험 기업의 경영분석을 동년도 결산보고를 중심으로 한 바 있다. 그 후 연도별 우리나라 보험기업의 경영분석은 다른 사람에 의하여 「보험월보」(대한재보험공사)와 「보험조사월보」(한국보험공사)에 매년 발표되고 있으나 그 방법은 박은희 교수의 분석방법에 그대로 의존하고 있다. 그는 또한 1966년 7월 보험연수원의 교본으로 간행된 「보험경영론」의 제5장 '경영분석'에서 우리나라 손해보험회사의 계수를 중심으로 실증적으로 고찰하였다.

보험기업의 경영평가에 대한 연구는 그 후 1980년 본인이 저술한 「보험경영론」(보험연수원 교재)에서 보다 구체적인 내용이 언급되었고 1980년대 후반부터 보험감독원에서 이를 기초로 하여 실제로 평가제도를 입안·추진하였다.

2. 生命保險會社의 經營分析

(1) 經營指標

생명보험회사의 경영상태를 파악하기 위한 방법으로 후술하는 손해보험회사의 경우처럼 다양한 분석방법은 연구되지 않고 있다. 따라서 생명보험회사의 經營良否를 판단하는 기준은 각종 경영지표와 후술할 이원분석에 의하고 있다. 생명보험회사의 경영지표는 여러 가지가 있다. 1980년대까지 우리나라는 생명보험협회의 「生命保險統計月報」나 한국보험공사의 「保險統計年鑑」에서는 경영효율을 나타내는 지표로서, 신계약률, 보유계약순증가율, 실효·해약률, 사업비율, 자산증가율, 平均資產利廻率, 자산운용률 등을 사용하고 있었다.

이들 비율의 계산방법에 대해서는 舊保險業法施行規則 별지서식에서 일부 규정한 바 있었다. 그러나 비율에 따라서는 산정근거에 차이가 있고 다음에 소개하는 사업비율과 같은 것은 그 기준의 차이에 따라 결과가 크게 달라지게 된다. 생명보험회사의 경영상태를 알아보는 主要指標는 다음과 같다.

$$\text{新契約率}=\frac{\text{신계약고}}{\text{연시보유계약고}}$$

$$\text{失效·解約率}=\frac{\text{실효·해약계약고}}{\text{연시보유계약고}}$$

$$\text{事業費率(A)}=\frac{\text{사업비}}{\text{수입보험료}}\text{(현재 사용)}$$

$$\text{(B)}=\frac{\text{정미사업비}}{\text{정미보험료}}$$

$$\text{(C)}=\frac{\text{정미사업비}}{\text{경과보험료}}$$

$$\text{(D)}=\frac{\text{총사업비}-\text{수재보험수수료}}{\text{원보험료}}$$

$$\text{資産增加率}=\frac{\text{연말총자산}}{\text{연시총자산}}$$

$$\text{平均資産利廻率}=\frac{\text{이자배당수입}}{\text{경과자산}}$$

$$\text{資産運用率}=\frac{\text{운용자산}}{\text{정미자산}}$$

$$\text{運用資産收益率}=\frac{\text{투자수익}}{\text{운용자산}}$$

$$\text{正味資産}=\text{총자산}-\text{손실금}-\text{(미납입주금)}$$

주: ① 收入保險料＝원수보험료＋수재보험료
② 利子配當收入＝이자·배당수입＋재산매각 및 평가익＋유가증권매각 및 상환익＋임대료
③ 經過資産＝연시정미자산＋연말정미자산－이자·배당수입÷2
④ 運用資産＝현금·예금＋유가증권＋부동산＋대부금
⑤ 正味保險料＝원보험료＋수재보험료－출재보험료
⑥ 經過保險料＝정미보험료＋전기이월미경과보험료－후기이월미경과보험료

(2) 利源分析

생명보험사업은 주로 장기·정액보험을 취급하고 보험종목에 따라 그 표준원가의 산출방식이 전혀 다르기 때문에 손해보험처럼 일괄적으로 손해율이나 사업비율을 산출하여 이를 서로 대비하는 것은 곤란하다. 생명보험회사의 손익은 원인별 분석을 하는 것이 경영자로서는 가장 중요한 일이며 그 원인에 따라 결점을 발견하고 그 결점이 일시적인가 또는 지속적인 것인가를 파악하여 그것을 제거하는 데 노력해야 한다. 또한, 이익이 생겼다면 계약자에게 어느 정도 공평

하게 분배해야 하는가를 알기 위해서 보험료계산 기초요소별로 분석해야 한다.

생명보험회사는 매년 말 손익계산서에 나타난 손익금을 계산 기초요소별로 분석하는 데 이것을 利源分析이라고 한다. 利源分析의 결과는 매년 말 결산보고서에 첨부하여 감독당국에 제출하여야 한다. 손익금의 내용은 사망률, 이율, 사업비율 등에 따라 분석하는데 그 가운데 死差, 利差, 費差를 3大利源이라고 말하며 그 이외에 解約·失效益, 其他損益이 있다. 여기서 이들 利源에 대해서 각각 설명하기로 한다.

1) 死差損益

사망보험의 경우 실제사망률이 예정사망률보다 낮은 때에는 이익이 생기며 그 반대의 경우는 손실이 발생한다. 일반적으로 이익은 기초사망표가 안전하고 피보험자의 선택이 잘 되었기 때문에 생긴다. 그러나 생존보험에 있어서는 사망보험과 반대이다. 즉, 사망보험에 이익이 생겼다면 생존보험은 손실이 생기게 된다. 이것은 생존보험의 예정사망자가 실제로는 더 많이 생존하게 되므로 생존자에게 예정의 인원 수만큼 보험금을 지급하리라고 가정한 것이 실제로는 더욱 많이 지출하게 되어 손실이 생기게 된다.

우리나라 생명보험의 초기에는 국민생명표가 없었기 때문에 일본의 제 9 회 生命表修正表(남자)를 사용하였다. 따라서 그 결과 死差益이 과다하여 1969년 말에 예정사망률이 낮은 제10회 생명표(남자)를 대신 사용하였다. 그 후 우리나라 국민생명표의 완성으로 1976년부터 한국보험계리인회에서 조정·보완한 제 1 회 조정국민생명표(남자)를 사용하고 있으나 여전히 사차익이 크게 발생하고 있었다. 우리나라도 문화생활의 향상으로 인하여 국민의 평균수명은 높아지고 있어 사망률은 더욱 낮아지고 있다.

그러므로 실제사망률이 낮아질수록 생명보험의 사차익은 커질 수밖에 없다. 사차익을 크게 생기게 하여 분배하는 것보다는 그것을 낮추어 처음부터 보험료를 낮추는 것이 계약자를 위하여 바람직하다. 死差益의 計算方法은 다음과 같다. 이 경우 표준하체보험 및 고액재보험 등을 고려해야 한다.

A	B
예정사망보험금 전년도 사망비금지급 A>B: 死差益	실제사망 지급보험금 초과생잔자의 연도 말 책임준비금 신규계상 사망비금 A<B: 死差損

2) 利差損益

자산운용의 실제이율과 예정이율과의 차이로 인하여 생긴 금액을 利差損益이라고 한다. 실제이율이 예정이율을 상회할 경우에는 利差益이 생기며 하회할 경우에는 利差損이 생기게 된다. 생명보험회사는 일반적으로 안전성과 장기성을 기하기 위하여 예정이율을 낮게 정하므로 대부분의 경우 이차익이 생긴다. 생명보험의 계약초기에는 책임준비금이 극소하기 때문에 이익금은 적으며 경과연수가 증가함에 따라 커진다.

생명보험의 예정이율은 국가의 경제여건에 따라 금리의 변동에 의하여 달라진다. 생명보험회사로서는 정부 금리변동의 상황하에서 장기간 계약된 이율을 금리의 변동에 관계 없이 계약자에게 보장하여야 하므로 일단 안정된 예정이율을 정하여 보험료를 계산한다. 일반적으로 은행은 적금기간이 장기일수록 고금리정책이지만 생명보험은 반대로 장기일수록 저금리정책을 사용한다.

우리나라는 1980년대까지 장기성보험은 예정이율을 연 10~12%로 하고, 단기성보험에 있어서는 최고율 17%까지 사용하여 왔다. 그러나 실제 자산이회율은 일반대출금리가 연 23%까지 시행되고 있어 사실상 각사는 그 동안 이차익이 생기고 있다. 利差損益의 計算方法은 다음과 같다. 이 경우 분할납 할증률을 고려해야 한다.

A	B
예정이자 지급이자 재산감가상각 및 전보손 A>B: 利差損	실제수입이자 증권상환익 A<B: 利差益

3) 費差損益

어느 연도에 있어서 실제 사용된 사업비와 그 연도에 수입된 보험료에 포함된 부가보험료와의 차액을 費差損益(附加損益)이라고 한다. 실제사업비의 절감에 따라서 費差益이 커지나 책임준비금의 적립방법과 신계약비의 다소에 따라 큰 영향을 받는다. 생명보험에서 순보험료식 책임준비금을 적립하는 경우에는 그 계약의 부가보험료로부터 초기에 대다수 지출하는 것은 곤란하므로 비차익은 적다. 그러나 Zillmer식이나 충족보험료식의 책임준비금인 경우에는 어느 정도 보전되나 일반적으로 신계약비는 Zillmer율보다 크기 때문에 신계약고의 증가는 사업비의 증대로서 費差損이 생기게 된다. 또한, 비차손은 신계약의 양과 유지 및 인플레이션에 의한 지출의 증대 등의 원인에 따라 커지게 된다.

우리나라는 생명보험의 초기과정에서는 사업의 안전성을 위해 계약초기에 사업비를 미리 지출하고 계약의 경과에 따라 수입되는 Zillmer보험료로 책임준비금을 산출하였다. 따라서 과거 生保加入者가 조기해약할 때에는 해약환급금이 매우 적었다. 1970년대는 생명보험의 豫定事業費率은, 개인보험의 新契約費는 계약고의 15/1,000～35/1,000, 維持費는 매년 계약고의 5/1,000～7/1,000, 集金費는 영업보험료의 3～4 %를 사용하고 있다.

그리고 단체보험에 있어서는 신계약비는 보험료의 7～15%, 유지비는 매년 보험료의 2.5～5 %, 집금비는 매년 보험료의 3 %를 사용하게 하였으나 전반적으로 비차손이 커지고 있었다. 費差損益의 計算方法은 다음과 같다. 이 경우 분할납에 대하여는 분할률을 고려해야 된다.

A	B
예정신계약비 예정유지비 예정집금비 A>B: 費差益	실제지출계약비 실제지출유지비 실제지출집금비 A<B: 費差損

4) 解約損益

사업연도 중에 생명보험계약이 해약 또는 실효가 된 때 그 때까지 적립한 책임준비금에서 일정액(공제율)을 공제한 잔액을 해약환급금으로 가입자에게 지급하게 되며, 이 경우 일정률에 의하여 공제된 금액을 解約損益이라고 한다. 우리나라의 해약환급금의 계산방법은 몇 차례 보험계약자를 위하여 개선되어 왔으나 아직까지 매년 해약익이 발생하고 있다.

해약환급금은 초기에는 계약 후 1년 이내의 해약시에는 환급금이 없었으나, 그 후 계약 후 6개월 이내로 조정하였고, 다시 경과기간에 관계 없이 책임준비금의 90%로 하였다. 1980년대에는 재차 개정하여 3년 이상의 경우에는 책임준비금전액을 환급금으로 하였다. 해약손익의 계산방법은 다음과 같다. 여기서 復活損이란 계약이 실효되었다가 부활될 경우 실효시의 책임준비금과 해약환급금과의 차액을 말한다.

A	B
해약실효 등에 대한 책임준비금 청구시효에 대한 책임준비금 A>B: 解約益	해약환급금 부활손 A<B: 解約損

5) 其他損益

기타손익은 위의 4가지 손익 이외의 것으로서, ① Zillmer식 책임준비금의 경우 계산식 이상으로 적립하였을 때의 차액, ② 負值積立을 0으로 하는 경우, ③ 미경과보험료를 순보험료 대신에 영업보험료를 사용하는 경우, ④ 결산시 적립방법의 변경, ⑤ 자본금에서 생긴 운용수익손금, ⑥ 전년도 손익금에 의하여 생긴 운용수익손금, ⑦ 책임준비금의 적립이 원래의 계산내용과 일치하지 아니한 때, ⑧ 기타의 잡손익 등의 원인으로서 생긴 차액금을 기타손익으로 본다. 우리나라는 제도변경이 빈번한 관계로 기타손익의 내용이 복잡하며 금액 또한 변화가 심하다. 其他損益의 일반적인 計算方法은 다음과 같다.

A	B
청구시효에 의한 지급 비금의 적립 잡수입 A>B: 其他益	부치적립을 0으로 하기 위한 적립 증가액 잡지출 퇴직급여충당금 편입 위험준비금 편입 A<B: 其他損

생명보험회사에 있어서 이상과 같은 이원분석은 예정과 실제의 차익분석을 통하여 계약자에 대하여 공정한 배당을 하고 동시에 경영개선을 하기 위한 것이므로 절대적으로 중요한 것이다. 그러나 이원분석의 계산이란 실제에 있어서 매우 어려운 것이다. 예로서 死差損益의 계산시 각각의 연령별로 예정사망률과 실제사망률의 적용이 어려운 점이 있으며, 책임준비금의 負值積立[1](negative reserve)에 대한 문제점, 미수보험료의 해결, 세금에 있어서 그 종목별 구분이 어려운 점 등 난점이 많다. 그러나 계약자에게 공평한 배당을 하기 위해서는 오차를 최소한으로 좁혀야 한다. 계약자에게 환원되는 배당금이란 결국 계약자에게 처음에

1) 負值積立이란 마이너스 積立으로 生命保險의 年初責任準備金이 自然保險料에 미달될 경우에는 연말에 負值積立金이 생기는 것이다. 일반적으로 監督當局은 負值責任準備金을 인정하지 않고 있기 때문에 負數인 경우에는 責任準備金을 0으로 하는 것이다.

불가피하게 개략적으로 산정된 보험료를 받고 그 후 정산처리하는 것이기 때문이다.

3. 損害保險會社의 經營分析

(1) 경영분석의 방법

일반 기업을 대상으로 한 경영분석의 방법은 지금까지 개발된 것만 하여도 극히 다양하며 또한 논자에 따라 분류기준이 다르다. 일반적으로 經營分析의 方法은 다음과 같이 분류할 수 있다.

① 實數에 의한 經營分析: 공제법, 절하법, 증감법, 자금운용법, 자금이동표, 이익변동 원인표

② 比率에 의한 經營分析: 구성비율법, 관계비율법, 표준비율법, 지수법, 추세법

③ 利益管理分析: 손익분기법, 자본회전도표, 이익도표, 목표이익률

④ 資金計劃과 分析

⑤ 原價分析

⑥ 生産性의 分析

⑦ 각종 圖表에 의한 分析

이상과 같은 경영분석의 여러 가지 방법이 모두 보험기업과 같은 특수성을 지닌 기업의 경영분석방법으로 채용될 수 있는 것은 아니며, 이제까지 시론적으로도 도입되고 있는 것은 극히 그 방법이 한정되고 있다. 또한, 이 한정된 방법을 이용하는 경우에도 전술한 경영분석의 전제조건과 한계가 보험기업에서도 문제가 되므로 분석결과에 대해서 자신 있게 단언할 수 있는 것은 아니다. 지금까지 보험업의 경영분석에서 시론적으로 검토·도입되고 있는 방법은 다음과 같다. 앞으로 이들 방법에 대해서는 보험기업의 특수사정을 반영시켜 더욱 연구를 통하여 수정·보완하여야 한다.

1) 控除法(subtraction method)

이 방법은 2개의 관련되는 항목의 실수치를 비교하여 그 차액을 산출하고 그 차액의 크기에 의하여 기업의 성과 또는 상태 등을 판단하는 방법이다. 이 방법의 전형적인 예는 대차대조표상의 유동자산에서 단기부채를 공제하여 純運轉資本(net working capital)을 산출하고 그 규모의 크기에 의하여 기업의 지급능

력을 판단하려는 방법이다. 이 控除法을 보험기업의 경영분석방법으로 이용할 경우 보험회계에서 흔히 사용하는 예는 다음과 같다.

正味保險料＝원보험료＋수재보험료－출재보험료
經過保險料＝정미보험료＋전기이월 미경과보험료－후기이월 미경과보험료
正味資產＝총자산－미납입주금－손실금
契約者剩餘金＝총자산－총부채

2) 比率法(ratio method)

재무제표상에 나타난 각종 계수의 상호관계를 비율로서 산출하여 분석하는 방법이다. 比率法에는 여러 가지 방법이 있으나 보험기업의 분석방법으로 이용되는 것은 特殊比率法(salient ratio method)과 構成比率法(component ratio method)이 있다. 특수비율법은 關係比率法(relative ratio method)이라고도 한다. 이 방법은 재무제표상의 특정 과목과 그 과목과 관계가 있는 다른 과목과의 관계를 백분율 또는 회전율 등으로 표시하여 기업의 상태나 성과를 판단하는 방법이다. 보험기업에서 사용되고 있는 비율법에는 다음과 같은 것이 있다.

$$\text{損害率}=\frac{\text{손해보험금}}{\text{경과보험료}}\times 100,\qquad \text{事業費率}=\frac{\text{정미사업비}}{\text{경과보험료}}\times 100$$

$$\text{限界收益率}=\frac{\text{한계수익}}{\text{경과보험료}}\times 100,\qquad \text{合算比率}=\frac{\text{보험금}+\text{사업비}}{\text{경과보험료}}\times 100$$

$$\text{資產運用率}=\frac{\text{운용자산}}{\text{정미자산}}\times 100,\qquad \text{營業收支殘率}=\frac{\text{영업수지잔}}{\text{경과보험료}}\times 100$$

$$\text{資產收益率}=\frac{\text{자산수익}}{\text{평균운용자산}}\times 100,\qquad \text{流動比率}=\frac{\text{유동자산}}{\text{유동부채}}\times 100$$

$$\text{當座比率}=\frac{\text{당좌자산}}{\text{유동부채}}\times 100,\qquad \text{責任準備金積立率}=\frac{\text{책임준비금}}{\text{경과보험료}}\times 100$$

$$\text{擔保率}=\frac{\text{계약자잉여금}}{\text{미경과보험료}}\times 100,\qquad \text{自己資本利益率}=\frac{\text{당기순이익}}{\text{자기자본}}\times 100$$

한편, 構成比率法이란 재무제표의 각 구성부분을 전체에 대한 백분율을 산출하여 그 구성관계를 요약하여 표시한 방법이다. 여기서는 백분율대차대조표

(100 percent balance sheet)와 백분율손익계산서를 각각 작성한다. 百分率貸借對照表란 대차대조표의 차변합계(자산총액)와 대변합계(부채 및 자본총액)를 각각 100%로 하고 각 구성항목을 백분율로서 표시한 대차대조표를 말한다. 百分率損益計算書(100 percent profit and loss statement)란 순매출액을 100%로 하고 매출원가, 매출총이익, 일반관리비 및 판매비, 영업이익, 영업외수익, 영업외비용, 당기순이익 등 손익계산서상의 각 항목을 백분율로서 표시한 손익계산서이다.

보험기업에 있어서 백분율대차대조표와 백분율손익계산서는 감독법령에서 규정한 양식을 그대로 이용하여 작성하면 된다. 다만, 보험기업의 백분율손익계산서에서는 일반 기업의 순매출액 대신에 정미보험료를 100%로 하는 것이 보통이다.

경영분석상 비율법에는 위에서 언급한 特殊比率法과 構成比率法 이외에 標準比率法(standard ratio method)이라는 것이 있다. 일반적으로 비율법에 의한 경영분석은 어디까지나 상대적인 평가를 통해서만 가능하며 이 상대적인 평가를 보다 효과적으로 하기 위하여 발전한 방법이 표준비율법이다. 標準比率法이란 구성비율이나 관계비율(특수비율)을 산출하여 경영의 良否를 판단할 때 그 기준이 될 만한 표준비율을 사전에 설정하고 이 표준비율과 산출된 당해기업의 실제비율을 비교함으로써 경영의 양부를 종합적으로 평가하려는 방법이다.

標準比率의 算出方法에는, ① 산술평균법(비율평균법과 기초숫자평균법), ② 並數法(mode method), ③ 중위수법(median method), ④ 併用法, ⑤ 가중평균법 등의 5가지가 있다.

3) 趨勢法(trend method)

趨勢法은 기업의 경영성과 또는 재무상태의 변화추세를 판단하는 데 사용하는 방법이다. 앞서 소개한 비율법은 하나의 시점 또는 하나의 회계기간을 전제로 하여 기업을 평가하는 방법이다. 그러나 추세법은 수년간의 재무제표를 토대로 그 동안 기업의 경영성과와 재무상태가 어떻게 변화하고 있는가를 판단할 뿐만 아니라, 앞으로의 추세를 예측하는 데 중요한 자료를 제공하게 된다. 이 추세법의 구체적인 방법은 어떤 기준이 되는 연도 또는 시점의 재무제표상의 각 회계수치를 각각 100으로 하고 그 이후의 여러 연도에 걸쳐 각 항목들이 어떻게 변화하고 있는가를 백분율로서 표시하여 그 추세를 판단하게 된다. 보험기업의 경우는 보험료, 자산증가 등의 성장추세를 파악하기 위하여 이 방법을 우리나라에서도 흔히 사용하고 있다. 여기서 한 가지 유의할 사항은 기준연도를 정하는 문제이다.

4) 指數法(index method)

指數法은 비율분석의 종합적 관찰방법의 일종으로서 A. Wall에 의하여 1928년에 처음으로 제창되었다. 이 방법은 기업의 유동성을 종합적으로 평가하기 위하여 우선 유동성분석에 관련되는 중요 유동비율을 몇 가지 선택하고 그 다음에 선택된 비율의 중요도에 따라 적당한 가중치(weight)를 각각 붙여 가중 비율을 산출하고 이를 종합한 지수를 구하여 기업을 평가하려는 방법이다.

보험기업은 일반 기업에서 존중되는 자본부채비율이나 고정비율 등은 큰 의미가 없기 때문에 실제 적용에 있어서는 다소의 문제점을 내포하고 있다. 전술한 최근 일본에서의 조사에 의하면 손해보험회사 가운데 4사가 이 방법을 이용하고 있는 것으로 나타나고 있다.

5) 損益分岐點(break-even point)

損益分岐點이란 일정기간의 매출액과 그것을 위하여 지출된 비용이 일치되는 매출액을 말한다. 따라서 일정기간의 매출액이 그 기간에 지출된 총비용과 같아서 이익도 손실도 발생하지 않은 점을 말하며 그 이상의 매출 또는 조업을 하게 되면 점차 기업은 이익이 발생하고 그 이하의 매출에는 손실이 발생하게 된다. 손익분기점은 1910년 미국의 C. E Knöeppel이 損益分岐圖表를 처음 창안한 데서 비롯되었으며 현대기업이 그의 이익관리를 위하여 널리 이용하고 있다.

손익분기점은 일정기간에 있어서 수익·비용 그리고 이익과의 관계에서 산출된다. 그리고 이 손익분기점을 구하기 위해서는 우선 총비용을 매출액과의 관계에서 고정비와 변동비로 구분할 필요가 있다. 손익분기점의 산출방법에는 圖表法과 公式法의 두 가지가 있는데 일반적으로는 도표법에 의하고 있다.

보험기업에 있어서 손익분기점에 의한 방법은 일반적으로 흔히 사용되고 있다. 이 경우 매출액 대신 보험료수입, 고정비는 社費, 변동비는 모험모집비가 각각 사용된다.

⑵ 收益分析

1) 保險料收入

손해보험기업의 수익분석에 있어서 그 대상이 되는 것은 保險料收入과 資産收益(投資收益)이다. 먼저 保險料收入分析은 그 목적에 따라 합계보험료, 종목별 보험료, 시장점유율, 정미보험료, 재보험료의 분석 등 여러 가지가 있다. 일반적으로 보험료수입은 原保險料, 正味保險料, 經過保險料 등 3가지로 구분되는데 그 계산방법은 앞에서 설명한 바 있다. 이들 계수는 분석목적에 따라 각각 이용도가 다르다.

손익계산서의 이익계정에 표시되는 보험료는 原保險料나 受再保險料의 합계액인 총보험료(총매출액)에 해당하는 것이므로 여기에 出再保險料와 出再 및 受再手數料를 가감하여 正味保險料를 산출할 수 있다. 정미보험료는 당년도의 순수익에 해당하는 것이지만 보험자의 책임은 보험기간이 만료될 때까지 계속되는 것이므로 이에 따른 비용의 지출은 다음 연도까지 이월되는 것이 보통이다.

당년도 수익의 산출에 있어서 정미보험료 이외에도 당년도 비용지출의 원인이 되는 것은 전년도 이월미경과보험료가 가산되는 반면에 차년도 이월미경과보험료가 차감되어야 한다. 이와 같은 방법에 의하여 산출되는 경과보험료가 곧 당년도의 사실상의 수익에 해당하는 것이다.

原保險料가 기준이 되는 분석은 일반적으로 보험종목별 시장점유율을 판단하기 위해서 그 구성비율을 산출하는 데 이용된다. 이러한 보험종목별 보험료분석은 장기예측과 신제품의 개발 및 판매계획을 수립하는 데 특히 필요하다. 또한, 보험종목별 성장추이를 분석하는 데도 원보험료가 기준이 된다. 그 결과에 따라 판매방식의 개선 또는 경영방침의 수정이 이루어지게 된다.

보험료분석에 있어서 또 한 가지 고려사항은 재보험의 존재이다. 즉, 재보험의 대차를 검토해야 한다. 이를 위해서는 出受再保險料와 出受再手數料, 利益手數料 등을 가감한 수지잔액을 대비해야 한다.

2) 資産收益

보험회사의 2대 수익원천은 營業收益(underwriting profit)과 資産運用收益, 즉 投資收益이다. 영업수익은 위험선택과 보유정책의 良否에 따라 손익이 발생하는데 그 폭은 생명보험회사보다 손해보험회사가 훨씬 크다. 손해보험회사는 그의 자산을 운용하여 거둔 수익을 가지고 모두 주주배당금이나 사업비로 지출할 수는 없고 그 결과를 가지고 될 수 있는 한 보험요율을 인하하도록 하는 것이 하나의 기본적 경영목표가 되어야 한다.

손해보험회사의 자산수익분석은 우선 자산수익이 얼마이냐가 중요하다. 資産收益은 이자·배당금, 재산매각익, 유가증권상환익의 합계에서 지급이자, 재산매각손, 투자경비를 차감한 것이다. 이 이외에 유가증권평가손익이 있지만 이것은 미실현손익이기 때문에 자산수익계산에서 제외된다.

자산수익의 분석·비교에서 그 절대액이 중요하지만 이것과 관련하여 총자산, 정미자산, 운용자산의 구성과 이자, 자산운용률, 경과자산, 이자·배당수입, 평균자산이윤 등도 아울러 분석·검토할 필요가 있다. 이들의 계산방법에 대해서는 앞서 생명보험기업의 경영지표에서 설명하였다.

投資收益을 증대하기 위해서는 자산운용을 높여야 하는데, 특히 손해보험회사의 자산운용률이 우리나라에서 1970년대의 10년 동안 평균 60%선에 머무르고 있는 것은 그 주된 원인으로서 대리점대, 재보험대, 미수재보험금 등 매출채권의 회전이 부진한 데 있다고 할 수 있다. 이를 분석하기 위해서는 매출채권회전율(turnover of receivable)과 그 회전 일수를 구하여야 하는데 그 산출방법은 다음과 같다. 여기서 매출액은 정미보험료이다.

$$\text{賣出債權回轉率} = \frac{\text{매출액}}{\text{매출채권}}$$

$$\text{賣出債權回轉日數} = \frac{\text{연간 일수}}{\text{매출채권회전율}}$$

(3) 費用分析

1) 保險金支給

손해보험회사의 수익으로서 위에서 설명한 보험료수입과 자산수익이 있지만 이것에 대하여 그 기업에서 발생하는 비용분석의 문제가 있다. 비용에 관해서는 자산운용의 비용보다도 손해보험회사의 본래의 업무인 보험영업에서 발생하는 비용, 특히 보험금지급이 중요함은 재언할 필요가 없다. 손해보험사업은 보험료를 받는 한편 보험책임이 발생하는 경우 보험금을 지급하는 것이 중요한 임무이므로 이 보험금지급은 손해보험기업에서 발생하는 최대의 비용이다.

보험금의 지급에 대해서 경영분석을 함에 있어서 보험금의 액수보다는 보험료에 대한 비율, 즉 損害率(loss ratio)의 파악이 중요하다. 여기서 손해율의 산출방법을 설명하기에 앞서 손해의 개념, 특히 旣生損害(incurred loss)에 대해서 언급할 필요가 있다. 손해보험에서 정미보험금은 일반 기업의 직접원가에 해당되는 비용이지만 정미보험금의 일부는 전기에 이미 수익으로 들어온 보험료에 대한 원가지급인 것이다. 따라서 당년도의 현금수입과 현금지출을 대비하는 것은 원가분석과는 무관한 것이기 때문에 당년도의 경과보험료에 대응하는 원가로서 기생손해를 산출하여야 한다.

기생손해는 당년도에 실제 발생한 손해액을 의미하는 것이므로 전기에 발생하였으나 그 지급이 당년도로 이월된 보험금(전기이월지급비금)은 공제되어야 하고, 당년도에 발생하였으나 지급하지 아니한 보험금(후기이월지급비금)은 가산되어야 한다. 여기서 경과보험료와 기생손해의 산출방식을 다시 한번 정리하면 다음과 같다. 그리고 이것과 관련되는 손해율은 다음 세 가지 방식에 의하여 산정될 수 있다.

> 經過保險料＝정미보험료＋전기이월미경과보험료－후기이월미경과보험료
> 既生損害＝정미보험금＋후기이월지급비금－전기이월지급비금

[損害率 산정방법]

$$損害率(A)=\frac{원보험금}{원보험료},\quad 損害率(B)=\frac{정미보험금}{정미보험료},\quad 損害率(C)=\frac{기생손해}{경과보험료}$$

손해율(A)은 보험계약자와의 급부·반대급부관계를 표시하는 것으로서 위험의 선택이 적정하였는가를 판단하는 데 참고가 되며, 손해율(B)은 재보험의 수지를 차감한 것이므로 위험의 분산이 잘 되었는가를 (A)와 비교하여 분석할 수 있다. 이 두 가지 방식은 모두 회계상의 수지에 불과한 것이고 원가계산상의 수익 및 비용과 일치하는 것은 아니므로 손해율(C)의 방식이 경영분석에 가장 적합하다고 할 수 있다.

손해율은 또한 受再保險과 出再保險에 대하여도 산출할 필요가 있다. 재보험이 모두 比例再保險(quota share)이라면 손해율에는 큰 변동이 없지만, 실제에 있어서는 超過額豫定再保險(treaty reinsurance)과 超過損害額再保險(excess loss cover)의 방식을 주축으로 하고 있기 때문에 손해율에 상당한 차이가 있을 수 있다. 그러므로 재보험의 손해율을 따로 산출하는 것은 위험의 분산이 적절하였는가를 판단하는 데 도움이 된다.

2) 事 業 費

기술한 바와 같이 손해보험경영에 있어서 비용의 대부분을 차지하는 것은

재료비로서의 보험금이다. 그 다음의 비용으로서 큰 것은 우리나라에서 흔히 말하는 사업비이다. 사업비에는 인건비, 수수료, 물건비 등이 포함되지만 원가의 개념에서 보면 각국에 있어서 사업비의 기준과 범위가 반드시 통일되어 있지 않다. 따라서 경영분석상 비용분석을 하는 데 있어서 매우 곤란할 뿐만 아니라, 각종 경비의 분류 및 처리방법이 통일되어 있지 않아 엄격한 의미에서 부가보험료의 산정에도 문제가 있다. 비용 가운데 손해사정비는 미국의 경우 순보험료에 포함시키고 있으며 이것과 수수료는 원가의 개념에서 본다면 제조원가에 포함되어야 할 부분이다.

보험경영에 있어서 사업비의 분석은 경비절감을 통한 경영의 합리화를 위해서나 부가보험료의 적정화를 위하여 매우 중요하다. 그러나 사업비율의 산정방법은 전술한 손해율의 산정방법과 마찬가지로 통일되어 있지 않고 기준이 다르다. 朴恩會 교수는 事業費率(expense ratio)의 계산방법으로 다음 세 가지를 소개하고 있다.

$$事業費率(A)=\frac{총사업비-수재보험수수료}{원보험료}$$

$$事業費率(B)=\frac{정미사업비}{정미보험료}$$

$$事業費率(C)=\frac{정미사업비}{경과보험료}$$

사업비율(A)은 보험모집을 위한 실비용이 어느 정도 소요되었는가를 판단하기 위해서 필요한 것이며, 사업비율(B)은 재보험에 따른 수수료의 수지와 영업잡수입을 가감한 지급기준(paid basis)에 의한 것으로 일반적으로 사용하는 방식이다. 그리고 사업비율(C)은 paid to-earned basis이므로 이론상으로 모순이 있다고 보고 있다.

朴恩會 교수는 보험금의 지급사유가 계약 후 보험기간 중에 발생하고 차년도에 이월되는 부분이 많지만 사업비의 큰 비중을 차지하는 모집비용은 미리 발생하는 것이므로 양자간에 시차를 명확하게 구분하여 분석하는 것은 어렵기 때문에 경영분석에 있어서 손해는 발생기준(incurred basis)으로, 사업비는 지급기준(paid basis)으로 하는 것이 타당한 것으로 보고 있다.

⑷ 擔保力 分析

보험회사의 경영분석 또는 평가요소 가운데 가장 중요한 것은 담보력, 즉 지급능력에 관한 것이다. 여기에 대해서는 제10장(保險財務)의 지급여력제도에서 언급하였고, 제11장 제2절 한국의 보험회사 경영평가 기준을 설명할 때 우리 제도를 중심으로 고찰하려고 한다. 따라서 내용의 중복과 차이를 피하기 위하여 이 항목에서는 미국이나 EU 등의 선진국에서 현재 제도의 바탕이 된 1960년대를 전후한 초창기의 담보력분석에 대해서 서술하기로 한다.

미국, 영국 및 기타 유럽공동시장 회원국 등 선진보험국가에서 1960년대에도 많은 보험회사가 지급불능 및 파산되는 경우가 많았기 때문에 보험회사의 유동성확보를 위한 적정기준의 설정을 위하여 각계에서 연구한 바 있다. 특히 1960년대의 중반에는 유럽공동시장 회원국이 중심이 되어 손해보험회사의 회원국간에 자유로운 이동에 따른 지급능력의 국제적 통일기준을 마련하였다.

손해보험기업의 적정지급능력에 대해서는 R. Kenney가 연구한 이른바 'Kenney-Regularity(1957)'라는 것이 있으며 과거 미국에서 대체로 이 방법을 선택하고 있었다.[2] 이 방법은 손해보험기업의 안전성의 정도를 자기자본과 계약자잉여금에서 구하고 있다. 미국에서 이 계약자잉여금은 보험회사의 준비금의 일종으로 규정하고 있는데 이것은 보험회사의 자산에서 부채를 공제한 잔액을 말한다. 그리고 부채에는 미경과보험료준비금과 지급비금 등이 포함되어 있지 않다. 따라서 계약자잉여금은 손해보상을 위하여 보험회사가 보유하고 있는 준비금의 한도를 표시하는 것으로서 보험회사의 담보력을 단적으로 표시하는 합리적인 금액으로 보고 있다.

화재보험의 경우 경영분석을 할 때 미국에서는 계약자영여금과 미경과보험료준비금이 같으면(1 : 1 규칙) 양호한 것으로 보고, 재해보험의 경우 그 비율이 2 : 1이어야 한다고 주장하고 있다. 이 두 가지 규칙을 소위 'Kenney-Regularity'이라고 한다. 또한, 영국에서는 'Cover-Method'라는 것이 있다. 이것은 보험기업의 담보능력을 판단하는 기준으로서 자기자본과 보험기술준비금의 합계액을 정미보험료와 비교하는 것이다. 그 산식은 다음과 같다.

---

2) R. Kenney, *Fundmentals of Fire and Casualty Strength*, 3ed., Dedham/Mass., 1957, p. 18, 223.

$$\text{Cover} = \frac{\text{자기자본} + \text{보험기술준비금}}{\text{정미보험료}} \times 100$$

M. Gürtler 교수는 그의 유명한 저서 「保險經營의 成果計算」(*Die Erfolgrechnung der Versicherungsbetriebe*)에서 보험기업의 자기자본에 대해서 언급하고 있다. 그러나 그의 저서는 1931년에 발간(제 2 판, 1958)된 것이므로 당시 독일의 보험경영의 제반 여건을 중심으로 했다는 점에서 현재의 입장에서는 문제가 있다. 그에 의하면 신설회사의 경우 납입자본금이 최소한 50만 RM이어야 하고 기존회사의 경우 적정 자기자본(준비금 포함)의 액수는 손해보험은 보험료의 15%, 생명보험은 준비금의 8%가 적합하다고 보고 있다.[3)]

위의 세 가지 방법에 대하여 P. Braß 교수는 다음과 같이 비평하고 있다.[4)] ① 케니規則(Kenney-Regularity)에 대해서는 이 방법이 단순한 방법인 동시에 화재보험에서 '1 : 1 規則'이란 보험계약연도와 영업연도가 사실상 일치할 수 없는 실정에서 문제가 되고 있으며, ② Cover-Method에 의한 방법은 어느 한 보험종목에 국한시키고 있는 결점이 있고, ③ M. Gürtler 교수의 견해는 1930년대의 경제·보험사정이 배경이 되어 현재와 많은 차이가 있다고 보고 있다. 예로서 그 당시는 경제불황기이었지만 호황기의 경우 보험회사가 준비금의 적립을 적게 하거나 처분하는 경향이 있는데 이 때에는 그가 제안한 비율에 큰 변동을 가져온다는 것이다.

유럽공동시장 회원국들은 경제거래자유화의 방침에 따라 보험회사 본지점도 회원국간에 진출을 상호 허용하고 외국회사의 감독에서 국내회사와 차별대우를 하지 않도록 하였다. 이에 따라 보험의 자유화는 1963년 再保險會社, 1965년 損害保險會社, 1967년 生命保險會社에서 각각 허용되었다. 이러한 외국회사의 진출과 국내영업이 허용됨에 따라 지급능력, 즉 유동성확보가 무엇보다도 문제되었기 때문에 이를 회원국간에 통일시키려는 노력이 있었다. 그 대책으로 1966년 제 6 차 유럽保險監督者會議(London)와 동년 7월 제 2 차 世界保險法會議(Hamburg)에서 '保險會社의 支給不能과 監督政策'이 주제로 다루어졌다. 이것을 내용으로 하여 1967년 6월 회원국의 경제장관회의에서 우선 손해보험회사의 지급능

3) M. Gürtler, *Die Erfolgrechnung der Versicherungsbetriebe*, 2-Auflage, Berlin & Frankfurt, 1958, S. 359ff.

4) P. Braß, *Die Bedeutung des Eigenkapitals in der Versicherungswirtschaft*, Zeitschrift die gesamte Versicherungswissenschaft, Heft 1, 1964, S. 1ff.

력유지에 대한 통일조정안이 마련되었으나 그 후 이 문제에 대하여 많은 학자들의 비평이 있었고 회원국의 수적 증가(영국 등의 가입)로 최종안이 확정되지 못하였다.

위의 통일안에 의하면 손해보험회사 지급능력의 한도액을 保險料指數(Prämienindex)와 損害指數(Schadenindex) 가운데 큰 금액에 상응하도록 규정하고 있다. 保險料指數는 영업연도 말 손익계산서에 나타난 보험료수입에서 보험계약자에게 지급한 직접·간접의 반대급부(보험금)와 미수보험료 및 보험료수입에 따른 조세·공과금 등을 공제한 잔액을 다음 3등급으로 구분하고 각각 일정률을 곱하고 있다.

제 1 급(100만～1,000만$)×18%＝保險料指數
제 2 급(1,001만～2,500만$)×12%＝保險料指數
제 3 급(2,500만 이상)×8%＝保險料指數

損害指數는 과거 3년 동안 직접·간접으로 지급한 손해총액과 최종연도의 손해지급비금을 합한 금액에서 제1차년도 초에 적립되어 있던 손해지급비금을 공제한 것을 기준으로 그 크기에 따라 다음 3등급으로 구분하고 각각 일정률을 곱한 것이다.

제 1 급(100만～700만$)×26%＝損害指數
제 2 급(701만～1,750만$)×16%＝損害指數
제 3 급(1,750만 이상)×8 %＝損害指數

손해보험회사의 지급능력에 관한 기준으로서 이상과 같은 보험료지수와 손해지수의 두 가지 방법은 서로 장단점을 지니고 있다. E. Frey 교수는 保險料指數가 보험회사의 지급능력의 산정기준으로서 중요한 의의가 있음을 지적하고 있다. 그에 의하면 보험회사의 위험이란 결국 보험료수입과 상관관계가 있다는 것이다.[5] 그러나 보험료지수에서는 보험기업의 전체 위험이 보험료총액의 변동에 따라 동일한 양상으로 변동되는 것으로 보고 있지만 개개의 경우에서 위험의 경

5) E. Frey, *Die Versicherungswirtschaft in der Welt-Global betrachtet*, In: Versicherungswirtschaft, 1966, S. 16.

중과 그 발생유무에 차이가 있음을 무시할 수 없다.

다음으로 損害指數에 의한 방법의 장점은 평균손해에 의거하기 때문에 보험료지수의 방법보다는 위험발생에 대비할 수 있는 방법으로 생각되고 있다. 그러나 총손해액이냐 또는 재보험을 고려한 순손해액이냐의 구분이 없는 것이 문제이다. 또한, 손해지수에서는 위험보험료에 결부된 위험만이 고려되고 다른 위험은 경시되는 결점이 있을 뿐만 아니라 전체의 손해발생액을 기준으로 한 나머지 손해구조를 무시하고 있다.

제 2 절 保險會社의 優劣比較와 經營評價

1. 企業格差의 문제

보험기업의 격차분석에 있어서는 여러 가지 문제점이 있다. 그 가운데 중요한 것은 기업격차의 방법론에 관한 것과 기업격차의 결과에 따르는 대처방안이다. 방법론에 있어서는 어떠한 방법에 의하든간에 그것이 전제조건을 두어야 하고 또한 한정적인 방법일 수밖에 없다. 특히 비교에 있어서 자료의 제약성, 지표(가중치)의 설정 및 전술한 비계수적 요소의 불고려 등이 문제이다.

첫째, 資料의 制約性의 문제이다. 격차분석에는 전술한 바와 같이 복잡한 다수의 요소로 구성되어 있기 때문에 기업격차를 완전한 형태로 분석하기 위해서는 공표자료 이상의 모든 자료가 필요하다. 그리고 자료를 충분하게 수집하였나고 할지라도 그것을 정확하게 평가하여 분석에 이용하는 것은 쉽지 않다. 여기에 바로 격차분석의 어려움과 한계가 있다.

둘째, 企業格差의 指數, 즉 加重値의 設定이 문제이다. 지수는 기업격차의 일면의 척도로서 객관적 타당성을 가진 지수이어야 하지만 기업의 종합적인 경쟁력의 대소강약을 나다낼 수는 없다. 지표의 설정과 가중치의 결정에 있어서 이중의 자의성의 개입은 객관성을 입증하기 곤란하다.

셋째, 전술한 非計數的 要素를 반영할 수 없는 것이 유감이다. 특히 경영자, 전략, 종업원의 능력과 사기 및 인간관계, 언더라이팅의 경험과 기술 등은 다른 어느 계수적 지표보다 중요하다.

넷째, 企業格差의 構造的 側面에서의 문제가 있다. 손보기업에서는 주력하는 영업종목, 영업기반, 모집기관 등이 다르기 때문에 일종의 체질에 차이가 있다. 이러한 체질의 차이는 물론 기업격차에서 나타날 수 없지만 기업격차를 표시하는 표면적인 계수지표의 배후에 있는 실체적인 것으로서, 말하자면 기업격차의 구조적 측면이라고 할 수 있다.

기업격차의 최대의 문제는 격차분석 그 자체보다도 분석결과에 의한 중소회사, 즉 열세회사가 어떻게 대처할 것인가의 문제가 있다. 그 방안에 대해서는 다음과 같은 세 가지로 대별할 수 있다.

1) 營業量의 增大

① 자사에 적합한 보험종목에 중점을 둘 것.

② 자사에 적합한 신보험을 연구·발매할 것.

③ 특정 지역에 영업을 집중할 것.

④ 시장조사와 판매계획을 수립할 것.

⑤ 적극적인 판매촉진을 할 것.

⑥ 모집기관을 증강하고 그 기반을 개척할 것.

2) 經營效果의 改善

① 언더라이팅의 엄격화에 의한 손해율을 억제할 것.

② 사무합리화에 의한 경비절감에 노력할 것.

③ 자산내용의 개선, 자산수익의 증대 등을 통하여 담보력을 강화할 것.

3) 發展力의 培養

① 종업원의 지도교육

② 모집기관의 지도교육

③ 우수한 인재의 확보

④ 조직정비

⑤ 독자의 경영방침 확립

⑥ 장기경영계획의 수립과 그것에 의한 노력

⑦ 자사의 특색 있는 홍보활동의 강화

이상과 같은 여러 가지 대책에도 불구하고 격차의 축소는 단시일 안에는 곤란하다. 오히려 격차가 확대되는 경향이 자유경쟁하에서는 있을 수 있다. 이러한 점에서 볼 때 반대로 우리나라 손해보험업계가 1960~1980년 동안 신규참가와 자유경쟁이 극히 배제된 가운데 기업격차가 크지 않다는 데도 문제가 있다.

자유경쟁하에서 기업격차가 커질 경우 국제경쟁력의 강화라는 과제를 앞에 두고 감독정책적인 측면에서 업계의 재편성이 논의될 수도 있다. 그 형태에는 ① 합병, ② 그룹화, ③ 분야조정, ④ 약소회사의 재보험회사화 등을 생각할 수 있다. 이와 같이 기업격차에 대처하는 방안은 이론적으로는 충분히 가능하지만 현실적으로는 두터운 벽에 직면하고 있기 때문에 간단하지 않다.

2. 優劣比較의 지표

위에서 고찰한 바와 같이 손해보험회사의 우열판정의 기준에는 여러 가지가 있다. 여기서 주의할 것은 우열을 판단하는 입장에 따라서 기준도 다소 상이하다는 것이다. 기업의 입장, 주주의 입장, 계약자의 입장 등에 따라서 그 중시하는 점이 규모·수익력·담보력·성장성·견실성 등에서 차이가 있음은 당연하다. 그러므로 신용을 중시하는 보험사업에 있어서는 모든 이해관계자의 입장을 포괄해야 한다.

규모의 확대와 수익력의 증대가 기업경영의 궁극의 목표이며 또한 담보력의 충실과 경영의 안전성이 손보기업에 있어서 불가결하다. 지금까지 살펴본 우열기준에 나타난 제반 지표 및 종래의 격차분석에서 취급된 제반 지표를 포함하여 손보기업의 비교지표를 정리하면 다음과 같다. 우열기준을 나타내는 지표는 크게 數量指標, 效率指標, 非計數的 指標 등 세 가지로 구분할 수 있다.

(1) 數量指標

1) 原受保險料

기업과 시장의 관계에서 매출액이라고 할 수 있는 것은 손보의 경우 原受保險料이다. 특히 원수보험면에서 우위성을 문제로 하는 기업격차분석에 있어서는 기업규모를 측정하는 척도로서 원수보험료를 들 수 있다. 다만, 이 경우 원수보험료는 해약, 기타 환급·환입을 가감한 숫자이어야 한다.

2) 正味保險料

原受保險料에서 受再保險料와 出再保險料를 가감한 正味保險料는 보험기술 및 동업자관계에 의한 재보험거래를 고려한 손해보험기업의 실질적 영업수입으로서 회사의 손에 남아 있는 보험료이다. 이것은 회사규모를 평가하는 데 적당한 표준인 동시에 기업집중의 실태조사에 있어서는 정미보험료를 매출액으로 보는 견해도 있다.

3) 營業收益

營業收益이란 '正味營業收支殘'을 의미하는 경우와 '正味營業收支殘'에서 계약준비금적립액을 차감한 '事業利益金'을 의미하는 경우가 있다. '正味營業收支殘'은 정미보험료에서 정미보험금과 정미사업비를 공제한 잔액으로 손보기업의 영업활동에 의한 총수익을 나타낸다.

4) 總 資 産

總資産이란 대차대조표의 차변합계에서 손실이 있는 경우 이것을 공제한 금액으로 경영에 투하·사용되고 있는 총자본으로서 기업의 규모를 나타내는 중요한 지표이다.

5) 運用資産

총자산에서 미수보험료, 대리점대 등의 비활동자산을 공제한 것이 運用資産이며, 자산수익의 원천이 된다.

6) 資産收益

資産收益은 자산의 운용에 의하여 생긴 이자·배당수입(부동산수입 포함)으로 하는 경우와 이자·배당수입에 재산매각익 등의 일시적 수입을 합한 이익합계에서 세금·투자경비·재산매각손 등의 항상적·임시적 지출을 공제한 자산수지를 의미하는 경우가 있다.

7) 利 益 金

영업수지와 자산수지를 합하여 순손익계산에 의해 계상된 것이 利益金이다.

8) 責任準備金

責任準備金의 산출방식과 성격은 국가와 논자에 따라 다르지만 이것이 다액일수록 담보력이 충실하다.

9) 正味資産

미국에서는 보험회사의 담보력을 기준으로 계약자잉여금이라는 개념이 사용되고 있다. 일반적으로 총자산에서 총부채를 차감한 것이 正味資産이다. 정미자산은 보험기업의 담보력을 나타내는 지표이다.

(2) 效率指標

1) 經 費 率

보험료에 대한 사업비의 비율로서 전술한 바와 같이 세 가지 산출방식이 있을 수 있다. 經費率은 기업격차를 강하게 반영하는 지표의 하나이다.

2) 損 害 率

보험료에 대한 지급보험금의 비율로서 전술한 바와 같이 세 가지 산출방식이 있을 수 있다.

3) 收支殘率

收支殘率로서 보통 사용되고 있는 것은 정미영업수지잔율(정미보험료에 대한 정미영업수지잔의 비율)이다. 손해보험기업의 영업면에 있어서 수익력을 나타내는 지표이다. 경비율과 손해율의 격차도 궁극적으로는 수지율에 반영된다.

4) 實質殘率

정미영업수지잔율에 정미비율(원수보험료에 대한 정미보험료의 비율)을 곱한 것으로서 실질적인 영업활동의 최종적 수지의 良否를 판정하는 기준이 된다. 우리나라에서는 재보험관계에서 순수한 보험기술 이외의 요소가 있기 때문에 '正味比率'이 우열을 정하는 기준으로는 적절하지 않지만 기업격차가 어느 정도 완화되고 있는 경우에는 지표로서 의미가 있다고 볼 수 있다.

5) 運用資産利廻

평균운용자산에 대한 이자·배당금의 비율로서 영업면의 수익률에 대한 투자면의 수익률을 나타내는 것이다. 이것은 산출기초가 되는 운용자산의 평가에 대해서도 비율이 달라지는 것을 주의해야 한다.

6) 資本金利益率

당기평균자본금에 대한 당기이익금의 비율로서 주주의 입장에서는 기업의 수익력을 판단하는 기준으로 사용할 수 있다. 그러나 일반 제조업과는 달리 손보기업에 있어서는 자본금과 수익과의 관련성이 극히 적기 때문에 자본금에 대한 이익률도 큰 중요성은 없다.

7) 賣出額利益率

손보기업의 경우 이익률로서 의미가 있는 것은 자본금이익률보다 오히려 매출액이익률이다. 賣出額利益率은 매출액을 원수보험료(정미보험료로 보는 입장도 있음)로 본다면 원수보험료에 대한 이익금의 비율로서 최종적인 수익력을 나타내는 지표이다.

8) 責任準備金積立率

정미보험료에 대한 責任準備金積立率은 보험종목에 따라 적립률이 다르지만 최소한 50%, 보통 60%에서 100%까지 적립되어야 한다. 이것은 담보력의 지표로서 종래 보험회사의 우열을 비교하는 경우에 반드시 채용되어 왔다.

9) 正味資本比率

책임준비금적립률에 대신하여 담보력의 보다 명확한 지표는 미경과보험료에 대한 정미자산(미국의 계약자잉여금)의 비율이다. 그 비율은 전술한 바와 같이 재해보험에서는 100%(1 : 1), 화재보험에서는 50%(2 : 1)이면 양호하다.

10) 資本金·準備金比率

국제적으로 볼 경우 책임준비금의 적립에 있어서는 각국의 보험감독법, 세법, 보험경리방법 등이 다르기 때문에 보험회사 또는 보험시장의 건전성·충실성에 관한 국제비교의 표준으로서 많이 채용되고 있는 것이 資本金·準備金比率이다. 이것은 자본금, 적립금 및 계약준비금(책임준비금과 지급비금)의 합계액의 정미보험료에 대한 비율을 담보능력의 비율로서 나타내는 것이다.

11) 생 산 성

손보기업의 생산성이란 어떠한 것인가에 대해서는 아직 이론적으로 확립되어 있지 않다. 일반적으로 生産性이란 투입(input)되어진 생산요소와 산출(output)되어진 생산물과의 수량 또는 가격의 비율이기 때문에 투입요소별로 각종 생산성을 생각할 수 있지만 보통 많이 사용하는 것은 노동생산성이다. 현실적으로 산출이 복수요소의 투입·결합의 결과인 이상 생산성은 종합생산성이 바람직하지만 그것을 구하는 것은 매우 곤란하다. 또한, 사람을 주로 하는 손보기업의 업태에 비추어 본다면 노동생산성이 매우 중요하지만 이것도 손보기업에서 측정하는 것은 쉬운 일이 아니다. 손보기업의 생산성을 1인당 원수보험료를 기준으로 하는 사람도 있으나 보험종목별 손해율을 생각한다면 그 타당한 수치를 구할 수 없다.

12) 기　　타

이상과 같은 제반 지표 이외에 보완적인 효율지표로서 1건당 원수보험료(보험종목별 또는 종합), 종업원 1인당 효율, 대리점의 효율 등 모집면에서의 효율까지 포함한 각종 효율이 있을 수 있다. 이러한 것도 측면적·부분적으로는 기업격차를 구성하는 요소로서 의미가 있다고 볼 수 있다.

(3) 非計數的 要素

1) 人　　材

일반적으로 우수한 인재를 가진 기업일수록 발전력이 크다는 것은 당연한 사실이지만 人과 紙의 사업이라고 말하고 있는 손보기업에 있어서는 특히 그 중요성이 높다. 그러나 종업원의 질의 격차는 잠재적인 것으로서 현재화될지라도 계수적으로 비교할 수 없다. 그러므로 임금수준의 비율에 의한 간접적 추정방법이 있으나 이것으로서 기업격차비교의 지표로 이용하는 것은 곤란하다.

2) 組　織

조직이 정비됨으로써 능률적으로 운영될 수 있다는 것은 사람의 문제와 더불어 기업의 발전력을 크게 좌우하는 요소의 하나이다. 그러나 이것 또한 평가하는 것이 곤란하다.

3) 系　列

계열은 기업격차의 실체와 매우 밀접한 관련을 맺고 있다. 일반적으로 그 배경에 계열기업을 갖고 있는 손보사와 갖고 있지 않은 손보사간의 경쟁력의 차이는 크다. 따라서 계열에 었어서는 재벌과의 계열관계 또는 은행 등과의 제휴 등을 어떻게 평가하여 비교하느냐의 문제가 있다. 우리나라 손보사의 경우는 계열기업의 보험계약을 별도로 추출하여 그 의존도를 찾을 수 있다.

4) 기　타

이상과 같은 요소 이외에 계수화하기가 곤란한 요소가 많다. 예로서 경영자, 전략, 지명도, 기타 특수한 요인이 있을 수 있다.

지금까지 고찰한 바와 같이 손해기업의 우열을 비교하려는 입장에서 보면 그 지표가 될 수 있는 여러 가지 요소가 있을 수 있다. 손보기업간의 격차가 어떻게 움직이고 있는가를 계측하기 위해서는 그 여러 가지 구성요소를 어떠한 기준에 의하여 통일적으로 지표화하고 이 지표를 종합할 필요가 있다. 이 경우 지표의 선택과 가중치를 결정하는 과정에서 분석자의 약간의 자의적인 요소가 개입할 가능성이 있다.

3. 保險會社에 대한 감독기관의 經營評價制度

보험회사에 대한 경영분석 내지 경영평가의 목적 및 방법은 그 평가 주체에 따라 크게 달라진다. 우리나라에서 보험회사의 경영평가는 1980년대 이후 감독기관이 주도하여 왔으며 그 목적은 특히 IMF외환 위기로 많은 생명보험회사가 퇴출되기 시작하면서 자산과 부채평가를 중심으로 하는 지불여력의 정도를 알아보는 데 기본적인 목적을 두어 왔다. 그러나 보험회사의 경영평가의 다른 주체로서 재벌그룹이 계열 보험회사에 대해서 평가를 하거나 보험회사의 경영진에 대한 능력평가의 일환으로 평가할 수도 있고, 다른 보험회사를 인수하여 대주주가 되기 위하여 그 보험회사의 실상을 알아볼 의도로서 경영평가를 할 수도 있다. 그 뿐만 아니라 일반적인 투자목적으로 보험회사 주식을 취득하기 위하여 경영실태를 알아보는 방법으로 이 평가제도가 이용될 수도 있다.

(1) 보험회사의 경영평가 항목

경영평가란 넓은 의미에서 어떤 기업을 둘러싸고 있는 통제할 수 없는 경영환경에서 그 기업의 재무적 요소, 인적 요소 그리고 경기변동의 대응 정도 등을 평가기관의 목적에 따라 고찰하는 과정이라고 정의된다. 그러나 구체적인 질적 자료(업계에서의 지위, 노사관계, 경영자의 능력 등) 등은 객관적인 자료수집에 어려움이 있고, 평가자의 주관성이 높아 측정이 곤란하여 대차대조표, 손익계산서 등 기업에서 공표하는 계량적 자료를 중심으로 기업의 재무상태를 평가하게 된다. 이와 같이 재무제표를 중심으로 평가하는 것을 협의의 경영평가라고 하며, 이를 재무제표분석 또는 재무평가라고도 한다.

경영평가의 목적은 평가자 내지 평가기관의 목적에 따라 차이가 있을 수 있으나 평가의 공통적 목적은 기업의 성장성·생산성·수익성·유동성·안전성 등을 파악하는 데 있다.

성장성은 기업의 경영규모 및 기업활동의 성과가 전기에 비하여 얼마나 증가하였는가를 측정하는 것이다. 인간에게 라이프 사이클(Life Cycle)이 있는 것과 마찬가지로 산업 또는 기업이나 상품도 탄생에서 성장기, 발전기 그리고 사양기의 과정을 거치게 되므로 현재의 특정 산업 및 기업 또는 제품이 어느 단계에 있는가를 검토한다는 것은 중요한 의의를 가지게 된다. 생명보험회사의 성장성을 측정하는 요소로서 다음과 같은 것을 이용할 수 있다.

① 수입보험료

② 신계약 또는 보유계약액

③ 영업이익

④ 경영자본

⑤ 부가가치

⑥ 종업원 수

⑦ 신상품 수

생산성은 기업활동의 능률과 업적을 측정·평가하고 그 발생원인과 성과, 배분의 합리성을 분석하는 데 사용되는 비율이다. 과거에서 생산성을 생산에 관계되는 제요소의 유효한 이용 정도를 계량적으로 파악하는 것으로만 이해하였으나 오늘날 생산성에 관한 지표는 경영합리화의 척도라고 보고 있으며, 기업경영성과를 부가가치 생산성이라는 가치적·금액적 개념으로 측정하는 것이 일반화되고 있다. 생산성은 생산량을 종업원 수 등으로 나누어 산출하는데, 생명보험회사의 생산량요소로서는 다음과 같은 것을 이용할 수 있다.

① 부가가치

② 수입보험료

③ 예정사업비

④ 예정이자

⑤ 위험보험료

⑥ 신계약액

수익성은 기업활동의 성과를 나타내는 수익력의 정도를 말한다. 수익성은 일정기간 중 기업의 모든 경영정책, 의사결정, 경영활동 등의 결과를 집약한 경영성과를 측정하는 것으로 기업의 채권자·경영자·주주 등 모두에게 관심이 높은 지표이다. 특히 수익성은 경영자의 업적을 평가하는 데 널리 사용되고 있으며, 이 지표는 높을수록 경영성과가 좋다고 할 수 있다. 그러나 수익성이 높으면 반대로 소비자의 부담이 컸다는 의미가 되며, 결국에 가서는 경쟁기업이 많이 생기게 된다. 따라서 수익성이 높게 나타나는 경우에는 소비자의 반응과 경쟁자의 움직임을 자세히 관찰할 필요가 있다. 생명보험사업의 수익성을 측정하는 요소로서는 다음과 같은 것이 있다.

① 사차손익

② 이차손익

③ 비차손익

④ 총수입 대 순이익

⑤ 총자본 대 순이익

유동성은 기업의 단기지급능력을 판난하기 위한 지표이다. 기업이 타인자본을 이용하였을 경우 만기가 도래하면 원리금을 상환하여야 하며, 외상매입금, 미지급금은 약정기일 내에 지급하지 않으면 안 된다. 유동성은 기업의 단기채권자들이 가장 중시하는 비율이나 생명보험회사는 지출보다 수입이 많은 것이 일반적이고, 광의의 금융기관인 생명보험회사에 있어서 유동성은 평가 이전에 기본적으로 갖추어야 하는 요소로 인식되고 있다.

안전성은 기업이 영속적으로 건전하게 경영활동을 할 수 있는가를 재무구조를 고려하여 검토하는 것으로 건전성이라고도 한다. 생명보험은 보험기간의 장기성 때문에 전통적으로 안전성을 중시하여 왔다. 생명보험회사의 안전성을 측정하는 요소로서는 다음과 같은 것이 있다.

① 순자산
② 총자산 또는 운용자산
③ 효력상실 해약률
④ 수입보험료
⑤ 수지차액
⑥ 부채비율

(2) 감독기관의 경영평가제도

1) 도입연혁과 목적

우리나라 생명보험회사에 대한 경영평가는 1984년 한국보험공사(보험감독원)에서 생명보험회사 종합경영 평가기준을 마련한 것이 그 효시이다. 그 이전까지는 생명보험회사의 경영효율에 대하여 한국보험공사 및 협회 등에서 조사월보 또는 생협 등의 정기간행물에 주요 경영효율을 게재하는 데 그쳤으며 체계화되지 못하였다. 위의 종합경영 평가기준은 그 동안 수차례의 개정을 거쳐 1990사업연도 실적부터 새로운 경영평가기준이 적용되어 왔다. 보험감독원의 경영평가는 그 목적을 생명보험회사의 자율적인 경영향상 및 내실경영 유도와 보험회사의 지도감독에 필요한 기초자료로 활용하는 데 두고 있으며, 평가기준의 객관성과 합리성을 높이기 위하여 1987년도부터 보험학자, 보험계리인, 공인회계사와 감독원, 임직원으로 구성된 경영평가위원회를 설치·운영하였다.

과거 보험감독원에서는 매 사업연도별로 생명보험회사의 전문모집인 순증가율 등 13개 항목의 비율 및 실적의 표준치에 대한 도달여부를 분석하여 성장성·생산성·수익성·안전성을 평가한 바 있다.

또한 평가부문별·항목별 비율 및 실적은 보험감독원에서 발간하는「보험조사월보」를 통하여 공표함으로써 일반인이 그 결과를 알 수 있도록 하는 한편, 내부적으로는 검사대상기관 선정시에 평가결과를 반영하고, 문제점이 발견된 회사에 대하여는 경영개선을 촉구하거나 경영개선계획을 징구하는 등의 감독수단과 연계하여 운영하여 왔다.

〈표 11-1〉 보험감독원 결산서류의 수정기준

구 분	수정기준
상장주식	결산일로부터 과거 1개월간 종가평균금액(다만 권리락, 합병 등 권리에 현저한 영향을 미치는 사항이 있는 경우에는 그 사유가 발생한 때로부터 결산일까지의 종가평균금액)
비상장주식	발행회사의 최근 재무제표상 순재산액에 대한 소유지분 해당액
채 권	결산일에 보험회사의 대출 최고 이율로 매각시 증권거래소 매매계약방식에 따라 계산한 수취가능 금액
이연자산	계상하지 아니함.
책임준비금	보험료적립금 및 미경과보험료를 해약환급금식으로 산출한 금액
재산의 매각 및 평가차액준비금	계상하지 아니함.
퇴직급여충당금	결산일에 임직원 일시퇴직시 소요액
대손충당금	계상하지 아니함.
자산재평가차액	계상하지 아니함(자산재평가법에 의한 재평가).

보험감독원에서 실시하고 있는 경영평가의 특징은 평가자료의 동질성을 확보하기 위하여 대차대조표 및 손익계산서를 일정한 기준에 따라 수정하여 사용한다는 점과 표준치에 의한 절대평가방법을 사용하고 있는 점을 들 수 있으며, 평가항목의 변동내용파악 및 추가적 정밀분석이 가능하도록 보조항목을 별도로 두고 있었다. 보험감독원의 경영평가시 대차대조표 및 손익계산서의 수정항목 및 기준은 〈표 11-1〉과 같다.

2) 경영평가등급, 평가항목 및 산정기준

① 경영실태 평가등급별 정의(제53조 제6항 관련)

㉠ 지급여력

평가등급	정 의
1등급	지급여력이 충분하여 감독상 최소의 주의만 요구됨.
2등급	지급여력은 적정하나 지급여력비율이 1등급의 경우보다 나쁨.
3등급	지급여력이 다소 부족한 것으로 나타나 적정수준의 감독이 요구됨.
4등급	지급여력의 부족이 현저하게 나타남.
5등급	지급여력이 크게 부족하여 외부로부터 긴급 자금지원이 요구됨.

㉡ 자산건전성

평가등급	정 의
1등급	자산이 건전하여 감독상 최소의 주의만 요구됨.
2등급	자산이 건전하여 감독상 최소의 주의를 요하나 자산의 건전성이 1등급보다 낮음.
3등급	여건이 악화되면 장래에 문제가 발생될 가능성이 있으므로 적정수준의 감독이 요구됨.
4등급	자산건전성에 문제가 있음.
5등급	자산의 건전성이 크게 악화되어 회사 존립이 위태로움.

㉢ 경영관리

평가등급	정 의
1등급	경영관리능력이 우수하며 현존하거나 예측되는 문제점에 대해 경영진이 효과적으로 대응할 수 있음.
2등급	1등급보다는 다소 부족한 면이 있으나 여건변화에 따라 업무를 적절히 처리할 수 있음.
3등급	경영관리능력은 보통 수준이나 상황대처능력이 약간 부족함.
4등급	경영관리능력이 전반적으로 부족함.
5등급	경영관리능력이 크게 부족하며 경영정상화를 위해서는 경영진의 교체가 요구됨.

㉣ 수 익 성

평가등급	정 의
1등급	수익이 손실보전을 위한 충당금적립 및 회사성장에 따른 자본금증액에 충분하여 감독상 최소의 주의만 요구됨.
2등급	수익이 손실보전을 위한 충당금적립 및 회사성장에 따른 자본금증액에 충분하지만 수익률이 감소추세를 보임.
3등급	수익이 손실보전을 위한 충당금적립 및 회사성장에 따른 자본금증액에 충분치 않으며 자산의 건전성 악화 등으로 수익증가여력이 미흡하여 적정수준의 감독이 요구됨.
4등급	수익의 변동폭이 크고 감소추세를 보임.
5등급	손실이 발생하고 이로 인해 자기자본의 감소를 초래함.

㉤ 유 동 성

평가등급	정 의
1등급	충분한 유동자산을 보유하고 있어 감독상 최소의 주의만 요구됨.
2등급	적정수준의 유동성을 확보하고는 있으나 유동성이 감소하거나 차입자금에 대한 유동성이 높음.
3등급	유동자산이 부족하거나 이자율 변동에 민감한 자금의존도가 높음.
4등급	유동성 부족이 심각함.
5등급	유동성 부족으로 회사존립이 위태하여 긴급대책이 요구됨.

㉥ 종합평가등급별 정의

평가등급	정 의
1등급	경영 전반에 걸쳐 건전경영이 이루어짐. · 약간의 적출사항은 있으나 그 정도가 경미하여 통상적인 방법으로 해결이 가능함. · 외부의 금융·경제적 불안요인 및 비정상적인 영업여건에 대한 적응능력을 보유하고 있음. · 정상적인 감독상의 주의만 요구됨.
2등급	근본적으로 경영이 건전하나 해결가능한 약간의 취약점을 내포하고 있음. · 대체로 안정적이고 영업여건의 변화에 잘 적응할 수 있음. · 회사경영에 대한 부분적인 시정이 이루어지는 정도의 제한된 감독이 요구됨.
3등급	재무상태, 업무수행 및 규정준수면에서 다양한 취약점이 노출되고 있음. · 불리한 영업여건에 대한 저항력이 약하고 취약점 시정을 위한 효율적인 조치가 이루어지지 않을 경우 경영상태가 쉽게 악화될 가능성이 있음. · 법규정 위반사례가 많음. · 그러나 전반적인 경영관리능력 및 재무상태로 보아 아직 도산의 가능성은 희박한 수준임. · 취약점 시정을 위한 통상적인 수준 이상의 감독상의 주의가 요구됨.
4등급	재무상태가 크게 취약하거나 경영상 심각한 취약점들이 여러 부문에 걸쳐 많이 나타남. · 시정되기 어려운 주요 문제점들이 많이 현존하고 있으며 이러한 문제점들이 효율적으로 시정되지 않으면 장래 회사의 존립이 위태롭게 될 수 있음. · 다만, 도산의 가능성은 잠재하고 있으나 아직 외부에 나타나지 않고

	있음. • 감독당국의 면밀한 주의, 재무상태에 대한 감시 및 시정조치를 위한 명확한 계획이 요구됨.
5 등급	도산이 임박하였거나 그 가능성이 매우 높음(4 등급보다 더욱 악화). • 경영부실 정도와 규모가 매우 심각하여 주주 또는 기타 재원으로부터 긴급 재정지원이 필요함. • 긴급 자금지원과 같은 즉각적이며 단호한 시정조치가 없는 경우 계약이전, 청산, 인수·합병 등의 조치가 요구됨.

② 경영실태평가 부문별 평가항목 및 배점(제53조 제 2 항 관련)

㉠ 생명보험

평가부문	계량평가항목	비계량평가항목
지급여력 (30점)	• 지급여력비율 Ⅰ(20점) • 지급여력비율 Ⅱ(10점)	• 지급여력 변동요인의 적정성 • 향후 지급여력 개선 가능성 • 지급여력 유지정책의 타당성 • 기타 경영실태평가시 중요하다고 인정되는 사항
자 산 건전성 (20점)	• 부실자산비율(10점) • 위험가중자산비율(10점)	• 자산건전성 분류의 적정성 • 위험자산 보유수준의 적정성 • 부실자산 관리능력 • 여신관리의 적정성 • 기타 경영실태평가시 중요하다고 인정되는 사항
경영관리 (20점)		• 전반적인 재무상태 및 영업능력 • 경영정책 수립·집행기능의 적정성 • 리스크관리 능력 • 내부경영관리의 합리성 • 법규준수 • 기타 경영실태평가시 중요하다고 인정되는 사항
수 익 성 (15점)	• 평균예정이율 대 총자산이익률(5점) • 위험보험료 대 사망보험금 비율(5점) • 예정사업비 대 총실제사업비 비율(5점)	• 손익구조 변동원인의 적정성 • 이원별 손익관리의 적정성 • 사업비 집행의 효율성 • 기타 경영실태평가시 중요하다고 인정되는 사항
유 동 성 (15점)	• 유동성자산비율(7.5점) • 수지차비율(7.5점)	• 유동성 변동요인의 적정성 • 자금조달 및 운용구조의 합리성

유 동 성 (15점)		• 유동성 관리능력 • 기타 경영실태평가시 중요하다고 인정되는 사항

㉡ 손해보험

평가부문	계량평가항목	비계량평가항목
지급여력 (30점)	• 지급여력비율 Ⅰ(20점) • 지급여력비율 Ⅱ(10점)	• 지급여력 변동요인의 적정성 • 향후 지급여력 개선 가능성 • 지급여력 유지정책의 타당성 • 기타 경영실태평가시 중요하다고 인정되는 사항
자 산 전전성 (20점)	• 부실자산비율(10점) • 위험가중자산비율(10점)	• 자산건전성 분류의 적정성 • 위험자산 보유수준의 적정성 • 부실자산 관리능력 • 여신관리의 적정성 • 기타 경영실태평가시 중요하다고 인정되는 사항
경영관리 (20점)		• 전반적인 재무상태 및 영업능력 • 경영정책수립·집행기능의 적정성 • 리스크관리 능력 • 내부경영관리의 합리성 • 법규준수 • 기타 경영실태평가시 중요하다고 인정되는 사항
수 익 성 (15점)	• 손해율(5점) • 사입비율(5점) • 운용자산이익률(5점)	• 손익구조 변동원인의 적정성 • 손해율관리 적정성 및 합리성 • 사업비집행의 효율성 • 기타 경영실태평가시 중요하다고 인정되는 사항
유 동 성 (15점)	• 유동성자산비율(7.5점) • 현금수지차비율(7.5점)	• 유동성 변동요인의 적정성 • 자금조달 및 운용구조의 합리성 • 유동성 관리능력 • 기타 경영실태평가시 중요하다고 인정되는 사항

③ 계량평가항목의 산정기준(제53조 제3항 관련)

㉠ 지급여력

가. 지급여력비율 I (생보·손보)

(a) 산식: $\frac{\text{지급여력금액}}{\text{지급여력기준금액}} \times 100$

(b) 산정방식: 감독규정 제40조 및 제41조에서 정하는 기준에 따라 산정

나. 지급여력비율 II (생보·손보)

(a) 산식: $\frac{\text{수정지급여력금액}}{\text{지급여력기준금액}} \times 100$

(b) 산정방식: 수정지급여력 금액=‘지급여력비율 I’의 지급여력금액에서 감독규정 제40조 제1호 마목 및 바목의 규정에 의한 대손충당금 및 후순위차입금을 차감한 금액

㉡ 자산건전성

가. 부실자산비율(생보·손보)

(a) 산식: $\frac{\text{가중부실자산}}{\text{자산건전성분류대상자산}} \times 100$

(b) 산정방식

- 자산건전성 분류대상자산: 감독규정 제43조 제2항의 규정에 의하여 자산건전성 분류기준대상이 되는 자산
- 가중부실자산: 자산건전성 분류대상자산 중 건전성분류에 따른 고정분류자산의 20%, 회수의문분류자산의 50%, 추정손실분류자산의 100% 상당액을 합계한 금액

나. 위험가중자산비율(생보·손보)

(a) 산식: $\frac{\text{위험가중자산}}{\text{총자산}} \times 100$

단, 총자산은 미상각신계약비 및 영업권을 제외한 금액임

(b) 산정방식: 위험가중자산은 총자산에 대하여 감독원장이 별도로 정하는 기준에 따라 자산별 위험가중치를 부과하여 산출

㉢ 수 익 성

가. 평균예정이율 대 총자산이익률(생보)

(a) 산식: $\frac{\text{총자산이익률}}{\text{평균예정이율}} \times 100$

(b) 산정방식

• $\text{평균예정이율} = \frac{\text{당기말책임준비금적수} + \text{전기말책임준비금적수}}{\text{당기말책임준비금} + \text{전기말책임준비금}} \times 100$

책임준비금=(순보험료식책임준비금－미상각신계약비)－지급준비금－계약자이익배당준비금
책임준비금적수=예정이율(금리차배당률 포함)×책임준비금

• $\text{총자산이익률} = \frac{\text{투자손익}}{\text{경과총자산}} \times 100$

경과총자산=(당기말총자산＋전기말총자산-투자손익)÷2
단, 총자산은 미상각신계약비 및 특별계정자산을 제외한 금액임.
투자손익=투자영업수익－투자영업비용

나. 위험보험료 대 사망보험금 비율(생보)

(a) 산식: $\frac{\text{사망보험금}}{\text{위험보험료}} \times 100$

(b) 산정방식: 사망보험금은 사망보험금, 상해보험금, 입원보험금, 관련 지급준비금 증감의 합계 금액임.

다. 예정사업비 대 총실제사업비 비율(생보)

(a) 산식: $\frac{\text{총실제사업비}}{\text{예정사업비}} \times 100$

(b) 산정방식: 총실제사업비는 신계약비 이연 전 사업비와 재산관리비를 합계한 금액임.

라. 손해율(손보)

(a) 산식: $\text{손해율} = \frac{\text{발생손해액}}{\text{경과보험료}} \times 100$

(b) 산정방식: 일반, 자동차, 장기보험으로 구분하여 직전 1년간 실적을 기준으로 작성

마. 사업비율(손보)

(a) 산식: $\frac{\text{사업비}}{\text{경과보험료}} \times 100$

(b) 산정방식: 사업비는 순사업비와 재산관리비를 합계한 금액임.

바. 운용자산이익률(손보)

(a) 산식: $\frac{\text{투자영업이익}}{\text{경과운용자산}} \times 100$

(b) 산정방식

• 투자영업이익＝투자영업수익－투자영업비용

• 경과운용자산＝(기초운용자산＋기말운용자산－투자영업이익)÷2

㉣ 유 동 성

가. 유동성자산비율(생보·손보)

(a) 산식: $\dfrac{\text{유동성자산}}{\text{총자산}} \times 100$

(b) 산정방식

• 유동성자산: 다음의 자산을 합계한 금액을 말함.

- 현금
- 당좌예금, 보통예금
- CD, CMA, MMDA, RP, 콜론
- 상품유가증권 중 주식·채권(후순위채 및 사모사채 제외)·수익증권, CP(유통시장에서 인수한 신종기업어음)
- 기타 위의 자산과 그 성격 및 운용형태가 유사한 것으로 감독원장이 인정하는 자산

• 총자산은 미상각신계약비 및 특별계정자산을 제외한 금액임.

나. 수지차비율(생보)

(a) 산식: $\dfrac{\text{총수지차}}{\text{지급보험금}} \times 100$

(b) 산정방식

• 총수지차: 보험손익＋투자손익＋기타손익

- 보험손익＝보험영업수익－보험영업비

보험영업수익＝손익계산서상의 보험영업수익
보험영업비용＝손익계산서상의 보험영업비용－신계약비상각비
단, 사업비 중 신계약비는 신계약비 이연 전 신계약비이며, 유지비는 퇴직급여(퇴직급여충당금의 증가액 해당분)를 제외한 금액임.

- 투자손익＝투자영업수익－투자영업비용

투자영업수익＝손익계산서상의 투자영업수익－상품유가증권평가이익－투자유가증권감액손실환입－지분법평가이익－대손충당금환입－가치하락손실충당금환입
투자영업비용＝손익계산서상의 투자영업비용－재산관리비 중 퇴직급여(퇴직급여충당금의 증가액 해당분)－지분법평가손실－상품유가증권평가손실－대손상각비－투자유가증권감액손실－부동산평가손실

- 기타손익＝(기타수익－기타비용)＋(특별이익－특별손실)

기타수익＝손익계산서상의 기타수익

기타비용=손익계산서상의 기타비용-감가상각비-무형자산상각비
특별이익=손익계산서상의 특별이익
특별손실=손익계산서상의 특별손실

• 지급보험금: 평가기간 동안의 지급보험금 누계액

다. 현금수지차비율(손보)

(a) 산식: $\frac{\text{혐금수지차}}{\text{보유보험료}}\times 100$

(b) 산정방식

• 현금수지차: 보험영업수지차(보유보험료-순보험금-장기환급금-사업비)+보험영업외수지차(투자영업수지차+영업외수지차+특별손익)-보험미수금증가액+보험미지급금증가액

사업비=순사업비-퇴직급여충당금의 증가액(국민연금전환금 상계 후 금액)-일반관리비 중 감가상각비-일반관리비 중 대손상각비-신계약비상각비
투자영업수지차=투자영업손익±상품유가증권평가손익+부동산감가상각비+재산관리비 중 퇴직급여충당금의 증가액+재산관리비 중 감가상각비+재산관리비 중 대손상각비-가치하락손실충당금환입
영업외수지차=영업외손익±투자주식감액손실(환입)±투자채권감액손실(환입)±지분법평가손익±증시안정기금평가손익±외화환산손익-대손충당금환입+무형자산상각비-부동산평가손실

3) 경영평가에 대한 결과조치

보험감독원에서 정한 '보험회사 경영평가 기준'(1993년)은 1996년 5월 개정을 마지막으로 하였고, 1998년 감독원의 통폐합 이후 이 기준은 다른 규정과 함께 보험업감독규정으로 흡수되었다. 보험업감독규정의 경영실태평가에 대한 규정은 수차례의 보험회사 퇴출을 경험하면서 개정이 있었다. 경영실태평가는 동 규정 제64조~제74조 및 동시행세칙 별표(부문별 평가항목 및 배점 등)에서 구체적으로 명시되어 있다.

금융감독원장은 보험회사의 경영실태를 평가하여 경영의 건전성 여부를 감독하고, 그 결과를 감독 및 검사업무에 반영시키고 있으며, 1등급(우수), 2등급(양호), 3등급(보통), 4등급(취약), 5등급(위험)의 5단계 등급으로 구분하고 있다. 평가결과 지급여력비율이 악화될 우려가 있거나 경영상 취약부문이 있다고 판단되는 보험회사에 대해서는 그 개선을 위한 계획 또는 약정서를 제출하도록 하거나 그 보험회사와 경영개선협약을 체결할 수 있다. 평가결과가 기준 이하일 때 감독당국이 취하는 조치는 다음과 같다.

① 경영개선 권고(보험업감독규정 제66조): 감독원장은 보험회사가 다음 사항 중 어느 하

나에 해당되는 경우 필요한 조치를 이행하도록 권고해야 하며 이 경우 그 보험회사 또는 관련 임원에 대하여 주의 또는 경고조치를 취할 수 있다.

㉠ 지급여력비율이 50% 이상 100% 미만인 경우

㉡ 종합평가등급이 3등급(보통)으로서 지급여력 또는 자산건전성 부문의 평가등급이 4등급(취약) 이하인 경우

㉢ 거액의 금융사고 또는 부실채권의 발생으로 ㉠ 또는 ㉡의 기준에 해당될 것이 명백하다고 판단되는 경우

위에서 필요한 조치란 다음 각 사항의 일부 또는 전부에 해당되는 조치를 말한다.

㉠ 자본금의 증액 또는 감액

㉡ 사업비의 감축

㉢ 점포관리의 효율화

㉣ 고정자산에 대한 투자제한

㉤ 부실자산의 처분

㉥ 인력 및 조직운영의 개선

㉦ 주주배당 또는 계약자배당의 제한

㉧ 신규업무진출 및 신규출자의 제한

㉨ 자기주식의 취득금지(손해보험회사에 한함)

㉩ 요율의 조정(손해보험회사에 한함)

② 경영개선요구(보험업감독규정 제67조): 금융감독위원회는 다음 사항 중 어느 하나에 해당될 때 그 보험회사에 대하여 필요한 조치를 이행하도록 요구(경영개선 요구)하여야 한다.

㉠ 지급여력비율이 0% 이상 50% 미만인 경우

㉡ 종합평가등급을 4등급(취약) 이하로 평가받은 경우

㉢ 거액의 금융사고 또는 부실채권의 발생으로 ㉠ 또는 ㉡의 기준에 해당될 것이 명백하다고 판단되는 경우

위에서 필요한 조치란 다음 각 항목의 일부 또는 전부에 해당하는 조치를 말한다.

㉠ 점포의 폐쇄·통합 또는 신설제한

㉡ 임원진의 교체요구

㉢ 보험사업의 일부 정지

㉣ 인력 및 조직의 축소

㉤ 합병, 금융지주회사의 자회사로의 편입, 제 3 자 인수, 영업의 전부 또는 일부의 양도계획 수립

㉥ 위험자산 보유제한 및 자산의 처분

㉦ 자회사의 정리

㉧ 재보험 처리(손해보험회사에 한함)

㉨ 제66조 제 2 항(위 10개 항목의 경영개선 권고조치)의 조치사항 중 전부 또는 일부

③ 경영개선명령(보험업감독규정 제68조): 금융감독위원회는 보험회사가 다음 각 사항의 하나에 해당되는 경우 경영개선명령의 조치를 취해야 한다.

㉠ 금융산업의 구조개선에 관한 법률 제 2 조 제 3 호에서 정하는 부실 금융기관에 해당하는 경우

㉡ 지급여력비율이 0 % 미만인 경우

경영개선명령은 다음 각 사항의 일부 또는 전부에 해당하는 조치를 말한다.

㉠ 주식의 일부 또는 전부 소각

㉡ 임원의 직무집행정지 및 관리인의 선임

㉢ 6 월 이내의 보험사업 전부 정지

㉣ 계약의 전부 또는 일부의 이전

㉤ 합병 또는 금융지주회사의 자회사로의 편입

㉥ 제 3 자에 의한 보험사업 인수

㉦ 영업의 전부 또는 일부의 양도

㉧ 제51조 제 2 항 각 호의 조치사항 중 전부 또는 일부

④ 경영개선계획의 제출 및 평가 등: 경영실태평가의 결과 경영개선권고, 경영개선요구 또는 경영개선명령을 받은 보험회사는 이들 내용이 반영된 경영개선계획을 2 개월 이내에 금융감독원장에게 제출해야 하며, 금융감독원장은 1 개월 이내에 승인여부를 결정해야 한다. 경영개선계획의 승인여부를 결정하기 위하여 필요한 경우 그 보험회사에 대한 경영진단을 할 수 있으며, 계획의 타당성을 인정하지 않을 경우 경영개선조치의 일부 또는 전부를 이행하도록 요구하여야 한다. 이러한 업무의 수행을 위하여 금융감독원 내에 평가위원회가 설치·운영되고 있다. 경영개선권고의 이행기간은 1 년 이내이며, 경영개선요구의 이행기간은 1 년 6 개월 이내이다. 경영개선명령의 이행기간은 금융감독위원회가 결정

한다.

경영개선계획의 불이행 등에 따른 조치는 금융감독원장이 경영개선권고 사항의 불이행은 경영개선요구를 하고, 경영개선요구를 불이행하면 경영개선명령을 발동할 수 있다. 경영개선명령을 불이행하면, 보험사업의 전부 정지, 보험사업의 허가취소 또는 보험계약자보호를 위하여 필요하다고 인정하는 조치를 취한다.

⑤ 부실 보험회사의 평가 및 긴급조치: 금융산업의구조개선에관한법률 제2조 제3호의 규정에 의한 부실 보험회사의 결정을 위한 자산·부채의 평가 및 산정대상이 되는 보험회사는 다음 각 사항 중 하나에 해당되는 경우이다.

㉠ 자산의 건전성이 크게 악화되어 금융감독원장이 채무초과상태가 발생할 우려가 있다고 판단하는 보험회사

㉡ 지급여력기준에 미달되는 보험회사

㉢ 경영실태평가의 결과 금융감독원장이 정하는 평가부문의 평가등급이 5등급(위험)으로 판정된 보험회사

금융감독위원회는 다음 2가지 항목 중 하나에 해당되어 보험계약자의 이익을 저해할 우려가 있다고 인정할 경우 금융감독원장으로 하여금 긴급조치를 취하게 할 수 있다.

㉠ 보험계약의 해약 쇄도 등으로 인한 유동성의 일시적 악화로 보험금지급준비자산의 부족, 대외차입금의 상환불능 등의 사태에 이른 경우

㉡ 휴업·영업의 중지, 보험해약 인출 쇄도 또는 노사분규 등 돌발사태가 발생하여 정상적인 영업이 불가능하거나 어려운 경우

위와 같은 사태가 발생할 경우 다음과 같은 긴급조치를 취할 수 있다.

㉠ 보험료의 수입·대출의 제한

㉡ 보험금의 전부 또는 일부의 지급정지

㉢ 채무변제행위의 금지

㉣ 자산의 처분

㉤ 사업의 정지

㉥ 업무와 재산의 관리위탁

㉦ 계약의 이전

㉧ 기타 금융감독위원회가 인정하는 사항

(3) 경영평가의 제약요인

경영평가는 통상 기업이 공표한 재무제표에 의하여 실시하게 된다. 재무제표에 의한 경영평가는 자료의 수집이 용이하고 계산이 간단하며 산출된 비율을 이해하기 쉽다는 장점이 있다. 그러나 다른 한편으로는 여러 가지 단점도 있으므로 지나치게 그에 의존하여 기계적인 평가를 할 경우 지극히 위험한 결과가 초래될 수도 있다.

재무제표에 의한 경영평가의 단점을 요약하여 열거하면 다음과 같다.

첫째, 재무제표가 재무 및 경영상태를 정확히 표시하고 있다고 볼 수 없다는 점이다. 재무제표는 선의 또는 악의로 분식 또는 가감되는 경우가 있다.

둘째, 경영평가의 목적은 미래의 방향설정에 필요한 기초정보를 얻기 위한 것인데, 재무제표는 과거의 회계자료에 의존하고 있다는 점이다. 시장여건 등 경영환경은 급속히 변화되고 있기 때문에 과거의 자료를 기준으로 한 거래의 예측은 상당한 위험을 가지고 있다.

셋째, 같은 업종에 속해 있는 기업 사이에서도 회계기준이나 경영방식에 따라 다른 결과가 나타날 수 있다는 점이다. 일례로서 사업에 필요한 고정자산을 임차하여 사용하고 있는 경우와 소유하고 있는 경우는 감가상각방법의 차이 등에 따라 손익이 다르게 표시되게 된다.

넷째, 일반적으로 표준치로 사용하고 있는 산업평균치는 동종산업 내에서는 상품구성의 차이, 기업규모의 차이가 클 경우 객관적인 기준으로 사용하는 데에는 문제가 있으며, 영업의 계설성, 기업의 위치, 경영자의 인격 등 질적인 요인이 고려되어 있지 않다.

다섯째, 경영평가의 대상에는 숫자로 표시하기 곤란한 부분이 있다는 점이다. 기업의 신용, 상품의 질적 차이, 경영자의 성격이나 능력, 종업원의 사기 등은 기업경영에 영향을 미치지만 계수로 정확하게 표시할 수가 없다.

따라서 경영평가를 실시할 때에는 그 목적이 어떠하든지 다음과 같은 사항에 유의하여야 한다.

첫째, 분석자료의 공정성을 기하기 위하여 가능한 한 공개된 자료를 이용하여야 한다.

둘째, 재무제표에 의한 분석자료는 회계처리상 동질성이 확보되어야 한다.

셋째, 경영실적에 의한 단순한 분석보다 그 기업을 둘러싼 환경 및 특수성을 고려하여야 한다.

넷째, 다양한 평가수단을 사용하여 종합적으로 그 결과를 이해하여야 한다.

제 3 절 保險會計

1. 保險會計의 성격

(1) 보험회계의 의의와 목적

회계는 전통적으로 자금의 흐름과 증감변화를 일정한 원리와 규칙에 따라서 체계적으로 기록하고 계산·분석하여 그 결과를 보고하는 실무적인 기술로 인식하여 왔다. 그러나 현대사회에서 회계는 특정 회계실체(기업, 국가 등)에 관한 정보를 과학적이고 합리적인 방법으로 식별, 측정, 전달함으로써 회계정보 이용자의 합리적인 판단이나 의사결정에 유용한 정보를 제공하려는 것이다.[6] 여기서 회계정보 이용자는 회계실체의 이해관계자로서 주주(투자자), 채권자, 세무당국, 경영자, 종업원 등이고 특히 보험회계에 있어서는 보험감독당국이 중요한 회계정보 이용자이다.

기업회계는 재무회계와 관리회계로 크게 구분할 수 있다. 재무회계는 외부보고를 목적으로 하는 회계로서 정보이용자의 투자결정, 신용결정, 기타 의사결정에 유용한 정보를 제공하는 것으로 주주가 경영자에게 위임한 수탁책임에 따라 경영자가 자원을 효율적으로 활용한 결과를 보고하는 회계를 말한다.[7] 반면에 관리회계는 내부보고를 목적으로 하는 회계로서 경영자에게 기업의 목표달성을 위해 수반되는 모든 수준의 관리적 의사결정에 필요한 회계정보를 제공해 준다. 양자의 관계에서 재무회계는 관리회계에 필요한 기초적인 자료를 제공하며 전체적인 회계시스템의 기본적인 골격을 이루고 있다.

보험산업은 일반 대중에 대한 이해관계가 매우 크고 내재된 복잡성에 의하여 보험회사와 가입자간에 정보의 비대칭 때문에 관계법령에 의한 세부적인 규제와 행정당국에 의한 실질적인 감독을 받고 있다. 감독기관이 보험산업의 안전성과 건전성을 유지하고 규제의 목적을 효율적으로 달성하기 위해서는 보험이

6) 金奎承 外, 「保險會計制度에 관한 硏究」, 보험개발원, 1997. 3, p. 5.
7) 최영, “보험회계의 체계 및 구성”, 「생명보험」(제271호, 2001. 8), p. 68.

지니고 있는 기술적인 특수성을 감안하여 적절하고 객관적인 회계기준의 설정이 필요하고 이를 위하여 개발한 것이 보험회사에 적용되는 독특한 방식의 회계제도가 保險會計이다. 보험회계의 본질을 이해하기 위해서는 먼저 회계정보의 이용자가 누구이고 그들이 요구하는 회계정보의 속성을 이해할 필요가 있는데, 위에서 언급한 재무회계의 측면이 관리회계보다 보험회계와 관련성이 크다고 할 수 있다. 이러한 취지에서 보험회계의 정보이용자는 다음 2개의 그룹으로 나눌 수 있다. 즉, 지급능력의 확보를 통한 보험계약자의 보호에 초점을 두고 있는 감독당국과 보험회사의 배당능력이나 성장 가능성에 관심을 두고 있는 투자자 및 채권자 집단 등의 외부정보 이용자이다.

정부의 감독목표 가운데 보험회사의 담보력확보 문제는 보험계약자보호의 측면에서 매우 중요하고 여기에 대해서 정부는 많은 구체적인 규제규정을 두고 있다. 보험제도가 보편화되고 보험기술이 발달되어 있는 선진국에서도 공통적으로 보험회사의 지급능력에 주안점을 둔 정교한 보험회계제도를 고안하여 사용하고 있으며, 자산과 부채의 평가방법, 준비금적립 등에 있어서 보수적인 회계원칙을 적용하고 있다. 따라서 보험회계는 감독상의 목적달성을 위한 보험회사 담보력의 측정, 유지, 강화를 위한 하나의 방편이라고 할 수 있다. 이것은 감독목적의 보험회계이지만 다른 한편으로는 투자자, 채권자 등 외부정보 이용자의 의사결정에 필요한 정보제공을 목적으로 하는 회계의 성격도 가지고 있으므로 양자는 서로 대립되는 목적을 지니고 있다.

(2) 보험회계의 특성

1) 일반적 특성

보험회계자료의 주된 이용자는 보험감독당국이다. 이들에 의하면 보험회계는 계약자보호를 위한 담보력확보에 그 목표를 두고 있으므로 대차대조표 계정의 평가에 있어서 보수주의를 채택하고 있으며, 손익계산서에 의한 영업실적의 측정보다 대차내조표에 의한 재부상태의 평가를 중요시하고 있다. 회계이론의 주요한 골자인 평가(valuation), 계속성(going concern), 실현(realization)의 관점에서 일반회계와 보험회계의 차이점을 이해하는 것이 보험회계의 특수성을 파악하는데 필수적인 요소이다.[8)]

회계에서 평가라 함은 자산과 부채를 화폐단위로 표시하는 것을 말하는데

8) 金奎承 外, 전게서, pp. 20～22.

보험회계에서는 회사의 안전성을 중시하므로 계약자잉여금은 보수적으로 평가하고 가급적 급격한 변동이 없게 평가하고 있다. 이러한 평가태도는 자산평가에서는 여러 방안 중 자산을 가장 적게 표시하는 방법을 택하고 부채평가에서는 많이 평가할 수 있는 방법을 택하는 것을 의미한다. 보수주의에 입각한 평가원칙은 보험회사의 담보력을 유지하여 계약자를 보호한다는 목표를 달성하기 위한 것이다. 미국은 자산평가에 있어서 자동차, 비품 등 유동성이 부족한 자산은 보험회계의 목적상 자산으로 인정하지 않고 비인용자산(non-admitted assets)으로 분류하고 있지만, 우리나라는 이러한 부류의 자산을 총자산의 대상에 포함시키고 있으므로 보험회계처리의 원칙 가운데 미국이 우리보다 더 보수적인 것으로 인정할 수 있다. 우리는 영업권과 같은 무형자산은 자산의 범주에서 제외시키고 있다.

일반적으로 인정된 회계원칙(Generally Accepted Accounting Principles: GAAP)에 의하면 기업은 영속적으로 존재하고 그 경영활동도 영구히 계속될 것이라는 전제 아래 회계처리가 이루어지고 이러한 가정을 근거로 회계기간을 설정하고 그 기간 동안의 손익계산과 회계기간 말의 재무상태를 나타내게 된다. 보험회계도 계속성의 개념을 근거로 하고 있으나 수입보험료와 신규 보험계약에 관련된 비용의 처리 등 일부 회계처리에 있어서는 청산의 개념을 도입하고 있다. 이것은 보험회사의 파산 등 영업을 중지하는 사태가 발생할 경우 보험계약자를 보호하려는 취지라고 할 수 있다.

회계이론에서 실현이란 손익을 측정하고 평가하는 데 있어서 수익과 비용, 이익과 손실의 인식을 의미하는 것으로 사용된다. 보험회계에서 실현의 개념은 유동성과 담보력을 강조하는 보험규제의 목적을 반영하고 있으며, 비용의 실현은 즉시 나타나지만 수익의 실현은 移延된다. 보험료수입은 현금으로 받을 때 수익으로 실현되지 않고 보장기간의 경과에 따라 비례하여 수익으로 처리되지만, 보험회사는 미경과보험료에 대하여 적립금을 설정하여야 하는데 이 부채는 보험회사가 장래에 발생할 보험금지급에 대한 채무를 나타낸다.

2) 재무제표상의 특성

보험회계의 특성은 전통적으로 또는 監督法令의 요청 때문에 보험회사의 자산·부채의 평가는 다른 사업에서 받아들여지고 있는 평가원칙에 비하여 지급능력보다는 오히려 안전성을 고려하는 데 그 기본바탕을 두고 있다. 환언하면 안전성에 대한 전통적인 고려나 법령에 의한 평가원칙은 보험회계에 있어서 대부분 자산가치의 과소평가와 부채의 과대평가로 나타나고 있다. 그 결과 재무제표에 있어서 이익은 현실보다 적게 계상되고 손실은 실제보다 크게 계상될 수 있다. 이러한 측면에서 볼 때 保險會計의 재무제표상의 特性은 다음 몇 가지로 지적 할 수 있다.

① 費用項目의 過大評價: 일반 제조업에 있어서 생산물의 원가는 한편으로 화폐의 유출 또는 새로운 부채의 창조를 의미하고, 다른 한편으로는 재무제표에 유형자산으로서 재현되는 재화의 취득을 의미한다. 그러나 보험업에 있어서 계약의 구입은 상품거래에 있어서 재화의 구입과 경제적 효과면에서 매우 유사할지라도 그 생산원가 또는 취득원가는 당기수익에서 지급되며 일반적으로 완전히 비용으로서 상각된다. 그리고 계약은 보험업에 있어서는 장기적인 효과를 가지고 그 후 수개 년의 이익의 원천이 된다.

이러한 특이한 회계학습의 결과는 제조업의 생산량에 해당하는 보험업에 있어서 신계약량이 많을수록 당해사업연도의 공시되는 순이익은 보다 적어진다. 다른 사정이 동일하다면 반대의 경우도 마찬가지이다. 그러므로 보험업에 있어서 신계약고는 이익변동의 주요 원인의 하나이며 현실의 수익을 측정하는 정규의 표준은 거의 사용이 불가능하게 된다. 보험업자의 총경비는 현실의 경영비용의 집계액과 신계약의 취득원가(일반적으로 모집비를 말한다)이다. 전체에 대하여 이 두 요소의 비율을 확인하는 것은 곤란하지만 그것은 손해보험업보다 생명보험업에서 정확성을 기할 수 있다.

② 負債項目의 過大評價: 보험계약의 채무, 즉 保險料積立金, 未經過保險料, 未支給保險金의 계산에 있어서 기술적으로 성당한 것보다 높게 평가될 수 있다. 즉, 그것은 자발적으로 또는 감독법령의 요청으로 그렇게 된다. 이러한 상태에서는 계약이 증가하는 연도에는 그 연도이익은 채무의 과대평가의 범위만큼 감소되며, 다른 한편 계약이 감소되는 연도에는 그 상태가 반대가 된다. 이것은 현실과 이론에서 서로 모순되는 결과가 나타난다.

생명보험에서 보수적인 생명표를 사용하여 계산된 보험료적립금과 순보험료계산법에 있어서 낮은 이자율은 지급능력의 유지를 위하여 실제보다 초과하여 적립시키게 된다. 또한, 손해보험에 있어서도 연간수입보험료 가운데 미경과보험료적립금을 과대하게 평가하고, 비상위험준비금이나 미지급보험금 등의 불확정채무에 있어서 산술적인 정확성을 기대할 수 없기 때문에 법령 등의 요구에 의하여 상당히 보수적으로 완고하게 과대평가될 소지가 있다.

③ 長期性費用의 一括償却: 제조업에는 유형의 기계설비가 그 자산의 일부를 형성하고 있음에 비하여 보험사업에서는 무형의 시설, 즉 조직은 자산으로 볼 수는 없다. 회계와 경제의 원칙에서 본다면 조직에서 생겨나는 이익은 그 기간에 걸쳐 분배되어야 함에도 불구하고 그 창설·유지·확장의 비용은 당기수익에 의하여 支辨되어진다. 여기서 보험사업의 무형시설은 대리점(모집조직)을 예로 들 수 있다.

④ 無形資産項目의 無視: 보험사업에서 유지되고 있는 보유계약은 막대한 실질적인 가치를 가지고 있는 상공업의 재고품과 본질적으로 유사하지만 용인될 수 없는 자산의 일부이다. 이것은 good will의 특수 형태로 생각할 수 있으며 때로는 그 가치가 보험업자의 지분이 양도되는 경우에 관철될 수 있는 극히 고가의 것이지만 회계적으로는 이것이 평가될 수 없다.

3) 保險會計의 기술적 특성

보험회사의 사업의 공공성을 고려하여 국가는 保險監督法의 제정을 통하여 업무 및 회계처리방법에 제한을 가하고 있기 때문에 이러한 법령상의 제한이 회계면에 대하여 미치는 영향은 강력하다. 즉, 회계처리를 엄정·공정하게 행할 것은 물론 상세한 영업성적과 재무상태의 명료·진실한 표시를 요구하고 있으며, 보험회사의 회계처리를 항상 검사·감독하고 있다.

한편, 損害保險會計의 特質은 다음과 같은 점에서도 인정될 수 있다. 즉, 일반기업회계에 있어서는 먼저 상품의 원가가 결정되고 이것과 매출대금과의 차액이 이익으로서 계산되지만 손해보험에 있어서는 먼저 매출대금격인 보험료가 수납되고 급부는 보험금지급실적을 기다리지 않으면 매출원가는 알 수 없고 또한 이익도 책임준비금의 계산을 마치지 아니하면 확정되지 않는다. 여기서 보험회계의 현저한 특수성이 인정될 수 있으며, 이 특수성을 기초로 계정과목, 장부조직, 재무제표 등은 완전히 독특한 형식을 취하고 있다.

손해보험회계의 특수성은 또한 재보험거래와 책임준비금 등의 적립에 있어서도 현저하게 나타난다. 재보험거래는 출재보험과 수재보험 등 많은 거래가 교착하고 있으므로 회계처리에서 대차계정과 손익계정에 특별한 계정과목을 사용하고 원수계정과는 별도로 정리하여야 한다. 책임준비금은 결산에 있어서 계상하는 일종의 충당금계정으로서 보험회사가 담보하고 있는 책임 중 미경과분에 대한 충당금이며 결산손익의 수정계정이다.

보험회계의 기술적 특징으로는 계약인수부문과 투자부문의 구분, 사후적 원가계산, 보험수익과 비용의 인식 등에서 찾아볼 수 있다. 보험회사의 이익구성은 두 가지 측면에서 이루어진다. 특히 손해보험회사의 경우 각 계약의 위험의 정도를 측정·분석하고 적절한 인수조건을 정하여 계약을 인수하여 위험분산까지 이르는 언더라이팅에서 생기는 이익과 투자에서 발생하는 이익이 바로 그것이다. 보험회계정보는 이와 같이 계약인수부문과 연계성을 적절히 구분하여 조화를 이룰 필요가 있다.

보험회계의 다른 또 하나의 특징은 사후적인 원가계산에 있다. 보험금의 대가인 보험료의 수납이 보험금의 지급에 앞서 이루어지므로 보험료의 결정이 간단·명료하지 않고 사전에 계산된 보험료가 실제 보험금이 지급되는 시점에서는 적정한 금액이 되지 못하는 경우가 흔히 있다. 기업회계에서는 제조원가와 판매원가가 결정되고 여기서 매출이익이 결정되지만 보험에서는 매출원가가 나중에 계산되므로 실제원가와 예정원가에 차이가 발생하게 된다. 이러한 보험상품의 특수성에 의하여 보험회계는 준비금의 적정한 적립이 무엇보다도 중요하다. 각종 보험계약준비금은 기간손익을 계산함에 있어서 우선적으로 필요한 매출액과 매출원가를 확정하는 데 가장 중요한 修正計定이다. 이와 같이 사후적인 원가계산제도 아래서 보험계약준비금은 적정손익을 파악하는 데 중요한 요소이며 이러한 준비금을 과소 또는 과다적립하는 경우에는 보험요율을 적정하게 책정하지 못하는 결과가 되어 그 보험종목의 실적을 왜곡시키게 된다. 전술한 保險稅制에서 설명한 바와 같이 보험계약준비금은 계정과목으로는 부채항목으로 표기되지만 과다하게 적립하면 보험회사는 계속 적자가 나타나고 세금을 내지 않아도 되기 때문에 준비금의 일부에 대해서 세금을 부과하고 있다.

회계이론상 비용에 대해서는 발생주의를 엄격하게 적용할 수 있으나 수익에 대해서는 그러하지 못하므로 수익은 현금액으로 명확하게 측정할 수 있을 때 인식하는 실현주의에 따르게 된다. 보험회사는 다수의 위험보유와 위험분산이라는 기술적인 보완으로 보험료수입은 보험가입기간에 따라 균등하게 실현되는 기간수익으로 간주된다. 보험료수입을 기간수입으로 처리하는 데 따라 야기되는 재무회계상의 불확실성은 여러 가지 적립금의 보수적인 적립으로 보완하고 있다. 보험회사가 계약인수 때에 받은 보험료는 先受收益의 성격을 가지며 기간수익으로서의 보험료수입은 위험의 인수와 더불어 계상되는 보험료의 인식과정과 위험의 일부를 다른 보험회사에 전가(분산)하는 재보험의 과정에 따라 그 위험부담기간의 경과에 따른 기간별 배분과정을 통하여 확정된다.

(3) 보험회계의 역사와 변천

보험사업의 역사는 회사형태의 조직을 가지고 오늘날의 발전 기틀을 마련한 것은 18세기 후반이다. 그러나 보험회계제도는 보험감독행정의 일부로서 요구되어지는 것이기 때문에 보험사업에 대한 감독체계의 확립이 늦은 관계로 그 역사가 짧다고 하겠다.

역사적으로 보험회계는 감독행정의 일환으로 미국에서 州單位로 먼저 발전하여 왔다. 보험회사의 활동 및 투자에 대한 재무보고를 요구하는 州法이 제정되고 이것은 특히 외국보험회사, 즉 영국의 보험회사 활동을 제한 또는 규제하기 위한 조치로서 출발하였다. 또한, 보험회계는 보험회사에 대한 세금부과를 위해서도 필요한 사항이었다. 1828년 뉴욕州는 처음으로 보험회사에 연차보고서를 제출하게 하였는데, 여기에는 납입자본금, 부동산, 주식, 타인자본 등 13개 항목이었다. 또한, 1837년에는 매사추세츠州가 연차보고서의제출에관한법률을 제정하였고, 뉴욕州는 1848년 연차보고서의 특별한 서식을 마련하였는데[9] 오늘날까지 뉴욕州가 미국 내의 다른 州의 모범이 되고 있다.

1853년 뉴욕州는 법률을 개정·강화하여 1828년 법보다 내용을 더욱 구체화시키고 2인의 담당직원으로 하여금 서명날인하도록 하였다. 여기서 담당직원은 직무·회계책임자인 Comptroller이다. 뉴욕州의 영향을 받아 1851년 뉴햄프셔州는 보험회계의 검사를 위한 위원회를 조직하게 하였고, 1858년 매사추세츠州는 전임감독자(full-time commissioner)를 임명하였다. 그 가운데 유명한 사람은 E. Wright로서 재임기간(1858~1867년) 동안 특히 생명보험회사의 순보험료적립과 해약환급금에 관한 규정을 제정하여 미국에 있어서 보험회계의 기반을 마련하는데 큰 공헌을 하였다.

1860년대까지 미국의 보험회계제도는 주마다 상이하여 혼란이 있었기 때문에 이것을 통일하기 위한 州보험감독자의 모임이 1871년에 개최되었는데 이 기구가 바로 全國保險監督者會議(National Convention of Insurance Commissioners: NCIC)이다. 이 단체는 1936년 NAIC(National Association of Insurance Commissioners)로 개칭되었다. NCIC는 1871년 10월 제2차 모임을 갖고 화재·생명·해

9) E. P. Brunner, *Development of Insurance Accounting; in Life Insurance Accounting*, edited by R. W. Strain, Published by Insurance Accounting and Statistical Association by Merrit Co., California, 1977, p. 6.

상보험회사의 연차보고서에 대한 통일서식을 마련하였다. 이 통일서식은 1875년에 확정되었고 그 후 1895년, 1914년, 1925년, 1929년, 1951년에 각각 개정하여 오늘에 이르고 있다.

미국의 보험회계에 대하여 큰 영향을 미친 것은 1905년 8월 1일 암스트롱 위원회(Armstrong Committee)에 의한 생명보험회사에 대한 전면적인 조사이다. 이와 유사한 조사가 1910년 손해보험회사에 대하여 상원의원 Merritt에 의하여 실시되었으나 생명보험의 경우처럼 큰 비리는 없었다. 상원의원들에 의한 이 조사가 보험회계의 중요성을 인식시킨 계기가 되었다. 그 후 보험회계제도는 NCIC에 의하여 마련된 주식과 사채의 투자 및 평가제도가 1906~1909년까지 설정되었고, 또한 1911~1917년까지 손실준비금제도에 관한 규정, 경비규제에 관한 규정이 각각 마련되었다.[10]

손해보험의 분야에 있어서 미국의 보험회계제도가 확립된 결정적인 계기는 1944년 6월 5일 대법원이 보험산업을 獨占禁止法(Sherman Act)의 규제를 받도록 판결한 사건이다. 이것을 계기로 1945년 公法 제15호가 제정되고 협정보험료에 대한 규제가 있게 됨에 따라 경비율과 표준이윤공식이 개정·통일되었다. 이 사건을 계기로 하여 보험회계제도는 1945~1951년까지 활발한 논의와 연구가 있어서 현행제도의 기틀이 되었으며, NAIC가 그 중심적인 역할을 하였음을 강조하여 둔다.

NAIC는 1948년부터 보험회사의 회계·재무감사를 위한 각종 지침을 마련하였으며, 美國公認會計士會(American Institute of Public Accountants: AICPA) 회계원칙과 절차를 마련하여 보험회계의 발전에 기여하였다. 이 단체는 또한 1966년과 1972년에 손해보험회사와 생명보험회사의 감사지침을 각각 마련하였다. NAIC가 주관이 되어 1967년 이후 미국의 많은 보험회사가 지주회사의 체계를 형성함에 따라 持株會社規制法(Holding Company System Regulatory Bill)을 1969년에 제정하여 모회사와 투자관계를 제한하였다. NAIC는 1970년 손해보험회사의 수익측정과 투자소득의 처리에 관한 연구결과를 발표하였다. 이 연구에서는 현행 회계제도(연차보고서 등)에 대한 많은 의문을 제기하였다.

1973년 1월 뉴욕州 保險監督局은 보험회사의 재무상태의 규제(Regulation of

10) H. J. Waligore, *Evolution of Insurance Account: in Property-Liability Insurance Accounting*, edited by R. W. Strain, Published by Insurance Accounting and Statistical Association Merritt Co., California, 1974, pp. 7~9.

the Financial Conditions of Insurance Companies)에 관한 보고서를 발표하였다. 이 보고서에서도 현행 보험회사의 감사방법 및 절차에 대하여 많은 의문을 제기하였다. 이 보고서에 대하여 NAIC는 분석위원회를 설치하고 용역회사 McKinsey and Company에게 1974년 4월까지 포괄적인 검토보고서를 제출하여 줄 것을 의뢰하였다.

한편, 미국의 생명보험회계에 있어서 특히 영향을 미친 것은 연방소득세제도이다. 1921~1957년까지 생명보험회사는 순투자소득의 일부를 연방소득세로서 납부하였지만 1950년대부터 재무성과 많은 보험회사들이 불만을 가지고 있었다. 이에 따라 1959년 6월 生命保險會社稅法(Life Insurance Company Tax Act)이 公法 제86-69호로 제정되었다.

미국을 중심으로 한 선진국 보험회계제도의 최근 동향에 대해서는 다음 항목에서 서술하기로 하고, 여기서 한국보험회계제도의 변천과정에 대해서 살펴보기로 한다. 한국은 1962년 1월 보험업법이 제정되고 동시행령과 시행규칙이 마련되었으나 보험회계에 대해서는 별도의 규정이나 지침이 없었기 때문에 보험회사에 관한 공정하고 일관성 있는 회계처리를 기할 수 없었다. 1977년 말 기존의 3개 보험감독법(보험업법, 보험모집단속법, 외국보험사업자에관한법률)과 감독기관인 한국보험공사에 관한 법이 하나의 방대한 보험업법으로 통합되었으나 회계관련규정의 미비로 문제를 해결할 수 없어서 재무부는 보험회사의 표준회계규정 및 재무제표규칙을 제정(보험예규 1230-27-2)하여 1980년 1월 1일부터 시행하였다. 보험회사의 일관성 있는 회계처리를 위하여 필요한 규정을 보완하여 표준회계규정은 1982년 1월 1일부터 일부 수정·시행되었고 재무제표규칙도 생명보험과 손해보험으로 구분하였다. 기업회계기준 제131조에서 업종별 회계처리기준을 증권관리위원회가 재무부장관의 승인을 받아 따로 정할 수 있도록 함에 따라 1988년 3월 기존의 표준회계규정과 재무제표규칙을 통합하여 생명보험회사 회계규정과 손해보험회사 회계규정을 제정하였다. 그 후 전자는 2회, 후자는 6회를 개정하여 사용되어 왔는데 1997년 외환위기로 IMF 및 IBRD는 우리 기업경영의 투명성과 회계정보의 신뢰성 확보를 위해 기업구조개혁의 일환으로 회계제도의 개선을 요구하고 나왔다. IMF가 요구한 회계관련 개선사항은 다음 3가지이다.[11)]

① 기업과 금융기관은 국제적으로 인정된 회계원칙에 따라 회계정보의 공시를 완전하고 투명하게 할 것.

11) 최영, 전게논문, p. 67.

② 투명한 재무정보의 작성·공시를 위해 독립적인 외부감사를 받을 것이며, 특히 은행, 증권, 보험 등의 금융기관은 국제적으로 공인된 회계법인의 회계감사를 받을 것.

③ 재벌기업은 결합재무제표를 작성·공시할 것.

이상과 같은 조치에 따라 금융기관의 회계제도개선과 관련하여 금융감독위원회 및 증권선물위원회에 의하여 1998년 12월 11일 기업회계기준이 전면개정되고 보험업 등 금융업 회계처리준칙이 제정되었다. 보험회계처리준칙의 주요 내용에 대해서는 본절 마지막의 신회계제도에서 설명하기로 한다. 1998년 12월에 개정된 기업회계기준의 체계 내에서 국제적 수준의 회계기준을 반영한 보험회계처리준칙(General Accepted Accounting Principal: GAAP)의 제정에 따라 일련의 회계환경 변화와 준칙과의 정합성을 유지하고 보험감독의 목적에 부합하는 준거를 마련하기 위하여 보험감독 목적을 위한 회계규정의 전반적인 정비가 필요하게 되었다. 1999년 3월 금융감독위원회는 보험업법 제93조에 근거하여 감독목적 보험회계의 특성 및 보험계약자의 보호에 초점을 두고 보험회계규정 및 시행세칙(Statutory Accounting Principal: SAP)이 대폭 정비되었는데 이에 따라 보험회계는 일반정보 제공목적 회계(GAAP)와 감독정보 제공목적 회계(SAP)로 이원화되는 계기가 마련되었다.

한편 1998년 12월 전면개정을 통하여 마련된 주요 기준이 국제회계기준에 근접되어 있으나 세부적인 정교성에 있어서 다소 미흡한 점을 보완하고 기업회계기준 등을 민간에게 위탁하여 독립성을 확보할 목적으로 1999년 6월 30일 한국회계연구원이 설립되었다. 이 기관은 주식회사의외부감사에관한법률 제13조에 의거하여 금융감독위원회의 위탁을 받아 내부에 설치한 회계기준위원회를 통하여 회계기준의 제정, 개정과 해석 및 질의회신을 수행하고 있다.

2. 保險會計의 체계

(1) 보험회계 관련법규

상법은 상행위 전반과 기업의 계산규정에 대해서 일차적인 법적 지위를 갖고 있지만 회사의 계산에 관한 세부사항을 포함하는 것이 사실상 어려우므로 주식회사의외부감사에관한법률의규정에 의하여 자산규모 70억원 이상의 주식회사의 경우에는 기업회계기준에 따라 회계를 처리·보고하도록 규정하고 있다. 기업회계기준은 회계행위를 지도하는 일반 원리와 기준으로서의 성격을 가지고 있지만 법률적 강제력을 가지고 있는 것은 아니다. 물론 외부감사에관한법률에 의한 외부감사 대상법인의 경우 회사의 회계처리가 기업회계기준에 위배되는 정도에 따라 공인회계사의 감사의견에 영향을 줄 수 있으나 기업회계기준에 따라 회계처리를 하지 않은 사실만으로 법적인 제재조치가 따르는 것은 아니다.[12]

일반정보 제공목적의 보험회계는 상법을 기초로 하고 기업회계의 관행으로서 일반적으로 인정된 기업회계기준과 이를 준거로 하여 보험사업의 특수성을 반영하여 마련된 보험업회계처리준칙 및 기업회계기준에 관한 해석으로 이루어졌다. 감독정보 제공목적의 보험회계는 보험업법에 근거하고 보험회사의 건전한 경영과 보험계약자보호를 위해 필요한 사항을 정하기 위하여 마련된 보험업감독규정과 동시행세칙으로 구성되어 있다. 보험회계에 관련되는 보험업감독규정은 그 제 8 장(제105조~제132조)에 다음과 같이 규정하고 있다.

1) 통　칙

① 보험감독회계의 목적 및 적용범위(제105조)

② 재무제표의 작성(제106조), 재무제표의 서식 등(시행세칙 제75조)

③ 신계약비의 상각(제107조)

④ 감가상각(제108조)

⑤ 재평가자산(제109조)

⑥ 결산(제110조)

⑦ 업무보고서(제111조)

2) 생명보험사업

① 재무제표 작성기준(제112조)

② 투자유가증권 평가손익의 구분 계상(제113조)

③ 책임준비금의 적립(제114조)

④ 보험료적립금의 적용이율 및 위험률 등(제115조, 시행세칙 제78조)

⑤ 계약자배당준비금적립 전 잉여금의 처리(제116조, 시행세칙 제77조)

⑥ 계약자배당금의 산출 및 적립(제117조, 시행세칙 제76조)

⑦ 재평가적립금의 처리방법(제119조)

⑧ 제118조(2001. 3. 30 삭제)

12) 최영, 前揭論文, p. 75.

3) 손해보험사업

① 재무제표 작성기준(제120조)

② 구상채권의 수익인식(제121조)

③ 보험계약준비금(제122조), 보험업감독업무(시행세칙 제83조, 제84조, 제85조, 제86조)

④ 계약자배당준비금적립 전 잉여금의 처리(제123조, 시행세칙 제80조),

⑤ 계약자배당금의 산출 및 적립(제124조, 시행세칙 제79조),

4) 특별계정

① 특별계정의 정의(제125조)

② 특별계정의 회계처리 원칙(제126조)

③ 특별계정관련 재무제표의 표시(제127조, 시행세칙 제88조),

④ 특별계정의 손익조정(제128조)

⑤ 특별계정 자산·부채의 평가(제129조)

⑥ 특별계정 계약자적립금의 적립(제130조)

⑦ 특별계정의 운용으로 발생하는 손익의 처리(제131조)

5) 보 칙

업무위탁(제132조)

(2) 대차대조표

기본 재무제표의 하나로서 대차대조표는 일정 시점에 있어서 회계주체의 재무적 상태를 나타내 주는 것으로 회계정보 이용자에게 유용한 정보를 제공한다. 재무적 상태는 대차대조표상에서 자산, 부채 및 자본으로 구분되어 표시된다. 대차대조표에서 차변의 자산은 회사에 조달된 자본의 운용형태를 나타내는 것이며, 대변의 부채와 자본은 회사가 자본을 어떻게 조달하였는가를 보여 주는 것이다.

보험회사의 대차대조표 양식은 정보제공 목적에 따라 보험업회계처리준칙(GAAP)에 의한 대차대조표와 보험업감독규정(SAP)에 의한 대차대조표로 구분된다. GAAP 작성기준에 의한 대차대조표는 자산, 부채 및 자본으로 구분하고, 자산은 현금 및 예치금·상품유가증권·투자유가증권·대출채권·고정자산·기타자산 등으로 구분되고, 부채는 책임준비금·계약자지분조정·기타부채로, 자본은 자본금·자본잉여금·이익잉여금·자본조정으로 각각 구분하여 작성한다. SAP 작성기준에 의한 대차대조표에서 자산은 운용자산·비운용자산 및 특별계정자산

대 차 대 조 표

제×기 20××년×월×일 현재

제×기 20××년×월×일 현재

회사명: (단위: 원)

과 목	제×(당)기		제×(전)기	
	금 액		금 액	
자 산				
Ⅰ. 현금 및 예치금				
1. 현금과예금				
2. 금전신탁				
3. 단체퇴직보험예치금				
4. 선물거래예치금				
5. ································				
Ⅱ. 상품유가증권				
1. 주식				
2. 국·공채				
3. 회사채				
4. 수익증권				
5. ································				
Ⅲ. 투자유가증권				
1. 주식				
2. 출자금				
3. 국·공채				
4. 회사채				
5. 수익증권				
6. ································				
Ⅳ. 대출채권				
1. 콜론				
2. 보험약관대출금				
3. 유가증권담보대출금				
4. 부동산담보대출금				
5. 신용대출금				
6. 어음할인대출금				
7. 지급보증대출금				
8. ································				
Ⅴ. 고정자산				
1. 투자자산				
2. 유형자산				
3. 무형자산				
Ⅵ. 기타자산				
1. 보험미수금				
2. 미수금				
3. 보증금				
4. 미수수익				
5. 선급비용				
6. 구상채권				
7. 구분계정자산				
8. 신계약비				
9. 이연법인세차				
10. ································				

과　　목	제×(당)기		제×(전)기	
	금　액		금　액	
부　채				
Ⅰ. 책 임 준 비 금				
(출 재 보 험 준 비 금)				
1. 보 험 료 적 립 금				
2. 지 급 준 비 금				
3. 미 경 과 보 험 료 적 립 금				
4. 계 약 자 배 당 준 비 금				
5. 계 약 자 이 익 배 당 준 비 금				
6. 재 보 험 료 적 립 금				
Ⅱ. 계 약 자 지 분 조 정				
1. 계 약 자 배 당 안 정 화 준 비 금				
2. 공 익 사 업 출 연 기 금				
3. 투 자 유 가 증 권 평 가 이 익				
(또는 투자유가증권평가손실)				
Ⅲ. 비 상 위 험 준 비 금				
Ⅳ. 사　채				
Ⅴ. 기 타 부 채				
1. 보 험 미 지 급 금				
2. 미 지 급 금				
3. 미 지 급 비 용				
4. 미 지 급 배 당 금				
5. 구 분 계 정 차				
6. 구 분 계 정 부 채				
7. 이 연 법 인 세 대				
8. × × 충 당 금				
9. ………………………………				
부 채 총 계				
자　본				
Ⅰ. 자 본 금				
1. 보 통 주 자 본 금				
2. 우 선 주 자 본 금				
Ⅱ. 자 본 잉 여 금				
1. 주 식 발 행 초 과 금				
2. 감 자 차 익				
3. 기 타 자 본 잉 여 금				
Ⅲ. 이 익 잉 여 금				
(또 는 결 손 금)				
1. 이 익 준 비 금				
2. 차 기 이 월 이 익 잉 여 금				
(또 는 차 기 이 월 결 손 금)				
(당기순이익또는당기순손실)				
Ⅳ. 자 본 조 정				
1. 주 식 할 인 발 행 차 금				
2. 자 기 주 식				
3. 미 교 부 주 식 배 당 금				
4. 투 자 유 가 증 권 평 가 이 익				
(또는 투자유가증권평가손실)				
5. ………………………………				
자 본 총 계				
부 채 와 자 본 총 계				

으로, 부채는 책임준비금·계약자지분조정·기타부채 및 특별부채로, 자본은 자본금·자본잉여금·이익잉여금 및 자본조정으로 각각 구분하여 작성한다.

보험업감독규정에서 GAAP 대차대조표와 다른 분류 및 작성방법을 채택하고 있는 것은 보험감독정보의 특성을 고려하여 보험회사의 재무건전성 파악과 통계자료의 작성을 쉽게 하기 위함이다. 대차대조표에서 중요한 책임준비금에 있어서도 GAAP 대차대조표와 SAP 대차대조표의 금액이 차이가 있을 수 있다. 그 이유는 GAAP에서는 회사가 자율적으로 기초율(예정이율, 예정위험률 등)을 사용할 수 있지만 SAP에서는 감독원장이 정하는 기초율을 사용해야 되는 경우가 있기 때문이다. 앞에서 소개된 대차대조표의 양식은 생명보험회사와 손해보험회사 모두 보험업감독규정(SAP)에 의한 것이다. 대차대조표의 구성요소로서 자산은 현재 기업에 의해 지배되고 미래에 경제적 효익을 창출할 것으로 기대되는 자원이다. 자산의 종류에서 기타자산은 보험미수금, 미수금, 보증금, 미수수익, 선급비용, 구상채권, 구분계정자산 등이다.

대차대조표상에서 부채는 현재 기업이 부담하고 그 이행에 자원의 유출이 예상되는 의무를 표시하는 항목이다. 기타부채는 책임준비금, 계약자지분조정 및 사채 등을 제외한 부채로서 보험미지급금, 미지급금, 미지급비용, 미지급배당금, 구분계정부채 등이다.

자본은 기업의 자산에서 부채를 차감한 잔액 또는 순자산으로서 자산에 대한 잔여청구권으로 자본금, 자본잉여금, 자본조정으로 구성되어 있다.

보험회사 대차대조표상의 복잡한 계정과목에 대한 해설 및 작성방법, 자산·부채의 평가와 산정기준 등에 대해서는 보험업감독업무시행세칙 별표(부표)에 구체적으로 나타나 있다.

(3) 손익계산서

손익계산서는 일정기간 기업의 영업활동 성과를 보여 주기 위한 재무제표의 하나로서 대차대조표와 함께 가장 중요한 결산서류이다. 여기서 영업활동의 성과란 기업손익을 말하며, 기업손익은 하나의 회계기간 중에 발생한 수익·이익항목과 비용·손실항목의 차액으로 측정된다. 회계정보의 이용자는 손익계산서를 통하여 미래이익의 판단과 예측(투자자 및 채권자), 의사결정 자료(경영자), 과세의 기초자료(세무당국), 배당의 기초자료(주주)로서 적극 활용하고 있다. 손익계산서 작성기준 역시 GAAP와 SAP 작성기준으로 구분되고 있다.

손 익 계 산 서

제×기 20××년×월×일부터 20××년×월×일까지
제×기 20××년×월×일부터 20××년×월×일까지

회사명: (단위: 원)

과 목	제×(당)기		제×(전)기	
	금 액		금 액	
Ⅰ. 영 업 수 익				
1. 보 험 료 수 익				
2. 재 보 험 금 수 익				
3. 이 자 수 익				
4. 배 당 금 수 익				
5. 임 대 료				
6. 수 수 료 수 익				
7. 상 품 유 가 증 권 처 분 이 익				
8. 상 품 유 가 증 권 평 가 이 익				
9. 구 상 이 익				
10.				
Ⅱ. 영 업 비 용				
1. 책 임 준 비 금 전 입 액				
2. 비 상 위 험 준 비 금 전 입 액				
3. 보 험 금 비 용				
4. 배 당 금 비 용				
5. 환 급 금 비 용				
6. 재 보 험 료 비 용				
7. 이 자 비 용				
8. 상 품 유 가 증 권 처 분 손 실				
9. 상 품 유 가 증 권 평 가 손 실				
10. 사 업 비				
11. 신 계 약 비 상 각 비				
12.				
Ⅴ. 영 업 이 익 (또 는 영 업 손 실)				
Ⅵ. 영 업 외 수 익				
1. 투 자 유 가 증 권 처 분 이 익				
2. 투 자 주 식 감 액 손 실 환 입				
3. 투 자 채 권 감 액 손 실 환 입				
4. 지 분 법 평 가 이 익				
5. 증시안정기금출자금평가이익				
6. 투 자 부 동 산 처 분 이 익				
7. 유 형 자 산 처 분 이 익				
8.				

과목	제×(당)기		제×(전)기	
	금액		금액	
Ⅶ. 영업외비용				
1. 투자유가증권처분손실				
2. 투자주식감액손실				
3. 투자채권감액손실				
4. 지분법평가손실				
5. 증시안정기금출자금평가손실				
6. 투자부동산처분손실				
7. 유형자산처분손실				
8. ······························				
Ⅷ. 경상이익 (또는 경상손실)				
Ⅸ. 특별이익				
1. 자산수증이익				
2. 채무면제이익				
3. 보험차익				
4. ······························				
Ⅹ. 특별손실				
1. 재해손실				
2. ······························				
Ⅺ. 법인세비용차감전순이익 (또는법인세비용차감전순손실)				
Ⅻ. 법인세비용				
XIII. 당기순이익 (또는 당기순손실) (주당경상이익××× 원) (주당순이익: ××× 원)				

GAAP 기준에 의하면 모든 수익과 비용은 그것이 발생한 기간에 정당하게 배분되도록 처리한다. 다만 수익은 실현시기를 기준으로 계상하고(실현주의) 미실현수익은 당기 손익계산에 산입하지 아니함을 원칙으로 한다. 보험회계는 제조업의 경우처럼 매출액에 대한 매출원가를 대응시키는 것이 사실상 불가능하므로 보험영업 및 자산운용수익에 대한 관련비용의 개별적 대응 대신 포괄적 대응을 하고 있다. SAP 기준은 보험회사가 감독목적 재무정보의 제공을 위하여 경영성과 등을 감독당국에게 보고하며 그 회계기간에 속하는 모든 수익과 비용을 그 발생 원천에 따라 명확하게 분류하고 수익항목과 비용항목을 적정하게 대응 표시하여야 한다.

손익계산서 양식은 정보제공 목적에 따라 GAAP에 의한 손익계산서와 SAP에 의한 손익계산서로 구분되고 있지만, 앞에서 소개된 양식은 SAP에 의한 것이다. 보험회계상 보험료수익은 기업회계기준의 수익인식기준에 따라 보험료의 회수기일이 도래한 때 수익으로 인식하는 것을 원칙으로 한다. 그러나 현실적으로 생명보험업에 있어서는 보험료수입에 대해 보험금을 지급하거나 계약기간이 만료되어야 수익창출을 위한 노력이 완료된 것으로 볼 수 있다. 보험금지급시기가 불확실하고 영업성과의 분석 및 지급능력 유지, 주주배당 등에 대한 재무정보의 산출을 위해 계약만료 전에도 기간손익을 산출해야 될 필요성이 발생한다. 보험회계상 보험금비용은 현금기준이 아니라 발생주의로 인식한다. 보험금으로 지급하는 금액은 보험금비용의 과목으로 처리하고, 보험계약의 해약으로 지급하는 금액은 환급금비용의 과목으로 하여 영업비용으로 처리한다.

보험회사의 비용회계에서 그 처리상 문제되는 것이 신계약비이다.[13] 신계약비는 사업비의 일부로서 발생주의에 따라 인식되고 있지만 장기보험계약과 관련하여 발생한 신계약비는 기타자산으로 계상하고 당해 계약의 유지기간에 걸쳐 균등하게 상각한다. 수익·비용대응의 원칙의 측면에서 실제 발생한 신계약비를 이연시키는 것이 타당하지만 이 경우 신계약비의 과도한 지출을 유발시켜 보험회사의 재무구조와 수익성이 악화될 수 있기 때문에 예정 신계약비의 범위 내에서 이연하도록 한 것이다. 발생주의 회계에 충실하려고 신계약비 이연제도가 도입되었지만 보험모집인에게 지급되는 관련제수당이 보험료입금만으로 산출되는 것이 아니므로 발생주의 회계처리에 한계가 있다.

생명보험회사의 계약자배당과 관련하여 특이한 계약자지분 조정회계와 자산

13) 최영, 前揭論文, 「생명보험」(제273호, 2001. 10), pp. 81～82.

재평가 회계에 대해서 언급할 필요가 있다.[14] 계약자지분 조정계정은 계약자에 대한 포괄적 채무를 나타내는 계정으로서 특정 계약자에 대한 채무는 아니지만 궁극적으로 주주 이외의 사람들에게 돌려 주어야 할 비확정 채무이다. 이것은 미실현 계약자지분을 실현분에 해당하는 책임준비금과 구분·표시시켜 재무정보의 유용성을 높이기 위한 것이다. 이러한 계약자지분 조정계정에는 다음 3가지로 구성되어 있다.

① 공익사업 출연기금이다. 이 기금은 재평가차액의 계약자지분 중 과거 계약자지분에 해당하는 금액에 매년 일정 수익률을 적용하여 계산된 금액을 공익사업출연기금으로 별도 계상한다.

② 계약자배당 안정화준비금은 2000년 3월 24일 이전에 자산재평가를 실시하고 계약자지분으로 처분한 금액 중 미래의 계약자지분에 해당하는 금액을 처리하는 것이며 안정적인 계약자배당을 위하여 배당재원으로 활용할 수 있다. 재평가적립금의 배분기준은 2000년 3월 24일 이후 주주몫 10%로 하고 계약자지분 90%는 재평가적립금 특별배당과 공익사업출연기금에 각각 1/2의 비율로 처리한다.

③ 자산재평가 회계이다. 자산재평가는 보유부동산을 현실에 맞게 재평가하여 적정한 감가상각을 통하여 기간손익을 정확하게 계산하기 위한 것이다. 이것은 자산의 실질가치를 높여 지급여력을 개선하고 계약자배당재원을 확보하기 위한 것이다. 재평가차익은 미실현 이익이기 때문에 사외유출을 방지하기 위하여 자산재평가법에서 그 처분에 대해서 엄격히 규제하고 있다. 재평가차익은 재평가세 납부, 자본전입, 이월결손금 보전, 환율조정금액과의 상계를 할 수 있으며, 보험업법 제97조에서는 추가적으로 금융감독위원회의 허가를 받아 보험계약자에 대한 배당을 위해서 처분할 수 있도록 규정하고 있다.

생명보험회사 재평가적립금의 처리방법은 종래 K율과 지급여력비율에 따라 주주지분, 계약자지분, 사내유보로 구분하여 처리되었지만 현행은 일률적으로 주주 10%, 계약자 90%의 비율로 분배하고 있다. 주주지분은 자본잉여금의 재평가적립금 계정에 계상하고 재평가일 이후 발생한 대차대조표상의 이월결손금의 보전 및 자본전입에 사용한다. 주주지분을 처분할 경우 보험업감독규정 제119조 제4항에 의거하여 구체적인 계획을 금융감독원장에게 제출하여야 한다. 계약자지분은 부채계정으로 처리하고 감독원장의 승인을 받아 계약자지분의 1/2은 과

14) 최영, 前揭論文, 「생명보험」(제274호, 2001. 11) 참조.

〈표 11-2〉 재평가적립금의 처리방법

<table>
<tr><th colspan="3">구 분</th><th>주주지분</th><th>계약자지분</th><th>사내유보</th></tr>
<tr><td rowspan="6">종
전</td><td rowspan="3">K율</td><td>100% 이상</td><td>30% 이하</td><td>40% 이상</td><td>30% 이하</td></tr>
<tr><td>50～100% 미만</td><td>20% 이하</td><td>50% 이상</td><td>30% 이하</td></tr>
<tr><td>50% 미만</td><td>10% 이하</td><td>60% 이상</td><td>30% 이하</td></tr>
<tr><td rowspan="3">지급
여력
비율</td><td>8% 이상</td><td>15% 이하</td><td>40% 이상</td><td>45% 이하</td></tr>
<tr><td>4% 이상～8% 미만</td><td>12.5% 이하</td><td>40% 이상</td><td>47.5% 이하</td></tr>
<tr><td>4% 미만</td><td>10% 이하</td><td>40% 이상</td><td>50% 이하</td></tr>
<tr><td colspan="2">현 행</td><td>－</td><td>10%</td><td>90%</td><td>－</td></tr>
</table>

거 계약자몫으로 하여 공익사업출연기금으로 계상하고 잔여액은 재평가일 1일 전 현재 1년 이상 유지된 보험계약에 대하여 보험료적립금에 비례하여 계산된 금액을 계약자에게 특별배당으로 지급하기 위하여 책임준비금의 재평가특별배당금으로 처리한다. 재평가특별배당 및 공익사업의 출연은 자본전입을 시작한 회계연도부터 실시한다.

3. 損害保險會社의 損益計算

(1) 손익계산의 형태

오늘날 손해보험경영에 있어서는 특히 보험시장에 대한 연구, 신상품의 개발 등 마케팅의 문세에 대한 관심이 높은 반면에 경영이라고 하는 주체적 활동 내부에 대한 문제, 예로서 이익계획적 사고에 기초를 둔 예산통제나 부문별 손익계산제도 등의 분야에 대해서는 종속적으로 생각하는 경향이 있다. 물론 손해보험경영에 있어서는 시장경제가 그 기반이 되고 있기 때문에 이 문제를 가볍게 생각할 수 없지만 다른 한편으로 볼 때 손보기업의 주체적 활동 내부에 대한 문제의 창구라고 할 수 있는 손익계산구조에 대해서도 이를 분석하고 손보회계의 특수성을 명확하게 하여 그 이해 위에서 이익확보의 방책을 강구하고 그 성과계산을 통하여 경영관리의 유용한 자료로 활용할 필요가 있다.

손보기업의 손익계산은 어떻게 하는 것인가. 그 손익계산의 형태로서는 일반적으로 개개의 거래마다 행하는 경우와 하나의 회계기간의 총거래에 대하여 행하는 경우가 있다. 전자에 대한 손익계산의 형태를 個別損益計算이라고 하고 이것은 개개의 거래 또는 영업마다 손익을 계산하는 방법이다. 개별손익계산은 손보기업의 특성상 매우 유효한 손익계산의 형태이지만 다른 한편으로는 경제기구의 고도화와 경영활동의 복잡화에 따라 개별손익계산은 손보기업을 둘러싼 내외의 이해관계자의 이해를 조정할 수 없게 되었다. 따라서 후자, 즉 기간손익계산의 형태로 발전하여 왔다.

기간손익계산은 현대기업회계에 있어서 가장 특징적인 형태로서 경영상 수행하는 역할은 크지만 동시에 손보기업회계에 새로운 곤란한 문제를 제기시키고 있다. 즉, 기간적 손익을 계산하기 위하여 수익과 비용을 기간적으로 대응시키지 않으면 안되는데 이 기간수익과 기간비용을 어떻게 파악하고 구분하느냐가 문제이다.

이것을 구체적으로 말하면 미경과보험료준비금제도, 비상위험준비금제도 및 지급비금제도 등의 보험계약준비금의 문제가 파생하고 손보회계상 복잡한 메커니즘을 창출하기 때문이다.

기업은 영속적(going concern)인 것이며, 특히 손보기업은 그 판매하는 상품의 특성상 이것을 기간적으로 파악하는 것은 매우 인위적인 것으로서 기간손익의 확정은 상대적·잠정적 성격을 가지고 있다고 할 수 있다. 그러므로 손보기업의 손익계산상에는 전기손익수정항목이 존재하고 있다. 이것은 손보기업의 손익계산을 이해하는 데 하나의 전제로서 인식되어야 하며, 또한 경험적으로도 정당한 것으로 생각된다.

보험계약준비금은 이것을 자세하게 검토하여 보면 많은 가정과 통계적 확률을 기초로 예측하여 설정하고 있다. 따라서 부채, 충당금 및 준비금으로서 당기에 처리한 내용 및 금액에 잘못이 발생된 것이 확인된다면 차기 이후 또는 예정된 지출손실이 발생한 시기에 이것을 처리할 수 있다. 원래 보험계약준비금제도는 기간손익계산상 요구되어지기 때문에 이 항목 가운데 이익조작을 행하는 풍조가 있다는 점은 적정한 기간손익계산을 행한다는 입장에서 재고를 필요로 한다. 이 점은 여기서 직접 관련된 문제는 아니지만 이 일과 관련하여 일반적으로 당기의 경상적으로 발생하는 손익만을 손익계산에 산입하는 이른바 당기업적주의의 입장을 취하지 않고 손보기업의 손익계산은 필연적으로 포괄주의를 채택함으로써 당기에 발생한 수익과 비용을 당기와 차기 이후에 배분하는 문제가 나타난다.

(2) 손익계산서원칙

일반적으로 기업의 손익계산은 경영활동에 필요한 費用의 投下(input)와 그 성과로서의 收益의 産出(output)이라는 것을 추구하면서 그 차액으로서 손익을 산출하는 것이다. 이것은 일정기간에 있어서 기업의 경영성적을 명확하게 하는 계산과정이다. 이러한 손익계산의 기본적 원칙을 요약하여 간단하게 표현하면 기업의 이익은 일정한 기간에 있어서 발생한 총비용에 대하여 그 기간에 실현된 총수익과의 관계에서 파악된다. 손보회계에 있어서도 이 손익계산의 원칙에 기초를 두고 기간손익을 계산하는 것이지만 손보기업은 그 취급하는 보험상품의 성격상 실현수익의 측정과 발생한 비용 및 발생할 것으로 생각되는 비용의 기간적 배분에 매우 특수한 문제가 존재하고 있다. 이 문제를 원수보험영업에 중점을 두고 손익계산에 관한 발생주의, 실현주의 및 비용·수익대응의 원칙이라는 관점에서 손익계산구조에 대해서 고찰하기로 한다.

1) 發生主義의 原則

기간손익계산을 행할 경우에 중요한 것은 비용·수익이 어느 기간에 속하는 가를 분별하는 것이지만 여기에는 먼저 비용·수익을 확인하는 문제가 있다. 企業會計原則은 손익계산서원칙으로 비용·수익의 기간적 배분의 원칙, 즉 발생주의의 원칙을 규정하고 있다. 發生主義原則이란 "모든 비용 및 수익은 그 지출 및 수입에 따라 계상하고 그 발생한 기간에 정당하게 할당되도록 처리하지 않으면 안 된다."고 하는 원칙이다. 이것은 기간손익계산하에 있어서 기간적 비용 및 기간적 수익의 확인이 그 발생주의의 원칙에 의히도록 한 것이다.

발생주의원칙이라고 하는 근대 회계에 있어서 중요한 문제에 대하여 손보회계는 어떠한 특수성을 가지고 있는가 하는 이 문제에 대하여 여기서 고찰하기로 한다. 이것을 위해서는 먼저 손보기업의 손익계산구조를 이해하는 것이 매우 중요하다. 수익의 계상기준으로서 발생주의는 그대로 손익계산상 채용되는 것이 인정되지 않고 미실현수익은 원칙적으로 당기의 손익계산에 계상되어서는 안 된다고 하는 이른바 실현주의의 원칙에 의하여 구속되고 있다. 그러나 손보회계에 있어서는 未經過保險料準備金制度라고 하는 발생수익을 실현주의회계에서 수정하는 기말결산수정절차가 채용되고 있기 때문에 기중에서 장부에의 기장은 발생수익을 그대로 계상하고 있다.

發生主義란 현금수지의 여하에도 불구하고 발생의 사실에 따라서 비용·수익을 산정하는 회계처리의 기준으로서 이 발생주의회계를 그대로 수익의 계상에 적용할 때 다음과 같은 세 가지 발생수익이 계상된다.

① 판매된 상품 또는 상품의 대가로서의 실현수익

② 미실현의 발생수익

③ 계약수익

손보회계에 있어서는 보험계약의 성립과 동시에 수익은 발생하는 것으로 인식되기 때문에 시간의 경과에 따라서 실현될 것으로 인식되어진다. 이러한 관점에서 본다면 보험료(수익)의 계상은 발생주의의 원칙에 의하여 행하여지며, 장기계약이나 단기계약에 있어서 보험계약의 성립시를 기준으로 그 총보험료를 계상하게 된다. 또한, 분할불보험료의 특약이 인정되는 경우에 있어서도 그 금액을 일괄하여 계상하는 것이 이론적으로 인정될 수 있지만 현실에 있어서는 당국의 지도 아래 분할불보험료의 특약이 있는 경우에는 보험료입금일의 도래를 기준으로 분할불보험료를 계상하는 방법이 채용되고 있다.

이 방법은 미경과보험료준비금제도를 가진 손해회계에 있어서는 회계원칙으로 할부판매에 대하여 그 지급기간이 장기에 걸치고 또한 그 입금의 확실성이 불안정하다는 점에 의하여 특례로서 인정되고 있는 할부기준을 그대로 이 분할불보험료특약에 대하여 적용하는 것은 이론적으로 잘못이다. 이 점은 손보회계의 큰 특수성을 형성하고 있다.

손보기업에 있어서 비용의 그 주체를 형성하는 것은 보험금이며 또한 수수료 및 社費를 총괄하는 사업비이다. 물론 수익은 계약자로부터 받은 보험료이지만 다음에 특징적인 것은 이 비용과 수익의 발생순위와 발생확인의 시기가 일반기업과는 현저하게 다르다는 점이다. 일반 기업의 경우에는 비용의 발생 다음에 수익의 실현이 확인되는 것이 일반적 형태이지만 손보기업에 있어서는 장래의 잠재적 보험금지급이라고 하는 상품을 판매하는 경영상의 특수성을 가지고 있어서 보험료수입이라고 하는 수익이 먼저 발생하는 특징이 있다.

한편, 비용의 대표적인 보험금의 회계처리도 발생주의의 입장에서 보면 문제가 있다. 보험사고가 발생하여도 보험금의 확정·지급까지는 일시를 요하는 경우가 있지만 보험금의 계상은 실제 지급되어지는 때를 기준으로 하는 것이 통례이다. 이러한 의미에서 비용으로서의 보험금의 확인은 회계상 현금의 지급을 기준으로 하는 것이다. 이것은 보험금을 발생시점에서 파악하여 이를 계상하는 것이 곤란하다는 제약면에서 현금주의에 의한 처리를 하고 있는 것이다. 그러나 이것은 이론적으로는 타당하지 않다. 발생주의의 원칙에서 보면 보험사고의 명세가 파악되는 시점에서 이것을 발생비용으로 계상하는 것을 생각할 수 있다.

이 발생보험금의 내용은 어디까지나 견적숫자이다. 따라서 확정채무로서 계상되는 것이 아니고 금액 불확정의 충당금으로서, 예를 들면 현재 결산항목이 되고 있는 지급비금이라는 과목을 충당금과목으로 설정·처리하는 것이다. 이것에 의하여 기말의 결산절차로서의 지급비금의 적립계산은 불필요하게 된다. 물론 이 방법에 있어서 문제가 없는 것은 아니지만 보험금의 현금주의에 의한 계상은 보험회계에서 재검토의 여지가 있다고 본다.

2) 實現主義의 원칙

상기 發生主義原則은 비용·수익의 인식 및 확정에 관한 원칙이다. 그러나 수익으로 아직 계상하지 않고 실현된 경우에 비로소 이것을 계상할 수 있다고 하는 것이 實現主義의 原則이다. 따라서 이 원칙은 발생주의의 원칙을 제약하는 것이라고 할 수 있다. 손보회계에 있어서 이 실현주의회계에의 준거는 어떻게 행하여지고 있는가를 보험료의 회계처리에서 볼 수 있다.

보험료의 계상은 전술한 바와 같이 보험계약과 동시에 수익이 발생한 것으로 인식되어지고 있지만 완전히 그 기간에 판매가 실현된다고는 시인할 수 없다. 보통 일반 기업에서는 판매시에 한편으로 상품 또는 제품이 기업으로부터 인도됨과 동시에 법률상의 소유권이 이전되고, 다른 한편으로는 현금수입, 수취계정 또는 기타자산의 취득에 의하여 객관적으로 수익의 실현이 확인되고 또한 법적으로도 시인된다. 그러나 손보기업에 있어서는 보험의 특성상 상품의 인도 또는 서비스의 급부가 기간적 경과에 따라 이루어지기 때문에 계약과 동시에 수납한 보험료 전액을 당기의 수익으로서 실현되는 것은 확인될 수 없다. 이것은 예약판매에 있어서 급부완료 기준이 적용되는 것과 같이 수납 또는 수납되어질 보험료 가운데 회계기말까지 급부가 완료된 분만큼 당기의 수익으로 계상하고 잔액은 선수수익으로서 차기 이후의 수익으로 이월할 필요가 있다. 기말결산에 있어서 보험회사 특유의 미경과보험료준비금제도가 확립되고 있는 것은 이러한 이유에서이다.

미경과보험료준비금제도의 가정적 전제는 보험계약기간에 발생할 보험금지급사고(위험)의 발생률이 기간에 균등하고 또한 대수적으로 보아 수익으로서 계상된 보험료에 대하여 보험금이라는 비용의 발생이 균등한 것으로 보고 있다. 여기서 문제가 되는 것은 가정적 전제이다.

3) 費用·收益對應의 原則

기간손익을 계산하는 것은 당기에 있어서 모든 수익이 발생주의 및 실현주의의 원칙에 의하여 인식·산정되고 한편으로 이 수익에 대하여 동일기간에 발생한 모든 비용을 대응시켜 그 결과 당기의 순손익을 결정하는 것이다. 즉, 일정기간에 실현된 수익으로서의 보험료에 대하여 그 수익을 획득하기 위하여 필요한 비용, 즉 사업비와 보험금을 부과함으로써 당기의 순손익을 산정하는 것이다.

손보기업의 기간손익을 계산하는 경우 특히 문제가 되는 것은 비용·수익대응의 원칙에 준거하는 것이다. 일반 기업의 경우에는 예를 들면 매출액과 매출원가를 대응시키면 이 원칙이 가장 적절하게 실시될 수 있지만 손보기업에서는 당기의 매출액에 대응할 매출원가의 파악이 매우 곤란하여 손보회계로서의 허용과 확률 혹은 경험률에 의하여 보정의 절차가 필요하다. 즉, 매출원가에 해당하는 것으로 생각되는 항목을 세분하여 매출액과의 대응관계를 고찰하는 것이다. 물론 이 비용·수익대응의 원칙은 개별계산의 경우처럼 간단·정확하게 실시할 수 없기 때문에 일정기간에 있어서 기간적 비용과 기간적 수익을 대응시키는 것이다. 그러나 비용·수익이 반드시 엄밀하게 대응하여 발생하는 것은 아니기 때문에 그 대응에는 많은 곤란한 문제가 따르게 되고 절대적인 정확은 기대할 수 없다. 이것이 손보회계에 내포되어 있는 費用·收益對應의 原則의 특질이라고 할 수 있다. 여기서 비용으로서 사업비와 보험금의 수익과의 대응관계를 살펴보기로 한다.

먼저 事業費에 대해서 본다면 이는 代理店手數料와 社費로 구분할 수 있다. 代理店手數料는 그 계상이 보험료와 동시이므로 대응관계는 이루어지고 있다. 그러나 社費는 일반적으로 일반관리비와 판매비이기 때문에 대리점수수료처럼 직접적으로 대응하는 것은 아니다. 따라서 매기 계속하여 일정한 절차를 취함으로써 그 상대적 정확성을 기할 수 있다. 다음은 보험금의 문제이다. 여기서 보험금은 단순한 보험금으로 계상되는 것이 아니고 이른바 當期發生保險金이라고 할 수 있다. 즉, 매출원가의 산정과 마찬가지의 바탕에서 당년도 지급보험금에서 전년도 이월지급비금을 공제하고 다시 당년도 지급비금을 가산하여 계산한다.

이 계상과정에서는 장래의 보험금지급에 대한 지급비금의 평가문제가 있으며, 평가의 잘못은 그 후 기간의 발생보험금산출 가운데 혼입되어 수정되어야 하는 문제가 나타난다. 이것은 손보기업의 기간손익을 적정하게 계산하는 데 중요한 요소이다. 이 지급비금의 평가문제는 사실 매우 어려운 절차이다. 현재는 기중에 보험금의 계상이 현금주의에 의하여 이루어지기 때문에 이것을 기말에 있어서 발생주의로 수정하여 회사에 보고된 보험사고에 대하여 그 비용을 모두 발생액으로 평가하여 이것을 지급비금이라고 하는 당년도의 발생보험금에의 추가요소로서 비용에 계상된다. 보험사고의 특성상 기말에 있어서 당기의 발생비용으로 계상할 수 있는지의 여부는 사실상 보험사고의 발생에 대한 보고가 유일한 정보이며 이것에 바탕을 두고 계산한다. 그러므로 그 금액의 타당성 및 수익과의 대응관계는 이것을 이론적으로는 해명할 수 없고 손보기업의 기간손익산정상의 특수성으로서 당해기간을 단위로 하여 그 기간의 매출액, 즉 수입보험료에 대하여 이것에 대응할 그 기간의 발생보험금을 총괄하여 대응시키는 간접적인 기간수익을 계산하는 방법을 생각할 수 있다. 여기에는 인위적 판단요인이 개입하고 있다.

支給備金은 손보기업에 있어서 기간손익계산상의 특수한 문제로서 종래의 내용 및 산출방법을 그대로 적용할 수 있는지에 대해서 검토할 필요가 있다. 예로서 미국에서는 未報告損害(unreported losses)라는 개념을 도입하여 일정기준에 따라 발생보험금을 수정하는 방법이 있다. 일정기준으로는 earned basis에 의거한 예정손해율 또는 과거 수년간 계약연도별로 계산된 손해율 등에 의하여 예정보험금을 계산하고 이것을 지급보험금 및 당해연도의 발생미지급보험금의 합계액을 하회하는 경우에는 그 부분만큼 미보고손해로 하여 미지급비금으로 적립하도록 하여 수익에 대응하는 비용을 파악하는 것이다.

(3) 기간손익계산과 非常危險準備金

손보기업의 경영에 있어서 큰 과제는 손해보험 자체의 특성에 의하여 기간손익이 매우 불안정하다는 것이다. 물론 보험의 성립의 기초는 대수법칙이며 이것이 유효한 정도까지 지역적·수량적·금전적으로 집적된다면 기간손익은 큰 변동이 없다. 그러나 현실은 보험금액의 거대화, 집적위험화, 새로운 보험의 탄생, 목적물의 지역적 편재, 수량적 희박 등에 의하여 반드시 안정될 수는 없다.

손보기업의 기간손익계산을 행함에 있어서 최대의 저해요인은 비상위험의 존재이다. 이것은 손보기업 자체가 부담하고 있는 큰 위험을 어떠한 방법에 의하든간에 평준화시키고, 기간에 따라 큰 충격을 받지 않도록 해야 한다. 그 하나의 방법은 재보험이라는 기구를 이용하는 것이며 다른 하나는 충당금을 적립하여 장래의 이상적인 손해에 대비하는 방법이다. 이러한 의미에서 볼 때 非常危險準備金은 원래 비상위험의 발생확률이 주기적으로 예측되고 당기의 수익에 대응하는 비용이 합리적으로 정확성을 가지고 측정되는 경우에 그 견적액을 기간적으로 배분하고, 각 기간의 수익에 부과한 것이 충당금으로서의 성격을 가지게 된다. 그러나 손보기업의 경영은 확률 및 통계를 기초로 하여 성립되지만 그것에 포함되지 않는 초비상위험이 절대로 발생하지 않는다는 보증은 없으므로 별도의 대책을 강구해야 한다.

일반 기업이 특별한 손실에 대비하여 이익의 유보를 통하여 대처하는 것처럼 손보기업에서도 그 자체의 자위상 보수적으로 이익평준화준비금의 성격을 가진 준비금을 적립할 필요가 있다. 이것이 非常危險準備金이다. 비상위험준비금제도는 본질적으로 손보기업의 기간손익을 안정화시킬 목적으로 창설된 것이기 때문에 기간손익계산상 그 일부를 비용으로 부과시킬 수 있다.

⑷ 손익계산제도의 문제점과 전제조건

손보회계의 영역은 대별하여 두 가지 분야가 있다. 그 하나는 외부보고를 주체로 하는 財務會計의 영역이며 다른 하나는 업적평가와 경영의사결정을 위한 管理會計의 영역이다. 손보기업에 있어서는 보험 그 자체의 특성에 의하여 영향을 받기 때문에 회계에 있어서는 매우 보수적이며 그 발전과정에 있어서도 필연적으로 후진성을 탈피하지 못하고 있다. 재무회계의 입장에서 損益計算은 어떠한 점에서는 경영관리에 봉사하고 있지 못하며 또한 다음과 같은 몇 가지 問題를 내포하고 있다.

① 보험경영의 체질적 요인으로서 수입보험료가 시간의 경과에 따라 수익으로서 실현되는 특성을 가지고 있으며 기간손익을 산출하기 위하여는 기말에 미실현수익(미경과보험료 부분)을 차기 이후에 이월하든가 또는 기중에 보험금의 계상을 현금기준에 의하여 행하기 때문에 기말에 지급비금의 계상을 발생주의회계에 접근하도록 하기 위해서는 고도의 부기기술이 요구된다. 한편으로는 기준에 준현금주의적 입장에서 계정처리가 이루어지고 있기 때문에 그 수지잔액밖에 표시되지 않고 earned basis에 의한 적정한 영업실적을 파악하는 것이 곤란하다. 따라서 일상의 관리는 수입보험료라고 하는 단순한 지표에만 과중한 평가가 이루어지는 경향이 있다.

② 손보의 특성으로서 보험금지출의 기복이 크고, 그대로는 경영의 성과(경영손익) 및 평가가 이루어질 수 없다.

③ 손보기업의 영업은 그 주체를 형성하는 보험영업과 투자활동의 두 면을

지니고 있기 때문에 최종적인 손익의 파악에 곤란한 면이 많다.

④ 보험종목별 손익계산이 이루어지지 않고 종합원가계산에 의하기 때문에 관리목적에 이용하는 것이 곤란하다.

⑤ 위와 관련하여 특정 보험종목 또는 특정 부문에 경영상의 의사결정을 할 때에 그것이 각자에게 어떠한 영향을 미치는지를 구분하여 파악할 수 없다.

예를 들면 자동차보험에 대하여 적극적인 영업을 입안할 경우 그 결과의 예상은 공통비, 일반관리비의 배부의 문제가 복잡하기 때문에 자동차보험의 적극적인 영업정책이 손익에 어떻게 나타나는가를 판단할 수 없고, 관리적 역할도 기대할 수 없다.

⑥ 보험종목별 손익계산을 하지 않을 경우 원가의 발생부문에 있어서 원가에 대한 책임이 어디에 있는가, 즉 자기부문의 책임으로 돌아갈 원가와 회사 전체로서의 책임으로 돌아갈 원가와의 구분이 불명확하여 책임회계의 체계가 아니고 원가 전체에 대한 책임이 있을 뿐이다.

⑦ 보험종목별 손익계산체계는 현재 손보기업에 있어서 경영관리조직의 체계상 그 확립이 어렵게 되어 있다. 손보기업의 영업기구는 출장소, 영업소를 최선단으로 하여 부지점단위로 총괄되고 있는 것이 일반적이다. 이들 기관에서 모든 종류의 보험을 판매하고 있으나 그것에 관한 엄밀한 구분계산이 불가능하다.

이상과 같은 현재의 손익계산방식으로는 경영의 주체적 입장에서 이용할 수 없는 면이 많다. 이러한 보험회계의 경영관리에 대한 결점과 문제점을 음미하고 그 해결책을 모색해야 하는 것이 하나의 큰 과제이다. 이것과 관련하여 손보기업의 경영에 있어서 종래 계수관리를 합리적으로 수행하려는 적극적 사고가 결여되고 있었다는 것도 문제이다. 그것을 위하여 매우 중요한 것이 회계분야이다.

물론 경영관리에 필요한 정보는 회계적인 것과 비회계적인 것이 있다. 회계적 정보는 기타 비회계적 정보와 유기적으로 관련하여 경영을 입체적으로 이해하는 데 도움을 주고 있지만 회계정보가 만능이라고 믿을 수는 없다. 회계분야에서 취급되는 문제는 어디까지나 하나의 한계를 지니고 있기 때문에 그 한계를 알고 다른 제정보의 도움을 받아 경영관리를 효과적으로 수행해야 한다. 이러한 관점에서 損益計算(특히 부문별 손익계산)이 經營管理를 위하여 전제가 되고 있는 것은 다음과 같다.

① 손익계산제도를 경영관리에 적극적으로 이용할 수 있도록 경영자의 인식이 필요하다. 회계는 어디까지나 경영의 수단으로서 봉사하는 역할을 하고 있는

것이지 경영 그 자체는 아니다. 보험기업의 경영활동의 결과는 무엇보다도 현실의 수입보험료, 시장점유율, 경비율, 손익 또는 기업의 재무상태를 나타내는 경영 제지표에 의하여 평가된다.

② 월차손익계산이 신속하게 이루어지도록 배려할 필요가 있다. 오늘날 손보 각사는 컴퓨터의 도입에 의하여 기계화가 이루어지고 있지만 이러한 기계화는 관리숫자를 신속하게 제공하여 월별 업적평가(손익계산)가 가능하도록 해야 한다.

③ 손익계산이 부문별(보험종목별·부점별) 업적평가를 할 수 있도록 책임과 권한면에서 부문조직이 그것에 맞게 정비되어야 한다. 이 부문별 조직을 검토함에 있어서 경영이라는 입장에서 가장 기업에 적합한 조직체계를 생각해야 한다. 이것은 다각적으로 책임의 수행을 측정할 수 있는 분권화방식 내지 사업부제방식이 필요하다. 손보기업에 있어서는 保險種目別, 營業部店別, 契約者別, 代理店別로 구분할 수 있다. 사업부제가 손보기업의 경우 현실적으로 도입할 수 있는가는 다른 각도에서도 검토할 필요가 있다. 부문별 손익계산을 하는 전제로서 부문을 설정하기 위해서는 사업부제가 가장 유효한 조직체제이다.

4. 선진국의 保險會計制度

한국은 이미 IMF 구제금융을 통하여 현금흐름의 중요성에 대하여 경험한 바 있다. 금융감독위원회는 금융기관의 평가에서 과거의 실적보다 현금흐름과 기업가치에 중점을 두는 미래를 중요시하는 시스템으로 전환하기 위하여 기업회계기준의 개정과 1998년 후술할 보험업회계처리준칙, 이른바 신회계제도를 보험회사에 대하여 적용하고 있다. 국제회계기준(International Accounting Standards: IAS)의 초점은 대차대조표(B/S), 현금흐름표(C/F)에 모아지고 있으며 기업이 가지고 있는 강약의 기준을 미래의 지속적인 현금흐름에서 보고 있다.

회계관행은 국가에 따라 차이가 있고 주관적인 경향이 있다. 특히 외부에 보고되는 이익과 주가의 관계는 약한 반면 현금흐름과 주가는 밀접한 관련성이 있다는 사실이 밝혀지고 있다. 미국, 유럽, 일본 등에서도 발표된 이익보다는 장래의 현금흐름 성과예상치로부터 기업가치를 창출하는 기관투자가가 점차 증가하는 경향이 있다. 최근 우리나라 기업회계준칙의 개정과 보험업회계처리준칙의 제정에 직접적인 영향을 미치고 있는 선진국 보험회계제도에 대해서 요약·정리

하면 다음과 같다.[15]

(1) 미 국

생명보험회사의 외부보고를 위한 회계기준은 법정회계원칙(Statutory Accounting Practice: SAP), 일반적으로 공정·타당하다고 인정되는 회계원칙(Generally Accepted Accounting Principles: GAAP), 세무회계(Tax Accounting) 3가지로 구분된다. SAP는 보험감독관에게 보고용으로, 세무회계는 세무신고용으로 작성하고 미국 내의 모든 생명보험회사들에게 의무적으로 부과되고, GAAP에 기초한 재무제표는 공개된 생명보험주식회사가 작성해야 한다. 또한 SAP는 계약자보호를 목적으로 하고 있고 보험회사의 재무건전성의 제고를 위한 회계원칙이 적용되며, GAAP는 일반 투자가에게 보고할 목적으로 작성되지만 생보사의 특수한 회계처리를 정하고 있는 기준서로서 책임준비금산출방법, 자산평가방법 등은 FAS (Accounting and Reporting by Insurance Enterprises)에서 규정하고 있다.

생명보험회계에 있어서 수익의 인식은 SAP(현금주의)와 GAAP(발생주의)에 따라 차이가 있으며 미국 공인회계사회(AICPA)가 1982년 발행한 보험회사의 회계와 보고(FAS, NO. 60)에 의하여 생보사는 보험료수익인식기준으로 발생주의를 채택하도록 하고 있다. 비용에 대한 인식기준 역시 SAP(현금주의)와 GAAP(발생주의)간에 차이가 있으며, 비용의 인식 중에서 양자의 큰 차이는 신계약비의 처리방법이다. SAP는 신계약비 전액을 초년도 경비로서 인식하여 당년도에 비용으로 처리하지만 GAAP는 移延資產化하여 보장기간에 걸쳐 상각하도록 하고 있다.

자산평가방법 가운데 유가증권의 평가는 SAP와 GAAP간에 차이가 있다. SAP에 의하면 일정등급 이상의 채권은 균등이율평가법으로 평가하고 나머지 채권은 NAIC에서 정하는 시가로 평가한다. 또한 SAP에 의한 유가증권 평가손익 및 매각손익은 적립한도에 달할 때까지 부채계정의 자산평가준비금에 적립하며, 적립한도에 달한 후 평가익은 자본계정의 잉여금에 편입한다. GAAP는 1993년 6월 FAS 115호(채무 및 지분증권에 대한 투자의 회계처리)를 공포하여 종래 상이한 회계기준이 적용된 생보사, 은행, 일반 기업에 대하여 회계기준을 통일하였다. GAAP에 의하면 자산평가방법으로 채권은 원칙적으로 균등이율평가법을 적용하지만 만기까지 보유할 의사가 없는 채권은 시가로 평가한다.

15) 金奎承 외, 前揭報告書, pp. 121~214 참조.

미국 생명보험회사의 책임준비금적립방식은(SAP) 1990년 NAIC에서 정한 표준책임준비금법(Standard Valuation Law)에 규정되어 있는 보험감독관식 책임준비금적립방식(Commissioners Reserve Valuation Model)을 채택하고 있다. 이 방식은 초년도 순보험료는 사망보험금을 지급할 정도로 하고 나머지는 전액 사업비에 충당하며, 잔여기간의 보험료는 계약기간이 1년 짧은 동일내용 보험의 순보험료로 하여 준비금을 적립하는 방식이다. 계약자배당제도는 NAIC가 1994년 발간한 매뉴얼에 의하면 다음 3가지 종류의 부채를 계상하도록 하고 있다.

① 지급기일은 도래했으나 지급되지 않은 배당금

② 다음 해에 지급해야 할 배당금

③ 보험계약자가 배당금을 회사에 예치할 경우 그 예치금액과 발생이자(배당적립금)

생보사의 지급여력제도는 최저자본잉여금 규제(Risk Based Capital Requirements: RBCR)방식으로서 각 보험회사가 최저한도로 필요로 하는 자기자본 및 지급여력을 요구하는 것이다. 이것은 보험회사가 보유하는 위험을 4가지로 분류하여 생보사 지급여력에 대한 정부의 규제수준을 결정하고 조기경보제도로 사용된다. 4가지 리스크는 신용·가격변동리스크, 보험리스크, 금리리스크, 경영리스크 등이며 RBC비율에 따른 규제수준은 다음과 같다.

규제기준	RBC 비율	정부조치
기업차원 조치	150~200% 미만	재무계획서 제출
규제차원 조치	100~150% 미만	개선명령 지시
권한적 통제조치	70~100% 미만	보험회사 통제
강제적 통제조치	70% 미만	통제 및 필요한 모든 조치 시행

미국의 손해보험회사 회계체계는 생명보험회사와 마찬가지로 SAP, GAAP의 2가지 다른 회계기준에 따라 2종류의 재무제표를 작성하고 있다. 자산평가제도, 지급여력제도 등도 생명보험과 큰 차이가 없으며, 지급준비금제도는 생명보험과 차이가 있다. 대표적으로 뉴욕주 보험법을 기준으로 미국의 제도를 설명하는 경향이 있다. 일반적으로 지급준비금은 각 주 보험법에 그 적립의 필요성 또는 최저필요적립금을 규정하고 있으나 구체적인 산출방법은 규정되어 있지 않고 결산시 각 보험회사가 독자적인 방법으로 실정에 맞는 적립액을 산출하여, 감독당국에 연차보고서를 제출하여 인가를 받는 형식으로 운영되고 있다. 지급

준비금은 보험종목과 주 보험법 관리의 용이성에 따라 각기 다른 방법으로 산출되며 보험감독당국은 외부의 독립된 계리인 또는 전문가의 증명서를 연차보고서에 첨부하도록 하고 있다.

지급준비금 가운데 기보고미지급보험금의 산출방법은 개별추산방식(Individual Estimates Method), 평균손해액방식(Average Value Method), 손해율법(Loss Ratio Method) 등 3가지가 있다. 기발생미보고(Incurred-But-Not-Reported loss reserve: IBNR준비금)준비금을 적립하는 과정은 미보고된 보험금의 빈도와 금액이 추정되어야 하기 때문에 보고된 손해액에 대한 준비금을 적립하는 과정보다 매우 복잡하다. 일반적으로 다음과 같은 방법이 있다.

① IBNR준비금은 일반적으로 보험금지급 경험에 기초하여 추정되고 손해발생 가능성, 보험금지급 과정에서의 변화, 지급비용의 상승, 지급보험금액 및 빈도 등과 같은 상황을 토대로 수정된다.

② 대형 보험회사에서는 IBNR보험금의 지급빈도가 크기 때문에 과거에 적립되어야 했던 IBNR을 보유보험료, 경과보험료, 거수보험료, 발생손해, 지급손해, 보고된 클레임건수, 순개별적립금, 총개별적립금, 계속클레임건수 등과 같은 요소를 하나의 함수로 정률화하여 해당연도의 IBNR을 추정하기도 한다(직접법).

③ 필요에 따라 성장요소 또는 발전요소와 같은 수정계수를 적용하여 가능한 한 실태를 반영하도록 하고 수년간 경영실적의 평균치를 사용하여 안정성을 도모하는 방식도 많이 이용되고 있다.

④ 당해연도에 귀속되어야 할 발생손해 또는 총준비금을 추정하고 여기서 지급보험금 및 기보고미지급보험금을 공제하여 IBNR을 추정하는 방법이 있다(간접법).

이 방법의 가장 대표적인 것은 Average Method인데 이는 사고발생건수의 보험회사에 대한 통지상황의 분포 및 발생클레임의 평균단가(과거 10년)에 의해 발생보험금 총액을 추정하는 방법이다.

⑤ 현행 SAP에서는 보험회사의 손익, 재무상태를 판정하기 위한 하나의 수단으로서 클레임의 연도별 추이를 연차보고서에 기재할 것을 요구하고 있다.

한편 미경과보험료준비금의 적립에 대해서 뉴욕주 보험법(제1305조)에 의하면 감독관의 규정에 따라 재무제표 작성일자에 적용 가능한 연간분할방식에 의한 만족할 만한 적립금을 쌓지 못하면 감독관의 재량에 의하여 보험회사로 하여금 월간분할방식 등에 따라 미경과보험료적립금을 산출하도록 요구할 수 있으며 보험기간이 불확정한 보험료에 대해서는 감독관이 별도의 규칙을 정할 수 있다.

손해보험회사의 지급여력제도는 종래 계약자잉여금 대비 보험료의 비율을 이용하였으나 1980년대 이후 손보사들의 지급불능 사태가 계속하여 NAIC는 그 대응방안의 하나로 위험기준자본금(Risk Based Capital: RBC) 제도를 도입하여 1994년 연차보고서부터 적용하고 있다.

(2) 일 본

일본의 보험회계에 관한 법령은 상법, 보험업법시행령 및 시행규칙, 대장성 은행국통달 등이 있다. 보험회사는 회사형태에 관계 없이 대차대조표, 손익계산서, 영업보고서 및 그 부속명세서의 작성이 필요하며, 사업연도 종료 후 4개월 이내에 대장성대신에게 제출하도록 되어 있다. 보험료의 수익인식은 미수보험료를 계상하지 않는 현금주의를 채택하고 있다. 수익의 인식은 일본의 기업회계기준에서는 발생주의가 원칙이지만 보험회사가 현금주의를 채택하고 있는 이유는 보험료의 지급은 계약자의 자유의사이며 납부를 강제할 수 없으므로 미수보험료는 보험회사의 확정채권으로 볼 수 없다는 것이다. 따라서 선납보험료와 같이 원래 차기 이후의 수익으로 계상하여야 하는 것도 입금시점에서 이미 당기의 보험료로 계상하고 이에 따르는 손익의 수정은 책임준비금(미경과보험료)을 통해서 하고 있다. 또한 대출금 등의 미수이자는 원칙적으로 발생주의에 의하여 회수가 확실한 것에 대해서는 수익으로 인식한다.

비용의 인식기준은 생보사의 경우 보험금을 비롯하여 모든 보험급부에 관계되는 제비용은 실제 지급시에 당해계정에 계상한다. 모든 사업비는 발생 즉시 회계처리하는 것을 원칙으로 하고 있지만 예외로 설립비용 및 초기 5년간의 사업비는 회사 설립 후 10년 이내에서 정관에 정하는 바에 따라 매년 그 일부를 상각할 수 있다. 자산평가제도는 일본의 상법에서 계속기업을 전제로 하여 기간손익의 측정에 중점을 둔 원가주의를 취하고 있다. 따라서 미실현이익은 계상하지 않는 실현주의원칙에 의거하고 있다. 생명보험회계에서 자산평가제도는 보험업법이 상법의 계산규정을 준용하고 있고 원칙적으로 취득원가주의를 채택하고 있다.

유가증권의 평가방법에 대해서는 대장성의 경리통달에 의해 상장유가증권은 저가법, 비상장유가증권은 원가법을 채택하고 있다. 특별계정에 속하는 상장주식은 시가법으로 평가가 가능하다. 또한 보험업법(제112조)에 의거하여 상장주식의 시가가 취득가액을 초과할 때는 상법규정에 관계 없이 대장대신의 인가를 받아 당해주식을 시가평가할 수 있는 특례조항이 있고, 이 경우 평가익은 준비금으로 적립해야 한다. 채권의 평가방법으로 상장채권은 저가법, 비상장채권은 원가법을 채택하고 있으며, 부동산은 원가법으로 처리하고 있다.

생보사의 책임준비금적립제도는 1960년대 말까지 Zillmer방식이었으나 1970년대 이후부터 순보험료식 준비금적립방식으로 전환되었고, 그 후 개방화와 금융환경의 변화에 대처하기 위하여 1994년 4월 개정된 신보험업법에서 표준책임준비금제도를 도입하여 우리나라에도 그 영향을 미친 바 있다. 표준책임준비금제도는 1996년 4월 1일 이후의 계약에 대해서 적용하고, 그 이전의 계약에 대해서는 순보험료식에 의한 준비금을 적립하도록 하고 있다. 미경과보험료는 결산기 이전에 수입된 보험료를 기초로 하여 미경과기간에 대응할 책임에 상당하는 금액을 적립하도록 규정(보험업법시행규칙 第69조)하고 있으며, 위험준비금은 보험계약에 따른 장래의 채무를 이행하기 위하여 예상되는 위험에 대비하는 준비금으로 1961년부터 현재까지 지속되고 있다. 그 적립방법은 보험리스크에 대응하는 부분과 예정이율리스크에 대응하는 부분의 2가지로 구분하여 적립하도록 되어 있다. 가격변동준비금은 과거 유가증권, 부동산 등의 평가익 및 매각익적립금 등을 대상으로 하고 있었으나 가격변동으로 인한 위험 또는 손실을 흡수하기 위하여 1996년 보험업법 개정으로 주식, 채권, 외화자산 등을 대상으로 한 가격변동준비금을 신설하였다.

손해보험회계의 체계와 관련법규는 생명보험회계와 거의 동일하며, 세부적인 기준에 대해서는 대장성 은행국통달 '손해보험회사의 경리 등에 대하여'에서 규정하고 있다. 이 통달에는 경리처리의 원칙, 수익의 계상방법, 자산평가 및 상각방법, 준비금 및 충당금의 적립방법 등을 규정하고 있다. 손해보험회계와 관련하여 책임준비금, 지급비금, 지급여력제도에 대해서 간단하게 살펴보기로 한다.

책임준비금에 관한 규정은 보험업법 제116조 및 시행규칙 제70조에 나타나 있다. 손해보험회사는 매 결산기에 보통책임준비금, 비상위험준비금, 환급적립금, 계약자배당준비금으로 구분하여 책임준비금을 적립하여야 하며, 자동차배상책임보험과 지진보험에 대해서는 관련법에서 정하는 바에 따라 책임준비금을 적립하도록 하고 있다. 자동차보험의 책임준비금에는 의무적립금, 조정준비금, 운용익적립금, 부가율적립금 등이 있다.

보험회사의 기중에 있어서의 보험금처리는 일반적으로 현금주의로 이루어지지만 결산기에 있어서 장부를 마감하는 경우 당해연도 말까지 보험사고가 발생하지 않아 미지급한 것에 대해서는 부채로 인식함과 동시에 발생주의의 입장에서 손익을 수정한다. 이를 위해 보험회사는 기말에 지급비금을 적립해야 하는데 이는 보통비금과 기발생미보고손해(incurred but not reported: IBNR)비금으로 분류된다. 보통비금은 지급액이 확정되었지만 미지급한 보험금, 지급의무는 있으나 금액이 미확정된 보험금, 소송 중인 보험금 등 3가지로 구분된다. IBNR비금은 결산기에 있어서 이미 발생하였지만 보험회사에 보고되지 않은 사고에 대하여 충당하는 것으로 통일경리기준에 의거하여 산출되고 있다.

지급여력제도는 생보사와 큰 차이는 없으며 다만 기준리스크 산출방법에서 약간의 차이만 있다. 즉 보험회사의 위험을 체계적으로 분류하여 각 리스크에 상응하는 리스크계수를 구하고 이것을 기초로 보험회사의 보유리스크를 구한 후 보험회사의 자본금, 잉여금 등과 같은 solvency margin 총액을 이 리스크의 합계액으로 나누어 비율을 산출하고 이 비율을 기준으로 조기경보체제를 실시한다.

(3) 영 국

1985년 개정 회사법(Companies Act)에 의하여 모든 보험회사는 주주에게 대차대조표, 손익계산서, 수익보고서 및 그 주식 등을 포함한 재무제표를 제출해야 한다. 수익보고서에서의 이익이나 손실은 손익계산서로 대체되며, 재무제표는 보험종목에 따라 각각 구분하여 작성된다. 회사법에서는 재무제표가 진실되고 공정한 견해를 표현해야 한다고 규정하고 있지만 보험회사는 일반 기업보다 사업의 특수성을 반영하는 회계처리 및 공시요건을 따르고 있다. 그러나 이러한 요건에 의해 보험회사에 적용되는 특별한 형태의 재무제표가 있는 것은 아니다. 1990년 5월 영국보험협회는 보험회계를 위한 권고관행지침(Statement of Recommended Practice on Accounting for Insurance Business)을 제정하여 보험회계처리방식의 상이함과 다양성을 줄이기 위한 시도를 하였는데 이 지침은 보험료 및 보험금의 인식, 비용인식 등의 회계처리에 대해서 규정하고 보험사업의 특수성을 감안한 회계처리방법의 기본방향을 제시하고 있다.

보험회사에 대한 감독은 무역산업부(Department of Trade and Industry)가 주관하고 있는데 보험회계제도에 대해서는 1994년의 보험회사규칙에 solvency margin, 책임준비금적립, 자산평가방법 등이 포함되어 있다. 또한 이와 관련하여 영국보험협회에서 제정한 상기 보험회계를 위한 권고관행지침도 중요한 역할을 수행하고 있다.

생명보험회사의 보험료 수익인식은 발생주의를 채택하고 있으며, 비용에 관한 인식기준도 역시 동일하다. 신계약비는 그 비용의 효과가 미래에 나타난다는 점을 고려하여 수익·비용의 대응원칙에 따라 자산화하는 것을 인정하고 있으며 미래의 보험료수익에 따라 상각할 수 있도록 규정하고 있다. 생보사의 자산평가는 1982년 보험회사법에 따라 무역산업부장관이 정한 규칙에 따라 이루어지고 있는데 구체적으로는 1994년 보험회사규칙에 규정되어 있다. 보험회사자산평가에 관한 기본원칙은 다음 2가지이다.

① 자산은 규정된 금액으로 평가되어야 한다. 예로서 상장주식은 시가평가로 해야 한다.

② 자산은 일정금액 이상으로 평가해서는 안 된다. 예로서 부동산의 경우 가장 최근의 적절한 가액을 초과하지 않는 금액으로 평가해야 한다.

이상과 같은 기본원칙에 따라 상장주식이나 상장채권은 시가평가를 해야 하고(보험회사규칙 제53조), 비상장유가증권 중 장외시장에서 거래되는 증권은 시장가액을 초과하지 않는 금액으로 평가한다.

생명보험회사의 책임준비금적립은 1994년 보험회사규칙의 규정에 의하고 계산방식은 원칙적으로 순보험료식이지만 보험금의 3.5% 이내의 Zillmer공제가 허용된다. 다만 Zillmer공제는 보험료에 포함되어 있는 신계약비의 동일계약군단 평균액을 상회해서는 안 되지만 사정에 따라서는 업무계획서에 기재된 신계약비까지 Zillmer공제를 할 수 있다. 出再한 부분도 책임준비금에 포함되어 계산되며, 장래의 해약을 고려하여 책임준비금을 계산한다. 결손보전을 목적으로 이익을 유보하도록 하는 법정준비금제도는 존재하지 않고 있지만 임의준비금은 여러 가지가 있다. 1981년 회사법은 대차대조표의 준비금 기재에 대해서 자본준비금, 이익준비금, 충당금의 3항목을 마련하도록 규정하고 있다.

보험계약자배당에 관한 제도는 영국에서 이미 200년 이상의 역사(1776년 Equitable생보 계약자배당)를 가지고 있으며 현행제도는 보험회사법의 규정에 의하고 있다. 이 규정에 의하면 확정잉여금을 구성하는 자산은 적절한 최저액 이상을 배당한 경우 또는 적절한 최저액 미만의 배당에 관해서는 무역산업부의 승인을 받은 후 공시하고 소정의 기간이 경과한 경우 이외에는 생명보험사업을 위해서만 사용할 수 있다. 적절한 최저액의 산출공식은 다음과 같다.

$$\frac{b \times c}{a} - \frac{c}{200}$$

a: 그 종목의 보험계약자에 대해 배당을 실시한 전기의 확정잉여금, b: 배당액, c: 당년도 확정잉여금

영국에서 보험회사의 지급여력제도는 장기보험과 손해보험으로 구분하여 실시하고 있고, 장기보험은 생명보험, 연금보험을 포함하여 9개의 보험종목으로 구분된다. 지급여력의 구성요소는 명시된 과목과 묵시된 과목으로 구분된다. 명시된 과목에는 주식회사의 납입자본금 또는 1/4 이상 납입이 완료된 경우 납입자본금의 1/2이 해당된다. 묵시된 과목은 다음 3가지로 구분된다.

① 장래이익의 50%이다. 장래이익은 최근 5년간 이익의 산술평균치에 평균잔여 보험기간(10 이하)을 곱하여 산출한다.

② 비Zillmer식 책임준비금 또는 일부 Zillmer식 책임준비금과 보험료 중에 포함된 신계약비에 해당하는 부가보험요율과 같은 비율이 적용된 Zillmer식 책임준비금과의 차액

③ 은닉준비금(hidden reserve)으로서(자산의 과소평가나 부채의 과대평가에서 발생하는 준비금 등) 그 성격상 예외적인 것이 아니라면 지급여력으로 인정된다. 최저지급여력은 보험회사가 유지해야 하는 보증기금과 관련이 있다. 보증기금은 최저지급여력의 1/3로 하며, 최저보증기금은 보험종목마다 차이가 있다(보험회사규칙 제22조 및 Schedule 5).

손해보험회계의 관련법규, 수익 및 비용의 인식, 자산평가제도 등은 생명보험회계와 차이가 없다. 준비금제도와 지급여력에 대해서 차이점은 다음과 같다.

영국 손해보험회사의 책임준비금은 미경과보험료적립금, 계속위험준비금(unexpired risks provision), 지급준비금, 이익배당준비금, 평준화준비금 등으로 구분할 수 있다. 손해보험회사의 대부분은 1/24법으로 미경과보험료를 산출하고 있으며, 미경과보험료가 급격한 인플레이션 변동, 배상책임의 증가 등으로 장래 클레임의 충당에 부족한 경우 계속위험에 대한 준비금으로 충당된다. 미경과보험료준비금은 보험종목기준으로 계산되는 반면에 계속위험준비금은 투자수입을 고려하여 모든 보험계약을 통합하여 계산한 후 적립한다. 지급준비금으로 기발생기보고준비금은 예상되는 지급보험금에 대하여 개별적으로 적립하는 것을 원칙으로 한다. 그러나 미지급보험금 건수가 많고 개별적인 평가가 불가능할 경우

평가를 위한 보험금의 집단화가 가능하다. IBNR준비금은 대차대조표일 이후에 보고된 보험금지급 건수 및 평균지급금액과 같은 과거의 경험에 기초하여 계산한다. 손해보험회사의 경우 이익배당준비금은 거의 없는 상황이며, 평준화준비금은 클레임 또는 전체 손해실적의 변동을 평준화시키기 위한 준비금으로 우박보험 또는 신용보험과 관련된 준비금이다.

손해보험회사의 지급능력에 관한 규정은 제 1 차 EC지침에 의한 통일규칙이 마련됨에 따라 1978년 보험회사법에 이를 반영하였으며, 1994년부터 보험회사규칙에서 상세하게 규정하고 있다. 지급여력 산출방법은 보험료기준과 보험금지준 2 가지 중 하나를 선택하여 이 중 큰 금액 이상의 순자산을 유지하도록 하고 있으며, 최소보증기금은 보험종목별로 금액이 다르다. 보험료기준은 원수보험료와 수재보험료를 합한 금액에서 해약환급보험료 및 제세공과금을 차감한 금액에 대하여 일정한 산식에 의하여 계산한다.

(4) 독 일

독일에서 보험회계에 대한 감독체계는 상법, 보험감독법, 감독청규정 및 지침, EC지침 등이 있으며 이러한 법규를 기초로 하여 보험감독청이 보험회사의 책임준비금적립, 지급여력, 자산평가, 계약자배당 재무제표의 내용 등을 감독하고 있다. 보험회계는 EC지침을 반영하여 1994년 7 월 보험회계규정을 전면 개정하였다. 보험감독청이 제정한 회계규정과 지침은 재무제표의 형태에 관한 요건도 규정하고 있으며, 이 규정은 생명보험, 손해보험, 재보험 등 모든 보험종목에 적용된다. 대차대조표의 형태는 모든 보험회사에 대하여 동일하게 적용되지만 손익의 형태와 주석 등의 내용은 상이하다. 감사(공인회계사)는 모든 준비금에 대하여 그 계산, 평가방법, 사업계획 등이 적절하게 시행되고 있는지를 확인하고 평가해야 한다.

수익과 비용의 인식은 현금주의에 의하여 처리되고, 자산평가제도는 보수주의에 입각하여 원가주의(저가법)를 채용하고 있다. 유가증권의 평가는 원가와 시가 중 낮은 금액으로 평가(저가법)하고, 보유 중인 계열사 주식은 원가평가, 부동산은 취득가격에서 감가상각비를 공제한 금액으로 평가한다. 대출금, 상장채권, 은행예금 등은 액면가액으로 평가한다.

생명보험회사의 준비금제도는 책임준비금, 미경과보험료준비금, 지급준비금 및 해약준비금, 계약자배당준비금, 기타 기술적 준비금으로 구성된다. 책임준비금적립방식은 원칙적으로 순보험료식이지만 보험금의 3.5% 이내의 Zillmer공제가 허용된다. 미경과보험료는 일반적으로 개별법에 의하여 산정되며 수리적으로 계산할 수 없는 경우는 경험에 근거하여 계산된 평가가 인정된다. 지급준비금은 해당사업연도 말까지 발생한 보험사고 중 그 시점까지 완전히 지급된 것 및 결재에 의한 청산이 되지 않은 것으로서 결산일에 그 금액이 확정된 보험사고도 포함된다. 결산일 이후에 판명된 보험사고는 기발생이 판명손해로 계상하고 기발생미보고 보험사고는 일괄준비금으로 계상되지만 모두 지급준비금에 속한다.

계약자배당준비금은 이사회가 감사의 동의를 얻어 유보한 금액을 결정하며 주식회사의 경우 대차대조표에 계상된 잔여이익에 의해 자본금의 4%를 주주배당으로 할 수 없는 한 계약자배당준비금으로서 유보된 금액을 계약자에게 배분할 수 없다. 감독청은 잉여이익의 최소한 90%를 배당준비금으로 충당하도록 의무화하고 있는데, 일반적으로 보험회사는 이익의 98% 정도를 보험계약자에게 환원하고 있으므로 주주를 위한 이익분배는 1% 내외에 불과한 실정이다.

독일 생보사의 보증적립금은 지급능력 최저액의 1/3로 하며, EC지침과 동일하게 적용하고 있다. 지급능력제도는 EC지침을 적용하고 있기 때문에 영국 등과 동일한 방식을 채택하고 있다. 손해보험회사의 준비금제도는 보험종목에 따라 차이가 있지만 일반적인 것은 미경과보험료적립금, 지급준비금, 보험료환급적립금, 변동준비금(평준화준비금), 기타 기술적 준비금으로 구성된다. 지급준비금은 기발생기보고준비금, 기발생미보고준비금, 해약환급적립금, 손해사정비용준비금 등이 있다. 기타 기술적 준비금에는 손실보상준비금과 보험료해약준비금이 있다.

(5) E C

EC의 회계에 관한 규칙으로는 1978년 회사법 제4지침(78/660/EEC), 1983년 회사법 제7지침(83/349/EEC), 1986년 은행계산서류지침, 보험분야에서는 1991년 12월 보험회계서류지침(Insurance Account Directive) 등이 채택되었다. 보험회계서류지침에는 대차대조표, 손익계산서 항목, 책임준비금적립방법, 자산평가방법 등에 관하여 규정하고 있다. 회원국들이 이 지침에 부응할 수 있도록 자국의 법률, 규칙 및 행정명령 등을 개정하여 1995년 1월부터 적용하도록 권고하고 있다. 각 회원국은 국내 보험회사에 대해 재정상태와 지급능력을 기재한 연차결산보고서의 제출을 의무화하고 있다.

수익과 비용의 인식기준은 현금주의와 발생주의 중에서 선택이 가능하며, 신계약비로 발생시점에서 전부 당해비용으로 처리하거나 또는 이연자산화하여 보험료 납입기간에 걸쳐 상각하는 방법 중에서 회원국에서 선택이 가능하다. 자산평가제도는 원칙적으로 취득원가 또는 생산원가에 의하여 평가되지만 보험회사의 일반적인 평가기준은 취득원가가 되고 있다. 보험회사의 투자자산은 대부분이 보험계약자에 대한 장래의 채무를 담보하기 위한 것이므로 평가에 대하여 많은 논란이 있어 왔지만 원가법에 의한 평가는 역사적 확실성에 근거를 두고 있으나 보험회사의 담보능력에 대한 기준에서 볼 때 시가법에 의한 평가액보다 적은 경우가 일반적이다. EC회원국은 원가법과 함께 시가법에 의한 투자자산의 평가를 허용하고 있으며, 토지나 건물의 평가에도 시가법을 허용하고 있다.

생명보험회사의 준비금제도에는 책임준비금과 보증적립금으로 구분하고 있다. 생명보험 제 3 차 지침에 의하면 본점소재 회원국이 해당 보험회사로 하여금 사업 전체에 대해서 수리적 준비금을 포함한 충분한 기술적 준비금을 적립할 것을 요구하고 있으나 적립방법에 대한 구체적인 기준은 없고 기본원칙만 제시하고 있다. 보증적립금은 최저지불여력의 1/3로 하며, 최저보증적립금은 원칙적으로 80만 ECU로 하고 있다. 지급여력제도는 보험종류에 따라 구분하여 적립하도록 하고 있다(EU 생명보험 제 1 차 지침 제19조). 보험종목은 ① 생명보험, 연금보험 및 사회보험, ② 변액보험, 연금기금관리 및 단체보험, ③ 종신건강보험, 자본상환보험, 톤틴(tontines), ④ 생명보험에 부가된 상해보험, 사망보험, 고도장해보험 등으로 그룹화되어 있다.

EC의 손해보험회사 준비금제도는 미경과보험료적립금, 계속위험준비금, 지급준비금, 평준화준비금으로 구성되어 있다. 지급준비금은 기발생기보고준비금, 기발생미보고준비금, 손해사정비용준비금 등이 여기에 속한다.

5. 新保險會計制度

(1) 도입배경

세계은행(IBRD)은 한국을 비롯한 개발도상국가들이 금융위기로 인하여 IMF 구제금융을 받게 된 이면에는 산업 전반에 대하여 자금공급원으로서 파급효과가 큰 금융부문에 대한 정보를 제대로 파악하지 못해 파국의 상황까지 가게 된 것으로 분석하고 이러한 정보문제를 해결하기 위한 대표적 수단을 회계기준으로

〈표 11-3〉 보험회계규정의 이원화

구 분	보험업회계처리준칙	감독회계규정
기본목적	기간경영성과 및 재무상태 보고	계약자보호를 위한 재무 건전성 감독
정보이용자	주주, 채권자 등 외부정보 이용자	보험감독당국
기본가정	계속기업	청산 원칙
재무정보의 역할	미래 현금흐름의 예측	단기적 지금여력의 측정
재무정보의 질적 특성	중립성 및 타금융기관과의 비교가능성	보수성 및 보험업 고유특성 반영

자료: 최영, 前揭論文, 2001. 8, p. 73.

보았다. 우리나라의 기업회계기준은 1996년 3월 전면적인 개정을 통하여 선진화된 회계제도를 수용하는 등 큰 변화가 있었지만 외환시장의 불안정으로 기업의 환차손이 커짐에 따라 1997년 12월 당시 손실로 처리하던 환자손을 이연자산으로 처리하도록 규정을 개정하는 등 예외적인 사항들이 많아 회계기준이 적절한 정보를 담은 신뢰성 있는 재무제표의 제공을 뒷받침하지 못하고 있었다.[16)]

금융위기 이후 IMF 합의안 및 IBRD 정책권고 사항에는 우리 경제의 국제적 신인도 회복을 위한 요건으로서 기업의 지배구조 개선, 금융 및 제조업의 구조조정과 함께 예외 없이 국제적 회계기준을 반영한 회계제도의 정비가 강력하게 제기되었다. 이에 따라 금융감독위원회는 경제위기 극복을 위한 기업경영의 투명성을 높이기 위하여 기업회계기준 개정과 금융업종별 회계처리준칙의 제정을 서두르게 되었다. 1998년 7월부터 9월까지 회계기준심의위원회에서 공개초안을 마련하여 10월 한 달 동안 각계의 의견을 수렴한 후 11월 27일 제정안을 확정하고, 12월 10일 증권선물위원회에서 제정안을 의결하였다.

기업회계기준의 개정과 동시에 보험, 은행, 증권 등 각 금융업의 회계처리준칙을 개정 및 제정하여 1999년부터 시행하였는데 1998년 12월 10일 보험업회계처리준칙은 이러한 여건 속에서 재탄생하였다. 이 준칙제정의 기본방향은 다음과 같다.

① 기업회계기준 및 국제적 수준의 회계기준에 부합

16) 김해식, "보험업회계처리준칙 제정의 의의와 국제적 회계기준의 흐름," 「보험동향」(제 8 호, 1999/봄), pp. 2~4.

② 금융업종간의 비교가능성 제고

③ 금융업종별 영업특성을 반영하여 유용성 제고

④ 회계정보의 생산자 및 이용자의 편이성 도모

종래 보험업을 비롯한 금융업종의 회계처리는 일반 산업과는 구별되는 특수성을 인정하여 기업회계기준보다 감독당국의 회계처리규정이 우선 적용되는 일종의 예외조치를 누려왔는데 이러한 회계처리는 일반정보 이용자에게 유용한 정보를 제공하려는 목적보다 감독을 위한 정보확보에 그 목적을 두어 다른 업종과 비교가능성 및 일관성이 결여되어 금융위기 이후 신뢰성을 상실한 주요 원인으로 지적되어 왔다. 새로 개정된 보험업회계처리준칙은 기업회계기준의 체계 내에서 국제적 수준의 회계기준을 반영함으로써 비록 보험업에만 국한된 것은 아니지만 크게 방향을 수정한 것으로 볼 수 있다.

1999년 12월 일반정보 제공목적인 보험업회계처리준칙이 마련됨에 따라 이어서 2000년 3월 보험업감독규정을 대폭 개정하여 감독정보 제공목적인 회계관련 규정을 별도로 마련함으로써 보험회계는 이원화의 기반이 형성되었다. 보험업회계처리준칙은 전술한 GAAP(General Accepted Accounting Principal)에 해당되고, 보험업감독규정에서 감독목적의 보험회계처리에 관한 조항의 신설 등은 SAP(Statutory Accounting Principal)에 해당된다.

보험업회계처리준칙과 보험감독회계규정은 이원화되어 있다고 하여 목적과 내용에 상호 배치되기보다는 상호 보완적인 관계에 있다고 볼 수 있다. 보험업회계처리준칙은 주식회사의외부감사에관한법률, 기업회계기준에 준거하고 있고 이 기준 등에서 정하지 아니한 사항과 보험업의 특수성으로 인하여 달리 적용할 필요가 있는 사항을 규정하며 일반 재무정보제공을 위한 재무제표 작성시 우선 적용한다. 반면에 보험업감독규정의 보험회계처리에 관한 규정에 명시되지 않은 사항은 보험업회계처리준칙을 준용하도록 규정하고 있다. 양자는 정보제공의 목적에서는 차이가 있지만 체계면에서는 독립적이 아니다.

(2) 주요 개정내용[17)]

① 보험료적립금 및 신계약비 회계처리: 책임준비금의 대부분을 차지하는 보험료적립금의 적립방식은 종전에는 순보험료식을 원칙으로 하였으나 일부 열

17) 김호중, "신회계제도의 의의 및 향후과제", 「보험개발연구」(제10권 제12호, 1999. 7), pp. 7~23 참조.

세 생보사에 대하여 해약환급금식도 허용하여 왔고, 신계약비는 당기비용으로 처리토록 하여 보험회사간 회계정보의 비교가능성을 저해하고 현재와 장래의 계약자간 배당의 형평성을 깨뜨려 왔다. 또한 이러한 처리방식은 수익·비용대응원칙에도 위배되는 등 여러 가지 문제점이 있었다. 새 제도에서는 이를 개선하여 보험료적립금은 순보험료식으로 통일하고, 신계약비는 장기선급비용 성격의 기타자산으로 구분하여 7년 이내에 균등상각하도록 하였다. 신계약비이연제도를 신설한 것은 신계약비 비용계상과 회수기간을 일치시켜 수익·비용이 대응될 수 있도록 하였다.

② 보험료결손제도 도입: 보험료결손이 예상될 경우 보험계약자보호를 위하여 보험료적립금을 추가로 적립토록 하고 있다. 기본적으로 보험료적립금은 이자율, 사망률, 해지율, 사업비율 등 보험계리의 가정을 기초로 산정되는데 이러한 제반 가정의 수정으로 인하여 보험료적립금이 부족하다고 판단되는 경우 보험회사의 장래 지급능력이 불안하게 된다. 이에 대비하여 계약자이익배당준비금과 계약자배당안정화준비금으로 우선 보전하고 차액에 대해서는 보험료적립금을 추가적립하도록 규정하고 있다.

③ 보유유가증권 회계처리: 보유유가증권의 회계처리는 보험회사가 기관투자가로서 유가증권을 많이 보유하고 있고 그것이 재무보고에 미치는 영향이 매우 크기 때문에 중요한 문제로 보아야 한다. 종전의 회계규정은 보유유가증권을 모두 운용자산으로 분류하여 장기투자 목적의 유가증권은 물론 계열사 주식까지도 운용자산으로 분류되는 문제점이 있었다. 새 회계제도에서는 보유유가증권을 일반 기업과 마찬가지로 유동성 및 보유목적에 따라 상품유가증권과 투자유가증권으로 구분·보고토록 하였다. 이에 따라 현금화가 가능하고 시장성 있는 유가증권으로서 단기적 자금운용을 목적으로 하는 유가증권은 상품유가증권으로 분류하고, 시장성이 없는 유가증권과 계열사 주식 및 장기투자 목적의 상장유가증권은 투자유가증권으로 분류하도록 하였다. 이러한 처리방식은 금융기관간 재무제표의 비교가능성을 높이고 유동성 여부에 따라 보유유가증권을 구분하여 재무정보의 유용성을 제고하기 위함이었다.

신회계제도는 보험회사의 보유유가증권의 평가와 평가손익의 회계처리도 개정하였다. 주식에 있어서 상품주식은 공정가액으로 평가하고 평가손익의 처리는 당기손익으로 처리하도록 하였다. 투자주식으로 영향력 행사가 가능한 관계회사 주식은 지분법으로 평가하고, 비관계회사 주식으로 시장성 있는 주식은 공정가액평가, 시장성 없는 주식은 원가평가하도록 하였다. 이들 투자주식 평가손익의 처리는 지분법 혹은 공정가액평가의 경우 손보사는 자본조정으로, 생보사는 지급여력비율에 따라 계약자지분조정과 자본조정으로 배분·처리하도록 하였다. 원가평가시 순자산가액이 영구히 하락한 경우는 그 손실을 당기손으로 처리한다. 생명보험회사의 투자유가증권 평가손익의 배부기준은 직전회계연도의 지급여력비율에 따라 다음과 같이 배분한다.

〈생보사 투자유가증권 평가손익의 배부기준〉

지급여력비율	자본조정	계약자지분조정
8% 이상	15% 이하	85% 이상
4% 이상 8% 미만	12.5% 이하	87. 5% 이상
4% 미만	10% 이하	90% 이상

보유채권의 평가방법 및 평가손익의 처리도 그 보유목적에 따라 보유주식의 경우와 유사하게 처리한다. 채권의 구분은 유가증권에 속하는 채권과 투자유가증권에 속하는 채권으로 구분되고 각자의 평가방법과 평가손익의 처리방법이 다르다. 한편 종전에는 증시안정기금의 출자금을 취득원가로 평가하여 평가손익을 인식하지 않았으나 신회계제도에서는 동 출자금을 증시안정기금 순자산가액의 지분상당액으로 평가하여 경제적 실질을 반영시켰고 그 평가손익은 상품주식과 유사하게 당기손익으로 처리하도록 하였다.

④ 대손충당금설정 세부기준의 신설: 신보험회계제도에서는 대손충당금 설정에 대한 세부기준을 마련하여 금융업간의 비교를 가능하게 하였고 이익조정의 수단으로 사용될 수 있는 여지를 축소하였다. 즉 부실보험회사에 대한 실사시 활용하던 자산건전성 분류기준을 모든 보험회사가 적용하도록 하여 자산의 순실현가능액이 재무제표에 반영하도록 하였다. 새 제도에서는 리스크의 경중에 따라 자산건전성 분류자산을 대출채권, 보험미수금, 받을어음, 부도어음 등 대손충당금 설정대상 자산으로 한정하고 있다. 대손충당금 설정비율은 은행의 표준설정비율을 그대로 수용하여 정상 0.5%, 요주의 2 %, 고정 20%, 회수의문 75%, 추정손실 100%의 설정비율을 규정하고 있다.

⑤ 채권 재조정시 손실처리: 법정관리, 화의, 산업합리화조치 혹은 워크아웃 등의 방법으로 원금이자의 유예 혹은 감면이 이루어진 경우 그 재조정된 채권의 명목가액이 아닌 조정 후 새로운 현재가치를 대차대조표가액으로 하도록 하고

있다. 그 현재가치와 명목가액, 즉 종전 장부가액의 차이인 현재가치 할인자금은 이미 설정된 대손충당금, 대손상각비의 순서로 대응하도록 하여 채권의 실질가치 하락분이 재무제표에 반영되도록 하였다.

⑥ 재무제표 양식과 계정과목 개선: 외부 이용자의 이해를 돕고 금융업종간 비교가 가능하도록 하기 위하여 보험업회계준칙상 재무제표는 은행과 증권회사 재무제표와 대동소이한 양식에 의해 작성하도록 하고 있다. 생보사의 종전 손익계산서 양식에서는 보험영업손익과 투자영업손익이 구분되지 않고 영업손익의 큰 항목만 구분되어 있었으나 현재 제도에서는 양자를 구분표시하고 있다. 또한 종전에는 동일한 성격의 계정을 생보사와 손보사간에 다른 명칭으로 사용한 경우가 있었으나 현재는 가능한 한 동일한 명칭을 사용하고 있다. 예로서 생보사의 支給備金이라는 용어는 손보사와 같이 支給準備金이라는 용어로, 손보사의 再保險料라는 용어는 생보사와 같이 出再保險料라는 용어로 통일되었다. 대차대조표 작성기준은 과거 속성별·유동성 배열에서 기업회계기준과 체계를 같이 하여 유동성 배열법으로 변경하였다.

보험업회계기준준칙과 보험업감독규정의 재무제표 양식은 특히 손익계산서

〈표 11-4〉 대차대조표 과목분류

과　거	현　재
〈자　산〉	〈자　산〉
1. 운용자산	1. 현금과 예금
2. 비운용자산	2. 상품유가증권
	3. 투자유가증권
	4. 대출채권
	5. 고정자산
	6. 기타자산
〈부　채〉	〈부　채〉
1. 책임준비금	1. 책임준비금
2. 기타부채	2. 계약자지분조정
	3. 비상위험준비금
	4. 기타부채
〈자　본〉	〈자　본〉
1. 자 본 금	1. 자 본 금
2. 자본잉여금	2. 자본잉여금
3. 이익잉여금	3. 이익잉여금
	4. 자본조정

〈표 11-5〉 보험업회계준칙과 보험감독규정의 재무제표 양식

대차대조표			손익계산서		
준 칙	규정(생보)	규정(손보)	준 칙	규정(생보)	규정(손보)
〈자 산〉	〈자 산〉	〈자 산〉			
현금및예치금	운용자산	운용자산	영업수익	보험영업수익	경과보험료
상품유가증권					발생손해액
투자유가증권					장기저축성보험
대출채권				보험영업비용	환급금
고정자산	비운용자산	비운용자산			순사업비
기타자산	특별계정자산	특별계정자산			책임준비금증가액
					비상위험준비금
			영업비용		증가액
〈부 채〉	〈부 채〉	〈부 채〉		보험수지	보험영업이익
책임준비금	책임준비금	보험계약준비금		투자영업수익	투자영업수익
		책임준비금		투자영업비용	투자영업비용
		비상위험준비금		투자수지	투자영업이익
계약자지분조정	계약자지분조정			책임준비금	
비상위험준비금				전입액	
사 채	사 채		영업손익	영업손익	총영업손익
기타부채	기타부채	기타부채	영업외수익	기타수익	영업외수익
	특별계정부채	특별계정부채	영업외비용	기타비용	영업외비용
				기타손익	
〈자 본〉	〈자 본〉	〈자 본〉		특별계정손익	특별계정손익
자 본 금	자 본 금	자 본 금	경상손익	경상손익	경상손익
		신주청약증거금	특별이익	특별이익	특별이익
자본잉여금	자본잉여금	자본잉여금	특별손실	특별손실	특별손실
이익잉여금	이익잉여금	이익잉여금	법인세비용	법인세비용	법인세비용
자본조정	자본조정	자본조정	차감전순이익	차감전순이익	차감전순이익
			법인세비용	법인세비용	법인세비용
			당기순이익	당기순이익	당기순이익

에서 생보사와 손보사간에 상당한 차이를 보이고 있다. 이러한 현상은 결합재무제표의 작성이나 생·손보사 업무영역 제한의 완화추세 등을 고려할 때 생보사와 손보사의 재무제표 양식은 계속 검토되어야 할 과제를 안고 있다.

⑦ 생보사 계약자배당 및 재평가차액의 배부기준 변경: 이 항목은 전술한 생보사 기업공개시 계약자배당 문제와 관련되며 이 책 제10장 제 4 절의 4 에서 언급된 바 있다. 우리나라 생보사는 무배당상품의 판매가 증가하고 있지만 유배

당상품이 절대적인 비중을 차지하고 있는 경영의 결과 발생하는 계약자배당전잉여금(법인세차감전순이익)의 주주와 계약자간에 어떻게 공평하게 배분하느냐의 문제가 민감하게 발생하고 있다. 2000년 말까지 한시적으로 허용된 바 있는 부동산의 자산재평가에 따른 재평가차액의 분배문제 또한 재평가차액을 거의 모두 결손보전에 사용해 온 신설 생보사의 경우는 문제될 여지가 없었고 이들 가운데 많은 회사가 부실경영으로 퇴출되었다. 그러나 전술한 삼성생명과 교보생명의 기업공개가 거론되었을 때 자산재평가차액의 처리와 계약자에게 주식배당의 문제가 논란의 대상이 되었다.

신회계제도에서는 무배당보험의 판매에 따른 손익, 자본계정 운용으로 인한 손익 및 유배당보험의 판매에 따른 손익을 구분하여 무배당보험 및 자본계정으로부터의 손익은 전액 주주지분으로 하고, 유배당보험의 손익은 주주지분과 계약자지분으로 구분하도록 규정하고 있다. 그러나 일부 대형사를 제외하고 유배당보험을 판매하고 있는 중소 생보사의 경우 결손보전에 충당하기 바쁘기 때문에 모든 생보사에 의무적으로 적용될 수 있는 규정은 아니라고 볼 수 있다. 또한 퇴직보험 이외에는 분리계정이 도입되지 않은 현실에서 계약자배당전잉여금 및 재평가차액은 투자유가증권 평가손익과 마찬가지로 대부분 자본조정과 계약자지분조정으로 배분될 수밖에 없다.

한편 신회계제도에서는 임시적인 調整計定을 계약자지분에 확대하여 투자유가증권 평가손익 중 계약자지분, 재평가차액 중 미래계약자 몫인 계약자배당안정화준비금 및 과거 계약자 내지 공익지분인 공익사업 출연기금을 계약자지분조정으로 구분·표시하도록 하고 있다. 이것은 미실현계약자지분을 실현지분에 해당하는 책임준비금과 구분·표시하여 재무정보의 유용성을 제고하기 위함이다.

⑧ 분리계정(특별계정)의 신설: 구분(특별)계정 또는 분리계정이란 보험업법에 의거하여 특정 보험종목 또는 상품을 다른 보험종목과 분리해서 회계처리하고 별도로 해당자산을 운용하여 그 수익을 직접적으로 해당계정에 귀속시키는 구조를 말한다. 분리계정의 설치목적은 보험상품의 특성에 맞는 자산운용과 자산운용수익의 명확한 구분, 위험부담이 다른 일반 보험과 특정 보험자산을 명확하게 구분하여 자산평가를 하도록 보험업법에 의거하여 설치되었다. 이와 관련되는 법규는 보험업법 제19조의2(특별계정의 설정·운용), 보험업감독규정 제91조~제93조, 제96조, 제125조~제131조 등이다. 우리나라에서는 최근 퇴직보험의 판매, 변액보험의 도입 및 앞으로 유니버설보험 등 특별 상품의 취급에 대비하

여 신회계제도에서도 분리계정(seperate accounts)의 개념을 도입하였는데, 보험업회계기준준칙에서는 區分計定, 감독규정 및 보험업법에서는 特別計定이라고 하고 있다. 특별계정의 현황은 생보사의 무배당보험 및 자본계정, 생보사 및 손보사의 개인연금에서 구분계리제도를 적용하도록 하고 있다. 신회계제도에서는 특별계정의 자산 및 부채는 대차대조표에 각각의 총액을 독립계정으로 보고하도록 되어 있고 또한 손익의 계산 및 배분과 관련하여 보험업감독규정시행세칙에 의하면 현재 운용 중인 퇴직보험과 같은 원리금보장형 특별계정의 수익과 비용은 일반계정 손익계산서에 각각을 특별계정수익과 특별계정비용으로 포함시키고, 원리금보장형 특별계정의 이익은 주주지분과 계약자지분으로 나누어 구분계리하도록 규정하고 있다.

선진국 보험상품에서 분리계정이 도입된 배경을 살펴보면[18] 미국, 캐나다, 영국, 독일, 프랑스, 일본에서 변액보험과 연금보험 등에서 처음 도입되었다. 미국은 1952년 대학교직원연금기금에서 연금보험을 판매하고 물가상승에 의한 연금급여의 가치하락에 대응하기 위하여 보통주에 투자를 하기 위함이었다. 그 후 주정부 차원에서 변액연금의 도입으로 분리계정의 설치와 변액연금의 판매를 인정하는 법안이 채택되었다. 일본은 1994년 6월 보험업법의 개정안에 특별계정의 설정근거가 신설되었고, 영국은 1982년 보험회사법 제78조에서 그 근거가 도입되었다. 독일은 1969년 8월 분리계정이 변액상품 판매에서 사용되었다.

⑨ 기타: 보험업회계기준준칙 등에 의한 신보험회계제도에서 도입 또는 개정된 내용은 이상과 같은 여러 항목뿐만 아니라 다음과 같은 경우도 포함된다.

첫째, 손해보험회사 준비금관련규정의 정비이다. 지급준비금을 추정함에 있어서 종래의 현금주의를 실현주의 방법으로 변경하였다. 또한 보증보험과 관련하여 이행성 보증보험을 제외하고 금융성 보증보험에 대한 지급준비금의 설정을 강화하였다. 손해보험회계에서 부채로 기록되지만 자기자본의 성격을 지니는 비상위험준비금의 적립방법도 합리적으로 변경하였다. 둘째, 신설 생보사를 위하여 채택된 사업비 이연제도가 폐지되었다. 신설 생보사에 한하여 회사설립 후 처음 5년 동안 사업비의 일부를 이연하여 제 6 차 사업연도부터 5년간 매년 균등 이상을 상각할 수 있다는 종래의 사업비 이연제도가 있었다. 셋째, 미수이자의 인식기준과 투자부동산의 평가방법을 일반 기업회계기준과 부합하도록 개정하였다.

18) 이근영 외, “분리계정제도의 도입 타당성과 세부도입 방안”, 보험개발원, 1997. 3, pp. 19~39 참조.

(3) 부 록

보험업회계처리준칙

제정 1998. 12. 10
개정 1999. 12. 9

제 1 장 총 칙

1. 목 적

이 준칙은 기업회계기준 제90조의 규정에 의거 보험업의 회계처리와 재무보고에 통일성과 객관성을 부여하기 위하여 기업회계기준에서 정하지 아니하였거나, 보험업의 특수성으로 인하여 달리 적용할 필요가 있는 사항 등을 정함을 목적으로 한다.

2. 적용범위

이 준칙은 보험업을 영위하는 보험회사가 회계정보이용자에게 일반 목적의 재무정보를 제공하기 위한 재무제표를 작성하는 경우에 적용한다.

(2-1) 보험업이라 함은 보험을 업으로 하는 것을 말한다. 보험이란 일정한 기간 동안 발생하거나 발생될 특정한 위험으로부터 경제적인 보호를 제공하는 것이며, 위험의 주요 유형에는 사망, 질병, 상해, 손해 등이 있다. 보험은 다음과 같은 특징이 있으며, 이러한 특징에 해당되지 않는 경우에는 그 명칭이 보험이라 하더라도 보험으로 보지 않는다.

① 보험계약자는 가능성 있는 보험사고의 발생 또는 발견에 앞서 보험회사에게 보험료를 지불하거나 예탁한다.

② 보험계약이 성립할 때 보험회사는 보험사고에 따른 보험금 등의 지급시점이나 그 금액을 알 수 없다.

(2-2) 이 준칙의 적용대상이 되는 보험회사가 주식회사의외부감사에관한법률(이하 "외감법"이라 한다)상의 감사인에게 감사를 받기 위하여 제출하는 재무제표는 이 준칙과 기업회계기준 및 기업회계기준에 관한 해석(이하 "해석"이라 한다)에 따라 작성되어야 하며, 이 준칙과 기업회계기준 및 해석에서 정하지 아니한 사항에 대하여는 기업회계기준 제 2 조 및 제 3 조에 위배되지 아니하는 범위 내에서 공정·타당하다고 인정되는 업계의 회계관행에 따라 처리한다.

(2-3) 보험업법에 의해 설립된 보험회사로서 외감법에 의한 외부감사대상이 아닌 보험회사나, 보험업법에 의해 설립된 보험회사와 유사한 영업을 영위하는 회사는 회계정보이용자에게 유용한 정보를 제공하기 위하여 이 준칙 중 관련규정을 준용할 수

있다.

3. 용어의 정의

가. “보험기간”이라 함은 보험회사의 책임이 개시되는 시점부터 종료되는 시점까지의 기간을 말한다.

나. “보험료기간”이라 함은 보험통계상 위험을 측정하여 보험료를 산출하는 단위기간을 말한다.

다. “장기보험계약”이라 함은 다음 각각에 해당하는 보험계약을 말한다.

1) 보험기간 중, 보험기간종료시 또는 해지시에 환급금을 지급하는 보험계약

2) 보험기간이 1년을 초과하고, 보험료기간별보험료가 2개 이상의 보험료기간에 걸쳐 평준적으로 산정되어 보험료기간별보험료와 보험료기간별위험률이 비례관계에 있지 않은 보험계약

라. “단기보험계약”이라 함은 보험계약 중 장기보험계약 이외의 보험계약을 말한다.

마. “부가보험료”라 함은 보험료 중 사업비에 충당하기 위하여 부가되는 보험료를 말한다.

바. “평준식부가보험료”라 함은 회수기간별 부가보험료의 금액을 산정함에 있어서 회수기간별로 그 금액이 동일하도록 산정한 경우의 부가보험료를 말한다.

사. “순보험료”라 함은 보험료에서 평준식부가보험료를 차감한 금액을 말한다.

아. “유가증권”이라 함은 증권거래법 제2조의 규정에 의한 유가증권과 금융관련옵션을 말한다. 다만, 모집 외의 방법으로 발행한 회사채와 자금을 조달할 목적으로 발행한 어음을 발행인으로부터 직접 취득한 경우의 당해 회사채 및 어음과 금융관련옵션 중 행사대상이 되는 자산으로부터 분리되어 거래될 수 없는 옵션은 유가증권의 범위에 포함하지 아니한다.

자. “정형화된 거래”라 함은 유가증권을 매매함에 있어서 정형화된 결제시스템에 의해 계약의 이행이 보증되는 유가증권시장 등을 통한 거래를 말한다.

(3-1) “보험료기간”은 위험을 평가하기 위한 보험수리적·통계적 원칙상의 단위기간을 말한다. 통상 대부분의 위험은 1년을 기본단위로 하여 측정하고 있으나, 계속성 있는 행위(적하, 건설공사 등)에 관련되는 위험은 그 행위기간(1년 미만 또는 1년 이상)을 하나의 단위로 하여 측정될 수도 있다.

(3-2) 단기보험계약은 보험료기간별보험료와 보험료기간별위험률이 사실상 비례관계에 있는 보험계약이다. 다만, 보험료기간별보험료와 보험료기간별위험률이 비례관계에 있는 보험계약 중 보험기간종료시 또는 해지시 등의 시점에 환급금을 지급하는 보험계약의 경우 환급금에 충당하기 위하여 보험료적립금을 적립하여야 하므로 장기보험계약으로 분류한다.

(3-3) 신계약비를 조기에 회수할 목적으로 부가보험료의 산정을 평준식으로 하지 않고 보험기간 초기에 회수하는 방식으로 설계한 보험계약의 경우에는 순보험료를 계산함에 있어서 보험료에서 평준화되지 않는 부가보험료를 차감하는 방식으로 계산한다.

(3-4) 금융관련옵션이라 함은 주가지수, 환율 또는 이자율 등을 기초상품으로 하는 옵션을 말한다.

(3-5) 유가증권의 범위에서 제외되는 CP나 사모사채는 대출채권으로 분류한다.

4. 과목의 통합 및 구분표시

가. 회계정보의 비교가능성을 제고하기 위하여 특별한 사유가 없는 한 이 준칙에서 정한 과목을 사용하여야 한다. 다만, 영업의 특성상 그 성질이나 금액이 중요하지 아니한 것은 유사한 과목에 통합하여 기재할 수 있다.

나. 이 준칙에서 과목을 정하지 아니한 것으로서 그 성질이나 금액이 중요한 경우에는 그 내용을 가장 잘 나타낼 수 있는 적절한 과목으로 구분하여 기재한다.

제 2 장 대차대조표

5. 대차대조표 작성기준

가. 대차대조표는 재무상태를 명확히 나타내기 위하여 대차대조표일 현재의 모든 자산, 부채 및 자본을 적정하게 표시하여야 한다.

나. 대차대조표의 양식사례는 별지 제 1 호의 서식과 같으며, 필요한 경우 계정식으로 전환하여 사용할 수 있다.

(5-1) 가지급금 또는 가수금 등의 미결산 항목은 그 내용을 나타내는 적절한 과목으로 기재하여야 한다.

(5-2) 대조계정 등의 비망계정은 자산·부채의 실질에 맞지 않기 때문에 대차대조표의 자산·부채과목으로 표시하여서는 안 되며 정보의 중요성을 고려하여 주석으로 기재한다.

(5-3) 정형화된 거래로 유가증권을 매매하는 경우에는 매매체결일을 기준으로 회계처리한다.

(5-4) 대차대조표를 기업회계기준의 요약식 양식사례에 준하여 요약식으로 작성하는 경우에는 별지 제 1 호 서식에서 제시한 양식사례에 대비하여 요약된 세부내역을 주석으로 기재하여야 한다.

6. 자산의 계정과목 구분

자산은 현금 및 예치금, 상품유가증권, 투자유가증권, 대출채권, 고정자산, 기타자산등으로 분류한다.

7. 현금 및 예치금

현금 및 예치금은 현금과 예금, 금전신탁(특정금전신탁은 제외한다), 단체퇴직보험 예치금, 선물거래예치금 등으로 한다.

(7-1) 특정금전신탁이란 신탁자산인 금전의 운용대상 및 방법이 위탁자의 운용지시에 따르게 되어 있는 금전신탁을 말한다. 금전신탁이 특정금전신탁에 해당하는 경우 신탁자산의 내용(주식, 국·공채, 회사채 등)은 회사가 직접 보유하고 있는 자산과 동일한 방법으로 회계처리한다.

8. 상품유가증권

가. 상품유가증권은 단기매매차익을 획득할 목적으로 취득하는 유가증권으로 한다. 이 경우 주식, 출자금 등 지분증권은 시장성이 있는 것에 한한다. 다만, 특수관계자가 발행한 주식 및 만기까지 보유할 목적으로 취득한 채권(이하 "만기보유채권"이라 한다)은 포함하지 아니한다.

나. 상품유가증권은 주식, 국·공채, 회사채, 수익증권 등으로 한다.

9. 투자유가증권

가. 투자유가증권은 유가증권 중 상품유가증권에 속하지 아니하는 유가증권을 말한다.

나. 투자유가증권은 주식, 출자금, 국·공채, 회사채, 수익증권 등으로 한다.

(9-1) 출자금에는 증시안정기금출자금을 포함한다.

10. 유가증권의 재분류

유가증권은 취득시에 그 분류기준에 따라 상품유가증권 또는 투자유가증권으로 구분하여 회계처리하여야 하며, 그 후 상품유가증권은 투자유가증권으로 재분류할 수 있으나, 투자유가증권은 상품유가증권으로 재분류할 수 없다.

(10-1) 투자유가증권을 상품유가증권으로 재분류할 수 없도록 한 것은 상품유가증권평가손익은 당기손익으로 계상되나, 투자유가증권평가손익은 계약자지분조정과 자본조정에 포함되므로 단순한 계정 재분류로 인하여 당기손익을 조정할 수 있기 때문에 이를 방지하기 위한 것이다.

(10-2) 증시안정기금으로부터 기금의 청산과정에 따라 분배받은 유가증권은 새로운 유가증권의 취득으로 보아 회사의 보유목적에 따라 상품유가증권과 투자유가증권으로 분류한다.

11. 대출채권

가. 명칭 등 형식에 불구하고 경제적 실질이 이자수취를 목적으로 담보를 제공받거나 신용으로 일정기간 동안 또는 동기간 종료시 원리금의 반환을 약정하고 자금을 대여하는 경우 이를 대출채권으로 분류한다.

나. 대출채권은 자금대여의 형태 등에 따라 콜론, 보험약관대출금, 유가증권담보대

출금, 부동산담보대출금, 신용대출금, 어음할인대출금, 지급보증대출금 및 기타대출채권 등으로 한다.

(11-1) 콜론은 콜거래 중개회사를 통해 대여하는 대출채권을 말한다.

(11-2) 보험약관대출금은 보험약관에 의거 대여하는 대출채권을 말한다.

(11-3) 유가증권담보대출금은 유가증권을 담보로 하여 대여하는 대출채권을 말한다.

(11-4) 부동산담보대출금은 부동산을 담보로 하여 대여하는 대출채권을 말한다.

(11-5) 신용대출금은 담보 없이 대여하는 대출채권을 말한다.

(11-6) 어음할인대출금은 기업 등이 발행한 상업어음, 무역어음 등을 할인하는 방식으로 대여한 대출채권을 말한다.

(11-7) 지급보증대출금은 정부, 지방자치단체, 금융기관이 보증한 대출채권을 말한다.

(11-8) 기타대출채권은 다른 대출채권으로 분류되지 않는 것 등으로 한다.

12. 고정자산

고정자산은 투자자산, 유형자산, 무형자산 등으로 한다.

(12-1) 투자자산은 투자목적으로 취득한 자산 중 투자유가증권에 속하지 아니하는 자산으로서 투자부동산, 기타의 투자자산 등을 말한다. 투자부동산은 부동산 중 임대에 공여된 자산을 말한다. 하나의 부동산을 업무와 임대에 공용하고 있는 경우 이용면적이나 향후 기간의 사용목적 등을 감안하여 투자자산 또는 유형자산으로 구분한다.

13. 기타자산

기타자산은 상기의 자산의 분류에 속하지 않는 것으로서 보험미수금, 미수금, 보증금(전세권, 전신전화가입권, 임차보증금, 영업보증금 등), 미수수익, 선급비용, 구상채권, 구분계정자산, 신계약비, 이연법인세차 등으로 한다.

(13-1) 보험미수금은 대차대조표일 이전에 보험거래(재보험거래를 포함한다)로 인하여 회수하여야 할 보험료, 보험금 등을 말한다.

(13-2) 구상채권은 보험사고 발생으로 지급된 보험금 중 보험사고의 해결과정에서 취득하는 담보자산의 매각 또는 구상권 등 기타 권리의 행사로 인한 회수가능액을 말한다. 회수가능액을 계산함에 있어서 "28"의 규정을 준용한다.

14. 부채의 계정과목 구분

부채는 책임준비금, 계약자지분조정, 비상위험준비금, 사채, 기타부채로 분류한다.

15. 책임준비금

가. 보험계약을 체결한 경우 장래에 지급할 보험금, 환급금, 계약자배당금 및 이에 관련되는 비용에 충당하기 위하여 책임준비금을 적립하여야 한다.

나. 재보험계약으로 인하여 재보험사로부터 회수가능한 금액은 출재보험준비금의 과목으로 하여 책임준비금에서 차감하는 방식으로 표시한다.

다. 책임준비금은 보험료적립금, 지급준비금, 미경과보험료적립금, 계약자배당준비금, 계약자이익배당준비금 및 재보험료적립금 등으로 한다.

1) 보험료적립금은 대차대조표일 이전에 체결된 장기보험계약으로 인하여, 대차대조표일 후에 보험계약자에게 지불하여야 할 보험금의 현재가치에서 대차대조표일 후에 회수될 순보험료의 현재가치를 차감한 금액을 말한다.

2) 지급준비금은 대차대조표일 이전에 보험사고가 발생하였으나 보험금액이 확정되지 않은 경우 추정금액을 말한다. 지급보증에 대한 보험계약의 경우에는 대차대조표일 현재 보험사고가 발생하지 않은 보험계약에 대하여도 "28"의 규정을 준용하여 지급준비금을 적립하여야 한다.

3) 미경과보험료적립금은 회계연도 말 이전에 회수기일이 도래한 보험료 중 차기 이후의 기간에 해당하는 보험료를 말한다.

4) 계약자배당준비금은 법령이나 약관 등에 의하여 계약자배당(이차배당, 장기유지특별배당, 위험률차배당 등)에 충당할 목적으로 적립하는 금액을 말한다.

5) 계약자이익배당준비금은 장래에 계약자배당에 충당하거나 계약자이익배당준비금 이외의 책임준비금을 추가적으로 적립할 목적으로 법령이나 약관에 의해 영업성과에 따라 총액으로 적립하는 금액을 말한다.

6) 재보험료적립금은 대차대조표일 이전에 발생한 장기보험계약으로 인하여, 대차대조표일 후에 타 보험회사에게 지불하여야 할 보험금의 현재가치에서 대차대조표일 후에 회수될 재보험료의 현재가치를 차감한 금액을 말한다.

(15-1) 책임준비금은 보험계약시점에서 적용가능한 예정이익률, 예정사망률(생존율), 예정손해율, 예정상해율, 예정해약률, 예정사업비율 등 기타 많은 가정을 적용하여 계산된다. 이러한 가정들은 "16"의 규정에 의한 보험료결손이 예상되는 경우를 제외하고는 매기 계속적으로 적용하여야 한다.

(15-2) 보험료적립금은 대차대조표일 이전에 회수기일이 도래한 순보험료의 대차대조표일의 현재가치에서 대차대조표일 이전에 지급한 보험금의 대차대조표일의 현재가치를 차감하는 방식으로 산정할 수 있다.

(15-3) 지급준비금을 추정함에 있어서 소송이나 중재 등 보험사고 해결과정에서 발생하는 비용 등을 가산한다.

(15-4) 지급보증에 대한 보험계약의 경우 보험사고가 발생하지 않은 보험계약에 대해서도 지급준비금을 적립하는 이유는 보험사고의 발생이 주채무자의 부실화와 직접 관련되어 있고, 부실화는 일시에 발생하는 것이 아니라 기간의 경과에 따라 진행되기 때문이다. 즉, 대지급은 차기 이후 기간에 발생하더라도 당기에 이미 신용등급의 하락, 수익성 악화 등 주채무자의 부실화의 징후가 발생하였다면 이를 반영하여 지급준비금을 계상하는 것이 수익비용대응의 원칙에 비추어 볼 때 타당한 회계처리방법

이다.

(15-5) 미경과보험료적립금은 일할 또는 월할을 기준으로 계산한다. 다만, 동일한 종류의 보험이라 하더라도 보험기간이 다양한 경우에는 평균보험기간을 기준으로 하여 계산할 수 있다.

16. 보험료결손 예상시의 회계처리

가. 보험료적립금을 적립함에 있어서 적용하는 예정이율이 회계연도 말 현재의 1년만기 정기예금이자율보다 높고 이러한 현상이 장기간 계속될 것으로 예상됨으로써 보험료결손(보험료적립금 기말잔액이 미래의 보험금부채의 현재가치에서 미래에 유입될 순보험료의 현재가치를 차감한 금액보다 적은 경우 동차액을 말한다. 이하 같다.)이 발생하는 경우 보험료결손에 상당하는 금액만큼 신계약비를 추가적으로 상각하여야 한다.

나. 보험료결손이 신계약비 추가상각액보다 큰 경우에는 계약자이익배당준비금 또는 계약자배당안정화준비금을 보험료적립금으로 대체하고, 계약자이익배당준비금 또는 계약자배당안정화준비금이 없거나 부족한 경우에는 부족한 금액만큼 보험료적립금을 추가적으로 적립하여야 하다.

(16-1) 1년만기 정기예금이자율은 시중은행이 공시하는 1년만기 정기예금이자율 중 최저이자율로 한다.

(16-2) 보험료결손은 동종 또는 유사한 보험계약별로 구분하여 계산한다.

17. 계약자지분조정

계약자지분조정은 계약자배당안정화준비금, 공익사업출연기금, 투자유가증권평가이익 또는 투자유가증권평가손실을 말한다.

(17-1) 계약자배당안정화준비금은 자산재평가법에 의한 재평가차액 중 계약자에게 배당을 안정적으로 실시하기 위하여 적립한 금액을 말한다.

(17-2) 공익사업출연기금은 자산재평가법에 의한 재평가차액 중 공익사업에 출연하기 위하여 적립한 금액을 말한다.

(17-3) 투자유가증권평가이익 또는 투자유가증권평가손실은 "27다" 및 "27사"의 규정에 의한 투자유가증권평가이익 또는 투자유가증권평가손실 중 계약자지분에 해당하는 금액을 말한다.

18. 비상위험준비금

보험료 중 비상위험에 대비할 목적으로 산정된 금액은 비상위험준비금 과목으로 하여 매기 계속적으로 적립하여야 하고, 일정규모 이상의 보험금지급사고가 발생하는 경우에는 비상위험준비금과 우선적으로 상계한다.

(18-1) 비상위험에 대비할 목적으로 산정된 금액이라 함은 보험료 중 예정손해비와 예정사업비를 제외한 금액을 기초로 하여 산정된 금액을 말한다.

(18-2) 비상위험준비금과 우선적으로 상계할 수 있는 일정규모 이상의 보험금에 관한 기준은 업계의 관행에 따라 판단할 수 있으며, 동 기준은 매기 계속적으로 적용되어야 한다.

19. 기타부채

기타부채는 책임준비금, 계약자지분조정, 비상위험준비금 및 사채 등을 제외한 부채로서 보험미지급금, 미지급금, 미지급비용, 미지급배당금, 구분계정차, 구분계정부채, 이연법인세대 등으로 한다.

(19-1) 보험미지급금은 미지급된 보험료, 보험금, 해약환급금(보험계약이 해지되기 전에 실효된 경우에는 실효일을 해약일로 하여 해약환급금을 계산한다) 등을 말한다. 다만, 책임준비금에 해당하는 금액은 제외한다.

(19-2) 구분계정차는 구분관리되어야 하는 보험계약을 취급하는 보험회사의 경우 구분계정으로부터 공여받은 자금을 처리하는 계정이다.

제 3 장 손익계산서

20. 수익인식기준

가. 보험료수익은 보험료의 회수기일이 도래한 때 수익으로 인식한다. 다만, 보험료 납입의 유예로 인하여 보험기간 개시일 현재 제 1 회보험료(전기납에 한한다) 또는 보험료전액(일시납인 경우를 말한다)이 회수되지 않은 보험계약의 경우에는 제 1 회보험료 또는 보험료전액은 보험기간 개시일이 속하는 회계연도의 수익으로 인식할 수 있다.

나. 예금, 대출채권 및 유가증권 등과 관련한 이자수익은 기간의 경과에 따라 인식함을 원칙으로 한다. 다만, 회수가능성의 정도에 따라 이를 달리 인식할 수 있다.

다. 유가증권의 거래가 정형화된 거래방식인 경우 유가증권처분손익은 매매계약이 체결된 때에 인식한다.

(20-1) 보험료의 연체 등의 사유로 보험료의 납입이 유예되거나 보험계약이 실효된 경우와 보험료의 납입이 면제되는 경우에는 회수기일이 도래하더라도 수익으로 인식하지 아니한다.

(20-2) 정형화된 거래방식으로 유가증권을 매매하는 경우에는 매매체결일에 유가증권에 대한 효익과 위험이 이전되므로 매매계약이 체결된 때를 기준으로 매매손익을 인식한다.

(20-3) 전기납이라 함은 보험료총액을 보험기간 이내의 기간에 걸쳐 분할하여 회수하는 방식을 말한다.

(20-4) 회수가능성의 정도에 따라 이자수익을 달리 인식하는 경우 "(28-1)"의 규정

에 의한 회수가능채권에서 발생하는 이자수익은 실현가능성이 높으므로 미수수익을 계상할 수 있으며, 회수불가능채권에서 발생하는 이자수익은 실현가능성이 낮으므로 미수수익을 계상할 수 없다. 회수불확실채권의 경우에는 과거의 경험률과 업계의 관행을 참조하여 미수수익계상여부를 정하고 이를 매기 계속적으로 적용하여야 한다.

21. 손익계산서 작성기준

가. 손익계산서는 경영성과를 명확히 보고하기 위하여 회계기간에 속하는 모든 수익과 이에 대응하는 모든 비용을 적정하게 표시하여야 한다.

나. 손익계산서는 영업이익(영업손실), 경상이익(경상손실), 법인세비용차감전순이익(법인세비용차감전순손실), 법인세비용, 당기순이익(당기순손실)으로 구분한다.

다. 영업이익(영업손실)은 영업수익에서 영업비용를 차감하여 산출한다.

라. 경상이익(경상손실)은 영업이익(영업손실)에 영업외수익을 가산한 후 영업외비용을 차감하여 산출한다.

마. 법인세비용차감전순이익(법인세비용차감전순손실)은 경상이익(경상손실)에 특별이익을 가산한 후 특별손실을 차감하여 산출한다.

바. 당기순이익(당기순손실)은 법인세비용차감전순이익(법인세비용차감전순손실)에서 법인세비용을 차감하여 산출한다.

사. 손익계산서의 양식사례는 별지 제 2 호의 서식과 같다.

(21-1) 손익계산서를 기업회계기준의 요약식 양식사례에 준하여 요약식으로 작성하는 경우에는 별지 제 2 호 서식에서 제시한 양식사례에 대비하여 요약된 세부내역을 주석으로 기재하여야 한다.

22. 영업수익

영업수익은 보험회사의 주된 영업활동의 결과에 따라 발생한 수익으로 보험료수익, 재보험금수익, 이자수익, 배당금수익, 임대료, 수수료수익, 상품유가증권처분이익, 상품유가증권평가이익, 구상이익 및 기타영업수익으로 구분한다.

(22-1) 보험료수익에는 원보험과 재보험계약으로 인한 보험료 등으로 한다.

(22-2) 이자수익은 예금이자, 상품유가증권이자, 투자유가증권이자, 대출금이자 등으로 한다.

(22-3) 배당금수익은 상품유가증권과 투자유가증권으로 인한 배당금 등으로 한다.

(22-4) 수수료수익은 보험회사가 일상적인 영업활동과 관련하여 고객에게 제공한 용역의 대가로 수입하는 수수료 등으로 한다.

(22-5) 구상이익은 구상채권의 상대계정으로서 보험사고 발생으로 지급된 금액 중 보험사고의 해결과정에서 취득하는 담보자산의 매각 또는 구상권 등 기타 권리의 행사로 인한 회수가능액을 말한다.

(22-6) 기타영업수익에는 책임준비금환입액을 포함한다.

23. 영업비용

가. 영업비용은 주된 영업활동의 결과에 따라 발생한 비용으로 보험료적립금전입액, 지급준비금전입액, 미경과보험료적립금전입액, 계약자배당준비금전입액, 계약자이익배당준비금전입액, 재보험료적립금전입액, 비상위험준비금전입액, 보험금비용, 배당금비용, 환급금비용, 재보험료비용, 이자비용, 상품유가증권처분손실, 상품유가증권평가손실, 사업비, 신계약비상각비 등으로 한다.

나. 보험료적립금전입액, 지급준비금전입액, 미경과보험료적립금전입액, 계약자배당준비금전입액, 계약자이익배당준비금전입액 및 재보험료적립금전입액 등의 합계액을 책임준비금전입액의 과목으로 하여 표시할 수 있다.

(23-1) 보험료적립금전입액은 보험료적립금의 당기 증가액으로 한다.

(23-2) 지급준비금전입액은 지급준비금의 당기증가액과 계속적인 검토과정으로 인하여 계산되는 지급준비금의 변동액으로 한다. 지급준비금의 변동액 등의 범위에는 보험사고발생시와 보험금지급시기의 차이로 인하여 보험금에 이자상당액을 가산하여 지급하는 경우 동 금액을 포함한다.

(23-3) 미경과보험료적립금전입액은 미경과보험료적립금의 당기증가액으로 한다.

(23-4) 계약자배당준비금전입액은 계약자배당준비금의 당기 증가액으로 한다.

(23-5) 계약자이익배당준비금전입액은 계약자이익배당준비금의 당기 증가액으로 한다.

(23-6) 사업비는 발생시 비용으로 처리한다. 다만, 무형자산에 해당하는 신계약비는 그러하지 아니한다.

(23-7) 보험사고가 발생하였고, 보험금액이 확정된 경우에는 보험금비용과목으로 하여 영업비용으로 처리한다.

24. 영업외수익·비용

가. 영업외수익은 투자유가증권처분이익, 투자주식감액손실환입, 투자채권감액손실환입, 지분법평가이익, 증시안정기금출자금평가이익, 투자부동산처분이익 및 유형자산처분이익 등으로 한다.

나. 영업외비용은 투자유가증권처분손실, 투자주식감액손실, 투자채권감액손실, 지분법평가손실, 증시안정기금출자금평가손실, 투자부동산처분손실 및 유형자산처분손실 등으로 한다.

25. 특별손익

가. 특별이익은 비경상적이고 비반복적으로 발생한 영업외수익과 자산수증이익, 채무면제이익, 보험차익, 기타특별이익 등으로 한다.

나. 특별손실은 비경상적이고 비반복적으로 발생한 영업외비용과 재해손실, 기타특별손실 등으로 한다.

제 4 장 자산 · 부채의 평가

26. 상품유가증권의 평가

가. 상품유가증권 중 주식 등 지분증권은 매입가액에 부대비용을 가산하고 이에 총평균법 또는 이동평균법을 적용하여 취득원가를 산정하며, 공정가액을 대차대조표가액으로 한다.

나. 상품유가증권 중 채권은 매입가액에 부대비용을 가산하고 이에 개별법, 총평균법 또는 이동평균법을 적용하여 취득원가를 산정하며 공정가액을 대차대조표가액으로 한다.

다. 상품유가증권의 단가를 산정함에 있어서 총평균법 또는 이동평균법은 유가증권의 종목별로 적용한다.

라. 상품유가증권 중 채권에 대하여 공정가액의 산정방법별로 구분하여 액면가액, 취득원가, 유효이자율법을 적용하여 조정된 가액 공정가액을 주석으로 기재한다.

27. 투자유가증권의 평가

가. 투자유가증권 중 주식, 출자금 등 지분증권은 매입가액에 부대비용을 가산하고 이에 총평균법 또는 이동평균법을 종목별로 적용하여 취득원가를 산정한다.

나. 주식, 출자금 등 지분증권 중 시장성 있는 지분증권은 공정가액을 대차대조표가액으로 한다.

다. 투자주식 중 중대한 영향력을 행사할 수 있는 주식은 "나"의 규정에 불구하고 지분법을 적용하여 평가한 가액을 대차대조표가액으로 하고, 장부가액과 대차대조표가액의 차이가 피투자회사의 당기순손실 또는 당기순이익으로 인하여 발생한 경우에는 지분법평가손실 또는 지분법평가이익의 과목으로 하여 당기손익으로, 피투자회사의 이익잉여금의 증가 또는 감소로 인한 경우에는 이익잉여금의 증가 또는 감소로, 피투자회사의 자본잉여금 및 자본조정의 증가 또는 감소로 인한 경우에는 투자유가증권평가이익 또는 투자유가증권평가손실의 과목으로 하여 계약자지분조정이나 자본조정의 증가 또는 감소로 처리한다.

라. 투자유가증권 중 주식(지분법 적용대상 주식을 제외한다), 출자금 등 지분증권의 공정가액(공정가액이 없는 경우에는 순자산가액을 공정가액으로 한다)이 하락하여 회복할 가능성이 없는 경우에는 당해 장부가액을 공정가액으로 조정하고, 이 경우 당초의 장부가액과 공정가액의 차액을 투자주식감액손실의 과목으로 하여 당기 손실로 처리한다.

마. 투자유가증권 중 채권은 매입가액에 부대비용을 가산하고 이에 개별법, 총평균법 또는 이동평균법을 종목별로 적용하여 취득원가를 산정한다.

바. 채권 중 취득원가와 액면가액이 다른 것은 그 차액을 상환기간에 걸쳐 유효이자율법을 적용하여 가감한 가액을 대차대조표가액으로 한다. 다만, 만기보유채권을 제외한 채권("중도매각채권"이라 한다. 이하 같다)의 취득원가(취득원가와 액면가액이 다른 채권은 유효이자율법을 적용하여 가감한 가액을 말한다)와 공정가액이 다른 경우에는 공정가액을 대차대조표가액으로 한다.

사. 투자유가증권에 대한 평가이익(지분법평가이익과 증시안정기금출자금평가이익은 제외한다)과 투자유가증권에 대한 평가손실(지분법평가손실과 증시안정기금출자금평가손실은 제외한다)은 이를 상계하여 투자유가증권평가이익 또는 투자유가증권평가손실의 과목으로 하여 계약자지분조정과 자본조정으로 처리한다.

아. 채권의 공정가액이 하락하여 회복할 가능성이 없는 경우에는 당해 장부가액을 공정가액으로 조정하고, 이 경우 당초의 장부가액과 공정가액의 차액을 투자채권감액손실의 과목으로 하여 당기손실로 처리한다.

자. 회계연도 중에 상품유가증권을 투자유가증권으로 대체하는 경우 투자유가증권의 대차대조표가액은 대차대조표일 현재의 공정가액으로 한다. 이 경우 상품유가증권의 장부가액과 투자유가증권의 대차대조표가액의 차이는 상품유가증권평가이익 또는 상품유가증권평가손실의 과목으로 하여 당기손익으로 처리한다.

차. 투자유가증권의 공정가액은 "(26-1)"의 규정을 준용하고, 순자산가액의 산정은 당해 주식발행회사의 최근 대차대조표상 순자산가액에 의한다.

카. 투자유가증권 중 주식, 출자금 등 지분증권에 대하여 회사명, 주식 수, 주식소유비율, 취득원가, 시가 또는 순자산가액, 지분법평가액(지분법적용대상 주식에 한한다) 및 장부가액을 주석으로 기재하고, 채권 중 만기보유채권과 중도매각채권별로 액면가액, 취득가액, 유효이자율법을 적용하여 조정된 가액, 공정가액, 공정가액의 산정방법을 주식으로 기재한다.

타. 증시안정기금출자금의 대차대조표가액은 증시안정기금의 순자산가액(자산 및 부채를 공정가액으로 평가하여 계산한 금액으로 한다) 중 당해 회사지분 상당액으로 하고, 동 금액과 장부가액의 차액은 증시안정기금출자금평가이익 또는 증시안정기금출자금평가손실의 과목으로 하여 당기손익으로 처리한다.

(27-1) 투자유가증권 중 채권은 취득시에 만기까지 보유할 것인지 또는 만기 이전에 매각할 것인지 여부에 따라 만기보유채권과 중도매각채권으로 구분하여 관리하여야 하며, 다음에 해당하는 채권은 만기보유채권에서 중도매각채권으로 재구분하여야 한다.

1) 당해 회계연도에 만기보유채권 중 일부를 매각한 경우에는 매각일 현재 구분관리하고 있는 만기보유채권

2) 법령 등에 의하여 만기일 이전에 매각하여야 할 채권

3) "27아"의 규정에 의하여 감액될 채권

(27-2) 계약자지분조정과 자본조정으로 처리한 투자유가증권평가이익 또는 투자유가증권평가손실은 차기 이후에 발생하는 투자유가증권평가손실 또는 투자유가증권평가이익과 상계하여 표시하고 그 내용을 주석으로 기재하여야 하며, 당해 투자유가증권의 처분시 투자유가증권처분이익 또는 투자유가증권처분손실에 차감 또는 부가하고, 당해 투자유가증권의 감액시에는 투자주식감액손실 또는 투자채권감액손실에 차감 또는 부가한다.

(27-3) 투자유가증권 중 채권을 "바"의 규정에 의하여 평가하는 경우 유효이자율법을 적용하여 취득원가를 조정하는 금액은 이자수익에 가감하고, 단서의 규정에 의하여 공정가액으로 평가하는 경우 유효이자율법을 적용하여 조정한 취득원가와 공정가액의 차액은 투자유가증권평가이익 또는 투자유가증권평가손실의 과목으로 하여 계약자지분조정 또는 자본조정으로 처리한다.

(27-4) "라"와 "아"의 규정에 의하여 감액된 투자주식과 투자채권의 경우 감액사유가 소멸하고, 감액사유가 소멸한 시점이 속하는 회계연도 말 현재 공정가액이 장부가액보다 큰 경우에는 공정가액을 대차대조표가액으로 한다. 이 경우 장부가액과 공정가액의 차액은 다음과 같이 처리한다.

1) 감액사유가 소멸한 시점이 속하는 회계연도 말 현재의 공정가액이 취득원가(취득원가와 액면가액이 다른 채권은 감액일 현재 유효이자율법을 적용하여 그 차액을 가감한 가액을 말한다. "(27-4)"에서 같다)보다 적은 경우 동 차액은 투자주식감액손실환입 또는 투자채권감액손실환입의 과목으로 하여 당기이익으로 처리한다.

2) 감액사유가 소멸한 시점이 속하는 회계연도 말 현재의 공정가액이 취득원가보다 큰 경우 동 차액 중 장부가액과 취득원가의 차액은 "1)"의 방법에 따라 처리하고 취득원가와 공정가액의 차액은 투자유가증권평가이익의 과목으로 하여 계약자지분조정과 자본조정으로 처리한다.

(27-5) 증시안정기금으로부터 분배받은 주식은 분배시점의 공정가액으로 평가하여 상품유가증권 또는 투자유가증권으로 계상하고 동액을 출자금의 반환으로 처리하며, 증시안정기금으로부터 배당·출자금반환 등의 명목으로 현금을 분배받는 경우에도 그 금액을 출자금의 반환으로 처리한다.

28. 대출채권 등에 대한 대손충당금 설정

가. 회수불확실채권(동채권에 대한 미수수익을 포함한다. 이하 같다)에 대하여 합리적이고 객관적인 기준에 따라 대손설정률을 정하고, 그에 따라 산출한 대손추산액을 대손충당금으로 설정하여야 한다. 이 경우 회수불확실채권은 회수불확실성의 정도별로 대손율을 달리 정할 수 있으며, 그 율은 특별한 사유가 없는 한 매기 계속적으로 적용하여야 한다.

나. 회수불가능채권은 대손충당금과 우선적으로 상계하고 대손충당금이 부족한 경우에는 그 금액은 대손상각비로 처리한다.

다. 대출채권 등에 대한 대손충당금은 계정과목별로 당해 채권과목에서 차감하는 형식으로 기재하거나 일괄하여 대출채권 및 기타자산의 합계액에서 차감하는 형식으로 기재할 수 있으며, 일괄하여 기재하는 경우에는 당해 채권별 대손충당금을 주석으로 기재한다.

라. 다음의 사항을 주석으로 공시하여야 한다.

1) 재무상태 등을 기초로 한 거래처의 분류기준

2) 회수가능채권, 회수불확실채권 및 회수불가능채권의 금액과 분류기준

3) 회수불확실성의 정도별로 회수불확실채권의 금액 및 대손율, 대손율의 산정근거

4) 회수불가능채권 중 관련법률에 의하여 소멸시효가 완성되지 않았거나 보증인 등 채무관련인에 대한 청구권이 상실되지 않은 채권 내역

5) 최근 3년간 채권총액 대비 대손충당금 설정비율

6) 기타 대손에 관련된 회계정책

(28-1) 회수가능채권, 회수불확실채권 및 회수불가능채권의 구분절차는 다음과 같다.

1) 거래처의 재무상태 등을 기초로 거래처를 정상거래처, 주의거래처, 불량거래처로 구분한다.

2) 정상거래처에 대한 채권 중 원리금의 연체가 없는 채권은 회수가능채권으로 분류하고, 그 외의 채권은 "3)"의 규정을 준용하여 회수가능채권과 회수불확실채권으로 구분한다.

3) 주의거래처에 대한 채권 중 담보자산(담보권이 설정되어 있지 아니한 경우라도 채무자의 자산을 공정가액으로 평가한 가액에서 선순위채권자에 대한 부채를 차감한 잔액이 있는 경우 이를 담보자산의 범위에 포함한다. "28"에서 같다)의 가치, 보증인의 지급여력 등을 감안하여 회수가 확실시되는 채권은 회수가능채권으로 구분하고, 그 외의 채권은 회수불확실채권으로 구분한다.

4) 불량거래처에 대한 채권 중 담보자산의 가치, 보증인의 지급여력 등을 감안하여 회수가 확실시되는 채권은 회수가능채권으로 구분하고, 그 외의 채권은 회수불가능채권으로 구분한다.

(28-2) 정상거래처, 주의거래처, 불량거래처의 구분기준은 과거의 경험이나 업계의 관행을 참조하여 정할 수 있고, 주의거래처는 더 세분할 수 있으며, 특별한 사유가 없는 한 이 구분기준을 계속적으로 적용한다. 이 경우 다음의 거래처는 특별한 반증이 없는 한 불량거래처로 본다.

1) 6월 이상의 연체대출금을 보유하고 있는 자

2) 금융기관의 신용정보교환 및 관리규약에 의한 적색거래처로 분류된 자

3) 회사정리법에 의거 회사정리절차 진행(신청 포함) 중인 자

4) 화의법에 의한 화의절차 진행(신청 포함) 중인 자

5) 폐업 후 6월 이상 경과한 자

6) 최근 회계연도에 대한 공인회계사의 감사의견이 의견거절인 자

(28-3) 대출채권 등에 대한 대손충당금을 설정함에 있어서 업계의 관행적 방법이 이 준칙에서 정하는 거래처의 분류방법 및 채권의 회수가능성에 대한 판단방법과 중요한 차이가 없는 경우에는 업계의 관행적 방법을 적용할 수 있다.

29. 채권 재조정의 회계처리

가. 회사정리절차 개시, 화의절차 개시 및 거래 당사자간의 합의 등으로 재조정된 채권의 장부가액이 현재가치와 다르게 된 경우에는 현재가치를 대차대조표가액으로 하고 그 차액은 대손충당금과 상계하며, 대손충당금이 부족한 경우에는 그 부족액을 대손상각비 과목으로 하여 당기 비용으로 처리한다.

나. "가"의 규정에 의한 장부가액과 현재가치의 차액은 현재가치할인차금의 과목으로 하여 당해 채권의 장부가액에서 차감하는 형식으로 기재하고 동 현재가치할인차금은 유효이자율법을 적용하여 상각하며 이를 이자수익의 과목으로 계상한다.

다. 재조정된 채권의 현재가치를 계산함에 있어서 적용할 할인율은 당해 채권의 발생시의 적정한 이자율로 한다. 다만, 채권의 발생시 이자지급조건이 변동이자율인 경우에는 채권 재조정시점의 적정한 이자율을 적용한다.

라. 채권을 재조정함에 있어서 적용한 이자율, 기간 및 채권 재조정의 내용 등을 주석으로 기재한다.

(29-1) 채권의 재조정이란 채무자의 부담을 완화시킬 목적으로 이자율을 당해 채권 발생시의 적정한 이자율(채권의 발생시 이자지급조건이 변동이자율인 경우에는 채권 재조정시점의 적정한 이자율)보다 낮은 이자율로 변경하거나, 상환기간을 연장하는 방식 등으로 계약조건을 변경하는 것을 말한다.

(29-2) 채권의 재조정에 따른 현재가치평가는 당사자간의 합의 등에 의한 대손상각비만을 계상한 것이며, 재조정 후 채무자의 신용상태 변동에 따른 추가적인 대손위험을 별도로 고려한 것은 아니므로 재조정된 채권의 현재가치에 대하여는 "28"의 규정을 적용하여야 한다.

30. 투자부동산의 평가

투자부동산은 감가상각누계액과 가치하락손실충당금을 차감한 금액으로 계상한다.

(30-1) 투자부동산의 가격이 크게 하락하는 경우 투자부동산의 장부가액과 공정가액과의 차이를 가치하락손실충당금으로 계상하며, 투자부동산가액에서 차감하는 방법으로 표시한다.

31. 신계약비

가. 장기보험계약으로 인하여 발생한 신계약비(예정신계약비를 초과하는 금액은 제외한다. 이하 같다)는 당해 계약의 유지기간에 걸쳐 균등하게 상각하여 비용으로 처리한다. 계약의 유지기간이 7년을 초과하는 경우에는 7년으로 하며, 해약일(해약 이전에 계약이 실효된 경우 실효일로 한다. 이하 같다)에 미상각잔액이 있는 경우에는 해약일이 속하는 회계연도에 전액 상각한다.

나. "가"의 규정에 불구하고 신계약비를 조기에 회수할 목적으로 보험료의 산정은 평준보험료방식임에도 부가보험료는 평준식부가보험료가 아니어서 보험료에서 차지하는 부가보험료의 비율이 균등하지 않고 보험기간의 초기에 높게 되어 있는 경우 장기보험계약으로 인하여 발생한 신계약비는 당기비용으로 처리한다.

다. 단기보험계약으로 인하여 발생한 신계약비는 보험기간 이내의 기간에 매기 균등액을 상각하여 비용으로 처리하며 해약의 경우에는 "가"의 규정을 준용하여 처리한다. 다만, 보험기간이 1년 이하인 단기보험계약으로 인하여 발생한 신계약비는 발생시 당기비용으로 처리한다.

(31-1) 보험계약으로 인한 신계약비는 보험계약연도에 일시에 지출되나 신계약비의 회수는 보험기간에 걸쳐 이루어진다. 따라서 정확히 수익과 비용이 대응되기 위해서는 신계약비지출액을 매기 예정이자율로 부리하여 보험료가 회수될 때 보험료 중 신계약비에 해당하는 금액에 비례하여 상각하는 것이 타당하나 이 방법은 신계약비에 대한 상각시스템을 별도로 유지관리함으로써 드는 비용에 비해 이로 인한 효익은 미미하다고 판단되고, 기업회계기준상 자산가액은 역사적 원가로 평가하는 것이 타당하므로 신계약비지출액은 부리하지 않고 이연하여 계약의 유지기간에 걸쳐 균등하게 상각하여 비용으로 처리한다.

(31-2) 기타자산으로 계상되는 신계약비는 실제 지출된 금액으로 하되, 실제 지출된 금액이 예정신계약비보다 큰 경우에는 예정신계약비로 하며, 예정신계약비를 초과하는 금액은 당기비용으로 처리한다.

(31-3) 장기보험계약과 관련하여 발생한 신계약비 중 기타자산에 해당하는 신계약비의 상각은 "1)"의 방법에 의한 것을 원칙으로 하되, "2)"의 방법에 의하여 계산된 신계약비상각비와 "1)"의 방법에 의하여 계산된 신계약비상각비와의 차이가 중요하지 않는 경우에는 "2)"의 방법에 의하여 신계약비를 상각할 수 있다.

1) 보험계약별로 구분하여 신계약비상각비를 계산함.

2) 전기말미상각신계약비와 당기에 발생한 신계약비의 합계액에서 대차대조표일 현재 순보험료방식에 의한 보험료적립금과 해약환급금방식에 의한 보험료적립금과의 차액을 차감하는 방식으로 계산함.

제5장 주석 등

32. 주석사항

다음 사항을 주석으로 기재한다.

1) 중요한 회계처리방침

2) 대출채권의 잔존기간별 내역

3) 보험미수금 및 보험미지급금의 내역과 금액

4) 구상채권의 산정 근거

5) 보험종류별 책임준비금의 세부내역 및 각각의 변동내역(기초잔액, 추가적립액, 지급액, 기말잔액으로 구분하여 기재한다)

6) 보증보험의 종류별 보증금액, 지급준비금의 변동내역, 적립기준

7) 보험종류별 출재보험거래 내역

8) 보험종류별 비상위험준비금의 변동내역, 적립기준, 사용기준

9) 보험종류별 보험료수익(개인, 단체, 원보험료, 재보험료)

10) 보험종류별 신계약비의 지출액, 당기비용처리액, 이연액, 당기의 상각액

11) 사업비 내역

12) 특수관계자와의 주요 거래내용

13) 기타의 사항으로서 재무제표에 중대한 영향을 미치는 사항과 재무제표의 이해에 중요한 사항

33. 구분계정

자산의 운영과 손익의 배분 등에 있어서 일반계정과는 구분하여 별도로 관리되는 보험계약에 대한 자산과 부채는 각각 구분계정자산 및 구분계정부채의 과목으로 하여 보험회사의 대차대조표에 총액으로 계상하고, 이에 대한 대차대조표와 손익계산서를 주석으로 기재한다.

34. 세부사항의 제정·개정 권한의 위임

이 준칙의 시행에 관하여 필요한 세부사항은 증권선물위원회위원장이 따로 정할 수 있다.

부　　칙

1. 시행일

이 준칙은 1998년 12월 12일부터 시행한다.

2. 일반적 적용례

이 준칙은 시행일 이후 최초로 개시하는 회계연도부터 적용한다.

3. 보험료적립금 및 신계약비에 관한 적용례

"15" 및 "31"의 규정은 이 준칙 시행일이 속하는 회계연도 말 이전에 체결된 보험계약에 대하여도 적용할 수 있다. 이 경우 이 준칙 시행일이 속하는 회계연도 말 현재 미회수된 신계약비는 이 준칙 시행일이 속하는 회계연도에 자산으로 계상하고 동시에 동금액을 신계약비환입액의 과목으로 하여 특별이익으로 처리하며, 이 준칙 시행일이 속하는 회계연도 말 현재 추가적으로 적립하여야 할 보험료적립금은 이 준칙 시행일이 속하는 회계연도에 보험료적립금추가적립액의 과목으로 하여 특별손실로 처리한다.

4. 사업비 이연액에 관한 적용례

"23"의 규정에 의한 사업비의 회계처리와 관련하여 이 준칙 시행일이 속하는 회계연도 말 현재 자산으로 계상되어 있는 사업비는 이 준칙 시행일 이후 최초로 개시하는 회계연도에 전액 상각하여 이익잉여금감소로 처리한다.

5. 상품유가증권 평가에 관한 적용례

"26"의 규정을 적용함에 있어서 주식의 경우 이 준칙 시행일 이후 최초로 개시하는 회계연도 말 현재의 장부가액과 공정가액의 차액 중 이 준칙 시행일이 속하는 회계연도 말 이전에 발생한 금액은 상품유가증권평가이익 또는 상품유가증권평가손실 과목으로 하여 이익잉여금에 가감한다.

6. 투자유가증권 평가에 관한 경과조치

"27바"의 규정을 적용함에 있어서 이 준칙 시행일이 속하는 회계연도 말 이전에 취득한 채권으로서 그 취득원가와 액면가액이 다른 경우 그 차액 조정은 종전의 방법에 의할 수 있다.

7. 증시안정기금출자금에 관한 적용례

"27타"의 규정을 적용함에 있어서 이 준칙 시행일이 속하는 회계연도 말 현재의 장부가액이 증시안정기금의 순자산가액(자산과 부채를 공정가액으로 평가하여 계산한 금액으로 한다)에 대한 당해 회사 지분상당액과 다른 경우 그 차액은 이 준칙 시행일 이후 최초로 개시하는 회계연도의 개시일에 증시안정기금출자금평가이익 또는 증시안정기금출자금평가손실의 과목으로 하여 이익잉여금의 증가 또는 감소로 처리한다.

8. 지분법평가에 관한 적용례

"27다"의 규정을 적용함에 있어서 이 준칙 시행일이 속하는 회계연도 말 이전에 취득한 지분법평가대상 주식 중 지분법으로 평가하지 않은 주식의 경우 이 준칙 시행일 이후 최초로 개시하는 회계연도의 개시일에 취득한 것으로 하여 동 규정을 적용할 수 있다.

9. 지급준비금에 관한 적용례

"15다 2)"의 규정을 적용함에 있어서 이 준칙 시행일이 속하는 회계연도 말 이전에 체결된 지급보증계약 중 대지급이 발생하지 않은 지급보증계약에 대한 지급준비금전입액의 경우 이 준칙 시행일 이후 최초로 개시하는 회계연도에 이익잉여금 감소로 처리한다.

10. 제97조 준비금에 관한 적용례

이 준칙 시행일이 속하는 회계연도 말 현재 계상된 보험업법 제97조의 규정에 의한 준비금은 이 준칙 시행일 이후 최초로 개시하는 회계연도에 전액 환입하여 특별이익으로 처리한다.

11. 채권재조정의 회계처리에 관한 적용례

"29"의 규정을 적용함에 있어서 이 준칙 시행일이 속하는 회계연도 말 이전에 재조정된 채권의 경우 이 준칙 시행일 이후 최초로 개시하는 회계연도의 개시일을 기준으로 하여 동 규정을 적용하고 손익의 귀속이 이 준칙 시행일이 속하는 회계연도 말 이전에 해당하는 부분은 이익잉여금의 증가 또는 감소로 처리한다.

12. 재무제표의 비교표시에 대한 경과조치

이 준칙 시행일 이후 최초로 개시하는 회계연도에는 당해 회계연도의 재무제표만 작성할 수 있다.

부 칙

이 준칙은 1999.12.9.부터 시행한다.

찾아보기

ㅅ

ㅇ

ㅈ

ㅊ

저자약력

고려대학교 경영대학 졸업
고려대학교 대학원 경영학과 석사 및 박사과정 수료(경제학 박사, 1975)
독일 Köln대학 수학, 동 대학 보험연구소 객원교수(1981)

현　재

고려대학교 경영대학 교수
보험개발원 이사, 보험연수원 이사
농협운영자문위원, 정통부 우체국보험분쟁심의위원장
노동부 고용보험, 산재보험, 임금채권보장기금심의위원, 산재보험심사위원
대한손해보험협회 공익사업심의위원

역　임

고려대학교 경영대학 학장, 노동대학원 원장, 기업경영연구원 원장
한국사회보장학회 회장, 한국인사관리학회 회장, 한국보험학회 회장
재무부 보험심의위원·금융발전심의위원, 손해보험사료 편찬위원장
생명보험사료 편찬위원 겸 고문, 노동부 산재보험발전위원장(2004, 2005)

저　서

「韓國保險史」(무역경영사, 1974), 「社會保障과 醫療保險」(공저, 한국의료협동조합, 1974)
「國民福祉年金論」(생명보험협회, 1979), 「美國의 社會保障制度」(한국보험공사, 1980)
「保險經營論」(보험연수원, 1980), 「保險經營論」(무역경영사, 1983)
「社會保障論」(박영사, 1978)
「社會保障制度의 政策課題와 發展方向」(공저, 한국개발연구원, 1988)
「1990년대의 社會福祉, 社會開發 政策方向」(대한상공회의소, 1985)
「勞使關係論」(공저, 한국방송통신대학, 1991)
「勞動市場의 柔軟性 提高와 雇傭保險制度 改善方向」(대한상공회의소, 1998)
「現代 雇傭關係論」(공저, 박영사, 2002)

現代 保險經營論

2002年　2月　28日　　初版發行
2006年　2月　20日　　重版發行

著　者　申　守　植
發行人　安　鍾　萬
發行處　(株) 博　英　社

서울特別市 鍾路區 平洞 13-31 番地
電話 (733) 6771　FAX (736) 4818
登錄 1959. 3. 11. 제300-1959-1호(倫)

www.pakyoungsa.co.kr　e-mail: pys@pakyoungsa.co.kr

定　價　33,000원　　ISBN 89-7189-399-0